TRAITÉ

DE L'ADMINISTRATION

DE LA JUSTICE.

TOME SECOND.

TRAITÉ
DE L'ADMINISTRATION
DE LA JUSTICE,

Où l'on examine tout ce qui regarde la Jurifdiction en général; la Compétence, les Fonctions, Devoirs, Rangs, Séances & Prérogatives des Officiers de Judicature, & principalement des Préfidiaux, Bailliages, Sénéchauffées, Prévôtés, & autres Juftices ordinaires, tant royales que fubalternes; ainfi que ce qui concerne les Greffiers, Notaires, Avocats, Procureurs, Huiffiers, & autres Perfonnes employées pour l'exercice de la Juftice.

Par M. JOUSSE, Confeiller au Préfidial d'Orléans.

TOME SECOND.

A PARIS,

Chez DEBURE Pere, Libraire, Quai des Auguftins, à l'Image S. Paul.

M. DCC. LXXI.

AVEC APPROBATION ET PRIVILEGE DU ROI.

TABLE DES TITRES

Contenus dans ce second Volume.

PARTIE III.

De l'instruction & du Jugement des Procès, & de tout ce qui en dépend.

TITRE I. *Des Audiences & Jugements*, Pag. 1

SECT. I. *Des Audiences & des Devoirs des Juges à ce sujet*, ibid.

SECT. II. *Considérations nécessaires aux Juges pour les Jugements qu'ils rendent en matiere civile; & de la maniere dont ils doivent rendre leurs Sentences*, 21

SECT. III. *Devoirs de ceux qui président*, 35

TITRE II. *Des Procès par écrit*, 37

ART. I. *De la production des procès par écrit*, ibid.

ART. II. *De la distribution des procès par écrit en général*, 38

ART. III. *Des incidents sur procès appointés*, 58

ART. IV. *De la distribution des appointements à mettre*, 59

ART. V. *Du rapport des procès par écrit*, 60

ART. VI. *Des Opinions*, 68

ART. VII. *Des Sentences & Jugements des procès par écrit*, 70

ART. VIII. *Des Procès criminels de rapport en particulier*, 73

ART. IX. *De la maniere de bien faire l'extrait d'un procès civil, & d'en faire le rapport*, 76

TITRE III. *De l'instruction & exécution des procès en général*, 85

ART. I. *De l'instruction & exécution des procès avant la distribution*, 86

ART. II. *De l'instruction & exécution des procès distribués*, 93

ART. III. *Des fonctions & devoirs des Juges qui ont l'instruction ou l'exécution des procès*, 100

ART. IV. *De l'instruction & exécution des procès criminels en particulier*, 104

ART V. *Des Juges allant en commission*, ibid.

TITRE IV. *De l'Hôtel, & des affaires qui s'y reglent*, 106

ART. I. *De l'Hôtel & des affaires qui peuvent s'y régler, tant pour ce qui est d'instruction, que pour ce qui est de Jurisdiction volontaire*, ibid.

ART. II. *Des affaires provisoires, & des Jugements qui peuvent être rendus à l'Hôtel du Juge,* 119
ART. III. *Des affaires contentieuses & autres, dont les Lieutenants-Généraux peuvent connoître seuls en leur Hôtel, à l'exclusion des autres Juges,* 124
TITRE V. *Des Réglements, Actes de Jurisdiction volontaire, enrégistrements & homologations qui se font au Siege,* 126
TITRE VI. *Des Réceptions d'Officiers,* 137
TITRE VII. *De la Police & visite des Prisons,* 150
TITRE VIII. *Des épices & vacations,* ibid.
CHAP. I. *Des épices & vacations des Juges,* ibid.
Des épices & vacations des Gens du Roi, 186
CHAP. III. *Tableau des Droits & Vacations qui doivent se percevoir par les Juges, &c. dans les Bailliages & Sieges Présidiaux, Prévôtés & Justices de Seigneurs,* 195
TITRE IX. *Des Amendes,* 226

PARTIE IV.

De la Police du Siege, & des Assemblées des Officiers en Corps; Délibérations, Cérémonies, &c.

TITRE I. *Des Fêtes d'Eglise & de Palais, & des Vacations,* 231

TITRE II. *Des Assises,* 239

TITRE III. *Des Mercuriales,* 255

TITRE IV. *Des Grands-Jours,* 257

TITRE V. SECTION I. *Des Assemblées & Délibérations de Compagnies,* 259

SECT. II. *Des Cérémonies, Processions, Harangues, & Députations de Compagnie,* 267

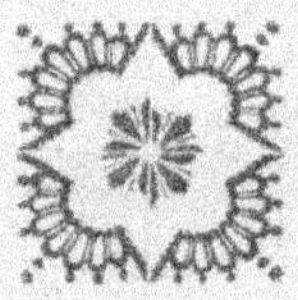

PARTIE V.

Des autres Personnes employées pour l'administration de la Justice.

TITRE I. *Des Greffiers,* 271

ARTICLE I. *Des Fonctions des Greffiers en général,* 272

ART. II. *Devoirs généraux des Greffiers dans leurs fonctions,* 282

ART. III. *Devoirs particuliers des Greffiers,* 284

ART. IV. *Des Jugements & autres Actes que les Greffiers doivent expédier en forme, ou seulement par extrait,* 298

ART. V. *Des Sentences, Jugements, & autres actes qui s'expédient en parchemin, & de ceux qui s'expédient en papier; avec le nombre des lignes & syllabes qu'ils doivent contenir,* 308

ART. VI. *Des Greffiers-Criminels en particulier,* 313

ART. VII. *Des Greffiers d'Appeaux des Sieges Présidiaux,* 320

ART. VIII. *Des Greffiers des Maréchaussées,* 321

ART. IX. *Des Greffiers des Justices Seigneuriales,* 322

ART. X. *Devoirs généraux & personnels des Greffiers,* 323

ART. XI. *Des Droits & Privileges des Greffiers,* 327

ART. XII. *Des Greffiers en chef, Greffiers à la Peau, Gardes-sacs, Gardes-minutes,* &c. *& Commis des Greffes,* ibid.

ART. XIII. *Des Greffiers des Présentations,* 330

ART. XIV. *Des Greffiers des Affirmations de voyages,* 332

ART. XV. *Des Greffiers de l'Ecritoire,* ibid.

ART. XVI. *Des Greffiers des Geoles,* 333
ART. XVII. *Des Greffiers, Gardes-minutes des Lettres de Chancelleries,* 334
ART. XXVIII. *Des Greffiers des Insinuations des Jugements,* ibid.
ART. XIX. *Des Greffiers des Notifications des Contrats,* ibid.
ART. XX. *Des Greffiers des Parlements,* 335
ART. XXI. *Des Greffiers du Conseil du Roi,* 336
ART. XXII. *Des Greffiers des Commissions,* ibid.
ART. XXIII. *Des Salaires & Vacations des Greffiers en général,* 337
ART. XXIV. *Tableau des Salaires & Vacations des Greffiers des Bailliages & Sénéchaussées royales,* 342
ART. XXV. *Tableau des droits des Greffiers des Justices seigneuriales,* 357
TITRE II. Des *Notaires,* 365
ARTICLE I. *De l'Origine & Création des Notaires, & de l'effet des Actes passés devant eux,* ibid.
De la Création des Offices de Notaires royaux, tant dans les Justices royales que subalternes, 369
ART. II. *Des fonctions des Notaires en général,* 371
ART. III. *Devoirs des Notaires, touchant les Actes qu'ils reçoivent,* 378
ART. IV. *Des formalités des Actes reçus par les Notaires,* 385
ART. V. *Des Minutes, Registres & Répertoires des Notaires,* 394

ART. VI. *Des Expéditions & Grosses*, 401
ART. VII. *Autres devoirs & engagements des Notaires*, 403
ART. VIII. *Devoirs personnels des Notaires*, 406
ART. IX. *De la réception des Notaires, & des qualités requises pour être Notaire*, 412
ART X. *Des privileges, droits & préséances des Notaires*, 414
ART. XI. *Des Tabellions des Justices royales*, 416
ART. XII. *Des Garde-Notes*, 417
ART. XIII. *Des Notaires & Tabellions des Justices seigneuriales*, ibid.
ART. XIV. *Des Notaires des Châtelets de Paris, Orléans, & Montpellier*, 418
ART. XV. *Des Garde-Scels des Contrats*, 421
ART. XVI. *Des Notaires Apostoliques*, 422
ART. XVII. *Des Offices de Greffiers des Arbitrages*, 425
ART. XVIII. *Des Offices de Syndics des Notaires*, 426
ART. XIX. *Des Commissaires & Greffiers aux inventaires*, ibid.
ART. XX. *Des salaires & vacations des Notaires*, 428
TARIF de quelques-uns de ces droits pour les Notaires royaux, 431
AUTRE pour les Notaires des Seigneurs, 438
TITRE III. *Des Avocats*, 441
ARTICLE I. *Des fonctions des Avocats*, ibid.
ART. II. *Devoirs généraux des Avocats dans leurs fonctions*, 445
ART. III. *Devoirs particuliers des Avocats dans leurs fonctions*, 446

ART. IV. *Des honoraires, droits & vacations des Avocats,* 459
ART. V. *Des privileges, rangs, & préséances des Avocats,* 465
ART. VI. *Des devoirs généraux & personnels des Avocats,* 472
ART. VII. *Des Avocats-Procureurs,* 476
ART. VIII. *Des Avocats ès Parlements,* 477
ART. IX. *Des Avocats au Conseil,* 478
ART. X. *Des Clercs d'Avocats,* ibid.
TITRE IV. *Des Procureurs,* 479
ARTICLE I. *Des fonctions des Procureurs,* 480
ART. II. *Devoirs des Procureurs dans leurs fonctions,* 483
ART. III. *Autres devoirs des Procureurs,* 498
ART. IV. *Des procurations nécessaires aux Procureurs pour pouvoir occuper,* 502
ART. V. *Du désaveu,* 506
ART. VI. *Devoirs généraux & personnels des Procureurs,* 510
ART. VII. *Des droits, séances & privileges des Procureurs,* 516
ART. VIII. *Des salaires des Procureurs,* 519
ART. IX. *Des Procureurs des Justices de Seigneurs,* 524
ART. X. *Projet d'un nouveau Tarif de dépens pour les Bailliages & Sénéchaussées du ressort du Parlement de Paris,* 525
TITRE V. *Des Huissiers & Sergents,* 558
ARTICLE I. *Des différentes especes d'Huissiers & Sergents en général,* ibid.
ART. II. *Des fonctions des Huissiers & Sergents en général,* 559

ART. III. *Des Huissiers & Sergents des Justices ordinaires, tant royaux que subalternes,* 562
ART. IV. *Des Huissiers & Sergents des Justices extraordinaires,* 572
ART. V. *Des Huissiers & Sergents, tant des Justices ordinaires qu'extraordinaires, qui peuvent exploiter par tout,* 583
ART. VI. *Des Huissiers-Priseurs & Vendeurs de meubles,* 586
ART. VII. *Des Huissiers-Audienciers,* 587
ART. VIII. *Des différentes especes d'Huissiers & Sergents en particulier,* 605
ART. IX. *Devoirs généraux & personnels des Huissiers & Sergents dans leurs fonctions,* 636
ART. X. *Devoirs particuliers des Huissiers & Sergents,* 646
ART. XI. *Des qualités & devoirs personnels des Huissiers & Sergents,* 663
ART. XII. *Des privileges des Huissiers & Sergents,* 666
ART. XIII. *Des salaires des Huissiers & Sergents,* 667
ART. XIV. *Tableau des salaires des Huissiers & Sergents,* 670

TRAITÉ des Arbitrages & Compromis, 683
SECTION I. *Du Compromis, & de ses effets,* 685
SECT. II. *Des personnes qui peuvent compromettre,* 689
SECT. III. *De quelles choses on peut compromettre, & en quel cas,* 692
SECT. IV. *Des personnes qu'on peut choisir pour arbitres,* 694

SECT. V. *Du pouvoir des Arbitres*, 697
SECT. VI. *Des devoirs & obligations des Arbitres*, 705
SECT. VII. *De la procédure & instruction qui se fait devant les arbitres*, 706
SECT. VIII. *Des Sentences & Jugements rendus par les arbitres*, 708
SECT. IX. *Des Greffiers des arbitrages*, 711
SECT. X. *De la procédure pour faire homologuer les Sentences arbitrales*, 714
SECT. XI. *De l'appel des Sentences arbitrales*, 715
SECT. XII. *Des arbitres de droit, ou forcés*, 722
Table des Matieres, 727

Fin de la Table des Titres.

ERRATA ET CORRECTIONS.

TOME PREMIER.

A la Table des Titres qui est à la suite de la Préface, pag. xxxv, lig. 11, pag. 308. *lisez* pag. 298.

Ibidem, ajoutez alineâ. Art. V. Des Sentences, Jugements, & autres Actes qui s'expédient en parchemin, & de ceux qui s'expédient en papier; avec le nombre des lignes & syllabes qu'ils doivent contenir, *pag.* 308.

Pag. 1, *lig.* 5, *après ces mots*, Premiere Partie, *mettez en titre* De la Jurisdiction & de son objet en général.

47 *lig.* 29, *ajoutez alineâ* : De même quand un Juge royal commet un Juge de Seigneur, la commission ne doit point être rogatoire.

105 *lig.* 13, Chapitre II, *mettez* Chapitre XI.

147, *lig.* 19, Avocat au Parlement, *lisez simplement*, Avocat.

209, *lig.* 21, *après ces mots*, de l'Edit de Crémieu, *ajoutez de suite*, Voyez *infrà*, n. 135, 300 & 301.

223, *lig.* 11, Ils connoissent, *lisez* : 3°. Ils connoissent.

258, *lig.* 30, 6°. Les Prévôts, *lisez*, 6°. Les Baillis & Sénéchaux.

279, *lig.* 5, 1665, *lisez* 1663.

Ibid. *lig.* 21, 86, *lisez* n. 86.

315, *lig.* 27, par l'art. 2 de l'Edit de Crémieu qui vient, *lisez* en l'art. 2, qui vient.

317, *lig.* 11, Bailliage, *lisez* du Bailliage.

455, *en marge*, intérêts, *lisez* intérêt.

585, *lig.* 19, Gyrvés, *lisez* Gyvés.

TOME SECOND.

Pag. 195, *lig.* 1, *au titre, au lieu de* article VI, qui est en titre, *lisez* Chapitre III.

231, *lig.* 1, *après le titre* Partie IV, *mettez en titre & en capitales*, De la Police du Siege, & des Assemblées des Officiers en Corps, Délibérations, Cérémonies, *&c.*

271, *lig.* 1, *après le titre*, Partie V, *mettez en titre & en capitales*, Des autres personnes employées pour l'administration de la Justice.

310, *lig.* 27, pour Montdidier, *lisez* pour Poitiers.

TRAITÉ
DE L'ADMINISTRATION
DE LA JUSTICE.

TROISIEME PARTIE.
De l'instruction & du jugement des Procès, & de tout ce qui en dépend.

TITRE PREMIER.
Des Audiences & Jugements.

SECTION PREMIERE.
Des Audiences, & des devoirs des Juges à ce sujet.

ARTICLE PREMIER.
Des Audiences en général.

1°. LES Juges doivent s'assembler au Siege aux jours
1. marqués pour les Audiences, suivant l'usage des lieux; & ils doivent avoir des jours destinés à cet effet. (Ordonnance du mois de Mars 1498, *art.* 131; autre du mois de Novembre 1507, *art.* 205.)

Ces Audiences doivent se tenir aumoins tous les huit jours. (Arrêt du Parlement de Bordeaux du 1 Avril 1735, qui enjoint à tous les Juges de la Province, de les tenir exactement chaque semaine. Voyez ce qui a été dit à ce sujet au titre *Des fonctions, droits & devoirs des Juges*, ci-dessus, *part.* 2, *tit.* 3, *n.* 65.)

Le Réglement du 22 Juillet 1752, rendu pour Tours, *art.* 3, porte, que l'ordre & l'heure des Audiences ne pourra être intervertie, à moins qu'il n'y ait une multitude d'affaires ; & qu'il en sera communiqué au Procureur du Roi.

2°. Ces Audiences doivent se tenir au Palais, ou autre lieu destiné à rendre la justice ; & non en la maison des Juges, ou ailleurs. (Voyez *ibidem* au titre *Des fonctions, droits & devoirs des Juges*, n. 57.)

2. 3°. Dans les Sièges Présidiaux, il doit y avoir des audiences particulières pour les causes du Bailliage, différentes de celles du Présidial. (*Ibid.* n. 65.)

Et aussi des audiences particulières pour l'expédition des causes sommaires, tant pour le Bailliage, que pour le Présidial. (*Ibid.* n. 66.)

4°. Les Juges doivent commencer les audiences à des heures fixes, suivant qu'il est établi par les réglements particuliers pour chaque Siège, ou par l'usage des lieux. (Voyez *ibid.* au titre *Des fonctions, droits & devoirs des Juges*, part. 2, tit. 3, n. 63 ; Voyez aussi l'Ordonnance du mois de Juin 1580, *art.* 25.)

De même, ils ne doivent point tenir l'audience après l'heure à laquelle on la doit finir, sinon pour achever une cause commencée. (Arrêt du Parlement du 19 Août 1687, pour Chinon ; autre du 20 Août 1686, pour la Flêche.)

Il faut aussi observer que les Sentences doivent être prononcées de jour, & non de nuit, suivant la Novelle 82, *chap.* 3 ; & la Loi 2, §. *& quia Magistratibus* 31, D. *de origine Juris.*

3. 5°. Les Juges doivent être exacts à se trouver aux Plaidoiries, s'il n'y a empêchement légitime, comme maladie, ou autre cause suffisante ; & ils doivent être en nombre suffisant, pour que l'honneur du Siège soit gardé. (Ordonnance du mois de Juillet 1493, *art.* 2 ; autre du mois de Novembre 1507, *art.* 2 ; autre du mois d'Octobre 1535, *chap.* 1, *art.* 13 ; Edit du mois de Septembre 1697, pour les Présidiaux de Franche-Comté, *art.* 4. Voyez aussi ce qui a été dit ci-dessus au titre *Des fonctions, droits & devoirs des Juges*, part. 3, tit. 3, n. 55.)

6°. Ils doivent s'assembler en la Chambre du Conseil, ou le matin en la Chapelle du Siège, pour à l'issue du Service Divin, ou de ladite Chambre, marcher de compagnie avec l'ordre convenable, au-lieu où se doit tenir l'audience ; auquel lieu ils doivent se placer aux côtés de celui qui préside, & chacun en son rang. (Réglement du 24 Mai 1603, pour le Présidial de Bourg-en-Bresse, *art.* 15.)

4. L'article 1 de l'Edit du mois de Septembre 1697, pour les Présidiaux de Franche-Comté, porte, qu'aussi-tôt que celui qui doit présider, montera à l'Audience, les Officiers présents seront tenus de le suivre immédiatement, & d'y monter en même-temps ; sans que pendant ladite Audience, lesdits Officiers puissent vaquer à autres affaires, ni rapporter aucuns procès.

7°. Les Juges doivent assister aux Audiences en robes & en bonnets ; & dans les Bailliages, royaux le Bailli, ainsi que le Chevalier-d'honneur, y doivent assister en habit & manteau noir, avec le collet & l'épée. (Voyez ci-dessus au même titre *Des fonctions, droits & devoirs des Juges*, n. 68.)

5. 8°. Faute par le Lieutenant-Général, ou autre qui doit présider, de se trouver au Siège à l'heure ordinaire, à laquelle l'Audience doit commencer, l'audience doit être tenue par le Lieutenant particulier, ou ancien Conseiller, suivant l'ordre du Tableau. (Ordonnance du mois de Mars 1549, *art.* 7 ; Arrêt du Conseil pour le Présidial de Toulouse, du 15 Mars 1632, *art.* 5 ; autre Arrêt du 20 Juin 1634, *art.* 9, rapporté par Descorbiac, *tit.* 2, *chap.* 14 & 15 ; autre Arrêt de la Cour du 22 Mai 1643, pour la Prévôté de Ligny ; autre Arrêt aussi de la Cour du 30 Juin 1689, pour le Présidial d'Angoulême, *art.* 2.)

Un Arrêt de Réglement du 4 Septembre 1750, rendu entre le Bailli de la Justice de Tournus, & le Lieutenant, porte, que quand le Bailli ne se trouvera point à l'Audience, le Lieutenant pourra la tenir, à la charge par lui de céder sa place au Bailli, lorsqu'il arrivera.

6. 9°. En entrant au Siège, chacun des Officiers doit monter du côté dont il doit avoir séance, sans qu'il puisse passer devant celui qui présidera, soit pour entrer, soit pour sortir. Lesdits Officiers sont aussi tenus de prendre leur rang en la Chambre du Conseil, de même qu'à l'Audience, chacun selon l'ordre de sa réception.

(Edit du mois de Septembre 1697, pour les Préſidiaux de Franche-Comté, *art.* 5 ; Arrêt du Conſeil du 22 Août 1684, pour le Préſidial de Châlons-ſur-Marne.)

10°. Le Lieutenant-Général ſurvenant après l'audience commencée, pourra la continuer, prendre ſa place, & préſider. (Arrêt du Parlement du 27 Avril 1602, pour Mâcon, rapporté par Joly, *pag.* 1231 ; autre du 19 Février 1559, pour Montfort-l'Amaury, rapporté *ibid.* pag. 1233 ; Arrêt du Conſeil du 15 Mars 1632, pour Toulouſe, *art.* 5 ; autre du 20 Juin 1634, auſſi pour Toulouſe, *art.* 9 ; tous les deux rapportés par Deſcorbiac, *tit.* 2, *chap.* 14 & 15 ; Réglement des requêtes de l'Hôtel du 23 Octobre 1638, pour le Préſidial de Limoges, *art.* 6 ; Arrêt du Parlement du 28 Août 1758, pour Compiegne, *art.* 2.)

7. Mais quand le Lieutenant-Général aſſiſte à l'audience après que la cauſe eſt commencée, il ne peut y prononcer, ni juger, qu'après ladite cauſe achevée & jugée. (Arrêt du Parlement du 18 Février 1618, pour Laon ; autre de l'année 1627, rapporté par Filleau, *tom.* 1, *pag.* 198 ; autre du 24 Avril 1632, pour Abbeville, rapporté par Néron, *tom.* 2, *pag.* 615 ; Arrêt du Conſeil du 11 Janvier 1647, pour Montargis, *art.* 3 ; Arrêt du Parlement du 28 Août 1758, pour Compiegne, *art.* 2.)

8. 11°. Si pour quelque raiſon légitime le Lieutenant-Général, ou autre, qui a préſidé, ſe retire & quitte l'audience avant l'heure où elle doit finir, elle doit être continuée & parachevée par le Lieutenant-Particulier, ou ancien Conſeiller. (Même Arrêt du Parlement du 27 Avril 1602, pour Mâcon, rapporté par Joly, *pag.* 1231 ; autre du 19 Février 1559, pour Montfort-l'Amaury, rapporté *ibid.* pag. 1233 ; autre Arrêt du Parlement du 12 Mai 1714, pour Niort.

12°. Les Juges doivent être attentifs & modeſtes pendant l'audience, & ſe contenir avec gravité, & avec toute l'honnêteté qui convient. (Voyez, à cet égard ce qui a été dit au titre *Des fonctions, droits & devoirs des Juges*, ci-deſſus, *part.* 3, *tit.* 2, *n.* 70.)

9. 13°. Les anciennes Ordonnances ſur l'honneur & ſur la révérence particulière due aux Préſidents & Lieutenants, doivent être obſervées par les Conſeillers, en ſe levant à la venue & entrée deſdits Juges ; en les écoutant avec tranquillité, & ſans interruption ; en ſe découvrant chacun lorſqu'ils commenceront à

parler, ou opiner; & en prenant en bonne part, & sans aucun murmure, ni contradiction, les remontrances qui leur seront faites pour l'honneur & le devoir de la Justice. (Réglement du 24 Mai 1603, pour le Présidial de Bourg-en-Bresse, *art.* 8; Arrêt du Parlement du 28 Août 1632, pour Dorat.)

10. 14°. Les Lieutenant-Particulier, Assesseurs & Conseillers, ne peuvent prendre la parole pour interroger les parties, Avocats & Procureurs; mais ils doivent s'adresser au Lieutenant-Général, ou autre qui préside, pour avoir éclaircissement de l'affaire; & ne dire leur avis, sinon à leur ordre, & lorsqu'ils en seront requis par le Président. (Arrêt du Conseil du 11 Janvier 1647, pour le Présidial de Montargis, *art.* 37; autre du 22 Août 1684, pour Châlons-sur-Marne; autre Arrêt du Parlement du 12 Mai 1714, pour Niort, qui ajoute que ledit Président fera ces interpellations; ce qui doit pareillement être observé en la Chambre du Conseil, au cas qu'il soit nécessaire d'y faire entrer les Avocats, Procureurs, ou parties.)

Les Juges doivent encore moins interrompre celui qui préside, dans ses prononciations. (Arrêt du Parlement du 20 Août 1686, pour le Présidial de la Flèche.)

L'article 5 de l'Arrêt du Parlement du 30 Juin 1689, rendu pour Angoulême, porte, que les Conseillers ne pourront interrompre le Lieutenant-Général, prendre la parole sur lui, interroger, ou interpeller les Avocats, Procureurs, Huissiers, ou parties; mais néanmoins qu'aux opinions, ils pourront le requérir de faire telles interpellations qu'ils jugeront nécessaires pour la décision de la cause plaidée, & que le Lieutenant-Général fera lesdites interpellations; ce qui sera pareillement observé en la Chambre du Conseil, au cas qu'il soit jugé à propos d'y faire entrer les Avocats, Procureurs, ou parties.

11. 15°. Tous lesdits Officiers, ainsi assemblés à l'Audience, ne peuvent la quitter, ni se retirer, jusqu'à la levée du Siége, si ce n'est par accident de maladie, vieillesse, ou autre inconvénient; sous les peines portées par les Ordonnances. (Réglement du Conseil du 24 Mai 1603, pour le Présidial de Bourg-en-Bresse, *art.* 7.)

16°. S'il y avoit quelque cause de récusation contre celui qui préside, il faut remettre la cause à la fin de l'audience, pour y être jugée, ou en la Chambre du Conseil, ainsi qu'il échera. (Même

Réglement de 1603, pour Bourg-en-Breſſe, *art.* 16 ; autre du 9 Janvier 1637, pour le Préſidial de Limoges, *art.* 6.)

A l'égard des autres Officiers recuſés, & dont la récuſation a été jugée valable, ils doivent ſe lever, & ſe retirer du Siège, ſortant de leur côté, ſans paſſer devant le Préſident qui tient l'audience ; & après la récuſation jugée, ils peuvent rentrer, & ſe mettre à leur place. (Même Réglement de 1603, pour Bourg-en Breſſe, *art.* 17 ; Ordonnance de 1667, *tit.* 24, *art* 15.)

Ce qui doit avoir pareillement lieu à l'égard de celui qui pré-
12. ſide à l'audience, nonobſtant tous uſages contraires. (Ordonnance de 1667, *ibid.* art. 16.)

Et ſi l'affaire eſt jugée en la Chambre du Conſeil, le Juge recuſé, & dont la récuſation a été jugée valable, ne peut pour quelque cauſe & ſous quelque prétexte que ce ſoit, aſſiſter au rapport du procès. (*Ibid.* artt. 15.)

17°. Les Greffiers ſont tenus d'écrire ſur le regiſtre le nom des Juges qui ont aſſiſté à l'audience, du moins aux audiences des Sièges Préſidiaux. (Edit de création des Préſidiaux du mois de Janvier 1551, *art.* 6.)

18°. Les cauſes doivent être portées à l'audience par la voie
13. des placets, ou par celle du rôle ; & il eſt défendu d'y en porter autrement que par l'une de ces deux voies. (Arrêt du Parlement du 30 Juin 1689, pour le Préſidial d'Angoulême, *art.* 4.)

L'Arrêt du Conſeil du 23 Juin 1750, ſervant de Réglement entre le Sénéchal & les Officiers du Préſidial de Rennes, *art.* 17, porte, que toutes les matières qui ſeront portées à l'audience du Siège, ſoit ordinaires, préſidiales, d'appel, ou béneficiales, ſeront appellées à tour de rôle ; mais cependant que celui qui préſidera, pourra donner par placet, quelques audiences extraordinaires, pour cauſe du ſervice du Roi, pauvreté des parties, & autres motifs légitimes.

L'article 18 du même Réglement, porte, qu'il ſera fait & arrêté, chaque jour à l'iſſue de l'audience, un état, ou rôle, par le Sénéchal ; à l'effet de quoi les Procureurs ſeront tenus de lui donner leurs placets, ſur leſquels ſera ſommairement expliqué la nature de la cauſe, & ſi elle eſt de l'ordinaire, ou du Préſidial. Cet article ajoute que le Sénéchal ſera tenu d'enrôler les placets à meſure qu'ils lui ſeront préſentés ; que leſdits rôles ſeront communiqués chaque jour au Parquet des Gens du Roi ; qu'il ſera fait trois rôles desdites matières, celui du Présidial, celui de l'ordinaire, & celui des matières bénéficiales ; que néanmoins le rôle d'une matière se trouvant épuisé, il sera libre à celui qui présidera, d'appeller les autres rôles.

14. 19°. Les rôles doivent être faits par le Lieutenant-Général, lequel peut faire appeller par placets, quelques causes, avant que de faire appeller les causes de rôle. (Arrêt du Parlement du 30 Juin 1689, servant de Réglement pour le Présidial d'Angoulême, *art.* 3.)

L'Arrêt de Réglement de la Cour du 19 Août 1687, rendu pour Chinon, *art.* 3, porte, que les causes qui seront portées aux audiences y seront appellées à tour de rôle, qui ne pourra être interrompu par aucuns placets ; & que les rôles seront faits par le Greffier deux fois chaque semaine, sur les mémoires que les porteurs lui donneront, & arrêtés par celui qui présidera. Mais l'article suivant du même Réglement, porte, que le Président, ou Lieutenant-Général, pourront néanmoins avant l'audience des causes du rôle, & sans anticiper sur l'heure qui est destinée pour la tenir, faire plaider des causes dans lesquelles il s'agira de la liberté des prisonniers arrêtés pour dettes, de la main-levée des meubles, chevaux, & bestiaux saisis, & autres matières privilégiées, & qui requièrent célérité, sur les placets qui lui seront présentés, & qui seront appellés par le premier Huissier, dans l'ordre qui lui aura été prescrit par ledit Président, ou Lieutenant-Général, lorsque les causes auront été poursuivies à l'audience, sur un simple acte signifié au Procureur des parties le jour précédent.

15. Un autre Arrêt du Parlement du 19 Juillet 1681, rendu pour Angers, porte, que les rôles seront faits par le Greffier, & signés du Président ; & les placets par lui reçus, lequel doit les mettre entre les mains du premier Huissier, pour être par lui appellés dans l'ordre qui lui aura été prescrit par le Président.

L'Ordonnance d'Orléans, *art.* 42, veut aussi que les causes soient appellées suivant l'ordre & le tour des rôles ordinaires, sans les discontinuer, ni interrompre, par placet, ou requête, pour quelque cause que ce soit ; mais néanmoins que pour les causes privilégiées, les Présidents pourront faire un rôle extraordinaire. *Idem* par l'article 121 de l'Ordonnance de Blois.

Le Réglement du Conseil du 31 Août 1689, rendu pour Orléans, *art.* 7, porte, que le Lieutenant-Général, ou autre Préſident, ne pourra faire appeller les cauſes par placets, que pendant la dernière demie-heure en hiver, & pendant la dernière heure en été.

16. Un Réglement imprimé, du Bailliage de la même ville, en date du 4 Septembre 1592, porte, que toutes cauſes conteſtées, ou en état d'être plaidées par Avocats, ſeront miſes au rôle ; & fait défenſes à toutes parties & Procureurs, de préſenter aucun placet, ou audience ; à peine pour chaque fois de vingt-quatre ſols pariſis d'amende, applicable aux pauvres originaires de la ville d'Orléans, laquelle ſera payée ſans déport.

Ce même Réglement excepte les cauſes proviſoires, comme de tutelles, aliments, douaires, nourritures, inſtructions d'enfants, ſalaires de mercénaires, ſerviteurs, meubles périſſables, priſonniers actuellement en priſons fermées, forains paſſants & non-ſéjournants à Orléans, inſtruction de procès diſtribués, ou non, requêtes d'évocation, & qui, comme telles, aient été renvoyées au Siège, pour y être plaidées par audience, avec expreſſion de ces mots, *pour être plaidée par Audience* ; & que ſi par la plaidoierie, les cauſes ne ſe trouvoient pas de telle qualité, les Procureurs qui par ſurpriſe auront fait faire le renvoi au Siège, pour être plaidées par audience, encourront la même amende que deſſus.

17. Afin que ces rôles ſoient ſuivis, & pour avancer l'expédition des cauſes, il eſt permis à toutes perſonnes de faire par le Greffier de préſentations, ajouter leur cauſes au rôle ; & les parties adverſes ſont tenues de venir plaider ; ſçavoir, ceux de la ville, huit jours après qu'il leur aura été ſignifié que la cauſe a été miſe au rôle, & ceux de la campagne, quinze jours, ou trois ſemaines après, ſuivant la diſtance des lieux. (Même Réglement du 4 Septembre 1592.)

Et à cette fin, le Procureur qui ſera mettre ſa cauſe au rôle, doit cotter en la marge de ſon placet, le nom de ſon Avocat, & il doit en faire de même à l'égard des placets qu'il donnera pour être appellé à l'audience hors du rôle. (Autre Réglement imprimé au Bailliage d'Orléans du 18 Février 1577, rendu entre les Avocats & Procureurs du même Siège.)

18. L'Ordonnance du mois de Juillet 1493, *art.* 21, veut que les rôles ordinaires dans les Cours ne ſoient point interrompus par des audiences extraordinaires, ſi ce n'eſt pour cauſe urgente, & après délibération faite à ce ſujet. *Idem* par l'Ordonnance du mois

mois de Novembre 1507, *art.* 77 ; par l'Ordonnance du mois d'Octobre 1737, *chap.* 8, *art.* 26 ; & par l'Ordonnance d'Orléans, *art.* 42.

L'article 123 de l'Ordonnance du mois d'Août 1539, enjoint aux Procureurs-Généraux d'avoir l'œil à ce que ces Ordonnances soient observées ; & en cas d'infraction, d'en avertir Sa Majesté, pour y être pourvû.

20°. Les causes du rôle qui auront été remises à un autre jour, doivent être réappellées audit jour, sans qu'il soit besoin d'Ordonnance du Juge pour les rappeller ; & le Greffier, ou son Commis, doivent cotter en la marge du rôle, le jour auquel la cause aura été remise, sans qu'il soit besoin aux Procureurs d'en lever l'acte, si bon leur semble. (Réglement de Doron du 10 Janvier 1587, pour la Prévôté d'Orléans, *art.* 19.)

19. 21°. Lorsque parmi les placets, il y en a qui regardent des parties qui sont parentes, ou alliées, au dégré de l'Ordonnance, de celui qui préside, il doit les mettre à la fin de l'audience, entre les mains de celui qui doit présider à son défaut. (Arrêt du Conseil du 31 Août 1689, pour le Présidial d'Orléans, *art.* 10.)

Un autre Arrêt du Conseil du 22 Août 1684, porte en général que les causes où celui qui préside sera recusé, seront remises & jugées à la fin de l'audience.

22°. On doit porter à l'audience toutes les matières qui sont contentieuses ; même les appointements passés du consentement des parties. (Voyez ci-après au titre *De l'Hôtel en général*, *part.* 3, *tit.* 4, *n.* 1 *& suivants.*)

Il y a aussi plusieurs actes de jurisdiction volontaire qui se font à l'audience. (Voyez ci-après au même titre *De l'Hôtel*, *part.* 3, *tit.* 5, *n.* 4 *& suivants.*)

20. 23°. Les causes où le Roi a intérêt, doivent être plaidées avant toutes les autres causes ; & pour cet effet, il est enjoint aux Juges de donner l'audience aux Avocats & Procureurs du Roi, ainsi qu'aux Receveurs du domaine, sous les mêmes peines portées par les Ordonnances. (Edit de Château-Briant du mois d'Octobre 1565, pour la Bretagne, *art.* 25, rapporté par Joly, *tom.* 2, *pag.* 1112 ; Arrêt du Conseil du 15 Mars 1632, rendu pour le Présidial de Toulouse, *art.* 8, rapporté par Descorbiac, *tit.* 2, *chap.* 14 ; autre Réglement du Conseil du 20 Juin 1634, rendu pour le même Présidial, *art.* 12, rapporté *ibid.* chap. 15.)

Il en eſt de même des cauſes des pauvres & des Hôpitaux, & autres cauſes pitoyables ; ſi ce n'eſt qu'elles fuſſent différées pour cauſes urgentes, & autres de grande conſidération. (Ordonnance de 1535, *chap.* 1, *art.* 81 ; Réglements du Conſeil du 15 Mars 1632, *art.* 8 ; & 20 Juin 1634, pour Toulouſe, *art.* 12, qui viennent d'être cités.)

Les cauſes des parties qui ſont loin, doivent auſſi être expédiées les premieres. (Ordonnance de 1535, *chap.* 12, *art.* 4.)

21. 24°. Les cauſes qui ont commencé à être plaidées, doivent être achevées ſans aucune interruption d'autre cauſe ; à moins que quelqu'une des parties qui ne ſeroit pas prête, ne requît un délai. (Ordonnance du 28 Octobre 1446, *art* 25 ; Ordonnance de 1535, *chap.* 8, *art.* 3.)

L'article 1 de l'Arrêt du Parlement du 30 Juin 1689, ſervant de Réglement pour les Officiers du Préſidial d'Angoulême, porte que celui qui préſidera, peut continuer l'Audience au-delà de l'heure à laquelle elle doit finir, pour terminer une cauſe commencée.

22. 25°. Les Avocats & Procureurs, ainſi que les Parties, doivent, en plaidant, adreſſer la parole à tous les Juges, quand il y en a pluſieurs, & non au Préſident ſeul. (Arrêt du Parlement du 14 Août 1617, ſervant de Réglement pour le Préſidial de Bourges, *art.* 5, rapporté par Joli, *tom.* 2, *pag.* 1032 ; autre du 8 Février 1613 pour Gueret ; autre du 28 Août 1632 pour Dorat. Autre du Parlement de Toulouſe du 30 Mars 1620 pour Uſès, rapporté par Deſcorbiac, *tit.* 9, *chap.* 43, *pag.* 370 ; autre du 30 Juin 1689 pour Angoulême, *art.* 6. Arrêt du Conſeil du 16 Mai 1691 pour Limoges ; autre Arrêt du 24 Juillet 1620 pour Sezanne, rapporté par Filleau, *part.* 2, *pag.* 65 ; autre du 5 Janvier 1646 pour Dorat, rapporté par Henris, *tom.* 1, *pag.* 173 ; autre du 23 Mai 1691, rendu pour la Juſtice Seigneuriale de la Châtre en Berri.)

Et il en eſt de même des Avocats du Roi, quand ils portent la parole à l'Audience. (Arrêt du 7 Septembre 1629 pour Perrone, rapporté par Filleau, *tom.* 1, *pag.* 208.)

23. 26°. Les Juges ne doivent pas ſouffrir que les Avocats, Procureurs, & autres perſonnes, leur manquent de reſpect en plaidant ; & ils doivent punir par amendes, interdictions, ou autres peines, ceux qui leur manquent à cet égard. (Ordonnance du mois d'Octobre 1535, *chap.* 1, *art.* 91.)

27°. Ils doivent aussi punir les Avocats & Procureurs, par la faute desquels les causes ne seront point plaidées. (Ordonnance de Moulins, *art.* 67; Ordonnance de Blois, *art.* 125 & 142.)

Et lorsqu'ils sont trop longs dans leurs plaidoiries, les Juges peuvent les faire abréger, & leur imposer silence. (Gl. *remotus*, *in* L. 3, D. *de his quæ in test. del.*)

28°. Le Lieutenant-Général, ou autre qui préside à l'Audience, ne peuvent dénier la parole au Procureur du Roi, dans toutes les causes où il voudra prendre intérêt pour le Roi, ou pour le public; ni souffrir qu'il soit interrompu par les Avocats & Procureurs; ni pareillement empêcher le Greffier d'écrire toutes les réquisitions qu'il pourra faire pour le dû de sa charge. (Arrêt de Réglement du 7 Septembre 1660, pour Dreux; autres Arrêts des 18 Juillet 1648, & 23 Juin 1649, pour le Bailliage du Palais.)

24. 29°. La police & discipline du Siége pendant l'audience, appartient au Lieutenant-Général seul, ou autre qui préside; & c'est à lui seul qu'appartient le droit d'interroger, ou interpeller les Avocats, Procureurs, Huissiers, ou parties. Néanmoins les Conseillers, & autres Juges, étant aux opinions, peuvent requérir le Lieutenant-Général de faire telles interprétations qu'ils jugeront nécessaires pour la décision de la cause plaidée. (Ordonnance du 11 Février 1519, *art.* 9; Arrêt du Parlement du 7 Juin 1629, pour Perrone, rapporté par Filleau, *tom.* 1, *pag.* 208; autre du 30 Juin 1689, pour Angoulême, *art.* 6.)

Un autre Arrêt du Parlement du 26 Octobre 1661, rendu pour Frenai, fait défenses au Lieutenant du Bailliage, de parler, interrompre, ou interroger les Avocats ainsi que les parties, lorsque le Bailli présidera; à peine de cinq cents livres d'amende, & de tous dépens, dommages & intérêts.

Lorsque celui qui préside, recueille les voix, les Conseillers doivent se lever pour opiner; & ils ne peuvent opiner qu'à leur tour, & lorsqu'ils en sont requis par celui qui préside. (Voyez ce qui a été dit touchant la manière dont les Juges doivent opiner, au titre *Des devoirs & fonctions des Juges*, ci-dessus, *part.* 2, *tit.* 3, *n.* 76, *& suivants.*)

25. 30°. Les Juges doivent juger & terminer sur-le-champ ce qui peut être terminé. (Ordonnance de Moulins, *art.* 60; Ordonnance de Blois, *art.* 125.)

Et s'il est ordonné en la cause qu'il en sera délibéré sur le registre, elle doit être jugée le lendemain, avant toute expédition, par les Juges qui ont assisté à la Plaidoirie ; & le jugement qui interviendra, prononcé à la prochaine audience. (Odonnance de Blois, *ibidem* art. 125.)

31°. Les causes doivent être jugées à la pluralité des voix ; néanmoins un Arrêt du Conseil du 23 Juin 1750, servant de Réglement entre le Sénéchal & les Officiers du Présidial de Rennes, *art.* 20, porte, que celui qui présidera, pourra, sans se lever, ni prendre les avis, nommer les Experts, tiers, ou d'office ; les Notaires pour recevoir les comptes ; les Avocats pour conseil ; les Juges des lieux pour recevoir le serment des Experts pour faire les enquêtes ; & généralement tous actes judiciaires, quand il n'y aura point de contestation entre les parties, ou d'opposition de la part de la partie publique.

26. 32°. Aucune cause ne peut être appointée qu'à la pluralité des voix, & à l'Audience, à peine de nullité ; soit que l'appointement ait été prononcé au Conseil, en droit, ou à mettre ; & les Juges sont tenus de délibérer préalablement, si la cause sera appointée, ou jugée, avant que d'ouvrir leurs opinions sur le fond ; ce qui doit être observé dans toutes les Cours, Jurisdictions & Justices, même en celles des Seigneurs. (Ordonnance de 1667, *tit.* 11, *art.* 9.)

Néanmoins en matière de rédition de compte, liquidation de dommages & intérêts, & appellation de taxe de dépens, lorsqu'il y a plus de deux croix, on peut dans les Cours Souveraines, prendre l'appointement au Greffe. (*Ibidem*, art. 10.)

27. 33°. Suivant les anciens Réglements, les causes qui étoient ordinairement appointées, étoient les procès en matière bénéficiale, réelle, & personnelle au-dessus de cinquante livres tournois pour une fois, & au-dessus de cent livres au Châtelet de Paris ; ceux en matière d'hypothèque, criées, & autres de longue visitation & conséquence, de quelque qualité qu'ils soient ; ensemble tous les procès par écrit, esquels il y a enquête & appointement en droit pardevant le Juge *à quo*, & qui ne peuvent se juger sur-le-champ ; matières d'excès jointe au principal d'une complainte & réintégrande ; procès civilisés ; réintégrande par voie d'information ; fournissement de complainte ; & les causes renvoyées par le Roi, ou par Arrêt de la Cour. (Arrêt du Parlement du 13 Avril 1551, pour Sens, rapporté par Joly, *tom.* 2, *pag.* 1226 ; autre du 28 Mai 1501, pour le Châtelet de Paris, rapporté *ibid.* pag. 418.)

Suivant les nouveaux Réglements, les causes qui peuvent

être appointées, sont, 1°. les procès, ou instances où il y a plus de cinq chefs de demandes au fond; 2°. Les procès d'instance d'ordre & de distribution de deniers provenant de ventes d'immeubles, & de contribution d'effets mobiliaires entre des créanciers, &c. (argument tiré de l'article 20 de l'Edit des épices du mois de Mars 1673.) 3°. L'Ordonnance de 1667, *tit.* 29, *part.* 13, porte, qu'on peut appointer en droit les débats de compte; 4°. Les causes, ou procès de longue discussion; 5°. Les instances touchant les liquidations de dommages & intérêts, peuvent être appointées à mettre, suivant l'article 3 du titre 32 de la même Ordonnance de 1667.

28. Les instances touchant les articles de dépens croisés, quand il y a plus de deux croix, peuvent aussi être appointées. (Même Ordonnance, *tit.* 31, *art.* 30.)

Il en est de même des requêtes civiles. (*Ibid.* tit. 35, art. 27.)

A l'égard des appels des Sentences rendues sur des appointements en droit, même par forclusion contre l'une des parties, ou sur des appointements à mettre quand les deux parties ont produit, ils demeurent appointés de plein droit. (Ordonnance de 1667, *tit.* 11, *art.* 14; & *tit.* 17, *art.* 2.)

Les appointements à mettre ont lieu dans les causes qui n'étant pas sommaires, ne peuvent se juger, que sur l'examen des pièces & enquêtes, & où il n'est pas besoin d'établir les moyens de droit; telles que sont les séparations entre mari & femme, les interdictions, &c.

Les appointements, ou délibérés sur le Bureau, ont lieu pour les causes sommaires qui ne peuvent être jugées à l'Audience. (Ordonnance de 1667, *tit.* 17, *art.* 10.) Ces délibérés se jugent sans frais, & se prononcent aussi assez souvent dans les causes de peu d'importance, quoique non-sommaires. On nomme un Rapporteur pour ces sortes de délibérés.

29. Ces mêmes appointements, ou délibérés, doivent se distribuer aux Officiers, suivant l'ordre du Tableau; & les Officiers, quoique mineurs, peuvent en être Rapporteurs. (Réglement du Bailliage d'Orléans du 9 Août 1663.)

Les dossiers & pièces de ces sortes de procès, doivent être remis sur-le-champ au Greffier par les Avocats. (Voyez le procès-verbal de l'Ordonnance de 1667, *pag.* 53.)

C'est au Rapporteur, quoique mineur, à faire l'instruction de ces mêmes procès, & l'exécution lui en appartient, dans le cas où le ministère du Juge est nécessaire, de même que dans les procès par écrit ; (Même Réglement du Bailliage d'Orléans du 9 Août 1763.) Mais il n'est pas permis d'y prendre des épices. (Ordonnance de 1667, *tit.* 5, *art.* 4.)

30. Les Jugements rendus dans ces sortes d'appointements, doivent être prononcés à l'Audience par celui qui a présidé au jugement ; & c'est à lui à visiter le jugement. (Voyez le procès-verbal de l'Ordonnance de 1667, *pag.* 53.)

Et ils n'ont de date que du jour de cette prononciation, qui se fait à l'Audience.

Il y a encore une autre espèce de délibéré, qu'on appelle *délibéré sur le registre*, ainsi qu'il a été observé ci-dessus, *n.* 25. Ces délibérés ont lieu ordinairement, quand les Juges sont partagés d'avis. (Procès-verbal de l'Ordonnance de 1667, *tit.* 5, *art.* 3, *pag.* 53 ;) où quand il s'agit de discuter un peu plus au long les opinions. On juge ces sortes de délibérés à l'issue de l'Audience, quand le temps le permet, ou du moins le lendemain. Les Avocats se trouvent à l'Audience, & le jugement est prononcé, l'audience tenante, par celui qui a présidé. Quand ils se jugent à l'issue de l'Audience, on la fait retirer pour opiner, & ensuite on la fait rentrer pour prononcer le jugement. Ainsi les délibérés sur le registre ne sont que pour juger avec plus d'exactitude & de connoissance de cause ; & ils se font sans frais. Il n'y a point de Rapporteur, & le Président se contente de demander les avis aux Juges qui étoient présents à l'Audience. (Voyez l'Ordonnance de Blois, *art.* 125 ; & le Procès-verbal de l'Ordonnance de 1667, *tit.* 5, *art.* 3, *pag.* 53.)

31. Un Arrêt du Parlement du 12 Mai 1714, pour Niort, porte que lorsqu'il aura été ordonné que les pièces seront mises sur le Bureau, il sera, à l'issue de l'Audience, procédé à l'examen du délibéré ; pour être le jugement qui sera rendu, prononcé le jour suivant, ou trois jours après au plutard, en présence de ceux qui auront assisté à la cause ; & que lesdits délibérés seront rapportés par le Lieutenant-Général, s'il a été présent à la cause, sinon par le premier, ou plus ancien Officier, qui aura été présent, ès mains duquel les sacs, ou dossiers des parties seront remis. (Voyez le Procès-verbal de l'Ordonnance de 1667, *pag.* 53.)

Quand le délibéré sur le registre s'ordonne sur un partage d'avis, & qu'il est nécessaire d'appeller quelque nouveau Juge, il faut nommer un Rapporteur pour exposer l'affaire.

Ces délibérés doivent alors être jugés au rapport d'un des Juges qui ont assisté à l'Audience, où le délibéré a été donné ; & l'exécution du jugement appartient à celui qui a fait le rapport du délibéré. (Arrêt du Conseil du 18 Juillet 1677, pour Tours, *art.* 35.)

32. Dans les Cours de Parlements, les causes qui ont été mises au rôle, & qui restent à plaider après le temps de chaque rôle fini, demeurent appointées au Conseil & en droit; à l'exception seulement des appels comme d'abus ; régales ; requêtes civiles ; appellations de simples appointements en droit, soit qu'il y ait requête à fin d'évocation du principal, ou non ; & des causes qui doivent être terminées par expédient. (Déclaration du 15 Mars 1675, rapportée au Recueil des Réglements de Justice, *tom.* 1, *pag.* 192.)

Il y a des causes qu'on ne doit jamais appointer en droit, ni à mettre. Telles sont,

Les causes touchant les déclinatoires & les renvois. (Ordonnance de 1667, *tit.* 6, *art.* 2.)

Les causes qui se jugent sur congé, ou défaut. (*Ibidem*, tit 5, art. 4.)

Les affaires sommaires. (Ordonnance de 1667, *ibidem*, tit 17, art. 10.)

Les contestations qui surviennent sur la solvabilité des cautions, (*Ibid.* tit. 28, art. 3.)

Les appels d'incident, quand on évoque le principal, pour le juger. (*Ibidem*, tit. 6, art. 2.)

33. 34°. Les Sentences & Jugements d'Audience, doivent être prononcés, l'Audience tenante, à peine de nullité. (L. *cum Sententiam* 6, Cod. *de Sent. & interloc. omnium Jud.* ; Ordonnance de 1535, *chap.* 12, *art.* 12.)

35°. Les Officiers ne peuvent interrompre celui qui préside, dans les prononciations, ou prononcer en sa présence. (Arrêt du Parlement du 19 Août 1687, pour Chinon, *art.* 29.)

36°. Les Lieutenant-Général, Particulier, Assesseur & Conseillers, ne peuvent faire aucune expédition de cause après l'Audience levée. (Arrêt de la Cour du 24 Avril 1630, pour Abbeville, rapporté par Néron, *tom.* 2, *pag.* 615, de l'édition de 1730.)

37°. Les Sentences & Jugements rendus à l'Audience, doivent être visés à l'issue de l'Audience, & le même jour par celui qui a présidé à ces jugements ; lequel doit voir si ce que le Greffier aura rédigé, est conforme au prononcé, signer le plumitif, & parapher chaque Sentence, ou Jugement. (Ordonnance de 1667, *tit.* 26, *art.* 5.) Et au cas qu'il ait été omis quelque chose par le Greffier, celui qui y a présidé, doit le réformer sur le registre.

La même regle doit s'observer de la part de celui qui a présidé dans une cause particulière; *v. g.* dans le cas de parenté, ou récusation de celui qui présidoit à l'Audience.

Les Greffiers ne peuvent expédier ces jugements, s'ils n'ont été ainsi visés; & cela leur est expressément défendu. (Arrêt du Parlement du 17 Mai 1715, contre le Greffier de Gonesse, rapporté au Journal des Audiences.)

ARTICLE II.

Du Siège de l'issue.

34. 1°. Le Siège de l'issue est un Siège particulier, qui a lieu dans plusieurs Bailliages & Sénéchaussées royales, où le Lieutenant-Général, & en son absence, celui qui le suit dans l'ordre du Tableau, jugent seuls, sans assistance d'aucun autre Juge, toutes les causes sommaires de dix livres & au-dessous. (Arrêt du Parlement du 11 Juillet 1643, pour la Flèche; Arrêt du Conseil du 16 Mars 1705, rendu pour le Présidial d'Autun, *art.* 7; autre du 31 Août 1689, pour Orléans, *art.* 5. (*a*)

2°. Par des Réglements postérieurs même à l'Ordonnance de 1667, les Lieutenants-Généraux, & autres Officiers des principaux Sièges royaux, ont été maintenus dans le droit de juger seuls ces sortes de causes en la petite Audience, à la levée du Siège, en la manière accoutumée; & en leur absence, ceux des Officiers dudit Siège, qui les suivent dans l'ordre du Tableau; ce qui doit être observé seulement dans les Sièges où les Lieutenants-Généraux sont en possession, en vertu d'Arrêts, Concordats, où Réglements, de tenir seuls ces petites Audiences. (Arrêt du Conseil du 21 Avril 1668, servant de Réglement pour les

(a) *Nota.* Ce Siège de l'issue est devenu inutile depuis l'établissement fait dans les Bailliages royaux au mois de Septembre de l'année 1769, d'un Siège pour juger en dernier ressort toutes les causes sommaires, *&c.* de quarante livres & au-dessous, au nombre de trois Juges.

les Lieutenants-Généraux du ressort du Parlement de Paris ; autre du 21 Décembre 1671, pour les Sénéchaussées du ressort du Parlement de Toulouse.)

35. 3°. Les affaires où il ne s'agit que d'instruction de la procédure, peuvent aussi être portées à ce Siège. (Même Arrêt du Conseil du 21 Avril 1668, pour le ressort du Parlement de Paris ; autre du 31 Août 1689, pour Orléans, *art.* 5)

4°. Mais il est défendu aux Lieutenants-Généraux de juger seuls audit Siège de l'issue, & à la levée de l'Audience, aucune autre cause que celles ci-dessus. (Arrêt de 1689, pour Orléans, *art.* 5 ;) même sous prétexte qu'il s'agiroit d'affaires qui requièrent célérité, & qui ne peuvent être différées ; ou de causes entre forains, ou de main-levée de bestiaux, en donnant caution. (Même Arrêt de Réglement du 21 Avril 1688, rendu pour le ressort du Parlement de Paris ;) à peine de nullité desdits jugements, & des dommages & intérêts des parties. (Réglement du Conseil du 2 Août 1688, pour le Présidial de Poitiers, *art.* 21.)

36. 5°. L'appel des Jugements rendus au Siège dont on vient de parler pour les causes sommaires de dix livres & au-dessous, se portoit au Présidial. (Arrêt du Parlement du 1 Septembre 1629, rendu pour le Présidial de Clermont, rapporté par Filleau, *tom.* 1, *pag.* 307 ; Arrêt du Conseil du 16 Mars 1705, pour Autun, *art* 7.)

6°. Il résulte de ce qui vient d'être dit, que les jugements ainsi rendus au Siège de l'issue, ne peuvent être qualifiés de jugements derniers & Présidiaux, encore que les Procureurs des parties y consentissent. (Arrêt du Parlement du 24 Avril 1630, pour Abbeville, rapporté par Néron, *tom.* 2, *pag.* 615.)

ARTICLE III.

De l'Audience des Baux.

37. 1°. L'audience des Baux est un Siège qui se tient dans toutes les Jurisdictions, ordinairement à l'issue de l'Audience, par le premier Juge du Siège ; & en son absence, par celui qui le représente dans l'ordre du Tableau.

2°. Les actes qui se font au Siège des baux, sont les baux à ferme, tant du domaine du Roi, que des particulies. (Arrêt du Parlement du 24 Avril 1630, pour Abbeville, rapporté par Néron, *tom.* 2, *pag.* 615 ; autre du 7 Mars 1626, pour Sainte-Menehoult, rapporté par Filleau, *tom.* 1, *part.* 2, *pag.* 68 ; autre du 12 Mai 1714, pour Niort.)

Les ventes de fruits pendants par les racines. (Mêmes Arrêts du 24 Avril 1630, pour Abbeville ; 19 Août 1687, pour Chinon, *art.* 7 ; & 12 Mai 1714, pour Niort.) Le Réglement du 26 Septembre 1692, pour Blois, dit simplement, les ventes de fruits.

Les adjudications par décret. (Arrêt du 7 Mars 1626, pour Sainte-Menehoult ; même Arrêt de 1630, pour Abbeville ; autre du 19 Août 1687, pour Chinon, *art.* 7.)

Les ventes sur affiches & publications.

Les ventes par licitations. (Arrêt du 7 Mars 1626, pour Sainte-Menehoult.)

Les adjudications d'épaves.

38. 3°. Dans les Bailliages & Sénéchaussées royales, le Siège de l'Audience des baux se tient par le Lieutenant-Général seul. (Arrêt du 26 Février 1630, pour le Mans, rapporté par Joly, *tom.* 2, *pag.* 1857 ; autre Arrêt du Parlement du 19 Août 1687, pour Chinon, *art.* 7; autre du 30 Juin 1689, pour Angoulême, *art.* 10.)

4°. En l'absence du Lieutenant-Général, ce Siège doit se tenir par le Lieutenant particulier, ou plus ancien Conseiller du Siège, suivant l'ordre du Tableau. (Même Arrêt de 1689, pour Angoulême, *art.* 10.)

Et il en est de même, lorsqu'il s'agit d'instances de saisies réelles, criées & adjudications par décret, dans lesquelles les saisis, ou saisissants, sont parents, ou alliés du Lieutenant-Général, au dégré prohibé ; ainsi que des ordes & distributions de deniers, lorsque lesdits parents, ou alliés sont poursuivants l'ordre, ou saisie ; les adjudications, ordres & distributions, doivent alors être faites par le Lieutenant particulier, ou autre Juge. (Réglement du 30 Octobre 1686, pour les Officiers du Présidial d'Orléans, homologué par l'article 10 de l'Arrêt du Conseil du 30 Août 1689, rendu pour le même Siège. Voyez aussi l'Arrêt du 29 Novembre 1596, pour Lyon, *art.* 11, rapporé par Joly, *tom.* 2, *pag.* 1019; autre du 7 Août 1677, pour Sens.)

39. On doit néanmoins faire à cet égard une distinction. Lorsqu'il s'agit d'instances de saisies réelles & criées, adjudications, ordres & distributions, où il y a des opposants, parents & alliés du Lieutenant-Général, au dégré prohibé, elles peuvent être poursuivies pardevant le Lieutenant-Général, & il peut être par lui prononcé sur ces oppositions, lorsqu'elles ne sont point

contestées ; mais si elles viennent à être contestées, alors il doit se déporter, mais seulement de la conoissance des oppositions contestées de ses parents & alliés. (Même Réglement du 30 Octobre 1686, pour Orléans.)

Néanmoins dans tous ces cas, le Lieutenant-Général peut connoître des causes & affaires de ses parents & alliés, lorsque toutes les parties y consentent par écrit, suivant l'Ordonnance. (Même Réglement de 1686 ; Ordonnance de 1667, *tit.* 24, *art.* 1.)

40. 5° Les Juges ne peuvent prendre d'épices pour ces sortes de baux & adjudications. (Arrêt du Parlement du 24 Avril 1630, pour Abbeville, rapporté par Néron, *tom.* 2, *pag.* 615 ; autre du 7 Septembre 1629, pour Perrone, rapporté par Filleau, *tom.* 1, *pag.* 208 ; Voyez aussi ce qui est dit ci-après au titre *Des Epices*, part. 3, tit. 8, n. 56.)

6°. Lorqu'il survient des contestations sur ces sortes de baux & adjudications, celui qui tient l'Audience des baux, ne peut les juger seul, & il doit les renvoyer à l'Adience ordinaire, pour y être jugées comme les autres causes. (Arrêt du Parlement du 30 Juin 1689, pour Angoulême, *art.* 10.)

41. 7°. A l'égard des certifications de criées, elles doivent se faire à l'Audience ordinaire. (Arrêt du 21 Juillet 1629, pour Gueret, rapporté par Joly, *tom.* 2, *pag.* 1857 ; autre du 24 Avril 1630, pour Abbeville ; Edit de Janvier 1685, pour le Châtelet de Paris, *art.* 2.) Néanmoins l'Arrêt du Parlement du 12 Mai 1714, rendu pour Niort, porte qu'elles se feront au Siége des Baux.

8°. On ne peut se pourvoir contre les adjudications, baux, ou Sentences rendues au Siége des Baux, que par la voie d'appel au Parlement ; mais si la Sentence est dans le cas de l'Edit, on peut en porter l'appel au Présidial, quoiqu'au même Siége. (Voyez ce que j'ai dit à ce sujet dans mon Traité de la Jurisdiction des Présidiaux, *pag.* 227, édition de 1764.)

9°. Enfin il faut observer qu'on ne doit adjuger, ou vendre aucuns meubles à l'Audience des baux. (Edit du mois de Mars 1713, rapporté par Néron, *tom.* 2, de l'édition de 1730, *pag.* 473, *col.* 2, in med.)

ARTICLE IV.

Des Audiences criminelles en particulier. (a)

42. 1°. Les affaires qui doivent se porter à l'Audience criminelle, sont celles où il s'agit d'injures, & autres matières légères, qui ne méritent pas d'instruction. (Edit du mois de Janvier 1685, pour le Châtelet de Paris, *art.* 25; Arrêt du Parlement du 27 Janvier 1607, pour Loudun, rapporté par Joly, *pag.* 1131, qui dit, procès criminels sommaires, & pour injures verbales, & non atroces, & autres semblables, qui requièrent prompte expédition.)

Toute action qui commence par une plainte, doit être portée devant le Juge-Criminel, sauf à renvoyer en la Chambre civile, si elle est jugée devoir être traitée civilement; ce qui doit pareillement être observé par les Juges du civil, lorsqu'une affaire civile a été introduite au civil par exploit, ou demande tendante à fin civile, & qu'il intervient un jugement à l'extraordinaire; auquel cas l'affaire doit être renvoyée en la Chambre criminelle. (Réglement du Conseil du 2 Août 1688, pour Poitiers, *art.* 29.)

43. 2°. Dans la plupart des Sièges, les Lieutenants particuliers, Assesseurs, & Conseillers, peuvent assister aux Audiences criminelles, quand ils le jugent à propos. (Ordonnance du 6 Mai 1552, *art.* 6.)

Il en faut seulement excepter les Sièges où il y a des Chambres particulières pour le criminel, où il n'assiste qu'un certain nombre de Juges.

Au Châtelet de Paris, ces Audiences se tiennent par le Lieutenant Criminel seul. (Edit du mois de Janvier 1685, pour le Châtelet de Paris, *art.* 25.) Il en est de même dans plusieurs autres Tribunaux, comme dans ceux du Languedoc, *&c.* (Voyez Descorbiac, au titre *Des Lieutenants-Criminels*, tit. 3, chap. 1, n. 2, pag. 175.)

44. 3°. Dans ces sortes de causes criminelles qui se portent à l'Au-

---

(a) Voyez mon Traité de la Justice Criminelle, au titre *De la maniere de poursuivre l'action criminelle en général*, part. 3, liv. 3, tit. 2, n. 193 & suivants.

dience, les informations & procédures qui ont été faites, doivent être mises entre les mains d'un des Avocats du Roi, qui doit y assister, afin d'en faire le récit, & que ces contestations puissent être vuidées sur-le-champ; & il est enjoint aux Juges de le faire. Néanmoins s'ils estimoient de voir les informations, ou autres procédures, ils peuvent l'ordonner par un délibéré, & prononcer à l'Audience suivante la Sentence qu'ils trouveront à propos de rendre, sans prendre aucuns droits à ce sujet. (Même Edit de 1685, pour le Châtelet de Paris, *art.* 25.)

4°. Il y a aussi plusieurs actes d'instruction & incidents dans les procès de grand-criminel, qui doivent se porter à l'Audience. (Voyez ce qui a été dit à ce sujet dans mon Traité de la Justice criminelle, au titre *De la manière de poursuivre l'action criminelle en général*, part. 3, liv. 3, tit. 2, n. 194 & suivants.)

SECTION II.

Considérations nécessaires aux Juges pour les Jugements qu'ils rendent en matiere civile; & de la maniere dont ils doivent rendre leurs Sentences.

ARTICLE PREMIER.

Devoirs généraux des Juges touchant les Jugements.

45. La manière de terminer les procès en Justice, consiste en deux choses. 1°. A les instruire. 2°. A les juger. La première de ces questions est de fait; & la seconde est une question de droit, qui, par conséquent, doit être précédée de celle de fait; puisque pour décider ce qui est de droit, il est nécessaire d'être auparavant informé du fait, & de ses qualités.

Or, il y a deux manières dont les Juges peuvent connoître du fait. La première, en écoutant les demandes & défenses des parties. La seconde, en examinant d'abord le fait proposé en jugement, & ensuite en faisant l'application du droit au fait, & en réunissant ensemble le fait & le droit dans l'espèce proposée.

46. 1°. Quant à l'instruction, le Juge doit avoir soin que tout se fasse avec ordre & avec exactitude, dans les actes qui sont nécessaires pour l'expédition du procès; comme sont les citations, les compulsoires, les Monitoires, les défenses, les exécutoires, les com-

missions, & autres actes semblables, qui sont en usage dans la procédure ; mais il aura attention, par-dessus toutes choses, que les procès ne soient point tirés en longueur.

S'il paroît juste, ou nécessaire d'interroger les parties pour l'éclaircissement de la cause, le Juge ne doit pas manquer d'avoir recours à ce moyen. (*a*)

47. Il faut aussi observer qu'il arrive souvent dans le jugement des causes & procès, que le Juge se trouve dans la nécessité de suppléer les choses qui ont été omises par les parties plaidantes, ainsi que les moyens qui ont été oubliés par les Avocats ; & il y a même à ce sujet un titre particulier au Code, *liv.* 2, *tit.* 4. Or le Juge supplée ces choses, soit par lui-même, soit en interrogeant les parties sur ce qui est nécessaire, & cela quand bien même les parties qui y ont intérêt, ne diroient & ne demanderoient rien à cet égard ; ce qui s'observe ainsi, afin que le Juge puisse rendre une Sentence certaine & convenable à la chose dont il s'agit ; de manière que ce qu'on dit ordinairement que le Juge supplée les choses qui ont été omises par les parties & par les Avocats, doit s'entendre non-seulement de ce qui concerne le droit, comme tout le monde le pense communément ; mais encore de ce qui regarde le fait ; de la même manière que le Juge est dit le faire à l'égard d'une partie absente, dans la Loi dernière au Code *de appellationibus*. (Voyez ce qui a été dit ci-après, *n.* 54, sur cette question, à l'article *Des choses que le Juge peut & doit suppléer en jugeant*.)

48. 2°. Le Juge avant de rende la Sentence, doit lire, comparer, & examiner avec attention tout ce qui a été produit de part & d'autre par les parties plaidantes ; ensuite de quoi il doit prononcer sa décision.

Dans l'examen des actes, il doit considérer principalement deux choses, sçavoir, *la procédure*, & ensuite *le fond de la cause*.

Quant à *la procédure*, il examinera avec attention, si toutes les regles & les formalités établies par les Ordonnances, touchant la procédure, ont été observées par les parties ; & s'il voit qu'il manque quelqu'une de ces formalités, avant que de rendre sa Sentence, il doit d'office y faire suppléer, & faire recommencer

---

(a) *Ubicumque æquitas moverit, æque oportere fieri interrogationem dubium non est.* (L. 21, D. *de interrog.*)

cette procédure vicieuse : autrement & sans cette précaution, tout ce qui seroit fait en conséquence, & même la Sentence seroit nulle.

49. En ce qui concerne *le mérite du fond* ; c'est-à-dire, l'application du droit au fait, ou à la question proposée, le Juge doit, pour la décider suivant les regles de la Justice, se conformer à la disposition des Loix, Ordonnances, & Coutumes du Royaume. Et si les Loix & les Coutumes n'ont rien décidé à cet égard, dans ce cas, la raison & l'équité doivent être la regle de sa décision, & de son jugement.

En effet, le droit & l'équité sont les deux regles de tous les jugements ; ce qui a donné lieu à ces deux maximes de Jurisprudence : la première, que le Juge doit juger conformément aux Loix, & aux Constitutions du Royaume, & aux Coutumes. (§. *Institut. de officio Judicis* : la seconde, que dans tous ses jugements, il doit avoir principalement la justice en vue. (L. *in omnibus*, D. *de regulis juris* ; L. *bona fid.* D. *depositi.* Voyez ce qui est dit ci-après, *n.* 61.) Voilà pour ce qui regarde le mérite du fait.

50. A l'égard du fait en lui-même, le Juge doit examiner d'abord le genre de l'action qui est portée devant lui : ensuite quelle est la fin, ou la conclusion de cette action : enfin, si elle est suffisamment prouvée ; ce qui se fait, ou par l'aveu du défenseur, ou par les titres produits au procès, ou par les dépositions des témoins, considérées, ou séparément, ou réunies ensemble ; pourquoi l'on a même souvent recours aux présomptions, aux conjectures, aux indices, & aux arguments de cette espece, afin d'estimer si la preuve est suffisante, ou non.

En général, il faut considérer deux choses dans les preuves. La première, si elles sont dans l'ordre prescrit par les Loix. Ainsi lorsqu'il s'agit d'une preuve testimoniale, on doit examiner si les témoins sont en nombre suffisant ; s'ils déposent de faits qu'ils ont vu eux-mêmes ; s'il n'y a point de cause qui rende leurs témoignages suspects ; si dans leurs dépositions, on a observé exactement les formalités prescrites par l'Ordonnance.

51. La seconde chose est d'examiner, si ces preuves sont concluantes, & s'il en a résulté la vérité des faits qu'il falloit prouver, soit qu'il s'agisse d'une preuve testimoniale, ou par écrit, ou autrement. Ainsi pour les dépositions des témoins, le Juge doit examiner si les faits dont ils déposent sont les mêmes que ceux qu'il falloit prouver ; ou si ce sont d'autres faits dont on puisse tirer

des inductions ſures pour la vérité des faits conteſtés, en conſéquence de la liaiſon néceſſaire que ces faits ont les uns aux autres ; ſi les témoignages ſont conformes, où s'ils ſe trouvent différents, & ſi la diverſité qui ſe trouve entre eux peut ſe concilier, pour former la preuve, ou ſi elle laiſſe la choſe incertaine ; ſi la multitude des témoins ne laiſſe aucun doute ſur la vérité de la preuve ; ſi la probité & l'autorité de quelques-uns des témoins donne plus de poids à leur témoignage ; s'il n'y a point de variation dans quelques-unes des dépoſitions, *&c.* Dans tous ces cas, il eſt de la prudence du Juge de diſcerner ce qui eſt ſuffiſant pour établir la vérité du fait, ou ce qui le laiſſe dans l'incertitude ; de conſidérer le rapport & la liaiſon que peuvent avoir les faits qui réſultent des preuves, avec ceux dont on cherche la vérité ; d'examiner ſi les preuves ſont concluantes, ou ſi elles forment ſeulement des préſomptions, & quel égard on doit y avoir. (Voyez *omninò*, ce qui a été dit à ce ſujet dans mon *Traité de la Juſtice Criminelle*, au titre *Des preuves*, part. 3, liv. 1, titr 3, n. 27, & ſuivants.)

52. Si le Juge trouve que le demandeur n'a pas ſuffiſamment prouvé ſon action, il donnera congé de la demande, ſuivant cette maxime de Droit, que *actore non probante, reus abſolvitur.* (L. *qui accuſare*, Code *de edendo* ;) à moins que les circonſtances de la cauſe n'exigent que le Juge déférât le ſerment à l'une de parties ; ſur quoi on ne peut point établir de regle certaine.

Mais ſi l'action paroît ſuffiſamment prouvée au Juge, il examinera avec ſoin les exceptions du défendeur, pour voir ſi ces exceptions détruiſent l'action du demandeur ; car ſi ces défenſes détruiſent & anéantiſſent entièrement l'action, ſans repliques valables de la part du demandeur, alors le Juge doit donner congé de la demande, de la même manière que ſi elle n'étoit point prouvée.

53 Enfin, le Juge doit examiner le fait avec beaucoup de ſoin & d'attention, tant du côté du demandeur, que du côté du défendeur ; & enſuite il doit prononcer ſon jugement, ſuivant ce qui eſt produit & prouvé au procès ; ce qu'on appelle ordinairement juger *ſecundum allegata & probata.* (L. *illicitas* 6, §. *veritas* 1, D. *de officio præſ.* ; Covarruvias, *variar. reſolut.* cap. 1, *ſub num.* 7 ; Ordonnance du mois d'Avril 1453, *art.* 123 ;) ce qui ne doit ſouffrir aucune difficulté, dans le cas où cette preuve s'accorde avec la conſcience du Juge.

Mais

Mais si la preuve qui résulte des actes du procès, est contraire à ce que le Juge sçait d'ailleurs comme particulier, quelques Auteurs prétendent que dans ce cas le Juge doit juger, non sur ce qu'il sçait, mais sur ce qui résulte des actes du procès; pourvu qu'il puisse y avoir appel de ses jugements; car si c'est un Juge en dernier ressort, presque tous les Auteurs pensent qu'il doit juger suivant ce que sa conscience lui dicte.

Si la preuve qui résulte des actes du procès en faveur du demandeur, n'est point détruite par les défenses & exceptions du défendeur, & qu'elle soit complette, ou équivalente à une preuve complette, le Juge doit prononcer son jugement relativement à l'action, & accorder au demandeur les conclusions de sa demande.

Soit que le défendeur perde sa cause, ou le demandeur, le Juge doit toujours condamner le perdant aux dépens, suivant l'article 1 du titre 33 de l'Ordonnance de 1667.

ARTICLE II.

Des choses que le Juge peut suppléer d'office.

54. Le Juge est souvent dans la nécessité, pour pouvoir décider une cause suivant les regles de la Justice, de suppléer par lui-même, ce qui a été omis par les parties plaidantes, ainsi qu'on l'a observée ci-dessus, *n.* 47.

C'est pourquoi lorsqu'un Avocat, ou un Procureur, par erreur, ou par ignorance, ou négligence, ont fait en plaidant, ou en écrivant, quelque omission qui peut être préjudiciable à leur partie, le Juge peut non-seulement suppléer tout ce qui a été oublié; mais même il est dans l'obligation de le faire toutes les fois qu'il suffit pour cela d'y employer des raisons de Droit. (L. *unic.* Cod. *ut quæ desunt Advoc. part. jud. suppl.* (a)

55. A l'égard de l'erreur de fait, il faut distinguer, si cette erreur a été commise par l'Avocat, en présence de sa partie, ou de son Procureur; ou en leur absence.

(a) *Non ideo minus legem in judicando Judex sequi debet, quod Advocatus eam allegare omiserit. Enim verò, non dubitandum est judicem, si quid à litigatoribus, vel ab his qui in negociis assistunt, minus fuerit dictum, id supplere & proferre, quod sciat legibus & reipublicæ convenire.*

Dans le cas où cette partie étoit absente, ainsi que son Procureur, cette erreur ne peut préjudicier à la partie ; parce que l'Avocat ne devient jamais le maître du procès, à la différence du Procureur. (L. *procuratoribus* 22, & seqq. Cod. *de procurator.*)

Mais si la partie étoit présente, ou son Procureur, & que par son silence, elle parût approuver le fait de l'Avocat, on doit alors regarder ce qui a été fait par l'Avocat, comme s'il avoit été fait par la partie même, ou par son Procureur. (L. 1, Cod. *ut quæ des. Advoc.*) C'est pourquoi, afin que la partie puisse attaquer dans ce cas, ce qui a été dit, ou fait, par son Avocat, elle n'a d'autre voie que celle du désaveu ; & en attendant, elle est sujette à la réfusion des dépens, pour raison du retardement du procès ; parce que la contumace d'une partie ne doit jamais nuire à l'autre, suivant la Loi *hominem* 37, D. *de mandat.*) Il faut néanmoins observer qu'on accorde rarement cette restitution au client, lorsqu'il étoit présent à sa cause, dans le temps qu'on la plaidoit ; parce que régulièrement on ne permet point à une partie de revenir contre son propre fait, suivant les Loix 155 & 203, D. *de regulis juris ;* à moins que cette partie ne fût une personne telle, qu'à cause de son sexe, de sa rusticité, de la foiblesse de son âge, ou autre cause semblable, elle méritât cette faveur.

56. Il en est de même si le fait omis par l'Avocat, est tel qu'il puisse non-seulement se conjecturer, mais encore se prouver par les actes ; car alors le Juge ne peut les suppléer. En effet, on ne supplée point, à proprement parler, les choses qui se prouvent par les actes ; comme est l'exception qui naît d'un écrit produit par le demandeur ; (*Ita* Guipape, *quæst.* 221.) & c'est-là le cas de cette maxime vulgaire que le Juge doit juger *secundum allegata & probata*, & non selon sa connoissance particulière.

Les faits même qui sont notoires, ne peuvent être suppléés par le Juge, lorsqu'ils n'ont point été allégués par la partie, quoiqu'on ne puisse exiger la preuve de ces faits. (*Ita* Guipape, *quest.* 221, *n.* 4 ; Voyez aussi la Glose sur le Chapitre *Appellanti*, *de appellat.* ; & Julius-Clarus, §. *finali*, *quæst.* 9.)

57. En matière d'exceptions, le Juge ne peut les suppléer que très rarement ; parce que, quoique les exceptions semblent être ordinairement plus de droit que de fait, néanmoins il arrive très rarement qu'elles ne soient pas jointes à quelque question de fait dont elles dépendent. (L. *exceptiones opponuntur*, & *passim*, D. *De exceptionibus.*) Quelquefois cependant elles dépendent

de la convention qui donne lieu à l'action, dont la preuve ne peut pas se faire promptement par les actes même de la cause.

Mais quand il s'agit des nullités des actes, le Juge peut non-seulement faire droit sur ces nullités, lorsqu'elles sont opposées par la partie, mais il doit même les suppléer d'office, quand même elles ne seroient point proposées ; ce qui est fondé sur cette regle, que les actes ne font aucune preuve, à moins qu'ils ne soient revêtus de leurs formalités.

58. On peut néanmoins distinguer à cet égard les formalités établies en faveur de la partie, de celles établies par un motif d'intérêt public. A l'égard des premieres, elles ne peuvent être suppléées par le Juge ; mais il semble qu'il est obligé de suppléer les autres, telles que sont les nullités des enquêtes, des saisies & autres exploits, *&c.* (à moins qu'il ne s'agisse d'une assignation, & que la partie ait comparu sur cette assignation, & défendu au fond.) C'est pourquoi, la peine de nullité de ces sortes d'actes, est ordinairement établie par l'Ordonnance, dans le cas où les formalités qu'elle prescrit, n'ont point été observées.

Il en est de même des fins de non-recevoir ; *v. g.* si un mineur agit en Justice sans son tuteur.

Lorsqu'une affaire portée en jugement a déja été jugée, les Juges doivent suppléer d'office cette exception, dans le cas du-moins où la chose jugée a été décidée par un Tribunal qui juge en dernier ressort. (Ainsi jugé par Arrêt du Parlement de Paris du 1 Avril 1613, sur l'appel d'une Sentence des Consuls d'Abbeville, rapportée par Bouchel en sa Bibliotheque de Droit François, au mot *Fins de non-recevoir.*)

59. Il en est de même à plus forte raison lorsque le Juge est absolument incompétent pour connoître de l'affaire portée devant lui ; car alors il doit absolument se départir de la connoissance de cette affaire, & la renvoyer devant les Juges qui en doivent connoître ; autrement tout ce qu'il feroit, seroit nul. (Ordonnance de 1667, *tit.* 6, *art.* 1 ; autre de 1670, *tit.* 1, *art.* 4.)

L'exception tirée de la prescription, ne doit point être suppléée d'office par les Juges, du moins en matiere civile, & elle doit être opposée par la partie ; parce que la prescription ne détruit pas l'action *ipso jure.* (Voyez Guy-Pape, *décis.* 221 *avec les notes* ;) mais il en est autrement en matiere criminelle. (Voyez ce que j'ai dit à ce sujet dans mon Traité de la Justice criminelle, au titre *De l'action qui naît des crimes*, part. 3, tit. 1, n. 45.)

60. Il en eſt de même des preſcriptions courtes ; *v. g.* de la preſcription d'un an pour les retraits lignagers, ou autre de cette eſpece, lors même que cette preſcription réſulte des actes du procès ; le Juge ne peut alors la ſuppléer d'office, & elle doit néceſſairement être oppoſée par la partie qui a intérêt de le faire.

A l'égard de la preſcription de cinq ans pour les rentes conſtituées, comme elle eſt établie par un motif d'intérêt public, elle doit être ſuppléée d'office par les Juges. (Voyez l'Ordonnance de Louis XII du mois de Juin 1510, *art.* 71.)

Dans les cauſes favorables, comme ſont celles des Hôpitaux des pauvres, *&c.* il ſemble auſſi que le Juge doit ſuppléer d'office les exceptions. (Voyez l'article 35 du titre des Requêtes civiles de l'Ordonnance de 1667.)

Quand à la queſtion de ſçavoir ſi le Juge doit ſuppléer d'office les reproches contre les témoins, dans le cas du moins où la cauſe de ces reproches eſt prouvée par les actes même du procès, Voyez *omninò* ce que j'ai dit à ce ſujet en mon Traité des matieres criminelles au titre *Des Jugements, Sentences & Arrêts*, part. 3, liv. 2, tit. 25, n. 148.

ARTICLE III.

Regles générales que les Juges doivent obſerver en jugeant.

61. 1°. Comme c'eſt dans le jugement que paroît principalement le travail & l'induſtrie des Juges, ils doivent faire leurs efforts pour s'y conduire avec toute la ſageſſe & la prudence poſſible ; & à cet effet ils doivent faire attention à toutes les circonſtances des faits, & aux différents motifs qui y ont donné lieu, afin de rendre un jugement juſte & exact.

2°. Le Juge, dans ſes jugements, doit avoir principalement en vue le droit & la juſtice ; ce qui a donné lieu à cet axiome vulgaire, que le Juge doit juger conformément aux Loix, aux Ordonnances, & aux Coutumes ; (§. Inſtit. *de officio judicis* :) & à cet autre, que le Juge doit dans ſes jugements avoir principalement en vue la juſtice & l'équité. (L. *in omnibus*, D. *de regulis juris* ; L. *bona fid.* 31, D. *de poſſ.* ; L. 4, §. 1, D. *de eo quod certo loco* ; L. 8, Cod. *de judiciis.*)

62. 3°. Le Juge doit toujours ſe conformer exactement aux Loix & Ordonnances du Royaume. (Ordonnance de Louis XII du

mois de Mars 1498, *art.* 59; Ordonnance du mois d'Octobre 1535, *chap.* 12, *art.* 10; Ordonnance de 1667, *tit.* 1, *art.* 1, 6 & 8; Voyez aussi Lebret, en son Traité de la Souveraineté, *liv.* 2, *chap.* 3, le Cod. Fab, *lib.* 2, *tit.* 7, *def.* 1, *n.* 6 & 8; & Bodin, en sa République, *liv.* 6, *chap.* 6.)

Les exemples même des choses jugées ne peuvent être un motif suffisant pour juger de la même maniere, suivant cette maxime de Droit, *legibus non exemplis judicandum.* (L. 13, Cod. *de sententiis & interlocut.*)

4°. Le Juge, pour rendre un jugement juste, doit s'instruire d'abord de la décision portée par la Loi, & en faire ensuite une application équitable, selon la qualité de l'affaire dont il s'agit; car les circonstances du temps, du lieu, de la maniere, & autres semblables, sont, à proprement parler, les instruments que l'équité met en œuvre, & qui sont les motifs & la regle de ses jugements. Nous en avons un exemple dans les contrats dont la Loi ordonne l'entiere exécution & l'accomplissement, lorsqu'ils sont parfaits; mais lorsqu'il y entre de la fraude, la Loi se régle sur l'équité, qui ne permet pas que la justice, qui est directement opposée à la fraude, à la violence, & à une trop grande inégalité, prête jamais son ministere pour les autoriser.

5°. Dans les questions de Coutume, le Juge doit se conformer à la Coutume du lieu, dans le cas où les Ordonnances ne réglent pas le contraire; & si la Coutume du lieu ne décide rien à cet égard, il faut recourir aux Coutumes voisines; & à défaut, s'en tenir à ce qui est réglé par la Coutume de la Ville capitale. (L. 32, D. *de legibus.*)

De l'interprétation des Loix.

63. 6°. Quand la décision de la Loi est claire & précise, le Juge doit la suivre exactement. Par exemple, dans l'adition d'hérédité, si l'héritier néglige de se servir du bénéfice d'inventaire, il doit être tenu indistinctement de toutes les dettes du défunt, & le Juge doit le condamner à les acquitter; parce que la Loi est précise à cet égard; mais quand la Loi est muette, ou qu'elle s'exprime d'une maniere obscure, ou ambiguë, & qu'elle peut être adoucie sans inconvénient; alors l'équité doit être son interprête. En effet, comme la Loi, dans une décision générale, ne peut

comprendre tous les cas particuliers, c'est l'équité qui doit tenir sa place, & suppléer à son défaut.

64. 7°. Pour bien interpréter une Loi, il faut en comparer ensemble toutes les dispositions, & les interpréter les unes par les autres. (L. 24, D. *de legibus.*) L'usage doit beaucoup contribuer à cette interprétation. (L. 37, 38 & 23, *eod. tit.*) Il faut aussi observer que les Loix s'interpretent les unes par les autres. Ainsi lorsque des Loix nouvelles se rapportent aux anciennes, ou les anciennes aux nouvelles, elles s'interpretent les unes par les autres, selon leur intention commune, dans ce que les dernières n'ont pas abrogé. (L. 26 & 28, D. *de legibus.*) Si la Loi est obscure, elle doit s'interpréter aussi principalement par le motif qu'a eu en vue le législateur, & que l'équité favorise le plus. (L. 6, §. 1, D. *de verbor. signif.*; L. 13, §. 2, D. *de excusat. tut.*)

65. 8°. Les Loix ne doivent point être interprétées avec rigueur, à moins que cette rigueur ne soit une suite essentielle de la Loi, & qui en soit inséparable. (L. 12, §. 1, D. *qui & à quib. man.*) Mais si la Loi peut avoir son effet par une interprétation qui en modere la rigueur, & par quelque tempérament conforme à l'équité, il faut alors préférer l'équité à cette rigueur, & suivre plutôt l'esprit & l'intention de la Loi, que la maxime étroite & dure de l'interpréter. (L. 10, 11, 12 & 18; & L. 25, D. *de legibus*; L. 192, §. 1, D. *de regulis juris*; L. 56; L. 168 *eod. tit.*; L. 42, D. *de pœnis.*)

9°. La condition de celui qui plaide pour éviter un dommage, est plus favorable que la condition de celui qui cherche à se procurer un avantage. Ainsi dans l'incertitude les Juges doivent prononcer en faveur du premier. (L. 47, D. *de obligationibus & action.*)

66. 10°. Les Juges doivent aussi éviter d'être trop scrupuleux, & de s'attacher trop grammaticalement aux mots dans l'interprétation d'une Loi; mais ils doivent principalement en pénétrer l'esprit. (L. 53, D. *de verbor. obligat.*; L. 237 *eod.*)

11°. Si quelque Loi ou Coutume se trouve établie par des considérations particulières contre le droit commun, elle ne doit point être tirée à aucune conséquence hors le cas marqué expressément par sa disposition; & il en est de même des Loix qui restreignent la liberté naturelle, (L. 141, D. *de reg. juris*; L. 162 *eod. tit.*; L. 14, 16 & 39, D. *de legibus.*)

Les Loix au contraire qui favorisent l'utilité publique, l'humanité, la religion, la liberté des conventions, & que d'autres motifs rendent favorables, doivent s'interpréter avec toute l'étendue que peut donner la faveur de ces motifs jointe à l'équité. (L. 6, Cod. *de legibus*; L. 25, *eod. tit.*)

Voyez encore touchant les autres regles de l'interprétation des Loix, Domat, en ses Loix civiles, *tom.* 1, *liv.* 1, *tit.* 1, *sect.* 2, *pag.* 4, *& suivantes.*

De l'interprétation des Contrats.

67. 12°. La première regle de l'interprétation des conventions est, que c'est principalement par leur intention commune, qu'on doit expliquer ce qu'elles peuvent avoir d'obscur, ou de douteux. (L. 80; L. 219, D. *de verbor. signif.*; L. 34; L. 168, §. 1, D. *de contr. empt.*; L. 7, *in fine*, D. *de supell. leg.*) Et si l'intention ne se découvre pas, il faut l'expliquer par l'usage des lieux, ou des personnes, ou parce qui paroît le plus vraisemblable. (L. 34 & 114, D. *de reg. juris.*)

13°. Les clauses des conventions doivent s'interpréter les unes par les autres, en donnant à chacune le sens qui résulte de la suite entière de l'acte, & même de ce qui est énoncé dans ses préambules. (L. 24, D. *de legibus*; L. 80; & L. 134, §. 1, D, *de verbor. oblig.*; L. 21, D. *de rebus dubiis.*)

68. 14°. Si une clause est obscure, ou incertaine, elle doit s'interpreter en faveur de l'obligé. Ainsi dans le contrat de vente, l'interprétation doit être en faveur de l'acheteur; & dans le contrat de louage, en faveur du locataire, & ainsi des autres. (L. 26, D. *de rebus dubiis*; L. 172, D. *de reg. juris*; L. 39, D. *de pactis*; L. 38, §. 18; & L. 47, & 99, D. *de verbor. obligat.*; L. 21; D. *de contrah. empt.*; L. 33, *eod. tit.*) Et il en est de même dans les servitudes. (L. 17, §. 3 & 4, D. *de servit. præd. urb.*)

C'est aussi en conséquence du même principe, que si une obligation est alternative, elle est au choix de l'obligé. (L. 10, *in fine*, D. *de jure dotium*; L. 25, D. *de contr. empt.*; L. 21, *in fine*, D. *de act. empt.*)

69. 15°. Les fautes d'écritures qui peuvent être réparées par le sens de l'acte, n'empêchent pas que la convention n'ait son effet. (L. 92, D. *de reg. juris.*)

16°. Enfin, il faut observer que les clauses des conventions ont leur sens borné à ce qui en fait le sujet; & qu'elles ne doivent pas être étendues à des choses auxquelles on n'a pas pensé. Ainsi une quittance générale relative à un compte de recette & de dépense, n'annulle pas des obligations dont on n'a pas compté. De même, une transaction est bornée aux différends dont on a traité, & ne s'étend point au-delà. (L. 27, §. 4; L. 47, *in fine*, D. *de partis*; L. 5 & 9, D. *de trans.*; L. 3, Cod. *eod. tit.*)

Voyez encore pour les autres regles de l'interprétation des conventions, ce qui est dit par M. Pothier en son Traité des Obligations, *tom.* 1, *part.* 1, *art.* 7.

Suite des Regles que les Juges doivent observer en jugeant.

70. 17°. Les Juges doivent être équitables & libres de toute partialité & prévention : ils doivent prendre leur parti avec prudence, & sans opiniâtreté, uniquement par amour pour la justice, & sur-tout ne jamais juger contre leur conscience, mais uniquement par rapport à Dieu. (*a*) Ils doivent aussi être exempts d'amitié, de grace, & de faveur dans leurs jugements. (Voyez ce qui a été dit à ce sujet, au titre *Des fonctions, droits & devoirs de tous les Juges en général*, ci-dessus, part. 2, tit. 3, n. 43.)

18° Les Juges doivent être libres dans leurs opinions ; car si l'on use à leur égard de faveur, ou de menaces, il est à craindre qu'ils ne s'écartent de la justice. Ainsi ils doivent avoir une entière liberté dans leurs jugements ; & c'est sans doute pour cette raison, que quand le Roi va siéger au Parlement, le Chancelier, ou en son absence le Premier-Président, va à lui seul pour prendre sa voix, & va ensuite prendre celle des autres Juges par pelotons, qu'il reporte ensuite au Roi, afin que l'opinion particulière du Souverain n'entraîne pas tous les autres suffrages.

71. 19°. Mais le Juge doit avant toutes choses, examiner avec beaucoup d'attention & de maturité, & ne pas se presser de rendre la Sentence ; autrement il court risque de rendre une Sentence injuste, & il ne lui reste le plus souvent qu'un repentir vain & inutile. C'est pourquoi il doit avoir continuellement devant les yeux cette maxime, que la précipitation est souvent la compagne de l'injustice ; que la volonté divine lui ordonne d'examiner à plusieurs

---

(a) *Judex in causis Deum solum habere debet ante oculos, velut & timorem ipsius Dei.* (L. *quod si Ephesi*, D. *de eo quod certo loco.*)

plusieurs reprises les affaires qui sont soumises à son jugement ; & que par conséquent, il ne doit pas appréhender d'être lent à se décider, pour éviter la perte de son ame.

ARTICLE IV.

De la maniere dont le Juge doit rendre sa Sentence.

72. 1°. Le Juge doit rendre sa Sentence sur ce qui a fait le sujet de la contestation entre les parties ; (suivant cette maxime, que, *Judex tenetur pronuntiare eâ de re de quâ cognovit*, L. *de quâ re* 74, D. *de Judiciis.*

2°. Il doit prononcer sur toutes les demandes des parties ; mais quand il y a plusieurs chefs de demandes, il peut juger diffinitivement quelques-uns de ces chefs, & rendre une Sentence interlocutoire à l'égard des autres. (L. 15, Cod. *de Sentent. & interloc. omn. Jud.*)

3°. Il ne doit point adjuger aux parties plus qu'il n'a été demandé. (L. 18, D. *de communi divid.* ; L. *fin.* Cod. *de fideicomm.* §. 32 ; Institut. *de act.*) Par exemple si le demandeur avoit conclu à être maintenu dans une possession dans laquelle il seroit malfondé, le Juge ne doit pas alors lui adjuger la réintégrande ; quand même il se trouveroit par les pièces du procès, que ce demandeur y est bien fondé, n'y ayant point de demande à cet égard. De même, le Juge ne doit point adjuger à un demandeur une somme plus forte que celle qu'il demande, quand même il y seroit bien fondé ; ni adjuger un fond entier à celui qui n'en demande que la moitié ; & ainsi des autres. (Ainsi jugé par Arrêt du 11 Février 1648, rapporté par Boniface, *tom.* 1, *tit.* 16, *n.* 1, qui a déclaré nul un jugement qui avoit adjugé à la partie plus qu'elle ne demandoit.)

Si le jugement qui a adjugé aux parties plus qu'elles ne demandoient, ou à l'une d'elles, avoit été rendu en dernier ressort, il y auroit lieu à la requête civile. (Ordonnance de 1667, *tit.* 35, *art.* 34.)

73. 4°. Les Sentences, ou Jugements doivent être rendus & prononcés parties présentes, ou leurs Procureurs. (L. 47, D. *de re judicatâ* ;) à moins que l'une d'elles ne soit défaillante, auquel cas le jugement peut se prononcer par défaut contre cette partie.

5°. Les jugements doivent être prononcés en public, dans le lieu destiné à cet effet. (L. *cum Sententiam*, Cod. *de Sententiis* ;) & ils doivent être rendus par le Juge séant en son Tribunal. (L. 2, D. *de re judic.* Novell. 82, cap. 3 ; L. *cum Sententiam*, Cod *de Sententiis.*)

6°. Les jugements doivent aussi être rendus de jour, & non de nuit. (Novell. 82, Cod. 3, L. 2, §. *& quia Magistratibus*, D. *de origine juris.*)

7°. Ils doivent être rendus les jours ordinaires de Palais, & non les jours fériés. (L. 1, D. *de feriis* ; L. *proponis*, Cod. *quomodò & quando jud.* ; Voyez aussi Laroche-Flavin, Traité des Parlements, *liv.* 8, *chap.* 53, *n.* 1 & 2 ; & ce qui est dit ci-après, au titre *Des Féries & Fêtes du Palais*, part. 4, tit. 1, n. 2, & suivants.)

8°. Les jugements doivent être clairs, certains, & précis, de manière qu'il ne puisse y avoir aucune ambiguité, ou incertitude, ni rien qui puisse obliger à en demander l'interprétation. (L. *ult.* Cod. *de Sent.* ; Ordonnance du 28 Octobre 1443, *art.* 123 ; Ordonnance du mois d'Août 1539, *art.* 110 ; Ordonnance de Moulins, *art.* 63.)

74 9°. Il n'est pas nécessaire que les Juges expriment les motifs de leurs jugements. (C. *sicut de Sent.*, L. *qui testamento* 37, D. *de excusat. tutor.* ; Laroche-Flavin, Traité des Parlements, *liv.* 13, *chap.* 63, *n.* 28.) Mais s'ils le veulent faire, cela dépend d'eux. Néanmoins il vaut mieux ne point exprimer ces motifs, afin de ne pas donner lieu à des chicanes de la part de celui qui auroit perdu sa cause.

10°. Quand un jugement est une fois rendu, il n'est plus permis de le changer, ni d'y rien ajouter. (Voyez ce qui a été dit à ce sujet au titre *Des devoirs, fonctions, & droits des Juges*, ci-dessus, part. 2, tit. 3, n. 87, & suivants.)

11°. Le fait du Juge est le fait de la partie. (Bartole sur la Loi 1, Cod. *si in caus. jud.* ; & la Loi 13, *si ob causam*, Cod. *de evict.*) pourvu que ce que fait le Juge, soit légitime, & après que la partie a été citée. (Bartole, sur la Loi *meminerint*, Cod. *unde vi*, *n.* 4.)

12°. Quant à la question de sçavoir, si les Juges répondent de leurs jugements, comment & dans quel cas, Voyez ce qui a été dit au titre *Des devoirs, fonctions, & droits des Juges*, ci-dessus, *part.* 2, *tit.* 3, *n.* 87.

Voyez aussi ce qui a été dit des autres devoirs des Juges, touchant les Sentences, au même titre, *n. 72, & suivants.*

SECTION III.

Devoirs de ceux qui président.

75. 1°. Les Présidents & autres Juges qui sont dans le cas de présider, doivent avoir soin de voir & visiter les anciens regiſtres & jugements, & étudier le ſtyle & la maniere de les rédiger. (Ordonnance du mois de Juillet 1493, *art.* 124; autre du mois de Novembre 1507, *art.* 53 & 54; autre du mois d'Octobre 1535, *chap.* 1, *art.* 44.)

2°. Ils doivent écouter avec soin & attention les plaidoiries. (Ordonnance du mois d'Avril 1453, *art.* 108; même Ordonnance de 1535, *chap.* 1, *art.* 18.)

3°. Ils ne doivent point ouvrir leur avis dans le jugement des procès, que les autres Juges n'aient opiné. (Voyez ce qui est dit ci-après au titre *Des Procès par écrit*, part. 3, tit. 2, n. 65.)

Ils ne doivent même rien dire qui puisse faire découvrir leur opinion, jusqu'à ce que ce soit à leur rang d'opiner. (Laroche-Flavin, Traité des Parlements, *liv.* 9, *chap.* 19, *art* 8.)

76. 4°. En jugeant les procès, s'il y a trois opinions, ils doivent faire revenir à deux avis. (Voyez au titre *Des devoirs, fonctions & droits des Juges*, ci-dessus, *part.* 2, *tit.* 3, *n.* 83.)

5°. Ils sont tenus de veiller à ce que les procès qui doivent être jugés, soient instruits & en état. (Arrêt du Parlement de Toulouse du 9 Mars 1575, *art.* 7, rapporté par Descorbiac, *tit.* 2, *chap.* 11, *pag.* 34.)

6°. Ils ne doivent faire mettre aucun procès de longue visitation sur le Bureau, avant que les autres qui ont commencé à être rapportés, soient jugés & arrêtés. (Ordonnance du mois de Juillet 1493, *art.* 7; autre du mois de Novembre 1507, *art.* 68; autre du mois d'Octobre 1535, *chap.* 1, *art.* 45.)

7°. Ils doivent tenir le Siège avec la dignité convenable, y maintenir le silence & la tranquillité nécessaires; & s'y comporter avec toute la prudence requise en pareil cas.

77. 8°. Ils ne peuvent condamner en l'amende, ceux qui troublent la police du Siège, ou autres délinquants, sans prendre l'avis des autres Juges. (Voyez ce qui a été dit ci-dessus au titre

De la compétence particulière des Juges, part. 2, tit. 1, n. 32.)

Ni interdire seul un Avocat pour irrévérence commise au Siège. (Arrêt du Parlement du 4 Juillet 1704, rapporté au Journal des Audiences.)

9°. Les Lieutenants particuliers & autres Juges doivent porter honneur & respect aux Présidents, & au Lieutenant-Général, & particuliérement à l'Audience, en la Chambre du Conseil, & en toutes assemblées publiques. (Réglement du Conseil du 11 Janvier 1647 pour Montargis, *art.* 38. Arrêt du Parlement du 20 Août 1686, *art.* 14.)

78. L'article 8 du Réglement du Conseil du 24 Mai 1603, rendu pour le Présidial de Bourg-en-Bresse, porte que les anciennes Ordonnances, sur l'honneur & la révérence particulière dûs aux Présidents & Lieutenants, par les Conseillers, en se levant à la venue & entrée desdits Juges, en les écoutant avec tranquillité & sans interruption, & se découvrant chacun lorsqu'ils commenceront à parler, ou à opiner; & prenant en bonne part, sans aucun murmure ni contradiction, les remontrances qui seront faites pour l'honneur & le devoir de la justice, seront observées exactement. (Voyez l'Ordonnance du 11 Mars 1344; celle du mois de Juillet 1493, *art.* 111; celle du mois de Novembre 1507, *art.* 57; celle de 1535, *chap.* 1, *art.* 40; & celle du mois de Janvier 1629, *art.* 82.)

79. 10°. Quand le Président, Lieutenant-Général, ou autre qui a présidé, s'en retourne du Palais en son Hôtel, deux Sergents doivent l'accompagner & le conduire chez lui. (Arrêt du Parlement du 1 Septembre 1629 pour Clermont, rapporté par Filleau, *tom.* 1, *part.* 2, *pag.* 207 & 151.)

11°. Ceux qui président en l'absence des Présidents, Lieutenant-Général, & autres premiers Officiers, tant à l'Audience, qu'en la Chambre du Conseil, jouissent des mêmes profits, honneurs & prééminences que les Présidents, & Lieutenant-Général. (Arrêt de Réglement du 30 Juin 1689 pour Angoulême, *art.* 2.)

Voyez encore ce qui a été dit au titre *Des fonctions, devoirs, droits*, &c.; *des Grands-Baillis, Présidents des Présidiaux, Lieutenants-Généraux*, &c. ci-dessus, *part.* 2, *tit.* 4, *n.* 3, 21, 24, &c.

TITRE II.

Des Procès par écrit.

ARTICLE PREMIER.

De la production des Procès par écrit.

1. TOUS procès par écrit, soit appointés en droit, soit appointés à mettre, doivent être produits par la voie du Greffe, tant dans les Bailliages & Siège Présidiaux, que dans les autres Jurisdictions. (Arrêt du Parlement du 28 Août 1732, pour Dorat; Arrêt du Conseil du 11 Janvier 1647, pour Montargis, *art.* 21; autre du Parlement du 25 Avril 1630, pour Abbeville.) Celui du 19 Août 1687, pour Chinon, *art.* 16, dit simplement, tous procès & instances appointés au Conseil, ou conclus comme en procès par écrit.

Et il doit être fait registre de ces procès ainsi produits au Greffe, pour être ensuite distribués. (Même Arrêt de 1647, pour Montargis, *art.* 21; autre Arrêt du Parlement du 28 Juillet 1724, pour le Bailliage de Bourg-Argental. Voyez aussi *infrà*, n. 11.)

L'Ordonnance du mois d'Octobre 1535, *chap.* 1, *art.* 19, porte, que la distribution des procès par écrit ne pourra être faite qu'après qu'ils auront été ainsi produits.

Touchant les inventaires de production des procès par écrit, & la manière dont ces inventaires doivent être faits, Voyez la même Ordonnance de 1535, *chap.* 3, *art.* 24 & 25; & ce que j'ai dit à ce sujet en mon Commentaire, sur l'Ordonnance de 1667, *tit.* 11, *art.* 33, *note* 3, *pag.* 159, & les deux suivantes, de la seconde édition.

2. Quand le procès a été conclu, on ne peut recevoir aucune production nouvelle sans permission du Siège; auquel cas, il faut ajouter les pièces nouvelles aux inventaires principaux de production; autrement on doit les rejetter. (Ordonnance de 1535, *chap.* 3, *art.* 14; & *chap.* 8, *art.* 6; autre du mois de Juin 1510, *art.* 30; autre du mois de Mars 1518, *art.* 12.)

La même Ordonnance de 1535, *chap.* 12, *art.* 18, défend aux Juges de recevoir aucune production des mains des parties, mais leur enjoint de les laisser fournir par la voie du Greffe. (*Idem* par l'article 21 du Réglement du 24 Mai 1603, rendu pour le Présidial de Bourg-en-Bresse, qui ajoute, ni par les mains des Avocats & Procureurs. *Idem* par Arrêt du Parlement du 12 Avril 1661, pour Soissons; autre Arrêt du Parlement de Toulouse du 1 Mai 1595, pour Gourdon, *art.* 8, rapporté par Descorbiac, *tit.* 2, *chap.* 68, *pag.* 115; autre Arrêt du Parlement du 24 Avril 1632, pour Abbeville, rapporté par Néron, *tom.* 2, *pag.* 615; Arrêt du Conseil du 14 Janvier 1647, pour Montargis, *art.* 26; autre du Parlement du 7 Septembre 1660, pour Dreux.)

ARTICLE II.

De la distribution des Procès par écrit en général.

3. 1°. La distribution des procès appointés, soit du Baillage, soit du Présidial, doit se faire de quinzaine en quinzaine, suivant l'Edit, sans pouvoir les distribuer extraordinairement. (Edit de Follembrai du mois de Juillet 1552, *art.* 3, qui ajoute que les jours où se doit faire cette distribution, sont les Samedis après-dîner; *idem* par Arrêt de Réglement du 12 Août 1572, rendu pour Orléans, rapporté par Chenu, *tom.* 1, *tit.* 5, *chap.* 14.)

L'Edit d'ampliation des Présidiaux du mois de Mars 1551, *art.* 49, porte qu'à l'égard des procès de l'ordinaire, la distribution s'en fera suivant les anciens Réglements; & qu'à l'égard de ceux des cas de l'Edit, la distribution s'en fera de quinzaine en quinzaine pour le moins, & aux jours de Samedi l'après-dîner. Mais l'Edit de Follembrai étant plus général, doit servir de regle sur cette matière, même à l'égard des procès de l'ordinaire.

4. Lorsque le Samedi auquel la distribution doit être faite, est un jour de Fête, la distribution doit être remise au Lundi. (Réglement du 9 Janvier 1537, pour Limoges, *art.* 19.)

L'Arrêt du Parlement du 28 Août 1632, rendu pour Dorat, porte en général, que la distribution de tous les procès & instances appointés en droit, ou à mettre, soit de l'ordinaire, ou venant par appel des Sièges inférieurs, se fera de quinzaine en quinzaine.

Le Réglement du 30 Octobre 1686, rendu pour Orléans, porte,

que la distribution des procès du Bailliage se fera de mois en mois, au jour assigné par le Lieutenant-Général, au moins huit jours auparavant, & qu'en cas d'absence du Lieutenant-Général au jour assigné pour la distribution, elle sera faite par le Lieutenant-Particulier; & qu'où le Lieutenant-Général, pour son absence, ne pourroit assigner le jour de la distribution, huitaine auparavant, en ce cas, le jour sera assigné par le Lieutenant-Particulier.

5. L'Edit du mois de Mai 1553, rendu pour le Présidial de Toulouse, rapporté par Descorbiac, *tit.* 2, *chap.* 10, *pag.* 31, porte, que cette distribution se fera, quand même il n'y auroit qu'un seul procès à distribuer; mais un Arrêt du Parlement, rendu pour Saint-Maixant le 7 Mars 1592, & rapporté par Joly, *tom.* 1, *pag.* 1228, porte, que les distributions ne pourront se faire, à moins qu'il n'y ait aumoins trois procès à distribuer; & qu'où il ne s'en trouveroit qu'un, ou deux seulement, la distribution sera remise à la semaine suivante.

Le Réglement pour Poitiers du 2 Août 1688, *art.* 38, porte, que la distribution des procès criminels ordinaires se fera à mesure que les affaires se présenteront en présence de l'Assesseur, & du plus ancien Conseiller de la Chambre criminelle. (*Idem* par Arrêt du 20 Août 1574, rendu pour Angers; & par l'Edit du mois de Janvier 1685, pour le Châtelet de Paris, *art.* 31.)

6. 2°. La distribution des procès doit se faire; sçavoir, ceux du Présidial, tant civils que criminels, par l'ancien des Présidents; & en son absence, par le Lieutenant-Général, (ou Criminel, pour les procès criminels,) ou Particulier; & les procès civils du Bailliage, par le Lieutenant-Général; & en cas d'absence desdits Présidents, ou Lieutenants, c'est au plus ancien des Conseillers à procéder à ladite distribution. (Edit d'ampliation des Présidiaux de 1551, *art.* 49; Edit de Follembrai du mois de Juillet 1552, *art.* 4; Arrêt du Parlement du 1 Septembre 1629, pour Clermont, rapporté par Filleau, *tom.* 1, *pag.* 151; Réglement du Conseil du 2 Août 1688, pour Poitiers, *art.* 38.)

3°. Ces distributions doivent se faire en présence de deux Conseillers du Siège qui y sont appellés alternativement, & les uns après les autres. (Edit de Follembrai de 1552, *art.* 4; Arrêt du Parlement du 1 Septembre 1629, pour Clermont-en-Auvergne; Arrêt du Conseil du 11 Janvier 1647, pour Montargis, *art.* 22; Réglement du 2 Août 1688, pour Poitiers, *art.* 15; Arrêt du Parlement du 30 Juin 1689, pour Angoulême, *art.* 36;

Arrêt du Conseil du 16 Mars 1705, pour Autun, *art.* 10; autre du 19 Février 1729, pour le Puy-en-Velai, *art.* 14; Lettres-patentes du 30 Décembre 1731, pour le Présidial de Pamiers, *art.* 19.)

L'Arrêt du Parlement du 16 Février 1630, pour le Mans, rapporté par Joly, *tom.* 2, *pag.* 856, porte, que des deux Conseillers il y en aura un ancien, & l'autre jeune.

7. Dans les procès présidiaux, le Lieutenant-Général ne doit assister à la distribution qui en sera faite par le Président, qu'à son rang, suivant l'ordre du Tableau, comme les Conseillers. (Réglement du Conseil du 2 Août 1688, pour Poitiers, *art.* 15.)

Néanmoins quelques autres Réglements portent que la distribution des procès du Présidial, se doit faire par le Président, y assistant le Lieutenant-Général, (ou Criminel, pour les procès criminels;) & en son absence, par le Lieutenant-Particulier, & deux Conseillers. (Arrêt du Parlement du 1 Septembre 1629, rendu pour le Présidial de Clermont, rapporté par Filleau, *tom.* 1, *pag.* 151; autre du 8 Juin 1577, pour le Présidial de Rouergue, rapporté par Descorbiac, *tit.* 2, *chap.* 31; autre du 16 Février 1630, pour le Mans, rapporté ci-dessus;) mais que quand la distribution se fera par le Lieutenant-Général, ou Criminel, en cas d'absence des Présidents, alors il n'y assistera que les deux Conseillers. (Même Arrêt du 8 Juin 1577.)

8. Dans les distributions qui se font par le Lieutenant-Général, (ou Criminel,) le Lieutenant-Particulier ne peut y assister qu'à son ordre de Conseiller, si ce n'est en l'absence dudit Lieutenant-Général; (Même Arrêt de 1577; autre Arrêt du Parlement du 30 Août 1631, pour Gueret, rapporté par Néron, *tom.* 2, *pag.* 611; Réglement du 2 Août 1688, pour Poitiers, *art.* 17.)

Si les Conseillers ainsi appellés à la distribution, négligent de s'y trouver, ou qu'ils ne le puissent, il y doit être procedé par d'autres Conseillers, suivant l'ordre du Tableau. (Arrêt du 24 Avril 1630, pour Abbeville, rapporté par Néron, *tom.* 2, *pag.* 615; Arrêt du Conseil du 11 Janvier 1647, pour Montargis, *art.* 22; Réglement de Limoges du 9 Janvier 1637, *art.* 21; qui ajoute, sans que les absents puissent reprendre leur rang à la prochaine distribution.)

9. Ces deux Conseillers ainsi appellés à la distribution, n'y ont point de voix délibérative. (Arrêt du Conseil du 15 Mars 1632, rendu pour le Présidial de Toulouse, *art.* 2, rapporté par Descorbiac, *tit.* 2, *chap.* 14; Arrêt du Conseil du 11 Janvier 1647, pour

pour Montargis, *art.* 22 ; autre du 18 Juillet 1677, pour Tours, *art.* 29 ; autre du 16 Mars 1705, pour Autun, *art.* 10 ; Edit du mois de Septembre 1697, pour les Présidiaux de Franche-Comté, *art.* 28 ;) Mais ils doivent prendre garde seulement que l'ordre soit observé. (Arrêt du Conseil du 11 Janvier 1647, pour Montargis, *art.* 22.)

D'autres Réglements aucontraire portent qu'ils y auront voix délibérative. (Arrêt du Parlement du 17 Juillet 1540, pour Poitiers, rapporté par Joly, *pag.* 1007 ;) & c'est aussi ce qui semble résulter de l'article 5 de l'Edit de Follembrai de 1552, qui porte que les Baillis, Lieutenants, & Conseillers, qui feront ladite distribtion, donneront & distribueront les procès, eu égard au sçavoir, expérience, & industrie, suivant qu'ils verront que la matière le requiert.)

Le Réglement du 2 Août 1688, rendu pour Poitiers, *art.* 15, semble aussi le supposer, en ce qu'il porte que les Conseillers signeront la distribution. L'Arrêt de la Cour du 13 Février 1627, rendu pour Fontenai-le-Conte, rapporté par Joly, *tom.* 2, *pag.* 1865, renferme aussi une pareille disposition.

10. 4°. La distribution doit être faite en la Chambre du Conseil, & non ailleurs, tant pour les procès du Bailliage, que pour ceux du Présidial ; & il est défendu aux Présidents, Lieutenants-Généraux, & autres Juges, d'en faire aucunes dans leurs maisons. (Edit de Follembrai de 1552, *art.* 6 ; Edit d'ampliation des Présidiaux du mois de Mars 1551, *art.* 49 ; Arrêt du Parlement du 17 Juillet 1540, pour Poitiers, rapporté par Joly, *tom.* 2, *pag.* 1008 ; Réglement pour Limoges du 9 Janvier 1637, *art.* 19 ; Arrêt du Conseil du 11 Janvier 1647, pour Montargis, *art.* 22 ; Arrêt du Parlement du 7 Août 1677, pour Sens ; Lettres-patentes du 30 Décembre 1731, pour Pamiers, *art.* 19.)

L'Edit du mois de Mai 1553, rendu pour le Présidial de Toulouse, rapporté par Descorbiac, *tit.* 2, *chap.* 10, porte, que cette distribution se fera à trois heures de relevée. (*Idem* par l'Arrêt du Grand-Conseil du 17 Juillet 1560, rendu pour le Présidial de Carcassonne, rapporté *ibidem*, tit. 2, chap. 44.)

L'article 6 de l'Arrêt du Conseil du 6 Juin, rendu pour Toulouse, rapporté par Descorbiac, *tit.* 2, *chap.* 14, porte, qu'aucunes autres personnes n'auront entrée en la Chambre où se fera la distribution, & pendant icelle, que le Lieutenant-Général, & les Conseillers qui y sont de tour, & les Greffiers dont la préſence ſera néceſſaire. (*Idem* par le Réglement de Limoges du 9 Janvier 1637, *art.* 19.)

11. 5°. Pour procéder à cette diſtribution, les Greffiers ſont tenus de ſe trouver en ladite Chambre du Conſeil aux jours & heures marqués, & d'y apporter tous les procès qui ſont à diſtribuer. (Edit de Follembrai de 1552, *art.* 3 ; Arrêt du Conſeil du 22 Juin 1634, pour le Préſidial de Toulouſe, *art.* 1, rapporté par Deſcorbiac, *tit.* 2, *chap.* 14.)

Il eſt enjoint à cet effet aux Greffiers d'avoir un regiſtre exact des ſacs qui leur auront été apportés, & des procès produits au Greffe; ſçavoir, un pour les procès du Bailliage, & un autre pour ceux du Préſidial ; à peine de cent livres d'amende; (Arrêt du Parlement du 16 Février 1630, pour le Mans, rapporté par Joly, *pag.* 1857 ;) dans leſquels regiſtres ils doivent inſcrire par ordre de dates les procès qui ſeront à diſtribuer. (Arrêt du Grand-Conſeil du 31 Mars 1620, rapporté par Deſcorbiac, *tit.* 2, *chap.* 36, *pag.* 68.)

Ces Greffiers doivent repréſenter leur regiſtre à chaque diſtribution; (même Arrêt du 16 Février 1630 pour le Mans, qui vient d'être cité ;) pour être leſdits procès diſtribués ſuivant le regiſtre. (Arrêt du 12 Mai 1581, pour Montargis, rapporté par Joly, *tom.* 2, *pag.* 1238.)

12. 6°. Faute par le Lieutenant-Général, ou autre Préſident, de ſe trouver en la Chambre du Conſeil à l'heure marquée pour la diſtribution, elle doit être faite par le Lieutenant-Particulier, avec les deux Conſeillers. (Edit du mois de Mai 1553, pour le Préſidial de Toulouſe.)

7°. Le Lieutenant-Général, ou autre qui préſide à la diſtribution, ne peut diſtribuer les procès de ſes parents ou alliés, au degré prohibé, ni ceux où il ſera recuſé; mais il doit renvoyer ces procès au Lieutenant-particulier, ou plus ancien Conſeiller, pour en faire la diſtribution. (Réglement de M. Fieubet du 30 Octobre 1686 pour Orléans. Arrêt du Parlement du 20 Août 1686 pour la Flêche, *art.* 13; Arrêt du Grand-Conſeil du 31 Mars 1626, rendu pour la Sénéchauſſée de Lauraguais, *art.* 10, rapporté par Deſçorbiac, *tit.* 2, *chap.* 41.)

§. I.

Des Procès qui entrent en distribution.

13. 1°. Tous procès (civils) dont la connoissance appartient de droit au Siége, & ceux renvoyés par Arrêt du Conseil & du Parlement, doivent entrer en distribution. (Réglement du 2 Août 1688 pour Poitiers, *art.* 18.)

L'article 11 du même Réglement, porte aussi qu'au Lieutenant-Général, & en son absence au premier Conseiller trouvé sur les lieux, appartient la connoissance des commissions, renvois & exécution d'Arrêts du Conseil, du Parlement, & du Grand-Conseil; soit que l'adresse en soit faite au Sénéchal, ou à son Lieutenant; soit qu'elle soit faite audit Lieutenant, ou premier Conseiller sur ce requis; mais que si les procès instruits en exécution desdites commissions ou Arrêt sont appointés, ils entreront en distribution comme les autres, & qu'ils seront rapportés en la Chambre du Conseil par le Lieutenant-Général, ou par le Conseiller auquel l'affaire aura été distribuée. (*Idem* par Arrêt de Réglement du 7 Septembre, rendu entre les Officiers de Perrone, rapporté par Filleau, *tom.* 1, *pag.* 208; autre du 7 Mars 1626, rendu pour Vitry, rapporté *ibid.*, tom. 2, part. 2, pag. 68; autre du 21 Juillet 1630, pour Gueret, *art.* 7, rapporté par Joli, *pag.* 1858; Réglement du 23 Octobre 1638, pour Limoges, *art.* 14.)

14. Le Réglement du 12 Août 1572, rendu pour Orléans, rapporté par Chenu, *tom.* 1, *pag.* 110, porte aussi que les procès des commissions extraordinaires, adressées au Lieutenant-Général, qui seront appointées, entreront en distribution comme les autres procès; si ce n'est que l'adresse en ait été faite au Lieutenant-Général, avec expression de son nom propre.

Mais par un Arrêt du Parlement du 24 Avril 1630, rendu pour Abbeville, & rapporté par Néron, *tom.* 2, *pag.* 615, le Lieutenant-Général rapporte seul ces sortes de procès; (*idem* par Arrêt de l'année 1627, rendu pour Laon, rapporté par Filleau, *tom.* 1, *pag.* 198; autre Arrêt de Réglement du 30 Juin 1689, pour Angoulême, *art.*) 35. Les Lettres-Patentes du 30 Décembre 1731, pour Pamiers, *art.* 28, disent seulement; les procès renvoyés par

Arrêt, *&c.* qui ne sont pas naturellement de la compétence de la Jurisdiction.

15. 2°. Les procès appointés en droit sur instances de séparation entre mari & femme, entrent aussi en distribution. (Arrêt de Réglement de la Cour du 7 Août 1677, pour Sens.) Cependant l'Arrêt de Réglement de la Cour du 21 Juin 1684, rendu pour la Prévôté d'Orléans, porte que ces séparations seront jugées au rapport du Prévôt.

3°. Les oppositions & contestations qui peuvent survenir aux élections de tutelles & curatelles, émancipations & interdictions de furieux, prodigues & insensés, qui ayant été renvoyées à l'Audience par le Lieutenant-Général, sont appointées, doivent aussi entrer en distribution; & généralement toutes les instances instruites par le Lieutenant-Général, ou par les Conseillers contradictoirement, ou par défaut; ordinaires ou présidiales, de quelque nature & qualité que ce soit. (Réglement du 2 Août 1688, pour Poitiers, *art.* 13 & 18.)

L'Arrêt du Parlement du 30 Juin 1689 pour Angoulême, *art.* 15, porte aussi que les oppositions & contestations qui peuvent survenir aux élections de tutelle & curatelle, émancipations, séparations volontaires, interdictions de prodigues, furieux & insensés, avis de parents, & autres actes de jurisdiction volontaire, qui, ayant été renvoyées à l'Audience, seront appointées, entreront en distribution.)

16. 4°. L'article 9 du Réglement de Poitiers du 2 Août 1688, porte que les incidents de faux qui surviendront aux procès civils avant la distribution, & qui ont été instruits par le Lieutenant-Général; ensemble les procès en réintégrande, expilation d'hoirie, rébellion à l'exécution des jugements; & généralement tous procès instruits par le Lieutenant-Général, seront distribués & rapportés à la Chambre.

5°. Les procès concernant les réglements d'Officiers, & les contraventions aux Statuts des Corps de Métiers, doivent aussi entrer en distribution. (Arrêt du 23 Octobre 1638 pour Limoges, *art.* 14.)

6°. Il en est de même de tous procès de matieres bénéficiales; procès de la conservatoire, *committimus*, privilégiés, & cas royaux. (Arrêt du Conseil du 7 Septembre 1553, rendu pour

Toulouse, & rapporté par Descorbiac, *tit.* 2, *chap.* 10, *pag.* 33.)

17. 7°. Les procès concernant le Domaine du Roi, dans les Baillages & autres Sièges qui en connoissent, entrent aussi en distribution comme les autres. C'est la disposition de l'Arrêt de Réglement de la Cour du 7 Septembre 1629, rendu entre les Officiers du Gouvernement de Perrone, rapporté par Filleau, *tom.* 1, *pag.* 208, qui porte qu'au Lieutenant-Général seul appartient la réception en foi & hommage des vassaux du Roi, & toutes autres affaires concernant le Domaine; mais que s'il y survient quelque contestation, & que le procès soit appointé, il sera mis en distribution comme les autres procès. (*Idem* par Arrêt du Grand-Conseil du 31 Mars 1626, *art.* 8, rendu pour la Sénéchaussée de Lauraguais, rapporté par Descorbiac, *tit.* 2, *chap.* 41, *pag.* 72; & par le Réglement du 23 Octobre 1638, rendu pour Limoges, *art.* 14.)

Néanmoins l'Arrêt du Parlement du 24 Avril 1630, rendu entre les Officiers du Présidial d'Abbeville, rapporté par Néron, *tom.* 2, *pag.* 615, *col.* 1, *liv.* 16 *à fine*, porte que les procès du Domaine appartiendront au Lieutenant-Général, sans qu'il soit tenu de les mettre en distribution. (*Idem* par Arrêt de l'année 1627, rendu pour Laon, rapporté par Filleau, *tom.* 1, *pag.* 198, *part.* 1.)

18. 8°. Les instances de comptes appointées, doivent être distribuées comme tous les autres procès. (Arrêt du Parlement du 16 Février 1630 pour le Mans, rapporté par Joli, *tom.* 2, *pag.* 856; autre du 7 Août 1677 pour Sens; Arrêt du Conseil du 21 Avril 1668, pour le ressort du Parlement de Paris.) Ce qui a lieu, même à l'égard des comptes ordonnés sur procès par écrit, qui, à la vérité, ne peuvent appartenir aux Rapporteurs, mais qui doivent être distribués aux Officiers, & pour l'examen desquels l'appointement doit être pris au Greffe, pour être remis en la distribution ordinaire entre tous les Officiers du Siège. (Arrêt du Conseil du 18 Juillet 1677 pour Tours, *art.* 41; autre du 16 Mars 1705 pour Autun; Edit du mois de Septembre 1697, pour les Présidiaux de Franche-Comté, *art.* 39; Arrêt du Conseil du 21 Avril 1668, pour le ressort du Parlement de Paris; autre Arrêt du Parlement du 24 Avril 1630 pour Abbeville, rapporté par Néron, *tom.* 2, *pag.* 615.)

19. 9°. Les incidents sur les ordres & distributions de deniers, quand ils sont appointés, doivent aussi être distribués comme les autres procès. (Réglement du 31 Août 1689, pour Orléans,

art. 8 ; Arrêt du Parlement du 30 Juin 1689 pour Angoulême, *art.* 35 ; autre Arrêt du 23 Octobre 1638 pour Limoges.)

Et après les débats jugés, l'ordre & distribution des deniers appartient au Lieutenant-Général. (Arrêt du Parlement du 7 Mars 1626 pour Sainte-Menehould, rapporté par Filleau, *tom.* 1, *pag.* 208.)

Quelques Réglements même rendus pour les Prévôtés, portent que les procès d'ordre seront jugés au rapport du Prévôt. (Arrêt du Parlement du 7 Août 1677 pour la Prévôté de Sens ; autre du 21 Janvier 1634 pour la Prévôté d'Orléans ; autre du 20 Août 1686 pour la Flêche, *art.* 2.)

20. Tous les procès de criées où il y a contestation, & qui sont appointés, doivent aussi entrer en distribution. (Arrêt de Réglement du 7 Septembre 1629 pour Perrone, rapporté par Filleau, *tom.* 1, *pag.* 208, qui ajoute, qu'après les débats jugés, l'ordre des créanciers & la distribution des deniers appartiendra au Lieutenant-Général, comme Commissaire examinateur. *Idem* par un autre Arrêt du Parlement du 7 Mars 1626, rendu pour Vitry, rapporté par Filleau, *tom.* 1, *part.* 2, *pag.* 68 ; & par un autre du 21 Juillet 1629 pour Gueret, rapporté par Joli, *tom.* 2, *pag.* 1858.)

Un Autre Arrêt du Parlement du 34 Avril 1632, rendu pour Abbeville, & rapporté par Néron, *tom.* 2, *pag.* 615, porte aussi que les procès de criées, appointés, entreront en distribution. *Idem* par le Réglement du 23 Octobre 1638, rendu pour Limoges, *art.* 16, qui porte que les procès appointés sur les adjudications par décret, entreront en distribution, ainsi que ceux où il y aura contestation sur les articles de dépens.

L'Arrêt du Conseil du 11 Janvier 1647, servant de Réglement pour le Présidial de Montargis, *art.* 50, porte, que si en vertu des Sentences & taxes de dépens sur procès par écrit, il survenoit des saisies, oppositions, & autres nouvelles instances, elles seront instruites à l'Audience ; & qu'étant appointées à écrire & produire, elles seront mises en distribution, ainsi que les autres procès. (*Idem* par Arrêt du Parlement du 7 Septembre 1629, pour Perrone, rapporté par Filleau, *tom.* 1, *pag* 208 ; Autre Arrêt du 18 Juillet 1677, pour Tours, *art.* 43 ; Edit du mois de Septembre 1697, pour les Présidiaux de Franche-Comté, *art.* 41.)

21. 10°. Toutes instances criminelles, incidentes aux affaires civiles non distribuées, comme inscription de faux, subornation de té-

moins, faillites, banqueroutes, rébellions, abus, malversations & faussetés, commises par les Procureurs, Greffiers, Notaires, Sergents, & autres, étant appointées en droit, seront mises en distribution. (Réglement du 18 Juillet 1677, pour Tours, *art.* 50; autre du 16 Mars 1705, pour Autun, *art.* 6 ; Arrêt du Parlement du 30 Juin 1609, pour Angoulême, *art.* 12 ; autre Arrêt du 25 Juin 1659, pour Chaumont-en-Bassigny, qui y ajoute, les usures instruites incidemment.)

Néanmoins si ces incidents criminels qui pourroient survenir aux procès civils, avoient une telle connexité avec le principal, qu'ils n'en pussent être séparés, & qu'il fallut nécessairement juger le criminel conjointement avec le civil ; dans ce cas, le Lieutenant-Général, & les Conseillers-Rapporteurs des instances civiles pourroient en connoître. (Réglement de Poitiers du 2 Août 1688, *art.* 10.)

Ce qui doit pareillement être observé à l'égard des incidents civils aux procès criminels. (*Ibid.* art. 10.)

22. 11°. Tous les procès concernant les compétences des accusés, doivent aussi être distribués à tour de rôle. (Arrêt du Conseil du 11 Janvier 1647, pour Montargis, *art.* 28.)

Il y a des Présidiaux où cette distribution des compétences se fait non à tour de rôle, mais aux Conseillers que le Président juge à propos, sans observer l'ordre du Tableau; comme à Orléans ; (Réglement du 31 Août 1689, pour Orléans, *art.* 14 ; Edit du mois de Septembre 1697, pour les Présidiaux de Franche-Comté, *art.* 31 ; autre du 18 Juillet 1777, pour Tours, *art.* 32 ; autre du 6 Septembre 1670, *art.* 8, pour le Pui-en-Velai ; autre du 30 Mars 1719, pour Brives, *art.* 13, qui ajoute ces mots, *quand il en aura fait l'instruction.*)

23. 12°. Les procès criminels du Présidial pour le fond, ainsi que ceux de la Maréchaussée, doivent aussi entrer en distribution, suivant l'ordre du Tableau. (Réglement de Poitiers du 2 Août 1688, *art.* 38 ; Réglement du 16 Mars 1705, pour Autun ; *art.* 41 ; autre du 9 Janvier 1637, pour Limoges, *art.* 37 ; Arrêt du Parlement de Toulouse du 6 Septembre 1603, pour Beziers, rapporté par Descorbiac, *tit.* 3, *chap.* 24.) Et les Lieutenants-criminels y participent comme les autres ; (Réglement du 2 Août 1688, pour Poitiers, *art.* 33 ; autre du 16 Mars 1705, pour Autun, *art.* 41.)

Néanmoins dans quelques Présidiaux, comme à Orléans, le Président distribue ces sortes de procès à ceux des Conseillers qu'il juge à propos, en gardant néanmoins l'égalité. (Réglement du 31 Août 1689, pour Orléans, *art.* 14; autre du 24 Mai 1603, pour Bourg-en-Bresse, *art.* 22; autre du 2 Août 1689, pour Poitiers, *art.* 31; autre du 18 Juillet 1677, pour Tours, *art.* 32; Edit des Présidiaux de Franche-Comté, du mois de Septembre 1697, *art.* 31.)

Il y en a quelques autres où les Lieutenants-Criminels peuvent rapporter seuls ces procès. (Edit de création du Présidial d'Ypres, du mois de Février 1705, *art.* 37.)

§. II.

Des Procès qui n'entrent point en distribution.

24. Les affaires qui sont renvoyées taxativement au Lieutenant-Général, (avec expression de son nom propre,) par Arrêts du Conseil, ou d'autres Jurisdictions, & qui viennent à être appointées, se jugent à son rapport, & n'entrent point en distribution. (Réglement du Conseil du 18 Juillet 1677, pour Tours, *art.* 47; autre du 16 Mars 1705, pour Autun, *art.* 16; Arrêt de Réglement du 12 Août 1572, rendu pour les Officiers du Bailliage d'Orléans, rapporté par Chenu, *tom.* 1, *tit.* 5, *chap.* 14, *pag.* 110.)

Il en est de même des saisies, demandes en main-levée, & instances poursuivies à la requête du Procureur du Roi; elles doivent être instruites & jugées au rapport du Lieutenant-Général, ou autre, en son absence, sans que cela puisse lui tenir lieu de distribution. (Réglement du 16 Mars 1705, pour Autun, *art.* 17; autre du 18 Juillet 1677, pour Tours, *art.* 55.)

Les procès & instances concernant le ban & arrière-ban, exécution des Arrêts du Conseil & commissions du Parlement, qui peuvent intervenir sur le fait dudit arrière-ban, emprunts & levées de deniers appartiennent au Lieutenant-Général, & en son absence, au Lieutenant-Particulier, Assesseur & Conseillers, pour être instruits & jugés à son rapport en la Chambre du Conseil; sans que lesdits procès puissent tenir lieu de distribution. (Réglement du 16 Mars 1705, pour Autun, *art.* 34; autre du 18 Juillet 1677, pour Tours, *art.* 54; *idem* par Arrêt du Parlement du 24 Avril 1630 pour Abbeville, à l'égard du ban & arrière-ban.)

Le

25. Le Réglement du 23 Octobre 1638, pour Limoges, *art.* 14, porte au contraire, que les procès du ban & arrière-ban qui seront appointés, entreront en distribution comme les autres procès.

Dans la plupart des Bailliages & Sénéchaussées, les procès criminels de l'ordinaire n'entrent point en distribution ; & ils se rapportent par le Lieutenant-criminel en la Chambre du Conseil, ou par le Lieutenant-Particulier, ou autre Juge, en son absence. (Edit du mois de Mai 1553, rapporté par Joly, *pag.* 1080 ; Déclaration du 4 Février 1557, rapportée par le même, *pag.* 1095 ; Réglement du 25 Septembre 1651, pour Soissons ; autre du 8 Février 1668, pour Chinon ; autre du 31 Août 1689, rendu pour Orléans, *art.* 23 ; Arrêt du 7 Septembre 1559, pour Blois, rapporté par Néron, *tom.* 2, qui ajoute, sinon qu'il y eût tel nombre de procès, que ledit Lieutenant-criminel ne pût seul les expédier.)

Mais dans d'autres Sièges, ces sortes de procès se distribuent comme les autres. (Arrêt du 26 Juillet 1561, pour le Châtelet de Paris, rapporté par Joly, *pag.* 1102 ; autre du 27 Janvier 1577 pour Loudun, rapporté *ibid.* pag. 1132 ; autre du 26 Août 1663, rapporté au Journal des Audiences ; Réglement du 2 Août 1688 ; pour Poitiers, *art.* 32 & 34 ; Edit du mois de Janvier 1685, pour le Châtelet de Paris, *art.* 31.)

§. III.

De la manière dont se fait la distribution des procès.

26. 1°. En chacune des distributions des procès civils du Bailliage, le Lieutenant-Général peut prendre un procès par préciput, & à son choix, sans en pouvoir prendre plus d'un pour ce préciput. (Arrêt de Réglement du 12 Août 1572, pour Orléans, rapporté par Chenu, *tom.* 1, *chap.* 14, pag. 110 ; Edit de Follembrai du mois de Juillet 1552, *art.* 2 ; Arrêt du Parlement du 7 Septembre 1629, pour Perrone, rapporté par Filleau, *tom.* 1, *pag.* 208 ; Réglement de Limoges du 9 Janvier 1673, *art.* 20 ; Réglement de Poitiers du 2 Août 1688, *art.* 15 ;) tant dans les cas ordinaires, que dans le cas de l'Edit ; (même Réglement de Poitiers de 1688, *art.* 15 ; autre du 16 Mars 1705, pour Autun, *art.* 11 ; autre du 17 Juillet 1677, pour Tours, *art.* 30, qui dit simplement,

que le Lieutenant-Général aura un préciput à chaque tour de distribution.)

Aux procès criminels du Présidial, qui se jugent en dernier ressort, & dans les procès prévôtaux, le Lieutenant-criminel doit aussi avoir un préciput à chaque distribution. (Réglement du 16 Mars 1705, pour Autun, *art.* 41 ; autre du 9 Janvier 1637, pour Limoges, *art.* 37. *Idem* par Arrêt du Parlement de Toulouse du 6 Septembre 1603, pour Béziers, rapporté par Descorbiac, *tit.* 3, *chap.* 24.)

27. Mais le contraire est marqué par le Réglement du 2 Août 1688, pour Poitiers, *art.* 38, qui porte, que le Lieutenant-criminel n'aura de préciput que dans la distribution des procès criminels ordinaires, mais non dans les procès criminels, présidiaux, ou prévôtaux.

Dans les Prévôtés, les Prévôts jouissent aussi de ce droit de préciput. (Réglement de Doron du 10 Janvier 1587, rendu pour les Officiers de la Prévôté d'Orléans, *art.* 14, rapporté par Joly, *tom.* 2, *pag.* 893 ; Arrêt du Parlement de Toulouse du 6 Septembre 1633, en faveur du Châtelain de Montréal, rapporté par Descorbiac, *tit.* 9, *chap.* 133.)

La Lieutenant-Général étant absent pour cause légitime, soit pour affaires de sa charge, soit pour les affaires qui concernent le Siège, avec pouvoir & députation, doit jouir de ses distributions & préciputs, & autres émoluments ordinaires & extraordinaires de sa charge. (Réglement de Limoges du 9 Janvier 1637, *art.* 20.)

28. L'Arrêt du Conseil du 11 Janvier 1647, pour Montargis, *art.* 24, veut même que le Lieutenant-Général, qui, outre son office, possède séparément un Office de Conseiller au même Siège, ait encore part à la distribution, en qualité de Conseiller.

Le Lieutenant-Particulier, ou ancien Conseiller qui préside à la distribution en l'absence du Lieutenant-Général, ou autre Président, jouit aussi du même droit de préciput, comme auroit fait le Lieutenant-Général lui-même. (Edit du mois de Mai 1553, pour le Présidial de Toulouse, rapporté par Descorbiac, *tit.* 2, *chap.* 10, *pag.* 30 ; Réglement de Poitiers du 2 Août 1688, *art.* 17.)

Mais hors ce cas, le Lieutenant-Particulier n'a aucun droit de préciput. (Même Réglement de 1688, *art.* 17.)

29. On ne peut avoir deux préciputs en la même distribution. (Ar-

rêt de la Cour du 12 Août 1572, servant de Réglement pour les Officiers du Bailliage d'Orléans, rapporté par Chenu, *tom.* 1, *tit.* 5, *chap.* 14, *pag.* 110; autre du 24 Juillet 1620, pour Sézane, rapporté par Filleau, *tom.* 1, *part.* 2, *pag.* 65; autre du 18 Juillet 1622, pour Château-du-Loir, rapporté, *ibid.* pag. 66; Réglement du Conseil du 20 Juin 1634, rendu pour le Présidial de Toulouse, rapporté par Descorbiac, *tit.* 2, *chap.* 14, *art.* 2, qui porte, que s'il arrive qu'en une distribution il y eût tel nombre de procès que le Juge-Mage, (c'est-à-dire, le Lieutenant-Général,) les Lieutenants & Conseillers fussent remplis, en sorte qu'on pût faire un ou plusieurs tours de distribution, ledit Juge-Mage, au second tour, n'aura aucun préciput, mais prendra seulement un procès, tel qu'il voudra choisir. *Idem* par l'Arrêt du Parlement de Toulouse du 4 Septembre 1625, rendu pour le Présidial de Montauban, rapporté par Descorbiac, *tit.* 2, *chap.* 72; & par celui du 27 Février 1627, rendu pour la Sénéchaussée de Bigorre, rapporté *ibid.* tit. 2, chap. 82.)

30. L'Edit du mois de Mai 1553, rendu pour le Présidial de Toulouse, rapporté par Descorbiac, *tit.* 2, *chap.* 10, *pag.* 30, porte aucontraire, que si dans une même distribution, il y a plus que pour remplir les Conseillers, & qu'on recommence le tour, le Lieutenant-Général, ou autre, qui préside à la distribution, prendra un nouveau préciput. (*Idem* par l'Arrêt du 23 Août 1663, pour Angoulême; & par le Réglement de Poitiers du 2 Août 1688, *art.* 16.)

Dans les distributions où il ne se trouve pas assez de procès pour que tous les Conseillers soient remplis, il y doit être suppléé dans la distribution suivante, à l'égard de ceux qui n'auront point été remplis. (Arrêt du Parlement du 23 Août 1663, pour Angoulême; Réglement de Poitiers du 2 Août 1688, *art.* 16.)

31. 2°. Après que le Président, ou le Lieutenant-Général, ou autre qui préside à la distribution, a choisi son préciput, le surplus des procès se distribue à chacun des Lieutenants-Général, Particulier, Assesseur & Conseillers, lesquels doivent venir en ordre de distribution, eû égard à la capacité & expérience desdits Officiers; sans qu'on puisse commencer un nouveau tour de distribution, que tous les Officiers ne soient remplis; à l'égard de ceux qui ne l'ont pas été dans une distribution, doivent l'être en la suivante, il en doit être fait mention sur le registre. (Edit de Follembrai du mois de Juillet 1552, *art.* 5; Réglement du Conseil du 24 Mai 1603, pour

le Préſidial de Bourg-en-Breſſe, *art.* 19 ; autre du 16 Mars 1605, pour Autun, *art.* 11 ; Réglement pour Limoges du 9 Janvier 1637, *art.* 19 ; Arrêt du Parlement du 30 Juin 1689, pour Angoulême, *art.* 34 ; Arrêt du Conſeil du 20 Juin 1634, pour le Préſidial de Toulouſe, *art.* 1, rapporté par Deſcorbiac, *tit.* 2, *chap.* 14.)

Les Officiers mineurs participent, comme les autres Conſeillers, aux procès qui ont été diſtribués à leur rapport. (Voyez la Déclaration du 20 Mai 1713.)

32. 3°. Quelques Réglements donnent au Lieutenant-Général, & autre qui préſide à la diſtribution, le droit de choiſir le procès qui lui revient pour ſon tour. (Arrêt du Parlement du 30 Juin 1689, pour Angoulême, *art.* 34 ; autre du 7 Septembre 1629, pour Perrone, rapporté par Filleau, *tom.* 1, *pag.* 108.)

Et même aux deux Conſeillers appellés pour la diſtribution. (Arrêt du Conſeil du 20 Juin 1634, pour le Préſidial de Toulouſe, *art.* 1 & 2, rapporté par Deſcorbiac, *tit.* 2, *chap.* 14 ; Arrêt du Parlement de Toulouſe du 4 Septembre 1625, pour Montauban, rapporté *ibidem*, tit. 2, chap. 72.)

Aucontraire, le Réglement pour Angoulême, qu'on vient de citer, *art.* 36, porte, que les Conſeillers qui ſont en tour pour la diſtribution, ne pourront choiſir leur procès. (*Idem* par le Réglement de Limoges du 9 Janvier 1637, *art.* 19.)

33. 4°. On ne doit point diſtribuer les procès aux Officiers qu'on ſçait être ſuſpects, ni à ceux qui ont prié pour les avoir ; mais ils doivent être diſtribués à autres, exempts de tout ſoupçon & brigue ; afin que la Juſtice en ſoit mieux adminiſtrée. (Ordonnance du mois de Juillet 1493, *art.* 13 ; autre du mois de Novembre 1507, *art.* 72 ; autre de 1535, *chap.* 1, *art.* 20.)

On ne doit auſſi diſtribuer les procès qu'aux Officiers qui ſont réſidents, & qui ſont le ſervice ordinaire. (Arrêt du Parlement de Toulouſe du 2 Avril 1740, pour les Préſidiaux du reſſort dudit Parlement, rapporté au Recueil des Réglements de Toulouſe, *tom.* 1, *pag.* 499.)

Les Préſidents du Préſidial, les Officiers vétérans, les Chevaliers & Conſeillers d'honneur ; & en général tous ceux qui n'ont au Siége qu'une ſéance honoraire, ne participent point aux diſtributions.

34. 5°. La diſtribution doit être faite dans le même jour, de ſuite, & ſans interruption, ni remiſe. (Arrêt du Conſeil du 20 Juin

1634, pour le Préſidial de Toulouſe, *art.* 3, rapporté par Deſcorbiac, *tit.* 2, *chap.* 14.)

6°. Afin que l'ordre & l'égalité ſoient gardés dans les diſtributions, les Avocats & Procureurs du Roi du Siége[1], doivent y aſſiſter pour les faires obſerver. (Edit de Follembrai du mois de Juillet 1552, *art.* 6.)

Et s'il intervenoit quelque différend entre les Baillis, Lieutenants & Conſeillers, pour raiſon de quoi la diſtribution fût retardée ; en ce cas, leſdits Avocats & Procureurs du Roi y doivent faire procéder par le Lieutenant-criminel. (*Ibidem* art. 7.)

7°. A la marge des regiſtres des procès en état d'être diſtribués, celui qui y préſide doit écrire le nom de ceux à qui ces procès ont été diſtribués, afin qu'il ne ſe faſſe aucune fraude en la diſtribution. (Edit du mois de Mai 1753, pour le Préſidial de Toulouſe, rapporté par Deſcorbiac, *tit.* 2, *chap.* 10, *pag.* 30.)

Et auſſi faire mention de ceux qui ont aſſiſté à la diſtribution ; & écrire en marge du regiſtre les noms des Rapporteurs. (Arrêt du Conſeil du 23 Juin 1750, ſervant de Réglement pour le Préſidial de Rennes, *art.* 31.)

35. 8°. Après la diſtribution faite & ſignée, le Lieutenant-Général, ou autres Officiers, ne peuvent rayer aucuns procès, ſoit à eux, ſoit à d'autres Officiers. (Arrêt du Grand-Conſeil du 31 Mars 1620, pour le Rouergue, rapporté par Deſcorbiac, *tit.* 2, *chap.* 36.)

L'Arrêt de Réglement du Conſeil du 20 Juin 1634, rendu pour le Préſidial de Toulouſe, *art.* 4, porte auſſi que la diſtribution une fois faite, ne pourra être changée en quelque façon & manière que ce ſoit.

Un autre Arrêt du Parlement de Toulouſe du 2 Septembre 1634, rapporté par Deſcorbiac, *tit.* 2, *chap.* 17, défend aux Juges-Mages, ou Lieutenants-Généraux, de laiſſer dans les diſtributions aucun procès en blanc ; & veut qu'à la fin de chaque diſtribution, il ſoit mis une paraphe pour la clorre ; & qu'enſuite les procès ſoient remis au Greffe.

9°. Les Greffiers doivent tenir exactement des regiſtres pour leſdites diſtributions. (Arrêts de Réglement de la Cour du 12 Août 1572, pour Orléans ; Arrêt du Conſeil du 20 Juin 1634, pour le Préſidial de Toulouſe, *art.* 5, rapporté par Deſcorbiac, *tit.* 2, *chap.* 14 ;) ſçavoir, un pour le Bailliage, & un autre pour le Présidial. (Arrêt du Conseil du 12 Juillet 1690, pour Senlis.)

36. 10°. Ces registres doivent rester au Greffe entre les mains des Greffiers, qui sont tenus de les représenter toute les fois qu'ils en seront requis. (Arrêt du Conseil du 20 Juin 1634, pour le Présidial de Tonlouse, *art.* 7 ; Arrêt de Réglement pour Orléans, du 12 Août 1572 ; autre du 26 Février 1630, pour Angoulême.)

L'Edit du mois de Mai 1553, rendu aussi pour le Présidial de Toulouse, porte, que le registre des distributions sera commun à tous les Lieutenants & Conseillers, pour y avoir recours, quand ils le voudront.

11°. L'Arrêt du Conseil du 23 Juin 1750, servant de Réglement pour le Présidial de Rennes, *art.* 32, porte, que le Greffier sera tenu dans trois jours après la distribution, de faire remplir les récépissés des sacs, pour en charger les Rapporteurs, & de mettre un double registre de chaque distribution à la Chambre du Conseil, à l'effet que l'article qui contient la nomination du Rapporteur, puisse être vu en ladite Chambre, avant que les rapports soient commencés. Ce même article veut aussi que l'Ordonnance de distribution soit employée dans le vû de la Sentence.

37. 12°. Il est défendu aux Lieutenant-Général, Particulier, Assesseur, & Conseillers, de prendre & recevoir les procès & productions, des mains des parties, Avocats, Procureurs, & autres ; mais seulement par la voie du Greffe, suivant la distribution qui en aura été faite ; à peine de nullité des jugements, & des amendes portées par les Ordonnances. (Ordonnance de 1535, *chap.* 12, *art.* 18 ; Réglement du 24 Mai 1603, pour Bourg-en-Bresse, *art.* 21 ; autre du 18 Juillet 1677, pour Tours, *art.* 36.)

L'Arrêt du 23 Août 1663, rendu pour Angoulême, défend au Lieutenant-criminel, de prendre aucun procès, qu'après que la distribution en aura été faite, & par les mains du Greffier, lequel ne s'en pourra désaisir jusqu'audit temps.

Le Réglement d'Angoulême du 30 Juin 1689, *art.* 38, porte, que les Conseillers ne pourront en aucun cas rapporter aucun procès, s'il ne leur a été distribué en la manière ci-dessus marquée. (*Idem* par le Réglement de Limoges, du 9 Janvier 1637, *art.* 22 ; & par l'Arrêt de la Cour du 28 Août 1632, rendu pour Dorat ;) à peine de nullité. (Ordonnance du mois de Janvier 1629, *art.* 83.)

38. Un autre Arrêt du Parlement de Toulouse du 9 Mars 1575, rendu pour le Présidial de Dorat, *art.* 36, rapporté par Descorbiac, *tit.* 2, *chap.* 17, veut que les Juges qui se trouveront avoir rapporté sans distribution précédente, soient condamnés en dix livres d'amende envers le Roi.

Il est pareillement défendu aux Greffiers, & à leurs Commis, de délivrer aucuns procès, qu'ils n'aient été produits au Greffe, & distribués. (Arrêt du Parlement du 24 Avril 1632, pour Abbeville, rapporté par Néron, *tom.* 2, *pag.* 615; autre du 28 Août 1632, pour Dorat; Ordonnance du mois de Juillet 1493, *art.* 94;) à peine d'amende. (Même Arrêt du Parlement de Toulouse du 9 Mars 1775, *art.* 36, ci-dessus cité, pour Dorat.

13°. L'article 23 du Réglement du Conseil du 23 Juin 1750, rendu pour le Présidial de Rennes, porte, que ni le Greffier, ni ses Commis, ne donneront avant la distribution, les sacs à visiter à aucuns des Officiers du Siége; & qu'ils ne retiendront aucuns procès, pour les remettre à la distribution suivante.

39. 14°. Les Présidents, & autres qui doivent faire la distribution, ne peuvent distribuer aucuns procès sur de simples requêtes; mais ils doivent les distribuer sur le registre, en la manière accoutumée. (Arrêt du Conseil du 31 Août 1689, pour Orléans, *art.* 13.)

Le Réglement de Chopin du 12 Août 1572, rendu aussi pour Orléans, veut qu'il ne soit fait aucune distribution extraordinaire; si ce n'est pour causes urgentes & nécessaires; auquel cas, le procès distribué, tiendra lieu à la prochaine distribution, à celui à qui il aura été distribué.

Un Arrêt du Grand-Conseil du 17 Juillet 1560, rendu pour le Présidial de Carcassonne, rapporté par Descorbiac, *tit.* 27, *chap.* 44, défend aux Présidents, Lieutenants-Généraux, ou autres, de faire aucune distribution extraordinaire, ou particulière, sans l'avis de tout le Siége.

Un autre Réglement du Conseil du 16 Mai 1691, *art.* 4, rendu pour le Présidial de Limoges, porte, que les distributions de procès se feront sur le registre, & non sur requêtes, ou sur placets.

15°. Dans les Parlements, du moins dans celui de Paris, les procès ne se distribuent point à tour de rôle; mais le Président nomme les Rapporteurs. (Voyez à ce sujet le procès-verbal de l'Ordonnance de 1667, *pag.* 69, *lig.* 3)

40. 16°. Quand les procès ont été une fois distribués, les Lieute-

nants-Général, Particulier, Conseillers, ou autres, ne peuvent les donner, ni les changer avec leurs confreres; à peine d'interdiction pour trois mois. (Ordonnance du mois de Juillet 1493, *art.* 14; autre du mois de Novembre 1507, *art.* 72; autre de 1535, *ch.* 1, *art.* 17; Réglement du 24 Mai 1603, pour Bourg-en-Bresse, *art.* 20. Edit du 9 Mars 1575, pour le Présidial de Toulouse, rapporté par Descorbiac, *tit.* 2, *chap.* 11, *art.* 30. Arrêt du Conseil du 11 Janvier 1647 pour Montargis, *art.* 26. Réglement du 18 Juillet 1677, pour Tours, *art.* 36.)

Ni s'en faire décharger, qu'en les remettant au Greffe pour être distribués à d'autres. (Mêmes Ordonnances de 1493, *art.* 14; de 1507, *art.* 72; de 1535, *art.* 17; & de 1603, *art.* 20.) Voyez aussi l'Ordonnance de 1667, *tit.* 24, *art.* 18, qui porte, qu'aucun Juge ne pourra se déporter du rapport & jugement d'un procès, qu'après avoir déclaré en la Chambre les causes pour lesquelles il ne peut demeurer Juge; & que sur sa déclaration il ait été ordonné qu'il s'abstiendra.

41. 17°. Dans le cas où pour absence, maladie, ou autre légitime empêchement, les procès ne pourront être rapportés par ceux à qui ils ont été distribués, il n'en peut être commis, ni subrogé d'autres, que par celui auquel la distribution appartient; & ils doivent être remis en la distribution prochaine, sans que les Officiers puissent rapporter l'un pour l'autre, ni les changer, ou les remettre les uns aux autres. (Réglement du 18 Juillet 1677, pour Tours, *art.* 31; autre pour Angoulême du 30 Juin 1689, *art.* 37.)

L'Arrêt de la Cour du 19 Mars 1611, rendu pour la Prévôté de Chaumont-en-Bassigny, rapporté par Filleau, *tom.* 1, *part.* 2, *pag.* 61, veut que le Rapporteur qui sera empêché de rapporter son procès, pour absence, maladie, ou autre empêchement, pendant huit jours, soit tenu de le remettre au Greffe, pour être remis à la prochaine distribution. (*Idem* par le Réglement du 31 Août 1689, pour Orléans, *art.* 23.)

Un autre Arrêt du Parlement du 13 Février 1627, pour Fontenai-le-Comte, rapporté par Filleau, *tom.* 1, *part.* 2, *pag.* 69, porte seulement que si l'absence, ou autre empêchement des Rapporteurs duroit plus d'un mois, les procès seront distribués de nouveau.

42. Le Réglement de Poitiers du 2 Août 1688, *art.* 8, veut qu'en cas d'absence du Rapporteur pendant quinzaine, le procès soit remis

remis au Greffe, si l'une des parties le requiert, pour être de nouveau distribué en la manière ordinaire ; sans qu'il soit libre à celui qui s'absente, de remettre le procès qui lui aura été distribué, à un autre Conseiller, pour le rapporter à sa place ; ni au Président de commettre un autre Rapporteur sur requête audit cas d'absence du Rapporteur, ou en cas de récusation, ou autre légitime empêchement.

Un Arrêt du Parlement de Toulouse du 1 Mai 1595, rendu pour les Officiers de la Sénéchaussée de Gourdon, *art.* 4, rapporté par Descorbiac, *tit.* 2, *chap.* 68, porte aussi, que si celui à qui le procès a été distribué, est recusé, & que la récusation soit déclarée valable, le procès sera remis à la prochaine distribution. (*Idem* par l'Arrêt du Grand-Conseil du 17 Juillet 1560, rendu pour le Présidial de Carcassonne, rapporté par Descorbiac, *tit.* 2, *chap.* 43 ; autre Arrêt du Parlement de Bordeaux du 10 Juin 1611 pour Sarlat, rapporté *ibidem*, *tit.* 2, *chap.* 83.)

Et au-lieu de ce procès, il doit en être distribué un autre à celui qui l'aura remis pour parenté, récusation, ou autre cas qui l'empêche d'en connoître, afin de le récompenser. (Même Arrêt de 1595, rendu pour Gourdon ; Réglement d'Angoulême du 30 Juin 1689, *art.* 37.)

43. Un Arrêt du Parlement de Toulouse du 22 Mars 1619, rendu pour Beziers, rapporté par Descorbiac, *tit.* 2, *chap.* 48, *art.* 4, veut au contraire qu'en cas d'absence, récusation, maladie ou décret des Rapporteurs, les procès soient distribués sur requête par le Lieutenant-Général, ou autre qui le représente.

Un autre Arrêt du même Parlement, rendu pour le Présidial de Toulouse, du 9 Mars 1575, rapporté aussi par Descorbiac, *tit.* 2, *chap.* 11, *pag.* 35, *art.* 33, veut que les procès d'une Chambre, en cas d'absence, ou récusation du Rapporteur, soient distribués à un autre de la même Chambre.

Dans le cas de décès des Rapporteurs, les procès dont ils étoient chargés, doivent aussi être mis au Greffe, pour être distribués de nouveau aux distributions générales, & non sur requête. (Même Arrêt du Parlement de Toulouse du 9 Mars 1575, rendu pour le Présidial de la même Ville, *art.* 25 ; Arrêt du Conseil du 23 Juin 1750 pour Rennes, *art.* 34.)

Un autre Arrêt du Conseil du 20 Juin 1634, rendu pour le Présidial de Toulouse, *art.* 4, rapporté par Descorbiac, *tit.* 2, *chap.* 14, veut au contraire que les procès des Conseillers décédés, soient distribués sur requête à la volonté du Juge-Mage ; mais il paroît que c'est une disposition particulière pour Toulouse, où les Juges-Mages ont beaucoup plus de droits que les Lieutenants-Généraux dans le ressort des autres Parlements.

ARTICLE III.

Des incidents sur Procès appointés.

44. Les requêtes sur incidents, doivent être répondues en la Chambre du Conseil par les Juges. (Ordonnance de 1667, *tit.* 11, *art.* 24 & 27; Conférence des Ordonnances, *tom.* 1, *liv.* 3, *tit.* 1, §. 4;) & il est défendu aux Greffiers d'expédier aucunes Ordonnances sur lesdites requêtes, à moins qu'elles n'aient été prononcées par les Juges; (*ibidem.*)

A l'égard des requêtes qui ne concernent que l'instruction, elles se répondent par les Rapporteurs seuls. (Voyez ce qui est dit à ce sujet au titre *De l'instruction & exécution des procès*, ci-après, *part.* 3, *tit.* 3, *n.* 28.)

Les requêtes sur incidents se distribuent ordinairement aux Rapporteurs du procès, du moins dans les Bailliages & Sénéchaussées ; parce qu'étant déja saisis du principal, il est naturel qu'ils soient aussi chargés de ce qui y est accessoire.

L'article 123 de l'Ordonnance de Blois, porte qu'aucun incident appointé en droit, ne pourra être rapporté dans les Cours & Sièges présidiaux, sans qu'au préalable les productions aient été mises au Greffe, & distribuées sur le registre, à peine de nullité des jugements.

Un Arrêt du Parlement du 8 Mai 1598, rendu pour Moulins, & rapporté par Joli, *tom.* 2, *pag.* 1017, veut qu'on ne puisse recevoir aucune pièce, ou production, présentée par l'une ou l'autre des parties, si elle n'est inventoriée, ou bien reçue par requête, & duement contredite par la partie adverse du produisant.

45. Les incidents instruits sur Sentences interlocutoires, ne peuvent entrer en distribution, mais appartiennent à celui au rapport duquel lesdites Sentences ont été rendues. Arrêt de Réglement du 7 Septembre 1629 pour Perrone, rapporté par Filleau, *tom.* 1, *pag.* 208; autre Arrêt du Parlement de Toulouse du 1 Mai 1595, rendu pour Gourdon, *art.* 3, rapporté par Descorbiac, *tit.* 2,

chap. 68, qui porte que si le procès n'est jugé diffinitivement, & qu'il soit de nouveau appointé, il appartiendra toujours au Rapporteur. Autre Arrêt du Parlement du 30 Septembre 1633 pour Niort.)

Quand un procès est renvoyé du Baillage au Présidial, ou du Présidial au Bailliage, il faut le distribuer de nouveau; mais il est à propos, en prononçant le renvoi, d'ordonner en même-temps que le procès restera entre les mains du Rapporteur qui en étoit déja chargé.

ARTICLE IV.

De la distribution des Appointements à mettre.

46. Les appointements à mettre doivent se distribuer de jour à autre à chacun des Officiers qui ont assisté à l'Audience, par celui à qui la distribution appartient. (Réglement du Conseil du 16 Mars 1705 pour Autun, *art.* 15; autre du 18 Juillet 1677 pour Tours, *art.* 33; Réglement de Poitiers du 2 Août 1688, *art.* 19;) à commencer toujours par le Lieutenant-Général, lorsqu'il est présent, & ensuite aux Conseillers présents à l'Audience, selon l'ordre du tableau; sans que le Lieutenant-Général puisse se distribuer un second procès, que tous les Conseillers présents n'aient été remplis. (Même Réglement de Poitiers de 1688, *art.* 19; Edit des Présidiaux de Franche-Comté du mois de Septembre 1697, *art.* 32.)

Et il en est de même des délibérés sur le registre. (Même Réglement d'Autun, *art.* 15.)

L'Arrêt de la Cour du 19 Mars 1687, servant de Réglement pour les Officiers du Bailliage de Chinon, *art.* 17, porte que les appointements à mettre seront distribués tous les Lundis de chaque semaine, aux Officiers qui ont assisté aux Audiences auxquelles ils ont été rendus; sans néanmoins que celui qui fera la distribution, puisse prendre aucun préciput; à l'effet dequoi le Greffier doit avoir un registre particulier pour ces sortes de distributions, & il doit écrire en marge sur son registre ordinaire (de l'Audience,) les noms des Officiers qui y auront assisté.

ARTICLE V.

Du rapport des Procès par écrit.

47. 1°. Les Rapporteurs doivent rapporter, le plutôt qu'ils le peuvent, les procès dont ils sont chargés, dès qu'ils sont en état; sur-tout quand ils en sont requis par une des parties. Et lorsque ces procès sont en état, ils ne doivent point être différés par la mort des parties. (Ordonnance de 1667, *tit.* 26, *art.* 1.)

2°. Ces rapports doivent être faits aux jours & heures qui sont fixés à cet effet; sçavoir, les procès du Bailliage, aux jours destinés pour le rapport des procès du Bailliage; les procès présidiaux, aux jours destinés à les rapporter; & de même les procès criminels, aux jours destinés pour le rapport des procès criminels. (Réglement du 30 Juin 1689 pour Angoulême, *art.* 26.)

Quelquefois néanmoins quand il y a peu d'affaires, on rapporte dans la même séance des procès du Bailliage, & des procès du Présidial, & même des procès criminels.

Alors il faut observer à l'égard des procès civils, qu'il faut d'abord rapporter les affaires du Présidial, & ensuite les affaires du Bailliage; à l'effet dequoi, les Présidents du Présidial doivent céder leur place au Lieutenant-Général, ou autre qui doit présider au Bailliage. (Lettre de M. le Chancelier Pontchartrain du 27 Juin 1706, aux Officiers du Présidial d'Orléans, en forme de Réglement, imprimée.)

48. 3°. Il est défendu aux Juges de rapporter les procès les jours de Fêtes. (Arrêt du 8 Janvier 1575 pour les Officiers de la Prévôté d'Orléans, rapporté par Joli, *pag.* 898.)

On doit aussi observer que ces rapports ne peuvent être faits pendant le temps de l'Audience, afin que tous les Juges y puissent assister. (Ainsi jugé par plusieurs Arrêts de la Cour, & par un autre du Grand-Conseil du 26 Septembre 1625, rendu pour Perigueux, rapporté par Filleau, *part.* 1, *tit.* 3, *chap.* 10; *idem* par le Réglement du 30 Juin 1689 pour Angoulême, *art.* 26.)

Ce qui n'a pas lieu cependant dans les Sièges où il y a diverses Chambres ou Bureaux, comme au Châtelet de Paris, au Présidial de Toulouse, *&c.*

Il faut aussi observer que les Juges servant à la Chambre-criminelle, ne peuvent rapporter à la Chambre-civile. (Arrêt du Parlement de Toulouse du 9 Mars 1575, *art.* 31, rendu pour le Présidial de la même Ville, rapporté par Descorbiac, *tit.* 2, *chap.* 11, *pag.* 36.)

De même, on ne peut tenir deux Bureaux, pour juger les procès par écrit. (Réglement du 31 Août 1689, pour le Présidial d'Orléans, *art.* 21 ; autre pour Angoulême du 30 Juin 1689, *art.* 26 ; autre Réglement de la Cour du 12 Juillet 1665, *art.* 17.)

49. 4°. Tous lesdits procès, tant civils que criminels, doivent être rapportés en la Chambre du Conseil, & non ailleurs. (Même Réglement du 10 Juillet 1665, *ibid.* art. 17 ; Arrêt du Parlement du 20 Avril 1660, pour Vic-en-Carladès ; autre du 30 Juin 1689, pour Angoulême, *art.* 26 ; Réglement de Poitiers du 2 Août 1688, *art.* 23.)

5°. Les Lieutenants & Conseillers ne doivent rapporter aucun procès, sans en prévenir celui qui doit présider. (Arrêt du Parlement du 1 Septembre 1629, pour Clermont, rapporté par Filleau, *tom.* 1, *pag.* 151.)

Celui du 26 Mai 1628, rendu pour le Présidial de Meaux, rapporté par Filleau, *ibid.* page 149, porte, que le Rapporteur d'un procès sera tenu d'avertir le Président, s'il est en ville, afin qu'il s'y trouve, si bon lui semble.

Un autre Arrêt du Parlement du 13 Février 1627, rendu pour Fontenai-le-Comte, rapporté par Joly, *pag.* 1866, porte, que les Rapporteurs doivent demander le Bureau au Lieutenant-criminel, pour le rapport des procès criminels à eux distribués.

Un autre Réglement du Conseil du 22 Février 1690, rendu pour Orléans, veut aussi que pour le jugement des affaires criminelles, présidiales & prévôtales, le Bureau soit demandé au Président.

50. 6°. Le rapport & jugement des procès, ne peut être différé pour l'absence des Juges qui manquent de s'y trouver ; si ce n'est que cela ait été aussi arrêté par avis commun du Siège. (Arrêt du Parlement du 24 Avril 1630, pour Abbeville, rapporté par Néron, *tom.* 2, *pag.* 615.)

Néanmoins un autre Arrêt du Parlement du 23 Mars 1705, rendu entre le Bailli de la Châtre-en Berri, & son Lieutenant, porte, que lesdits Bailli & Lieutenant, sont tenus de s'attendre pendant trois jours, pour procéder au jugement des procès & instances qui sont à leur rapport.

Un autre Arrêt du Parlement, servant de Réglement entre le Lieutenant-Général & le Lieutenant-Particulier du Bailliage du Bourg-

Argental, du 28 Juillet 1724, porte, que le Lieutenant-Général ne pourra juger les procès qu'il rapportera, sans le Lieutenant-Particulier, ni celui-ci sans le Lieutenant-Général, sinon en cas d'absence, maladie, ou autre empêchement; & qu'en cas de diversité d'avis, ils prendront un Avocat.

51. 7°. Il doit y avoir en la Chambre du Conseil deux registres, l'un pour le civil, & l'autre pour le criminel, pour y écrire le nom des Juges qui ont assisté au rapport & jugement des procès.

8°. Les procès criminels doivent être rapportés par préférence à tous autres. (Réglement du Conseil du 18 Juillet 1677, *art.* 37; Edit du mois de Février 1705, pour le Présidial d'Ypres, *art.* 22; Ordonnance de 1670, *tit.* 25, *art.* 1.)

Et avant tout, ceux où il y a des conclusions à mort, ou à peine corporelle; & ceux qui se poursuivent à la requête du Procureur du Roi, & dont les accusés sont au pain du Roi. (Ordonnance du mois de Mars 1549, *art.* 2, rapporté par Néron, *tom.* 1, *pag.* 274.)

Les délibérés sur le registre & sur le Bureau, se rapportent aussi par préférence aux procès par écrit; tel est l'usage à Orléans.

52. Le Lieutenant-Général, ou autre, qui préside, peut prendre le Bureau, pour y rapporter par préférence; & après lui, le Lieutenant-Particulier, l'Assesseur, & les Conseillers, suivant l'ordre du Tableau. (Réglement du Conseil du 31 Août 1689, pour Orléans, *art.* 17; Arrêt du Grand-Conseil du 31 Mars 1626, *art.* 12, rendu pour la Sénéchaussée de Lauraguais, rapporté par Descorbiac, *tit.* 2, *chap.* 42; Arrêt du Conseil du 11 Janvier 1647, pour Montargis, *art.* 33; autre du 16 Mars 1705, pour Autun, *art.* 18; autre Arrêt du Conseil du 23 Juin 1750, pour Rennes, *art.* 36, qui ajoute, qu'il pourra rapporter de suite plusieurs procès; le tout à la charge d'en user, de manière que les procès qui requieront une plus prompte expédition, n'en soient pas retardés.)

Ce qui n'a pas lieu cependant lorsqu'il y a quelque procès commencé. (Arrêt du Conseil du 28 Mai 1647, pour Montargis, *art.* 5;) ou quand il y a quelques affaires privilégiées, & qui requierent célérité; comme celles qui regardent des Officiers, des forains, & des prisonniers, ou l'Eglise; auxquels cas celui qui préside, peut donner le Bureau. (Réglement d'Angoulême du 30 Juin 1689, *art.* 27; autre du 10 Juillet 1677, pour Tours, *art.* 37; autre du 24 Mai 1603, pour Bourg-en-Bresse, *art.* 31; Arrêt du Conseil du 11 Janvier 1647, pour Montargis, *art.* 33; autre du 23 Juin 1758, pour Rennes, *art.* 36.)

53. Mais un Officier qui a rapporté un procès, n'en peut rapporter un second dans la même semaine, que chacun des autres Juges qui en auront deux dans la même semaine, n'en aient rapporté chacun un ; (Délibération des Officiers du Présidial d'Orléans, du 16 Décembre 1689, en exécution du Réglement du 31 Août de la même année, rendu pour le même Siége.)

Lorsqu'un procès a commencé à être mis sur le Bureau, & à être rapporté, on ne peut y en mettre d'autre, que le premier ne soit décidé. (Ordonnance du mois de Juillet 1493, *art.* 7 ; autre du mois de Novembre 1507, *art.* 68 ; autre du mois d'Octobre 1535, *chap.* 1, *art.* 45 ; Ordonnance d'Orléans, *art.* 42.)

Et lorsqu'il ne peut être terminé en une séance, le rapport en doit être continué à la suivante, sans qu'aucuns des Officiers puissent rapporter aucuns procès, soit à l'ordinaire, ou présidiaux, qu'il n'ait été fini. (Réglement d'Angoulême, du 30 Juin 1689, *art.* 28 ; autre du 24 Mai 1603, pour Bourg-en-Bresse, *art.* 36 ; autre pour Chinon, du 19 Août 1687, *art.* 20 ; Arrêt du Parlement du 16 Février 1630, pour le Mans ; autre du 12 Mai 1714, pour Niort.)

54. 9°. Tous procès par écrit, doivent être rapportés & visités au Bureau des Rapporteurs. (Réglement du 18 Juillet 1677, pour Tours, *art.* 39 ; autre pour Autun du 16 Mars 1705, *art.* 19 ; Arrêt du Conseil du 11 Janvier 1647, pour Montargis, *art.* 30.)

Mais celui qui préside à la Chambre, soit le Lieutenant-Général, ou Particulier, ou autre, peut rapporter de sa place, sans être tenu de la quitter. (Mêmes Réglements de Tours, *art.* 39 ; & d'Autun, *art.* 19.)

10°. Les Présidents du Présidial, président en la Chambre aux affaires qui sont dans le cas de l'Edit ; & le Lieutenant-Général aux affaires de l'ordinaire, même à celles du Présidial en l'absence des Présidents.

Celui qui préside à la Chambre, préside également aux procès dont il est Rapporteur, & y opine le premier. (Arrêt du Conseil du 11 Janvier 1647, pour Montargis, *art.* 30 ; autre du 28 Mai, audit an, pour le même Siége, *art.* 6.)

55. 11°. Quand un procès a été commencé par le Lieutenant-Particulier, ou ancien Conseiller, en l'absence du Lieutenant-Général, ou autre qui devoit y présider, si lesdits Présidents surviennent, le procès ne sera recommencé, mais sera continué, pour être jugé diffinitivement ; & pendant ledit temps, le Président se retirera

de la Chambre, jusqu'à ce que le procès ait été expédié. (Ordonnance du mois de Mars 1549, *art.* 18.)

☞ Néanmoins si ledit Lieutenant-Général, ou autre qui doit présider, survient avant qu'on ait fait la visite des pièces, quoiqu'on ait commencé le rapport du procès, dans ce cas, on lui remettra le fait, & il présidera au procès; mais si l'on a commencé la visite du procès, on la continuera, & l'on procédera au jugement, sans que le Lieutenant-Général, ou autre Président, puisse y assister. (Réglement du 30 Juin 1689, pour Angoulême, *art.* 29.)

Le Réglement du Conseil du 16 Mars 1705, rendu pour Autun, *art.* 21, porte, que quand le fait du procès aura été mis, & que l'avertissement, les griefs, ou quelqu'autre pièce pareille, auront été lues, ceux qui entreront dans la Chambre du Conseil, ladite lecture faite, ne pourront assister au surplus de la visite, & ne participeront point aux épices. (*Idem* par le Réglement de Tours du 18 Juillet 1677, *art.* 40.)

56. 12°. Les Rapporteurs, & autres Juges, en rapportant & opinant, doivent adresser la parole en singulier à celui des Officiers qui préside. (Arrêt du Parlement du 18 Février 1618, pour Laon; autre du 24 Avril 1632, pour Abbeville, rapporté par Néron, *tom.* 2, *pag.* 615; autre du 30 Décembre 1633, pour Niort; Arrêt du Conseil du 11 Janvier 1647, pour Montargis, *art.* 32; autre Réglement général du Conseil du 21 Décembre 1671, rendu pour toutes les Sénéchaussées du ressort du Parlement de Toulouse; autre du 30 Août 1689, pour Orléans, *art.* 19; autre du 16 Mai 1691, pour Limoges, *art.* 12.)

57. 13°. Les Rapporteurs, tant des procès civils, que des procès criminels, ne doivent s'ingérer à en faire le rapport, de quelque qualité, ou briéveté qu'ils soient, sans avoir auparavant fait eux-mêmes l'extrait des pièces & productions des parties, & cotté duement, les articles & points, pour, sur iceux appliquer convenablement lesdites productions. (Ordonnance du mois d'Avril 1453, *art.* 112; Ordonnance de Blois, *art.* 127;) à peine de suspension pour trois mois. (Edit du mois de Mars 1549, *art.* 28; Ordonnance du mois de Novembre 1507, *art.* 53; autre du mois d'Octobre 1535, *chap.* 1, *art.* 44.)

Ils doivent même faire serment qu'ils ont fait eux-mêmes ces extraits, suivant l'Ordonnance du mois d'Avril 1446, *art.* 12.

Ces extraits doivent être écrits de la main du Rapporteur. (Arrêt du Parlement de Toulouse du 9 Mars 1575, rendu pour le Présidial

sidial de la même ville, *art.* 8, rapporté par Descorbiac, *tit.* 2, *chap.* 11;) à peine de n'être reçu à rapporter; (même Arrêt, *art.* 8;) parce que, (dit cet atticle,) il est mal-aisé à un Rapporteur de se rendre certain & assuré de tous les points particuliers d'un procès, sans l'avoir extrait de sa main.

58. L'Ordonnance de 1535, *chap.* 1, *art.* 44, veut aussi que ces extraits soient écrits de la main du Rapporteur, ou de quelque autre Conseiller, ou Greffier, & non d'un Clerc, ou Secrétaire. (*Idem* par les Ordonnances des mois de Juillet 1453, *art.* 112; & de Novembre 1507, *art.* 53.)

Une Mercuriale du Parlement de Toulouse de l'année 1581, & une autre de l'année 1586, rapportées par Laroche-Flavin, Traité des Parlements, *liv.* 9, *chap.* 20, *art.* 2, portent que les Rapporteurs seront tenus de faire les extraits de leurs mains; autrement qu'ils ne participeront point aux épices.

59. L'extrait que fait le Rapporteur a deux fins. La première est pour représenter le mérite du procès; sçavoir, les demandes, défenses, & replique des parties; les faits & moyens par elles allégués; quels titres, enquêtes, & pièces elles ont produit. La seconde, pour y avoir recours, quand les Juges voudront, en opinant, se rappeller quelques-uns des faits & moyens des parties, & ce qui est porté par leurs enquêtes, ou productions; ce qui est très nécessaire aux procès de longue discussion. Cet extrait étant un abrégé du procès, qui en contient toute la substance, il est juste qu'il soit fait de la main du Rapporteur, tant afin qu'il soit mieux instruit du procès, que pour ne pas confier à un Clerc, ou Secrétaire, des pièces qui doivent souvent être secretes, & qu'il pourroit être dangéreux de laisser entre leurs mains. (Ordonnance de 1535, *chap.* 1, *art.* 44.)

Les Rapporteurs doivent avoir grande attention, en faisant ces extraits, d'y mettre la substance des principaux faits des enquêtes, sans les mettre par relation au procès; afin que s'il est qustion, en opinant, de retourner à quelques faits, il suffise de recourir à l'extrait vérifié, sans être obligé de retourner à l'enquête. (Même Ordonnance de 1535, *chap.* 1, *art.* 48. Voyez aussi l'Ordonnance du 28 Octobre 1546, *art.* 13; celle du mois de Novembre 1507, *art.* 44; & le Réglement pour le Présidial de Bourg-en-Bresse, du 24 Mai 1603, *art.* 38.)

60. A l'égard des clauses & points des actes qui peuvent servir à la décision, & au jugement des procès, il ne suffit pas d'en mettre

la substance dans l'extrait, mais il faut les écrire en propres mots & termes. (Laroche-Flavin, des Parlements, *liv.* 9, *chap.* 20, *art.* 6.)

Un autre avantage qui résulte de ces extraits, quand ils sont écrits de la main du Rapporteur, c'est qu'on y ajoute autant de foi, lorsque le procès vient à se perdre, qu'aux pièces mêmes, ainsi qu'il a été jugé par plusieurs Arrêts. (Laroche-Flavin, *ibidem*, liv. 9, *chap.* 20, *art.* 7.)

Quant à la manière de faire cet extrait, & de bien rapporter un procès ; & à la conduite que doivent tenir à cet effet les Rapporteurs, Voyez ce qui a été dit ci-après, *n.* 84 *& suivants.*

61. 14°. Les Officiers, pendant le rapport & jugement des procès, doivent être attentifs à écouter le Rapporteur, & ne doivent point s'occuper à en voir, ni à faire extrait d'autres procès ; parler l'un à l'autre ; ni faire aucune chose qui les puisse empêcher de bien entendre, ou retenir les difficultés desdits procès ; sous les peines de l'Ordonnance, qui seront déclarées par les autres Officiers du Siège, sur ceux qui seront coutumiers de ce faire. (Réglement du 24 Mai 1603, pour Bourg-en-Bresse, *art.* 35.)

L'article 5 de l'Ordonnance du mois de Juillet 1493, défend aussi aux Présidents, Conseillers, & autres Juges, pendant le rapport & expédition des procès, requêtes, & autres matières qui se mettent en délibération, de s'occuper à la lecture des requêtes, pièces, registres, lettres, *dictums*, & autres actes qui puissent les distraire, ou empêcher d'entendre entièrement les procès qu'on rapporte ; & leur enjoint d'être attentifs auxdits rapports ; afin que le jugement n'en soit point retardé ; à peine de privation de leurs gages. (*Idem* par l'Ordonnance du mois de Novembre 1507, *art.* 67.)

62. L'Ordonnance de 1535, *chap.* 1, *art.* 49, défend aussi aux Juges de s'occuper, pendant le rapport des procès, à aucune chose qui les empêche de les écouter ; & leur enjoint d'être attentifs, sans tenir propos les uns aux autres, ni interrompre le rapport.

Le Réglement du Conseil du 31 Août 1689, rendu pour Orléans, *art.* 20, porte pareillement qu'on ne pourra interrompre ceux qui rapporteront, ou opineront, lors de la lecture des pièces & écritures. (*Idem* par l'Arrêt du Conseil du 22 Août 1684, pour Châlons-sur-Marne ; & par le Réglement d'Angoulême du 30 Juin 1689, *art.* 30 ;) sauf après l'entière visitation du procès, à demander aux Rapporteurs, les éclaircissements que chacun jugera néceſſaire. (Même Réglement d'Angoulême, *art.* 30, qui ajoute que le Lieutenant-Général, ou autre qui préſidera en ſon abſence, pourra lire & examiner telle des pièces d'écritures que bon lui ſemblera.)

Lorſqu'il y a des parties, ou des accuſés à entendre & interroger, c'eſt à celui qui préſide à leur faire les demandes néceſſaires; & il n'eſt pas permis aux autres Juges de les interroger. Mais s'ils ont quelque demande à faire, ils peuvent le faire par la bouche du Préſident. (Même Arrêt de 1684, rendu pour Châlons ; & Réglement du 30 Juin 1689, pour Angoulême, *art.* 5.)

63. 15°. Pour procéder plus ſurement au rapport des procès, & afin qu'il n'y ſoit rien omis, par négligence, inadvertance, ou autrement, de tout ce qui peut ſervir à leur déciſion, les Ordonnances veulent que les inventaires de productions ſoient entièrement lus par quelqu'un des Juges, autre que le Rapporteur ; même les actes, enquêtes, titres, lettres, & autres pièces concernant leſdits procès ; pour, ſur ces productions, vérifier exactement l'extrait du Rapporteur. (Ordonnance du 28 Octobre 1446, *art.* 13 ; autre du mois d'Avril 1453, *art.* 114 ; autre du mois de Novembre 1507, *art.* 56 ; autre du mois d'Octobre 1535, *chap.* 1, *art.* 47.)

L'Ordonnance d'Abbeville du 21 Février 1539, *art.* 96, défend auſſi aux Juges de juger aucun procès de grande ni petite importance, ſur le rapport des Conſeillers, ou autres, de quelque autorité qu'ils ſoient, ſans avoir lu & entendu le contenu des pièces. (*Idem* par le Réglement du 24 Mai 1603, rendu pour Bourg-en-Breſſe, *art.* 42.)

16°. L'Ordonnance du mois de Juin 1510, *art.* 30, veut que quand un procès aura été mis ſur le Bureau, on ne puiſſe plus recevoir de production. (*Idem* par l'Ordonnance de 1535, *chap.* 8, *art.* 6.)

L'Edit du mois de Février 1705, rendu pour le Préſidial d'Ypres, *art.* 29, veut auſſi que les procès étant jugés, les Rapporteurs ne puiſſent recevoir aucunes écritures ni productions, avant la ſignature de la Sentence ; ſi ce n'eſt de l'avis unanime de tous les Juges.

ARTICLE VI.

Des Opinions.

64. Après la visite & le rapport d'un procès, celui qui préside doit recueillir les voix des Juges qui y sont présents ; & il est défendu aux Officiers de dire leur avis, qu'après que le procès a été entiérement conclu & examiné. (Réglement du 30 Juin 1689, pour Angoulême, *art.* 31 ;) & c'est au Rapporteur à opiner le premier, même quand il préside. (Arrêt du 14 Août 1617, rendu pour Bourges, rapporté par Joli, *pag.* 1031 ; autre du Conseil du 6 Septembre 1678 pour le Puy ; autre du Parlement du 24 Avril 1632 pour Abbeville, rapporté par Néron, *tom.* 2, *pag.* 615.)

Lorsque celui qui préside, a demandé l'avis du Rapporteur, ou qu'il a opiné, si le procès est à son rapport, il doit demander l'avis des autres Juges, suivant l'ordre où ils sont assis ; & après que ceux d'un côté auront opiné, il doit prendre l'avis de ceux qui sont assis de l'autre côté, en commençant par le dernier de ce côté, & finissant par le plus ancien du même côté. (Arrêt du Conseil du 20 Juin 1634, rendu pour Toulouse, *art.* 27, rapporté par Descorbiac, *tit.* 2, *chap.* 14 ; Réglement du 30 Juin 1689 pour Angoulême, *art.* 31.)

65. Mais aucun des Conseillers, ou autres Juges, ne peuvent opiner que chacun à leur tour, & quand ils en sont requis par celui qui préside. (Arrêt du Conseil du 22 Août 1684, pour Châlons-sur-Marne.)

Dans les procès dont le Lieutenant-Général, ou autre qui préside, n'est pas Rapporteur, il ne peut opiner qu'après que tous les autres Juges ont dit leur opinion. (Ordonnance du 28 Octobre 1446, *art.* 14 ; autre du mois de Novembre 1507, *art.* 54.)

Les Juges dans leurs opinions doivent être courts, sans user de redite & de superfluité, ni de discours inutiles, qui ne servent de rien à la cause, & qui ne sont bons qu'à ennuyer ceux qui les écoutent. Ils doivent aussi observer de rester assis, quand ils opinent à la Chambre du Conseil.

Voyez encore pour les autres observations que doivent faire les Juges en opinant, au titre *Des devoirs, fonctions & droits des Juges*, ci-dessus, *part.* 2, *tit.* 3, *n.* 77 & *suivants.*)

66. Quelquefois, en opinant, les Juges demandent à voir les pieces

pour se procurer des éclaircissements dont ils ont besoin; alors le Rapporteur doit les donner à ceux qui demandent à les voir.

On doit écouter patiemment & sans interruption, celui qui opine, à moins qu'il n'errât évidemment dans le fait; auquel cas le Rapporteur, ou à son défaut le Président, ou autre des Conseillers, le pourront avertir. Cependant si le Président voit que quelqu'un dans son opinion recommence souvent la même chose, ou qu'il allegue des faits, ou autres choses non contenues au procès, ou qu'il use d'une trop grande longueur, ou superfluité, il pourra avertir celui qui opine pour la faire cesser. (Ordonnance du mois d'Avril 1453, *art.* 115; autre du mois de Juillet 1493, *art.* 4; autre du mois d'Octobre 1535, *chap.* 1, *art.* 41 & 42; autre du mois de Janvier 1629, *art.* 42.)

67. Si dans la visite du procès il y avoit quelque difficulté sur quelque matière de Droit, que quelqu'un des Juges voulût examiner & revoir en son étude, il doit lui être donné le temps nécessaire à cet effet, pour ne donner à personne occasion de juger moins solidement, ou lui ôter les moyens de tranquilliser sa conscience dans les jugements où il doit prononcer. (Arrêt du 9 Mars 1575 pour Toulouse, *art.* 6, rapporté par Descorbiac, *tit.* 2, *chap.* 11.)

Les jugements doivent se décider à la pluralité des voix. (Réglement du 24 Mai 1603, pour Bourg-en-Bresse, *art.* 31;) sans que l'opinion de celui qui préside, soit comptée pour deux. (Arrêt du 23 Novembre 1613, rendu pour Bourges, rapporté par Joli, *tom.* 2, *pag.* 894; Voyez aussi au titre *Des fonctions, droits, devoirs des Juges*, ci-dessus, *part.* 2, *tit.* 3, *n.* 82.)

68. Si les Juges étoient partagés d'opinion, le procès doit être départi par un Officier du Siège qui n'aura point opiné; & s'il n'en restoit point, par un ancien Avocat. (Réglement du 30 Juin 1689 pour Angoulême, *art.* 32; Arrêt du Parlement du 21 Juillet 1629 pour Gueret, rapporté par Joli, *tom.* 2, *pag.* 1858. Voyez aussi au titre *Des fonctions, droits & devoirs des Juges*, ci-dessus, *part.* 2, *tit.* 3, *n.* 83.)

L'Arrêt du Parlement du 23 Mai 1705, rendu pour la Justice de la Châtre-en-Berry, porte que si le Bailli & le Lieutenant se trouvent d'avis différent dans le jugement des causes & procès, ils seront tenus d'appeller le Procureur-Fiscal dans le jugement des causes où son ministère ne sera pas nécessaire; sinon l'ancien Praticien du Siège.

On ne peut opiner une seconde fois sur une affaire, quand une fois elle a été arrêtée & conclue à la pluralité des voix. (Voyez ce qui a été dit à ce sujet au titre *Des fonctions, droits & devoirs des Juges*, ci-dessus, *part.* 2, *tit.* 3, n. 87.)

Néanmoins si après avoir recueilli les opinions, un Juge qui avoit opiné au fond, vient à se réduire, & à opiner pour une instruction, cela peut se faire, même dans le cas où celui qui préside, ou quelqu'autre des Juges, seroient sortis de la Chambre, pourvu que cette réduction se fasse en présence des autres Juges qui puissent l'attester. (Ainsi jugé au Parlement de Toulouse; Voyez Laroche-Flavin, Traité des Parlements, *liv.* 9, *chap.* 26.)

ARTICLE VII.

Des Sentences & Jugements des Procès par écrit.

69. 1°. Les Sentences & Jugements des Procès par écrit, doivent être rendus en la Chambre du Conseil, & être datés du Siége. (Réglement de Poitiers du 2 Août 1688, *art.* 23.)

2°. Toutes Sentences, Jugements, ou Arrêts rendus sur productions des parties, qui condamnent à des intérêts, ou à des arrérages, en doivent contenir la liquidation, ou calcul. (Ordonnance de 1667, *tit.* 6, *art.* 6.)

3°. On trouve quelques Réglements qui veulent qu'aucune Sentence ni Ordonnance ne soit rendue en la Chambre du Conseil, qu'en l'assistance de cinq, ou du moins de trois Officiers du Siége. (Arrêt de Réglement du 19 Août 1687 pour Chinon, *art.* 26; autre du 16 Février 1630 pour le Mans, rapporté par Joli, *tom.* 2, *pag.* 1856, qui porte que les procès par écrit du Bailliage, seront rendus par cinq Juges, à peine de nullité, & des dépens, dommages & intérêts des parties.)

A l'égard des Sentences rendues en matière bénéficiale, elles doivent être rendues par cinq Juges, & ils doivent même en signer la minute, si le procès est par écrit. (Ordonnance de 1667, *tit.* 15, *art.* 17.)

Lorsque les jugements sont aux cas de l'Edit, ils doivent être rendus par sept Juges. (Edit d'ampliation des Présidiaux, *art.* 46.)

70. 4°. Les Sentences doivent être signées de tous ceux qui ont assisté au jugement, après en avoir fait la lecture en la Chambre du Conseil, en présence des Juges, pour y corriger ce qui sera

néceſſaire, & auſſitôt que cette lecture a été faite; ſans divertir à autres choſes, ni faire ſigner le jugement dans les maiſons de ceux qui y ont aſſiſté. (Réglement du 24 Mai 1603, *ibid. art.* 49; Arrêt du 1 Septembre 1629 pour Chaumont, rapporté par Filleau, *tom.* 1, *pag.* 151; autre du 21 Juillet 1629 pour Gueret, rapporté par Joli, *tom.* 2, *pag.* 1858; autre du 16 Février 1630 pour le Mans, rapporté par Joli, *pag.* 1856; autre du 24 Avril 1632, pour Abbeville, rapporté par Néron, *tom.* 2, *pag.* 615.)

Il en eſt de même des jugements criminels rendus en procès par écrit, ou à la Chambre du Conſeil; ſoit qu'ils ſoient rendus à la charge de l'appel, ou en dernier reſſort; ils doivent auſſi être ſignés de tous les Juges qui y ont aſſiſté, à peine d'interdiction, des dommages & intérêts des parties, & d'amende. (Ordonnance de 1670, *tit.* 25, *art.* 14;) cet article ajoute, que c'eſt ſans rien innover à l'uſage des Cours, dont les Arrêts ſont ſeulement ſignés par le Rapporteur & le Préſident.

Le Rapporteur doit ſigner le premier le jugement rendu à ſon rapport, même avant celui qui a préſidé. (Arrêt du Parlement du 23 Novembre 1613 pour Bourges, rapporté par Joli, *pag.* 894, *liv.* 5; *idem* par le Réglement de Doron du 10 Janvier 1587, rendu entre les Officiers de la Prévôté d'Orléans, rapporté par Chenu, *tom.* 1, *chap.* 3.)

71. 5°. A la fin de ces Sentences rendues en la Chambre du Conſeil, il doit être mis: *Donné par Nous Préſident, Lieutenant-Général & Conſeillers*, ſans que les Conſeillers puiſſent y être employés comme aſſiſtants & aſſeſſeurs de celui qui aura préſidé au jugement; & il eſt enjoint aux Greffiers de n'employer dans les Sentences, que les noms & qualités des Juges qui y auront aſſiſté, ſans y étendre le nom de leurs Seigneuries. (Réglement de Poitiers du 2 Août 1688, *art.* 23.)

6°. Les Sentences, Arrêts, & autres Jugements, doivent être datés du jour qu'ils ont été arrêtés, ſans qu'ils puiſſent avoir d'autre date; & le jour de l'Arrêt doit être écrit de la main du Rapporteur, enſuite du *dictum*, ou diſpoſitif; à peine de dépens, dommages & intérêts des parties. (Ordonnance de 1667, *tit.* 26, *art.* 8.)

72. 7°. Les Juges qui ont été Rapporteurs de procès, doivent dans trois jours au plutard, après qu'ils ont été jugés, écrire de leur main, ou de celle d'un autre de ceux qui ont été du nombre des Juges, les jugements deſdits procès, & les rapporter au Préſi-

dent pour les signer & expédier en plein Bureau, à peine de privation d'épices. (Réglement du 24 Mai 1603 pour Bourg-en-Bresse, *art.* 48.)

Les *dictums* doivent être dressés par le Président & par le Rapporteur. (Arrêt du Parlement de Toulouse du 9 Mai 1575, pour le Présidial de la même Ville, *art.* 11, rapporté par Descorbiac, *tit.* 2, *chap.* 11.)

Un Arrêt du Grand-Conseil du 30 Juin 1618, rapporté par Néron, *tom.* 2, rendu pour Orléans, porte aussi que dans les procès de Maréchaussée, les qualités, le vu, & le dispositif des Sentences, seront faits par le Rapporteur, le Président & le Prévôt.

73. Les Rapporteurs sont tenus d'écrire de leur main le dispositif des Sentences rendues à leur rapport, sans interlignes, ni renvois qui ne soient approuvés, & doivent les présenter à celui qui aura présidé, pour les signer. (Réglement du Conseil du 24 Mai 1603 pour Bourg-en-Bresse, *art.* 49 ; Edit du mois de Février 1705 pour le Présidial d'Ypres, *art.* 26 ;) & ils doivent les leur présenter immédiatement après le rapport, ou dans trois jours au plus-tard. (Même Edit de 1705, *art.* 26.)

Les Rapporteurs doivent aussi écrire en la marge du *dictum*, qui doit être signé du Président & du Rapporteur, les noms des Juges qui ont assisté au Jugement. (Ordonnance du mois de Mars 1549, *art.* 17 ; Ordonnance de Moulins, *art.* 63 ; Edit des Présidiaux, *art.* 6.)

74. 8°. Les Juges doivent faire le vû des Sentences dont ils seront Rapporteurs; dans lequel ils doivent faire mention sommaire de la demande, défenses, offres & pièces ; & cotter les dates, suivant l'article 80 de l'Ordonnance d'Orléans ; sinon il est permis aux Greffiers de le faire. (Déclaration du 5 Novembre 1661, concernant les Greffes, *art.* 42.)

9°. Les Greffiers, au bas des Sentences qu'ils expédient, sont tenus d'écrire le nom des Juges qui y ont assisté, soit que la Sentence ait été rendue présidialement, ou à l'ordinaire, & à la charge de l'appel; à peine de nullité, & de tous dépens, dommages & intérêts, dont les Greffiers demeureront responsables. (Arrêt de Réglement de la Cour du 10 Juillet 1665, *art.* 27 ; Ordonnance de 1670, *tit.* 25, *art.* 14.)

Les Rapporteurs doivent aussi, dans les trois jours, après que le procès aura été jugé, remettre au Greffe le *dictum* de la Sentence

tence & le procès entier, sans qu'ils puissent après le jugement, en donner communication aux parties, ni à leur Procureur; à peine de tous dépens, dommages & intérêts. (Ordonnance de 1667, *tit.* 11, *art.* 15; autre de 1629, *art.* 84;) & il est défendu aux Rapporteurs de les remettre au Greffe, qu'après en avoir fait lecture à la Chambre. (Arrêt du Parlement du 24 Avril 1632 pour Abbeville, rapporté par Néron, *tom.* 2, *pag.* 615; autre du 18 Février 1608, pour Laon.)

75. 10°. Aucune Sentence, ni Ordonnance de la Chambre du Conseil, ne peut être délivrée, qu'il n'en ait été délibéré au Bureau, & qu'elle ne soit signée, conformément à l'Ordonnance. (Réglement d'Autun du 16 Mars 1705, *art.* 29, qui ajoute que toutes les minutes des Sentences seront mises au Greffe, ainsi que celles des états de frais, comptes de tuteles, & autres minutes généralement quelconques, pour en être délivré des grosses par le Greffier; sans que les Procureurs, ou autres, puissent retenir lesdites minutes, sous quelque prétexte que ce soit.)

11°. Lorsque les jugements ont été signés en la forme & manière qu'on vient de dire, on doit y ajouter foi; à moins qu'on ne voulût les arguer de faux. (Ordonnance du 28 Octobre 1453, *art.* 17; autre du mois de Novembre 1507, *art.* 27; autre du mois d'Octobre 1535, *chap.* 12, *art.* 9.)

76. 12°. Enfin, il faut observer, à l'égard des fonctions & devoirs des Rapporteurs, qu'ils sont déchargés de la représentation des sacs & pièces des parties, cinq ans après que les procès ont été jugés. (Arrêt du Parlement de Rouen du 28 Février 1704, rapporté par Néron, *tom.* 2, *pag.* 853;) mais ils en répondent jusqu'à ce temps. (*Cod. Faber.* lib. 4, tit. 25, *défin.* 4, aux notes 2.)

Un Arrêt du Parlement de Paris du 25 Novembre 1565, rapporté par Levest, *Arrêt* 226, a jugé que les Rapporteurs & leurs veuves sont déchargés des pièces après trois ans, à compter du jour du jugement des procès.

ARTICLE VIII.

Des Procès criminels de rapport, en particulier.

77. 1°. Les procès criminels doivent être distribués promptement, & aussi tôt qu'ils sont en état d'être rapportés. (Code Henri, *liv.* 2, *tit.* 20, *art.* 13.)

L'article 41 du Réglement du Conseil du 16 Mars 1705, rendu pour le Présidial d'Autun, porte aussi que les Présidents distribueront les procès criminels présidiaux, & ceux en dernier ressort, après qu'ils auront été instruits par le Lieutenant-criminel.

2°. La distribution des procès criminels du Présidial, ou de la Maréchaussée, se fait par l'ancien Président, à ceux des Lieutenant-Particulier, Assesseur, & Conseillers qu'il juge à propos, sans suivre l'ordre du Tableau, en gardant néanmoins l'égalité. (Voyez ci-dessus, *n.* 25 & 26.)

3°. Dans la plupart des Bailliages & Sénéchaussées, les Lieutenants-criminels rapportent seuls les procès criminels de l'ordinaire, soit qu'ils soient réglés extraordinairement, ou non. (Voyez *ibidem*, n. 25.)

78. C'est aussi à eux, par la même raison, qu'il appartient de faire le rapport des Lettres de grace, à la réserve de celles dont l'adresse seroit faite au Présidial pour crimes prévôtaux ou présidiaux, & pour y être jugées en dernier ressort. (Réglement du 19 Février 1729, pour le Puy-en-Velai, *art.* 40.)

A l'égard des procès criminels prévôtaux & présidiaux en général, non-seulement les Lieutenants-criminels n'ont pas le droit de les rapporter seuls, & à l'exclusion des autres Juges, ainsi qu'il a été observé ci-dessus, *n.* 23; mais il y a même quelques Sièges où ils ne peuvent rapporter ces sortes de procès: & cela s'observe ainsi à Orléans, suivant une transaction du 1 Mars 1657, passée entre le Lieutenant-criminel, & les Officiers du Présidial d'Orléans, homologuée par l'article 23 du Réglement du Conseil du 31 Août 1689, rendu pour le même Siège, qui excepte seulement les procès présidiaux renvoyés au Siège, pour y être jugés en dernier ressort, qu'il pourra rapporter comme les autres Conseillers, sans pouvoir néanmoins rapporter aucun procès prévôtal.

79. Le Réglement de Poitiers du 2 Août 1688, *art.* 33, porte au-contraire, que le Lieutenant-criminel pourra rapporter les procès prévôtaux comme les autres Juges. (Voyez ci-dessus, n. 23.)

4°. Lorsque les procès criminels sont dans le cas d'être distribués en suivant l'ordre du Tableau, la distribution s'en fait, sçavoir, ceux du Présidial & de la Maréchaussée, par l'ancien des Présidents, en présence du Lieutenant-criminel, & d'un ancien Conseiller. (Réglement de Poitiers du 2 Août 1688, *art.* 34; Voyez ci-dessus, n. 6.)

Et ceux de l'ordinaire par le Lieutenant-criminel, en présence de l'Assesseur, du Lieutenant-Particulier, & de l'ancien Conseiller. (Arrêt de Réglement du 7 Septembre 1617, pour le Châtelet de Paris, rapporté par Filleau, *tom.* 1, *part.* 2, *pag.* 31; autre du 13 Février 1627, pour Fontenai-le-Comte, rapporté par Filleau, *ibidem*, tom. 1, part. 2, pag. 41; autre du 29 Août 1626, pour Poitiers, rapporté *ibid.* pag. 64; (Edit du mois de Janvier 1685, pour le Châtelet de Paris, *art.* 31; Réglement de Poitiers, du 2 Août 1688, *art.* 31.)

Voyez aussi ci-dessus, n. 26, ce qui est dit touchant le droit de preciput des Lieutenants-criminels, dans la distribution des procès criminels.

80. 5°. Dans les Cours, celui qui a fait l'instruction d'un procès criminel, n'en peut être le Rapporteur, suivant l'article 130 de l'Ordonnance de Blois; mais le contraire s'observe dans les Bailliages & Sénéchaussées. (Arrêt de la Cour du 23 Août 1663, pour Angoulême, rapporté au Journal des Audiences.)

6°. En cas d'absence, ou autre empêchement du Lieutenant-criminel, pendant huit jours, les procès criminels instruits, & en état d'être jugés, doivent être rapportés par l'Assesseur, ou Lieutenant-Particulier; & en son absence, par le plus ancien Conseiller. (Déclaration du 4 Février 1557, rapportée par Joly, *tom.* 2, *pag.* 1096; Réglement du 31 Août 1689, pour Orléans, *art.* 23.)

81. 7°. Les procès criminels doivent être rapportés par préférence à tous autres procès; & avant tout ceux où il y a des conclusions à mort, ou à peine corporelle. (Voyez ci-dessus, n. 51.)

Ceux où il y a des conclusions à mort, aux galeres, ou au bannissement à temps, ne peuvent être jugés de relevée.

8°. Les Rapporteurs peuvent retirer les minutes du Greffe, pour s'en servir dans la visite des procès criminels; mais ils sont tenus de les remettre au Greffe, vingt-quatre heures après le jugement; à peine de cent livres d'amende, *&c.* (Ordonnance de 1670, *tit.* 6, *art.* 16.)

9°. Les Assesseur, Lieutenant-particulier, & Conseillers, sont tenus de demander le Bureau au Lieutenant-criminel, ou autre premier Juge, pour le rapport des procès à eux distribués. (Arrêt du Parlement du 13 Février 1627, pour Fontenai-le-Comte, rapporté par Filleau, *tom.* 1, *part.* 2, *pag.* 41.)

82. 10°. Les Rapporteurs doivent, en faisant leur rapport, adresser la parole en nombre singulier, au Lieutenant-criminel, ou autre

qui préside. (Réglement du 23 Février 1644, pour Montargis, *art.* 14 ; Voyez aussi ci-dessus, *n.* 56.)

11°. Les Lieutenants-criminels président, & opinent les premiers, aux procès dont ils sont Rapporteurs. (Réglement du 6 Septembre 1678, pour le Puy-en-Velai, *art.* 9. Voyez aussi ce qui a été dit ci-dessus, *n.* 62.)

12°. Les Procureurs du Roi ne peuvent assister à la visite, ni au jugement des procès criminels. (Ordonnance de 1670, *tit.* 24, *art.* 2.)

13°. Les procès criminels qui ne se jugent point à l'Audience, doivent être portés & jugés en la Chambre criminelle, & non ailleurs. (Arrêt du Parlement du 27 Janvier 1607, pour Loudun, rapporté par Joly, *pag.* 1131 ; Voyez aussi ci-dessus, *n.* 49.)

83. 14°. Au jugement des procès criminels qui se jugent en dernier ressort dans les Présidiaux, & autres Sieges royaux, il doit y avoir au moins sept Juges ; & trois aux procès qui se jugent à la charge de l'appel, & auxquels il y a des conclusions à peine afflictive ; excepté dans les accusations de duel, qui doivent être rendues par cinq Juges, quoique le jugement soit à la charge de l'appel. (Voyez mon Traité de la Justice Criminelle, au titre *Des Sentences, Jugements, & Arrêts*, part. 3, liv. 2, tit. 25, n. 14.)

Les Sentences doivent aussi être signées de tous les Juges qui ont assisté au jugement du procès. (*Ibid.*, n. 25.)

15°. Les Sentences criminelles doivent être rédigées par le Président, & par le Rapporteur du procès. (Voyez ci-dessus, *n* 72.)

A l'égard des Sentences prévôtales, elles doivent être rédigées par le Rapporteur & par le Prévôt. (Réglement du Grand-Conseil du 30 Juin 1618, pour Orléans.)

ARTICLE IX.

De la maniere de bien faire l'extrait d'un Procès civil, & d'en faire le rapport. (a)

§. I.

Méthode pour bien faire l'extrait d'un Procès en matiere civile.

84. Il faut, 1°. mettre suivant leur date tous les faits prouvés par écrit,

(*a*) Voyez pour la maniere de bien faire l'extrait d'un procès-criminel, & d'en faire le rapport, mon Traité de la Justice Criminelle, tom. 3, part. 3, tit. 3, *annino.*

& pour cet effet, faire des extraits abrégés des pieces & contrats, quittances, *&c.* Cette premiere partie de l'extrait du procès se nomme *le fait*.

2°. Il faut faire un extrait de la procédure, ou de la maniere dont le procès a été poursuivi, en négligeant de faire l'extrait des actes inutiles, comme avenir, *&c.* ; mais seulement des pieces nécessaires pour l'instruction, & qui peuvent servir aussi à régler la condamnation des dépens.

3°. Faire l'extrait des moyens, soit pour servir de fondement aux demandes de la cause principale, soit pour appuyer les griefs proposés en cause d'appel ; & pour cet effet, il faut faire trois colomnes différentes, dans la premiere desquelles on mettra les chefs de demandes, ou les griefs proposés ; dans la seconde, les moyens de demandes, ou les moyens pour fonder les griefs ; & dans la troisieme, les réponses du défendeur, ou intimé, à chacun de ces moyens. Quelquefois une quatrieme colomne est nécessaire pour y mettre les repliques du demandeur, ou appellant.

85. 4°. Lorsqu'il y a en cause d'appel des demandes incidentes, on en usera de même, & l'on fera trois colomnes ; la premiere, pour les chefs de demandes ; la seconde, pour les moyens qui servent à fonder les demandes incidentes ; la troisieme, pour les réponses du défendeur ; & quelquefois une quatrieme, pour les repliques du demandeur.

5°. Il faut observer que dans les requêtes d'emploi, pieces d'écritures, défenses, causes, & moyens d'appel, griefs, repliques, *&c* on doit faire l'extrait de ces pieces en deux fois ; c'est-à-dire, qu'on extraira, 1° les conclusions de ces pieces & écritures, avec les faits nouveaux qui y sont énoncés, ou les réponses à des faits nouveaux ; & généralement tout ce qui n'est pas moyen, ou réponse & replique à moyens ; & on mettra cette premiere partie ainsi extraite, dans l'article de la procédure. 2°. A l'égard des moyens d'appel, griefs, ou moyens pour fonder les demandes, réponses à ces moyens, & repliques, on en fera l'extrait séparément, que l'on mettra dans l'article de l'exrait des moyens, ou griefs, & des réponses & persistances.

86. 6°. Dans le rapport du procès, il faut exposer tous les moyens de la cause principale, avant de parler de la Sentence dont est appel, dans le cas du moins où le défendeur a perdu sa cause ; & rapporter ensuite les griefs & moyens d'appel, après avoir parlé de la procédure en cause d'appel : & si ces griefs sont les

mêmes que les moyens de la cauſe principale, comme il arrive ordinairement, dans le cas où le demandeur perd ſon procès en cauſe principale, il faut employer les mêmes moyens, ſans les répéter; ou bien réſerver ces moyens de la cauſe principale, pour les déduire ſur la cauſe d'appel, en faiſant obſerver, lors du rapport de la cauſe principale, que ces moyens étant les mêmes que ceux employés pour griefs en cauſe d'appel, on réſerve à en faire mention lors du rapport de la procédure de la cauſe d'appel.

87. 7°. On doit obſerver la même choſe par rapport aux écritures employées dans la cauſe principale, pour réponſes aux moyens, lorſque ces écritures ſont employées, ou ne different point des réponſes aux moyens des griefs de la cauſe d'appel, comme il arrive le plus ſouvent lorſque le demandeur a perdu ſon procès en cauſe principale; & ſi c'eſt le défendeur qui eſt appellant, & qui a perdu en cauſe principale, il faudra, en rapportant d'abord les moyens de la cauſe principale, parler en même-temps de la réponſe à ces moyens; & enſuite, en rapportant les griefs & moyens de cet appellant ſur la cauſe d'appel, parler des réponſes à ces griefs.

8°. S'il y a de nouveaux moyens employés pour appuyer les griefs, il faudra les joindre à ceux employés en cauſe principale, & en faire une même ſuite des moyens.

9°. On doit obſerver la même choſe par rapport aux nouveaux moyens employés pour réponſes aux griefs.

88. 10°. Ce qui vient d'être dit dans les quatre articles précédents, doit pareillement s'obſerver en faiſant l'extrait des moyens & des griefs, & des réponſes qui y ſont faites, tant en cauſe principale que d'appel.

11°. Dans le cas même où le défendeur a perdu ſon procès en cauſe principale, & eſt appellant, il eſt quelquefois plus à propos de réſerver les réponſes & moyens que les parties ont réciproquement employés en cauſe principale, & les joindre aux griefs & réponſes à griefs propoſés en cauſe d'appel: ce qui doit avoir lieu, principalement lorſque les griefs ne ſont point différents des défenſes que l'appellant avoit oppoſées en cauſe principale aux demandes de ſa partie adverſe. Au reſte, c'eſt à la prudence du Rapporteur à faire toutes ces diſtinctions.

§. II.

De la maniere de bien rapporter un Procès civil en général ; & des devoirs des Rapporteurs. (a)

89. Si le Juge est obligé d'avoir de l'exactitude & de l'application dans les fonctions de son état, c'est sans contredit lorsqu'il doit faire le rapport d'un procès. De même qu'un bon guide doit connoître tous les détours & tous les endroits mal-aisés d'une route inconnue à ceux qui se confient à sa bonne foi ; ainsi un Rapporteur doit être instruit à fond de la nature de son procès, pour en instruire ensuite les autres Juges auxquels il doit faire son rapport ; c'est le but qu'il doit se proposer. Comme il est chargé au nom de tous ses confreres d'examiner plus particuliérement l'affaire soumise à leur décision, il devient dans cette occasion, pour ainsi dire, l'œil de la compagnie : il lui prête & lui communique ses lumières & ses connoissances. Telle est la disposition expresse des Ordonnances du Royaume, qui veulent que les Juges qui font des rapports de procès, soient curieux de voir & d'ouvrir les points & les difficultés de leur procès sans rien omettre. (*b*)

90. Tout consiste dans l'ordre & la clarté, pour y bien réussir. Les grands mouvements de l'éloquence, les ornéments du discours, (*c*) un soin trop curieux, sont interdits aux Rapporteurs, ainsi que M. Rollin l'a très judicieusement observé dans son Traité des Etudes, *tom.* 2, *pag.* 408 *& suivantes.* La sévérité du Palais ne leur permet d'autre éloquence, & d'autre art, que celui de bien développer le procès dont ils sont chargés ; d'en découvrir les recoins les plus sécrets & les plus cachés ; & de le mettre dans tout son jour. Une simplicité pure & élégante ; une briéveté & une précision qui ne laissent rien échapper de tout ce qui est nécessaire pour l'intelligence du fait, & pour donner

(*a*) Voyez mon Traité de la Justice Criminelle, *part.* 2, *tit.* 1, *n.* 664.

(*b*) Voyez ci-après, *n.* 91, *note* (a).

(*c*) ——————— *Ambitiosa recidet*
Ornamenta ; parum claris lucem dare coget.
Horat. in Arte Poet. v. 447.

aux moyens des parties, toute la force dont ils sont susceptibles; la facilité & la netteté dans la narration; la clarté dans l'exposition des idées; l'ordre & l'enchaînement naturel des faits & de la procédure; le soin d'écarter tout ce qui est inutile & superflus; l'attention de placer les Juges auxquels on fait le rapport, dans le point de vue précis du procès, & à les ramener toujours au but fixe, font tout le mérite du Rapporteur. Ce soin de faire envisager sans cesse aux Juges la question dont il s'agit, & de faire que tout y tende dans le rapport, est ce qui contribue le plus à soutenir l'attention des Juges. Mais rien n'est si important que de ménager cette attention, sans laquelle on perd le fil du procès, & l'on n'écoute plus qu'avec dégoût, parce qu'on ne conçoit plus avec lumière.

91. Soit qu'il s'agisse d'une question de fait, ou d'une question de droit, il faut, avant tout, commencer par exposer sommairement & en deux mots, ce dont il s'agit au procès, & quel est l'objet de la contestation. On réunit par-là, & l'on rassemble vers ce point unique toutes les pensées, & toute l'attention de ceux qui nous écoutent. C'est-là le seul exorde qui soit permis au Rapporteur. L'exposition des faits qui ont donné lieu au procès, & desquels se tirent ordinairement les moyens respectifs des parties, doivent suivre cet exorde.

C'est dans cette narration des faits que doit regner la fidélité, l'exactitude, l'élégance & la clarté; mais sur toutes choses, il faut avoir attention de ne rien dire d'inutile. Le Rapporteur doit avoir continuellement en vue cette maxime, *non pauca multis, sed paucis multa dicere*. Il doit, à la vérité, ne rien omettre de ce qui se doit dire, mais il ne doit rien dire de ce qui doit s'omettre. (*a*)

92. L'ordre simple & naturel dans l'enchaînement des faits, est ce qui contribue le plus à cette clarté. Mais il ne faut pas chercher cet ordre bien loin; il se trouve sous nos pas dans les faits. L'ordre le plus naturel & le meilleur, est celui des dates & des temps dans lesquels ces faits sont successivement arrivés.

(*a*) » Seront aussi les Rapporteurs attentifs à voir & ouvrir les difficultés » de leurs procès, sans rien omettre, & sans aucune répétition & superfluité. (Ordonnance de Charles VII du mois d'Avril 1453, *chap.* 1, *art.* 46. Réglement du 24 Mai 1603 pour le Présidial de Bourg-en-Bresse, *art.* 39.)

C'est

C'eſt un grand art, & une obſervation bien néceſſaire au Rapporteur, d'inſinuer dans cette expoſition des faits, & de jetter les ſémences inſenſibles, des conſéquences qui doivent en naître, pour l'intérêt réciproque des parties. Tous les moyens qu'il faudra développer dans la ſuite, doivent être contenus d'une maniere ſecrete & imperceptible dans cette expoſition ; & ſa narration doit être tournée d'une maniere qui tende au but, & qui jette déja les traits de lumiere qui doivent éclaircir le procès. Mais dans cet art, il y a un écueil à éviter ; c'eſt de prendre partie dans cette narration, & de préſenter les faits ſous les faces les plus favorables au parti qu'on a pris ſur le procès, en l'examinant. Le Rapporteur a dû ſans doute en prendre un ; mais il n'eſt pas encore temps de le faire prendre à ceux qui l'écoutent: il doit être également l'Avocat de toutes les parties, & il doit rapporter de telle ſorte, que toutes les parties puiſſent être également ſatisfaites de ſon rapport.

93. L'exactitude & la ſimplicité qui doit regner dans ſa narration, ne l'empêchent pas d'y jetter de temps-en-temps quelqu'agrément. Souvent pour inſtruire, il faut plaire : les Juges ſont hommes comme les autres ; & quoique la vérité & la juſtice intéreſſent par elles-mêmes, il eſt bon de les y attacher encore plus fortement par quelqu'attrait & quelqu'appas. Les affaires qui ſont la matiere des procès, ſont ordinairement épineuſes, & cauſent de l'ennui & du dégoût, ſi celui qui fait le rapport n'a ſoin de l'aſſaiſonner d'un ſel délicat, qui, ſans chercher à paroître, ſe faſſe ſentir ; & qui par un peu d'agrément & de grace, réveille & pique l'attention des auditeurs.

94. Une des meilleures manieres pour y réuſſir, eſt de donner de l'action & de l'intérêt à la narration, en faiſant agir les parties ; en les mettant ſur la ſcene, & en peignant les mouvements, les motifs & les reſſorts qui les ont fait agir ; mais il faut que cela ſoit fait avec une grande ſobriété, & d'une maniere preſque imperceptible ; l'art n'y doit paroître en rien. Il faut plaire aux Juges, ſans qu'ils puiſſent s'appercevoir qu'on veut leur plaire. On doit conſulter là-deſſus Ciceron & Quintilien ; mais ſur-tout le premier, où l'on trouve des exemples de narration, qui renferment des beautés infinies, & les graces les plus accomplies, avec le plus grand air de ſimplicité.

De la narration du fait, le Rapporteur doit paſſer à l'expoſition de la procédure ; c'eſt-là que la juſteſſe de ſon eſprit doit principalement ſe faire ſentir. Un Rapporteur judicieux qui connoît la procédure en Juge éclairé, & non en Procureur, doit ſçavoir diſtinguer ce qu'il eſt néceſſaire de dire, d'avec ce qu'il eſt utile d'écarter, & qui ne peut en rien contribuer à ſa déciſion.

95. Il faut qu'il ait toujours préſent devant les yeux cette maxime: qu'on doit, autant qu'il eſt poſſible, épargner aux Juges les détails fatigants & ennuyeux de la procédure; & éviter de reſſembler à ces Rapporteurs qui s'appéſantiſſent ſur les détails d'une enquête; ſur des dates inutiles; qui n'oublient pas même juſqu'aux avenirs; & qui font paſſer les Juges qui les écoutent par toutes les répétitions inutiles & pénibles des actes vains, frivoles & répétés, par leſquels les Procureurs bataillent entr'eux dans le cours d'un procès. La demande, les défenſes, (& quelquefois les repliques,) ainſi que les demandes incidentes, ſont ordinairement les ſeules choſes néceſſaires dans un rapport. Le Rapporteur même ſouvent fera bien d'omettre toutes les Sentences d'inſtruction que le miniſtere des Procureurs extorque, en quelque ſorte, aux Juges. Le détail exact de la procédure, n'eſt néceſſaire que lorſqu'il s'agit dans le procès d'une queſtion de procédure, ou lorſque des défauts dans la forme peuvent influer ſur la condamnation des dépens.

96. C'eſt au Rapporteur à démêler cela, à diſtinguer dans le détail de la procédure, ce qu'il faut dire, de ce qu'il faut taire; & lors même qu'il s'agit d'un point de procédure, à ne s'étendre que ſur les parties de la procédure, qui peuvent influer ſur la queſtion dont il s'agit, en omettant ce qui n'y a point de rapport. Il doit en tout ménager l'eſprit des Juges, & ne le point ſurcharger. Tout ce qu'on dit de trop, eſt ennuyeux & rebutant, & ne ſert qu'à diſtraire l'attention des Juges: il doit ſçavoir qu'on ne l'a nommé Rapporteur que pour épargner à ſes Confreres les diſcuſſions embarraſſantes d'un procès, s'il eſt chargé de procédure; afin de les conduire par les routes les plus aiſées, les plus claires & les plus ſures, & de les mettre en état de décider le différend dont il s'agit entre les parties. C'eſt ce différend qui doit être ſa bouſſole, a laquelle tout doit être amené; tout ce qui y tend eſt utile; tout ce qui n'y tend pas eſt ſuperflu, & par-là dangereux.

97. Le Rapporteur doit enſuite examiner & diſcuter toutes les raiſons ſur leſquelles eſt fondé le droit des parties, afin de les préſenter aux Juges, & d'ouvrir les points & les difficultés qui s'y rencontrent. Il doit pour cela les mettre dans tout leur jour,

& alléguer les moyens de part & d'autre; afin que par la balance des raisons contraires, les Juges soient plus éclaircis; & que ces raisons étant bien examinées, ils conçoivent plus exactement les droits de chacune des parties, au moyen de la résolution des difficultés qui les divisent; & qu'ils soient plus en état de délibérer & de fonder leur opinion.

98. Il se rencontre d'ordinaire dans les procès, deux sortes de moyens. Les premiers sont ceux sur lesquels le droit des parties se trouve principalement fondé, & qui servent de plus à la décision de la question : les seconds sont ceux qui n'ayant pas tant de force que les premiers, ne laissent pas de donner à une prétention quelque crédit & quelque poids. Or il est du devoir & de la religion du Rapporteur, dans le récit qu'il fait des moyens mis en avant par les parties, de n'en supprimer aucuns, en prenant bien garde de rejetter tout ce qui par une fausseté évidente, ou une inutilité absolue, ne pourroit servir qu'à embrouiller le procès, & à en retarder l'expédition. En effet, quand bien même parmi les seconds moyens, il s'en trouveroit quelques-uns qu'il croiroit pouvoir omettre, comme les regardant de peu de conséquence; néanmoins l'omission qu'il en feroit, pourroit être préjudiciable aux parties; parce qu'il peut arriver que le moyen, ou la circonstance qu'il avoit supprimée, comme n'en ayant point été affecté, auroient frappé les autres Juges, & eussent fait une impression vive sur leur esprit; de sorte qu'en passant ainsi sous le silence ce qu'il regarderoit comme peu important, il deviendroit en quelque façon l'arbitre des sentiments des autres; & qu'en anéantissant les différentes vues qu'ils pourroient avoir sur ce qu'il supprime, il régleroit seul & de lui-même ce qu'il ne doit décider que conjointement avec les autres Juges.

99. Un autre point des plus importants, est que le Rapporteur ne doit rien mettre en avant dont il ne soit tout-à-fait certain. Autrement, s'il vient à proposer comme une vérité, ce qui n'est appuyé que sur un fondement foible, *v. g.* s'il avance quelque chose comme étant une maxime certaine, & comme maxime résultante d'une Loi, pendant que cette Loi décide après formellement le contraire; il court risque non-seulement de tomber dans l'erreur, mais encore d'y jetter les autres. Ainsi il vaut mieux, dans ce cas, garder une retenue timide & scrupuleuse, que de se donner une hardiesse qui aille jusqu'à la témérité & la présomption.

Mais si le Rapporteur doit faire une mention exacte de tous

les moyens proposés par les parties, de la maniere dont il vient d'être expliqué, il lui est important, afin de n'en point omettre, d'écrire ces moyens sur le papier; sur-tout quand ils sont d'un long détail; autrement la mémoire court souvent risque de se tromper, quelque sujet qu'on eût d'ailleurs de s'y fier.

100. Si le Rapporteur doit être exact dans la discussion qu'il fait du procès, il ne doit pas être moins soigneux de cacher son opinion jusqu'au temps où il faut la déclarer; sur-tout dans les affaires importantes & difficiles, & où le crédit des personnes intéressées se fait remarquer; tant pour éloigner toute ombre de partialité de sa part, que pour tenir l'attention des Juges plus fortement attachée à son rapport. Il doit par cette raison éviter, ainsi que les autres Juges, de rien proposer qui soit à la louange, ou à la honte des parties, (*a*) & n'alléguer d'autres faits que ceux qu'elles ont proposés elles-mêmes, & qui résultent des actes. En tenant cette conduite, il fera voir qu'il soutient la dignité de son caractere, & qu'il se rend digne de la confiance que le public doit avoir en lui.

101 Enfin, après avoir tenu la balance égale entre les parties, en expliquant leurs raisons dans toute leur force & dans toute leur étendue, & avoir ainsi suspendu l'esprit des autres Juges sur le parti qu'il a résolu de prendre, il se déterminera en faveur du droit qu'il croit le mieux établi. Il doit pour cela résumer en peu de mots les différents moyens des parties, & suppléer, s'il est nécessaire, les moyens de droit qui peuvent avoir été oubliés, afin de n'avoir rien à se reprocher, & de mettre en usage tout ce qu'il croit nécessaire pour appuyer le droit de celui qui lui paroît le mieux fondé. En un mot, il ne doit, dans le Tribunal de la Justice, chercher à persuader les autres Juges, en se tenant d'ailleurs dans les bornes d'une louable modération, que parce qu'il est en effet persuadé lui-même de la droiture & de la vérité de son sentiment.

Une derniere attention que doit avoir le Rapporteur, est de

(*a*) » Les Rapporteurs ne proposeront (non plus que les autres opinans,) » aucuns faits à la louange, ou honte des parties, ou de leurs affaires; & n'al» légueront autres faits que ceux proposés par lesdites parties, & résultans » des actes. (Ordonnance du mois d'Octobre 1535, *chap.* 1, *art.* 13. Régle» ment du 24 Mai 1603, pour le Présidial de Brest, *art.* 41.)

dire son opinion de vive voix, sans lire cette opinion dans son extrait; si ce n'est à l'égard de quelques mots importants & décisifs pour le jugement du procès. (*a*)

(*a*) » Les Rapporteurs diront leurs opinions de vive-voix, & sans les lire » dans leurs extraits, ou papiers; si ce n'est pour quelques mots substanciels » importants & décisifs de la cause, & sans user de redites ou superfluités. » (Réglement du 24 Mai 1603, pour le Présidial de Bourg-en-Bresse, *art.* 40.)

TITRE III.

De l'instruction & exécution des Procès en général.

1. DANS les Bailliages & Sénéchaussées, & autres Justices royales, il y a plusieurs actes d'instruction & d'exécution, dont la connoissance a été attribuée aux Commissaires-Enquêteurs-Examinateurs; & d'autres dont la connoissance est réservée aux Juges.

1°. Les actes d'instruction & d'exécution dont la connoissance a été attribuée aux Commissaires-Enquêteurs-Examinateurs, tant pour les causes d'Audience, que pour les procès par écrit, sont,

Les enquêtes ordonnées sur la réquisition des parties, autres que les sommaires.

Les interrogatoires sur faits & articles.

Les extraits & collations des pieces, autres que de celles produites au Greffe.

2. Les rapports & visitations d'Experts ordonnés sur la réquisition des parties, nomination desdits Experts, & apprétiations de biens.

Les exécutions de retraits & autres Sentences où il n'est requis connoissance de cause.

La taxe des dépens, tant d'Audience que des procès par écrit.

Les liquidations de dommages & intérêts, frais & loyaux-coûts.

Les ordres & distributions de deniers; sauf en cas de contestation, à renvoyer les parties à l'Audience. (Réglement du 31 Août 1689 pour Orléans, *art.* 8 & 9; autre du 30 Juin 1689 pour

Angoulême, *art.* 16 & 17. (Voyez ce que j'ai dit à ce sujet dans mon Traité des Commissaires-Enquêteurs-Examinateurs, *chap.* 1.)

A quoi on peut encore ajouter,

Les scellés,

Les inventaires,

Les comptes, présentation, affirmation & audition d'iceux, & les partages. (Voyez *ibid. chap.* 1.)

Mais ces derniers actes sont moins des actes d'instruction, que des actes de jurisdiction volontaire.

3. 2°. Les actes d'instruction & d'exécution, dont la connoissance est réservée aux Juges, sont,

Les réponses à toutes les requêtes.

Les reconnoissances de billets.

Les vérifications d'écritures.

Les collations de pieces déposées au Greffe.

Les injonctions de rendre des pieces confiées; ainsi que les contraintes & exécutoires, faute de les rendre.

Les enquêtes ordonnées d'office.

Les interrogatoires d'office.

Les rapports d'Experts ordonnés d'office.

Les affirmations en exécution de Sentence.

Les réceptions de caution.

Et tout ce qui concerne en général l'instruction & l'exécution des procès; à la réserve des choses dont la connoissance a été attribuée aux Commissaires-Enquêteurs-Examinateurs.

ARTICLE PREMIER.

De l'instruction & exécution des Procès avant la distribution.

4. 1°. L'instruction des procès civils, ordinaires & présidiaux, appartient au Lieutenant-Général, ou premier Juge, avant la distribution. (Réglement de Poitiers du 2 Août 1688, *art.* 8; autre du 16 Mars 1705, pour Autun, *art.* 5; autre du 19 Février 1729, pour le Puy, *art.* 8; autre du 18 Juillet 1677, pour Tours, *art.* 21; Arrêt du Conseil du 21 Avril 1668, rendu pour le ressort du Parlement de Paris; Arrêt du Parlement du 20 Août 1686, pour la Flêche, *art.* 5; autre du 23 Juin 1750, pour Rennes, *art.* 40 & 43, qui ajoute que le rapport de toutes les requêtes dans les procès

non appointés, ou qui le ſeront, mais qui n'auront pas encore été diſtribués, appartiendront au Sénéchal, ou à celui qui tiendra le Siege en ſon abſence; & rapportés en la Chambre du Conſeil. Mais dès qu'un procès eſt appointé & diſtribué, l'inſtruction appartient au Rapporteur, & ceſſe d'appartenir au Lieutenant-Général.

Il en eſt de même de l'exécution des Sentences diffinitives, ou préparatoires, rendues en l'Audience par appointements volontaires. (Même Arrêt de 1686, pour la Flèche, *art.* 5; autre du 28 Août 1758, pour Compiegne, *art.* 13.)

5. D'autres Réglements portent que le Lieutenant-Général aura l'exécution de tous les jugements rendus aux Audiences, auxquelles il aura préſidé, ou aſſiſté; même de ceux qui auront été rendus pendant qu'il travailloit en la Chambre du Conſeil, ou aux fonctions néceſſaires & urgentes de ſon Office; ſans qu'il ſoit commis, ou nommé par les Préſidents; ſi ce n'eſt pour les deſcentes, viſitations & réceptions de cautions, pour leſquelles ſeulement les Préſidents ſeront tenus de le commettre, lorſqu'il ſera préſent à l'Audience, conformément à l'Ordonnance du mois d'Avril 1667; & en ſon abſence, il doit être commis, pour l'exécution deſdits jugements, le Lieutenant-particulier, ou Aſſeſſeur, ou plus ancien Conſeiller, ſuivant l'ordre du Tableau, qui aura aſſiſté auxdites Audiences. (Réglement du 16 Mars 1705, pour Autun, *art.* 3 & 23; autre du 18 Juillet 1677, pour Tours, *art.* 21 & 56; Edit du mois de Décembre 1697, pour les Préſidiaux de Franche-Comté, *art.* 14 & 55; Réglement de Limoges du 23 Octobre 1638, *art.* 19 & 20; autre du 16 Mai 1691, auſſi pour Limoges, *art.* 7; autre du 26 Septembre 1692, pour Blois.)

6. Le Réglement du 19 Août 1687, rendu pour Chinon, *art.* 8, porte auſſi que l'exécution des jugements contradictoires, ou par défaut, interlocutoires, ou diffinitifs, rendus ès Audiences, appartiendra aux Lieutenant-Général, Lieutenant-particulier, Aſſeſſeur, ou Conſeillers qui les auront prononcés. (*Idem*, par l'Arrêt du Conſeil du 23 Juin 1750, portant Réglement pour le Préſidial de Rennes, *art.* 40.)

Le Réglement du Conſeil du 11 Janvier 1647, rendu pour Montargis, *art.* 24, porte en général, que l'inſtruction & exécution de toutes les Sentences données à l'Audience, tant au Bailliage, qu'au Préſidial, appartiendra au Lieutenant-Général.

Celui du 30 Juin 1689, rendu pour Angoulême, *art.* 20, porte, que quand on ordonnera à l'Audience, ou à la Chambre du Conseil qu'une caution sera reçue, ou quelques autres actes de Justice qui appartiendront de droit au Lieutenant-Général, les Conseillers ne pourront ordonner que lesdits actes pourront être faits par un autre Juge que le Lieutenant-Général; à la réserve que, quand il s'agira de cautions qui ne pourront être reçues au lieu de la résidence dudit Lieutenant-Général, le Rapporteur pourra nommer le Juge qui sera commis pour la réception de la caution.

7. A l'égard des descentes, elles doivent être distribuées dans chaque audience, suivant l'ordre du Tableau, aux Officiers qui y ont assisté, à commencer toujours par le Lieutenant-Général, ou autre Officier qui aura présidé. (Réglement du 30 Juin 1689 pour Angoulême, *art.* 18; autre du 18 Juillet 1677, pour Tours, *art.* 21; autre du 19 Août 1687, pour Chinon, *art.* 8; autre du 16 Mars 1705, pour Autun, *art.* 3; Edit des Présidiaux de Franche-Comté du mois de Septembre 1687, *art.* 14; Ordonnance de 1667, *tit.* 21, *art.* 3.)

Ainsi s'il y a deux descentes ordonnées dans une même Audience, la premiere appartiendra au Lieutenant-Général, quand il y a assisté; & l'autre au Lieutenant-particulier, ou autre Juge, suivant l'ordre du Tableau, qui y aura pareillement assisté. (Arrêt du Conseil, pour Limoges, du 16 Mai 1691, *art.* 8.)

2°. Lorsque le Parlement, ou le Conseil renvoient au siege du Bailliage, ou du Présidial, l'exécution d'un Arrêt rendu sur l'appel d'une Sentence d'Audience, l'instruction de ce renvoi appartient au Lieutenant-Général, ou à celui qui a présidé en sa place à ladite Audience. (Réglement du 2 Août 1688, pour Poitiers, *art.* 12.)

8. Le Réglement du Conseil du 20 Août 1686, rendu pour le Présidial de la Flèche, *art.* 10, porte au contraire, que le Lieutenant a seul l'exécution des Arrêts, même de ceux confirmatifs des Sentences données au rapport des Lieutenants-particuliers & Conseillers. (*Idem*, par Arrêt du Parlement du 7 Septembre 1629, pour Perrone, rapporté par Filleau, *tom.* 1, *pag.* 208; & par un autre du 19 Août 1687, pour Chinon, *art.* 10.)

3°. Dans les Sieges où il n'y a point de Commissaires-Enquêteurs-Examinateurs, leurs fonctions appartiennent de droit au premier Juge, ou à celui qui le représente. (Voyez mon Traité des fonctions des Commissaires-Enquêteurs-Examinateurs, *pag.* 119.)

4°.

4°. L'instruction de toutes les affaires criminelles incidentes aux affaires civiles, appartient aussi au Lieutenant-Général ; telles que sont les inscriptions de faux, subornation de témoins, faillites, banqueroutes, abus, malversations & faussetés commises par les Procureurs, Greffiers, Sergents, ou autres. (Réglement du 30 Juin 1689, pour Angoulême, *art.* 12 ; autre du 16 Mars 1705, pour Autun, *art.* 6 ; Edit du mois de Septembre 1697, pour les Présidiaux de Franche-Comté, *art.* 42 ; Arrêt de Réglement pour Tours, du 18 Juillet 1677, *art.* 50.)

9. Le Réglement de Poitiers du 2 Août 1688, *art.* 10, porte, que cela doit avoir lieu quand les incidents criminels qui surviendront au civil, ont une telle connexité avec le procès principal, qu'il faille nécessairement juger le criminel avec le civil ; ce qui doit être pareillement observé à l'égard des incidents civils, incidents aux procès criminels. (Voyez ce qui a été dit à ce sujet au Traité de la Justice Criminelle, au titre *De la compétence des Juges*, part. 2, tit. 2, n. 72 & suivants.)

Le Lieutenant-Général peut seul décerner les décrets dans lesdites affaires criminelles incidentes, excepté sur les inscriptions de faux ; dont les informations doivent être par lui rapportées & décrétées en la Chambre du Conseil ; toutes lesquelles instances criminelles étant instruites, doivent être jointes au principal, pour être le tout jugé à l'Audience, ou appointé en droit, s'il y échet, & le procès mis en distribution. (Réglement du 16 Mars 1705, pour Autun, *art.* 6 ; Edit des Présidiaux de Franche-Comté, du mois de Septembre 1697, *art.* 42 ; Réglement de Tours du 18 Juillet 1677, *art.* 50.) Sans qu'il puisse néanmoins rendre le Réglement à l'extraordinaire, ni ordonner que les accusés seront mis en liberté, ni rendre aucun jugement sur le vû des procès criminels réglés à l'extraordinaire, que par Délibération du Conseil. (Arrêt du Conseil du 19 Février 1729, servant de Réglement pour les Officiers du Puy-en-Velai, *art.* 9.)

10. 5°. Le Lieutenant-Général, & en son absence le Lieutenant-particulier, ou premier Conseiller, ont aussi l'instruction des affaires, procès, & instances renvoyées par Arrêt du Conseil, du Parlement, Grand-Conseil, & autres exécutions d'Arrêts ; soit que l'adresse en soit faite au Bailli, ou à son Lieutenant ; soit qu'elle soit faite audit Lieutenant, ou Premier Conseiller trouvé sur les lieux. (Réglement de Poitiers du 2 Août 1688, *art.* 11 ; *idem*, par

Arrêt du 24 Avril 1630, pour Abbeville, rapporté par Néron, *tom.* 2, *pag.* 615 ; autre Arrêt du Parlement du 21 Juillet 1629, pour Gueret, *art.* 7.)

L'exécution de toutes Lettres-patentes, Edits, Commissions & Mandements adressés au Bailli, ou à son Lieutenant, appartient aussi au Lieutenant-Général ; & en son absence, ou autre empêchement, à celui qui le représente selon l'ordre du Tableau. (Déclaration du 13 Septembre 1572, rapporté par Descorbiac, *tit.* 1, *chap.* 2, *pag.* 4 ; Arrêt de Réglement du 20 Août 1686, pour la Flêche, *art.* 10.)

11. 6°. L'expédition de toutes les requêtes présentées en matiere civile, tant pour les affaires du Bailliage, que pour celles du Présidial, tant que le procès n'est pas distribué, appartient au Lieutenant-Général, qui seul a droit de les répondre, quand il est présent. (Arrêt du Parlement, de l'année 1627, rendu pour les Officiers du Présidial de Laon, rapporté par Filleau, *tom.* 1, *pag.* 198 ; Edit du mois de Janvier 1685, pour le Châtelet de Paris, *art.* 5.)

Et il est défendu aux Greffiers & Procureurs des parties, de se pourvoir devant autre que devant le Lieutenant-Général, tant qu'il est en ville ; à peine de nullité. (Réglement du Conseil du 20 Juin 1634, pour le Présidial de Toulouse, *art.* 19, rapporté par Descorbiac, *tit.* 2, *chap.* 14.)

A l'égard du Châtelet de Paris, les requêtes introductives d'instance, doivent être adressées au Prévôt de Paris, ou ses Lieutenants, & répondre par celui des Lieutenants que la matiere en rendra compétent. (Lettres-patentes du 10 Novembre 1725, pour le Châtelet de Paris.)

12. Lesdites requêtes, quand elles sont de la Jurisdiction ordinaire, doivent être intitulées du nom du Bailli, ou de son Lieutenant-Général ; soit qu'elles soient présentées devant, ou après la distribution des procès ; & il est défendu d'en faire l'adresse aux Juges Présidiaux, si ce n'est aux cas de l'Edit. (Réglement d'Angoulême du 30 Juin 1689, *art.* 7 ; Arrêt du Parlement du 24 Avril 1632, pour Abbeville, rapporté par Néron, *tom.* 2, *pag.* 615.)

A l'égard des requêtes adressées au Présidial, elles doivent être adressées aux Gens tenants le Siege Présidial. (Réglement d'Autun du 16 Mars 1705, *art.* 2.)

7°. Les Officiers du Siege ne peuvent faire aucune expédition de Justice, tant que le Lieutenant-Général est présent ; sinon, en cas de récusation, maladie, ou autre légitime empêchement. (Arrêt du Parlement de Toulouse du 1 Mai 1595, pour la Sénéchaussée de Gourdon, *art.* 10, rapporté par Descorbiac, *tit.* 2, *chap.* 68, *pag.* 115.)

13. 8°. En cas d'absence, maladie, récusation, ou autre empêchement du Lieutenant-Général, l'instruction des procès non distribués, *&c.* appartient à celui qui le suit, dans l'ordre du Tableau. (Réglement de Poitiers du 2 Août 1688, *art.* 11; autre du 19 Août 1687, pour Chinon, *art.* 21; autre du 20 Août 1686, pour la Flêche, *art.* 5.) Sans que ledit Lieutenant-Général puisse commettre pour l'instruction des procès & exercice des autres droits de sa charge, si ce n'est hors la ville & fauxbourgs, les Juges des lieux pour le soulagement des parties. (Arrêt du 21 Juillet 1629, pour Gueret, *art.* 12, rapporté par Joly, *pag.* 1859; Réglement du 18 Juillet 1677, pour Tours, *art.* 66.)

De même, si le Lieutenant-Général, avant son absence, ou autre empêchement, avoit commencé quelque instruction, ou autre procédure, elle doit être continuée pendant son absence, par le Lieutenant-particulier, ou autre Juge faisant pour l'absence dudit Lieutenant-Général. (Réglement de M. Fieubet, pour Orléans, du 30 Octobre 1686.)

14. Mais les Lieutenant-particulier, & Conseillers, ne peuvent faire aucune instruction, sinon après vingt-quatre heures d'absence du Lieutenant-Général pour les affaires sommaires; & trois jours pour les autres affaires. (Réglement du Conseil du 31 Août 1689, pour Orléans, *art.* 15; Edit du mois de Septembre 1697, pour les Présidiaux de Franche-Comté, *art.* 55; Réglement du 19 Août 1687, pour Chinon, *art.* 12; autre du 30 Juin 1689, pour Angoulême, *art.* 13. *Idem*, pour les Justices de Seigneurs; Arrêt du Parlement du 23 Mai 1705, rendu entre le Bailli de la Châtre, & son Lieutenant; qui ajoute, si ce n'est en cas de crimes graves, & où il y auroit péril en la demeure.)

Et ils ne peuvent répondre aucunes requêtes dans les procès qui ne leur sont pas distribués, si ce n'est après le même temps. (Réglement du 30 Juin 1687, pour Angoulême, *art.* 14.)

15. L'article 16 du Réglement du Conseil du 31 Août 1689, rendu pour les Officiers du Présidial d'Orléans, va encore plus loin, & porte, que les Lieutenants-particuliers & Conseillers, ne pourront faire aucune fonction de Commissaires-Examinateurs qu'après huit jours d'absence du Lieutenant-Général; si ce n'est pour

entendre des temoins qui auroient été assignés en vertu d'ordonnance dudit Lieutenant-Général. (Voyez aussi mon Traité des Commissaires-Enquêteurs-Examinateurs, *pag.* 119.)

Il est même défendu aux Procureurs, ou aux parties, de se pourvoir pardevant un autre Officier, sinon après lesdits délais; & il leur est enjoint, à cet effet, de se transporter en la maison du Lieutenant-Général, & au Greffe du Siege. (Même Réglement de 1689, pour Angoulême, *art.* 42.)

16. Si le Lieutenant-particulier, ou autres Officiers, pendant ledit temps, faisoient quelque acte, ou procédure d'instruction, ou autre, appartenant au Lieutenant-Général, ils doivent lui en remettre les émoluments, ensemble toutes les procédures commencées. (Réglements de Limoges des 23 Octobre 1638, *art.* 20; & 16 Mai 1691, *art.* 7.) Mais après ledit temps, les procédures & émoluments appartiennent à ceux qui auront fait en l'absence, ou autre empêchement dudit Lieutenant-Général. (*Ibid.*)

9°. Lesdits Lieutenant-particulier, ou Conseillers, sont tenus au commencement des actes qu'ils font pour le déport, absence, récusation, ou autre empêchement du Lieutenant-Général, de faire mention des causes pour lesquelles ils en prennent connoissance. (Réglement du 30 Juin 1689, pour Angoulême, *art.* 42; autre du 31 Août 1689, pour Orléans, *art.* 16; Réglement du Conseil du 24 Mai 1603, pour Bourg-en-Bresse, *art.* 29; autre du 15 Mars 1622, pour le Présidial de Toulouse, *art.* 18, rapporté par Descorbiac, *tit.* 2, *chap.* 14; Réglement de Limoges du 23 Octobre 1638, *art.* 17; autre du 11 Janvier 1647, pour Montargis, *art.* 48; Arrêt du Parlement du 20 Août 1686, pour la Flêche, *art.* 5; autre du 22 Mai 1681, pour Riom, qui ajoute, que les Procureurs & Greffiers seront tenus de l'exposer dans leurs requêtes.)

17. 10. Lorsque le Lieutenant-Général est recusé, & qu'il se pourvoit par appel du jugement qui a déclaré la récusation valable, il doit être réputé présent depuis son départ, pour la poursuite & jugement de l'instance, jusqu'à ce qu'il soit de retour. (Réglement du 2 Août 1689, pour Angoulême, *art.* 43;) *Idem*, par Arrêt du 23 Août 1663, en faveur du Lieutenant-criminel de la même ville, rapporté au Journal des Audiences. Cet Arrêt porte qu'en cas de récusation contre le Lieutenant-Général lorsque cette récusation aura été jugée bonne & valable au Siege, & qu'il n'y en aura point d'appel, les émoluments des instructions faites

pendant l'appel seront mis entre les mains du Greffier ; pour être par lui rendus, au cas que par Arrêt ladite Sentence de récusation soit confirmée, à celui qui aura fait ladite instruction ; & au cas que la sentence soit infirmée, audit Lieutenant-Criminel lequel aura la continuation, & parachevement de ladite instruction.

18. 11°. Après le retour, ou cessation d'empêchement du Lieutenant-Général, les affaires & instructions commencées en son absence, doivent être remises au Greffe, pour être par lui parachevées ; à la réserve néanmoins des exécutions des jugements rendus à l'Audience où il n'aura ni présidé, ni assisté ; lesquels appartiendront à celui qui aura présidé. (Réglement du 18 Juillet 1677, pour Tours, *art.* 56 ; autre du 16 Mars 1705, pour Autun, *art.* 23 ; autre du 16 Août 1687, pour Chinon, *art.* 12 ; Arrêt du Parlement du 24 Avril 1632, pour Abbeville, rapporté par Néron, *tom.* 2, *pag.* 615 ; Réglement de Montargis du 11 Janvier 1647, *art.* 48 ; autre du 20 Août 1686, pour la Flèche, *art.* 55 ; Edit des Présidiaux de Franche-Comté du mois de Septembre 1697, *art.* 55 ; Arrêt du Parlement du 23 Mai 1705, rendu entre le Bailli de la Châtre-en-Berri, & son Lieutenant.)

ARTICLE II.

De l'instruction & exécution des Procès distribués.

19. 12°. Dans les procès distribués, l'instruction appartient aux Rapporteurs, du jour de la distribution, tant pour les procès ordinaires, que pour les procès présidiaux. (Réglement de Poitiers du 2 Août 1688, *art.* 7 ; autre pour Orléans du 31 Août 1689, *art.* 9 ; autre du 18 Juillet 1677, pour Tours, *art.* 42 ; Edit du mois de Septembre 1697, pour les Présidiaux de Franche-Comté, *art.* 39 ; autre Réglement du 19 Août 1687, pour Chinon, *art.* 11 ; Arrêt du Conseil du 23 Juin 1750, servant de Réglement pour le Présidial de Rennes, *art.* 40 ; autre Arrêt du 16 Mars 1705, pour Autun, *art.* 4 ; autre du 21 Juillet 1698, pour Niort ; Arrêt du Parlement du 28 Août 1632, pour Dorat ; autre du 26 Août 1630, pour Sainte-Ménéhould, rapporté par Filleau, *tom.* 1, *part.* 2, *pag.* 234.)

Et cela doit avoir lieu dans le cas même où les Rapporteurs seroient mineurs. (Ainsi réglé au Bailliage d'Orléans le 9 Août 1763.)

Ce qui paroît être une suite de ce que les Officiers mineurs ont voix délibérative dans les procès qu'ils rapportent.

L'instruction des procès qui se fait en vertu de Sentences interlocutoires, appartient aussi aux Rapporteurs. (Arrêt du Parlement du 11 Mai 1658, pour Rosnai.)

20. 13°. L'exécution des Sentences, soit interlocutoires, soit provisoires, ou diffinitives, tant civiles, que criminelles, en ce qui regarde l'office de Juge, appartient aussi à ceux au rapport desquels ces Sentences ont été rendues; même lorsqu'elles ont été rendues par appointement volontaire. (Arrêt de Réglement pour Dorat du 6 Mars 1627, rapporté par Filleau, *tom.* 1, *pag.* 202; autre du 7 Septembre 1629, pour Perrone, rapporté *ibid.*, pag. 208; autre du 27 Juillet 1629, pour Fresnai; autre du 24 Juillet 1630, pour Sezanne, rapporté *ibid.*, tom. 1, part. 2, pag. 65; autre du 6 Avril 1630, pour Sainte-Ménéhould, rapporté *ibid.* tom. 1, part. 2, pag. 234; autre du 28 Août 1632, pour Dorat; autre du 16 Février 1630, pour le Mans, rapporté par Joli, *tom.* 2, *pag.* 856; Réglement du 11 Janvier 1647, pour Montargis, *art.* 15; autre du 19 Août 1687, pour Chinon, *art.* 9; autre du 18 Juillet 1677, pour Tours, *art.* 42; autre du 31 Août 1689, pour Orléans, *art.* 9; autre du 16 Mars 1705, pour Autun, *art.* 4; Arrêt du Conseil du 23 Juin 1750, pour Rennes, *art.* 40; Edit du mois de Septembre 1697, pour les Présidiaux de Franche-Comté, *art.* 39; Arrêt du Parlement du 23 Mai 1705, rendu entre le Bailli de la Châtre, & son Lieutenant.) Et cela quand même les Rapporteurs seroient mineurs. (Réglement du Bailliage d'Orléans du 9 Août 1763, ci-dessus cité.)

21. L'exécution des jugements rendus sur délibérés, ou sur le Bureau, appartient aussi aux Rapporteurs. (Même Réglement de Tours du 18 Juillet 1677, *art.* 35; autre du 16 Mars 1705, pour Autun, *art.* 15; usage du Châtelet de Paris.)

Ces actes d'instruction & exécution qui appartiennent aux Rapporteurs, sont:

Les réponses à toutes les requêtes présentées par les parties.

Les reconnoissances de billets. (Ordonnance de 1667, *tit.* 12, *art.* 5; Edit de Décembre 1684, *art.* 4.)

Les vérifications d'écritures. (*Ibid.*)

Les extraits & collations de pieces déposées au Greffe, ou entre les mains des Rapporteurs. (Voyez mon Traité des Fonctions des Commissaires-Enquêteurs-Examinateurs, *pag.* 59.)

Les injonctions de rendre des pieces confiées, avec contrainte & exécutoire, faute de les rendre. (Arrêt du Parlement de Toulouse du 9 Mars 1575, pour le Présidial de la même Ville, *art.* 28, rapporté par Descorbiac, *tit.* 2, *chap.* 11.)

22. Les enquêtes & répétitions de témoins faites d'Office. (Réglement du 31 Août 1689, pour Orléans, *art.* 9; Arrêt du Parlement du 28 Août 1758, pour Compiegne, *art.* 13; autre du Conseil du 26 Octobre 1604, au sujet des fonctions des Commissaires-Enquêteurs-Examinateurs. Voyez aussi mon Traité des Fonctions desdits Officiers, *pag.* 83 & 84.) Et il en est de même des enquêtes sur faits justificatifs & de reproches. (Arrêt du 7 Mai 1626, pour Sainte-Ménéhould, rapporté par Joly, *pag.* 1030.)

Les interrogatoires d'office. (Voyez mon Traité des Fonctions des Commissaires-Enquêteurs-Examinateurs, *pag.* 16; Réglement du 30 Août 1689, pour Orléans, *art.* 9; Arrêt du Parlement du 28 Août 1758, pour Compiegne, *art.* 14.)

Les rapports d'Experts & visitations d'office. (Voyez mon Traité des Commissaires-Enquêteurs-Examinateurs, *ibid.* pag. 60;) *Contrà* par le Réglement du 31 Août 1689, rendu pour Orléans, *art.* 9.)

Les affirmations, (autres que celles des comptes,) ordonnées être faites d'office. (Même Réglement de 1689, pour Orléans, *art.* 9.)

Les réceptions de caution. (*Ibid.* art. 9.)

Et en général tous autres actes qui concernent l'instruction & exécution des jugements, en ce qui ne concerne point les fonctions de Commissaire-Examinateur. (*Ibid.* art. 9.)

23. 14°. Lorsqu'il n'y a point de Commissaires-Enquêteurs-Examinateurs dans le Tribunal, les fonctions qui leur sont attribuées touchant l'instruction & exécution des procès, sont dévolues, & appartiennent de plein droit aux Lieutenants-Généraux, & autres premiers Juges avant la distribution desdits procès; mais après qu'ils ont été distribués, cette instruction & exécution appartient aux Rapporteurs. (Arrêt du 23 Août 1663, pour Angoulême, rapporté au Journal des Audiences. Voyez mon Traité des Fonctions des Commissaires-Enquêteurs-Examinateurs, *pag.* 98 & 120.)

24. 15°. A l'égard des descentes, elles n'appartiennent point aux Rapporteurs, à l'exclusion des autres Juges; mais celui qui a présidé, doit commettre pour les faire à chaque séance de rapport, un des Juges qui a assisté au jugement, à commencer toujours

par le Lieutenant-Général, & ensuite par les autres Officiers, suivant l'ordre du Tableau : lequel Officier ainsi commis, doit en conséquence nommer les Experts, recevoir leur rapport, & faire tous les actes nécessaires pour parvenir auxdites descentes. (Réglement de M. Fieubet du 30 Octobre 1686, rendu pour Orléans; Arrêt du Conseil du 21 Avril 1668, pour les Officiers des Bailliages & Sieges présidiaux du ressort du Parlement de Paris; Réglement du 19 Août 1687, pour Chinon, *art.* 7; autre du 31 Août 1689, pour Orléans, *art.* 9; autre du 18 Juillet 1677, pour Tours, *art.* 42; autre du 16 Mars 1705, pour Autun, *art.* 4; Edit du mois de Septembre 1697, pour les Présidiaux de Franche-Comté, *art.* 39; Ordonnance de 1667, *tit.* 21, *art.* 3.)

Dans les procès, même jugés au rapport du Lieutenant-Général, rien n'empêche qu'il ne puisse être nommé Commissaire pour les descentes, comme les autres Juges; à la différence de ce qui s'observe dans les Cours. (Ordonnance de 1667, *ibid.* tit. 21, art. 2 & 3.)

25. Les Commissaires choisis pour faire ces sortes de descentes, doivent être nommés par le même jugement qui les ordonne; sans qu'il soit permis au Rapporteur du procès de remplir la Sentence de son nom, ou de celui d'un autre Conseiller qui par son rang n'y seroit point appellé. (Même Réglement du 30 Juin 1689, pour Angoulême, *art.* 19.) Et au cas que dans la suite il fallût subroger un autre Commissaire, les parties sont tenues de s'adresser, à cette fin, au Président, ou autre premier Juge, sans que les Conseillers commis puissent se subroger les uns les autres. (Edit du mois de Février 1705, pour le Présidial d'Ypres, *art.* 34.)

Il est défendu au Lieutenant-Général, (ou autre qui préside,) de commettre autres que les Lieutenant-Particulier & Conseillers par ordre, si la commission se fait dans la ville; & si elle se fait hors la ville, il peut commettre les Juges & Conseillers trouvés sur les lieux. (Arrêt du 8 Juin 1619, pour Moulins, *art.* 19, rapporté par Joly, *pag.* 1042; autre du 19 Février 1729, pour les Officiers du Puy-en-Velai, *art.* 20.)

26. 16°. On ne doit pas comprendre sous le nom d'exécution des jugements, les saisies-oppositions, & autres nouvelles instances qui peuvent survenir, en vertu des Sentences & procès par écrit: car ces saisies & nouvelles instances doivent être instruites à l'Audience; & si elles viennent à être appointées, elles doivent entrer en distribution; ainsi que les autres procès. (Edit des Présidiaux

diaux de Franche-Comté, du mois de Septembre 1677, *art.* 41; Réglement du 18 Juin 1677, pour Tours, *art.* 44.)

27. 17°. L'exécution des Arrêts confirmatifs intervenus sur les appellations de Sentences rendues en procès par écrit, appartient aux Rapporteurs; & en cas de mort, maladie, ou absence desdits Rapporteurs, à celui des Officiers présents qui suivra dans l'ordre du tableau. Et à l'égard des Arrêts qui ont infirmé les jugements rendus au Siege, l'exécution en appartient au Leutenant-Général; & en son absence, maladie, récusation, ou légitime empêchement, au Lieutenant-Particulier, Assesseur, ou Conseiller; & les Rapporteurs desdits jugements infirmés, en sont exclus. (Réglement du 18 Juillet 1677, pour Tours, *art.* 43; autre du 16 Mars 1705, pour Autun, *art.* 22; Edit des Présidiaux de Franche-Comté du mois de Septembre 1697, *art.* 40; Réglement de Poitiers du 2 Août 1688, *art.* 12.)

Mais un Arrêt de la Cour du 7 Septembre 1629, rendu pour Péronne, rapporté par Filleau, *tom.* 1, *pag.* 208, porte, que l'exécution des commissions extraordinaires de la Cour, Grand-Conseil, & autres exécutions d'Arrêts, appartiendront au Lieutenant-Général, encore qu'ils fussent confirmatifs de Sentences données au rapport de l'un desdits Conseillers. (*Idem* par le Réglement de Chinon du 19 Août 1687, *art.* 10.)

L'Arrêt de Réglement du 23 Octobre 1638, rendu pour Limoges, *art.* 12, porte au contraire indistinctement que l'exécution des Arrêts intervenus sur Sentences, appartiendront aux Rapporteurs. (*Idem* par les Lettres-patentes du 30 Décembre 1731, rendues pour le Présidial de Pamiers, *art.* 28.)

28. 18°. L'instruction des incidents qui peuvent survenir dans les procès distribués, appartient aussi aux Rapporteurs. (Arrêt du 7 Septembre 1629, pour Peronne, rapporté par Filleau, *tom.* 1, *pag.* 208; Réglement du 18 Juillet 1677 pour Tours, *art.* 42; Edit des Présidiaux de Franche-Comté du mois de Septembre 1697, *art.* 39; Réglement du 16 Mars 1705, pour Autun, *art.* 4; Arrêt du Parlement du 16 Février 1630, pour le Mans, rapporté par Joly, *tom.* 2, *pag.* 856, qui ajoute, soit que ces incidents surviennent entre les mêmes parties, ou autres, intervenantes, jointes, ou évoquées.)

Telles sont les élections de tuteurs, ou curateurs, & les assemblées d'habitants incidentes, ainsi que j'en ai vu des exemples. Telles sont aussi les taxes incidentes d'Experts & Huissiers, &c.

Tous ces incidents, quand ils viennent à être appointés, n'entrent point en distribution, & appartiennent au Rapporteur qui est chargé du procès principal. (Arrêt du Parlement du 6 Mars, pour Dorat, rapporté par Filleau, *tom. 1*, *pag. 202*; autre du 7 Septembre 1729, pour Peronne, rapporté *ibid.*, *pag. 208*; Voyez aussi ce qui a été dit ci-dessus au titre *Des procès par écrit*, part. 3, tit. 2, n. 44.)

29. Ce qui a pareillement lieu à l'égard des accords, ou acquiescements sur lesdits incidents formés & joints aux procès, ou instances. (Arrêt du 19 Décembre 1595, pour Tours, *art. 14*, rapporté par Joly, *tom. 2*, *pag. 1029.*)

Il en est de même des instances criminelles incidentes aux procès civils distribués; comme incidents de faux, *&c.*; elles doivent être instruites par le Rapporteur chargé du procès civil. (Edit du mois de Février 1705, pour le Présidial d'Ypres, *art. 36*; Réglement du 18 Juillet 1677, pour Tours, *art. 42*; Edit des Présidiaux de Franche-Comté du mois de Septembre 1697.) L'article 10 du Réglement du 2 Août 1688, pour Poitiers, *art. 9*, porte néanmoins que les Rapporteurs n'en pourront connoître, que quand ces cidents auront une telle connexité avec le principal, qu'ils n'en puissent être séparés, & qu'il faille nécessairement juger le criminel conjointement avec le civil; ce qui sera pareillement observé à l'égard des incidents civils aux procès criminels.

30. 19°. Les requêtes qui sont présentées dans les procès distribués, doivent être remises entre les mains du Rapporteur, & de lui répondues & signées. (Réglement du 24 Mai 1603, pour Bourg-en-Bresse, *art. 25*; Arrêt de la Cour du 16 Février 1630, pour le Mans, rapporté par Joly, *tom. 2*, *pag. 856*; autre du 23 Mai 1678, aussi pour le Mans; autre Arrêt du 9 Août 1669, servant de Réglement pour le Parlement de Paris; Arrêt du Parlement de Toulouse du 15 Décembre 1694, rapporté au Recueil de Toulouse, *tom. 2*, *pag. 588*, *& tom. 1*, *pag. 95*; autre Arrêt du Parlement du 20 Août 1686, pour la Fleche, *art. 6*; Arrêt du Conseil du 23 Juin 1750, pour Rennes, *art. 43.*)

Et il est défendu aux Procureurs de les présenter à d'autres; (même Réglement du 24 Mai 1603, pour Bourg-en-Bresse, *art. 25*; même Arrêt du Parlement du 9 Août 1669, qui fait aussi défenses aux Procureurs de suivre le réglement de ces requêtes à l'Audience, ni autrement; & aux Greffiers, de leur en délivrer aucun appointement.)

31. Toutes les requêtes répondues au Siege, qui ne sont pas signées du Rapporteur, ne peuvent profiter aux parties. (Arrêt du 9 Mars 1575 pour le Présidial de Toulouse, *art.* 19, rapporté par Joly, *pag.* 1023.)

Les Rapporteurs peuvent répondre à ces sortes de requêtes en leurs maisons. (Arrêt du Parlement du 23 Novembre 1613, pour Bourges, rapporté par Joly, *tom* 2, *pag.* 894.)

S'il est nécessaire que la requête soit communiquée à la partie adverse, le Rapporteur doit ordonner, que sur cette requête les parties seront appellées, si fait n'a été; & il peut même assigner à cet effet en son hôtel pour raison de ces instructions. (Arrêt de l'année 1627, pour Laon, rapporté par Filleau, *tom.* 1, *pag.* 198;) du moins lorsqu'il s'agit d'affaires qui peuvent se régler à l'Hôtel.

Les requêtes doivent être intitulées du nom du Rapporteur; (Edit du mois de Janvier 1685, pour le Châtelet de Paris.) *Contrà*, par l'Arrêt de Réglement du 30 Juin 1689, rendu pour Angoulême, *art.* 7, qui porte que toutes les requêtes qui sont de la Jurisdiction ordinaire, seront adressées au Sénéchal, ou son Lieutenant-Général; soit qu'elles soient présentées avant, ou après la distribution des procès.

32. Lorsque ces requêtes ne sont que d'instruction, elles ne se portent point à la Chambre, & elles se répondent seulement par les Rapporteurs; à moins qu'elles ne fissent préjudice au principal; auquel cas le Rapporteur en doit faire son rapport à la Chambre, pour y être pourvu. (Réglement du Conseil du 24 Mai 1603, pour Bourg-en-Bresse, *art.* 27.)

Si les incidents qui surviennent, (& sur lesquels il faut instruire,) sont considérables, il doit aussi en être fait rapport à la Chambre par le Rapporteur du procès. (Réglement du 30 Juin 1689, pour Angoulême, *art.* 13. Voyez aussi l'Arrêt du Grand-Conseil du 31 Mars 1620, rendu pour Rodez, rapporté par Descorbiac, *tit.* 2, *chap.* 36; & l'Arrêt du Parlement du 16 Février 1630, pour le Mans, rapporté par Joly, *tom.* 2, *pag.* 856.)

33. Les Rapporteurs doivent faire le rapport, sur-le-champ, de ces sortes de requêtes; à moins que les pieces qui y seroient jointes, ne demandassent du temps pour être examinées. (Edit de Février 1705, pour le Présidial d'Ypres, *art.* 26.)

20°. Dans le cas de maladie, ou absence des Rapporteurs, l'instruction des procès distribués, & l'exécution de leurs jugements

N ij

appartient au Lieutenant-Général. (Réglement du 16 Mars 1705, pour Autun, *art.* 4; Arrêt du Conseil du 23 Juin 1750, pour Rennes, *art.* 40; Arrêt du Parlement du 16 Février 1730, pour le Mans, rapporté par Joly, *tom.* 2, *pag.* 1857; Réglement de Limoges du 23 Octobre 1638, *art.* 12; autre du 11 Janvier 1647, pour Montargis, *art.* 15; Lettres-patentes du 30 Décembre 1731, pour Pamiers, *art.* 34.) Le Réglement d'Angoulême du 30 Juin 1689, *art.* 13, dit, après trois jours d'absence. *Idem* par Arrêt du 21 Juillet 1698, pour Niort; & par un autre du 19 Août 1687, rendu pour Chinon, *art.* 11, qui dit, après huit jours d'absence du Rapporteur, pour l'instruction.

Après le retour des Rapporteurs, les instructions doivent être par eux reprises. (Même Arrêt du 21 Juillet 1698, pour Niort.)

ARTICLE III.

Des Fonctions & Devoirs des Juges qui ont l'instruction, ou l'exécution des Procès.

34. 1°. Dans toutes les matieres & causes où les Lieutenant-Particulier, Assesseur, ou Conseillers instruisent, ou exercent quelques fonctions, suivant l'attribution qui leur en est faite, soit en exécution de jugements d'Audience, ou de Sentences sur procès par écrit, *&c.*, s'il survient quelque différend entre les parties; celui des Officiers à qui la connoissance en appartient, doit dresser son procès-verbal des dires & prétentions des parties; sur lequel il doit renvoyer les parties à l'Audience, ou faire son rapport en la Chambre du Conseil, pour y faire juger lesdites contestations; & le rapport fait, l'exécution des Sentences qui interviendront, soit interlocutoires, soit diffinitives, ensemble le surplus de l'instruction, ou exécution, doit être continué par celui au rapport duquel la Sentence a été rendue. (Réglement du 18 Juillet 1677, pour Tours, *art.* 51; Arrêt du 19 Février 1611, pour Chaumont, rapporté par Joly, *tom.* 2, *pag.* 879.)

Les parties peuvent aussi, lorsque le Lieutenant-Général, ou autre Juge ou Commissaire, a rendu son ordonnance, y former opposition; & alors ces sortes d'oppositions doivent être portées à l'Audience pour y être jugées; auquel cas le Lieutenant-Général, ou autre Juge qui a rendu l'ordonnance, peut y assister, & opiner. (Réglement du 30 Juin 1689, pour Angoulême, *art.* 22.)

35. 2°. Les Juges chargés de faire quelques instructions, peuvent les faire à des Audiences particulieres, ou ailleurs; ainsi que bon leur semblera. (*Ibidem.*, *art.* 11.)

Ils peuvent aussi répondre toutes les requêtes en leurs maisons. (Arrêt du 12 Août 1572, rendu pour les Officiers du Bailliage d'Orléans; autre du 16 Février 1630, pour le Mans, qui ajoute, qu'ils ne pourront néanmoins rien expédier, sans le Greffier; ni le Greffier, sans l'assistance du Juge.)

Un Arrêt du Parlement du 8 Juin 1619, rendu pour Moulins, *art.* 22, rapporté par Joly, *pag.* 1042, fait défenses aux Juges de prendre autres personnes que le Greffier pour écrire sous eux les expéditions de Justice.

Si le Greffier étoit absent, ou malade, ou qu'il n'y eût personne pour le représenter, alors le Juge, qui fait l'instruction, peut commettre une autre personne pour en faire les fonctions (Voyez ce qui a été dit à ce sujet, au titre *De l'Instruction criminelle en général*, dans mon Traité de la Justice Criminelle, *tom.* 3, *part.* 3, *tit.* 2, *n.* 98 & *suivants.*)

36. 3°. Les Lieutenant-Général, Particulier, & autres Juges ne peuvent commettre aucuns Huissiers, Notaires, Greffiers, Clercs, ou autres, pour l'exécution des fonctions dont la connoissance leur est attribuée; mais en leur absence, récusation, ou autre empêchement, ils sont tenus d'en laisser l'exécution à l'Assesseur, ou plus ancien Conseiller du Siege. (Réglement du 18 Juillet 1677, pour Tours, *art.* 66.)

Cependant lorsqu'il s'agit de faire quelque fonction hors la ville & fauxbourgs de leur résidence, le Lieutenant-Général, ou autre premier Juge peut commettre & déléguer le Juge des lieux pour le soulagement des parties. (Arrêt du 21 Juillet 1629, pour Gueret, *art.* 12, rapporté par Joly, *tom.* 2, *pag.* 1859; Réglement du 17 Février 1729, pour le Puy, *art.* 20.)

Voyez au surplus ce qui est dit, touchant les délégations, au titre *De la Jurisdiction en général*, ci-dessus, *tom.* 1, *part.* 1, *tit.* 1, *n.* 72 & *suivants*; & ce que j'ai dit dans mon Traité de la Justice Criminelle, au titre *De l'Instruction criminelle*, part 3, liv. 3, tit. 2, n. 102 & suiv.

37. A l'égard des Juges qui vont en commission hors la ville & fauxbourgs du lieu de leur résidence, Voyez ce qui est dit ci-après, *n.* 48.

4°. Les Juges chargés de l'instruction des procès, outre les devoirs généraux, & qui sont communs à tous les Juges, ont des devoirs particuliers à remplir, suivant les différents actes qu'ils font.

Ainsi, dans les requêtes qui leur sont présentées pour faire assigner, ils ne peuvent permettre d'anticiper les délais des assignations; si ce n'est qu'il s'agît de la liberté des prisonniers arrêtés pour dettes; de main-levées de marchandises prêtes à être envoyées, & dont les voituriers seront chargés, & qui peuvent dépérir; du paiement que des hôteliers, ou des ouvriers demandent à des étrangers pour des nourritures & fournitures d'habits, ou autres choses nécessaires; lorsqu'on réclame des dépôts, gages, papiers, ou autres effets divertis; lorsqu'il s'agit de la main-levée des meubles, chevaux & bestiaux saisis; & autres matieres qui requierent célérité. (Edit du mois de Janvier 1685, pour le Châtelet de Paris, *art.* 6 & 7.)

En matiere d'enquêtes, ils ne peuvent entendre plus de dix témoins sur un même fait en matiere civile; & ils doivent y observer exactement toutes les autres formalités prescrites par l'Ordonnance de 1667, *tit.* 22, *art.* 17, 18, 19, 20 & 21.

Et ainsi des autres.

38. 5°. Le Juge qui instruit, doit vaquer à l'institruction en habit décent, & convenable à la dignité de Juge; autrement il pourroit se rendre méprisable en paroissant devant des parties, ou des témoins, vêtu d'une maniere peu convenable à son rang, & aux égards qu'on doit avoir pour les Juges. (Voyez Airault en son Instruction Judiciaire, *liv.* 2, *part.* 3, *n.* 57, *pag.* 275.)

6°. Le Juge d'instruction ne peut écrire lui-même les actes qu'il fait; mais ces actes doivent être écrits par le Greffier, ou l'un de ses Commis. (Arrêt du Parlement de Dijon du 4 Octobre 1715.)

39. 7°. Un Arrêt du Parlement du 12 Avril 1661, porte que les Juges signeront les actes aussi-tôt qu'ils auront été faits. (*Idem* par l'Arrêt de Réglement du 15 Mai 1714, rendu pour la Justice de Pontchartrain, titre *Du Greffier*, art. 37.)

8°. Il ne peut aussi instruire de nuit, suivant cette maxime tirée de la Loi des 12 Tables, *Sol occasus suprema tempestas esto.*

A l'égard de la question de sçavoir si le Juge peut vaquer à l'instruction en matiere civile les jours de Fêtes & de Dimanches, Voyez ce qui est dit à cet égard au titre *Des Fêtes d'Eglise & de Palais*, ci-aprés, part. 4, tit. 1, n. 5.

9°. On peut douter si le Juge qui fait une instruction en matiere civile dans les Justices & Tribunaux où il y a des Officiers gradués, & d'autres qui ne le sont point, comme sont les Jurisdictions Consulaires, *&c.* doit nécessairement être gradué pour faire cette instruction ?

L'Edit du mois de Mai 1655, rendu pour la Conservation de la ville de Lyon, porte que l'instruction des procès de cette Jurisdiction sera nécessairement faite par un Officier gradué, ainsi que les autres fonctions d'Enquêteur, & Commissaire-Examinateur. (*Idem* par l'article 15 de l'Edit du mois de Juillet 1669, rendu aussi pour la Conservation de Lyon, & rapporté par Boniface, *tom.* 5, *pag.* 170.)

40. 10°. Le Juge, ou Commissaire qui fait une instruction, est tenu des nullités qui peuvent se trouver dans la confection des actes qu'il dresse.

Ainsi, il répond des enquêtes déclarées nulles ; & s'il en faut faire une nouvelle, ce doit être à ses dépens. (Ordonnance de 1667, *tit.* 22, *art.* 36.

Cette nouvelle enquête ne peut être faite par le même Juge, ou Commissaire dont l'enquête a été déclarée nulle ; mais elle doit être faite par un autre. (Edit du mois de Mars 1583, touchant les Commissaires-Enquêteurs, *art.* 7 ; Voyez aussi le *Code Faber*, *lib.* 4, *tit.* 15, *def.* 47.

41. La nullité des enquêtes en matiere civile, doit être proposée par les parties ; & les Juges ne la doivent point prononcer d'office. En effet, l'Ordonnance civile de 1667 ne prescrit point aux Juges d'avoir égard à ces sortes de nullités, à la différence de ce qui s'observe en matiere criminelle, suivant l'article 8 du titre 14 de l'Ordonnance de 1670.

Il paroît aussi que si c'est un Juge qui a fait l'enquête, il ne peut seul la déclarer nulle, ni la recommencer seul, quand il y apperçoit une nullité ; mais il faut, dans ce cas, que cette nullité soit prononcée au Siege ; autrement ce seroit préjudicier au droit aquis à une partie par cette nullité, à laquelle souvent il n'est plus temps de remédier, lorsqu'il s'agit de faire prononcer la nullité au Siege.

42. 11°. A l'égard de ce qui concerne les minutes des actes d'instruction & d'hôtel, & des grosses qui en sont expédiées, Voyez ce que j'ai dit à ce sujet au Traité de la Justice Criminelle, au titre *De l'Instruction criminelle*, part. 3, liv. 3, tit. 2, n. 128 & suivants ; & ce qui est dit ci-après au titre *Des Greffiers*, *part.* 5, *tit.* 1, *n.* 46 *& suivants.*

ARTICLE IV.

De l'instruction & exécution des Procès criminels en particulier.

43. Voyez ce que j'ai dit à ce sujet dans mon Traité de la Justice Criminelle, au titre *De l'Instruction criminelle en général*, part. 3, liv. 3, tit. 2, *omninò*.

Quant aux devoirs des Juges, Commissaires, & autres personnes préposées à l'instruction & exécution des procès criminels, Voyez ce qui est dit au même Traité de la Justice Criminelle, au titre *De la Compétence particuliere des Juges*, part. 2, tit. 1, n. 648 & suivants.

ARTICLE V.

Des Juges allant en Commission.

44. 1°. Toutes commissions des Cours Souveraines & autres Juges, tant pour l'instruction des procès, que pour l'exécution des jugements qu'il convient de faire dans les Provinces & autres lieux du ressort, doivent être adressées aux Juges des lieux, & par eux exécutées, & non par quelqu'un des Juges de la Jurisdiction en laquelle le procès s'instruit, ou qui a rendu le jugement qu'il s'agit d'exécuter; à moins que les deux parties ne le requierent & consentent; ou que l'une d'elles voulût le faire à ses dépens, sans pouvoir en aucune maniere les répéter. (Ordonnance du mois d'Avril 1453, *art.* 107; autre du 23 Décembre 1490, *art.* 4; autre du mois d'Octobre 1535, *chap.* 1, *art.* 72; Ordonnance d'Orléans, *art.* 46; Ordonnance de Blois, *art.* 151; Ordonnance de 1629, *art.* 989 & 99.)

45. Ce qui a pareillement lieu dans le cas où il s'agit d'examiner des témoins hors le lieu de la demeure des Juges. (Ordonnance de Blois, *art.* 168.)

Et si plusieurs Commissaires avoient été nommés, & que l'un d'eux vînt à mourir, ou refusât d'accepter la commission, une des parties ne pourroit demander un autre Commissaire à la place de celui qui auroit refusé, ou qui seroit décédé; sans le consentement de l'autre partie. (Dumoulin, *tom.* 3, *pag.* 1707, *lig.* 1.)

Il en est de même, si l'enquête faite par les Commissaires hors

hors le lieu de leur demeure, venoit à être déclarée nulle. Dans ce cas, les Juges ne pourroient renvoyer devant d'autres Commissaires, que du consentement des deux parties. (Dumoulin, *tom.* 3, *pag.* 1776, §. 18 & 19.)

46. 2°. Dans les descentes sur les lieux, enquêtes, ou autres commissions, les Sentences qui les ordonnent, doivent nommer le Commissaire qui les fera, autres toutes fois que le Rapporteur; & en cas que dans la suite il fallût nommer un autre Commissaire, les parties sont tenues de s'adresser à cette fin au Président. (Edit du mois de Février 1705, rendu pour le Présidial d'Ypres, *art.* 34.)

Un Arrêt du 8 Juin 1619, rendu pour Moulins, *art.* 19, porte que le Lieutenant-Général ne pourra commettre autres que le Lieutenant-Particulier, & Conseillers par ordre, si la commission se fait dans la ville; & que hors d'icelle, il pourra commettre les Juges & Conseillers trouvés sur les lieux.

Un autre Arrêt du 7 Mars 1626, pour Sainte-Ménehould, rapporté par Filleau, *part.* 2, *pag.* 68, porte que les Juges ne pourront commettre pour l'instruction, aucun Avocat ni Procureur. (*Idem* par un Arrêt du Parlement du 7 Mai 1709, qui fait défenses au Lieutenant-Criminel de Rheims, de commettre un Avocat, ou un Praticien pour aller informer sur les lieux; & lui enjoint d'adresser en ce cas une commission rogatoire au plus prochain Juge des lieux.)

47. 3°. Lorsque quelqu'un des Conseillers, ou Lieutenants, a été nommé pour aller en commission, il ne peut nommer ou subroger un autre Conseiller en sa place; à peine de nullité: mais la commission doit être distribuée par le Président à un autre Conseiller. (Ordonnance du mois de Juillet 1493, *art.* 46; autre du mois de Mars 1498, *art.* 26; autre du mois d'Octobre 1535, *chap.* 1, *art.* 16 & 77; Réglement du 24 Mai 1603, pour Bourg-en-Bresse, *art.* 20; Edit du mois de Février 1705, pour le Présidial d'Ypres, *art.* 34.)

4°. Les Juges, en exécutant les commissions qui leur sont adressées, doivent prendre, pour écrire, sous eux le Greffier de leur Siege, ou quelqu'un de ses Commis, & non les Clercs desdits Juges; à peine de nullité. (Ordonnance de Blois, *art.* 169; Arrêt du Conseil du 24 Novembre 1703, rapporté au Recueil des Réglemens de Justice, *in*-12, *tom.* 1; Ordonnance de 1670, *tit.* 6, *art.* 6; Déclaration du 21 Avril 1671.)

Il faut seulement excepter de cette Regle, ceux qui exécutent des commissions émanées du Roi, lesquels peuvent commettre pour Greffier telles personnes qu'ils aviseront, en leur faisant prêter le serment. (Ordonnance de 1670, *tit 6*, *art*, 7.)

48. 5°. Les Juges allant en commission hors la ville & l'établissement de leur Siége, ne peuvent prendre par chaque jour, que les sommes qui leur sont taxées par les Réglements. (Voyez ce qui est dit à ce sujet au titre *Des Epices & Vacations*, ci-après, *part.* 3, *tit.* 8, *n.* 71, & *suivants.*)

6°. Les Commissaires nommés pour aller en commission, peuvent être récusés par les parties. (Ordonnance de 1539, *art.* 113; Ordonnance de 1667, *tit.* 21, *art.* 7; *tit.* 22, *art.* 9 & 10; & *tit.* 24, *art.* 22.)

TITRE IV.

De l'Hôtel, & des affaires qui s'y reglent.

ARTICLE PREMIER.

De l'Hôtel, & des affaires qui peuvent s'y régler, tant pour ce qui est d'instruction, que pour ce qui est de jurisdiction volontaire & non contentieuse.

1. ENTRE les différents actes que le Lieutenant-Général, ou autre premier Juge peut faire seul en son hôtel, il y en a, 1°. d'instruction : 2°. de Jurisdiction volontaire : 3°. de Jurisdiction contentieuse.

§. I.

Des Actes d'instruction que le Lieutenant-Général peut faire seul en son Hôtel.

2. Les actes d'instruction que le Lieutenant-Général, ou autre premier Juge, peut faire seul en son hôtel, sont,

De répondre les requêtes à fin de permission d'assigner, de saisir, & de *pareatis.* (Réglement du 31 Août 1689, pour Orléans, qui dit, en général, toutes requêtes; Arrêt du Parlement du 16 Mars 1705, pour Autun, *art.* 28; Réglement de Pont-Chartrain du 15 Mai 1714, titre *Des Juges*, art. 1.)

Le Réglement de Poitiers du 2 Août 1688, *art. 21*, dit en général, que le Lieutenant-Général pourra faire seul en son hôtel l'instruction des procès. (Voyez ce qui a été dit touchant les différents actes qui regardent l'instruction des procès, au titre *De l'instruction & exécution des procès*, ci-dessus, part. 3, tit. 3, n. 1, & suivants.)

L'Arrêt du Conseil du 21 Avril 1668, rendu pour le ressort du Parlement de Paris, fait défenses aux Lieutenants-Généraux de faire aucuns renvois à l'extraordinaire, ni instructions à la Barre; ce qui est conforme à l'article 11 du titre 11 de l'Ordonnance de 1667.

§. II.

Des Actes de jurisdiction volontaire que le Lieutenant-Général peut faire seul en son Hôtel. (a)

3. Les actes de Jurisdiction volontaire & non contentieuse, que le Lieutenant-Général, ou autre premier Juge peut faire seul en son hôtel, sont,

1°. Les élections de tutelles & curatelles. (Arrêt de Réglement de la Cour du 10 Juillet 1665, *art.* 17; autre du 18 Juillet 1677, pour Tours, *art.* 52; autre du 2 Août 1688, pour Poitiers, *art.* 21; autre du 19 Août 1687, pour Chinon, *art.* 22; autre du 20 Août 1686, pour la Fleche, *art.* 2; autre du 30 Juin 1693, pour Saint-Florentin; autre du 30 Décembre 1731, pour Pamiers, *art.* 22; autre du 10 Juillet 1688, pour Melun, *art.* 21; autre du premier Février 1694, pour Fresnai; Réglement du 15 Mai 1714, pour Pont-Chartrain, titre *Des Juges*, art. 1.)

4. 2°. Les émancipations; (même Réglement de 1677, pour Tours, *art.* 52; autre de 1686, pour la Fleche, *art.* 2; Réglement de de Poitiers en 1688, *art.* 13; autre du 30 Juin 1689, pour Angoulême, *art.* 16; Arrêt du Conseil du 23 Juin 1750, pour Rennes,

---

(a) L'article 17 de l'Arrêt du 10 Juillet 1665, est ce qui doit servir de regle pour tous les Sieges qui n'ont point de dispositions particulieres. Cet article a été confirmé par un autre Arrêt de Réglement du 3 Septembre 1667.

art. 9.) L'article 17 du Réglement du 10 Juillet 1665 ne parle point des émancipations.

3°. Les avis des parents; (Réglement du 27 Avril 1635, pour Troies; rapporté par Descorbiac, *tit. 2, chap. 101, pag. 153;* autre du 10 Juillet 1665, *art. 17*; autre du premier Février 1694, pour Fresnai; Réglement de Tours de 1677, *art. 52;* autre de 1686, pour la Fleche, *art. 2;* autre du 19 Août 1687, pour Chinon, *art. 22;* autre du 10 Juillet 1688, pour Melun; autre du 30 Juin 1693, pour Saint-Florentin.)

5. 4°. Les séparations entre mari & femme, volontaires, & non contentieuses; (Réglement du 20 Août 1686, pour la Fleche, *art. 2;* autre de 1689, pour Angoulême, *art. 15.*) L'article 17 du Réglement du 10 Juillet 1665 ne parle point des séparations de mari & femme, quoique volontaires.

L'Arrêt de la Cour du 7 Août 1677, rendu entre les Officiers de Sens, défend au contraire en général, au Prévôt de Sens, de connoître seul des instances de séparation d'entre mari & femme, & d'en arrêter les jugements ailleurs qu'en la Chambre du Conseil.

6. 5°. Les interdictions volontaires, & non contentieuses des prodigues, insensés, ou furieux, & l'instruction nécessaire pour y parvenir. (Réglement de 1686, pour la Fleche, *art. 2;* Réglement de Poitiers du 2 Août 1688, *art. 13 & 21;* autre pour Angoulême en 1689, *art. 15;* autre du 30 Janvier 1761, pour Clermont-Ferrand, *art. 14.*)

A Paris, au Châtelet, les interdictions, même volontaires, se prononcent à la Chambre, avec tous les Juges. Un Arrêt du Parlement du 17 Mai 1768 a déclaré nulle une main-levée d'interdiction prononcée par le Lieutenant civil seul. (*Idem* par l'Arrêt du Conseil du 23 Juin 1750, pour Rennes, *art. 9.*) L'article 17 du Réglement du 10 Juillet 1665 ne parle point des interdictions, même volontaires. La même chose s'observe au Bailliage d'Orléans, tant pour les interdictions volontaires, que pour les main-levées d'icelles. (*a*) Enfin, cette question a été décidée tout nouvelle-

---

(*a*) Le 3 Juillet 1769, il a été donné au Présidial d'Orléans un acte de notoriété, ce requerant, la Dame Veuve Marchand, de Paris, qui certifie que toutes les interdictions qui se prononcent au Bailliage d'Orléans, & les main-levées d'icelles, se prononcent par tous les Juges.

ment par des Lettres-patentes du 25 Novembre 1769, qui portent, que les interdictions, ainsi que les main-levées d'interdiction, seront prononcées par délibération du Siege; à peine de nullité, & des dommages & intérêts des parties, nonobstant tous usages contraires.

7. 6°. Les permissions nécessaires pour faire renfermer dans une maison-de-force, des enfants, ou autres personnes, pour raison de mauvaise conduite, à la requête des peres & des meres, & autres proches parents. (Arrêt du Conseil du 20 Avril 1684, rapporté par de Lamarre en son Traité de Police, *tom. 1, liv. 3, tit. 5, pag. 496*; Arrêt du Parlement du 27 Octobre 1696.)

7°. La comparaison des seings & écritures, & la vérification qui en est faite. (Arrêt de Réglement du 7 Septembre 1660, pour Dreux; autre du 10 Juillet 1665, *art. 17*; Réglement de 1686, pour la Fleche, *art. 2*; autre pour Chinon en 1687, *art. 22*; autre du 10 Juillet 1688, pour Melun; autre de 1693, pour Saint-Florentin; autre du 1 Février 1694, pour Fresnai; Réglement de Pont-Chartrain du 15 Mai 1714, Titre *Des Juges*, art. 1.)

8°. Les receptions de caution. (Même Réglement du 7 Septembre 1660, pour Dreux; autre du 10 Juillet 1665, *art. 17*; autre pour Chinon en 1687, *art. 22*; autre pour la Fleche en 1686, *art. 2*; autre du 10 Juillet 1688, pour Melun; autre pour Angoulême en 1689, *art. 15*; autre pour Saint-Florentin en 1693; Réglement de Pont Chartrain de 1714, au titre *Des Juges*, art. 1.)

8. 9°. Les affirmations & réceptions de serment en exécution de Sentences, ou autres qui se font devant le premier Juge; *v. g.* d'Echevins, de Consuls, *&c.*

10°. Les informations de vie & mœurs. (Réglement du 10 Juillet 1665, *art. 17*; Réglement de Poitiers en 1688, *art. 14*; autre du 10 Juillet 1688, pour Melun.)

11°. Les enquêtes. (Réglement du 10 Juillet 1665; autre du 7 Septembre 1760, pour Dreux; Réglement de Chinon en 1687, *art. 22*; autre du 10 Juillet 1688, pour Melun; autre pour Orléans en 1689, *art. 9*; autre en 1693 pour Saint-Florentin; Réglement de Pont-Chartrain, *ibid.*; autre du premier Février 1694, pour Fresnai.)

12°. Les interrogatoires en matiere civile. (Même Réglement du 10 Juillet 1665, *art. 17*; autre du 7 Septembre 1660, pour Dreux; autre pour Chinon en 1687, *art. 22*; autre pour Melun en 1688; autre pour Angoulême en 1689, *art. 15*; autre pour Orléans, aussi en 1689, *art. 9*; autre pour Saint-Florentin en

1693 ; autre du premier Février 1694, pour Fresnai ; Réglement de Pont-Chartrain du 15 Mai 1714, titre *Des Juges*, art. 1.)

9. 13°. Les appositions & levées de scellés se font par les Lieutenants-Généraux seuls, & autres premiers Juges. (Réglement du 20 Août 1686, pour la Fleche, *art.* 2.)

14°. Les Lieutenants-Généraux, ou autres premiers Juges, font aussi seuls en leur hôtel les partages, dans le cas où ils sont en droit d'en faire. (Arrêt du Conseil du 27 Avril 1635, pour Troies, rapporté par Descorbiac, *tit.* 1, *chap.* 101 ; Réglement pour la Fleche en 1686, *art.* 2 ; autre pour Chinon en 1687, *art.* 22 ; autre du 10 Juillet 1688, pour Melun ; Réglement de Pont-Chartrain du 15 Mai 1714, titre *Des Juges*, art. 1.)

15°. Ils ont aussi seuls l'audition des comptes des villes, hôpitaux, mineurs, & autres ; ainsi que présentation & affirmation desdits comptes. (Même Arrêt du Conseil de 1635, pour Troies ; autre du 21 Avril 1668, pour les Lieutenants-Généraux du ressort du Parlement de Paris ; Réglement de 1686, pour la Fleche, *art.* 2 ; autre du 7 Septembre 1660, pour Dreux ; autre de 1687, pour Chinon, *art.* 22 ; autre du 10 Juillet 1688, pour Melun ; autre de 1689, pour Angoulême, *tit.* 15 ; autre pour Orléans, aussi en 1689, *art.* 9 ; autre pour Saint-Florentin en 1693 ; Lettres-patentes du 30 Décembre 1731, pour Pamiers, *art.* 22.)

10. 16°. Les ordres & distributions de deniers, préférences & priviléges entre créanciers. (Arrêt de 1635, pour Troies ; Réglement de la Fleche en 1686, *art.* 2 ; autre pour Orléans en 1689, *art.* 8 ; autre du 7 Août 1677, pour Sens, qui ajoute, sans néanmoins que le Prévôt, en sa qualité de Commissaire-Examinateur, puisse faire aucun procès-verbal, sur la priorité, ou postériorité d'hypotheques, même du consentement des parties ; sauf aux parties à les faire recevoir à l'Audience, lorsque leurs contestations pourront y être terminées.)

17°. Les visitations & appréciations de biens, & nominations d'Experts. (Réglement du 10 Juillet 1665, *art.* 17 ; autre de 1686, pour la Fleche, *art.* 2 ; autre de 1687, pour Chinon, *art.* 22 ; autre du 10 Juillet 1688, pour Melun ; autre de 1689, pour Orléans, *art.* 9 ; autre de 1693, pour Saint-Florentin ; autre du 7 Septembre 1660, pour Dreux.)

11. 18°. Les compulsoires, extraits & collations de pieces. (Arrêt du 16 Février 1630, pour le Mans, rapporté par Joly, *pag.* 1857 ;

Réglement du 10 Juillet 1665, *art. 17*; autre du 20 Août 1686, pour la Fleche, *art.* 2; autre Réglement du 19 Août 1687, pour Chinon, *art.* 22; autre du 10 Juillet 1688, pour Melun; autre de 1693, pour Saint-Florentin.)

19°. Les taxes de dépens. (Arrêt du Conseil du 27 Avril 1635, pour Troies; Réglement de la Cour du 10 Juillet 1665, *art. 17*; autre du 7 Septembre 1660, pour Dreux; autre de 1687, pour Chinon, *art.* 22; autre du 10 Juillet 1688, pour Melun; autre de 1689, pour Orléans, *art.* 9.)

12. 20°. Les liquidations de fruits. (Même Réglement de 1687, pour Chinon, *art.* 22; autre de 1689, pour Orléans, *art.* 9.)

21°. Les liquidations de dommages & intérêts. (Arrêt du 27 Avril 1635, pour Troies; Réglement du 10 Juillet 1665, *art. 17*; autre de 1660, pour Dreux; autre du 10 Juillet 1688, pour Melun; autre pour Orléans en 1689, *art.* 9.)

22°. Et en général tous les actes qui sont de la fonction des Commissaires-Enquêteurs-Examinateurs, dans les Sieges où ces Officiers ne sont point établis, ou en leur absence, & autre empêchement. (Arrêt du 10 Juillet 1688, pou Melun; Voyez ce qui a été dit ci-dessus au titre *De l'Instruction & Exécution des procès*, part. 3, tit. 3, n. 1.)

23°. Les Lieutenants-Généraux, ou autres premiers Juges dans les endroits où il n'y a point de Juges particuliers pour la Police, font aussi en général, seuls, & en leur hôtel, les élections de Jurés des différents Corps de métiers; reçoivent les maîtres desdits métiers; donnent les permissions pour battre le tambour, & autres, dans les endroits où ils ont la Police.

13. 24°. Ils ont la Police des prisons. (Voyez ce qui a été dit à ce sujet au Traité de la Justice Criminelle, au titre *Des Prisons*, part. 3, liv. 2, tit. 12, n. 55 & suivants.)

25°. La réception des foi & hommage, est aussi un acte de jurisdiction volontaire, que les Lieutenants-Généraux peuvent faire seuls en leur Hôtel, dans les endroits où la connoissance du Domaine n'est point attribuée à des Juges particuliers. (Voyez ci-après, n. 49.)

26°. Il en est de même de la taxe du ban, & arriere-ban. (*Ibid.* n. 45.)

27°. Les ouvertures de testaments en Justice, & clôtures d'inventaires dans les Jurisdictions où ces formalités sont nécessaires, sont aussi des actes que le Lieutenant-Général, ou autre premier Juge, peut faire seul en son Hôtel.

Et il en est de même de l'autorisation des tuteurs dans les causes de leurs mineurs. (Arrêt du Grand-Conseil du 31 Mars 1626, pour Lauraguais, *art.* 20, rapporté par Descorbiac, *tit.* 2, *chap.* 41 ; ou de celle des femmes mariées, dans les causes de séparations.)

14. 28°. Il en est aussi de même du paraphe des registres de Baptêmes, Mariages & Sépultures.

29°. Les Lieutenants-Généraux, ou autres premiers Juges, donnent seuls les certificats de vie & mœurs, parentés & alliances, ainsi que les légalisations. (Réglement du 16 Mars 1705, *art.* 28.) Et il n'est pas nécessaire du ministere du Greffier pour ces sortes d'actes. (Arrêt du Parlement du 21 Janvier 1761, contre le Lieutenant-Général de Châlons-sur-Marne, au profit des Notaires de ladite Ville, qui ordonne que les légalisations seront données par le Lieutenant-Général seul ; ou en son absence, par le Lieutenant-Particulier, ou autres Conseillers, suivant l'ordre du Tableau ; sans qu'il soit besoin de la présence ou signature du Greffier, lequel en aucun cas, ne pourra les délivrer.

15. 30°. Ils taxent incidemment les salaires des Huissiers, Notaires, Procureurs, Témoins & Experts, dans les saisies, enquetes, rapports, *&c.* (Ordonnance de 1667, *tit.* 21, *art.* 15 ; *tit.* 22, *art.* 19 ; & *tit.* 33, *art.* 21 ; Ordonnance de Blois, *art.* 160.)

31°. Un Arrêt du Conseil du 23 Juin 1750, servant de Réglement entre le Sénéchal & les Officiers du Présidial de Rennes, *art.* 7, porte qu'au Sénéchal appartiendra la connoissance des prix qui se distribuent dans les réjouissances publiques ; sauf, en cas de contestation qui puisse donner lieu à un appointement ; & alors il sera tenu de renvoyer au Siege.

Le même Arrêt, *art.* 9, porte qu'il fera seul les décrets de mariage, les collocations de deniers de mineurs, & donnera les *pareatis* ; sauf, en cas de contestation, à renvoyer au Siege.

16. 32°. En général, les Lieutenants-Généraux, ou autres premiers Juges, peuvent faire seuls en leur Hôtel tous les actes qui sont de jurisdiction volontaire, & non contentieuse. (Arrêt du Conseil du 21 Avril 1668, rendu pour les Lieutenants-Généraux du ressort du Parlement de Paris ; Réglement de 1686, pour la Fleche, *art.* 2 ; autre de 1689, pour Orléans, *art.* 12.) Voyez ce qui a été dit ci-dessus, *part.* 1, *tit.* 1, *n.* 31 *& suivants*, au titre *De la Jurisdiction en général*, pour sçavoir quels sont les différents actes de Jurisdiction volontaire.

33°. La réception des Officiers est aussi un acte de jurisdiction volontaire, mais qui ne se fait point par le Lieutenant-Général seul, si ce n'est à l'égard de certains Officiers. (Voyez ce qui est dit à ce sujet au titre *De la réception des Officiers*, ci-après, *part.* 3, *tit.* 6, *n.* 1 *& suivants.*)

17. 34°. Il y a aussi des Réglements qui portent que les actes de notoriété seront donnés par le Lieutenant-Général seul. (Réglement du 16 Mars 1705, pour Autun, *art.* 28;) mais ces actes se donnent ordinairement par les Officiers du Siege qui les signent.

35°. On trouve même quelques Réglements qui portent que les publications de Lettres-Patentes & Arrêts, ainsi que l'enrégistrement qui s'en fait, appartient au Lieutenant-Général seul; mais que cela doit se faire au Siege des Baux, & non à l'Hôtel du Juge. (Arrêt du 7 Mars 1626, pour Vitry, rapporté par Joly, *pag.* 1869; autre du 21 Juillet 1629, pour Gueret, rapporté, *ibid.* pag. 1857; autre du 30 Juin 1689, pour Angoulême, *art.* 15; Voyez ce qui est dit à ce sujet au titre *Des Actes de Jurisdiction volontaire qui se font au Siege*, ci-après, *part.* 3, *tit.* 5, *n.* 1 *& suivants.*

Un Arrêt du Conseil du 23 Juin 1750, servant de Réglement entre le Sénéchal & les Officiers du Présidial de Rennes, *art.* 6, porte qu'au Sénéchal seul appartiendra la connoissance de l'entérinement des Lettres royaux de naturalité & de bénéfice d'âge, sauf en cas de contestation, où il sera tenu de renvoyer au Siege.

18. 36°. En cas d'absence du Lieutenant-Général, c'est au Lieutenant-Particulier & autres Juges, suivant l'ordre du Tableau, à faire les actes de jurisdiction volontaire, & non contentieuse; mais ils ne peuvent en faire les fonctions qu'après trois jours d'absence. (Réglement de 1689, pour Orléans, *art.* 16; autre du 30 Juin 1689, pour Angoulême, *art.* 42;) & après 24 heures pour les matieres provisoires. (Même Réglement pour Angoulême, *art.* 42.)

Ni faire les fonctions de Commissaire-Examinateur qu'après huit jours; si ce n'est pour entendre des témoins qui auroient été assignés en vertu de l'Ordonnance dudit Lieutenant-Général. (*Ibid.* art. 16.)

Lesdits Lieutenant-Particulier & Conseillers, dans les actes qu'ils font pour le déport ou absence dudit Lieutenant-Général, doivent faire mention des causes pour lesquelles ils en prennent connoissance. (Même Réglement de 1689, pour Orléans, *art.* 16.)

37°. Après le retour du Juge, ou Commissaire, les affaires

commencées en son absence, doivent être remises au Greffe pour être par lui parachevées; à l'exception néanmoins de l'exécution des jugements rendus à l'Audience, où il n'aura ni présidé, ni assisté, laquelle appartiendra à celui qui a assisté ou présidé. (Arrêt du Conseil du 18 Juillet 1677, pour Tours, *art.* 56; autre du 16 Mars 1705, pour Autun, *art.* 23.)

Lorsque le scellé a été mis par le Lieutenant-Particulier, (ou autre Juge du Siege,) en l'absence du Lieutenant-Général, il peut être levé par le Lieutenant-Général, à son retour; mais il faut en ce cas que les sceaux soient reconnus par le Lieutenant-Particulier, qui en doit dresser son procès-verbal, & se retirer ensuite. (Réglement de M. Fieubet, pour Orléans, du 30 Octobre 1686, homologué par l'article 10 de l'Arrêt du Conseil du 31 Août 1689, rendu aussi entre les Officiers du Bailliage d'Orléans.)

19. 38°. Il faut observer que dans tous les cas, même de Jurisdiction volontaire, où la requête présentée au Lieutenant-Général, peut intéresser une tierce personne, il ne doit pas déférer à ce qui est porté par cette requête; mais il doit ordonner qu'elle sera signifiée à ceux qui y ont intérêt, ou que les parties en viendront à l'Audience. Ce qui doit aussi avoir lieu en général dans tous les cas où la chose peut souffrir difficulté : il peut aussi alors en référer à la Chambre.

39°. Tous les actes de jurisdiction volontaire, peuvent se faire pendant le temps des vacations, & aux jours de Féries de Palais. (Voyez ce qui est dit à ce sujet au titre *Des Fêtes d'Eglise & de Palais, & des Vacations*, ci-après, *part.* 4, *tit.* 1, *n.* 14.)

On peut aussi faire ces sortes d'actes la nuit, & après le soleil couché.

20. 40°. Tous ces actes doivent être expédiés avec le Greffier du Siege. (Arrêt du 8 Juin 1619 pour Moulins, *art.* 22, rapporté par Joly, *pag.* 1042; autre du 16 Février 1630, pour le Mans, rapporté, *ibid.* pag. 1856.)

Il en faut seulement excepter les légalisations qui peuvent s'expédier par le Juge seul. (Voyez ci-dessus, *n.* 20.)

Ainsi que les certificats de vie. (Voyez *ibidem.*)

41°. Dans tous les cas d'instruction, ou de jurisdiction volontaire, s'il survient quelque contestation ou différend, le Lieutenant-Général, ou autre qui en fait les fonctions, doit dresser son procès-verbal des dires & prétentions des parties, pour en faire son rapport à la Chambre, ou renvoyer les parties à l'Audience, pour y être jugées. (Réglement de 1677, pour Tours, *art.* 51 & 52; autre pour Poitiers en 1688, *art.* 13; autre pour Angoulême en 1689, *art.* 15; Arrêt du Parlement du 1 Février 1694, pour Fresnai; autre du 24 Avril 1635, pour Troyes, qui déclare nulles les Sentences qui interviendroient sur lesdites contestations ailleurs qu'audit Siege.)

§. III.

Devoirs des Juges & Commissaires touchant les actes d'instruction & de jurisdiction volontaire.

21. 1°. Les Juges ne peuvent refuser de donner les *pareatis* qui leur sont demandés. (Ordonnance du mois de Janvier 1629, *art.* 120.)

2°. Ils ne peuvent permettre d'anticiper les délais sur les assignations, sinon quand il s'agit de matieres provisoires. (Edit du mois de Janvier 1685, *art.* 7.)

3°. Lors du décès des Curés, ils doivent dresser l'état des registres de baptêmes, mariages & sépultures. (Déclaration du 9 Avril 1736, *art.* 21.)

Et il en est de même lors du décès des Notaires & Greffiers; le Lieutenant-Général doit faire l'inventaire de leurs registres & papiers, pour être remis à celui qui sera pourvû de l'office au lieu du défunt. (Arrêt de Réglement du 6 Mars 1627, pour Dorat, rapporté par Filleau, *tom.* 1, *pag.* 202; autre du 16 Mars 1705, pour les Officiers du Présidial d'Autun, *art.* 25.)

22. 4°. Les Lieutenants-Généraux & particuliers, ou autres premiers Juges, doivent exercer par eux-mêmes, avec le ministere du Greffier, tous les actes de jurisdiction volontaire dont ils peuvent connoître; & il leur est défendu de commettre aucuns Huissiers, Notaires, Greffiers, Clercs, ou autres, pour l'exécution desdites fonctions. (Réglement du 18 Juillet 1677, pour Tours, *art.* 66.)

§. IV.

De la récusation contre les Juges, ou Commissaires, en matiere de jurisdiction volontaire; & comment on peut se pourvoir contre leurs Ordonnances.

23. *Question.* Peut-on recuser un Juge, ou un Commissaire en matiere de jurisdiction volontaire, & non contentieuse?

Suivant les Loix Romaines, le Juge pouvoit exercer la jurisdiction volontaire, & non contentieuse, à l'égard de ceux qui étoient en sa puissance, ou en la puissance duquel il étoit. Ainsi il pouvoit les affranchir, émanciper, adopter; *&c.* (L. 18, §. 2, D. *de manum. vind.*; L. 1, *eod. tit.*; L. 1, D. *de officio Prætoris*; L. 2, *eod. tit.*; L. 3 & 4, D. *de adoptionibus*; L. 2, D. *de officio Præsidis*; L. *unicâ*, §. 2, D. *de officio Consf.*; L. 20, §. 4; & L. 5, D. *de manum. vind.*)

Parmi nous, il y a plusieurs actes de jurisdiction volontaire, pour raison desquels les Juges, ou Commissaires sont récusables; *v. g.* en matiere d'information ou d'enquête. (Ordonnance de 1667, *tit.* 24, *art.* 22 & 26.) Ce qui est conforme à ce qui s'observoit en Droit. (Voyez les Loix 1, 2, 3, *& passim*, D. *de testibus.*)

24. Il en est de même quand il s'agit de faire une descente. (Ordonnance de 1667, *tit.* 21, *art.* 7; & *tit.* 24, *art.* 26.)

Le Réglement de M. Fieubet du 30 Octobre 1686, rendu pour Orléans, & homologué par l'article 10 de l'Arrêt du Conseil du 30 Août 1689, servant de Réglement entre les Officiers du même Siege, porte que le Lieutenant-Particulier connoîtra des affaires des parents & alliés du Lieutenant-Général aux degrés prohibés par l'Ordonnance; comme aussi qu'il fera & recevra entre les mêmes parties les actes de tutelle, curatelle, émancipations, avis de parents, cautions, entérinements de lettres de bénéfice d'âge & d'inventaire, & généralement tous actes de jurisdiction non contentieuse, qui sont du fait & de la fonction des Juges.

Ce même Réglement ajoute, qu'en ce qui touche les actes qui appartiennent & sont de la fonction des Commissaires-Examinateurs, ledit Lieutenant-Particulier fera & recevra entre les parents & alliés du Lieutenant-Général, aux degrés prohibés par l'Ordonnance, les enquêtes, informations, interrogatoires sur faits & articles; & fera les scellés & la levée d'iceux. (*Ibid.*)

25. Et qu'à l'égard des comptes, inventaires, conclusions d'iceux, évoluations & prisées d'immeubles, partages, taxes de dépens, apprétiations, rapports d'Experts, liquidations de fruits, loyaux-coûts, dommages & intérêts, visitations de lieux contentieux, exécutions de Sentences, dans lesquelles il ne sera requis connoissance de cause, & généralement pour tous les actes qui sont du fait & de la fonction des Commissaires-Examinateurs, il en sera usé par le Lieutenant-Général, ainsi que fait le Prévôt d'Orléans. (*Ibid.*)

L'Arrêt du 29 Novembre 1596, rendu pour Lyon, *art.* 11, rapporté par Joly, *tom.* 2, *pag.* 1019, défend aux Juges de faire aucunes adjudications par décret, esquelles leurs femmes, enfants, freres & proches parents, sont derniers enchérisseurs.

26. Le Réglement de M. Fieubet, dont on vient de parler, porte seulement, que les instances de saisies réelles, criées & adjudications, dans lesquelles les saisis, ou saisissants seront parents, ou alliés du Lieutenant-Général au dégré prohibé; ordres & distributions de deniers, lorsque lesdits parents, ou alliés seront poursuivants l'ordre ou saisie, même ceux où la belle-mere du Lieutenant-Général sera opposante; seront poursuivies pardevant le Lieutenant-Particulier, qui fera lesdites adjudications, ordres, ou distributions; & qu'à l'égard des instances de saisies réelles & criées, adjudications, ordres & distributions, auxquels seront opposants les parents & alliés du Lieutenant-Général au dégré prohibé, elles seront poursuivies pardevant le Lieutenant-Général, & qu'il sera par lui prononcé sur leurs oppositions, quand elles ne seront point contestées; & qu'où elles le seroient, ledit Lieutenant-Général se déportera de la connoissance desdites oppositions contestées de ses parents & alliés seulement.

27. Il paroît qu'en suivant ce même principe, le Juge ne peut accorder à un de ses parents, ou allié au dégré prohibé, la permission de saisir, en vertu d'un billet; & que de même, le Juge ne peut donner cette permission contre un de ses parents, ou alliés.

Mais rien n'empêche le Juge de recevoir le serment d'un de ses parents nommé à une dignité, ou fonction publique; *v. g.* de Consul, Echevin, *&c.*

On peut se pourvoir contre les Ordonnances rendues par les

Juges, ou Commissaires, en matiere de Jurisdiction volontaire; soit par la voie d'appel, soit par la voie d'opposition au Siege; mais la voie d'opposition est la voie la plus simple & la plus naturelle.

28. Quand on prend la voie d'appel, il faut se pourvoir au Parlement; excepté dans les cas de l'Edit, où il faut se pourvoir au Présidial. (Voyez mon Traité *De la Jurisdiction des Présidiaux*, pag. 233, de l'édition de 1764.)

Lorsqu'on se pourvoit par opposition, l'opposition doit se porter au Siege à l'Audience; c'est la disposition de l'article 22 du Réglement de 1689, rendu pour Angoulême, qui porte, que toutes les oppositions formées aux Ordonnances rendues par le Lieutenant-Général, seront portées à l'Audience, pour y être jugées; & que le Lieutenant-Général pourra y assister, & opiner. (*Idem* par Arrêt du Parlement du 14 Juillet 1756, rendu pour le Présidial du Mans.)

§. V.

Des Actes de Jurisdiction contentieuse que le Lieutenant-Général peut faire seul en son Hôtel.

29. Les Lieutenants-Généraux ne peuvent faire en leur hôtel aucun acte de jurisdiction contentieuse; & il leur est défendu d'y donner aucunes audiences extraordinaires, & de se taxer des vacations pour ces actes. (Arrêt du 8 Juin 1619, pour Moulins, *art.* 20, rapporté par Joly, *pag.* 1042; Arrêt de Réglement du 10 Juillet 1684, pour Mélun; autre Arrêt du 7 Mars 1626, pour Sainte-Menhoult, rapporté par Filleau, *tom.* 1, *part.* 2, *pag.* 68; Réglement de Poitiers du 22 Août 1688, *art.* 21; Arrêt du Parlement du 20 Décembre 1724, contre le Bailli de la Justice de . . .; autre du 30 Juin 1738, contre le même; autre Arrêt du Parlement, pour la Justice de Gyé, qui ajoute, si ce n'est pour affaires qui requierent célérité, & pour raison des actes mentionnés en l'article 17 du Réglement de la Cour du 10 Juillet 1665.)

30. Il est aussi défendu aux Procureurs du Roi de prendre des conclusions à l'hôtel du Juge pour toutes les affaires qui doivent être évoquées à l'Audience; & d'y faire évoquer celles qui y sont introduites, pour les porter à l'hôtel du Juge, (Arrêt du Parlement du 5 Septembre 1713, pour Gueret, rapporté au Journal des Audiences.)

Et aux Huissiers, d'assigner, dans ces cas, à l'hôtel du Juge. (Réglement de Doron du 10 Janvier 1587, pour la Prévôté d'Orléans, *art.* 109.)

Il y a cependant des cas où les Lieutenants-Généraux, & autres premiers Juges connoissent seuls, en leur hôtel, d'affaires contentieuses. (Voyez ce qui est dit ci-après, *n. 31, 44 & suivants.*)

ARTICLE II.

Des affaires provisoires, & des Jugements qui peuvent être rendus à l'Hôtel du Juge.

31. Les affaires provisoires sont toutes celles qui requierent célérité, & où il y auroit du péril en la demeure.

Il faut bien prendre garde de confondre ces sortes d'affaires, avec les affaires sommaires. Les affaires sommaires ne sont ainsi appellées, que par la forme de procéder qui s'y observe; & ce sont celles qui ne demandent pas à être traitées par une longue instruction, ni par l'examen d'acte, ou écritures, mais sommairement, & sur-le-champ; & comme disent les Jurisconsultes, *de plano & sine forma judicii.* On peut voir ces matieres dans les articles 1, 2, 3, 4 & 5 du 17 de l'Ordonnance de 1667.

Les affaires provisoires sont,

32. 1°. Les élargissements des personnes emprisonnées pour dettes. (Réglement du 31 Août 1689, pour Orléans, *art.* 5; l'Edit du mois de Janvier 1685, rendu pour le Châtelet de Paris, *art.* 6, dit simplement, quand il s'agira de la liberté de personnes qualifiées, ou constituées en charge, ou de celle des Marchands & Négociants. *Idem*, par le Réglement de Chinon du 19 Août 1689, *art. 14*; par l'arrêt de la Cour du premier Février 1694, pour Fresnai; par celui du 30 Juin 1689 pour Angoulême, *art.* 48; & par celui du Parlement du 12 Juin 1755, pour Aurillac.)

2°. Les saisies de fruits, bestiaux, équipages, marchandises & ventes de meubles; (même Réglement, pour Orléans, du 31 Août 1689, *art.* 5.)

L'Edit du mois de Janvier 1685, rendu pour le Châtelet de Paris, *art. 6 & 7*, dit simplement, main-levée de marchandises, meubles, chevaux & bestiaux saisis. (*Idem* par l'Arrêt du Parlement du 12 Juin 1755, pour Aurillac.)

Le Réglement d'Angoulême du 30 Juin 1689, *art. 48*, dit,

main-levée de marchandises prêtes à être envoyées, ou sujettes à dépérition ; de fruits, ou bestiaux saisis, ou exécutés. (*Idem* par l'Arrêt du Parlement du 12 Juin 1755, pour Aurillac.)

33. 3°. Le paiement que des hôtelliers, ou des ouvriers demandent à des étrangers, pour de nourritures, & fournitures d'habits, ou autres choses nécessaires. (Edit de 1685, pour le Châtelet de Paris, *art. 6* ; Arrêt de la Cour du premier Février 1694, pour Fresnai ; autre du Parlement du 12 Juin 1755, pour Aurillac.)

Le Réglement de 1689 pour Angoulême, *art.* 48, dit en général, paiement des hôtelliers, ouvriers, & autres choses nécessaires.

4°. Lorsqu'on réclame des dépôts, gages, papiers, ou autres effets divertis. (Même Réglement d'Angoulême, *art.* 48 ; Edit du mois de Janvier 1685, pour le Châtelet de Paris, *art. 6* ; Arrêt de la Cour du premier Février 1694, pour Fresnai ; autre du 12 Juin 1755, pour Aurillac.)

34. 5°. Et en général toutes les affaires qui requierent célérité, & où il y auroit du péril en la demeure. (Même Réglement de 1689, pour Angoulême, *art.* 48 ; autre du 31 Août 1689, pour Orléans, *art.* 5 ; Edit de Janvier 1685, pour le Châtelet de Paris, *art. 6 & 7* ; Arrêt de 1694, pour Fresnai.)

Mais on ne doit point mettre au nombre des affaires provisoires, & qui requierent célérité, les défenses & surséances contre des Sentences de main-levée de personnes & de meubles, provisions, & autres choses, en portant profit. (Voyez ci-après, *n.* 40.)

6°. Les Lieutenants-Généraux peuvent juger seuls en leur hôtel pendant les vacations, & la veille des Fêtes consécutives, ou les jours auxquels on n'entre point au Siege, les affaires où il s'agit d'élargissement de personnes emprisonnées pour dettes, saisies de fruits, bestiaux, équipages, marchandises, ventes de meubles, & autres choses qui requierent célérité, & où il y auroit péril en la demeure. (Réglement du 31 Août 1689, pour Orléans, *art.* 5.)

35. L'Arrêt du 19 Août 1687, pour Chinon, *art.* 24, porte seulement, que quand il s'agira de la liberté des personnes qualifiées, ou constituées en charge ; de celles des Marchands & Négociants emprisonnés la veille des Fêtes consécutives, ou des jours auxquels on n'entre point au Siege ; lorsqu'on demandera la main-levée des marchandises prêtes à être envoyées, & dont les voituriers seront chargés, & qui pourroient dépérir ; du paiement que

que des ouvriers, ou des hôtelliers demandent à des étrangers pour nourritures, fournitures d'habits, ou autres choses nécessaires; lorsqu'on réclamera des dépôts, gages, papiers, & autres effets divertis, le Lieutenant-Général pourra, s'il le juge ainsi à propos, pour le bien de la Justice, ordonner que les parties comparoîtront le jour même en sa maison, pour y être entendues, & être par lui ordonné, par provision, ce qu'il trouvera juste; sans pouvoir, pour raison de ce, prendre aucune vacation, ni droit. (*Idem* par l'Edit du mois de Janvier 1685, rendu pour le Châtelet de Paris, *art. 6*; par le Réglement d'Angoulême du 30 Juin 1689, *art.* 48; par l'Arrêt de la Cour du premier Février 1694, servant de Réglement pour le Siege royal de Fresnai; & par celui du 12 Juin 1755, pour Aurillac.)

36. Dans tous ces cas, on peut assigner à l'hôtel du Lieutenant-Général, ou autre premier Juge en son absence, mais seulement pour y juger le provisoire; & il doit renvoyer, sur le principal, à la premiere Audience. (Réglement du 31 Août 1689, pour Orléans, *art.* 5; Arrêt du premier Février 1694, pour Fresnai; autre du 11 Juin 1755, pour Aurillac, qui ajoute, sans pouvoir prendre aucunes épices, vacations, ni droits.)

Mais il faut, pour que cela ait lieu, que lesdites affaires soient nées dans le temps de cessation d'entrée. (Réglement du 16 Mars 1705, pour Autun, *art.* 8.)

37. Lorsque dans les appositions & levées de scellés, & dans les confections d'inventaire, les parties forment des contestations, les Commissaires, Notaires, & Procureurs qui y assistent, peuvent aussi, si les parties le requierent, se transporter en la maison du Lieutenant-Général, (ou autre premier Juge,) pour y être pourvu, ainsi qu'il avisera bon être, sans aucuns frais, ni vacations pour lui, quand même il se transporteroit dans les lieux où les scellés sont apposés, & où l'on travaille aux inventaires; & sans que lesdits Officiers en puissent prétendre pour eux, lorsque le Lieutenant-Général n'estimera pas nécessaire de rendre aucune Ordonnance sur les rapports qu'ils lui auront faits (Edit du mois de Janvier 1685, rendu pour le Châtelet de Paris, *art.* 9.)

38. Hors ces cas, il est défendu aux Lieutenants-Généraux de juger aucunes affaires en leur Hôtel, & d'y donner aucunes audiences extraordinaires pour affaires contentieuses. (Arrêt de Réglement du 31 Août 1689, pour Orléans, *art.* 5; autre du 8 Juin 1619, pour Moulins, *art.* 20, rapporté par Joly, *pag.* 1042; autre du

1 Février 1694, pour Fresnai ; autre du 30 Août 1631, pour Gueret, rapporté par Néron, *tom.* 1, *pag.* 610.)

Un Arrêt du Parlement du 5 Septembre 1703, rendu pour Gueret, rapporté au Journal des Audiences, défend aux Procureurs du Roi de prendre des conclusions à l'hôtel du Juge, sur tous les défauts, renvois, tant au civil qu'au criminel, & autres affaires qui doivent être jugées à l'Audience ; & de faire évoquer celles qui y sont introduites, pour les porter à l'hôtel du Juge.

39. Ainsi les Lieutenants-Généraux, & autres premiers Juges, ne peuvent répondre seuls les requêtes qui portent des surséances & exécutions de Sentences & main-levées de personnes & de meubles, provisions, & autres emportant profit ; mais elles doivent être rapportées à la Chambre. (Réglement de Poitiers du 2 Août 1688, *art.* 7 ; Arrêt du Parlement du 28 Juin 1741, servant de Réglemeut pour les Officiers du Présidial d'Angoulême, *art.* 13.)

Un autre Arrêt de la Cour du 18 Juillet 1622, rendu pour les Officiers de Château-du-Loir, rapporté par Filleau, *tom.* 1, *part.* 2, *pag.* 66, porte aussi que les mains-levées de choses saisies ne pourront se faire de l'avis du Lieutenant-Général seul.

Un autre Arrêt du 16 Février 1630, rendu pour le Mans, rapporté par Joly, *pag.* 1856, porte, que le Lieutenant-Général ne pourra seul faire aucune main-levée des fruits du temporel des bénéfices saisis à la requête du Procureur du Roi, faute de résidence, réparation, ou autrement ; mais que cela se fera par avis du Siege.

40. L'article 12 du Réglement du 31 Août 1689, rendu pour Orléans, porte, que le Lieutenant-Général ne pourra donner aucune Ordonnance sur la requête des parties, portant defense d'exécuter les Sentences des premiers Juges, sinon en la Chambre du Conseil, & sur le vu des pieces. (*Idem* par l'article 5 du Réglement d'Autun du 16 Mars 1705 ; par l'Arrêt du Conseil du 22 Février 1690, pour Orléans ; par celui du Parlement du 16 Février 1630, pour le Mans, ci-dessus cité ; & par celui du 20 Août 1631, rendu pour Gueret.)

41. Le Réglement de Poitiers du 2 Août 1688, *art.* 7, porte, que ces requêtes de défenses doivent être portées en la Chambre du Conseil, & sur le vû des pieces, & signées de sept Juges dans les affaires qui sont dans les deux cas de l'Edit ; & que pour les affaires ordinaires du Bailliage, lesdites requêtes seront pareille-

ment rapportées en la Chambre du Conseil, & les Ordonnances signées seulement dudit Lieutenant-Général. (*Idem* par le Réglement du 31 Août 1689, pour Orléans, *art.* 12 ; par celui du 12 Février 1690, rendu aussi pour Orléans ; & par le Réglement d'Autun du 16 Mars 1705, *art.* 5.)

Le même Réglement de Poitiers de 1688, *art.* 7, ajoute, que les Greffiers seront tenus de remettre lesdites requêtes aux parties, en minutes, sans frais ; & d'en tenir registre, sans pouvoir leur en délivrer des expéditions.

Les demandes en séparations de mari & femme, doivent aussi être jugées par tous les Juges en la Chambre du Conseil, & non par le Lieutenant-Général seul. (Arrêt de la Cour du 19 Mai 1615, pour Moulins, rapporté par Joly, *tom.* 2, *pag.* 896 ; Edit du mois de Janvier 1685, rendu pour le Châtelet de Paris, *art.* 2 ; Arrêt du Parlement du 7 Août 1677, pour Sens.)

42. Et il en est de même des interdictions de personnes. (Même Edit de 1685, pour le Châtelet de Paris, *art.* 2.)

Les provisions accordées à des mineurs, ou autres, sur des baux judiciaires, ne doivent point non plus être regardées comme une matiere provisoire, & ne peuvent être accordées qu'en vertu de jugements rendus à l'Audience, où à la Chambre. (Arrêt du Parlement du 28 Juin 1741, rendu pour les Greffiers d'Angoulême, *art.* 12.)

7°. En cas d'absence du Lieutenant-Général, le Lieutenant-particulier, & autres Juges, ne peuvent connoître d'aucune affaire de Jurisdiction contentieuse, ni en faire aucune instruction, sinon après vingt-quatre heures d'absence. (Réglement du 31 Août 1689, pour Orléans, *art.* 15.)

Des affaires provisoires en matiere criminelle, que le Juge peut régler seul, & en son Hôtel.

43. Voyez *omninò*, ce que j'ai dit à ce sujet dans mon Traité de la Justice Criminelle au titre *De l'Instruction criminelle en général*, part. 3, liv. 3, n. 71 & suivants.)

ARTICLE III.

Des affaires contentieuses & autres, dont les Lieutenants-Généraux peuvent connoître seuls en leur Hôtel, à l'exclusion des autres Juges.

44. Toutes les matieres en général, qui sont de la compétence d'un Tribunal, doivent être jugées au Siege par tous les Juges qui le composent. Ainsi, les affaires qui sont de la compétence des Baillis & Sénéchaux, doivent être jugées au Siege du Bailliage par tous les Juges du même Siege, soit à l'Audience, soit à la Chambre du Conseil.

Néanmoins cette regle souffre quelques exceptions. Ainsi,

1°. Les affaires provisoires, & qui requierent célérité, peuvent être jugées par le Lieutenant-Général, ou autre premier Juge seul, en son hôtel, sans l'assistance des autres Officiers du Siege. (Voyez ce qui a été dit ci-dessus, *n.* 31 & *suivants.*)

45. 2°. Ils peuvent aussi juger & régler seuls au Siege de l'issue, & à celui des baux, plusieurs affaires particulieres, dont la connoissance leur a été attribuée, pour y être décidées. (Voyez ce qui a été dit à ce sujet au titre *Des Audiences & jugements*, ci-dessus, *part.* 3, *tit.* 1, *n.* 37 & *suivants.*)

3°. Le Lieutenant Général d'Orléans, par une attribution particuliere, connoît des causes qui concernent les octrois, & deniers patrimoniaux de la ville d'Orléans, & les peut juger seul en son hôtel. (Voyez ce qui a été dit à ce sujet au titre *De la Compétence particuliere des Juges*, ci-dessus, *part.* 2, *tit.* 1, *n.* 215.)

4°. L'article 33 du Réglement d'Autun du 16 Mars 1705, porte, que le Lieutenant-Général connoîtra seul avec le Bailli, des convocations du ban & arriere-ban, taxes & impositions faites en conséquence, modérations, & décharges, revues, élections d'Officiers, examens des comptes des Trésoriers & Receveurs dudit ban & arriere-ban, circonstances & dépendances.

46. D'autres Réglements néanmoins portent, que les départements & redditions des comptes des deniers, tant de l'arriere-ban qu'emprunts, levées, réparations, munitions, & autres semblables, se feront en la Chambre du Conseil avec les Conseillers,

ou aucuns d'eux. (Arrêt du Parlement du 14 Août 1617, pour Bourges, rapporté par Joli, *pag.* 1036, *art.* 58; Réglement du 25 Juin 1580 pour le Bailliage de Dijon.)

A l'égard des instances & procès concernant le ban & arriere-ban, ils doivent se juger, non par le Lieutenant-Général seul, mais par tous les Officiers du Siege; & s'ils sont appointés, le rapport doit s'en faire à la Chambre. (Réglement du Conseil du 18 Juillet 1677, pour Tours, *art.* 54; autre du 16 Mars 1705, pour Autun, *art.* 34; autre du 15 Décembre 1642, pour la Rochelle;
47. autre du 26 Septembre 1692, pour Blois.)

5°. Il en est de même des commissions & renvois faits par les Cours Souveraines, ou par le Conseil, des Lettres de terrier, & autres, dont l'adresse est faite au Lieutenant-Général; ces commissions, en ce qui est de jurisdiction volontaire & d'instruction, appartiennent au Lieutenant-Général; mais s'il survient quelque contestation, ou instance à ce sujet, elles doivent se juger par tous les Officiers du Siege. C'est la disposition de l'Arrêt de Réglement du 7 Septembre 1629, rendu entre les Officiers du Gouvernement de Perrone, qui porte qu'au Lieutenant-Général appartient l'exécution des commissions extraordinaires du Roi, de la Cour, du Grand-Conseil, & autres exécutions d'Arrêts; mais que les procès qui seront instruits en exécution desdites commissions, s'ils sont appointés, entreront en distribution comme les autres. Le Réglement de Conseil du 2 Août 1668, rendu pour le Présidial de Poitiers, *art.* 11, renferme aussi une pareille disposition; ainsi que l'Arrêt du Parlement du 7 Mars 1626, rendu pour les Officiers du Bailliage de Vitry,
48. rapporté par Filleau, *tom.* 2, *part.* 2, *pag.* 68.

L'Edit du mois de Septembre 1537, portant création de Conseillers au Bailliage d'Orléans, en a aussi une disposition; il porte que les Conseillers jugeront avec le Bailli, ou ses Lieutenants, tous les procès civils & criminels, qui pourront venir audit Siege, tant d'ordinaire, que par appel, ou autrement, comme de renvoi de Cours Souveraines, attribution de lettres royaux, *&c.* Le Réglement du 12 Août 1572, rendu entre les mêmes Officiers, appellés vulgairement le Réglement de Chopin, qui se trouve dans Filleau, *tom.* 1, *pag.* 166, porte aussi que les procès des Commissions extraordinaires adressées au Lieutenant-Général, qui seront appointées, entreront en distribution comme les autres procès; si ce n'est que l'adresse en ait été faite au Lieutenant-

Général, avec l'expression de son nom propre. Enfin, les Réglements rendus au Conseil le 18 Juillet 1677, entre les Officiers du Présidial de Tours, *art.* 47 ; & le 16 Mars 1705, entre les Officiers du Présidial d'Autun, *art.* 16, s'expriment là-dessus d'une maniere précise. En voici les termes : » Dans les affaires qui » seront renvoyées taxativement au Lieutenant-Général par Ar- » rêts du Conseil, ou d'autres Jurisdictions, le Lieutenant-Général » en sera le Commissaire, & fera toute l'instruction & le rap- » port à la Chambre, & aura l'exécution de la Sentence. « Ces Arrêts donnent, comme on voit, le rapport, l'instruction, & l'exécution de ces sortes d'affaires, au Lieutenant-Général ; mais ils prouvent aussi d'une maniere incontestable, qu'il n'en est point le seul Juge, quoiqu'elles lui soient renvoyées taxativement ; & qu'il ne peut les juger qu'avec les Officiers du Siege.

Voyez aussi ce qui a été dit touchant les Lettres de terrier, au titre *De la Compétence des Juges en général*, ci-dessus, *part.* 2, *tit.* 2, *n.* 687, *& suivants.*

49. 6°. Dans les endroits où il n'y a point de Juges particuliers pour les causes du Domaine, les Lieutenants-Généraux ont la réception des foi & hommage des vassaux dépendants du Domaine ; & les baux à ferme s'en font pardevant eux : mais les instances & procès qui peuvent survenir à ce sujet, doivent se juger par tous les Officiers du Siege. (Voyez ce qui a été dit là-dessus, *ibid.* au titre *De la Compétence particuliree des Juges*, *part.* 2, *tit.* 1, *n.* 205 ; & ci-dessus, au titre *Des procès par écrit*, part. 3, tit. 2, n. 17.)

50. 7°. Quoique les comptes des deniers patrimoniaux, & octrois des villes, se rendent ordinairement devant les Lieutenants-Généraux ; néanmoins s'il survient quelques instances, ou procès à ce sujet, ou à l'occasion des assemblées de Ville, ce n'est point au Lieutenant-Général, ou autre premier Juge à en connoître seul ; mais elles doivent être jugées avec les autres Officiers du Siege. (Arrêt du Parlement du 11 Décembre 1624, rapporté au Recueil des Plaidoyers, & Arrêts notables, imprimés en 1645, qui fait défenses aux Lieutenants-Généraux & Procureurs du Roi, de signer, ni rendre aucun jugement touchant les assemblées de Ville ; avec le Plaidoyer de M. Talon, à ce sujet.)

Par la même raison, les Lieutenants-Généraux ne peuvent juger seuls, les causes & procès qui concernent les villes ; *v. g.* au sujet des pavés, *&c.* (Voyez ce qui a été dit à ce sujet au titre *De la Compétence particuliere des Juges*, ci-dessus, *part.* 2, *tit.* 1, *n.* 213.)

51. 8°. Le Lieutenant-Criminel du Bailliage d'Orléans, par une attribution particuliere, & en vertu d'un Arrêt du Conseil du 30 Mars 1728, connoissoit de tout ce qui regarde les insinuations de l'appanage de Monsieur le Duc d'Orléans, à la charge de l'appel au Conseil : mais depuis 1759, cette connoissance a été attribuée à l'Intendant de la Province.

9°. Dans le cas d'absence, ou empêchement du Lieutenant-Général, ou Lieutenant-Criminel, dans les cas ci-dessus, où ils connoissent en vertu d'attributions particulieres, il paroît que le Juge qui les suit dans l'ordre du Tableau, peut connoître de ces attributions ; ce qui peut néanmoins souffrir difficulté.

TITRE V.

Des Réglements, Actes de Jurisdiction volontaire, Enregistrements, & Homologations qui se font au Siege.

ARTICLE PREMIER.

Des Réglements.

1. 1°. LES Juges ont le droit de régler tout ce qui regarde la police de leur Siege. (Voyez ce que j'ai dit à cet égard au titre *De la compétence particuliere des Juges*, ci-dessus, *part.* 2, *tit.* 1, *n.* 31.)

2°. Ils reglent aussi la taxe des Officiers Subalternes de leur Siege, lorsqu'il n'y a point été pourvu par les Ordonnances & Arrêts de Réglement. (Voyez, *ibidem*, n. 273.)

3°. Il en est de même des procédures, dans les cas particuliers qui n'ont point été prévûs par les Ordonnances & Arrêts de la Cour. (*Ibid.* n. 275.)

4°. Tout ce qui regarde la police intérieure & extérieure du Tribunal, ne peut être changé, (au cas qu'il convienne d'y faire quelque changement pour le bien public, & le bon ordre du

Siege,) que par délibération de la Compagnie, après avoir oui les Gens du Roi. (Arrêt du Parlement de Bretagne du 23 Juin 1750, pour Rennes, *art.* 49.)

2. 5°. A l'égard des Réglements de Justice, les Juges, (si l'on en excepte du moins les Cours,) n'en peuvent faire aucuns nouveaux; mais ils peuvent seulement ordonner l'exécution des anciens. (Voyez ce qui a été dit à ce sujet au titre *De la compétence particuliere des Juges*, ci-dessus, *part.* 2, *tit.* 1, *n.* 276 *& suivants.*)

6°. Ces Réglements doivent être rendus par tous les Juges, soit à l'Audience, soit à la Chambre du Conseil.

Un Arrêt du Parlement du 6 Mars 1627, rendu pour Dorat, porte que le Lieutenant-Général ne pourra faire seul aucun Réglement touchant la police du Siege : donner les vacations, &c. sans les autres Officiers dudit Siege; autre Arrêt du 18 Juillet 1622, pour Château-du-Loir, rapporté par Joly, *pag.* 1867; autre du 27 Juillet 1629, pour Fresnai.

L'Arrêt de Réglement du 18 Juillet 1677, pour Tours, *art.* 61, veut aussi que quand il s'agira de faire quelque Réglement de police, pour l'utilité & nécessité publique, il y soit pourvu en la Chambre du Conseil, à la pluralité des voix.

3. L'article 29 du Réglement d'Autun du 16 Mars 1705, porte en général qu'il ne sera délivré aucune Ordonnance en la Chambre du Conseil, qu'il n'en ait été délibéré au Bureau, & qu'elle ne soit signée, conformément à l'Ordonnance.

L'article 23 du Réglement d'Angoulême du 30 Juin 1689, porte que les Conseillers ne pourront faire aucun Réglement hors la présence du Lieutenant-Général; sinon en cas d'absence dudit Lieutenant-Général pendant trois jours. L'Arrêt de la Cour du 21 Juin 1684, servant de Réglement entre les Officiers de la Prévôté d'Orléans, dit en général que lesdits Officiers ne pourront proposer aucuns Réglements hors la présence du Prévôt.

Un autre Arrêt de Réglement de la Cour du 28 Août 1627, rendu pour le Présidial d'Auxerre, rapporté par Filleau, *tom.* 1, *pag.* 160, porte que le Lieutenant-Général ne pourra assister aux Réglements qui se feront de la Justice criminelle entre Officiers. Le même Arrêt ajoute que tous les Officiers de la Prévôté seront assemblés lorsqu'ils estimeront nécessaire de proposer quelques Réglements; & qu'ils seront présentés pour être homologués, si faire se doit, en la Cour, en la maniere accoutumée.

ARTICLE

ARTICLE II.

Des Actes de jurisdiction volontaire qui doivent se faire au Siege.

4. Il y a plusieurs actes de jurisdiction volontaire, qui doivent se faire nécessairement au Siege, en pleine Audience. Tels sont,

1°. Les cessions, ou abandonnements de biens. (Ordonnance du mois de Juin 1510, *art.* 70; Arrêt du Parlement du 16 Février 1630, pour le Mans, rapporté par Joly, *pag.* 1857; autre du 21 Juillet 1629, pour Gueret, rapporté *ibidem*, pag. 1857.)

2°. Les publications des séparations entre mari & femme. (Réglement du Bailliage d'Orléans du 5 Février 1624, pour les séparations.)

3°. Les certifications de criées. (Mêmes Arrêts de 1629, pour Gueret, & de 1630 pour le Mans; autre Arrêt du 7 Mars 1626, pour Sainte-Ménehould, rapporté par Filleau, *tom.* 1, *part.* 2, *pag.* 68; autre Arrêt du 24 Avril 1630, pour Abbeville, rapporté par Néron, *tom.* 2, *pag.* 615; Edit du mois de Janvier 1685, rendu pour le Châtelet de Paris, *art.* 2; Coutume d'Orléans, *art.* 472.)

4°. Les actes de notoriété, qui sont des actes par lesquels les Officiers d'un Siege, consultés sur quelque matiere, rendent raison de leur usage.

ARTICLE III.

Des Homologations, Publications, Enrégistrements, & Insinuations, qui doivent se faire au Siege.

5. *La publication* d'un Edit, Ordonnance, Déclaration, Arrêt, ou autre acte, est la lecture qui s'en fait à l'Audience, pour que cet acte soit connu du peuple, & ensuite exécuté.

L'enrégistrement d'un Edit, Déclaration, ou Arrêt, est la description qui s'en fait dans un registre public, déposé au Greffe du Siege pour les conserver, & pour y avoir recours.

L'insinuation d'un acte, est la relation, ou enrégistrement, qui s'en fait dans les registres qui sont tenus à cet effet, & qui sont déposés dans les Greffes des Bailliages & Sénéchaussées royales, afin que les dispositions de cet acte soient rendues publiques.

Homologation, est la confirmation qui se fait en Justice des contrats, ou actes, passés entre les parties, pour rendre ces contrats, ou actes plus solemnels, & leur donner plus de force.

Matricule, est le registre qu'on tient au Greffe des réceptions d'Avocats, Procureurs-Fiscaux, Huissiers, Sergents, &c.

Des Publications, & Enregistrements.

6. 1°. On peut regarder comme une regle générale, que toutes les Loix & Réglements qu'il est nécessaire de faire connoître au public, doivent être publiées & enrégistrées dans les Bailliages & Sénéchaussées royales. Ces Loix sont les Edits, Ordonnances du Royaume, & Déclarations du Roi, vérifiées dans les Cours de Parlement, ainsi que les Arrêts de Réglement adressés par les Cours Souveraines auxdits Bailliages & Sénéchaussées.

Ainsi, tous les Réglements qui imposent une nouvelle charge, ou taxe au public, doivent être enrégistrés dans les Bailliages, à la requête de la partie publique, quand le Réglement est donné d'office.

Ordinairement les Cours envoient ces Réglements aux Procureurs du Roi des Bailliages, sur l'ordonnance desdites Cours, à l'effet de les y faire enrégistrer.

De même, quand il s'agit d'un Réglement qui va à la charge du public, quoique ce Réglement n'intéresse que des parties privées, & non le Roi; comme les acquisitions de charges de Commissaires par les Notaires, ou un tarif de dépens de Procureurs, *&c.*; ces Réglements ne peuvent avoir leur effet, s'ils ne sont enrégistrés. Et comme le ministere public n'est point intéressé à les faire enrégistrer, l'enrégistrement au Bailliage s'en doit faire sur la requête des parties intéressées.

Mais si le Réglement va au soulagement du public, il doit être enrégistré à la requête de la partie publique; & si c'est un Réglement rendu au Parlement, le Parlement ordonne ordinairement qu'il sera envoyé au Bailliage pour y être enrégistré.

7. Les privileges obtenus par les parties qui ne sont point à la charge du public, n'ont pas besoin d'être enrégistrés; comme sont, *v. g.* les privileges pour l'impression des livres.

Mais pour peu que ces privileges intéressent & chargent le

public, ils doivent être enrégistrés au Bailliage; autrement on n'y a aucun égard.

Et il en est de même de toutes Lettres-Patentes en général, quoiqu'elles ne regardent que des Corps & Communautés particulieres; ainsi que de celles qui accordent des droits à des particuliers; lorsque cela peut intéresser le public.

Cette nécessité de l'enrégistrement est fondée sur ce qu'une Loi ne peut être connue dans une Province, à moins qu'elle n'y ait été rendue publique; ce qui se fait par la voie de la publication à l'Audience des Bailliages, Sénéchaussées, & autres Justices royales, & de l'enrégistrement au Greffe desdites Justices, ainsi qu'il s'est toujours observé. (Voyez Bardet, *tom. 1*, *liv. 3*, *chap. 16*, où il rapporte un Arrêt du Parlement du 5 Décembre 1628, conforme à cette maxime. Voyez aussi la Novelle 66.)

8. En effet, si les Loix ont regardé la formalité de la publication & de l'insinuation comme essentielle à l'égard des actes qui n'intéressent que les particuliers, tels que sont les substitutions, donations, *&c.*; à combien plus forte raison cette formalité doit-elle être regardée comme nécessaire à l'égard des Loix qui intéressent tous les citoyens d'une maniere particuliere?

Lorsque des Edits, Déclarations & Lettres-Patentes n'ont point été vérifiés, ni enrégistrés au Parlement, ils ne doivent point être publiés, ni enregistrés dans les Bailliages; à moins que l'adresse n'en soit faite à ces derniers Tribunaux, comme cela est arrivé quelquefois.

Il en est de même des Arrêts du Conseil; ces Réglements n'étant point regardés comme Loix dans le Royaume, à moins qu'ils ne soient revêtus de Lettres-Patentes.

9. 2°. Les Arrêts du Parlement, portant établissement de quelque nouveau Réglement pour une Province, soit de Justice, ou procédure; soit de taxe de droits d'Officiers; doivent aussi être publiés & enrégistrés au Bailliage, ou Siege royal principal du lieu pour lequel ces Réglements sont faits: c'est une suite des principes établis ci-dessus.

3°. Les Lettres de Chancellerie portant concession de privileges particuliers; comme sont les lettres de noblesse, de réhabilitation, de naturalité, de légitimation, de compatibilité d'office, lettres de terrier, & autres semblables, doivent aussi, pour avoir leur effet, être enrégistrées au Bailliage royal du lieu du domicile de ceux qui les obtiennent, ou du lieu pour lequel elles sont obtenues.

Mais il paroît qu'il n'est pas nécessaire que ces lettres soient aussi publiées audit Siege; & qu'il suffit alors qu'elles y soient enrégistrées, à la réserve de celles qui intéressent le public, qui doivent nécessairement être publiées, afin d'être notoires & connues de tout le monde.

10. 4°. Les provisions des Gouverneurs, Intendants, Lieutenants de Roi, Grands-Vicaires, *&c.* s'enrégistroient autrefois dans les Bailliages & Sénéchaussées du lieu de leur résidence, & étoient même quelquefois publiées à l'Audience. On en trouve un grand nombre d'exemples dans les registres du Greffe du Bailliage d'Orléans; mais aujourd'hui cela ne s'observe plus. Néanmoins cette formalité paroît nécessaire pour faire connoître au public, ceux dont les provisions sont enrégistrées; puisque leur réception ne se faisant point au Bailliage, elle ne peut être connue réguliérement du public, que par l'enrégistrement qui s'en fait au Bailliage.

Et c'est sans doute sur ce fondement, & en conséquence de ces principes, que les provisions des Prévôts, leurs Lieutenants, & autres Officiers des Maréchaussées, doivent être enrégistrées aux Présidiaux, suivant les Réglements.

11. Il en est de même des Avocats, Notaires, Sergents, *&c.* qui sont reçus dans des jurisdictions extraordinaires; ils doivent aussi faire enrégistrer leur Sentence, ou acte de réception, ou matricule, au Greffe du lieu où ils veulent exercer. Ainsi, les Avocats reçus au Parlement, qui veulent exercer leurs fonctions dans un Bailliage, sont tenus d'y faire enrégistrer leur matricule; & la même chose a lieu à l'égard des Huissiers & Sergents; *v. g.* de ceux reçus en l'Election, qui veulent faire les fonctions de Justice ordinaire; ils doivent se faire immatriculer au Bailliage du lieu où ils veulent exercer ces fonctions. (Voyez ce qui est dit au titre *Des fonctions & devoirs des Huissiers, ou Sergents*, ci-après, *part. 5, tit. 5, n 48 & suivants.*)

L'Arrêt du 5 Juin 1659, rendu entre les Officiers du Bailliage, & ceux de la Prévôté de Montdidier, rapporté au Journal des Audiences, renferme même à ce sujet une disposition particuliere. Cet article porte : » Que dans le cas où les Avocats, Notaires, » Sergents, *&c.* reçus & immatriculés au Bailliage, voudroient » exercer en la Prévôté, ils seront tenus de faire enrégistrer

» leur Sentence & Acte de réception au Greffe de la Prévôté ; » sans qu'ils soient tenus d'y prêter un nouveau serment. »

12. 5°. Les Edits & Déclarations, Lettres-Patentes, Arrêts du Conseil & du Parlement, dont l'exécution regarde le Présidial, ou le Général de la Compagnie, doivent être lus & publiés à l'Audience du Présidial ; & à cet effet, s'il est nécessaire d'assembler la Compagnie, elle doit être convoquée par les Présidents. (Arrêt du Conseil du 18 Juillet 1677, pour Tours, *art.* 26 ; autre du 16 Mars 1705, pour Autun, *art.* 26 ; Edit du mois de Septembre 1697, pour les Présidiaux de Franche-Comté, *art.* 24.)

Une lettre écrite par M. le Chancelier Pontchartrain aux Officiers du Présidial d'Orléans, le 13 Août 1706, porte que les Edits, Lettres-Patentes & Déclarations du Roi, doivent être enrégistrées, tant à l'Audience du Bailliage, qu'à celle du Présidial ; mais l'usage qui s'observe aujourd'hui, & depuis très longtemps en ce Siege, est de ne faire ces enrégistrements qu'au Bailliage seulement.

A l'égard des enrégistrements des provisions, Lettres-Patentes, Arrêts & ordres, dont l'adresse est faite au Bailli, ou son Lieutenant-Général, la lecture, publication & enrégistrement, en doit être faite à l'Audience du Bailliage ; à l'effet dequoi, le Lieutenant-Général peut assembler la Compagnie, s'il le trouve expédient. (Même Réglement de Tours de 1677, *art.* 26 ; Edit des Présidiaux de Franche-Comté du mois de Septembre 1697, *art.* 24 ; Arrêt du Conseil du 16 Mars 1705, pour Autun, *art.* 26.)

13. L'article 11 du Réglement de Limoges du 9 Janvier 1637, porte, que la publication & enrégistrement des Lettres de Gouverneurs, Lieutenants-Généraux du Roi, & Sénéchaux de la Province, publication des Déclarations, Lettres-patentes du Roi, Arrêts & Commissions des Cours souveraines ; & autres Ordonnances qui requierent être publiées au Siege, de quelque qualité qu'elles soient, seront faites pardevant le Lieutenant-Général ; c'est-à-dire, à l'Audience du Bailliage.

L'Arrêt du Parlement du 11 Juillet 1643, rendu pour le Présidial de la Flèche, porte aussi que les publications d'Edits, Lettres-Patentes, & Arrêts, se feront au Siege du Bailliage.

L'article 27 du Réglement du 16 Mars 1705, rendu pour Autun, porte en général que toutes lettres de bénéfice, d'inventaire, répi, renovation de terrier, émancipation, cession de biens, sentences de séparations, & autres actes semblables, sujets à être publiés & enrégistrés, le seront à l'Audience du Bailliage.

14. 6°. Toutes les publications en général doivent être faites à l'Audience. (Arrêt du Parlement du 24 Avril 1630, pour Abbeville; autre du 7 Mars 1626, pour Sainte-Ménehould; autre du 21 Juillet 1629, pour Gueret; Réglement du 18 Juillet 1677, pour Tours, *art.* 26; autre du mois de Septembre 1697, pour les Présidiaux de Franche-Comté, *art.* 24; autre du 16 Mars 1705, pour Autun, *art.* 26; Edit du mois de Janvier 1685, pour le Châtelet de Paris, *art.* 2.)

Il faut observer au sujet de ces publications, que l'Arrêt du 22 Juillet 1752, rendu pour les Officiers du Présidial de Blois, *art.* 18, veut, que quand l'Avocat du Roi, ou le Procureur du Roi, demanderont à l'Audience l'enrégistrement & la publication des Ordonnances, Edits, Déclarations & Arrêts de la Cour, il en soit fait lecture entiere; sans que le Juge qui présidera, ni aucun autre Officier du Siege, puisse ordonner qu'il sera fait lecture du texte seulement, ou qu'il en sera referé à la Chambre.

15. Le même Arrêt, *art.* 14, ordonne que les Procureurs-Fiscaux, & autres Officiers des Justices subalternes, ressortissantes au Bailliage de Tours, certifieront le Siege de la publication des Lettres-patentes, Edits, Déclarations, Arrêts & Réglements à eux adressés par ledit Siege, en exécution des ordres de la Cour.

L'enrégistrement des Loix ne se fait point dans les Justices seigneuriales; mais ces Loix y sont seulement publiées.

Je crois cependant que les Réglements qui concernent ces Justices en particulier; *v. g.* un Réglement particulier pour les dépens, où les Audiences de ce Siege peuvent & doivent y être enrégistrées; (ainsi pratiqué pour le Réglement de la Justice de Pont-Chartrain de l'année 1714.)

16. 7°. Lorsque la publication & enregistrement de quelque Arrêt, Lettres-patentes, ou autre Réglement, intéressent particuliérement la Province du Siege où se doit faire l'enrégistrement, & lui peut causer du préjudice; & que ces Réglements ont été rendus sans entendre les Juges, ou les habitants; les Juges peuvent faire des représentations à ce sujet à M. le Chancelier, ou à la Cour dont est émané l'Arrêt; & même le Procureur du Roi du Siege peut, dans ce cas, former opposition à l'exécution de ces sortes de Réglements. (Voyez ce qui a été dit là-dessus au titre *De la Compétence particuliere des Juges*, ci-dessus, *part.* 2, *tit.* 1, *n.* 296.)

17. S'il arrivoit que des Officiers, ou autres, qui auroient obtenu

en leur faveur un Réglement, auquel le public est intéressé, négligeassent de le faire publier & enrégistrer au Siege principal de la Province; alors les Juges peuvent, sur la requête du Procureur du Roi, en défendre l'exécution; & même ordonner qu'il sera procédé extraordinairement contre ceux qui percevroient les droits, en conséquence de Lettres-patentes, ou Arrêts qui n'auroient point été présentés au Siege pour y être publiés & enregistrés; & il a été ainsi procédé au Bailliage d'Orléans, à l'occasion des Lettres-patentes obtenues par les Notaires du Châtelet de la même ville, le 20 Juillet 1760, registrées au Parlement le 30 Août suivant, portant réunion à leur Communauté d'offices de Commissaires aux prisées & ventes, avec faculté de percevoir les droits attachés auxdits offices. Les Notaires n'ayant pas jugé à propos de faire publier & enrégistrer lesdites Lettres-patentes au Bailliage d'Orléans, & néanmoins ayant voulu percevoir les droits à eux accordés par lesdites Lettres-patentes, il a été rendu, d'une voix unanime, une Ordonnance audit Siege le 5 Janvier 1761, qui a fait défenses auxdits Notaires d'exercer les fonctions de Commissaires aux prisées & ventes, & de percevoir aucuns des droits attachés auxdits offices, jusqu'à ce que les Lettres-patentes par eux obtenues, eussent été publiées & registrées audit Siege; à peine de poursuite ordinaire contre les contrevenants; & ordonné qu'il seroit informé contre ceux desdits Notaires qui auroient exercé & fait lesdites fonctions de Commissaire, & qui en auroient perçu les droits; & que ladite Ordonnance seroit exécutée par provision, & imprimée, lue, publiée & affichée. Les Notaires ayant appellé de cette Ordonnance, & présenté requête en la Cour, pour que l'exécution provisoire en fût suspendue, n'ont point été écoutés en leur demande.

Des insinuations des Donations & Substitutions.

18. 8°. Les publications & insinuations des substitutions, & autres actes qui y sont sujets, doivent aussi se faire à l'Audience des Bailliages & Sénéchaussées royales. (Ordonnance des substitutions du mois d'Août 1747, *tit.* 2, *art.* 18; Réglement du Conseil du 24 Mai 1603, pour Bourg-en-Bresse, *art.* 110; Edit de 1685, pour le Châtelet de Paris, *art.* 2.)

C'est aussi dans ces mêmes Sieges que les donations doivent être insinuées. (Voyez ce qui a été dit à ce sujet, au titre *De la*

Compétence particuliere des Juges, ci-dessus, *part.* 2, *tit.* 1; *n.* 295.)

Des Homologations.

19. 9°. On doit homologuer dans les Bailliages & Sénéchaussées, (ou dans les Cours de Parlements,) les actes de jurisdiction volontaire, qui ne peuvent être valables, que quand ils sont faits de l'autorité de Justice. Telles sont les ventes de biens d'Eglise faites par des Communautés, Bénéficiers, & autres Ecclésiastiques; avis de Communauté en corps pour faire des emprunts; les permissions, ou avis de parents, d'aliéner des fonds, ou emprunter pour des mineurs; & autres choses semblables. Il y en a plusieurs exemples au Bailliage d'Orléans.

Néanmoins j'ai vu une lettre écrite par M. d'Aguesseau, Procureur-Général, & depuis Chancelier, au Procureur du Roi du Bailliage d'Orléans, le 25 Août 1713, au sujet d'une homologation de plusieurs contrats de ventes, que M. l'Evêque d'Orléans avoit faites de plusieurs Justices dépendantes de l'Evêché d'Orléans, qui porte, qu'il n'appartient point au Bailliage d'homologuer de pareils contrats, & que le Procureur du Roi peut requérir seulement, que les acquéreurs aient à se pourvoir en la Cour, ou à se retirer pardevers le Roi, pour obtenir des Lettres-patentes; sans doute parce qu'il s'agissoit de biens épiscopaux. (Voyez, au surplus, ce qui a été dit, touchant ces aliénations, dans mon Commentaire sur l'Edit du mois d'Avril 1695, *art.* 49, *pag.* 346 *& suiv.*

20. Les homologations des Sentences arbitrales doivent aussi être faites dans les Bailliages, quant aux matieres qui sont de la compétence de ces jurisdictions; & aux Présidiaux, dans le cas de l'Edit. (Voyez ce qui a été dit au titre *De la Compétence particuliere des Juges*, ci-dessus, *part.* 2, *tit.* 1, *n.* 182; dans mon Traité *De la Jurisdiction des Présidiaux*, pag. 222, édition de 1764, & ce qui est dit ci-après dans le Traité *Des Arbitrages*, *n.* 69 *& suivants.*)

10°. *Question.* Les enrégistrements, insinuations & homologation dont on vient de parler, peuvent-ils être faits de l'ordonnance du Lieutenant-Général seul, ou si elles ne peuvent l'être que de l'ordonnance du Siege?

La regle qui doit être observée à cet égard, est, que tout ce qui doit être présenté au Siege pour y être publié, ou enrégistré, tels que sont les Edits & Déclarations, les Lettres-de-Terrier, Arrêts de Réglement, *&c.*, ne peut être enrégistré au Greffe, que de l'ordonnance du Siege.

TITRE VI.

Des Réceptions d'Officiers.

ARTICLE PREMIER.

Par qui les Officiers sont reçus.

1. LES Officiers qui sont reçus dans les Bailliages & Sénéchaussées royales, sont reçus par le Tribunal entier, ou seulement par le Lieutenant-Général, ou autre premier Juge du Siege.

I.

Des Officiers qui doivent être reçus au Siege par tous les Juges.

Les Officiers qui doivent être reçus au Siege, sont tous les Officiers sujets à examen. (Arrêt du 7 Septembre 1612, rendu entre le Lieutenant-Général du Bailliage de Bourges, & les Conseillers, qui enjoint audit Lieutenant-Général de recevoir les Officiers au Siege ordinaire; sans qu'il puisse procéder à l'examen, interrogatoire, & réception d'iceux en sa maison; Voyez Chenu, *tom. 2, tit. 5, chap. 4, pag. 161, liv. 14;* autre Arrêt du 8 Juin 1619, pour Moulins, *art. 16*, rapporté par Joly, *pag. 1041;* autre du 16 Février 1630, rendu pour le Mans, rapporté aussi par Joly, *pag. 1857;* autre du 21 Juillet 1629, pour Gueret, rapporté *ibidem*, pag. 1858, art. 6; autre du 19 Août 1687, pour Chinon, *art. 13;* autre du 19 Août 1758, pour Compiegne, *art. 10;* Réglement pour Limoges, du 23 Octobre 1638, *art. 3*; autre du 30 Septembre 1638, pour Niort; autre du 15 Décembre 1642, pour la Rochelle; autre du 19 Février 1729, pour le Puy-en-Velai, *art. 27.*)

Tels sont,

2. 1°. Les Juges royaux qui se font recevoir dans les Bailliages & Sieges-Présidiaux. (Même Réglement de 1638, pour Limoges, *art. 3*; autre du 11 Janvier 1647, pour Montargis, *art. 18.*)

2°. Et il en eſt de même des Juges de Seigneurs. (Réglement du 11 Janvier 1647, pour Montargis, *art. 18*; Arrêt du Parlement du 18 Juillet 1622, pour Château-du-Loir, rapporté par Filleau, *tom. 1*, *part. 2*, *pag. 66*; autre du 18 Août 1627, pour Auxerre, rapporté *ibidem*, tom. 1, pag. 160; autre du 18 Septembre 1629, pour Péronne, rapporté *ibidem*, pag. 208; autre du 21 Juillet 1582, pour Angers, *art.* 47, rapporté par Joly, *pag. 1012*; autre du premier Juin 1602, pour Moulins, rapporté *ibidem*, pag. 1045; autre du 19 Décembre 1595, pour Tours, rapporté *ibidem*, pag. 1031; autre du 14 Août 1617, pour Bourges, rapporté *ibidem*, pag. 1037, art. 72; Arrêt du Conſeil du 23 Juin 1750, pour Rennes, *art. 11.*)

3. Ce qui a pareillement lieu à l'égard des Avocats & Procureurs-Fiſcaux. (Loiſeau, Traité des Offices, *liv. 5*, *chap. 3*, *n. 81.*)

Le Lieutenant-Général d'Orléans eſt en poſſeſſion de recevoir ſeul, en ſon hôtel, les Baillis, & autres Juges ſubalternes; mais il ſeroit facile de prouver que cet uſage ne s'eſt introduit que depuis quelques années, par la négligence des Officiers du Siege. En effet, j'ai vu ſur les regiſtres déposés au tréſor du Préſidial, pluſieurs réceptions de Juges de Seigneurs, faites en la Chambre du Conſeil, dans le dernier ſiecle. D'ailleurs c'eſt aller contre les autorités ci-deſſus, & nommément contre la diſpoſition de l'Arrêt du Parlement du 12 Août 1572, rendu entre les Officiers du Bailliage d'Orléans, qui porte, que les Officiers, dont les appellations reſſortiſſent au Bailliage, ſeront reçus par le Siege.

4. 3°. Les Commiſſaires-Enquêteurs-Examinateurs doivent auſſi être examinés & reçus au Siege par tous les Juges. (Arrêt du 14 Août 1617, pour Limoges, *art. 72*, rapporté par Joly, *pag. 1037*; Réglement du 11 Janvier 1647, pour Montargis, *art. 18*; autre du 11 Juillet 1643, pour la Fleche, *art. 12*. Tel eſt auſſi l'uſage conſtant du Châtelet de Paris.) Mais quelques autres Réglements portent, que ces Officiers ſeront reçus par le Lieutenant-Général. (Voyez ce qui eſt dit ci-après, *n. 20.*)

Les Subſtituts des Procureurs du Roi doivent auſſi être reçus au Siege. (Réglement du 16 Mars 1705, pour Autun, *art. 12.*)

4°. Ceux qui ſe font recevoir Avocats dans les Bailliages & Sénéchauſſées, doivent auſſi être reçus par tous les Juges. (Même Réglement de 1627, pour Montargis, *art. 17.*)

5°. Les Procureurs du Siege doivent pareillement être examinés & reçus en la Chambre du Conſeil. Arrêt du 14 Août 1617, pour Bourges, *art. 72*, rapporté par Joly, *pag. 1037*; Réglement du 23 Octobre 1638, pour Limoges, *art. 3*; autre du 16 Mai 1691, aussi pour Limoges, *art. 2*; autre du 11 Janvier 1647, pour Montargis, *art. 17*; autre du 2 Août 1688, pour Poitiers, *art. 14*; autre du 31 Août 1689, pour Orléans, *art. 4.*) Voyez cependant ce qui est dit ci-après, *n. 23.*

5. 6°. Il en est de même des Greffiers du Siege; ils doivent aussi être reçus au Siege, en présence de tous les Juges. (Réglement du 11 Janvier 1647, pour Montargis, *art. 18*; autre du 2 Août 1688, pour Poitiers; autre du 16 Mai 1691, pour Limoges, *art. 2*; autre du 31 Août 1689, pour Orléans, *art. 31*, qui en a une disposition à l'égard du Greffier-criminel; ce qui doit aussi avoir lieu à l'égard des Greffiers des présentations.(J'en ai vu plusieurs exemples dans les registres du Greffe du Bailliage d'Orléans.

Néanmoins quelques Réglements portent, que le Lieutenant-Général aura la réception des Greffiers. (Voyez ci-après, *n. 21.*)

A l'égard des Commis à l'exercice du Greffe, ils sont reçus & prêtent serment devant le Lieutenant-Général seul. (Même Réglement du 19 Mars 1705, pour Autun, *art. 24.*;) & ceux du Greffe-criminel, pardevant le Lieutenant-Criminel. (Arrêt du Parlement de Toulouse du 18 Mai 1616, pour Montpellier, rapporté par Descorbiac, *tit. 2*, *chap. 56.*)

6. 7°. Les Huissiers-Audienciers du Siege doivent aussi être reçus au Siege, & non par le Lieutenant-Général seul. (Arrêt du 14 Août 1617, pour Bourges, *art. 72*; Réglement du 11 Janvier 1647, pour Montargis, *art. 18*; autre du 10 Juillet 1688, pour Mélun; autre du 2 Août 1688, pour Poitiers, *art.* 14; autre du 16 Mai 1691, pour Limoges, *art.* 2.)

Néanmoins quelques Réglemens attribuent aux Lieutenants-Généraux seuls la réception des Huissiers-Audienciers. (Réglement du 18 Juillet 1677, pour Tours, *art.* 28; autre du 16 Mars 1705, pour Autun, *art.* 13.) Voyez ci-après, *n.* 23.

8°. Le Chevalier du Guet d'Orléans, & son Lieutenant, avant la réunion de la Prévôté de cette Ville au Bailliage, étoient reçus audit Siege de la Prévôté par tous les Juges. Ainsi, il en doit être de même depuis cette réunion.

7. 9°. Les Concierges des prisons doivent aussi être reçus au Siege, en présence de tous les Juges. (Réglement du 2 Août 1688, pour Poitiers, *art.* 14.) *Contrà*, par le Réglement du 25 Juin 1659,

pour Chaumont-en-Baffigny ; & par celui rendu pour Moulins le 30 Juillet 1678. (Voyez ci-après, *n.* 24.)

1°. Tous les Officiers ci-deffus, qui doivent être reçus au Siege, doivent être reçus non au Bailliage, mais à la Chambre préfidiale, comme Siege fupérieur, dans les Sieges où il y a un Préfidial. (Réglement du 16 Mai 1693, pour Limoges, *art.* 2 ; autre du 31 Août 1689, pour Orléans, *art.* 4 ; Edit du mois de Septembre 1697, touchant les Préfidiaux du Comté de Bourgogne, *art.* 25 ; Lettre de M. le Chancelier Pontchartrain au premier des deux Préfidents de Châlons-fur-Saone, en date du 12 Juillet 1700, rapportée en mon Traité des Préfidiaux, *pag.* 567, de la feconde édition. Voyez auffi Defcorbiac, *tit.* 1, *chap.* 2, *pag.* 15, *n.* 13.)

Un autre Arrêt du 26 Septembre 1625, rendu entre les Officiers de Périgueux, rapporté par Filleau, *tom.* 1, *pag.* 148, porte feulement que le Préfident recevra, par avis des Juges du Préfidial, ceux dont les Lettres feront adreffées au Préfidial.

ARTICLE II.

De la maniere dont fe fait la réception des Officiers qui doivent être reçus au Siege.

8. 1°. Les Sentences qui ordonnent l'information de vie & mœurs des Officiers, doivent être rendues en la Chambre préfidiale, où les Préfidents doivent préfider. (Arrêt de la Cour du 10 Juillet 1688, pour le Préfidial de Mélun, qui en a une difpofition précife à l'égard des Huiffiers-Audienciers.)

Néanmoins le Réglement du 18 Juillet 1677, rendu pour Tours, *art.* 28, porte, que les requêtes de tous les Récipiendaires, même ceux à la réception defquels les Préfidents doivent préfider, feront répondues par le Lieutenant-Général. (*Idem*, par le Réglement du 16 Mars 1705, pour Autun, *art.* 13 ; autre du 19 Août 1687, pour Chinon, *art.* 13 ; autre du 16 Mai 1690, pour Limoges, *art.* 2.)

Le Réglement du 26 Septembre 1692, pour Blois, porte auffi que les premieres requêtes des Récipiendaires feront préfentées au Lieutenant-Général, fur lefquelles il mettra *le foit montré* ; & qu'après qu'il aura fait l'information, il fera préfenté une feconde requête aux Gens tenants le Siege préfidial, pour être reçus en la Chambre du Confeil.

Un autre Arrêt de la Cour du 12 Janvier 1626, rapporté au Journal des Audiences, & rendu entre le Lieutenant-Général, & le Président d'Amiens, porte, que la présentation des lettres des Officiers, se fera pardevant le Lieutenant-Général.

9. 2°. L'information de vie & mœurs, se fait par le Lieutenant-Général seul. (Arrêt du Parlement de l'année 1627, pour Laon, rapporté par Filleau, *tom.* 1, *pag.* 198 ; Réglement du 9 Janvier 1637, pour Limoges, *art.* 3 ; autre du 23 Octobre 1638, aussi pour Limoges, *art* 3 ; autre du 15 Décembre 1642, pour la Rochelle ; autre du 11 Janvier 1647, pour Montargis, *art.* 18 ; autre du 18 Juillet 1677, pour Tours, *art.* 28 ; autre du 19 Août 1687, pour Chinon, *art.* 13 ; autre du 11 Juillet 1688, pour Mélun ; autre du 2 Août 1688, pour Poitiers, *art.* 14 ; Edit du mois de Septembre 1697, pour les Présidiaux de Franche-Comté, *art.* 2 ; Réglement du 16 Mars 1705, pour Autun, *art.* 13.) Et il peut faire cette information en sa maison. (Réglement du 2 Août 1688, pour Poitiers, *art.* 14.)

L'Arrêt de la Cour du 14 Août 1617, rendu pour Bourges, *art.* 72, dit que cette information se fera par le Lieutenant-Général, assisté de l'un des Présidents du Siege.

10. En l'absence du Lieutenant-Général, cette information se fait par le Lieutenant-particulier, ou par l'Officier qui le suit, suivant l'ordre du Tableau. (Réglement du 18 Juillet 1677, pour Tours, *art.* 28 ; Edit du mois de Septembre 1697, pour les Présidiaux de Franche-Comté, *art.* 26 ; Réglement du 16 Mars 1705, pour Autun, *art.* 13.)

3°. Le rapport de cette information doit se faire en la Chambre du Conseil, en présence de tous les Juges, en laquelle assemblée, les Présidents du Présidial doivent présider. (Réglement du 16 Mai 1691, pour Limoges, *art.* 2 ; autre du 16 Août 1687, pour Chinon, *art.* 13 ; Lettres-patentes du 30 Décembre 1731, pour Pamiers, *art.* 16.)

Ce rapport se fait par le Lieutenant-Général. (Réglement du 9 Janvier 1637 ; pour Limoges, *art.* 3 ; autre du 15 Décembre 1642, pour la Rochelle ; autre du 23 Octobre 1638, aussi pour Limoges, *art.* 3 ; autre du 19 Août 1687, pour Chinon, *art.* 13 ; autre du 10 Juillet 1688, pour Mélun.) L'usage d'Orléans est, que ce rapport se fait par le Doyen des Conseillers.

11. 4°. Il doit ensuite être procédé à l'examen du Récipiendaire.

Un Arrêt du Parlement du 12 Janvier 1626, rendu entre le

Préſident & le Lieutenant-Général d'Amiens, & rapporté au Journal des Audiences, porte, que l'examen des Prévôts royaux, & autres Officiers, ſe fera en la Chambre du Préſidial, en préſence de tous les Juges.

Le Réglement du 23 Octobre 1638, rendu pour Limoges, *art.* 3, porte auſſi que les Juges royaux, & autres Officiers royaux ſujets à examen, tant ſubalternes que du Siege, ſeront reçus & examinés en la Chambre du Conſeil, par le Lieutenant-Général : & qu'à l'égard des Procureurs, ils ſeront examinés & reçus en la Chambre du Conſeil du Préſidial. (*Idem*, par le Réglement du 15 Décembre 1642, rendu pour la Rochelle.)

12. L'Arrêt du Parlement du 24 Novembre 1634, rendu pour Chaumont, rapporté par Néron, *tom.* 2 *pag.* 628, porte, que les Prévôts & Maires royaux du Bailliage, ainſi que les Conſeillers du Siege, ſeront examinés par la Compagnie du Préſidial, en la Chambre du Conſeil.

L'Arrêt du 1 Septembre 1629, rendu pour le Préſidial de Clermont, rapporté par Filleau, *tom.* 1, *pag.* 151, porte en général, que l'examen des Officiers des Sieges inférieurs & ſubalternes, qui ont coutume d'être recus au Siege, ſe fera en la Chambre préſidiale.

Un autre Arrêt du Parlement du 19 Juillet 1620, rendu pour Sezanne, rapporté par Filleau, *tom.* 1, *part.* 2, *pag.* 65, dit ſimplement que l'examen des Officiers ſe fera en la Chambre du Conſeil.

13. L'Ordonnance d'Orléans, *art.* 55, porte, que tous Officiers des Juſtices & Juriſdictions ſubalternes, reſſortiſſantes pardevant les Baillis & Sénéchaux, ſeront examinés, avant que d'être reçus, par un des Lieutenants, ou plus ancien Conſeiller du Siege.

L'uſage qui ſe pratique à Orléans à l'égard des Procureurs, eſt qu'ils ſont examinés par deux Conſeillers du Siege, commis à cet effet par la Chambre préſidiale.

Lorſque les Officiers ſont examinés en pleine Chambre, il eſt permis à chacun des Juges de les interroger.

L'examen ſe fait, tant ſur la Loi, que ſur les Ordonnances, quand c'eſt un Juge. (Ordonnance de Blois, *art.* 108.)

14. 5°. Après que l'Officier a été examiné, s'il eſt trouvé capable, on procede à ſa réception ; ce qui ſe délibere en l'aſſemblée de tous les Juges. (Arrêt du Grand-Conſeil du 31 Mars 1606,

pour Lauraguais, *art.* 19, rapporté par Descorbiac, *tit.* 2, *chap.* 41.)

Le Réglement du 19 Février 1729, rendu pour le Puy-en-Velai, *art.* 27, dit que ce doit être en la Chambre présidiale. (*Idem*, par le Réglement du 18 Juillet 1677, pour Tours, *art.* 27; & par celui du 16 Mars 1705, pour Autun, *art.* 12.) Une lettre par M. le Chancelier à M. de Troies, Président au Présidial d'Orléans, en date du 29 Mai 1714, porte aussi que la réception des Officiers, doit se faire par les Présidents.

Cette Délibération touchant la réception de l'Officier, doit être faite en la Chambre du Conseil. Le Réglement du 7 Septembre 1660, pour Dreux, défend aux Juges de procéder, dans leurs maisons, à la réception des Officiers.

15. S'il est déclaré capable, on ordonne qu'il sera reçu, & que ses provisions, ensemble ses lettres de dispense d'âge, de parenté, si aucunes y a, seront enrégistrées au Greffe; après quoi, on reçoit son serment.

Quelquefois on reçoit ce serment en la Chambre du Conseil sur-le-champ; sur-tout, si l'Officier qui a été reçu, n'est point un Officier du Siege. Mais la regle générale est, que ce serment doit être prêté à l'Audience, comme étant un acte de solemnité de conférer la puissance publique. (Voyez Loiseau, Traité des Offices, *liv.* 7, *chap.* 3, *n.* 82.) Un Arrêt du Parlement de l'année 1627, rendu entre les Officiers du Présidial de Laon, rapporté par Filleau, *tom.* 1, *pag.* 198, porte, que les Notaires & Sergents royaux, & autres Officiers, seront reçus en l'Audience, après avoir été examinés en la Chambre du Conseil; & c'est aussi la disposition de l'article 30 de l'Edit de Cremieu, qui porte, que les Prévôts, & autres Juges royaux subalternes, Officiers & Sergents, soient institués en jugement à jour de plaidoirie.

16. L'Arrêt de la Cour du 24 Novembre 1634, rendu pour Chaumont, rapporté par Néron, *tom.* 2, *pag.* 613, porte pareillement que les Prévôts & Maires royaux, *&c.* après avoir été examinés en la Chambre du Conseil, prêteront serment à l'Audience.

Celui du 26 Février 1630, rendu pour Angoulême, porte en général, que le serment des Officiers reçus au Siege, se fera à l'Audience.

Celui du 1 Septembre 1629, rendu pour Clermont, rapporté par Filleau, *tom.* 1, *pag.* 151, porte, que cette prestation de serment pourra être faite à l'Audience Présidiale, ou à celle du Bailliage. (*Idem* par l'Arrêt de Réglement du 5 Mai 1629, rendu pour Angers, rapporté aussi par Filleau, *tom.* 1, *part.* 2, *pag.* 43.)

17. Un autre Arrêt du Parlement du 12 Janvier 1626, rendu pour Amiens, rapporté au Journal des Audiences, porte aussi que la prestation des Officiers reçus en la Chambre présidiale, se fera, tant à l'Audience du Bailliage, que du Présidial, alternativement.

Le Réglement du 15 Décembre 1642, rendu pour la Rochelle, porte seulement que le Lieutenant-Général pourra faire prêter un nouveau serment à l'Audience du Bailliage, aux Officiers qui auront été reçus au Présidial.

Il en est de même des Avocats. Le Réglement du 18 Juillet 1677, rendu pour Tours, *art.* 28, porte, qu'ils prêteront serment devant celui qui présidera aux Audiences où ils se présenteront. (*Idem*, par le Réglement du 16 Mars 1705, pour Autun, *art.* 14; & par le Réglement du 16 Mai 1691, pour Limoges, *art.* 1.)

18. L'Arrêt du Parlement du 11 Juillet 1643, rendu pour la Flêche, porte, que les Officiers seront reçus, & prêteront serment devant le Lieutenant-Général à l'Audience du Bailliage; & qu'ils seront tenus de prêter un nouveau serment devant les Présidents.

Le Réglement de Limoges du 9 Janvier 1637, *art* 3, porte aussi que les Avocats, Procureurs, Greffiers & Huissiers, seront reçus, tant en la Sénéchaussée, qu'au Présidial.

Quant à l'installation des Lieutenants, Conseillers, Avocats, & Procureurs du Roi des Sieges Présidiaux, elle se fait au Présidial, & non au Bailliage : Tel est l'usage constant; ce qui est une suite de ce qui a été dit ci-dessus.

ARTICLE III.

Des Officiers qui peuvent être reçus par le Lieutenant-Général seul, ou autre premier Juge.

19. Les Officiers qui peuvent être reçus par le Lieutenant-Général, sont,

1°. Tous Officiers non sujets à examen. (Arrêt du Parlement du du 8 Juin 1689, pour Moulins, *art.* 15; autre du 31 Mars 1626, pour Lauraguais, *art.* 19, rapporté par Descorbiac, *tit.* 2, *chap.* 41; Réglement du 16 Mai 1691, pour Limoges, *art.* 2; autre du 19 Février 1729, pour le Puy-en-Velai, *art.* 27. Voyez aussi Descorbiac, *tit.* 2, *chap.* 1, *pag.* 15, *n.* 13.)

2°. Les Notaires. (Arrêt de la Cour du 1 Juin 1602, pour Moulins, rapporté par Joly, *pag.* 1014; autre du 8 Juin 1619; aussi pour Moulins, *art.* 15, rapporté *ibidem*, *pag.* 1040; autre du 18 Juillet 1622, pour Château-du-Loir, rapporté par Filleau, *tom.* 1, *part.* 2, *pag.* 66; autre du 12 Août 1572, pour Orléans, rapporté par Joly, *tom.* 2, *pag.* 1009; autre du 21 Juillet 1582, pour Angers, *art.* 48, rapporté aussi par Joly, *pag.* 1012; autre du 14 Août 1617, pour Bourges, *art.* 73; autre du 21 Juillet 1629, pour Gueret, *art.* 6, rapporté par Joly, *pag.* 1858; autre du 11 Juillet 1643, pour la Flèche; Réglement du 11 Janvier 1647, pour Montargis, *art.* 18; autre du 2 Août 1688, pour Poitiers, *art.* 14; Edit du mois de Septembre 1697, pour les Présidiaux de Franche-Comté, *art.* 26; Arrêt du Parlement du 20 Août 1686, pour la Flèche, *art.* 12.)

20. 3°. Les Enquêteurs. (Arrêt du 12 Août 1572, pour Orléans, rapporté par Chenu, *tom.* 1, *tit.* 5, *chap.* 13; autre du 21 Juillet 1582, pour Angers, *art.* 48, rapporté *ibidem*, chap. 5, pag. 119; autres Arrêts des 1 Juin 1602, & 8 Juin 1619, *art.* 15, pour Moulins; & 14 Août 1617, pour Bourges, *art.* 73.) Voyez cependant ce qui a été dit ci-dessus, *n.* 4.

4°. Les adjoints aux enquêtes. (Même Arrêt de 1643, pour la Flèche; autre du 11 Janvier 1647, pour Montargis, *art.* 18; autre du 14 Août 1617, pour Bourges, *art.* 73; autre du 20 Août 1686, pour la Flèche, *art.* 12.)

21. 5°. Les Greffiers. (Arrêt de Réglement du 12 Août 1572, pour Orléans; autre du 12 Juillet 1582, pour Angers, *art.* 48, rapporté par Joly, *pag.* 1010; autre du 19 Décembre 1595, pour Tours, *art* 48, rapporté *ibid.* pag. 1031; autre du 1 Juin 1602, pour Moulins, rapporté *ibid.* pag. 1014,; autre du 14 Août 1617, pour Bourges, *art.* 73; autre du 11 Juillet 1643, pour la Flèche; autre du 20 Août 1646, aussi pour la Flèche, *art.* 12.) Mais voyez ce qui a été dit ci-dessus, *n.* 5.

Le Réglement de Tours du 18 Juillet 1677, *art.* 28, dit simplement les Greffiers de l'ordinaire, des présentations, & des affirmations. (*Idem*, par le Réglement d'Autun du 16 Mars 1705, *art. 13* ; & par l'article 26 de l'Edit du mois de Septembre 1697, touchant le Présidiaux de Franche-Comté.)

Le Réglement de Poitiers du 2 Août 1688, *art 14*, dit seulement, les Greffiers des Justices subalternes.

22. Un Arrêt du Parlement de Toulouse du 18 Mai 1616, rendu pour Montpellier, rapporté par Descorbiac, *tit. 2*, *chap. 56*, porte, que le Greffier civil sera reçu par le Juge-Mage, (qui est le Lieutenant-Général ;) & le Greffier-criminel, par le Juge criminel : & que si les deux Greffes civil & criminel sont affermés à une seule & même personne, la réception appartiendra au Juge-Mage ; & en son absence, au Lieutenant-particulier ; mais que la réception de celui qui sera par lui commis à l'exercice du Greffe criminel, & prestation de serment, appartiendra audit Juge criminel.

A l'égard des Clers & Commis des Greffes civils, même dans les Présidiaux, ils sont reçus par le Lieutenant-Général. (Arrêt du 20 Août 1686, pour la Flêche, *art. 12.*) L'article 24 du Réglement d'Autun du 16 Mars 1705, porte, que les Greffiers du Siege Présidial seront tenus de se présenter au Lieutenant-Général à chaque entrée, après les Fêtes de Pâques & de S. Martin, & de lui nommer les Clercs, ou Commis, dont ils entendent se servir, pour être par lui reçus, s'il les trouve capables de prêter serment entre ses mains ; sans que lesdits Greffiers puissent se servir en aucune maniere d'autres Clercs que de ceux agréés, ou reçus, par le Lieutenant-Général.

23. 6°. Les Procureurs. (Arrêt du 7 Septembre 1629, pour Perrone, rapporté par Filleau, *tom. 1*, *pag. 208.*) Voyez cependant ce qui a été dit ci-dessus, *n. 4.*

Le Réglement de Poitiers du 2 Août 1688, *art. 14*, dit simplement, les Procureurs des Justices subalternes.

7°. Les Huissiers-Audienciers. (Réglement de Tours du 18 Juillet 1677, *art. 28* ; autre du 16 Mars 1705, pour Autun, *art. 13.* Voyez cependant ce qui a été dit ci-dessus, *n. 6.*)

Le Réglement de Poitiers du 2 Août 1688, *art. 14*, dit simplement, les Huissiers & Sergents de Justices subalternes.

24. 8°. Les Sergents. (Arrêt de Réglement du 12 Août 1572, pour Orléans ; autre du 21 Juillet 1629, pour Gueret, *art. 6*, rapporté par Joly, *pag. 1858* ; autre du 21 Juillet 1582, pour Angers, *art. 48* ; autre du 2 Juin 1602, pour Moulins ; autre

du 14 Août 1617, pour Bourges, *art. 73 ;* autre du 18 Août 1627, pour Auxerre, rapporté par Filleau, *tom. 1, pag. 160 ;* autre du 18 Juillet 1622, pour Château-du-Loir, rapporté *ibidem*, tom. 1 part. 2, pag. 66 ; autre du 11 Juillet 1647, pour la Flèche ; autre du 11 Janvier 1647, pour Montargis, *art. 18 ;* autre du 2 Août 1688, pour Poitiers, *art. 14 ;* autre du 20 Août 1686, aussi pour la Flèche, *art. 12.*)

9°. Les Geoliers, Concierges des prisons, & Guichetiers. (Arrêt du 25 Juin 1629, rendu entre le Lieutenant-Général, & le Lieutenant-criminel de Chaumont-en-Bassigni ; autre du 30 Juillet 1678, pour Moulins.) Mais voyez ce qui a été dit ci-dessus, *n. 7.*

25. 10°. Et tous autres Officiers. (Arrêt de Réglement du 21 Juillet 1582, pour Angers, *art. 48 ;* autre du 14 Août 1677, pour Bourges, *art. 73 ;* autre du 18 Juillet 1622, pour Château-du-Loir ; autre du 11 Janvier 1647, pour Montargis, *art. 18 ;* autre du 20 Août 1686, pour la Flèche, *art. 12 ;* Edit du mois de Septembre 1697, pour les Présidiaux de Franche-Comté, *art. 26 ;* Réglement de Tours du 18 Juillet 1617, *art. 28 ;* autre du 16 Mars 1705, pour Autun, *art. 13.*)

L'Arrêt du 21 Juillet 1629, pour Gueret, dit simplement, & autres Officiers non gradués. (*Idem*, par l'Arrêt du 7 Septembre 1629, rendu pour Perrone, ci-dessus cité ; & par un autre Arrêt du 30 Septembre 1633, pour Niort.)

Le Réglement de Poitiers du 2 Août 1688, *art. 14*, dit seulement, & autres Ministres de Justices subalternes.

11°. Il y a aussi quelques Officiers dont la réception appartient aux Lieutenants-criminels. Tels sont les Exempts & Archers de Robe-Courte ; suivant l'Edit du mois de Novembre 1554, *art. 20 ;* la Déclaration du Roi du 15 Janvier 1573, *art. 4 ;* & l'Arrêt du Grand-Conseil du 30 Mars 1558, rendu pour Orléans.

26. 12°. Tous les Officiers ci-dessus, qui sont reçus par le Lieutenant-Général seul, ou par le Lieutenant-criminel, ou autres premiers Officiers de Justice, doivent être reçus en la Chambre du Conseil. (Arrêt du Parlement du 7 Septembre 1612, pour Bourges, rapporté par Joly, *pag. 1027 ;* autre du 8 Juin 1619, pour Moulins, *art. 15*, rapporté *ibidem*, pag. 1041. L'Arrêt de Réglement du 7 Septembre 1660, rendu pour Dreux, défend aussi aux Juges de procéder en leurs maisons, à la réception des

Officiers ; autre du 1 Février 1694, pour Fresnai ; & c'est aussi ce qui résulte de l'Arrêt de Réglement du 10 Juillet 1688, rendu pour Melun, qui, en faisant défenses au Lieutenant-Général dudit Siege de faire aucun acte de Jurisdiction en sa maison, excepté à l'égard de certains actes qui y sont énoncés; ne parle point des réceptions d'Officiers.)

Les Officiers reçus par le Lieutenant-Général, ou autres premiers Officiers de Justice, doivent prêter serment à l'Audience. (Edit de Cremieu, *art.* 30; Arrêt de la Cour du 11 Juillet 1643, pour la Flêche ; autre du 20 Août 1686, aussi pour la Flêche, *art.* 12; autre du 19 Août 1687, pour Chinon, *art.* 13 ; *idem* par Arrêt du 14 Août 1617, pour Bourges, *art.* 74.)

ARTICLE IV.

Devoirs des Juges touchant les réceptions d'Officiers.

27. 1°. Les Juges ne peuvent prendre aucuns droits ni vacations pour la réception des Officiers de Justice. (Ordonnance d'Orléans, *art.* 55 ; Voyez aussi ce qui est dit à ce sujet au titre *Des épices & vacations des Juges*, &c. ci-après, *part. 3*, *tit. 8*, *n. 55.*)

2°. L'Ordonnance de Blois, *art. 108*, défend aux parents, alliés, amis, particuliers, ou qui auront usé de recommendation pour ceux pourvûs d'offices de judicature, d'assister & opiner aux examens desdits Officiers ; & veut qu'ils soient tenus de se purger de ce par serment avant d'opiner.

3°. Les Juges ne peuvent recevoir aucuns Officiers, même des Sergents, sans provisions. (Arrêt de la Cour du 23 Janvier 1629, pour Gueret, *art.* 5, rapporté par Joly, *pag.* 1888.)

28. 4°. Les réceptions d'Officiers qui se font aux Sieges, doivent se faire à la pluralité des voix. (Réglement du 19 Août 1687, pour Chinon, *art.* 13.) Les anciennes Ordonnances, & entre autres celle de Moulins, de 1565, *art.* 10, demandoient les deux tiers des voix. (Voyez Laroche-Flavin, Traité des Parlements, *liv.* 6, *chap.* 3, *n.* 10.) Suivant l'Ordonnance du mois d'Août 1546, *art.* 2, il falloit les quatre cinquiemes des voix.

5°. Les Juges ne doivent recevoir pour exercer un office, que celui qui en est capable; & ils ne doivent en cela user d'aucune grace ni faveur ; autrement ils se rendent coupables devant Dieu. (*a*)

29. 6°. Les réceptions d'Officiers ne peuvent se faire pendant le temps des vacations. (Voyez le Mémoire des Officiers du Châtelet de Paris, contre les Commissaires audit Siege, de l'année 1761, *in-4°*, *pag.* 220 & *suivantes.*)

7°. Les Procureurs du Roi doivent envoyer tous les six mois aux Procureurs-Généraux, les provisions des Officiers reçus en leurs Sieges : ensemble un certificat de ceux qui ont présidé auxdites réceptions, ainsi que des Procureurs du Roi, par lequel ils attesteront que les Officiers reçus n'ont aucuns parents au degré prohibé par les Ordonnances, pour y être pourvu par la Cour. (Arrêt du Parlement du 1 Décembre 1666, rapporté au Journal des Audiences.) Mais depuis cet Arrêt, on ne donne point de provisions sans faire rapporter auparavant ce certificat.

ARTICLE V.

De la maniere de se pourvoir contre les réceptions d'Officiers.

30. On peut se pourvoir par la voie d'appel contre les réceptions d'Officiers ; sçavoir, le Procureur du Roi, si l'Officier est reçû contre la disposition des Réglements ; & les récipiendaires, s'ils sont refusés injustement ; & cet appel suspend la réception de l'Officier. (Arrêt du 12 Octobre 1643, rapporté par Boniface, *tom.* 1, *liv.* 1, *tit.* 10, *n.* 8.)

Mais si le Lieutenant-Général avoit reçu mal-à-propos seul un Officier, qui devoit être reçu au Siege, les autres Officiers ne pourroient casser cette réception, & ils ne pourroient se pourvoir que par les voies de droit. (Arrêt du 7 Septembre 1612, pour Bourges, rapporté par Joly, *pag.* 1027.)

(a) *Princeps qui per gratiam confert honores, Christum spernit.* (8 q. C. qui vos ; & 1, q. 1, C. pueri ;) *& conferens officia indignis, scienter vel ex crassâ ignorantiâ, mortaliter peccat.* (Voyez les Suppléments de Baiardus ad Julium Clarum, qu. 94, n. 12, *in fine*, pag. 327, col. 2.)

TITRE VII.

De la Police & Visite des Prisons.

VOYEZ *omninò* mon Traité de la Justice Criminelle, au titre *Des Prisons*, part. 3, liv. 2, tit. 12, n. 55.

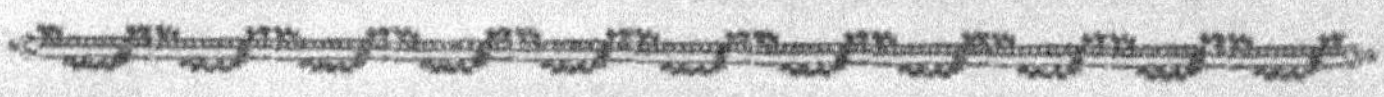

TITRE VIII.

Des Epices & Vacations.

CHAPITRE PREMIER.

Des Epices & Vacations des Juges.

ARTICLE PREMIER.

Des Epices & Vacations des Juges en général.

1. ON appelle en général *Epices*, les droits que les Juges perçoivent, pour avoir vu, examiné, & jugé certains procès; ou pour avoir fait quelqu'autre acte de jurisdiction : pour leur tenir lieu de récompense de leur travail.

Ces Epices avoient lieu en Droit, ainsi qu'il paroît par la Novelle 17, *chap. 3 & 82*; où l'on voit qu'on en accordoit aux Juges pour chaque Sentence qu'ils rendoient. La Novelle 82, *chap. 9*, attribue aux Juges pédanées le droit de percevoir quatre écus d'or de chaque partie; mais seulement dans les causes excédentes cent écus d'or.

Anciennement en France, les Juges ne prenoient aucun salaire des parties, au moins par forme de taxe; & les Epices étoient alors un présent volontaire, que celui qui avoit gagné sa cause, faisoit par civilité à son Juge, ou son Rapporteur, de quelques dragées ou confitures, ou autres épiceries. (Voyez l'Indice de Ragueau au mot *Epices*; & Pasquier en ses Recherches de la France, *liv. 2, chap. 4.*)

2. Mais depuis, ces épices ont été converties en argent; & ce qui se donnoit d'abord par une pure libéralité, est devenu dans la suite une nécessité par le malheur des temps. En effet, il est ordonné par un Arrêt du 17 Mai 1402, que les épices entreront en taxe. (Voyez l'Edit du mois de Mars 1498, *art. 57*; & Papon, *liv. 18, tit. 3.*)

Les *Epices* diffèrent des *Vacations*, en ce que les épices appartiennent aux Juges, ou aux Gens du Roi, pour avoir vu, & jugé les procès pour lesquels on peut prendre des épices; au lieu que les vacations se disent ordinairement des droits que les premiers Juges perçoivent pour les actes d'hôtel, ou autres actes de jurisdiction volontaire. On donne aussi ce nom aux droits que les Commissaires-Enquêteurs-Examinateurs, ou autres Ministres de la Justice perçoivent pour les actes qui sont de leur ministere.

On appelle encore *Vacations*, les droits qui se paient aux Juges choisis pour examiner les procès qui doivent se juger de Grands, ou de Petits-Commissaires.

3. Loiseau, Traité des Offices, *liv. 1, chap. 8, n. 35*, observe avec raison, que les épices ne sont point attribuées aux Juges pour les jugements des procès par écrit, auxquels ils vaquent en la Chambre du Conseil; mais seulement pour récompenser le Rapporteur du travail qu'il a pris à examiner le procès chez lui, & à en faire l'extrait; & que c'est pour cela que par les anciennes Ordonnances elles ne sont accordées qu'au Rapporteur seul, suivant l'Ordonnance de Roussillon du mois de Janvier 1563, *art. 31*; ainsi qu'il s'observe encore en la Grand'Chambre du Parlement de Paris; & que ceux qui ne rapportent point, comme les Présidents, ne participent point aux épices. Il ajoute que si les épices se distribuent ordinairement entre les Juges, soit par moitié, soit en total, ainsi que cela s'observe dans la plupart des Sieges, c'est par une convention & une société volontaire qu'ils ont faite entr'eux.

4. Mais hors les cas de l'Audience & de Conseil, les Juges ne sont point tenus de vaquer gratuitement à l'expédition des actes de Justice; si ce n'est à l'égard de certains actes qui en ont été exceptés par les Ordonnances. Aussi l'Edit du mois de Mars 1673,

servant de Réglement, touchant les épices & vacations, *art.* 1; veut, que par provision, & en attendant que l'état des affaires du Royaume permette d'augmenter les gages des Officiers de Judicature, pour leur donner moyen de rendre gratuitement la Justice aux Sujets du Roi, ils puissent prendre des épices pour les visites, rapports, & jugements des procès civils & criminels; si ce n'est dans les cas exceptés par le même Edit, où il leur est défendu d'en prendre, sous quelque prétexte que ce soit. Ce droit de pouvoir prendre des épices, avoit été interdit aux Juges par l'article 14 de l'Ordonnance de Moulins.

5. Il seroit à souhaiter que les Juges rendissent la Justice gratuitement; mais outre qu'il s'en trouve très peu d'une vertu si épurée, qu'ils veuillent se dévouer au public par le seul motif d'honneur & de vertu, sans en attendre aucune récompense, ainsi que l'observe judicieusement M. Talon dans le Procès-verbal de l'Ordonnance de 1670, *tit.* 10, *art.* 1, *pag.* 110, c'est que si l'on retranchoit les émoluments des Juges, du moins des subalternes, il seroit à craindre qu'ils ne négligeassent leurs fonctions, ou peut-être qu'ils ne cherchassent à s'indemniser par des voies secretes & illégitimes.

Quant aux actes, pour lesquels il est permis aux Juges & Commissaires de prendre des épices & vacations, tant en matiere civile, qu'en matiere criminelle, Voyez ce qui est dit ci-après, *n.* 103 & *suiv.*

ARTICLE II.

De la maniere dont les Epices & Vacations se payent; & des devoirs des Juges à cet égard.

6. 1°. Les épices doivent être taxées, par rapport au travail du Juge; (Ordonnance de Roussillon, *art.* 31,) sans considérer la valeur des choses contentieuses, ni la qualité des parties. (Arrêt de Réglement du 10 Juillet 1665, *art.* 14.)

L'Edit des Présidiaux de Franche-Comté, du mois de Septembre 1697, *art.* 37, dit, qu'elles seront taxées par rapport au travail, & au nombre des Séances.

L'Ordonnance de Charles VIII du 28 Décembre 1490, *art.* 15, dit, qu'elles seront taxées, eu égard à la difficulté & grandeur des procès & matieres, & à la diversité d'icelles.

Un

Un Arrêt du Parlement du 28 Mai 1501, servant de Réglement pour le Châtelet de Paris, rapporté par Joly, *pag.* 1418, dit, que les épices seront taxées, eu égard à la qualité des personnes, difficulté & grandeur des procès, vacations & travail du Rapporteur, sans avoir égard au nombre des Juges.

Un autre Arrêt du Parlement du 17 Juin 1573, *art.* 4, rapporté aussi par Joly, pag. 1379, fait défenses à tous Juges & Commissaires du Châtelet de prendre leur salaire à raison du sol la livre; mais seulement à raison de leur travail, & du temps qu'ils auront vaqué.

7. 2°. Ces épices doivent être taxées sur les extraits des Rapporteurs. (Ordonnance de Blois, *art.* 127; Arrêt de Réglement du Parlement de Toulouse, rendu pour le Présidial de la même ville, du 9 Mars 1573, *art.* 10, rapporté par Descorbiac, *pag.* 549. *Idem* par l'Ordonnance de Roussillon, *art.* 31.)

3°. A l'égard des procès appointés à mettre, l'article 52 du Réglement du 10 Juillet 1665, porte, que les Juges ne pourront prendre plus de 3 liv. 4 f.; & au plus, 6 liv. 8 f. quand il y aura Conseil.

4°. Les vacations des procès qui se jugent de Commissaires, se paient à raison du temps; & elles sont fixées par les Réglements, à raison de six écus pour chaque vacation. (Edit des épices du mois de Mars 1673, *art.* 24. (Voyez aussi l'article 25 de ce même Edit, touchant le nombre de vacations que les Juges peuvent prendre, soit en hiver, soit en été.

8. 5°. Quant aux droits de vacations qui doivent se payer aux Juges, pour raison des actes d'instruction, de jurisdiction volontaire, & autres qui se font à l'hôtel du Juge, il y a des Réglements particuliers qui les fixent, & qui renferment des Tarifs à ce sujet, tant pour les Juges royaux, que pour ceux des Justices de Seigneurs. (Voyez ce qui est dit ci-après, *n.* 103 *& suivants.*)

6°. Chaque écu d'épices doit être réglé à 3 liv. 4 f., outre le droit de Receveur des épices, dans les Sieges où il y en a d'établis; sans que les Juges puissent prendre & lever aucuns autres deniers pour les Clercs des Rapporteurs, Greffiers, leurs Clercs ou Commis, par augmentation d'épices, ou autres droits; dont lesdits Juges demeureront responsables, & à peine d'amende contre ceux qui les auront perçues. (Réglement du 10 Juillet 1665, *art.* 15.)

9. 7°. C'est à celui qui préside au jugement à taxer les épices. L'Ordonnance du mois de Janvier 1597, *art.* 20, en a une dispositi-

tion précise pour les Cours souveraines. Celle de Roussillon, *art.* 31, porte aussi, que dans les Présidiaux & Justices subalternes & inférieures, la taxe des épices sera faite par celui qui présidera, tant en civil, que criminel. *Idem* par l'Ordonnance de Moulins, *art.* 37; par celle de Blois, *art.* 127; & par l'Edit des épices du mois de Mars 1673, *art.* 1. Ainsi jugé par un Arrêt de Réglement du 24 Avril 1632, pour Abbeville; autre Arrêt de l'année 1627, pour Laon, rapporté par Filleau, *tom.* 1, *pag.* 198; Autre du Conseil du 15 Mars 1632, *art.* 25, pour Toulouse, rapporté par Descorbiac, *tit.* 2; autre Arrêt de Réglement du 11 Janvier 1647, pour Montargis; autre pour Laon du 31 Octobre 1667, *art.* 18; autre pour Tours du 18 Juillet 1677, *art.* 41; autre du 19 Août 1687, pour Chinon, *art.* 19; autre du 26 Septembre 1692, pour Blois; Edit du mois de Septembre 1697, pour les Présidiaux de Franche-Comté, *art.* 37; Réglement du 16 Mars 1705, pour Autun, *art.* 20; Arrêt du Parlement de Toulouse du 7 Septembre 1733, rapporté au Recueil de Toulouse, *tom.* 2, *pag.* 445.) L'Arrêt du Parlement du 12 Avril 1661, dit, que les épices seront taxées par le Lieutenant-Général, deux Conseillers appellés.

10. Lorsque celui qui préside, est Rapporteur du procès, les épices doivent être taxées par l'avis des autres Juges qui ont assisté au jugement du procès. (Ordonnance de Moulins, *art.* 37; Arrêt de Réglement de l'année 1627, pour Laon; autre du 20 Juin 1634, pour le Présidial de Toulouse, *art.* 28, rapporté par Descorbiac, *tit.* 2, *chap.* 14; autre Réglement du 11 Janvier 1647, pour Montargis, *art.* 36; autre du 19 Août 1687, pour Chinon, *art.* 19; autre du 18 Juillet 1677, pour Tours, *art.* 41; autre du 26 Septembre 1692, pour Blois.)

11. Quelques Réglements restreignent l'autorité des Présidents, à l'égard de la taxe des épices, & portent, qu'ils taxeront seuls les épices qui n'excéderont quatre, ou six écus; mais qu'au dessus de cette somme, elles seront taxées par l'avis de ceux qui ont assisté au procès. (Déclaration du 13 Septembre 1572, rendue pour le Présidial de Toulouse, rapportée par Descorbiac, *pag.* 11; à quoi sont conformes plusieurs Arrêts rapportés par le même Auteur, *tit.* 2, *chap.* 14, 41, 48, 72 & 82; autre Arrêt du 26 Septembre 1625, pour Périgueux, rapporté par Filleau, *tom.* 1, *pag.* 148; autre du 30 Mars 1719, pour Brives, *art.* 14; autre du 30 Septembre 1633, pour Niort.)

Au Châtelet de Paris, l'usage est que le Président & le Rapporteur taxent les épices, quand elles n'excedent pas la somme de 300 liv.; mais quand elles sont au dessus, c'est la Compagnie qui les regle, à la pluralité des voix.

Le Réglement de Montargis du 11 Janvier 1647, *art. 11*, porte seulement, que quand les épices passeront huit écus, elles seront taxées par avis du Siege.

12. D'autres Réglements, & même en très grand nombre, portent en général, que les épices, (du moins dans les Présidiaux, ainsi que dans les Bailliages, Sénéchaussées & Prévôtés royales,) seront taxées, de l'avis des Officiers du Siege qui ont assisté au jugement du procès, tant en civil, que criminel; & que cette taxe se fera à la pluralité des voix. (Arrêt de Réglement du 28 Mai 1501, rendu pour le Châtelet de Paris, rapporté par Joly, *pag. 1418*; autre Arrêt du 17 Juillet 1540, pour Poitiers, rapporté par Joly, *ibid.*, pag. 1006; autre du 9 Mars 1575, pour Toulouse, *art. 10*, rapporté *ibid.*, page. 1021; autre du 17 Juillet 1560, pour Carcassonne, rapporté par Descorbiac, *tit. 2*, *chap. 44*; autre du 25 Juin 1580, pour Montargis, rapporté par Joly, *pag.* 1013; autre du 12 Mai 1581, aussi pour Montargis, rapporté *ibid.*, pag. 1238; Réglement de Doron, pour la Prévôté d'Orléans, du 10 Janvier 1587, *art. 6*, rapporté *ibid.*, pag. 892; autre Arrêt du 15 Juin 1591, pour Troies, rapporté *ibid.*, pag. 899; autre du 27 Janvier 1707, pour Loudun, rapporté *ibid.*, pag. 1131; autre du 28 Mars 1609 pour Laon, rapporté *ibid.*, pag. 1038; autre du 19 Février 1611, pour Chaumont, rapporté *ibid.*, pag. 879; autre du 23 Novembre 1613, pour Bourges, rapporté *ibid.*, pag. 893; autre du 12 Juillet 1614, aussi pour Bourges, rapporté *ibid.*, pag. 1016; autre du 19 Mai 1615, pour Moulins, rapporté *ibid.*, pag. 894; autre du 22 Décembre 1617, pour Lyon, rapporté *ibid.*, *pag.* 1113; autre du 8 Juin 1619, pour Moulins, *art. 3*, rapporté *ibid.*, pag. 1040; autre du 7 Mars 1626, pour Sainte-Ménehould, rapporté *ibid.*, pag. 1868; autre du 13 Février 1627, pour Fontenai, rapporté *ibid.*, pag. 1865; autre du 21 Juillet 1629, pour Gueret, *art.* 5, rapporté *ibid.*, pag. 1857; autre du 16 Février 1630, pour le Mans, rapporté *ibid.*, pag. 856; autre du premier Septembre 1629, pour Clermont en Auvergne, rapporté par Filleau, *tom. 1*, *pag.* 151; autre du 20 Juin 1634, rendu pour le Présidial de Toulouse, *art.* 28, rapporté par Descorbiac, *tit. 2*, *chap. 14*; autre du 11 Juillet 1643, pour la Fleche; Arrêt

du Conseil du 23 Juin 1750, pour Rennes, *art.* 38, qui porte, que la taxe des épices sera délibérée par ceux qui ont assisté au jugement, & marquée par celui qui aura présidé; autre Arrêt de Réglement du 10 Juillet 1665, *art.* 14; autre du 23 Mai 1678, rendu entre les Officiers de la Prévôté du Mans, qui porte, que les épices seront taxées à la pluralité des voix de ceux qui auront assisté au jugement du procès; & que s'il arrive que le Président ne soit pas d'avis de la taxe, il pourra, en signant la minute de la Sentence, écrire de sa main, qu'à l'égard des épices, il a passé contre son avis; & qu'en ce cas, s'il y a appel de la taxe, le Président ne pourra répondre de l'excès de ladite taxe, ni être pris à partie, & intimé en son nom. Il paroît par le préambule de cet Arrêt, que le Président de la Prévôté demandoit à les taxer seul, en la maniere accoutumée.)

13. Il en est de même à l'égard des procès de Maréchaussée; la taxe en doit aussi être faite, à la pluralité des voix de ceux qui ont assisté au jugement. (Arrêt du Grand-Conseil du 30 Juin 1618, servant de Réglement entre le Prévôt des Maréchaux, & les Officiers du Présidial d'Orléans; autre du 28 Septembre 1621, pour Chartres, rapporté par Filleau, *tom.* 1, *part.* 2, *pag.* 126; autre du 2 Septembre 1624, pour Sens, rapporté *ibid.*, pag. 129.)

Un Arrêt du Parlement du 25 Février 1683, rendu pour la Connétablie, *art* 7, porte, que si les voix se trouvent partagées, l'avis passera à la taxe la plus modérée.

14. Plusieurs Réglements portent, que les épices qui seront ainsi taxées à la pluralité des voix, le seront en l'absence des Rapporteurs. (Arrêt du 17 Juillet 1540, pour Poitiers; autre du 9 Mars 1575, pour Toulouse, *art.* 10; autre du 25 Juin 1580, pour Dijon; autre du 10 Janvier 1587, pour la Prévôté d'Orléans, *art.* 6; autre du 27 Janvier 1607, pour Loudun; autre du 19 Février 1611, pour Chaumont; autre du 23 Novembre 1613, pour Bourges; autre du 19 Mai 1615, pour Moulins; autre du 8 Juin 1619, aussi pour Moulins, *art.* 3; autre du 7 Mars 1626, pour Sainte-Ménehould; autre du premier Septembre 1629, pour Clermont en Auvergne; autre du 20 Juin 1634, pour Toulouse, *art.* 28, cité ci-dessus, *n.* 12; Arrêt de Réglement du 10 Juillet 1665, *art.* 14.)

15. 8°. La taxe des épices doit être écrite de la main du Président, au bas de la minute du jugement. (Arrêt du Parlement de Toulouse du 9 Mars 1575, rendu pour le Présidial de la même ville,

art. 11, rapporté par Descorbiac, *tit.* 2, *chap.* 1, *pag.* 34; autre Arrêt du 1 Septembre 1629, pour Clermont-en-Auvergne; autre du 23 Octobre 1698, qui enjoint au Lieutenant-criminel de Riom, de faire mention à l'avenir au bas des Sentences par lui rendues, des épices qu'il se fera taxées; Lettres-patentes du 30 Décembre 1731, pour Pamiers, *art.* 27; Arrêt du Parlement de Toulouse du 2 Avril 1740, pour les Présidiaux de Toulouse, Rhodès, &c.; Edit des Epices du mois de Mars 1673, *art.* 4, qui ajoute que les Greffiers en feront mention sur les expéditions.)

Cette taxe doit être écrite au long, & non en chiffres. (Arrêt du 9 Mars 1575, *art.* 11, rendu pour le Parlement de Toulouse. Voyez Laroche-Flavin, en son Traité des Parlements, *liv.* 2, *chap.* 22, *art.* 20.)

16. Lorsque le procès a été rapporté par celui qui présidoit au jugement; c'est au Lieutenant-particulier, ou autre premier Juge, suivant l'ordre du Tableau, à écrire cette taxe. (Arrêt du Conseil du 20 Juin 1634, pour le Présidial de Toulouse, *art.* 28, rapporté par Descorbiac, *tit* 2, *chap.* 14.)

9°. Les épices de chaque procès appartiennent ordinairement, sçavoir, moitié au Rapporteur, & l'autre moitié aux autres Juges qui ont assisté au jugement, tant pour les procès civils, que pour les criminels. (Réglement du 24 Mai 1603, pour le Présidial de Bourg-en-Bresse, *art.* 48; autre du 18 Juillet 1677, pour Tours, *art.* 41; autre du 30 Juin 1689, pour Angoulême, *art.* 44; & tel est aussi l'usage du Châtelet d'Orléans.)

17. A Orléans, dans les procès criminels présidiaux, le Lieutenant-criminel a le tiers des épices, quoiqu'il ne puisse les rapporter; & dans ceux qui sont renvoyés au Siege, pour y être jugés en dernier ressort, il peut les rapporter; & dans ce cas, il a la moitié des épices. (Accord du 1 Mars 1657, passé entre le Lieutenant-criminel, & les Officiers du Présidial d'Orléans.)

Dans les procès de Maréchaussées, les Prévôts des Maréchaux participent aux épices, comme les autres Officiers du Siege. (Arrêt du Grand-Conseil du 30 Juin 1618, pour Orléans; autre du 4 Septembre 1624, pour Sens, cité ci-dessus, *n.* 13.)

Les Juges qui sont recusés, ou qui se feront déportés, doivent participer aux épices, comme s'ils avoient été présents & opiné; à la charge néanmoins de ne pouvoir s'excuser d'être Juges, que dans les cas de l'Ordonnance. (Réglement du 24

Mai 1603, pour Bourg-en-Bresse, *art. 19 ;* autre du 18 Juillet 1677, pour Tours, *art. 40 ;* Edit du mois de Septembre 1697, pour les Présidiaux de Franche-Comté, *art. 36 ;* autre Réglement du 16 Mars 1705, pour Autun, *art.* 21.)

18. Un Arrêt du Parlement du 23 Mai 1705, rendu entre le Bailli de la Châtre-en-Berri, & son Lieutenant, porte, que lorsque ledit Bailli, ou le Lieutenant, auront été valablement recusés, les épices du procès où l'un d'eux aura été valablement recusé, appartiendront en entier à l'autre.

Mais les Juges qui se trouvent parents, & qui par cette raison sont obligés de se déporter, doivent participer, comme les autres, aux épices.

Il en est de même des absents, pour les affaires du Roi & de la Justice. (Réglement du 24 Mai 1603, pour Bourg-en-Bresse, *art. 19 ;* Arrêt du Parlement du 18 Février 1618, pour Laon.)

Celui de Limoges du 23 Octobre 1638, *art. 20*, porte aussi que les Officiers députés pour le Corps, seront censés présents pour participer aux épices. (*Idem*, par le Réglement de Montargis du 11 Janvier 1647, *art. 45.*)

Les Juges empêchés pour maladie, sont aussi censés présents. (Arret du Parlement du 19 Décembre 1595, pour Tours, *art. 5*, rapporté par Filleau, *tom. 1, part. 1, tit. 4, chap. 16, pag. 180 ;* même Réglement du 24 Mai 1603, pour Bourg-en-Bresse, *art. 19 ;* Edit du mois de Décembre 1701, pour le Présidial de Tournai, *art. 16.*)

19. Les autres cas d'absence n'excusent point. Sur quoi il faut même observer que lorsqu'une fois un procès a commencé à être rapporté; & que l'avertissement, les griefs, ou quelqu'autres pieces pareilles, ont été lus, ceux qui entrent à la Chambre après cette lecture faite, ne peuvent assister au surplus de la visite, & ne participent point aux épices. (Réglement du 18 Juillet 1677, pour Tours, *art. 40 ;* autre du 16 Mars 1705, pour Autun, *art. 21.*)

Un Arrêt du Parlement du 5 Janvier 1646, pour Dorat, porte que le Lieutenant-particulier-civil, pourvu aussi de l'Office d'Assesseur & de premier Conseiller, ne pourra prendre doubles épices dans les procès, à cause de ses deux Offices. (Voyez Henris, *tom. 1, pag. 171.*)

Des Vacations des Procès de Commissaires.

20. L'article 17 de l'Edit des épices, du mois de Mars 1673, défend de juger aucun procès par Commissaires, ni de commettre par les Juges aucuns d'entr'eux, pour, aux jours & heures extraordinaires, faire les calculs, voir les titres, & arrêter les dates, & autres points & articles de fait.

Les articles suivants du même Edit exceptent seulement le Parlement de Paris, & les autres Cours, qui sont conservées dans l'usage de visiter par Commissaires certains procès dont il est fait mention. (Voyez les articles 18, 19, 20, 21, 22, 23, 26 & 27 de ce même Edit.)

A l'égard des Présidiaux, ils ne peuvent juger par Commissaires; cela leur est expressément défendu par l'article 30 de l'Ordonnance de Roussillon, & par l'article 135 de l'Ordonnance de Blois. Ce qui résulte aussi de la disposition de l'article 17 de l'Edit des épices du mois de Mars 1673, qu'on vient de citer.

ARTICLE III.

Devoirs des Juges touchant les Epices & Vacations.

21. 1°. Les Juges ne doivent prendre des épices & vacations, que dans le cas où cela leur est permis. (Ordonnance de Moulins, *art. 19*;) Voyez ci-après, *n.* 38 *& suivants*, quels sont les cas où les Juges le peuvent; & ceux où cela leur est défendu.)

L'article 53 de l'Arrêt de Réglement du 10 Juillet 1665, porte, que les épices ne pourront être augmentées au-delà de la taxe; à peine de concussion & de répétition du quadruple; dont il sera délivré exécutoire contre le Juge par le Juge royal supérieur, sur la plainte des parties, ou de l'une d'elles, après avoir oui le Juge.

2°. Ils doivent les taxer avec modération. (Ordonnance de Moulins, *art. 15.*) Un Arrêt du Parlement du 24 Avril 1630, pour Abbeville, rapporté par Néron, *tom.* 2, *pag. 616*, enjoint aux Juges de se taxer leurs salaires, & ceux de leurs Adjoints, Greffiers, ou Commis, modérément & suivant les Ordonnances; sans se taxer, outre leurs salaires, aucunes choses pour les procès-verbaux qu'ils dresseront en exécution.

22. 3°. Il leur est enjoint d'écrire au bas de leurs minutes, & autres actes de Justice, la taxe qu'ils feront de leurs vacations. (Arrêt du Parlement du 12 Avril 1661, pour Soissons.)

L'article 44 du Réglement du 24 Mai 1603, pour Bourg-en-Bresse, défend aux Officiers dudit Siege de prendre, de leur autorité, sous couleur de vacations, épices, salaires, ou autres droits, aucunes choses des parties; à moins qu'il n'ait été préalablement taxé, & la taxe mise au pied des actes.

L'article 1 de l'Edit des épices, du mois de Mars 1673, défend aussi à tous Juges, même à ceux des Cours, de prendre, ni recevoir autres droits, sous quelque prétexte que ce soit. Ce qui est conforme à l'Ordonnance du mois d'Octobre 1493, *art. 16;* & à l'Ordonnance de 1535, *chap. 1, art. 61.* (*Idem* par le Réglement du 10 Juillet 1665, *art. 15.*)

23. 4°. Ils doivent les recevoir par les mains des Greffiers, ou autres personnes chargées par l'ordre des Compagnies, qui en tiendront registre; à la marge desquels ceux qui les auront reçus, doivent mettre leur reçu; sans que lesdits Juges, ou leurs Clercs, puissent les venir prendre, ni recevoir par les mains des parties, ou autres personnes; ni les Greffiers percevoir pour raison de ce aucuns droits. (Edit des épices, du mois de Mars 1673, *art. 5;* Voyez aussi l'Ordonnance du mois de Juillet 1493, *art. 16;* autre du mois de Mars 1498, *art. 57* & *100;* autre du mois d'Octobre 1535, *chap. 8, art. 15;* Réglement du 24 Mai 1603, pour Bourg-en-Bresse, *art. 43;* autre du 11 Janvier 1647, pour Montargis, *art. 37;* autre du 12 Avril 1661, pour Soissons; autre du 23 Juillet 1676, pour le Duché de Mazarin; autre du 10 Juillet 1665, *art. 14;* autre du 15 Mai 1714, pour la Comté de Pont-Chartrain, titre *Des Juges*, art. 11.) L'article 8 de l'Arrêt du Parlement du 28 Août 1758, rendu pour Compiegne, porte, que le Greffier les remettra vingt-quatre heures après aux Officiers à qui elles appartiennent.

24. 5°. Les Juges ne doivent point aussi recevoir les épices, ni les exiger d'une maniere indécente. Ainsi ils ne doivent point les faire consigner. (Arrêt du 3 Juillet 1655, pour Saint-Pierre-le-Moutier, rapporté au Journal des Audiences; Arrêt de Réglement du 10 Juillet 1665, *art. 14;* autre du 23 Juillet 1676, pour le Duché de Mazarin; autre du 7 Août 1683, pour Châlons-sur-Marne; autre du 1 Février 1694, pour Fresnai; autre du 8 Août 1709, rapporté au Journal des Audiences; autre du

15

15 Mai 1714, pour le Comté de Pont-Chartrain, au titre *Des Juges*, art. 11; autre Arrêt du Parlement de Toulouse du 20 Août 1717, rapporté au Recueil des Reglements de ce Parlement, *tom. 1, pag. 212.*)

25. Une Déclaration du Roi du 26 Février 1683, enrégistrée aux Parlements de Rouen & de Dijon, veut que les procès, tant civils que criminels, pendants ès Cours & Sieges subalternes, soient incessamment rapportés & jugés, quand ils seront en état de l'être, encore que les épices n'aient été consignées; à peine de nullité du jugement, & de concussion contre le Rapporteur; défendant tout usage contraire; sans préjudice néanmoins des vacations pour les procès qui seront de Commissaires, dont la consignation pourra être faite par avance, ainsi que par le passé.

L'exécution de cette Déclaration a été ordonnée pour tout le ressort du Parlement de Paris, par Arrêt de la même Cour du 24 Mars 1749.

Il en est de même des vacations pour les actes d'instruction & de jurisdiction volontaire, ou autres actes qui se font à l'hôtel du Juge, tant en matiere civile que criminelle. L'article 5 du titre 8 des Lettres-patentes du 18 Juin 1769, servant de réglement pour l'administration de la Justice dans la Province de Normandie, fait défenses aux Greffiers d'obliger les parties à garnir, (c'est-à-dire à consigner,) pour les tuteles, curateles, émancipations, ou autres actes qui se font au Greffe; sauf à eux à se faire payer desdits actes lorsque les parties les levent; ce qui résulte aussi évidemment de l'article 16 du titre 25 de l'Ordonnance criminelle de 1670. Un Arrêt des Grands-Jours de Poitiers du 15 Janvier 1689, *art. 39*, a aussi jugé que la partie civile n'étoit pas tenue d'avancer les frais de l'interrogatoire d'un accusé, & que le Juge ne pouvoit l'y contraindre; à peine de concussion. (*a*)

(*a*) C'est un très grand abus de la part de plusieurs Greffiers-criminels, de faire consigner aux parties, ou à leurs Procureurs, une somme pour payer d'avance les droits du Greffe, ou ceux des Juges, contre la disposition précise des Ordonnances & Réglements; & les Juges ne sçauroient trop faire tout ce qui dépend d'eux pour y apporter remede. Ce n'est que lorsque la partie civile, ou l'accusé, vont lever une Sentence ou Ordonnance, ou Décret, que le Greffier peut faire payer ces droits, ou vacations; mais il ne le peut auparavant.

26. 6°. Les Juges ne peuvent décerner aucuns exécutoires en leur nom, pour raison de leurs épices, ni au nom de leurs Greffiers & Receveurs, à peine de concussion; mais ils peuvent seulement en délivrer aux parties qui les auront déboursés. (Arrêt de Réglement du 10 Juillet 1665, *art. 14 ;* Edit des épices du mois de Mars 1673, *art. 7 ;* autre Edit du mois de Février 1691, portant création des Receveurs des épices; Arrêt de Réglement du Parlement de Paris du 21 Janvier 1565, rapporté par Bouchel en sa Bibliotheque, au mot *Epices ;* autre du 10 Février 1596, contre les Officiers de l'Election de Château-Thiery, rapporté *ibid. ;* autre du 12 Avril 1603, contre le Lieutenant-criminel d'Amboise, rapporté par Papon, *liv. 18, tit. 3, n. 4 ;* autres Arrêts du Parlement de Provence des 13 Janvier 1636, 2 Juin 1642, & 12 Avril 1647, rapportés par Boniface, *tom. 1, liv. 1, tit. 1, n. 13 & 14 ;* autre du 3 Juillet 1665, contre les Officiers de Saint-Pierre-le-Moutier, rapporté au Journal des Audiences; autre Arrêt du Parlement de Provence du 3 Février 1670, rapporté par Boniface, *tom. 3, liv. 1, tit. 4, chap. 9*, qui casse une contrainte pour épices, décernée par le Lieutenant d'Arles; autre Arrêt du 23 Juillet 1676, pour le Duché de Mazarin; autre du 9 Juin 1679, rendu en forme de Réglement, rapporté par Boniface, *tom. 3, liv. 1, tit. 4, chap.* 8; autre du 22 Mai 1683, pour Riom; autre du 1 Février 1694, pour Fresnai; autre du 23 Avril 1704, rapporté au Journal

---

Le remede qu'on peut opposer à cet abus, est tres facile, si le Juge est bien intentionné., il ne doit point renvoyer les parties au Greffe, comme font quelques Juges Criminels. En effet, les parties n'ont pas besoin du Greffier, ni de s'adresser à lui quand elles donnent une plainte, mais seulement quand il s'agit d'expédier le décret, ou quelqu'autre Ordonnance ou jugement sur l'information; ainsi que je viens de l'observer; car la permission d'informer se met au bas de la requête présentée par le plaignant, & il n'est pas nécessaire qu'il y en ait minute. Ainsi, pour recevoir l'information, il suffit, après que la plainte a été déposée au Greffe, que le Juge fasse avertir le Greffier, qui ne peut alors refuser son ministere. Surquoi il faut encore observer que les Greffiers ne peuvent percevoir aucun droit, ni vacation, tant pour eux que pour les Juges, à moins qu'il n'ait été taxé, & la taxe écrite de la main desdits Juges. (Arret de Réglement du 24 Mai 1603, pour Bourg-en-Bresse, *art.* 44; Voyez aussi ce qui a été dit ci-dessus, *n.* 22.)

des Audiences ; qui a jugé que les Officiers des Greniers à sel, ne peuvent décerner aucuns exécutoires pour raison de leurs épices, droits & vacations, ni pour les droits & salaires de leurs Greffiers ; sur les peines portées par les Ordonnances ; autre Réglement du 15 Mai 1714, pour le Comté de Pont-Chartrain, au titre *Des Juges*, art. 11.)

27. Et il en est de même des vacations pour les actes d'instruction de jurisdiction volontaire, & autres actes qui se font à l'Hôtel. L'Ordonnance de 1670, *tit. 25, art. 16*, porte, que les Juges ne pourront décerner exécutoire contre la partie civile pour leurs droits & vacations, ni pour les droits & salaires de leurs Greffiers. L'article 18 ajoute, à peine de cent cinquante livres d'amende, à laquelle, en cas de contravention, ils seront condamnés par les Juges supérieurs.

La Déclaration du 22 Octobre 1707, défend même aux Officiers qui ont réuni les charges de Commissaires aux inventaires, de décerner aucuns exécutoires pour le paiement de leurs épices & vacations.

7°. Il est défendu aux Greffiers de refuser la communication des Jugements & Sentences qui ont été mises aux Greffes, encore que les épices & vacations n'aient point été payées ; à peine de soixante livres d'amende contre les Greffiers des Cours, & de 30 livres contre ceux des autres Justices, qui ne pourra être remise, ni modérée, faute par eux de satisfaire dans la huitaine, à la premiere sommation qui leur aura été faite, ou à leurs Clercs, ou Commis. (Edit des épices du mois de Mars 1673, *art. 5*; Réglement du 23 Juillet 1676, pour le Duché de Mazarin ; autre du 15 Mai 1714, pour le Comté de Pont-Chartrain, au titre *Des Juges*, art. 11.)

28. 8°. Il est pareillement défendu aux Greffiers de retenir les pieces & productions des parties, sous prétexte que les épices n'ont point été payées. (Ordonnance de 1667, *tit. 31, art. 4*; Réglement de Pont-Chartrain du 15 Mai 1714, titre *Des Juges*, art. 11.) Il s'étoit à la vérité introduit à cet égard un usage contraire & abusif en plusieurs Sieges ; & l'on trouve même au Journal des Audiences un Arrêt du 12 Avril 1661, rendu pour Soissons, qui fait défenses aux Greffiers dudit Siege, de rendre les productions aux parties, à moins que les épices & vacations n'aient été payées. Un autre Arrêt du Parlement de Toulouse du 15 Mai 1625, rapporté par Descorbiac, *tit. 20, chap. 3*, rendu en forme

de Réglement, renferme aussi une pareille disposition; ainsi qu'un autre Arrêt du Parlement du 17 Juillet 1540, rapporté par Filleau, *tom.* 1, *part.* 1, *tit.* 3, *chap.* 3, qui porte, que le Rapporteur retiendra les faits des procès, jusqu'à ce que les parties aient mis les épices aux Greffes. Mais l'article 4 du titre 31 de l'Ordonnance de 1667, a sagement remédié à cet abus, en obligeant les Greffiers de délivrer aux Procureurs des parties les productions des procès rapportés; à peine, en cas de refus, de trois livres d'amende contre le Greffier par chacun jour, dont il sera délivré exécutoire à la partie. D'un autre côté, l'article 15 du titre 11 de la même Ordonnance, veut que dans les trois jours après que le procès a été jugé, le Rapporteur mette au Greffe le *dictum* du jugement, & le procès en entier.

Néanmoins on prétend que l'usage du Parlement de Paris, est que les sacs, pieces & productions, ne peuvent se demander au Greffier, que lorsque les épices sont payées. Mais si cet usage a lieu, il est facile de voir que c'est un usage abusif, & entiérement contraire à la disposition de l'Ordonnance de 1667.

29. 9°. Les Juges ne peuvent refuser de signer leurs Sentences & jugements, ni en différer la prononciation, ainsi que leurs Greffiers, faute de paiement des épices. (Ordonnance d'Orléans, *art.* 62; Arrêt du 29 Mai 1643, rapporté par Boniface, *tom.* 1, *liv.* 1, *tit.* 26, *n.* 2; Ordonnance de 1670, *tit.* 13, *art.* 29; Arrêt de Réglement du 21 Juin 1684, pour les Officiers de la Prévôté d'Orléans.)

Et il est défendu à plus forte raison, aux Juges de retenir un accusé prisonnier, faute de paiement d'épices, ou vacations, lorsque son élargissement a été prononcé. (Ordonnance de 1670, *ibid.* tit. 13, art. 29.)

30. L'Arrêt de Réglement de la Cour du 3 Septembre 1667, enjoint aux Juges & Greffiers, ou Clercs de Greffes, ayant serment à Justice, qui auront travaillé sous lesdits Juges, de signer les minutes de toutes les informations, procès-verbaux, & autres actes auxquels ils auront travaillé, en même-temps que chacun desdits actes seront faits, quoiqu'ils ne soient point payés de leurs vacations; sans différer à les signer, jusqu'après le paiement fait desdites vacations. (*Idem*, par le Réglement de Pont-Chartrain, titre *Du Greffier*, art. 27.)

Un autre Arrêt du Parlement de Grenoble du 18 Décembre 1608, rapporté par Basset, *tom.* 2, *liv.* 9, *tit.* 2, *chap.* 2, défend aux Juges de différer l'instruction des causes criminelles, sous prétexte de n'être point payés de leurs vacations & procédures, à peine de mille livres d'amende.

31. 10°. Les Juges ne peuvent prendre aucune promesse, ou obligation, pour raison de leurs épices, droits & vacations. (Arrêt des Grands-Jours de Clermont du 30 Janvier 1666; autre Arrêt du 15 Janvier 1684, rapporté aux Reglements de Justice, *tom.* 1, *pag.* 200, qui fait défenses à tous Juges, Officiers, Greffiers, Notaires & Sergents, de prendre directement, ou indirectement, aucune promesse, ou obligation, sous leurs noms, & sous ceux d'autres personnes, pour les taxes salaires, & vacations qui leur appartiendront pour toutes expéditions de Justice par eux faites, ou par les Officiers du même Siege; à peine d'interdiction de leurs charges, & de tous dépens, dommages & intérêts des parties.)

. Mais les Greffiers ne peuvent expédier aucunes Sentences, Jugements & Ordonnances, soit en forme, extrait, ou copie, qu'au préalable, les épices n'aient été payées; à peine d'en répondre en leur propre & privé nom, & de suspension de leurs charges. (Déclaration du 21 Novembre 1610, rapporté par Descorbiac, *tit.* 20, *chap.* 2.)

32. 11°. Tous Juges, Enquêteurs, Greffiers, Adjoints, Notaires, Sergents, & autres Officiers de Justices, leurs Clercs & Commis, doivent écrire & parapher de leurs mains tout ce qu'ils auront reçu des parties, tant pour les Juges, que pour le Procureur du Roi, & pour eux; soit pour épices, vacations, salaires, & autres causes; & de faire mention du nom des personnes par les mains desquelles ils les auront reçues; le tout à peine de concussion, & de privation de leurs Offices. (Ordonnance de Blois, *art.* 159; Edit du mois de Mars 1673, touchant les épices, *art.* 5; Arrêt de Réglement du 23 Juillet 1676, pour le Duché de Mazarin; autre du 21 Avril 1679, pour Richelieu, *art.* 15; Edit du mois de Janvier 1685, pour le Châtelet de Paris, *art.* 29; Réglement des Grands-Jours de Poitiers du 15 Janvier 1689, *art.* 41; autre du 15 Mai 1714, pour Pont-Chartrain, au titre *Du Greffier*, art. 27.)

33. Les Greffiers doivent aussi, dans les expéditions qu'ils délivrent aux parties, des jugements, ordonnances, procès-verbaux, & autres actes, faire mention des épices & vacations qu'ils ont reçues, pour raison desdits jugements, & autres actes; afin que celui qui gagnera sa cause, puisse répéter lesdites épices, & autres

droits, contre sa partie. (Ordonnance de Roussillon, *art. 34*; Ordonnance d'Orléans, *art. 80*; Arrêt de Réglement du 10 Juillet 1665, *art.* 22 & 32; Edit des épices du mois de Mars 1673, *art. 4*; Réglement de Pont-Chartrain du 15 Mai 1714, titre *Du Greffier*, art. 27.)

34. 12°. Un autre devoir des Juges, est qu'il leur est défendu, ainsi qu'aux Procureurs du Roi, ou Fiscaux, Greffiers, Procureurs, & Sergents, de prendre aucuns repas aux dépens des parties; à peine de concussion & d'amende arbitraire, & de répétition du quadruple. (Arrêt de Réglement du 10 Juillet 1665, *art. 54.*)

ARTICLE IV.

Devoirs des Juges supérieurs, touchant les Epices & Vacations.

35. Lorsque les épices & vacations portées par les Sentences, & autres actes des Juges inférieurs, sont excessives, & au-dessus des droits qu'il leur est permis de prendre par les Réglements, les Juges supérieurs des Sieges où ressortit l'appel de leurs jugements, doivent y pourvoir, & en ordonner la restitution, tant contre le Rapporteur, que contre celui qui les aura taxées; & user même contre eux de plus grande peine, s'il y échet. (Ordonnance de Blois, *art. 128*; Edit du mois de Mars 1673, touchant les épices, *art. 16*; Arrêt de Réglement du 10 Juillet 1665, *art. 53*, qui ajoute, à peine de concussion & de restitution du quadruple.)

36. Les Présidiaux, dans les affaires qui sont au premier chef de l'Edit, peuvent prononcer en dernier ressort sur ces sortes de restitutions. Cela est ainsi porté par un Arrêt du Conseil du 21 Août 1684, servant de Réglement pour les Présidiaux de Languedoc, & rapporté par Bornier sur l'article 16 de l'Edit des épices du mois de Mars 1673, qui ordonne que les restitutions d'épices, & autres droits, auxquels les Officiers des Sénéchaussées auront été condamnés par Arrêt du Parlement de Toulouse, seront poursuivies à la diligence du Procureur-Général audit Parlement, pour ensuite être délivrées à ceux au profit desquels elles auront été jugées. Et par ce même Arrêt, Sa Majesté ordonne qu'il en sera usé de même par les Procureurs du Roi des Présidiaux, lorsque les premiers Juges, ou autres Officiers des Justices subalternes

auront été condamnés en de semblables restitutions par jugement présidial, & en dernier ressort.

37. Il résulte aussi de ce Réglement, que pour pouvoir ordonner la restitution des épices contre un Juge inférieur, il n'est pas nécessaire que cela se fasse sur la plainte des parties privées, ou de l'une d'elles, n'y d'entendre le Juge contre lequel la restitution est ordonnée. C'est aussi ce qui résulte de la disposition de l'article 128 de l'Ordonnance de Blois, & ce qui s'observe dans l'usage.

Néanmoins l'article 53 de l'Arrêt de Réglement du 10 Juillet 1665, qu'on vient de citer, porte, qu'il ne pourra être délivré exécutoire par le Juge supérieur pour la restitution du quadruple, contre le Juge qui aura pris des épices excessives, que sur la plainte des parties, ou de l'une d'elles, après avoir oui le Juge.

Au reste, dans le cas où un Juge a été condamné à restituer des épices, il a la voie d'opposition devant le Juge qui a prononcé cette restitution, pour être entendu dans ses moyens de défenses.

ARTICLE V.

Des cas où les Juges peuvent prendre des Epices ou Vacations; & de ceux où il leur est défendu d'en prendre.

§. I.

Des cas où il est permis aux Juges de prendre des Epices, tant en matiere civile, que criminelle.

38. 1°. En matiere civile, les Juges peuvent prendre des épices dans tous les procès par écrit qu'ils ont rapportés; soit que ces procès aient été appointés en droit, ou à mettre. (Voyez quels sont les cas où les Juges peuvent appointer en droit, ou à mettre, ci-dessus, au titre *Des Audiences & Jugements*, part. 4, tit. 1, n. 26 & suivants.)

Les procès concernant le Domaine du Roi, sont du nombre de ceux dans lesquels il est permis aux Juges de prendre des épices. (Ordonnance du mois de Mai 1543, *art. 7*; Ordonnance de Blois, *art. 129.*) Cette derniere dit seulement, gros procès domaniaux.

2°. En matiere criminelle, les Juges peuvent prendre des épices pour toutes les Sentences diffinitives des procès de rapport où il y a partie civile.

Et aussi pour entérinements de Lettres de grace.

§. II.

Des cas où il est permis aux Juges de prendre des Vacations, tant en matiere civile que criminelle.

39. Il y a plusieurs cas où les Juges d'instruction, & autres, auxquels appartient le droit de faire les actes de jurisdiction volontaire, & autres actes qui se font à l'hôtel, peuvent prendre des droits & vacations, pour raison de ces actes; *v. g.* pour audition de témoins, apposition de scellés, actes de tutele, *&c.* Tous ces cas sont connus, & les droits en sont taxés par des Réglements particuliers. (Voyez quels sont tous ces droits, tant pour les Justices royales, que pour les Justices seigneuriales, dans les Tarifs ci-après, *n. 103 & suiv.*) Voici seulement quelques regles particulieres que les Juges doivent observer, touchant les scellés; ainsi que les Commissaires.

Observations particulieres sur les devoirs des Juges & Commissaires, touchant les Scellés.

40. 1°. Les Juges, (& il en est de même des Commissaires-Enquêteurs-Examinateurs qui les représentent,) ne doivent point apposer le scellé sur les biens d'un défunt; ni les Procureurs du Roi, ou Fiscaux, le requérir; à moins qu'il n'y ait une requête présentée à cet effet par les parties intéressées, encore qu'il y ait des mineurs, ou absents. (Ordonnance de Blois, *art. 164*; Arrêt du Parlement des 30 Décembre 1615, 7 Août 1617, & 16 Juillet 1619; autre Arrêt de Réglement du 10 Juillet 1665, *art.* 18 & 56; autres des 3 Septembre 1667, 15 Juillet 1684, & 23 Avril 1692; Réglement du 23 Juillet 1676, pour le Duché de Mazarin; autre du 15 Mai 1714, pour le Comté de Pont-Chartrain, au titre *Des Juges*, art. 3.)

Néanmoins, en cas d'absence des héritiers légitimes, les Juges, ou Commissaires, sur la réquisition du Procureur du Roi, ou Fiscal

cal, peuvent appoſer le ſcellé. (Même Réglement du 10 Juillet 1665, *art.* 18; Arrêt du 15 Janvier 1707.)

41. Il en eſt de même, ſi le défunt a laiſſé pour héritiers, des mineurs qui n'auroient point de tuteur; ou ſi les mineurs ayant un tuteur, ce tuteur étoit abſent. (Arrêt du 6 Février 1706, rapporté au Journal des Audiences.) Dans le premier de ces deux cas où les mineurs n'ont point de tuteur, après le ſcellé appoſé, il doit être procédé à la nomination du tuteur, à la pourſuite du parent le plus prochain qui ſe trouvera ſur le lieu, ou du Procureur du Roi, ou Fiſcal, s'il n'y a point de parent; & enſuite, ſi beſoin eſt, à l'inventaire, par un Notaire, lequel doit être payé de ſes vacations, ſans que la préſence du Juge, ou autre Officier, y ſoit néceſſaire. (Arrêt de la Cour du 12 Janvier 1666; autre du 3 Septembre 1667; autre du 15 Janvier 1684.)

Mais il faut obſerver que les Juges, & autres Officiers ne peuvent prendre aucunes vacations, ni ſalaires, pour les appoſitions des ſcellés & inventaires qu'ils font ſans réquiſition des parties, lorſque les meubles, beſtiaux & autres effets mobiliers, délaiſſés par le défunt, ne montent qu'à la ſomme de deux cents livres, & au deſſous. (Mêmes Arrêts des 3 Septembre 1667, & 15 Janvier 1684.)

2°. Les Juges, ou Commiſſaires ne peuvent lever les ſcellés; même ceux qu'ils ont appoſés, ſans être requis par les parties qui y ont intérêt; & ſi c'eſt un Commiſſaire qui les a appoſés, il ne peut les lever ſans ordonnance de Juſtice.

42. 3°. Ils ne peuvent ſubſtituer d'autres Officiers en leur place, ſoit Greffiers, Huiſſiers, ou autres perſonnes, pour l'appoſition, reconnoiſſance & levée des ſcellés; mais ils doivent y travailler en perſonne, & faire rédiger les actes par leurs Greffiers, ou Clercs, dont ils dreſſeront procès-verbal, en la maniere accoutumée; à peine de nullité, & de cinq cents livres d'amende, & de répondre des dommages & intérêts des parties. (Réglement du 10 Juillet 1665, *art.* 18; Arrêt du 22 Juin 1735, pour Angers, dont l'exécution a été ordonnée par un autre Arrêt poſtérieur du 27 Juin 1741.)

Néanmoins l'Auteur du Traité des Scellés & Inventaires, *liv.* 3, *chap.* 3, *pag.* 489, de l'édition de 1756, prétend que dans quelques villes de Picardie les ſcellés s'appoſent par les Huiſſiers de la Juriſdiction, en conſéquence de l'ordonnance du Juge; ce que l'article 56 du Réglement du 10 Juillet 1665, semble aussi supposer, lorsque les parties intéressées le requierent par écrit.

4°. Les Juges, ou autres Officiers qui procedent à la confection des scellés, ou inventaires, par un motif d'intérêt public, *v. g.* pour la conservation des titres d'un office, *&c.*, ne peuvent prendre aucunes vacations. (Réglement du 23 Juillet 1676, pour le Duché de Mazarin; Arrêt du Parlement du 17 Décembre 1701; Réglement de Pont-Chartrain du 15 Mai 1714, au titre *Des Juges*, art. 4.)

5°. En procédant aux scellés, ou inventaires, ils ne peuvent faire aucunes dépenses de bouche dans les maisons des parties. (Réglement du 10 Juillet 1665, *art.* 18 & 57.)

Des cas où il est permis aux Juges & Commissaires de prendre des Vacations en matiere criminelle.

43. En matiere criminelle, il est permis aux Juges de prendre des vacations : sçavoir,

1°. Pour recevoir une plainte, dans le cas de l'article 2 du titre 3 de l'Ordonnance-criminelle de 1670.

2°. Pour les auditions de témoins entendus dans une information.

Ainsi que pour les récolements & les confrontations. Et où le récolement & la confrontation se feroient en même temps, la taxe pour chaque témoin récolé & confronté, ne peut excéder dix sols. (Arrêt de Réglement du 10 Juillet 1665, *art.* 42.)

3°. Pour les décrets de prise-de-corps, ou d'ajournement personnel.

4°. Pour les interrogatoires d'accusés; mais ils ne peuvent rien prendre desdits accusés pour ces interrogatoires. (Ordonnance de 1670, *tit.* 14, *art.* 16; Edit du mois de Janvier 1685, pour le Châtelet de Paris, *art.* 28; Code Henri, *liv.* 2, *tit.* 22, *n.* 5 & 6.)

§. III.

Des cas où il est défendu aux Juges de prendre des Epices, tant en matiere civile que criminelle.

I.

En matiere civile.

44. 1°. Dans toutes les causes où les Procureurs du Roi, ou Fiscaux, sont parties pour le Roi, il n'est pas permis aux Juges de prendre, ni de se taxer aucunes épices, (Ordonnance de Blois, *art.* 129;) à la réserve seulement des gros procès domaniaux, ainsi qu'il a été observé ci-dessus, *n.* 38. Voyez ce qui est dit ci-après, n. 62.

Ce qui a pareillement lieu en matiere de Police, quand les Procureurs du Roi, ou Fiscaux sont seuls parties. (Réglement de Chandon du 16 Décembre 1583, pour la Police de la ville d'Orléans; Arrêt du Conseil du 13 Juillet 1569, pour la Police de la même ville; autre Arrêt du Parlement du 19 Décembre 1708, pour Angers.)

Il en est de même des procès en matiere criminelle, dans lesquels il n'y a point de partie civile, & qui se poursuivent à la requête du Ministere public. (Arrêt du Parlement du 29 Novembre 1596, rendu pour Lyon, *art.* 23, rapporté par Joly, *pag.* 1020; Réglement des Grands-Jours de Clermont du 10 Décembre 1665, *art.* 23; Autre des Grands-Jours de Poitiers du 15 Janvier 1689, *art.* 40; Arrêt du 15 Mai 1714, pour le Comté de Pont-Chartrain, titre *Des Juges*, art. 15; autre du Parlement de Toulouse du premier Juillet 1747, *art.* 5, rapporté au Recueil de Toulouse, *tom.* 1, *pag.* 560.)

45. 2°. Il est défendu aux Juges de prendre des épices & vacations des parties qu'ils sçauront être pauvres. (Arrêt des Grands-Jours de Clermont du 10 Décembre 1665; autre du Parlement de Toulouse du 31 Octobre 1550, rendu pour Beziers, rapporté par Descorbiac, *tit.* 9, *chap.* 15, *pag.* 342;) Ce qui est conforme à la disposition de la Loi, *Sit tibi quoque*, in Authent. *De mandatis principum*, collat. 4, où il est dit que *Judices debent gratis audire litigantes, si sint pauperes.*

C'est en conséquence de cette maxime, que les Juges ne peuvent prendre des épices aux procès & expéditions des Hôpitaux, ainsi qu'il a été jugé par un Arrêt du Parlement de Provence du 26 Octobre 1671, rapporté au Recueil des Arrêts du Parlement de Provence, imprimé en 1744, *in-4°.*, pag. 107.

Et il en est de même des procès des mendiants. (Arrêts du Parlement de Toulouse des 26 Août 1553, & 29 Avril 1559, rapportés par Laroche-Flavin en son Traité des Parlements, *liv.* 2, *chap.* 8 & 9, *n.* 71.)

Mais s'ils obtiennent condamnation, on peut leur prendre des épices; parce qu'alors ils en obtiennent le remboursement. (Laroche-Flavin, *ibid.*)

46. 3°. Les Juges ne peuvent pareillement prendre épices ni vacations dans les affaires peu importantes, quoiqu'appointées en droit, ou à mettre. L'Arrêt de Réglement de l'année 1627, rendu pour le Présidial de Laon, rapporté par Filleau, *tom.* 1, *pag.* 198, dit, quand les affaires n'excéderont dix livres. Voyez aussi l'article 24 de l'Arrêt de Réglement du 10 Juillet 1665.

L'article 21 du même Réglement du 10 Juillet 1665, dit, en général, que les causes sommaires, & toutes autres non excédentes cent livres, seront jugées à l'Audience, ou sur vu de pieces, sans prendre aucunes épices, ni autres salaires.

47. 4°. Il est défendu aux Juges de prendre aucuns droits pour les Sentences, & autres actes qui s'expédient à l'Audience; à peine de concussion. (Arrêt du Parlement du 27 Avril 1602, pour Macon, rapporté par Joly, *pag.* 131; Réglement du 10 Juillet 1665, *art.* 52; autre du 23 Juillet 1676, pour le Duché de Mazarin; autre Arrêt du 3 Septembre 1711; Réglement du 15 Mai 1714, pour le Comté de Pont-Chartrain, titre *Des Juges*, art. 8; autre Arrêt du 3 Septembre 1714, contre le Juge de la Mothe-Diversai.)

Ni pour les droits de signatures & paraphes des Sentences & Jugements. (Edit des épices du mois de Mars 1673, *art.* 9.) Mais depuis cet Edit, le droit de signature & paraphe a été établi en faveur des Présidents des Sieges-Présidiaux, par un Edit du mois de Février 1705, pour arrêter & parapher les jugements rendus l'Audience de leur Siege; & par une Déclaration du Roi du 4 Août 1705, il a été permis aux mêmes Présidents de disposer de ce droit, & de le vendre & désunir. Ce droit est de cinq sols pour chaque jugement diffinitif; & de quatre sols, pour les jugements interlocutoires,

48. Par une autre Déclaration du 17 Février 1688, rendue pour les Elections, *art. 14*, les Elus sont autorisés à se taxer quinze sols pour chaque Sentence contradictoire & diffinitive qu'ils rendront à l'Audience.

5°. Il est défendu aux Juges de prendre des épices dans les affaires qui se jugent sur le Bureau, ou qui se déliberent sur le registre. (Arrêt de réglement du 3 Septembre 1667, qui dit, à peine de concussion, & de restitution du quadruple; autre Arrêt du 15 Mai 1714, pour le Comté de Pont-Chartrain, titre *Des Juges*, art. 8.)

C'est par cette raison qu'il est défendu aux Juges de prendre des épices dans les matieres sommaires; parce que ces affaires doivent être jugées à l'Audience, ou sur le Bureau. (Ordonnance de 1667, *tit. 17, art. 8 & 10*; Réglement du 10 Juillet 1665, *art. 21.*)

49. Et il en est de même dans toutes les affaires qui requierent célérité. (Arrêt de l'année 1627, servant de Réglement pour les Officiers du Présidial de Laon, rapporté par Filleau, *tom. 1, pag. 198;*) comme sont les affaires de Police. (Arrêt du Parlement du 19 Décembre 1708, contre les Officiers du Présidial d'Angers, ci-dessus cité.)

6°. On ne peut prendre d'épices en matiere de déclinatoires, renvois & incompétences, tant en matiere civile, que criminelle. (Arrêt du 13 Août 1693, rendu pour les Officiers du Présidial d'Angoulême, rapporté au Journal des Audiences; Ordonnance de 1667, *tit. 6, art. 8.*)

7°. Ni en général, pour jugements interlocutoires, & de simple instruction. (Edit des Présidiaux du mois de Janvier 1551, *art. 7*; Arrêt de réglement du 10 Juillet 1665, *art. 21.*)

50. 8°. Ni pour jugements rendus sur requête d'une partie, sans ouir l'autre, tant en matiere civile, que criminelle; à peine de concussion & des dépens, dommages & intérêts contre celui qui aura fait la taxe; si ce n'est qu'en matiere criminelle, il y ait procès-verbaux, ou informations concernant les crimes, jointes à la requête. (Edit des épices de 1673, *art. 10*; Ordonnance de Blois, *art. 131*; Réglement du 30 Juin 1689, pour Angoulême, *art. 46*; autre du 10 Juillet 1688, rendu contre le Lieutenant-Général de Melun; autre du 16 Mars 1705, rendu pour Autun, *art. 5*; autre du 15 Mai 1714, pour Pont-Chartrain, titre *Des Juges*, art. 8; ce qui est aussi conforme à l'article 33 de l'Ordonnance de Roussillon; & à l'Ordonnance du mois de Janvier 1597.)

51. Ainsi, on ne peut prendre aucunes épices pour des Sentences, ou Arrêts de défenses, qui s'accordent ordinairement sur la requête d'une partie, sans entendre l'autre; soit qu'il y ait vu de pieces, ou non. (Arrêt de réglement du 10 Juillet 1665, *art. 21*; Ordonnance de 1670, *tit. 12*, *art. 8.*)

9°. Ni pour Sentences, & autres Jugements rendus sur défauts & congés. (Ordonnance de 1667, *tit. 5*, *art. 4*; *& tit. 11*, *art. 5*; Réglement du 10 Juillet 1665, *art. 43*; Edit des épices de 1673, *art. 12.* (*a*)

52. 10°. Ni pour appointements volontaires, & passés d'accord entre les parties. (Arrêt de réglement du 14 Août 1617, pour Bourges, *art. 83*; autre du 12 Avril 1661, pour Soissons; autre du 10 Juillet 1665, *art. 36*; autre des Grands-Jours de Clermont du 30 Janvier 1666.)

L'article 3 de l'Edit des épices du mois de Mars 1673, porte, que lorsqu'en matiere bénéficiale, après la communication au Parquet, toutes les parties seront d'accord de passer appointement à l'Audience sur la maintenue diffinitoire des bénéfices contentieux, s'il intervient Arrêt portant que les titres & capacités des parties seront vues, il ne pourra, dans ce cas, être taxé aucunes épices pour le rapport, visite & jugement du procès.

(*a*) Par Edit du mois de Mai 1691, le Roi a créé des Officiers de Conseillers, Vérificateurs & Rapporteurs de défauts, faute de comparoître & de défendre; & il a été permis à ces Officiers de prendre pour le jugement de ces défauts 30 sols en toutes affaires excédentes vingt livres: & à l'égard de celles au-dessous de vingt livres, il a été ordonné qu'elles se jugeroient comme il a été prescrit par l'Ordonnance de 1667.

Par Arrêt du 7 Août 1691, ceux de ces offices qui n'avoient pas été levés, ont été unis & incorporés aux Corps des Officiers de chaque Siege, auxquels on a accordé ces mêmes droits de 30 sols pour le jugement des défauts dans les affaires excédentes vingt livres; & au-dessous, le sol pour livre.

Mais par Edit du mois d'Août 1706, ces offices ont été supprimés. Les droits cependant ne l'ont pas été; & ils ont seulement été réduits, sçavoir, à vingt sols, au-lieu de trente sols pour les affaires excédentes vingt livres; & pour celles de vingt livres & au-dessous à huit deniers, au-lieu du sol pour livre. Depuis par Edit du 3 Août 1732, ces droits ont été réduits aux trois quarts. A l'égard des défauts qui s'obtiennent au Parlement, il n'a pas été créé d'offices pour le Jugement de ces défauts; mais les Conseillers au Parlement, & les Substituts de M. le Procureur-Général, ont été autorisés à percevoir les mêmes droits qu'ils percevoient avant l'Ordonnance de 1667, & cela par une Déclaration du 13 Mai 1704.

53. 11°. Ni pour les Sentences, & autres Actes qui admettent à la cession de biens. (Arrêt du 14 Août 1617, pour Bourges, *art.* 83 ; Réglement du 10 Juillet 1665, *art.* 36 ; autre du 15 Mai 1714, pour le Comté de Pont-Chartrain, au titre *Des Juges*, art. 8.)

12°. Ni pour procès qui sont évoqués des Sieges où ils sont pendants, ou dont la connoissance est interdite à ces mêmes Sieges ; encore que le Rapporteur en ait fait l'extrait, qu'ils aient été mis sur le Bureau, & même été vus & examinés. (Edit des épices de 1673, *art.* 2.)

13°. En général, il est défendu aux Juges de prendre aucuns droits pour les actes qui se font à l'Audience. (Arrêt du Parlement du 12 Avril 1661, pour Soissons. Voyez ci-dessus, *n.* 47.)

54. Telles sont les Publications d'Edits, Déclarations du Roi, Lettres-patentes & Arrêts ; les publications & insinuations des donations, testaments & substitutions. (Arrêt de réglement du 10 Juillet 1665, *art.* 36 ; Edit des épices de 1673, *art.* 8 ; autre du 14 Août 1617, pour Bourges, *art.* 83, rapporté par Joly, *pag.* 1037 ; autre du 17 Mars 1626, pour Sainte-Ménehould, rapporté par Filleau, *tom.* 1, *part.* 2, *pag.* 68.)

Les Juges ne peuvent, par la même raison, prendre aucuns droits pour les insinuations qui se font aux Greffes. (Arrêt du 10 Juillet 1688, rendu contre le Lieutenant-Général de Melun.)

55. Ni pour les certifications de criées faites à l'Audience. (Même Arrêt de Réglement du 10 Juillet 1665, *art.* 36 ; *idem* par l'Arrêt du 10 Juillet 1688, rendu pour le Présidial de Melun ; autre Arrêt du 26 Septembre 1692, pour Blois ; autre du 14 Août 1617, pour Bourges, *art.* 83 ; autre du 7 Mars 1626, pour Sainte-Ménehould.)

56. 14°. Ni pour réceptions d'Officiers de Justice. (Ordonnance d'Orléans, *art.* 55 ; Edit du mois de Novembre 1554, *art.* 20 ; Ordonnance du mois de Janvier 1629, *art.* 118.)

L'Arrêt de Réglement de la Cour du 10 Juillet 1665, *art.* 36, défend aussi aux Juges royaux, & aux Procureurs du Roi, de rien prendre pour la réception des Greffiers, Notaires, Procureurs, Sergents, & autres Officiers, tant desdits Sieges, qu'autres subalternes ressortissants devant eux.

Mais l'Edit du mois de Mars 1693, registré au Parlement, permet aux Juges royaux de percevoir des droits pour la réception des Juges & Procureurs Fiscaux des Duchés-Pairies qui se font recevoir devant lesdits Juges royaux, tant pour l'information de vie & mœurs, que pour recevoir leur serment. Ces droits sont fixés par le même Edit. L'Arrêt du Parlement du 28 Août 1758, rendu pour Compiegne, *art. 10*, défend aux Juges de prendre pour la réception des Officiers des Justices seigneuriales, autres & plus grands droits que ceux portés par le second tarif annexé à cet Edit de 1693.

56. 15°. Ni pour remise des baux judiciaires, & des adjudications par décret. (Arrêt de Réglement du 14 Août 1617, pour Bourges, *art.* 83, rapporté par Joly, *pag. 1037;* autre du 10 Juillet 1665, *art. 36;* Edit des Epices de 1673, *art. 8;* Réglement du 20 Juin 1689 pour Angoulême, *art. 45;* autre du 15 Mai 1714 pour Pont-Chartrain, titre *Des Juges*, art. 8.)

16°. Ni pour publication & réception d'encheres. (Ordonnance de Blois, *art. 163;* Arrêt de Réglement du 10 Juillet 1688, contre le Lieutenant-Général de Melun; autre du 15 Mai 1714, pour le Comté de Pont-Chartrain, titre *Des Juget*, art. 8; autre du 10 Juillet 1665, *art. 36.*)

57. Ce dernier article ajoute néanmoins; » & quant aux Sieges » dans lesquels par disposition des Coutumes, ou par style & usage, » on reçoit les encheres hors l'Audience après l'adjudication par » décret, les Juges ne pourront prendre aucunes épices, ou vacations des décrets qu'ils délivreront ensuite desdites encheres, » eu égard à la qualité du prix de l'adjudication, ni autrement; » mais se contenteront pour leur vacation, de trente sols par chacune enchere, non excédante le nombre de quatre; sans néanmoins, au cas qu'il y en ait plus de quatre, qu'ils puissent prendre plus grande taxe & vacation que six livres; leur faisant » défenses de faire aucunes taxes pour les vacations dudit décret, » soit à leurs Clercs, Greffiers en chef, ou Audienciers, leurs » Commis, Clercs desdits Greffiers, ou autres. »

58. 17°. Ni pour adjudications par décret, nonobstant tous usages contraires; à peine de concussion. (Arrêt des Grands jours de Lyon du 29 Novembre 1596, *art. 11*, rapporté par Joly, *pag. 1019;* autre Arrêt du 14 Août 1617, pour Bourges, *art. 83;* autre du 7 Mars 1626, pour Sainte-Ménehould, rapporté par Filleau, *tom. 1, part. 2, pag. 68;* autre du 7 Septembre 1629, pour Peronne, rapporté *ibid.*, tom. 1, pag. 208; autre du 30 Août 1631, pour Gueret, *art. 2*, rapporté par Néron, *tom. 2, pag. 612;* autre du 7 Septembre 1660, pour Dreux; autre du 12 Avril 1661, pour Soissons; autre du 10 Juillet 1665, *art. 36;* Arrêt des Grands

Jours de Clermont du 19 Janvier 1666; Edit des épices du mois de Mars 1673, *art.* 8; Arrêt du 10 Juillet 1688, contre le Lieutenant-Général de Melun; autre du 26 Décembre 1692, pour Blois; autre du 15 Mai 1714, pour le Comté de Pont-Chartrain, titre *Des Juges*, art. 8.)

59. Ni pour adjudication sur trois publications. (Même Arrêt du 10 Juillet 1688, pour Melun.)

18°. Ni pour licitations & ventes de biens de mineurs non faisis. (Arrêt de Réglement du 14 Août 1617, pour Bourges, *art.* 83; autre du 7 Mars 1626, pour Sainte-Ménehould, ci-dessus cité; autre du 12 Avril 1661, pour Soissons; Edit des épices du mois de Mars 1673, *art.* 8; Arrêt du 10 Juillet 1688, contre le Lieutenant-Général de Melun; autre du 15 Mai 1714, pour le Comté de Pont-Chartrain, titre *Des Juges*, art. 8.)

60. 19°. Ni pour baux judiciaires, soit à ferme, ou autres. (Mêmes Arrêts du 14 Août 1617, pour Bourges, *art.* 83; & du 7 Mars 1626, pour Sainte-Ménehould; Réglement du 10 Juillet 1665, *art.* 36; Edit des épices du mois de Mars 1673, *art.* 8; Arrêt du 10 Juillet 1688, pour Melun; Réglement du 15 Mai 1714, pour Pont-Chartrain, titre *Des Juges*, art. 8.)

Néanmoins l'Arrêt de Réglement du 30 Juin 1689, rendu par le Présidial d'Angoulême, *art.* 45, porte qu'en ce qui concerne la signature des baux judiciaires, le Lieutenant-Général se conformera aux Ordonnances, & se taxera modérement, tant pour les adjudications, que pour les réceptions de cautions présentées par les adjudicataires desdits baux judiciaires.

20°. Ni pour ventes de fruits, & choses mobiliaires faites à l'Audience. (Arrêt du 14 Août 1617, pour Bourges; Réglement du 10 Juillet 1665, *art.* 36; autre du 12 Avril 1661, pour Soissons; Edit des épices du mois de Mars 1673, *art.* 8; Réglement de Pont-Chartrain du 15 Mai 1714, titre *Des Juges*, art. 8.)

61. 21°. Les Juges & autres Officiers ne peuvent assister à la distribution & numération des deniers provenant des biens décrétés & licités, & des deniers déposés, qui sont payés par les Receveurs des consignations, ou Greffiers, encore qu'ils eussent été requis par les parties d'y assister; ni prendre ou recevoir pour raison de ce aucunes épices, ou salaires. L'article 11 de l'Edit du mois de Mars 1673, le leur défend expressément; ce qui est conforme à l'article 163 de l'Ordonnance de Blois, à l'Arrêt de Ré-

glement du 14 Août 1617, pour Bourges, *art.* 76, & à celui du 10 Juillet 1665, *art.* 20; Voyez aussi le Réglement de Pont-Chartrain du 15 Mai 1714, titre *Des Juges*, art. 10.)

I I.

Des cas où il est défendu aux Juges de prendre des épices en matiere criminelle.

En matiere criminelle il est défendu aux Juges de prendre des épices.

62. 1°. Dans tous les cas où il n'y a point de partie civile, & où les Procureurs du Roi, ou Fiscaux, sont seuls parties; soit pour procédures d'instruction, soit pour sentences diffinitives, ou d'instruction. (Arrêt de Réglement des Grands jours de Clermont du 10 Décembre 1667, *art.* 3 & 23; Ordonnance de Blois, *art.* 129; Edit du mois de Novembre 1554, *art.* 24; Arrêt des Grands Jours de Poitiers du 15 Janvier 1689, *art.* 40; autre Arrêt du Parlement de Toulouse du 1 Juillet 1747, rapporté au Recueil de Toulouse, *tom.* 1, *pag.* 560, *art.* 5.

Secus, s'il y a transport hors la ville & banlieue, ou autre lieu de leur résidence. (Voyez ci-après, *n.* 71)

2°. Ni pour les jugements de compétence, quand même il y auroit partie civile. (Arrêt du Grand-Conseil du 30 Août 1611, contre les Officiers du Présidial de Limoges; autre du 30 Janvier 1702, contre les Officiers du Présidial d'Angers; Réglement du Conseil du 2 Août 1688, pour le Présidial de Poitiers, *art.* 37; Arrêt du Conseil du 16 Mai 1608, pour Armagnac; Arrêt du Grand-Conseil du 30 Juin 1611, prononcé le 27 Septembre 1622, pour Evreux; autre du 28 Août 1627, pour Auxerre, *art.* 10; autres Arrêts du Grand-Conseil du 30 Juin 1618, pour Orléans, & du 3 Mai 1663, pour Andely; Arrêt du Parlement du 12 Avril 1661, pour le Présidial de Soissons, rapporté au Journal des Audiences; autre du 28 Mai 1629, pour Poitiers & Châtellerault.)

63. 3°. Ils ne peuvent prendre pareillement aucunes épices ni vacations pour les Sentences de provision. (Ordonnance de 1670, *tit.* 12, *art.* 3.)

4°. Ni pour les sentences ou jugements diffinitifs, rendus sur des procédures où il n'y a ni récolement, ni confrontation. Il y en a un grand nombre d'Arrêts, & entr'autres, un de la Tournelle de Paris du 12 Avril 1709, rendu sur les conclusions de M. Joly de Fleury, rapporté au Journal des Audiences ; autres du 8 Mai 1711, pour Amiens, & 28 Mai 1717, pour Saint-Pierre-le-Moutier; autre du 2 Juillet 1710, contre le Lieutenant-Criminel de Saint-Pierre-le-Moutier, rapporté *ibid.* ; ce qui a son fondement dans l'article 21 du Réglement du 10 Juillet 1665, & dans les articles 13 & 14 de celui du mois de Septembre 1667, qui veulent que les sentences sur délibérés soient expédiées comme sentences d'audience, & fait défenses d'y prendre des épices ; autres Arrêts des 17 Septembre 1729 ; & 19 Janvier 1731.

Autre Arrêt du 21 Août 1705, rapporté aussi au Journal des Audiences, où il est dit que les affaires criminelles où il n'échet d'ordonner le récolement & la confrontation, doivent être renvoyées à l'Audience, & qu'on ne doit point y prendre d'épices.

64. J'ai vu aussi une Lettre de M. d'Aguesseau, Procureur-Général, & depuis Chancelier, en date du 13 Juillet 1711, qui, sur une lettre à lui écrite par le Procureur du Roi du Bailliage d'Orléans, que l'usage du Siege avoit toujours été de prendre deux écus d'épices dans les procès-criminels rapportés à la Chambre où il y a partie civile, quoiqu'il n'y eût ni récolement, ni confrontation, marque que c'est un usage abusif, qui a toujours été reprouvé par le Parlement ; & que les Officiers du Bailliage d'Orléans doivent s'y conformer.

Néanmoins l'article 10 de l'Edit du mois de Mars 1673, touchant les épices, autorise les Juges à prendre des épices en matiere criminelle, dans les sentences & jugements rendus sur requête, lorsqu'il y a des procès-verbaux, ou informations concernant le crime, jointes à la requête. *Idem* par l'article 131 de l'Ordonnance de Blois. L'Arrêt de Réglement du 15 Mai 1714, rendu pour la Justice de Pont-Chartrain, au titre *Des Juges*, art. 13, renferme aussi la même disposition.)

A l'égard des Elections, Greniers-à-Sel, & autres Sieges qui connoissent des droits des Fermes du Roi, Voyez la Déclaration du 17 Février 1688, & le Tarif qui est ensuite.

5°. Ni pour défenses ou surséances sur l'appel d'une Sentence de provision pour aliments & médicaments, *&c.* (Ordonnance de 1670, *tit. 12, art. 8.*)

Ni sur l'appel des décrets. (Arrêt du 29 Mars 1642, rapporté par Boniface, *tom. 1, liv. 1, tit. 10, n. 27* ;) parce que ces appellations doivent être jugées à l'Audience. (Ordonnance de 1670, *tit.* 26, *art.* 2.)

§. I V.

Des cas où il est défendu aux Juges de prendre des droits & vacations, tant en civil que criminel.

65. 1°. Les Juges ne peuvent prendre aucuns droits, ni vacations dans toutes les affaires dans lesquelles les Procureurs du Roi, ou Fiscaux, sont seuls parties. (Voyez ce qui a été dit ci-dessus, *n.* 44 *& suivants.*)

En conséquence, dans les scellés & inventaires qui se font d'office sur des minutes, registres & autres titres; soit des Curés, Fabriques, Notaires, & autres semblables, il est défendu aux Juges, ainsi qu'aux Procureurs du Roi, ou Fiscaux, & autres Officiers, de prendre aucuns frais, salaires, ni vacations. (Réglement de Pont-Chartrain du 15 Mai 1714, titre *Des Juges*, art. 4.)

66. Et il en est de même à l'égard des scellés & inventaires qui se font sans réquisition des parties, & à la requête du ministere public, lorsque les meubles, bestiaux, & effets mobiliers des successions, ne montent qu'à 200 livres & au-dessous. (Réglement de Pont-Chartrain, *ibid.* art. 6, Arrêt du Parlement du 15 Janvier 1684, rapporté au Recueil des Réglements de Justice, *tom.* 1; Voyez aussi ce qui a été dit ci-dessus, *n.* 43.)

Mais cette regle cesse, lorsque les Juges se transportent hors le lieu de leur résidence. (Voyez ce qui est dit ci-après, *n.* 71, à l'article des vacations des Juges, dans le cas de voyage & de transport.)

2°. Il est pareillement défendu aux Juges de prendre des droits & vacations des parties, quand elles sont pauvres. (Voyez ce qui a été dit ci-dessus, *n.* 45.)

Et c'est en conséquence de cette maxime qu'ils n'en peuvent prendre pour l'audition des comptes des Hopitaux. (Arrêt du 30 Août 1702.)

3°. Les Juges ne peuvent percevoir aucuns droits pour l'audition des comptes des Villes. (Déclaration du Roi du mois de Juin 1559, *art.* 6; Ordonnance d'Orléans, *art.* 95; Arrêt du 29 Juillet 1628; Voyez aussi Papon en son Recueil d'Arrêts, *liv.* 6, *tit.* 12, *n.* 5.)

67. 4°. Ni pour réception d'Officiers. (Voyez ci-dessus, *n.* 55.)

5°. Ni pour recevoir une affirmation. (Edit des Epices de 1673, *art.* 8; Réglement de Pont-Chartrain du 15 Mai 1714, titre *Des Juges*, art. 8.)

6°. Ni pour création de curateur à une succession vacante. (Même Réglement du 15 Mai 1714, *ibid.* art. 8.)

7°. Ni pour la taxe des procès-verbaux des ventes faites par des Huissiers, & autres salaires d'Huissiers, ou Sergents. (Ordonnance de 1667, *tit.* 33, *art.* 21; Arrêt du Parlement du 10 Juillet 1688, contre le Lieutenant-Général de Melun; autre du 15 Mai 1714, pour le Comté de Pont-Chartrain, titre *Des Juges*, art. 8.)

8°. Ni pour parapher les exploits des Huissiers, lorsqu'il n'y a personne au domicile des personnes auxquelles l'exploit doit être posé. (Ordonnance de 1667, *tit.* 2, *art.* 4 & 9.)

68. 9°. Ni pour Ordonnances rendues sur requêtes, de quelques qualités que soient ces requêtes, tant en matiere civile que criminelle; comme Ordonnances d'instructions & autres; à peine de concussion. (Arrêt de Réglement du 3 Septembre 1667, rapporté au Recueil des Réglements de Justice, *tom.* 1, *pag.* 145; Réglement de Chinon du 19 Août 1687, *art.* 11, qui en excepte néanmoins le cas où il y auroit des informations & procès-verbaux à voir; ce qui est conforme à l'article 10 de l'Edit du mois de Mars 1673, touchant les épices; Réglement d'Autun du 16 Mars 1705, *art.* 5; autre pour le Comté de Pont-Chartrain, du 15 Mai 1714, titre *Des Juges*, art. 2; autre du 10 Juillet 1688, contre le Lieutenant-Général de Melun; autre du 30 Juin 1689, pour Angoulême, *art.* 46; autre du 21 Juillet 1698, pour Sainte-Ménehould, qui ajoute, si ce n'est lorsqu'il y aura des procès-verbaux, ou informations jointes.)

69. 10°. Ni pour permission de saisir, ou assigner. (Ordonnance de 1667, *tit.* 10, *art.* 2; Edit des épices de 1673, *art.* 8; Réglement d'Angoulême du 30 Mars 1689, *art.* 46; autre du 10 Juillet 1688, contre le Lieutenant-Général de Melun.)

Ni pour ordonnances de *pareatis*. (Ordonnance du mois de Janvier 1629, *art.* 20; Arrêt du 7 Avril 1601, contre les Juges d'Issoudun, rapporté par Papon, *liv.* 7, *tit.* 5, *n.* 6.)

11°. Ni pour seings & paraphes, dates, & autres pieces. (Réglement du 10 Juillet 1665, *art.* 36.)

Suivant l'article 18 de l'Edit de Novembre 1689, portant création de 1400 livres de rentes viageres sur l'Hôtel-de-Ville de

Paris, registré au Parlement, & rapporté au Recueil des Edits, *&c.* enregistrés au Parlement de Bordeaux, *tom.* 2, *pag.* 14; il appartient aux Juges trois sols pour les certificats de vie en général; mais par l'article 6 de la Déclaration du 26 Juin 1763, concernant les rentes viageres & tontines dues par Sa Majesté, il est dit qu'il ne sera rien payé pour les certificats de vie donnés pour raison desdites rentes. Un Arrêt de Parlement du 28 Août 1758, rendu pour Compiegne, *art.* 12, porte en général que les certificats de vie seront délivrés par les Juges sans frais.

70. *Quid* pour les légalisations?

Suivant l'article 5 de l'Edit du mois de Novembre 1689, dont on vient de parler, il appartient aussi trois sols aux Juges pour les légalisations; mais par l'article 6 de la Déclaration du 26 Juin 1763, il est dit, que pour légalisations de certificats de vie, & autres actes nécessaires, il ne sera rien payé aux Juges. L'Arrêt de Réglement du 28 Août 1758, rendu pour Compiegne, porte en général qu'il ne sera rien payé aux Juges pour les légalisations.

12°. Les Juges ne peuvent prendre aucuns droits, ni vacations pour interrogatoires & enquêtes sommaires. (Ordonnance de 1667, *tit.* 17, *art.* 8; Réglement du 10 Juillet 1665, *art.* 36;) ni en général pour tous actes qui se font à l'Audience. (ci-dessus, *n.* 47.)

13°. Ni pour signer les Déclarations de dépens. (Ordonnance de 1667, *tit.* 31, *art.* 26.)

§. V.

Des Vacations des Juges employés en Commission, ou autrement, pour voyages & transports. (a)

71. 1°. Les Juges & autres Officiers ne sont payés de leurs

(*a*) Pour sçavoir ce qu'on entend par transport hors la jurisdiction, Voyez les articles 30, 44 & 57, du Réglement de la Cour du 10 Juillet 1665; l'article 22 du titre des Descentes sur les lieux, & l'article 23 du titre des Enquêtes de l'Ordonnance de 1667; l'article 2 & 13 du titre des Juges; & l'article 20 du titre *Des Greffes* du Réglement de Pont-Chartrain du 15 Mai 1714.

transports & voyages, que lorsqu'ils se transportent hors la ville & banlieue du lieu de leur résidence. Car lorsqu'ils travaillent dans le lieu de leur résidence, même dans l'étendue de la banlieue, ils sont payés seulement de leurs vacations, sans aucuns frais de transport. (Ordonnance de 1667, *tit.* 21, *art.* 22.)

2°. On trouve plusieurs Réglements qui fixent les droits de transports & de voyages pour les Juges, & autres Officiers employés en des commissions. (Voyez l'article 44 du Réglement du 10 Juillet 1665, qui est général pour le ressort du Parlement de Paris. Il y en a aussi de particuliers pour différents Sieges, qui ont été faits en conséquence de l'article 22 du titre 21 de l'Ordonnance de 1667. Celui rendu pour Orléans, Chartres, Blois & Montargis, est du 16 Octobre 1684.)

72. 3°. Les Juges employés en même-temps en différentes commissions hors les lieux de leur domicile, ne peuvent se faire payer qu'une seule fois de la taxe qui leur appartient par chacun jour; laquelle doit leur être payée par égale portion, par les parties intéressées. (Ordonnance d'Abbeville, *art.* 56; Réglement du 24 Mai 1603, pour le Présidial de Bourg-en-Bresse, *art.* 46; Ordonnance de 1667, *tit.* 21, *art.* 16.)

Et si la longueur du voyage est augmentée à l'occasion d'une autre commission, les journées doivent leur être payées par les parties intéressées, à proportion du temps qui aura été employé à cause de l'augmentation du voyage. (Ordonnance de 1667, *ibid.* tit. 21, *art.* 17.)

73. 4°. Lorsque les Juges sont sur les lieux, pour vaquer à des commissions, ou descentes, & qu'à l'occasion de leur présence, ils sont requis d'exécuter une autre commission, ils ne doivent être payés par les parties intéressées à la nouvelle commission, ou descente, que pour le temps qu'ils y vaqueront; & les parties intéressées à la premiere commission, doivent payer les journées employées à aller sur les lieux où la premiere descente devoit être faite, ainsi que pour leur retour. (Ordonnance de 1667, *ibid.* art. 18.)

74. 5°. Lesdits Juges employés dans des commissions, sont tenus de faire mention sur les minutes & grosses, de leurs procès-verbaux, des jours qui auront été par eux employés pour se transporter sur les lieux, & de ceux de leur séjour & retour; & pareillement de ce qui aura été consigné par chacune des parties, & reçu des taxes faites pour la grosse du procès-verbal, & de

ceux qui auront assisté à la commission : Le tout à peine de concussion, & de cent livres d'amende. (Ordonnance de 1667, *ibid.* tit. 21, art. 19.)

75. 6°. Si les Commissaires sont trouvés sur les lieux, ils ne prendront aucune vacation pour leur voyage, ni pour leur retour; & s'ils sont à une journée de distance, ils prendront la taxe d'un jour pour le voyage, & autant pour le retour, outre le séjour. (Ordonnance de 1667, *ibid.* art. 20.)

Par la même raison, si les Commissaires sont éloignés de deux ou trois journées, ou plus, du lieu où ils doivent exercer leur commssion, ils prendront la taxe de deux ou trois journées, ou plus; & autant pour le retour, outre leur séjour.

76. 7°. Les droits qui doivent être payés aux Commissaires pour leurs frais de transport & de séjour, aux termes des Réglements, ci-dessus cités, sont, tant pour leurs dépenses, que pour leurs vacations & exécutions des commissions auxquelles ils sont préposés; sans que lesdites taxes puissent être augmentées, pour quelque prétexte que ce soit, ni que les Juges puissent prendre aucuns salaires particuliers pour les procès-verbaux qu'ils dresseront en exécution; à peine d'être notés, & punis de concussion : & il leur est défendu, ainsi qu'aux Substituts, Adjoints, & Greffiers, Procureurs, leurs Clercs & Commis, de ne rien prendre au-delà desdites taxes. (Arrêt de Réglement du 10 Juillet 1665, *art.* 44.)

77. 8°. Il est défendu aux Juges, & autres Officiers employés en des commissions, de recevoir par eux, ou par leurs domestiques, aucuns présents des parties; ou de souffrir qu'ils les défraient, ou paient leurs dépenses directement, ou indirectement; à peine de concussion, & de trois cents livres d'amende. (Ordonnance de Roussillon, *art.* 32; Réglement du 24 Mai 1603, pour le Présidial de Bourg-en-Bresse, *art.* 45; autre du 10 Juillet 1665, *art.* 30; Ordonnance de 1667, *tit.* 21, *art.* 15.)

L'article 44 du même Réglement du 10 Juillet 1665, fait défenses aux Juges, Substituts, Adjoints & Greffiers, Procureurs, ou Commis, de souffrir que leur depense de bouche soit faite par les parties présentes, ou absentes; à peine d'amende, & de répétition.

78. L'article 30 du même Réglement, porte, que les Juges exécutant des commissions, ne pourront faire aucunes taxes à leurs Clercs, ou Commis, ni souffrir qu'ils prennent aucune chose des

des parties, directement, ni indirectement; dont lesdits Juges demeureront responsables; à peine de concussion, & lesdits Clercs & domestiques, de punition corporelle.

9°. Les Juges & Commissaires qui vont en commission, ne doivent mener avec eux, aucune personne non nécessaire, aux dépens des parties; mais ils doivent se réserver à les prendre sur les lieux, ou lorsqu'il en sera besoin; à moins que les parties n'eussent consenti de ce faire, dont il sera dressé acte. (Réglement du 24 Mai 1603, pour Bourg-en-Bresse, *art.* 47.)

79. 10°. Lorsqu'un Juge a été nommé pour aller en commission, il ne peut en nommer, ou subroger un autre en sa place; mais la commission doit être distribuée par le Président à un autre Conseiller; à peine de nullité. (Ordonnance du mois de Juillet 1493, *art.* 46; autre du mois d'Octobre 1535, *chap.* 1, *art.* 16; Réglement du 24 Mai 1603, pour Bourg-en-Bresse, *art.* 20; Edit du mois de Février 1705, pour le Présidial d'Ypres, *art.* 34.)

Des cas où il est défendu aux Juges de prendre des vacations en matiere criminelle.

En matiere criminelle, les Juges ne peuvent prendre de vacations.

1°. Pour répondre des plaintes à eux présentées. (Arrêt du 9 Juillet 1723, rapporté par Denisart, en ses Collections, au mot *Epices*; ni pour les simples permissions d'informer. (Arrêt du 7 Septembre 1660, pour Dreux.)

2°. Ils ne peuvent rien prendre des accusés pour leur élargissement des prisons. (Ordonnance de 1535, *chap.* 13, *n.* 34; Ordonnance de Roussillon, *art.* 33; Arrêt du 9 Mars 1575, rendu pour Toulouse, rapporté par Joly, *tom.* 1, *pag.* 1023, *n.* 16, Ordonnance de 1670, *tit.* 13, *art.* 29; Edit du mois de Janvier 1685, pour le Châtelet de Paris, *art.* 28.)

3°. Ils ne peuvent rien prendre pareillement, même de la partie civile, pour assister aux questions, prononciations de Sentences, & exécutions de jugements. (Arrêt du 29 Novembre 1596, pour Lyon, *art.* 26, rapporté par Joly, *pag.* 1020.)

4°. Ni pour l'attache, lecture & publication des Lettres de grace. (Ordonnance de 1670, *tit.* 16, *art.* 23; Ordonnance de 1498, *art.* 128; Ordonnance de 1535, *chap.* 13, *art.* 35.)

5°. Ni pour taxe de dépens sur procès prévôtaux. (Ordonnance de 1670, *tit.* 2, *art.* 27.)

6°. Ni pour le paraphe des registres de la geole. (Arrêt de Réglement du 1 Septembre 1717, pour les prisons du ressort du Parlement de Paris, *art.* 31.)

7°. Ni pour taxer les frais des prisonniers. (Même Arrêt de Réglement, *art.* 25.)

CHAPITRE II.

Des Epices & Vacations des Gens du Roi.

ARTICLE PREMIER.

Dans quels cas les Avocats & Procureurs du Roi peuvent prendre des Epices & Vacations, tant en matiere civile que criminelle.

80. 1°. Les Avocats & Procureurs du Roi peuvent prendre des épices pour leurs conclusions, dans toutes les affaires sujettes à communication où il est permis aux Juges d'en prendre, comme dans tous les procès par écrit appointés en droit, ou à mettre, tant en matiere civile, que criminelle. (Arrêt du 23 Juin 1629, pour Gueret, *art.* 6, rapporté par Joly, *pag.* 1888. Voyez ci-dessus, n. 39.)

2°. Ils sont en droit de prendre ces épices, même dans les procès appointés, où ils ont déja donné des conclusions à l'Audience, avant que ces procès aient été appointés. (Réglement de Pont-Chartrain du 15 Mai 1714, titre *Du Procureur Fiscal*, art. 1; Arrêté de M. le Premier-Président, & de Messieurs les Gens du Châtelet de Paris du 13 Septembre 1713, rapporté au Recueil des scellés & inventaires, *liv.* 3, *chap.* 12, *pag.* 582, édition de 1756.)

Et aussi dans les instances d'ordre & de distributions. (Arrêt du Parlement du 17 Août 1718, en faveur du Procureur-Fiscal du Duché de Sully.)

81. 3°. En matiere criminelle, il leur est aussi permis de prendre des épices pour leurs conclusions, dans les affaires poursuivies, sur la requête d'une partie, sans ouir l'autre, lorsqu'il y a des

procès-verbaux, ou informations, concernant le crime joint à la requête. (Ordonnance des épices du mois de Mars 1673, *art.* 20 ; Arrêt du Parlement de Toulouse du 20 Avril 1703, rapporté au Recueil de Toulouse, *tom.* 1, *pag.* 131.)

4°. Les épices des Avocats & Procureurs du Roi, ainsi que celles des Avocats & Procureurs-Fiscaux, ne peuvent excéder les deux tiers de celles des Juges, du moins dans les Justices de Seigneurs. (Arrêt de Réglement du 20 Juillet 1665, *art.* 57 ; autre du 21 Avril 1579, pour le Duché de Richelieu, *art.* 15 ; Réglement de Pont-Chartrain du 15 Mai 1714, titre *Du Procureur-Fiscal*, art. 1 & 4.)

82. Mais il en est autrement dans les Justices royales ; elles se taxent par les Avocats & Procureurs du Roi, à la pluralité des voix. (Arrêt de Réglement du 4 Juin 1620, pour Beaufort, qui ajoute néanmoins : *Si ce n'est dans le cas où le Procureur du Roi seroit en commission, auquel cas il lui sera fait taxe raisonnable par le Juge* ; autre Arrêt de Réglement du 18 Juillet 1648, pour le Bailliage du Palais de Paris ; autre du 15 Janvier 1658, pour les Officiers du Parquet du Présidial d'Orléans ; autre du 7 Septembre 1712, pour Château-du-Loir, *art.* 12 ; autre du 6 Juillet 1706, servant de Réglement entre le Procureur du Roi, & l'Avocat au Bailliage de Gien, rapporté au Journal des Audiences, qui ajoute, qu'en cas de partage entre l'Avocat & le Procureur du Roi, la voix du Procureur du Roi l'emportera.) Néanmoins le Réglement de Poitiers du 2 Août 1688, *art.* 43, porte, que les Gens du Roi prendront pour leurs épices, les deux tiers de celles qui seront taxées aux Rapporteurs, ainsi qu'il se pratique dans les autres Sieges.

Un Arrêt du Parlement du 20 Août 1716, pour Villers-Coterets, défend au Lieutenant-Général de taxer de son chef les vacations dues au Procureur du Roi.

83. 5°. Les Avocats & Procureurs du Roi, ne peuvent recevoir aucune chose des parties, ni d'aucuns de leur ressort, pour leurs conclusions, ou autres expéditions quelconques, qui ne leur soit auparavant taxé par le Président, ou Lieutenant, puis donnée par les mains du Greffier. (Edit du mois de Novembre 1554, rapporté par Joly, *tom.* 2, *pag.* 1088, *art.* 25, 26 & 27 ; Ordonnance d'Orléans, *art.* 45 ; Réglement du Conseil du 24 Mai 1603, rendu pour le Présidial de Bourg-en-Bresse, *art.* 63 ; Arrêt

du 19 Décembre 1579, pour Poitiers, rapporté par Chenu en ses Réglements, *tom. 1*, *tit. 14*, *chap. 84.*)

Au reste, cela ne doit avoir lieu que dans les affaires de jurisdiction volontaire, & non contentieuse ; car, quand il s'agit de conclusions dans les procès appointés, c'est aux Avocats & Procureurs du Roi à les taxer ; & cette taxe se fait à la pluralité des voix, suivant ce qui vient d'être observé ci-dessus.

84. Mais la véritable distinction à faire à ce sujet, est que quand le Procureur du Roi assiste avec le Juge, les épices sont taxées par lui aux deux tiers de celles du Juge ; mais lorsque les Gens du Roi travaillent seuls, elles doivent être par eux modérement taxées au bas de leurs conclusions. (Ainsi jugé par l'Arrêt de Beaufort du 14 Août 1620 ; & par celui du 18 Juillet 1648, rendu pour le Bailliage du Palais.) L'Arrêt de Réglement du 7 Septembre 1660, pour Dreux, porte, que dans les procès-verbaux, & autres actes de Justice où le Procureur du Roi assistera, & où il échera de prendre des vacations, elles seront taxées aux deux tiers de celles du Juge ; *idem*, par le Réglement de Poitiers du 2 Août 1688, *art. 43*, qui ajoute, sans que lesdits Gens du Roi puissent eux-mêmes faire les taxes de leurs épices.

85. 6°. Quant aux cas où il est permis aux Avocats & Procureurs du Roi de prendre des vacations & droits pour raison des actes d'instruction, ou de jurisdiction volontaire, & autres, qui se font à l'Hôtel, tant en civil que criminel ; Voyez quels sont ces cas, & les droits qu'ils peuvent percevoir dans le tarif ci-après, *n.* 114, 146 & *suivants*, qui regarde, tant les Procureurs & Avocats du Roi, que ceux des Seigneurs.

ARTICLE II.

Des cas où il est défendu aux Avocats & Procureurs du Roi, & à ceux des Justices de Seigneurs, de prendre des Epices, Droits & Vacations, tant en matiere civile que criminelle.

86. 1°. Les Avocats & Procureurs du Roi, ne peuvent prendre aucunes épices, vacations, ou autres droits, dans les causes où le Roi a intérêt ; quand bien même les parties intéressées leur en offriroient volontairement. (Arrêt de Réglement du 20 Juillet 1665, *art. 31* ; autre Arrêt du Parlement d'Aix du 13 Janvier 1645, rapporté par Boniface, *tom. 2*, *part. 3*, *liv. 1*, *tit. 1*, *chap. 10* ; Voyez ci-dessus, n. 43 & suivants.)

Il en est de même des Avocats & Procureurs-Fiscaux, dans les affaires où le Seigneur est seul partie. (Arrêt du 23 Juillet 1676, pour le Duché de Mazarin ; Réglement du 15 Mai 1714, pour le Comté de Pont-Chartrain, au titre *Du Procureur-Fiscal*, art. 1.)

87. 2°. Ni quand ils sont seuls parties pour l'intérêt du public, ou de l'Eglise ; comme dans les cas d'apposition d'un scellé, sur les titres, minutes, & registres d'un Curé, ou Notaire décédé, *&c.*; quand même les parties leur en offriroient volontairement. (Même Réglement du 10 Juillet 1676, *art. 31* ; autre du 15 Mai 1714, pour le Comté de Pont-Chartrain, titre *Des Juges*, art. 4 ; Arrêt du Parlement de Toulouse du 1 Juillet 1747, *art. 6*, rapporté au Recueil des Réglements de Toulouse, *tom.* 1, *pag.* 560.)

Ni même quand ils apposent de scellés pour des absents, ou pour des mineurs qui n'ont point de tuteurs, lorsque les meubles & effets mobiliers des successions dont il est question, ne montent qu'à deux cents livres & au-dessous. (Arrêts du Parlement des 3 Septembre 1667, & 15 Janvier 1684.)

88. 3°. Ni quand les parties sont pauvres. (Même Réglement de 1714, pour Pont-Chartrain, titre *Du Procureur-Fiscal*, *art.* 4 ; Voyez ci-dessus, n. 44.)

4°. Ni dans les affaires peu importantes, quoiqu'appointées en droit, ou à mettre. (Voyez *ibid.*, *n.* 45.)

5°. Ni en matiere de déclinatoires, renvois, & incompétences. (Voyez *ibid.* n. 48.)

6°. Ni pour conclusions dans les procès de compétence des accusés en matiere criminelle, lors même qu'il y a partie civile. (Arrêt du 27 Mai 1629, pour Poitiers, rapporté par Filleau, *tom.* 1, *part.* 2, *pag.* 301 ; autre du 12 Avril 1661, pour Soissons.)

89. 7°. Ni pour conclusions sur la requête d'une partie, sans ouir l'autre ; si ce n'est qu'en matiere criminelle, il y ait procès-verbaux, ou informations, concernant le crime, joints à la requête. (Réglement de Pont-Chartrain du 15 Mars 1714, titre *Du Procureur-Fiscal*, art. 1 ; Voyez ci-dessus, n. 49.) Un Arrêt de Réglement du Parlement de Toulouse du 20 Avril 1703, rapporté au Recueil des Réglements de Toulouse, *tom.* 1, *pag.* 131, porte, que les Procureurs du Roi des Bailliages & Sénéchaussées où il y a Siege Présidial, pourront prendre vingt sols pour les conclusions qu'ils donneront sur procès-verbaux & informa-

tions ; & ceux des autres Bailliages & Sénéchaussées royales, quinze sols.

8°. Ni sur défauts & congés, & autres matieres pour lesquelles il est défendu aux Juges de prendre des épices. (Edit des épices du mois de Mars 1673, *art. 12* ; Voyez ci-dessus, n. 50.)

90. 9°. Les Avocats & Procureurs du Roi, ni ceux des Sieges inférieurs, ne peuvent prendre aucunes épices pour les signatures des Sentences & jugements par appointé entre les Procureurs des parties, sous prétexte de l'intérêt du Roi, ou de celui du public, de l'Eglise, ou des mineurs ; à peine de suspension de leurs charges. (Edit des épices du mois de Mars 1673, *art. 14* ; Réglement de Pont-Chartrain du 15 Mai 1714; Voyez aussi ci-dessus, n. 51.)

10°. Ni pour leurs plaidoiries, ou autres choses faites à l'Audience. (Arrêt du 23 Juin 1623, pour Gueret, *art. 6*, rapporté par Joly, *pag.* 1888 ; autre du 3 Septembre 1667, rapporté au Recueil des Réglements de Justice, *tom.* 1, *pag.* 146; autre du 12 Avril 1661, pour Soissons ; autre du 23 Juillet 1676, pour le Duché de Mazarin ; autre du 15 Mai 1714, pour le Comté de Pont-Chartrain, titre *Du Procureur-Fiscal*, *art.* 1.)

91. L'Edit des épices du mois de Mars 1673, *art.* 13, dit simplement que les Avocats & Procureur du Roi des Bailliages, Sénéchaussées, Sieges Présidiaux, & autres Sieges inférieurs, ainsi que les Avocats & Procureurs-Fiscaux des Seigneurs, & les Promoteurs des Officialités, ne pourront prendre aucuns droits, ni vacations, pour leur rapport à l'Audience des enquêtes, informations, & conclusions par eux verbalement données.

Il en est de même des conclusions données sur des procès mis sur le Bureau, ou dont il est dit qu'il en sera délibéré sur le registre. (Réglement de Pont-Chartrain, titre *Du Procureur-Fiscal*, art. 1 ; Voyez aussi ci-dessus, n. 47.)

92. 11°. L'article 15 du même Edit de 1673, touchant les épices, porte en général, qu'il ne sera pris aucun droit pour l'enrégistrement des conclusions.

12°. Ni pour les réceptions d'Officiers ; si ce n'est dans les cas exceptés ; auditions de comptes des villes & hôpitaux; (Voyez ci-dessus, n. 55.)

13°. Les Avocats & Procureurs du Roi, ainsi que ceux des Justices de Seigneurs, ne peuvent prendre en général aucun droit pour leurs conclusions sur informations. (Ordonnance de 1539, *art.* 145.)

14°. Ils n'en preuvent prendre pareillement pour leurs conclusions, quoique diffinitives, dans les procès où il n'y a ni récolement, ni confrontation. (Voyez ci-dessus, *n.* 63.)

15°. Ni pour leurs conclusions à fin d'élargissement de prisonniers. (Arrêt du 9 Mars 1575, pour les Officiers du Présidial de Toulouse, *art.* 40, rapporté par Joly, *tom.* 2, *pag.* 1024.)

ARTICLE III.

Devoirs des Gens du Roi touchant les Epices & Vacations.

93. 1°. Ils doivent être modérés, ainsi que les Juges, dans la taxe de leurs épices & vacations, qu'ils doivent mettre au bas de leurs conclusions, dans les cas où ils se taxent eux-mêmes. (Arrêt du 7 Septembre 1660, pour Dreux; autre du 18 Juillet 1648, pour le Bailliage du Palais; autre du 14 Août 1620, rendu pour les Sieges de Beaufort-en-Anjou; Voyez aussi ci-dessus, *n.* 21.)

2°. Ils ne doivent point recevoir ces épices & vacations par eux-mêmes; mais par les mains de leurs Greffiers. (Même Arrêt de 1648, pour le Bailliage du Palais; & du 7 Septembre 1660, pour Dreux. Voyez aussi ci-dessus, *n.* 23.)

94. 3°. Ils ne doivent prendre directement, ni indirectement aucune promesse, ou obligation sous leur nom, ou sous celui d'autres personnes, pour leurs vacations; à peine d'interdiction, & des dommages & intérêts des parties. (Voyez ci-dessus, n. 31.)

4°. Il leur est défendu, à peine de privation de leurs offices, & d'amende arbitraire, de rien exiger directement & indirectement des parties civiles, & des accusés prisonniers, pour donner leurs conclusions; ni de tenir les parties en longueur, au-delà de ce qui leur est permis par les Ordonnances & Réglements. (Ordonnance du 28 Décembre 1490, *art.* 3; autre du mois de Juillet 1493, *art.* 82; autre du mois de Novembre 1507, *art.* 101; autre du mois d'Octobre 1535, *chap.* 2, *art.* 4; Ordonnance de Moulins, *art.* 36; Edit du mois de Novembre 1554, *art.* 25.)

95. Le Réglement du 24 Mai 1603, rendu pour le Présidial de Bourg-en-Bresse, *art.* 63, leur fait défenses de recevoir aucuns états, offices, faveurs, fermes, présents, ni autre chose des parties, ni d'aucun de leur ressort, pour leurs conclusions, ou expéditions quelconques. (*Idem* par l'Edit du mois de Novembre

1554, *art.* 27 & 26, rapporté par Joly, *tome* 2, *pag.* 1088. Voyez aussi ci-dessus, n. 77.)

5°. Ils ne peuvent assister aux appositions des scellés, partages, redditions de comptes, & autres actes pour les absents, s'ils n'en sont requis. (Arrêt de Réglement du 10 Juillet 1665, *art.* 38;) à moins que les mineurs soient sans tuteur, ou que les héritiers soient tous absents. (Arrêts du Parlement des 3 Septembre 1667, & 15 Janvier 1684.)

96. 6°. Ils ne doivent point assister à la levée des scellés apposés sur les biens des absents, ou sur ceux des mineurs qui n'avoient point de tuteurs au temps de l'apposition des scellés; & il ne leur est dû aucun droit, dans le cas où ils assistent, lorsque depuis les scellés apposés, les héritiers absents, (ou l'un d'eux,) sont présents, & qu'il a été pourvû de tuteur aux mineurs; quand même les scellés auroient été apposés à la requête desdits Procureurs du Roi, ou Fiscaux. (Arrêt des Grand-Jours de Clermont du 30 Janvier 1666, rapporté au Recueil des Grans-Jours de cette Ville, *pag.* 257; autre du 23 Juillet 1676, pour le Duché de Mazarin; autre du 15 Mai 1714, pour le Comté de Pont-Chartrain, titre *Des Juges*, art. 2.)

97. 7°. En travaillant à l'apposition & levée des scellés, & inventaires, ils ne doivent prendre aucuns repas, ni nourritures sur les effets de la succession, ni aux dépens d'aucune des parties intéressées; à peine de concussion, & de répétition du quadruple contre chacun des contrevenants. (Arrêt de Réglement du 10 Juillet 1665, *art.* 57, 18 & 54.) Voyez encore ce qui a été dit ci-dessus, *n.* 40, touchant les devoirs des Juges, *&c.* en matiere de scellés.

8°. Les épices se partagent entre les Avocats & Procureurs du Roi, suivant les accords & traités faits entr'eux dans chaque Siege. Le Réglement du 15 Janvier 1658, fait pour les Officiers du Parquet d'Orléans, *art.* 3, porte, que le Procureur du Roi aura la moitié des épices, & les Avocats du Roi, l'autre moitié; & qu'en cas d'absence de l'un des Avocats du Roi, celui qui sera présent, aura le tiers, & le Procureur du Roi, les deux tiers. (*Idem* par le Réglement du 14 Juillet 1640, pour Blois.) Ce même Réglement porte, que dans les procès de Domaine, les émoluments qui passeront en taxe pour les actes, appartiendront à ceux qui les auront faits; sçavoir, ceux des écritures, aux Avocats du Roi; & ceux des inventaires de production, au Procureur du Roi.

98. Le même Réglement du 15 Janvier 1658, rendu pour Orléans, *art. 11*, porte, que les Avocats & Procureur du Roi, après trois jours d'absence, ne pourront rien prétendre aux épices; si ce n'est en cas de maladie, récusation, ou autre empêchement légitime des uns & des autres; & sans que le Procureur du Roi puisse être réputé absent légitimement, lorsqu'il sera employé en la Maréchaussée-générale hors la ville & fauxbourgs.

ARTICLE IV.

Des Epices & Vacations des Substituts des Gens du Roi.

99. 1°. Touchant leurs droits & vacations, Voyez le tarif à ce sujet, ci-après, *n.* 114 *& suivants.*

2°. Ils ne doivent prendre, ni exiger des parties aucune chose, pour la visitation des procès criminels, informations, & pieces qui leur seront données; à peine d'être punis comme concussionnaires. (Ordonnance d'Orléans, *art. 79.*)

3°. Ni pour conclusions données sur la requête de l'une des parties, sans ouir l'autre. (Edit des épices de 1673, *art.* 12; Voyez ci-dessus, n. 89.)

4°. Ni pour le rapport des requêtes, informations & interrogatoires qui leur seront mis ès mains; à peine de concussion. (Ordonnance de Blois, *art.* 157.)

100. 5°. Ni pour défauts, congés, & autres affaires, pour lesquelles il est défendu aux Juges de prendre des épices. (*Ibid.* art. 12.)

Une Déclaration du Roi du 13 Mai 1704, leur permettoit de prendre des épices pour les jugements rendus par défaut, & le permettoit aussi aux Juges; mais ces droits ont été supprimés par l'Edit du mois d'Août 1716.

6°. Les Substituts des Avocats & Procureurs-Généraux ne peuvent prendre, ni exiger des parties autres droits, que ceux qui leur sont taxés par lesdits Avocats & Procureurs-Généraux; à peine de concussion. (Déclaration du 8 Novembre 1686, rapportée en la Conférence des Ordonnances, *tom.* 1, *liv.* 2, *tit.* 6, *pag.* 486.)

7°. Ils ont la moitié des épices dans les procès qu'ils rapportent en l'absence du Procureur du Roi; & l'autre moitié appartient aux Avocats du Roi. (Arrêt du Parlement du 28 Février 1608, pour Montargis, rapporté par Joly, *tom.* 2, *pag.* 1262; autre du 6 Juillet 1613, pour Baugé, rapporté *ibid.*, pag. 1275.)

Et ils ont de même la moitié des épices dans les procès qu'ils rapportent en l'absence des Avocats du Roi. (Arrêt du 7 Décembre 1614, pour Xaintes, rapporté par Joly, *tom.* 2, *pag.* 1266.)

ARTICLE V.

Des droits & privileges des Epices & Vacations des Juges, & Gens du Roi.

101. 1°. Les épices & vacations des Juges, des Avocats & Procureurs du Roi, & de ceux des Seigneurs, Commissaires, & autres Officiers de Justice, sont privilégiées, & doivent être payées par préférence à toutes autres dettes, comme frais de Justice. (Voyez mon Traité des Commissaires-Enquêteurs-Examinateurs, *pag.* 58, *n.* 26.)

2°. Les épices ont le même privilege que les dépens, pour la contrainte par corps. (Arrêt du Parlement de Toulouse du 15 Février 1717, rapporté au Recueil de Toulouse, *tome* 1, *pag.* 209.)

3°. Elles doivent être payées par provision, nonobstant l'appel. (Ordonnance de 1510, *art.* 44.)

102. 4°. Un autre privilege des épices & vacations est, de ne pouvoir être saisies. (Arrêt du Parlement de Tournai, du 23 Juillet 1699, rendu au profit de l'Avocat du Roi au Bailliage de Tournai, contre le Greffier de Mortagne, rapporté par Pineau, *tom.* 2, *art.* 266. Voyez aussi Loiseau, Taité des Offices, *liv.* 4, *chap.* 8, *n.* 58; Laroche-Flavin en son Traité des Parlements, *liv.* 10, *chap.* 15; & Raviot en son Recueil d'Arrêts du Parlement de Bourgogne, *tom.* 2, *pag.* 444, *n.* 3 & 6;) ce qui est fondé sur ce que ces épices & vacations sont le prix de leur travail, & qu'il est de l'intérêt public que la justice soit rendue. Mais il n'en est pas de même de leurs gages; car ils peuvent être saisis. (Loiseau, *ibid.*, liv. 4, chap. 8, n. 68; & il a été ainsi jugé par Arrêt du 11 Avril 1676.)

Un Arrêt du Conseil du 9 Décembre 1690, porte que les journées & vacations des Grands-Maîtres, & autres Officiers des Eaux & Forêts, ne peuvent être saisies; sinon pour amendes prononcées contre lesdits Officiers, & autres condamnations pour le fait de leurs charges; mais que les gages & chauffages desdits Officiers pourront être saisis.

ARTICLE VI.

Tableau des Droits & Vacations qui doivent se percevoir par les Juges, &c. dans les Bailliages & Sieges Présidiaux, Prévôtés, & Justices de Seigneurs.

§. I.

JUGES.

Bailliages, & Sieges Présidiaux.

Présidiaux.

103. 1°. Aux Présidents présidiaux pour chacun jugement préparatoire, rendu à l'Audience du Présidial. (Edit du mois de Février 1705. (*a*) 4 f.

Pour chaque jugement diffinitif. (Même Edit.) 5 f.

Bailliages en matiere civile.

2°. Pour ordonnances sur simples requêtes; comme sont les permissions d'assigner, de saisir, de compulser, & autres; même pour celles qui portent des défenses provisoires. (Edit du mois de Mars 1673, *art. 8 & 10.*). *Néant.*

3°. Pour les sentences & appointements rendus à l'Audience, & pour tous actes d'Audience généralement; comme sont les publications de testaments & de substitutions, baux judiciaires, ventes de fruits & de choses mobiliaires, remises & adjudication par décret, ou par licitation. (Arrêt de Réglement du 10 Juillet 1765, *art.* 36; Edit des Epices du mois de Mars 1673, *art. 8.*) . . . . *Néant.*

104. 4°. Pour les sentences rendues sur pieces mises sur le Bureau. (Ordonnance de 1667, *tit. 17, art. 10*; Réglement du 10 Juillet 1665, *art. 21.*) . . . . *Néant.*

(a) *Nota.* Dans tous les articles ci-après où la vacation du Juge n'est point appuyée sur quelque Réglement, les droits qui sont marqués, sont ceux qui se perçoivent au Bailliage d'Orléans.

5°. Pour l'audition de chacun témoin en une enquête. (Réglement du 10 Juillet 1765, *art.* 42.) . . . 10 f.

6°. Et dans les matieres fommaires. . . . . *Néant.*

7°. Pour un interrogatoire fur faits & articles, & dans le cas d'une interdiction, ou d'une féparation entre mari & femme. (Même Réglement du 10 Juillet 1665, *art.* 42.) . . . . 1 l. 10 f.

Si l'interrogatoire duroit plus d'une heure, le Juge pourra prendre fa taxe comme ci-après aux vacations, à raifon de deux livres par heure, fuivant le même Réglement, *art.* 39.

105. 8°. Pour un acte de nomination d'Experts. (Même Réglement, *art.* 39.) . . . . 1 l. 10 f.

9°. Pour l'acte de preftation de ferment des Experts. (*Ibid.*) . . . . *Néant.*

10. Pour l'acte de réception de rapport defdits Experts. (*Ibid.*) . . . . 1 l. 10 f.

11°. Pour une réception de caution. (*Ibid. art.* 39.) 1 l. 10 f.

12°. Pour les collations de pieces. (*Ibid.*) (a) . 1 l. 10 f.

13°. Les Juges, ou Commiffaires qui taxent les dépens, peuvent prendre douze deniers tournois pour chacun article. (*Ibid. art.* 40. (*b*)

14°. Pour un procès-verbal de certificat de vie, Voyez ci-deffus, *n.* 69.

15°. Pour les légalifations d'actes, Voyez auffi ce qui eft dit ci-deffus, *ibid.* n. 70.

106. 16°. Pour un procès-verbal de vérification d'écritures, Voyez ci-deffus, *n.* 105, *art.* 12, & la note (*a*). . 2 l.

(*a*) Cet article ajoute que dans les comparaifons de fignatures ou écritures, ou autres actes qui requereroient un plus long-temps, lefdits Juges pourront prendre leur taxe à raifon de quarante fols par heure.

(*b*) L'Ordonnance de 1667, *tit.* 31, *art.* 26, porte à la vérité que les Commiffaires ne prendront aucun droit pour arrêter les dépens, & que leurs Clercs auront feulement le droit de calcul; mais la Déclaration du Roi du 27 Novembre 1693, rendue en interprétation de l'Edit du mois de Novembre 1689, portant création d'offices de Commiffaires-Enquêteurs & Examinateurs, autorife les Commiffaires à percevoir ce droit pour la taxe des dépens. Voyez auffi l'Edit du mois d'Août 1716, *art.* 1 du Tarif.

L'Arrêt de Réglement du 10 Juillet 1688, pour Melun, autorife auffi

17°. Election de tutele & curatele. (Réglement du 10 Janvier 1665, *art.* 37) . . . . 3 l.

18°. Avis de parents. (Même article 37.) . . . 3 l.

19°. Vacations aux partages, comptes, scellés & levée de scellés dans le lieu de la demeure du Juge, qui doivent être de trois heures chacune, & autres vacations à l'Hôtel, & pour les autres vacations moindres, à proportion, suivant le Réglement du 10 Juillet 1665, *art.* 38. (c) . . . . 6 l. *chacune.*

20°. Entérinement de lettres de bénéfice d'âge. (d) . . *Néant.*

21°. Entérinement de lettres de bénéfice d'inventaire. *Néant.*

22°. Entérinement de lettres de terrier. . . . *Néant.*

107. 23° Information de vie & mœurs pour parvenir à la réception des Juges ou Procureurs Fiscaux des Duchés-Pairies, & autres Justices ressortissantes nuement au Parlement. (Edit du mois de Mars 1693, avec le Tarif arrêté au Conseil le 14 Avril 1693, qui est en fin dudit Edit.) . . . . 3 l.

24°. Information de vie & mœurs, & réceptions de Greffiers, Notaires, Procureurs postulants, Huissiers & Sergents des Duchés-Pairies, & autres Justices aussi ressortissantes nuement au Parlement. (Même Tarif.) . . 1 l. 10 s.

25°. Information de vie & mœurs, & réception de Juges, Procureurs-Fiscaux, & Greffiers des Justices seigneuriales, non ressortissantes immédiatement au Parlement. (Même Tarif.) . . . . 2 l.

---

le Juge à prendre le droit de déclaration pour chaque article de dépens, lorsqu'il en arrête le calcul.

Le droit de calcul pour les Clercs des Juges, ou Commissaires, est le tiers de l'assistance du Procureur, suivant le Réglement des dépens du Bailliage d'Orléans du 23 Mars 1668 ; ce qui est conforme à la Déclaration du Roi du 26 Mai 1637, rapportée au Code Gilet, *pag.* 3 & 8.

(c) Les Lettres-Patentes du 18 Juin 1769, rendues pour la Normandie en forme de Réglement, donnent aux Juges deux livres dix sols par heure pour vacation dans le lieu de leur résidence.

(d) *Nota.* Que les Lettres de bénéfice d'âge, d'inventaire, & de terrier, doivent être présentées & enrégistrées l'Audience tenante. (Voyez ce qui a été dit ci-dessus au titre *De l'Hôtel en général*, part. 3, tit. 4, n. 13.)

26°. Information de vie & mœurs, & réception de Notaires, Procureurs postulants, Huissiers ou Sergents des Justices seigneuriales non ressortissantes au Parlement. (Même Tarif du 14 Avril 1693.) . . . . 1 l.

L'Ordonnance du mois de Janvier 1629, *art. 118*, & le Réglement du 10 Juillet 1665, *art. 36*, portent que les Juges ne prendront aucuns droits pour la réception des Greffiers, Notaires, Procureurs, Sergents & autres Officiers, en quelque Justice que ce soit, souveraine, ou subalterne ; à peine de répétition & concussion. Voyez aussi l'Ordonnance d'Orléans, *art. 55.*

108. 27°. Pour le transport des Officiers hors la ville de leur résidence, par jour ; sçavoir,

Au Lieutenant-Général d'Orléans. . . . . . 20 l.
Au Lieutenant-Criminel. . . . . 20 l.
Au Lieutenant-particulier. . . . . 16 l.
A un Conseiller. . . . . 12 l.
Au Procureur du Roi. . . . . 13 l. 6 s. 8 d.
Au Greffier, compris la minute & la grosse. . . 13 l. 6 s. 8 d.
Aux Procureurs & Huissiers. . . . . . . 6 l. 13 s. 4 d.

Tous lesquels droits diminuent d'un sixieme après quinze jours de durée de la commission, & d'un tiers après un mois. (Arrêt de Réglement du Conseil du 16 Octobre 1684, pour la Généralité d'Orléans.)

Lorsque le Roi est seul partie, ces droits sont réduits à moitié pour tous les Officiers ci-dessus. (Même Réglement. (*a*)

109. 28°. Pour le paraphe des registres de baptêmes, mariages & sépultures. (Déclaration du 9 Avril 1736, *art. 18.*) . . . . 5 s.

29°. Pour le procès-verbal de l'état des registres de baptêmes, sépultures après le décès des Curés & Dé-

---

(*a*) Voyez pour les autres Sieges le Réglement du Parlement du 10 Juillet 1665, *art.* 44.

Des Lettres-Patentes du 18 Juin 1769, rendues en forme de Réglement pour la Normandie, accordent aux Lieutenants-Généraux des principaux Bailliages, 21 livres par jour pour transport, les deux tiers au Parquet ; & dix-huit livres pour les Bailliages démembrés.

ſervants, une vacation ſeulement, lorſque le Juge ſe tranſporte dans les deux lieues ; & au-delà des deux lieues, il doit être payé au Juge deux vacations, qui leur ſont payées ſur le pied de leurs vacations ordinaires.

30°. Pour parapher les regiſtres du contrôle des actes des Notaires, 15, 30 ou quarante ſols, ſuivant le nombre des regiſtres.

31°. Pour parapher le regiſtre des inſinuations. (Edit du mois de Décembre 1753, *art. 1.*) . . . 3 l.

Bailliages en matiere criminelle.

110. 32°. Pour un procès-verbal de plainte faite au Juge, conformément à l'article deux du titre trois de l'Ordonnance criminelle. . . . . 1 l. 10 ſ.

33°. Pour un procès-verbal de reconnoiſſance & de deſcription d'un cadavre, ou d'une effraction faite par des voleurs, ou autres ſemblables, dans le lieu de la demeure du Juge. (Voyez ci-deſſus, *n. 190.*) . . . *Se paie comme les vacations, à raiſon de deux livres par heure.*

34°. Pour une ordonnance portant permiſſion d'informer, d'obtenir monitoires, d'intimer ſur l'appel, & autres ſemblables ordonnances ſur de ſimples requêtes, même qui portent des défenſes proviſoires. . . *Néant.*

35°. Pour une permiſſion de ſe faire viſiter par des Chirurgiens. . . . . *Néant.*

36°. Pour la nomination, preſtation de ferment, & affirmation de rapport des Chirurgiens. . . . *Néant.*

37°. Pour une Sentence de proviſion. (Ordonnance de 1667, *tit. 12, art. 3.*) . . . . . *Néant.*

111. 38°. Pour l'audition de chaque témoin en une information. (Réglement du 10 Juillet 1665, *art. 42.*) . . 10 ſ.

39°. Pour un décret, ſoit qu'il n'y ait qu'un accuſé, ſoit qu'il y en ait pluſieurs. (Même Réglement, *art. 42*,) . . . 1 l. 10 ſ.

40°. Pour un interrogatoire, (même Régement, *art. 42*). 1 l. 10 ſ.

41°. Pour une Sentence de converſion d'un décret de priſe-de-corps en un décret d'ajournement perſonnel, . . . *Néant.*

42°. Pour une Sentence de converſion d'un d'écret d'ajournement personnel en assigné pour être oui, & de renvoi d'un Officier dans ses fonctions, ... 1 l. 10 s.

43°. Pour toutes Sentences & Appointements rendus à l'Audience, soit en cause principale, ou d'appel, ... *Néant.*

112. 44°. Pour une Sentence diffinitive, rendue en la Chambre du Conseil sur les informations, rapports, procès-verbaux joints, sans qu'il ait été passé au récolement & confrontations des témoins, Voyez ci-dessus, *n.* 38 & 63.

45°. Pour une Sentence qui ordonne le récolement des témoins, ... *Néant.*

46°. Pour le récolement de chaque témoin. (Reglement du 10 Juillet 1665, *art.* 42.) . . . . 10 s.

47°. Pour la confrontation de chaque témoin. (Même Réglement, *art.* 42,) . . . . 10 s.

48°. Pour un interrogatoire sur la sellette . . . . . . *Néant.*

49°. Pour un procès-verbal de torture, ... *Néant.*

50°. Pour une Sentence diffinitive, rendue sur un procès instruit par récolement & confrontation; . . . . *Suivant le travail.*

Faux principal ou incident, & reconnoissances d'écritures qui peuvent servir à la preuve.

113. 51°. Pour le procès-verbal de l'état d'une piece arguée de faux, ... 1 l. 10 s.

52°. Pour un jugement portant que l'inscription sera formée au Greffe, ... *Néant.*

53°. Pour le jugement qui déclare les moyens de faux pertinents & admissibles, & qui permet d'en faire la preuve, ou qui les rejette, ... *Néant.*

54°. Pour la nomination & prestation de serment des Experts, ... *Néant.*

55°. Pour le jugement qui ordonne la vérification d'écritures sur pieces de comparaison, ... *Néant.*

56°. Pour un procès-verbal de représentation de pieces de comparaison à l'accusé pour en convenir, ou les contester, 1 l. 10 s.

57°. Pour le jugement qui ordonne que les pieces de comparaison passeront, ou qu'elles seront rejettées, Voyez l'article 17 du titre premier de l'Ordonnance du faux, du mois de Juillet 1737, ... *Néant.*

58°.

58°. Pour le procès-verbal de représentation aux Experts de la piece arguée de faux, & dont on poursuit la vérification, ou des pieces de comparaison, ... 1 l. 10 s.

Gens du Roi.

114. 59°. Pour les conclusions à un décret, soit qu'il n'y ait qu'un seul accusé, soit qu'il y en ait plusieurs, . . . 1 l.

60°. Dans tous les cas en général où il faut des conclusions, le Procureur du Roi prend les deux tiers de ce que prend le Juge. (Réglement du 10 Juillet 1665, *art.* 42, 38 & 44; Edit du mois de Mars 1693, avec le Tarif y joint,) ci . . . . Les deux tiers du Juge.

61°. Au Procureur du Roi pour chacune vacation d'une matinée, ou d'une après-dîner entiere, à un inventaire, ou à une vente, lorsque son ministere est nécessaire; comme dans les cas d'aubaine, bâtardise, deshérence, &c., . . Les deux tiers du Juge.

Pour les conclusions par écrit sur des procès-verbaux & informations. (Voyez ci-dessus, *n.* 89 & 63,)

62°. Aux Avocats du Roi pour les conclusions verbales par eux données à l'Audience, ... *Néant.*

63°. Aux Avocats du Roi pour les conclusions qu'ils donnent par écrit pour l'absence, ou empêchement du Procureur du Roi, ... Les deux tiers du Juge.

(Voyez ce qui est dit ci-après, *n.* 161, touchant les droits dûs pour les vérifications & rapports des défauts, & par ceux des tiers referendaires, taxateurs & calculateurs de dépens.)

§. II.

Tableau des Droits & Vacations qui peuvent être perçus par les Juges des Prévôtés & Châtellenies royales.

En matiere civile.

115. 1°. Pour les ordonnances sur requêtes, comme sont les permissions d'assigner, de saisir, de compulser, & autres semblables; suivant l'Edit des épices du mois de Mars de 1673, ... *Néant.*

2°. Pour les Sentences & Appointements rendus à l'Audience ; & pour tous actes d'Audience généralement, comme sont les publications des testaments, ou substitutions ; baux judiciaires ; ventes de fruits, & choses mobiliaires ; remises & adjudications par décret, ou par licitation ; enquêtes sommaires, *&c.* ; suivant le Réglement du 10 Juillet 1665, *art. 36* ; & l'Edit des Epices du mois de Mars 1673. . . . . *Néant.*

3°. Pour les Sentences rendues sur pieces mises sur le Bureau, suivant l'Ordonnance de 1667, *tit.* 17, *art.* 10. . . . . *Néant.*

116 4°. Pour l'audition de chaque témoin, suivant le Réglement du 26 Août 1665. . . . . . 10 s.

5°. Pour un interrogatoire sur faits & articles, ou dans le cas d'une interdiction de biens, ou d'une séparation de biens de mari & femme, suivant le Réglement du 10 Juillet 1665, *art.* 42. . . . . . 1 l. 10 s.

Et si l'interrogatoire est long, suivant le même Réglement du 10 Juillet 1665, *art.* 39. . . . . *1 l. 6 s. 8 d. par heure.*

6°. Pour un acte de nomination d'Experts, suivant le même article 39 du Réglement du 10 Juillet 1665, . 1 l. 10 s.

7°. Pour l'acte de prestation de serment desdits Experts. *Néant.*

8°. Pour l'acte de rapport desdits Experts, suivant le Réglement du 10 Juillet 1665, *art.* 39. . . 1 l. 10 s.

9°. Apprétiations, suivant le même article. . 1 l. 10 s.

10°. Pour une réception de caution, suivant le même article 39. . . . . 1 l. 10 s.

117 11°. Pour les légalisations d'actes ; Voyez ce qui est dit ci-dessus, *n.* 70.

12°. Pour les collations de pieces, suivant le Réglement du 10 Juillet 1665, *art.* 39. . . . . 1 l. 10 s.

13°. Pour un certificat de vie, Voyez ci-dessus, *n.* 69

14°. Pour un procès-verbal de vérification d'écritures, suivant l'Edit du mois de Décembre 1684, *art.* 10. 1 l.

Et si ce procès-verbal est long, suivant le Réglement du 10 Juillet 1665, *art.* 39. . . . . *1 l. 6 s. 8 d. par heure.*

15°. Conclusion d'inventaire, dans les Sieges où cette formalité est nécessaire. . . . . . 1 l. 10 s.

16°. Pour les partages. . . . . . *Arbitrairement eu égard au travail.*

17°. Affirmations & clôtures de comptes pour chaque vacation de trois heures, suivant le Réglement du 10 Juillet 1665, *art. 38*, ... 4 l.

Et pour les moindres vacations, à proportion. (*Ibid.*)

18°. Procès-verbaux d'appositions & levées de scellés, pour chacune vacation de trois heures, suivant le même Réglement, *art. 38*. . . . . 4 l.

Et pour les moindres vacations, à proportion. (*Ibid.*)

118. 19°. Election de tuteur, ou curateur, suivant l'article 37 du Réglement du 10 Juillet 1665. . . . . 1 l. 10 s.

20°. Avis de parents, suivant le même article. . 1 l. 10 s.

21°. Entérinement de lettres de bénéfice d'âge. (a) . *Néant.*

22°. Entérinement de lettres de bénéfice d'inventaire. *Néant.*

23°. Pour les transports des Officiers hors la ville de leur résidence, suivant l'Arrêt du Conseil du 16 Octobre 1684, rendu pour Orléans; sçavoir,

Au Prévôt, ... *16 l. par jour.*

Lequel droit diminue d'un sixieme après quinze jours de durée de la commission, & d'un tiers après un mois. (Même Arrêt de 1684.)

Lorsque le Roi est seul partie, ces droits sont réduits à moitié. (*Ibid.*)

En matiere criminelle.

119. 24°. Pour un procès-verbal de plainte faite au Juge. 1 l. 10 s.

25°. Pour une Ordonnance portant permission d'informer, d'obtenir monitoires, de se faire visiter par Chirurgiens, & autres semblables Ordonnances sur simples requêtes. . . . . *Néant.*

26°. Pour la nomination, prestation de serment, ou affirmation de rapport des Chirurgiens. . . . *Néant.*

27°. Pour une Sentence de provision. . . . *Néant.*

(a) Voyez touchant l'entérinement de lettres d'âge, de bénéfice d'inventaire & de terrier, ce qui a été dit ci-dessus, *n.* 106, *à la note* (d).

28°. Pour un procès-verbal de reconnoiſſance, deſcription, & viſite d'un cadavre, ou autres procès-verbaux qui ſe font dans le lieu de la demeure du Juge. *Se paie comme les vacations.*

29°. Pour l'audition de chaque témoin. . . 10 ſ.

30°. Pour un décret, ſoit qu'il y ait un ſeul accuſé, ou pluſieurs. 1 10

31°. Pour un interrogatoire. . . . *1 l. 10 ſ. ou par vacations, ſi l'interrogatoire eſt long.*

120. 32°. Pour une Sentence de converſion d'un décret de priſe-de-corps en ajournement perſonnel. . . . *Néant.*

33°. Pour une Sentence de converſion d'un décret d'ajournement perſonnel en aſſigné pour être ouï, & renvoi d'un Officier dans ſes fonctions. . . . *Néant.*

34°. Pour toutes Sentences & appointements rendus à l'Audience. . . . . *Néant.*

35°. Pour une Sentence diffinitive, rendue en la Chambre du Conſeil, ſur les informations, rapports, & procès-verbaux joints, ſans qu'il ait été paſſé au récolement & à la confrontation des accuſés, Voyez ci-deſſus, *n. 38 & 63.*

36°. Pour une Sentence qui ordonne le récolement & la confrontation des témoins; Voyez ci-deſſus, *n. 112.* *Néant.*

37°. Pour le récolement de chaque témoin, ſuivant le Réglement du 10 Juillet 1664, *art. 42.* . . 10 ſ.

38°. Pour la confrontation de chacun témoin, ſuivant le même article 42. . . . . . 10 ſ.

39°. Pour un interrogatoire ſur la ſellette. . . *Néant.*

40°. Pour les épices d'une Sentence rendue ſur un procès inſtruit par récolement & confrontation. . *Arbitrairement ſuivant le travail.*

Faux principal & incident.

121. 41°. Pour le procès-verbal de l'état d'une piece arguée de faux. . . . . 1 l. 10 ſ.

42°. Pour le jugement portant que l'inſcription de faux ſera faite au Greffe. . . . . *Néant.*

43°. Pour le jugement qui déclare les moyens de faux pertinents & admiſſibles, & qui permet d'en faire la preuve, ou qui les rejette. . . . . . *Néant.*

44°. Pour la nomination & prestation du serment des Experts. . . . . *Néant.*

45°. Pour le jugement qui ordonne la vérification d'écritures sur pieces de comparaison. . . . *Néant.*

46°. Pour le procès-verbal de présentation des pieces de comparaison, pour en convenir ou les contester. . 1 l. 10 s.

47°. Pour le jugement qui ordonne que les pieces de comparaison passeront, ou qu'elles seront rejettées; Voyez l'article 17 du titre 1 de l'Ordonnance du Faux du mois de Juillet 1737.

48°. Pour le procès-verbal de représentation aux Experts de la piece arguée de faux, ou dont on poursuit la vérification, & des pieces de comparaison. . . 1 l. 10 s.

Substituts du Procureur du Roi du Châtelet de Paris.

122. Aux Substituts des Gens du Roi pour chaque vacation aux scellés, inventaires, comptes, partages, & autres actes où leur présence est nécessaire, suivant la Déclaration du Roi du 27 Mai 1690. . . . 8 l.

§. III.

Tableau des Droits & Vacations qui peuvent être perçus par les Juges des Seigneurs.

En Civil.

123. 1°. Pour les Ordonnances sur simples requêtes; comme sont les permissions de saisir, d'assigner, de compulser, *&c.* suivant l'Arrêt de Réglement du 23 Juillet 1676, rendu pour les Duchés & Pairies de Mazarin, la Meilleraie, Mayenne, & les Prévôtés & Justices qui en dépendent. (Edit des Epices du mois de Mars 1673, *art. 8.*) . . . . *Néant.*

2°. Pour les Sentences & appointements rendus à l'Audience, & pour tous autres actes d'Audience généralement; comme sont les enquêtes sommaires, baux judiciaires, ventes de fruits, & choses mobiliaires, remises & adjudications par décret, ou licitation, *&c.* suivant l'Arrêt de Réglement du 10 Juillet 1665, *art. 36 & 52*; & celui du 23 Juillet 1676, rendu pour les Duchés & Pairies de Mazarin, la Meilleraie, Mayenne, *&c. art. 8.* . . . . . . *Néant.*

3°. Pour les Sentences rendues sur pieces mises sur le Bureau, suivant les mêmes Réglements de 1665, *art. 21*; & de 1676, *art. 8*; & l'Ordonnance de 1667, *tit. 17, art. 10.*) . . . . *Néant.*

124. 4°. Pour l'audition de chaque témoin en une enquête, suivant l'Arrêt de Réglement du 26 Août 1765. 5 s.

Suivant l'Arrêt du 23 Juillet 1676, rendu pour les Duchés & Pairies de Mazarin, *&c.*, pour les Pairies. . . . . 7 s. 6 d.

Suivant le même Arrêt pour les Prévôtés, *&c.* . 5 s.

Suivant l'Arrêt de Réglement du 15 Mai 1714, rendu pour le Bailliage & Comté de Pont-Chartrain, au itre *Des Juges*, *art.* 2. . . . . 5 s.

5°. Pour un interrogatoire sur faits & articles, ou dans le cas d'une interdiction de biens, ou d'une séparation de mari & femme, sçavoir

Suivant l'Arrêt de Réglement du 26 Juillet 1676, rendu pour les Duchés-Pairies de Mazarin, *&c.* pour les Pairies. . . . . 15 s.

Suivant le même Arrêt pour les Prévôtés, *&c.* . . 12 s.

Et suivant l'Arrêt de Réglement du 15 Mai 1714, pour le Bailliage & Comté de Pont-Chartrain, au titre *des Juges.* . . . . 12 s.

125. Pour le procès-verbal des faits tenus pour confessés, faute d'avoir comparu à l'assignation, suivant l'Arrêt de Réglement du 23 Juillet 1676, rendu pour les Duchés & Pairies de Mazarin, *&c.* pour les Pairies. . . 15 s.

Suivant le même Arrêt pour les Prévôtés, *&c.* . . 10 s.

Et suivant l'Arrêt de Réglement du 15 Mai 1714, rendu pour le Bailliage & Comté de Pont-Chartrain. 10 s.

126. 6°. Pour un acte de nomination d'Experts. . . 1 l.

Suivant l'Arrêt de Réglement du 23 Juillet 1676, rendu pour les Duchés & Pairies de Mazarin, *&c.* pour les Pairies. . . . . 15 s.

Suivant le même Arrêt pour les Prévôtés, *&c.* . . 12 s.

Et suivant l'Arrêt de Réglement du 15 Mai 1714, pour le Bailliage & Comté de Pont-Chartrain. . . 12 s.

7°. Pour la prestation de serment desdits Experts ;

Suivant l'Arrêt de Réglement du 23 Juillet 1676, rendu pour les Duchés & Pairies de Mazarin, *&c.* pour les Pairies. . . . . *Néant.*

Suivant le même Arrêt pour les Prévôtés, *&c.* . . *Néant.*

Et suivant l'Arrêt de Réglement du 15 Mai 1714, pour le Bailliage & Comté de Pont-Chartrain. . . 5 s.

127. 8°. Pour l'acte de rapport de visitation & estimation d'héritages ;

Suivant l'Arrêt de Réglement du 23 Juillet 1676, pour les Duchés & Pairies de Mazarin, *&c.* pour les Pairies. . . . . 16 s.

Suivant le même Arrêt rendu pour les Prévôtés, *&c.* 12 s.

Et suivant l'Arrêt de Réglement du 15 Mai 1714, rendu pour le Bailliage & Comté de Pont-Chartrain. . 12 s.

Pour chaque procès-verbal de liquidation de fruits & autres ;

Suivant l'Arrêt de Réglement du 23 Juillet 1676, rendu pour les Duchés & Pairies de Mazarin, *&c.* pour les Pairies. . . . . 16 s.

Suivant le même Arrêt pour les Prévôtés, *&c.* . . 12 s.

Et suivant l'Arrêt de Réglement du 15 Mai 1714, pour Pont-Chartrain. . . . . 12 s.

128. 9°. Pour une réception de caution ;

Suivant l'Arrêt de Réglement du 23 Juillet 1676, rendu pour les Duchés & Pairies de Mazarin, *&c.* pour les Pairies. . . . . 16 s.

Suivant le même Réglement pour les Prévôtés, *&c.* 12 s.

Et suivant l'Arrêt de Réglement du 15 Mai 1712. rendu pour Pont-Chartrain. . . . . . 12 s.

10°. Pour une légalisation d'acte,

A Pithiviers on prend. . . . . . . 5 s.

(Voyez ce qui a été dit ci-dessus, *n.* 70.)

11°. Procès-verbal de certificat de vie. (Voyez ce qui a été dit *ibid.* n. 69.)

12°. Collation de pieces. . . . . 1 l.

13°. Procès-verbal de vérification d'écritures, suivant l'Edit du mois de Janvier 1684 ; sçavoir,

Aux Juges des Duchés-Pairies. . . . . 1 l.

Aux Juges des autres Justices de Seigneurs. . . . 15 f.

14°. Conclusion d'inventaire. . . . 1 l.

129. 15°. Partages. (Réglement du 10 Juillet 1665, *art.* 57.) 1 l. par heure.

Et pour chaque matinée, ou relevée, suivant le même article 57, seulement. . . . . 2 l.

16°. Présentation & affirmation de compte; sçavoir,

Suivant l'Arrêt de Réglement du 23 Juillet 1676, rendu pour les Duchés & Pairies de Mazarin, *&c.* dans les Pairies. . . . . . . 1 l.

Suivant le même Arrêt, dans les Prévôtés, *&c.* . . 15 f.

Et suivant l'Arrêt de Réglement du 14 Mai 1714, rendu pour Pont-Chartrain, au titre *des Juges*, *art.* 2. 12 f.

130. 17°. Election de tuteur, ou de curateur, suivant le Réglement du 10 Juillet 1665, *art.* 37, pour les Juges subalternes en général. . . . . 1 l.

Suivant l'Arrêt de Réglement rendu le 23 Juillet 1676, pour les Duchés & Pairies de Mazarin, *&c.* dans les Pairies. . . . . 1 l. 10 f.

Suivant le même Arrêt, dans les Prévôtés, *&c.* . . 1 l.

18°. Avis de parents, suivant le Réglement du 10 Juillet 1665, *art.* 55. . . . . . . 1 l

Suivant l'Arrêt de Réglement du 23 Juillet 1696, rendu pour les Duchés & Pairies de Mazarin, *&c.* dans les Pairies. . . . . 1 l. 10 f.

Suivant le même Arrêt, dans les Prévôtés, *&c.* . . 1 l.

Et suivant l'Arrêt de Réglement du 15 Mai 1714, rendu pour Pont-Chartrain, au titre *des Juges*, *art.* 2. 1 l.

19°. Procès-verbal d'apposition, & levée de scellés dans le lieu de la résidence du Juge,

Suivant l'Arrêt de Réglement du 23 Juillet 1676, rendu pour les Duchés-Pairies de Mazarin, *&c.* dans les Pairies. . . . . . . 1 l. par heure.

131. Et pour la vacation entiere, du matin & du soir. . 2 l.

Suivant le même Arrêt, dans les Prévôtés, *&c.* . 15 f.

Et pour la vacation entiere, du matin, ou du soir. . 1 l. 10 f.

Suivant l'Arrêt de Réglement du 15 Mai 1714, rendu pour le Bailliage & Comté de Pont-Chartrain, *art.* 3. 15 f.

Et pour la vacation entiere du matin & du soir. . 1 l. 10 f.

132. 20°. Vacations à l'Hôtel du Juge dans des affaires

qui

qui méritent vacations. (Réglement du 10 Juillet 1665, *art.* 57.) . . . . . . 1 *l. par heure.*

Et pour la vacation entiere de trois heures. (Même article 57.) . . . . 2 l.

21°. Pour le transport du Juge au domicile de la partie, en cas de maladie ou empêchement ; ou descente dans le lieu de la jurisdiction.

Suivant l'Arrêt de Réglement du 23 Juillet 1676, rendu pour les Duchés-Pairies de Mazarin, *&c.* dans les Pairies. . . . . 1 l.

Suivant le même Arrêt dans les Prévôtés, *&c.* . . 15 s.

Et suivant l'Arrêt de Réglement du 15 Mai 1714, rendu pour le Bailliage & Comté de Pont-Chartrain, au titre Des Juges, *art.* 2, ... 15 s.

133. 22°. Pour le transports du Juge hors le lieu de sa résidence par jour, suivant le Réglement du 10 Juillet 1665, *art.* 57.) . . . . 4 l.

Suivant l'Arrêt de Réglement du 23 Juillet 1676, pour les Duchés-Pairies de Mazarin, *&c.* dans les Pairies. . . . . 6 l.

Suivant le même Arrêt dans les Prévôtés, *&c.* . . 4 l.

Et suivant l'Arrêt de Réglement du 15 Mai 1714, rendu pour Pont-Chartrain, au titre Des Juges, *art.* 16, 4 l.

23°. Entérinement de lettres de bénéfice d'inventaire, ou d'âge ;

A Pithiviers on prend. . . . . 3 l.

24°. Réception de Greffiers, Notaires, Procureurs, Sergents ou autres Officiers ;

Suivant l'Arrêt de Réglement du 15 Mai 1714, rendu pour le Bailliage & Comté de Pont-Chartrain, au titre Des Juges, *art.* 8, ... *Néant.*

134. 25°. Pour renonciations,

A Pithiviers on prend. . . . . 1 l.

26°. Réception d'aveu & dénombrement ;

Suivant l'Arrêt de Réglement du 23 Juillet 1676, rendu pour les Duchés & Pairies de Mazarin, *&c.* ;

Dans les Pairies, lorsque l'aveu & dénombrement contient deux rôles. . . . . . . 1 l. 10 s.

Et pour l'excédent, à proportion, qui ne pourra passer trois livres. . . . . . 3 *l. au plus.*

Suivant le même Arrêt du 23 Juillet 1616, dans les Prévôtés, *&c.* pour un aveu de deux rôles. . . 1 l.

Et pour l'excédent, à proportion, qui ne pourra passer deux livres. . . . . . . 2 l.

27°. Réception de Maître de Métier dans les lieux où il y a maîtrise;

Suivant l'Arrêt de Réglement du 23 Juillet 1676, rendu pour les Duchés & Pairies de Mazarin, *&c.* dans les Pairies. . . . . 16 s.

Suivant le même Réglement dans les Prévôtés, *&c.* 12 s.

A Pithiviers on prend. . . . . . 6 l.

En matiere criminelle.

135. 28°. Pour un procès-verbal de plainte faite au Juge. 1 l.

Suivant l'Arrêt de Réglement du 23 Juillet 1676, rendu pour les Duchés-Pairies de Mazarin, *&c.* dans les Pairies. . . . . 15 s.

Suivant le même Arrêt, dans les Prévôtés, *&c.* . 10 s.

Si la plainte est formée par requête présentée au Juge, suivant l'Arrêt de Réglement du 23 Juillet 1676, rendu pour les Duchés-Pairies de Mazarin, *&c.* . . . *Néant.*

29°. Pour une Ordonnance sur simple requête; comme permission d'informer, d'obtenir monitoires, de se faire visiter par Chirurgiens, *&c.* . . . *Néant.*

136. 30°. Pour un procès-verbal de reconnoissance & de visite, & description d'un cadavre, ou d'une effraction & autres semblables procès-verbaux faits dans le lieu de la demeure du Juge, suivant le Réglement du 26 Août 1665. . . . . . . 7 s. 6 d.

Pour un procès-verbal de l'état des personnes blessées, ou d'un corps mort;

Suivant l'Arrêt de Réglement du 23 Juillet 1676, rendu pour les Duchés-Pairies de Mazarin, *&c.* dans les Pairies. . . . . 1 l.

Suivant le même Réglement, dans les Prévôtés, *&c.* 15 s.

Et suivant l'Arrêt de Réglement du 15 Mai 1714, rendu pour Pont-Chartrain, au titre Des Juges, *art.* 12. 15 s.

137. 31°. Pour la nomination, prestation de serment, ou affirmation du rapport des Chirurgiens. . . . *Néant.*

Pour un procès-verbal de réception de serment du Médecin, & atteſtation ſur la vérité du ſerment, ſuivant l'Arrêt de Réglement ci-deſſus cité, du 23 Mai 1676, dans les Pairies, ... 15 ſ.

Et ſuivant le même Arrêt pour les Prévôtés, *&c.* . 12 ſ.

32°. Pour une Sentence de proviſion. (Ordonnance de 1667, *tit.* 12, *art.* 3.) . . . . . . *Néant.*

33°. Pour l'audition de chaque témoin dans les informations, même aux enquêtes ordonnées à l'effet de prouver par l'accuſé ſes faits juſtificatifs.

Suivant l'Arrêt du 26 Août 1665; & le Réglement du 23 Juillet 1676, rendu pour les Duchés-Pairies de Mazarin, *&c.* dans les Pairies, ... 7 ſ. 6 d.

Suivant le même Arrêt du 23 Juillet 1676, dans les Prévôtés, *&c.* . . . . 7 ſ. 6 d.

Et ſuivant l'Arrêt de Réglement du 15 Mai 1714, rendu pour le Bailliage & Comté de Pont-Chartrain, au titre Des Juges, *art.* 12, ... 7 ſ. 6 d.

138. 34°. Pour un décret, ſoit qu'il y ait pluſieurs accuſés, ſoit qu'il n'y en ait qu'un ſeul, tant de priſe-de-corps que d'ajournement perſonnel, ou d'aſſigné pour être oui, ſuivant le Réglement du 26 Août 1665. . . 15 ſ.

Suivant l'Arrêt de Réglement du 23 Juillet 1676, pour les Duchés-Pairies de Mazarin, *&c.*, dans les Pairies, 15 ſ.

Suivant le même Arrêt, dans les Prévôtés, *&c.* . 15 ſ.

Et ſuivant l'Arrêt de Réglement du 15 Mai 1714, rendu pour Pont-Chartrain, au titre Des Juges, *art.* 12. 15 ſ.

35°. Pour un interrogatoire; . . . . 15 ſ.

Suivant l'Arrêt de Réglement du 23 Juillet 1676, rendu pour les Duchés-Pairies de Mazarin, *&c.* dans les Pairies, 15 ſ.

Suivant le même Arrêt dans les Prévôtés, *&c.* . . 15 ſ.

Et ſuivant l'Arrêt de Réglement du 15 Mai 1714, rendu pour Pont-Chartrain, au titre Des Juges, *art.* 12, 15 ſ.

139. 36°. Pour une Sentence de converſion d'un décret de priſe-de-corps, en décret d'ajournement perſonnel, *Néant.*

37°. Pour une Sentence de converſion d'un décret d'ajournement perſonnel en aſſigné pour être oui, & de renvoi d'un Officier à ſes fonctions, . . . *Néant.*

38°. Pour toutes les Sentences & appointements rendues à l'Audience. . . . . . . *Néant.*

39°. Pour une Sentence diffinitive rendue en la Chambre du Conseil, sur les informations, rapports & procès-verbaux, sans qu'il ait été passé au récolement & confrontation des témoins; (Voyez ci-dessus, *n.* 63.) *Néant.*

Suivant l'Arrêt de Réglement du 15 Mai 1714, rendu pour le Bailliage & Comté de Pont-Chartrain, au titre Des Juges, *art.* 13, . . . 15 s.

140. 40°. Pour une Sentence qui ordonne le récolement & la confrontation des témoins;

Suivant l'Arrêt de Réglement du 23 Juillet 1676, pour les Duchés & Pairies de Mazarin, *&c.*, dans les Pairies, 15 s.

Suivant le même Arrêt dans les Prévôtés, *&c.* . 12 s.

Et suivant l'Arrêt de Réglement du 15 Mai 1714, rendu pour Pont-Chartrain, au titre Des Juges, *art.* 13, 15 s.

41°. Pour le récolement de chaque témoin, suivant le Réglement du 26 Août 1665. . . . 7 s. 6 d.

Suivant l'Arrêt de Réglement du 23 Juillet 1676, rendu pour les Duchés-Pairies de Mazarin, *&c.* dans les Pairies, 7 s. 6 d.

Suivant le même Arrêt dans les Prévôtés, *&c.* . . 7 s. 6 d.

Et suivant l'Arrêt de Réglement du 15 Mai 1714, rendu pour Pont-Chartrain, au titre Des Juges, *art.* 13, 7 s. 6 d.

Pour chaque récolement sur interrogatoire, suivant l'Arrêt de Réglement du 23 Juillet 1676, pour les Duchés-Pairies de Mazarin, *&c.* . . . . . 5 s.

141. 42°. Pour la confrontation de chacun témoin, & pour celle des accusés, les uns aux autres. . . 7 s. 6 d.

Suivant l'Arrêt de Réglement du 23 Juillet 1676, rendu pour les Duchés-Pairies de Mazarin, *&c.* dans les Pairies. . . . . 7 s. 6 d.

Suivant le même Arrêt dans les Prévôtés, *&c.* . 7 s. 6 d.

Suivant l'Arrêt de Réglement du 15 Mai 1714, rendu pour Pont-Chartrain, au titre Des Juges, *art.* 13, 7 s. 6 d.

Et où les récolements & confrontations se feront en même-temps, la taxe pour chacun témoin récolé & confronté, n'excédera, suivant l'Arrêt de Réglement ci-dessus du 23 Juillet 1676; & celui du 15 Mai 1714, rendu pour Pont-Chartrain, au titre Des Juges, *art.* 13, . 7 s. 6 d.

43°. Pour un interrogatoire sur la sellette, . . *Néant.*

142. 44°. Pour les épices d'une Sentence rendue sur un procès instruit par récolement & confrontation, . . *Suivant le travail.*

45°. Pour le procès-verbal de prononciation du jugement qui reçoit l'accusé en ses faits justificatifs, & la nomination des témoins à l'accusé, suivant l'Arrêt de Réglement du 23 Juillet 1676, rendu pour les Duchés-Pairies de Mazarin, *&c.* dans les Pairies. . . 15 f.

Suivant le même Arrêt, dans les Prévôtés, *&c.* . 12 f.

Faux principal & incident.

143. 46°. Pour le procès-verbal de l'état d'une piece arguée de faux, & représentation à la partie pour la parapher. . . . . 1 l.

Suivant l'Arrêt de Réglement du 23 Juillet 1676, rendu pour les Duchés-Pairies de Mazarin, *&c.* dans les Pairies, 15 f.

Suivant le même Arrêt dans les Prévôtés, *&c.* . . 12 f.

Et suivant l'Arrêt de Réglement du 15 Mai 1714, rendu pour le Bailliage & Comté de Pont-Chartrain, au titre Des Juges, *art.* 2, ... 12 f.

47°. Pour le jugement portant que l'inscription sera faite au Greffe. . . . . . . *Néant.*

144. 48°. Pour le jugement qui déclare les moyens de faux, pertinents & admissibles, & qui permet d'en faire la preuve, ou qui les rejette.

49°. Pour le procès-verbal contenant la comparution des parties en cas de contestation de l'écriture privée, pour voir procéder à la vérification & représentation des pieces de comparaison; ensemble la nomination des Experts pour chaque vacation, suivant l'Arrêt de Réglement du 23 Juillet 1676, rendu pour les Duchés & Pairies de Mazarin, *&c.* dans les Pairies. . 15 f.

Suivant le même Arrêt, dans les Prévôtés, *&c.* . 10 f.

Et suivant l'Arrêt de Réglement du 15 Mai 1714, rendu pour Pont-Chartrain, au titre Des Juges, *art.* 2, 10 f.

145. 50. Pour la nomination & prestation de serment dans le faux principal. . . . . *Néant.*

51°. Et dans le faux incident. . . . . 1 l.

52°. Pour le procès-verbal de réception de serment des Experts, & pour convenir de pieces de comparaison, suivant l'Arrêt de Réglement du 23 Juillet 1676, rendu pour les Duchés & Pairies de Mazarin, *&c.*, dans les Pairies, ... 1 l.

Et ſuivant le même Arrêt, dans les Prévôtés, *&c.* . 16ſ.

53°. Pour le jugement qui ordonne la vérification d'écritures ſur pieces de comparaiſon. . . . *Néant.*

54°. Pour le procès verbal de repréſentation des pieces de comparaiſon à l'accuſé, pour en convenir, ou les conteſter. . . . . 1 l.

55°. Pour le jugement qui ordonne que les pieces de comparaiſon paſſeront, ou ſeront rejettées, Voyez l'article 17 du titre 1 de l'Ordonnance du Faux, du mois de Juillet 1737.

56°. Pour le procès-verbal de repréſentation aux Experts de la piece arguée de faux, ou dont la vérification ſe pourſuit, ou des pieces de comparaiſon . 1 l.

PROCUREURS FISCAUX.

En matiere civile.

146. Pour aſſemblées de parents & élections de tutele ou curatele, & autres avis de parents, quand il a droit d'y aſſiſter.

Suivant l'Arrêt de Réglement du 23 Juillet 1676, rendu pour les Duchés & Pairies de Mazarin, *&c.* . 13 ſ. 4d.

Suivant le même Réglement dans les Prévôtés, *&c.* 13 ſ. 4d.

Et ſuivant l'Arrêt de Réglement du 15 Mai 1714, rendu pour Pont-Chartrain, tit. Du Procureur-Fiſcal, *art.* 2, 13 ſ. 4d.

Pour appoſitions & levées de ſcellés, lorſqu'il y aſſiſte par heure ; ſuivant l'Arrêt de Réglement du 23 Juillet 1676, rendu pour les Duchés & Pairies de Mazarin, *&c.* dans les Pairies. . . . . 13 ſ. 4d.

Suivant le même Arrêt, dans les Prévôtés, *&c.* . 10ſ.

Et ſuivant l'Arrêt de Réglement du 15 Mai 1714, rendu pour Pont-Chartrain, tit. Du Procureur-Fiſcal, *art.* 2, 10ſ.

Et pour la vacation entiere du matin ou du ſoir, 26ſ. 8d., & 20ſ qui eſt le double, & non plus.

147. Pour aſſiſtance aux inventaires, dans le cas où il y aſſiſte, par vacation de trois heures ;

Suivant l'Arrêt de Réglement du 23 Juillet 1676, rendu pour les Duchés & Pairies de Mazarin. . . 1 l.

Pour tranſport hors le lieu de la juriſdiction, par chacun jour ; . . . .

Suivant l'Arrêt de Réglement du 23 Juillet 1676, rendu pour les Duchés & Pairies de Mazarin, *&c.* dans les Pairies. . . . . . . 4 l.

Suivant le même Arrêt dans les Prévôtés. . . 2 l. 13 f. 4 d.

Et suivant l'Arrêt de Réglement du 15 Mai 17 4, rendu pour Pont-Chartrain, au titre Du Procureur-Fiscal, *art.* 2, ... 2 l. 13 f. 4 d.

Pour réception d'aveu & dénombrement;

Suivant l'Arrêt de Réglement du 23 Juillet 1676, rendu pour les Duchés & Pairies de Mazarin, *&c. pag.* 6, lorsque l'aveu & dénombrement contient deux Rôles, dans les Pairies, ... 1 l.

148. Et pour l'excédent à proportion, qui ne pourra passer deux livres. . . . . 2 l.

Suivant le même Arrêt du 23 Juillet 1676, dans les Prévôtés, *&c.*, *pag.* 38, lorsque l'aveu & dénombrement contient deux rôles. . . . . 13 f. 4 d.

Et pour l'excédent à proportion, qui ne pourra passer une livre six sols huit deniers. . . . 1 l. 6 f. 8 d.

Réception de Jurés, & Maîtres de Métiers.

Suivant l'Arrêt de Réglement du 23 Juillet 1676, rendu pour les Duchés & Pairies de Mazarin, *&c.* dans les Pairies. . . . . 10 f. 4 d.

Suivant le même Arrêt, dans les Prévôtés, *&c.* . 8 f.

En matiere criminelle.

149. Pour le procès-verbal de l'état d'une personne blessée, ou d'un corps mort;

Suivant l'Arrêt de Réglement du 23 Juillet 1676, pour les Duchés & Pairies de Mazarin, *&c.* dans les Pairies. . . . . 13 f. 4 d.

Suivant le même Arrêt, dans les Prévôtés, *&c.* . 10 f.

Pour conclusions à un décret, tant de prise-de-corps, que d'ajournement personnel, ou d'assigné pour être oui;

Suivant l'Arrêt de Réglement du 23 Juillet 1676, rendu pour les Duchés & Pairies de Mazarin, *&c.* dans les Pairies. . . . . 13 f. 4 d.

Suivant le même Réglement, dans les Prévôtés, *&c.*

Et suivant l'Arrêt de Réglement du 15 Mai 1714, rendu pour Pont-Chartrain, au titre Du Procureur-Fiscal, *art.* 3, ... 10 s.

150. Pour conclusions à fin de récolement & confrontation, & autres actes préparatoires.

Suivant l'Arrêt de Réglement du 23 Juillet 1676, rendu pour les Duchés-Pairies de Mazarin, *&c.* dans les Pairies. . . . . 10 s.

Suivant le même Arrêt, dans les Prévôtés, *&c.* . 8 s.

Et suivant l'Arrêt de Réglement du 15 Mai 1714, rendu pour Pont-Chartrain, au titre du Procureur-Fiscal, *art.* 3, ... 10

Et en général dans toutes les affaires où le Procureur-Fiscal a droit d'assister.

Suivant l'Arrêt de Réglement du 23 Juillet 1676, rendu pour les Duchés-Pairies de Mazarin; & celui du 15 Mai 1714, rendu pour Pont-Chartrain, au titre du Procureur-Fiscal, *&c. art.* 4, . . . *Les deux tiers du Juge.*

SECRETAIRES ET CLERCS DES JUGES.

151. Voyez l'article 29 de l'Edit des Epices du mois de Mars 1673, avec mon Commentaire sur cet article, qui n'a lieu, cependant, que pour les Cours Souveraines.

Un Arrêt du Parlement du 12 Août 1752, rendu pour Civrai, ordonne la radiation d'une somme de 53 livres employée dans les épices, pour droit appellé *Droit de Secrétaire*.

§. IV.

Tableau des Droits & Vacations des Témoins, Experts, Interpretes, Curateurs, &c.

TÉMOINS.

152. Voyez *omninò* mon Traité de la Justice Criminelle, au titre *Des Frais & Dépens en criminel*, part. 3, liv. 2, tit. 43, n. 53.)

A chaque témoin domicilié sur le lieu, suivant l'usage du Bailliage d'Orléans. . . . . . . 10 s.

Et aux femmes. . . . . . . 8 s.

Et dix sols par lieue, ci par lieue. . . . . 10 s.

Suivant

Suivant l'Arrêt de Réglement du 23 Juillet 1676, rendu pour les Duchés-Pairies de Mazarin, *&c.* . 5 f.

Et suivant l'Arrêt de Réglement du 15 Mai 1714, rendu pour le Bailliage & Comté de Pont-Chartrain, au titre Des Juges, *art. 14.* . . . . . 5 f.

MÉDECINS.

153. (Voyez les actes de notoriété de Denisart, *pag.* 124; Voyez aussi mon Traité de la Justice Criminelle, au titre *Des Frais & Dépens en criminel*, part. 3, liv. 2, tit. 43, n. 59.)

Pour les rapports & visites qu'ils font dans le lieu de leur résidence, suivant une Déclaration du 26 Juin 1745, rendue pour le Parlement de Bordeaux; & un Arrêt du Conseil du 23 Janvier 1742, . . . 2 l. 10 f.

Et suivant un acte de notoriété du Châtelet de Paris, du 21 Avril 1694, ... 3 l.

Pour les voyages qu'ils font pour faire leur rapport en Justice, par chaque jour, y compris leur rapport, suivant la même Déclaration du 26 Juin 1745, rendue pour le Parlement de Bordeaux, & l'Arrêt du Conseil du 23 Janvier 1742, ... 5 l.

Pour le rapport du Médecin, suivant l'Arrêt de Réglement du 23 Juillet 1676, rendu pour les Duchés-Pairies de Mazarin, *&c.* . . . . . 1 l. 10 f.

Et suivant le même Arrêt, s'il se transporte à une lieue, ... 2 l.

Et à deux ou trois lieues, au *prorata*, ensorte que cela n'excede . . . . 3 l.

Pour le rapport & visite du Médecin, suivant l'Arrêt de Réglement du 15 Mai 1714, rendu pour le Bailliage & Comté de Pont-Chartrain, au titre Des Juges, *art.* 14, ... 1 l. 10 f.

Et au cas qu'il y ait transport, ... 2 l.

CHIRURGIENS.

154. (Voyez mon Traité de la Justice Criminelle,

au titre *Des Frais & Dépens en criminel*, part. 3, liv. 2, tit. 43, n. 60.)

Pour leur rapport & visite qu'ils font dans le lieu de leur résidence, suivant les mêmes Arrêts des 26 Juin 1745, & 23 Janvier 1742, ... 2 l.

Et suivant l'acte de notoriété du Châtelet de Paris, du 21 Avril 1694, ci-dessus cité, ... 3 l.

Quand il y a ouverture de cadavre, suivant les mêmes Arrêts de 1745 & 1742, ... 4 l.

Et suivant l'acte de notoriété de 1694, ci-dessus, . 6 l.

Pour les voyages qu'ils font pour faire leur rapport en Justice, par jour, y compris leur rapport, . . 4 l.

155. Pour le rapport du Chirurgien, suivant le Réglement du 23 Juillet, pour le Duché de Mazarin, . . . 1 l.

Et s'il y a transport à une lieue, ... 1 l. 10 f.

Et de deux ou trois lieues, au *prorata*, ensorte que cela n'excede, ... 2 l.

Pour le rapport & visite du Chirurgien, suivant le Réglement du 15 Mai 1714, pour le Comté de Pont-Chartrain, au titre Des Juges, *art.* 14, . . . 1 l.

Et au cas qu'il y ait transport, ... 1 l. 10 f.

Sages-Femmes.

156. Doivent être payées comme les Chirurgiens, suivant les Arrêts de 1745 & 1742, ci-dessus cités.

(Voyez aussi mon Traité de la Justice Criminelle, au titre *Des Frais & Dépens*, part. 3, liv. 2, tit. 43 n. 61.)

Experts en Écritures.

Suivant le Réglement du 23 Juillet 1676, pour le Duché de Mazarin, & celui du 15 Mai 1714, pour le Comté de Pont-Chartrain, au titre Des Juges, *art.* 14, sur le lieu, ... 10 f.

S'il y a transport d'une lieue & au-delà, . . 1 l.

Et pour la journée entiere, ... 2 l.

INTERPRETES.

157. Doivent être payés sur le même pied que les Chirurgiens, suivant les mêmes Arrêts des 26 Juin 1745, & 23 Janvier 1742.

Et suivant les Réglements des 23 Juillet 1676, pour le Duché de Mazarin, & 15 Mai 1714, pour le Comté de Pont-Chartrain, au titre Des Juges, *art.* 14, . *Les deux tiers du Juge.*

EXPERTS ET AUTRES DONT LE TRANSPORT, VISITE ET RAPPORT SONT NÉCESSAIRES POUR L'INSTRUCTION DES PROCÈS-CRIMINELS.

Sont payés comme les Chirurgiens, suivant les mêmes Arrêts de 1745 & 1742.

CURATEURS AU CADAVRE, &c.

158. Suivant les Réglements des 23 Juillet 1676, pour le Duché de Mazarin, & 15 Mai 1714, pour le Comté de Pont-Chartrain au titre Des Juges, *art.* 14, . . . *La moitié du Juge.*

EXPERTS EN FAIT DE BATIMENTS ET D'ARCHITECTURE. (a)

Experts dans Paris, pour chaque vacation de trois heures, suivant un acte de notoriété du Châtelet de Paris du 9 Août 1691 ; & l'Edit du mois de Mai 1690. 6 l.

Et en cas de transport hors la banlieue, par vacation, ... 7 l. 10 s.

Leur journée entiere est taxée pour deux vacations. (Acte de notoriété du Châtelet du 23 Juin 1692.)

(a) Voyez les Actes de notoriété de Denisart, *pag.* 99 & 105.

Aux Experts dans les Provinces.

159. Pour chaque vacation de trois heures sur le lieu, suivant l'Edit du mois de Juillet 1690, ... 3 l.

Et pour chaque vacation, lorsqu'ils se transporteront hors la ville & banlieue, suivant le même Edit du mois de Juillet 1690, ... 5 l.

Suivant le Réglement du 23 Juillet 1676, pour le Duché de Mazarin, sur le lieu, ... 10 s.

A une, deux & trois lieues, ... 1 l. 10 s.

Et au-delà, en augmentant dix sols par lieue.

Et pour la journée entiere trois livres.

Suivant le Réglement du 15 Mai 1714, pour le Comté de Pont-Chartrain, ... *Comme les Experts en écritures.*

ARPENTEURS.

Pour chaque vacation de trois heures, on paie les mêmes droits dans Paris, que pour les Experts. (Edit du mois de Décembre 1690.)

Et dans les provinces, aussi les mêmes droits que pour les Experts. (Même Edit du mois de Décembre 1690.)

§. V.

Tableau des Droits & Vacations des Greffiers, Commissaires, & autres Officiers de Justice.

GREFFIERS ORDINAIRES DES JUSTICES.

(Voyez au titre *Des Greffiers*, ci-après, *part. 5, tit. 1, n. 169 & suivants.*)

GREFFIERS-GARDE-MINUTE DES LETTRES de Chancelleries présidiales.

160. Pour chacune lettre de relief d'appel, anticipation, désertion, conversion d'appel en opposition, saisies,

commiſſions ſimples pour appeller parties à fin de conſtitution de nouveau Procureur, pour reprendre inſtance, exécutoires de dépens, ajournements, demandes en évocation, commandements, jugements, complaintes, *committimus*, compulſoires, main-miſes, reſtitution en entier, bénéfice d'âge, émancipation, bénéfice d'inventaires, & autres lettres priſes dans les Chancelleries préſidiales, dans les cas où elles ſont néceſſaires; enſemble celles de *pareatis* ſur ſentences de Juges inférieurs, ſuivant l'Edit du mois de Mars 1692, & le tarif y joint; ſçavoir,

Dans chacune des Chancelleries préſidiales d'Angers, Orléans, le Mans, Lyon, Moulins, Poitiers, Angoulême, Nantes, Rennes, Toulouſe, Troyes, Rheims & Riom, ... 10 ſ.

Et dans les autres Chancelleries préſidiales du Royaume, ... 5 ſ.

Verificateurs et Rapporteurs des Défauts.

161. Pour l'examen, ſeing & paraphe de chaque défaut à faute de comparoir ou de défendre, ſuivant la Déclaration du Roi du 7 Août 1691, dans les Sieges où ces offices ont lieu; ſçavoir,

En toutes matieres excédentes vingt livres, . . . 1 l. 10 ſ.

Et pour celles de vingt livres & au-deſſous, . . *Un ſol pour liv. de la ſomme portée en la demande.*

Tiers referendaires, Taxateurs et Calculateurs de dépens.

Pour chaque article de déclarations de dépens, ſuivant l'uſage qui a toujours été obſervé à Orléans, . *1 ſ. par article.*

(Voyez l'Edit du mois de Novembre 1689, & celui du mois d'Août 1716, *art. 1*; Voyez auſſi ce qui a été dit ci-deſſus, *n. 105*, *note (b)*)

Greffiers des Arbitrages.

162. (Voyez ce qui eſt dit à ce ſujet au titre *Des Notaires*, ci-après, *part. 5*, *tit. 2*, *n. 134 & 154.*)

Notaires.

(Voyez pour leurs droits & vacations, ce qui eſt dit au même titre *Des Notaires*, ci-après, *part. 5*, *tit. 2*, *n. 143.*)

Notaires Apostoliques.

(Voyez pour leurs droits, *ibidem*, n. 154.)

Petit Scel des Notaires.

(Voyez pour ces droits, *ibidem*, n. 125.)

Commissaires aux Inventaires.

(Voyez pour leurs droits, au même titre *Des Notaires*, n. 136.)

Commissaires aux Prisées et Ventes.

163. (Voyez pour leurs ſalaires l'Edit du mois d'Août 1712, & la Déclaration du Roi du 21 Février 1713.)

Procureurs.

(Voyez pour leurs ſalaires ce qui eſt dit au titre *Des Procureurs*, ci-après, *part. 5*, *tit. 4*, *n. 104 & ſuivants.*)

Huissiers et Sergents.

(Voyez pour leurs ſalaires ce qui eſt dit au titre *Des Huiſſiers & Sergents*, ci-après, *part. 5*, *tit. 5*, *n. 257*, *& ſuivants.*)

Commissaires-Enquêteurs-Examinateurs.

(Voyez pour leurs droits & vacations, mon Traité

des Fonctions, Droits, *&c.* des Commissaires-Enquêteurs-Examinateurs, *pag. 105 & suivantes.*)

Receveurs des Consignations.

164. Ils ont dix-huit deniers pour livre du prix des biens vendus par décret-forcé, *&c.*, dont douze deniers doivent être pris sur le montant de la vente; & six deniers doivent être payés par l'adjudicataire.

Plus six deniers pour livre dans les décrets volontaires, *&c.*

Plus le droit d'entrée & sortie.

Plus le droit de quittance.

(Voyez l'Edit du mois de Février 1689; la Déclaration du 16 Juillet 1669; celle du 12 Juin 1694; l'Arrêt du Parlement du 16 Juin 1760; & autres Réglements rendus touchant ces offices.)

Commissaires aux Saisies réelles.

Voyez pour leurs droits, l'Edit du mois de Juillet 1689, *art.* 29, 30, 31, 32 & 33; & les autres Réglements qui concernent ces Officiers.

Rapporteurs-Vérificateurs, et Certificateurs des Criées.

165. Suivant l'Edit du mois d'Août 1694, il est dû à chacun des Rapporteurs-Certificateurs des Criées; (*a*) sçavoir,

Pour les saisies des biens en roture, pour dettes montant à la somme de 1000 livres, & au-dessous, . . 2 l. 10 s.

Depuis 1000 livres jusqu'à 2000 livres, . . 4 l.

Depuis 2000 livres jusqu'à quelque somme que ce soit, 6 l.

(a) *Nota.* Ces Offices ont été créés au nombre de deux pour le Châtelet d'Orléans, & ont été réunis à la Communauté des Procureurs dudit Châtelet, par Arrêt du Conseil du 29 Novembre 1695, moyennant une somme de 5500 livres par eux payée au Roi.

Et au cas qu'il y ait des biens situés en diverses paroisses, il leur doit être payé par paroisse, ... 15 f.

Et pour les saisies des héritages en fief, il leur doit être payé le double des droits ci-dessus.

Mais par Edit du mois d'Août 1716, confirmé par une Déclaration du 3 Juillet 1717, les droits ci-dessus ont été réduits aux deux tiers, qui se perçoivent aujourd'hui. (Ainsi jugé par un Arrêt du Parlement du 30 Août 1760, contre les Procureurs du Châtelet d'Orléans.)

Receveurs des Epices.

Leurs droits, suivant l'Edit du mois de Février 1691, l'Arrêt du Conseil du 12 Février 1718, & la Déclaration du Roi du 3 Août 1732, sont de trois sols six deniers pour livre dans les endroits où les anciens titulaires desdits offices ont été conservés dans leurs droits, comme à Orléans, dont il en appartient deux sols au Roi, & 18 deniers aux titulaires des mêmes offices.

Ces droits sont de trois sols dans les endroits où ces offices ont été supprimés; lesquels trois sols se perçoivent au profit du Roi.

Greffiers de l'Ecritoire.

166. Leurs droits, suivant l'Edit du mois de Novembre 1704, & la Déclaration du 3 Mars 1705, sont de . . *4 livre par vacation.*

Et à la campagne, ... *6 livre aussi par vacation.*

Et de cinq sols par rôle de grosse.

Geoliers et Greffierx des Prisons.

(Voyez l'Arrêt de Réglement du 18 Juin 1717, pour Paris, & le Tarif qui est à la fin.

Et pour les prisons d'Orléans, Voyez un Réglement du Bailliage d'Orléans du 24 Avril 1714, qui est imprimé.)

MESSAGERS

MESSAGERS-CONDUCTEURS DE PRISONNIERS.

Pour la conduite de chaque prisonnier, suivant un Arrêt du Parlement du 12 Janvier 1737, 14 livres par jour, à raison de huit lieues en hiver, & de dix lieues en été, ci . . . . . . *14 livres par jour.*

VOYAGES.

167. (Voyez pour la taxe des frais de voyages, l'Arrêt de la Cour du 10 Avril 1691, pour Paris, qui regle ces frais, suivant la qualité des parties, *&c.*)

Un autre Arrêt aussi du Parlement du 28 Août 1727, porte que dans la taxe des dépens adjugés dans les procès de Grands-Commissaires, il sera taxé un voyage pour faire juger si le jugement est diffinitif, avec quatre jours de séjour; & en outre autant de fois deux jours qu'il y aura eu de vacations, à moins que la Cour ne trouve à propos d'en adjuger davantage.

Suivant l'Arrêt du Parlement du 7 Avril 1682, rendu pour Orléans, portant homologation du tarif des dépens du Châtelet de ladite ville, du 6 Mars 1682, *art.* 54 & 55, on doit passer en taxe; sçavoir,

Deux voyages en toutes causes verbal; & trois en procès par écrit, à raison de 20 *sols* par lieue pour les Ecclésiastiques, Gentilhommes, & officiers royaux de judicature; & *dix sols* pour les autres.

Et pour le séjour des parties, il doit être taxé la moitié du voyage, pour & au jugement diffinitif seulement.

GREFFIERS DES INSINUATIONS ECCLESIASTIQUES.

Voyez pour leurs droits & salaires l'Edit du mois de Décembre 1691, & le Tarif qui est en fin de ce même Edit, ci-après au titre *Des Greffiers*, part. 5, tit. 1, n. 154.)

TITRE IX.

Des Amendes. (a)

1. 1°. L'AMENDE est une peine pécuniaire établie pour punir ceux qui contreviennent à certains Réglements, ou qui commettent certains crimes.

2°. Les amendes prononcées par les Juges royaux, appartiennent au Roi en général, ou à ses Fermiers ; & celles prononcées dans les Justices seigneuriales, appartiennent aux Seigneurs.

A l'égard des Juges d'Eglise, ils peuvent bien condamner en des peines pécuniaires ; mais il faut que ce soit sous le nom d'*aumône* ; parce que l'amende est une peine applicable au fisc, & que l'Eglise n'a point de fisc : c'est pourquoi il y auroit abus si un Official se servoit du mot d'*amende*.

2. 3°. Les amendes peuvent se prononcer, tant en matiere civile que criminelle : elles se prononcent aussi en matiere de Police, d'Eaux & Forêts, de délits de Chasse, de contravention aux droits du Roi, &c.

4°. Anciennement les Juges pouvoient disposer d'une partie des amendes de condamnations par eux prononcées, soit pour l'entretien & réparation de leur auditoire ; soit pour autres nécessités pressantes. (Voyez les articles 52 & 54 du Réglement de Bourg-en-Bresse du 24 Mai 1603 ;) mais on trouve depuis plusieurs Réglements qui le leur défendent. (*b*) Un Arrêt de Réglement du 7 Août 1627, rendu pour Auxerre, & rapporté par Filleau, *tom. 1*, *part. 2*, *pag. 434*, fait défenses aux Officiers du Bailliage de ladite ville, de plus à l'avenir disposer des deniers des amendes qu'ils auront adjugées ; ni d'ordonner qu'elles seront appliquées aux réparations du Palais, & ailleurs.

(*a*) Voyez un Réglement général sur les amendes, du 5 Mars 1638, dans Néron, *tom. 2*, *pag. 630* ; & aussi ce que j'ai dit à ce sujet dans mon Traité de la Justice Criminelle, au titre *Des Peines*, part. 1, tit. 3, n. 91, & suiv.

(*b*) Pour la destination des Amendes de Police, Voyez la Conférence des Ordonnances, *tom. 3*, *pag. 822*, §. 302.

3. Autre Arrêt du 24 Janvier 1665, qui défend à tous Juges de modérer aucunes amendes ; comme aussi de convertir les deniers des amendes à autres usages, qu'aux frais de Justice, & préférablement à toutes autres charges, au pain des prisonniers, conduite aux prisons de la Conciergerie, & reconduite sur les lieux.

L'Arrêt de Réglement des Grands Jours de Clermont, du 10 Décembre 1665, *art.* 24, porte que les Juges ne pourront divertir les amendes qui appartiennent au Roi, ou aux Seigneurs engagistes, en les appliquant, ou convertissant en aumônes ; mais qu'ils pourront seulement sur lesdites amendes, prendre les frais des procès par eux instruits, à la charge d'en user modérement. Voyez aussi l'article 54 du Réglement de Bourg-en-Bresse, du 24 Mai 1603 ; mais par un Arrêt du Conseil du 11 Juillet 1684, rapporté au Recueil des Réglements de Justice, imprimé par ordre de M. le Chancelier, *in*-4°., il est défendu au Lieutenant-Criminel de Marat, & à tous autres, d'employer à l'avenir dans les jugements qu'ils rendront, portant condamnation d'amende, ces mots : *de laquelle seront distraits les frais de Justice.*

4. Plusieurs Réglements rendus au Conseil, renferment les mêmes dispositions. Par la Déclaration du Roi du 21 Mars 1671, il est fait défenses à toutes Cours & Juges, même aux Juges-Consuls, Conservateurs des Foires, Juges de Police, Prévôts Châtelains, & à tous autres Officiers royaux ordinaires, ou extraordinaires, de faire application d'aucunes amendes civiles & criminelles, soit pour réparations, pain des prisonniers, nécessités du Palais, ou sous quelque prétexte que ce soit, même en condamnant les accusés en des amendes envers le Roi, de prononcer contre eux aucunes aumônes pour les employer en œuvres pies ; si ce n'est dans le cas où il auroit été commis sacrilege, & où la condamnation d'aumone pour œuvres pies, fera partie de la réparation ; à peine de désobéissance. *Idem* par la Déclaration du 21 Janvier 1685, & par les Arrêts du Conseil des 22 Novembre 1689 ; 11 Janvier 1694 ; & 29 Octobre 1720.

5. Les motifs de ces Réglements, sont que les Auditoires sont entretenus, & les prisonniers nourris aux dépens du Roi par des assignations sur le Domaine ; & que par conséquent il est inutile d'y assigner d'autres revenus.

Mais ces dispositions ne peuvent s'appliquer aux Jurisdictions seigneuriales, dont les Juges peuvent indiquer un emploi utile, suivant les circonstances.

5°. Les Juges peuvent encore moins remettre les amendes, quand une fois elles ont été prononcées. (Réglement du 24 Mai 1603, pour Bourg-en-Bresse, *art.* 53; Arrêt du 24 Janvier 1665, rapporté ci-dessus, *n.* 3.)

6. 6°. Les Procureurs du Roi doivent faire tenir registre des amendes adjugées au Roi, tant de l'ordinaire, que du Présidial. (Même Arrêt du 24 Janvier 1665; Réglement du 24 Mai 1603, pour Bourg-en-Bresse, *art.* 53.)

7°. Les amendes doivent être reçues par ceux qui sont chargés d'en faire la recette. Ces Receveurs ont été érigés en titre d'office par Edit du mois de Février 1691.

Suivant l'article 6 du titre 25 de l'Ordonnance de 1670, les Receveurs des amendes doivent se charger, sans frais, ni droits, des amendes adjugées au Roi par forme de consignation; & ils sont tenus de les employer en recette après les deux années de la condamnation; à moins qu'ils ne justifient les avoir restituées en vertu d'Arrêts des Cours.

7. 8°. Les Greffiers sont tenus de faire les extraits des amendes prononcées, & de les délivrer; sçavoir, ceux des Cours, tous les lundis; & ceux des autres Justices royales, le premier jour de chaque mois, au Fermier du Domaine. (Déclaration du 21 Mars 1671;) ce qu'ils doivent faire *gratis*, suivant un Arrêt du Conseil du 24 Novembre 1667, rapporté par Néron, *tom.* 2, *pag.* 754.

Et les deniers ainsi reçus par les Receveurs des amendes, doivent être par eux délivrés & remis de trois mois en trois mois aux Fermiers & Sous-Fermiers des Domaines, même les amendes payées par provision, pour en demeurer dépositaires, & les rendre jour-à-jour aux appellants, & autres qui obtiendront gain de cause sans aucuns frais. (Déclaration du 21 Mars 1671; Edit du mois de Février 1691.)

Pour faciliter le recouvrement desdites amendes, il est ordonné aux Procureurs des Cours & Juges présidiaux, qui mettront à l'avenir des causes au rôle, ou qui en poursuivront les audiences sur placets, de faire signifier aux Procureurs des parties adverses, les qualités des Arrêts & jugements intervenus au profit, dans le jour qu'ils auront été rendus; & d'y comprendre les noms, surnoms, qualités & demeures des parties condamnées, & de les mettre dans trois jours, après qu'elles auront été signifiées ès mains des Greffiers; ce qui aura pareillement lieu à l'égard des jugements rendus par appointé, acquiescement, défaut, ou autre. (Même Déclaration du 21 Mars 1671; Voyez aussi l'Edit du mois de Février 1691.)

8. Les Receveurs des amendes ont trois mois pour faire leurs diligences; faute dequoi, les Fermiers du Domaine pourront eux-mêmes en faire le recouvrement. (Même Edit de Février 1691.)

Lesdits Receveurs des amendes en doivent compter tous les ans devant le premier Juge, en présence du Procureur du Roi. (Même Edit de 1691.)

Et après trois ans, ils ne peuvent plus faire la poursuite desdites amendes. (Ordonnance du mois de Janvier 1629, *art.* 387.)

L'Edit du mois de Novembre 1554, *art.* 29, défend aux Fermiers des amendes, de faire, pour raison d'icelles, aucunes compositions; à peine d'être poursuivis criminellement.

9. 9°. En matiere criminelle, l'amende prononcée au profit du Seigneur Haut-Justicier, se prend sur tous les biens mobiliers & immobiliers *au prorata.* (Ainsi jugé par Arrêt du 24 Juillet 1574, rapporté par Carondas en ses réponses, *liv.* 3, *rep.* 41; & par un autre Arrêt du 13 Février 1588, rapporté *ibidem*, *liv.* 9, *rep.* 51.)

10°. L'hypoteque pour raison de l'amende prononcée, a lieu du jour de la condamnation. (Déclarations des 13 Juillet 1700, & 16 Août 1707.)

11°. En matiere criminelle, la condamnation d'amende est solidaire contre tous les accusés, à moins qu'elle ne soit prononcée contre eux divisément.

Et il en est de même de l'amende prononcée pour délit de chasse. (Ainsi jugé par Arrêt du 13 Mai 1735, contre les Religieux de Saint-Vincent du Mans.)

Mais en matiere civile, elle se divise quand elle est prononcée contre plusieurs personnes.

10. 12°. A l'égard du privilege de l'amende, soit par rapport aux créanciers des condamnés, soit par rapport aux frais de Justice, soit par rapport aux intérêts civils; Voyez ce que j'ai dit en mon Traité de la Justice Criminelle, au titre *Des Peines*, part. 1, tit. 3, n. 96 & suivants.

13°. Les amendes sont payables par corps, même en matiere civile. (Edit d'ampliation des Présidiaux, du mois de Mars 1551, *art.* 43;) mais non contre les héritiers du condamné. (Ordonnance du mois de Janvier 1629, *art.* 388.)

11. Le bénéfice de cession n'a pas même lieu dans ce cas. (Arrêt du 27 Octobre 1679, rapporté par Boniface, *tom.* 5, *liv.* 5, *tit.* 10, *chap.* 2; autre Arrêt du 30 Mars 1699, rapporté par Catelan, *tom.* 2, *liv.* 6, *chap.* 15.

On trouve néanmoins un Arrêt du Parlement du 23 Mai 1626, rendu en faveur de Louis Laberge, Secrétaire de la Chambre du Roi, condamné en 100 livres d'amende envers le Roi, par Arrêt du 20 Juin 1614, qui, sur l'exposé par lui fait, qu'il lui étoit impossible de payer ladite somme, ayant été ruiné par ses créanciers, même que sa femme & ses enfants étoient réduits à l'extrémité, attendu sa longue prison, & sur sa réquisition, à ce que ladite amende lui fût remise, ordonne sur les conclusions du Procureur-Général, que le suppliant sera élargi, à la charge de payer lesdits 100 livres d'amende, quand il sera en meilleure fortune.

12. 14°. Les amendes appartiennent à ceux qui étoient Fermiers du Domaine, au temps de la condamnation diffinitive; même les amendes consignées & payées par provision. (Voyez ce que j'ai dit à ce sujet dans mon Traité de la Justice Criminelle, au titre *Des Peines*, part. 1, tit. 3, n. 100.)

15°. Les condamnations d'amendes en matiere civile, s'exécutent par provision, nonobstant l'appel, lorsqu'elles n'excédent la somme de 25 livres. (Ordonnance de 1510, *art.* 52; Voyez aussi Imbert en ses Institutions Forenses, *liv.* 1, *chap.* 68, *pag.* 44.)

Et en matiere criminelle, lorsqu'elle n'excédent pas la somme de 20 livres dans les Justices de Seigneurs; de 25 livres dans les Justices royales qui ne ressortissent nuement aux Parlements; & de 50 livres dans les Bailliages & Sénéchaussées royales. (Ordonnance de 1670, *tit.* 25, *art.* 6.)

En matiere de police, les amendes s'exécutent par provision, à quelque somme qu'elles montent. (Ordonnance de 1667, *tit.* 17, *art.* 12; Déclaration du 6 Août 1701; autre du 23 Décembre 1738, rapporté au Code Louis XV.)

QUATRIEME PARTIE.

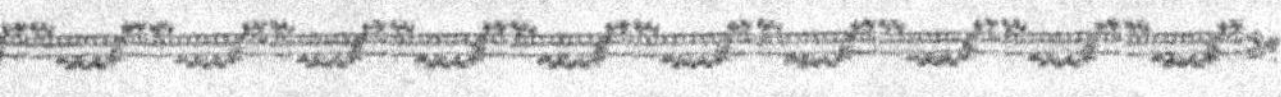

TITRE PREMIER.

Des Fêtes d'Eglise & de Palais, & des Vacations.

1. IL y a deux sortes de Fêtes ou de Féries : 1°. celles qui sont établies pour le culte divin, & pour celui qu'on rend aux Saints, telles que sont les Dimanches & les Fêtes célébrées par l'Eglise : 2°. les Fêtes de Palais, & de vacations qui ont été établies, soit pour le repos des Juges & des autres Officiers de Justice ; soit par quelque motif d'intérêt public ; comme sont les vacances de la moisson, & des vendanges.

ARTICLE PREMIER.

Des Dimanches & Fêtes d'Eglise.

2. 1°. Les Sentences, Ordonnances & Jugements rendus les jours de Dimanches & Fêtes d'Eglise, sont nuls. (C. *fin.* Extrà *de Judiciis* ; L. *fin.* Cod. *de Feriis* ; & il a été ainsi jugé par Arrêt du 13 Mars 1542, rapporté par Papon, *liv.* 7, *tit.* 10, *n.* 5.)

Ce qui a lieu, même dans le cas où la Sentence seroit rendue du consentement des parties ; comme il est dit au même C. *fin.* Extrà *de Judiciis.*

Même en matiere criminelle. (Voyez ce qui est dit en mon Traité de la Justice Criminelle, au titre *De l'instruction criminelle en général*, part. 3, liv. 3, tit. 2, n. 87.)

Les Arbitres même ne peuvent rendre leur Sentence arbitrale pendant ces jours ; ce qui paroît résulter de la Loi *Omnes judices*, Cod. *de Feriis.*

L'Edit des Epices du mois de Mars 1673, *art.* 26, défend aussi de visiter les procès les jours de Fêtes & de Dimanches.

M. le Camus, dans son Acte de Notoriété du 5 Mai 1703, établit même comme une regle certaine, que les Juges sont dans l'usage de donner leurs ordonnances tous les jours, même les Fêtes solemnelles; mais que les jours de Dimanches & de Fêtes, il ne se délivre aucun jugement du Siege; parce que l'on ne peut pas dater ni juger dans un lieu où l'on ne s'assemble pas.

Cette regle souffre néanmoins exception dans le cas d'une affaire extrêmement provisoire, & où il s'agit de l'intérêt public; ainsi qu'il s'est observé de nos jours à l'occasion des refus de Sacrements. (Voyez la Loi 3, D. *de Feriis;* & le C. *fin.* Extrà *de Feriis.*)

3. 2°. En Droit, on pouvoit faire tous actes de jurisdiction volontaire les jours de Dimanches & Fêtes d'Eglise; tels que les émancipations, adoptions, dations de tutele, &c. (L. 2, *cum 7*, 8, & *fin.* Cod. *de Feriis;* L. 3, §. *pen.* D. *de Tutor.;* Papon, *liv.* 7, *tit.* 10, *n.* 5.) Il en faut seulement excepter les jours de Pâques, de Noel, & des Rois. (L. 2, *ibid.* Cod. *de Feriis.*)

Mais le contraire s'observe dans nos mœurs, & il est défendu aux Juges de faire aucun acte de jurisdiction, même volontaire, les jours de Dimanches & de Fêtes, à peine de suspension de leurs Charges; sinon en cas de péril imminent, ou de cause urgente. Ainsi par Arrêt du Parlement de Rouen du 9 Mars 1584, rapporté par Berault sur l'article 13 de la Coutume de Normandie, une curatelle fut cassée pour avoir été faite un jour de Fête d'Eglise, qui étoit le jour de S. Simon & S. Jude; ce qu'on peut conclure aussi par argument tiré de l'article 69 de l'Ordonnance de Moulins, qui défend de visiter & juger les procès les jours de Dimanches & autres Fêtes d'Eglise.

Autre Arrêt du Parlement de Bourgogne, cité par Bouvot, *tom.* 1, *part.* 2, *qu.* 2, au mot *Vue*, qui annulle une visite & un rapport fait un jour de Dimanche.

4. La Déclaration du 5 Novembre 1661, touchant les Greffes, *art.* 43, porte que les Juges ne pourront faire aucun acte de Justice les jours de Dimanches & de Fêtes, sinon pour les affaires du criminel, lorsqu'il y aura urgente nécessité.

Question. Les Notaires peuvent-ils recevoir des contrats & autres actes les jours de Dimanches & autres Fêtes d'Eglise?

Ferrieres en son Traité intitulé La Science des Notaires, *tom.* 1, *liv.* 1, *chap.* 17, décide qu'oui, sans justifier son sentiment par aucunes autorités. Mornac, sur la Loi 13, §. 3, *arbiter*, D. *de receptis & qui, &c.*, dit qu'une transaction peut aussi être valablement faite un jour de Dimanche. On prétend même à l'égard des testaments faits les jours des Fêtes d'Eglise, qu'ils sont valables. Voyez Gaudillaut sur Angoumois, §. 8, où il cite la Loi *Actus*, C. *de Feriis*; & il a été ainsi jugé par Sentence du Bailliage d'Orléans du 2 Septembre 1659, sur un appel du Bailliage de Fay. Car. de Grassalio, *Regal. Franciæ, lib.* 1, *jure* 8, *pag.* 720, dit que ces actes sont valables; mais que les Notaires qui les ont passés, doivent être punis.

5\. Une Ordonnance du mois d'Avril 1363, défend aux Notaires du Châtelet de Paris, de s'assembler les jours de Dimanches au Châtelet, pour y faire leurs fonctions. (Voyez le Recueil des Ordonnances du Louvre, *tom.* 3, *pag.* 636; & *tom.* 4, *pag.* 727.)

Dans le Cambresis, on déclare nuls tous les actes que les Notaires passent les jours de Fêtes & de Dimanches.

M. de Sainte-Beuve, en ses Cas de Conscience, *tom.* 2, 66e. & 67e. Cas, consulté sur la question de sçavoir, si l'on peut refuser l'absolution aux Notaires qui passent des actes publics les jours de Fêtes & de Dimanches, décide que par le Droit Ecclésiastique, il est défendu, à la vérité, aux Notaires de faire des actes ces jours-là; mais que cela ne leur est pas défendu par la Loi de Dieu, parce que leur profession n'est pas servile.

3°. On ne peut faire parmi-nous aucuns actes d'instruction, ni d'exécution en matiere civile, les jours de Dimanches & de Fêtes d'Eglise. (Arrêt du 8 Mai 1505, rapporté par Laroche-Flavin, en ses Arrêts, *liv.* 2, au titre *Des Féries*, *Arrêt* 1;) contre ce qui s'observoit en Droit, suivant la L. 8, au Code *de Feriis*.

Mais en matiere criminelle, on le peut. (Voyez ce que j'ai dit à ce sujet dans mon Traité de la Justice Criminelle, au titre *De l'Instruction criminelle en général*, part. 3, liv. 3, tit 2, n. 85.)

6\. 4°. Les Huissiers & Sergents ne peuvent faire, en matiere civile, aucuns exploits les Fêtes & Dimanches, sans la permission du Juge, qui se donne sur la requête qui lui est présentée à cet effet; & les exploits qui seroient faits sans cette permission, sont nuls. (Acte de notoriété du Châtelet de Paris, du 5 Mai 1703;) ce qui est conforme à la L. 11, Cod. *De Feriis*.

Ainsi, on ne peut donner aucune assignation dans ces jours-là.

(Arrêt du Conseil du 30 Mai 1722, rendu sur la Requête des Agens du Clergé, qui déclare nul un exploit de signification d'Arrêt du Conseil d'Etat, & d'une Commission du Parlement de Rouen, faite par un Huissier nommé Gueron, à la requête des Bénédictins de Bernai, au Curé de la Paroisse de la même ville, le jour de Pâques; & de plus interdit l'Huissier pour six mois.) Néanmoins quelques Auteurs ont pensé le contraire; comme Coquille, *qu.* 219; & Guy-Pape, *décision* 215, qui disent que les simples assignations, significations & commandements non suivis d'exécution, pouvoient être faits les jours de Dimanches & Fêtes d'Eglise. Il a même été jugé par Arrêt du Parlement de Grenoble, du 20 Mars 1660, de l'avis des Chambres, rapporté par Chorier en sa Jurisprudence sur Guy-Pape, *pag.* 345; & par Basset, *tom.* 1, *liv.* 2, *tit.* 38, *chap.* 4; qu'un exploit d'assignation donné à des témoins un jour de Fête, étoit valable. On prétendoit qu'une enquête étoit nulle, à cause que l'exploit avoit été donné un jour de Fête.

7. Quand il s'agit d'une affaire qui presse, & qui ne peut être différée; comme quand il s'agit d'un retrait lignager dont l'assignation ne peut plus être remise; (ce qui est exprimé par ces mots: *Si dies actionis exiturus est*, *si dies actionis peremptura est*; L. 1, *cum duabus*, L. *seq.*, D. *de Feriis*;) alors on peut valablement assigner un jour de Dimanche, ou de Fête. Ainsi jugé par Arrêt du 21 Juin 1720, quoique le jour de l'assignation ne fût pas le dernier jour utile pour le retrait; mais le retrayant, qui étoit M. le Prince de Conti, avoit cru que c'étoit le dernier jour; & d'ailleurs, il avoit pris la précaution d'obtenir une permission d'assigner ce jour-là, qui lui avoit été donnée par M. le Lieutenant-Civil. (Voyez Louet, *lettre* R, *chap.* 39, *n.* 2; Brodeau sur l'article 131 de la Coutume de Paris; & Duplessis, Traité du Retrait, *chap.* 2, *sect.* 1; Arrêt du 14 Juin 1566, rapporté par Dumoulin sur l'article 322 de la Coutume de Poitou. *Ita etiam* Ricard & Auzanet, sur le même article 131 de la Coutume de Paris.)

8. De même, quand il s'agit de faire protester une lettre de change le jour de son échéance, on peut aussi faire valablement ce protêt un jour de Fête & de Dimanche, même le jour de Pâques; parce qu'alors la chose ne peut être différée. (Voyez Guy-Pape, *décis.* 215, *n.* 4.)

Mais quand la chose ne presse point, & qu'il n'y a pas de nécessité de donner l'exploit un jour de Dimanche, ou de Fête, il est nul. (Ainsi jugé par Arrêt du 4 Janvier 1719, en la seconde des Enquêtes; un extrait de retrait lignager donné le Dimanche, a été déclaré nul, parce qu'il y avoit encore un mois avant que l'an & jour du retrait fût expiré.)

Les saisies & exécutions faites les jours de Dimanches & Fêtes d'Eglise, sont aussi nulles. (Voyez Coquille, *qu.* 219; & il a été ainsi jugé par Arrêt du Parlement de Paris du 5 Octobre 1598, rapporté par Papon, par lequel la Cour a déclaré nulle une exécution faite le lundi de la Pentecôte; & condamné le Sergent aux dépens.)

9. Hévin, sur les Arrêts de Frain, rapporte aussi un Arrêt du Parlement de Bretagne du 2 Décembre 1610, qui casse & annule une saisie faite le jour de Dimanche; autre Arrêt du Parlement de Tournai du 16 Juillet 1697, rapporté par Pinault, *tom.* 2, *art.* 174, qui déclare nul un exploit de saisie faite un jour de Fête, ainsi que les procédures faites en conséquence.

Autre Arrêt du Parlement de Bourgogne, du 7 Juillet 1619, (rapporté par Bouvot, au mot *Fête*, tom. 2, qu. 2,) qui a déclaré nulle une saisie, quoiqu'il y eût une permission du Juge.

Il faut aussi observer que quoique les criées de biens saisis réellement, doivent se faire les jours de Dimanches, suivant la disposition de plusieurs Coutumes; néanmoins les criées qui tombent au jour de Pâques, doivent être remises au lendemain; ce qui n'a pas lieu cependant le jour de la Pentecôte, ni le jour de Noël. (Arrêts du Parlement de Rouen des 19 Février 1606, & 27 Novembre 1613, rapportés par Bérault sur la Coutume de Normandie, *art.* 354.)

10. Mais quand les criées échéent le jour de Pâques, & que le Sergent les remet au lendemain, la Cour ordonne une cinquieme & surabondante criée. (Arrêt du 29 Juillet 1658, rapporté au Journal des Audiences.)

Un Arrêt du Conseil du 10 Février 1661, rendu sur la représentation des Evêques de France, fait défense de mettre à exécution les jours de Fêtes & Dimanches, aucunes contraintes décernées pour les propres deniers & affaires du Roi.

A l'égard des exploits & procédures en matiere criminelle, on peut les faire valablement les jours de Dimanches & Fêtes d'Eglise. (Voyez ce que j'ai dit à ce sujet en mon Traité de la Justice

Criminelle de France, au titre *De l'Instruction criminelle*, part. 3, liv. 3, tit. 2, n. 86.)

On peut aussi emprisonner, même un jour de Dimanche, un débiteur suspect de fuite, en prenant du moins la permission du Juge. (Ainsi jugé par Arrêt du Parlement de Provence du 16 Avril 1663, rapporté par Boniface, *tom.* 1, *liv.* 1, *tit.* 17, *n.* 2; Voyez aussi Coquille en sa question 219.)

11. 5°. Dans tous les cas où une assignation, saisie, contrainte, ou autre exploit, auroit été fait un jour de Dimanche, ou de Fête d'Eglise, contre la disposition des Réglements, le débiteur ne peut opposer cette nullité; parce qu'il n'a aucun intérêt à quel jour l'assignation ou la contrainte lui est faite; mais le Procureur du Roi peut l'opposer pour la conservation des droits de la Religion, & de l'honnêteté publique; & par ce moyen le débiteur obtiendra ce qu'il n'auroit pu obtenir sans le ministere public. (Ainsi jugé par Arrêt du 15 Mai 1528, rapporté par Papon, *liv.* 7, *tit.* 10, *n.* 2. *Ita etiam* Rebuffe, en son Commentaire sur les Ordonnances royaux, *Tractatu de Sentent. præjudic.*, n. 34.)

ARTICLE II.

Des Féries, ou Fêtes de Palais.

12. 1°. Les Sentences & Jugements rendus les jours de Fêtes de Palais, sont nuls. (L. 1, §. 1; & L. 6, D. *de Feriis*; L. 4, Cod. *quomodo & quando judic.* Can. *ult. prope fin. de Feriis*; ainsi jugé par Arrêt du Parlement de Toulouse du 16 Janvier 1651, rapporté par Albert, au mot *Sentence*, art. 3.)

Mais si la Sentence est rendue du consentement des parties, rien n'empêche qu'elle ne soit valable. (L. 1, §. 1; & L. 6, D. *de Feriis.*)

De même, rien n'empêche qu'on ne puisse visiter & rapporter les procès pendant ces jours-là.

Cette regle, que chez les Romains les Sentences & Jugements rendus les jours de Férie, étoient nuls, souffroit encore quelques autres exceptions; sçavoir, dans les causes où il s'agissoit d'aliments. (L. 2, D. *de Feriis.*) Dans celles dont l'appel étoit fatal; (L. 1, Cod. *eod. tit.*) Dans les causes du fisc; (L. *publicas*, Cod. *de Feriis*;) & dans celles où il s'agissoit de l'intérêt public. (L. 3, *in fin.*, D. *de Feriis*; L. *pen.* Cod. *eod. tit.*)

13. Il en étoit de même dans les affaires qui requeroient célérité, & qui ne pouvoient être différées par un motif de néceffité, ou de charité. (Can. *fin.* Extrà *de Feriis*; L. 1, §. 2; & L. 3, D. *eod. tit.*)

Nous obfervons auffi en France de juger dans le temps des féries & des vacations les affaires provifoires, & qui requierent célérité. (Voyez ce que j'ai dit à ce fujet au titre *De l'Hôtel*, ci-deffus, *part.* 3, *tit.* 4, *n.* 31 *& fuivants*; & ce qui eft dit ci-après, *n.* 15.)

Les affaires criminelles peuvent auffi être jugées pendant le temps des féries & vacations. (L. 3, D. *de Feriis.*)

Il en eft de même des Arbitres : rien n'empêche qu'ils ne puiffent juger & rendre leurs Sentences dans les jours fériés, & pendant le temps des vacations.

14. 2°. Les actes d'inftruction & d'exécution ; comme exploits, enquêtes, informations, & autres procédures faites aux jours de féries, vacations & autres auxquels on n'entre point au Palais, font valables, ainfi que ceux faits les jours non fériés. (Déclaration du 28 Avril 1681, pour le Parlement de Touloufe.)

Et il en eft de même des actes de jurifdiction volontaire ; comme émancipations, élections de tutele, avis de parents, *&c.* (L. 2, 7, 8 *& fin.* Cod. *de Feriis.*)

ARTICLE III.

Des Vacations pendant le temps des vendanges & de la moiffon.

15. 1°. Les vacations des vendanges, ainfi que celles de la moiffon, étant établies pour le repos des Juges, & pour donner le temps aux parties, ainfi qu'aux Juges, de vaquer à leurs affaires pendant le temps de ces deux récoltes, on ne peut rien expédier ni juger pendant ce temps, finon du confentement commun des parties. (Ainfi jugé par Arrêt du Parlement du 22 Mai 1532, rapporté par Papon en fes Arrêts, *liv.* 7, *tit.* 10, *n.* 1.)

Ainfi l'on ne peut juger ni rapporter aucun procès. (Ordonnance du mois de Janvier 1629, *art.* 92.)

2°. Il en faut feulement excepter les affaires provifoires, & celles qui fe traitent au Siege des Baux, pour lefquelles il doit y avoir certains jours indiqués pendant le temps des vacations ; *v. g.* de huitaine en huitaine, ou de quinzaine en quinzaine.

(Voyez ce qui a été dit touchant les affaires qu'on doit regarder comme provisoires, au titre *De l'Hôtel*, ci-dessus, *part. 3, tit. 4, n. 34 & suiv.* & l'Edit du mois d'Août 1669, pour la Chambre des Vacations du Parlement de Paris, qui regle tout ce qui est à la compétence de cette Chambre.)

Les affaires criminelles peuvent aussi se juger pendant le temps des vacations. (Même Edit du mois d'Août 1669.)

16. 3°. C'est aux Juges à donner les vacations. (Arrêt du Parlement du 27 Juillet 1641, pour Melun, qui porte, que ces vacations doivent se donner à l'Audience du Bailliage; autre du 30 Juillet 1678, pour Moulins :) Les Avocats sont dans l'usage de demander ces vacations aux Juges à l'Audience.

Mais les Juges ne doivent prendre des vacances que dans les temps qui sont indiqués à cet effet; soit pour les féries, soit pour les moissons & vendanges. (Arrêt du Parlement de Toulouse du 2 Avril 1740, rendu pour les Sieges de Toulouse, Rodez, *&c.* rapporté au Recueil des Réglements du Parlement de Toulouse, *tom. 1, pag.* 499.)

Si ce n'est dans un cas de nécessité; comme dans le cas d'un hiver extrémement rigoureux, ou d'une chaleur excessive. (Ainsi jugé par Arrêt du mois d'Août 1516, rapporté par Francomarc, *tom.* 1, *qu.* 519, qui prorogea les vacations jusqu'à la Toussaint, à cause des grandes chaleurs, & ce à la requisition des Procureurs.)

Quand toutes les parties sont consentantes d'être jugées en temps de vacation en matiere non provisoire, le Juge peut les juger, & le jugement est valable, dans le cas du moins où il est rendu un jour de Siege ordinaire des vacations; Voyez la Loi 1, §. 1; & la Loi 6, D. *de Feriis*, citées ci-dessus, *n.* 12, qui en ont une décision pour les jours de fêtes de Palais. Or, c'est ici la même raison.

Au reste, les Juges ne sont point obligés de juger, pendant les vacations, ces sortes de causes, parce que c'est pour eux, ainsi que pour les parties, que les vacances sont établies.

Des rentrées du Palais, & ouvertures des Audiences.

17. Les rentrées du Palais & ouvertures des Audiences, doivent se faire un jour de Bailliage, & non de Présidial; parce que c'est à ces jours-là que les Avocats & Procureurs doivent renouveller

leur serment, ainsi qu'il se pratique en plusieurs Sieges. Or, la prestation de serment des Avocats & Procureurs, ne regarde point le Présidial, ainsi qu'il a été jugé en faveur du Lieutenant-Général de Bourges, par Arrêt du 8 Mai 1598, rapporté par Chenu, *tom.* 1, *tit.* 3, *chap.* 9.

Un Arrêt du Parlement du 11 Juillet 1643, rendu pour la Flêche, porte que le Lieutenant-Général fera l'ouverture des Audiences, & recevra le serment des Avocats & Procureurs aux jours accoutumés; auxquels jours ne seront appellées ni jugées aucunes causes du premier & second chef de l'Édit.

18. L'article 146 du Réglement de Poitiers du 2 Août 1688, porte au contraire, que les harangues seront faites aux ouvertures du Palais par le Président, ou en son absence, par le Lieutenant-Général, le premier mardi d'après la S. Martin, qui dans ce Siege est un jour de Présidial; & que les Ordonnances y seront lues, & le serment pris en la maniere accoutumée.

Le Réglement d'Auxerre du 16 Mars 1705, *art.* 37, porte que les Présidents & le Lieutenant-Général feront alternativement entr'eux les ouvertures, & clôtures des Audiences.

A Orléans, les rentrées se font toujours un jour de Bailliage, & les harangues s'y font seulement par les Avocats & Procureur du Roi, chacun à leur tour; mais les vacances se demandent, tant au Bailliage, qu'au Présidial.

TITRE II.

Des Assises.

1. ON appelloit autrefois *Assises*, des Assemblées qui se tenoient à certains jours marqués dans l'année, auxquels les Juges supérieurs, comme ceux des Comtes, Barons, & Seigneurs Châtelains, rendoient publiquement & solemnellement la justice à leurs sujets.

Ces assises, qui doivent leur établissement à S. Louis, avoient été instituées pour deux raisons: la premiere, pour recevoir les plaintes & dénonciations des vassaux & sujets des Seigneurs, contre les abus & malversations de leurs Officiers: la seconde, pour terminer les appellations des jugements rendus par les Juges inférieurs. (Voyez Pontanus ſur l'article 12 de la Coutume de Blois; & Loiſeau, Traité des Offices, *liv.* 1, *chap.* 14, *n.* 55.)

2. Pour terminer ces différends, les Baillis, ou leurs Lieutenants, ſe tranſportoient dans les principaux Sieges de leur reſſort, à l'effet d'y tenir leurs aſſiſes, & cet uſage étoit obſervé dans pluſieurs Provinces. (Voyez Loiſeau, *ibidem.*)

Suivant le même Auteur, le droit d'aſſiſes eſt la premiere & principale dépendance du droit de Bailliage; parce qu'anciennement, & dans la premiere origine, les Baillis n'avoient d'autre Juſtice, ni ſéance, que celle des aſſiſes. (Loiſeau, Traité des Seigneuries, *chap.* 8, *art.* 42, (*a*)

3. Les aſſiſes ne doivent pas être confondues avec les aſſemblées de Juſtice. Celles-ci ſont de deux ſortes; ſçavoir, les aſſemblées ordinaires qu'on nomme *Plaids*, ou jours ordinaires, & auxquelles pluſieurs Coutumes donnent le nom de *Petites Aſſiſes*; & les aſſemblées extraordinaires qu'on appelles *Grandes Aſſiſes*, ou *Grand Plaids*, ou ſimplement *Aſſiſes*. (Voyez Loiſeau, *ibidem*, Traité des Seigneuries, *chap.* 7, *art.* 12 & *ſuivants.*)

Les grandes aſſiſes étoient tenues anciennement par les Barons, & autres Grands Seigneurs, qui y préſidoient eux-mêmes; & auxquelles étoient réſervées certaines cauſes d'importance, notamment les cauſes de ceux que les Ducs & Comtes avoient pris en leur garde. Depuis même, les Seigneurs ne voulant plus s'aſſujettir à tenir ces aſſiſes par eux-mêmes, mirent à leur place leurs Officiers, ou Baillis; de maniere que la ſéance des plaids ordinaires, & celle des aſſiſes, ne formerent plus qu'une ſeule & même Juſtice, appartenante au même Seigneur, quoique tenue en diverſes Provinces. (Loiſeau, *ibidem*, chap. 8, n. 31 & 32.)

4. Ce droit de grandes aſſiſes n'appartenoit originairement qu'aux premiers Seigneurs; & la Coutume de Clermont, *art.* 199, en a une diſpoſition. Cet article porte, » que nul n'a droit d'aſſiſes, » ni de reſſort, ſinon le Comte de Clermont.

Mais ſuivant la plus grande partie des Coutumes, les Seigneurs

---

(*a*) Voyez touchant les aſſiſes une Ordonnance imprimée, du Bailliage de Troies, du 8 Avril 1755; & un Mémoire auſſi imprimé vers le même-temps, touchant les aſſiſes dudit Siege, contenant 34 pages *in*-4°.

Hauts-

Hauts-Justiciers, qui sont Comtes, Barons, ou Châtelains, jouissent de ce droit d'assises, & de pouvoir connoître des appels des Juges inférieurs de leur ressort. C'est la disposition de la Coutume de Nivernois, *tit. 1*, *art. 24*, qui porte, » qu'aucun Sei» gneur n'a droit d'assise, ou d'appel en sa Justice, s'il n'est Châ» telain, ou qu'il n'ait possession suffisante. » (Voyez aussi la Coutume de Senlis, *art. 93.*)

5. La Coutume de la Rochelle, *art. 1*, porte que, » tout » Seigneur, Baron, ou Châtelain, est fondé à avoir grande » & petite assises ; sçavoir, la grande assise qui se tient par » leurs Baillis, ou Lieutenants ; & la petite assise qui se tient » par les Juges & Prévôts desdits Seigneurs, Barons, ou » Châtelains, dont les causes ressortissent par appel en la grande » assise. »

La Coutume de Poitou, *art. 4*, porte aussi, » que tous Comtes, » Barons, ou Châtelains, ressortissant nuement devant le Juge » royal, peuvent avoir deux degrés de jurisdiction, qui sont la » grande & la petite assise, en supposant que de toute ancien» neté ils aient joui de ce droit ; & qu'à l'égard des autres Sei» gneurs de Justices inférieures, ils n'auront qu'un seul Juge dont » les appels iront au Sénéchal, ressortissant sans moyen devant le » Juge royal. (Voyez aussi la Coutume d'Angoumois, *art. 4*, où il est dit, que les Comtes, Barons, & Châtelains ont Sénéchal pour la grande assise, & Prévôt pour la petite.)

6. La Coutume de Blois, *art. 12*, donne aussi le droit de grandes assises aux seuls Seigneurs Comtes, Barons, ou Châtelains.

A l'égard des simples Seigneurs Hauts-Justiciers, ils ne doivent point jouir du droit d'assises, ni de ressort. (Loiseau, Traité des Seigneuries, *chap. 8*, *art. 43* ; Pontanus sur l'article 12 de la Coutume de Blois ; où ce dernier observe, que plusieurs Seigneurs inférieurs ont usurpé ce droit.) Voyez néanmoins ce qui est dit ci-après, *n. 32*.

Les causes qui se traitoient aux assises, proprement dites, ou grandes assises, étoient, 1°. les plaintes des sujets & vassaux des Seigneurs contre les Officiers de leur Justice, pour raison des abus & malversations par eux commises : 2°. les appels des jugements rendus par ces mêmes Officiers. (Voyez Pontanus, *ibidem*.)

3°. tous styles & abus, tant sur la Justice que sur les métiers, marchandises; ou autrement. (Voyez la Coutume de Clermont, *art.* 210.)

7. Bouteiller, en sa Somme Rurale, *liv.* 1, *tit.* 3, dit que l'assise ne doit être tenue, sinon en la terre où le Seigneur, par qui l'assise est tenue, a Justice, sans moyen, & non en autre lieu.

Autrefois les assises se tenoient beaucoup plus souvent; mais aujourd'hui elles se tiennent très rarement, & leur pouvoir est déterminé par l'usage & la pratique des lieux. Leur objet, ainsi que la maniere de les tenir, a principalement changé depuis environ deux siecles; sur-tout depuis que les Sieges des Baillis sont devenus des Sieges de Justice ordinaire; ensorte que les causes d'appel ne se portent plus aujourd'hui aux Sieges d'assises; ce dont la Coutume de Berri, *tit.* 2, *art.* 37, a même une disposition; en sorte que les assises d'aujourd'hui ne sont autre chose que des séances de Justice extraordinaire, auxquelles les Juges supérieurs, & de ressort, reçoivent & jugent les plaintes qui se font contre les Juges Officiers subalternes des Justices de leur ressort, & peuvent terminer les causes qui sont en état d'être jugées.

8. Plusieurs dispositions de Coutumes portent, que les assises doivent être publiées un certains temps avant qu'elles soient tenues; comme de six semaines, *&c.* (Coutumes de Clermont, *art.* 206; & de Senlis, *art.* 50; Voyez aussi Bouteiller en sa Somme Rurale, *tit.* 3.) Dans quelques endroits on les indique par des affiches publiques.

On n'observe point dans ces séances les délais ordinaires de la procédure. Ceux qui y font assigner leurs adversaires, peuvent le faire sans observer les délais des assignations. (Ainsi jugé pour le Bailliage de Sens, & pour celui de Meaux, par deux Arrêts du Conseil d'Etat des 25 Juin & 23 Juillet 1668, rapporté dans le Recueil des Arrêts donnés en interprétation des nouvelles Ordonnances de 1667, & autres.)

Les affaires doivent aussi y être traitées sur le champ, & sans frais. (Arrêt de Réglement de la Cour du 10 Juillet 1665, *art.* 25.)

9. Le même article enjoint à tous les Juges qui ont droit d'assise, de les tenir dans les temps prescrits par les Coutumes, l'usage &

les Arrêts de la Cour; & enjoint aux Substituts du Procureur-Général d'y tenir la main. (a)

Des Assises des Bailliages royaux.

10. Anciennement les Baillis & Sénéchaux royaux n'avoient point de Siege ordinaire de Justice; mais ils alloient par les Provinces en certains jours de l'année dans les Sieges de leur ressort, où ils jugeoient leur présence nécessaire; & ils s'informoient des mœurs & conduite des Prévôts, Châtelains, & autre Juges ordinaires; corrigeoient leurs jugements & les abus qu'ils commettoient, s'ils pouvoient le faire sur le champ; sinon ils en dressoient procès-verbal, qu'ils rapportoient au Roi & au prochain Parlement. (Voyez les articles 50, 63, 70, 79 & 86 de la Coutume de Senlis.)

L'Ordonnance de Philippe IV de l'année 1302, *art.* 20, veut que les Baillis & Sénéchaux aillent tenir leurs assises de deux

---

(a) *Voici un Modele d'Assises de Juges de Seigneurs; (extrait des Assises tenues au Bourg de Tigy, le 3 Septembre 1663, par le Bailli de Saint-Benoît sur Loire.)*

Nous avons fait défenses à tous nos justiciables de comparoir en premiere instance pardevant autres Juges que devant nous; à peine contre chacun de vingt livres d'amende, qu'il payeront par prison, & nonobstant l'appel; & au cas qu'ils soient appellés pardevant autres Juges, leur enjoignons de demander leur renvoi devant nous; même d'avertir le Procureur Fiscal de notre Justice pour les revendiquer; comme aussi lorsqu'ils connoîtront quelque usurpation être faite sur notre terre & jurisdiction; sur les mêmes peines. Leur enjoignons aussi de comparoir à nos assises qui seront tenues d'hui en un an en ce lieu, & d'assister au Service Divin les jours de Fêtes & Dimanches: leur faisons défense de jurer & blasphemer le Saint Nom de Dieu, & de fréquenter les lieux publics, & les cabarets lesdits jours de Fêtes & Dimanches, & notamment pendant le Service Divin; sous les peines portées par les Ordonnances. Et au regard des exoniés, ordonnons qu'ils comparoîtront au premier jour plaidoyable d'après la S. Martin, en ce Bourg de Tigy; à peine de 8 livres parisis d'amende. Donnons défaut contre N. absent; & pour le profit, l'avons condamné en 4 livres parisis d'amende, au paiement de laquelle il sera contraint par prison, nonobstant appel; & ordonné qu'il comparoîtra au premier jour plaidoyable de S. Martin; à peine de plus grosse amende, & de prison; ce qui lui sera signifié.

mois en deux mois, pour le moins, dans les Sieges royaux de leur ressort; & leur fait défenses de tenir les assises dans les terres & Justices des Prélats, Barons, ou autres Seigneurs où le Roi n'a point de Justice.

11. L'Ordonnance de Charles VII du mois d'Avril 1453, *art.* 93, ordonne pareillement aux Baillis & Sénéchaux royaux, de tenir, ou faire tenir leurs assises en chaque Siege royal de leur Bailliage & Sénéchaussée. (*Idem* par l'article 219 de l'Ordonnance du mois de Novembre 1507.)

Quelques Coutumes portent que ces assises se tiendront quatre fois l'année; (la Rochelle, *art.* 1;) & d'autres, seulement de six mois en six mois. (Normandie, *art.* 29;) ce qui dépend des différents usages des lieux.

12. Les causes qui se traitoient en ces assises, & qui par conséquent ont toujours depuis appartenu aux Baillis & Sénéchaux, à l'exclusion des Prévôts & autres Juges ordinaires, & qui sont le fondement de la distinction de leurs jurisdictions; sont, 1°. les crimes capitaux; 2°. les causes des nobles, & de ceux qui étoient en la garde spéciale du Roi; celles de son Domaine; & autres cas royaux, bailliagers: 3°. les plaintes contre les Juges, & autres Officiers de la Justice ordinaire. (Coutume de Clermont, *art.* 208; Voyez aussi Loiseau, Traité des Seigneuries, *chap.* 8, *n.* 44, 47 & 62:) 4°. les causes d'appel; (Loiseau, *ibid.*, n. 63; & en son Traité des Offices, *liv.* 1, *chap.* 14, *n.* 54; Coutume de Clermont, *art.* 205; Édit de Crémieu, *art.* 28.)

Mais il faut observer, que quand les Baillis & Lieutenants-Généraux tiennent leurs assises dans les jurisdictions particulieres de leur ressort, ils doivent vaquer, premiérement, à l'expédition des matieres criminelles, avant celle des matieres civiles. (C'est la disposition de l'article 16 de l'Ordonnance du mois de Décembre 1540, rendue pour la Normandie, rapportée en la Conférence des Ordonnances, *tom.* 1, *pag.* 342.)

13. L'usage étoit aussi autrefois dans ces Sieges d'assises, de faire des Ordonnances touchant la Police de la Province, & de réformer les anciennes, lorsque le bien de la Justice l'exigeoit. (Voyez Bouteiller en sa Somme Rurale, *liv.* 1, *tit.* 3.)

On y jugeoit les causes en dernier ressort. (Loiseau, Traité des Offices, *liv.* 1, *chap.* 14, *n.* 55.) Mais depuis, leur droit & jurisdiction à cet égard, a été attribuée aux Parlements.

Depuis que les Baillis & Sénéchaux royaux ont été créés en

titre d'office, pour rendre la justice continuelle en leurs Provinces, la forme & l'objet des assises a changé totalement; & on a conservé seulement à ces Officiers, le droit de tenir leurs assises à certains jours fixés dans l'année; *v. g.* tous les trois, ou tous les six mois; ou même une seule fois l'année, suivant l'usage des lieux.

L'article 7 de l'Edit du mois d'Août 1552, servant de Réglement pour les Présidiaux, veut, pour le soulagement des sujets du Roi, & afin que les appellations soient plus promptement terminées, qu'il soit procédé sur lesdites appellations aux Sieges Présidiaux dans les villes où ils sont établis, sans attendre leurs assises, & sans que les Juges royaux soient tenus de plus aller sur les lieux où lesdites assises avoient coutume de se tenir; sinon quand le cas le requerra pour la correction des Officiers, ou pour la conservation du Domaine du Roi, ou autre juste cause.

14. Néanmoins plusieurs Bailliages & Sénéchaussées se sont maintenus depuis ce temps-là dans le droit d'aller tenir leurs assises en certains jours de l'année, dans les Sieges particuliers, & autres Sieges royaux de leur ressort. (Ainsi jugé sur la requête des Lieutenants-Généraux, par Arrêt du Conseil du 7 Mars 1586, rapporté par Basnage sur l'article 572 de la Coutume de Normandie, qui leur permet de se transporter dans les Sieges particuliers de leur ressort aux trois principales assises; sçavoir, à celles de Pâques, de la S.-Michel, & des Rois. Autres Arrêts du Parlement des 21 Mars 1653, & 11 Mai 1658, rendus pour le Bailliage de Senlis, qui maintiennent les Officiers de ce Siege aux droit & possession de se transporter en la ville de Compiegne deux fois l'année après les Fêtes de Pâques & de S. Martin, pour y tenir leurs assises, & y exercer la Justice accoutumée pendant deux jours seulement; à la charge de les faire publier quinzaine auparavant, & de juger toutes les causes sur le champ; & que celles qui seront appointées, demeureront aux Juges ordinaires des lieux.)

15. Une Déclaration du Roi du 14 Mai 1685, rapportée au Recueil des Edits de M. le Chancelier, imprimé en 1687, porte aussi que le Présidial de Nîmes tiendra ses assises, dans tels jours qu'il jugera à propos, pendant trois jours de chaque année.

Le Prévôt de Paris est aussi en droit d'aller tenir ses assises dans les sept Sieges royaux dépendants de ladite Prévôté; & il a été maintenu dans ce droit par Arrêt de l'année 1612. (Voyez Mornac sur l'article 3, D. *de officio præfecti.*)

16. Cet usage s'observoit anciennement au Bailliage d'Orléans ; & les Officiers de ce Siege alloient tenir leurs assises à Beaugenci, Yenville, & dans les autres Sieges royaux particuliers dépendants du Bailliage d'Orléans, ainsi qu'il est établi par l'Edit du mois de Septembre 1537, portant création d'offices de Conseillers au même Siege. Il est dit aussi dans le procès-verbal de l'établissement du Présidial d'Orléans, dont l'original en parchemin est déposé au trésor de l'Hôtel-de-Ville d'Orléans, *pag. 393, verso*, que le Bailli d'Orléans tenoit ses assises quatre fois l'année à Orléans, & une fois par an dans chacun des neuf Sieges particuliers du Bailliage ; & que les assises dernieres, tenues en l'année 1551, furent terminées en dix-sept jours dans les neuf Sieges. Mais on voit par le même procès-verbal, que ces assises ont été supprimées à l'égard des Sieges particuliers, ainsi qu'il paroît par la protestation qui fut faite alors par M. Groslot, Lieutenant-Général, & par M. Touchet, Lieutenant-Particulier, dont il est fait mention à la page 405 & suivantes du même procès-verbal.

17. Aujourd'hui le Bailliage d'Orléans est seulement en possession de tenir ses assises au Châtelet de la même ville deux fois l'année ; une fois à la S. Martin, où sont appellés tous les Juges subalternes, Huissiers & Sergents royaux du Bailliage ; & une autrefois après Pâques, pour les Huissiers & Sergents seulement, lesquels sont tenus d'y comparoître, à peine de 12 livres d'amende.

Ce qui se traite aujourd'hui aux assises des Baillis & Sénéchaux, consiste,

1°. A examiner si les Juges, ou autres Officiers des Justices inférieures & subalternes s'acquittent de leur devoir : 2°. à corriger les abus qu'ils ont pu commettre. On y reçoit les plaintes qui se font contre eux, & l'on y punit les coupables par amende, ou interdiction ; ce qui se fait sommairement & *sine forma judicii.*

18. Quoiqu'on ne reçoive gueres aujourd'hui aux Sieges des assises, du moins à celles qui se tiennent au Bailliage d'Orléans, que les plaintes qui se font contre les Huissiers & Sergents du ressort, & que même Loiseau, en son Traité des Seigneuries, *chap.* 8, *n.* 62, suppose cet usage comme constant ; néanmoins on ne peut douter qu'on ne puisse aussi y recevoir celles qui pourroient être données contre les Juges & autres Officiers du res-

fort, pour raison des abus & malversations par eux commises dans leurs fonctions; & l'on peut même dire que ces Officiers ne sont appellés aux assises qu'à cet effet; ce qui est conforme au droit commun, & à la disposition de plusieurs Coutumes. Celle de Clermont, *art.* 108, en a une disposition précise : j'ai même vu au Bailliage d'Orléans, recevoir une plainte contre le Bailli de Jargeau, (c'étoit aux assises du mois de Novembre de l'année 1751.) En effet, dans les conclusions que prend le Procureur du Roi après l'appel des Juges, Sergents, & autres qui doivent la comparution aux assises, lorsqu'il demande acte de cette comparution, il demande qu'il soit fait défenses à tous les Officiers présents en général, de désemparer jusqu'à ce que les plaintes, qui peuvent être proposées contre eux, aient été entendues.

19. La Déclaration du Roi du 14 Mai 1685, rendue pour le Présidial de Nîmes, ci-dessus citée, » porte que les Officiers de ce » Siege, à l'exemple de plusieurs Sénéchaussées & Bailliages de » ce Royaume, tiendront tous les ans leurs assises pendant trois » jours consécutifs dans la ville la plus commode du ressort de » cette Sénéchaussée; auxquelles assises, tous les Juges royaux ou » subalternes, & autres Officiers du ressort, seront tenus de se » présenter en personne, & y demeurer pendant ces trois jours, » pour répondre aux plaintes qui pourront être faites contre eux, » & aux conclusions qui seront prises par le Procureur du Roi de » la Sénéchaussée, pour contraventions par eux commises aux » Ordonnances royaux, excès de droits, ou émoluments par » eux reçus; & autres contraventions par eux faites dans les » fonctions de leurs charges. «

Dans d'autres endroits, les assises tiennent un jour; dans d'autres, huit jours, *&c.*; ce qui dépend des différents usages des lieux.

20. 2°. On peut juger en premiere instance aux assises, les causes, tant civiles que criminelles, pendantes devant les Prévôts royaux, & autres Juges subalternes, sur lesquelles il y a eu assignation auxdites assises, lorsque ces causes sont en état d'être jugées. (Edit de Crémieu, *art.* 29; Arrêt du Parlement du 8 Mai 1638, pour Montargis, *art.* 16.) C'est aussi la disposition de l'Arrêt du 5 Juin 1659, rendu entre les Officiers de la Prévôté, & ceux du Bailliage de Montdidier, rapporté au Journal des Audiences, qui ajoute, à la charge néanmoins de renvoyer devant le Prévôt, après le temps des assises expiré, tant pour le jugement, que pour l'instruction des procès non jugés, & pour l'exécution de

ceux de la Prévôté qui auront été jugés auxdites assises ; à l'effet de quoi, le Greffier de la Prévôté sera tenu d'envoyer, ou porter au Greffe du Bailliage, deux jours seulement avant l'ouverture des assises, au premier commandement qui lui en sera fait, ses registres qui lui seront rendus vingt-quatre heures après lesdites assises finies. (Voyez ce que j'ai dit à ce sujet au titre *De la compétence particuliere des Juges*, ci-dessus, *part.* 2, *tit.* 1, *n.* 165.)

3°. Il paroît aussi qu'on devroit faire aux assises la lecture des Ordonnances du Royaume ; du moins des principales ; & de celles rendues depuis le temps des dernieres assises. C'est la disposition de l'article 28 de l'Edit de Crémieu. L'arrêt de la Cour du 11 Mai 1658, rendu pour le Bailliage de Senlis, porte aussi que les Officiers qui y doivent leur comparution, seront tenus de comparoître pour entendre la lecture des Ordonnances qui seront faites auxdites assises.

21. Une Ordonnance du mois de Mars 1318, veut que chaque Bailli & Sénéchal fasse crier & sçavoir au commencement des assises qu'il doit tenir, si quelqu'un avoit à se plaindre d'aucun Prévôt, ou Sergent, afin qu'il leur en soit fait droit & raison le plus briévement qu'il sera possible.

Tous les Juges du ressort, même les Prévôts royaux, doivent comparoître à ces assises. (Edit de Crémieu, *art.* 28 ; *idem* par l'Arrêt de la Cour du 11 Mai 1658, pour Senlis, qui dit, tous Prevôts royaux, & autres Juges subalternes ressortissants médiatement, ou immédiatement au Siege de Compiegne, où ledit Arrêt autorise les Juges du Bailliage de Senlis à aller tenir leurs assises. L'Arrêt du 5 Juin 1659, rendu pour Montdidier, rapporté au Journal des Audiences, porte aussi que le Prévôt de Montdidier sera tenu de comparoître aux assises du Bailliage ; ainsi que l'Arrêt du 5 Décembre 1530, rendu contre le Prévôt de Laon, rapporté par Papon, *liv.* 7, *tit.* 7, *n.* 53 ; autre Arrêt du Parlement du 8 Mai 1638, pour Montargis, *art.* 16.)

22. Mais les Présidiaux ne peuvent interdire les Prévôts, faute de comparoître aux assises ; ils peuvent seulement en dresser procès-verbal, & l'envoyer à la Cour. (Voyez Bardet, *tom.* 2, *liv.* 2, *chap.* 38.)

L'Arrêt des Grands-Jours de Clermont du 9 Janvier 1666, porte que les Seigneurs & leurs Officiers, seront tenus par chacune année en personnes, ou par Procureurs spécialement fondés,

dés, en cas d'excuse légitime, de comparoître aux assises du Sénéchal, ou Bailli supérieur.

L'Arrêt du Parlement du 12 Mai 1671, rendu pour le Bailliage de Moulins, porte en général que tous les Officiers du ressort, sont tenus de se trouver aux assises dudit Bailliage.

23. Les Juges des Pairies & autres Justices ressortissantes nuement en la Cour, sont tenus, comme les autres Juges de Seigneurs, de comparoître aux assises des Baillis royaux. (Arrêt du mois de Mai 1614, rapporté par Peleus en ses Questions, *qu.* 82.)

Tous les Huissiers & Sergents royaux du Bailliage, sont aussi tenus de comparoître aux assises des Baillis royaux.

A l'égard des Huissiers du Châtelet de Paris, qui résident dans l'étendue du Bailliage, & qui y exploitent pour les cas ordinaires des Bailliages, Voyez ce qui est dit ci-après au titre *Des Huissiers & Sergents*, part. 5, tit. 5, n. 53.

Quant aux Huissiers & Sergents des jurisdictions extraordinaires; comme ceux des Elections, des Eaux & Forêts, Greniers-à-Sel, *&c.* qui exploitent pour les cas ordinaires dans le Bailliage, ils doivent comparoître aux assises dudit Bailliage, pour répondre des plaintes qui pourroient être proposées contre eux pour raison des abus & malversations par eux commises dans leurs fonctions, en exploitant pour les cas de la Justice ordinaire; & cela a été ainsi réglé pour les Huissiers de la Connétablie qui résident dans les Provinces, & autres Huissiers. (Voyez *ibid.* n. 51.)

24. Mais il ne paroît pas que les Procureurs-Fiscaux soient obligés de comparoître à ces assises. (Arrêt du Parlement du 17 Juillet 1668, rapporté au Journal des Audiences, par lequel le Procureur-Fiscal de l'Abbaye de Jouarre est déchargé d'assister aux assises du Bailliage de Meaux.)

Un Arrêt du Grand-Conseil du 4 Février 1622, rapporté au Recueil de la Maréchaussée de France, porte que le Vice-Bailli & le Lieutenant de Robe-Courte du Bailliage d'Evreux, seront tenus de comparoître deux fois l'année aux assises dudit Bailliage.

A Orléans, le Chevalier du Guet de la ville & son Lieutenant, sont aussi appellés deux fois par an aux assises ordinaires.

25. Tous ceux qui doivent leur comparution aux assises, en cas de défaut, doivent être condamnés en l'amende; à moins qu'ils n'aient une cause d'excuse légitime, & qu'ils n'en justifient par

une exoine en bonne forme. (Voyez Bouteiller en sa Somme Rurale, *liv. 1*, *tit. 3*, *pag. 9*.)

Lorsque les Justices ne sont point pourvues de Baillis, ni de Lieutenants, & que par conséquent ces Officiers ne peuvent comparoître aux assises, on a coutume de déclarer ces Justices vacantes. (Une Sentence rendue aux assises du Bailliage d'Orléans, le 14 Novembre 1747, faisant droit sur les conclusions du Roi, déclare vacantes les Justices de l'Isle, de l'Hôtel-Dieu de Noras, de Féroles, d'Allainville & d'Arcevile; fait défenses à tous Huissiers & Sergents d'assigner les Justiciables de ces Justices, ailleurs qu'au Bailliage d'Orléans, jusqu'à ce qu'il y ait été pourvu d'Officiers. Autre Sentence rendue aussi aux assises du Bailliage d'Orléans le 15 Novembre 1763, qui déclare vacantes toutes les Justices du Bailliage dont les Baillis ne se sont point faits recevoir audit Bailliage; fait défenses aux Praticiens desdites Justices, de juger les causes; & ordonne que celles qui y sont pendantes, demeureront évoquées au Bailliage; & que la présente Ordonnance sera, à la requête du Procureur du Roi, imprimée, publiée, affichée, & signifiée aux Greffes desdites Justices.

26. Lorsqu'un Officier, pour prévarication, est interdit aux assises, il n'est pas nécessaire de lui signifier l'interdiction, s'il a été condamné contradictoirement; & il demeure suspendu de ses fonctions dès l'instant que le jugement lui a été prononcé. (Ainsi jugé par une autre Sentence rendue aussi aux assises du Bailliage d'Orléans, qui porte que les Sergents interdits aux assises contradictoirement, ne pourront faire aucunes fonctions de leurs charges, sans qu'il soit besoin de leur signifier leur interdiction, & ordonne que ledit Réglement sera signifié au Syndic de la Communauté des Huissiers: ce qui résulte aussi de la disposition de l'article 11 du titre 35 de l'Ordonnance de 1667.)

Les Seigneurs Hauts-Justiciers, & autres Juges inférieurs, ne peuvent tenir leurs assises quand le Juge royal supérieur tient les siennes. (Coutumes de Bourbonnois, *art. 6*; & de Poitou, *art. 73*; Arrêt du Conseil du 8 Mai 1638, *art. 17*, servant de Réglement pour le Bailliage de Montargis; Arrêt du Parlement du 11 Mai 1638, pour Senlis; autre Arrêt du Parlement de Rouen de l'année 1663, rapporté par Basnage sur la Coutume de Normandie, titre de Jurisdiction, *art. 16*; Voyez aussi Bouvot, en son Commentaire sur la Coutume de Bourgogne, *art. 1*.)

27. Néanmoins l'Arrêt de la Cour du 5 Juin 1659, rendu pour

Montdidier, rapporté au Journal des Audiences, porte que le Prévôt pourra, durant le temps des assises du Bailliage de Montdidier, (qui est de huit jours) tenir la jurisdiction de la police, & vaquer à l'instruction des affaires qui ne seront point en état lors desdites assises, & dont l'instruction ne pourra être achevée pendant ledit temps. (*Idem* par un autre Arrêt de la Cour du 20 Avril 1660, rendu pour le Bailliage de Vic en Carladès. (a)

Des Assises des Prévôts royaux.

28. (Voyez ce que j'ai dit à ce sujet au titre *De la compétence particuliere des Juges*, ci-dessus, *part.* 2, *tit.* 1, *n.* 164.)

Des Assises des Seigneurs qui sont Comtes, Barons, ou Châtelains.

29. Les Seigneurs Hauts-Justiciers qui sont Comtes, Barons, ou

---

(a) *Voici un Modele d'Assises d'un Bailliage Royal, extrait des Assises tenues à Yenville le 9 Septembre 1739.*

Oui le Procureur du Roi en ses conclusions verbales, nous avons donné & donnons acte de la comparution des Seigneurs, Baillis, Procureurs-Fiscaux & Sergents présents à nos assises, & défaut contre les absents; & pour le profit, les avons condamnés chacun en 10 livres d'amende; leur enjoignons de comparoir dans un mois, sous plus grande peine; & au regard des exoniés, leur enjoignons pareillement de comparoir dans le même délai d'un mois, sous telle peine qu'il appartiendra.

Enjoignons aux Seigneurs, dans les Justices desquels il manque de Juges & Procureurs-Fiscaux, d'y pourvoir incessamment; & aux Juges qui seront pourvus, de se faire recevoir devant nous, conformément aux Ordonnances royaux, & notamment à l'Edit de 1704, & à celui de l'année 1713; sinon & à faute de ce faire, qu'elles seront régies par main souveraine.

Enjoignons à tous les Baillis, leurs Lieutenants, & autres Officiers de Justice, dont les appellations sont portées devant nous, de mettre leurs taxes au bas des minutes des jugements & sentences par eux rendus, *&c.*; & aux Greffiers d'en faire pareillement mention sur les grosses, *&c.*

Faisons défenses à tous Juges de ce ressort, d'appointer aucuns procès en matiere sommaire; à peine de restitution, *&c.*

Il y a encore dans ces mêmes assises, plusieurs autres dispositions, tant pour la Police du Siege, que pour l'observation de l'Ordonnance de 1667, *&c.*

Châtelains, jouissent du droit d'assises, grandes & petites ; c'est-à-dire, du droit de Justice ordinaire qu'on appelle plaids, ou petites assises ; & des grandes assises, où l'on reçoit les appels & les plaintes contre les Juges, & autres Officiers subalternes de leur ressort. (Voyez ce qui a été dit ci-dessus, *n. 4 & suivants.*)

La Coutume d'Angoumois, *art. 7*, porte que le Seigneur Châtelain peut faire tenir sa grande assise quatre fois l'année, & qu'il est obligé de la tenir au moins deux fois l'an.

La Coutume de Poitou, *art.* 19, porte que les Seigneurs Châtelains doivent tenir leur grande assise quatre fois l'année, & non plus ; & la petite assise, tous les mois ou tous les quinze jours, ou huit jours, suivant l'usage.

Celle de Lodunois, *chap.* 5, *art.* 1, renferme aussi une disposition semblable : elle porte, que les Seigneurs Châtelains tiendront leurs plaids de quinzaine en quinzaine, & leurs assises quatre fois l'an. (*Idem* par les articles 56 & 59 de la Coutume de Tours, qui ajoute, qu'autrement les causes seront dévolues au Juge supérieur.)

30. Celle de la Rochelle, *art.* 2, porte que les Comtes, Barons & Châtelains, qui ont grande & petite assise, peuvent tenir leurs assises, Prévôté, Bailliage, ou Châtellenie, de quinzaine en quinzaine.

Celle d'Anjou, *art.* 46, dit que les Seigneurs Châtelains peuvent tenir leurs plaids de quinzaine en quinzaine par leurs Châtelains, qui connoissent jusqu'à 60 sols, & dont l'appel ressortit en l'assise dudit Châtelain pardevant le Bailli, ou Sénéchal.

L'article 64 de la même Coutume, porte que les Seigneuries, Barons, & Châtelains, peuvent tenir leurs assises quatre fois l'année.

Suivant la Coutume de Blois, *art.* 12, les Seigneurs, Comtes, Barons, & Châtelains, peuvent aussi tenir leurs assises quatre fois l'an, où se traitent les causes d'appel des Juges inférieurs, & auxquelles sont tenus de comparoître les vassaux, leurs Juges & Procureurs.

31. La Coutume de Poitou, *art.* 136, porte que les Sénéchaux des Comtes, Barons, & Châtelains, peuvent évoquer en la grande assise les causes pendantes en la petite, s'il y a cause d'évocation.

Suivant l'article 6 de la Coutume de Bourbonnois, lorsque les Seigneurs Justiciers tiennent leurs assises, leurs inférieurs Seigneurs Justiciers, leurs Châtelains & Lieutenants ressortissants esdites Justices, ne peuvent tenir leurs assises particulieres.

La Coutume de Poitou, *art.* 73, porte aussi que quand les Seigneurs, qui ont droit de grande assise, tiennent leurs grandes assises, les Juges inférieurs ne peuvent tenir leurs assises ; mais que quand le Seigneur Châtelain, ou autre ayant grande & petite assise, tiennent leurs petites assises, les Seigneurs inférieurs peuvent tenir leurs assises.

Des Assises des simples Seigneurs Hauts-Justiciers.

32. Plusieurs Coutumes donnent aux simples Seigneurs Hauts-Justiciers, le droit de grandes assises. (Angoumois, *art.* 4; la Rochelle, *art.* 2; Lodunois, *chap.* 4, *art.* 1; Poitou, *art.* 19; Tours, *art.* 39.)

La même Coutume d'Angoumois porte en l'article 8, que le Haut-Justicier non Châtelain, peut tenir ses assises une fois l'an; & en l'article 64, qu'il peut tenir ses plaids quatre fois l'année.

Celle de la Rochelle, *art.* 2, porte que les Seigneurs qui ne sont Châtelains, ne peuvent tenir leurs assises que quatre fois l'an. (*Idem* par l'article 1 du chapitre 4 de la Coutume de Lodunois.)

Celle de Poitou, *art.* 20, dit que le Haut-Justicier peut tenir son assise six fois l'an.

Enfin, celle de Tours, *art.* 56, porte que le Haut-Justicier peut tenir ses plaids de mois en mois, & ses assises quatre fois l'an; & que s'il ne le fait, ses justiciables pourront recourir au supérieur.

33. Il y a des Seigneurs de Justice qui sont encore aujourd'hui en possession d'aller tenir leurs assises dans les Justices inférieures de leur dépendance. Ainsi, le Bailli de la Justice de Saint-Germain-des-Prés de Paris, est en possession d'aller tenir ses assises en la Prévôté & Châtellenie de Villeneuve-Saint-Georges, & dans tous les autres Sieges qui dépendent de lui. (Voyez les Loix Criminelles, *tom.* 2, *pag.* 362.)

Il paroît que les Seigneurs moyens & bas-Justiciers peuvent être appellés aux assises des Hauts-Justiciers, où ils ressortissent par appel, & que cela ne doit souffrir aucune difficulté; c'est une suite de tout ce qui a été établi ci-dessus.

34. Quelques Juges de Seigneurs sont en possession de tenir des assises, auxquelles les Justiciables, appellés par affiches,

sont obligés de se trouver, à peine d'amende, s'ils n'ont une excuse légitime. L'objet de ces assises est d'instruire ces justiciables des Réglements de Police, dont il doit leur être fait lecture ; comme aussi d'entendre & juger sommairement & sans frais, les plaintes qu'ils peuvent avoir à porter les uns contre les autres. Ces sortes d'assises sont communes dans l'étendue du Bailliage d'Orléans.

L'article 71 de la Coutume de Poitou, porte que celui qui a droit d'assise, soit Châtelain, ou haut, moyen, ou bas-Justicier, la peut tenir en domaine roturier de son sujet sans moyen, quand bon lui semble; & au fief de son vassal, une fois en la vie, tant du vassal que du Seigneur.

L'article 72 de la même Coutume, permet au vassal de tenir ses assises au Siege des plaids de son Seigneur, sans que cela donne atteinte aux droits du Seigneur.

Des Assises des moyens & bas-Justiciers.

35. Plusieurs Seigneurs moyens & bas-Justiciers ont droit d'assises.

L'article 64 de la Coutume d'Anjou, porte que les moyens & bas-Justiciers peuvent tenir leurs assises quatre fois l'année. *Idem* par l'article 1 du chapitre 1; par l'article 8 du chapitre 2 de la Coutume de Lodunois ; & par les articles 1 & 39 de la Coutume de Tours, qui ajoutent que si lesdits Seigneurs ne les tiennent dans ce temps, les justiciables pourront avoir recours au supérieur.

L'article 20 de la Coutume de Poitou, porte que les moyens-Justiciers, pourront tenir leurs assises six fois l'an, & les bas-Justiciers quatre fois seulement.

La Coutume d'Angoumois, *art.* 64, dit simplement que les moyens & bas-Justiciers peuvent tenir leurs plaids quatre fois l'an.

TITRE III.

Des Mercuriales.

1. ON appelle *Mercuriales*, des Assemblées qui doivent se tenir en certains temps de l'année dans les Cours, & Sieges Présidiaux, où les Présidents & Gens du Roi exhortent les Juges à rendre la justice avec exactitude, & font quelquefois des remontrances à ceux qui ont manqué à leur devoir.

On appelle ces sortes d'Assemblées *Mercuriales*, parce qu'anciennement elles se faisoient un jour de mercredi.

Elles ont été établies sur ce qu'on a reconnu que l'éclat & la dignité de la Justice, dépendoient principalement des bonnes mœurs, & de la réputation de ses Ministres. Ainsi, pour les obliger à se tenir de temps-en-temps dans leur devoir, on a cru qu'il étoit nécessaire de les exciter à honorer leurs charges par la pratique des vertus, qui leur sont les plus convenables, & de reprimer ceux qui, par leur conduite, se rendent indignes d'exercer un tel emploi.

2. C'est donc pour les rendre exacts à remplir leurs devoirs, que ces mercuriales ont été instituées.

Les Ordonnances veulent que les Présidents des Cours de Parlement, avec deux Conseillers de chaque Chambre, s'informent avec soin de ceux de ladite Cour, soit Présidents, Conseillers, ou autres, qui auront contrevenu aux Ordonnances, en désobéissant au Roi, ou à la Cour, ou aux Présidents; ou en négligeant de venir au Palais, & de remplir leurs fonctions; ou en faisant autres choses repréhensibles & contraires à l'honneur & à la dignité de la Cour; qu'ils en fassent le rapport aux Juges ainsi assemblés, pour en délibérer entr'eux, & procéder ensuite, toutes les Chambres assemblées, & toutes autres affaires cessantes, à la suspension d'office pour un temps contre les coupables; soit en les privant d'une partie de leurs gages, soit en prononçant contr'eux d'autres peines, selon que le cas y échera. (Ordonnance du mois de Mars 1498, *art.* 28 & 29; autre du mois de Novembre 1507, *art.* 11, 12 & 13; autre du mois d'Octobre 1535, *chap* 1, *art.* 57, 58 & 59; Ordonnance de Blois, *art.* 144.)

3. Les Ordonnances n'exceptent point les Présidents de ces sortes de censures ; parce que la Compagnie est au-dessus d'eux, ainsi que l'observe judicieusement la Roche-Flavin, en son Traité des Parlements, *liv.* 2, *chap.* 1, §. 15.

D'où l'on voit que les mercuriales ne se bornoient pas autrefois à un simple discours d'appareil, comme on fait aujourd'hui.

Les mercuriales des Parlements se tenoient anciennement tous les mois, suivant l'article 110 de l'Ordonnance du mois de Juillet 1493 ; & l'article 130 de l'Ordonnance de 1539 : ensuite de trois mois en trois mois, par l'article 3 de l'Ordonnance de Moulins ; & l'article 25 de celle de Château-Briant, du mois de Juin 1551 : & enfin de six mois en six mois par l'article 143 de l'Ordonnance de Blois.

4. L'Edit du mois d'Avril 1684, renouvelle ces mercuriales. Voyez aussi la Déclaration du Roi du 16 Juillet 1647, rendue pour le Parlement de Pau, *art.* 18 & 19.

Les Présidents doivent faire tenir registre desdites mercuriales par leurs Greffiers, & les envoyer à Sa Majesté pour y pourvoir, ainsi qu'Elle jugera convenable. (Ordonnance du mois de Juillet 1493, *art.* 29 ; autre du 13 Juin 1499, *art.* 3 ; Ordonnance de Blois, *art.* 144 ; Ordonnance de Moulins, *art.* 3.) L'Ordonnance de 1629, *art.* 79, dit qu'elles seront envoyées dans la quinzaine après qu'elles auront été tenues.

L'Ordonnance de Blois, même article 144, ordonne aux Procureurs-Généraux de promouvoir ces mercuriales, & d'en poursuivre le jugement ; & en cas de retardation & d'empêchement, d'en avertir promptement Sa Majesté.

Des Mercuriales des Présidiaux.

5. L'Ordonnance de Blois, *art.* 144, veut que les mercuriales se tiennent dans les Sieges Présidiaux tous les six mois, les jours de mercredi, auxquels se fera la lecture des Ordonnances.

Le Réglement rendu par le Présidial de Bourg-en-Bresse, du 24 Mai 1603, *art.* 10, porte que les mercuriales se tiendront audit Siege par les Présidents & Lieutenants, y appellés trois ou quatre Conseillers, l'Avocat & le Procureur du Roi, suivant les Ordonnances, & au temps & peines d'icelles.

Le Réglement du Conseil du 11 Janvier 1647, rendu pour le Présidial de Montargis, *art.* 41, porte que les mercuriales seront feront tenues audit Siege de mois en mois, par le Lieutenant-Général, assisté des autres Officiers, pour l'observation des Ordonnances & Réglements du Siege. L'article 144 de l'Ordonnance de Blois qu'on vient de citer, porte que les mercuriales desdits Sieges Présidiaux, feront envoyées aux Cours Souveraines de leur ressort.

6. Le même article enjoint aux Avocats & Procureurs du Roi, de poursuivre le jugement de ces mercuriales.

Et à cet effet, il leur est permis d'entrer lorsqu'ils voudront, en la Chambre du Conseil des Juges; à moins que ceux-ci ne fussent occupés à la visitation de quelque procès. (Réglement de Bourg-en-Bresse, du 24 Mai 1603, *art.* 60.)

TITRE IV.

Des Grands-Jours.

1. Les Grands-Jours, sont une Cour Souveraine, composée d'un certain nombre de Membres du Parlement, que les Rois établissent quelquefois dans les Provinces, soit pour y faire le procès à ceux qui commettent des crimes; soit pour connoître & décider de toutes les fautes, abus, & malversations commises par les Officiers desdites Provinces, touchant les fonctions de leurs charges; & pour corriger tous styles & procédures abusives. Les Grands-Jours sont aux Cours, à-peu-près ce qu'étoient anciennement les Assises, par rapport aux Baillis & Sénéchaux royaux, pour affranchir les peuples des droits que les Seigneurs usurpoient sur eux par autorité, & aussi pour juger, s'il y avoit lieu, les affaires qui naissoient dans ces Provinces.

2. L'article 72 de l'Ordonnance du mois de Mars 1498, porte que les Grands-Jours se tiendront tous les ans par le Parlement de Paris, en son ressort, ès lieux accoutumés, par un des Présidents de la Cour, un Maître des Requêtes, un Président des Enquêtes, & treize Conseillers, dont huit de la Grand'Chambre, & cinq des Enquêtes, suivant leur ordre & ancienneté; & l'article 73 de cette même Ordonnance, porte que les Grands-Jours se tiendront de deux ans en deux ans pour les Parlements de

Toulouſe & de Bordeaux, par neuf Juges, dont un Préſident, cinq Conſeillers Laïcs, & trois Clercs. (*Idem* Par les Lettres-Patentes du 10 Août 1519, *art.* 7, rapportées en la Conférence des Ordonnances, *tom.* 1, *pag.* 209, qui y ajoutent le Parlement de Rouen.)

Idem Pour la Bretagne, par Ordonnance du 27 Janvier 1495.

3. Par l'article 8 de l'Ordonnance de Moulins, le Roi s'étoit réſervé le droit d'ordonner les ſéances des Grands-jours, par tels Officiers qu'il jugeroit à propos, ſuivant l'exigence des cas; mais les choſes furent remiſes dans l'ancien état, par l'article 206 de l'Ordonnance de Blois, qui porte que les Grands-Jours ſe tiendront tous les ans aux Provinces éloignées des Parlements, ſuivant le département qui en ſera fait par Sa Majeſté.

Idem par l'article 59 de l'Ordonnance du mois de Janvier 1629.

(Voyez, touchant les Grands-Jours, Dumoulin, *in ſtylo Parlamenti*, *cap.* 23; la Bibliotheque Françoiſe de Bouchel, au mot *Grands-Jours*; Joly en ſon Traité des Offices, *tom.* 1, *aux additions*, *pag.* 169; la Roche-Flavin, en ſon Traité des Parlements de France, *liv.* 13, *chap.* 65; Loiſeau, Traité des Seigneuries, *chap.* 6, *n.* 56 *& ſuivants*; & Ricard, ſur l'article 22 de la Coutume de Senlis.)

4. Nous avons pluſieurs exemples de Grands-Jours, tenus à Clermont en Auvergne, à Poitiers, à Nîmes, *&c.*

Voyez pour les Grands-Jours tenus à Clermont en 1583, la Roche-Flavin, en ſon Traité des Parlements, *liv.* 13, *chap.* 65; & Bouchel, en ſa Bibliotheque Françoiſe, au mot *Grands-Jours.* Et pour ceux tenus en la même ville en 1634, Voyez Joly, *tom.* 1, *pag.* 172; & la Conférence des Ordonnances, *tom.* 1, *liv.* 1, *tit.* 6, *part.* 2, §. 5, *pag.* 211; & pour ceux tenus en 1665, Voyez le Recueil imprimé *in*-4°. à ce ſujet en 1666.

Pour les Grands-Jours tenus à Poitiers en 1567, Voyez Joly, *tom.* 1, *pag.* 205; il y en a eu auſſi de tenus dans cette ville en 1689.

Et pour ceux tenus à Lyon en 1596, Voyez Joly, *ibidem*, pag. 171.

TITRE V.

SECTION PREMIERE.

Des Assemblées & Délibérations de Compagnies ; & des Cérémonies.

1. Les Assemblées de Compagnie (*a*) peuvent avoir différents objets, qui sont 1°. de soutenir les droits & privileges du Corps ; & d'entreprendre quelque procès à ce sujet, ou de faire quelque députation : 2°. d'établir quelque réglement de discipline pour le Siege ; ou de taxer les droits & salaires des Greffiers, Procureurs, Notaires, Sergents, & autres Officiers subalternes : 3°. de répondre à des ordres, paquets, ou lettres émanées de la Cour, &c. : 4°. de recevoir quelque compliment, ou députation : 5°. de faire quelque harangue, compliment, députation, procession ; ou d'assister à quelque cérémonie publique, & de délibérer à ce sujet : 6°. de faire quelque Réglement de Police générale concernant l'intérêt & le bien public ; *v. g.* quand il s'agit d'apporter un remede pressant à tout ce qui est capable de le troubler ; comme dans le cas de refus public de Sacrements ; d'empêcher qu'on ne soutienne quelque these ou proposition contraire aux droits du Roi, & aux maximes du Royaume ; d'empêcher qu'on ne leve des droits injustes, ou en vertu de Réglements qui ne sont point revêtus des formes nécessaires pour leur exécution ; de supprimer

---

(*a*) Les Présidiaux sont ordinairement composés de différentes Chambres, classes, ou colonnes pour l'administration de la Justice ; sçavoir,

1°. De la Chambre Présidiale :

2°. De la Chambre du Bailliage civil :

3°. De la Chambre du Bailliage criminel :

4°. De la Chambre de la Police :

Les Juges de ces différentes Chambres sont ordinairement les mêmes ; mais les chefs sont différents. Les Présidents président à la Chambre du Présidial ; le Lieutenant-Général à celle du Bailliage civil ; le Lieutenant-Criminel à celle du Bailliage-Criminel ; & le Lieutenant de Police à celle de la Police.

Toutes ces Chambres assemblées, composent le Siege assemblé en Corps.

un livre, ou autre ouvrage capable de corrompre les mœurs, & de troubler le repos & la tranquillité publique, ou qui renferme des maximes contraires à la Religion, *&c.*

2. 1°. Quand il s'agit de délibérer sur quelque chose qui intéresse les droits & privileges de la Compagnie; de faire quelque députation, ou d'entreprendre quelque procès à ce sujet; d'établir un Réglement de discipline pour le Siege; de régler la taxe des Officiers, de recevoir quelque compliment ou députation; de répondre à des ordres de la Cour, ou à des lettres écrites à la Compagnie; de faire quelques harangues, compliments, *&c.* & de délibérer à ce sujet; tout cela ne peut être fait que de l'avis commun de toutes les différentes Chambres, ou classes du Siege assemblées. Il en est de même dans les cas où il s'agit de faire quelque Réglement général, de prévenir un abus imminent, ou de remédier à un mal pressant, lorsque l'Assemblée qui se doit tenir à ce sujet, est faite d'office, & sur la convocation des Présidents, & non sur la réquisition du ministere public. Mais quand sur une requête présentée au Lieutenant-Général, ou sur une plainte présentée au Lieutenant-Criminel, ces Officiers jugent à propos de prendre l'avis de la Compagnie, alors l'affaire doit être délibérée seulement par les Officiers de la Chambre qui doit connoître de l'affaire, & non par tous les Officiers en général; c'est-à-dire, que cette délibération doit être faite par les Juges qui composent la Chambre-Criminelle, lorsqu'il s'agit de délibérer sur une plainte présentée par le Procureur du Roi, ou par une partie privée; & qu'elle doit être faite par les Juges de la Chambre civile, lorsqu'il s'agit de délibérer sur une requête présentée au Bailliage civil; & par ceux de la Chambre Présidiale, quand il s'agit d'une affaire qui est de la compétence du Présidial; & ainsi des autres.

3. 2°. Lorsqu'il s'agit uniquement de délibérer sur ce qui concerne les droits utiles de la Compagnie; *v. g.* sur les épices, *&c.* il n'est pas nécessaire que les Conseillers honoraires, & autres Juges qui ne participent point à ces droits, soient appellés à l'Assemblée; & ils n'y ont point de voix délibérative. Il en est de même des affaires qui ne regardent que les Juges seuls, en tant que Juges, & qui n'intéressent point les Gens du Roi. Dans ce cas, ces derniers ne doivent point être convoqués; & en général toutes les fois qu'il s'agit de faire quelque délibération, on ne doit y appeller que les Officiers qui y ont intérêt. Mais dans

toutes les affaires qui regardent le général de la Compagnie, qui intéressent l'honneur, les droits, & les privileges de ses Officiers; & lorsqu'il s'agit de contribuer aux procès qui peuvent naître à ce sujet, tous les Officiers indistinctement doivent être appellés aux délibérations & assemblées qui se tiennent à cet effet.

4. Par délibération du Présidial d'Orléans du 27 Décembre 1763, il a été arrêté que les vétérans seroient appellés, & auroient voix délibérative à toutes les assemblées & délibérations de la Compagnie, sauf à celles qui ne regarderoient que le titre de l'office, & les épices; tous les Juges y étoient, à la réserve de cinq.

3°. Dans tous les cas où il est besoin d'assembler les Officiers pour délibérer sur les affaires du Roi, ou de la Compagnie, elle ne peut être convoquée que par les Présidents, ni s'assembler ailleurs qu'au Palais; si ce n'est lorsqu'il s'agira de complimenter quelque personne, ou pour quelqu'autre chose qui requiere célérité. (Réglement du Conseil du 18 Juillet 1677, pour Tours, *art.* 22; Edit de Septembre 1697, pour les Présidiaux de Franche-Comté, *art.* 20; autre du 16 Mars 1705, pour Autun, *art.* 31; *idem* par l'Edit du mois de Février 1705, rendu pour le Présidial d'Ypres, *art.* 11; Voyez aussi ci-après, *n.* 9.)

5. 4°. Le Lieutenant-Général peut aussi assembler & convoquer la Compagnie, lorsqu'il le juge à propos, pour l'exécution des ordres qui lui auront été adressés seulement. (Même Réglement de 1705, pour Autun, *art.* 31.)

5°. En cas d'absence des Présidents, le Lieutenant-Général, ou à son défaut, le plus ancien Officier du Siege, suivant l'ordre du tableau, peut convoquer lesdites Assemblées. (Réglement du 19 Février 1729, pour les Officiers du Présidial du Puy-en-Velay, *art.* 34; Lettres-Patentes du 30 Décembre 1731, pour le Présidial de Pamiers, *art.* 18.)

6. 6°. L'article 43 du Réglement du 11 Janvier 1647, rendu pour Montargis, porte que les Officiers du Siege ne pourront faire aucunes assemblées publiques ni particulieres, pour y traiter des affaires du Siege, hors les jours & heures ordinaires, (où la Compagnie se trouve assemblée de droit,) sinon étant convoqués par les Présidents, ou Lieutenant-Général, ou autre qui doit présider en son absence.

L'article 34 du Réglement du Conseil du 19 Février 1729,

rendu pour le Puy-en-Velay, porte que les Officiers dudit Siege, ne pourront faire aucunes assemblées, pour quelque cause, & sous quelque prétexte que ce soit, sans la participation des Présidents du Présidial, qui ont seuls le droit de convoquer lesdites assemblées; ou en leur absence, le Lieutenant-Général, & à son défaut, le plus ancien Officier du Siege, suivant l'ordre du tableau. (*Idem* par l'article 18 des Lettres-Patentes du 30 Décembre 1731, rendues pour le Présidial de Pamiers.)

7. Le Réglement du 30 Août 1689, rendu pour Orléans, *art.* 22, porte simplement, que les Conseillers ne pourront faire aucune délibération dans les affaires qui concernent le général de la Compagnie, qu'en présence du Lieutenant-Général, (qui étoit aussi alors le premier, ou ancien Président,) ou lui duement averti.

J'ai vu néanmoins à Orléans des exemples d'assemblées convoquées par le Syndic du Présidial; ce qui a lieu principalement dans les cas où il s'agit d'intérêts de la Compagnie contraires à ceux des Présidents & autres chefs; mais alors il est plus naturel de convoquer chez l'ancien des Officiers, qu'en la Chambre du Conseil du Siege.

8. 7°. Les assemblées peuvent être demandées par le Syndic, ou autre Officier de la Compagnie, au Président; ou à son défaut, au Lieutenant-Général; & alors il est tenu de l'accorder. S'il la refuse, on peut s'adresser au Lieutenant-Criminel, ou autre Officier qui le suit. (Arrêt du Parlement de Toulouse du 18 Juillet 1629, pour le Présidial de Toulouse, rapporté par Descorbiac, *pag.* 202, *liv.* 10.)

Les Lettres-Patentes du 10 Décembre 1731, rendues pour le Présidial de Pamiers, *art.* 18, portent au contraire, qu'en cas de refus des Présidents, ou autre premier Officier, en leur absence, d'accorder lesdites assemblées, les Officiers qui les auront requises ou proposées, s'adresseront au Parlement pour y être pourvu en la Grand'Chambre, ainsi qu'il appartiendra.

9. 8°. L'article 39 du Réglement du 16 Mars 1705, rendu pour Autun, porte qu'il ne sera fait aucune assemblée de la Compagnie, que dans la Chambre du Conseil, & que tous les Officiers qui la composent, n'aient été bien & duement avertis par le Concierge du Palais, ou par l'Huissier de service. (*Idem* par l'article 16 du Réglement du 16 Mai 1691, rendu pour le Présidial de Limoges; Voyez aussi ci-dessus, *n.* 4.)

Le Réglement de Limoges du 9 Janvier 1637, *art.* 27, veut

que les Officiers de ce Siege ne puissent faire aucunes assemblées audit Siege, sans en avertir le Lieutenant-Général, sinon qu'il fût absent de la ville.

Un autre Arrêt du 15 Décembre 1642, rendu pour les Officiers du Présidial de la Rochelle, porte qu'il ne pourra être fait aucun Réglement concernant le Présidial, qu'en présence du Président, & autres Officiers du Présidial; ou en cas d'absence dudit Président depuis vingt-quatre heures au moins.

10. Un autre Arrêt du Parlement du 14 Juillet 1656, rendu pour la Sénéchaussée du Mans, fait défenses aux Officiers du Présidial de tenir aucunes assemblées, qu'elles n'aient été convoquées par les Chefs, & que le Procureur du Roi n'y ait été appellé.

Le Réglement d'Angoulême du 30 Juin 1689, *art.* 23, porte que les Conseillers ne pourront faire aucun Réglement hors la présence du Lieutenant-Général, sinon en cas d'absence dudit Lieutenant-Général, pendant trois jours.

Un Arrêt de la Cour du 21 Juin 1684, rendu pour les Officiers de la Prévôté d'Orléans, porte aussi qu'aucun Réglement ne pourra être proposé hors la présence du Prévôt; & que tous les Officiers dudit Siege seront assemblés, lorsqu'ils estimeront nécessaire de proposer quelques Réglements; & que ces Réglements seront présentés à la Cour pour y être homologués, si faire se doit, en la maniere accoutumée.

11. 9°. Quand il s'agit de délibérer sur une affaire publique, qui demande une prompte expédition, soit un jour de Fête ou autre, les Officiers doivent y vaquer sur le champ; & à cet effet, ils sont tenus de se rendre au lieu & heure qui leur seront indiqués par le Président, & de délibérer & conclure au plutôt sans divertir à autres actes; & de tout ce qui sera ainsi fait, il doit être tenu registre secret par le Greffier, ou son Commis, & l'expédition en cas de besoin, en doit être délivrée sous le nom des Présidents, Conseillers, & autres Officiers assemblés. (Réglement du 24 Mai 1603, pour Bourg-en-Bresse, *art.* 4.)

Ces délibérations & résolutions qui regardent les affaires publiques, doivent être préférées à celles des particuliers. (*Ibidem*, art. 5.)

Lorsqu'il s'agit d'affaires importantes à régler, & qui ne demandent pas d'être terminées sur-le-champ, elles doivent être proposées un jour d'avance, afin que les délibérations soient mieux rédigées.

12. 10°. Les Présidents du Présidial président à toutes les affaires qui concernent la discipline, l'honneur, & l'intérêt de la Compagnie. (Réglement du Conseil du 18 Juillet 1677, pour Tours, *art.* 24; Arrêt du Parlement du 30 Juin 1689, pour Angoulême, *art.* 40; Lettres-Patentes du 30 Décembre 1731, pour Pamiers, *art.* 17;) & en leur absence, le Lieutenant-Général, & après lui le Lieutenant-Criminel, & ensuite le Lieutenant-Particulier, & ainsi des autres Officiers. (Voyez *omninò* ce qui a été dit à ce sujet au titre *Des fonctions, devoirs & droits des Grands-Baillis, Présidents, Lieutenants-Généraux*, &c. ci-dessus, *tom.* 1, *part.* 2, *tit.* 4, *n.* 12 & *suiv.*)

L'article 23 du Réglement du Conseil du 19 Février 1729, rendu pour le Présidial du Puy, porte en général que dans les assemblées convoquées par les Présidents, ils y prononceront les Ordonnances délibérées par l'avis de la Compagnie, pour calmer sur-le-champ des troubles & disputes qui se seroient élevées; sans que sous ce prétexte ils puissent faire aucun Réglement diffinitif.

13. Mais quand il s'agit de faire une instruction, ou information en conséquence de la délibération, alors elle doit être faite; sçavoir, par le Lieutenant-Général, s'il s'agit d'une matiere civile, & par le Lieutenant-Criminel, s'il s'agit d'une information.

Ainsi, lorsque la Compagnie s'assemble d'office, à l'occasion d'un refus public de Sacrement, d'une these qu'il s'agit de supprimer, d'un trouble à appaiser, *&c.*, c'est aux Présidents du Présidial, ou en leur absence au Lieutenant-Général à y présider; mais l'instruction qu'il s'agit de faire en conséquence, appartient au Lieutenant-Général, ou au Lieutenant-Criminel, suivant que l'affaire se poursuit civilement, ou criminellement.

A l'égard des Sentences & Jugements qui se rendent ensuite sur cette instruction, c'est à celui qui a fait cette instruction à y présider.

14. 11°. Il est défendu aux Officiers, dans lesdites assemblées, comme aussi aux Audiences & Chambre du Conseil, de proposer, requerir, ni délibérer contre le Lieutenant-Général sur les actions dépendantes des fonctions de droit & prérogatives de sa charge, sous prétexte de réglement, entreprise de jurisdiction, mercuriale, ou autrement; ni même de suspendre, retracter, ou empêcher l'exécution des Sentences & Jugements par lui rendus; sauf auxdits Officiers à se pourvoir par les voies ordinaires de droit. (Arrêt du 7 Septembre 1612, pour Bourges, rapporté par Chenu, *tom.*

tom. 2, *tit.* 5, *chap.* 4, *pag.* 160; Réglement du 9 Janvier 1637, pour Limoges, *art.* 27; autre pour Montargis du 11 Janvier 1647, *art.* 44; Arrêt du Parlement de Dijon du 25 Novembre 1681, pour Sémur, *art.* 50; autre pour Angoulême du 30 Juin 1689, *art.* 23; Arrêt du Conseil du 30 Mars 1719, pour Brives, *art.* 16.)

Et il est pareillement défendu aux Gens du Roi, de rien proposer ou requérir à cet égard, soit en la présence, soit en l'absence dudit Lieutenant-Général. (Arrêt du Conseil du 15 Mars 1632, pour le Présidial de Toulouse, rapporté par Descorbiac, *tit.* 2, *chap.* 14.)

15. De même, il est défendu au Lieutenant-Général, ou au Lieutenant-Criminel, ou autre Juge, de casser ou surseoir aucun jugement rendu par les Lieutenant, Particulier-Assesseur, ou Conseillers; & de mulcter d'amende les parties, au profit desquelles ces jugements auroient été rendus, ainsi que les Sergents qui les auroient mis en exécution; sauf à lui à se pourvoir en la Cour, s'il prétend avoir sujet de s'en plaindre. (Arrêt du Parlement du 23 Août 1663, pour Angoulême, rapporté au Journal des Audiences.)

12°. Les Officiers qui sont assemblés pour délibérer sur quelques affaires publiques importantes & qui requierent une prompte expédition, ne peuvent se retirer jusqu'à l'entiere conclusion desdites affaires; si ce n'est par accident de maladie, vieillesse, ou autre inconvénient; sous les peines portées par les Ordonnances. (Réglement du 24 Mai 1603, pour Bourg-en-Bresse, *art.* 7.)

16. 13°. Dans les délibérations des affaires publiques & générales; comme dans celles des affaires particulieres, lorsque parmi les Juges il y a un pere, & un fils, ou un gendre; deux freres; un oncle & un neveu, les avis de ces parents étant conformes, ne doivent être comptés que pour une voix, ainsi qu'il a été ordonné par Arrêt rendu au Conseil le 30 du mois d'Août 1687, pour décider la question qui y avoit été renvoyée par le Parlement de Rouen, touchant le douaire, & le tiers des enfants. (Voyez Pesnelle sur la Coutume de Normandie.)

Mais quand il s'agit de délibérer sur ce qui regarde la discipline, l'honneur, & les droits de la Compagnie, toutes les voix doivent se compter; & l'on prend même les avis des Officiers mineurs. (Tel est l'usage du Présidial d'Orléans.)

17. 14°. Lorsque le Lieutenant-Général, ou quelqu'un des Officiers du Siege, forment opposition aux délibérations prises par l'Assemblée, le Greffier dudit Siege est tenu d'écrire, & de leur en délivrer les actes d'opposition quand il en est requis; à peine de 500 livres d'amende, & de privation de sa charge. (Réglement du 23 Octobre 1638, pour Limoges, *art.* 14; Arrêt du 7 Août 1677, pour la Prévôté de Sens;) comme aussi de les aider des pieces qui sont au Greffe, en le payant des frais du papier marqué, & de la peine de celui qui en fera les expéditions. (Même Arrêt de 1677, pour Sens.)

15°. Les délibérations de la Compagnie faites à la pluralité des voix, soit pour l'honneur des charges, ou la conservation de la jurisdiction, ou autres affaires qui intéressent la Compagnie, doivent être exécutées aux frais communs de la Compagnie. (Edit du mois de Septembre 1697, rendu pour les Présidiaux de Franche-Comté, *art.* 57.)

18. 16°. Le Greffier doit tenir un registre des délibérations de la Chambre, dans lequel seront insérés tous les résultats des procès rapportés & jugés, & de toutes autres affaires qui seront délibérées en ladite Chambre; lequel registre doit être arrêté & paraphé tous les jours par le Président, Lieutenant-Général, ou autre qui aura présidé en son absence, & demeurer entre les mains du Greffier. (Réglement du 11 Janvier 1647, pour Montargis, *art.* 34.)

L'Avocat du Roi, & le Procureur du Roi, peuvent prendre communication de ce registre sous leur récépissé, toutes les fois qu'ils jugeront à propos; à la charge de les remettre vingt-quatre heures après. (Arrêt de Réglement du 22 Juillet 1752, pour Tours, *art.* 2.)

19. 17°. Il est fait défenses à tous les Officiers du Siege, Greffiers, Huissiers, Clercs, & autres y ayant l'entrée, de révéler par eux, ou par autres, directement, ou indirectement, aucunes des affaires, procès, conseils, délibérations, opinions, & expéditions dudit Siege, aux parties, à leurs Avocats, Procureurs, solliciteurs, ou autres, quels qu'ils soient, sous les peines portées par les Ordonnances; & à cette fin, il est enjoint aux Présidents & Lieutenants, de s'enquérir, ou faire informer exactement con-

tre les infracteurs d'icelles, les emprisonner & punir rigoureusement, & d'en donner aussi-tôt avis au Roi & à son Conseil, pour y pourvoir, selon le bon plaisir de Sa Majesté ; & de plus fort remede, autant qu'il y échera. (Réglement du Conseil du 24 Mai 1603, pour Bourg-en-Bresse, *art.* 50 ; Voyez aussi ce que j'ai dit à ce sujet au titre *Des Devoirs, Fonctions & Droits des Juges*, ci-dessus, *part.* 2, *sect.* 3, *n.* 31.)

20. 18°. Les titres, registres, papiers, & enseignements communs de la Compagnie, doivent être mis dans les archives, ou armoires de ladite Compagnie, dont il y aura trois clefs, une pour le Premier & Ancien Président, une pour le Lieutenant-Général, & une autre pour le Syndic des Conseillers. (Réglement du 16 Mars 1705, pour Autun, *art.* 42 ; autre du 26 Septembre 1692, pour Blois ;) lesquels, en cas d'absence, remettront leur clef entre les mains d'un autre Officier, pour, en cas de besoin, pouvoir chercher dans lesdites armoires, ou archives, toutes les fois qu'il sera nécessaire. (Même Réglement de 1692, pour Blois.)

Au Présidial d'Orléans, c'est le Syndic seul qui est dépositaire de ces titres, papiers & registres, qui sont dans une armoire appartenante à la Compagnie, dont il a la clef.

19°. Les significations des actes qui concernent les affaires du Siege, doivent demeurer au Greffe du même Siege, sans pouvoir en être retirées par les Officiers. (Arrêt du Parlement du 21 Juin 1684, servant de Réglement entre les Officiers de la Prévôté d'Orléans.)

SECTION II.

Des Cérémonies, Processions, Harangues, & Députations de la Compagnie.

21. 1°. Lorsque la Compagnie doit s'assembler pour assister à quelque Procession, ou cérémonie publique ; ou pour complimenter quelqu'un, l'Assemblée peut se faire chez les Présidents. (Réglement du 18 Juillet 1677, pour Tours, *art.* 22 ; autre du 16 Mars 1705, pour Autun, *art.* 31 ; Edit du mois de Février 1705, pour le Présidial d'Ypres, *art.* 11.)

Le Réglement du 22 Juillet 1752, rendu pour le Présidial de Tours, *art.* 10, porte que lorsque la Compagnie sera convoquée pour assister aux Processions, ou autres cérémonies, elle sera tenue de s'assembler au Palais, & de faire avertir les Gens du Roi.

Une Lettre de M. le Chancelier Pontchartrain, écrite le 27 Juin 1706, aux Officiers du Présidial d'Orléans, porte aussi que lorsque la Compagnie doit s'assembler pour les cérémonies publiques, elle s'assemblera au Châtelet; si ce n'est dans des temps fâcheux, où elle pourra s'assembler chez celui qui doit mener la Compagnie, ce qui ne pourra se faire que du consentement unanime de la Compagnie; sans quoi, dans ces temps-là même, on s'assemblera toujours au Châtelet.

22. 2°. Dans toutes les Assemblées générales & cérémonies publiques de la Compagnie, le Second Président doit marcher à côté & à la gauche de l'Ancien Président, précédé des Greffiers & des Huissiers du Siege. (Réglement du 22 Juillet 1752, pour Tours, *art.* 10; & les autres Officiers deux-à-deux, suivant l'ordre du Tableau. (Réglement du 31 Août 1689, pour Orléans, *art.* 3.)

A l'égard des Gens du Roi, ils marchent à la suite du dernier Conseiller, sans que lesdits Gens du Roi puissent se faire précéder par aucun Huissier. (Même Réglement de 1752, pour Tours, *art.* 10.)

23. 3°. Tous les Officiers sont tenus de se trouver exactement aux Processions générales, & aux autres lieux & assemblées où la Compagnie doit se trouver en corps.

L'Arrêt du Parlement du 24 Avril 1632, rendu pour Abbeville, porte qu'ils se trouveront aux Processions publiques, avec robes & soutanes.

L'article 25 du Réglement de 1677, pour Tours, porte que lorsque les Présidents iront complimenter, au nom de la Compagnie, les personnes qualifiées, les Conseillers députés seront tenus de l'accompagner; sans que le Lieutenant-Général puisse porter la parole, qu'en l'absence des Présidents. (*Idem* par l'article 13 de l'Edit de Février 1705, rendu pour le Présidial d'Ypres.)

4°. A Orléans le Chevalier du Guet doit envoyer aux Officiers du Présidial, lorsqu'ils marchent en Corps aux cérémonies publiques, & lorsqu'ils s'assemblent pour y aller, ses Archers pour les accompagner; & il marche lui-même à la tête desdits Archers.

(Réglement de M. le Comte de Saint-Paul, Gouverneur d'Orléans, en date du 4 Mai 1622, déposé au Trésor du Présidial d'Orléans, cotté (y). Il y a aussi une Lettre écrite à ce sujet, par M. le Chancelier, le 4 du mois de Mai 1707, à M. l'Intendant d'Orléans, pour maintenir cet usage.

24. 5°. Il ne doit être fait aucune députation, pour quelque cause que ce soit, que par délibération de la Compagnie. (Réglement du 16 Mars 1705, pour Autun, *art.* 39; autre du 16 Mai 1691, pour Limoges, *art.* 16; autre du 30 Juin 1689, pour Angoulême, *art.* 63, qui ajoute que quand les Officiers de la Compagnie marcheront en Corps, feront quelques députations, ou assemblées publiques, les Avocats & Procureurs du Roi seront mandés en la maniere accoutumée.)

6°. Le Lieutenant-Général peut ouvrir toutes les lettres adressantes à la Compagnie, hors celles qui seront nommément adressées aux Gens tenant le Siege Présidial. (Même Réglement de 1705, pour Autun, *art.* 30;) & en son absence, ce droit appartient au Lieutenant-Criminel.

Les Lettres-Patentes du 31 Décembre 1731, pour le Présidial de Pamiers, *art.* 32, portent que le Lieutenant-Général recevra tous les paquets adressés au Sénéchal, ou son Lieutenant.

Au contraire, une Déclaration du Roi du 13 Septembre 1572, rapportée par Descorbiac, *pag.* 4, donne ce droit aux Présidents du Présidial.

Mais ces lettres ne doivent être ouvertes qu'en présence de la Compagnie assemblée. L'article 45 de l'Arrêt du Conseil du 23 Juin 1750, servant de Réglement pour Rennes, porte que tous les paquets, lettres de la Cour, & autres adressées au Corps du Siege, seront mise ès mains du Sénéchal, ou de celui qui présidera en son absence, pour en faire part & lecture à la Compagnie.

Un autre Arrêt du Parlement du 12 Mai 1714, pour Niort, porte que les ouvertures des paquets pour les affaires du Roi, ou ordre de la Cour, seront faites par le Lieutenant-Général; à la réserve de ceux qui seront adressés nommément au Président, ou autres Officiers du Siege.

25. 7°. Les harangues des rentrées à l'ouverture du Palais, doivent être faites par les Présidents du Présidial, & en leur absence,

par le Lieutenant-Général. (Réglement de Poitiers du 2 Août 1688, *art.* 46.)

Il y a néanmoins des Sieges où les Présidents & le Lieutenant-Général, font alternativement entr'eux les ouvertures & clôtures des Audiences. (Réglement du 16 Mars 1705, pour Autun, *art.* 37.) A Orléans, les rentrées se font toujours à l'Audience du Bailliage; mais les vacations se demandent, tant au Bailliage, qu'au Présidial, ainsi qu'il a été observé ci-dessus.

CINQUIEME PARTIE.

TITRE PREMIER.

Des Greffiers.

1. LES Greffiers sont des Officiers établis dans toutes les Cours & Jurisdictions, pour écrire sous les Juges les Arrêts, Sentences, Jugements, & autres Actes qui se font en Justice; tenir registre de ceux qui se rendent à l'Audience; conserver en minutes les Jugements qui se rendent en procès par écrit; & en général pour être dépositaires de tout ce qui doit être conservé en Justice, & en délivrer des expéditions aux parties.

Il y a des Greffiers dans toutes les Jurisdictions, tant ordinaires qu'extraordinaires; & dans les Justices royales ordinaires, il y a ordinairement des Greffiers particuliers pour le criminel. Les Greffiers des Justices ordinaires, sont, ou Greffiers de Justices royales, ou Greffiers de Justice de Seigneurs. Dans plusieurs Bailliages & Sieges présidiaux, il y a aussi des Greffiers particuliers pour les causes d'appel, qui se nomment *Greffiers d'Appeaux*. Outre cela, dans les Cours & autres Jurisdictions considérables, outre les Greffiers en chef, il y a des Greffiers à la peau; d'autres pour la garde des sacs; d'autres pour la garde des minutes; d'autres pour les rapports d'Experts, appellés *Greffiers de l'écritoire*; d'autres pour les présentations; d'autres pour les affirmations de voyages, &c.

Enfin, dans plusieurs Greffes, il y a des places de Clercs, Commis, Contrôleurs, &c.

ARTICLE PREMIER.

Des fonctions des Greffiers en général.

2\. La fonction des Greffiers en général, est de recevoir & d'écrire les ordonnances, appointements & jugements prononcés par les Juges, de la même maniere qu'ils sont prononcés; comme aussi de recevoir les requêtes des parties, leurs offres, affirmations, insinuations, présentations.

Tous les actes judiciaires, soit d'instruction, ou autres, qui se font à l'Hôtel du Juge, doivent aussi être reçus & écrits par les Greffiers.

Il y a des actes que le Juge peut faire seul & par lui-même, sans le ministere du Greffier. Tels sont la plupart des actes de jurisdiction volontaire; comme de certifier, permettre, octroyer, légaliser, répondre les requêtes, *&c.* (L. *Divus*, D. *de offic. præsidis.*)

3\. Un Arrêt du Parlement de Paris, du 21 Janvier 1761, rendu contre le Lieutenant-Général de Châlons-sur-Marne, au profit des Notaires dudit lieu, ordonne que les légalisations seront données par le Lieutenant-Général seul, & en son absence, par le Lieutenant-Particulier, ou autres Conseillers, suivant l'ordre du tableau; sans qu'il soit besoin de la présence, ou signature du Greffier, lequel en aucun cas ne pourra les délivrer.

Mais quand il s'agit de matieres contentieuses, il ne peut les expédier sans le ministere du Greffier. (L. *ne in arbitris*, D. *de arbitr.* Voyez aussi Guy-Pape, *quæst.* 564.)

De même, il y a certains actes qui se font au Greffe sans le ministere du Juge. Tels sont les commissions qui se prennent au Greffe, & les appointements qui s'y reçoivent en certains cas. (Voyez l'article 10 du titre 11 de l'Ordonnance de 1667; Voyez aussi l'Ordonnance du mois de Mars 1498, *art.* 130; & celle de 1535, *chap.* 18, *art.* 5.)

Des Registres.

4\. Les Greffiers doivent avoir des registres en bonne forme, pour les différents actes qui se font en Justice : ainsi,

1°.

1°. Ils sont tenus d'avoir un registre pour les jugements, sentences, & appointements qui se rendent à l'Audience. (Ordonnance du mois de Mars 1498, *art.* 129; autre du mois de Juin 1510, *art.* 21; autre du mois d'Octobre 1535, *chap.* 18, *art.* 6.)

Et ils doivent avoir attention de mettre au net, le plus diligemment que faire se pourra, les registres des plaidoiries avec les appointements. (Ordonnance du mois d'Octobre 1535, *chap.* 3, *art.* 18.)

L'article 23 de l'Arrêt du Conseil du 23 Juin 1750, servant de Réglement pour le Présidial de Rennes, porte que le Greffier aura un plumitif chiffré, sur lequel, à chaque Audience, il portera par extrait les qualités des parties; les noms des Avocats & Procureurs; l'énoncé de chaque jugement d'Audience; les noms des Juges qui y auront assisté, & de ceux qui se seront déportés à l'endroit de chaque cause; lequel plumitif il représentera, à l'issue de l'Audience en la Chambre du Conseil, à celui qui aura présidé, pour être par lui arrêté.

5. Un Arrêt du Parlement du 13 Août 1712, rapporté au Journal des Audiences, fait défenses au Greffier de la Ville & Baronnie d'Angillon, d'écrire sur des feuilles volantes les Sentences prononcées à l'Audience, & de laisser aucun blanc dans ses registres.

Les Greffiers doivent communiquer aux Avocats & aux parties, les registres des jugements d'Audience, afin qu'ils puissent, si besoin est, corriger leurs plaidoyers dans le temps préfix; & cette communication doit être faite sans frais. (Arrêt du Parlement du 13 Mars 1604, pour Mâcon, rapporté par Joly, *pag.* 1384; Ordonnance de 1535, *chap.* 3, *art.* 17.)

6. 2°. Ils doivent avoir un registre particulier pour les productions des procès qui sont mises au Greffe, sur lequel registre, chaque Officier, soit des Sieges présidiaux, Bailliages, & autres Justices royales, même ceux des Justices subalternes, sont tenus de se charger, & de mettre leur signature à côté de l'enrégistrement du sac, ou production, qui sera rayé lorsqu'il le remettra au Greffe; & le Greffier en demeure chargé, s'il ne paroît que quelque Officier en soit chargé sur le registre, par la signature qu'il y aura apposée. (Arrêt de Réglement de la Cour du 3 Septembre 1667; Ordonnance du mois d'Octobre 1535, *chap.* 3, *art.* 13 & 28; autre du mois de Décembre 1540, *art.* 26.)

Le même article 28, du chapitre 3 de l'Ordonnance de 1535, porte que ce registre sera montré & communiqué aux parties, &

à leurs Procureurs, gratuitement & fans frais, pour fçavoir par lefdites parties, ou leurs Procureurs, fi ces productions ont été apportées, ou non.

7. 3°. Les Greffiers doivent avoir un regiftre particulier pour y enrégiftrer les Edits, Lettres-Patentes, Déclarations du Roi & Arrêts rendus en forme de Réglement, fujets à l'enrégiftrement. (Ordonnance de 1535, *chap.* 3, *art.* 29.)

4°. Ils doivent auffi avoir un regiftre pour les infinuations des donations, contrats, teftaments, fubftitutions, & autres actes fujets à infinuation. (Edit du mois de Mai 1553, *art.* 1; Ordonnance d'Orléans, *art.* 86; Arrêt de Réglement de la Cour du 10 Juillet 1665, *art.* 34.)

Ce regiftre doit être relié, & non par feuilles attachées enfemble, & figné du Greffier à la fin de chaque acte enrégiftré; il doit être cotté & paraphé fans frais par le Juge, & écrit de fuite fans aucun blanc. (Même Edit de 1553, *art.* 7; Arrêt du Parlement du 12 Avril 1661, pour le Greffe de Soiffons; Arrêt de Réglement du 10 Juillet 1665, *art.* 34.)

8. 5°. Ils doivent avoir un regiftre particulier pour les faifiés réelles. (Réglement pour les Greffiers d'Orléans du 4 Juin 1615, *art.* 12.)

Aujourd'hui, c'eft aux Commiffaires aux Saifies réelles à avoir ces regiftres, fuivant l'article 10 de l'Edit du mois de Juillet 1689.

6°. Les Greffiers qui ont les fonctions du criminel, doivent avoir des regiftres particuliers pour le criminel. (Voyez ce qui eft dit ci-après à l'article *Des Greffiers-Criminels*, n. 100.)

7°. Dans les Sieges préfidiaux, il doit y avoir des regiftres féparés pour le Bailliage & pour le Préfidial. (Arrêt du Confeil du 30 Mars 1719, pour Brives, *art.* 3.)

Ainfi, il doit y avoir au Préfidial un regiftre particulier pour l'Audience, & un autre pour la diftribution des procès du Préfidial, différent de celui du Bailliage.

9. 8°. Tous ces regiftres doivent être en bonne forme, écrits felon leur date en lettres bien lifibles (Réglement du 24 Mai 1603, pour le Préfidial de Bourg-en-Breffe, *art.* 102.)

Ils doivent auffi être cottés & paraphés par premiere & derniere. (Arrêt du Parlement du 14 Août 1617, pour Bourges, *art.* 16, rapporté par Joly, *pag.* 1031.)

Et être enfermés fous la clef, & montrés aux parties, quand il en est besoin, sans aucun frais ; à la réserve du registre des distributions des procès, qui ne doit être montré qu'aux Officiers du Siege. (Ordonnance de 1535, *chap.* 3, *art.* 12.)

9°. Les Greffiers doivent exhiber ces registres tous les ans, au commencement de Janvier, & ainsi de suite, de mois en mois, & les faire vérifier & parapher par le Président & Lieutenant du Siege, pour être par eux ordonné ce qu'il appartiendra. (Réglement du 24 Mai 1603, pour le Présidial de Bourg-en Bresse, *art.* 98.)

Des Minutes des Greffes.

10. 1°. Dans chaque Jurisdiction royale & seigneuriale, il doit y avoir dans le Palais, & autre lieu où se rend la justice, ou proche dudit lieu, un endroit sûr pour l'exercice du Greffe, dans lequel, comme dépôt public, doivent être conservées toutes les minutes & expéditions de Justice ; comme jugements, sentences, procès-verbaux, enquêtes, informations, registres, & autres actes judiciaires, auxquels les Greffiers & leurs Commis auront travaillé sous les Juges. (Ordonnance du mois de Mars 1498, *art.* 66 ; autre du 11 Février 1519, *art.* 26 ; autre du mois d'Octobre 1535, *chap.* 18, *art.* 3 ; Edit d'ampliation des Présidiaux du mois de Mars 1551, *art.* 52 ; autre du 8 Août 1579 ; Arrêt des Grands-Jours de Lyon du 29 Novembre 1596 ; autre Arrêt de Réglement de la Cour, du 14 Août 1617, pour Bourges, *art.* 10, rapporté par Joly, *pag.* 1031 ; autre du 31 Janvier 1662 ; autre du 10 Décembre 1665, *art.* 8 & 9.)

Si dans le Palais & autre lieu où se rend la justice, il n'y a pas de lieu convenable pour cette destination, il doit y en être établi aux frais des propriétaires des Greffiers. (Même Arrêt du 10 Décembre 1665, *art.* 9 ; autre du 14 Août 1617, pour Bourges, *art.* 10.)

Ou, si l'on ne peut mieux faire, il doit être loué une maison le plus près dudit lieu que faire se pourra, pour y mettre en dépôt les minutes du Greffe. (Ordonnance du mois de Septembre 1552, *art.* 14.)

11. 2°. Tous les originaux, ou minutes desdits registres, jugements, & autres actes judiciaires, doivent rester en dépôt dans le Greffe ; comme aussi toutes les productions des parties. (Arrêt

du Parlement du 12 Avril 1661, pour Soissons; autre du 31 Janvier 1662; autre du 10 Décembre 1665, *art.* 8.)

Et aussi les minutes des états de frais, comptes de tuteles, & autres minutes quelconques. (Arrêt du Conseil du 16 Mars 1705, servant de Réglement pour les Officiers du Présidial d'Autun, *art.* 29.)

Ainsi que celles des enquêtes, & de tous les autres actes qui se font par les Juges, en qualité de Commissaires-Enquêteurs-Examinateurs. (Arrêt du Parlement du 24 Juillet 1632.)

Sans qu'elles puissent être ôtées ni transportées en la maison du Greffier, ou ailleurs; ni retenues par les Juges, sous quelque prétexte que ce soit, même de changement de Greffiers. (Arrêt du 10 Décembre 1665, *art.* 8 & 9; Déclaration du Roi du 11 Février 1519, pour la Touraine, *art.* 26;) excepté dans le cas, où après avoir été attaquées de faux, il est ordonné par un jugement exprès, qu'elles seront apportées au Greffe de la jurisdiction où l'instruction du faux se poursuit.

12. Les minutes des Greffiers des Justices seigneuriales ne peuvent même être transportées dans les maisons des Seigneurs desdites Justices. (Ordonnance de Blois, *art.* 170:) le tout à peine de privation de la Justice desdits Seigneurs. (Arrêt du Parlement du 10 Décembre 1665, *art.* 8.)

A l'égard des Greffiers qui sont hors d'exercice, & qui ont retenu, eux, ou leurs héritiers, par devers eux, les registres & minutes de Sentences, & tous actes judiciaires dépendants du Greffe, il est enjoint aux Procureurs du Roi, ou Fiscaux, d'en faire une recherche exacte, des héritiers de ceux qui auront été ci-devant commis à l'exercice des Greffes, pour être, ce qui s'en pourra recouvrer, remis au lieu qui sera destiné pour l'exercice du Greffe; à la charge de l'émolument de l'expédition des actes à chacun, du temps de son exercice. (Arrêt du Parlement du 31 Janvier 1662.)

13. 3°. Les Greffes peuvent aussi servir de dépôt pour les consignations, du moins dans les endroits où il n'y a point de Receveurs de consignations en titre d'office. (Arrêt du Parlement du 29 Novembre 1650, rapporté au Journal des Audiences; autre du 30 Juillet 1663, rapporté *ibid.*;) mais il leur est défendu de prendre aucun droit pour ces sortes de consignations. (Ordonnance du mois de Mars 1498, *art.* 67; autre du mois de Novembre 1507,

art. 154; autre du mois de Décembre 1540, *art.* 33; autre du mois d'Octobre 1535, *chap.* 18, *art.* 6; Voyez aussi l'Ordonnance de 1670, *tit.* 9, *n.* 5.)

Mais dans les endroits où il y a des Receveurs des consignations en titre d'office, il n'est pas permis de faire aucune consignation aux Greffes des jurisdictions. (Edit du mois de Juin 1578.)

14. 4°. Les registres des baptêmes, mariages, & sépultures des Paroisses & Couvents, ainsi que ceux des actes de vêture & de profession religieuse, doivent être déposés aux Greffes des Bailliages & Sénéchaussées royales, & y être envoyés à la fin de chaque année, & conservés avec soin, pour y avoir recours, & en pouvoir lever des extraits dans le cas où l'on en a besoin. (Ordonnance de Blois, *art.* 181; Ordonnance de 1667, *tit.* 20, *art.* 11; Déclaration du 9 Avril 1736, *art.* 17.)

Et il en est de même des actes des consistoires. (Même Déclaration de 1736, *art.* 37.)

5°. C'est aussi dans les Greffes des Justices ordinaires que doivent être déposés les procès-verbaux dressés par ceux qui ont été pris pour Greffiers dans des commissions particulieres. (Ordonnance de 1667, *tit.* 22, *art.* 25; Voyez ce qui est dit ci-après, *n.* 156 à l'article *Des Greffiers des commissions.*)

15. Les plaintes formées par requêtes, suivant l'article 1 de l'Ordonnance de 1670, doivent aussi être déposées au Greffe, aussitôt qu'elles ont été répondues du Juge. (Arrêt du Parlement du 28 Juin 1741, pour les Greffiers d'Angoulême, *art.* 14.)

Et il en est de même des procès-verbaux des Juges : ils doivent être déposés au Greffe dans les vingt-quatre heures, suivant l'article 12 du titre 4 de l'Ordonnance de 1670.

L'Arrêt du Parlement du 10 Juillet 1665, *art.* 35, veut que tous actes qui auront été passés par les Officiers des Bailliages & Sénéchaussées, soient par eux incessamment remis au Greffe; à peine de répondre en leur propre & privé nom, des dommages & intérêts des parties.

Question. Peut-on déposer un acte au Greffe sans l'ordonnance du Juge?

Il paroît que non, ou du moins que le Greffier n'en est pas alors chargé, si ce n'est dans les cas établis par la Loi; *v. g.* pour les dépôts des registres de baptême, des Greffiers des commissions, *&c.*; ou quand il s'agit d'actes & procédures faites dans le Siege ; ou de procès-verbaux faits par quelqu'un des Juges. Mais à l'égard de tous les autres actes, ils ne peuvent être déposés au Greffe sans ordonnance du Juge.

16. * 6°. Il doit y avoir minute de tous les jugements & ordonnances qui enjoignent aux Greffiers des Juges subalternes, d'apporter, ou envoyer les grosses des informations. (Arrêt du Parlement du 28 Juin 1741, pour Angoulême, *art.* 15.)

7°. Enfin, il faut observer que les expéditions & minutes du criminel, doivent être mises en un lieu séparé du civil. (Arrêt du Parlement du 12 Avril 1661, pour Soissons.)

17. 8°. Dans le cas de changement de Greffier, soit par mort, vente, expiration de bail, ou autrement, les procès, informations, pieces déposées au Greffe ; comme pareillement les sentences, actes, liasses & registres des Greffiers, ou de leurs Clercs, ou Commis, doivent rester au Greffe pour y avoir recours ; sans pouvoir être transportés ailleurs. (Arrêt du Parlement du 10 Juillet 1665, *art.* 35 ; Ordonnance du 2 Février 1519, *art.* 26 ; Arrêt du Parlement du 14 Août 1617, pour Bourges, *art.* 10.)

Dans ce cas, il doit être fait gratuitement & sans frais un bref inventaire de toutes ces pieces, actes & registres, par le Lieutenant-Général, à la diligence du Procureur du Roi ; ou du Procureur-Fiscal, s'il s'agit d'une Justice de Seigneur. (Même Arrêt du 10 Juillet 1665, *art.* 35 ; autre du 10 Décembre 1665, *art.* 13 ; Ordonnance du mois de Décembre 1540, *art.* 31 ; autre du 11 Février 1519, *art.* 30 ; Arrêt du Parlement du 14 Août 1617, pour Bourges, *art.* 12 ; Arrêt du Conseil du 16 Mars 1705, pour Autun, *art.* 25 ; autre Arrêt du Parlement du 16 Mars 1715, rapporté au Journal des Audiences ; autre du 15 Mai 1714, pour le Comté de Pontchartrain, au titre *Du Greffier*, art. 28.)

18. La copie de cet inventaire doit être laissée, tant à celui qui entre en l'exercice du Greffe, qu'à celui qui l'a délaissé, ou à ses héritiers ; demeurant la minute dudit inventaire au Greffier. (Même Arrêt du Parlement du 10 Juillet 1665, *art.* 35 ; autre du 10 Décembre 1665, *art.* 13 ; Ordonnance du 11 Février 1519, *art.* 30 ; autre du mois de Décembre 1540, *art.* 31 ; Arrêt du Parlement du 14 Août 1617, pour Bourges, *art.* 12 ; Arrêt du Conseil du 16 Mars 1705, pour Autun, *art.* 25 ; autre Arrêt du Parlement du 16 Mars 1715, rapporté au Journal des Audiences ; autre du 15 Mai 1714, pour le Comté de Pontchartrain, titre *Du Greffier*, art. 28.)

19. Toutes les minutes du Greffe doivent être remises, par ceux qui ont quitté l'exercice du Greffe, aux Greffiers en charge. (Arrêt du Parlement du 10 Décembre 1665, *art.* 13; autre du 31 Janvier 1662; autre du 27 Juin 1716; Ordonnance de Blois, *art.* 170; Arrêt des Grands-Jours de Lyon, du 29 Novembre 1596; Arrêt du Parlement du 14 Août 1617, pour Bourges, *art.* 13;) à quoi même ils peuvent être contraints par corps, sans pouvoir retenir aucunes desdites minutes, sous prétexte d'avances de contrôle, & sans pouvoir à ce sujet exercer aucune indemnité contre les nouveaux Greffiers. (Arrêt du Parlement du 22 Juin 1717, pour le Comté de Dunois; autre du 28 Avril 1741, pour Roie; autre du 15 Mai audit an, pour le Marquisat de Maroles; autre du 1 Juillet 1745, pour la Baronnie de Preuilli en Touraine;) pour être les émoluments des expéditions & jugements reçus par les précédents Greffiers, partagés pendant dix ans seulement, à compter du jour du bail expiré; sçavoir, moitié à l'ancien, & l'autre moitié au Greffier titulaire. (Arrêt du Parlement du 10 Juillet 1665, *art.* 35; autre du 10 Décembre 1665, *art.* 13; autre du 14 Août 1617, pour Bourges, *art.* 13; autre du 27 Juin 1716; autre du 15 Mai 1714, pour le Comté de Pontchartrain, titre *Du Greffier*, art. 28.)

20. Le même Arrêt du Parlement du 10 Décembre 1665, *art.* 13, porte que tous ceux qui se rendront à l'avenir Fermiers des Greffes, ou qui seront pourvus de charges de Greffiers, ne pourront l'être, qu'à condition de laisser l'exercice libre du Greffe à ceux qui leur succéderont; sans pouvoir prétendre aucune part aux émoluments, sinon ladite moitié d'émoluments & grosses d'expéditions pendant dix ans.

9°. Les Greffes des jurisdictions royales ont été aliénés du domaine du Roi, & appartiennent à des particuliers par engagement. Ces particuliers, qui en sont ainsi propriétaires, peuvent, ou les exercer en personne, ou y commettre les personnes qu'ils jugent à propos pour les exercer, moyennant le traité qu'ils font avec ces commis.

Les Seigneurs sont aussi propriétaires de leurs Greffes, & peuvent les affermer, ou en accorder l'exercice gratuitement.

A l'égard des Greffes des Cours souveraines, ils ne s'afferment point; & les Greffiers de ces Cours doivent exercer leurs offices en personne. (Ordonnance de 1535, *chap.* 3, *n.* 9.)

Quoique les autres Greffes puissent être donnés à ferme, ainsi qu'on vient de l'observer, néanmoins ils ne peuvent être soubaillés. (Ordonnance du mois de Décembre 1540, *art.* 34.)

Suite des fonctions des Greffiers en général.

21. 1°. Les Juges, pour tous les actes & expéditions de justice qu'ils font, sont tenus de se servir des Greffiers du Siege, & ne peuvent se servir d'autres personnes. (Arrêt du Parlement du 8 Juin 1619, pour Moulins, *art.* 22, rapporté par Joly, *pag.* 1042; autre du 7 Août 1654, pour Loudun, qui ajoute, à peine de faux, nullité, amende, *&c.*)

Même quand il s'agit d'enquêtes & autres instructions, qui sont de la fonction de Commissaire-Enquêteur-Examinateur. (Ordonnance du mois de Mai 1517; autre du mois d'Avril 1538; autre du mois de Juin 1539; & c'est aussi la disposition de l'Arrêt du Parlement du 12 Avril 1661, rendu pour Soissons, qui porte que les Juges seront tenus d'appeller les Greffiers à toutes les informations, enquêtes, interrogatoires, scellés, levées d'iceux, comptes, visites, ordres & distributions de deniers, liquidation de frais, dommages & intérêts, inventaires, partages, & tous autres actes concernant les fonctions de Commissaires-Examinateurs; & de leur laisser les minutes, pour en être par lesdits Greffiers délivré des grosses aux parties; sans que lesdits Commissaires-Examinateurs puissent faire aucun acte seuls, sans le ministere desdits Greffiers.)

22. Et il en est de même pour toutes les commissions qui sont adressées auxdits Juges. (Même Arrêt du 12 Avril 1661, pour Soissons; autre du Parlement de Toulouse du 1 Avril 1626, pour Carcassonne, rapporté par Descorbiac, *tit.* 20, *chap.* 4, *pag* 694; Arrêt du Conseil du 24 Novembre 1703, rapporté au Recueil des Réglemens de Justice, *tom.* 2, *pag.* 114; Voyez ci-après, *n.* 156.)

Il y a néanmoins quelques cas où le Juge peut commettre un Greffier; *v. g.* dans le cas où le Greffier, ni aucun de ses Commis ne seroient pas présents sur le lieu; & autres cas de nécessité. (Voyez ce que j'ai dit à ce sujet dans mon Taité de la Justice Criminelle, *tom.* 3, au titre *De l'Instruction criminelle*, part. 3, liv. 3, tit. 2, n. 98; & ce qui a été dit ci-dessus au titre *Des devoirs, fonctions & droits des Juges*, part. 2, tit. 3, n. 95.)

Il faut seulement observer que les Juges ne peuvent commettre pour

pour Greffiers leurs domestiques, ni leurs parents; & que les Greffiers qui sont ainsi commis, doivent prêter serment; à peine de nullité. (Arrêt du 28 Mai 1696, contre le Lieutenant de la Maréchaussée de Lyon, qui avoit oublié, ou négligé cette formalité; autre Arrêt du 29 Septembre 1711, contre le Juge de Dampierre.)

23. 2°. Il est défendu aux Greffiers de recevoir aucuns contrats & actes volontaires, même par forme de jugement. (Arrêt du Parlement du 3 Décembre 1569, en faveur des Notaires du Châtelet de Paris, rapporté au Recueil des Chartres desdits Notaires par Leveque, *chap.* 3, *pag.* 282; & suivant un autre du 3 Mai 1584, en faveur des autres Notaires, rapporté *ibid;* autre Arrêt du 31 Mars 1640, contre un Greffier du Châtelet de Paris, rapporté *ibid.*, pag. 298; autre du 13 Juillet 1658, qui fait défenses aux Greffiers de l'Ecritoire de faire aucuns actes de partage, jetter au lot, ni entreprendre sur la fonction des Notaires; Voyez *ibid.*, chap. 14, pag. 745; autre du 22 Décembre 1623, contre le Greffier de la Justice de Sainte-Genevieve, rapporté *ibid.* chap. 11, pag. 675.)

24. 3°. Il est pareillement défendu aux Greffiers d'expédier, ou faire expédier en leur nom, aucunes Lettres de Chancellerie, qui doivent être expédiées dans les Chancelleries des Cours, ou dans celles des Sieges présidiaux; soit en premiere instance, soit en cause d'appel. (Déclaration du 16 Mars 1576.)

4°. Les Greffiers doivent se recuser dans les causes où ils ont intérêt. (Arrêt du Parlement de Provence du 13 Mars 1665, rapporté par Boniface, *tom.* 4, *liv.* 10, *tit.* 2, *chap.* 5.)

Ils peuvent aussi être récusés dans les causes de leurs parents & alliés. (Voyez ce qui a été dit ci-dessus au titre *De la compétence des Juges en général*, tom. 1, part. 2, tit. 2, n. 283.)

25. 5°. Les Greffiers, tant civils que criminels, peuvent se servir de Commis, & substituer d'autres personnes à leur place; mais alors ils en sont civilement responsables. (Ordonnance de 1498, *art.* 129; Arrêt du Parlement de Toulouse de l'année 1507, rapporté par Papon, *liv.* 6, *tit.* 6, *n.* 1; Ordonnance d'Orléans, *art.* 78.)

Mais les Greffiers royaux ne peuvent commettre dans les Justices seigneuriales de leur ressort; parce que celles-ci sont patrimoniales, & qu'elles ont leurs Greffiers particuliers. (Arrêt du

Parlement de Provence du 14 Avril 1657, rapporté par Boniface, *tom.* 1, *liv.* 1, *tit.* 32, *n.* 1.)

ARTICLE II.

Devoirs généraux des Greffiers dans leurs fonctions.

26. 1°. Les Greffiers sont tenus d'écrire les actes d'opposition qui peuvent leur être faits & requis par le Lieutenant-Général, & autres Officiers du Siege. (Réglement pour Limoges du 23 Octobre 1638, *art.* 4.)

Ils doivent aussi délivrer aux Juges tous les actes du Greffe dont ils peuvent avoir besoin, en payant l'expédition. (Arrêt du Parlement du 7 Août 1677, pour Sens.)

2°. Ils sont tenus d'écrire toutes les réquisitions que le Procureur du Roi fait à l'Audience. (Voyez ce qui a été dit ci-dessus au titre *Des fonctions, droits & devoirs des Gens du Roi*, tom. 1, part. 2, tit. 7, n. 88.)

Et aussi d'expédier tous actes à leur requête. (Voyez *ibid.*)

27. Ils doivent communiquer au Procureur du Roi le registre criminel, toutes les fois qu'il voudra en prendre communication. (Arrêt du Parlement du 7 Septembre 1660, pour Dreux; Voyez *ibid.*)

Et aussi tous leurs autres registres. (Voyez au même titre *Des fonctions, droits & devoirs des Gens du Roi*, n. 89.)

Et lui délivrer tous les actes dont il peut avoir besoin, gratuitement & sans frais. (Arrêt du Parlement du 12 Avril 1661, pour Soissons; V. aussi *ib.* au titre *Des fonctions*, &c. *des Gens du Roi*, *n.*88.)

Les Juges, ou chacun d'eux, peuvent aussi, quand besoin est, prendre communication au Greffe, de tous les registres, minutes, recueils, & autres monuments du Siege; mais sans déplacer. (Ainsi réglé pour le Lieutenant-Particulier de Compiegne, par Arrêt du Parlement du 28 Août 1758, servant de Réglement entre les Officiers dudit Siege.)

28. 3°. Les Greffiers doivent se tenir au Greffe, ou y faire tenir quelque Commis de leur part, tous les jours ouvrables, depuis huit heures du matin jusqu'à onze, & depuis deux heures après-midi jusqu'à six, pour délivrer aux parties les expéditions dont elles peuvent avoir besoin; à peine de 100 livres d'amende.

(Arrêt de Réglement du Parlement de Toulouse du 6 Avril 1743, pour les Greffiers du ressort de ladite Cour, rapporté au Recueil des Réglements du Parlement de Toulouse, *tom.* 1, *pag.* 538; Voyez aussi les Arrêts de Réglement, rendus pour le Présidial de Bordeaux, des 15 Mars & 20 Novembre 1596, *art.* 71, rapportés par Joly, *pag.* 1070;) excepté les jours de Fêtes & Dimanches; (Arrêt du Parlement du 28 Juin 1741, pour Angoulême, *art.* 1, qui dit, seulement depuis huit heures du matin jusqu'à midi; même de relevée. Voyez aussi l'Arrêt du Parlement du 12 Août 1682, pour Montdidier, qui porte que les Greffiers tiendront leurs portes ouvertes, & y auront des Clercs tous les jours depuis neuf heures du matin jusqu'à midi; & depuis deux heures de relevée jusqu'à quatre, pour expédier promptement les parties.)

29. 4°. Ils doivent être en habit décent, lorsqu'ils travaillent sous les Juges, & lors de la prononciation des sentences aux condamnés. (Arrêt du Parlement du 12 Avril 1661, pour Soissons.) Un Arrêt du Conseil du 13 Mars 1663, rendu aussi pour Soissons: dit qu'ils seront en habit noir, lorsqu'ils travailleront à l'Hôtel des Juges, sans pouvoir les obliger d'être alors en robes.

Mais à l'Audience, & dans les Assemblées & Processions publiques, ils doivent être en robes. (Même Arrêt du Conseil du 13 Mars 1663; Arrêt du Parlement du 12 Août 1682, pour Montdidier;) ainsi qu'à la Chambre du Conseil où les Juges sont eux-mêmes en robes. (Même Arrêt du Parlement du 12 Août 1682, pour Montdidier.) La Déclaration du 5 Novembre 1661, *art.* 50, porte qu'aux Audiences, Chambres du Conseil, & quand ils marcheront en cérémonie, ils seront revêtus de robes & bonnets; & que quand ils travailleront sous les Juges en leurs maisons, ils pourront se revêtir d'habits courts, noirs, ou de couleur brune, & pareillement leurs Commis.

30. 5°. Ils ne peuvent instrumenter ni expédier aucuns actes de Justice les jours de Fêtes & de Dimanches, même sous les Juges; excepté pour les affaires criminelles, lorsqu'il y a urgente nécessité. (Déclaration du Roi du 5 Novembre 1661, *art.* 43.)

6°. Il leur est défendu de signer comme témoins aucuns actes sous seing privé; à peine de nullité & de 200 livres d'amende. (Déclaration du 16 Mars 1696, *art.* 5; autre du 14 Juillet 1699, *art.* 4; autre du 20 Mars 1708; Arrêt du Conseil du 29 Décembre 1716, rapporté au Recueil des Réglements de Justice, *tom.* 1, *pag.* 384; autre du 13 Novembre 1722.)

7°. Les Greffiers répondent non-seulement de leurs fautes, mais encore de celles de leurs Commis; (Voyez ci-dessus, *n.* 25;) comme dans le cas où les sacs qui leur ont été confiés, viennent à être perdus; & alors ils sont tenus des dommages & intérêts envers les parties. (Arrêt du Parlement de Provence du 15 Mars 1674, rapporté par Boniface, *tom.* 3, *liv.* 1, *tit.* 8, *chap.* 23.)

Voyez aussi touchant la maniere dont les Greffiers répondent des procédures perdues par leur négligence, &c., ce que j'ai dit en mon Traité de la Justice Criminelle, au titre *De l'Instruction criminelle*, tom. 3, part. 3, liv. 3, tit. 2, n. 138 & suivants.

ARTICLE III.

Devoirs particuliers des Greffiers.

§. I.

Touchant les Actes en général.

31. 1°. Ils doivent faire exactement & fidélement registre de tous les jugements, ordonnances, appointements & délibérations du Siege. (Ordonnance de 1498, *art.* 109; autre de 1510, *art.* 21; autre du mois d'Octobre 1535, *chap.* 3, *art.* 6.)

Et il leur est expressément défendu de signer aucunes expéditions, ou appointements; à moins qu'ils ne soient ainsi enrégistrés. (Même Ordonnance de 1498, *art.* 129.)

Les Juges doivent avoir attention de faire rédiger promptement par les Greffiers de leurs Sieges, lesdits appointements & jugements, avant de procéder à aucuns autres actes. (Voyez le Code Henri, *liv.* 3, *tit.* 19, *art.* 24.)

2°. Les Greffiers ne peuvent recevoir aucuns appointements, ou autres actes, de leur autorité privée; & ils ne peuvent le faire que de l'avis des Juges. (Réglement du Conseil du 24 Mai 1603, pour le Présidial de Bourg-en-Bresse, *art.* 107; Voyez aussi ce qui a été dit ci-dessus, *n.* 23.)

3°. Il leur est aussi défendu de répondre aucune requête pour commission, ou autrement ; à moins qu'elle n'ait été rapportée. (Ordonnance du mois d'Avril 1446, *art.* 10 ; autre du 15 Juillet 1593, *art.* 103 ; autre du 14 Novembre 1507, *art.* 150 ; Ordonnance de 1535, *chap.* 1, *art.* 21 ; autre du mois d'Octobre 1563, *art.* 4 & 9 ; Ordonnance de Moulins, *art.* 64.)

§. II.

Touchant l'Audience.

32. 1°. Les Greffiers doivent se trouver à l'Audience de bonne heure, & avant que les Juges y arrivent. (Ordonnance du 11 Février 1519, pour la Touraine, *art.* 30 ; Ordonnance de 1535, *chap.* 3, *art.* 21 ;) & y recevoir les appointements volontaires convenus entre les Procureurs. (Déclaration du 5 Novembre 1661, *art.* 43.)

2°. Ils doivent écrire les noms des Juges qui sont présents à l'Audience. (Edit des Présidiaux du mois de Janvier 1551, *art.* 6 ; Arrêt de Réglement du 14 Août 1617, pour Bourges, *art.* 15.)

Et aussi les noms des Juges qui doivent assister au nombre de cinq aux jugements de recréance en matiere bénéficiale. (Ordonnance de 1667, *tit.* 15, *art.* 17.)

Ils doivent aussi mettre au bas de l'expédition des causes, le nom de celui qui y aura présidé. (Arrêt du Parlement du 18 Juillet 1622, pour Château-du-Loir, rapporté par Filleau, *tom.* 1, *part.* 2, *pag.* 66.)

33. 3°. Ils sont tenus de faire registre de tout ce qui se fait à l'Audience. (Arrêt du Parlement du 12 Avril 1661, pour Soissons.)

4°. Ils ne doivent, pendant le temps de l'Audience, signer aucuns actes, afin de n'être pas distraits de l'attention qu'ils doivent aux causes, & de pouvoir écouter attentivement les Avocats & Procureurs, pour mieux rédiger leurs plaidoyries, & les jugements qui seront prononcés.

5°. L'article 32 du titre 11 de l'Ordonnance de 1667, défend à tous Greffiers, en quelque Siege & matiere que ce soit, d'écrire sur leur feuille, ou dans le registre de leurs minutes, & de délivrer, collationner, ou parapher, aucun congé, ou défaut, appointement à mettre, ou en droit, Arrêt, Jugement, ou Ordonnance de requête & pieces mises ès causes d'Audience, qu'il n'ait été prononcé publiquement par le Juge ; à peine de faux, & de 100 livres d'amende.

§. III.

Touchant les Procès par écrit.

34. 1°. Toutes les productions des parties doivent passer par le Greffe, & être mises entre les mains du Greffier, qui est tenu de les enrégistrer sur le registre des productions. (Arrêt du 15 Mai 1724, pour le Comté de Pontchartrain, au titre *Du Greffier*, art. 26 ; autre du 12 Avril 1661, pour Soissons.)

2°. Il leur est enjoint de recevoir toutes les productions qui leur sont présentées, soit pour parvenir à la distribution, soit pour joindre au Rapporteur ; & de les enrégistrer sur le registre des productions, à mesure qu'elles leur seront présentées. (Arrêt du Parlement du 28 Juin 1741, pour Angoulême, *art.* 5.)

3°. Ils ne doivent recevoir aucune production après que le procès a été une fois conclu ; à moins que les parties n'obtiennent permission des Juges à cet effet. (Ordonnance du mois de Juin 1510, *art.* 30 ; autre du mois d'Octobre 1535, *chap.* 3, *art.* 14.)

35. 4°. Ils ne peuvent recevoir aucune production sans inventaire, & à moins que ces inventaires ne soient signés du Procureur de la partie qui produit ; vérifiés par le Greffier ; & paraphés, s'il y a des renvois. (Ordonnance de 1535, *chap.* 18, *art.* 14 ; & *chap.* 3, *art.* 25 ; Ordonnance du mois de Janvier 1528, *art.* 12.)

Touchant la maniere dont cet inventaire doit être conçu, Voyez ce que j'ai dit en mon Commentaire sur l'Ordonnance de 1667, *tit.* 11, *art.* 33, *note* 3, *pag.* 180.)

Il leur est aussi expressément défendu de recevoir aucune production en blanc, ni aucun inventaire dont les cottes ne soient point paraphées ; à peine de 150 livres d'amende. (Ordonnance de 1667, *tit.* 11, *art.* 33.)

5°. Ils doivent mettre en distribution les procès qui sont en état d'être jugés dans la huitaine ensuivante au plus tard. (Ordonnance du mois de mars 1498, *art.* 11 ; autre du mois de Décembre 1540, *art.* 27 ;) & il leur est défendu d'en mettre en distribution aucuns, à moins qu'ils ne soient en état d'être jugés. (Ordonnance de 1535, *chap.* 3, *art.* 15.)

36. 6°. Ils doivent se trouver en la Chambre du Conseil aux jours & heures marquées pour la distribution, & y apporter les sacs, pour être ensuite distribués à ceux qu'il appartiendra.

De même, ils sont tenus d'apporter au Parquet les procès qui doivent être communiqués aux Avocats & Procureurs du Roi, pour être ensuite distribués entr'eux. (Arrêt des Grands-Jours de Lyon, du 19 Décembre 1579, pour les Officiers du Présidial de Poitiers, rapporté par Joly, *pag.* 1253.)

7°. Il est défendu aux Greffiers, ainsi qu'à leurs Commis, de délivrer aucuns procès; à moins qu'ils n'aient été produits au Greffe, & distribués. (Arrêt du Parlement du 24 Avril 1632, pour Abbeville.)

L'article 12 de l'Ordonnance du mois de Juillet 1493, défend aussi aux Greffiers, à peine de privation de leur état, de donner aucuns procès à rapporter aux Conseillers; à moins qu'ils n'aient été distribués. (*Idem* par l'Ordonnance du mois de Novembre 1507; Voyez aussi l'Edit de Follembrai, du mois de Juillet 1552, *art.* 6; & l'Ordonnance de 1535, *chap.* 3, *art.* 16.)

37. 8°. Il leur est pareillement défendu de délivrer aux Huissiers les procès mis au Greffe, ni de les donner en communication aux Procureurs, ou autres, avant la distribution; à peine de 100 livres d'amende. (Ordonnance de 1667, *tit.* 14, *art.* 11.)

9°. Les Greffiers, ou leurs Commis, doivent porter les sacs des procès à ceux des Juges auxquels ils ont été distribués. (Code Henri, *liv.* 2, *tit.* 29, *n.* 12; Réglement pour le Présidial de Bordeaux du 15 Mars 1596, *art.* 72, rapporté par Joly, *pag.* 1065; Arrêt du Parlement de Bretagne du 14 Octobre 1561, rapporté par Dufail, *liv.* 2, *chap.* 145; autre du même Parlement du 31 Octobre 1561, rapporté *ibidem*, chap. 138, servant de Réglement entre le Greffier d'Appeaux, & le Greffier ordinaire.)

Ainsi que les nouvelles productions, lesquelles ils doivent aussi remettre aux Rapporteurs. (Code Henri, *liv.* 2, *tit.* 29, *n.* 13.)

10°. Dans le cas où un Rapporteur vient à mourir, le Greffier doit se transporter chez lui pour inventorier les sacs & procès qui sont entre ses mains, pour les faire distribuer de nouveau. (Ordonnance du mois de Décembre 1540, *art.* 32.)

38. 11°. Les Greffiers répondent des sacs qui leur sont confiés; & s'ils les perdent, ils sont tenus des dommages & intérêts des parties. (Arrêt du Parlement de Provence du 15 Mars 1674, rapporté par Boniface, *tom.* 3, *liv.* 1, *tit.* 8, *chap.* 23.)

Et s'ils disent les avoir remis aux Juges pour juger, ils en sont néanmoins responsables ; sauf leur recours contre les Juges. (Voyez Bouvot, *tom.* 2, au mot *Greffiers*, qu. 1.)

Mais ils cessent d'en être tenus après dix ans pour les procès indécis, & après cinq ans pour les procès jugés. (Voyez Papon, *liv.* 6, *tit.* 6, *n.* 8 ; & la Déclaration du 11 Décembre 1597, rapportée par Néron, *tom.* 1, *pag.* 693, avec l'Arrêt d'enrégistrement du 14 Mars 1603 ; Voyez aussi le Nouveau Réglement pour la procédure du Conseil du 28 Juin 1738, *tit.* 14, *art.* 4.)

§. IV.

Touchant les Sentences & Jugements.

39. 1°. Les Greffiers doivent avoir attention d'écrire les jugements de la maniere qu'ils ont été prononcés ; & il leur est défendu d'y ajouter, ou ôter quelque chose ; à peine de faux. (Arrêt du Parlement du 12 Août 1682, pour Montdidier.)

2°. Ils doivent les dater du jour qu'ils ont été prononcés. (Arrêt du Parlement du 10 Juillet 1665, *art.* 15.)

3°. Ils sont tenus de faire parapher dans le jour, par celui qui aura présidé, les jugements & autres actes rédigés par eux pendant l'Audience. (Arrêt du Parlement du 19 Décembre 1595, pour Tours, *art.* 19 ; Réglement du Conseil du 24 Mai 1603, *art.* 108, pour le Présidial de Bourg-en-Bresse ; Voyez aussi l'article 5 du titre 26 de l'Ordonnance de 1667.)

40. 4°. Dans les causes & procès qui sont des deux cas de l'Edit des Présidiaux, tant de premiere instance, que d'appel, ils doivent intituler les jugements & sentences du nom *des Gens tenants le Siege Présidial* ; & à l'égard des causes & procès de l'ordinaire, & hors les deux cas de l'Edit, *du nom du Bailli de la Province* ; & mettre à la fin le nom de celui qui aura prononcé. (Arrêt du Parlement du 14 Août 1617, pour Bourges, *art.* 17.)

5°. Ils ne doivent prononcer ni délivrer aucun jugement dont la minute ne soit pas signée. (Arrêt du Parlement du 17 Juin 1715, contre le Greffier de Gonesse, rapporté au Journal des Audiences ; autre Arrêt du Parlement de Toulouse du 26 Mars 1580, rapporté par Laroche-Flavin, en son Traité des Parlements, *liv.* 2, *chap.* 8 & 9, *art.* 67, qui condamne un Greffier en 60 livres d'amende, pour avoir expédié un *dictum* non signé par le Juge, quoiqu'arrêté par le Conseil.)

6°.

41. 6°. Ils doivent prononcer aux accusés les jugements de compétence, & leur en donner copie sur-le-champ; à peine de nullité, & de tous dépens, dommages & intérêts. (Ordonnance de 1670, *tit.* 2, *art.* 20.)

L'article 25 de la Déclaration du 5 Février 1731, porte que cette prononciation se fera en la Chambre du Conseil, en présence de tous les Juges, & qu'il en sera fait mention au bas de la sentence.

7°. Les dispositifs des jugements rendus à l'hôtel du Juge, doivent être écrits de la main du Greffier, ou de ses Commis. (Arrêt du Parlement du 28 Juin 1741, pour Angoulême, *art.* 29.)

Ainsi que les sentences d'entérinement de lettres de bénéfice d'inventaire, d'émancipation, & de création de curateurs. (*Ibid.*)

42. 8°. Les Greffiers doivent enrégistrer les *dictums* des sentences & jugements des procès par écrit, aussitôt que ces *dictums* leur ont été remis. (Ordonnance du 28 Octobre 1453, *art.* 17; autre du mois de Mars 1498, *art.* 99; autre du mois de Novembre 1507, *art.* 26; autre du mois d'Octobre 1535, *chap.* 12, *art.* 9.)

9°. Suivant les anciens Réglements, les Greffiers étoient tenus de prononcer aux parties les jugements rendus en procès par écrit, aussitôt que ces jugements leur avoient été remis. (Ordonnance du mois de Janvier 1629, *art.* 84;) ou du moins dans les vingt-quatre heures. (Arrêt du Parlement du 12 Avril 1661, pour Soissons.)

Mais cette formalité de la prononciation des jugements rendus en procès par écrit, a été abrogée par l'article 7 du titre 26 de l'Ordonnance de 1667.

43. 10°. Il leur est défendu d'enrégistrer aucuns *dictums* de sentences, ou autres jugements, à moins qu'ils n'aient par devers eux les sacs du procès, pour mettre le jugement dans sa forme. (Ordonnance du mois de Novembre 1507, *art.* 237; autre de 1535, *chap.* 18, *art.* 8; Arrêt de Réglement du 10 Avril 1607, pour Bourges, *art.* 17.)

11°. Il leur est aussi défendu, après que le procès a été jugé, de communiquer les productions des parties adverses. (Ordonnance de 1667, *tit.* 11, *art.* 16.)

12°. Ils doivent rendre les sacs aux Procureurs, en rapportant leur inventaire, aussitôt qu'ils ont été remis au Greffe par les Rapporteurs. (Ordonnance de 1667, *tit.* 11, *art.* 16; & *tit.* 31, *art.* 4; autre de 1535, *chap.* 3, *art.* 26.)

Et ils ne peuvent les refuser aux Procureurs, après avoir été vérifiés par le Greffier, en lui faisant apparoir par le Procureur plus diligent, d'une sommation faite aux autres Procureurs d'y assister; à peine, en cas de refus, ou de demeure, de trois livres contre le Greffier pour chacun jour, dont il sera délivré exécutoire à la partie. (Ordonnance de 1667, *tit. 31, art. 4;*) sans pouvoir contraindre les parties à lever les sentences. (Arrêt de Réglement pour les Greffiers du Bailliage d'Orléans, du 4 Juin 1615, *art. 16.*)

44. Il s'étoit introduit, à cet égard, un usage abusif dans plusieurs Sieges; & l'on trouve même au Journal des Audiences un Arrêt du 12 Avril 1661, rendu pour le Présidial de Soissons, qui fait défenses aux Greffiers de délivrer aux parties les grosses des sentences, & de rendre les productions aux parties, que les épices & vacations des Juges n'aient été payées; mais cet article 4 du titre 31 de l'Ordonnance de 1667, a remédié à cet abus.

Néanmoins Denisard, en ses Collections de Jurisprudence, au mot *Epices*, dit que cet article n'est point observé au Palais; & il cite à ce sujet, un Arrêt rendu en la Tournelle-civile le 3 Août 1735, qui semble appuyer cette opinion; mais le texte de l'Ordonnance est trop précis, pour qu'on puisse donner atteinte à sa disposition.

45. 13°. C'est aux Rapporteurs à dresser eux-mêmes le vu de la sentence, ou arrêt; (Voyez ci-dessus, *part.* 3, *tit.* 2, *n.* 74;) sinon il est permis aux Greffiers de le faire eux-mêmes. (Déclaration du 5 Novembre 1661, touchant les Greffes, *art. 42.*)

14°. Les Greffiers, ou leurs Commis, sont tenus sur toutes les expéditions, tant premieres, secondes, qu'autres, qu'ils délivreront des arrêts & sentences données sur instances, ou procès appointés, d'écrire les épices taxées sur ces sentences, & par qui elles ont été payées; & en cas qu'il n'y en ait eu, d'en faire mention au bas & à la fin des expéditions; à peine de 100 livres d'amende, *&c.* (Arrêt de Réglement du 3 Septembre 1667; Ordonnance de Roussillon, *art. 34.*)

§. V.

Touchant les Minutes.

46. 1°. Les Greffiers font tenus de figner les minutes des jugements & autres actes qui fe font dans leurs Sieges, en même-temps que chacuns defdits actes auront été faits, quoiqu'ils ne foient pas payés de leurs vacations, fans différer à les figner jufqu'après le paiement de leurs vacations. (Arrêt du Parlement du 3 Septembre 1667.)

2°. Ils doivent garder les minutes de toutes les fentences & jugements rendus en procès par écrit. (Arrêt du Parlement du 12 Avril 1661, pour Soiffons.)

Et les exécutoires, pour raifon du coût & épices de ces fentences, ne doivent point avoir lieu, fi la minute n'en eft au Greffe. (Arrêt du Parlement du 28 Juin 1741, pour Angoulême, *art. 10.*)

47. 3°. Ils doivent veiller, avec un très grand foin, à la confervation du dépôt des minutes, & des effets qui font entre leurs mains, ou dans leur Greffe; mais ils ne peuvent fe les approprier, ni les déplacer. (Arrêt du Parlement du 24 Octobre 1748, qui condamne un Greffier du Châtelet de Paris en neuf ans de galeres, & à faire amende-honorable au Parc-civil, pour avoir difpofé de quatre taffes, douze cuillieres, douze fourchettes argentées, d'une paire de boucles, d'un colier-de-grenat, & de quelqu'autres effets; & pour avoir déplacé les minutes du Greffe, qui furent trouvées chez lui lors de la levée du fcellé qui y avoit été appofé.)

§. VI.

Touchant les expéditions.

48. 1°. On ne peut agir en vertu d'une fentence, jugement, appointement, ou autre acte de juftice, à moins qu'il n'ait été mis en forme; ni les Procureurs requérir l'exécution defdits jugements & appointements, s'ils ne les ont ès mains: & en cas de contravention de la part des Procureurs, toute Audience doit leur être déniée par les Juges. (Déclaration du 5 Novembre 1661, *art. 45;* Arrêt du Parlement du 28 Juin 1741, pour Angoulême, *art. 17.*)

2°. Mais les Greffiers ne peuvent contraindre les parties à lever ces sentences, appointements & autres actes, si bon ne leur semble. (Même Déclaration de 1661, *art. 45 ;* Arrêt du Parlement du 13 Mars 1604, pour Mâcon, rapporté par Joly, *pag. 1384 ;* autre Arrêt du 12 Août 1682, pour Montdidier ; autre du 4 Juin 1615, pour les Greffes du Bailliage d'Orléans, *art. 16.*)

Ni retenir les sacs, faute de les lever. (Ordonnance de 1667, *tit. 31, art. 4.*)

Et ils doivent délivrer les actes & expéditions aux parties par journées, ainsi qu'elles les requéront ; sans pouvoir les contraindre de lever tous les actes ensemble. (Ordonnance de Blois, *art. 171 ;* Arrêt du Parlement du 26 Mai 1659, pour Troies, autre du 12 Avril 1661, pour Soissons ; autre du 12 Août 1682, pour Montdidier ; autre du 28 Juin 1741, pour Angoulême, *art. 4 ;* qui porte, que les Greffiers ne délivreront que les expéditions qui leur auront été demandées par écrit.)

49. 3°. Il y a des actes que les parties peuvent lever en bref, ou par extrait ; & d'autres qu'elles doivent lever en forme. (Voyez ce qui est dit à ce sujet, ci-après, *n. 66 & suivants.*)

4°. Toutes personnes peuvent lever des expéditions de sentences, tant de celles rendues à l'Audience, que de celles en procès par écrit ; & il n'est pas nécessaire, pour cela, d'être intéressé dans la sentence rendue ; parce que les sentences sont des actes publics ; à la différence des actes reçus par Notaires, qui, étant secrets, ne peuvent être levés que par les parties intéressées.

50. 5°. Afin que les parties puissent avoir plus prompte expédition, les Greffiers doivent avoir un banc, ou bureau au Palais, pour y recevoir & délivrer les expéditions, & ils s'y trouveront au moins une heure devant. (Ordonnance du 11 Février 1519, pour la Touraine, *art. 26 ;* Réglement de Doron du 10 Janvier 1587, pour la Prévôté d'Orléans, *art. 28 ;* Arrêt de Réglement du 14 Août 1617, pour Bourges, *art. 11,* rapporté en la Conférence des Ordonnances, *tom. 1, pag. 374 ;* Voyez aussi ce qui a été dit ci-dessus, *n. 28.*)

51. 6°. Les expéditions doivent être fidelement délivrées d'après les registres. (Ordonnance du mois de Mars 1498, *art. 130 ;* autre du mois de Novembre 1507, *art. 58 ;* autre du mois d'Octobre 1535, *chap. 18, art. 4.*)

7°. Les Greffiers ne peuvent expédier aucun jugement, que la minute n'en ait été mise au Greffe ; & il est défendu aux Procureurs, ou autres, de retirer les minutes, sous quelque prétexte que ce soit. (Arrêt du Conseil du 16 Mars 1705, servant de Réglement entre les Officiers du Présidial d'Autun, *art.* 29.)

Ni délivrer aucun jugement qui ne soit signé, ou visé des Juges. (Ordonnance de Moulins, *art.* 65; Voyez aussi ci-dessus, *n.* 40.)

52. 8°. Ils doivent délivrer les actes aux parties, dans un, ou deux jours au plus-tard, s'ils en sont requis, en les payant de leurs salaires. (Ordonnance du mois de Décembre 1540, *art.* 21.) L'Ordonnance d'Orléans, *art.* 78, dit dans trois jours au plus-tard; *idem* par Edit du mois de Décembre 1577.

Le Réglement de Bourges du 10 Avril 1607, *art.* 2 & 3, rapporté par Filleau, *tom.* 2, *pag.* 241, porte que les Greffiers seront tenus de délivrer promptement aux parties, les commissions, actes, mémoires, & autres expéditions dont ils seront requis; & que quant aux grosses expéditions, comme procès-verbaux, grosses d'enquêtes, sentences en forme, & autres matieres de grande conséquence, ils seront tenus de les délivrer aux parties, le plutôt que faire se pourra; sans que leurs Clercs puissent exiger aucune chose.

53. L'article 22 de la même Ordonnance du mois de Décembre 1540, veut qu'en cas de refus, ou de délai de la part du Greffier, de délivrer lesdites expéditions dans le temps susdit, dans la vue d'avoir quelque présent, ou don, outre le salaire accoutumé, les parties en donneront avis aux Officiers du lieu, auxquels il est enjoint très étroitement de faire punir les Greffiers qui y contreviendront.

9°. Les expéditions doivent être lisibles, & sans aucune corruption de mots.

10°. Les Greffiers, ou leurs Commis, doivent collationner sur les minutes les expéditions qu'ils délivrent aux parties, & le mot de *collationné* doit être écrit de la main de celui qui a fait la collation, & non de celui qui a écrit l'expédition; afin que s'il se trouve quelque faute dans l'expédition, on puisse punir par amende, ou autrement, le Greffier, ou son Commis. (Ordonnance de 1535, *chap.* 3, *art.* 19.)

54. 11°. Quand les Greffiers délivrent des expéditions, ils doivent en faire mention sur le registre, ou sur la minute; afin que si une autre partie vouloit ensuite lever le même acte, elle ne soit point obligée de payer d'autres frais que la seule expédition, sans

aucunes épices, ni vacations. (Arrêt de Réglement pour le Présidial de Toulouse, du 9 Mars 1575, *art. 50*, rapporté par Joly; *pag. 1021.*)

12°. Voyez ci-après, *n. 89 & suivants*, ce qui est dit touchant les Arrêts, Sentences & autres actes qui doivent être expédiées en parchemin & en papier; & aussi touchant le nombre des lignes & syllabes que doivent contenir les rôles des Sentences, jugements, & autres actes.

§. VII.

Devoirs particuliers des Greffiers touchant le Sceau des Sentences; & Contrôle.

55. 1°. Ils ne peuvent délivrer aucun jugement, ni aucune ordonnance, ou autres actes sujets au sceau, à moins qu'ils n'aient été scellés; à peine de nullité, & de 100 livres d'amende. (Edit du mois de Novembre 1696; Déclaration du 3 Septembre 1697.)

2°. Suivant la Déclaration du 10 Novembre 1699, le Greffier doit s'abstenir de sceller les actes de présentation; ceux des affirmations, actes de produit, défauts, ou congés levés aux présentations, qui ne portent aucunes condamnations; les ordonnances apposées au bas des requêtes qui seront présentées, qui ne porteront que de simples actes d'instruction; comme soit signifié, acte en jugeant; les appointements de conclusions en droit, ou à mettre, & autres de cette qualité.

56. 3°. Les Greffiers doivent, dans les minutes & expéditions des jugements, faire mention des actes sur lesquels ils sont rendus; de la date desdits actes; des Contrôleurs qui les ont contrôlés, & des jours qu'ils l'ont été; à peine d'interdiction, & de 200 livres d'amende, tant contre eux, que contre les Juges qui les signeront; & encore contre chacune des parties qui s'en serviront. (Arrêt du Conseil du 28 Octobre 1698.)

4°. Ils doivent aussi délivrer au Fermier, tous les extraits & expéditions d'arrêts, sentences, ou jugements, tant en matiere civile que criminelle, sujets aux droits réservés, dont il pourra avoir besoin, à sa premiere réquisition; à peine de 500 livres d'amende. (Arrêt du Conseil du 26 Août 1727.)

§. VIII.

Touchant les Requêtes.

57. Les Greffiers doivent remettre aux parties, les requêtes en minutes, sans frais, & en tenir registre, sans pouvoir leur en délivrer des expéditions. (Réglement de Poitiers du 2 Août 1688, *art. 7.*)

Un Arrêt du Parlement du 13 Mars 1604, rendu pour Mâcon, fait défenses au Greffier de retenir les requêtes sur lesquelles est apposée l'ordonnance du Juge, autres que celles qui concernent l'instruction du procès.

§. IX.

Touchant les Enquêtes & Commissions.

58. Les Greffiers doivent rédiger les enquêtes sous les Juges, ou Commissaires nommés à cet effet, sans pouvoir les rédiger par eux-mêmes; à peine de faux. (Réglement de Doron, du 10 Janvier 1587 pour la Prévôté d'Orléans, *art. 95.*)

Il leur est défendu de changer les dépositions des témoins, soit en les rédigeant, soit après; ni d'écrire sur leur feuille, que ce qui a été prononcé; à peine de faux.

Il leur est aussi défendu de recevoir les enquêtes faites dans les procès; à moins qu'elles ne soient signées des Commissaires qui les ont faites; à peine de faux, & de tous dommages & intérêts envers les parties. (Ordonnance de 1535, *chap. 18, art. 14.*)

59. L'article 103 de l'Ordonnance du mois de Juillet 1493, leur défend de délivrer aucune commission à quelqu'un des Conseillers, soit pour faire enquête, examen, récolement, ou exécution d'Arrêt; à moins qu'il n'ait été ainsi ordonné par la Cour.

(*Idem* par l'Ordonnance du mois de Novembre 1507, *art. 151*; & par l'Ordonnance de Moulins, *art. 64.*)

Ni en général aucune commission, si la requête n'a été rapportée au Siege. (Ordonnance de Moulins, *ibid.* art. 64.)

L'article 15 du titre 6 de l'Ordonnance de 1670, leur fait défenses de communiquer les informations & autres pieces du procès; à peine d'interdiction & d'amende.

§. X.

Touchant la distraction de Ressort.

60. La Déclaration du mois de Juin 1559, *art. 19*, leur défend de recevoir & enrégistrer aucun appointement passé de gré-à-gré, pour distraire les justiciables des Prévôtés de leur Juge naturel, pour en attribuer connoissance & jurisdiction aux Baillis & Sénéchaux; à peine de nullité & d'amende arbitraire. (*Idem* par la Déclaration du mois de Mai 1574.)

§. XI.

Touchant les Dépens.

61. Les Greffiers des Justices subalternes, tant royaux que des Seigneurs particuliers, dans lesquelles les dépens doivent être liquidés, suivant l'article 33 du titre 21 de l'Ordonnance du mois d'Avril 1667, sont tenus de remplir sur les minutes des sentences, les sommes auxquelles se trouvent monter les dépens qui auront été adjugés, en même-temps qu'ils dressent ces minutes; & il leur est fait défenses d'y laisser lesdites sommes en blanc; à peine de 500 livres d'amende & d'interdiction. (Arrêt du Conseil du 28 Août 1717.)

§. XII.

Touchant les Saisies réelles.

62. Les Greffiers des décrets, sont tenus d'enrégistrer de suite, dans un même endroit de leurs registres, les saisies réelles faites sur un même débiteur, à la requête d'un même créancier, ou de plusieurs débiteurs saisissants conjointement, lorsqu'elles leur seront apportées pour enrégistrer en même-temps; encore que lesdites saisies réelles comprennent différents corps d'héritages & biens immeubles, & qu'elles aient été faites en différents jours, par un seul procès-verbal, ou par différents procès-verbaux; & ils doivent délivrer aux opposants, lorsqu'ils en seront par eux requis, des expéditions des oppositions qu'ils auront formées auxdites saisies, pour tous les biens immeubles qui y seront compris;

pris; sans qu'ils puissent les diviser, ni obliger lesdits opposants de lever autant d'expéditions de leurs oppositions, qu'il y aura de différents corps d'héritages saisis; & ce à peine de 100 livres d'amende pour chaque contravention. (Arrêt du Parlement du 2 Août 1692, rapporté au Recueil des Réglements de Justice, *tom. 1, pag. 404.*)

§. XIII.

Touchant les Amendes, Confiscations, &c.

63. Les Greffiers sont tenus de tenir exactement registre des condamnations d'amendes prononcées au Siege. (Ordonnance de 1535, *chap. 4, art. 13.*)

Un Arrêt du Conseil du 24 Novembre 1667, leur enjoint de délivrer gratuitement & sans frais, à la premiere réquisition du Fermier des domaines du Roi, tous les trois mois, des extraits en papier signés d'eux, des décrets, ventes & adjudications faites en leurs Sieges, des biens relevant des domaines de Sa Majesté; des amendes, forfaitures, & confiscations civiles & criminelles, jugées par les Juges & Officiers des lieux; même des copies & extraits des pancartes & rôles faits pour la levée & perception des droits domaniaux, *&c.*; à peine de 1000 livres d'amende, & de répondre en leur propre & privé nom, desdits droits & amendes, avec tous dépens, dommages & intérêts.

64. Suivant une Déclaration du Roi du 21 Mars 1671, ils sont tenus de faire les extraits desdites amendes, & de les délivrer tous les Lundi de chaque semaine au Fermier des domaines, ou à ses Commis à la recette desdites amendes; & il est fait défenses aux Greffiers & Commis des Greffes, de délivrer aucuns arrêts, sentences, ou jugements, où il y aura condamnation des amendes qui doivent être consignées, qu'ils n'aient vu la quittance du Fermier, ou son Commis, & cotté sur la minute la date de la quittance, & par qui l'amende aura été payée, & fait mention d'icelle sur leur registre.

Un autre Arrêt du Conseil du 29 Avril 1738, défend aux Greffiers des Bailliages & Sieges présidiaux, d'expédier aucunes sentences & jugements sur les appellations, qu'il ne leur soit apparu de la condamnation d'amende; de laquelle ils doivent faire mention, tant sur leurs registres, que dans le vu des sentences & jugements.

§. XIV.

Touchant les Dépôts.

65. Les Greffiers doivent veiller exactement à la conservation des minutes, & des autres effets qui sont déposés en leur Greffe ; & il leur est très expressément défendu de les déplacer, & de se les approprier. (Voyez ce qui a été dit ci-dessus, *n. 46.*)

ARTICLE IV.

Des Jugements & autres Actes que les Greffiers doivent expédier en forme, ou seulement par extrait ; & de ce que ces Jugements & Actes doivent contenir.

66. 1°. Les sentences portant condamnation, soit par provision, ou autrement ; & toutes sentences diffinitives qui seront données à l'Audience, soit en cause principale, soit en cause d'appel, civile, ou criminelle, doivent être délivrées aux parties, en forme & par cahier, ou rôles. (Arrêt du Parlement servant de Réglement pour les Greffes d'Orléans, du 4 Juin 1615, *art. 7.*)

Et ils ne peuvent être contraints de délivrer à l'une ni à l'autre des parties, lesdites sentences portant condamnation, soit par provision, ou autrement, & toutes sentences diffinitives rendues à l'Audience, sinon en forme : sauf les sentences données par jugement dernier, qui pourront être levées par les condamnés, par extrait, qui ne contiendra que la qualité des parties & l'ordonnance du Juge, & mises en cahier, & payées par rôles. (Même Arrêt de Réglement de 1615, *art. 10* ; Déclaration du 5 Novembre 1661, *art. 46.*)

67. 2°. Toutes sentences données par écrit sur les productions d'une, ou plusieurs parties, soit en cause principale, ou d'appel, civiles, ou criminelles, doivent aussi être délivrées par les Greffiers, en forme, ou en cahier, à la partie qui les a obtenues, & qui voudra les lever, sur le *dictum* & vu de pieces qui aura été dressé par le Rapporteur du procès, signé des Juges, & mis au Greffe. (Même Réglement de 1615, *art. 19.*)

Néanmoins les condamnés peuvent lever lesdites sentences en procès par écrit, par extrait, qui ne contiendra, avec les qualités des parties & ordonnance du Juge, que ces mots : *Vu les productions des parties réglées par inventaire*, si toutes ont produit, ou la déclaration de ceux qui n'auront produit & en auront été forclos ; & ledit extrait doit être mis en cahier, & payé par rôle. (*Ibidem*, art. 9.)

L'Ordonnance de 1667, renferme à ce sujet une disposition plus générale, à l'égard des procès par écrit dont il y a appel. Elle porte, que dans la huitaine de l'échéance de l'assignation pour comparoir sur l'appel, l'intimé sera tenu de fournir & mettre au Greffe la sentence en forme, ou par extrait, à son choix; & qu'à faute de ce faire dans ledit temps, l'appellant, sans commandement ni signification préalable, pourra lever la sentence par extrait, aux frais & dépens de l'intimé, dont il sera délivré exécutoire. (Ordonnance de 1667, *tit.* 18, *art.* 18.)

68. 3°. Ceux qui sont reçus à faire cession, ou abandonnement de biens, peuvent lever la sentence qui les reçoit au bénéfice de cession ; & dans ce cas le Greffier est tenu de la leur délivrer par extrait, qui ne contiendra que les qualités & l'ordonnance du Juge, dont les Greffiers seront payés par rôles. (Même Réglement du 4 Juin 1615, pour Orléans, *art.* 14.)

4°. Les sentences d'enthérinement de Lettres de bénéfice d'inventaire, bénéfice d'âge, curatele, vérification de criées, & autres de cette qualité, doivent être délivrées sur de simples qualités, & dires fournis par les Procureurs. (Réglement du Présidial de Poitiers du 17 Juin 1719, *art.* 7.)

69. 5°. Les appointements donnés par les Juges qui portent assignation, ensemble les appointements de conclusion en procès par écrit; les défauts & congés donnés à tour de rôle, ou à l'Audience, à mettre par devers les Juges; appointements de produire, ou à mettre pieces; appointements de bailler faits & informer; renvois aux requêtes, ou ailleurs; & autres semblables qui seront donnés par les Juges en instruction de procès sur la contestation des parties, ou de leurs Procureurs, doivent être délivrés par les Greffiers par extrait, qui ne contiendra que la qualité des parties & l'ordonnance du Juge ; & il doit être payé au Greffier, pour chacun desdits appointements, cinq sols huit deniers parisis. (Réglement de 1615, pour les Greffiers d'Orléans, *art.* 2; Edit du mois de Juin 1627.)

70. Mais s'il est besoin aux parties d'avoir lesdits appointements en forme portant commandement, contrainte, ou commission, lesdits

Greffiers doivent avoir, pour chaque commandement, douze sols parisis. (Même Arrêt de 1615, pour Orléans, *art.* 3.)

Comme aussi si lesdits appointements à mettre, produire, bailler causes d'appel, bailler faits & informer, renvois aux requêtes, ou ailleurs, sont donnés à l'Audience sur la plaidoirie des Avocats, les Greffiers auront pour chacun desdits appointements, seize sols parisis; pourvu qu'ils y inserent sommairement la contestation des parties. (*Ibid.* art. 4.)

71. Et où les parties, en plaidant, mettroient aucun fait en avant, sur lesquels elles fussent réglées à amener témoins, pour être ouis sommairement, lesdits faits seront succintement narrés par l'appointement que les Greffiers doivent délivrer par extrait, qui contiendra la qualité des parties, lesdits faits sommairement narrés, & l'ordonnance du Juge; sans y insérer le surplus du plaidoier des parties, ou leur conseil; & seront lesdits Greffiers payés desdits appointements, à raison de quinze sols parisis, pour rôle de cahier de parchemin, chacune page, lequel rôle contiendra vingt-huit lignes, & chaque ligne quatorze sillabes. (*Ibidem*, art. 5.)

72. Comme aussi dans le cas où les parties, ou leur conseil, feront de nouvelles offres en jugement, révocation, désistement, ou autres déclarations qui n'aient point été auparavant signifiées; ou si en jugement, il est fait aucuns interrogatoires auxdites parties, lesdits Greffiers sont tenus de délivrer par extrait, l'appointement qui aura été sur ce donné, qui contiendra, avec la qualité desdites parties & ordonnance du Juge, un narré succint desdites offres, révocations, désistement, ou autres déclarations non signifiées auparavant, ou interrogatoires faits en jugement; pourvu, & non autrement, que les parties, ou l'une d'entre elles, en aient requis lettres lors de la plaidoirie, ou que d'office le Juge l'ait ordonné; sans que lesdits Greffiers, audit cas, puissent insérer pour lesdits appointements, le surplus des plaidoiers des parties, ou leur conseil; lesquels appointements doivent être délivrés par extraits, contenant ce que dessus, mis en cahier, encore qu'ils ne soient donnés qu'en instruction de cause; & les Greffiers seront payés desdits extraits, à raison du taux ci-dessus réglé pour rôle & cahier, contenant les lignes & sillabes que dessus. (Même Réglement du 4 Juin 1615, *art.* 6.)

73. 6°. Les Greffiers doivent expédier les sentences & jugements rendus à l'Audience, sur les qualités & conclusions des demandes

qui leur seront fournies par les Procureurs des parties, ou l'un d'eux; & s'il y a eu quelqu'offres faites, ils en feront mention; & ils peuvent dans les sentences diffinitives, inférer sommairement les plaidoiers des parties & de leur conseil, qu'ils auront écrits sur le plumitif, sans obliger les parties de leur fournir par écrit leurs plaidoyers. (Arrêt de Réglement du 4 Juin 1615, pour les Greffes d'Orléans, *art.* 7; Ordonnance de Louis XII du mois de Mars 1498, *art.* 101; Déclaration du 5 Novembre 1661, *art.* 42; Arrêt du Parlement du 3 Septembre 1667, rapporté au Recueil des Réglements de Justice, *tom.* 1, *pag.* 149; autre Arrêt du Parlement du 12 Août 1682, pour Montdidier, qui porte, qu'il ne pourront mettre dans les sentences d'Audience, que les moyens plaidés, qui seront signés de la partie, ou de son Procureur; autre Arrêt de Réglement du 15 Mai 1714, pour le Comté de Pontchartrain, titre *Du Greffier*, art. 3.)

Les Greffiers peuvent néanmoins inférer dans ses jugements d'Audience, que l'appellant par les moyens par lui plaidés, a conclu au mal jugé, & en réformant qu'il soit dit, *&c.*; & que par l'intimé, il a été conclu au bien juge par les raisons aussi plaidées. (Même Arrêt de 1682, pour Montdidier.)

74. Touchant les plaidoyers qui peuvent être insérés dans les jugements d'Audience, Voyez encore l'Arrêt du 28 Mai 1669, pour le Greffe de Troies; & l'Arrêt des Grands-Jours de Clermont du 30 Janvier 1666.

7°. Dans les sentences diffinitives ou interlocutoires, rendues en procès par écrit, les Greffiers ne peuvent employer que les qualités des parties, les conclusions de leurs demandes, la clause précise & succinte du contrat sur lequel elle est fondée, les dates des ordonnances sur requêtes, appointements de réglements, les productions des parties, les contredits, si aucun ont été fournis; ou actes de sommation de produire, ou contredire; sans qu'ils puissent y employer les autres pieces qui auront été produites par lesdites parties; & lorsqu'il y aura eu sentence interlocutoire, dans laquelle l'énonciation des pieces, telles que ci-dessus, aura été faite, il ne sera fait aucune répétition desdites pieces dans le vu de la sentence diffinitive, qui sera donnée ensuite dudit interlocutoire; mais il sera seulement fait mention de ladite sentence interlocutoire, & de la qualité & date des procédures faites en exécution d'icelle. (Arrêt de Réglement du 3 Septembre 1667, rapporté au Recueil des Réglements de Justice, *tom.* 1, *pag.* 148;

autre pour le Comté de Pontchartrain du 15 Mai 1714, au titre *Du Greffier*, art. 5 ;) ensemble des demandes incidentes, si aucunes il y a, & des pieces qui serviront de fondement. (Réglement du Bailliage de Poitiers du 17 Juin 1717, *art.* 19.)

75. Et dans le vu des sentences rendues sur des appellations des pieces vues, il ne doit être énoncé aucune des pieces de l'instance principale ; mais seulement la sentence dont est appel, & sa date ; le procès sur lequel elle est intervenue en gros, sans spécifier les pieces dudit procès par le menu ; la date de l'appointement de conclusion, ou réglement ; les réponses & griefs des parties, ou actes de sommation d'en fournir. (Même Arrêt de Réglement du 3 Septembre 1667 ; Réglement de Pontchartrain du 15 Mai 1714, *ibid.* art. 6 ;) ensemble les demandes qui pourront être formées en cause d'appel, & les titres qui pourront y servir de fondement. (Réglement du Bailliage de Poitiers de 1719, *art.* 18.)

L'article 80 de l'Ordonnance d'Orléans, défend aux Greffiers d'insérer dans les sentences & arrêts, les écritures, registres, & procédures des parties ; & porte qu'ils en feront seulement mention sommaire, & qu'ils en cotteront les dates.

76. L'article 171 de l'Ordonnance de Blois, dit que les Greffiers n'y pourront insérer les écritures premieres, secondes, ou autres ; ni pareillement les reproches, contredits, ou salvations.

8°. Pareillement dans le vu des sentences sur défauts & congés, les Greffiers ne doivent employer que les qualités des parties ; la date de l'exploit d'assignation & des défauts, du jugement desquels il sera question ; en sorte que les diffinitives ne puissent contenir plus de trois rôles, & les autres qui ne le seront pas, que deux rôles, ainsi qu'il se pratique aux requêtes du Palais, de l'Hôtel, Châtelet de Paris, & autres jurisdictions. (Arrêt du 3 Septembre 1667, rapporté au Recueil des Réglements de Justice, *tom.* 1, *pag.* 149 ; Réglement de Pontchartrain du 15 Mai 1714, au titre *Du Greffier*, art. 7.)

77. 9°. Les sentences données ensuite de délibéré sur le registre, doivent être délivrées comme les sentences d'Audience, sans y mettre aucun vu d'épices ; mais après l'ordonnance du Juge qu'il en sera délibéré, il faut ajouter, *& depuis après en avoir délibéré ;* & ensuite écrire le dispositif du jugement rendu sur le délibéré. (Arrêt de Réglement du 3 Septembre 1667, rapporté au Récueil des Réglements de Justice, *tom.* 1, *pag.* 150 ; sans qu'il en puisse être délivré deux sentences ; à peine contre les Greffiers,

d'amende & d'interdiction. (Réglement de Pontchartrain de 1714, titre *Du Greffier*, art. 4.)

Dans ces cas de délibéré, il est fait défenses aux Greffiers d'expédier la sentence qui ordonne le délibéré, & celle qui a jugé le délibéré. (Ainsi jugé par Arrêt du Parlement du 9 Novembre 1747, contre le Greffier de la Justice de Joui.)

78. 10°. Dans les sentences de certification de criées, les Greffiers ne doivent point employer par le menu les héritages & choses saisies, ni les tenants & aboutissants d'iceux; & ces sentences doivent seulement contenir, qu'en vertu du contrat, ou pouvoir qui sera daté, à la requête du créancier qui sera nommé, faute de paiement de la somme désignée dans l'exploit de saisie, les fonds, héritages, ou choses comprises en icelle, ont été saisies réellement, & Commissaire établi en iceux; les jours que les criées auront été faites; les noms des Huissiers qui les auront faites, & en quelles Paroisses; que le rapport en a été fait par le Rapporteur des criées en présence de cinq Avocats & cinq Procureurs du Siege qui seront nommés; & que par leur avis lesdites criées s'étant trouvées bien faites, le Juge les a certifiées, sans mettre autre discours en ladite sentence: ensuite dequoi le Greffier de la Justice en laquelle le décret se poursuivra, doit délivrer commission pour faire appeller le saisi, à l'effet de donner ses moyens de nullité, & les opposants les causes de leurs oppositions. (Arrêt de Réglement du 3 Septembre 1667, *art.* 15, rapporté au Recueil des Réglements de Justice, *tom.* 1, *pag.* 150; autre Arrêt pour Montdidier du 12 Août 1682, qui ajoute, sans que les Greffiers puissent insérer la déclaration des immeubles, ni mettre rien de superflu.)

79. 11°. Pareillement dans les sentences de congé d'adjuger, les Greffiers doivent insérer seulement les qualités des parties, & les dates de la sentence de certification; de la commission pour assigner la partie saisie; pour donner moyen de nullités; de l'appointement de réglement, production, & contredits des parties, si elles ont produit & contredit; & de l'acte de sommation de ce faire: & si elles sont par défaut, il sera seulement fait mention des dates du défaut, & de la demande sur le profit d'icelui; en sorte que la sentence par défaut ne pourra excéder le nombre de trois rôles. (Même Arrêt du 3 Septembre 1667, *art.* 16, rapporté au Recueil des Réglements de Justice, *tom.* 1, *pag.* 151; Réglement de Pontchartrain de 1714, titre *Du Greffier*, art. 9.)

12°. Lesdits Greffiers, ou leur Commis, doivent publier à l'Audience la premiere enchere, (appellés en aucuns Sieges du ressort *placard*,) des choses saisies, qui aura été faite par les Procureurs des poursuivants; & mettre au bas leur certificat de ladite publication, pour lequel il ne prendront que dix sols; & il ne doit être fait par eux aucune expédition de ladite enchere, ou placard. (Article 17 du même Arrêt du 3 Septembre 1667, rapporté *ibid.* au Recueil des Réglements de Justice, *tom.* 1, *pag.* 151.)

80. 13°. Ils ne doivent expédier aucunes sentences pour les remises qui seront faites pour l'adjudication; mais l'acte de la remise doit être dressé par le Greffier sommairement, & par lui délivré au Procureur poursuivant, pour lequel ne sera pris par les Greffiers que sept sols six deniers, tant pour son exécution, que pour son expédition. (Même Réglement du 3 Septembre 1667, *art.* 18, rapporté *ibid.*, pag. 151; Réglement de Pontchartrain de 1714, titre *Du Greffier*, art. 11.)

81. 14°. Dans les sentences d'adjudication par décret, le Greffier doit insérer seulement la saisie réelle; à la requête de qui, & sur qui elle a été faite; l'élection du domicile; l'établissement de Commissaire; la somme pour laquelle elle a été faite; les extraits des procès-verbaux des criées; les Paroisses où elles ont été faites; les témoins qui y auront été présents; les oppositions, si aucunes y ont été formées, soit à fin de charge, ou de distraire; les choses saisies par le menu; la sentence de congé d'adjuger, soit qu'elle soit intervenue par défaut, ou contradictoirement; l'enchere, ou placard des choses enchéries, qui ne doivent point être répétées; mais seulement s'il y a quelque diminution, distraction, ou charge, il en sera fait mention, & des sentences qui les auront ordonnées, ensemble des publications qui auront été faites dudit placard, ou enchere, & des jours de remises, même des encheres qui auront été faites lors d'icelles: & s'il survient quelques contestations, oppositions, sentences, ou arrêts, qui retardent, ou confirment le décret, il en sera aussi fait mention, comme pareillement des encheres qui auront été faites lors de l'adjudication; le tout succintement; & dans ledit décret, il doit être fait mention de ce qui sera adjugé par le menu, tenants & aboutissants. Mais quand il y a plusieurs choses saisies adjugées sous différents prix à plusieurs adjudicataires, si chacun d'eux desire avoir une expédition séparée dudit décret, il ne sera fait mention dans le décret délivré à chacun adjudicataire, que des choses

choses qui lui auront été adjugées, tant à l'endroit où la saisie sera référée, que par l'adjudication; & ne prendra le Greffier qui expédiera le décret, pour chacun rôle, que comme pour la sentence. (Même Arrêt du 3 Septembre 1667, *art.* 19, rapporté au Recueil des Réglements de Justice, *tom.* 1, *pag.* 151; *idem* par le Réglement de Pontchartrain de l'année 1714, titre *Du Greffier*, art. 12; & par le Réglement du Bailliage de Poitiers du 17 Juin 1719, *art.* 20.)

82. L'article 85 de l'Ordonnance du mois d'Août 1539, porte que dans les arrêts, ou sentences d'adjudication par décret, les Greffiers n'inséreront point les exploits des criées, ni les autres pieces, qui auparavant avoient accoutumé d'y être insérées; mais qu'il sera seulement fait un récit sommaire des pieces nécessaires, comme il se doit faire aux arrêts & sentences données en autre matiere.

L'article 11 du Réglement du 4 Juin 1615, rendu pour le Bailliage d'Orléans, porte que les Greffiers, lorsqu'ils délivreront les décrets en forme, seront tenus, s'ils en sont requis, d'ajouter au bas du décret la date du jour que l'adjudicataire aura rapporté la quittance de la consignation du prix de l'héritage vendu, avec la date de la sentence de distribution de deniers, sans autre salaire que celui qui est ordonné pour les rôles de parchemin; sans pouvoir insérer audit décret, les actes entiers du rapport de ladite quittance, ni de la sentence de distribution, s'ils n'en sont requis par les parties.

83. 15°. A l'égard des expéditions des décrets volontaires pour purger des hypotheques, il en doit être usé de la même maniere que pour les décrets forcés : le contrat d'acquisition n'y doit être mentionné, mais seulement daté, & il doit seulement y être fait mention que l'héritage est saisi & décrété sur la partie saisie, comme l'ayant acquis de son vendeur; & le Greffier ne doit prendre pour l'expédition desdits décrets volontaires, plus grande somme que comme pour une sentence, & à proportion des rôles dont il mettra son reçu. (Arrêt du Parlement du 3 Septembre 1667, *art.* 21; Réglement de Pontchartrain, de l'année 1714, titre *Du Greffier*, art. 13; Réglement du Bailliage de Poitiers du 17 Juin 1719, *art.* 21.)

Le Greffier ne peut délivrer le décret qu'il n'ait été scellé; & à cette fin, il doit faire diligence de le porter au scelleur, qui le gardera vingt-quatre heures avant de le sceller, pour recevoir, pendant ce temps, les oppositions qui surviendront; après lequel temps le décret sera retiré du scelleur, & délivré à l'adjudicataire par le Greffier, qui fera mention sur son regiftre du jour qu'il aura mis ledit décret au sceau, du temps qu'il y aura été, & du temps que le scelleur le lui aura délivré; ensemble du temps auquel il l'aura délivré à l'adjudicataire, dont il donnera son certificat au Procureur du poursuivant, s'il en est requis. (Réglement de Pontchartrain, *ibid.* art. 14.)

84. Il faut aussi observer que le Greffier doit délivrer au poursuivant criées, un extrait de l'adjudication pour la poursuite de l'ordre, sans l'obliger de lever l'expédition entiere du décret. (Arrêt des Grands-Jours de Clermont, du 30 Janvier 1666, rapporté au Recueil des Arrêts desdits Grands-Jours, *pag.* 256.)

C'est à l'adjudicataire à fournir au poursuivant l'ordre, la copie signée du décret. (Arrêt du Parlement du 7 Septembre 1639, rapporté par Héricourt en son Traité de la Vente des Immeubles par décret, *pag.* 316.)

16°. Dans le vu des sentences d'ordre & distribution de prix, les Greffiers ne doivent employer autre chose que les noms des poursuivants, opposants, dates des Réglements intervenus en l'instance, les causes d'oppositions, productions & contredits desdits poursuivants qui en auront fourni, ou les actes de sommation de ce faire par ceux qui n'y auront pas satisfait; sans faire mention, ni référer par le menu, les contrats & pieces produites & moyens contenus dans lesdits inventaires, productions & contredits. (Même Arrêt du 3 Septembre 1667, *art.* 22; Réglement de Pontchartrain, *ibid.* art. 16; Réglement du Bailliage de Poitiers du 17 Juin 1719, *art.* 22.)

85. Les Greffiers, ou leur Commis, doivent délivrer deux grosses de la sentence d'ordre, qui seront délivrées, l'une au poursuivant, & l'autre au Receveur des consignations; pour lesquelles il leur sera taxé sur le prix, comme pour celles des autres sentences, sans pouvoir prétendre plus grande somme, pour quelque cause, & sous quelque prétexte que ce soit. (Même Arrêt du 3 Septembre 1667, *art.* 29; Réglement de Pontchartrain, *ibidem*, art. 17.)

17°. Dans les sentences de séparation obtenues par les femmes contre leurs maris, les Greffiers ne doivent mettre que les qualités des parties & conclusions de la demande, soit pour la séparation de biens, ou restitution de dot; la date du contrat de mariage & réglement sur la demande ; les productions des parties, si aucunes y a, ou actes de produit de la part de celui qui y aura satisfait ; & rien davantage. (Même Arrêt du 3 Septembre 1667, *art.* 31 ; Réglement de Pontchartrain, *ibid.*, art. 8 ; Réglement du Bailliage de Poitiers de 1719, *art.* 23.)

86. 18°. Dans les sentences de compétence des Prévôts des Maréchaux, lesdits Greffiers ne pourront employer que les dates des plaintes & informations sur lesquelles la compétence aura été jugée, & les autres procédures criminelles qui y auront été jointes, l'interrogatoire & réponses des accusés, même celles par eux faites sur la sellete, & conclusions du Procureur du Roi. (Même Réglement du 3 Septembre 1667, *art.* 32 ; Réglement de Poitiers de 1719, *art.* 23.)

19°. Les baux judiciaires doivent être expédiés, suivant l'Arrêt des Grands-Jours de Clermont du 30 Janvier 1666, après trois remises & publications. Et si par quelque traverse, ou autre raison, il y en avoit davantage, il n'en sera énoncé dans lesdits baux plus grand nombre que de trois ; desquelles remises il ne doit être expédié aucunes sentences, mais elles seront déclarées par actes & significations, qui seront faites à la diligence du Commissaire, ou de la partie qui aura poursuivi le bail. (Arrêt du 3 Septembre 1667, *art.* 33.)

87. 20°. Dans les sentences de devoirs féodaux & censuels, les Greffiers ne doivent point insérer au long les titres, terriers, ni les procédures inutiles. (Arrêt des Grands-Jours de Clermont du 10 Janvier 1666, au Recueil desdits Arrêts, *in*-4°., *pag.* 256.)

21°. Dans les grosses des appointements de contestation & autres actes d'instruction, le Greffier ne peut employer aucun dire. (Réglement du Bailliage de Poitiers du 17 Juin 1719, *art.* 27.)

22°. L'article 80 de l'Ordonnance d'Orléans, défend en général à tous Greffiers d'insérer dans les sentences & arrêts, les écritures, registres & procédures d'entre les parties ; & ajoute qu'ils en feront seulement mention sommaire, & cotteront les dattes.

23°. Les Greffiers ne peuvent dans les sentences, jugements & autres actes qu'ils expédient, donner d'autres qualités aux Juges, que celles qui leur seront données par lesdits Juges. (Arrêt du 12 Août 1682, pour Montdidier.)

88. 24°. Ils sont tenus de mettre au bas des sentences & jugements en parchemin, qui doivent être mis à exécution, la commission

ſuivante : » Mandons au premier Sergent royal, de faire pour » l'exécution des préſentes, tous exploits, commandements & » contraintes néceſſaires ; de ce faire, lui donnons pouvoir. » Fait leſdits jour & an. (Même Arrêt de 1681, pour Montdidier.)

Le Réglement du Bailliage de Poitiers du 17 Juin 1719, *art.* 34, porte que les ſentences de la Sénéchauſſée, portant profit, ſeront intitulées ſuccintement ſous le nom du Grand Sénéchal, avec un mandement aux Sergents, qui ne pourra contenir que ces mots : » Si donnons en mandement au premier notre » Huiſſier, ou Sergent royal ſur ce requis, de mettre ces préſentes » à exécution. »

Ils doivent mettre ſeulement dans les ſentences diffinitives, ſur pieces vues, & non ſur les interlocutoires, ni ſur les jugements d'Audience, après la ſignature des Juges : » En témoin de » quoi, nous avons fait mettre le ſcel dudit Bailliage, (ou de la » Prévôté) à ces préſentes, ſans y pouvoir rien ajouter. (*Ibidem.*)

ARTICLE V.

Des Sentences, Jugements, & autres Actes qui s'expédient en parchemin, & de ceux qui s'expédient en papier ; avec le nombre des lignes & ſyllabes qu'ils doivent contenir. (a)

§. I.

Des Actes qui ſe délivrent en parchemin.

89. 1°. Les Arrêts des Cours de Parlement, Chambres des Comptes, & Cours des Aides, tant diffinitifs, qu'interlocutoires, proviſionnels, préparatoires, ou inſtructifs d'inſtance, tant en ma-

(a) Les anciennes Ordonnances ſont entrées dans un ſi grand détail à cet égard, qu'on trouve dans le vieux ſtyle du Parlement, pour les Greffiers & Notaires, un Réglement, *part.* 8, *tit.* 14, qui ordonne que l'on comptera les lettres, & que chaque ligne contiendra ſoixante-dix lettres : » *Salarium moderatum percipient, ſcilicet de tribus lineis, qualibet earum 70 litteras continente,* » *unum denarium ; quando vero prædictæ litteræ plures litteras aut minus continebunt, fiet eiſdem taxatio ſecundum numerum litterarum ante dictum, aliter non.* » Il y eſt encore défendu de ſe ſervir de termes ſuperflus : » *Verbis ſuperfluis* » *non tenentur.* »

tiere civile que criminelle, soit qu'ils soient contradictoires, par forclusion, congé, défaut à l'Audience, sur procès par écrit, ou accordés au parquet; réglements à écrire & produire; les baux judiciaires; les décrets forcés & volontaires, de licitation, ou adjudication; homologation de contrats, transactions, sentences arbitrales, actes de réception d'Officiers; les décrets de prise-de-corps, d'ajournement personnel, & d'assigné pour être ouis; les défauts levés au Greffe & aux présentations en matiere civile & criminelle, les exécutoires de dépens, d'apport de procès, conduite de prisonniers; & enfin tous les Arrêts & Ordonnances desdites Cours, & actes dont il reste minute aux Greffes d'icelles; doivent être expédiés en parchemin d'un seul volume, dont la page contiendra vingt-deux lignes, & quinze syllabes à la ligne, une ligne compensant l'autre ligne. (Déclaration du 19 Juin 1691, *art.* 1; *idem* par l'Arrêt du Parlement du 27 Juin 1664, rapporté au Journal des Audiences.)

90. 2°. Les Arrêts qui contiendront au-delà de vingt-six lignes, & de vingt-huit syllabes à la ligne, doivent être mis en rôles & feuilles de parchemin, avec défenses aux Greffiers de les mettre en quarts. (Même Déclaration du 19 Juin 1691, *art.* 2.)

Ce même article enjoint aux Procureurs desdites Cours, de régler les qualités des Arrêts d'Audience, dans lesquelles ils établiront celles des parties, dateront les appointements, sentences, ou actes dont sera appel, & par quels Juges ils auront été rendus.

91. 3°. Les sentences, ou jugements diffinitifs, rendus aux requêtes du Palais; celles des Bailliages & Sieges présidiaux, Elections, Greniers à sel, Prévôtés, Châtellenies, Amirautés, & autres Justices royales; & tous autres actes sujets à exécution, tant en matiere civile que criminelle, rendus à l'Audience, & sur procès par écrit, doivent être expédiés en parchemin; & à l'égard des sentences interlocutoires de provision, ou d'appointement, elles doivent être expédiées en parchemin dans les lieux où elles n'étoient expédiées avant l'Edit du mois de Mars 1673; & en papier, où elles n'étoient expédiées qu'en papier avant ledit temps, dont l'usage sera certifié par les Procureurs-Généraux, ou leurs Substituts, dans chacun desdits Sieges, ou jurisdictions, quinzaine après l'enrégistrement de ladite Déclaration du 19 Juin 1691. (Même Déclaration du 19 Juin 1691, *art.* 7 & 4.)

92. Cet article 7 ajoute cependant que les Jurisdictions Consulaires

ne doivent point être comprises au présent Réglement, & que les sentences y seront expédiées en papier, ou en parchemin, suivant leur usage; mais que les Greffiers desdites Jurisdictions, & ceux des autres Justices, doivent insérer dans leurs sentences les qualités des parties, avec mention sommaire de leurs demandes & défenses. (*Idem* par Arrêt du Parlement du 12 Avril 1661, pour Soissons. Voyez ci-après, *n.* 97.)

Lesdites sentences & jugements doivent contenir vingt-deux lignes en chaque page, & quinze syllabes à la ligne. (Arrêt du Parlement du 10 Juillet 1665, *art.* 33; autre du 3 Septembre 1667, *art.* 6; autre du 23 Janvier 1683, pour Poitiers; autre du 28 Juin 1741, pour Angoulême, *art.* 2; autre du 12 Avril 1661, pour Soissons; Réglement de Pontchartrain du 15 Mai 1714, titre *Du Greffier*, art. 2.)

93. * Mais par une autre Déclaration du Roi du 24 Juillet 1691, il semble que les Greffiers soient dispensés de s'astreindre au nombre des syllabes porté auxdits deux articles 7 & 4 de la Déclaration du 19 Juin 1691, quoique dans cette Déclaration du 24 Juillet 1691, les Greffiers n'y soient pas nommés, à cause de ces mots, & *tous autres*, portés en la même Déclaration. Le Réglement des Greffes d'Orléans de 1615, *art.* 5, exigeoit vingt-huit lignes à la page, & quatorze syllabes à la ligne.

4°. Il est de même des sentences & jugements rendus en procès par écrit; elles doivent aussi être expédiées en parchemin, & contenir vingt-deux lignes à la page, & quinze syllabes à la ligne. (Même Arrêt du 10 Juillet 1665, *art.* 33; autre du 3 Septembre 1667, *art.* 6; autre du 23 Janvier 1683, pour Montdidier; autre du 28 Juin 1741, pour Angoulême, *art.* 2; Réglement de Pontchartrain, *ibid.* au titre *Du Greffier*, art. 2.)

94. 5°. Les sentences d'adjudication par décret & licitation, doivent aussi être expédiées en parchemin, & contenir vingt-deux lignes à la page, & quinze syllabes à la ligne. (Arrêt du Parlement du 10 Juillet 1665, *art.* 33; autre du 12 Août 1682, pour Montdidier; autre du 3 Septembre 1667, *art.* 19.)

6°. En général tous autres actes qui seront mis à exécution, tant en matiere civile, que criminelle, rendus à l'Audience, ou sur procès par écrit, doivent être expédiés en parchemin, & contenir vingt-deux lignes à la page, & quinze syllabes à la ligne. (Déclaration du 19 Juin 1691, *art.* 7; Arrêt du Parlement du 12 Avril 1661, pour Soissons.)

95. 7°. Les sentences de certification de criées, doivent aussi être expédiées en parchemin, & payées comme les autres sentences, au rôle qui doit contenir vingt-deux lignes à la page, & quinze syllabes à la ligne. (Arrêt du Parlement du 12 Août 1682, pour Montdidier.)

8°. Les jugements portant condamnation de 25 livres de principal & au-dessous, doivent être mis sur un placard de parchemin, pour lequel les Greffiers ne prendront que vingt-quatre sols pour leurs droits. (Réglements de Poitiers du 17 Juin 1719, *art.* 5.)

L'article 2 de l'Arrêt du Parlement du 28 Juin 1741, servant de Réglement pour le Greffier d'Angoulême, porte que les sentences qui doivent s'expédier en parchemin, & qui pourront être renfermées dans vingt-six lignes & vingt-huit syllabes, seront mises sur un quarré, ou placard de parchemin, & non en feuilles ou roles. (Voyez ci-dessus, *n.* 90.)

9°. Les sentences & autres actes qui ont été une fois levées en parchemin, si elles sont levées une seconde fois, ne doivent l'être qu'en papier. (Arrêt du Parlement du 26 Mai 1659, pour Troies; autre du 12 Avril 1661, pour Soissons; autre du 12 Août 1682, pour Montdidier; Déclaration du 5 Novembre 1661, *art.* 46.)

§. II.

Des Actes qui se délivrent en papier.

96. 1°. Les Greffiers, leurs Clercs, ou Commis, sont tenus d'écrire en papier, & non en parchemin, les baux judiciaires des revenus, ceux au rabais des réparations de biens saisis réellement, ou autres, soit qu'ils appartiennent à des majeurs, ou à des mineurs; ensemble toutes expéditions & actes qui ne vont qu'à l'instruction & ne gissent en exécution, *& tous autres dont les parties ne requeront l'expédition qu'en papier*, &c. (Arrêt de Réglement du 10 Juillet 1665, *art.* 33; autre du 15 Mai 1714, pour Pontchartrain, titre *Du Greffier*, art. 2.)

Lesdits actes & jugements ainsi délivrés en papier, doivent contenir douze lignes à la page, & huit syllabes à la ligne. (Même Arrêt du 10 Juillet 1665, *art.* 33; autre du 3 Septembre 1667, *art.* 6.)

97. 2°. Les sentences consulaires doivent être expédiées en papier, ou en parchemin, suivant l'usage des lieux; mais les Greffiers

desdites Jurisdictions, & ceux des autres Justices, sont tenus d'insérer dans les Sentences les qualités des parties, avec mention sommaire de leurs demandes & défenses. (Déclaration du 19 Juin 1691, *art.* 7.)

3°. Les sentences interlocutoires de provision, ou d'appointement, doivent aussi être expédiées en parchemin dans les lieux où elles y étoient expédiées avant l'Edit du mois de Mars 1673; & en papier, où elles n'étoient expédiées qu'en papier avant ce temps. (*Ibid.* art. 7.)

L'Arrêt de Réglement du 12 Avril 1661, pour Soissons, porte que tous les jugements & tous autres actes qui ne sont que d'instruction, seront délivrés en papier, & non en parchemin; & qu'ils contiendront vingt-deux lignes à la page, & quinze syllabes à la ligne.

98. 4°. Les enquêtes, comptes & procès-verbaux, doivent être écrits sur papier moyen, à deux sols la feuille (*in-fol. de seize pouces sur douze*,) y compris l'augmentation, dont la page contiendra vingt lignes, & la ligne douze syllabes; & pour les expéditions & autres procédures, dans lesquelles on se sert à présent de papier à seize deniers (*in*-4°., *de treize pouces & demi sur neuf*,) treize à quatorze lignes à la page, & de huit syllabes à la ligne. (Déclaration du 19 Juin 1691, *art.* 3; Arrêt de Réglement du 28 Juin 1741, pour Angoulême, *art.* 2.)

Mais le nombre de syllabes prescrit ici par la Déclaration du 19 Juin 1691, paroît avoir été révoqué par celle du 24 Juillet suivant, qui semble dispenser les Greffiers de s'astreindre à ce nombre de syllabes.

99. 5°. A l'égard des partages faits entre cohéritiers, ou copartageants, ils doivent être écrits en grand papier, de dix-huit lignes à la page, & de dix à douze syllabes à la ligne. (Arrêt de Réglement du 3 Septembre 1667, *art.* 7; autre du 28 Juin 1741, pour Angoulême, *art.* 2.)

Lorsque dans la derniere page des expéditions délivrées par les Greffiers, soit en parchemin, soit en papier, il ne se trouve pas la quantité des lignes & syllabes portées par les Réglements, les Greffiers ne doivent s'en faire payer qu'à proportion des lignes & syllabes qui s'y trouvent. (Réglement du Présidial de Troies du 24 Novembre 1651, homologué par Arrêt du 26 Mai 1659; Arrêt de Réglement pour les Greffiers d'Orléans, du 4 Juin 1615, *art.* 24.)

ARTICLE

ARTICLE VI.

Des Greffiers Criminels en particulier.

100. J'ai déja obſervé que dans les grands Sieges il y avoit ordinairement des Greffiers particuliers pour le criminel. Les fonctions de ces derniers, par rapport aux Greffiers civils, ſont établies par pluſieurs Réglements. (Voyez à ce ſujet un Réglement du 20 Juin 1635, rapporté par Deſcorbiac, *tit.* 20, *chap.* 5, *pag.* 695, rendu pour le Préſidial de Montpellier; & le Code Henri, *liv.* 2, *tit.* 29, *art.* 27 *juſqu'au* 40.) Ces fonctions ſont les mêmes que celles qui diſtinguent les Lieutenants-Criminels des Lieutenants-Civils.

§. I.

Des fonctions des Greffiers Criminels.

101. 1°. Ils ſont tenus dans toutes les Juſtices, tant royales que ſubalternes, d'avoir deux regiſtres dépoſés en leur Greffe, dont les feuillets doivent être reliés, cottés, numérotés, & paraphés par le premier Officier de la Juſtice; ſçavoir,

Un regiſtre pour y écrire tous les décrets, ſentences préparatoires, ou diffinitives, qui ſeront rendus à l'Audience. (Arrêt des Grands-Jours de Poitiers du 15 Janvier 1689, *art.* 36; Arrêt du Conſeil du 30 Août 1689, ſervant de Réglement pour les Officiers du Préſidial d'Orléans, *art.* 32; Réglement du Bailliage d'Orléans du 19 Janvier 1651.)

Et l'autre auſſi cotté & paraphé, en fin duquel il doit être fait mention du nombre des feuillets par le Lieutenant-Criminel, & le Procureur du Roi; dans lequel doivent être enrégiſtrées jour par jour, toutes les informations, interrogatoires, & autres procédures criminelles qui ſeront faites dans leur juriſdiction, ou apportées d'ailleurs; lequel regiſtre doit être écrit de ſuite, ſans y laiſſer de blanc ni d'intervalle, ni faire aucune rature; & qui ne pourra être tranſporté hors le Greffe pour quelque cauſe & occaſion que ce ſoit. (Arrêt du Parlement du 10 Décembre 1665; Ordonnance du mois d'Octobre 1535, *chap.* 3, *art.* 28; Arrêt du Parlement du 12 Avril 1661, pour Soiſſons; Réglement du 24 Mai 1603, pour le Préſidial de Bourg-en-Breſſe, *art.* 112.)

102. L'article 18 du titre 6 de l'Ordonnance criminelle de 1670, enjoint aussi aux Greffiers des Cours, des Présidiaux, Bailliages, Sénéchaussées, Maréchaussées, Prévôtés, & de toutes les autres Justices royales & seigneuriales, d'avoir un registre particulier & chiffré, contenant au premier feuillet le nombre des pages dont il sera composé; lequel registre, à l'égard des Présidiaux, Bailliages, Maréchaussées, & autres Justices inférieures, doit être paraphé en tous ses feuilles par le Juge criminel, pour y être par les Greffiers, tant des Cours que les autres, enrégistrées toutes les procédures qui seront faites, ou apportées, & leur date; ensemble le nom & la qualité du Juge, & de la partie, de suite & sans aucun blanc; pour raison de quoi, le Greffier ne pourra prendre aucuns droits, ni frais; & sur lequel registre, les Officiers qui doivent prendre communication des pieces, seront tenus de se charger & décharger.

103. 2°. Ils doivent avoir un Greffe, ou dépôt particulier, pour y mettre toutes les minutes de leur Siege. (Arrêt de Réglement du Parlement du 2 Février 1554, *art.* 10 & 11, rapporté en la Conférence des Ordonnances, *tom.* 1, *liv.* 2, *tit.* 4, §. 45, *pag.* 157.)

L'Ordonnance criminelle de 1670, *tit.* 6, *art.* 17, porte que les Greffiers commis par les Cours, seront tenus de remettre leurs minutes aux Greffes des Cours qui les auront commis, dans trois jours après la procédure achevée, si elle est faite dans le lieu de la jurisdiction, ou dans les dix lieues; & que le délai sera augmenté d'un jour par la distance de chaque dix lieues; à peine de 400 livres d'amende, & de tous dépens, dommages & intérêts; ce qui sera exécuté par le Greffier commis, quoiqu'il n'eût encore reçu les salaires, dont en ce cas il lui sera délivré exécutoire par le Greffier ordinaire, suivant la taxe du Commissaire, qui n'en pourra prétendre aucuns frais.

Et il est défendu aux Juges de retenir aucunes de ces minutes. (Arrêt du Parlement du 7 Septembre 1660, pour Dreux; autre du 12 Avril 1661, pour Soissons.)

104. L'article 15 du titre 6 de la même Ordonnance de 1670, défend aux Greffiers criminels de se desaisir d'aucunes minutes, sinon ès mains des Procureurs du Roi, ou Fiscaux, qui s'en chargeront sur le registre, & marqueront le jour & l'heure pour les remettre au plus tard dans trois jours; à peine d'interdiction contre le Greffier, & de 300 livres d'amende.

L'article 16 du même titre ajoute que les Rapporteurs pourront aussi retirer les minutes, pour s'en servir dans la visite du procès; & qu'ils seront tenus de les remettre vingt-quatre heures après le jugement, sous les mêmes peines.

Le Greffier criminel est aussi tenu de rapporter du Greffe les minutes dont on a besoin pour le jugement des affaires, lorsqu'il en est requis, & que cela a été ainsi ordonné par le Siege. (Arrêt du Conseil du 31 Août 1689, rendu pour les Officiers du Présidial d'Orléans, *art.* 34.)

105. L'article 42 de l'Arrêt des Grands-Jours de Poitiers du 15 Janvier 1689, fait défenses à tous les Greffiers des Justices royales, de rendre aux parties les plaintes & informations des temoins, & autres procédures criminelles qui auront été faites dans les procès où les accusés auront obtenu des lettres de rémission entérinées par lesdits Juges, à peine de punition corporelle, & de 500 livres d'amende; & auxdits Juges de le permettre, à peine d'en être responsables en leur propre & privé nom, nonobstant tous usages contraires.

L'article 4 de l'Arrêt de Réglement de la Cour du 3 Septembre 1667, enjoint aux Juges & Greffiers, ou Clercs de Greffe, ayant serment en Justice, qui auront travaillé sous lesdits Juges, de signer les minutes de toutes les informations, procès-verbaux, & actes auxquels ils auront travaillé, au même-temps que chacun desdits actes auront été faits, quoiqu'ils ne soient pas payés de leurs vacations; sans différer à les signer jusqu'après le paiement fait desdites vacations.

106. 3°. Les Juges ne peuvent commettre leurs Clercs, ni prendre autres personnes pour écrire les informations, que le Greffier criminel ordinaire, si ce n'est dans le cas de nécessité. (Voyez ce que j'ai dit à ce sujet en mon Traité de la Justice criminelle au titre *De l'instruction criminelle en général*, tom. 3, part. 3, liv. 3, tit. 2, n. 98.)

4°. Les Greffiers criminels peuvent être recusés lorsqu'ils sont parents, & on peut alors les empêcher de faire leurs fonctions dans les causes où leurs parents sont parties. (Voyez ce qui a été dit ci-dessus, *tom. 1*, au titre *De la compétence des Juges en général*, part. 2, tit. 2, n. 283.)

A l'égard de la procédure qui doit être observée sur ces récusations, Voyez *ibidem*, n. 284.)

§. II.

Devoirs des Greffiers criminels dans leurs fonctions.

107. 1°. Ils doivent se rendre au logis des Officiers de Justice pour la fonction de leurs charges, lorsqu'ils y seront mandés; ou y envoyer un Commis. (Réglement du Bailliage d'Orléans du 5 Janvier 1651.)

2°. Ils doivent enrégistrer exactement sur le registre destiné à cet effet, toutes les procédures qui seront faites, ou apportées en leur greffe. (Voyez ci-dessus, *n.* 101 *& suivants.*)

3°. Les Greffiers criminels des Bailliages & Sénéchaussées, sont tenus au commencement de chaque année, d'envoyer aux Procureurs-Généraux, chacun dans leur ressort, un extrait de leur dépôt; même l'état des lettres de grace & d'absolution, entérinées en leur Siege, avec les procédures & sentences d'entérinement, & la copie des extraits qui leur auront été remis par le Greffier des Justices inférieures l'année précédente. (Ordonnance de 1670, *tit.* 6, *art.* 19; Voyez les notes sur cet article dans mon Commentaire sur l'Ordonnance de 1670; Arrêt du Parlement du 10 Juillet 1665, *art.* 16.)

108. A l'égard des Greffiers des Prévôtés royales, ils doivent aussi envoyer tous les ans dans les mêmes mois, aux Greffes des Bailliages & Sénéchaussées où ressortissent leurs appellations, un extrait de leur registre criminel. (Ordonnance de 1670, *ibid.*)

4°. Ils doivent enrégister exactement sur le registre de l'Audience, toutes les sentences, appointements, & autres actes qui se font à l'Audience.

L'article 9 de l'Arrêt du Parlement de Toulouse du 19 Juillet 1574, rendu pour la Sénéchaussée de Castelnaudary, rapporté par Descorbiac, *tit.* 3, *chap.* 20, *pag.* 202, porte que le Juge criminel ne pourra contraindre le Greffier du Présidial d'assister aux Audiences criminelles; mais qu'il y aura en la Justice criminelle un Greffier & Commis à cette fin pour les causes criminelles; duquel le Lieutenant-Criminel recevra serment après information faite de ses vie & mœurs.

109. Le Réglement du Bailliage d'Orléans du 5 Juin 1651, porte que le Greffier criminel du Bailliage sera tenu d'avoir en son Greffe & Etude, un Commis capable de l'exercice du Greffe;

& que dans le cas où il s'abſentera de la Ville, il ſera tenu de commettre en ſa place, un Praticien capable de l'exercer.

Le même Réglement enjoint audit Greffier de ſe trouver, avec ſon Commis, tous les Jeudis avant dix heures à la Salle de l'Audience, pour y aſſiſter & écrire, chacun ſur leur regiſtre qu'ils doivent avoir double & relié, les qualités des parties nommées aux Audiences, qui ſeront préſentées audit Greffier. Ce Réglement ajoute, qu'après les qualités écrites ſur le regiſtre du Commis, le Commis ſera tenu d'écrire ſur ſon regiſtre les plaidoyers des Avocats, le plus ſuccintement que faire ſe pourra, & enſuite les jugements qui auront été rendus, leſquels le Greffier ſera tenu d'écrire enſuite ſur ſon regiſtre après les qualités des parties ; & qu'enſuite le même Greffier ſera tenu de mettre au net leſdits jugements ſur un troiſieme regiſtre, qui ſera viſé le même jour par celui qui aura préſidé ; lequel troiſieme regiſtre ſera communiqué aux Avocats & Procureurs qui le requerront.

110. 5°. Il eſt enjoint aux Greffiers criminels de recevoir les productions des parties, en l'état qu'elles leur ſont préſentées, & de les mettre en Cour, ſans les pouvoir retenir, ſous prétexte du défaut, ou manque d'aucuns actes inſtructifs de la cauſe. (Réglement du Bailliage d'Orléans du 5 Janvier 1651.)

L'Ordonnance du mois de Décembre 1540, *art.* 26, leur enjoint de faire bons regiſtres des procès produits devant-eux, & de mettre le jour de la production.

Les charges & informations des Juſtices inférieures qui ſont apportées au Greffe du Bailliage où ces Juſtices reſſortiſſent, doivent être miſes dans un ſac clos & ſcellé, & en cet état porté par le Greffier au Parquet des Gens du Roi. (Même Réglement du Bailliage d'Orléans du 5 Janvier 1651.)

111. 6°. Les Greffiers criminels, même des Cours, & ceux des Seigneurs, ſont tenus de prononcer aux accuſés, les Arrêts, Sentences & Jugements d'abſolution, ou d'élargiſſement le même jour qu'ils ont été rendus ; & s'il n'y a point d'appel par les Procureurs du Roi, & ceux des Seigneurs dans les vingt-quatre heures, de mettre les accuſés hors des priſons, & l'écrire ſur les regiſtres de la Geole, ainſi que ceux qui n'auront été condamnés qu'en des peines & réparations pécuniaires, en conſignant ès mains du Greffier les ſommes adjugées pour amendes, aumônes, & intérêts civils ; ſans que, faute de paiement d'épices, ou

d'avoir levé les Arrêts, Sentences & Jugements, les prononciations, ou élargissements puissent être différés ; à peine contre le Greffier d'interdiction, de 300 livres d'amende, & des dommages & intérêts des parties. (Ordonnance de 1670, *tit.* 13, *art.* 29, qui ajoute que les accusés ne pourront néanmoins être élargis, s'ils étoient détenus pour autre cause.)

112. 7°. Ils ne doivent mettre à exécution aucunes sentences rendues en matiere criminelle, à la requête des Procureurs du Roi, ou Fiscaux, sans auparavant leur en faire part, & que ceux-ci n'y aient consenti, si le jugement est rendu à la charge de l'appel. (Voyez ce que j'ai dit à ce sujet dans mon Traité de la Justice criminelle, au titre *Des Sentences*, *Jugements & Arrêts*, tom. 2, part. 3, liv. 2, tit. 25, n. 26.)

Il leur est aussi défendu, à peine de faux, de recevoir & expédier aucuns Actes, Ordonnances, & Jugements, seuls & sans le Lieutenant-Criminel, ou autre Juge en son absence.

L'article 48 de l'Arrêt des Grands-Jours de Poitiers, du 15 Janvier 1689, porte que les pieces produites, sur lesquelles sont intervenus les jugements, seront visées & datées dans le vu desdits jugements, sans qu'aucuns Juges puissent signer les sentences, dont le vu sera en blanc, à peine de nullité; ni les Greffiers, les déposer dans leur Greffe, & les expédier, à peine d'interdiction, & de 100 livres d'amende. (*Idem* par les Arrêts de la Cour des 25 Septembre 1687, 6 Juin, & 26 Août 1689.)

113. Ils doivent être présents à la question, quand on la donne aux accusés, pour écrire les procès-verbaux des Juges, & les déclarations de ceux qui sont appliqués à la question ; & accompagner les accusés au supplice, jusqu'à ce que l'exécution soit faite.

9°. Lorsqu'il y a appel du jugement, & que l'appel se fait de droit, ils sont tenus d'envoyer l'accusé & son procès ensemble & sûrement en la Cour où l'appel doit être jugé ; & il leur est défendu de les envoyer séparement, à peine d'interdiction, & de 500 livres d'amende. (Ordonnance de 1670, *tit.* 26, *art.* 6.)

Ce sont les grosses du procès, & non les minutes, du moins quant aux pieces secretes, qui doivent être envoyées. (Déclaration du 19 Juin 1691, *art.* 10; Voyez aussi ce que j'ai dit à ce sujet en mon Traité de la Justice criminelle au titre *Des Appellations*, tom. 2, part. 3, liv. 2, tit. 37, n. 63 ; & au titre *De l'instruction criminelle en général*, tom. 3, part. 3, liv. 3, tit. 2, n. 130.)

Toutes ces pieces doivent être envoyées dans des facs clos & cachetés. (Voyez *ibidem.*)

114. Dans le cas où l'appel est libre, & qu'il a lieu de la part d'une des parties, le procès doit être envoyé au Greffe de la Cour par le Greffier du premier Juge, trois jour après le commandement qui lui en sera fait, s'il est demeurant dans le lieu de l'établissement de la Cour; dans la huitaine s'il est hors du lieu, ou dans la distance de dix lieues; & s'il est plus éloigné, le délai sera augmenté d'un jour pour dix lieues; à peine d'interdiction contre le Greffier, & de 500 livres d'amende. (Ordonnance de 1670, *tit.* 26, *art.* 11.)

Au reste, il faut observer que les Greffiers ne peuvent contraindre les parties de faire grossoyer les procès criminels, à moins qu'il n'y en ait appel. (Arrêt du Parlement du 13 Mars 1604, pour Noyon, rapporté par Joly, *pag.* 1384.)

115. L'article 23 de l'Arrêt de Réglement du 10 Décembre 1665, porte que les Greffiers criminels, lorsqu'il n'y aura point de partie civile, ne pourront demander d'exécutoire sur le domaine du Roi, pour les grosses des procès qu'ils enverront au Parlement.

10°. Les Greffiers ne peuvent faire par eux-mêmes les informations, & ils sont tenus de les écrire sous la dictée des Juges. (Ordonnance de 1670, *tit.* 6, *art.* 9.)

Ni interroger les accusés. (Même Ordonnance de 1670, *tit.* 14, *art.* 2.)

Ils doivent donner communication à la partie publique de toutes les informations qui sont apportées au Greffe. (Voyez mon Traité de la Justice criminelle au titre *Des conclusions des Procureurs du Roi, ou Fiscaux*, tom. 2, part. 3, liv. 2, tit. 24, n. 2 & suivants; & au titre *De la maniere d'exercer l'action criminelle en général*, ibid. *tom.* 3, *part.* 3, *liv.* 3, *tit.* 1, *n.* 207.)

116. L'article 15 du titre 6 de l'Ordonnance de 1670, leur défend de communiquer les informations & autres pieces secretes du procès; à peine d'interdiction, & de 100 livres d'amende. (Voyez mon Commentaire sur cet article.)

11°. Les deniers adjugés par provision contre un accusé, ne peuvent être saisis, ni consignés au Greffe, ou ailleurs; à peine de nullité des consignations, d'interdiction contre les Greffiers, & leurs Commis qui les auront reçues. (Ordonnance de 1670, *tit.* 12, *art.* 5.)

12°. Il leur est expressément défendu, ainsi qu'aux Juges,

Archers, & autres Officiers de Justice, de prendre, ou faire transporter en leur logis, ni même au Greffe, aucuns deniers, meubles, hardes, ou fruits, appartenant aux condamnés, ou à ceux même contre lesquels il n'y auroit que décret; ni s'en rendre adjudicataire sous leur nom, ou sous des noms interposés, sous quelque prétexte que ce soit; à peine d'interdiction, & du double de la valeur. (Ordonnance de 1670, *tit.* 17, *art.* 27.)

ARTICLE VII.

Des Greffiers d'Appeaux des Sieges présidiaux.

117. Les Greffiers d'Appeaux ont été créés par l'Edit du mois de Mars 1551, portant ampliation des Sieges présidiaux. Ils ont depuis été supprimés par Edit de Février 1561, *art.* 1, rapporté par Joly, *tom.* 1, *pag.* 780; & ensuite rétablis avec les autres Greffiers, par un autre Edit du mois de Décembre 1567, rapporté aussi par Joly, *tom.* 2, *pag.* 1376.)

1°. Leurs fonctions consistent à exercer le Greffe de toutes les expéditions des causes d'appel qui se portoient au Parlement avant l'établissement des Présidiaux, & qui depuis se portent par appel aux Sieges présidiaux, tant ès appellations verbales, qu'en procès par écrit. (Edit d'ampliation des Présidiaux du mois de Mars 1551, *art.* 42.)

118. L'article 51 du même Edit, porte que les Greffiers anciens & ordinaires de chaque Siege présidial, feront les expéditions & écritures, ainsi qu'ils avoient accoutumé, de tous procès civils & criminels, & choses en dépendant qui se vuideront au Siege présidial, tant en premiere instance, souveraineté, que par provision ès cas de l'Edit; pourvu toutes fois que lesdits procès procedent de la jurisdiction ordinaire du Siege présidial, & non autrement; & qu'à l'égard des procès & appellations qui viennent des Sénéchaussées, Bailliages, & autres Sieges royaux particuliers, lesquels alloient au Parlement, par appel, avant l'établissement des Présidiaux, les Greffiers d'Appeaux nouvellement créés par ledit Edit des Présidiaux, en percevront les revenus & profits; & qu'eux, ou leur Commis & Clercs en feront l'exercice, signeront, scelleront & expédieront tous registres, actes, expéditions, jugements, circonstances & dépendances, *&c.* (Même Edit

Edit du mois de Mars 1551, *art.* 51; Edit de Follembrai du mois de Juillet 1552, *art.* 10, 11, 14 & 15.)

L'article 52 du même Edit de Mars 1551, porte que le Greffier d'Appeaux aura un Greffe, ou dépôt particulier au Palais, ou autre lieu où s'exerce la Jurisdiction présidiale.

Il y a un Réglement particulier du 29 Mars 1575, rendu entre le Greffier des Appeaux du Siege Présidial d'Orléans, & les Echevins & Habitants de cette Ville, cité par Joly, *pag.* 1381.

ARTICLE VIII.

Des Greffiers des Maréchaussées.

119. 1°. Les Greffiers des Maréchaussées ne peuvent retenir dans leurs maisons les minutes des informations, interrogatoires, récolements, confrontations, & autres instructions par eux faites, lesquelles doivent être mises entre les mains desdits Greffiers, qui sont tenus de les renfermer dans un dépôt public qu'ils auront dans le Palais du Bailliage, ou Sénéchaussée, où les Prévôts des Maréchaux font leur résidence. Ce dépôt doit leur être fourni par le Procureur du Roi, pour y établir leur dépôt, duquel les minutes ne pourront être tirées. (Arrêt du Parlement du 10 Décembre 1665, *art.* 10.)

2°. Ils doivent, ainsi que les Greffiers des Sieges présidiaux, envoyer tous les six mois aux Procureurs-Généraux, chacun dans leur ressort, un extrait de leur registre, ou dépôt, signé d'eux, & visé tant par les Lieutenants-Criminels, que par les Procureurs du Roi des Bailliages, Sénéchaussées & Sieges présidiaux; dans lequel ils sont tenus d'insérer en entier les jugements de compétence rendus pendant les six mois précédents, & la prononciation des mêmes jugements; à peine d'interdiction, & de telle amende qu'il appartiendra, & sans préjudice des autres dispositions contenues dans l'article 19 du titre 6 de l'Ordonnance de 1670. (Déclaration du 5 Février 1731, *art.* 29.)

120. Par l'article 11 du titre 5 du nouveau Réglement du Conseil, du 28 Juin 1738, les Procureurs du Roi des Maréchaussées & Sieges présidiaux, sont tenus, à peine d'interdiction, d'informer le Procureur-Général de la Commission établie pour le jugement des demandes en cassation des jugements de compétence, de

tous les jugements de compétence intervenus sur leurs poursuites, aussitôt que ces jugements auront été rendus.

3°. Les Greffes des Maréchaussées étoient autrefois engagés; mais par Arrêt du Conseil du 2 Avril 1670, rapporté au Recueil de la Maréchaussée de France, *pag.* 902, ils ont été réunis au domaine du Roi. (Voyez au surplus l'article 5 de l'Edit du mois de Mars 1720.)

Voyez encore pour les autres fonctions & devoirs des Greffiers des Maréchaussées, mon Traité de la Justice Criminelle, au titre *De la compétence particuliere des Juges en particulier*, tom. 1, part. 2, tit. 1, n. 329 & suivants.

ARTICLE IX.

Des Greffiers des Justices seigneuriales.

121. Touchant les Greffiers des Justices de Seigneurs, il faut voir le Réglement du Parlement, du 23 Juillet 1676, touchant les Justices des Duchés & Pairies de Mazarin, de la Meilleraie, & de Mayenne, rapporté au Journal des Audiences; & l'Arrêt du 15 Mai 1714, servant de Réglement pour le Comté de Pontchartrain, au titre *Du Greffier.* (a)

Ils ont droit de recevoir les deniers consignés de l'ordonnance de leurs Juges; mais les Seigneurs sont responsables de la solvabilité de leurs Greffiers. (Ainsi jugé par Arrêt du 30 Juillet 1663, rapporté au Journal des Audiences, *tom.* 2, *pag.* 939, en faveur du Seigneur de la Justice de Saint-Chaumont, contre le Receveur des Consignations de Lyon.)

122. Ils sont tenus d'envoyer par chacun an, aux mois de Juin & de Décembre, au Greffe du Bailliage & Sénéchaussée où ressortissent leurs appellations médiatement, ou immédiatement, un extrait de leur registre criminel, dont il leur sera donné décharge, sans frais. (Ordonnance de 1670, *tit.* 6, *art.* 19.)

Il faut aussi observer qu'un Greffier de Seigneur ne peut être élu Consul de la même Communauté. (Arrêt du Parlement de Grenoble du 30 Août 1656, rapporté par Basset, *tom.* 1, *liv.* 3, *tit.* 15, *chap.* 3.)

(*a*) Ce Réglement se trouve dans le Recueil Chronologique d'Ordonnances, Réglements, *&c.* imprimé à Paris, chez Debure en 1757 en trois tomes *in-12*.

Les Greffes des Seigneurs sont patrimoniaux, ainsi qu'il a été remarqué ci-dessus, *n.* 20.

Touchant les salaires & vacations des Greffiers des Justices de Seigneurs, Voyez ce qui est dit ci-après au titre *Des salaires & vacations des Greffiers*, n. 201 & suivans.

ARTICLE X.

Devoirs généraux & personnels des Greffiers.

123. 1°. Ils doivent être capables, & avoir une expérience suffisante pour bien remplir leurs fonctions. (Ordonnance du mois de Mars 1498, *art.* 69; autre de 1535, *chap.* 18, *art.* 1; autre du mois de Décembre 1540, *art.* 20.)

2°. Il faut qu'ils soient d'une conduite sans reproche; & les Seigneurs qui les ont nommés, ou commis, demeurent civilement responsables de leur fait. (Arrêt de Réglement du 10 Décembre 1665, *art.* 19.)

3°. Ils doivent être Catholiques. (Arrêt du Conseil du 3 Août 1680.)

4°. Ils doivent être âgés de vingt-cinq ans. (Arrêt du 13 Juin 1709, qui fait défenses aux Juges d'Availles de se servir de Greffier mineur de vingt-cinq ans, à peine de répondre en leur propre & privé nom des dommages & intérêts des parties; autre du 12 Août 1712, pour la Justice de Gourville, rapporté au Journal des Audiences; autre du 25 Avril 1716 contre le Greffier de la Prévôté de Boissi-le-Châtel; autre du 9 Juin 1728, contre le Greffier de Nelle.)

124. Néanmoins cette regle souffre quelques exceptions. Ainsi par la Déclaration du 22 Décembre 1699, il suffit que les Greffiers des Sieges de Police soient âgés de vingt ans.

De même, par l'Edit du mois de Mars 1710, il suffit que les Greffiers des Consulats soient âgés de vingt-deux ans.

Au reste, quoiqu'il y ait des Jurisdictions où les Greffiers peuvent être mineurs, ils sont néanmoins toujours réputés majeurs pour le fait de leur charge. (Voyez Louet, *lettre* G, *chap.* 19; & Leprêtre, *centurie* 1, *chap.* 19; & en ses Arrêts de la cinquieme.)

5°. Ils doivent aussi être assidus en leurs fonctions. (Ordonnance du mois d'Août 1539, *art.* 129; Ordonnance de Blois, *art.* 136.)

125. 6°. Ils doivent, ou l'un de leurs Clercs, faire leur résidence continuelle au lieu où sont les papiers, afin de pouvoir expédier les affaires des Procureurs & des parties. (Ordonnance du 11 Février 1539, *art.* 31 ; Arrêt du Parlement de Grenoble, rapporté par Basset, *tom.* 2, *liv.* 2, *tit.* 3, *chap.* 5.)

7°. Ils sont obligés d'exercer en personne, & ils ne peuvent s'absenter qu'avec congé, si ce n'est dans le cas d'urgente nécessité ; & alors ils doivent laisser à leur place des Clercs qui aient serment à Justice. (Ordonnance de 1535, *chap.* 3, *art.* 9 ; Réglement pour le Présidial de Bordeaux, du 15 Mars 1596, *art.* 71, rapporté par Joly, *tom.* 2, *pag.* 1065 ; Réglement du Conseil, du 24 Mai 1603, pour le Présidial de Bourg-en-Bresse, *art.* 100 ; Arrêt du Parlement du 13 Mars 1604, pour Mâcon, rapporté par Joly, *tom.* 2, *pag.* 1384.)

126. 8°. Ils doivent, ou leurs Commis, accompagner à la campagne les Lieutenants-Civils, Criminel, & Conseillers, lorsqu'ils seront par eux mandés ; & à cette fin, ils doivent être avertis par temps suffisant pour se préparer. (Arrêt du Parlement du 12 Avril 1661, pour Soissons.)

9°. Ils sont tenus de garder avec beaucoup de soin le secret des délibérations des Juges, & sur-tout ce qui ne doit pas être connu des parties ; à peine de privation d'office, & d'amende arbitraire. (Ordonnance du 28 Octobre 1446, *art.* 4 ; autre du mois d'Avril 1453, *art.* 110 ; autre du mois de Juillet 1493, *art.* 8, 9 & 10 ; autre du mois d'Octobre 1535, *chap.* 3, *art.* 1 ; autre du mois d'Avril 1560 ; Réglement du Conseil du 24 Mai 1603, pour le Présidial de Bourg-en-Bresse, *art.* 103 ; Voyez aussi ce qui a été dit touchant le secret que les Juges doivent observer au sujet des délibérations de leur Compagnie, ci-dessus, au titre *Des devoirs, fonctions & droits des Juges en général*, tom. 1, part. 2, tit. 3, n. 31.)

127. 10°. Il leur est défendu, ainsi qu'à leurs Clercs, de solliciter dans les procès pendants en leurs Sieges. (Arrêt du Parlement de Toulouse du 9 Mars 1575, pour le Présidial de la même ville, rapporté par Descorbiac, *tit.* 2, *chap.* 11, *pag.* 33 ; Arrêt des Grands-Jours de Lyon du 19 Novembre 1596, rapporté par Joly, *pag.* 1019, *art.* 49 ; Ordonnance de 1667, *tit.* 24, *art.* 14.)

11°. Ils ne peuvent accepter aucune cession de transports litigieux. (Arrêt de Réglement du 15 Mai 1714, pour le Comté de

Pontchartrain, au titre *Du Greffier*, art. 15; Ordonnance du mois de Janvier 1629, *art.* 94.)

128. 12°. Ils ne peuvent, ni leur Commis, être Fermiers des terres saisies; ni se rendre directement, ou indirectement adjudicataires des biens vendus en leur Siege par vente publique en Justice pour dettes, ou par licitation; ni acquérir des adjudicataires, sinon trois ans après lesdites ventes; à peine de nullité, & de la perte du prix qui tournera au profit des parties saisies. (Même Réglement de Pontchartrain, *ibid.* art. 15; Arrêt du Parlement de Grenoble du 6 Mars 1567, rapporté par Basset, *tom.* 1, *liv.* 2, *tit.* 12, *chap.* 1; Ordonnance de Blois, *art.* 132; Ordonnance d'Orléans, *art.* 81; autre Arrêt du 7 Mai 1609, rapporté par Tronçon au Traité du Droit François, *tit.* 16, *art.* 359, au mot *Adjudication.* C'est aussi le sentiment de M. Talon, Avocat-Général, & c'est ainsi qu'il s'en explique dans un Arrêt du 5 Février 1631, rapporté par Bardet, *tom.* 1, *liv.* 4, *chap.* 7; Voyez aussi l'Ordonnance de 1670, *tit.* 17, *art.* 27.)

Il a même été jugé par Arrêt du 26 Juillet 1607, qu'un Clerc du Greffe du Châtelet, ne pouvoit se rendre adjudicataire d'héritages vendus par décret audit Châtelet. (Voyez Bibliotheque de Bouchel, au mot *Adjudication.*)

129. 13°. Il est aussi défendu aux Greffiers & à leurs Clercs, de recevoir aucun présent de quelque chose que ce soit; à peine de concussion. (Ordonnance de Blois, *art.* 114; autre du mois de Janvier 1629, *art.* 101; Ordonnance d'Orléans, *art.* 132.)

14°. Ils sont nommément compris en l'article 132 de l'Ordonnance de Blois pour la défense d'avoir part à la forme des amendes.

15°. Il paroît aussi qu'ils sont compris dans la défense de prendre charge des Seigneurs temporels & Ecclésiastiques, à cause de ces mots, *& autres Officiers*, compris dans l'article 112 de l'Ordonnance de Blois.

Ainsi ils ne peuvent être Fermiers. (Arrêt du 22 Janvier 1639, rapporté par Bardet, *tom.* 1, *liv.* 3, *chap.* 84.)

16°. On peut douter s'ils sont compris sous le terme d'*Officiers de Justice* pour la défense de faire le commerce. Le Réglement du Conseil du 24 Mai 1603, pour le Présidial de Bourg-en-Bresse, *art.* 97, défend aux Greffiers, & même aux Clercs des Greffes, d'être Marchands.

17°. Les Greffiers des Justices royales ne peuvent être en

même-temps Greffiers de Seigneurs. (Tournet, *lettre* G, *Arrêt* 36; Belordeau, *liv.* 7 de ses Controverses, *chap.* 4.)

130. 18°. Les Greffiers & Commis aux Greffes ne peuvent être en même-temps Procureurs; à peine de 2000 livres d'amende, & de demeurer pour jamais incapables de l'un & l'autre emploi. (Arrêt de Réglement du 11 Décembre 1665, *art.* 18; autre du 10 Juin 1561, rapporté par Filleau, *part.* 2, *chap.* 8, *pag.* 321; Ordonnance de 1535, *chap.* 18, *art.* 16; Arrêt du Parlement de Bretagne du 22 Octobre 1543, rapporté par Dufail, *liv.* 3, *chap.* 421; autre du 18 Avril 1569, rapporté *ibid.*, liv. 2, chap. 374; autre Arrêt du 26 Avril 1610, rapporté *ibid.*; autre du 28 Juin 1741, pour Angoulême, *art.* 6; Voyez aussi ci-après au titre *Des Procureurs*, part. 5, tit. 4, n. 79.)

Ni Avocats. (Même Arrêt de 1741, pour Angoulême, *art.* 6; Réglement du 24 Mai 1603, pour Bourg-en-Bresse, *art.* 97.)

131. Ni Notaires. (Arrêt du 29 Novembre 1568, rapporté en la Conférence des Ordonnances, *tom.* 1, *pag.* 657, *en marge.*)

Ni Geolliers. (Ordonnance de 1670, *tit.* 13, *art.* 3.)

Ni solliciteurs de procès. (Mêmes Arrêts du Parlement de Bretagne du 22 Octobre 1543, & 26 Avril 1610, rapportés par Dufail, *liv.* 3, *chap.* 421; même Réglement de 1603, pour Bourg-en-Bresse, *art.* 97.)

Ni Contrôleurs. (Réglement du Bailliage de Poitiers du 17 Juin 1719, *art.* 31.)

Et en général ils ne peuvent tenir deux offices. (Ordonnance de 1535, *chap.* 3, *art.* 5; & *chap.* 18, *art.* 12.)

Un Arrêt de la Tournelle du 22 Septembre 1717, fait défenses au Juge de Champagne, en cas de récusation, ou légitime empêchement du Greffier, de commettre un Huissier qui ait précédemment fait dans la même affaire les fonctions d'Huissier.

132. 19°. Ils doivent être reçus & prêter serment au Siege dont ils sont Greffiers, après information préalablement faite de leurs vie & mœurs, & après qu'il a été prouvé qu'ils ont les qualités nécessaires pour exercer; ce qui se fait en subissant un examen à la Chambre où ils sont reçus. (Réglement du 24 Mai 1603, pour Bourg-en-Bresse, *art.* 97.) Voyez ci-après au titre *Des Greffiers des Cours*, n. 153, touchant la maniere dont ils doivent être examinés, & la nature du serment qu'ils prêtent.

L'article 31 de l'Arrêt du Conseil du 31 Août 1689, servant de Réglement pour les Officiers du Bailliage d'Orléans, porte que le Greffier criminel du Bailliage sera reçu, & prêtera serment en la Chambre du Conseil.

Un Edit du mois d'Avril 1665, veut que les engagistes des Greffes des Justices des domaines du Roi, soient obligés de prendre des lettres de ratification en la Grande-Chancellerie sur leurs contrats d'engagement ; & que leurs Fermiers, ou Commis à l'exercice desdits Greffes, soient tenus de prendre des Commissions pour les exercer ; & jusqu'à ce, leur défend d'en faire aucunes fonctions.

ARTICLE XI.

Des Privileges des Greffiers.

133. Les Greffiers sont du corps de la Cour, ou du Bailliage ou Siege présidial dont ils sont Greffiers ; & en cette qualité, ceux du Parlement de Paris ont le droit d'indult, & jouissent de tous les honneurs, privileges, prérogatives, rang & séances après les Gens du Roi.

L'article 50 de la Déclaration du Roi du 5 Novembre 1661, porte que quand les Juges marcheront en cérémonie, les Greffiers seront revêtus de soutanes, robes & bonnets.

Les Greffiers criminels ont la préséance sur les Greffiers des présentations du même Siege. (Voyez Laroche-Flavin, Traité des Parlements, *liv.* 2, *chap.* 10, *n.* 9.)

Les Offices de Greffiers sont héréditaires.

ARTICLE XII.

Des Greffiers en chef, Greffiers à la Peau, Gardes-Sacs, Gardes-Minutes, &c.; ensemble des Clercs, Commis & Contrôleurs des Greffes.

134. 1°. Le Greffier en chef est celui qui est titulaire de l'office, ou du moins qui en a l'exercice. Ses fonctions consistent à signer l'expédition des Arrêts, Sentences, & autres actes.

Celui qui est Greffier en chef d'une jurisdiction, peut commettre dans les jurisdictions subalternes qui en dépendent. (Arrêt du 9 Janvier 1564, rapporté par Papon, *liv.* 6, *tit.* 6, *n.* 6.)

Un Arrêt du Conseil du 18 Novembre 1727, regle les droits & fonctions des Greffiers en chef.

2°. Les Greffiers-Gardes-Sacs, sont ceux qui reçoivent les productions des parties dans les affaires appointées, & qui s'en chargent pour en faire faire la distribution aux Juges.

135. 3°. Les Greffiers à la Peau, sont ceux qui mettent en grosse les Arrêts, Sentences & Jugements.

4°. Quelques Jurisdictions ont aussi des Greffiers particuliers pour l'expédition des jugements d'Audience; d'autres pour l'expédition des jugements rendus en procès par écrit; d'autres pour les décrets, *&c.*

Un Edit du mois d'Août 1713, avoit même créé dans les Bailliages & Sieges présidiaux du Royaume, des Greffiers conservateurs des minutes; & leurs droits avoient été réglés par une Déclaration du 1 Mai 1714, & par une autre du 3 Juillet de la même année; mais ces offices ont été depuis supprimés par Edit du mois d'Août 1716, *art.* 1.

Des Clercs, Commis, & Contrôleurs des Greffes.

136. 1°. Les Greffiers sont tenus d'avoir un nombre de Clercs, ou Commis suffisants pour le service du Greffe, & aussi pour accompagner les Juges en campagne. (Arrêt du Parlement du 12 Avril 1661, pour Soissons; Ordonnance d'Orléans, *art.* 77.)

Et ces Clercs, ou Commis doivent être capables, expérimentés, & agréables aux Juges. (Ordonnance de 1535, *chap.* 3, *art.* 2; Réglement du 24 Mai 1603, pour le Présidial de Bourg-en-Bresse, *art.* 99, qui ajoute que s'il y en avoit qui n'eussent cette qualité, les Greffiers seront tenus de les renvoyer sur-le-champ; à peine d'être eux-mêmes destitués.)

2°. Ils ne doivent avoir qu'un seul Clerc, ou Commis, pour signer en leur absence, ou autre empêchement. (Ordonnance du mois de Mars 1498, *art. 130*; autre de 1535, *chap. 18*, *art. 4*; Arrêt du Parlement du 12 Août 1682, pour Montdidier.)

137. 3°. Les Clercs, ou Commis des Greffes doivent être expérimentés, & avoir serment à Justice; & il est défendu aux Greffiers de se servir d'autres Commis, que de ceux qui auront été reçus par les Juges. (Arrêt du Conseil du 16 Mars 1705, servant de Réglement pour le Présidial d'Autun, *art. 24*; Arrêt de Réglement du 14 Août 1617, pour le Présidial de Bourges, *art. 14*, rapporté par Joly, *tom. 2*, *pag. 1033*; autre du 21 Juillet 1629, pour Gueret, rapporté par Joly, *tom. 2*, *pag. 1858*, *art. 14.*)

4°.

4°. Les Greffiers sont responsables des fautes de leurs Commis. (Ordonnance du mois de Mars 1498, *art.* 130 ; Ordonnance d'Orléans, *art.* 78 ; Arrêt de Réglement du 4 Mai 1607, pour Bourges, rapporté par Filleau, *tom.* 2, *pag.* 241, *art.* 14.)

5°. Ils doivent leur donner un salaire honnête. (Ordonnance du mois de Décembre 1540, *art.* 21 ; Ordonnance d'Orléans, *art.* 77.)

138. 6°. Les Commis des Greffiers doivent être présentés au Juge par les Greffiers, pour être reçus à faire leurs fonctions de Commis, s'ils sont trouvés capables. (Arrêt de Réglement du 4 Mai 1607, pour Bourges, *art.* 14 ; Déclaration du 5 Novembre 1661, *art.* 49.)

Ensuite de quoi ils doivent être examinés par le Lieutenant-Général, ou autre premier Juge ; & s'ils sont trouvés capables, ils seront reçus. (Arrêt du Parlement du 12 Août 1682, pour Montdidier ; Réglement du Bailliage de Poitiers, du 17 Juin 1719, *art.* 34 ; autre Arrêt de 1607, pour Bourges, *art.* 14, qui porte que lesdits Commis seront reçus par le Lieutenant-Général, & ensuite prêteront serment à l'Audience.)

7°. Les Clercs, ou Commis des Greffes sont tenus de garder le secret sur les délibérations du Siege. (Ordonnance du mois de Juillet 1493, *art.* 10 ; autre du mois de Novembre 1507, *art.* 149.)

139. 8°. Les places de Clercs des Greffes ont été créées en titre d'office, par Edit du mois de Décembre 1577 ; & leurs droits ont été fixés par une Déclaration du 18 Septembre 1578. Il y a eu aussi une autre création de ces mêmes offices, par Edits des mois de Juin 1627, & de Décembre 1635 : mais depuis ils ont été réunis aux offices de Greffiers dans chaque Siege.

Leurs droits étoient originairement la moitié de ceux des Greffiers ; c'est-à-dire, de cinq sols par rôle des Sentences, ceux des Greffiers étant de dix sols.

9°. A l'égard des Contrôleurs des Greffes, ils ont été créés par Edits du mois de Juin 1627, avec attribution du tiers des droits attribués aux Greffiers. Mais ces offices ont aussi été réunies à ceux des Greffiers.

ARTICLE XIII.

Des Greffiers des présentations, & de leurs droits.

140. 1°. Les offices des Greffiers des présentations, ont été créés par Edit du mois d'Août 1575, rapporté par Joly, *tom. 1, pag. 78*; & par un autre Edit du mois de Mars 1595.

Mais par un autre Edit du mois d'Avril 1695, ils ont été supprimés & créés de nouveau.

2°. Ils doivent avoir un registre pour recevoir les présentations, sur lequel ils dresseront & feront un rôle certifié & signé d'eux, où seront inscrits les défauts & congés; ensemble les autres causes qui seront appellées, selon le jour & la date desdites présentations par lesdits Greffiers, ou leurs Commis; sans que les Juges puissent changer cet ordre, ni préférer une partie à l'autre, excepté dans les Cours souveraines, où il y a Réglements à cet effet.

3°. Par l'article 2 du titre 4 de l'Ordonnance de 1667, la présentation avoit été abolie à l'égard des demandeurs; mais elle a été rétablie par l'Edit du mois d'Avril 1695; & par la Déclaration du 12 Juillet de la même année, qui porte que les engagistes jouiront de ce droit en payant finance.

Ce rétablissement n'avoit pas eu lieu pour Orléans; mais il y a été rétabli par l'article 12 de l'Edit de réunion de la Prévôté de ladite Ville au Bailliage, du mois de Mars 1749, *art. 12.*

141. 4°. C'est aux Greffiers des présentations à expédier & délivrer les défauts & congés faute de comparoître, faute de défendre & de conclure; & généralement tous les défauts qu'il convient expédier & délivrer dans le cours de la procédure; & le profit de ces défauts ne peut être adjugé, qu'ils n'aient été levés aux Greffes des présentations; à peine de nullité. (Déclaration du Roi du 12 Juillet 1695, *art. 6.*)

5°. Afin que lesdits Greffiers puissent connoître plus facilement les fraudes & contraventions qui peuvent leur être faites, les Procureurs sont tenus de leur représenter, toutes les fois qu'ils en seront requis, pardevant le Juge du lieu, leurs registres & cédules où ils doivent régistrer les présentations & causes dont ils sont chargés, pour voir s'ils se sont présentés. (Réglement du Conseil du 28 Avril 1621, rapporté par Joly, *tom. 1, pag. 87.*)

6°. Les Greffiers des présentations, ou leurs Commis, doivent ſe trouver tous les matins à l'entrée de la Cour, à la chambre du Greffier, & y réſider juſqu'à ce que la Cour ſoit levée; & pareillement s'y trouver de relevée chacun jour depuis trois heures juſqu'à cinq. (Ordonnance du 28 Décembre 1490, *art.* 55.)

142. 7°. Les regiſtres du Greffe des préſentations doivent toujours demeurer à la chambre deſdits Greffiers, ſans qu'il leur ſoit permis, ni à leurs Commis, de les tranſporter hors ladite Chambre. (Même Ordonnance, *art.* 60; Ordonnance du mois d'Octobre 1535, *chap.* 3, *art.* 12.)

8°. Leſdits Greffiers des préſentations, ou leurs Commis, ſont tenus d'exhiber leurs regiſtres aux Procureurs & à leurs Clercs, & ſolliciteurs connus, ſans rien prendre pour ce. (Même Ordonnance du 28 Décembre 1490, *art. 61.*)

9°. Le Réglement de la Cour du 26 Août 1665, avoit fixé les droits pour les Greffiers des préſentations, à cinq ſols pour chaque préſentation, tant du demandeur que du défendeur; mais par la Déclaration du 12 Juillet 1695, *art. 11 & 12*, ils ont été mis à ſix ſols, huit ſols pour l'enrégiſtrement de chaque préſentation, & autant pour l'extrait.

Plus, pour chaque défaut, ou congé, faute de ſe préſenter, vingt ſols aux Sieges préſidiaux, & dans les autres Sieges, quinze ſols. (Même Déclaration du 12 Juillet 1695, *art. 18 & 20.*)

Voyez pour les autres droits de préſentation, les articles 13, 14, 15, 16, 17, 19, 20 & 21 de la même Déclaration.

143. Au ſurplus, il faut obſerver que les cauſes ſommaires portées à l'Audience, & dans leſquelles on ne juge point le fond des conteſtations des parties, non plus que les inſtructions qui ſe font devant les Commiſſaires, ne ſont point ſujettes aux droits de préſentation. (*Ibid.* art. 8.)

Les cauſes du petit Siege établi à Orléans, (où l'on juge en dernier reſſort, au nombre de trois Juges, les cauſes pures perſonnelles, qui n'excedent pas la ſomme de quarante livres, ſuivant l'article 3 de l'Edit du mois de Mars 1749, portant réunion de la Prévôté d'Orléans au Bailliage de la même Ville,) ne ſont point ſujettes non plus au droit de préſentation. (Ainſi réglé par une Ordonnance de M. Barentin, Intendant d'Orléans, en date du 25 Novembre 1750.)

Enfin, une derniere obſervation à faire ſur le droit de préſentation, eſt qu'il ne doit être payé qu'un ſeul droit de préſentation, quand pluſieurs demandeurs, ou défendeurs, appellans, ou intimés, comparoissent par un même Procureur. (Réglement imprimé du Bailliage d'Orléans du 11 Mars 1626, *art.* 4.)

ARTICLE XIV.

Des Greffiers des affirmations de voyage.

144. Les Greffiers des affirmations de voyages, ont été créés en titre d'office par Edit du mois de Mars 1597, rapporté en la Conférence des Ordonnances, *tom. 3, pag. 680*; & depuis par un autre Edit du mois d'Août 1669, ils ont été créés par toutes les Cours & Jurisdictions, qui ont pouvoir de taxer les dépens, avec attribution de dix sols pour chaque affirmation de voyage dans les Bailliages & Présidiaux.

Leurs fonctions consistent à recevoir & expédier les actes d'affirmations, mentionnés en l'article 14 du titre 31 de l'Ordonnance du mois d'Avril 1667, à l'exclusion de tous autres Greffiers.

145. Par Edit du mois de Septembre 1704, & par une Déclaration du 26 Mai 1705, le Roi a créé des Contrôleurs des actes d'affirmations, & leur a attribué pour le contrôle de chacun acte, cinq sols dans les Sieges présidiaux, Bailliages, & autres Jurisdictions royales. Ces droits qui avoient été engagés, ont été réunis au domaine du Roi, & se perçoivent à son profit, en conséquence de l'Edit du mois de Février 1715.

Les actes d'affirmation de voyage ne peuvent être signifiés, qu'ils n'aient été enrégistrés au Greffe, signés, contrôlés & délivrés par les Greffiers & Commis, préposés à l'expédition de ces actes. (Arrêt du Conseil du 26 Avril 1723.)

ARTICLE XV.

Des Greffiers de l'Ecritoire.

146. 1°. Ces offices ont été créés pour les villes où il y a Siege présidial, par Edit du mois de Mai 1690, avec le droit de recevoir dans toute l'étendue du ressort dudit Siege présidial, toutes les visites, rapports des ouvrages, tant à l'amiable, que par Justice, pour raison de partages, licitations, servitudes, visites, *&c.*

Et par un autre Edit du mois de Juillet de la même année, il a été créé de pareils offices dans tous les Bailliages, Sénéchaufsées, Prévôtés, & autres Jurisdictions royales, avec le droit de trois livres par chaque vacation, & cinq livres à la campagne.

Il y a eu encore une autre création au mois de Mars 1696; mais les offices de ces deux dernieres créations ont été supprimés par Edit du mois de Novembre 1697, & depuis rétablis de nouveau par l'Edit du mois de Novembre 1704, & par la Déclaration du 3 Mars 1705, avec le droit de quatre livres par vacation, & de six livres à la campagne; & de cinq sols par rôle de grosse.

Par Edit du mois d'Avril 1710, il y a eu aussi des Contrôleurs, des Greffiers de l'Ecritoire créés en titre d'office.

147. 2°. Suivant une Déclaration du Roi du premier Mai 1708, les offices de Greffiers de l'Ecritoire ont été unis à ceux de Greffiers ordinaires.

3°. Par Arrêt du Parlement du 23 Août 1745, le Greffier des Experts du Bailliage de Chartres a été maintenu dans le droit de rédiger seul, à l'exclusion de tous autres, tous les procès-verbaux & rapports de visites, prisées, toisés, & estimations qui se font par les Experts, soit à l'amiable, ou en Justice, dans toute l'étendue du Bailliage de Chartres, & des Justices seigneuriales & subalternes en dépendantes, même de la Mairie de Loins.

Cet office de Greffier de l'Ecritoire avoit autrefois lieu à Orléans, seulement pour la Prévôté; mais il a été supprimé par l'article 17 de l'Edit du mois de Mars 1749, portant réunion de cette Prévôté au Bailliage de la même Ville.

Les Avocats commis par Justice, ou nommés par les parties, comme Experts pour visites, partages, *&c.* ont le choix du Greffier de l'Ecritoire. (Arrêt du 7 Septembre 1688.)

ARTICLE XVI.

Des Greffiers des Geoles.

148. Ce sont eux qui reçoivent les écroues & recommandations des personnes emprisonnées, & qui en délivrent des expéditions.

(Touchant les Greffiers des geoles, Voyez l'Ordonnance de 1670, *tit. 13*; & ce que j'ai dit à ce sujet dans mon Traité de la Justice criminelle, au titre *Des Prisons*, tom. 2, part. 3, liv. 2, tit. 12, n. 44 & suivants.)

ARTICLE XVII.

Des Greffiers-Gardes-Minutes des Lettres de Chancellerie.

149. Ces Greffiers sont dépositaires & conservateurs des minutes des Lettres de Chancellerie ; & ont été établis pour en constater l'expédition en cas de besoin, & en délivrer des copies collationnées, quand ils en sont requis.

Ils ont été créés dans les Chancelleries établies près les Parlements, Cours supérieures & Présidiaux, par Edit du mois de Mars 1692.

Leurs droits sont réglés par un tarif arrêté au Conseil le 5 Mars de la même année.

Ces droits pour le Présidial d'Orléans ont été fixés à dix sols pour chaque expédition.

ARTICLE XVIII.

Des Greffiers des insinuations des Jugements, & autres actes.

150. Les Greffiers des insinuations, sont ceux qui tiennent les registres où se transcrivent les donations, & les substitutions dans les Justices royales, afin que ces actes soient rendus publics.

Ils ont été créés en titre d'office par Edit du mois de Mai 1553, & ensuite supprimés par l'article 86 de l'Ordonnance d'Orléans.

Depuis ils ont été rétablis par Edit du mois de Mai 1581, & par un autre du mois de Décembre 1703.

Mais par un autre Edit du mois d'Octobre 1704, ces offices ont été supprimés & réunis aux Fermes du Roi, pour en être les droits perçus à son profit.

Il y a eu des tarifs portés en une Déclaration du 20 Mars 1708, & dans un Arrêt du Conseil du 29 Septembre 1722, qui reglent le pied sur lequel les insinuations doivent être payées, tant pour les actes de Justice, que pour ceux des Notaires.

ARTICLE XIX.

Des Greffiers des notifications des Contrats.

151 Ces offices ont été créés par Edit du mois de Novembre 1581,

& par un autre Edit du mois de Juin 1627, & depuis par Edit du mois de Décembre 1703; & ensuite supprimés & unis aux Fermes du Roi, pour en être les droits perçus à son profit, par Edit du mois d'Octobre 1704.

Les droits de ces Greffiers avoient été réglés par une Déclaration du 10 Décembre 1639.

Depuis, il y a eu des tarifs particuliers qui en fixent les droits, conjointement avec ceux des Greffiers des notifications, les uns & les autres ayant été compris sous le même nom de Greffiers des insinuations laïques. Ces tarifs sont réglés par la Déclaration du 20 Mars 1708, & par l'Arrêt du Conseil du 29 Septembre 1722, ci-dessus cités.

ARTICLE XX.

Des Greffiers des Parlements.

152. 1°. Touchant les Greffiers du Parlement, il faut voir,

Fontanon, *tom. 1, liv. 1, tit. 10, pag. 40*; & *tom. 4, pag. 845 & suivantes.*

Joly, *tom. 1, pag. 73 & 1902.*

Laroche-Flavin, en son Traité des Parlements, *liv. 2, chap. 8.*

Les Opuscules de Loisel, *pag. 411.*

Une Déclaration du Roi du 25 Novembre 1684, pour les Greffes du Parlement de Paris, rapportée par Bruneau en son Traité des Criées, *pag. 172.*

Un Arrêt du Parlement du 27 Juin 1664, touchant les fonctions & droits des Commis & Clercs des Greffes, contenant 85 articles, confirmé par un autre Arrêt du Parlement du 21 Août 1674. (Voyez Bruneau, *ibid.* pag. 161.)

153. Un Réglement des Requêtes du Palais de Paris, du 1 Juin 1647, concernant les fonctions & droits des Greffiers de ladite Cour, contenant 90 articles, rapporté par Bruneau, *ibidem*, pag. 187.

Et un Arrêt du Parlement de Bordeaux du 3 Septembre 1738, qui fixe les droits des Greffiers de ladite Cour; & autres Réglements.

2°. Les Greffiers des Parlements sont du corps desdites Cours; & en cette qualité, ils jouissent du droit d'indult, & de tous les honneurs, privileges, prérogatives, rang & séance après les Gens du Roi.

Ils sont reçus les Chambres assemblées, après information

faite de leurs vie & mœurs, & font examinés par députés, ou Commiffaires, qui doivent les interroger, plus fur la pratique, que fur la théorie; & principalement fur les expéditions, appointements en droit, conclufions, & autres Réglements qui fe prennent au Greffe. Enfuite on les fait entrer, on leur fait la lecture des articles de la Foi, & après ils prêtent ferment, & on les inftale, & fait affeoir au petit banc proche le pupitre, qui eft la place deftinée pour le Greffier.

154. L'Ordonnance du mois d'Octobre 1535, *chap. 3*, *art. 1*, veut que les Greffiers de la Cour, avant d'être reçus, foient tenus faire ferment à ladite Cour, de bien & duement exercer leurs offices; tenir fecrettes les ordonnances & appointements de la même Cour; qu'ils ne donneront procès, commiffion ni information au Confeil qui ne foient diftribués; qu'ils n'expédieront aucunes requêtes, que felon la délibération de la Cour; & que bien & duement ils garderont & obferveront les Ordonnances du Royaume, & les Réglements de ladite Cour.

ARTICLE XXI.

Des Greffiers du Confeil.

155. Voyez à ce fujet le nouveau Réglement du Confeil du 28 Juin 1738; & l'Arrêt du Confeil du 12 Septembre 1739. Ce dernier Arrêt regle les droits des Greffiers du Confeil, & ceux des commiffions extraordinaires. Il fe trouve à la fin du même Réglement du Confeil du 28 Juin 1738.

ARTICLE XXII.

Des Greffiers des Commiffions.

156. 1°. Les Greffiers des commiffions extraordinaires ont été créés en titre d'office par Edit du mois de Décembre 1625, rapporté par Joly, *tom. 1*, *aux additions*, *pag. 368;* & par un autre Edit du mois d'Août 1669, non enrégiftré: mais ces offices ont été fupprimés.

2°. Les Juges dans les commiffions qui leur font adreffées, ne peuvent fe fervir d'autres Greffiers que de ceux de leur Siege; à peine de nullité. (Ordonnance de Blois, *art. 169*; Arrêt du Confeil seil du 24 Novembre 1703, rapporté au Recueil des Réglements de Justice, *tom.* 2, *pag.* 114.) Voyez ci-dessus, *n.* 22.

Si ce n'est dans le cas de maladie, absence, ou suspicion. (Arrêt du Conseil du 30 Janvier 1724, rapporté au Code Louis XV; Déclaration du 21 Avril 1671.)

3°. A l'égard des commissions extraordinaires données par le Roi, ceux qui les exécutent peuvent commettre pour Greffiers telles personnes qu'ils jugeront à propos, auxquelles ils doivent seulement faire prêter serment. (Même Déclaration du 21 Avril 1671.)

4°. Les droits & salaires des Greffiers des commissions extraordinaires, sont les mêmes que ceux des Greffiers du Conseil, suivant l'Arrêt du Conseil du 12 Septembre 1739, cité ci-dessus, *n.* 155.

ARTICLE XXIII.

Des salaires & vacations des Greffiers en général. (a)

§. I.

Des cas où les Greffiers peuvent prendre des droits & vacations, & de ceux où ils ne le peuvent.

157. 1°. Les Greffiers, tant civils que criminels, ne peuvent prendre

---

(a) Les principaux tarifs des droits des Greffiers, sont :

1°. L'Arrêt de Réglement de la Cour du 4 Juin 1615, pour les Greffiers du Bailliage & Siege Présidial d'Orléans, contenant 25 articles. Ce Réglement se trouve dans le Recueil de Néron, *tom.* 2, *pag.* 548.

2°. Une Déclaration du Roi du 5 Novembre 1661, non régistrée en la Cour, contenant 53 articles.

3°. Les Arrêts de Réglement du Parlement de Paris des 10 Juillet 1665, & 26 Août 1665, qui se trouvent au Recueil des Réglements de Justice, *tom.* 1.

4°. Celui du 23 Juillet 1676, pour le Duché de Mazarin, qui se trouve au Journal des Audiences.

5°. La Déclaration du Roi du 25 Novembre 1684, qui regle les droits des Greffiers du Parlement de Paris, qui se trouve aussi au Journal des Audiences.

6°. Le Tarif des droits des Greffiers du Châtelet de Paris du 21 Mars 1690, aucuns droits pour recevoir & rédiger les sentences, soit d'audience, soit en procès par écrit, mais seulement pour les expéditions qu'ils en délivrent.

2°. De même, ils n'en peuvent prendre en général pour tous les actes qui se font à l'Audience, si ce n'est pour certains actes dont il sera parlé ci-après, *n. 185 & suivants*; mais ils peuvent percevoir des droits pour les expéditions.

158. 3°. Pour les actes qui se font sous les Juges en qualité de Commissaires-Enquêteurs-Examinateurs, même pour les tutelles, curatelles, avis de parents, scellés & inventaires, & autres actes en matiere civile, les Greffiers ne peuvent être payés que de leur grosse seulement, sans aucune vacation. (Arrêt de Réglement du Parlement du 10 Juillet 1665, *art. 37 & 38*; autre du 13 Mars 1604, pour Mâcon, rapporté par Joly, *pag. 1384*; autre du 26 Mai 1659, pour Troies, qui ajoute *les compulsoires, & baux judiciaires*; autre du 15 Mai 1714, pour le Comté de Pontchartrain, au titre *Du Greffier*, art. 19 & 20; autre du 28 Juin 1741, pour Angoulême, *art. 8*.)

---

qui se trouve à la suite de l'Edit du mois de Mars 1690, & qui est imprimé au Recueil des Réglements de Justice, *tom. 1, pag. 284*.

7°. Un Arrêt de Réglement de la Cour du 15 Mai 1714, servant de Réglement pour le Comté de Pontchartrain, au titre *Du Greffier*, rapporté au Recueil des Ordonnances, Edits, *&c.*, cités dans les Nouveaux Commentaires sur les Ordonnances des mois d'Avril 1667, Août 1669, Août 1670 & Mars 1673, *tom. 2, pag. 520*.

8°. Un autre Tarif pour les droits des Greffiers de la Cour des Aides de Paris, du 31 Novembre 1716, rapporté au même Recueil, *tom. 2, pag. 354*.

9°. Un Arrêt du Conseil du 12 Février 1723, qui regle les droits des Greffiers du Parlement de Bordeaux.

10°. Des Lettres-Patentes du 26 Août 1724, touchant les droits des sentences des Sénéchaussées, & autres Justices royales de la Province de Bretagne.

11°. Un Arrêt du Parlement de Bretagne du 9 Août 1725, touchant les vacations des Juges & Greffiers de cette Province.

12°. Un Arrêt du Parlement de Bordeaux du 3 Septembre 1738, qui regle les droits des Greffiers de ladite Cour.

13°. Un Arrêt du Conseil du 12 Septembre 1739, qui regle les droits des Greffiers des Conseils du Roi.

14°. Un Arrêt du Parlement de Toulouse du 6 Avril 1743, touchant les droits des Greffes des Sénéchaussées du Parlement de Toulouse, rapporté au Recueil des Réglements de Toulouse, *in-8°., tom. 1, pag. 538*.

159. Il est vrai que par l'article 21 de la Déclaration du 5 Novembre 1661, il est dit qu'en toutes commissions & actes de Justice qui s'exécuteront par les Juges Commissaires-Examinateurs, ou autres Officiers, soit pour la confection d'enquêtes, informations, interrogatoires, récolements, confrontations de témoins, procès-verbaux d'ordre, interrogatoires sur faits & articles, vues, descentes, redditions de compte, commissions, ou exécutions testamentaires, compulsoires, procès-verbaux de scellés, confrontations d'écritures, inventaires, ventes de meubles, apprétiations de grains, estimations d'héritages, rapports d'Experts, actes de tutelle & curatelle, avis de parents, émancipations, & tous actes en général qui se font sous lesdits Juges & Commissaires-Examinateurs, tant en la ville que hors d'icelle, les Greffiers auront la moitié de la taxe du Juge, pour leurs droits de vacation, & moitié de ladite moitié pour leur Clercs; sans y comprendre le droit de grosse & expédition, quand elles se leveront, pour lesquelles il leur sera payé à raison de 2 sols 6 deniers du rôle.

160. Mais outre que cette Déclaration n'a point été enrégistrée au Parlement, il ne paroît pas qu'elle ait jamais été observée, du moins par rapport à cet article, qui d'ailleurs se trouve abrogé par des Réglements postérieurs qu'on vient de citer, & auxquels on doit joindre l'article 23 du titre 22 de l'Ordonnance de 1667.

Mais quand il y a transport hors le lieu, les Greffiers sont toujours en droit de percevoir des vacations, même dans les affaires qui se poursuivent à la requête des Procureurs du Roi, ou de ceux des Seigneurs, ainsi qu'il sera observé ci-après, *n.* 193.

§. II.

Des cas où les Greffiers ne peuvent percevoir aucuns droits.

161. 1°. Les Greffiers ne peuvent rien prendre pour les expéditions qu'ils font à la requête des Procureurs du Roi, ou Fiscaux de leur Siege. (Arrêt du Parlement du 7 Septembre 1660, pour Dreux; autre du 26 Février 1661, pour la Roche-sur-Yon, rapporté au Journal des Audiences; autre du 12 Avril 1661, pour Soissons; autre du 10 Décembre 1665, *art.* 23; Arrêt du Conseil du 26 Août 1727, rapporté au Recueil de Toulouse, *in-8°.*, *tom.* 1, *pag.* 255.)

Ni pour délivrer aux Fermiers les extraits des condamnations, d'amende. (Arrêt du Conseil du 24 Novembre 1667.)

162. 2°. Ils ne peuvent rien prendre pour les ordonnances du Juge, portant permission d'interroger sur faits & articles. (Ordonnance de 1667, *tit. 10*, *art. 2.*)

Ni en général pour aucune permission de saisir sur requêtes répondues par les Juges. (Arrêt du Parlement du 12 Août 1682, pour Montdidier.)

3°. Ni pour communiquer aux parties les regiſtres des plaidoiries. (Ordonnance du mois d'Octobre 1535, *chap. 3*, *art. 17.*)

4°. Ni pour consignations faites au Greffe. (Ordonnance du mois de Mars 1498, *art. 67*; même Ordonnance du mois d'Octobre 1535, *chap. 18*, *art. 6*; autre de 1670, *tit. 13*, *art. 33.*)

5°. Ni pour réception d'encheres & distributions de deniers. (Ordonnance de Blois, *art. 163.*)

163. 6°. Ni pour l'expédition des jugements de compétence en matiere criminelle, s'il n'y a partie civile. (Arrêt du Parlement du 26 Février 1661, pour le Duché de la Roche-sur-Yon; autre du 3 Septembre 1667, *art. 32*; autre du 12 Avril 1661, pour Soissons.)

7°. Ni pour les dépôts de sommes consignées dans le cas des inscriptions de faux. (Ordonnance de 1670, *tit. 9*, *art. 5.*)

8°. Ni pour l'attache, lecture, ou publication des lettres de grace, ou pour conduire & faire enrégistrer l'impétrant à l'Audience, ou sous quelqu'autre prétexte que ce soit: à peine de concussion, & de restitution du quadruple. (Ordonnance de 1670, *tit. 16*, *art. 23.*) Voyez néanmoins la Déclaration du 5 Novembre 1661, *art. 22.*

9°. Ni pour l'élargissement des accusés; sans que faute de paiement d'épices, ou d'avoir levé les Arrêts, Sentences & Jugements, les prononciations, ou élargissements puissent être différés, à peine d'interdiction, de 300 livres d'amende, & des dommages & intérêts des parties. (Ordonnance de 1670, *tit. 13*, *art. 29*; autre du mois d'Octobre 1535, *chap. 13*, *art. 18*; Edit du mois de Janvier 1685, pour le Châtelet de Paris, *art. 30.*)

164. 10°. Il leur est défendu, en travaillant aux appositions & levées de scellés & inventaires, & en général, de prendre aucun repas, ni nourriture sur les effets de la succession, ni aux dépens d'aucunes des parties intéressées; à peine de concussion, & de

répétition du quadruple. (Arrêt de Réglement du 10 Juillet 1665, *art.* 54 & 57; Ordonnance de Roussillon, *art.* 32.)

11°. C'est aux Juges de chaque Siege à régler les salaires & vacations des Greffiers, quand il n'y a aucun Réglement qui les fixe. (Ordonnance de Blois, *art.* 160 & 163; autre du mois de Janvier 1597, *art.* 26.)

Le même article 160 de l'Ordonnance de Blois, porte qu'il y aura au Greffe un tableau apparent contenant le tarif des salaires des Greffiers.

§. III.

Devoirs des Greffiers touchant leurs salaires & vacations.

1165. 1°. Ils doivent se contenter de salaires modérés, suivant l'ancienne taxe & les Réglements postérieurs; à peine de concussion, d'amende arbitraire, & des dommages & intérêts des parties. (Réglement du 24 Mai 1603, pour le Présidial de Bourg-en-Bresse, *art.* 105.)

Plusieurs autres Réglements leur défendent, ainsi qu'à leurs Commis, de rien prendre, ou recevoir au-delà de la taxe. (Arrêt du Parlement de Bretagne du mois de Septembre 1546, rapporté par Dufail, *liv.* 3, *chap.* 426; Arrêt du Parlement de Paris du 22 Novembre 1601, rapporté par Bouchel, au mot *Greffier;* Ordonnance de Blois, *art.* 160, qui ajoute, *à peine de la vie, encore qu'il fût volontairement offert.*)

1166. 2°. Il leur est aussi défendu de rien prendre sous prétexte d'une plus prompte expédition. (Arrêt du Parlement du 28 Juin 1741, pour Angoulême, *art.* 7; Voyez aussi ce qui a été dit ci-dessus, *pag.* 37.)

3°. Ils ne doivent prendre directement ni indirectement aucune promesse ou obligation sous leurs noms, ni sous celui d'autres personnes, pour raison de leurs salaires; à peine d'interdiction, & des dommages & intérêts des parties. (Arrêt du Parlement du 15 Janvier 1684; autre du Parlement de Toulouse du 3 Mars 1586, rapporté par Laroche-Flavin, *liv.* 2, *lettre* G, *tit.* 8, *art.* 3.)

1167. 4°. Ils sont tenus, ou leurs Clercs, d'écrire ce qu'ils ont reçu des parties au bas des expéditions qu'ils délivreront; à peine de concussion & de privation d'office, *&c.* (Ordonnance d'Orléans, *art.* 80; Ordonnance de Roussillon, *art.* 34; Ordonnance de Blois, *art.* 159; Arrêt de Réglement du 4 Juin 1615, pour les

Greffiers du Bailliage d'Orléans, *art.* 18 ; Déclaration du 5 Novembre 1661, *art.* 44; Arrêt de Réglement du 10 Juillet 1665, *art.* 22; Edit des épices du mois de Mars 1673, *art.* 4; Arrêt du Parlement du 12 Avril 1661, pour Soissons; autre du 28 Juin 1741, pour Angoulême, *art.* 7.)

Et cela doit avoir lieu, tant sur les premieres que sur les secondes expéditions. (Arrêt de Réglement du 15 Mai 1714, pour le Comté de Pontchartrain, titre *Du Greffier*, art. 27.)

168. 5°. Les Greffiers ne peuvent demander leur salaire après trois ans. (Ordonnance du mois de Juin 1510, *art.* 48.) L'Ordonnance du mois d'Octobre 1535, *chap.* 18, *art.* 13, dit après un an.

6°. Quand une sentence, ou autre acte du Greffe, a été levé une fois, on ne paie plus dans les secondes & autres expéditions aucunes épices ni vacations. (Voyez ci-dessus, *n.* 54.)

7°. Dans le cas de recusation du Greffier, on a jugé que le Greffier commis devoit lui tenir compte du quart des émoluments. (Ainsi jugé par Arrêt du Parlement de Dijon, du 12 Mars 1761, rapporté par M. Serpillon en son Code Criminel, *pag.* 1513.)

ARTICLE XXIV.

Tarif des salaires & vacations qui doivent se percevoir par les Greffiers des Présidiaux, Bailliages, Sénéchaussées, & autres Jurisdictions royales ; & qui se perçoivent au Bailliage & Siege présidial d'Orléans.

§. I.

En Civil.

169. 1°. Pour chaque rôle des expéditions en parchemin, suivant la Déclaration du Roi du 5 Novembre 1661, qui a toujours été exécutée à Orléans, quoique non enrégistrée au Parlement, ... 18f. 9d.

2°. Les Greffiers expédient en parchemin, suivant la même Déclaration; sçavoir,

Les Sentences interlocutoires,
Les Sentences de provision,
Les Sentences diffinitives,
Les Sentences de séparations de mari & femme,
Les Sentences de certifications de criées,

Les Sentences de congé d'adjuger,

Les Sentences d'adjudications par décret volontaire, ou forcé,

Les Sentences de licitations,

Les Sentences de ventes de fruits,

Les Sentences d'entérinement de Lettres d'émancipation, de bénéfice, d'inventaire, & de terrier,

Les Sentences de réception de caution,

Les Sentences de conclusion d'inventaire,

Les Sentences arbitrales. (Déclaration du 5 Novembre 1661, *art.* 13.)

Ces dix-huit sols neuf deniers par rôle sont,

Pour l'ancien droit de Greffe, qui est de . . . . 10f.

Plus pour le droit de Clerc, ... 5

Plus pour le parisis, 3 9d.

Total. . . 18f. 9d.

170. Aujourd'hui, depuis la réunion de la Prévôté d'Orléans au Bailliage, & en conséquence de l'article 14 de l'Edit de cette réunion, en date du mois de Mars 1749, le Greffier du Bailliage est autorisé à prendre vingt-cinq sols par rôle des Sentences, ou Jugements diffinitifs qui gissent en exécution, y compris le droit de contrôle; & pour l'expédition des autres Sentences & Jugements, la somme de dix-huit sols neuf deniers seulement; mais ce droit, qui est exhorbitant, est particulier à Orléans.

Les Sentences qui gisent en exécution, sont celles où il s'agit de faire quelque contrainte, ou poursuite en vertu du Jugement rendu.

Les Sentences qui se levent par extrait, se payent sur le même pied du rôle, que celles qui s'expédient en forme. (Réglement du 4 Juin 1615, pour Orléans, *art.* 9.)

171. A l'égard des grosses & expéditions des actes de tutelles, curatelles, & avis de parents, il est défendu aux Greffiers des Présidiaux de percevoir plus de trente sols; & à ceux des autres Sieges royaux plus de vingt sols. (Arrêt de Réglement de la Cour, du 10 Juillet 1665, *art.* 37;) sans pouvoir prendre aucune chose pour leurs vacations. (*Ibid.*) Voyez néanmoins ce qui est dit ci-après, *n.* 178.

4°. Quant aux procès-verbaux d'appositions de scellés, ils se payent par rôle sur le pied de la grosse seulement, mais sans aucune vacation. (Même Arrêt du 10 Juillet 1665, *art.* 38.) Voyez néanmoins ce qui est dit ci-après, n. 178.

5°. Il en est de même des comptes & partages. (Même Arrêt de 1665, *art.* 38.) Mais voyez ci-après, *n.* 180.

Outre les droits ci-dessus fixés pour les rôles des Sentences expédiées en parchemin, le Commis du Greffe du Bailliage d'Orleans, (ainsi que faisoit celui de la Prévôté, quand elle existoit,) prend cinq sols par écu des épices qui sont taxées par les Sentences rendues en procès par écrit.

172. Les Greffiers expédient encore en parchemin, mais sur une queue seulement, les actes qui suivent pour lesquels ils sont payés; sçavoir,

6°. Pour une commission de saisie réelle, suivant la Déclaration du 5 Novembre 1661, *art.* 16, . . . 15 f.

Cependant les Greffiers du Bailliage d'Orléans, (ainsi que faisoient ceux de la Prévôté,) ne prennent ordinairement rien pour les commissions de saisie réelle : les Procureurs les expédient & les font signifier aux Greffiers gratuitement.

7°. Pour les commissions de saisies féodales & censuelles, suivant le même art. 16 de la Déclaration de 1661. 1

8°. Pour un exécutoire de dépens, suivant l'Arrêt du Parlement du 4 Juin 1615, rendu pour Orléans, *art.* 22, 9 f. 6 d.

Le Réglement du 4 Juin 1615, pour Orléans, porte qu'il sera payé pour un exécutoire de dépens au Présidial, sept sols huit deniers parisis; & cinq sols huit deniers parisis au Bailliage. (Voyez les articles 22 & 23 de ce Réglement.)

9°. Pour les commissions pour assigner au Présidial, . 9 f. 6 d.

10°. Pour un relief d'appel, ... 9 f. 6 d.

11°. Pour une anticipation, ... 9 f. 6 d.

12°. Pour une désertion d'appel, ... 9 f. 6 d.

173. La Déclaration du 5 Novembre 1661, *art.* 18, porte que pour les reliefs d'appel, désertions & autres commissions qui s'expédient au Bailliage, & dans lesquelles seront mises les qualités du Bailli de la Province, il sera payé au Greffier, . . 9 f. 4 d.

Au reste, ces sortes de reliefs sont aujourd'hui inutiles dans les Bailliages. (Voyez l'article 12 du titre 2 de l'Ordonnance de 1667.)

A l'égard des reliefs d'appel, anticipations & désertions d'appel, dans

dans les affaires présidiales, ils s'expédient dans les Chancelleries présidiales, pourquoi il y a des tarifs particuliers.

Il faut observer à l'égard des actes qui s'expédient en parchemin.

Que suivant la Déclaration du Roi du 25 Novembre 1684, *art.* 2, les Greffiers doivent faire diminution aux parties d'un sol par rôle de parchemin, & de huit deniers par placard. (*Idem* par le Réglement du Bailliage de Poitiers, du 17 Juin 1719, *art.* 6.)

174. Et que quand dans les dernieres pages des expéditions délivrées par les Greffiers, (soit en parchemin, soit en papier,) il ne se trouve pas le nombre de lignes & de syllabes requis par les Réglements, ils ne doivent être payés qu'au prorata, & en outre condamnés à l'amende. (Réglement du 4 Juin 1615, pour les Greffes d'Orléans, *art.* 24, Voyez aussi ce qui a été dit ci-dessus, *n.* 99.)

13°. Tous autres actes, à la réserve de ceux ci-dessus, s'expédient en papier; même les appointements, & tous les autres jugements qui ne tendent qu'à l'instruction, suivant la Déclaration du 5 Novembre 1665, *art.* 33.

14°. Pour un appointement en droit, suivant l'Arrêt du 4 Juin 1615, *art.* 2, ... 7 s.

15°. Pour un appointement à mettre. (*Ibid.*) . . *idem.*

16°. Pour un appointement sur le Bureau. (*Ibid.*) . *idem.*

17°. Pour un appointement de conclusion. (*Ibid.*) . *idem.*

18°. Pour l'expédition d'un défaut faute de défendre, de plaider, ou de conclure. (*Ibid.*) . . . . . . *idem.*

19°. Pour un appointement de continuation de cause. (*Ibid.*) . . . . *idem.*

175. Tous ces actes se paient sept sols, lorsqu'ils sont simples; & douze sols lorsqu'ils contiennent quelque chose de plus que l'appointement; & quelquefois même ils se paient par rôle. (Voyez les articles 2, 3, 4 & 6 du Réglement du 4 Juin 1615, pour les Greffes du Bailliage d'Orléans.)

20°. Pour tous autres jugements d'instruction, . . . 12 s.

Un Arrêt du Conseil du 6 Août 1700, rapporté au Recueil des Edits & Réglements enrégistrés au Parlement de Dijon, *tom.* 3, *pag.* 47, ordonne qu'il sera payé douze sols pour l'expédition de chacune des simples sentences & ordonnances d'instruction, qui se délivrent dans les Sénéchaussées, Présidiaux, & autres Jurisdictions royales, sur les seules qualités des parties en matiere civile, de même qu'en matiere criminelle, suivant l'article 8 du tarif arrêté au Conseil le 13 Mai 1698, au titre *Des Greffes Criminels.*

176. Mais par la premice de cet Arrêt, on voit qu'il n'a été rendu que pour les Greffes étant en la main du Roi. Ainsi, à l'égard des Greffes qui ont été anciennement aliénés, cela ne donne point aux Greffiers le droit de percevoir cette somme, s'ils n'y étoient auparavant autorisés, ou par l'usage, ou par des Réglements particuliers.

Autre Arrêt du Conseil du 16 Mai 1724, qui ordonne qu'il sera payé douze sols pour les sentences & ordonnances d'instruction, de même qu'il s'observe en criminel, suivant l'article 8 du tarif arrêté au Conseil le 13 Mai 1698, au titre *Des Greffes Criminels*, ci-dessus cité.

177. 21°. Tous les actes de Justice qui se font en matiere civile, sous les Juges Enquêteurs-Commissaires-Examinateurs, se payent à raison de cinq sols du rôle de grosse seulement, sans pouvoir prendre aucune vacation, suivant le Réglement du Parlement du 10 Juillet 1665, *art.* 38. *Idem* par l'article 8 de l'Arrêt de Réglement de la Cour du 28 Juin 1741, rendu pour les Greffes d'Angoulême; & par l'article 18 de l'Arrêt de Réglement de la Cour du 1 Mars 1765, rendu pour le Bailliage royal de Sainte-Ménehoult.)

L'article 21 de la Déclaration du 5 Novembre 1661, porte que pour tous ces actes les Greffiers prendront la moitié de la taxe du Juge, pour leur droit de vacation, & moitié de ladite moitié pour leur Clerc; sans y comprendre le droit de grosse & expédition quand elles se leveront, pour lesquelles le Greffier sera payé à raison de deux sols six deniers du rôle; mais il faut observer que cette Déclaration n'a point été enrégistrée au Parlement.

178. 22°. Pour les actes de tutelle, curatelle, & avis de parents, pour la grosse & expédition, sans pouvoir prendre aucune chose pour leurs vacations, suivant les articles 37 & 42 de l'Arrêt de Réglement du 10 Juillet 1665; & par celui du 28 Juin 1741, rendu pour Angoulême, *art.* 9; sçavoir,

Dans les Présidiaux, ... 1l. 10s.

Et dans les autres Sieges royaux, ... 1l.

Par l'article 21 de la Déclaration du 5 Novembre 1661, ils peuvent percevoir moitié de la vacation du Juge, qui est trente sols, & moitié de la moitié pour leur Clerc, qui est quinze sols pour leur vacation, & deux sols six deniers par rôle pour la grosse, ainsi qu'il vient d'être observé; mais, comme on vient de le dire, cette Déclaration n'a point été enrégistrée au Parlement.

23°. Pour les enquêtes & procès-verbaux de jurande faits pour y parvenir, lorsque le tout est fait dans le lieu de la demeure du Juge, la grosse seulement, à raison de cinq sols du rôle, sans vacation pour le Greffier. (Même Réglement du 10 Juillet 1665, *art.* 42; Ordonnance de 1667, *tit.* 22, *art.* 23; Arrêt du Parlement du 28 Juin 1741, pour Angoulême, *art.* 8; autre du 1 Mars 1765, pour Sainte-Menehoult, *art.* 18.)

Néanmoins le Commis du Bailliage d'Orléans prétend être en droit dans les enquêtes qu'il reçoit, de percevoir un droit qu'il dit être le sixieme de la vacation du Juge.

Celui de la Prévôté prenoit dix sols pour le droit du Commis.

179. 24°. Pour un interrogatoire sur faits & articles, & autre en matiere civile, la grosse seulement à cinq sols du rôle, sans aucune vacation. (Voyez ci-dessus, *n.* 177.)

Mais par la Déclaration du 5 Novembre 1661, *art.* 21, ils peuvent prendre grosse & vacation. (Voyez ci-dessus, n. 178.)

A Orléans le Greffier prétend être en droit de percevoir la grosse & le droit du Commis, qui est le sixieme de la vacation du Juge.

Le Greffier de la Prévôté prenoit dix sols pour le droit du Commis, ainsi qu'on vient de l'observer.

25°. Pour un procès-verbal de vérification d'écritures, le Greffier doit être payé de la grosse seulement. (Voyez ci-dessus, *n.* 177 & 178.) Mais à Orléans, le Greffier du Bailliage prétend être en droit de percevoir les deux tiers de la taxe du Juge, ou la grosse, avec le droit du Commis.

180. 26°. Pour un procès-verbal d'appréciation de grains, la grosse seulement. (Voyez ci-dessus, *n.* 177 & 178;) mais à Orléans le Greffier prétend être fondé à prendre les deux tiers de la taxe du Juge, ou la grosse, à son choix, avec le droit du Commis.

27°. Pour les redditions de comptes, la grosse seulement. (Arrêt de Réglement de la Cour du 10 Juillet 1665, *art.* 38; autre du 28 Juin 1741, rendu pour Angoulême, *art.* 8; autre du 1 Mars 1765, pour le Bailliage de Sainte-Menehoult, *art.* 18.)

L'article 21 de la Déclaration du 5 Novembre 1661, porte que pour les redditions de comptes, les Greffiers auront & prendront la moitié de la taxe du Juge pour leur droit de vacation, & la moitié de la moitié pour leur Clerc ; sans y comprendre le droit de grosse & expédition, qui leur sera payé à raison de deux sols six deniers du role ; mais comme on l'a déja observé, cette Déclaration n'a point été enrégistrée au Parlement.

181. 28°. Pour un acte de nomination d'Experts, . . 1 l.

Celui de la Prévôté prenoit la grosse & le droit du Commis, qui est le sixieme de la vacation du Juge.

29°. Pour l'acte de prestation & serment des Experts. . 7 s.

En la Prévôté, le Greffier prenoit la grosse du tout, avec le droit du Commis.

30°. Pour l'acte du rapport des Experts, la grosse avec le droit du Commis. (Mais voyez l'article 21 de la Déclaration du 5 Novembre 1661.)

31°. Pour les procès-verbaux d'apposition & levée de scellés dans la ville où le Juge fait sa résidence, la grosse seulement à raison de cinq sols du role, sans vacation. (Arrêt de Réglement du 10 Juillet 1665, *art.* 38 ; *idem* par l'article 8 de l'Arrêt de Réglement de la Cour du 28 Juin 1741, rendu pour Angoulême ; & par l'article 18 de l'Arrêt de Réglement du 1 Mars 1765, pour le Bailliage de Sainte-Ménehoult.) Mais par l'article 21 de la Déclaration du 5 Novembre 1661, ils peuvent prendre leur vacation, qui est la moitié de la vacation du Juge ; & la moitié de la moitié pour leur Clerc ; sans y comprendre la grosse & expédition, qui doit leur être payée à raison de vingt sols six deniers du rôle.

182. A Orléans, le Greffier du Bailliage prend les deux tiers de la taxe du Juge, avec le droit de Commis ; & outre cela il se fait payer de sa grosse, quand on la demande.

Celui de la Prévôté prenoit les deux tiers de la taxe du Juge, avec le droit de Commis, lorsque la grosse n'étoit pas levée ; & quand la grosse étoit levée, il prenoit seulement la moitié de la taxe du Juge, avec le droit de Commis, & la grosse.

32°. Pour les procès-verbaux de descentes, dedans ou dehors la ville, en laquelle le Juge fait sa résidence, le Greffier du Bailliage d'Orléans prend les deux tiers de la taxe du Juge, avec le droit du Commis ; & outre cela, la grosse. Mais par l'Arrêt du Conseil du 16 Octobre 1684, rendu pour Orléans, il ne lui appartient que les deux tiers de la taxe du Lieutenant-Général, ou Criminel, y compris la minute & la grosse.

Le Greffier de la Prévôté prenoit comme pour les appositions & levées de scellés.

183. 33°. Pour l'expédition d'une sentence de réception d'un Officier.

L'information de vie & mœurs faite pour y parvenir.

Le port des pieces chez le Procureur du Roi.

Le rapport d'icelles chez le Juge ; & l'enrégistrement des provisions.

Sept livres dix sols pour le tout, avec le droit du Commis, suivant la Déclaration du 5 Novembre 1661, art. 24.

Mais voyez l'Edit du mois de Mars 1690, & le tarif qui est à la fin.

34°. Pour la matricule d'un Avocat, suivant la Déclaration du 5 Novembre 1661, *art.* 25, . . . 1 l. 10 s.

35°. Pour les procès-verbaux qui se dressent au Greffe, comme sont :

Les procès-verbaux de communication de pieces.

Collations d'icelles.

Comptes faits au Greffe.

Délivrance des pieces compulsées, *&c.*

La grosse seulement, & cinq sols pour le Commis, sans vacation pour le Greffier. (Arrêt du 12 Août 1682, pour Montdidier.

Voyez cependant les articles 20 & 31 de la Déclaration du 5 Novembre 1661.

184. 36°. Pour un *comparuit*, ou défaut délivré sur une assignation donnée au Greffe, ... 5 s.

37°. Pour chacune cause mise au rôle, pour l'ancien droit, collation & parisis, suivant la Déclaration du 5 Novembre 1661, *art.* 11, ... 2 s.

38°. Pour l'enrégistrement d'une saisie réelle, suivant le Réglement du 4 Juin 1615, pour Orléans, *art.* 12. . 10 s.

39°. Pour une opposition formée au Greffe à la saisie réelle, ou à la levée d'un scellé ; ou autres semblables oppositions, ... 5 s.

Et suivant l'article 19 de la Déclaration du 5 Novembre 1661, ... 7 s. 6 d.

185. 40°. Pour une réception d'enchere pour parvenir à une adjudication en Justice, ... *15 sols pour chacune.*

Et dans les Prévôtés dix sols pour chacune, jusqu'à

trois; & rien pour la quatrieme, & autres subséquentes. (Mais voyez l'article 30 de la Déclaration du 5 Novembre 1661.)

41°. Pour la publication de chaque enchere, faite pour parvenir au bail de fruits, ou adjudication de fonds, suivant le Réglement du 10 Juillet 1665, *art.* 45. 5 f.

(*Nota*. On ne publie point d'enchere dans la Coutume d'Orléans; mais lorsque le décret d'un héritage sis dans cette Coutume, se fait dans une Jurisdiction où les encheres doivent se publier, elles se publient à l'Audience du Bailliage, & le Greffier prend quinze sols.)

42°. Pour les affiches d'adjudications, dans les endroits où les Greffiers sont en possession de les expédier, dix sols du rôle de vingt-cinq lignes & quinze syllabes.

186. 43°. Pour la Déclaration faite au Greffe par l'adjudicataire de fruits au profit d'un autre, suivant le Réglement du 3 Septembre 1667, *art.* 20, . . . 1 l. 10 f.

Pour les adjudications de fonds, suivant le même Réglement, *ibid.* . . . . . . 1 l. 10 f.

Et lorsque l'adjudication des fonds excede dix mille livres, suivant le même Réglement, *ibidem*, art. 20. . 3 l.

44°. Pour les publications qui se font à l'Audience, comme de substitutions, séparations de mari & femme, quinze sols y compris le certificat de la publication, & sans y comprendre la Sentence qui s'expédie en parchemin.

(Mais voyez l'article 23 de la Déclaration du 5 Novembre 1661.)

45°. Pour l'enrégistrement des actes qui contiennent des substitutions, des contrats d'attermoyement, sentences arbitrales, & autres actes dont on demande l'homologation, & qu'il faut transcrire sur le registre du Greffe, le Greffier du Bailliage prend suivant la longueur des actes.

187. Celui de la Prevôté prenoit quinze sols, y compris le certificat de la publication; & sans y comprendre la sentence, qui s'expédie en parchemin.

L'article 28 de la Déclaration du 5 Novembre 1661, porte que les Greffiers seront payés desdits enrégistrements à raison des autres expéditions du Greffe, sans y comprendre l'acte, ou jugement, en vertu duquel lesdites sentences, ou insinuations seront faites, desquels les Greffiers seront aussi payés à raison des autres expéditions, comme aussi des extraits qui en seront levés, si les parties le requierent.

288. L'Arrêt de Réglement du 12 Avril 1661, pour Soissons, porte que les Greffiers ne pourront prendre aucun droit pour la lecture & enrégistrement des actes d'Audience; comme criées, décrets d'héritages ou offices vendus ou licités, testaments, donations, contrats de mariage, rémission, ou autres; sinon l'enrégistrement & grosse qu'ils délivreront aux parties, sans qu'ils puissent prendre aucun droit de minute. (*Idem* par l'Arrêt du Parlement du 26 Mai 1659, pour Troies; & par celui du 12 Avril 1661, pour Soissons.)

Mais l'article 45 de l'Arrêt de Réglement du 10 Juillet 1665, porte qu'il sera payé aux Greffiers, pour chacun acte qu'ils mettront au bas des grosses des contrats de donations, & autres insinuées & publiées, ... 15 f.

289. 46°. Pour la copie desdits actes qu'ils transcriront sur le registre des insinuations, ou publications, deux sols six deniers, pour chacun rôle que contiendra la grosse du contrat, ou acte insinué & publié.

Le même Arrêt du 12 Avril 1661, pour Soissons, qu'on vient de citer, défend de prendre plus de quinze sols pour l'enrégistrement de chaque contrat, ou testament.

47°. Pour les enrégistrements requis par des parties, de Lettres-Patentes, Arrêts & Réglements, les Greffiers seront payés à raison de dix sols du rôle en grand papier, & de cinq sols en petit papier, suivant l'article 27 de la Déclaration du 5 Novembre 1661.

48°. Pour le dépôt au Greffe d'une production en procès par écrit, & pour la communication du procès au Rapporteur, suivant le tarif des dépens du Châtelet d'Orléans, du 6 Mars 1682, homologué par Arrêt du 6 Mars audit an, *art.* 18. . 15 f.

(Mais voyez la Déclaration du 5 Novembre 1661, *art.* 32.)

290. 49°. Pour le *dictum* des sentences cinq sols par écu d'épices.

Ce droit appartient au Rapporteur, quand il écrit le *dictum* de sa main; mais à Orléans, le Greffier est dans l'usage de le percevoir, & d'écrire ce *dictum*.

50°. Pour le droit d'iſſue & de ſignification, quinze ſols; ſçavoir,
Pour l'iſſue, ... 10 ſ.
Et pour la ſignification, ... 5 ſ.

Le droit de ſignification, (ou prononciation) a été aboli par l'Ordonnance de 1667, *tit.* 26, *art.* 7.

51°. Pour rendre à un Procureur la production de ſa partie, après que le procès a été jugé; & pour la lecture de la Sentence au Procureur, ... 15 ſ.

(Mais voyez l'article 32 de la Déclaration du 5 Novembre 1661.)

52°. Pour vérifier ſur le regiſtre des diſtributions, & dire le nom du Rapporteur, ſuivant la même Déclaration, *art.* 36. . . . . 3 ſ.
Pour la rédiſtribution d'un procès, ſuivant la même Déclaration, *art.* 35. . . . . . 5 ſ.

191. 53°. Pour le port du procès chez le Procureur du Roi, lorſque le procès eſt ſujet à communication, & pour reporter ledit procès chez le Juge, ... 10 ſ.

(Déclaration du 5 Novembre 1661, *art.* 33, qui ajoute, à condition par le Greffier d'en rapporter le récépiſſé & la décharge.)

54°. Pour la vacation du Greffier qui mettra ès mains des Meſſagers les procès dont il y aura appel, pour le porter au Parlement, ou ailleurs; étiquets, cordes; & en retirer récépiſſé du Meſſager, ... 15 ſ.
(Même Déclaration de 1661, *art.* 37 & 38.)

55°. Pour un extrait du dépôt des régiſtres des baptêmes, mariages & ſépultures; ſçavoir, dans les villes où il y a Parlement, Evêché, ou Siege préſidial, ... 10 ſ.
Dans les autres villes, ... 8 ſ.
Et dans les Bourgs, ou Villages, ... 5 ſ.
Le tout y compris le papier timbré.
(Déclaration du 9 Avril 1736, *art.* 19.)

192. 56°. Pour un extrait de jugement, ou ordonnance, portant permiſſion d'inhumer en Terre-Sainte, . . *Mêmes droits de 10, 8 & 5 ſols.*
(Déclaration du 9 Avril 1736, *ibib.* art. 13.)

57°. Pour la décharge donnée par le Greffier lors de l'apport de de chaque registre de baptêmes, mariages & sépultures au Greffe, ... 2 s. 6 d.

(Même Déclaration du 9 Avril 1736, *art. 17.*)

58°. Pour un extrait du rapport des quatre saisons, au Greffe de la Police, ... 5 s.

(Ordonnance de 1667, *tit. 30*, *art. 9.*)

59°. Pour le transport hors la ville de leur résidence, pour chaque jour; sçavoir,

Lorsqu'il y a partie civile, ... *13 l. 6 s. 8 d. compris la minute & la grosse.*

Et quand il n'y a point de partie civile, . . *6 l. 13 s. 4 d. aussi compris la minute & la grosse.*

(Arrêt du Conseil du 16 Octobre 1684, pour les frais de transport des Officiers du Bailliage d'Orléans; qui ajoute, que ces taxes diminueront d'un sixieme après quinze jours de durée de la commission, & d'un tiers après un mois. (*a*)

193. L'Arrêt de Réglement de la Cour, du 12 Avril 1661, pour Soissons, porte que les Greffiers qui se transporteront dans des lieux éloignés de leur demeure, prendront par chaque jour la moitié de la taxe du Juge, & outre le droit de grosse, lorsqu'elle se levera; (*Idem* par l'Arrêt du 28 Juin 1741, pour Angoulême, *art.* 9; & par l'article 44 du Réglement du 10 Juillet 1665.)

Mais à l'égard des enquêtes qui se font hors le lieu de la résidence du Juge, les Greffiers ont seulement le droit de prendre les deux tiers de la taxe du Juge, ou la grosse, à leur choix. (Ordonnance de 1667, *tit.* 22, *art.* 23; Arrêt du Parlement du 28 Juin 1741, pour Angoulême, *art.* 9.)

L'Arrêt du Parlement du 12 Août 1682, pour Montdidier, porte aussi que les Greffiers auront en voyage les deux tiers de la vacation du Juge, ou la grosse par rôle, à leur choix.

(*a*) Voyez encore au sujet des transports, un autre Arrêt du Conseil du 26 Novembre 1683, rapporté par Néron, *tom.* 2, *pag.* 795; & deux autres Arrêts aussi du Conseil, l'un du 5 Avril 1684, rendu pour le Parlement de Dijon, & l'autre du 1 Septembre de la même année, rendu pour le Parlement de Rouen, tous les deux rapportés aussi par Néron, *tom.* 2, *pages* 797 & 798.

§. I I.

Taxe des Greffiers des Bailliages & autres Sieges royaux, en matiere criminelle.

194. En général les Greffiers criminels doivent prendre les mêmes droits que les Greffiers civils. (Sentence de Réglement du Bailliage d'Orléans, du 19 Janvier 1651, que j'ai imprimée.)

Ainsi, ils perçoivent ; sçavoir,

1°. Pour chaque rôle des expéditions des sentences en parchemin, ... 18 s. 9 d.

Nota. Il ne paroît pas que depuis la réunion de la Prévôté d'Orléans au Bailliage, le Greffier-Criminel dudit Bailliage soit en droit de profiter de l'augmentation portée par l'article 14 de l'Edit de cette réunion du mois de Mars 1749 ; cet article 14 ne parlant que du Greffier-Civil. (Voyez ci-dessus, *n.* 170.)

Les Greffiers expédient en rôle de parchemin,

Les Sentences diffinitives,

Les Sentences de provision.

195. Ils expédient aussi en parchemin, mais sur un quarré seulement.

Les décrets de prise-de-corps, qui se payent vingt sols pour la façon & expédition, ... 1 l.

(Voyez l'article 16 de la Déclaration du 5 Novembre 1661.)

Les exécutoires de dépens, . . . 9 s. 6 d.

(Même Déclaration, *art.* 18.)

Les commissions d'appel, ... 9 s. 6 d.

(*Ibid.* art. 18.)

2°. Les Sentences & Ordonnances qui ne tendent qu'à l'instruction, s'expédient en papier, & se délivrent par extrait, sans s'assujettir au nombre des lignes & des syllabes. Telles sont :

Les permissions d'informer.

Celles de se faire visiter par Chirurgiens,

Les Sentences de conversion décrets.

Les Sentences portant défaut contre les accusés contumaxs.

Et toutes autres Sentences d'instruction.

} *Qui se paient 12 sols pour chacune.*

196. 3°. Pour les Sentences de récolement & de confrontation,

qui se délivrent, non par extrait, mais avec le vu de toutes les pieces, ... *Les deux tiers de la vacation du Juge.*

4°. Pour les Sentences d'élargissement, acte de caution & réception d'icelle; ensemble pour la décharge mise sur le registre de la geole; sçavoir,

Aux Sieges présidiaux, ... 3 l.

Aux autres Justices royales, ... 2 l.

Lesquelles taxes doivent diminuer d'un quart, si l'élargissement est pur & simple, & qu'il n'y ait point eu de caution; sans que lesdits Greffiers en puissent prendre d'avantage, à peine de concussion. (Arrêt de Réglement du 3 Septembre 1667, *art. 36.*)

L'article 13 de la Déclaration du 5 Novembre 1661, porte que ces sentences seront payées par rôle, comme les autres sentences ordinaires.

Tous les actes qui se reçoivent sous le Juge, à la réserve des sentences, s'expédient en cahiers de petit papier, & se payent par rôle, contenant douze lignes à la page, & huit syllabes à la ligne.

197. 5°. Pour chaque rôle de grosse que le Greffier délivre, il prend, ... 5 s.

Et outre sa grosse, il prend pour sa vacation; sçavoir,

6°. Pour un procès-verbal de plainte, ... 1 l.

7°. Pour chaque procès-verbal, soit d'anatomisation d'un cadavre, soit d'une effraction, soit de l'état d'une piece arguée de faux, ... *Les deux tiers du Juge.*

8°. L'article 39 de l'Arrêt de Réglement du 3 Septembre 1667, porte que les Greffiers, ou leurs Commis, qui travailleront sous les Juges aux instructions criminelles, ne prendront pour leur vacation que la moitié de celle du Juge.

9°. L'article 20 de la Déclaration du 5 Novembre 1661, porte que pour la communication des pieces prétendues fausses, le Greffier prendra pour son droit ancien, collation & parisis, sept sols six deniers.

198. 10°. L'article 21 de la même Déclaration, porte qu'en toutes commissions & actes de Justice; comme informations, interrogatoires, récolements, confrontations, vérification d'écritures, *&c.*, le Greffier prendra moitié de la vacation du Juge, & la moitié de la moitié pour leur Clerc, sans y comprendre la grosse, quand

elle se levera, qui leur sera payée à raison de deux sols six deniers du rôle.

Le Réglement du 28 Juin 1741, pour Angoulême, porte que les Greffiers, pour les informations, récolements, confrontations, & autres instructions, ne pourront prendre que la moitié de la vacation du Juge, outre la grosse. (*Idem* par l'article 42 du Réglement du 10 Juillet 1665.)

11°. Pour un procès-verbal de nomination de Chirurgiens pour visiter une personne blessée, ou d'Experts pour visiter des écritures, ou signatures, . . . *la grosse seulement.*

12°. Pour l'audition de chacun témoin, qui se paie en expédiant le décret, ou ordonnance sur l'information, ... 6 s. 4 d.

199. 13°. Pour le port des charges chez le Procureur du Roi, ... 10 s.

14°. Pour la façon & expédition d'un décret, . 1 l. non compris le droit du Commis, qui est de vingt sols, lorsqu'il y a plus de six témoins entendus; & cinq sols lorsqu'il n'y a que six témoins, ou moins.

Le Réglement du 10 Juillet 1665, *art.* 42, porte que les Greffiers ne prendront pour la façon & expédition d'un décret que vingt sols; & que pour leurs vacations des informations, récolements, confrontations, & autres instructions, (en ce qui est du criminel seulement,) ils auront la moitié du Juge.

L'article 19 de l'Arrêt de Réglement du 1 Mars 1765, rendu pour le Bailliage de Sainte-Ménehoult, porte que le Greffier dans toutes les affaires criminelles, ne pourra prendre que les deux tiers de la taxe du Juge, sans grosse ni expédition; ou bien moitié de la taxe du Juge, avec la grosse, ou expédition, à son choix.

L'Arrêt de Réglement du 28 Juin 1741, pour Angoulême, *art.* 9, porte que le Greffier ne pourra prendre plus de vingt sols pour un décret.

15°. Pour un interrogatoire, qui se paie en le levant, ... *Les deux tiers de la vacation du Juge, outre la grosse.*

16°. Pour l'expédition d'une sentence de récolement, dans laquelle est inséré le vu de toutes les pieces sur lesquelles elle est intervenue, . . . *Les deux tiers de la taxe du Juge.*

17°. Pour le port des charges chez le Procureur du Roi, 10 s.

200. 18°. Pour le récolement de chaque témoin, qui se paie en levant l'ordonnance, ou jugement rendu après le récolement & la confrontation, ... 6 s. 4 d.

19°. Pour la confrontation de chaque témoin, qui se paie comme ci-dessus, ... 6 s. 4 d.

20°. Pour clore, ficeller, & mettre au Messager les grosses d'un procès-criminel, dont il y a appel, . . . 10 s.

(L'article 38 de la Déclaration du 5 Novembre 1661, leur donne, quinze sols.)

21°. Pour les transports, les Greffiers ont par jour, les deux tiers du Lieutenant-Criminel, y compris la minute & la grosse, suivant l'Arrêt du Conseil du 16 Octobre 1684, rendu pour Orléans, cité ci-dessus, *n.* 193.

ARTICLE XXV.

Tableau des Droits qui peuvent être perçus par les Greffiers des Justices de Seigneurs.

§. I.

En Civil.

201. 1°. Pour les sentences & autres actes en parchemin, . 10 s.

Néanmoins les Greffiers de Sully, de Meun, de la Ferté, & de plusieurs autres Justices éloignées d'Orléans, prennent quinze sols, ci . . . . . 15 s.

Il leur est dû, suivant le Réglement rendu pour le Duché de Mazarin, du 23 Juillet 1676, *in*-4°., *pag. 7*, pour chaque rôle de sentence en parchemin, à raison de vingt-deux lignes à la page, & de quinze syllabes à la ligne, ... 15 s.

Et suivant le Réglement de Pontchartrain du 15 Mai 1714, titre *Du Greffier*, art. 2, ... 15 s.

(Voyez pour les sentences qui s'expédient en parchemin, ci-dessus, *n. 169.*)

2°. Pour une commission de saisie réelle, . . . 10 s.

202. 3°. Pour les commissions de saisies féodales & censuelles, ... 10 s.

4°. Pour chaque rôle des sentences & autres actes qui s'expédient en papier, contenant quatorze lignes à la page, & huit syllabes à la ligne; sçavoir,

Suivant le Réglement pour le Duché de Mazarin, *pag. 7.* . . . . 2ſ. 6d.

Et suivant le Réglement de Pontchartrain, titre *Du Greffier*, art. 1, ... 2ſ. 6d.

Sans que les sentences d'Audiences préparatoires de remises, ou appointements, (au cas que les parties veuillent les lever,) puissent excéder cinq sols: celles diffinitives, dont la condamnation n'excedent vingt livres, dix sols: celles depuis vingt livres jusqu'à cinquante livres, vingt sols; le tout non compris le papier timbré. (Réglement de Pontchartrain, *ibid.* art. 1.)

203. 5°. Pour un appointement en droit;
6°. Pour un appointement à mettre;
7°. Pour un appointement sur le Bureau;
8°. Pour un appointement de conclusion;
9°. Pour l'expédition d'un défaut, faute de défendre, de plaider, ou de conclure;
10°. Pour un appointement de continuation de cause.

5 sols pour chaque appointement simple, & 8 sols lorsqu'il porte d'autres dispositions, comme de jonction.

11°. Pour tous autres jugements d'instruction, . 8ſ.

12°. Pour tous les autres actes de justice qui se font sous les Juges Commissaires Enquêteurs-Examinateurs, & qui s'expédient en petit papier, de douze lignes à la page, & de huit syllabes à la ligne pour chaque rôle, ... 2ſ. 6d.

204. 13°. Pour les actes de tutelle, curatelle, & avis de parents, suivant l'Arrêt de la Cour du 10 Juillet 1665, *art. 35 & 37*, ... *10 sols pour la grosse, sans vacation.*

Idem par le Réglement de Pontchartrain, au titre *Du Greffier*, art. 19, ... 10ſ.

Et aussi par celui rendu pour le Duché de Mazarin, *pag. 4 & 36*, ... 10ſ.

14°. Pour une enquête & procès-verbal de jurande pour y parvenir, lorsque le tout est fait dans le lieu de la demeure du Juge, ... *La grosse seulement.*

Suivant le Réglement pour le Duché de Mazarin, *pag. 6 & 37*, ... *La grosse seulement de 2 ſ. 6 d. du rôle.*

Et aussi suivant le Réglement de Pontchartrain, titre *Du Greffier*, art. 20, ... *La grosse seulement de 2 s. 6 d. du rôle.*

15°. Pour un interrogatoire sur faits & articles, & autres en matiere civile, ... *La grosse seulement.*

Suivant le Réglement du Duché de Mazarin, *pag. 6 & 38*, ... *La grosse seulement de 2 s. 6 d.*

Et suivant le Réglement de Pontchartrain, titre *Du Greffier*, art. 20, ... *idem.*

16°. Pour un procès-verbal de vérification d'écritures, les deux tiers de la vacation du Juge, ou la grosse.

Le Réglement pour le Duché de Mazarin, *pag. 18 & 49*, dit la grosse sans vacation.

205. 17°. Pour un procès-verbal d'apprétiation de grains, ... *Les deux tiers du Juge, ou la grosse*

18°. Pour un acte de nomination d'Experts.

19°. Pour l'acte de prestation de serment desdits Experts,

20°. Pour l'acte de rapport desdits Experts.

21°. Pour les procès-verbaux d'apposition de scellés, & levée d'iceux dans la ville.

} *La grosse, ou les deux tiers de la vacation du Juge.*

Suivant le Réglement du 10 Juillet 1665, *art. 57*, *La grosse seulement.*

Suivant le Réglement pour le Duché de Mazarin, *pag. 4 & 36*, ... *10 sols pour sa grosse & expédition.*

Et suivant celui de Pontchartrain, titre *Du Greffier*, art. 20, la grosse seulement, à raison de deux sols six deniers sans vacation.

206. 22. Pour les inventaires faits par les Greffiers, les mêmes droits que pour les Notaires, suivant le Réglement de Pontchartrain, *ibid.* art. 20. Ces droits sont de trente sols par vacation, & de cinq sols par rôle de grosse en grand papier, & trois sols neuf deniers en petit papier, *ibid.* titre *Des Notaires*, art. 5.

Idem suivant le Réglement pour le Duché de Mazarin, *pag. 35.*

23°. Pour les procès-verbaux de descentes, les deux tiers de la vacation du Juge, sans grosse.

Suivant le Réglement pour le Duché de Mazarin, *pag. 19, 39 & 40*, ... *La grosse seulement.*

Idem par l'article 57 du Réglement du 10 Juillet 1665.

24°. Pour transport au domicile d'une partie, en cas de maladie, ou empêchement légitime sur le lieu, suivant le Réglement pour le Duché de Mazarin, *pag.* 18, les deux tiers de la taxe du Juge, ou la grosse.

207. 25°. Pour l'expédition d'une sentence de réception d'un Officier.
L'information de vie & mœurs pour y parvenir.
Le port des pieces chez le Procureur-Fiscal.
Le rapport des pieces chez le Juge, & l'enrégistrement des provisions. } *1 livre.*

26°. Pour les procès-verbaux qui se font au Greffe; comme sont,

Les procès-verbaux de communication de pieces.
Collations d'icelles.
Comptes faits au Greffe.
Délivrance des pieces compulsées. } *La grosse seulement du procès-verbal.*

27°. Pour un *comparuit*, ou défaut délivré sur une assignation donnée au Greffe, ... 5 s.

Et suivant le Réglement de Pontchartrain, titre *Du Greffier*, art. 21, ... 2 s. 6 d.

208. 28°. Pour la réception de chaque aveu & dénombrement, contenant deux rôles; sçavoir,

Suivant le Réglement pour le Duché de Mazarin, pour les Pairies, ... 15 s.

Suivant, *idem* pour les Prévôtés, ... 10 s.

29°. Pour chacun acte de reprise, soumission de caution, renonciation, acte de dépôt, consignation, déclaration, protestation; ensemble pour le défaut faute de comparoître, appointement sur les comptes à fournir de débats, & autres actes semblables.

Suivant le Réglement pour le Duché de Mazarin, *pag.* 17 & 38, ... 2 s. 6 d.

Et suivant le Réglement de Pontchartrain, titre *Du Greffier*, art. 21, ... 2 s. 6 d.

30°. Pour l'enrégistrement au Greffe de la saisie réelle, 6 s. 8 d.

Suivant le Réglement de Pontchartrain, *ibid.* art. 22; sçavoir,

Pour les saisies non excédentes cinq articles, . 5 s.

Pour dix articles, ... 7 s. 6 d.

Et au-delà de dix articles, ... 10 s.

31°.

209. 31°. Pour une oppofition formée au Greffe à une faifie réelle, ... 5 f.

32°. Pour le droit d'adjudication par décret, & pour recevoir la déclaration du Procureur adjudicataire; fuivant le Réglement de Pontchartrain, titre *Du Greffier*, art. 22, . . . 2 f. 6 d.

33°. Pour les publications qui fe font à l'Audience, 10 f.

Suivant le Réglement pour le Duché de Mazarin, *pag. 10*, ... 10 f.

Et fuivant celui de Pontchartrain, titre *Du Greffier*, art. 10, ... 10 f.

34°. Pour les Sentences de remifes pour l'adjudication, fuivant le Réglement pour le Duché de Mazarin, *pag. 10*, ... 7 f. 6 d.

Et fuivant le Réglement de Pontchartrain, titre *Du Greffier*, art. 11, ... 7 f. 6 d.

35°. Pour le dépôt au Greffe d'une production, & la communication du procès au Rapporteur, ... 5 f.

Suivant le Réglement pour le Duché de Mazarin, *pag. 20*, ... 2 f. 6 d.

210. 36°. Pour rendre à un Procureur la production de fa partie, après que le procès a été jugé, ... 5 f.

Et fuivant le Réglement pour le Duché de Mazarin, *pag. 20*, ... 2 f. 6 d.

37°. Pour un extrait du rappport des quatre faifons.

Suivant le Réglement pour le Duché de Mazarin, *pag. 18 & 39*, ... 2 f. 6 d.

Et fuivant le Réglement de Pontchartrain, titre *Du Greffier*, art. 21, ... 2 f. 6 d.

(Il femble qu'ils peuvent prendre cinq fols, à caufe de l'article 9, du titre 30 de l'Ordonnance de 1667.)

38°. Pour tranfports hors la ville de leur réfidence, par chacun jour,

Suivant le Réglement pour le Duché de Mazarin, *pag. 18*, dans les Pairies, ... *4 liv. ou la groffe de 2 f. 6 d.*

Et pour les Juftices fubalternes, fuivant *ibid.* pag. 39, *2 l. 13 f. 4 d. ou la groffe.*

Suivant le Réglement de Pontchartrain, titre *Du Greffier*, art. 20, ... *2 liv. 13 f. 4 d. ou la groffe.*

Et fuivant l'article 57 du Réglement du 10 Juillet 1665, ... *2 l. pour la moitié de la taxe du Juge.*

§. II.

En matiere criminelle.

211. 1°. Pour un décret de prise-de-corps en parchemin, 13 s. 4 d.

2°. Pour chaque Sentence interlocutoire, ou d'instruction, permission d'informer, de se faire visiter, de s'inscrire en faux, *&c.* : ainsi que pour les Sentences de conversion de décret, de défaut contre un accusé contumax, *&c.* . . . . 8 s.

3°. Pour chaque rôle de grosse des actes que le Greffier reçoit sous le Juge, ... 3 s. 9 d.

212. 4°. Pour un procès-verbal de plainte, si elle n'est pas faite par requête ; sçavoir,

Suivant le Réglement pour le Duché de Mazarin, *pag. 4*, pour les Pairies, ... 7 s. 6 d.

Suivant le même Réglement, *pag. 37*, pour les Prévôtés, *&c.* . . . . 5 s.

Et suivant le Réglement de Pontchartrain, titre *Du Greffier*, art. 23, ... 7 s. 6 d.

5°. Pour un procès-verbal de visite d'un blessé,

Suivant le Réglement pour le Duché de Mazarin, *pag. 5*, dans les Pairies, ... *10 s. & la grosse.*

Et suivant le même Réglement dans les autres Justices, ... *7 s. 6 d. & la grosse.*

6°. Pour l'expédition d'un décret, tant de prise-de-corps que d'ajournement personnel, & d'assigné pour être oui,

Suivant le Réglement pour le Duché de Mazarin, pour les Pairies, *pag. 5.* . . . . . . 10 s.

Suivant le même Réglement, *pag. 37*, pour les autres Justices, ... 6 s.

Et suivant le Réglement de Pontchartrain, titre *Du Greffier*, art. 23, ... 10 s.

213. 7°. Pour informations,

Suivant le Réglement pour le Duché de Mazarin, *pag. 5 & 37*, ... *La moitié de la vacation du Juge, outre la grosse de 2 s. 6 d.*

Et suivant le Réglement de Pontchartrain, titre *Du Greffier*, art. 23, ... *idem.*

8°. Pour récolements,

Suivant le Réglement de Pontchartrain, titre *Du Greffier*, art. 23, ... *même taxe.*

9°. Pour confrontations,

Suivant le Réglement de Pontchartrain, *ibid.*, art. 23, *même taxe.*

10°. Pour interrogatoires des accusés,

Suivant le Réglement de Pontchartrain, *ibid.*, art. 23, *même taxe.*

Et suivant le Réglement pour le Duché de Mazarin, *pag. 5 & 37*, ... *idem.*

214. 11°. Pour autres instructions en matiere criminelle,

Suivant le Réglement de Pontchartrain, titre *Du Greffier*, art. 23, sçavoir,

12°. Pour enquêtes de faits justificatifs.
13°. Procès-verbal de pieces prétendues fausses.
14°. Représentation de pieces de comparaison.
15°. Nomination d'Experts.
} *Moitié de la vacation du Juge, outre la grosse de 2 s. 6 d.*

Et suivant le Réglement pour le Duché de Mazarin, *pag. 24, 25 & 46*, ... *idem.*

16°. Pour chaque extrait des taxes faites pour raison des informations, récolements, confrontations, & autres procédures secretes,

Suivant le Réglement de Pontchartrain, titre *Du Greffier*, art. 24, ... *La grosse à raison de 2 s. 6. d. du rôle.*

215. 17°. Pour l'élargissement d'un prisonnier, il ne doit être pris, tant pour la Sentence d'élargissement, s'il est pur & simple, que pour la décharge mise sur le registre de la geole, que . . . . . . 15 s.

Et s'il y a acte de caution & Sentence de réception d'icelle, vingt sols pour le tout, y compris l'acte de caution & réception d'icelle, suivant le Réglement de Pontchartrain, titre *Du Greffier*, art. 25.

Greffiers des présentations.

216. 1°. Pour la présentation des demandeurs, suivant l'Edit du mois d'Avril 1695, ... 6 s. 8 d.

2°. Pour la présentation des défendeurs. (*Ibid.*) . 6 s. 8 d.

3°. Pour chaque défaut faute de se présenter; sçavoir,
Dans les Présidiaux, ... 1 l.
Aux Bailliages, ... 15 s.
Dans les Prévôtés. . . . . 15 s.
4°. Pour mettre une cause au rôle, ... 1 s. 6 d.

Greffiers des affirmations de voyages.

217. Pour chacun acte d'affirmation de voyage, dans les Présidiaux & autres Jurisdictions, suivant l'Edit du mois d'Août 1669, ... 10 s.

TITRE II.

Des Notaires, Tabellions, & Garde-Notes.

ARTICLE PREMIER.

De l'origine & création des Notaires, & de l'effet des Actes passés devant eux.

1. Les Notaires sont des Officiers publics, dont la fonction est de rédiger par écrit, & dans la forme prescrite par les Loix, les actes, conventions, & dernieres dispositions des hommes.

Il y a en France deux sortes de Notaires, les *Notaires Royaux*, & les *Notaires de Seigneur*; auxquels on peut ajouter une troisieme espece de Notaires, qui sont les *Notaires Apostoliques*, dont les fonctions sont restraintes à passer seulement les actes qui concernent les bénéfices.

Les Notaires *royaux* sont ceux qui sont établis par le Roi dans les Justices royales, & même dans plusieurs Justices de Seigneurs.

Et les Notaires *de Seigneurs* sont ceux qui sont créés pour les Justices seigneuriales.

2. Les *Notaires* sont distingués des *Tabellions* dans plusieurs endroits du Royaume; comme dans plusieurs villes de Picardie, dans l'Artois, dans le Cambresis, à Chaumont-en-Bassigny, *&c.* Le *Notaire* est celui qui reçoit les contrats, en fait la minute, & les délivre en papier: Le *Tabellion* est celui qui la met & délivre en grosse & en parchemin, & auquel le Notaire est tenu de donner à cet effet sa minute, quand les parties en demandent une grosse. Il y a eu un temps en France où les offices de Notaires étoient séparés de ceux de Tabellions, & de Garde-Notes.

Les *Garde-Notes* étoient ceux qui avoient la garde de toutes les minutes des Notaires, après qu'ils étoient décédés, ou qu'ils avoient résigné leurs offices.

De l'effet des Actes passés devant Notaires.

3. Les actes qui sont passés pardevant Notaires dans la forme prescrite par les Loix, produisent trois principaux effets.

Le premier est d'avoir une date certaine, & de faire foi en Justice, à la différence des actes ou écritures sous seing-privé; de maniere qu'on n'est pas reçu à prouver par témoins le contraire de ce qui est énoncé dans les actes passés par Notaires, & qu'on ne peut les détruire que par la voie d'inscription de faux. (Voyez à ce sujet deux actes de notoriété du Châtelet de Paris des 21 Avril 1691, & 15 Janvier 1700, & 19 Août 1701, rapportés au Recueil des actes de notoriété dudit Siege.)

Le second effet est que les actes passés pardevant Notaires, emportent hypotheque sur les biens de l'obligé, quand même il n'en seroit pas fait mention.

Le troisieme est, qu'étant revêtus du sceau de la Jurisdiction où les Notaires sont immatriculés, ils peuvent être mis à exécution contre les obligés, mais non contre leurs héritiers, sans qu'il soit besoin de mandement, ni de permission du Juge. (Coutume d'Orléans, *art.* 430; Ordonnance du mois d'Août 1539, *art.* 65.)

4. Il y a néanmoins une distinction importante à faire entre les actes passés par-devant des Notaires Royaux, & ceux reçus par des Notaires de Seigneurs; c'est que les actes passés devant des Notaires Royaux, produisent les trois effets dont on vient de parler, même à l'égard des contractants qui sont domiciliés dans l'étendue de la Jurisdiction où l'acte est passé, & pour raison des biens situés hors l'étendue de cette Jurisdiction, pourvu seulement que l'acte soit passé dans l'étendue du territoire où le Notaire a droit d'instrumenter; au lieu que les actes reçus par des Notaires de Seigneurs, n'emportent exécution sur les biens de l'obligé, que quand les parties qui subissent ces obligations, sont demeurantes, au temps de l'obligation, dans l'étendue de la Jurisdiction seigneuriale où l'acte est passé, suivant l'*art.* 66 de l'Ordonnance du mois d'Août 1539, & l'*art.* 165 de la Coutume de Paris.

Les nouveaux Réglements y ont même ajouté une seconde condition; c'est qu'il faut que les biens à l'occasion desquels l'acte est passé, soient situés dans l'étendue de ce même territoire. Telle est la disposition de plusieurs Edits & Arrêts, & notamment d'un Arrêt du Conseil du 7 Août 1619, & de l'Edit du mois d'Octobre 1705. Il y a même un Arrêt du Conseil, rendu depuis quelques années, dans la Coutume d'Orléans pour le même sujet, contre le Notaire subalterne de la Baronnie de Cléri. Cet Arrêt est du 24 Mars 1723.

5. On a douté à l'égard de l'hypotheque, si le concours de ces deux conditions étoit également nécessaire pour les Notaires des Seigneurs. Les nouveaux Réglements qu'on vient de citer, semblent décider pour l'affirmative, puisqu'ils exigent ces deux conditions sous la peine de nullité des actes qui seront passés. Une Déclaration du 17 Septembre 1697, le porte expressément; cette Déclaration est rapportée au Recueil des Réglements de Justice, *tom.* 2. Cependant, on ne suit pas à la rigueur la disposition de ces Réglements en ce point, & l'on juge à présent que les actes passés par les Notaires subalternes emportent hypotheque, quoique les parties, ou l'une d'elles, soient demeurantes hors le ressort de la Jurisdiction où ces Notaires ont droit d'instrumenter; & quoiqu'il s'agisse de biens situés hors l'étendue de cette même Jurisdiction. (Ainsi jugé par plusieurs Arrêts; l'un du 3 Février 1711, rendu en la Grand'Chambre du Parlement de Paris; le second du 28 Juillet 1731, en la premiere Chambre des Enquêtes, au rapport de M. de Torpane, entre Pierre Rolly & Jean Vallade, sur l'appel d'une Sentence de Montmorillon; le troisieme du 16 Avril 1734, rendu en faveur du Notaire de Saint-Marcel d'Asnieres (près Colombe), en la cinquieme des Enquêtes, au rapport de M. Titon; le quatrieme le 13 Juin 1739, entre Jean Couturier & Marie Simonet, sur l'appel d'une Sentence du Bailli de Parthenai; le cinquieme du premier Août 1739, en faveur des Notaires de Saint-Valleri, au rapport de M. de Champeron, sur l'appel d'une Sentence du Bailliage d'Amiens; & le sixieme du 17 Août 1739, au rapport de M. d'Héricourt, en faveur du sieur de Fontaines. Ainsi jugé au Présidial d'Orléans, par Sentence du 16 Février 1739, en faveur du nommé Chaufferon, de Patay, contre un particulier de Gidy.) Cette question avoit déja été décidée par plusieurs anciens Arrêts, & entr'autres par un du 8 Septembre 1627, rapporté par M. Boughier, *lettre* C, *n.* 7. Autre du 7 Juin 1659, rapporté au Journal des Audiences. Autre du 14 Juillet 1672, rapporté au Journal du Palais. Voyez aussi

Henris, *tom.* 1, *liv.* 4, *chap.* 5, *quest.* 35; & Brodeau, sur Louet, *lettre* N, *chap.* 10, *n.* 11.

6. Quoi qu'il en soit, les Réglements défendent aux Notaires & Tabellions des Seigneurs de passer aucuns actes, qu'entre personnes demeurantes dans l'étendue des Jurisdictions où lesdits Notaires sont reçus, & pour héritages situés dans l'étendue desdites Jurisdictions, à peine d'amende, dépens, dommages & intérêts. (Edit du mois de Janvier 1584; Arrêt du Parlement du 28 Juin 1612, en faveur des Notaires royaux de Tours, contre le Notaire du Duché de Montbason, rapporté par Filleau, *tom.* 2, *pag.* 686; Arrêt du Conseil du 7 Août 1619, en faveur des mêmes Notaires royaux de Tours, rapporté *ibid. pag.* 687; autre Arrêt du Parlement du 5 Septembre 1704; autre du 10 Juillet 1660, rapporté au Journal des Audiences, *tom.* 2, *liv.* 2, *chap.* 29; autre du 10 Juin 1639; autre du 5 Septembre 1704; autre du premier Août 1746, en faveur des Notaires royaux de Saint-Maixant; autre du premier Septembre 1708, en faveur des Notaires royaux de Chartres; autres des 5 Avril 1685, 8 Août 1695, & 11 Mars 1729, en faveur des Notaires royaux de la ville de Sens; autre du 9 Février 1647, rapporté au Journal des Audiences; autre Arrêt du Conseil du 2 Août 1747, rapporté au Recueil des Réglements de Justice, *in*-12. *tom.* 2, *pag.* 219, à peine de nullité, d'amende, &c. *Idem.* par l'Ordonnance de 1539, *art.* 66; l'Edit du mois de Juin 1545, les Déclarations du mois de Juillet 1553, 8 Octobre 1565, & 4 Avril 1598, l'Arrêt du Parlement du 10 Juillet 1661, & l'Edit d'Octobre 1705. Ces derniers Réglements sont rapportés par Langlois, en son Recueil touchant les Notaires de Paris, *pag.* 187. Autre Arrêt du Conseil du 24 Mai 1724, contre le Notaire de la Baronnie de Cléri, près d'Orléans.)

7. Quelques Auteurs ont pensé que les actes reçus par les Notaires des pays étrangers, produisoient une hypotheque sur les biens sis dans le royaume. (*Ita*, Basnage, en son Traité des hypotheques, *chap.* 12; & l'on rapporte, pour appuyer ce sentiment, deux Arrêts rapportés par Boughier, *lettre* C, *n.* 7. Voyez le Journal des Audiences, *tom.* 1, *liv.* 5, *chap.* 5; *tom.* 2, *liv.* 2, *chap.* 26; & *liv.* 3, *chap.* 9; & Henris, *tom.* 2, *liv.* 4, *chap.* 6, *quest.* 34. Tel est aussi le sentiment de M. Leprêtre, *cent.* 4, *chap.* 80 & 86, où il rapporte deux Arrêts des 8 Août 1598, & 5 Août 1601, pour appuyer son opinion.)

8. Mais la Jurisprudence contraire a prévalu. (Voyez Brodeau, sur

fur l'*art.* 107 de la Coutume de Paris, *n.* 21; & fur Louet, *lettre* H, *chap,* 15, *n.* 4. *Ita etiam*, Loifeau, en fon Traité des Offices, *liv.* 1, *chap.* 6, *n.* 109; & Godefroi, *ad Leg. ultimam. D. de Jurifdictione.* L'Ordonnance de 1629, *art.* 121, en a une difpofition. Ainfi jugé par Arrêt du Parlement du 23 Août 1737, rendu en la premiere Chambre des Enquêtes, rapporté par Denifart, en fes Collections de Jurifprudence, au mot *Hypotheque*, tom. 2, pag. 296, colon. 2, de l'édition de 1764, quoiqu'il s'agît dans cette efpece, d'un contrat de mariage. Autre Arrêt du Confeil du 18 Mars 1748, infirmatif d'un Arrêt du 3 Août 1744, rendu en la troifieme Chambre des Enquêtes, qui avoit jugé le contraire en faveur de Madame la Princeffe de Carignan.) Il y a un acte de notoriété, du Châtelet de Paris, du 17 Août 1702, pour conftater cette Jurifprudence; ce qui eft fondé fur ce que l'hypotheque *habet formam à jure civili, quamvis fit juris gentium quoad originem;* & fur ce que le miniftere des perfonnes qui ont paffé ces contrats, ne s'étendant point au-delà du Royaume où ils font demeurants, c'eft une fuite naturelle qu'ils ne doivent avoir aucun effet parmi nous, quant à l'hypotheque. Il en eft de même de l'exécution, parce que n'y ayant d'autorité en France que celle qui dérive du Roi, le fceau d'une Jurifdiction étrangere fous lequel un acte a été paffé, ne peut avoir aucune autorité en France pour donner l'exécution parée à cet acte.

De la création des Offices de Notaires royaux, tant dans les Juftices royales, que dans les Juftices de Seigneurs.

9. Il paroît que la création, ou établiffement général des Notaires dans les différentes Juftices du Royaume, a été fait par Edit de François I. du mois de Novembre 1542, rapporté par Joli, *pag.* 1711.

Avant cette création, il y en avoit cependant d'établis dans quelques villes, comme à Paris, Orléans, &c. Les Notaires de Paris font de temps immémorial, & ont été fixés au nombre de foixante, par une Ordonnance de Philippe-le-Bel, du mois de Décembre 1302. A l'égard des Notaires du Châtelet d'Orléans, ils ont été établis d'abord au nombre de douze, fuivant une Ordonnance de ce Roi, du mois de Janvier de la même année 1302.

10. Quoique cet Edit du mois de Novembre 1542 semble n'établir les Offices de Notaires royaux que dans les Jurisdictions royales du royaume, néanmoins il paroît que c'est sur le fondement de ce même Edit que les Notaires royaux ont été établis dans les Justices de Seigneurs, ainsi qu'il est porté par un autre Edit postérieur du mois de Janvier 1580, rapporté aussi par Joly, *pag.* 1727. Et en effet il y a eu, avant ce dernier Edit, plusieurs établissements de Notaires royaux dans des Justices seigneuriales, comme à Pithiviers, qui est une Justice de Seigneur dépendante du Bailliage d'Orléans, où il y en a eu un créé par Edit du mois de Mars 1554.

Voici la note des principaux Edits & Réglements touchant la création des Notaires, & leur établissement dans les différentes villes & autres lieux du royaume.

1°. Ordonnance de Philippe-le-Bel du mois de Mars 1502, par laquelle il se réserve le droit de créer les Notaires publics. (Voyez la Conférence des Ordonnances de Guénois, *tom.* 3, *pag.* 695.)

2°. Autre du mois de Juin 1510, rapportée *ibid. art.* 42, qui renferme une pareille disposition.

3°. Edit du mois de Novembre 1542, portant création d'Offices de Notaires, Tabellions & Garde-notes, dans les différentes villes du royaume, &c., rapporté par Joly, *pag.* 109.

11. 4°. Ordonnance d'Orléans du mois de Janvier 1560, *art.* 82, portant réduction du nombre des Notaires.

5°. Edit du mois de Mai 1575, portant création d'Offices de Notaires. (Voyez Joly, *pag.* 1714.)

6°. Déclaration du Roi du 29 Janvier 1584, qui établit des Notaires royaux de collocation dans les Justices de Seigneurs qui ont droit de Tabellionage. (Voyez *ibid. pag.* 1727.)

7°. Edit du mois de Mai 1597, portant suppression & nouvelle création d'Offices de Notaires. (*Ibid. pag.* 1729.)

8°. Arrêt du Conseil du 14 Octobre 1597, qui excepte les Notaires aux Châtelets de Paris & d'Orléans, de la suppression portée en l'Edit précédent. (Conférence des Ordonnances, *tom.* 3, *pag.* 709, *lig.* 14. *à fine.*)

9°. Edit du mois de Mai 1627, portant création de douze cents Notaires royaux. (Voyez Blanchard.)

10°. Autre Edit du mois d'Avril 1664, régistré le 29 dudit mois, qui fixe le nombre des Notaires, Procureurs & Huissiers. (Histoire de la Chancellerie, *tom. 1, pag. 556.*)

(Suivant cet Edit il ne doit y avoir que deux Notaires dans les Bourgs fermés, & grandes Paroisses du Royaume.)

11°. Arrêt du Conseil de l'année 1665, rendu en conséquence de cet Edit, qui fixe le nombre des Notaires, Procureurs & Huissiers dans chaque Bailliage.

12°. Déclaration du Roi du 23 Mars 1672, pour l'hérédité des offices de Notaires. (Au Recueil des Edits, *&c.* régiſtrés au Parlement de Dijon, *tom. 1, pag. 47.*)

13°. Edit du mois de Mai 1686, qui fixe le nombre des Notaires. (Au Recueil des Edits, régiſtrés au Parlement de Rouen, *tom. 2, pag. 88.*)

14°. Autre Edit du mois de Mars 1706, portant création de Notaires royaux dans les Justices de Seigneurs. (Voyez Blanchard.)

15°. Arrêt du Parlement de Paris du 11 Mars 1729, rapporté au Code Louis XV, *tom. 3*, qui ordonne que les Lettres-Patentes en forme d'Edit, du 29 Avril 1664, portant que les Notaires qui sont dans les Bourgs fermés, & grandes Paroisses, seront réduits à deux, sans en pouvoir établir un plus grand nombre, seront exécutées selon leur forme & teneur.

ARTICLE II.

Des fonctions des Notaires en général.

12. 1°. Les fonctions des Notaires consistent à recevoir privativement à tous autres Officiers, les différents actes de jurisdiction volontaire; tels que sont les contrats de mariage, ventes, testaments, reconnoissances, déclarations, hypotheques, baux, *&c.*; même à l'exclusion des Juges & de leurs Greffiers. (Edit du mois de Novembre 1542; Acte de Notoriété du Châtelet de Paris du 22 Mai 1700; Voyez aussi ce que j'ai dit à ce sujet au titre *Des Greffiers*, ci-dessus, *part.* 5, *tit.* 1, *n.* 1 *&* 2.)

Il en faut seulement excepter les contrats de mariage des Princes & Princesses du Sang, qui se reçoivent par les Secrétaires d'Etat, suivant un ancien usage du Royaume; & dont la copie collationnée est ensuite déposée chez un Notaire, qui en peut délivrer des expéditions.

13. Les inventaires, même ceux ordonnés en Justice, sont aussi

du nombre des actes que les Notaires peuvent recevoir, mais non à l'exclusion de tous autres Officiers ; parce qu'il y a des cas où ces inventaires se font par les Greffiers des Justices ordinaires ; & même des Provinces où les Commissaires-Enquêteurs-Examinateurs jouissent de ce droit concurremment avec les Notaires, quand il y a des mineurs, &c. (Arrêt du 26 Mai 1629, pour Clermont, rapporté par Filleau, *tom. 2*, *pag. 289*. Voyez ce que j'ai dit à ce sujet dans mon Traité des Commissaires-Enquêteurs-Examinateurs, *pag. 48 & 51*.)

Il en est de même des partages, du moins quand ils sont volontaires. (Voyez aussi ce que j'ai dit à ce sujet dans mon Traité des Commissaires-Enquêteurs-Examinateurs, *pag. 68 & suiv.*)

Ainsi que des comptes volontaires. (Voyez *ibid.*, pag. 18 ; & l'Ordonnance de 1667, *tit. 29*, *art. 22*.)

14. Et même les ordres & distributions de deniers entre créanciers opposants à un décret volontaire, lorsque les oppositions ont été converties en saisies & arrêts, & que les créanciers consentent de faire cette distribution pardevant Notaires. (Déclaration du 16 Juillet 1669, *art. 6*, touchant les Receveurs des Consignations. Arrêt du Parlement du 22 Juin 1668, rapporté par Langlois en son Recueil des Arrêts, *pag. 145*.)

Les reconnoissances d'écritures, quand elles se font volontairement, peuvent aussi être faites pardevant Notaires ; & alors elles deviennent exécutoires, & emportent hypotheque sur les biens de l'obligé.

Les Notaires ont encore le droit de recevoir les dépôts des testaments, à l'exclusion de tous autres Officiers ; *v. g.* à l'exclusion des Commissaires-Enquêteurs-Examinateurs. (Arrêt du 12 Mai 1635 ; autre du 23 Mai 1647 ; autre du 16 Décembre 1647 ; autre du 25 Septembre 1660 ; autre Arrêt du Conseil du 27 Mai 1737, en forme de Réglement. Tous ces Arrêts sont rapportés au Recueil des Notaires de Langlois, *pag. 36 & suivantes* ; Voyez aussi l'Ordonnance des Testaments, du mois d'Août 1735, *art. 26*.)

Idem des dépôts de pieces ; auquel cas l'acte qui est déposé, acquiert une date certaine.

Ils font aussi les collations volontaires d'actes, ou autres pieces, concurremment avec les Secrétaires du Roi.

15. 2°. Il y a des cas où les Notaires reçoivent le serment des parties ; & en cela ils font, en quelque sorte, les fonctions de Juges. Ainsi dans les inventaires qu'ils font, lorsqu'ils sont appellés après

la mort de quelqu'un, ils font prêter ferment à ceux qui sont dans la maison, pour sçavoir s'il n'y a aucun effets détournés.

Ils prenoient aussi autrefois le serment des Sergents-jurés-priseurs, qui étoient appellés aux inventaires pour estimer les meubles; ainsi qu'il a été jugé par Arrêt du 11 Décembre 1610, rendu en faveur des Notaires du Châtelet de Paris, rapporté par Langlois, en son Recueil touchant les Notaires de Paris, *pag. 135;* autre du 20 Janvier 1612, rapporté *ibidem;* autres des 23 Janvier 1644, & 18 Mars 1682, rapportés *ibid.* pag. 136.

16. 3°. Il y a des actes du ministere des Huissiers, que les Notaires peuvent néanmoins faire concurremment avec eux. Tels sont les protêts de billets & lettres-de-change. (Ordonnance du Commerce de 1673, *tit.* 5, *art.* 8.)

Ce sont aussi les Notaires qui font les sommations respectueuses. (Arrêt de Réglement du Parlement du 27 Août 1692;) les révocations de procurations *ad resignandum;* les notifications de grades; requisitions de bénéfices; & plusieurs autres fonctions qui appartenoient aux Huissiers avant l'Edit du mois de Décembre 1691. (Voyez cet Edit, *art. 1 & suivants.*)

4°. Dans quelques villes les Notaires sont en possession de faire les ventes volontaires de meubles; comme à Tours, où les Notaires de cette ville ont été maintenus dans ce droit, par Arrêt du Parlement du 4 Février 1756, rapporté par Denisart, au mot *Huissiers;* autre Arrêt du 4 Juin 1756, au profit des Notaires de Chinon, rapporté *ibid.*

Ces villes sont celles où il n'y a point d'Huissiers-priseurs, auxquels ces fonctions sont attribuées privativement à tous autres Officiers.

17. 5°. Il y a des actes, même volontaires, qui doivent nécessairement être passés pardevant Notaires; & qui seroient nuls, s'ils étoient passés sous signature privée. Tels sont,

Les donations entrevifs, suivant l'article 1 de l'Ordonnance du mois de Février 1731.

Les baux des biens dépendants des bénéfices. (Déclarations des 19 Mars 1696; 14 Juillet 1699; & 20 Mai 1708.)

Tous traités concernant des héritages, rentes, ou réalités, suivant l'Ordonnance de 1535, *chap. 19, art. 5.*

Les quittances de dot & de rapport. (Ordonnance du mois de Janvier 1629, *art. 130.*)

Les concordats en matiere bénéficiale; les procurations & autres actes qui ont pour objet la résignation des bénéfices ; les créations & extinctions de pensions sur bénéfices ; la révocation de ces actes ; les rétractations desdites révocations ; les acceptations, ou refus d'accepter les bénéfices ; les provisions ; prises de possession ; & autres actes concernant les bénéfices. (Edit de Novembre 1637 ; autre du mois de Décembre 1691. Déclaration du 14 Février 1637. Arrêt du 2 Décembre 1727.)

18. 6°. Il y a de certains actes qui ne peuvent être faits ni reçus, que par les Notaires royaux, & non par les Juges de Seigneurs. Tels sont,

Les actes concernant les cas royaux ; comme sont ceux qui concernent les bénéfices, les inventaires en cas d'aubaine, bâtardise & deshérence, & autres semblables.

Les inventaires dans le cas de substitution. (Ordonnance des substitutions, du mois d'Août, 1747, *tit.* 2, *art.* 4.)

7°. Les Notaires royaux, ainsi que les subalternes, peuvent instrumenter & passer des actes hors le lieu de leur résidence ; pourvu que ce soit dans l'étendue de leur territoire. (Auzanet, sur l'article 289 de la Coutume de Paris ; Brodeau sur Louet, *lettre* N, *chap.* 10, *n.* 1 ; Arrêts du 28 Août 1719, & 11 Juillet 1724, rapportés par Ferrieres en son Parfait Notaire de la nouvelle édition ; autre Arrêt du Parlement du 18 Août 1729, en faveur des Notaires du Bailliage de Chaumont-en-Bassigny.)

19. *Question.* Les Notaires royaux peuvent-ils instrumenter pour des cas ordinaires & non royaux, dans l'étendue des Justices seigneuriales de leur ressort ?

Plusieurs Arrêts ont jugé qu'ils ne le pouvoient. (Arrêt du 11 Février 1580, pour Nevers ; autre du 20 Décembre 1575, pour Saint-Valery, rapporté par Papon, *liv.* 4, *tit.* 14, *aux additions*, *n.* 4 ; & par Bacquet, titre *Des Droits de Justice*, chap. 25, n. 27 ; autre du 23 Août 1613, rapporté par Bouchel en sa Bibliotheque aux additions, au mot *Soumission* ; autre du 17 Juin 1606, pour Courtenai, rapporté par Joli, *pag.* 1760 ; Edit du mois de Décembre 1606, en faveur du Clergé, *art.* 22 ; autre Arrêt du 8 Mai 1618, contre les Notaires de Tours, rapporté par Bardet, *liv.* 1, *chap.* 21 ; autre du 20 Mars 1603, contre les Notaires de Gien, rapporté par Leprêtre, *cent.* 4, *ch.* 34.)

A moins qu'ils n'aient une possession immémoriale contraire. (Même Arrêt du 8 Mai 1618, rapporté par Bardet. Ainsi jugé en faveur des Notaires royaux de Tours, contre les Notaires du Duché de Montbazon, par Arrêt du 28 Juin 1612, rapporté par Filleau, *tom. 2, pag. 285.*)

Mais depuis qu'il a plu au Roi d'établir des Notaires royaux de collocation dans l'étendue des Justices des Seigneurs, avec la faculté d'y passer tous actes, la question ne doit pas souffrir de difficulté à l'égard des Notaires ainsi établis. (Voyez sur cet établissement des Notaires royaux dans l'étendue des Justices des Seigneurs, Bacquet en son Traité des Droits de Justice, *chap. 25.*)

20. 8°. Les Notaires, tant royaux que subalternes, ne peuvent instrumenter hors leur ressort; soit pour passer un contrat, soit pour recevoir un testament; à peine de nullité des actes, qui ne valent alors que comme écriture privée, si ce sont des contrats, & qu'ils soient signés des parties. (*Ita* Coquille en ses Institutions au Droit François, *pag. 351*; Dupinau sur l'article 43 de la Coutume d'Anjou; Edit du mois de Novembre 1542; Déclaration du 11 Décembre 1543; autre du 3 Avril 1604, rapporté par Papon, *liv. 4, tit. 14, aux additions, n. 8*; Mornac *in* L. *ult.* D. *de jurisdictione*; Ricard, Traité des Donations entrevifs, *part. 1, chap. 5, sect. 8, n. 1578*; Brodeau sur Louet, *lettre* N, *chap. 10, n. 10*; Leprêtre, *cent. 4, chap. 34*; & dans ses Arrêts célebres, *pag. 92*, Arrêt du Conseil du 4 Octobre 1619, rapporté par Joly, *pag. 1771*; autre Arrêt du 29 Janvier 1652, rapporté par Boniface, *tom. 1, liv. 1, tit. 20, n. 7*; quoique dans l'espece de cet Arrêt, le Notaire, ainsi que ses prédecesseurs, fussent en possession de le faire. Autre Arrêt du Parlement de Dijon du 3 Juillet 1659, rapporté par Taisard sur la Coutume de Bourgogne, *tit. 7, art. 6, note 10*; autre Arrêt du Parlement de Provence du 17 Décembre 1643, qui a jugé que les Notaires ne peuvent recevoir un testament hors le lieu de leur établissement, excepté en deux cas; quand il y a nécessité d'appeller un Notaire étranger, (celui du lieu étant suspect, & en procès avec le testateur,) ou en temps de peste; Voyez Boniface, *tom. 1, liv. 1, tit. 20, n. 6*; autre Arrêt du 11 Mai 1646, rapporté *ibid.*, tom. 2, liv. 3, tit. 1, ch. 3, qui fait défenses aux Notaires de recevoir aucuns testaments hors le lieu de leur établissement, à peine de nullité. Voyez aussi Boughier, *lettre* G, *chap. 7*; Ferrieres en son parfait Notaire, *tom. 1, chap. 8*; le Journal des Audiences, *tom. 1, liv. 5, ch. 4; tom. 2, liv. 2, chap. 26*; & *tom. 3, liv. 3, chap. 29*; & le Journal du Palais, *tom. 2, pag. 73*, où cette question est traitée amplement. Edit de création des offices de Gardes-scels du mois de

Décembre 1639; la Coutume de Poitou, *art. 378*; & la Coutume d'Orléans, *art. 463.*)

Ce qui a lieu, même dans le cas où l'un des deux Notaires instrumenteroit dans son ressort, & l'autre au-delà. (*Ita* Bacquet, des droits de Justice, *chap. 25*, *n. 31.*

Il faut cependant excepter de cette regle les Notaires des Châtelets de Paris, Orléans & Montpellier, qui peuvent recevoir & passer tous contrats dans toute l'étendue du Royaume. (Voyez ci-après, *n.* 119.)

Des Actes que les Notaires ne peuvent recevoir.

21. Il y a plusieurs actes qu'il est défendu aux Notaires de recevoir; comme sont tous les contrats contraires aux bonnes mœurs, ou à l'intérêt public. Tels sont,

1°. Les contrats usuraires; à peine d'interdiction & d'amende, même de privation d'office. (Ordonnance du mois de Juin 1510, *art. 65*; autre du mois d'Octobre 1535, *chap. 19*, *n. 12.*)

2°. Il en est de même des contrats simoniaques.

3°. Ceux où il s'agiroit de quelque assemblée de conspiration défendue. Ainsi, par Arrêt du Parlement de Grenoble de l'année 1460, rapporté par Papon, *liv. 4*, *tit. 14*, *n. 8*, un Notaire qui avoit reçu, par ignorance, un acte de cette espece, fut condamné en l'amende.

22. 4°. Il leur est défendu de passer aucuns actes qui contiennent des déclarations injurieuses & calomnieuses. Ainsi, par Arrêt du Parlement de Bordeaux du 5 Février 1734, un Notaire qui avoit reçu un acte contenant des déclarations jugées injurieuses & calomnieuses, a été condamné à comparoître à l'Audience le même jour que les calomniateurs y subiroient la peine prononcée contre eux; & là débout & nue tête, déclarer qu'inconsidérément & mal-à-propos, il a reçu ledit acte, qu'il s'en repent & en demande pardon au Sieur de ***. Ce même Arrêt lui fait défenses, ainsi qu'à tous Notaires, d'en recevoir à l'avenir de semblables; ordonne qu'il demeurera interdit pendant un an des fonctions de son office, & le condamne en cinq cents livres d'amende.

23. 5°. Il leur est aussi défendu, à peine d'interdiction, de passer aucuns actes par lesquels les hommes & les femmes déclarent qu'ils se prennent pour mari & femme. (Arrêt célebre du 5 Septembre

Septembre 1688; Déclaration du mois de Juin 1697; Ordonnance de Blois, *art. 44*, qui dit, à peine de punition corporelle; autre Arrêt du 29 Décembre 1639, rapporté par Bardet, *tom. 2*, *liv. 8*, *chap. 43*, qui fait défenses aux Notaires de recevoir des actes portant sommations faites aux Curés pour la célébration des mariages.)

6°. Ils ne doivent point recevoir des billets, ou promesses, dont le nom du créancier est en blanc. (Sentence du Châtelet de Paris, du 12 Décembre 1615, rapportée par Néron.)

7°. Ni aucuns contrats d'acquisition d'immeubles, ni constitutions de rentes sur particuliers, au profit des gens de main-morte; ni pour l'exécution des fondations, qu'après qu'il leur sera apparu des Lettres-Patentes de Sa Majesté, obtenues à cet effet; & à la charge d'en faire mention dans lesdits contrats; à peine de nullité, d'interdiction, dommages & intérêts. (Edit du mois d'Août 1749, *art. 22.*)

8°. Ni aucuns contrats de constitution au profit desdits gens de main-morte à la charge de rentes viageres plus fortes que le denier de l'Ordonnance, ou qui excedent le revenu légitime des biens donnés; à peine de répondre en leur propre nom du montant des choses données. (Edits des mois d'Août 1661; & de Janvier 1690.)

24. 9°. Ni aucunes contre-lettres sur les traités d'offices de Procureurs au Parlement, & d'Huissiers de la même Cour, pour porter le prix au-delà de la fixation des offices, & de l'estimation des pratiques; suivant les Arrêts de la Cour des 7 Décembre 1691, & 8 Août 1714; ce dernier est rapporté au Recueil des Réglements de Justice, *in-12.*, tom. 2.

10°. Il leur est aussi défendu de recevoir aucunes plaintes en matiere criminelle; & aux Juges de les leur adresser. (Ordonnance de 1670, *tit. 3*, *art. 2.*)

11°. Dans les contrats de vente qu'ils passent pour raison de rentes sur l'Hôtel-de-Ville de Paris, *&c.*, il ne leur est pas permis d'écrire un prix au-dessus de l'ancien capital de la valeur desdites rentes.

ARTICLE III.

Des devoirs des Notaires touchant les Actes qu'ils passent.

25. 1°. Les Notaires ne doivent recevoir aucuns actes, à moins qu'ils ne connoissent les parties, ou qu'elles ne leur soient certifiées être telles par autres personnes connues des Notaires; à peine de privation d'office. (Ordonnance du mois d'Avril 1498, *art.* 65; Ordonnance d'Abbeville, *art.* 409; Ordonnance de 1535, *chap.* 19, *n.* 7; autre du mois de Novembre 1507, *art.* 246; Voyez Vigier sur la Coutume d'Angoumois, *art.* 37, *n.* 8, *pag.* 122; Arrêt du Parlement de Bretagne du 16 Septembre 1599, rapporté par Frain en ses plaidoyers, plaidoyer 3; autre Arrêt du 16 Octobre 1606, rapporté aussi par Frain, *ibidem*, *pag.* 14 de la nouvelle Edition, où il cite encore deux autres Arrêts, l'un de 1624, & l'autre de 1659; autre Arrêt du Parlement du 7 Août 1761, rapporté par Denisart au mot *Notaires.*)

26. Par Sentence du 26 Mars 1744, rendu par le Lieutenant-Criminel de Lyon, rapporté par Denisart en ses Collections au mot *Notaires*, un Notaire de Lyon convaincu d'avoir reçu une quittance en faveur de Pierre Bely, dans laquelle Jean Janot s'étoit fait passer pour être le créancier nommé Jean Beluse, qui n'avoit pas fait certifier que celui qui donnoit la quittance, étoit en effet ledit Beluse, a été condamné au blâme & en 100 liv. d'amende.

Ils doivent aussi connoître les témoins qu'ils emploient pour être présents aux actes qu'ils passent.

2°. En matiere d'obligation, les Notaires peuvent stipuler pour un absent; & dans ce cas, celui qui s'est obligé envers l'absent, ne peut révoquer son consentement, si cet absent au profit duquel l'obligation est subie, en demande l'exécution.

27. Mais quand il s'agit d'une donation entre-vifs, ils ne le peuvent. (Ordonnance de 1539, *art.* 133; Voyez Ricard, Traité des Donations entre-vifs, *part.* 1, *chap.* 4, *sect.* 1, *n.* 865; Ordonnance des donations du mois de Février 1731, *art.* 5.)

Ils peuvent néanmoins, en qualité de personnes publiques, accepter une donation faite par un contrat de mariage aux enfans qui naîtront dudit mariage. (Voyez Ricard, *ibid. n.* 888; & Louet, *lettre* D, *chap.* 51.)

3°. Il leur est défendu d'insérer dans les actes aucune chose qui ne leur ait été dite par les parties contractantes. (Ordonnance de 1535, *chap.* 19, *art.* 3 ; autre du 11 Février 1543 ; autre du 24 Juillet 1544.)

28. 4°. Ils ne doivent recevoir aucuns contrats d'héritages, soit pour vente, échange, donation, ou autre, sans déclarer en quel fief ou censive sont les choses cédées & transportées, & de quelles redevances elles sont chargées envers les Seigneurs féodaux ou censuels. (Ordonnance du mois d'Août 1539, *art.* 180 ; Edit de Février 1549 ; *idem* par l'*art.* 180 de l'Ordonnance de Blois. C'est aussi la disposition de la Coutume de Nivernois, *chap.* 5, *art.* 24 ; & de la Coutume de Bourbonnois, *art.* 79 ; Edit du mois de Février 1657, registré au Parlement de Toulouse. Des Arrêts du Conseil des 26 Avril 1712, & 29 Août 1721, l'enjoignent aussi expressément aux Notaires. Voyez un Arrêt de Réglement du Parlement de Bretagne du 9 Mars 1726, rapporté dans le Recueil des Arrêts de ce Parlement ; & les Mémoires du Clergé, *tom.* 3, *partie* 3, *pag.* 206.)

29. 5°. Une Déclaration du 14 Février 1737, assujettit les Notaires qui reçoivent des résignations, des permutations, & des démissions de bénéfices, de faire mention dans ces actes, non-seulement de l'état de la santé, ou de la maladie du bénéficier ; mais même de la lecture qui aura été faite aux parties desdits actes ; à peine de nullité.

6°. Il leur est défendu de recevoir des déclarations & subrogations d'emprunts, sinon, par les quittances & rachat des dettes ; à peine de nullité. (Arrêt du Parlement du 31 Août 1676, rapporté au Journal des Audiences.)

7°. Il leur est aussi défendu d'insérer dans les contrats & obligations, les déclarations de majorité & extraits baptistaires ; sur peine de nullité, & d'en répondre en leur propre & privé nom. (Arrêt de Réglement du 9 Mars 1620, rapporté par Bardet, *tom.* 1, *liv.* 2, *chap.* 36 ; Voyez aussi Brodeau sur Louet, *let.* M, *chap.* 7.)

30. 8°. Ils étoient obligés anciennement de déclarer dans les contrats, où des femmes mariées étoient parties, la renonciation desdites femmes au Senatus-consulte Velleien, suivant des Arrêts des 29 Juillet 1595, & 3 Juin 1560, rapportés par Carondas, *liv.* 11, *réponse* 28 ; mais par un Edit du mois d'Août 1606, il a été fait défenses aux Notaires de plus à l'avenir insérer cette clause dans les contrats.

9°. Ils doivent dans les contrats qui sont passés devant eux, insérer les procurations des parties contractantes. (Un Arrêt du 6 Juillet 1577, le leur enjoint expressément.)

10°. Les Notaires qui reçoivent des actes de vente d'immeubles, ne sont pas obligés de déclarer à l'acquéreur les dettes hypothécaires du vendeur, contenues aux précédents contrats passés devant lui, ou dont il peut avoir connoissance. (Arrêts du Parlement des 23 Décembre 1592, & 16 Juillet 1633, rapportés par Langlois en son Recueil des Notaires du Châtelet de Paris, *chap.* 45; Voyez aussi Bouvot, *tom.* 2, au mot *Notaires*, *quest.* 10.)

31. 11°. Ils sont tenus de mettre & rédiger pleinement & entiérement par écrit les contrats qui sont passés devant eux, sans chiffres, notes, ni abréviations. (Ordonnance du mois d'Octobre 1535, *chap.* 19, *art.* 4; Arrêt de Réglement du 4 Septembre 1685, pour Noyon.)

12°. Ils ne doivent user dans la rédaction de leurs actes d'aucunes choses superflues ni de multiplication de termes inutiles; à peine d'amende arbitraire. (Ordonnance de 1535, *ibid. ch.* 19, *art.* 3; autre du 11 Février 1543; autre du 24 Juillet 1544.)

13°. Question. Les Notaires peuvent-ils recevoir des contrats & autres actes, les jours de Dimanche & fêtes d'Eglise?

Ferrieres en son Traité, intitulé *la Science des Notaires*, *tom.* 1, *liv.* 1, *chap.* 17, décide pour l'affirmative; mais sans appuyer son opinion sur aucune autorité. Mornac sur la L. 14, §. 3, *arbiter*, D. *de receptis*, *& qui*, *&c.* dit aussi qu'une transaction peut aussi être valablement faite le jour de Dimanche. On prétend même à l'égard des testaments faits les jours de fête d'Eglise, qu'ils sont valables. (Voyez Gaudillaut sur Angoumois, §. 8, où il cite la Loi *actus*, Cod. *de feriis*. Ainsi jugé par Sentence du Bailliage d'Orléans du 2 Septembre 1659, sur un appel du Bailli de Fay.) Car. de Grassalio, *regal. franc. lib.* 1, *jure* 8, *pag.* 120, dit aussi que ces actes sont valables, mais que les Notaires qui les ont passés, doivent être punis.

32. Une Ordonnance du mois d'Avril 1363, défend aux Notaires du Châtelet de Paris, de s'assembler les jours de Dimanche au Châtelet, pour y faire leurs fonctions. (Voyez le Recueil des Ordonnances du Louvre, *tom.* 3, *pag.* 636; *& tom.* 4, *pag.* 727.)

Dans le Cambresis, on déclare nuls tous les actes que les Notaires passent les jours de Fêtes & de Dimanches.

M. de Sainte-Beuve, en ses cas de conscience, *tom.* 2, 66

& *67e. cas*, consulté sur la question de sçavoir, si l'on peut refuser l'absolution aux Notaires qui passent des actes publics les jours de Fêtes & de Dimanches, décide que, par le Droit Ecclésiastique, il est défendu à la vérité aux Notaires de faire des actes ces jours-là ; mais que cela ne leur est point défendu par la Loi de Dieu, parce que leur profession n'est pas servile.

33. 14°. Dès que les actes ont reçu leur forme, & qu'ils ont été rédigés par Notaires, il n'est plus au pouvoir de ceux qui les ont passés, de les déchirer, même du consentement des parties ; & ils ne peuvent plus alors être détruits que par un autre acte. (Ainsi jugé par Arrêt du 3 Décembre 1643, au sujet d'un testament ; autre Arrêt du 7 Avril 1664, sur les conclusions de M. Bignon, Avocat-Général ; autre du 3 Avril 1677, rapporté au Journal des Audiences ; autre du 21 Mars 1659, rapporté par Desmaisons, *lettre* N, *n. 5.*)

15°. Par Arrêt du Parlement du 26 Mai 1550, rapporté au long par Joly, *tom. 2, pag.* 1704 ; il est défendu aux Notaires proche-parens, de se joindre ensemble pour instrumenter & passer des actes ; sçavoir le pere avec le fils, ou avec le gendre ; les deux freres ; l'oncle & le neveu : mais cet Arrêt ne dit pas à peine de nullité. (Voyez Soëfve, *tom. 2, chap. 42 ;* Voyez aussi Vigier *omnino*, sur la Coutume d'Angoumois, *art. 37, n.* 10, *pag.* 123 ; & Ricard en son Traité des Donations, *part.* 1, *chap.* 5, *sect.* 8, *n.* 1595.)

34. Autre Arrêt du Parlement du 3 Avril 1559, rendu contre les Notaires du Poitou, rapporté au Traité des Scellés & Inventaires, *liv. 4, chap. 1, pag.* 630, qui ordonne l'exécution de l'Arrêt ci-dessus, & enjoint auxdits Notaires de s'y conformer ; à peine d'interdiction, & même de privation de leur état.

Autre Arrêt du 24 Novembre 1601, rapporté par Joly, *tom. 2, pag. 1707*, qui fait défenses à deux Notaires du Châtelet de Paris, pere & fils, & à tous autres Notaires pere & fils, d'instrumenter & de recevoir ensemble aucuns contrats.

Les dispositions de ces Arrêts ont été adoptées par le Parlement de Bretagne, qui par un Arrêt du 18 Janvier 1625, a même déclaré nul un testament reçu par deux Notaires beau-pere & gendre.

A l'égard des Notaires beaux-freres, il y a un Arrêt du 22 Août 1643, qui déclare bon & valable le testament de M^e. André Goislard, Chanoine de l'Eglise Cathédrale d'Orléans, reçu par Blanchet & Roi, Notaires audit Orléans, qui étoient beaux-freres. Cet Arrêt est rapporté au Recueil des Plaidoyers de Galland, *tom. 2, plaidoyer 8, pag. 273.*

35. Ce qui doit avoir lieu à plus forte raison, à l'égard des Notaires cousins-germains. Par Sentence rendue en la Prévôté d'Orléans le 18 Décembre 1658, un testament passé par deux Notaires cousins-germains, a été déclaré valable, & ladite Sentence a été confirmée au Bailliage, le Lundi 28 Janvier 1659. Il s'agissoit de legs faits à quelques Particuliers par le testament de Jean Troispoints, Praticien à Orléans.

Idem, par Arrêt du 16 Décembre 1751, qui a confirmé un testament reçu par deux Notaires, dont l'un étoit cousin-germain de l'autre.

Sur cette question en général, & combien il est important que deux Notaires parens, n'instrumentent pas conjointement, Voyez *omninò* le plaidoyer 8 du tom. 2 des plaidoyers de Galland, ci-dessus cité, pag. 304, liv. 2; & Mornac ad L. 17, *Pater*, D. *de testibus.*

Je crois néanmoins qu'en matiere de contrats, cette défense cesse d'avoir lieu, lorsqu'ils sont signés de toutes les parties.

36. 16°. Il est défendu aux Notaires d'instrumenter pour leurs fils, gendres & parens, au degré de l'Ordonnance; à peine de faux. (Arrêt de Réglement du 8 Juin 1637, rendu sur les conclusions de M. Talon, rapporté au Traité des Scellés & Inventaires, *in*-4°. liv. 4, chap. 1, pag. 636.)

Ce degré prohibé, est celui des cousins-germains, suivant la Peyrere, *lettre* N, *n. 44.*

A l'égard des contrats ou testaments reçus par les Notaires au profit de leurs parens, il faut distinguer;

37. Quand le contrat ou testament est au profit du contractant qui est parent du Notaire, alors il est nul. C'est la disposition de l'Arrêt du 12 Août 1607, rendu en la Chambre de l'Edit, rapporté par Constant sur la Coutume de Poitou, *art. 332, aux additions;* par Lerat sur l'article 378 de cette Coutume; par Bouchel sur l'art. 382 de la même Coutume; par Vigier sur Angoumois, *art. 37, n. 10, pag. 123;* & au Traité des Scellés & Inventaires, *pag.* 631; qui fait défenses à tous Notaires de passer ou recevoir aucuns contrats au profit de leurs enfants, gendres, pupiles, étant en leur tutelle ou curatelle, ou cousins-germains; à peine de nullité & des dommages & intérêts des parties. (Voyez Ricard, Traité des Donations, *part. 2, chap. 3, sect. 4, n. 772;* Mornac, *ad* L. 17, *Pater*, D. *De testibus;* & Galland en ses Plaidoyers, *tom. 2, liv. 2, plai-*

doyer 8, pag. 304; autre Arrêt du 23 Janvier 1635, rapporté par Boniface, *tom. 1, liv. 1, tit. 20, n. 2;* autre du 30 Août 1762, rapporté per Denisard au mot *Notaires.*)

38. En général, les Notaires ne peuvent recevoir aucuns contrats où leurs cousins-germains & autres parens plus proches se trouvent intéressés; (Mornac, *ad* L. 17, D. *De testibus.*) *v. g.* s'il s'agit d'un testament où leur parent est institué héritier ou légataire. (Arrêt du Parlement de Provence du 14 Janvier 1621, rapporté par Boniface, *tom. 2, liv. 2, tit. 1, chap. 8;* autre du 25 Février 1647, rapporté *ibid.* qui déclare nul un legs fait au pere du Notaire; autre Arrêt du 3 Octobre 1703, rapporté au Traité des Scellés & Inventaires, *liv. 4, ch. 1, pag. 622;* Voyez aussi sur cette question Bouvot, *tom. 1, part. 3, quest. 3.*) Ces Arrêts ont leur fondement sur la L. *Impuberem* 22, §. 1, D. *Ad leg. Cornel. de falsis.*

39. On trouve néanmoins des Arrêts qui ont jugé le contraire, dans le cas du moins où le Notaire est parent éloigné du légataire. Ainsi par Arrêt du Parlement du 6 Juillet 1722, rapporté au Journal des Audiences, (où l'on trouve plusieurs Réglements du Parlement sur cette question,) un testament reçu par un Notaire cousin-germain par sa femme du légataire universel, a été déclaré valable; autre Arrêt rendu en la Grand'Chambre, le Vendredi 21 Avril 1741, au rapport de M. Langlois, rapporté par Denisard en ses Collections au mot *Notaires*, qui a jugé, qu'un Notaire avoit pu recevoir un testament, par lequel sa parente du troisieme au quatrieme degré étoit instituée légataire universelle.

Ce qui vient d'être dit des parents du Notaire, a pareillement lieu à l'égard de ses Domestiques. L'Arrêt du Parlement de Provence du 14 Janvier 1621, rapporté par Boniface, *tom. 2, liv. 2, tit. 1, ch. 8*, ci-dessus cité, fait défenses aux Notaires d'écrire aucune chose en faveur de leurs Domestiques dans les testamens; (Voyez Constant sur Poitou, *art. 378, aux additions, n. 2.*)

40. La maxime qui vient d'être établie ci-dessus, que les Notaires ne peuvent recevoir aucuns contrats ni testaments au profit de leurs proches parents, a lieu à plus forte raison, à l'égard des actes où le Notaire lui-même est intéressé; *v. g.* s'il y avoit dans le testament un legs en sa faveur. (Voyez Ricard, Traité des Donations, *part. 1, chap. 3, sect. 10, n. 539.*) Ce qui résulte de la disposition de l'article 27 de l'Ordonnance d'Orléans; de l'ar-

ticle 63 de l'Ordonnance de Blois, & de l'article 289 de la Coutume de Paris. Ainsi jugé par Arrêt du Parlement de Provence du 14 Janvier 1621, rapporté par Boniface, *tom.* 2, *liv.* 2, *tit.* 1, *ch.* 8; Voyez aussi sur cette question Bouvot, *tom.* 1, *part.* 2, *qu.* 1.)

Ce qui a lieu encore, à plus forte raison, si le Notaire étoit lui-même une des parties contractantes. (Voyez Guipape, *quest.* 318; & Chorier en sa Jurisprudence du même Auteur, *pag.* 211, où il ajoute néanmoins que tels actes sont tolérés en plusieurs cas au Parlement de Grenoble, par un usage généralement reçu dans cette Province.)

41. Lorsque les actes qu'un Notaire passe pour ses parents, ne renferment aucune disposition à leur profit, il semble que rien n'empêche que ces sortes d'actes ne soient valables. (Ainsi il a été jugé par Arrêt du 9 Juillet 1659, rapporté par Langlois au Recueil des Droits des Notaires du Châtelet de Paris, Chapitre 44, pag. 158, qui déclare valable deux contrats de constitution de rente passés l'un au profit de la belle-mere du notaire, l'autre au profit d'un oncle de sa femme; autre Arrêt du Parlement de Provence du 14 Février 1641, rapporté par Boniface, *tom.* 1, *liv.* 1, *titre* 10, *n.* 2, qui a jugé qu'un Notaire pouvoit recevoir de son beau-frere une procuration *ad resignandum*, au profit d'un autre Particulier.)

Je crois aussi que quand il s'agit de contrats qui sont signés de toutes les parties, rien n'empêche qu'un Notaire ne puisse instrumenter, même pour ses plus proches parents.

42. 17°. Il est défendu aux Notaires de recevoir des contrats ou autres actes passés par personnes interdites, lorsque cette interdiction a été signifiée à tous les Notaires, & que le nom de l'interdit est inscrit au Tableau des Notaires. (Arrêt du 17 Août 1707, rapporté par Langlois en son Recueil des Droits des Notaires du Châtelet de Paris, *chap.* 46, *pag.* 162.)

18°. Un Notaire qui reçoit un contrat de vente d'une chose qui lui est hypothéquée, perd son hypotheque lorsque cette chose est déclarée franche & quitte d'hypotheque par le vendeur; parce qu'alors le Notaire est présumé renoncer tacitement à cette hypotheque. (Louet, *lettre* N, *chap.* 6; Renusson, Traité des Subrogations, *chap.* 10, *n.* 47.)

ARTICLE

ARTICLE IV.

Des formalités des Actes reçus par Notaires.

43. 1°. Pour qu'un acte passé devant Notaires soit valable, il faut qu'il soit passé devant deux Notaires, ou devant un Notaire & deux témoins. (Ordonnance du mois de Mars 1498, *art.* 66; autre du mois de Novembre 1507, *art.* 247; autre du 11 Décembre 1543, rapporté par Joly, *pag.* 1737; Ordonnance de Blois, *art.* 166.)

Dans les Coutumes qui exigent la présence d'un Notaire & de deux ou trois témoins, l'acte passé devant deux Notaires ne seroit pas recevable. (Voyez Brodeau sur Louet, *lettre* R, *chap.* 52, *n.* 18; Ricard, Traité des Donations, *part.* 1, *chap.* 5, *sect.* 8, *n.* 1583; & Ferrieres sur la Coutume de Paris, *art.* 284, *glos.* 4, *n.* 25.)

Quand un acte est reçu par deux Notaires, il faut que tous les deux aient le droit d'instrumenter dans le lieu où l'acte est passé; car si l'un d'eux avoit instrumenté hors son ressort, l'acte seroit nul. (Voyez Bacquet, Traité des Droits de Justice, *chap.* 25, *n.* 31.)

Qualités des Temoins.

44. 2°. Les témoins employés par les Notaires, doivent être mâles. (Arrêt du mois de Février 1476, rapporté au Cod. Henri, *liv.* 3, *tit.* 22, *n.* 8, à la note; Coutume de Bourbonnois, *art.* 75; Ordonnance des testaments du mois d'Août 1735, *art.* 40; Déclaration du 14 Février 1737, touchant les résignations de bénéfices, *art.* 3,) & âgés au moins de vingt ans. (Arrêt de Réglement du 4 Septembre 1685; autre du 2 Juillet 1708, rapporté au Recueil des Réglements de Justice, *in*-12. *tom.* 2; Ordonnance du mois d'Août 1735, sur les Testaments, *art.* 40; Déclaration du 14 Février 1737, touchant les résignations de bénéfices, *art.* 3; Coutume de Bourbonnois, *art.* 75.)

Néanmoins par un autre Arrêt du 23 Avril 1709, rapporté aussi au Recueil des Réglements de Justice, tome 2, il est dit, que les dispositions de celui de 1708 n'auront point lieu pour les pays qui se régissent par le Droit Ecrit, ni dans les Coutumes qui permettent de disposer avant l'âge de 20 ans accomplis. (Voyez sur cela l'*art.* 39 de l'Ordonnance des Testaments du mois d'Août 1735.)

45. Il faut aussi que ces témoins ne soient ni Clercs, ni Serviteurs, ni Domestiques des Notaires. (Arrêt du Parlement du 4 Septembre 1585, rendu pour Noyon, rapporté par Ferrieres, en son parfait Notaire, *liv.* 1, *chap.* 16, *pag.* 45; autre du 2 Juillet 1708; Ordonnance du mois d'Août 1535, concernant les testaments, *art.* 42; Déclaration du 14 Février 1737, *art.* 3; Coutume d'Auxerre, *art.* 134.)

Mais rien n'empêche que le Notaire ne puisse se servir de ses parents pour témoins; du moins s'ils ne sont pas ses parents dans un degré trop prochain, ou qu'il n'y en ait qu'un des deux qui le soit. Ainsi, par Arrêt du Parlement de Paris du 2 Décembre 1669, rapporté par Soëfve, *tom.* 2, *cent.* 4, *chap.* 42, un testament passé devant un Notaire & deux témoins, l'un desquels étoit frere du Notaire, a été déclaré valable.

Les enfans du Notaire ne peuvent cependant être pris pour témoins, suivant l'Arrêt de Réglement du 4 Septembre 1685.

46. En matiere de résignation de bénéfice, il faut aussi que les témoins ne soient ni parents ou alliés du résignant ou résignataire, jusqu'au degré de cousin-germain inclusivement; ni Serviteurs ou Domestiques de l'un ou de l'autre. (Edit des Petites-dates du mois de Juin 1550; Edit du Contrôle des Bénéfices, du mois d'Octobre 1646, *art.* 9; Déclaration du 14 Février 1737, *art.* 3.)

L'Ordonnance de Blois, *art.* 166, veut que des deux témoins appellés pour la confection des actes, dans les villes & gros bourgs, l'un d'eux, au moins, sçache signer, si les parties ne signent point. Le même Arrêt du 4 Septembre 1685, qui vient d'être cité, veut pareillement que des deux témoins il y en ait au moins un qui sçache signer.

Mais quand il est question de sommations respectueuses pour un mariage, de testaments, de codiciles, & autres dispositions de derniere volonté; ou de résignations, permutations ou démissions de bénéfices, il faut que les deux témoins sçachent & puissent signer. Un Arrêt de Réglement du 27 Août 1692, exige cette formalité à l'égard des sommations respectueuses. L'Ordonnance des testaments de 1735, *art.* 23, l'exige pour les dispositions de derniere volonté; & la Déclaration du 14 Février 1737, *art.* 2, l'exige pour les résignations, permutations & démissions de bénéfices.

47. Cette Ordonnance de 1735, *art.* 40 & 41, ainsi que la Déclaration du 14 Février 1737, *art.* 3, veulent aussi que les témoins soient régnicoles, capables des effets civils, non réguliers, ni Novices ou Profès de quelque Ordre que ce soit.

En général, il est défendu aux Notaires de se servir des Religieux pour témoins, soit dans les contrats, soit dans les testaments. (Arrêt du Parlement du 24 Mars 1659.)

La même Déclaration du 14 Février 1737, *art.* 3, veut que les deux témoins soient connus & domiciliés.

En matiere de testament, on ne peut admettre pour témoins les héritiers institués, ni les légataires, soit universels, soit particuliers. (Voyez l'*art.* 289 de la Coutume de Paris; & l'*art.* 43 de l'Ordonnance des Testaments du mois d'Août 1735;) le tout à peine de nullité.

48. 3°. Les Notaires doivent écrire les actes en présence des parties contractantes; & ensuite leur en faire lecture. (Arrêt du 17 Décembre 1727, rapporté au Journal des Audiences; autre du 19 Août 1552, rapporté par Papon, *liv.* 4, *tom.* 14, *n.* 12; Ordonnance de 1535, *chap.* 9, *n.* 4.)

Mais en matiere d'obligation, il suffit que l'obligé, ou débiteur, soit présent; & rien n'empêche qu'elle ne puisse être passée en l'absence du créancier. (Ainsi jugé par Arrêt du 4 Juillet 1611, rapporté par Bouvot, *tom.* 2, au mot *Notaires*, *quest.* 11.)

Il faut aussi que les témoins, (dans le cas où ils sont nécessaires) assistent à la passation de l'acte en son entier; qu'ils soient présents à la lecture qui doit s'en faire aux parties & à eux; & qu'ils voient signer les parties. (Arrêt de Réglement du 4 Décembre 1703, rapporté au Recueil des Réglements de Justice, *in*-12, *tom.* 2; & au Journal des Audiences; autre Arrêt de Réglement du 9 Mars 1730; Ordonnance des Testaments, de 1735, *art.* 48; Déclaration du 14 Février 1737. *art.* 4.)

49. 4°. Lorsque les actes sont reçus par deux Notaires, ils doivent être signés de l'un & de l'autre sur le champ, & aussi-tôt après qu'ils ont été signés des parties & des témoins, dans le cas où le ministere de ces témoins est nécessaire. (Ordonnance du mois d'Août 1539, *art.* 174 & 179; Arrêt du 15 Juin 1731, rapporté par Basset, *tom.* 2, *liv.* 2, *tit.* 7; Arrêts du Conseil des 15 Janvier 1697, 28 Octobre 1698, 12 & 18 Octobre 1720.)

Ainsi, un contrat fait en l'absence du Notaire auquel on le porteroit à signer, seroit nul; ainsi qu'il a été jugé par Arrêt du

2 Décembre 1599, rapporté par Carondas, *liv.* 10, *rép.* 66.

Néanmoins l'usage qui s'observe aujourd'hui constamment, est que la présence des deux Notaires n'est pas essentiellement nécessaire dans la passation des actes reçus par deux Notaires; & qu'il suffit que l'un des deux soit présent, & qu'il le fasse ensuite signer à son confrere. On peut voir à ce sujet l'*art.* 14 des Statuts de la Communauté des Notaires du Châtelet de Paris, homologués par Arrêt du 13 Mai 1681.

50. La Déclaration du 4 Septembre 1706, donnée en interprétation de l'Edit du mois de Mars audit an, portant création de Notaires Syndics dans les villes & bourgs du Royaume, ordonne que les Notaires Syndics ne pourront être repris pour les actes qu'ils auront signés en second; mais seulement pour ceux qu'ils auront passés comme Notaires (*a*).

Il y a cependant quelques actes où la présence des deux Notaires qui les reçoivent, est essentiellement nécessaire: ces actes sont,

En premier lieu, les testaments & autres dispositions de derniere volonté, suivant l'*art.* 289 de la Coutume de Paris, & l'*art.* 48 de l'Ordonnance des testaments, du mois d'Août 1735. Ce dernier article prononce même la peine de mort contre des Notaires qui auroient signé des testaments codiciles, ou autres actes de derniere volonté, sans avoir vu le testateur, & sans en avoir entendu prononcer les dispositions. (Voyez à ce sujet une Déclaration du 24 Mars 1745, enregistrée au Parlement d'Aix le 9 Avril suivant, qui est rapportée dans le Recueil des Ordonnances de Louis XV.)

(*a*) Pour les Notaires qui signent en second, Voyez,

1°. Le Recueil des Notaires du Châtelet, de l'édition de Langlois, *pag.* 170.

2°. Les Statuts des Notaires, du 13 Mai 1681, *art.* 14.

3°. L'Edit du mois d'Octobre 1691, pour les Notaires de Lyon.

4°. La Déclaration du 5 Mai 1693, aussi pour Lyon, rapportée par Henris, *tom.* 1, *pag.* 689.

5°. La Déclaration du Roi du 4 Septembre 1706, donnée en interprétation de l'Edit du mois de Mars 1706, portant création de Syndics de Notaires.

6°. L'Edit de suppression desdits offices.

7°. Le Réglement des Notaires d'Orléans, du 3 Septembre 1735.

8°. La Déclaration du 14 Février 1757, pour la nomination aux bénéfices.

51. En second lieu, les résignations, permutations & démissions de bénéfices, ou les procurations qui se passent à cet effet. (Déclaration du 14 Février 1737, *art.* 4.) Cet article veut qu'il soit procédé extraordinairement contre les Notaires qui signeront ces actes sans avoir entendu les parties prononcer & expliquer leurs intentions.

En troisieme lieu, les sommations respectueuses, suivant l'Arrêt de réglement du 27 Août 1692, qui ajoute, à peine de nullité.

Signature des Actes.

52. 5°. Anciennement les contrats & actes n'étoient signés que des Notaires, & non des parties; mais aujourd'hui la signature des parties, ainsi que celle des témoins, est nécessaire, lorsque ces parties & témoins sçavent & peuvent signer; sinon il doit être fait mention qu'elles ne sçavent pas signer, ou qu'elles ne le peuvent, de ce interpellées, & de la cause qui les en empêche; le tout à peine de nullité. (Ordonnance d'Orléans, *art.* 84; Ordonnance de Blois, *art.* 165; Leprêtre, *cent.* 1, *chap.* 104; Ricard, Traité des Donations, *part.* 1, *chap.* 5, *sect.* 7; Louet, *lettre* E, *chap.* 3; Arrêt du Parlement de Provence du 24 Octobre 1639, rapporté par Boniface, *tom.* 1, *liv.* 1, *tit.* 20, *n.* 3.)

Mais cette interpellation n'est pas nécessaire, quand le Notaire déclare la cause pour laquelle les parties & les témoins n'ont pu signer. (Arrêt du 10 Novembre 1642, rapporté par Boniface, *ibid. n.* 4.)

53. Il faut aussi observer qu'il est défendu aux témoins de signer, hors la présence des parties contractantes; à peine de faux, de dommages & intérêts, & d'être poursuivis extraordinairement. (Arrêt du 4 Décembre 1703, ci-dessus cité, rapporté au Journal des Audiences.)

A l'égard des Notaires, lorsque l'acte a été lu aux parties, ils doivent le faire signer par ces parties, avant de le signer eux-mêmes; car il y des Réglements qui font défenses au Notaire qui reçoit un acte, de signer le premier, avant les parties & les témoins; parce que c'est la signature du Notaire qui doit clore l'acte, & qui doit faire foi que cet acte est parfait, c'est-à-dire, qu'il a été signé par les parties & par les témoins. (Arrêt de réglement du Parlement du 21 mars 1659, sur la réquisition de M. Talon, Avocat-Général; autre du 4 Septembre 1685.)

54. 6°. Les Notaires doivent auſſi énoncer dans leurs contrats & actes, la qualité des parties contractantes, ainſi que celle des témoins, à peine d'amende, &c. (Ordonnance de 1539, *art.* 67; Ordonnance de Blois, *art.* 167; Coutume d'Auxerre, *art.* 134.)

L'Edit du mois de Juin 1750, veut auſſi qu'il ne ſoit point ajouté foi aux actes reçus par Notaires, s'il n'y eſt fait mention de la qualité deſdits Notaires, du lieu où ils ſont reçus, ainſi que de leur demeure.

Enfin il faut obſerver que les Notaires dans leurs actes, du moins dans les teſtaments, doivent faire mention de la ſignature des témoins, même dans le cas où ces témoins ſignent; & ce à peine de nullité. (Ainſi jugé par Arrêt du Parlement du 9 Mars 1730, au rapport de M. l'Abbé Lorenchet, rapporté par Deniſard, en ſes Collections, au mot *Teſtament*, tom. 3, pag. 205, de l'édition de 1764.)

55. 7°. Un acte trouvé dans l'étude d'un Notaire, & parmi ſes minutes, muni ſeulement de la ſignature des parties, & non de celle d'un Notaire, ne forme qu'un engagement ſous ſignature privée; parce que c'eſt le témoignage ſeul de l'Officier qui attire la foi publique. (Voyez Bouvot, *tom.* 2, au mot *Notaires*, queſt. 8.)

Quelques-uns prétendent même que dans ce cas le contrat n'eſt pas pas parfait, quant à l'obligation ſimple, quoique les deux parties aient ſigné; & qu'il eſt loiſible à l'une de ces parties de le réſilier, *etiam invitâ & repugnante alterâ.* (*Ita* Leprêtre, *cent.* 2, des Queſtions de Droit, *chap.* 4; & Mornac, *ad* L. *Contractus*, Cod. *de fide inſtrumentorum*, où il rapporte un Arrêt du du 27 Février 1587, qui l'a ainſi jugé.)

Il me ſemble cependant qu'on doit là-deſſus faire une diſtinction; c'eſt que quand celui au profit duquel l'obligation eſt contractée, en demande l'exécution, il eſt fondé à ſoutenir la validité de l'acte; mais que ſi au contraire c'eſt lui qui en ſoutient l'invalidité, alors l'acte doit être déclaré nul; parce qu'il peut prétendre en ce cas qu'il n'a accepté l'obligation de l'autre que dans le deſſein d'avoir une hypotheque, & une exécution paſſée contre ſon débiteur. La même regle doit avoir lieu à l'égard de l'autre partie, quand elle a intérêt que l'acte ſoit paſſé par-devant Notaires.

Lorſque l'acte n'eſt pas ſigné de quelqu'une des parties qui ſont établies préſentes en l'acte, il n'eſt pas valable, quand même il ſeroit ſigné du Notaire, des témoins, & de toutes les autres parties. (Ainſi jugé par Arrêt du Parlement du 15 décembre 1654, rapporté par Soefve, *tom.* 1. *cent.* 4. *chap.* 75.)

56. 8°. L'Ordonnance de Blois, article 167, veut que la date des actes reçus par les Notaires, contienne l'année, le mois & le jour, & qu'il y ſoit même fait mention ſi c'eſt avant ou après midi; ce qui n'eſt cependant néceſſaire, quant à cette derniere déſignation, que dans les actes obligatoires, à cauſe de l'hypotheque qui en réſulte. (Voyez Carondas, *liv.* 12, *rép.* 26; & l'Ordonnance des teſtaments de 1735, *art.* 38.)

9°. L'Ordonnance de Blois, article 167, enjoint auſſi aux Notaires d'énoncer dans leurs contrats & actes, le lieu & la maiſon où les actes ſeront paſſés. (*Idem.* par la Coutume de Bourbonnois, *art.* 76; par celle de la Marche, *art.* 39; & par celle d'Angoumois, *chap.* 6, *n.* 39.) Mais ces Ordonnances & Coutumes ne portent point, à peine de nullité; ainſi on peut dire que ces actes doivent valoir au moins comme écritures privées. (Coutume de la Marche, *ibidem.*)

57. 10°. Les Notaires doivent écrire de leur main les contrats & autres actes qu'ils reçoivent. (Ordonnance des Teſtaments de 1735, *art.* 48; Déclaration du 14 Février 1737, *art.* 2; Voyez auſſi la Coutume de Bourbonnois, *art.* 77; & Bugnion, en ſes Loix abrogées, *liv.* 2, *chap.* 188.)

Néanmoins Bouvot, *tom.* 2, au mot *Notaires*, queſtion 80, dit qu'il ſuffit que le Notaire écrive de ſa main les ſubmiſſions ordinaires, & qu'il ſigne.

Un Arrêt du Parlement du 6 Avril 1632, rapporté au Journal des Audiences, *tom.* 4, *liv.* 4, *chap.* 5, ordonne que les Inventaires des biens de perſonnes décédées, ſeront écrits de la main de l'un des Notaires appellés, ou de la main du principal Clerc de celui qui doit en avoir la minute, & non de l'une des parties, quoique Notaire; que toutes les cotes, tant ſur les pieces que minutes des inventaires, ſeront de la main de l'un deſdits Notaires, & les minutes deſdits inventaires ſignés en l'intitulation, & en la préface, & à la fin d'iceux par les deux Notaires, & par les parties, ſi elles ſçavent ſigner, ou fait mention de la cauſe pour laquelle elles ne ſçavent ſigner.

58. 11°. L'Ordonnance du mois d'Octobre 1535, *chap.* 19, *art.* 8, ordonne aux Notaires de ne rien laiſſer en blanc dans leurs minutes, ſans y faire apoſtille en marge; ni en tête & interlinéature; ni qu'ils puiſſent y laiſſer aucun blanc entre lignes;

& que s'il est nécessaire d'en faire, ils les mettent à la fin du contrat, avant qu'il soit signé des parties ; & par ce même article il est ordonné que la signature soit mise si près de la lettre, qu'on n'y puisse rien ajouter.

Mais par un Arrêt de réglement du 4 Septembre 1681, rendu pour Noyon, ci-dessus cité, il est dit que les ratures & apostilles seront approuvées à la marge, & l'approbation signée & paraphée dans l'instant, des parties, des témoins & du Notaire ; le tout à peine de nullité des actes, dommages & intérêts, & de cent livres d'amende. Il est aussi ordonné par cet Arrêt que les ratures ne pourront être faites que par une barre & trait de plume simple passant sur les mots, afin de pouvoir compter & distinguer facilement la quantité des mots rayés ; à peine d'amende arbitraire. (*Idem.* par Edit du mois de Février 1719, & par un Arrêt du 21 Juin 1723.)

59. Boniface, en ses Arrêts, *tom.* 1, *liv.* 1, *tit.* 20, *n* 12, rapporte un Arrêt du 20 Décembre 1662, qui condamne un Notaire en l'amende envers le Roi, & aux dépens du procès, pour avoir laissé un feuillet blanc dans ses registres ; autre Arrêt du mois de Février 1647, rapporté *ibid.* n. 8. Voyez aussi Loiseau, Traité des Offices, *liv.* 2, *chap.* 5, *n.* 76, 81.

Lorsqu'un Notaire oublie ou néglige de signer un acte, il est tenu, ou ses héritiers, des dommages & intérêts des parties ; & de plus, il peut être poursuivi même par la voie criminelle. (Arrêt du 11 Mai 1604, rapporté par Papon, *liv.* 9, *tit.* 8, *n.* 10, qui décrete d'ajournement personnel un Notaire de Bourges, pour avoir omis de signer un acte ; & déclare cet acte nul. Voyez ci-après, *n.* 85.)

60. 12°. Les Notaires ne peuvent rédiger leurs actes qu'en François, à l'exception des actes concernant les matieres ecclésiastiques & bénéficiales, dont plusieurs se rédigent en latin. (Ordonnance du mois d'Août 1539, *art.* 3 ; Ordonnance de Roussillon, du mois de Janvier 1563, *art. dernier.*)

13°. Ils doivent faire lecture aux parties & aux témoins, de tout ce qui est contenu au contrat, ou autre acte, avant de les signer. (Ordonnance de 1535, *chap.* 19, *n.* 4 ; Coutume de Poitou, *art.* 381 ; ainsi jugé par Arrêt du Parlement de Dijon du 16 Février 1568, rapporté par Bouvot, *tom.* 1, *part.* 3, au mot *Notaire*, quest. 2 ; Voyez aussi ce qui a été dit ci-dessus, *n.* 48.)

14°. Le Notaire qui passe un acte, doit déclarer à la fin, que la la minute de cet acte est restée par devers lui ; & s'il est reçu par deux Notaires, ils doivent déclarer celui entre les mains duquel la minute est restée. (Ordonnance du mois d'Août 1539, *art.* 175.) C'est ordinairement le plus ancien des deux Notaires qui garde la minute dans les actes où la présence de deux Notaires est nécessaire.

61. 15°. Les Notaires doivent expédier en parchemin les actes de foi & hommages, déclarations, aveux & dénombrements, qui sont fournis aux terriers pour les droits des Domaines de Sa Majesté ; & ceux des tenanciers ou vassaux des Seigneurs particuliers, en papier, ou en parchemin, suivant l'usage des lieux, ainsi que les contrats de ventes, de mariages & échanges, ceux de constitution de rentes, obligations, transactions, sentences arbitrales, testaments, & tous autres portant obligation ; mais aucuns desdits contrats ne peuvent être signifiés, exécutés, & il ne peut être fait aucune demande en justice en conséquence desdits contrats & actes, qu'ils n'aient été expédiés une premiere fois en parchemin. (Déclaration du 19 Juin 1691, *art.* 9 ; autre du 24 Juillet audit an.)

L'Article 12 de la même Déclaration du 19 Juin 1691, porte que les Notaires ne pourront, sous quelque prétexte que ce soit, mettre deux actes ensuite l'un de l'autre, pas même les minutes, quand il s'agiroit d'un même fait entre les mêmes parties ; à l'exception de la ratification des actes passés en l'absence des parties, & des quittances de remboursement d'une constitution ou obligation, qu'ils peuvent mettre en marge ou ensuite des minutes ; sans rien innover pour les lieux où l'usage est établi parmi les Notaires d'écrire leurs minutes de suite dans des registres.

62. 16°. Il leur est enjoint de faire contrôler les actes qu'ils passent, dans la quinzaine de leur date, à peine d'amende. (Edit du Contrôle, du mois de Mars 1693 ; Déclaration des 19 Mars 1696, 14 Juillet 1699, & 20 Mars 1708 ; Edit du mois d'Octobre 1705.)

Il faut seulement excepter de cette regle les actes passés devant les Notaires du Châtelet de Paris. Ces actes ont été exemptés de la formalité du contrôle, par une Déclaration du 7 Décembre 1723.

Ce délai de quinzaine accordé aux Notaires pour faire contrôler leurs actes, n'est que pour le contrôle des contrats & actes volontaires ; car pour les actes que les Notaires passent concurremment avec les Huissiers, ou qui paroissent appartenir plutôt à la fonction d'Huissier qu'à celle de Notaires, comme sont les protets, les sommations, &c. ils doivent être contrôlés dans les trois jours, comme tous les autres exploits. (Déclaration des 21 Mars 1671, 23 Février 1677, & 23 Avril 1712; Arrêts du Conseil des 14 Avril 1670, 21 Mars & 12 Décembre 1676, 31 Mars 1706, & 21 Avril 1721.)

63. A l'égard des testaments, codiciles, & autres dispositions à cause de mort, quoique passés devant Notaires, ou déposés en leurs études, ils ne sont sujets au contrôle qu'après la mort du testateur; & il est même permis au testateur de les retirer de son vivant des mains du Notaire. (Même Edit du contrôle du mois de Mars 1693; Voyez aussi les Arrêts du Conseil des 26 Février 1718, 17 Janvier 1719, & 29 Octobre 1720.)

Les Notaires ne peuvent annexer à leurs minutes aucuns actes sous signature privée, à moins qu'ils ne soient contrôlés; à peine de deux cents livres d'amende; & cela a lieu même à Paris. (Arrêt du Conseil du 18 Novembre 1708.)

64. 17°. En matiere de formalités d'actes, il faut observer les solemnités requises par les Coutumes du lieu où les actes sont passés; à peine de nullité. Ainsi un Notaire du Châtelet de Paris, ou d'Orléans, qui reçoit un acte ou un testament dans une autre Coutume que celle de Paris, doit, pour la validité de cet acte, y observer toutes les formalités & solemnités qui sont requises dans le lieu où il instrumente: autrement cet acte seroit nul.

18°. Quand un contrat est rédigé par écrit, signé des parties & des Notaires, ainsi que des témoins, ou que les parties & témoins y ont déclaré ne sçavoir signer, & qu'il est d'ailleurs revêtu de toutes ses autres formalités, il est parfait; en sorte qu'il ne peut plus être attaqué que par la voie de restitution, ou par celle d'inscription de faux. (Voyez Leprêtre, *cent.* 2, *chap.* 50.)

ARTICLE V.

Des Minutes, Registres, & Répertoires des Notaires.

65. 1°. Les Notaires doivent garder les minutes en général de tous les actes dont l'effet est perpétuel & se transmet aux héritiers, ou ayant cause, des parties contractantes; (Coutume de Bourbonnois, *art.* 78; Coutume de la Marche, *art.* 38.), comme

font les contrats de mariage, les donations entre-vifs, les dons mutuels, & autres actes dont la validité dépend de l'infinuation; les contrats de vente, les contrats de conftitution, les teftaments, les partages, les tranfactions, &c.

Et même quoiqu'un acte n'emporte pas un effet perpétuel, cependant, fi plufieurs parties ont intérêt de le conftater, comme s'il s'agit d'une fociété, d'un bail à ferme ou à loyer, d'une obligation avec nantiffement, *&c.* il en doit être gardé minute.

Mais indépendamment de cette regle générale, il y a des actes dont il doit néceffairement refter minute aux Notaires qui les reçoivent : tels font,

66. En premier lieu, les quittances des dots & de rapports; ce qui réfulte de l'article 130 de l'Ordonnance du mois de Janvier 1629, à caufe des créanciers qui y ont intérêt.

En fecond lieu, les concordats en matiere bénéficiale; les procurations, & autres actes pour réfigner, permuter, unir ou défunir des bénéfices; confentir création ou extinction de penfions; les révocations de ces actes; les rétractations ou révocations de rétractations; les acceptations ou refus d'accepter des bénéfices; les provifions, prifes de poffeffion, & autres actes concernant le titre des bénéfices; fuivant l'article 10 de l'Edit du contrôle des bénéfices du mois de Novembre 1637, & l'article 1 de l'Edit du mois de Décembre 1691, qui dit, à peine de nullité de l'acte, interdiction, & de mille livres d'amende contre le Notaire. (*Idem* par l'article 5 de la Déclaration du 14 Février 1737.)

67. En troifieme lieu, les contrats d'échange d'immeubles. (Arrêt du Confeil du 10 Avril 1683, qui l'enjoint aux Notaires, à peine d'interdiction.)

En quatrieme lieu, les contrats de vente, & autres actes tranflatifs de propriété; ainfi qu'il réfulte de la difpofition d'un Arrêt du Confeil du 5 Juin 1716, qui affujettit les Notaires à fournir tous les trois mois au Fermier des infinuations, l'extrait de ces fortes de contrats.

En cinquieme lieu, les actes d'acceptation ou renonciation à une communauté, fuivant un Arrêt du Parlement du 14 Février 1701, rendu fur les conclufions de M. Joli de Fleuri, rapporté par Augeard, *tom.* 2, *art.* 51, & par Néron, *tom.* 2 : & il en doit être de même des actes d'acceptation ou renonciation à une fucceffion.

68. En fixieme lieu, les donations entre-vifs, fuivant l'article 1 de

l'Ordonnance des Donations, du mois de Février 1731, qui ajoute à peine de nullité.

Les actes qui peuvent être délivrés en brevet, & dont il n'est pas nécessaire de garder la minute, sont,

Les procurations, même celles pour résigner un Office.

Les quittances.

Les obligations pures & simples.

Les transports; si ce n'est dans le cas où ce transport seroit fait pour demeurer quitte d'une somme contenue en une sentence, ou autre acte dont il y auroit minute.

A l'égard des contre-lettres, M. Bignon, Avocat-Général, vouloit qu'on fît un réglement pour obliger les Notaires d'en garder minutes; mais la Cour n'a rien prononcé sur cet article. (Voyez Bardet, *tom. 1*, *liv. 3*, *chap. 120.*)

69. 2°. Suivant l'article 63 de l'Ordonnance de Louis XII, du mois de Juin 1510, il est enjoint à tous Notaires & Tabellions, de faire bons & suffisants registres, & protocoles des contrats & autres actes par eux reçus & passés; & de les mettre par ordre, suivant leur date, afin d'y avoir recours dans le besoin. (*Idem* par l'Ordonnance du mois d'Octobre 1535, *chap. 19*, *art. 6*; par celle du mois d'Août 1539, *art. 173*; & par celle du 11 Décembre 1543. Voyez aussi la Coutume de Bourbonnois, *art. 78*; celle d'Angoumois, *chap. 6*, *art. 39*; & celle de Poitou, *art. 380.*)

Les Notaires doivent mettre & insérer tout au long dans ces registres & protocoles, les minutes desdits contrats. (Même Ordonnance de 1539, *art.* 174;) sans y laisser aucun blanc. (Arrêt du 20 Décembre 1662, rapporté par Boniface, *tom.* 1, *liv.* 1, *tit.* 20, *n.* 12; autre Arrêt du 30 Septembre 1686, rapporté *ibid.* tom. 5, liv. 3, tit. 2, chap. 13.)

La raison pour laquelle il est enjoint aux Notaires de faire des registres, est pour empêcher les antidates qui se pourroient faire aisément, sur-tout quand les parties en sont consentantes; comme dans le cas où un homme obéré qui voudroit tromper ses créanciers, & sauver une partie de ses biens, passeroit des obligations antérieures à celles de ses créanciers, sous le nom de quelqu'un de ses amis, *&c.*

70. Aujourd'hui les Notaires, dans la plupart des villes, ne font point de registres de leurs minutes, comme ils faisoient autrefois; mais ils les mettent en liasses & par ordre de dates, pour y

avoir recours, en cas de besoin, & pour pouvoir les produire plus facilement en Justice, soit dans le cas d'inscription de faux, ou pour quelqu'autre cause.

3°. Les Notaires sont tenus d'annexer à leurs minutes, les procurations en vertu desquelles il est contracté, à moins que les parties n'en conviennent autrement; *v. g.* quand les parties déclarent avoir vu lesdites procurations, lu ou entendu le contenu en icelles, & qu'elles s'en contentent sans aucune insertion. (Arrêt du Parlement des 6 Juillet, & 13 Septembre 1577.)

Quand la procuration contient plusieurs chefs, les Notaires ne sont tenus d'insérer au contrat que la seule clause qui concerne ce contrat. (Même Arrêt du 13 Septembre 1577.)

71. 4°. Les Notaires doivent conserver fidèlement & avec soin, toutes les minutes dont ils sont dépositaires; & il ne leur est pas permis de s'en désaisir, ni de les remettre entre les mains des parties; à peine d'être privés de leurs charges; si ce n'est dans le cas où l'on s'inscrit en faux contre les minutes des actes qu'ils ont passés. (Acte de notoriété du Châtelet de Paris, du 30 Mars 1686.)

Il ne leur est pas même permis de rendre aux parties les minutes des contrats remboursés. (Arrêt du Conseil du 7 Septembre 1720.)

Il en faut seulement excepter les testaments, dont les Notaires peuvent remettre la minute aux testateurs lorsqu'ils la leur redemandent. (Voyez ci-dessus, *n. 63.*)

72. 5°. Il est aussi défendu aux Notaires de deplacer les minutes de leurs études; & les Juges même ne peuvent ordonner le rapport de ces minutes en leur Greffe, si ce n'est dans le cas d'inscription de faux. (Arrêt de Réglement de la Cour du 13 Avril 1720, contre les Notaires du Bailliage de Gien.)

On prétend neanmoins que quand la copie d'un acte passé par Notaire est produite en Justice, & qu'il s'agit de la comparer avec la minute, on peut, sans s'inscrire en faux, demander la représentation de cette minute, au Notaire qui en est le dépositaire. (Ainsi jugé par Arrêt du Parlement de Dijon, du 9 Décembre 1566, rapporté par Bouvot, *tom.* 2, au mot *Notaires*, quest. 1.)

Si la minute & l'expédition sont différentes, c'est la minute qui décide. (Voyez *infrà*, n. 82.)

73. 6°. Les Notaires ne doivent point communiquer leurs minutes,

regiſtres & protocoles, à moins qu'il ne leur ſoit ordonné par Juſtice; ſinon aux contractants, leurs héritiers & ſucceſſeurs, ou à autres auxquels le droit deſdits contrats appartient notoirement; à peine de privation d'office, & des dommages & intérêts des parties. (Ordonnance du mois d'Août 1539, *art.* 177 & 179; Arrêt du Parlement de Bretagne, du 8 Mars 1557, rapporté par Dufail, *liv.* 1, *chap.* 42; autre du 29 Avril 1608, rapporté, *ibid.* liv. 1, chap. 4; autres Arrêts du Parlement des 29 Juillet 1706, & 5 Juin 1736, rapportés au Recueil des Notaires de Paris, par Langlois, *pag.* 164. Voyez auſſi Mornac, *ad L.* 6, §. 4, D. *de edendo*; & Leprêtre, *cent.* 1, *chap.* 58.) Néanmoins par une Ordonnance de Charles VII, du 12 Août 1445, *art.* 26, il eſt enjoint aux Greffiers, Notaires, de montrer leurs regiſtres, papiers & protocoles où ſont enrégiſtrés les cauſes qui concernent le Procureur du Roi, par leſquels il peut prétendre des droits & des amendes.

74. Par l'article 27 de la même Ordonnance, il eſt porté que les Notaires peuvent être contraints à prêter ſerment de dire & notifier aux Tréſoriers de France, tout ce qu'ils ſçavent avoir été paſſé par eux de profitable, ou préjudiciable au Roi, ou aux Seigneurs; & à déclarer tous les contrats faits concernant les mouvances du domaine, pour en avoir les ventes & droits ſeigneuriaux.

Et par l'Ordonnance de François I, du mois d'Août 1536, *chap.* 3, *art.* 5, il eſt enjoint aux Notaires d'exhiber les contrats aux Seigneurs auxquels ſont dûs les droits de ventes; à peine de payer eux-mêmes la valeur deſdits profits. *Idem* par l'article 15 du titre 31 de la Coutume de Poitou : ce même article porte que les Notaires doivent communiquer au lignager les notes des aliénations par eux reçues, où ledit lignager a intérêt pour le retrait, & de lui en donner copie à ſes dépens, s'ils en ſont requis.

Mais ils ne peuvent être contraints de donner des extraits, ni connoiſſance des teſtaments pendant la vie des teſtateurs, ſans leur conſentement. (Arrêt du Parlement de Provence, du 14 Février 1664, rapporté par Boniface, *tom.* 1, *liv.* 1, *tit.* 20, *n.* 11.)

75. 7°. Dans le cas où il arrive du changement aux offices des Notaires, par mort, réſignation, ventes, nouveaux baux, ou autrement, en quelque maniere que ce ſoit, toutes les minutes

des contrats, ou autres actes par eux reçus, ou par leurs prédécesseurs, doivent être soigneusement gardées, & à la diligence des Procureurs du Roi, délivrées & mises ès mains des successeurs en la charge. Les Notaires nouvellement reçus doivent être chargés de ces minutes au bas d'un répertoire que lesdits Procureurs du Roi leur feront donner; & l'émolument des grosses doit appartenir à ceux qui auront reçu les minutes. (Arrêt du Parlement, du 25 Février 1662.)

L'Arrêt de Réglement du 10 Décembre 1665, *art.* 13 & 14, renferme la même disposition, & ajoute qu'il sera délivré un bref inventaire de ces minutes, paraphé du Juge & du Procureur du Roi, ou Fiscal, qui seront tenus de vaquer gratuitement audit inventaire, copie duquel sera donnée, tant à celui qui entrera en exercice dudit Notariat, qu'à celui qui l'aura délaissé, ou à ses héritiers; & que la minute dudit inventaire demeurera au Greffe. (*Idem* par un autre Arrêt du Parlement, du 16 Mai 1715, rapporté au Journal des Audiences; & aussi par l'Ordonnance d'Orléans, *art.* 83.)

76. Lorsqu'il n'y a point encore de successeur à l'office, le Juge doit remettre les minutes en la garde d'un Notaire qu'il nomme, pour en délivrer les expéditions, jusqu'à ce que le successeur se présente.

Le même Arrêt de 1665, *ibid.*, porte que les émoluments des expéditions, contrats & actes reçus par les précédents Notaires, seront partagés pendant dix ans seulement, à compter du jour du bail expiré; sçavoir, moitié à l'ancien, & l'autre moitié au Notaire titulaire; & que tous ceux qui seront à l'avenir fermiers de Notariats, ou qui seront pourvus de charges de Notaires, ne le pourront être qu'à cette condition de laisser l'exercice libre du Greffe à ceux qui leur succéderont; sans pouvoir prétendre aucune part aux émoluments, sinon ladite moitié d'émoluments & grosses d'expédition. (Voyez aussi le Réglement du Comté de Pontchartrain, du 15 Mai 1714, au titre *Du Notaire*, art. 7.)

77. Un autre Arrêt du Parlement du 27 Juin 1716, renferme aussi la même disposition; & ajoute que les personnes, non faisant fonction de Notaires, qui auront en leur possession des actes & pieces des exercices des charges de Notaires, seront contraints, même par corps, de les représenter; sans préjudice toutefois des baux qui pourront être faits à l'avenir concernant les charges des Notaires, pour ce qui peut regarder la remise préfinie pour jouir

des émoluments desdites charges, par rapport aux fermiers en exercice; & sans qu'auxdits cas ils puissent faire proroger le temps de leurs jouissances, qui n'auront lieu que dans les cas où ledit temps n'auroit point été marqué & prescrit par lesdits baux.

78. Un autre Arrêt du Parlement du 13 Juillet 1747, rendu pour Moulins, confirmatif d'une délibération de la Communauté des Notaires de cette ville, porte qu'il sera permis à ladite Communauté de députer l'un d'eux pour se transporter chez les veuves & héritiers des Notaires décédés, & autres personnes qui ont des minutes de Notaires, à l'effet d'en faire inventaire sommaire, & de les faire transférer en la Chambre Syndicale de la Communauté, pour être délivré par le Notaire garde des archives de la Communauté, toutes les expéditions desdites minutes aux parties qui les requierront; & qu'en cas de refus de remettre lesdites minutes, il leur sera permis de s'assister de force nécessaire pour les enlever.

Voyez encore à ce sujet un Arrêt de Réglement du Parlement de Toulouse, du 12 Juin 1751, rapporté au Recueil des Réglements de ce même Parlement, *in*-8°., tom. 2, pag. 541.)

79. 8°. Lorsqu'un Notaire, ou autre dépositaire d'une minute la perd, il est non-seulement, ainsi que ses héritiers, garant des dommages & intérêts des parties; mais il peut même être puni d'une autre peine, suivant les circonstances; & s'il allegue, pour sa défense, qu'il a perdu cette minute, il doit apporter une cause légitime de cette perte; *v. g.* celle d'un incendie, d'un vol avec effraction, *&c.*; autrement il doit être censé coupable de sa négligence, & puni comme tel. (Voyez Francomarc, *tom.* 2, *quest.* 193, *n.* 3.)

Mais quand il ne paroît pas que les Notaires aient été chargés des minutes qui leur sont demandées, ils doivent être déchargés de les représenter, en affirmant par eux qu'elles ne leur ont point été remises; & que par dol, fraude, ou autrement, ils ne les retiennent point. (Ainsi jugé par trois Arrêts des 26 Janvier 1647; 15 Mai 1665; & 29 Juillet 1706; rapportés par Langlois en son Recueil concernant les Notaires du Châtelet de Paris, *pag.* 169.)

Dans ce cas de perte des minutes d'un testament par incendie, ou vol, *&c.* le Notaire peut obliger les parties, par ordonnance de Justice, de lui communiquer les expéditions qu'il leur en auroit délivrées, pour refaire de nouvelles minutes sur ces expéditions.

Des Répertoires.

80. 9°. Les Notaires doivent tenir des répertoires de tous les actes qu'ils passent, à peine de deux cents livres d'amende. (Déclaration du 19 Mars 1696, *art.* 3; & 14 Juillet 1699, *art.* 13; Arrêt du Conseil du 19 Avril 1740, rapporté au Code Louis XV.)

Et ils doivent représenter ces répertoires aux parties intéressées à se faire délivrer les actes qu'elles demandent, quand on les leur indique avec les dates. (Ainsi jugé par Arrêt du 5 Juin 1738, rendu sur les conclusions de M. Gilbert-de-Voisins, Avocat-Général.)

Mais ils ne sont point tenus de les communiquer à d'autres, suivant l'Arrêt du Parlement de Paris du 29 Juillet 1706, rapporté par Langlois en son Recueil des Notaires du Châtelet de Paris, *pag. 164.*

Ces répertoires doivent être écrits sur papier timbré. (Ordonnance du mois de Juin 1680, titre Du papier & parchemin timbré, *art. 8*; Déclaration du 19 Juin 1691, *art. 15.*)

ARTICLE VI.

Des Expéditions & Grosses.

81. On appelle *expédition* à l'égard d'un acte notarié, la copie qui en est délivrée par le Notaire.

Et l'on donne le nom de *grosse* à l'expédition qui en est délivrée en parchemin, scellée & en forme par le même Notaire; ce qui la rend exécutoire sur les biens du débiteur.

1°. Les Notaires peuvent délivrer des grosses & expéditions des actes dont la minute reste en dépôt dans leurs études, quand les parties le demandent.

Mais ils ne peuvent contraindre les parties à lever ces grosses, ou expéditions. (Arrêt du 14 Octobre 1550, rapporté par Papon, *liv. 4, tit. 14, n. 15.*)

2°. Ils sont tenus de délivrer ces expéditions en bref, si les parties le requierent; sans qu'elles soient obligées de les lever en forme, si bon ne leur semble. (Ordonnance d'Orléans, *art. 84.*)

82. 3°. Les grosses ou expéditions que délivrent les Notaires, doivent être entiérement semblables aux minutes; & il ne dépend

pas d'eux d'en changer les termes, ni d'en étendre les clauses, en augmentant ou diminuant à ce qui est porté dans ces minutes; à peine de punition exemplaire. Ainsi par Arrêt du 3 Juin 1697, le nommé Rémon, Notaire de Paris, a été condamné en neuf ans de bannissement, pour avoir délivré la grosse d'un contrat de 150 liv. de rente, à laquelle un particulier paroissoit obligé solidairement, quoiqu'il n'eût signé ce contrat que pour autoriser sa femme, sans avoir par lui-même contracté aucun engagement.

Lorsque la minute & l'expédition se trouvent différentes, c'est la minute qui décide de la vérité de l'acte. (Ainsi jugé par Arrêt du Parlement de Paris du 25 Septembre 1568, rapporté par Carondas sur le Code Henri, *liv.* 21, *tit.* 19, *n.* 1. Voyez la Loi *pen.* & l'Auth. *si quis*, Cod. *de edendo.*)

4°. Comme je ne connois aucun Réglement qui fixe la maniere dont les grosses des actes des Notaires doivent être écrites, je crois qu'il faut suivre à cet égard la même regle que pour les grosses des Procureurs & Greffiers. (Voyez ce que j'ai dit à ce sujet au titre *des Greffiers*, ci-dessus, *part.* 5, *tit.* 1, *n.* 89, & *suiv.*)

83. 5°. Les grosses & expéditions doivent être signées du Notaire qui les délivre, & alors elles ont toute leur force; & il n'est pas nécessaire pour cela d'y joindre la signature d'un second Notaire, ou de deux témoins.

Il faut cependant observer qu'à Paris, un acte délivré en grosse par le successeur du Notaire qui a passé l'acte, n'a toute sa force, que quand il est signé du Garde des immatricules du Châtelet de Paris. Cet Officier a dans son dépôt toutes les signatures des Officiers du Châtelet; & son attestation qu'il a reconnu la signature du défunt dans la minute, assure à l'acte toute son autorité.

6°. Le Notaire qui délivre une grosse, en doit faire mention sur la minute, ainsi que du nom de la personne à qui cette grosse a été délivrée. (Arrêt du Parlement de Bretagne du 8 Mars 1557, rapporté par Dufail, *liv.* 1, *chap.* 42; Coutume de Bourbonnois, *art.* 85.)

84. 7°. Quand un Notaire a une fois délivré une premiere grosse en forme, il n'en peut délivrer une seconde, sans y être autorisé par le Juge. (Ordonnance de 1539, *art.* 178.)

Le Juge ne doit même permettre aux Notaires de délivrer de secondes grosses, qu'en présence des parties intéressées, ou après qu'elles auront été appellées, & à la charge de faire mention de son ordonnance. Tel est l'usage constant, fondé sur ce que, dans les Pays Coutumiers du Parlement de Paris, la Jurisprudence des Arrêts veut qu'un créancier qui a perdu sa premiere grosse, n'ait hypotheque sur les biens de son débiteur, que du jour de l'expédition de la seconde grosse. Cette formalité a néanmoins été restreinte aux obligations en deniers, & aux contrats de constitutions : encore même cela n'a-t-il pas lieu à l'égard des créances privilégiées pour lesquelles la perte de la premiere grosse est indifférente.

On a aussi jugé que le créancier d'un défunt n'étoit pas obligé de rapporter la premiere grosse de son contrat, pour être préféré en hypotheque aux créanciers de l'héritier. (Arrêt du 29 Juillet 1677, rapporté au Journal des Audiences.)

ARTICLE VII.

Autres devoirs & engagements des Notaires.

85. 1°. *Question.* Les Notaires sont-ils tenus des dommages & intérêts, dans le cas où un acte est déclaré nul par leur faute; *v. g.* par ignorance ou impéritie de leur part ?

On cite plusieurs Arrêts, par lesquels des particuliers ont été déboutés en pareil cas de leurs demandes contre des Notaires. M. Louet, *lettre* N, *chap.* 9, en rapporte des Arrêts de 1595, 1599 & 1604. Autre Arrêt du 16 Février 1617, rapporté par Brodeau, *ibidem*, n. 4; autre du 21 Janvier 1605, rapporté par Boughier en ses Arrêts, *lettre* N, *chap.* 3.

Néanmoins, malgré ces autorités, on doit regarder comme une regle générale, que les Notaires sont tenus des nullités qu'ils commettent contre la disposition des formalités établies par les Ordonnances. C'est ainsi que le pense Rebuffe *in constitut. reg.* tit. *de litterar. obligat.* article 4, glos. n. 4. Voyez aussi la L. *si judex*, D. *de var. & extraord. cognit.*; & c'est une suite des dispositions portées dans les Réglements touchant les formalités des actes cités ci-dessus *n. 41 & suivants.* Un Arrêt du Conseil du 21 Mars 1719, en a une disposition précise, à l'égard de la nullité des actes contrôlés après la quinzaine de leur date.

On peut voir sur cette question Pallu sur la Coutume de Tours, *art.* 322, *n.* 9; Levest, Arrêt 168; & la Bibliotheque des Arrêts, aux mots *Pratique*, n. 11; *Retrait*, n. 76; & *Testament*, n. 13.

Mais cette regle n'a lieu qu'à l'égard des Notaires qui ont passé les actes, & non à l'égard des Notaires qui signent en second. (Voyez ce qui a été dit ci-dessus, *n. 50.*)

86. 2°. Les Notaires ne sont pas tenus des dommages & intérêts des Parties pour omission faite ès contrats, lorsque cette omission a été faite de bonne foi. (Louet, *lettre* N, *chap. 9*; Voyez la L. *ambiguitates 24*, Cod. *de testamentis.*)

3°. Lorsqu'il y a du dol de la part du Notaire, il est toujours tenu envers les contractants des dommages & intérêts qu'il a causés. (Ordonnance du mois d'Août 1539, *art.* 179; Arrêt du 15 Février 1590, rapporté par Filleau, *quest. 169*; & par Papon, *liv.* 11, *tit.* 3, *n.* 11, qui a jugé, qu'un Notaire qui avoit sollicité un tiers, d'acquérir une maison d'un particulier, qu'il sçavoit être fourbe & mauvais vendeur, & qui n'avoit pas moyen de la garantir, étoit tenu des dommages & intérêts envers l'acquéreur évincé.)

Les Notaires peuvent aussi en certains cas être poursuivis criminellement, pour avoir fait des actes imparfaits, *v.g.* non signés; ou pour avoir laissé des noms en blanc, des feuillets déchirés, &c. (Arrêt du 30 Septembre 1686, rapporté par Boniface, *tom.* 5, *liv.* 3, *tit.* 2, *chap.* 13.)

87. 4°. Les Notaires sont sujets à la garantie des actes qu'ils passent pour des interdits, toutes les fois qu'ils ont connu l'interdiction; parce qu'alors, il est vrai de dire, qu'il y a dol & tromperie de la part du Notaire. (Ainsi jugé par Arrêt du 17 Janvier 1662, rapporté au Journal des Audiences.)

Mais si le Notaire avoit ignoré cette interdiction, il cesseroit d'être coupable. (Ainsi jugé par Arrêt du 11 Février 1633, rapporté par Bardet, *tom.* 2, *liv.* 1, *chap.* 8.)

C'est pour prévenir les inconvéniens qui peuvent arriver de cette ignorance, que par ce même Arrêt, il est ordonné, qu'à la diligence des Syndics des Notaires du Châtelet de Paris, il sera fait un tableau contenant les noms & surnoms de toutes les personnes interdites; lequel tableau sera affiché dans la Chapelle du Châtelet; & que chacun des Notaires sera tenu d'en prendre copie ou exemplaire, & de la tenir publique en son étude; le tout à peine de répondre, tant par le Syndic qu'autres Notaires, de tous les dépens, dommages & intérêts, que les parties pourroient souffrir faute de l'exécution dudit Arrêt.

88. 5°. Les Notaires coupables de faux, sont aussi tenus, non-seu-

lement des dommages & intérêts des parties ; mais ils peuvent même être poursuivis criminellement. (Voyez ce que j'ai dit à ce sujet en mon Traité *De la Justice criminelle*, au titre *Du faux*, tom. 3, part. 4, tit. 15, n. 28.)

6°. Les Juges doivent informer d'office des prévarications commises par les Notaires dans leurs fonctions. L'Ordonnance du mois d'Août 1539, *art. 179*, l'enjoint expressément aux Juges, à peine de s'en prendre à leurs personnes.

7°. Les Notaires ne sont tenus que de leur fait ; ainsi, ils ne sont point garants de ce qui est dit dans les contrats par eux reçus ; parce qu'ils sont obligés de garder le secret des parties. (Arrêt du 23 Décembre 1592, rapporté par Chenu, *Cent. 2*, *quest. 67 & 68.*)

C'est sur ce fondement que, par Arrêt du Parlement du 7 Mars 1684, rapporté au Journal des Audiences, il a été jugé, qu'un Notaire qui avoit passé un contrat d'une femme mariée, comme autorisée par Justice en vertu d'Arrêt, qui n'étoit pas véritable, n'étoit pas tenu en son nom, de la validité de l'acte, cette déclaration n'étant pas de son fait.

89. 8°. On prétend que les héritiers d'un Notaire, sont exempts de toutes recherches, pour raison d'un fait de sa charge, dont il seroit tenu s'il étoit vivant : excepté en deux cas ; le premier, s'ils ont profité de quelque chose par rapport à la faute du Notaire dont ils sont héritiers ; & le second, si la cause avoit été contestée avec le Notaire de son vivant. (Arrêt du Parlement de Grenoble du 21 Juin 1622, rapporté par Basset, *tom. 1*, *liv. 2*, *tit. 14*, *chap. 2.*)

Et il en est de même des veuves de Notaires. Ainsi, par Arrêt du Parlement du 7 Juillet 1575, rapporté par Brodeau sur Louet, *lettre* N, *chap.* 3, *n.* 4, la veuve d'un Notaire poursuivie pour la garantie d'un contrat qui avoit été déclaré nul, pour n'être signé de toutes les parties & témoins, a été renvoyée de la demande intentée contre elle.

Néanmoins le sentiment contraire paroît plus conforme aux vrais principes. En effet, puisque par les Ordonnances d'Orléans, *art.* 84 ; & de Blois, *art.* 165, les Notaires sont tenus de faire signer les parties ou de faire mention, si elles ne savent point signer, à peine de nullité, dépens, dommages & intérêts des parties ; il s'ensuit, que les héritiers du Notaire qui a commis une nullité de cette espece, sont tenus de ces dommages & intérêts, comme repréſentant la perſonne du défunt, ſuivant la L. *ex quâ perſonâ*, D. *de regulis juris*. Ainſi jugé contre les héritiers d'un Notaire de Châtillon, par Arrêt rendu en l'année 1578, rapporté par Bouvot, *tom.* 2, au mot *Notaires*, queſt. 5.)

90. 9°. Quand un Notaire commet quelque faute dans la paſſation d'un acte, il ne peut la reformer par lui-même, ſi ce n'eſt du conſentement de toutes les parties. (Francomarc, *part. 1, queſt. 664.*)

Et l'une des parties peut auſſi requérir cette réformation, les autres parties appellées. (Arrêt du Parlement de Grenoble du 2 Août 1547, rapporté par Bouchel en ſa Bibliotheque, au mot *Notaires*. Francomarc, *ibid.* queſt. 743.)

10°. Enfin, ſur ces queſtions touchant la garantie dont les Notaires peuvent être tenus, il faut obſerver que les biens des Notaires qui ſont conſtitués dépoſitaires de deniers par des actes qu'ils ont eux-mêmes reçus, ſont hypothéqués aux parties contractantes, à compter du jour du dépot. (Ainſi jugé par Arrêts du Parlement des 7 Juillet 1741; 12 Avril 1745; 26 Avril 1747; & 16 Juillet 1750.)

91. 11°. Lorſque le Notaire reçoit un acte concernant un héritage ſur lequel il a une hypotheque, & qu'il garde le ſilence en paſſant cet acte, ſans ſans déclarer le droit qu'il a ſur cet héritage, il perd ſon hypotheque. (Arrêt du 21 Mars 1581, rapporté par Robert, *rerum judicat.* lib. 4, cap. 14; autre du mois de Décembre 1598, rapporté par Papon, *liv. 11, tit. 3, n. 19*; autre du 22 Janvier 1599, rapporté par Louet, *lettre* N, *chap. 6, pag. 3*; & c'eſt le cas de la Loi *fidejuſſor.* §. *pater*, D. *de pignoribus & hypothecis*; Voyez auſſi Chenu, *queſt.* 168; & Leprêtre, *cent. 1, chap.* 29.)

Et il en eſt de même du témoin qui ſigne au contrat. (Arrêt du 1 Mars 1611; autre du 15 Juin 1602, rapporté par Boughier, *lettre* H, *n. 8*. Voyez auſſi Robert, Leprêtre & Louet, aux endroits qu'on vient de citer.)

ARTICLE VIII.

Des devoirs perſonnels des Notaires.

92. 1°. Les Notaires doivent faire leur réſidence dans l'étendue du lieu où ils ont droit d'inſtrumenter.

Mais les Notaires royaux, ne peuvent demeurer qu'aux terres

du Roi & aux lieux où ils sont immatriculés ; ensorte qu'ils ne peuvent demeurer dans les terres d'un Seigneur qui a droit de tabellionage ; & au cas qu'un Notaire royal y voulût demeurer, le Seigneur pourroit l'en empêcher, s'il n'y a titre & possession immémoriale contraire. (Arrêt du 25 Février 1334, rendu au profit de l'Evêque de Langres, rapporté par Guenois en sa Conférence des Ordonnances, *tom 3, liv. 12, tit. 14, §. 18, note 13, page 701;* par lequel il a été défendu à Jean de Salmes, d'exercer l'office de Notaire en la terre de Langres. Autre Arrêt du 20 Décembre 1575, pour la Châtellenie de Saint-Valeri-sur-Mer, rapporté par Coquille sur la Coutume de Nivernois, tit. *de Justice, art. 25.* Voyez aussi Mornac, *ad* L. *ult.* D. *de jurisd.*)

93. Dans les endoits où il y a des Notaires royaux de collocation, établis dans l'étendue des Justices des Seigneurs, ou partie desdites Justices, ces Notaires royaux doivent faire leur résidence dans les lieux de leur collocation. (Arrêt du Parlement de Grenoble du 16 Mai 1683, en faveur des Notaires de Valence, contre un Notaire d'une Communauté voisine de Montoison ; quoiqu'il fût porté par les provisions, qu'il jouiroit des mêmes droits que les Notaires de la ville de Valence ; en conséquence de quoi, il prétendoit s'établir dans cette ville. Voyez Chorier en sa Jurisprudence sur Guipape, *pag.* 122.)

Bien plus, un Notaire reçu dans un Bailliage, ne peut pas résider dans un autre Bailliage ; quand même il offriroit de ne passer des actes qu'en se transportant dans son territoire. (Ainsi jugé contre le Tabellion de Marly, par Arrêt du 30 Janvier 1724, rapporté par Brodeau sur Louet, *lettre* N, *sommaire* 10, *n.* 8. Autre Arrêt du 15 Mars 1726, rendu sur les conclusions de M. l'Avocat-Général Daguesseau, entre Antoine Beaunier, Notaire au Châtelet de Melun, & Jacques Jacob, Tabellion à Courquitaine, dépendant du Bailliage de Brie-Comte-Robert.)

Un autre Arrêt du Parlement du 18 Avril 1744, oblige les Notaires de résider dans le ressort des Justices où ils ont droit d'instrumenter. Ce même Arrêt a aussi jugé qu'un particulier est non-recevable à forcer le Seigneur & propriétaire des offices de Notaires, à lui donner sa nomination.

94. 2°. Les Notaires doivent garder exactement le secret aux personnes qui se servent de leur ministere. En effet, le défaut de ce secret dans les testaments, & autres actes, pourroit souvent mettre le trouble dans les familles, & occasionner d'autres inconvénients

dont leur indiscrétion les rendroit responsables envers le public, selon la qualité des faits & des circonstances. (Voyez Francomarc, *tom.* 1, *quest.* 20; & *tom.* 2, *quest.* 480.)

Et c'est sur ce fondement qu'il leur est défendu de communiquer les minutes des actes qu'ils passent, ou d'en délivrer des expéditions à d'autres qu'aux parties contractantes; ainsi qu'il a été dit ci-dessus, *n.* 73.

C'est par une suite de ce secret qu'ils doivent à leurs parties, que l'on prétend que les Notaires ne peuvent être contraints de déposer sur des faits concernant les actes par eux reçus, ou venus à leur connoissance par le moyen de ces actes, ainsi qu'il a été jugé par une Sentence du Châtelet de Paris du 21 juin 1609, rapporté par Joly, *tom.* 2, *pag.* 1683, & par deux Arrêts du Parlement du 7 Septembre 1616, & du 8 Janvier 1647, rapportés par Langlois, en son Recueil, touchant les Notaires du Châtelet de Paris, *pag.* 163.

95. Mais depuis, on a décidé le contraire, & il y en a plusieurs Arrêts; & entr'autres un du 19 Janvier 1743, rendu contre Me. Dupont, Notaire au Châtelet de Paris, dont l'espece est rapportée par Denisart, en ses Collections, au mot *Notaires*, tom. 2, pag. 274, col. 1, de l'édit. de 1764. Autre Arrêt du 6 Février 1743, rapporté *ibid.* Une Sentence du Châtelet de Paris du 27 Juin 1755, rapportée aussi *ibid.* a obligé Me. Dulion, Notaire audit Châtelet, ainsi que son Clerc, de déposer l'un & l'autre dans l'affaire du Prince de Ligne.

Il doit donc passer pour constant que les Notaires ne doivent point se dispenser de déposer comme témoins, dans les informations, relativement aux actes qu'ils passent. En effet, ajoute Denisart, il seroit bien extraordinaire que des Notaires, qui ne sont que de simples rédacteurs des volontés des parties, fussent dispensés de rendre hommage à la vérité, tandis que dans plusieurs circonstances on contraint les Avocats de déposer, comme témoins, dans l'affaire de leurs clients. (Voyez Robert, *rer. Judic. lib.* 2, *cap.* 19.)

96. 3°. L'Edit d'établissement de l'Hôpital-général de Paris, du mois d'Avril 1656, & trois Arrêts de la Cour des 18 Novembre 1662, 10 Janvier 1668, & 7 Septembre 1701, enjoignent aux Notaires qui ont reçu des testaments, compromis, & autres actes contenant des legs, aumônes, & dispositions au profit des Hôpitaux, Eglises, Communautés, prisonniers, & personnes qui sont dans

dans la néceſſité, d'en donner avis à M. le Procureur-Général, ou à ſes Subſtituts, auſſi-tôt qu'il eſt venu à leur connoiſſance que leſdits teſtaments ou autres diſpoſitions ont lieu; & de leur remettre des extraits en bonne forme de ces actes.

4°. On peut obliger des Notaires de ſigner en ſecond pour un de leurs confreres auquel on ne peut rien reprocher. (Voyez la Déclaration du 4 Septembre 1706, ſur l'Edit du mois de Mars audit an, portant création de Syndics des Notaires; Voyez auſſi l'*art.* 14 des Statuts des Notaires du Châtelet de Paris, du 30 Avril 1679, homologués par Arrêt du 13 Mai 1681; un autre Arrêt du 4 Septembre 1685; & la Déclaration du 14 Février 1757, pour les procurations des bénéfices.)

Un Edit du mois d'Octobre 1691, rendu pour les Notaires de Lyon, porte qu'ils pourront ſe conformer en cela à ceux du Châtelet de Paris.

97. 5°. Il n'eſt pas permis aux Notaires de mettre par convention faite entr'eux, leurs minutes dans un Bureau particulier, à l'effet que les émoluments en ſoient partagés en commun; cette convention étant une eſpece de monopole, & contre l'utilité publique (Voyez Albert, au mot *Notaire*, art. 1; & Mornac, *ad L.* 53, D. *pro ſocio.*)

De même, il a été jugé contre les Notaires de Senlis, par Arrêt du 7 Février 1612, rapporté par Filleau, *tom.* 2, *pag.* 284, que les Notaires de cette ville ne pouvoient convenir de partager enſemble les émoluments de leurs actes, & de faire bourſe commune; & que cette convention étoit contre les bonnes mœurs.

98. 6°. Deux Notaires ne peuvent même s'aſſocier enſemble pour les fonctions de leurs charges, à cauſe des conſéquences qui en pourroient arriver. (Arrêt du 8 Février 1612, rapporté par Mornac ſur la L. 54, D. *pro ſocio*; autre Arrêt du 10 Février 1615, rapporté au Recueil des Notaires de Paris de Langlois, *pag.* 170; autre du 4 Juillet 1662, rapporté auſſi au Recueil deſdits Notaires, *chap.* 19, *pag.* 855 *de l'ancienne édition.*)

7°. Un Notaire ne peut tenir deux études en différentes maiſons. (Arrêt du Parlement de Toulouſe du 4 Juin 1659, rapporté par la Roche-Flavin, en ſes Arrêts, *liv.* 2, *lettre* N, *n.* 2.)

8°. Les Notaires ne peuvent vendre leurs minutes ſéparément de leurs Offices. (Arrêt du Parlement du 13 Août 1708, rapporté au Journal des Audiences.)

9°. Ils ne peuvent donner l'exercice de leurs charges à titre de ferme. (Arrêt du Parlement de Bretagne du 15 Octobre 1618, rapporté par Frain, *pag.* 236.)

99. 10°. On ne peut donner par testament aux Notaires qui le reçoivent, ni aux témoins qui le signent. (Coutume de Nivernois, *chap.* 33, *n.* 12; *Idem.* par la Coutume de Sens, *art.* 85, & par celle de Mantes, *art.* 183.)

On prétend même qu'ils ne peuvent recevoir aucunes donations des personnes qui se servent de leur ministere. (Arrêt du 5 Août 1519, rapporté par Bouvot, *tom.* 1, *part.* 3, au mot *Notaire*, *quest.* 1; autre Arrêt rendu au mois de Juin 1720, dans l'affaire de Me. Foucault, Notaire à Paris) Mais la validité de ces sortes de donations dépend des circonstances. (Voyez ce qui est dit à ce sujet au titre *des Avocats*, ci-après, part. 5, tit. 3, n. 45; & au titre *des Procureurs*, ibid. tit. 4, n. 85.)

100. 11°. Les Notaires ne peuvent écrire ni signer comme témoins aucuns actes sous signature privée, de telle espece qu'ils puissent être; à peine de deux cents livres d'amende. (Arrêt du Conseil du 21 Juillet 1693; Déclaration du 19 Mars 1696, *art.* 5; autre du 14 Juillet 1699, *art.* 5; autre Arrêt du Conseil du 29 Décembre 1716, rapporté au Recueil des Réglements de Justice, *tom.* 2, *pag.* 384; autre Déclaration du 20 Mars 1708, *art.* 4, qui dit seulement que les Notaires, ainsi que les Greffiers, ne pourront signer aucuns actes sous signature privée; à peine de trois cents livres d'amende.)

12°. Les Notaires ne peuvent faire leur demeure dans les maisons bâties sur les ponts des rivieres. (Ainsi réglé par Arrêt du Parlement de Paris de l'année 1658 ou 1659, à l'occasion de la chûte du Pont-Marie, qui avoit entraîné celle de la maison où demeuroit Me. Ferret, Notaire au Châtelet de Paris. Voyez Bruneau, Traité des Matieres criminelles, *part.* 1, *tit.* 11, *n.* 18, *pag.* 94.)

101. 13°. Les actes passés par un Notaire interdit, sont nuls; mais celui qui s'est reconnu débiteur devant lui, ne laisse pas d'être obligé envers le créancier.

14°. Les Offices de Notaires & de Sergents royaux, sont incompatibles en une même personne dans les grandes villes. (Coutume de Touraine, *art.* 78; Arrêt du 11 Février 1636, rapporté par Bardet, *tom.* 1, *liv.* 3, *chap.* 87; Edit du mois d'Avril 1664, rendu pour la ville de Meaux; Arrêt de réglement des Grands-jours de Clermont, du 10 Décembre 1665, *art.* 18.) Il en est autrement dans les petites villes; mais alors ceux qui exercent conjointement ces deux Offices, ne peuvent mettre à exécution en qualité de Sergents, les obligations, contrats, & autres actes qu'ils ont reçus en qualité de Notaires; à peine de faux. (Voyez Bardet, *ibid. Ita etiam* Frain, Plaidoyer 122, *pag.* 742. Voyez aussi le supplément au septieme volume du Journal des Audiences, où il est dit que, quoiqu'il y ait incompatibilité dans les grandes villes, cela se tolere dans les petites.)

102. Il en est de même des Offices de Notaires & de Procureurs: ces deux Offices sont incompatibles. (Arrêt des Grands-jours d'Angers du 16 Septembre 1539, rapporté par Bouchel, en sa Bibliotheque, au mot *Avocat;* autre du 14 Mai 1596, rapporté *ibid.* au mot *Notaires;* autre Arrêt de réglement du Parlement du 10 Décembre 1665, *art.* 18. Voyez aussi Loiseau, Traité des Offices, *liv.* 2, *chap.* 5, *n.* 57; & ce qui est dit ci-après au titre *Des Procureurs*, part. 5, tit. 4, n. 79.)

Mais il faut faire à cet égard une distinction entre les Bailliages & Sénéchaussées royales, & les Justices subalternes.

Dans les Bailliages, & autres grands Sieges royaux, on ne peut exercer en même temps l'Office de Notaire & celui de Procureur. (Arrêts de l'année 1541 & du 25 Octobre 1557, pour Chartres; autre du 29 Novembre 1568 pour Rheims, rapporté par Filleau, *tom.* 1, *part.* 2, *tit.* 7, *pag.* 321; autre du 23 Avril 1721, pour Provins, rapporté au Journal des Audiences, *tom.* 7, *liv.* 4, *chap.* 6; autre du 2 Juin 1744 pour Bar-sur-Aube; autre du 30 Décembre 1730, pour Crespy-en-Valois; *Idem* par Edit du mois de Février 1740, pour Meaux; autre du 19 Mars 1553, pour Roie. Voyez aussi Papon, *liv.* 6, *tit.* 4, *n.* 8; autre Arrêt du Parlement du 13 Décembre 1762, pour Saint-Quentin.)

103. Mais dans les Sieges particuliers, ou autres Sieges inférieurs royaux, les fonctions de Notaires & de Procureurs sont compatibles, pourvu néanmoins qu'ils n'occupent pas dans les causes où ils ont fait les fonctions de Notaires. (Ainsi jugé par Arrêt du 16 Septembre 1539; autre du 26 Janvier 1562, rapporté en la Bibliotheque de Bouchel, au mot *Procureur;* autre Arrêt de l'année 1582, pour Mehun-sur-Yevre, rapporté par Filleau, *ibid.* tom. 1, part. 2, pag. 321; autre du 17 Avril 1584, pour Beaugenci, rapporté *ibid.*; autre du 14 Mai 1596; autre du 19 Mars 1753, pour Roie. Voyez aussi Papon, *liv.* 4, *tit.* 14.)

A plus forte raiſon cela a-t-il lieu dans les Juſtices de Seigneurs.

104. 15°. Les Notaires peuvent être Avocats dans les cauſes où ils n'ont pas fait les fonctions de Notaires. (Arrêt du 26 Janvier 1640, rapporté par Boniface, *tom.* 1, *liv.* 1, *tit.* 20, *n.* 1.)

Contra par Arrêt du Parlement de Toulouſe du 4 Octobre 1548 pour Rodez, rapporté par Deſcorbiac, *tit.* 16, *chap.* 7, *pag.* 672, qui fait défenſes aux Notaires d'Armagnac de faire la fonction d'Avocats.

Mais rien n'empêche que les Notaires ne puiſſent en même-temps être Greffiers, ſoit par commiſſion ou comme titulaires : & je ne connois aucun Réglement qui établiſſe cette incompatibilité. A Orléans quelques Notaires ſont en même-temps Greffiers.

Il y a encore d'autres charges qui ſont compatibles avec celles de Notaires. Ainſi dans pluſieurs Villes ils ſont Greffiers des arbitrages, Commiſſaires aux priſées & ventes, Notaires Apoſtoliques, &c.

ARTICLE IX.

De la réception des Notaires, & des qualités qui leur ſont néceſſaires.

105. 1°. La premiere qualité néceſſaire à un Notaire, conſiſte à avoir la capacité requiſe pour bien remplir les fonctions de ſa charge ; à exercer un miniſtere de juſtice & de paix entre les parties ; à avoir une exactitude entiere à éviter dans ſes fonctions tout ce qui pourroit bleſſer la juſtice & la vérité ; & à ne rien faire qui y ſoit contraire.

2°. Anciennement les Notaires ne ſçavoient point écrire, & il fallut une Ordonnance pour les y obliger, portant qu'ils ſçauroient écrire à l'avenir. Cette Ordonnance eſt rapportée par M. le Préſident Perchambault, ſur l'article 152 de la Coutume de Bretagne.

Suivant l'uſage qui s'obſerve aujourd'hui, pour être Notaire au Châtelet de Paris, il faut avoir été Clerc pendant cinq ans ; ce qui eſt établi par l'article 9 des Statuts deſdits Notaires, en date du 30 Avril 1679.

Mais un Avocat peut être Notaire ſans avoir été Clerc : il y en a des exemples ; tel eſt celui de Mᵉ. Hazon, ſucceſſeur de Mᵉ. Foucault, &c.

106. 3° On ne peut être reçu Notaire avant l'âge de vingt-cinq ans,

suivant l'article 82 de l'Ordonnance d'Orléans. La Coutume de Tours, *art.* 78, & celle de Poitou, *art.* 376, en ont aussi des dispositions.

Il y en a qui obtiennent quelquefois des dispenses d'âge; mais il faut que ce soit pour des considérations particulieres; comme si celui qui se présente étoit fils de Notaire, &c. Au reste, quand un Notaire est mineur, sa qualité de Notaire le rend majeur, pour ce qui est de l'exercice de sa charge; mais non pour ce qui concerne l'aliénation de ses immeubles. (Voyez Brodeau sur Louet, *lettre* G, *sommaire* 9, *n.* 5; & Papon, *liv.* 4, *tit.* 14, aux additions, *n.* 2.)

4°. Ils doivent faire profession de la Religion Catholique. (Déclaration du 15 Juin 1680.)

5°. Ils doivent être laïcs & non Ecclésiastiques, ou Religieux, suivant l'article 2 de l'Ordonnance du 28 Décembre 1490, *art.* 21. L'article 384 de la Coutume de Poitou, porte que les Prêtres ne pourront être Notaires en Cour séculiere.

107. 6°. Les Notaires ne peuvent exercer leurs Offices, sans avoir auparavant obtenu des provisions du Roi, ou des Seigneurs dont ils sont Notaires. (Arrêt du Parlement du 5 Novembre 1571, rapporté par la Rocheflavin en ses Arrêts, *liv.* 2, *lettre* N, *art.* 2; Edits d'Avril 1664, & 23 Mars 1672; Déclaration du 19 Novembre 1681, pour le Gévaudan, rapportée au Recueil des Edits & Arrêts de M. le Chancelier le Tellier en 1682; Arrêt du Parlement de Toulouse du 8 Mai 1717, rapporté au Recueil de Toulouse, *tom.* 1, *pag.* 210.)

7°. Ils ne peuvent être reçus qu'après une attestation de bonnes vie & mœurs, & expérience. (Ordonnance d'Orléans, *art.* 82.)

8°. Ils doivent aussi subir un examen pardevant les Juges. (Ordonnance du 28 Décembre 1490, *art.* 20; autre du mois d'Octobre 1535, *chap.* 19, *art.* 1.)

108. 9°. Les Notaires, après avoir prêté serment devant le Juge, doivent être reçus & inscrits sur la matricule du lieu, sur laquelle il faut mettre le jour de la réception de chaque Notaire, qui est tenu d'y écrire son nom, surnom & seing manuel, &c. (Même Ordonnance de 1535, *chap.* 19, *art.* 2.)

10°. Les Notaires du Châtelet de Paris sont reçus & prêtent serment en robe & en bonnet en la Chambre du Conseil du Châtelet de Paris, & sont en droit de porter la robe en toutes assemblées publiques & particulieres. (Acte de notoriété du Châtelet de Paris, du 18 Juillet 1688.)

ARTICLE X.

Des privileges, droits & préséances des Notaires.

109. 1°. Les Notaires peuvent être nobles, & ne dérogent point; (Voyez Dufail, *liv.* 2, *chap.* 72;) & s'ils sont nobles, ils conservent leur noblesse, & la transmettent à leur postérité. Tel est le sentiment de la Roque, en son Traité de la Noblesse, imprimé en 1678, *in*-4°.; où il dit que cela a été ainsi jugé pour un Notaire du Châtelet de Paris, sans citer aucun Arrêt ni Sentence. Cet Auteur néanmoins ne dissimule pas que les sentiments sont partagés sur ce point; & il cite en effet Guipape, *quest.* 90; Bartole, & Loiseau en son Traité des Ordres, *chap.* 5, *n.* 106, qui mettent les Notaires & les Tabellions au nombre des professions qui dérogent à la Noblesse. Voyez aussi Chorier, en sa Jurisprudence sur Guipape, *pag.* 122; & Jovet, en sa Bibliotheque des Arrêts, au mot *Noble*, n. 9. On trouve même un Arrêt du Conseil du 4 Juin 1668, qui porte que les personnes nobles pourvues d'Offices de Notaires, même avant 1560, seront censées avoir dérogé à la noblesse.

110. On étoit si convaincu, en 1673, de l'incompatibilité des Offices de Notaires en général avec la noblesse, que lorsqu'on a voulu favoriser les Notaires au Châtelet de Paris dans les Lettres-Patentes qui leur ont été accordées pour la réunion de Greffiers des arbitrages, on les a exceptés de la regle générale; puisqu'il est dit dans ces Lettres, que le titre & les fonctions de Notaires au Châtelet de Paris, ne pourront être imputés déroger à noblesse.

Philippi, en ses Arrêts, *n.* 134, prétend même qu'un Notaire royal peut être chargé de la collecte des tailles; & il dit que cela a été ainsi jugé par un Arrêt de la Cour des Aides de Montpellier du 7 Février 1587.

111. 2°. Les causes des Notaires royaux concernant leurs fonctions & droits, doivent être portées en premiere instance devant les Juges ordinaires, à la charge de l'appel au Parlement. (Déclaration du 5 Avril 1699, pour Nogent-le-Rotrou, au sujet des

Notaires créés pour la Province du Perche, par Edit du mois de Juillet 1677.)

3°. Les Notaires peuvent être Avocats; mais alors ils n'ont point en cette qualité le pas sur leurs autres Confreres (Arrêt du Parlement de Toulouse du 22 Mars 1612, rapporté par Descorbiac, *tit.* 16, *chap.* 4.)

112. 4°. Ils précedent les Procureurs en toutes assemblées publiques & particulieres, & ont le pas au-dessus d'eux (Arrêt du Parlement du 20 Février 1592, en faveur des Notaires du Châtelet de Paris, contre les Procureurs au Châtelet de la même ville, rapporté par Langlois, en son Traité des Notaires, *pag.* 155; autre du 21 Août 1660, rapporté *ibid.* autre du 18 Septembre 1666, qui ordonne l'exécution des deux Arrêts précédents, & fait défenses aux Procureurs dudit Châtelet d'y contrevenir; autre Arrêt du Parlement du 16 Juillet 1611, en faveur des Notaires de la ville de Bourges, rapporté par Chenu, *tom.* 2, *pag.* 1137; autre Arrêt du 21 Mai 1627, en faveur de ceux de la ville de Beaugenci; autre du 11 Mai 1643, en faveur de ceux de la ville de Langres; autre du 4 Mai 1669, en faveur de ceux de Chaumont, rapporté au Journal des Audiences; autre du 2 Juillet 1688, en faveur des Notaires de la ville de Troyes en Champagne; autre du 8 Août 1693, en favenr de ceux de la ville de Provins; autre du 18 Février 1702, en faveur de ceux de la ville de Loches; autre du 6 Mars 1709, en faveur des Notaires du Châtelet d'Orléans; autre du 19 Décembre 1725, en faveur des Notaires au Châtelet de Melun; autre du Parlement de Toulouse du 28 Août 1684, en faveur des Notaires de ladite ville; autre Arrêt du Parlement de Paris du 7 Mai 1742, au profit des Notaires de la ville de Beauvais, au rapport de M. Severt.)

Mais il paroît que dans les villes de Parlement les Procureurs de Parlement ont le pas sur les Notaires. (Ainsi jugé par Arrêt du Parlement de Toulouse du 30 Octobre 1715, en faveur des Procureurs au Parlement de cette ville; autre Arrêt rendu au Parlement de Grenoble du 26 Juin 1721, confirmé par Arrêt du Conseil du 17 Avril 1715, par lequel la préséance a été accordée aux Procureurs du Parlement de Grenoble, sur les Notaires de la même ville.)

113. Le contraire néanmoins a été jugé par Arrêt du Conseil du

12 Octobre 1695, en faveur des Notaires de la ville de Dijon, contre les Procureurs au Parlement de la même ville.

A l'égard de la question de savoir si les Notaires ont la préséance sur les Greffiers, Voyez ce que j'ai dit à ce sujet au titre des Greffiers, ci-dessus, *part.* 5, *tit.* 1, *n.* 133.

Quant aux Commissaires, ils ont le pas sur les Notaires. (Voyez mon Traité des Commissaires-Enquêteurs-Examinateurs, *pag. 110 de l'édition de 1759.*)

5°. Touchant l'hérédité des Offices de Notaires, Voyez l'Edit du mois de Juillet 1690.

6°. Les Offices de Notaires ne sont pas sujets au retrait lignager. (Arrêt du Parlement de Grenoble du 5 Juillet 1622, rapporté par Basset, *tom.* 2, *liv.* 6, *tit.* 7, *chap.* 2.)

ARTICLE XI.

Des Tabellions des Justices royales.

114. 1°. Les Tabellions ont été créés en titre d'Office dans les Justices Royales, par Edit du mois de Novembre 1542. Voyez Bacquet, des Droits de Justice, *chap.* 25, *n.* 3.

Suivant Pasquier, en ses Recherches de la France, *liv.* 4, *chap.* 14, les Notaires étoient anciennement les Clercs des Tabellions, & écrivoient sous eux ; mais depuis ils ont été érigés en titre d'Office par l'Edit du mois de Novembre 1542, dont on vient de parler.

2°. Leurs fonctions, ainsi qu'on l'a dit ci-dessus, *n.* 2, consistent à mettre en grosse les contrats dont les Notaires font les minutes. (Déclaration du 11 Février 1543, rapporté en la Conférence des Ordonnances, *tom.* 3, *pag.* 712 ; autre du 11 Septembre 1543, rapportée par Joly, *pag.* 1737.)

3°. Ils sont tenus d'avoir des registres des actes qu'ils mettoient en grosse, suivant la Déclaration du 11 Décembre 1543.

115. 4°. Il leur est enjoint de faire résidence dans leur détroit. (Arrêt du Parlement du 20 Mars 1649, rapporté par Basnage, sur la Coutume de Normandie, titre *De Jurisdiction, art.* 17, contre les Tabellions royaux, & ceux du Duché de Longueville.)

5°. Il y a eu plusieurs Réglements rendus entr'eux & les Notaires, pour fixer leurs fonctions & leurs droits. On peut voir à ce sujet

sujet celui du 30 Août 1558, rendu pour Meaux, rapporté par Joly, *tom.* 2, *pag.* 1755, & quelques autres rapportés *ibid.* pag. 1761, 1765.

6°. Les Offices de Tabellions ont été supprimés par l'Ordonnance d'Orléans, *art.* 85; & depuis, réunis à ceux de Notaires, par Edit du mois de Mai 1597, rapporté par Joly, *tom.* 2, *pag.* 1729; excepté dans quelques endroits où cette réunion n'a pas eu lieu. Ceux d'Orléans avoient été réunis dès l'origine, par une Déclaration du Roi du 6 Août 1544.

ARTICLE XII.

Des Garde-Notes.

116. Ces Offices ont été créés par Edit du mois de Mai 1575, rapporté par Joly, *pag.* 1714, dans tous les Bailliages, Sénéchaussées, Prévôtés, & autres Sieges du Royaume, pour avoir, à l'exclusion de tous autres, la garde des minutes des Notaires, après leur décès, ou après la résignation de leurs Offices: mais depuis, ces Offices de Garde-notes ont été réunis aux Offices de Notaires, par la Déclaration du 29 Avril 1578, & ensuite supprimés, ainsi que ceux de Tabellions, par l'Edit du mois de Mai 1597, dont on vient de parler.

Un Arrêt du Parlement du 22 Avril 1595, rendu pour Bourges, rapporté par Joly, *pag.* 1757, regle les droits & fonctions entre les Notaires & les Garde-notes.

ARTICLE XIII.

Des Notaires & Tabellions des Justices seigneuriales.

117. Suivant Loiseau, Traité des Seigneuries, *chap.* 8, *n.* 85, & Bacquet, Traité des Droits de Justice, *liv.* 3, *chap.* 25, il n'y a que les Seigneurs Châtelains & les Seigneurs possédant fiefs de dignité, qui puissent avoir des Notaires ou Tabellions, & non les Seigneurs Hauts-Justiciers; à moins qu'ils ne soient fondés en titres, possession immémoriale, ou Coutume locale. (Voyez Dumoulin, sur la Coutume de Paris, *art.* 1, *glos.* 5, *n.* 55, qui est aussi de ce sentiment.)

Plusieurs Coutumes accordent le droit de Tabellionage au Seigneur Châtelain. (Blois, *art.* 17; Senlis, *art.* 93; Poitou, *art.* 375; & Touraine, *art.* 75.) L'Edit du mois de Novembre 1542, *art.* 4, accorde expressément ce droit de Tabellionage & de Sceaux à tous les Seigneurs, Barons, Châtelains du Royaume.

Le pouvoir de ces Notaires ou Tabellions est le même que celui des Notaires royaux, si ce n'est en quelques cas. (Voyez ce qui a été dit ci-dessus, *n.* 4, & suiv.)

118. Suivant l'article 376 de la Coutume de Poitou, les Notaires des Justices de Seigneurs doivent être institués par leurs Sénéchaux & Juges de Seigneurs, auxquels les lettres sont adressées, lesquels doivent faire information de leurs vie & mœurs, âge & expérience, & faire écrire en un papier leurs lettres de provisions, & à la fin leur faire mettre leur seing, dont ils entendent user en leur état de Notaire, afin qu'ils ne puissent varier, & qu'on puisse avoir recours audit papier; & faute par les Juges de garder ces solemnités, ils sont tenus des dommages & intérêts des parties. (Même Coutume, *art.* 377.)

L'Edit du mois de Mars 1693, porte que les Notaires des Juges de Seigneurs doivent se faire immatriculer au Greffe des Justices royales où relevent les appellations des Justices dans lesquelles ils sont établis.

Les Notaires de Seigneurs étant institués & reçus, comme il vient d'être dit, leurs Offices ne sont point révoqués par la mort ou mutation du Seigneur qui les a créés. (Coutume de Poitou, *art.* 378.)

ARTICLE XIV.

Des Notaires des Châtelets de Paris, Orléans, & Montpellier.

119. Les Notaires des Châtelets de Paris, Orléans & Montpellier, ont droit d'instrumenter par-tout le Royaume. (Coutume d'Orléans, *art.* 463.)

Le droit des Notaires du Châtelet de Paris à cet égard, est extrêmement ancien, & leur a été confirmé par des Lettres-Patentes de Louis XII, du mois d'Avril 1510; & depuis, par les Rois qui lui ont succédé.

Celui des Notaires du Châtelet d'Orléans tire son origine du Roi Philippe-le-Bel. Ce privilege leur a été confirmé par des Déclarations de Louis XII du mois d'Août 1512; de François I, dans les mois de Décembre 1519, Juillet 1539, & 6 Août 1544, &c.

& par un grand nombre d'autres Réglemens; en sorte que toutes les fois qu'on a voulu y donner atteinte, ç'a toujours été sans succès. (Ainsi jugé par deux Arrêts du Parlement du 3 Septembre 1735, portant homologation des Statuts de la Communauté des Notaires du Châtelet d'Orléans; & par un autre du 20 Août 1740, rendu contre les Notaires de Châteaudun, qui leur fait défenses de troubler les Notaires du Châtelet d'Orléans dans leur possession & droit de passer des actes hors leur ressort. Et enfin par l'article 21 de l'Edit du mois de Mars 1749, portant réunion de la Prévôté d'Orléans au Bailliage de ladite ville.)

A l'égard des Notaires de Montpellier, leur droit se trouve établi par plusieurs Réglements. (Voyez Bacquet, Traité des Droits de Justice, *chap.* 8, *n.* 5.)

120. Au reste, ce privilege des Notaires de Paris, Orléans & Montpellier, n'a lieu que quand les Notaires de ces villes se trouvent en passant dans un lieu, ou qu'ils s'y transportent à cet effet pour quelques jours; car les Lettres-Patentes de Philippe-le-Bel, qui accordent aux Notaires d'Orléans le droit de se transporter dans toutes les villes du Royaume, pour y passer des inventaires, contrats, testaments, & autres actes, ajoutent que c'est à la charge qu'ils feront leur résidence, & auront leur domicile dans la ville d'Orléans.

Il y a beaucoup d'apparence que ce même privilege a donné lieu à celui du scel attributif de Jurisdiction, dont jouissent aussi ces mêmes villes, du moins Paris & Orléans. (Voyez ce qui a été dit à ce sujet au titre *de la Compétence des Juges en général*, ci-dessus, tom. 1, part. 2, tit. 2, n. 22.)

Des Notaires du Châtelet de Paris en particulier.

(Voyez pour tout ce qui regarde leurs fonctions, droits & privileges, le Recueil de Langlois, imprimé à Paris en 1738, *in-4°.*; & le Recueil des Reglements de Joly, *tom.* 2, *pag.* 1647, *& suivantes*, aux additions, *pag.* 1935, *& suivantes.*)

Des Notaires du Châtelet d'Orléans.

121. Les Notaires du Châtelet d'Orléans ont été créés en l'année

1302, au mois de Janvier, par Ordonnance du Roi Philippe-le Bel, au nombre de douze, en titre d'Office, pour la ville d'Orléans, qui étoit divisée alors en douze quartiers. En 1512 ils étoient au nombre de quinze, suivant des Lettres-Patentes données en ladite année par le Roi Louis XII, qui permet aux quinze Notaires de la ville d'Orléans de se transporter & de recevoir contrats & autres actes dans les villes du Royaume, à la charge de faire leur résidence à Orléans.

En 1519, au mois de Décembre, il fut créé pour la ville d'Orléans, neuf nouveaux Offices de Notaires; mais les quinze Notaires anciens s'opposerent à cette création, & ne les admirent dans leur Communauté que le 18 Août 1523. (Voyez Joly, *pag.* 1759, *in fine.*)

Charles IX, en Septembre 1568, enjoignit aux Notaires de la Religion prétendue Réformée, de se défaire de leurs Charges. Cinq des Notaires d'Orléans ayant persévéré dans leur Religion, le Roi les supprima par sa Déclaration du mois de Décembre suivant; & par Arrêt du Parlement, leurs charges furent déclarées vacantes. Ces cinq charges furent levées par les nommés Herpin, de Gives, Maffuet, Séguin & Thibaut.

122. Par l'Edit de pacification du mois d'Août 1570, les Titulaires de la Religion rentrerent dans leurs Offices; ce qui obligea ledit Herpin & les quatre autres nouvellement pourvus, de se pourvoir au Roi, qui par sa Déclaration du 8 Octobre 1570, ayant égard à la finance par eux payée, ordonna qu'ils jouiroient desdits Offices; pour quoi, en tant que besoin seroit, il les créa de nouveau, à la charge de suppression des premiers Offices de ladite ville vacants par mort ou autrement.

Cette suppression n'ayant point été faite, les cinq Offices de Notaires de cette création ont toujours été continués.

En 1583, Charles de Lorraine, Duc de Mayenne, Lieutenant-Général de l'Etat & Couronne de France, créa deux Offices de Notaires, & donna des provisions à François Bertrand & à Jacques Saintonge.

En 1594, Henri IV déclara lesdites provisions nulles; & à cause de la finance que lesdits Bertrand & Saintonge avoient payée, il ordonna qu'ils seroient conservés, à la charge de prendre de nouvelles provisions; & dans la même année 1594, le Roi créa le 5 Septembre encore deux Offices de Notaires; ce qui fait en tout trente-trois Notaires, comme ils sont à présent, (en 1771) en la ville d'Orléans.

123. Les Notaires du Châtelet d'Orléans ont été confirmés dans leurs privileges par Edit du mois d'Août 1544, qui ordonne en outre, qu'ils auront tous & chacun d'eux leurs causes commises pardevant le Bailli, Prévôt, & Conservateurs des privileges de l'Université d'Orléans, devant lesquels il est dit qu'ils pourront attirer toutes personnes demeurantes au-dedans du Bailliage d'Orléans, & anciens ressorts.

Ces privileges leur ont depuis été confirmés par Lettres-Patentes du mois de Décembre 1550; & par autres du mois de Décembre 1584, qui est la derniere confirmation dont j'ai connoissance.

ARTICLE XV.

Des Gardes-Scels des Contrats.

124. Ces offices ont été créés par Edit du mois de Mars 1619, rapporté par Joly, *tom.* 1, *aux additions*, *page* 363, dans toutes les Jurisdictions royales de France, avec le droit de sceller du sceau de la Jurisdiction, tous contrats, obligations & autres actes publics reçus par les Notaires.

Cette nécessité de sceller les actes reçus par des Notaires, a été imposée de nouveau par un Edit du mois de Novembre 1696, portant création d'offices de Gardes scels dans toutes les Jurisdictions royales du Royaume.

Ces offices, en ce qui regarde le scel des contrats & autres actes notariés, ont été réunis aux Corps des Notaires & Tabellions royaux des différentes villes & jurisdictions du Royaume, par une Déclaration du 17 Septembre 1697.

125. Par Edit du mois de Novembre 1706, ils ont été supprimés. Mais bien loin que la formalité du sceau ait été supprimée par cet Edit, elle s'y trouve au contraire prescrite comme essentielle; & les Notaires y sont autorisés à sceller eux-mêmes avec un sceau aux armes du Roi, sans payer aucun droit à Sa Majesté; pour raison de quoi ils peuvent prendre un sol pour chaque apposition.

Tous les actes reçus par Notaires royaux avant le 1 Octobre 1706, sont sujets à la formalité du petit scel, & en doivent payer les droits suivant les tarifs des 12 Décembre 1696, 1 Décembre 1699; & suivant l'Edit du mois de Mars 1708, & le tarif du 20 Mars 1708, étant en fin de cet Edit.

ARTICLE XVI.

Des Notaires Apostoliques. (a)

126. Les Notaires Ecclésiastiques & Apostoliques, étoient autrefois nommés par les Evêques & Archevêques, pour exercer la fonction de Notaires dans leurs Diocèses, en matiere Ecclésiastique, ou entre personnes Ecclésiastiques.

Ces Notaires ayant abusé de leur antorité, Charles VIII par son Ordonnance du mois de Décembre 1490, *art.* 21, fit défenses à tous Laïques de faire passer ou recevoir leurs contrats par les Notaires Apostoliques ou Episcopaux en matiere temporelle ou prophane; à peine de nullité. Cette Ordonnance fut confirmée par celle de François I, du 29 Août 1539, *chap.* 3, *art.* 6.

Henri II, par son Edit du mois de Septembre 1547, rapporté par Joly en son Recueil, *tom.* 2, *pag.* 1775, réduisit le nombre de ces Notaires qui étoit dévenu excessif, & ordonna que parmi lesdits Notaires, il en seroit choisi par les Baillis & Sénéchaux, un certain nombre des plus capables pour leurs Bailliages, qui seroient par eux reçus & immatriculés aux Greffes de leurs Sieges; & qu'ils régleroient les lieux où lesdits Notaires feroient leur résidence, pour recevoir toutes procurations à résigner bénéfices, & autres lettres & instruments dépendants de leur Etat, esquels actes ils seroient tenus de désigner le Bailliage où ils ont été immatriculés & enrégistrés.

127. Par un autre Edit du mois de Juin 1550, il fut ordonné que les Evêques seroient tenus dans 3 mois d'arrêter le nombre des Notaires Apostoliques, & que lesdits Notaires ne pourroient exercer leurs notariats qu'en un seul Diocèse, à peine de faux & de nullité des contrats qu'ils auroient reçus hors leur Diocèse. Ce même Edit ajoute, qu'ils seront examinés & reçus par les Archevêques & Evêques, leurs Vicaires ou Officiaux; feront serment entre leurs mains; & auront d'eux des provisions enrégistrées ès Greffes des Cours desdits Archevêques & Evêques, ainsi qu'aux Greffes des Cours présidiales, avec déclaration du lieu où ils feront leur résidence.

(*a*) Voyez sur ces offices le style général des Notaires Apostoliques, par Horry, *in*-4°. 1693.

Les Notaires Eccléſiaſtiques ne peuvent recevoir aucuns actes concernant les choſes temporelles. (Ainſi jugé par Arrêt du Parlement du 16 Juillet 1622, rapporté au Recueil des Notaires du Châtelet de Paris, *pag.* 737, *de l'édition de* 1663; autre du 4 Février 1634, rapporté *ibid.* pag. 738; le dernier de ces Arrêts dit, entre perſonnes Laïques & pour choſes laïques & temporelles. Autre Arrêt du Parlement de Bordeaux du 14 Mars 1537, rapporté par Papon, *liv.* 4, *tit.* 14, *n.* 6 & 7, qui défend aux Notaires Apoſtoliques de paſſer aucuns contrats entre Laïques, où il rapporte pluſieurs Arrêts ſemblables. Voyez auſſi Louet, *lettre* N, *chap.* 5; Carondas, *liv.* 1, *rép.* 56; & Ricard en ſon Traité des Donations entre-vifs, *part.* 1, *chap.* 5, *ſect.* 8.)

128. C'eſt en conſéquence de cette maxime, que les lettres obligatoires, contrats & autres actes, & inſtruments paſſés par Notaires Eccléſiaſtiques, n'emportent exécution ni hypotheque ſur les biens de l'obligé, à moins qu'il n'y ait permiſſion du Juge Laïque de les mettre à exécution. (Coutume d'Orléans, *art.* 431, qui en a une diſpoſition. Ainſi jugé par Arrêt du Parlement de Bordeaux du 26 Janvier 1522, rapporté par Bouchel en ſa Bibliotheque au mot *Notaires*; autre Arrêt du 12 Mai 1553; autre du 24 Mars 1534, rapporté par Bouchel en ſa Bibliotheque *ibid.* verbo *Notaire.* Voyez auſſi Boerius, *déciſ.* 242.)

Il en eſt de même des teſtaments. (Ainſi jugé par deux Arrêts, l'un du mois de Juin 1579, rapporté par Peleus; *qu.* 20; & l'autre du mois de Juin 1606, rapporté par Ricard *ibid.* en ſon Traité des Donations, *part.* 1, *n.* 1577; Voyez auſſi les preuves des Libertés Gallicanes, *tom.* 1, *chap.* 7, *n.* 45; autre Arrêt du Parlement de Bordeaux du 19 Janvier 1537, rapporté par Papon, *liv.* 4, *tit.* 14, *n.* 3 & 4. Autre Arrêt du Parlement de Normandie du 6 Juillet 1632, rapporté par Berault, à la fin du ſecond tome de la Coutume de Normandie ſur l'*art.* 412, *pag.* 59, qui a jugé, que les Notaires Apoſtoliques ſont incapables de recevoir aucuns teſtaments, ſoit de perſonnes Eccléſiaſtiques, ſoit de perſonnes Laïques.)

129. Néanmoins à l'égard des Coutumes qui permettent aux Notaires Eccléſiaſtiques de recevoir des teſtaments, rien n'empêche qu'ils ne les puiſſent valablement recevoir; cette diſpoſition n'étant point contraire ni aux bonnes mœurs, ni aux Ordonnances.

Aujourd'hui les Notaires Apoſtoliques ſont tous Notaires royaux, depuis l'Edit du mois de Décembre 1692, par lequel le Roi a créé des Notaires royaux & Apostoliques dans tous les Diocèses de son Royaume ; & ces Notaires ne sont plus nommés par les Archevêques & Evêques, mais par le Roi de qui ils obtiennent des provisions. (Voyez les articles 10 & 14 de cet Edit.

130. 1°. Suivant le même Edit, ils ont le pouvoir de faire seuls & privativement à tous autres, les actes qui concernent les matieres bénéficiales, entre toutes sortes de personnes, soit séculiers soit réguliers ; à la réserve des résignations qui peuvent être reçues par tous Notaires royaux chacun dans son district, suivant un Edit postérieur du mois de Février 1693, rapporté au Recueil des Notaires, de Langlois, *p.* 70, qui réunit les offices de Notaires royaux Apostoliques à ceux des Notaires du Châtelet de Paris, & qui porte qu'à quatre lieues de Paris & au-delà, les résignations pourront être faites par tous Notaires royaux. Il y a aussi d'autres fonctions que les Notaires Apostoliques font concurremment avec les autres Notaires royaux. (Voyez l'Edit du mois de Décembre 1691, *art. 8.*)

On peut voir pour les autres fonctions exclusives des Notaires Apostoliques, les articles 1, 2, 3, 4, 5, 6 & 7 de l'Edit du mois de Décembre 1691, dont on vient de parler ; & ce qui est dit par Denisart en ses Collections au mot *Notaires Apostoliques*, de l'édition de 1764, *in*-4°.

131. 2°. Un Arrêt de Réglement du Grand-Conseil du 4 Octobre 1732, ordonne que les Notaires Apostoliques seront tenus de passer eux-mêmes les actes de prise de possession, & autres actes concernant les bénéfices ; & leur fait défenses de se désaisir des minutes, des actes de prise de possession de bénéfices, &c. (Voyez aussi l'article 9 de l'Edit de Décembre 1691.)

Un Arrêt du Conseil du 30 Avril 1748, rendu pour les Notaires au Châtelet d'Orléans, porte qu'ils seront tenus au-delà de trois lieues, de commettre un Notaire royal sur les lieux, en leur payant un droit à cet effet.

3°. Les actes des Notaires Apostoliques créés par cet Edit du mois de Décembre 1691, emportent hypotheque & exécution ; pourvu qu'ils soient signés de deux desdits Notaires, ou de l'un d'eux & de deux témoins, & revêtus des autres solemnités requises par les Ordonnances. (Voyez l'article 11 de cet Edit.

132. 4°. Ils sont tenus d'avoir & tenir registres des actes par eux reçus ; & d'écrire à la marge ou au pied de la minute de chaque procuration pour résigner, le temps auquel ils auront délivré la grosse,

grosse, combien de fois, & à quelles personnes. (Même Edit, *art.* 12.)

5°. Ils ne peuvent exercer leurs fonctions qu'en un Diocèse; à peine de faux & de nullité des actes qui seroient par eux passés hors le Diocèse où ils ont été reçus; & il ne doit être ajouté foi aux instruments par eux expédiés, s'il n'y est fait mention de leur qualité, demeure & jurisdiction en laquelle leurs provisions auront été enrégistrées. (*Ibid.* art. 13.)

6°. Ils doivent être reçus sans frais, après information de vie & mœurs, & Religion Catholique, par les Baillis & Sénéchaux; & prêter serment devant eux, & aussi devant les Evêques ou leurs Vicaires; mais sans nouvelle information. (*Ibid.* art. 14.)

133. 7°. Ils jouissent des mêmes émoluments, que les Notaires royaux des Bailliages où ils sont reçus. (*Ibid.* art. 18.)

8°. Les huit offices de Notaires Apostoliques, créés pour le Diocèse d'Orléans, ont été reunis aux offices des Notaires royaux du Châtelet d'Orléans, par Arrêt du Conseil du 29 Juin 1694, moyennant une finance de 9600 liv., modérée depuis à 5000 liv. & les deux sols pour livre par un autre Arrêt du Conseil du 18 Juin 1595.

9°. Le tarif des droits des Notaires Apostoliques, créés pour le Diocèse d'Orléans, est fixé par un Arrêt du Conseil du 30 Avril 1748. (Voyez ci-après, *n.* 160 *& suivants.*)

ARTICLE XVII.

Des offices de Greffiers des Arbitrages & Conventions.

134. Ces offices ont été créés par Edit du mois de Mars 1673, dans toutes les Villes & Jurisdictions royales du Royaume, pour écrire & rédiger, à l'exclusion de tous autres, les compromis, jugements, sentences & autres actes des arbitres, &c.

Ils ont été créés au nombre de vingt pour la ville de Paris; & de deux pour la ville d'Orléans, & autres villes où il y a Siege présidial.

Les deux offices créés pour Orléans, ont été réunis au Corps des Notaires du Châtelet de la même ville, par Arrêt du Conseil du 17 Août 1674, moyennant une finance de 6750 livres.

ARTICLE XVIII.

Des offices de Syndics des Notaires.

135. Les offices de Syndics des Notaires, ont été créés par Edit du mois de Mars 1706, & fixés à deux pour la ville d'Orléans.

Ils ont depuis été réunis aux Communautés des villes & lieux de leur établissement, par une Déclaration du 24 Avril 1718 ; & pour Orléans par Arrêt du Conseil du 5 Février 1709.

Ces offices ont été supprimés par Edit du mois de Décembre 1717.

Ce dernier Edit a conservé néanmoins le titre & les fonctions de ceux qui avoient acquis ces offices, pour les exercer à l'avenir sous les titres & qualités de Notaires royaux, concurremment & aux mêmes droits, fonctions & privileges (seulement) dont jouissent les autres Notaires des Communautés de leur établissement.

ARTICLE XIX.

Des Commissaires, & Greffiers aux Inventaires.

136. Ces offices ont été créés par Edit du mois de Mars 1702, dans tous les lieux du Royaume où il y a Justice royale. Ceux de Commissaires aux inventaires ont été créés au nombre de quatre pour la ville d'Orléans. Leurs fonctions consistent à procéder seuls à l'exclusion de tous autres Officiers, lorsqu'ils en seront requis, à l'apposition & levée des scellés, & aux inventaires des biens, meubles & immeubles, titres, papiers, & enseignements des personnes qui viendroient à décéder ; même à ceux qui seroient donnés par Justice lors des faillites & banqueroutes, *&c.* & pour être payés des mêmes droits & vacations dont avoient joui jusqu'alors ceux qui avoient fait lesdits inventaires.

Il a aussi été créé en même-temps pour Orléans, quatre offices de Greffiers aux inventaires. Leurs fonctions sont d'écrire sous lesdits Commissaires, les inventaires, procès-verbaux, & autres actes concernant lesdits inventaires, privativement à tous autres Officiers ; d'avoir la garde des minutes desdits inventaires, & d'en délivrer des expéditions aux parties, lorsqu'ils en seront requis ; pourquoi ils doivent être payés de la moitié de la vacation du

Commissaire, & en outre du droit de grosse & expédition desdits inventaires, à raison de cinq sols par rôle, chaque rôle de deux pages, de 20 lignes au moins à la page, & de 15 syllabes à la ligne.

137. Par Arrêt du Conseil du 15 Mai 1703, ces quatre offices de Commissaires aux inventaires, créés pour Orléans, ont été réunis aux offices de Lieutenant-Général du Bailliage, & de Prévôt de ladite ville; & les quatre offices de Greffiers pour la confection des inventaires, aux Greffes du Bailliage & de la Prévôté, & aux Notaires; à la charge du paiement par chacun d'eux de la finance qui y est énoncée; au moyen de quoi, il est dit, que le Lieutenant-Général & le Prévôt auront les appositions, reconnoissances & levées de scellés des personnes qui viendront à décéder, ou qui seront ordonnés par Justice, & assisteront à la confection des inventaires; & que les procès-verbaux, reconnoissances & levées desdits scellés, seront rédigés par les Greffiers du Bailliage & de la Prévôté, chacun à leur égard, qui en délivreront les expéditions, aux mêmes gages & droits dont ils jouissoient avant ledit *Edit*; & qu'à l'égard des Notaires, ils feront rédiger seuls, à l'exclusion de tous autres Officiers, tous les inventaires de biens, meubles & immeubles, titres, papiers, & enseignements, tant de majeurs que de mineurs, soit volontaires, ou ordonnés par Justice; même les pourront faire dans les lieux où ils en seront requis, & qu'il leur sera payé pour chacune de leurs vacations, en leur qualité de Commissaires & Greffiers auxdits inventaires, pareils droits & vacations dont ils ont joui jusqu'à présent.

138. Autre Arrêt du Conseil du 28 Août 1703, qui, en interprétant l'Arrêt précédent du 15 Mai, ordonne que les Notaires du Châtelet d'Orléans feront seuls, à l'exclusion du Lieutenant-Général, du Prévôt & de tous autres Officiers, les inventaires (comme il est dit ci-dessus) & qu'ils seront payés pour chacune vacation, de la somme de 3 liv. 10 s. tant en qualité de Commissaires, que de Greffiers, outre leur grosse dont ils seront payés en la maniere accoutumée; que le Lieutenant-Général & le Prévôt pourront néanmoins assister avec leurs Greffiers, quand besoin sera, à la confection desdits inventaires, lorsqu'ils en seront requis par aucune des parties, & aux frais de qui il appartiendra; sans que leur assistance puisse empêcher la fonction desdits Notaires, en aucune desdites qualités; & que lesdits Lieutenant-Général & Prévôt feront chacun en droit soi, à l'exclusion desdits Notaires, tous les inventaires dans les cas royaux, assistés de leurs Greffiers.

(Il faut obſerver que les Notaires d'Orléans, par la requête, qui eſt un préambule de cet Arrêt, demandoient 4 liv. 10 ſols pour chaque vacation d'inventaire, outre la groſſe payable en la maniere accoutumée.)

Tous ces offices ont depuis été ſupprimés, par Edit du mois de Septembre 1714; enſemble les fonctions, droits, gages & émoluments y attribués, tant les offices acquis & levés par des particuliers, que ceux réunis à d'autres Officiers.

ARTICLE XX.

Des ſalaires & vacations des Notaires.

139. 1°. La taxe des droits, ſalaires, & vacations des Notaires (quand il n'y a point de tarif à ce ſujet fixé par les Réglements) doit ſe faire par les Juges. (Ordonnance d'Orléans, *art. 85;* Coutume de Bourbonnois, *art. 82.*)

2°. Les Notaires ſont tenus de mettre leur reçu au bas des actes qu'ils délivrent aux parties. (Ordonnance de Blois, *art. 169;* Coutume de Bourbonnois, *art. 85;* Réglement de Pontchartrain du 15 Mai 1714, au titre des Notaires, *art. 6.*)

3°. Il leur eſt défendu de prendre, directement ou indirectement, aucune promeſſe ou obligation ſous leur nom ou ſous ceux d'autres perſonnes, pour les taxes, ſalaires & vacations qui leur appartiennent. (Arrêt du Parlement du 15 Janvier 1684, rapporté au Recueil des Réglements de Juſtice *in*-12. tom. 1.)

140. 4°. Ils ne peuvent contraindre ceux qui ont contracté devant eux à lever l'expédition des actes; mais ils doivent en être requis. (Arret des Grands-Jours de Moulins du 14 Octobre 1550, rapporté par Papon, *liv. 4, tit. 14, n. 15.*)

5°. Ils ſont tenus de délivrer les expéditions en bref aux parties, ſi elles le requierent, ſans qu'elles ſoient obligées de les lever en forme, ſi bon ne leur ſemble, ainſi qu'il a été dit ci-deſſus, *n. 81.* (Ordonnance d'Orléans, *art. 84.*)

6°. Ils ne peuvent, quand ils délivrent une expédition, exiger qu'un ſeul droit, qui eſt celui de l'expédition; & ils ne doivent rien prendre pour avoir gardé la minute, quand même cette minute ſeroit ancienne; cette garde étant une obligation attachée à leur charge, & leur étant d'ailleurs utile & même néceſſaire pour pouvoir en délivrer des expéditions, & se faire payer des droits qui y sont attachés.

141. 7°. Ils ne peuvent saisir pour raison de leurs salaires, mais ils doivent les faire taxer, ou se pourvoir par action. (Arrêt du Parlement de Dijon du 21 Juin 1615, rapporté par Bouvot, *tom.* 2, au mot *Salaires*, quest. 2.)

8°. Les Notaires qui ont avancé des droits de contrôle, insinuation, ou centieme denier, ont un privilege, & sont préférés à tous créanciers sur les effets du débiteur pour ces sortes d'avances. (Arrêt du 15 Mars 1723; autre Arrêt du Conseil du 29 Août 1752, en faveur des Notaires d'Orléans.)

9°. Suivant l'Ordonnance du mois d'Octobre 1535, chap. 18, article 13, les *Notaires*, ainsi que les Avocats, Procureurs, Commissaires & Sergents, ne peuvent demander leurs droits, salaires & vacations, après un an.

142. Un Arrêt du 17 Mai 1607, rendu pour le Parlement de Grenoble, porte, qu'après deux ans de la date des actes, les *Notaires* ne peuvent demander leurs salaires; (Voyez Expilly, Arrêt 140; & cela est ainsi porté par l'Ordonnance d'Abbeville, *art.* 16.) En Languedoc, les salaires des *Notaires*, Greffiers, se prescrivent par cinq ans, suivant l'article 27 de l'Ordonnance de Charles VIII, donné à Moulins le 28 Décembre 1490.

Et en Flandres, par deux ans.

Au Parlement de Dijon, les Notaires n'ont que cinq ans après la date des actes, pour demander leurs salaires. (Ainsi jugé par Arrêt du Parlement de Dijon du 17 Juin 1689, rapporté par Raviot, *tom.* 2, *quest.* 208, *pag.* 92, *n.* 20, contre Antoine Joly, Laboureur à Châtillon-sur-Seine; & il en a été fait un réglement général qui fut envoyé dans tous les Sieges du ressort, pour y être publié.)

Mais il n'y a aucun Réglement pour le Parlement de Paris qui fixe le temps pendant lequel les Notaires peuvent demander le paiement de leurs salaires & vacations; ainsi ce temps dépend des circonstances & de l'arbitrage du Juge.

§. I.

Taxes des salaires & vacations des Notaires.

143. 1°. Suivant l'Ordonnance de Philippe-le-Bel du mois de Mars

1302, *art. 21*, la taxe des Notaires étoit d'un denier pour trois lignes.

De deux deniers pour quatre à six lignes.

Et en général d'un denier pour trois lignes.

Suivant cette même Ordonnance, la ligne devoit être d'un espan de long, & contenir 70 lettres pour le moins.

2°. Par l'Ordonnance du 11 Décembre 1543, les Notaires pouvoient prendre pour chaque feuillet de papier & minute de contrats par eux reçus, deux sols tournois, usant par eux de papier de longueur & de largeur convenable; & du moins, moins.

Il est dit, par cette même Ordonnance, que quand ils seront mandés par les parties pour recevoir contrat ès maisons de leurs parties, ils prendront cinq sols tournois, pour leur vacation, au lieu de leur résidence.

Et que s'ils sont mandés pour aller hors le lieu de leur résidence, ils prendront à l'équipollent, selon la distance des lieux & du séjour.

144. La même Ordonnance porte aussi, qu'ils auront la confection des partages & inventaires des biens & héritages; dont ils seront payés, tant pour vacation, qu'écriture, à raison de deux sols tournois pour feuillet dudit papier, la grosse demeurant au Tabellion.

Cette grosse étoit délivrée en peau de parchemin, pour raison de quoi on payoit 20 sols pour chaque peau, contenant 60 lignes, & chaque ligne 60 syllabes; & s'il y avoit plus, ou moins, se payoit plus, ou moins, à proportion; (Voyez la Coutume de Bourbonnois, *art. 82*, qui en a une disposition.)

145. Un Edit du mois de Juillet 1580, rapporté par Joly, *pag. 1724*, *art. 49*, porte, qu'au lieu de l'ancienne taxe qu'ils avoient coutume d'avoir de 16 sols parisis par peau, ils auront dorénavant trente sols tournois par peau, écrite suivant les Ordonnances; mais cet Edit a été révoqué par un autre du mois de Juin 1581, rapporté aussi par Joly, *pag. 1781*, comme étant cette augmentation préjudiciable au Public.

3°. Un Arrêt du Parlement du 29 Novembre 1613, conforme à l'article 80 de l'Ordonnance d'Orléans, porte, que pour les expéditions des actes notariés, il sera payé aux Notaires 2 sols parisis pour les expéditions en papier, & 4 sols parisis pour celles en parchemin; & aux Tabellions, 7 sols 6 d. parisis pour le rôle bien écrit, & en lettres lisibles.

4°. Je ne connois aucun Réglement moderne qui fixe les salaires & vacations des Notaires dans les Justices royales, si ce n'est pour quelques articles seulement. A l'égard des Notaires des Justices subalternes & seigneuriales, leurs droits sont taxés par deux Réglements célebres; l'un du Parlement, en date du 23 Juillet 1676, pour les Duchés de Mazarin & de la Meilleraie; & un autre du 15 Mai 1714, rendu pour le Comté de Pontchartrain, qui peuvent servir de regle & de modele pour les autres Justices de Seigneurs.

§. II.

Tarif de quelques articles dont les droits sont fixés, à l'égard des Notaires royaux.

I.

Vacations & Grosses.

146. Les frais de vacations d'inventaires & autres actes, pour lesquels il se paie vacation pour les Notaires de Paris, sont fixés par une sentence du Châtelet de Paris du 24 Février 1688, confirmée par Arrêt du 4 suivant, qu'on trouve au Recueil des Réglements de Justice, *in*-12, tom. 1, pag. 212 & suivantes, à la somme de six livres par vacation aux actes qu'ils font hors de leurs études, conformément à l'Arrêt du Parlement du 26 Août 1665, *pag. 56*, rapporté au Recueil des Réglements de Justice *in*-12, tom. 1; & ces vacations ont depuis été fixées à 10 liv. par une Déclaration du Roi du 24 Avril 1694.

Les grosses de ces actes se paient (suivant les mêmes Réglements du 24 Février 1688, & 26 Août 1665, qui s'observent encore aujourd'hui à cet égard,) à raison de 10 sols du rôle de la grosse en grand papier, & 20 sols en parchemin, rempli de 22 lignes à la page, & de 15 syllabes à la ligne; en ce non compris le papier & parchemin timbré.

147. A Orléans, on a toujours payé aux Notaires, trois livres pour leurs vacations aux inventaires, de trois heures chacune; ce qui fait six livres par jour; & il a été ainsi réglé par sentence de la Prévôté d'Orléans du 18 Janvier 1726, confirmée par une autre sentence du Bailliage de la même ville, en date du 28 Juillet 1728, entre M^e^. Thué le jeune, Notaire d'Orléans, & la veuve Badollier.

Il eſt vrai que ces vacations avoient été fixées à 3 liv. 10 ſ. par Arrêt du Conſeil du 28 Août 1703, à cauſe de l'acquiſition faite par les Notaires de partie de charges de Commiſſaires & Greffiers aux inventaires, créés au nombre de quatre, pour la même ville; mais elles ſont depuis revenues ſur le même pied de 3 livres, ainſi qu'il paroît par la ſentence dont on vient de parler, au moyen de la ſuppreſſion qui a été faite en 1714, des offices de Commiſſaires & Greffiers aux inventaires, & de tous les émoluments qui y étoient attachés.

148. Néanmoins les Notaires du Châtelet d'Orléans ont obtenu en la Cour du Parlement, un Arrêt ſur Requête, en date du 4 Septembre 1756, qui porte, que leurs ſalaires & vacations leur ſeront payés ſur le même pied que ceux du Châtelet de Paris; & ils ont obtenu cet Arrêt ſur un expoſé ſubreptif, ainſi qu'il eſt aiſé de le voir dans le préambule de cet Arrêt, où les Notaires d'Orléans expoſent, qu'ils ont été créés avec les mêmes droits & émoluments que ceux du Châtelet de Paris; ce qui n'eſt pas exact, comme il réſulte évidemment de l'Edit du mois d'Août 1544, qui porte ſeulement, qu'ils jouiront de tels & ſemblables privileges, ſtatuts, immunités, libertés & franchiſes que les Notaires du Châtelet de Paris, & qu'ils pourront inſtrumenter comme eux par-tout le Royaume. Mais il n'y eſt point dit, qu'ils jouiront des mêmes émoluments; ce qui, en effet, ne ſeroit pas juſte; puiſque le prix des offices de Notaires de Paris n'a aucune proportion avec celui des Notaires du Châtelet de Paris. Voyez, au ſurplus, ci-après, *n. 160 & ſuivants*, le Tarif des droits & vacations dûs aux Notaires Apoſtoliques, qui peut recevoir ſon application pour pluſieurs actes & expéditions.

149. A l'égard des groſſes d'inventaires, elles ont toujours été payées à Orléans ſur le pied de 5 ſols du rôle en petit papier, de 13 lignes à la page, & de 7 ſyllabes à la ligne; & de 10 ſols du rôle en grand papier, de 22 lignes à la page, & de 15 ſyllabes à la ligne, non compris le papier ou parchemin timbré.

On eſtime ordinairement que chaque rôle de minute, en vaut quatre de groſſe.

II.

Droit de recherche.

Un Réglement de la Cour du 26 Août 1765, donne aux Notaires pour le droit de recherche de toutes sortes de minutes, 30 sols.

III.

Reconnoissance de Cens, & Déclarations.

150. Un Arrêt du Parlement du 5 Septembre 1689, rendu pour les Notaires de la ville de Sens, fixe les droits des Notaires, pour raison des reconnoissances & déclarations de cens, à 5 sols pour le premier article de chaque déclaration, & à 2 sols 6 d. pour chacune des autres. (*Idem*, par trois actes de notoriété du Châtelet de Paris des 5 Mars & 6 Août 1689, & 20 Janvier 1718; qui ajoutent, y compris la copie donnée au Censitaire de sa déclaration; ce qui est aussi conforme à l'Arrêt de Réglement des Grands-Jours de Clermont du 9 Janvier 1666. Mais cette taxe est sans comprendre les droits de contrôle & de papier timbré.)

Une Ordonnance des Juges-Commissaires du domaine du Duché d'Orléans, en date du 31 Janvier 1760, fixe les droits de reconnoissances & déclarations faites au Terrier de ce Duché, par les propriétaires, & détenteurs de maisons & autres héritages, chargés de cens, rentes, champarts, avenage, &c. Sçavoir :

151. 1°. Au Notaire pour la minute de chacune reconnoissance & déclaration des maisons sises en la ville & fauxbourg d'Orléans. 15 f.

Et pour chaque expédition. . . . . . . 15 f.

2°. Pour la minute des reconnoissances & déclarations des terres, vignes & jardins dans l'étendue des fauxbourgs, maisons & autres héritages sis hors la ville & fauxbourgs, dans l'étendue de la Châtellenie d'Orléans,

Pour le premier article, ... 1 l.

Pour chacun des autres articles, ... 2 f. 6 d.

Pour l'expédition, *moitié dudit droit.*

3°. Si la reconnoissance, ou déclaration contient plusieurs maisons, il doit être payé pour la minute, outre les trente sols pour le premier article de reconnoissance des maisons sises en la ville & fauxbourgs, & les vingt fols pour le premier article des autres reconnoiſſance; ſçavoir,

Pour chacun des autres articles qui contiendra une maiſon diſtincte & ſéparée de celle portée au premier article, . 10 ſ.

Et le coût de l'expédition augmentera à proportion de la moitié dudit droit.

152. 4°. Suivant cette même Ordonnance des Commiſſaires du domaine d'Orléans,

Il ne doit être paſſé qu'une ſeule reconnoiſſance, ou déclaration, pour raiſon des héritages poſſédés indiviſement; laquelle reconnoiſſance, ou déclaration doit être paſſée par l'un des co-héritiers, ou autres co-propriétaires, tant en ſon nom, que comme ayant charge, ou ſe faiſant fort de ſes autres co-héritiers, ou co-propriétaires, (*art. 1 de cette Ordonnance.*)

Les héritages acquis en commun, ou venus d'une même ſucceſſion, & qui auront été enſuite partagés, peuvent être reconnus par tous les co-héritiers & co-propriétaires, par une même reconnoiſſance & déclaration qui expliquera les différentes parts & portions que chacun d'eux poſſede en l'héritage diviſé; (*ibid.* art. 2.)

153. Les reconnoiſſances & déclarations doivent contenir avec les noms & demeures des reconnoiſſants, les noms, qualités & quantités des héritages reconnus, leur ſituation par paroiſſes, rues, clos, cantons & climats, & par tenants & aboutiſſants actuels; & faire mention ſommaire des titres en vertu deſquels les héritages ſont poſſédés, & des noms des anciens propriétaires & détenteurs, en remontant par gradation, autant qu'il ſera poſſible, depuis le dernier propriétaire, juſqu'au plus ancien connu; (*ibid.* art. 3.)

Il eſt libre aux reconnoiſſants de ne point retirer d'expéditions des déclarations & reconnoiſſances par eux paſſées; auquel cas le Notaire doit être payé ſeulement de la minute & expédition à remettre aux archives, & rembourſé en outre des droits de contrôle & coût du papier; (*ibid.* art. 8.)

A l'égard des reconnoiſſances & déclarations qui ſont paſſées dans les autres Châtellenies du Duché d'Orléans, elles doivent être payées ſur le même pied, ſous la réduction néanmoins d'un cinquieme de tous leſdits droits, dont la taxe deſdits Notaires doit être diminuée; (*ibid.* art. 9.)

IV.

Greffiers des Arbitrages.

154. Les salaires des Greffiers des arbitrages ont été réglés au Parlement de Paris, par Arrêt du 26 Août 1665, confirmé par un autre Arrêt du même Parlement au profit des Notaires de Paris ; & par un Arrêt du Conseil du 8 Mai 1674, rendu pour les Notaires du Châtelet d'Orléans.

V.

Notaires Apostoliques.

Les droits & salaires des Notaires Apostoliques d'Orléans, sont réglés par un Arrêt du Conseil du 3 Avril 1748, ainsi qu'il suit.

ARTICLE I. Procuration pour résigner, même avec réserve de pension, permuter, retrocéder, requérir Bénéfice, en donner sa démission, en prendre possession, pour la minute, quatre livres, ci 4 liv.

II. Procuration pour consentir création, ou extinction de pension, minute deux livres, ci 2

III. Révocation des procurations & rétractions des révocations, minute deux livres, ci 2

IV. Procuration pour insinuer & notifier les grades, minute deux livres, ci 2

V. Signification & notification des grades pour la premiere fois, minute trois livres, ci . . . 3

VI. Notification réitérée, minute deux livres, ci . . 2

VII. Les concordats & transactions entre deux ou plusieurs Ecclésiastiques pour matieres Bénéficiales, seront payés, suivant le travail ; & en cas de contestation entre les parties & les Notaires, suivant le Réglement qui en sera fait par le Lieutenant-Général au Bailliage d'Orléans, ou autre premier Officier audit Siege, en cas d'absence, ou légitime empêchement dudit Lieutenant-Général, sauf l'appel au Conseil.

VIII. Cession & donation d'indult, cession & donation de patronage, minute trois livres, ci 3

IX. L'échange de droit de patronage, minute quatre livres, ci 4

X. Démiſſion pure & ſimple, & rétroceſſion de bénéfice, minute quatre livres, ci . . . . . 4 liv.

XI. Permutation de bénéfice, minute quatre livres, ci . 4

XII. Priſe de poſſeſſion des Evêchés & Abbayes d'hommes & de filles, minute vingt-quatre livres, ci . . 24

XIII. Priſe de poſſeſſion de tous les autres bénéfices, minute cinq livres, ci 5

XIV. Oppoſition à priſe de poſſeſſion, réquiſition d'ouvertures de portes, ſommation d'aſſembler les Chapitres ou Communautés, acte de refus, ſignification de brefs, reſcrits, bulles, lettres d'indult, joyeux avénement, brevets de régale, & toutes ſommation, ou interpellation, minute quatre livres, ci 4

XV. Collation, préſentation, repréſentation, élection de dignités, acceptation, confirmation, introniſation, minute trois livres, ci 3

XVI. Commiſſion pour le déport, minute deux livres, ci 2

XVII. Requiſition de *viſa*, proviſion & autre requiſition, fulmination de bulles, reſcrits, ſignatures Apoſtoliques, publication de priſe de poſſeſſion, minute quatre livres, ci 4

XVIII. Répudiation de proviſions, minute deux livres, ci 2

XIX. Signification de révocation de procuration, de retractation de révocation & autre ſignification, minute trois livres, ci 3

XX. Aux informations de vie & de mœurs qui ſe feront par les nommés par le Roi aux Evêchés, & qui ſont envoyées au Pape, afin d'en obtenir les bulles de proviſions, les Notaires auront pour la minute, dix ſols pour l'audition de chaque témoin, ci . . . . . . 10 ſ.

XXI. Procès-verbal de conſécration d'Egliſe, bénédiction de Chapelles domeſtiques, minute ſix livres, ci . 6

XXII. Procès-verbal de donation de reliques, minute quatre livres, ci 4

XXIII. Compromis, procuration pour compromettre, minute deux livres, ci 2

XXIV. Les vacations aux ſentences arbitrales en matiere béneficiale, ſeront taxées par ledit Lieutenant-

Général; ou en son absence, ou légitime empêchement, par le premier Officier audit Siege, qui entendra, s'il est nécessaire, les Arbitres; & en cas d'opposition au Réglement, les parties se pourvoiront au Conseil

XXV. Il sera payé aux Notaires le tiers des droits ci-dessus réglés pour les expéditions de tous les actes énoncés dans le présent Tarif.

XXVI. Les copies des pieces signifiées lors de la notification des grades, seront payées à raison de dix sols chaque piece l'une dans l'autre, ci . . . . . 10 s.

XXVII. Lorsque les Notaires seront requis de passer quelque acte dans la nuit, leurs salaires seront payés au double.

XXVIII. Les droits ci-dessus détaillés seront payés aux Notaires du Châtelet d'Orléans, pour tous les actes qu'ils passeront, soit dans les lieux de leur résidence, ou à une demie lieue au-delà.

Lesdits Notaires seront payés, en cas de transport, à raison de huit livres par jour, outre leur travail; dans laquelle somme de huit livres seront compris leurs frais de voiture & nourriture.

La journée sera comptée par quatre lieues de distance, y compris le retour, ce qui fait huit lieues, l'aller & le retour compris.

Le Notaire qui se transportera depuis demie lieue jusqu'à deux lieues de sa résidence, aura quarante sols, outre ce qui a été ci-dessus réglé pour les minutes des actes qu'il passera.

Et depuis deux lieues jusqu'à trois, il aura cent sols, son travail pareillement non compris.

XXIX. Lorsque les Bénéficiers requéreront un Notaire au Châtelet d'Orléans, de préposer un Notaire royal sur les lieux, suivant la faculté qui leur en est accordée par l'Arrêt, à la minute duquel le présent Tarif est annexé, ils payeront audit Notaire au Châtelet, la somme de quatre livres pour tous droits, ci . . . . 4 l.

XXX. Outre les droits de minutes, transports, expéditions & copies, les Notaires seront encore remboursés de leurs déboursés de contrôle, papier, parchemin, timbre, & insinuation.

XXXI. Les Notaires royaux, dans l'étendue du Diocèse d'Orléans, n'auront pour les actes qu'ils passeront, concernant l'office de Notaire Apostolique, & pour leur transport, que les deux tiers des droits ci-dessus réglés.

FAIT au Conseil d'Etat du Roi, tenu à Versailles le trente Avril mil sept cent quarante-huit.

§. III.

Tableau des salaires des Notaires & Tabellions, qui se perçoivent dans les Justices de Seigneurs.

155. 1°. Pour actes dont il ne reste point de minute, sera taxé au Notaire; sçavoir,

Pour quittances, obligations & transports, ... 2 s. 6 d.

(Arrêt de Réglement du 15 Mai 1714, pour le Comté de Pontchartrain, au titre *Des Notaires*, art. 1; autre Arrêt de Réglement, qui taxe les droits des Officiers des Justices de Mazarin, la Meilleraie, *&c.* du 23 Juillet 1676.)

Pour une procuration pour agir, plaider & négocier; ou pour acte de ratification, ... 2 s. 6 d.

(Même Réglement de Pontchartrain, titre *Des Notaires*, art. 1; & de Mazarin, *pag. 34.*)

Pour attestations, certificats, cautionnements, déclarations, actes de reconnoissance d'un acte sous seing-privé, brevets d'apprentissage, & autres de pareille qualité, 2 s. 6 d.

(Même Réglement de Pontchartrain, titre *Des Notaires*, art. 1; & de Mazarin, *pag. 34.*)

Et si les parties desirent qu'il en reste minute, il sera pareillement taxé, outre l'expédition, . . . 2 s. 6 d.

(Mêmes Réglements de Pontchartrain, titre *Des Notaires*, art. 1; & de Mazarin, *pag. 34.*)

156. 2°. Pour les actes dont il reste minute, il sera taxé au Notaire:

Pour les contrats de conſtitutions de rente, ceſſion & tranſports.
Pour contrats d'échange.
Actes d'indemnité.
Compromis.
Tranſactions.
Contrats de mariage.
Dons mutuels.
Donations entrevifs.
Teſtaments.
Codiciles.
Baux à ferme.
Baux d'héritages.
Rachats de rentes foncieres, ou conſtituées.
Marchés.
Déſiſtements.
Actes de conſignation, ou dépôts.
Actes de renonciation.
Titres nouvels.
Et autres actes de conſéquence.
(Mêmes Réglements de Pontchartrain, titre *Des Notaires*, art. 2; & de Mazarin, *pag. 34.*)

10 ſ. outre l'expédition quand les parties voudront la lever.

157. 3°. Pour l'expédition de tous les actes ci-deſſus; ſçavoir,

Pour chacun rôle en petit papier de quinze lignes à la page, & de huit ſyllabes à la ligne. . . . . . . 3 ſ. 9 d.

(Mêmes Réglements de Pontchartrain, titre *Des Notaires*, art. 2; & de Mazarin, *pag. 34.*)

Et en grand papier de vingt-deux lignes, & de quinze ſyllabes, (*ibid.*, *ibid.*) . . . . 5 ſ.

Et à l'égard des rôles en parchemin, ſeront taxés à raiſon du double des rôles en papier, avec pareil nombre de lignes & de ſyllabes.

(Mêmes Réglements de Pontchartrain, titre *Des Notaires*, art. 2; & de Mazarin, *pag. 3.*)

158. 4°. Pour la collation des pieces, de la minute deſquelles les Notaires ne ſeront point dépoſitaires, & copies d'icelle, un ſol du rôle de vingt-deux lignes à la page, & de quinze ſyllabes à la ligne, outre le papier.

(Mêmes Réglements de Pontchartrain, titre *Des Notaires*, art. 3.)

5°. Pour les inventaires de meubles, ou papiers, & autres actes où il y aura vacation de trois heures, soit du matin, ou de relevée, par chaque vacation, outre la grosse sera payé, ... 1 *l.* 10 *s. par vacation.*

(Mêmes Réglements de Pontchartrain, titre *Des Notaires*, art. 4; & de Mazarin, *pag.* 35.)

159. 6°. Pour les inventaires, partages, sentences arbitrales, & autres actes. Sçavoir,

Pour chaque rôle en grand papier de vingt-deux lignes à la page, & de quinze syllabes à la ligne, . . . 5 s.

Et en petit papier de quatorze lignes, & de huit syllabes, ... 3 s. 9 d.

Et pour les grosses en parchemin, le double de ladite taxe.

Et sera la taxe diminuée à proportion, s'il y a moins de lignes & de syllabes.

Le tout sans y comprendre le papier & parchemin timbré, & autres déboursés.

(Mêmes Réglements de Pontchartrain, titre *Des Notaires*, art. 5; & de Mazarin, *pag.* 35.)

TITRE

TITRE III.

Des Avocats.

1. Les Avocats sont ceux qui ayant obtenu des Lettres de licence dans une Faculté de Droit, peuvent maintenir & défendre le droit de leurs parties, soit en plaidant, soit en faisant des écritures, soit en les assistant de leurs conseils.

Ils sont préposés pour la défense des intérêts du public & de celui des particuliers ; ils sont les protecteurs de la veuve & de l'orphelin, du puissant & du foible, de l'innocent & du criminel ; & en cette qualité, ils doivent réclamer le secours de la Justice en faveur des uns, & implorer sa pitié & sa clémence en faveur des autres. (Voyez les Causes célebres, *tom.* 13, *pag.* 356.)

ARTICLE PREMIER.

Des fonctions des Avocats.

2. 1°. Les Avocats peuvent plaider toutes sortes de causes ; mais dans les Parlements ils plaident, à l'exclusion des Procureurs, les appellations, les requêtes civiles, les causes de régale, les questions d'Etat, & les autres affaires importantes où il s'agit plus de droit que de fait & de procédure.

Le Reglement du 24 Mai 1603, rendu pour le Présidial de Bourg-en-Bresse, article 87, porte que les Avocats plaideront les causes, excepté les causes sommaires, qui pourront être plaidées sur-le-champ par les Procureurs.

Le Réglement de Doron, du 10 Janvier 1587, rendu pour la Prévôté d'Orléans, article 14, veut que toutes les causes mises au rôle, soient plaidées par Avocats. Un autre Réglement du Bailliage d'Orléans du 18 Février 1577, rendu pour les Avocats & Procureurs du même Siege, porte que toutes les causes qui méritent d'être plaidées, doivent être mises au rôle, sans y entremêler celles qui ne concernent que l'instruction des procès ; &

que toutes ces causes, ainsi mises au rôle, seront plaidées par Avocats.

3. 2°. Ils doivent communiquer les causes où ils ont à parler, aux Avocats & Procureurs du Roi, lorsque ces causes intéressent le ministere public, & sont sujettes à communication.

3°. Les folles intimations & désertions d'appel dans les Cours, se vuident par leur avis, suivant l'article 4 du titre 6 de l'Ordonnance de 1667.

4°. Ils peuvent tenir le Siege en l'absence des Juges, & peuvent être appellés par eux au jugement des causes, lorsqu'il n'y a pas un nombre suffisant de Juges pour la décision des affaires présidiales, & autres. (Voyez *infrà*, n. 60.)

5°. Ils ne peuvent plaider, ni écrire, ni en général exercer leur profession dans un Siege, à moins qu'ils n'y aient été admis & reçus pour tels; & qu'à cette fin ils y aient présenté leur requête avec les Lettres de leur degré de Docteur ou de Licencié en Droit, sur lesquels le Procureur du Roi oui, & le suppliant trouvé de la qualité requise, il ait été admis, ait prêté le serment, &c. dont il doit être fait registre & matricule. (Ordonnance du mois d'Octobre 1535, *chap.* 4, *art.* 1; Réglement du 14 Mai 1603, pour le Présidial de Bourg-en-Bresse, *art.* 68.)

4. Mais ceux qui ont été reçus Avocats dans un Parlement, peuvent en faire les fonctions dans tous les Bailliages & Sénéchaussées du ressort de ce Parlement. (Arrêt de l'année 1587, rapporté par Rochette, en ses Décisions, *pag.* 1; autre Arrêt du Parlement de Rouen du 18 Août 1724, rapporté au Recueil des Réglements de Rouen, *tom.* 6.)

De même ceux qui ont été reçus dans un Bailliage, peuvent consulter, plaider & écrire dans tous les Sieges royaux particuliers, Prévôtés & Châtellenies dépendantes de ce Bailliage. Ainsi un Avocat reçu au Bailliage d'Orléans, peut exercer ses fonctions à Beaugency, Yenville, & autres Sieges royaux dépendants de ce Bailliage; & tel est l'usage qui s'est toujours observé à Orléans.

Bien plus, les Avocats qui sont reçus dans une Cour, peuvent plaider en une autre Cour, en prêtant seulement un nouveau serment, mais sans payer aucuns nouveaux droits de réception. (Voyez Chenu, *tom.* 2, *chap.* 3, *tit.* 31.)

5. De même, les Avocats reçus au Bailliage d'une ville, peuvent plaider dans toutes les Jurisdictions de cette ville & de son res-

fort; *v. g.* à l'Election, aux Eaux & Forêts, au Bureau des Finances, &c. (Voyez Boniface, *tom.* 3, *liv.* 2, *tit.* 1, *chap.* 13.)

6°. Il y a des Jurisdictions où les Avocats exercent aussi la fonction de Procureurs, & réunissent ensemble ces deux qualités; comme dans l'Anjou, le Maine, le Perche, &c. (Voyez ce qui est dit ci-après, *n.* 73 *& suivants.*)

Mais, à l'exception de ces Sieges, la profession d'Avocat & celle de Procureur, sont incompatibles. (Ainsi jugé pour Tours, par Arrêt du 16 Juillet 1605, rapporté par Chenu, *tom.* 1, *tit.* 34, *chap.* 125; & par un autre du 4 Mai 1595 pour Loches, rapporté *ibid.* Voyez aussi les Plaidoyers de Corbin, *chap.* 69.)

7°. Les fonctions des Avocats étant libres, ils ne peuvent être contraints de prêter leur ministere. Néanmoins il en est autrement, quand il s'agit de défendre la cause des pauvres. On peut même les obliger, dans ce cas, de prêter gratuitement leur ministere à ces sortes de personnes. (Ordonnance de Charles V, de l'année 1364, rapportée par Fontanon, *tom.* 1, *pag.* 25, *art.* 7, aux additions; autre du 30 Août 1536, *chap.* 1, *art.* 39, rapportée par Joly, *pag.* 572.) Autrement ils peuvent être privés de leurs fonctions d'Avocats. (Voyez Guipape, *quest.* 561.)

6. 8°. Un Avocat qui a plaidé une cause en premiere instance, peut aussi la plaider sur l'appel; pourvu que ce soit pour la même partie, & non pour la partie adverse. (Voyez les Suppléments sur la Pratique criminelle de Julius Clarus, *quest.* 72, *n.* 17.)

De même, rien n'empêche qu'un Avocat qui a été juge d'une cause en premiere instance, ne puisse en soutenir le bien-jugé sur l'appel. Néanmoins je vois que le contraire s'observe à Orléans, où les Avocats ne portent jamais la parole sur l'appel des causes dont ils ont été juges, quoiqu'il s'agisse d'en soutenir le bien-jugé.

9°. L'Avocat qui a plaidé ou consulté pour une partie, ne peut, en la même cause, plaider ou consulter contre la même partie, à peine de prévarication. (L. 1, §. *Prævaricator*, D. *ad Senatus-Consf. Turpill.* L. *Athletas*, §. *Prævaricator*, D. *de iis qui not. infam.* Voyez l'Ordonnance du 30 Août 1536, *chap.* 1, *art.* 37.)

7. 10°. Les Avocats ne peuvent être juges dans les causes où ils ont consulté & donné leur avis. (Ordonnance de 1408, rapporté en la Conférence des Ordonnances, *tom.* 1, *liv.* 1, *tit.* 23, §. 13, *à la fin*; Ordonnance de 1535, *chap.* 12, *art.* 16; Ordonnance

du mois de Décembre 1540, *art. 17;* Voyez auſſi l'Ordonnance de 1667, titre *Des Récuſations*, art. 6.)

Et de même celui qui eſt Officier, peut faire la fonction d'Avocat, & plaider en d'autres Juriſdictions, que celle où il eſt Officier; ſans pouvoir néanmoins être juge des parties pour leſquelles il ſe trouvera avoir plaidé. (Ainſi jugé en faveur de l'Aſſeſſeur en la Prévôté de Saumur, par Arrêt du 27 Mai 1659, rapporté au Journal des Audiences; Voyez la L. *prætor.*, D. *de juriſd. omn. jud.*)

11°. Dans les affaires d'Audience, les Avocats ne peuvent être déſavoués; mais dans les procès par écrit, quand l'Avocat donne lieu dans ſes écritures à faire condamner ſa partie, la partie peut le déſavouer; non pour faire inſtruire contre lui un déſaveu en forme, & le faire condamner en des dommages & intérêts, mais pour ſe prévaloir de ce déſaveu contre la partie adverſe qui auroit gagné ſon procès.

Néanmoins après l'année, une partie ne peut plus déſavouer ſon Avocat au ſujet d'une déclaration par lui faite; quoique cette déclaration ſoit inſérée dans le jugement qui a été rendu en conſéquence. (Ainſi jugé par Arrêt du 20 Avril 1603, rapporté par Mornac ſur la L. 2 & 3 *de errore Advocatorum*, fol. 202.)

8. Les Avocats qui ont pris des expédients pour leurs parties, ne peuvent être déſavoués. (Arrêt du 21 Décembre 1604, rapporté par Bouvot, *tom.* 2, au mot *Avocat*, queſt. 3.)

De même l'Avocat ne peut être déſavoué pour ce qu'il a dit en préſence de ſa partie. (Voyez au titre *Des Procureurs*, ci-deſſus, *part. 3*, *tit.* 2, *n. 69.*)

12°. Il eſt défendu aux parties d'injurier les Avocats à l'occaſion des cauſes qu'ils plaident; & quand cela arrive, elles ſont condamnées à leur faire réparations d'honneur, avec défenſes de récidiver, ſous peine de punition exemplaire. (Voyez Loiſel en ſon Indice alphabétique des Avocats, *pag. 643 & 644;* Corberon en ſes Plaidoyers, *plaidoyer 72;* Boniface, *tom. 3*, *liv.* 2, *tit. 1*, *chap. 1;* & Chorier en ſa Juriſprudence ſur Guy-Pape, *pag. 280*, où ils en rapportent pluſieurs Arrêts.)

Un Arrêt du 13 Juillet 1638, condamne en 400 livres d'aumône, & en 100 livres de dommages & intérêts, une partie qui avoit reproché à l'Audience, à l'Avocat de ſa partie adverſe, qu'il avoit retiré des pieces eſſentielles de ſon ſac, ce qui étoit faux ; lui fait défenses de plus faire de telles plaintes contre l'honneur du Barreau ; & sur la remontrance de l'Avocat, qu'il remettoit les 100 livres à la disposition de la Cour, la Cour a prononcé qu'elle laissoit l'aumône à l'Avocat, pour en disposer comme bon lui sembleroit.

ARTICLE II.

Devoirs généraux des Avocats dans leurs fonctions.

9. 1°. Ils doivent se conformer dans leurs écritures, ou plaidoiries, à la disposition des Ordonnances ; & ne rien plaider ni écrire qui y soit contraire, ni qui soit contre les coutumes & maximes du Palais.

2°. Ils sont tenus d'exercer leurs fonctions fidélement & exactement ; & ce devoir fait partie du serment qu'ils prêtent.

3°. Ils doivent, avant de se charger d'une cause, examiner si elle est juste, ou non, & ne s'en charger que dans le cas où elle leur paroît soutenable, quelque instance qu'on leur fasse à ce sujet ; ou l'abandonner dans la suite aussitôt qu'ils verront qu'elle est injuste. (Ordonnance d'Orléans, *art. 58.*) Cette obligation fait aussi partie de leur serment. (Voyez la L. 14, §. 1, C. *de Judiciis*, qui en a une disposition expresse.)

C'est en conséquence de cette maxime, qu'il leur est défendu de conseiller & d'instruire les personnes accusées de crimes publics, des réponses & dénégations qu'ils pourroient faire aux Juges qui instruisent leurs procès ; ni de donner, promettre, ou offrir aucune chose à cet égard ; à peine d'amende arbitraire. (Réglement du 24 Mai 1603, pour Bourg-en-Bresse, *art. 76.*)

10. 4°. Lorsqu'ils croient pouvoir se charger d'une affaire, ils doivent, avant toutes choses, méditer sérieusement sur les raisons qu'ils peuvent employer pour la défense de la cause, & pour détruire les moyens de la partie adverse. S'il s'agit d'une question de Droit, ou de Coutume, l'Avocat doit appuyer la justice de sa cause sur l'autorité des textes qui paroissent la décider, en leur donnant une interprétation légitime : & s'il s'agit d'une question de fait, il doit l'exposer au Juge simplement, sans aucune superfluité, & avec la même fidélité que celle qui résulte des pieces qui lui ont été remises entre les mains.

5°. Ils doivent expédier, le plutôt qu'ils pourront, les causes dont ils sont chargés ; & cette obligation fait partie du serment qu'ils prêtent à leur réception.

6°. Ils doivent aussi embrasser avec zele l'intérêt de leurs parties ; *prævaricari censetur patronus qui clientum jura perfunctorie duntaxat prosequitur :* & pour pouvoir les défendre avec plus d'exactitude, ils doivent lire & axaminer avec soin les pieces & actes de la procédure, & en faire l'extrait. (Réglement du 24 Mai 1603, pour le Présidial de Bourg-en-Bresse, *art. 69.*)

11. 7°. Il leur est défendu de se charger des causes qui tendent à distraire des Prévôtés, ceux qui en sont justiciables. (Déclaration du mois de Juin 1559, *art.* 19, rendue en interprétation de l'Edit de Crémieu ; Edit du mois de Mai 1574.)

8°. Ils ne peuvent plaider ni écrire en leur propre cause, sans la permission des Juges. (Laroche-Flavin, Traité des Parlements, *liv. 3, chap. 3, n. 36.*)

9°. Touchant la formule du serment que prêtent les Avocats du Parlement, Voyez Joly, *tom. 1, pag. 155, n. 22.*

ARTICLE III.

Devoirs particuliers des Avocats.

§. I.

Devoirs des Avocats touchant les Audiences.

12. 1°. Ils doivent se trouver au Palais une heure avant que l'Audience commence, pour s'entrecommuniquer les pieces des parties, prendre entr'eux les appointements ordinaires, & communiquer aux Avocats & Procureurs du Roi, les causes où le ministere public est intéressé. (Ordonnance de 1535, *chap. 4, art. 15 ;* autre du mois de Juillet 1539, *art. 20 & 30 ;* autre du 11 Février 1519, *art. 13 ;* Arrêt de Réglement du 14 Août 1617, pour Bourges, *art. 4.*)

2°. Ils doivent assister à l'Audience en robe & en bonnet. (Ordonnance du mois de Décembre 1540, *art. 30 ;* Arrêt du Parlement du 11 Février 1612, pour Mehun-sur-Yevre ; autre du 21 Juillet 1629, pour Gueret ; Réglement du Parlement de Toulouse, du 4 Mars 1604, rapporté par Descorbiac, *tit. 16, ch. 8, pag. 673.*)

13. 3°. Les Avocats des parties qui plaident ensemble, doivent se communiquer réciproquement leurs pieces. (Ordonnance du mois de Juillet 1539, *art.* 30; Réglement du Parlement, du 4 Janvier 1595, pour les Avocats, *art.* 3, rapporté par Joly, *tom.* 1, *pag.* 157; Réglement de Doron, du 10 Janvier 1587, pour la Prévôté d'Orléans, *art.* 14; Arrêt du Parlement du 14 Janvier 1606, rapporté par Corbin en ses Plaidoyers, *chap.* 25.)

4°. Ils doivent aussi avoir soin de communiquer, avant l'Audience aux Avocats & Procureurs du Roi, les causes sujettes à communication; & il leur est fait défenses de passer ni d'accorder aucunes sentences dans lesdites causes, sans avoir fait auparavant ladite communication. (Réglement du Bailliage d'Orléans, du 18 Février 1577, pour les Avocats & Procureurs du même Siege; Réglement de Doron, du 10 Janvier 1587, pour la Prévôté d'Orléans, *art.* 15.)

5°. Il leur est enjoint de se trouver au commencement de la plaidoierie des causes dont ils sont chargés; à peine de répondre des dommages & intérêts des parties. (Ordonnance de 1535, *chap.* 4, *n.* 15.)

14. 6°. Les Avocats défaillants, par la faute & négligence desquels la cause n'aura pu être vuidée sur-le-champ, doivent être condamnés en telles amendes qu'il sera avisé par les Juges, & aux dommages & intérêts des parties. (Ordonnance de Blois, *art.* 125; autre du mois d'Avril 1453, *art.* 40; autre du mois de Novembre 1507, *art.* 110 & 111; autre du mois d'Octobre 1535, *chap.* 4, *art.* 12 & 13; Réglement de Doron, du 10 Janvier 1587, pour la Prévôté d'Orléans, *art.* 10; Réglement du Bailliage d'Orléans, du 18 Février 1577, pour les Avocats & Procureurs du même Siege; Voyez aussi Laroche-Flavin, Traité des Parlements, *liv.* 2, *chap.* 15, *n.* 5.)

Les causes qui sont jugées par défaut, ne peuvent être appellées de nouveau, si ce n'est pour bonne & juste raison; & elles ne le doivent être qu'après que toutes les autres causes qui auront été commencées, seront achevées, afin de n'en pas interrompre l'expédition; à moins que l'heure ne fût prête à sonner. (Voyez l'Ordonnance de 1667, *tit.* 14, *art.* 5; & le Code Henri, *liv.* 2, *tit.* 31, *n.* 3.)

15. 7°. Les Avocats qui, étant chargés de causes d'Audience, ont des raisons légitimes pour s'absenter, doivent avoir soin de remettre les dossiers à d'autres Avocats, ou aux Procureurs de leurs

parties, pour la défenſe deſdites cauſes; à peine d'amende arbitraire, & des dommages & intérêts des parties. (Réglement du 24 Mai 1603, pour le Préſidial de Bourg-en-Breſſe, *art.* 77; Ordonnance de 1535, *chap.* 4, *n.* 17; Réglement du Parlement, du 14 Août 1617, pour Bourges, *art.* 8.)

8°. Ils doivent ſe tenir à l'Audience dans les Barreaux, ſans qu'il ſoit permis aux parties d'y entrer. (Arrêt du Parlement, du 16 Février 1588, pour les Avocats du Parlement de Paris, rapporté par Filleau, *tom.* 1, *part.* 2, *tit.* 7, *chap.* 7, *pag.* 319; Réglement de Doron, du 10 Janvier 1587, pour la Prévôté d'Orléans, *art.* 26.)

9°. Ils doivent garder le ſilence entr'eux pendant tout le temps de l'Audience, ſans rire ni cauſer, en ſe tenant toujours dans la décence & la modeſtie qui convient à leur profeſſion. (Réglement de Doron, *ibid.*, n. 26; Ordonnance du 28 Octobre 1425, pour le Châtelet de Paris, au titre *Des Avocats & Procureurs*, art. 16; Arrêt de Réglement du 14 Août 1617, pour Bourges, *art.* 6, rapporté *ibid.*, pag. 1031.)

10°. Il leur eſt défendu de quitter l'Audience ſans permiſſion des Juges, ou ſans néceſſité & cauſe raiſonnable; à peine d'amende arbitraire. (Même Réglement de 1425, *art.* 3; Ordonnance de 1535, *chap.* 4, *n.* 16.)

§. II.

Devoirs des Avocats touchant les plaidoieries.

16. 1°. La premiere regle néceſſaire à un Avocat pour bien plaider, eſt de bien poſſéder ſa cauſe: & pour cela, il doit faire avec beaucoup de ſoin & d'exactitude, l'extrait de ſon doſſier, & communiquer même avec l'Avocat de ſa partie adverſe, pour avoir à cet égard tous les éclairciſſements dont il peut avoir beſoin; même pour ſçavoir de lui, ſi cela ſe peut, ſes raiſons & ſes moyens pour ſe préparer à y répondre.

2°. Les Avocats qui plaident, ou qui écrivent dans une affaire, doivent être perſuadés de la bonté de leur cauſe, & n'en point avoir une mauvaiſe opinion; autrement il eſt bien difficile de perſuader à d'autres, les choſes dont on n'eſt point ſoi-même perſuadé.

3°. Ils ne doivent point plaider ſans avoir auparavant collationné

tionné les pieces. (Ordonnance de 1535, *chap.* 4, *n.* 20;) & sans les avoir à la main. (Ordonnance du mois d'Avril 1453, *art.* 64; Ordonnance du mois de Juillet 1493, *art.* 3; autre du mois de Novembre 1507, *art.* 140; autre du mois de Juin 1510, *art.* 22.)

Et ils doivent avoir eu auparavant la précaution de cotter ces pieces, pour pouvoir trouver promptement celles dont ils auront besoin, ou dont on leur demandera la lecture; & de marquer dans lesdites pieces les endroits qui pourront servir; à peine d'amende. (Arrêt de Réglement du Parlement, du 4 Janvier 1535, *art.* 2, rapporté par Joly, *tom.* 1, *pag.* 156; Ordonnance du mois de Juillet 1539, *art.* 29; Réglement du Bailliage d'Orléans du 18 Février 1577, pour les Avocats & Procureurs du même Siege.)

17. 4°. Ils doivent être courts & succincts dans leurs plaidoyers, qui ne doivent contenir qu'une narration simple des faits & de leurs circonstances; & ils sont tenus d'exposer ces faits avec beaucoup d'ordre & de netteté, afin de donner aux Juges une idée claire de l'affaire dont il s'agit; ensuite ils doivent s'attacher à faire valoir adroitement & avec énergie les moyens de leurs causes, sans en omettre aucuns; mais le faire d'une maniere précise. Cette regle est d'autant plus nécessaire à observer, que les trois quarts des causes se décident par le simple fait.

Ils doivent donc avoir attention de ne rien dire d'inutile, & qui soit étranger à leur cause, soit dans leurs plaidoyries, soit dans leurs écritures. (Ordonnance du 28 Octobre 1446, *art.* 24; autre du mois d'Avril 1453, *art.* 50 *&* 62; autre du mois d'Avril 1493, *art.* 26; autre du mois de Novembre 1507, *art.* 121, 128 *&* 136; autre du mois de Novembre 1528, *art.* 10; autre du mois d'Octobre 1535, *chap.* 4, *art.* 2 *&* 8; Voyez aussi la L. 6, §. 1, Cod. *de postulando.*)

18. 5°. Il leur est défendu de former en plaidant aucuns incidents; à moins qu'ils ne soyent nécessaires pour l'instruction du procès; autrement ils en doivent être tenus en leur propre & privé nom envers les parties intéressées, & en outre condamnés en l'amende, *&c.*; (Ordonnance du 30 Août 1536, *chap.* 1, *art.* 30.)

Et s'ils veulent attaquer les qualités, ou former quelque exception dilatoire, ils doivent le faire avant de commencer leur plaidoierie. (Code Henri, *liv.* 2, *tit.* 13, *n.* 15; Voyez aussi l'Ordonnance de 1667, *tit.* 5, *art.* 5.)

6°. Ils doivent éviter avec grand soin d'alléguer sciemment aucuns faits faux & contraires à la vérité; à peine d'être punis rigoureusement. (Ordonnance de Blois, *art.* 125; autre du mois de Juillet 1539, *art.* 40.)

7°. Ils doivent aussi avoir attention, en lisant quelques actes ou quelque texte de livre, de les lire véritablement & entiérement, sans omission, interruption, ni déguisement, dans les points ou endroits servants à la cause, tant pour une partie que pour l'autre; à peine d'amende. (Ordonnance du mois de Juillet 1539, *art.* 22.)

19. 8°. Ils doivent éviter les délais & les subterfuges, conformément à leur serment; ainsi que toute espece de ruses & artifices qui tiennent du mensonge; & n'employer jamais que des moyens légitimes pour la défense de leurs parties.

9°. Il leur est défendu d'alléguer aucuns faits calomnieux dans leurs plaidoyers & écritures; à peine d'amende arbitraire. (Ordonnance du 30 Août 1536, *chap.* 1, *art.* 17.)

10°. Ils doivent écrire avec modération, & être retenus dans leurs plaidoieries, parlant avec modestie & gravement, sans user de contentions, ni déclamations les uns envers les autres, & sans s'interrompre; à peine d'amende, *&c.* (Réglement du Parlement du 4 Janvier 1535, *art.* 13, rapporté par Joly, *pag.* 156; Ordonnance du mois de Juillet 1539, *art.* 40.)

11°. Ils doivent aussi éviter de répandre dans leurs plaidoyers, ou dans leurs écritures, des invectives & des injures diffamantes; sur-tout quand elles ne font rien à la cause. (Ordonnance du mois d'Avril 1453, *art.* 54; autre du mois de Novembre 1507, *art.* 122; autre de 1535, *chap.* 4, *n.* 9: ce qui est conforme à la L. 6, §. 1 & 2, Cod. *de postulando.* (a) Voyez aussi Dargentré sur l'article 105 de la Coutume de Bretagne; Dufail, *liv.* 2, *chap.* 59; & *liv.* 3, *chap.* 447; Papon, *liv.* 8, *tit.* 3, *n.* 5; Sauvageau en ses Observations sur la Coutume de Bretagne, *tom.* 1, *art.* 101; Bouvot en ses Arrêts, *tom.* 2, au mot *Avocat*, quest. 2 & 7; & Laroche-Flavin en ses Arrêts, *liv.* 6, *tit.* 56, *Arrêt* 19.)

(a) *Ante omnia, universi Advocati ita præbeant patrocinia jurgantibus ut non ultra quàm litium poscit utilitas, in licentiam conviciandi & maledicendi temeritatem prorumpant. Agant quod causâ desiderat; temperent se ab injuriâ; si quis adeò procax fuerit ut non ratione, sed probris putet esse certandum, opinionis suæ imminutionem patiatur: nec enim conniventia commodanda est, ut quisquam negotio derelicto in adversarii sui contumeliam aut palam pergat aut subdole.* L. 6, C. *de postulando.*

20. L'article 70 du Réglement du 24 Mai 1603, rendu pour le Présidial de Bourg-en-Bresse, défend en général aux Avocats & Procureurs, de procéder par aucunes invectives; d'user de contentions & exclamations les uns envers les autres, ni de paroles injurieuses, diffamatoires, ou contumélieuses à l'encontre de qui que ce soit, & même de leurs parties, Avocats, Procureurs & solliciteurs d'icelles; ni les troubler, interrompre, ni travailler induement, ou parler plusieurs ensemble, ni à diverses fois, ou par hoquets durant leurs plaidoieries, en quelque maniere que ce soit; ni dire ni alléguer, ni proposer aucune chose en opprobre, ou dérision d'autrui, qui ne serve & ne soit nécessaire en la cause, encore qu'ils en eussent charge & mémoires signés; à peine de privation de postuler, & de 100 livres d'amende, & plus grande, s'il y échet, *&c.*; (Voyez aussi le Réglement de Doron du 10 Janvier 1587, pour la Prévôté d'Orléans, *art.* 17.)

21. Lorsqu'un Avocat, ou un Procureur injurie sa partie adverse, ou l'Avocat & Procureur de cette partie, les Juges ne le doivent point souffrir; & il est de la prudence & de la religion de celui qui préside, d'avertir de ses devoirs l'Avocat qui manque ainsi au respect qu'il doit à la Justice, & de lui imposer silence. (Ordonnance de 1535, *chap.* 1, *art.* 91; Voyez aussi le Plaidoyer de M. Portail, Avocat-Général, rapporté en entier dans un Arrêt du 21 Janvier 1707, qu'on trouve au Recueil des Réglements de Justice, *in-12*, tom. 2, pag. 209.)

Un Avocat peut même être décrété & condamné en des réparations d'honneur à l'Audience, *&c.*, lorsque les injures sont atroces. (Arrêt du 28 Juin 1732, rapporté dans les discours d'un Avocat-Général du Parlement de Provence, *tom.* 2, *disc.* 13.)

La partie offensée peut aussi demander sur-le-champ aux Juges réparation de l'offense qui lui est faite; ou la partie publique la requérir aussi sur-le-champ. (Même Arrêt du 21 Janvier 1707, qui vient d'être cité;) & même prendre pour cela la voie criminelle. (Arrêt du Parlement d'Aix, du 29 Avril 1671, rapporté par Boniface, *tom.* 5, *liv.* 3, *tit.* 1, *chap.* 4.)

22. Mais une partie, pour de simples paroles dures & injurieuses prononcées contre elle à l'Audience par un Avocat, ne peut prendre la voie extraordinaire, lorsque le Juge devant lequel elles ont été proférées, n'a rien dit à l'Avocat, *&c.* (Voyez le Plaidoyer de M. Portail, dans le même Arrêt du 21 Janvier 1707.)

On doit aussi observer qu'une partie ne peut prendre la voie criminelle contre un Avocat qui, en plaidant, se serviroit contre sa partie adverse des termes *de frere barbare*, *frere cruel*, *de frere dénaturé*, *& de bourreau de son frere*, lorsque les circonstances de l'affaire rendent ces expressions excusables. (Voyez le même Arrêt de 1707, *ibid.* au Journal des Audiences.)

12°. Les Avocats doivent s'abstenir en plaidant, de ces plaisanteries fades & mal placées, qui font à la vérité rire les auditeurs, mais presque toujours aux dépens de celui qui les met au jour. Ces sortes de badinages ne conviennent nullement à la majesté du lieu, ni à la profession de l'Avocat.

23. 13°. Il leur est défendu d'interrompre les Gens du Roi dans leur plaidoierie, ainsi que les Juges en la prononciation de leurs jugements; à peine d'amende, payable sans déport. (Réglement du Bailliage d'Orléans du 18 Février 1577, rendu pour les Avocats & Procureurs du même Siege. Arrêt du Parlement du 7 Septembre 1660, pour Dreux. Réglement de Doron du 10 Janvier 1587, pour la Prévoté d'Orléans, *art. 17.*) Mais ils peuvent seulement, après les plaidoyers des Avocats & Gens du Roi, dire & ajouter ce qui aura été omis, si cela peut servir à la décision de la cause. (Même Réglement de Doron, *art. 17.*)

14°. Ils ne doivent dans aucun cas manquer au respect & à la révérence qu'ils doivent au Siege; & s'ils le font, les Juges peuvent les condamner en l'amende, même les interdire, *&c.* L'Edit d'ampliation des Présidiaux du mois de Mars 1551, *art. 43*, porte, que les Juges desdits Sieges pourront en ce cas les condamner en trois livres d'amende par jugement souverain, & en dernier ressort & par corps. (Voyez *infrà*, n. 32.)

24. 15°. Les Avocats des parties qui sont dans un procès, ne peuvent plaider en un même Barreau; c'est-à-dire, du même côté du Barreau. (Réglement du Bailliage d'Orléans du 18 Février 1577; autre de Doron du 10 Janvier 1587, pour la Prévôté d'Orléans, *art. 30.*)

16°. Ils doivent plaider sans gants, soit en hiver, soit en été. (Arrêt du 10 Mai 1610, rapporté par Bouvot, *tom. 2*, au mot *Avocat*, quest. 3.)

Et avoir la tête couverte, même quand ils lisent des textes de Droit: mais quand ils lisent des titres, pieces & procédures, ils doivent être découverts, parce qu'alors ils font les fonctions de Procureurs. En effet, l'Avocat plaidant, étoit autrefois assisté de son Procureur, qui lisoit les pieces dont la lecture étoit nécessaire dans le cours de la plaidoirie (a) : on peut voir à ce sujet ce qui arriva en 1720, & qui est rapporté dans le Dictionnaire des Arrêts, au mot *Avocat*, de la derniere édition. (Voyez aussi l'Arrêt du 5 Juillet 1720, rapporté au Journal des Audiences.)

25. 17°. Ils sont tenus en plaidant d'adresser la parole à tous les Juges en nombre pluriel, quand il y a plusieurs Juges à l'Audience, & non au Président seul. (Arrêt du Parlement du 8 Février 1613, pour Gueret ; autre du 17 Août 1617, pour Bourges, *art. 5*, rapporté par Joly, *n. 2, p. 1032* ; autre du Parlement de Toulouse du 30 Mars 1620, pour Usez, rapporté par Descorbiac ; autre du 24 Juillet 1620, pour Sezanne, rapporté par Filleau, *tom. 1, part. 2, pag. 65* ; autre du 30 Juin 1689, pour Angoulême, *art. 6*. Arrêt du Conseil du 16 Mai 1691, pour Limoges ; autre Arrêt du Parlement du 5 Janvier 1646, pour Dorat, rapporté par Henrys, *tom. 1, p. 173*.)

18°. Afin que le jugement des causes soit plus certain & plus assuré, il est permis aux Avocats, à la fin de chaque audience où ils ont porté la parole, de voir le registre du Greffier, & de faire réformer le registre de concert avec la partie adverse, ou son Procureur, au cas qu'il se fût trompé en quelque chose dans la réduction du jugement. (Ordonnance du mois d'Avril 1453, *art. 103*.)

§. III.

Des fonctions & devoirs des Avocats touchant les procès par écrit.

26. 1°. Les Avocats font toutes sortes d'écritures qui sont de leur ministere, comme avertissements, faits, contredits, salvations, reproches, moyens de faux, moyens de nullité, & de requête civile, conclusions civiles & ès matieres criminelles, griefs, causes & moyens d'appel, réponses, contredits, causes d'opposition, débats, soutenements, *&c.*

Les écritures qui sont du ministere des Avocats, à l'exclusion des Procureurs, sont les griefs, causes d'appel, moyens de requête

(a) On voit par les Harangues de Démosthene, que de son temps c'étoit le Greffier qui faisoit la lecture des pieces.

civile, réponses, contredits, salvations, & avertissements, dans les matieres où il est nécessaire d'en donner. (Arrêt de Réglement de la Cour du 17 Juillet 1693, confirmé par un autre Arrêt du 23 Juillet 1727.)

Celles qui sont du ministere des Procureurs, sont les inventaires, les causes d'opposition, productions nouvelles, comptes, brefs états, déclarations de dommages & intérêts, &c. (*Ibid. ibid.*)

Et celles que les Avocats & Procureurs peuvent faire concurremment, sont les débats, soutenements, moyens de faux & de nullité, reproches & conclusions civiles. (*Ibid. ibid.*)

27. 2°. Ils doivent apporter dans la composition de leurs écritures, toute la briéveté & la netteté qu'il leur est possible, sans discours superflus, ni allégations frivoles. (Ordonnance du mois d'Avril 1453, *art.* 52; Ordonnance de 1535, *ch.* 4, *art.* 3 & 4; autre du mois de Juin 1493, *art.* 26; Arrêt de Réglement du 17 Juillet 1693, qui vient d'être cité.)

Ils doivent, sur-tout dans les contredits & salvations, éviter les redites, & d'y insérer ce qu'ils ont déja dit dans leurs écritures, sans y proposer faits nouveaux; à moins qu'ils n'y aient été autorisés par Justice. (Ordonnance du mois d'Avril 1453, *art.* 53; autre du mois d'Octobre de 1535, *ch.* 4, *art.* 6 & 7.)

3°. Il leur est défendu d'alléguer des raisons & moyens de droit dans les procès réglés en preuve: mais ils doivent alors poser leurs faits simplement & sans superfluité, en quelque matiere que ce soit, & ne répondre que par une addition au plus. (Ordonnance du mois d'Avril 1453, *art.* 51; Ordonnance de 1535, *ch.* 4, *n.* 11; Ordonnance du mois d'Août 1539, *art.* 42, 43 & 44.)

Les Avocats & Procureurs qui contreviennent à ces devoirs, doivent être condamnés, la premiere fois, en l'amende de 10 liv. parisis; la seconde fois, suspendus pour un an de leurs fonctions; & la troisieme, privés à toujours de la postulation. (Même Ordonnance du mois d'Août 1539, *ibid.* art. 45.)

28. 4°. Ils doivent aussi éviter dans leurs écritures, de se servir de termes injurieux envers la partie adverse; (Voyez ce qui a été dit ci-dessus, *n.* 19.)

Par Arrêt du 11 Mai 1643, rapporté par Boniface, *tom.* 1, *part.* 3, *liv.* 1, *tit.* 3, *chap.* 3, un Avocat qui avoit mis dans ses écritures, que sa partie adverse étoit un impertinent, & ne méritoit pas de vivre, a été condamné en trois livres d'amende envers le Roi, & en 20 livres envers la partie. Cette amende fut prononcée sur une information criminelle.

5°. Ils sont tenus aussi-bien que les Procureurs de signer leurs écritures, & de les collationner avant de les signer. (Ordonnance du mois de Juillet 1493, *art. 28*; autre du mois de Novembre 1507, *art. 138*; Ordonnance 1535, *ch. 5*, *art. 26*; & *ch. 8*, *art. 8*; Ordonnance de Blois, *art. 161*. Arrêt du Parlement du 19 Novembre 1556, rapporté par Bouchel en sa Bibliotheque, au mot *Avocats*. Ordonnance de 1667, *tit. 10*, *art. 11*.)

29. 6°. Les écritures des Avocats doivent être en bonne forme, & bien lisibles. (Ordonnance du mois d'Octobre 1535, *ch. 4*, *art. 18*; Réglement du 24 Mai 1603, pour le Présidial de Bourg-en-Bresse, *art. 78*.)

Les grosses de ces écritures doivent être sur papier moyen (de 16 pouces sur 12), & contenir vingt lignes à la page, & douze syllabes à la ligne, suivant l'article 3 de la Déclaration du 19 Juin 1691; mais par une autre Déclaration du 24 Juillet suivant, le nombre des lignes de chaque page a été fixé à 22, sans s'assujettir au nombre des syllabes.

7°. Il leur est expressément défendu de signer des écritures qu'ils n'ont pas faites. (Ordonnance de 1535, *chap. 4*, *art. 14*; Arrêt du 17 Juillet 1693, qui ajoute, à peine en cas de contravention, d'être rayés du Tableau. *Idem*, par Arrêt du 23 Juillet 1727, tous les deux rapportés au Recueil des Réglements de Justice, *in-12*.)

8°. Un Avocat qui ajoute des mots par interlignes dans la copie des écritures faites contre sa partie, est coupable de faux, & peut être poursuivi pour raison de ce, même à la requête de la partie publique. (Ainsi jugé par Arrêt du 2 Juin 1693, rapporté au Journal des Audiences.)

30. 9°. Les Avocats doivent faire mention au bas de leurs écritures de ce qui leur a été payé par leurs parties, ou par les Procureurs; (Voyez ce qui est dit ci-après, *n. 39*.)

10°. Ils sont tenus de garder pardevers eux les minutes de leurs écritures, afin d'y avoir recours au cas que la grosse vînt à être perdue. (Réglement du Bailliage d'Orléans du 18 Février 1577, pour les Avocats & Procureurs dudit Siege. Réglement de Doron du 10 Janvier 1587, pour la Prévôté d'Orléans, *art. 62*. Arrêt de Réglement du Parlement du 17 Juillet 1693.)

11°. Pour pouvoir exercer la profession d'Avocat, il faut être inscrit sur le Tableau ; & pour pouvoir faire des écritures, il faut avoir au moins deux ans de fonction. (Même Arrêt du 17 Juillet 1693.) Mais suivant un autre Arrêt du Parlement du 5 Mai 1751, un Avocat ne peut être inscrit sur le Tableau, ni signer des écritures au Parlement de Paris, à moins qu'il n'ait suivi les Audiences pendant quatre ans.

12°. Le procès doit être fait à ceux qui supposent, ou contrefont la signature des Avocats ; & ils doivent être punis suivant la rigueur des Ordonnances. (Même Arrêt du Parlement du 17 Juillet 1693 ; autre du 23 Juillet 1727.)

§. IV.

Devoirs des Avocats touchant les consultations.

31. 1°. Toutes les consultations où il y a une assemblée d'Avocats, doivent être signées de ceux qui y ont assisté. (Réglement du Bailliage d'Orléans du 18 Février 1577, pour les Avocats & Procureurs du même Siege. Réglement de Doron du 10 Janvier 1587, pour la Prévôté d'Orléans, *art. 68.*)

2°. Elles doivent être rédigées par écrit, par celui des Avocats qui en fait le rapport, qui est ordinairement le plus jeune ; & celui-ci ne doit être payé de son rapport & consultation, que lorsqu'il rend cette consultation rédigée par écrit, & signée, contenant les raisons & motifs du Conseil. (*Ibid. ibid.*)

3°. Les Avocats ne sont point garants des avis qu'ils donnent, parce que les parties ont la liberté de les suivre, ou non. (L. 2 ; §. *ult.* D. *mandati*) ; à moins qu'il n'y ait de la fraude dans le conseil qu'ils donnent. (L. 47, D. *de regulis juris.* L. 6, §. 5 ; & L. 32, D. *mandati.*)

4°. Il leur est défendu de consulter pour les deux parties adverses. (Ordonnance du 30 Août 1536, *ch. 1*, *art. 37* ; Voyez aussi ci-dessus, *n.* 6.)

§. V.

Devoirs des Avocats par rapport aux Juges & aux Gens du Roi.

32. Ils doivent porter honneur, respect & révérence aux Officiers du Siege en général & en particulier, selon que la dignité de la justice & de leurs états les y oblige ; rendre l'obéissance qu'ils doivent

doivent à leurs ordonnances & jugements ; en parler honorablement en public & en particulier ; se trouver aux jours & lieux qu'ils seront mandés, pour assister & accompagner lesdits Officiers en toutes occasions & assemblées qui s'offriront pour le service de Dieu, du Roi, & pour l'honneur du Siege & des Membres qui le composent. (Réglement du 24 Mai 1603, pour le Présidial de Bourg-en-Bresse, *art.* 72. Voyez ci-dessus, n. 23.)

Ils doivent aussi avoir soin de communiquer, avant de plaider, aux Avocats & Procureurs du Roi, toutes les causes où le ministere public est intéressé. (Voyez ci-dessus, n. 13.)

§. VI.

Devoirs des Avocats envers leurs Parties.

33. 1°. Ils doivent avant tout, être affectionnés aux intérêts de leurs parties, & en prendre la défense avec beaucoup de zele.

2°. Il ne leur est pas permis de révéler les secrets de leurs parties. On trouve à ce sujet un Arrêt du Parlement du 31 Janvier 1728, rapporté au Recueil des Réglements de Justice, *tom.* 2, qui décharge un Avocat d'une demande formée contre lui, pour sçavoir le nom du dépositaire d'une somme, ou de la payer, sous prétexte qu'il avoit été consulté par la déposante sur la destination du dépôt.

C'est même un crime à un Avocat, ainsi qu'à un Procureur, de révéler le secret qui lui a été confié par sa partie ; & il peut être puni à cet égard, comme coupable d'un faux.

C'est en conséquence de cette maxime, que les Avocats, ainsi que les Procureurs qui ont le secret de leurs parties, ne peuvent être contraints de déposer, du moins en matiere civile, dans les affaires qui concernent ces mêmes parties. (Ainsi jugé par Arrêt du Parlement de Paris de l'année 1386, rapporté par Papon, *liv.* 9, *tit.* 1, *n.* 20 & 30, où il est observé néanmoins que cet Arrêt fut rendu par expédient. Voyez aussi Guipape, *quest.* 45 ; & la L. 22, D. *de testibus* ; ainsi que ce qui est dit ci-après, au titre *des Procureurs*, *part.* 5, *tit.* 4, *n.* 46.) (*a*)

(*a*) Voyez sur cette question Legrand sur la Coutume de Troies, *art.* 168, *glos.* 5, *n.* 30 ; Anne-Robert, *rerum judicat*, lib. 2, cap. ult. ; & Automne sur la Loi *mandatis*, D. *de testibus*.

34. Néanmoins M. le Maître, Premier Président du Parlement de Paris, établit le contraire en son Traité des Appellations comme d'abus, sur la fin, où il observe que l'Ordonnance permettant les interrogatoires sur faits & articles, il s'ensuit, à plus forte raison, que l'Avocat est tenu de révéler ce qu'il sçait. Mornac sur la L. 3, §. *post nudata*, D. *de receptis*, & *qui arbitr.* rapporte à ce sujet un Arrêt du 17 Mai 1605, qui ordonne, que pour le bien de la justice, & jusqu'à ce que la vérité soit connue, (dans une cause de collusion de demande en retrait), les Avocat & Procureur de la partie seroient interrogés par forme de témoignage, sauf le reproche. Plusieurs autres Arrêts ont jugé la même chose. (Voyez Anne Robert, lib. 2, cap. 19, *rer. judic.*; Gui-pape, *quest.* 45, *avec les additions*; & Mornac sur la L 14, D. *de Jurejurando*; & sur les Loix 4 & 22, D. *de testibus*.)

Un Arrêt du Parlement du 19 Juillet 1679, a jugé que l'Avocat témoigneroit ce qu'il sçavoit de son chef, mais non du chef de la partie. *Idem*, par Arrêt du 1 Décembre 160 , rapporté par Mornac sur la L. 2, Cod. *de testibus*: il s'agissoit dans ce dernier, d'une affaire criminelle.

Voyez aussi ce que j'ai dit à ce sujet au Traité de la Justice criminelle, au titre *Des informations de témoins*, tom. 1, part. 3, liv. 2, tit. 7, n. 60.

35. 3°. Les Avocats des parties ne doivent point être reçus en justice pour leur servir de caution. (Ainsi jugé par Arrêt du Parlement de Tournai du 15 Octobre 1698, rapporté par Pinault, *tom.* 2, *art.* 229.)

4°. Ils doivent se charger sous leur récépissé des sacs & pieces qui leur sont données pour plaider, ou faire des écritures; & il est enjoint aux Procureurs de les retirer, lorsque la cause a été plaidée, ou après que les écritures ont été faites. (Réglement du Bailliage d'Orléans du 18 Février 1577, pour les Avocats & Procureurs du même Siege; autre Réglement de Doron du 10 Janvier 1587, pour la Prévôté d'Orléans, *art.* 67.)

Et si ces sacs & pieces viennent à être perdus entre leurs mains, ils en sont responsables, & sont tenus des dépens, dommages & intérêts envers ceux à qui ils appartiennent. (Voyez Laroche-Flavin, Traité des Parlements, *liv.* 2, *ch.* 15, *art.* 60, où il en rapporte un Arrêt du 8 Octobre 1566.)

Mais après cinq ans pour les procès jugés, ils ne peuvent plus être recherchés pour ces sacs & pieces, quand même ils en seroient chargés sous leurs récépissés. (Voyez ce qui est dit à ce sujet au titre *Des Procureurs*, ci-après, *part. 5*, *tit. 4*, *n. 49*.)

5°. Les Avocats sont tenus de leur négligence envers leurs parties, lorsqu'ils ont laissé obtenir des défauts contre elles, & lorsqu'ils ont été cause que l'affaire n'a pu être jugée sur-le-champ, & que leur partie en a souffert quelque préjudice. (Voyez ci-dessus, *n. 14*.)

ARTICLE IV.

Des droits honoraires, & vacations des Avocats. (a)

36. 1°. La profession d'Avocat étoit anciennement gratuite à Rome du temps de la République; & l'on prétend qu'en l'année 549 de la fondation de cette Ville, Marcus Cincius fit une Loi, nommée la Loi *Cincia*, qui défendoit aux Avocats de prendre aucun salaire, ou don des parties. (Voyez Tacite, *liv. 11* de ses Annales; Pline, au cinquieme livres de ses épitres, *lettre 14*; & Loiseau, Traité des Offices, *liv. 1*, *ch. 8*, *n. 15*.) Ce qui étoit fondé sans doute sur ce que cette profession étoit alors un moyen pour parvenir aux grandes dignités de la République; & que d'ailleurs, c'étoient les plus grands hommes de Rome qui exerçoient cet emploi. (Voyez Laroche-Flavin, Traité des Parlements, *liv. 3*, *ch. 4*, *n. 9*, *10*, *15 & 16*.)

Mais, quoi qu'il en soit, cette Loi ne subsista pas long-temps, & fut bientôt après abolie par un usage contraire; car nous voyons que du temps des premiers Empereurs, il s'étoit introduit une si grande corruption dans les mœurs, que souvent un malheureux accusé étoit obligé de donner la meilleure partie de son bien pour trouver un défenseur; ce qui fit que du temps de l'Empereur Claude, on proposa de renouveller la Loi *Cincia*; mais cet Empereur se contenta de mettre des bornes à l'avidité de quelques Avocats, en prescrivant des récompenses proportionnées au travail de ceux qui exerçoient cette profession, ainsi qu'on peut le voir dans Tacite, à l'endroit ci-dessus cité.

(*a*) Touchant l'honoraire des Avocats, Voyez Histoire des Ouvrages des Sçavants, au mois de Mai 1706, *art. 6*, l'Extrait du Livre de Taldenus: Voyez aussi Apologie pour les honoraires des Avocats, *in-12 de 44 pages*; & Brodeau sur l'article 125 de la Coutume de Paris.

Depuis ce temps-là, les Avocats furent payés par leurs clients, & cet usage a passé jusqu'à nous.

37. 2°. Les Avocats doivent être modérés dans leurs salaires, tant pour leurs plaidoieries, que pour leurs écritures ; de maniere que personne n'ait sujet de s'en plaindre. (Ordonnance du mois d'Avril 1453, *art.* 45 ; Réglement du 24 Mai 1603, pour le Présidial de Bourg-en-Bresse, *art.* 79 ; Voyez la L. 6, §. 3 & 5, au Code *de Postulando.*)

L'Ordonnance de Blois, articles 160 & 163, porte que les Juges, même subalternes, taxeront les droits de leurs Officiers & autres Ministres de la Justice ; & c'est aussi la disposition de l'Ordonnance du mois de Janvier 1597, *art.* 26, qui veut que les Juges reglent les salaires des Avocats & Procureurs, &c. de maniere qu'il n'y ait plus lieu de s'en plaindre. Voyez aussi l'*art.* 11 du *tit.* 31 de l'Ordonnance de 1667.

3°. Les Avocats doivent être payés de leurs plaidoieries & écritures, dans chaque Siege, suivant les tarifs dressés à cet effet, ou suivant l'usage des lieux.

Suivant le tarif des dépens du Châtelet d'Orléans, du 6 Mars 1682, article 13, la taxe de la plaidoierie de l'Avocat étoit de vingt sols en la Prévôté, & de trente sols au Bailliage ; mais en l'année 1758, les Avocats d'Orléans ont obtenu au Parlement un Arrêt, en date du 19 Juillet, qui leur taxe trois livres pour chaque cause qui sera plaidée au Bailliage ; & dans les Justices subalternes, ressortissantes audit Siege, deux livres.

A l'égard des écritures, il n'y a à Orléans aucune taxe : l'usage est qu'ils prennent ordinairement quinze sols, & quelquefois vingt sols du rôle de grosse.

38. 4°. Les Avocats qui plaident ou écrivent pour eux-mêmes dans des affaires qui les intéressent, ne peuvent se faire payer de leurs plaidoieries & écritures ; sauf à demander, s'il y a lieu, des dommages & intérêts à cet égard. (la Rocheflavin, Traité des Parlements, *liv.* 2, *chap.* 4, *n.* 19. Voyez Gui-pape, *décis.* 190.)

5°. Les Avocats appellés au jugement des causes, doivent leur ministere *gratis.* (Arrêt du Parlement du 7 Août 1677.)

Mais s'ils sont obligés de se transporter d'une ville dans une autre, pour le jugement de quelque affaire criminelle, on doit leur payer les frais de transport & de vacations.

6°. Ils doivent donner leur ministere *gratis* aux pauvres. (Ordonnance de Charles V, de l'année 1364, *art.* 7; autre du 30 Août 1536, *chap.* 1, *art.* 38.) Ces Ordonnances obligent même les Juges de donner des Avocats à ceux qui, à cause de leur pauvreté & du crédit de leurs parties, n'en trouveroient point. (Voyez la Loi *nulli*, §. 1, Cod. *de Episcopis & Clericis*; la Loi *tam dementis*, *Ibid. de Episcopali audient.* & le §. *sit tibi quoque tertium studium*, in Auth. *de mandatis principum.*)

L'Avocat qui dans ce cas refuseroit son ministere, doit être privé de la postulation. (L. *nec quisquam*, §. *Advocatos*, D. *de Officio Procons. & legati.* Voyez aussi Gui-pape, *quest.* 461.)

39. 7°. Ils doivent mettre le reçu de leurs salaires au bas de leurs écritures. (Ordonnance de Blois, *art.* 161, qui dit, à peine de concussion. L'Edit des épices, du mois de Mars 1673, *art.* 28, leur enjoint aussi de mettre le reçu au pied de leurs écritures; mais il ajoute seulement, à peine de restitution & de rejet de la taxe des dépens. Voyez aussi l'Ordonnance de 1667, *tit.* 31, *art.* 10.)

Le Réglement de Doron du 10 Janvier 1587, rendu pour la Prévôté d'Orléans, *art.* 64, 65 & 66, veut aussi que les Avocats écrivent de leur main ce qu'ils auront reçu, à peine de vingt écus d'amende; & que s'ils ne sont pas payés, à cause de la pauvreté de leurs parties, ou autrement, ils écriront aussi & parapheront ce qui leur est dû au bas des écritures, afin qu'ils puissent en fin de cause s'en faire rembourser, si la partie pour laquelle ils ont écrit, obtient condamnation de dépens.

A l'égard des Avocats du Parlement de Paris, ils se sont toujours maintenus dans le droit de ne point donner de reçu de ce qu'on leur paie pour leurs écritures, *&c.* & ils ont même obtenu en leur faveur une Déclaration du 25 Mai 1602. On peut voir ce qui s'est passé à ce sujet dans les Opuscules de Loisel, au Dialogue des Avocats, *page* 439 *& suiv.* Voyez aussi le procès-verbal de l'Ordonnance de 1667, *pag.* 377.

40. 8°. Il leur est défendu de traiter de leurs droits & honoraires avec les Procureurs; à peine d'être rayés du Tableau. (Arrêt du Parlement du 17 Juillet 1693, rapporté au Réglement de Justice, *tom.* 1, *pag.* 412.)

9°. Ils ne peuvent composer avec leurs clients, ni faire avec eux aucunes pactions *de quotâ litis*; c'est-à-dire, pour raison d'une partie de ce qui fait l'objet du procès (L. *sumptus in fine*, D. *de pactis*; L. *Si ex remunerandi*, §. *ult.* D. *mandati*; L. 1, §. *cui*,

D. *de variis & extraord. cognit.* L. 6, §. 2, Cod. *de Postulando.* L. *litem*, Cod. *de Procurat.* & L. *si contra*, Cod. *mandati.* Voyez aussi Papon, *liv.* 6, *tit.* 4, *n.* 3; Mainard, *tom.* 1, *tit.* 3, *chap.* 12; Mornac, *ad* L. 12, Cod. *de Postulando*; Chorier, en sa Jurisprudence sur Guypape, *pag.* 104, où il cite un Arrêt du Parlement de Grenoble du 15 Juillet 1675, qui l'a ainsi jugé. Laroche-Flavin, Traité des Parlements, *liv.* 3, *chap.* 4, *n.* 20; & Quintilien, en ses Institutions oratoires, *liv.* 2, *chap.* 7.) Ce devoir des Avocats fait partie du serment qu'ils prêtent à leur réception.

41. 10°. Ils ne peuvent prendre aucune obligation ou billet de leurs parties pour raison de leurs honoraires. (Arrêt du Parlement de Bretagne du 17 Novembre 1609, rapporté par Sauvageau, *liv.* 2, *chap.* 172.)

Néanmoins Basset, *tom.* 1, *liv.* 2, *tit.* 10. *chap.* 3, rapporte un Arrêt du Parlement de Grenoble du 13 Juin 1625, qui a jugé qu'une promesse de six cents livres faite à un Avocat pour ses salaires & vacations, étoit valable.

11°. Il leur est défendu d'acheter les héritages des parties dont ils ont vu les titres, & auxquelles ils ont servi de conseil. (Ordonnance d'Orléans, *art.* 54; Arrêt du 2 Mai 1558, cité par Rochette, en ses Décisions de Droit, *pag.* 3; autre Arrêt du 14 Mars 1563, rapporté par Bouchel, en sa Bibliotheque, au mot *Avocat*, *pag.* 87.)

42. 12°. On regarde assez généralement comme une maxime constante, qu'ils n'ont aucune action pour leurs honoraires; & l'on trouve même dans Albert, *lettre* A, *n.* 14, un Arrêt du Parlement de Toulouse du 13 Janvier 1648, qui l'a ainsi jugé; ce qui doit s'entendre uniquement en ce sens, que les Avocats n'exercent point ordinairement l'action pour leurs honoraires; car, comme toute peine requiert salaire, on ne peut douter qu'ils ne soient en droit d'agir contre ceux qui refuseroient de les payer. C'est ainsi que le pense Cujas, sur la Loi *Salarium*, D. *mandati*; & sur la L. *Properandum*, §. *illa*, Cod. *de Judic.* parce que la fonction d'Avocat n'est point une fonction gratuite. Voyez aussi Mornac, sur la L. *qui operas*, D. *locati*; & sur la L. 12, Cod. *de postulando*; & Brodeau, sur l'*art.* 125 de la Coutume de Paris, *n.* 3.

Plusieurs Arrêts ont jugé conformément à cette maxime, &

entre autres un du 7 Septembre 1611; un autre du 15 Décembre 1629, & un autre du 7 Janvier 1628.

43. Un autre Arrêt du 18 Juin 1696, rapporté au Journal des Audiences, a jugé que les Avocats qui avoient été choisis pour arbitres dans une affaire, pouvoient exercer leur action pour être payés de leur jugement arbitral. On soutenoit contr'eux, 1°. que les Avocats n'ont pas d'action pour leurs honoraires; 2°. qu'ayant été arbitres, ils en avoient encore moins, puisque les Juges n'en avoient point.

Cette action des Avocats pour le paiement de leurs honoraires, n'est pas sujette à la prescription de deux ou de six années, comme celle des Procureurs: elle ne se prescrit que par trente ans. (Ainsi jugé par Arrêt du Parlement de Grenoble des 27 Avril 1633, 10 Mai 1644, 7 Septembre 1666, & 13 Juin 1668. Voyez Chorier, en sa Jurisprudence de Guy-Pape, 103; & Basset, *tom.* 1, *liv.* 10, *chap.* 5; & *tom.* 2, *liv.* 2, *tit.* 4, *chap.* 3.)

Néanmoins l'Ordonnance de 1535, chapitre 18, article 13, porte que les salaires & vacations des Avocats se prescrivent par un an.

Quoique les Avocats ne plaident pas la cause dont ils ont été chargés, ils ne sont pas tenus cependant de rendre l'honoraire qu'ils ont reçu, s'ils se sont mis en état de la plaider. (*Leg.* 38, §. 1, D. *Locati.*)

44. 13°. Les Avocats, faute de payement de leurs honoraires, ne peuvent retenir les titres de leurs parties. (*Ita* Mornac, sur la Loi 1, D. *de Pignoribus*; & sur la L. *Properandum*, §. *illo procul dubio*, Cod. *de Judiciis*; Voyez aussi la L. 6. §. 2, Cod. *de Postulando.*)

Mais si l'Avocat n'a point donné de récépissé des pieces, & qu'on les lui demande, il suffit qu'il affirme les avoir rendues. (Ainsi jugé par Arrêt du Parlement de Paris, rapporté par Joannes Galli, *quæst.* 369.)

14°. Ils sont préférés, pour le paiement de leurs honoraires, à tous créanciers. (Arrêt rapporté par Chorier, en sa Jurisprudence sur Guy-pape, *pag.* 102; autre Arrêt du 7 Septembre 1661, rapporté par Bruneau, au Traité des criées, *pag.* 262; Voyez aussi ce qui est dit à ce sujet au titre *Des Procureurs*, ci-après, part. 5, tit. 4, n. 95.)

45. 15°. On jugeoit autrefois que les donations faites aux Avocats par leurs clients, étoient nulles; & plusieurs ont été cassées. (Arrêts du Parlement de Toulouse des 23 Mai 1550, & 13 Septembre 1556, rapportés par la Roche-Flavin, en son Traité des Parlements, *liv.* 4, *chap.* 3, *n.* 19; & tel est aussi le sentiment de Ricard, en son Traité des Donations, *part.* 1, *chap.* 3, *n.* 503 *& suiv.* où il dit que les Avocats peuvent être légataires, & non donataires de ceux auxquels ils servent actuellement de conseil. Mais le contraire a été jugé par plusieurs Arrêts, & entr'autres, par un du 12 Avril 1685, rapporté au Journal des Audiences. Il s'agissoit dans cette cause d'une donation de trente mille liv. faite aux enfants d'un Avocat, par une Dame qui étoit sa cliente, dans le cours d'un procès dont il étoit chargé pour elle. M. le Procureur-Général de Harlai, qui portoit la parole dans cette cause, dit que l'avis de Ricard ne devoit s'entendre que des cas où il paroissoit qu'un Avocat auroit usé de mauvais artifices pour surprendre sa partie. Autre Arrêt du 4 Mars 1692, cité par l'Auteur des Notes sur Duplessis, *art.* 276 de la Coutume de Paris; autre du 4 Juillet 1730, en faveur de M. de Forcroi, Avocat, rapporté par Denisart, en ses Collections, au mot *Avocat*. On peut voir encore à ce sujet un autre Arrêt du 7 Mars 1652, rapporté au Journal des Audiences. Voyez aussi ce qui est dit sur ces sortes de dons, au titre *Des Procureurs*, ci-après, *tit.* 4, *n.* 85.) (*a*)

46. Autre Arrêt rendu en la Grand'Chambre le 15 Mars 1766, sur les Conclusions de M. de Barentin, Avocat-Général, en faveur de M^e^. Jean-Pierre Raymond, & de M^e^. Joseph Buynand, Avocats au Parlement; contre le sieur Chaillou, ancien Lieutenant de Roi à la Martinique; les sieur & Dame Desnos; le sieur Peyronnet, ancien Trésorier de France à Bordeaux, & autres; par lequel la Cour, en confirmant deux Sentences qui faisoient délivrance à M^e^. Raymond & Buynand des legs à eux faits par la Dame Chaillou, mere dudit sieur Chaillou & de la Dame Desnos, a jugé entr'autres choses, les chefs suivants.

(*a*) Voyez sur cette question Bouvot, *tom.* 1, *part.* 3, au mot *Testament*, quest. 10; Henris, *tom.* 2, *liv.* 4, *qu.* 55; Tronçon, sur l'article 276 de la Coutume de Paris; & Ricard, Traité des Donations, *part.* 1, *chap.* 3, *sect.* 9, *n.* 503 *& suivants.*

Le

47. Le premier, que les Avocats sont capables de legs de la part de leurs clients actuels.

Le second, que les Avocats ont une action personnelle & solidaire contre tous ceux qu'ils ont défendu dans un même procès, & un privilege sur les immeubles & sur les sommes qui ont été adjugées sur leur défense.

Le troisieme, qu'au Parlement de Paris, où d'après les maximes de désintéressement & de noblesse que l'ordre s'est fait, les Avocats ne peuvent point, sans compromettre leur états, exercer d'action pour leurs honoraires, lorsqu'il leur en est dû d'assez considérables pour influer essentiellement sur leur sort, le ministere public peut d'office & pour eux en former la demande sur laquelle la Cour les adjuge, suivant les appréciations du Bâtonnier.

Le quatrieme, que l'ingratitude des clients est punissable, par les dommages & intérêts qui dans l'espece ont été appliqués au pain des prisonniers, du consentement de M^es^. Raymond & Buynand.

Ce même Arrêt a jugé que les termes injurieux proférés contre M^es^. Raymond & Buynand, demeureroient supprimés, & que pour réparation, tant de l'insulte que de l'ingratitude, l'Arrêt seroit imprimé, affiché & distribué au Palais, jusqu'à concurrence de cinq cents exemplaires. (Voyez le Journal de Verdun du mois de Juin 1766, *pag.* 544.)

ARTICLE V.

Des Privileges, Rangs & Préséances des Avocats.

48. 1°. La profession d'Avocat est très-noble, & surpasse d'autant plus les autres, qu'elle est entiérement libre & indépendante. On peut voir sur les avantages & les privileges de cette profession, ce qu'en écrit M. Pithou dans sa Préface sur les Déclamations de Quintilien ; M. Duvair, Garde-des-Sceaux, en son Traité de l'Eloquence Françoise ; Pasquier, en ses Recherches, *liv.* 2, *chap.* 3, sur la fin ; Loisel, en ses Opuscules, *page* 453 ; Mornac, en son Ouvrage intitulé *Feriæ forenses*, imprimé en 1619 ; Mezerai, en son Abrégé de l'Histoire de France, *in*-4°. *tom.* 3, *pag.* 421 ; Levest, en ses Arrêts, *n.* 35, où il rapporte un célebre Arrêt du Conseil du 4 Mai 1547, rendu en

faveur des Avocats ; Duluc, en ses Arrêts, *liv.* 5, *tit.* 1, où il rapporte un autre Arrêt du 4 Septembre 1544, rendu au profit d'Anne de Terrier ; & Me Boucher-d'Argis, en son Livre intitulé, *Regles pour former un Avocat.*

49. 2°. Les Avocats ont la préséance sur les Docteurs en Droit. Arrêt du Parlement du 24 Novembre 1671, rapporté au Journal des Audiences.

Ils ont aussi la préséance en tous lieux & en toutes assemblées publiques & particulieres, sur les Bourgeois & Marchands. (Arrêt du Parlement de Toulouse du 22 Mars 1612, en faveur des Avocats de la ville de Lavaur, rapporté par Descorbiac, *tit.* 16, *chap.* 4, *pag.* 669 ; Autre du 4 Juin 1590, en faveur des Avocats de la ville de Castres, rapporté *ibid.* chap. 6, pag. 670.)

Même sur les Bourgeois & Marchands, qui ont été Marguilliers-Comptables ; du moins quand lesdits Avocats exercent leur profession. (Arrêt du 15 Juin 1688, rapporté au Journal du Palais, *tom.* 2, *pag.* 737.)

Et aussi sur les Procureurs. (Même Arrêt du 15 Juin 1688 ; autre du 21 Août 1660, rapporté aux Chartres des Notaires, édition de Langlois, *pag.* 391.)

50. Un autre Arrêt du 29 Janvier 1709, a jugé que les Greffiers ne doivent point avoir le pas entre les Avocats & Procureurs. (Voyez l'essai sur la profession de Procureur, par Groustel, & imprimé en 1749, *pag.* 31.)

Et sur les Notaires. (Arrêt du Parlement du 20 Février 1592, rapporté par Chenu, *tom.* 2, *pag.* 1137, & par Filleau, *tom.* 2, *pag.* 157 ; autre du 21 Août 1660, qu'on vient de citer ; autre du 15 Juin 1688, qui vient aussi d'être cité.)

Et sur les Commissaires-Enquêteurs-Examinateurs. (Arrêt du 4 Mai 1634, rapporté par Boniface, *tom.* 1, *liv.* 1, *tit.* 14, *n.* 5, & *tit.* 18, *n.* 1 ; autre Arrêt du Parlement de Paris du 11 Août 1595, rapporté par Bouchel, en sa Bibliotheque, au mot *Avocats*, rendu en faveur des Avocats de Melun, contre les Commissaires au Châtelet de la même ville ; autres des 20 Février 1592, 21 Août 1660, & 15 Juin 1688, que l'on vient de citer.)

Néanmoins le contraire a été jugé par Arrêt du Parlement du 2 Janvier 1581, rapporté par Chenu, *tom.* 2, *pag.* 1131, au profit des Commissaires-Enquêteurs-Examinateurs d'Abbeville, contre les Avocats dudit lieu ; & par un autre Arrêt du Conseil du 15 Octobre 1604, rapporté *ibid.* rendu au profit du Commissaire-Examinateur en la Sénéchaussée de la Basse-Marche. Il y en a encore plusieurs autres Arrêts que j'ai rapportés dans mon Traité des Commissaires-Enquêteurs-Examinateurs, *pages* 110 & 111 ; autre Arrêt du 22 Juin 1630, pour le Mans.

51. Mais ces Arrêts peuvent aisément se concilier, en ce que dans les villes de Parlement, les Avocats précedent les Commissaires-Enquêteurs-Examinateurs, au lieu que dans les autres villes ils en sont précédés, ainsi que je l'ai observé au même endroit *pag.* 110.

Les Avocats ont aussi la préséance sur les Médecins. (Voyez sur cette question Chenu, *tom.* 2, *tit.* 40, *chap.* 80, *pag.* 1132. Ainsi jugé en faveur des Avocats de Saumur, contre les Médecins, par Arrêt rendu en la Grand'Chambre le premier Juillet 1723.)

Et aussi sur les Substituts des Procureurs du Roi. (Ainsi jugé par Arrêt du 18 Mars 1689, rendu pour Fontainebleau, rapporté par Denisart, en ses Collections, au mot *Substituts*, pag. 142, col. 1, de l'édition de 1764, in-4°. tom. 3. Autre Arrêt de l'année 1644, pour Compiegne ; autre du 25 Janvier 1657, pour Saumur. (Voyez aussi Soefve, *tom.* 2, *cent.* 1, *chap.* 49 ; & Leprêtre, en ses Arrêts célebres.) Mais le contraire a été jugé pour Bourges, par Arrêt du Conseil du 17 Octobre 1609.

52. Dans les villes de Parlement, les Avocats précedent les Elus en toutes assemblées publiques & particulieres. (Arrêt du Parlement de Bordeaux du 1 Septembre 1611, rapporté par Chenu, *tom.* 2, *pag.* 1122.) (*a*)

Et à plus forte raison ils précedent les Officiers des Greniers-à-sel.

On trouve même un Arrêt du Parlement du 19 Janvier 1665, rapporté par Soefve, *tom.* 2, *cent.* 3, *chap.* 38, qui a jugé que les Officiers de l'Election d'Amiens, & les Avocats du Présidial de la même ville, qui auroient consulté & plaidé pendant vingt ans, auroient le pas concurremment & suivant l'ordre de leur réception ou antiquité, à l'exception néanmoins des Présidents,

---

(*a*) Voyez sur cette question les Plaidoieries célébres dédiées à M. de Nemond, *pag.* 209.

Lieutenants & Aſſeſſeur, & quatre plus anciens Conſeillers de l'Election, qui pourront précéder les Avocats. Mais le contraire a depuis été réglé par une Déclaration du Roi du 14 Avril 1660, rendue pour la même ville, qui porte qu'en toutes aſſemblées publiques, générales & particulieres ès Egliſes, cérémonies, & autres lieux, les Officiers de l'Election d'Amiens précéderont les Avocats du Préſidial.

53. Ainſi la regle générale eſt que dans les villes, autres que celles de Parlement, les Elus précedent les Avocats en toutes aſſemblées générales & particulieres. (Ainſi jugé pour Lyon, par Arrêt du 18 Janvier 1607, rapporté par Chenu, *tom.* 2, *pag.* 1121; autre Arrêt du Conſeil du 29 Octobre 1603, pour Brive-la-Gaillarde, rapporté *ibid*; autre Arrêt du Grand Conſeil du 8 Novembre 1607, rapporté par Chenu, *ibid.* pag. 1121; autre Arrêt du Conſeil du 17 Décembre 1675, rendu contradictoirement entre un Officier de l'Election, & du Grenier-à-Sel de Saint-Quentin, d'une part, & les Avocats en Parlement du Bailliage de la même ville, qui ordonne que conformément aux Edits des mois de Juin 1627, & Février 1631, les Elus & Officiers du Grenier-à-Sel précéderont les Avocats en toutes aſſemblées & marches publiques & particulieres, conformément à la Déclaration du mois de Mars 1633; autre du 20 Mars 1679, pour Mortagne, rapporté au Mémorial alphabétique des Tailles, au mot *Elus*, n. 21.)

54. La même préſéance a été jugée en faveur des Officiers des Greniers-à-Sel ſur les Avocats par pluſieurs Réglements; & entre autres par un Arrêt de la Cour des Aides, du 26 Mai 1614, rendu pour Roie, & rapporté par Chenu, *tom.* 2, *pag.* 1123; autre Arrêt du Parlement du 30 Mai 1609, pour Pontoiſe, rapporté, *ibid.*, pag. 1124; autre du 13 Février 1624, pour Dun-le-Roi, rapporté par Bardet, *tom.* 1, *liv.* 2, *chap.* 6.

A l'égard des Avocats au Conſeil, ils roulent avec les Avocats au Parlement, ſuivant la date de leur matricule. (Arrêt du Conſeil du 21 Février 1683. Déclaration du Roi du 6 Février 1709.)

55. 3°. Les Avocats reçus dans un même Siege, doivent avoir rang & ſéance entr'eux, ſuivant l'antiquité de leur réception, & de leur matricule & ſervice dans le Siege; & s'ils ont été reçus le même jour, celui qui eſt le plus ancien en degré, a la préſéance ſur les autres. Ainſi, entre deux Avocats-Docteurs en Droit reçus le même jour, le plus ancien Docteur doit avoir la

préférence, comme il a été jugé par Arrêt du Parlement du 24 Novembre 1671.

Mais les Avocats reçus dans un Siege, n'ont aucun rang dans les autres Sieges, à moins que ces derniers ne soient subordonnés à celui où ils ont été reçus. Ainsi, les Avocats qui ont été reçus dans un autre Parlement que celui de Paris, ne sont point inscrits sur le tableau des Avocats du Parlement de Paris, du jour de leur matricule; mais seulement du jour qu'ils ont commencé à plaider au Parlement de Paris.

A l'égard des Avocats reçus dans les Parlements, ils ont rang dans les Sieges du ressort du jour de leur matricule au Parlement où ils ont été reçus. (Ainsi jugé par un Arrêt du Parlement du 24 Mars 1731, pour Couci-le-Château, rapporté par Denisart en ses Collections de Jurisprudence, au mot *Avocat*, *tom. 1*, *pag. 189*, *col. 1*, de l'édition de 1764, qui juge que de deux Avocats reçus au Parlement, celui dont la matricule est la plus
56. ancienne, doit avoir la préséance; Voyez sur cette question la Déclaration du 15 Mars 1592, rendue pour le Parlement de Navarre; & Dolive, *liv. 1*, *chap. 34*) (*a*)

Quelques-uns prétendent que les Avocats reçus au Parlement, doivent avoir dans les Bailliages & autres Justices du ressort dudit Parlement, rang & préséance sur les Avocats qui n'ont point été reçus au Parlement, quoique plus anciens en réception dans le Siege de leur établissement. (Ainsi jugé par Arrêt du Parlement de Paris, du 27 Novembre 1600, pour Guise, rapporté par Papon, *liv. 6*, *tit. 4*, *n. 1*; & par Chenu, *tom. 1*, *chap. 195*; mais l'espece de cet Arrêt étoit entre des Avocats qui avoient été reçus en des Sieges différents de celui où ils vouloient avoir la préséance. Autre Arrêt du Parlement de Grenoble du 30 Juillet 1669, rapporté par Basset, *tom. 2*, *liv. 2*, *tit. 4*, *chap. 2*; mais on ne peut tirer aucun argument de cet Arrêt, parce qu'il y est dit expressément, *sans que le présent Arrêt puisse tirer à conséquence*; & d'ailleurs, les Arrêts d'un Parlement ne reglent pas la jurisprudence d'un autre.

(*a*) Voyez sur cette question Guénois en sa conférence des Ordonnances; Mornac; les Oeuvres de Me Frosland; & le Traité de Me Martin Husson, *de Advocato*.

57. Au reste il faut pour que l'Avocat au Parlement puisse obtenir cette préséance, qu'il ait plaidé & continué d'exercer les fonctions d'Avocat au Parlement où il a été reçu. (Arrêt du 2 Décembre 1655, rapporté par Basnage sur la Coutume de Normandie, au titre *de Jurisdiction.*)

A Orléans les Avocats reçus au Parlement, & ceux reçus au Bailliage, ont rang entr'eux du jour qu'ils ont commencé à faire leurs fonctions audit Siege. C'est ainsi que je l'ai vu observer; & cet usage paroît plus conforme à la raison & à la justice. (*a*)

Il faut aussi remarquer qu'un Avocat reçu; *v. g.* au Parlement de Paris, ne peut avoir séance avant les Avocats d'un Siege inférieur, lorsque ce Siege n'est pas du ressort dudit Parlement. (Ainsi jugé en faveur des Avocats de Châlons-sur-Saone, contre un Avocat du Parlement de Paris, par Arrêt du Parlement de Dijon du 10 Février 1610, rapporté par Bouvot, *tom. 1, part. 1*, au mot *Avocat*, quest. 2.)

L'Avocat reçu dans un Siege supérieur, qui, après s'être retiré
58. dans un Siege inférieur, revient ensuite dans le Siege où il a été reçu, conserve son rang au premier Siege. (Arrêt des Grands-Jours de Clermont, du mois d'Octobre 1582, rapporté par Bouchel en sa Bibliotheque, au mot *Avocat.*)

Lorsqu'un Avocat a perdu sa matricule, il doit avoir son rang du jour qu'il a plaidé, & il ne le perd point par aucune absence. (Arrêt du Parlement du 30 Avril 1629, rapporté par Barder, *tom. 1, liv. 3, chap. 45.*)

Celui qui, ayant été reçu Avocat, se fait Procureur, & reprend ensuite la profession d'Avocat, ne conserve pas le rang de sa matricule, & n'a séance parmi les Avocats que du jour qu'il est rentré dans la fonction d'Avocat.

A l'égard des Avocats qui restent Procureurs, ils ne peuvent

(*a*) On peut voir à ce sujet une Consultation de MM. Sarrazin, Visinier, Pothouin & Doucet, du 3 Avril 1752, pour les Avocats du Siege Présidial de Gueret, où ils décident que ce n'est point de la date de la matricule au Parlement que les Avocats de Gueret doivent avoir rang, mais du jour de leur serment audit Siege de Gueret; en sorte que les plus anciens Avocats, quoique non reçus au Parlement, doivent avoir la préséance sur les moins anciens, quoique reçus au Parlement. L'usage des Sieges de Lyon, Mâcon, & Bourges, y est conforme.

plus prétendre d'autre rang que celui de Procureurs. (Arrêt du Conseil du 23 Novembre 1672.)

59. 4°. Les Avocats sont exempts de la Collecte des Tailles. (Arrêt du 17 Janvier 1602, rapporté par Mornac sur la L. 3, Cod. *de Advocatis diversorum Jud.*; autre du 8 Mars 1669, rapporté au Journal des Audiences, *tom. 3, liv. 3*; autre du 10 Février 1634, rapporté par Bardet, *tom. 2, liv. 3, chap. 7.*)

5°. La profession d'Avocat non-seulement ne déroge point à la Noblesse, ainsi que l'établit fort bien Tiraqueau en son Traité de la Noblesse, *chap. 29*; & comme il a été jugé par Arrêt du 1 Février 1545, rapporté par Duluc, & par Papon, *liv. 5, tit. 11, n. 22*; sur quoi on peut voir encore la Bibliotheque des Arrêts, au mot *Noble*, n. 10; mais il y a même des Provinces où les Avocats peuvent prendre la qualité de Nobles, & jouissent des privileges de la Noblesse; *v. g.* au Parlement de Grenoble, ainsi qu'il a été jugé par Arrêt du 7 Septembre 1668, rapporté par Chorier en sa Jurisprudence de Guy-Pape, *pag. 340*; & il a été ainsi décidé au Conseil d'Etat, par un arrêté du 2 Janvier 1670. On peut voir là-dessus le Journal du Palais, *tom. 2, pag. 964 de l'édition in-folio*; Voyez aussi Guy-Pape, *quest. 88 & 389.*

60. 6°. Les Avocats portoient anciennement la robe d'écarlate & le chaperon rouge herminé, du moins dans les cérémonies, ainsi qu'il fut observé en l'année 1514, à l'Entrée de la Reine Marie d'Angleterre, sœur de Henri VIII. On peut voir à ce sujet le Dialogue des Avocats, de Loisel, *pag. 461.*

7°. Ils peuvent tenir le Siege en l'absence des Juges, à l'exclusion des Procureurs, & de tous autres Praticiens. (Arrêt du 22 Mai 1571, pour Crespy, rapporté en la Conférence des Ordonnances, *tom. 1, liv. 2, tit. 5, §. 32, note 15*; autre du 12 Mars 1577, pour Vatan en Berry, rapporté *ibid.*; autre Arrêt du 22 Juin 1592, pour Graçai, rapporté *ibid.*; autre Arrêt du 28 Août 1632, pour Nulli-Saint-Front; autre du 5 Décembre 1550, rapporté par Filleau, *part. 3, tit. 11, chap. 72*; autre du 11 Mai 1599, pour un Avocat de la ville de Faye-la-Vineuse; autre Arrêt du Parlement de Grenoble du 26 Mars 1654, pour Vienne, qui a depuis servi de fondement à un autre Arrêt, rendu le 21 Août 1670, en forme de Réglement pour toutes les Jurisdictions du ressort du Dauphiné, rapporté par Basset, *tom. 2, liv. 2, tit. 4, chap. 1*; autre Arrêt du 24 Mai 1640, rapporté par Boniface, *tom. 1, liv. 1, tit. 18, n. 3.*)

61. De même quand les Juges sont partagés d'opinions, ou qu'ils ne sont pas en nombre suffisant, ils peuvent appeller l'un des plus anciens Avocats du Siege pour les départir. (Edit des Présidiaux du mois de Janvier 1551, *art.* 5; Ordonnance de Moulins, *art. 17*; autre du mois de Mai 1552, *art. 6*; ainsi jugé par Arrêt du 8 Janvier 1575, servant de Réglement entre le Prévôt d'Orléans, & son Lieutenant; autre Arrêt du Parlement du 11 Mai 1658, pour le Bailliage de Rosnai; autre du 21 Juin 1629, pour Gueret, *art. 10.*)

Mais ils n'exercent ces fonctions qu'en l'absence des Gens du Roi, dans les causes où le ministere public n'est point intéressé. (Voyez ce qui a été dit au titre *Des fonctions & devoirs des Gens du Roi*, ci-dessus, *tom.* 1, *part.* 2, *tit.* 7, *n.* 144.)

62. 8°. Les Avocats font aussi les fonctions des Gens du Roi en leur absence, ou récusation, par préférence à tous autres Praticiens. (Arrêt du Parlement du 28 Août 1632, pour Nulli-Saint-Frond.)

9°. Dans le cas des deux articles précédents, les anciens Avocats doivent être choisis par préférence aux plus jeunes; & il faut aussi que ceux qui sont ainsi choisis, exercent habituellement dans le Siege. (Ordonnance du mois d'Octobre 1535, *chap.* 12, *art.* 15; Arrêt du Parlement de Bourgogne, du 19 Novembre 1611, rapporté par Bouvot, *tom.* 2, au mot *Juges compétents*, quest. 15.)

ARTICLE VI.

Devoirs généraux & personnels des Avocats.

1°. Le premier devoir des Avocats, est de se rendre capables
63. de leur profession, afin d'en pouvoir remplir les fonctions avec honneur & distinction. Ils doivent pour cela étudier sans relâche, & se rendre habiles dans la science du Droit, & dans l'art de la parole. Il faut qu'ils possedent les dispositions des Ordonnances & des Coutumes, & qu'ils joignent à la science des belles-lettres une idée générale des premiers principes de tous les arts, pour pouvoir en faire usage dans l'occasion sur les contestations qui peuvent se présenter à ce sujet. En un mot, ils doivent avoir une grande étendue d'érudition, & posséder dans un degré éminent, l'art de parler en public, afin de pouvoir joindre les ornements d'une

d'une éloquence solide aux raisonnements, & à la science des Loix.

Il faut, outre cela, être doué d'une grande étendue d'esprit & d'un jugement solide; & joindre à une application continuelle à l'étude, une profonde méditation sur les questions que l'on a à traiter; car la profession d'Avocat, qui, sans contredit, est une des plus belles & des plus nobles, est aussi des plus pénibles, & demande beaucoup plus de talents que toute autre.

64. 2°. L'Avocat, pour remplir dignement sa profession, doit avoir une probité à l'épreuve de tout, qui l'engage à embrasser avec zele l'intérêt de ses parties, & à les servir avec toute la fidélité qu'exige son ministere; sur-tout il doit avoir un désintéressement parfait, & ne point se porter à défendre les droits de ses clients, par l'espérance d'un gain sordide, qui en soit la récompense.

3°. Il n'y a aucun âge pour être reçu Avocat, & on peut l'être dès l'âge de 19 ans, & aussitôt qu'on est reçu Licentié; mais quand un Avocat est mineur, il peut être restitué contre ce qu'il a fait, même en sa qualité d'Avocat, quoique quelques Auteurs tiennent le contraire. (Voyez Brodeau sur Louet, *lettre* G, *ch.* 9, *n.* 4; & *lettre* M, *ch.* 7.)

4°. Il faut être Catholique. (Déclaration du 11 Juillet 1685.)

65. 5°. Les Avocats ne sont point Officiers. Tout Licentié en Droit est admis à exercer cette profession, pourvu qu'il ait prêté le serment au Parlement, ou dans le Siege où il veut exercer. Il est admis à ce serment en rapportant ses lettres de licence, & le certificat d'un de M^rs^. les Avocats-Généraux, pour prouver qu'il a étudié en Droit le temps compétent, dont ils sont instruits par les matricules des Universités qu'on leur envoie. (Déclaration du 3 Avril 1710.) Ces matricules doivent être visées par les Procureurs-Généraux, & expédiées sur le dos des lettres de licence. (Edit du mois d'Avril 1679, *art.* 16 & 17.)

La nécessité d'être Licentié pour pouvoir exercer la profession d'Avocat, est établie par l'Edit du mois d'Avril 1625, rapporté par Filleau, *tom.* 2, *pag.* 388; & par celui du mois d'Avril 1679, *art.* 16.

66. 6°. On peut être reçu Avocat non-seulement dans les Cours de Parlements, mais aussi dans les Bailliages & Sénéchaussées. (Réglement du Conseil du 24 Mai 1603, pour le Présidial de Bourg-en-Bresse, *art.* 68; Déclaration du 3 Avril 1710,) en observant à cet égard ce qui est prescrit par les Ordonn. & Réglements.

Il y a à ce ſujet dans le Journal des Audiences, un Arrêt du Parlement du 29 Août 1713, (à l'occaſion de la réception du Sieur Guinebault,) qui fait défenſes aux Officiers du Bailliage d'Orléans, de recevoir aucun Licentié au ſerment d'Avocat, & à tous les Avocats de les y préſenter, ſans avoir une atteſtation en bonne forme des Officiers du Parquet du Parlement, dans le reſſort duquel l'Univerſité eſt ſituée, portant qu'ils ſe ſont inſcrits ſur les feuilles de ladite Univerſité, en la forme preſcrite par l'Edit du mois d'Avril 1679, & par la Déclaration du 15 Janvier 1700; qu'ils ont rempli le temps d'étude qui leur eſt preſcrit; qu'ils ont obſervé les interſtices portés par ledit Edit, & par les Déclarations des 6 Août 1682, & 19 Janvier 1700; qu'ils ont ſubi l'examen de Droit François; & qu'ils ont obſervé généralement tout ce qui eſt réglé par les Edits & Déclarations pour l'étude du Droit Canonique, Civil & François; à peine de nullité deſdites réceptions.

67. 7°. Les Avocats prêtent ſerment à l'Audience lors de leur réception. Voyez en quoi conſiſte ce ſerment, dans Joly, *tom. 1*, *pag. 154*, *n. 22*.

Outre ce ſerment que prêtent les Avocats à leur réception, il y a pluſieurs Cours où ils ſont tenus de le renouveller tous les ans; ce qui ſe fait ordinairement à la rentrée du Siege. (Voyez le Style du Parlement, *chap.* 1, dans Dumoulin, *tom. 2*, *pag. 506 aux notes*; Lebret dans ſon Traité, *Ordo antiquus Judiciorum*, cap. 19; & la Bibliotheque du Droit François, *tom. 1*, *pag. 78*; Arrêt du Parlement d'Aix du 10 Mai 1667, rapporté par Boniface, *tom.* 2, *liv.* 2, *tit.* 1, *chap.* 13; autre Arrêt du Parlement de Paris du 16 Janvier 1733, qui ordonne aux Avocats de Soiſſons de prêter ſerment à la rentrée du Bailliage.)

68. 8°. Les Avocats ſont tenus de réſider, ſervir & conſulter dans le Siege où ils exercent la fonction d'Avocats. (Réglement du 24 Mai 1603, pour le Préſidial de Bourg-en-Breſſe, *art. 69*.)

9°. Ils ne peuvent poſtuler dans les Sieges où il y a des Procureurs en titre d'office. (Arrêt du Conſeil du 10 Février 1621, pour Vitri-le-François, rapporté par Filleau, *tom.* 1, *part.* 2, *pag.* 35.)

10°. Les Avocats ne peuvent en même-temps être Procureurs dans les Sieges où ils exercent la profeſſion d'Avocat, ſi ce n'eſt dans quelques Provinces particulieres. (Voyez ci-deſſus, n. 5. Un Arrêt du Parlement du 31 Mars 1751, rendu ſur les concluſions de M. Dormeſſon, contradictoirement, ordonne que dans ſix mois les revêtus d'offices de Procureurs au Bailliage de Compiegne, ſeront tenus d'opter; & juſqu'à leur option, leur fait défenſes d'exercer la profeſſion d'Avocat ; ni de faire aucunes plaidoieries, procédures, écritures, & autres choſes qui ſont réſervées aux Avocats par les Arrêts & Réglements.

Il faut cependant excepter de cette regle les Officialités, où les Avocats font en même-temps la fonction d'Avocats & de Procureurs; parce que dans ces Sieges, il n'y a point ordinairement de Procureurs établis.

69. 11°. Les Avocats ne peuvent être en même-temps Notaires, & exercer ces deux profeſſions. (Arrêt du 4 Octobre 1548, rapporté par Deſcorbiac, *tit. 16*, *chap. 6*, qui fait défenſes aux Notaires d'Armagnac de faire la fonction d'Avocat; autre Arrêt du Parlement de Toulouſe du 30 Janvier 1616, rapporté *ibid.* ch. 5, pag. 672, qui fait défenſes aux Avocats de s'ingérer en la fonction de Notaires; autre Arrêt du 23 Janvier 1766, au rapport de M. Poitevin, rendu ſur les concluſions de M. le Procureur-Général, contre le Sieur Bocquillon, Notaire à Saint-Quentin, qui vouloit exercer en même-temps la fonction d'Avocat audit Siege; autre Arrêt du 4 Août 1760, rendu pour Compiegne, qui fait défenſes au Sieur de Mouchy, de faire en même-temps les deux profeſſions d'Avocat & de Notaire; à peine d'interdiction.)

Les Avocats ne peuvent auſſi être en même-temps Greffiers, même dans un autre Siege. (Ainſi jugé par un Arrêt du 21 Mars 1619.)

Ni en général exercer une autre profeſſion. (Voyez Dufail, *liv. 2*, *chap.* 334; & Frain en ſon plaidoyer 122.)

70. 12°. Il leur eſt défendu par l'article 132 de l'Ordonnance de Blois, d'avoir part à la ferme des amendes, & aux adjudications qui ſe font au Siege où ils profeſſent.

Une délibération des Avocats au Conſeil, du 12 Mai 1767, a arrêté que l'office comptable de Receveur des domaines & bois, étoit incompatible avec la qualité d'Avocat au Conſeil.

13°. En général la profeſſion d'Avocat étant toute noble & indépendante, eſt incompatible avec tous les emplois qui dérogent, ou qui rendent dépendant d'autrui.

14°. Il leur eſt auſſi défendu d'accepter directement, ni indirectement aucun tranſport, ou ceſſion de procès & droits litigieux dans les Sieges où ils exercent leurs fonctions. (Ordonnance d'Orléans, *art.* 54; Ordonnance du mois de Janvier 1629, *art.* 94.)

71. 15°. Il leur est défendu, à peine de privation de leur état, & même de peines plus séveres, s'il y échet, de faire aucuns dons, ou présents aux Juges, pour les engager à expédier promptement, ou à retarder le jugement des procès; & il est enjoint aux Juges de faire une exacte recherche des contrevenants, & de procéder contre eux. (Ordonnance du mois d'Avril 1453, *art.* 121; autre du mois d'Octobre 1535, *chap.* 1, *art.* 54.)

16°. Ils doivent être vêtus décemment dans les lieux publics, d'habits noirs, & convenables à leur profession. (Arrêt du 4 Mars 1604, rapporté par Descorbiac, *tit.* 16, *chap.* 8, *pag.* 673, confirmé par un autre Arrêt du 23 Novembre 1609. Voyez Mainard, *liv.* 9, *chap.* 58; & le Réglement du 24 Mai 1603, pour le Présidial de Bourg-en-Bresse, *art.* 69.)

72. Par Arrêt de Réglement du Parlement de Toulouse, du 15 Mars 1604, la Cour en délibération, fait inhibition & défenses aux Avocats d'icelle, & autres Avocats des Sénéchaussées, Bailliages, Sieges présidiaux & Judicatures royales, d'entrer au Palais & aux Sieges ordinaires de la Justice, & d'aller par la ville avec habits indécents à leur qualité & vacation; mais leur enjoint de porter au Palais & auxdits Sieges, leurs bonnets & robes longues, & d'aller par la ville, aux Eglises, & autres lieux publics, vêtus de robes longues, & d'habits noirs décents, & convenables à leurdite profession; sous peine de 100 livres d'amende pour la premiere contravention; pour la seconde fois, de confiscation desdits habits; & pour la troisieme, d'être rayés de la matricule des Avocats, & déclarés incapables de postuler en la Cour & esdits Sieges. Il est dit par le même Arrêt que les trois & quatre ans des Avocats pourvus d'offices de Conseillers, ou Magistrats aux autres Sieges, ne courront que du jour qu'ils auront porté la robe longue. (Cinquieme Plaidoyer de M. de Beloy, Avocat-Général au Parlement de Toulouse.)

ARTICLE VII.

Des Avocats-Procureurs.

73. Il y a des Jurisdictions où les Avocats exercent aussi la fonction de Procureurs. Cet usage a lieu dans les Provinces d'Anjou,

du Maine, haut & bas Vendômois, & Duché de Beaumont, suivant une Déclaration du 7 Septembre 1597, rapportée par Filleau, *tom.* 1, *part.* 2, *tit.* 7, *chap.* 17, *pag.* 328. L'exercice de ces deux fonctions dans une même personne, se trouve autorisé par l'article 58 de l'Ordonnance d'Orléans; mais cet usage n'a lieu que dans les endroits où il n'y a point de Procureurs en titre d'office, ainsi qu'il a été réglé pour Saumur, par un Edit du mois d'Avril 1747.

Dans ces Provinces, ceux qui exercent ainsi ces deux professions, ne dérogent point, & conservent leur noblesse lorsqu'ils sont nobles. (Ainsi jugé pour Angers par Arrêt du 13 Juin 1665, rapporté au Journal des Audiences.)

Ils doivent avoir, comme les Procureurs ordinaires, des registres sur lesquels ils écrivent les sommes qu'ils touchent de leurs parties. (Ainsi jugé pour Angers, par Arrêt du 7 Juillet 1723.)

Un Edit du mois d'Août 1690, établit un Réglement pour les fonctions & droits des Avocats-Procureurs d'Angers.

ARTICLE VIII.

Des Avocats ès Parlements.

74. Les Avocats du Parlement de Paris pouvoient plaider aux Conseils du Roi, suivant un Edit du mois de Septembre 1643.

Mais aujourd'hui les Avocats aux Conseils sont en titre d'office. (Voyez l'Edit du mois de Septembre 1738.)

Les douze plus anciens Avocats de Paris, & les six plus anciens des autres Parlements, dont le rôle doit être arrêté par les Premiers Présidents, Avocats & Procureurs-Généraux, jouissent du droit de *committimus* au petit sceau. (Ordonnance de Moulins, *art.* 56; autre du mois d'Août 1669, au titre *Des Committimus*, art. 17.)

Mais il faut, pour qu'ils puissent jouir de ce privilege, qu'ils exercent leurs fonctions. (Arrêt du 7 Janvier 1521, rapporté par Papon, *liv.* 7, *tit.* 7, *n.* 15.)

ARTICLE IX.

Des Avocats aux Conseils du Roi.

75. Les Avocats aux Conseils, sont ceux qui font toutes les instructions & procédures dans les affaires qui se poursuivent aux Conseils du Roi, ou aux requêtes de l'Hôtel au souverain, où ils occupent avec les Procureurs au Parlement.

Pour pouvoir être reçu Avocat au Conseil, il faut être Avocat au Parlement.

Une Déclaration du Roi du 6 Février 1709, regle le rang que les Avocats au Parlement, & ceux au Conseil doivent garder entr'eux.

Les Avocats aux Conseils jouissent du droit de *committimus*: & ils ont action pour être payés de leurs frais; ainsi qu'il a été jugé par Sentence rendue aux requêtes de l'Hôtel au souverain, le 17 Avril 1704, rapporté par Augeard, *tom.* 1, *chap.* 48.

Un Arrêt du Grand Conseil du 22 Septembre 1770, fixe à cinq ans le temps pendant lequel les Avocats au Conseil peuvent intenter leur action en paiement de frais, honoraires & déboursés.

ARTICLE X.

Des Clercs d'Avocats.

76. Les Clercs des Avocats ne peuvent prendre ni recevoir plus grands droits que ceux qui passent en taxe aux parties, encore qu'ils leur soient volontairement offerts; à peine d'exaction, qui pourra être prouvée par la déposition de six témoins, quoique intéressés, & qu'ils déposent des faits singuliers.

TITRE IV.

Des Procureurs.

1. LES Procureurs *ad lites* qui font les feuls dont il s'agit ici, font des Officiers établis par autorité publique dans les Jurifdictions, pour repréfenter en Juftice les perfonnes qui les chargent de leurs affaires, en défendant leurs intérêts, & faifant pour elles les actes de procédure néceffaires, pour mettre les Juges en état de les décider.

L'emploi des Procureurs n'eft point vil, comme quelques Auteurs ont voulu le faire entendre. (Voyez Defcorbiac, *tit.* 19, *chap.* 1, *au Préambule, vers la fin*, *pag.* 683.) Il a même été un temps que la fonction de Procureur étoit confondue avec celle d'Avocat, fuivant d'Olive en fes Queftions notables, *liv.* 1, *chap.* 36; & il y a encore aujourd'hui quelques Provinces en France, comme le Maine, l'Anjou, le Duché de Beaumont, &c. où les Avocats exercent en même-temps les fonctions de Procureurs, ainfi qu'il a été obfervé. Quoiqu'il en foit, l'ufage du Royaume eft que l'état de Procureur eft incompatible avec la nobleffe. (Voyez ce qui eft dit ci-après à ce fujet, *n.* 89.)

2. Les offices de Procureurs dans les Cours & Jurifdictions royales, font vénaux. Ceux qui en font pourvus, obtiennent des provifions du Prince; enfuite ils prêtent ferment & font examinés fur la Pratique dans les Sieges où ils font Procureurs, après qu'il a été informé de leurs vie & mœurs, & catholicité.

Les Procureurs étoient autrefois des perfonnes, qui, fans avoir aucun caractere public, étoient choifis par les parties pour la défenfe & conduite de leurs droits en Juftice; mais ils ont commencé à être créés en titre d'office dans les Cours & Jurifdictions royales du Royaume, par Edit du mois de Février 1620, rapporté par Joly, *tom.* 1, *pag.* 189; & par une Déclaration du 23 Juin 1627, rapportée, *ibid.* aux additions, *pag.* 143. On peut voir auffi à ce fujet l'Edit du mois d'Avril 1664; & la Déclaration du 23 Mars 1672.

Touchant l'hérédité de ces offices, Voyez Defcorbiac, *tit.* 19, *chap.* 17, *pag.* 690.

ARTICLE PREMIER.

Des fonctions des Procureurs.

3. Les fonctions des Procureurs consistent en général, ainsi que je viens de l'observer, à avoir la charge & conduite des causes & procès dans lesquels ils occupent, & à faire pour leur instruction toutes les poursuites & procédures nécessaires, jusqu'à Arrêt ou Sentence définitive.

Elles consistent aussi à requérir & à procurer à leurs parties plusieurs actes de jurisdiction volontaire, comme élections de tutele & curatele, interdictions, scellés, *&c.*

Les Procureurs en conséquence peuvent faire des demandes & fournir des défenses, repliques, écritures, productions, & généralement tout ce qui dépend de l'instruction ordinaire d'une cause, ou d'un procès.

Mais ils ne peuvent passer condamnation au profit de la partie adverse, sans avoir pour cela un pouvoir spécial; quand même cette condamnation seroit d'ailleurs juste & raisonnable; autrement ils pourroient être désavoués.

En général il y a plusieurs choses qui font partie de l'instruction d'un procès, & que les Procureurs ne peuvent faire sans une procuration spéciale. (Voyez ce qui est dit ci-après, *n.* 65 *&* 66.)

4. Ainsi, quand on dit qu'un Procureur est maître de la cause, cela doit s'entendre seulement pour ce qui concerne la procédure & l'instruction, qui ne peut être faite que par lui & avec lui; mais non pas pour ce qui regarde le fond, à l'égard duquel il ne peut faire aucunes offres, ni donner aucun consentement sans une procuration spéciale de sa partie; autrement il en est responsable en son nom.

Les Procureurs peuvent aussi, suivant l'Ordonnance & les Arrêts & Réglements de la Cour, vuider par expédient & hors jugement, les désertions d'appels, & folles intimations, sans avoir besoin d'une procuration spéciale de leur partie.

Ils peuvent même plaider certaines causes, ainsi qu'il sera observé ci-après, *n.* 33.

5. Le ministere des Procureurs a lieu non-seulement en matiere civile, mais encore en matiere criminelle en plusieurs cas; comme,

Quand

Quand il s'agit d'attaquer une procédure de nullité, ou un Juge, comme Juge incompétent.

Quand un accusé prétend, après son interrogatoire, qu'il n'y a pas lieu de passer au récolement & à la confrontation.

Quand il s'agit de régler un incident, ou de le joindre ou disjoindre du principal chef de l'accusation.

Enfin, pour admettre un accusé en ses faits justificatifs, ou pour détruire les preuves qui sont contre lui au procès.

L'exercice de toutes ces fonctions s'appelle *postulation*; & c'est en ce sens que les Procureurs, dans leurs provisions, sont qualifiés de Procureurs postulants en telle ou telle Jurisdiction.

Les significations qui sont faites au domicile des Procureurs pour l'instruction des causes, instances, ou procès, sont aussi valables que si elles étoient faites au domicile de leurs parties; mais à l'égard des jugements que l'on veut mettre à exécution, outre la signification qui en doit être faite au Procureur de la partie condamnée, il faut encore les signifier au domicile de la partie, avec sommation de l'exécuter. (Voyez l'Ordonnance de 1667, *tit.* 27, *art.* 2.)

6. Il faut observer que les significations des actes concernant la procédure, sont du ministere des Huissiers, & non des Procureurs, & qu'il n'est pas permis à ces derniers de les faire; à peine d'amende, & d'être tenus des dommages & intérêts envers les Huissiers. (Ainsi jugé par Arrêt du Conseil des 23 & 28 Mai, & 23 Juillet 1668; 27 Mai & 22 Juin 1669, rapportés au Recueil des Réglements rendus en interprétation de l'Ordonnance de 1667.)

Dans toutes les Jurisdictions où il y a des Procureurs en titre d'office, leur ministere est absolument nécessaire, & les parties ne peuvent s'en passer.

Il en faut seulement excepter les matieres sommaires, dans lesquelles les parties peuvent plaider par elles-mêmes, sans assistance d'Avocats ni de Procureurs; si ce n'est dans les Cours souveraines, aux requêtes de l'Hôtel & du Palais, & dans les Sieges présidiaux. (Ordonnance de 1667, *tit.* 17, *art.* 6.)

7. On prétend même que quand il s'agit d'appositions & levées de scellés, il faut, du moins à Paris, qu'il y ait un Procureur présent à l'apposition, ainsi qu'à la levée & à toutes les vacations de l'inventaire qui se fait en conséquence; & que cela a été ainsi jugé par trois Ordonnances rendues par le Lieutenant-Civil du Châtelet de Paris, des 16 Février 1712, 26 Février 1714,

& 21 Janvier 1719. (Voyez Denisart, en ses Collections, au mot *Scellé*, pag. 51 de la seconde partie du tome 3 de l'édition de 1764, *in*-4°.;) & cela sur le fondement que l'apposition & la levée des scellés est un acte judiciaire; mais cette conséquence n'est pas juste, & paroît même contraire à la disposition des articles 4 & 6 du titre 17 de l'Ordonnance de 1667.

Dans les Justices seigneuriales, le ministere des Procureurs n'est point nécessaire, non plus que dans la Jurisdiction des Juges Consuls, Greniers-à-Sel, Traites Foraines, & conservateurs des privileges des Foires. Chacun peut plaider soi-même dans ces Jurisdictions, sans être obligé de se servir du ministere d'un Procureur.

8. On peut néanmoins prendre quelqu'un pour y plaider pour soi; & l'on emploie ordinairement à cette fonction, ceux qui, sans titre d'office, se mêlent d'y faire les fonctions de Procureurs; mais cela n'empêche pas que tout autre particulier qui s'y présente pour plaider pour un autre, n'y soit reçu.

On a rendu le ministere des Procureurs nécessaire dans la plupart des Jurisdictions, pour éviter les longueurs, confusions & irrévérences qu'occasionnent le plus souvent les parties lorsqu'elles plaident par elles-mêmes; mais sur-tout parce que les parties, n'entendant pas le plus souvent leurs causes, ou n'étant pas en état de les défendre, il a fallu nécessairement qu'elles eussent recours pour cela à des personnes qui pussent le faire.

Dans tous les cas où le ministere des Procureurs est nécessaire, il n'est pas permis à d'autres qu'à ceux qui sont titulaires de ces offices, d'en faire les fonctions; à peine de faux, de nullité, & de tous dépens, dommages & intérêts. (Déclaration du 29 Juin 1549, rapportée par Joly, *pag.* 171.)

Même aux Avocats des lieux. (Arrêt du Conseil du 10 Février 1621, pour Vitry-le-François, rapporté par Filleau, *tom.* 1, *part.* 2, *pag.* 351.)

9. Les Procureurs au Châtelet d'Orléans ont non-seulement le droit de postuler au Bailliage & Siege présidial, ainsi qu'ils l'avoient en la Prévôté, quand elle existoit; mais encore dans toutes les autres Jurisdictions de la même ville; *v. g.* aux Eaux & Forêts, Bureau de Finances, Election, *&c.*; & c'est ainsi que le portent leurs provisions.

Même en l'Election & Grenier-à-Sel d'Orléans, suivant un

Arrêt du Conseil du 2 Août 1604, qui se trouve au Trésor des Officiers du Présidial d'Orléans, à la cotte *g 4*.

Et aussi dans les Justices seigneuriales dépendantes du Châtelet d'Orléans, sans être obligés de s'y faire immatriculer, ni de prendre de nouvelles provisions, ni de prêter un nouveau serment; suivant un autre Arrêt du Conseil du 4 Août 1693, au moyen de la finance qu'ils ont payée à cet effet.

ARTICLE II.

Devoirs des Procureurs dans leurs fonctions.

§. I.

Devoirs généraux.

10. 1°. Ils doivent exercer leurs fonctions diligemment & fidélement, ainsi qu'il est porté par le serment qu'ils prêtent lorsqu'ils sont reçus. (Voyez ce serment dans le Recueil des Réglements de Joly, *tom.* 1, *pag.* 165.)

2°. Il leur est enjoint d'exercer leurs charges en personne; & en cas de maladie, ou autre légitime empêchement, par leurs Substituts, & non par leurs Clercs, auxquels il est fait défenses de signer aucune expédition pour leurs maîtres, à peine de faux. (Arrêt de Réglement du 3 Septembre 1667, *art.* 40; Ordonnance du mois d'Octobre 1535, *chap.* 5, *art.* 26; Réglement de Doron, pour la Prévôté d'Orléans, du 10 Janvier 1587, *art.* 11 & 12; Réglement du Bailliage d'Orléans, pour les Procureurs dudit Siege, du 26 Novembre 1692, *art.* 18;) mais cela n'empêche pas que dans l'occasion un Procureur ne puisse signer pour un autre en son absence au défaut de ce substitut.

11. L'Ordonnance du mois d'Octobre 1535, *chap.* 5, *art.* 17, défend aux Procureurs de signer aucunes requêtes les uns pour les autres, à moins qu'ils ne soient substitués en absence d'autre; à peine d'amende arbitraire.

Un autre Arrêt de Réglement du Parlement de Paris, du 7 Septembre 1654, *art.* 2, rapporté en la Conférence des Ordonnances, *tom.* 1, *pag.* 465, porte en général que les Procureurs ne pourront signer que pour leurs substituts; à peine d'amende, *&c.*

Par un autre Arrêt du Parlement de Paris, du 12 Mai 1696,

rapporté au Journal des Audiences, il a été réglé qu'un Procureur, dans une instance d'ordre, ou de préférence, ne peut occuper sous le nom de son confrere, ni donner le pouvoir, ou le faire donner, ni aucun le recevoir; & que ceux qui sont chargés par les parties, agiront par eux-mêmes, sans qu'ils puissent signer l'un pour l'autre; à peine de perdre leurs frais sans aucune répétition, même contre les parties.

12. Les Réglements prononcent des peines très séveres contre les Procureurs qui prêtent leurs noms à des personnes qui postulent. Plusieurs de ceux qui ont été convaincus de cette prévarication, ont été interdits. (Voyez l'article 1 du Réglement du 7 Septembre 1654, qui vient d'être cité.) Un autre Arrêt du 7 Septembre 1739, défend aux Procureurs qui ont vendu leurs offices, de faire aucunes fonctions de Procureur, & de postuler, en quelque maniere que ce soit, trois mois après ladite vente. Ce même Arrêt fait aussi défenses à tous Procureurs interdits, de postuler sous le nom d'autre Procureurs; & à tous Procureurs de prêter leur nom aux destitués, demis, ou interdits; à peine de 300 livres d'amende contre chacun d'eux pour chaque contravention, même d'interdiction contre ceux des Procureurs qui auront prêté leur nom, & signeront pour eux.

13. 3°. Il est aussi expressément défendu aux Procureurs, de défendre, ou soutenir une mauvaise cause; à peine de tous dépens, dommages & intérêts des parties. (Ordonnance d'Orléans, *art.* 58.)

Et s'ils voyent que l'affaire n'est pas soutenable, ils doivent l'aller déclarer au Procureur de la partie adverse, pour passer l'appointement en jugeant. (Ordonnance du mois de Juillet 1539, *art.* 35, rapportée en la conférence des Ordonnances, *tom.* 1, *pag.* 455.)

Dans le serment qu'ils prêtent, ils jurent d'abandonner la cause dès le commencement, ou dans la suite, aussitôt qu'ils verront qu'elle est mauvaise.

4°. Ils ne peuvent écrire ni plaider en leur propre cause. (Voyez Laroche-Flavin, Traité des Parlements, *liv.* 3, *chap.* 3, *art.* 36.)

14. 5°. L'Ordonnance du mois d'Avril 1453, *art.* 46, veut que si deux Procureurs sont proches parents, comme pere & fils, freres, ou oncle & neveu; ou qu'ils demeurent ensemble dans une même maison; ils ne puissent occuper l'un contre l'autre, à peine d'a-

mende; afin que les secrets des causes ne soyent pas révélés au préjudice des parties. (*Idem* par l'Ordonnance du mois de Novembre 1507, *art.* 117; & par celle du mois d'Octobre 1535, *chap.* 5, *art.* 9.)

6°. Ils sont tenus de prêter gratuitement leur ministere aux pauvres; à peine, en cas de refus, d'être punis par les Juges, & d'être privés de leurs fonctions. (Ordonnance de l'année 1364 *art.* 7, rapportée par Fontanon, *tom.* 1, *pag.* 25; Edit du 30 Août 1536, *chap.* 1, *art.* 39, rapporté par Joly, *pag.* 575. Voyez Guy-Pape, *quest.* 561; & Papon, *liv.* 6, *tit.* 4, *n.* 4; Voyez aussi ce qui a été dit au titre *Des Avocats*, ci-dessus, *part.* 5, *tit.* 3, *n.* 5.)

7°. Ils doivent être vêtus d'un habit décent, même hors leurs fonctions. (Arrêt de Réglement du Parlement de Toulouse, du 23 Novembre 1609, rapporté par Mainard, *liv.* 9, *quest.* 59.)

§. II.

Devoirs des Procureurs touchant l'instruction des procès.

15. 1°. Les Procureurs doivent apporter tous leur soins pour expédier le plus promptement qu'ils pourront, les causes dont ils sont chargés; & cette obligation fait partie du serment qu'ils prêtent.

C'est pour remplir en partie ce devoir, qu'il leur est fait défenses de se charger d'aucunes causes, sans avoir à ce sujet les mémoires, ou instructions nécessaires, suivant l'article 43 de l'Ordonnance du mois d'Avril 1453; l'article 4, chapitre 5 de l'Ordonnance de 1537; & l'article 7 de l'Ordonnance de Roussillon.

2°. Ils sont tenus, avant de prendre des conclusions, de faire voir les procès mis en leurs mains, par leurs Avocats, sans aucunement retenir le salaire qui leur a été envoyé pour ce faire, & sans faire différer pour cela le jugement de la cause; à peine de privation de leur état, & d'amende arbitraire. (Ordonnance du mois d'Octobre 1535, *chap.* 5, *art.* 6.)

16. 3°. Ils doivent aussi communiquer les mémoires & instructions aussitôt qu'ils les ont reçus, aux Avocats, pour s'instruire & pour plaider: autrement si l'Audience est remise, parce qu'ils ont négligé de le faire, ils sont punissables. (Ordonnance du mois d'A-

vril 1453, *art.* 57; autre du mois d'Octobre 1535, *chap.* 5, *art.* 5.)

La même Ordonnance de 1453, *art.* 49, porte que les Procureurs donneront promptement leurs facs aux Avocats, à peine d'amende. (*Idem* par l'article 20 de l'Ordonnance du mois de Novembre 1507; & par l'Ordonnance du mois d'Octobre 1535, *chap.* 5, *art.* 5.)

Le Réglement du Bailliage d'Orléans du 18 Février 1577, concernant les Avocats & Procureurs dudit Siege, porte que les Procureurs communiqueront leur fac à l'Avocat huit jours avant la plaidoierie; soit que la cause soit appellée au rôle, ou par placet; afin que l'Avocat ait le temps de la voir & de l'examiner. (*Idem* par le Réglement de Doron, pour la Prévôté d'Orléans, du 10 Janvier 1587, *art.* 16.)

17. 4°. Ils doivent acquiescer aux jugements aussitôt qu'ils en ont reçu ordre de leurs parties; à peine d'amende & d'interdiction en cas de récidive; même de privation de leur état. (Ordonnance du 13 Janvier 1528, *art.* 11.)

5°. Il leur est défendu de former aucuns incidents, à moins qu'ils ne soient nécessaires pour l'instruction du procès, sous les peines ci-dessus; & à peine d'être tenus en leur propre & privé nom, des dommages & intérêts des parties. (Déclaration du 30 Août 1536, *chap.* 1, *art.* 30.)

18. En général il leur est défendu de faire des frais inutiles, & de vexer la partie adverse par des chicanes, qui ne font le plus souvent qu'embarrasser les affaires: & lorsque cela arrive, il est permis à la partie lésée, par de mauvaises procédures, de se pourvoir en Justice contre le Procureur qui y a donné lieu, après en avoir auparavant porté plainte à sa communauté. (Ainsi jugé par Arrêt du 20 Février 1647, rapporté au Journal des Audiences. Voyez le Recueil des Réglements concernant les fonctions des Procureurs, autrement dit le Code Gillet, *pag.* 180.)

Ils doivent aussi éviter les subterfuges, à peine d'amende, & quelquefois même d'interdiction. (Voyez Laroche-Flavin, Traité des Parlements, *liv.* 3, *chap.* 15, *n.* 124.)

19. 6°. Il leur est défendu d'avancer, ou souffrir être proposés par leurs Avocats, aucuns faits calomnieux, faux, irrévérens, ou injurieux, en quelque maniere que ce soit, contre les Juges, parties, & autres quelconques; à peine d'amende & d'interdiction,

même de privation de leur état, ou autre plus grande peine, selon l'exigence des cas. (Réglement du 24 Mars 1603, pour le Présidial de Bourg-en-Bresse, *art.* 88.)

7°. Un Procureur qui est tout à la fois chargé de la défense des intérêts du mari & de la femme, ne doit pas faire une double procédure, ni les défendre par des actes distincts & séparés. (Ainsi jugé par Arrêt du 13 Octobre 1724, contre un Procureur au Parlement.)

8°. Ils doivent signer les originaux & les copies de tous les actes, requêtes, & autres procédures qu'ils font signifier dans le cours de l'instance; à peine de nullité de la signification; & il est défendu aux Greffiers de délivrer aucunes expéditions sur des cédules non signées, & aux Huissiers de signer aucunes écritures, ou actes, soit d'instruction, ou autres, s'ils ne sont signés des Procureurs; à peine de nullité & d'amende. (Voyez le Réglement du 28 Juin 1738, touchant la procédure du Conseil, *part.* 2, *tit.* 1, *art.* 17.)

§. III.

Devoir des Procureurs touchant les Requêtes.

20. 1°. Ils ne doivent présenter aucunes requêtes inutiles; à peine d'amende arbitraire. (Ordonnance du mois d'Avril 1453, *art.* 80; autre du mois de Juillet 1493, *art.* 37; autre du mois de Novembre 1498, *art.* 130 & 131; autre du mois d'Octob. de 1535, *ch.* 5, *art.* 28.)

2°. Il leur est défendu de présenter aucune requête qui ne soit signée d'eux, ou de leur partie; à peine aussi d'amende arbitraire. (Arrêt du 12 Décembre 1483, rapporté par Papon, *liv.* 8, *tit.* 3, *n.* 11; autre du 21 Janvier 1554, *art.* 18, rapporté en la Conférence des Ordonnances, *liv.* 2, *tit.* 4, §. 45, *pag.* 458; Réglement du Bailliage d'Orléans, du 18 Février 1577, rendu pour les Avocats & Procureurs du même Siege.)

3°. Il leur est aussi fait défenses de signer aucunes requêtes pour saisir, sans connoître les parties, ou ceux qui les ont chargés, afin de pouvoir les indiquer en cas de besoin. (Arrêt du 22 Juillet 1716, rapporté au Journal des Audiences.)

21. 4°. Ils ne peuvent donner une seconde requête pour le même fait, sans faire mention de la premiere, & des appointements précédents. (Ordonnance de 1535, *chap.* 5, *art.* 18.)

5°. Quand une requête a été refusée, il leur est défendu de la présenter de nouveau. (Ainsi par Arrêt du Parlement, du 10 Mai 1475, rapporté par Papon, *liv.* 6, *tit.* 4, *n.* 11, un Procureur ayant présenté une requête à une Chambre, qui avoit été refusée par une autre, a été condamné en l'amende.

6°. Ils sont tenus de faire signifier les requêtes à la partie adverse, le jour même, ou le lendemain qu'ils les ont obtenues. (Ordonnance du mois d'Avril 1493, *art.* 39; autre du mois d'Octobre 1535, *chap.* 5, *art.* 27.)

§. IV.

Devoirs des Procureurs touchant la Jurisdiction.

22. 1°. Ils doivent demander le renvoi à leur Siege, de toutes les causes dont la connoissance lui est attribuée par les Ordonnances; sans aucune connivence ni dissimulation; à peine de nullité, d'interdiction, & d'amende arbitraire. (Réglement du 24 Mai 1603, pour le Présidial de Bourg-en-Bresse, *art.* 96.)

2°. Ils ne peuvent proposer aucune évocation, s'ils ne sont porteurs des lettres qu'ils ont obtenues à cet effet. (Edit du mois de Mars 1545, *art.* 4.)

3°. Dans toutes les matieres incertaines, & dont la somme, ou valeur n'est pas liquide, ils sont tenus de déclarer s'ils se restreignent aux cas de l'Edit des Présidiaux, ou non; & si c'est au premier, ou second chef. (Même Réglement du 24 Mai 1603, pour Bourg-en-Bresse, *art.* 83; Voyez aussi ce que j'ai dit à ce sujet dans mon Traité de la Jurisdiction des Présidiaux, *pag.* 135 *de l'édition de 1764.*)

4°. Ils doivent porter en la Jurisdiction civile ce qui est du civil; & en la Jurisdiction criminelle, ce qui est du criminel.

5°. Il leur est défendu de porter en leur Jurisdiction, les causes dont la connoissance est attribuée aux Juges-Consuls; à peine de nullité, & d'amende arbitraire. (Edit du mois de Juin 1559, *art.* 19; autre du mois de Mai 1574; Ordonnance du Commerce du mois de Mars 1673, *tit.* 12, *art.* 15.)

§. V.

§. V.

Touchant les Présentations.

23. Dans tous les Sieges où il y a des Greffes des présentations, les Procureurs des défendeurs sont tenus de se présenter dans la huitaine. (Ordonnance de 1667, *tit.* 4, *art.* 1.)

Même les Procureurs des demandeurs dans les Jurisdictions, où le droit de présentation a été rétabli à l'égard des défendeurs. (Déclaration du 12 Juillet 1695, *art.* 1.)

Voyez touchant les présentations, les Réglements rendus à ce sujet.

§. VI.

Touchant les congés & défauts.

24. Ils ne peuvent obtenir aucun défaut, ou congé mal-à-propos, & contre la disposition de l'Ordonnance ; à peine d'amende. (Réglement de la Cour du 21 Février 1554, *art.* 4, rapporté en la Conférence des Ordonnances, *tom.* 1, *liv.* 2, *tit.* 4, *pag.* 456.)

Et les dépens de tous les défauts & congés en général, doivent être refondés par la partie contre laquelle ils ont été obtenus, avant qu'elle puisse être écoutée en son opposition, & taxés sommairement. (Ordonnance du mois de Novembre 1528, *art.* 6.)

§. VII.

Touchant les appointements volontaires.

25. Ils ne peuvent passer aucuns appointements volontaires avec le Procureur de la partie adverse, à moins que ces appointements ne soient entiérement accordés entre les parties. (Ordonnance du mois de Juillet 1539, *art.* 19, rapportée en la Conférence des Ordonnances, *tom.* 1, *liv.* 2, *tit.* 4, §. 42, *pag.* 45.)

Dans toutes les affaires qui sont sujettes à l'amende envers le Roi, il leur est défendu de passer & consentir à aucun appointement volontaire, sans montrer l'appointement au Procureur du Roi, pour la conservation des droits de Sa Majesté, sous les peines de l'Ordonnance. (Ordonnance de 1535, *chap.* 5, *art.* 10;

Réglement du 24 Mai 1603, pour le Présidial de Bourg-en-Bresse, *art.* 95.)

Idem en matiere d'excès, ou de crime. (Ordonnance de 1453, *art.* 133; autre du 14 Novembre 1507, *art.* 98; autre du mois d'Octobre 1535, *chap.* 1, *n.* 12; & *chap.* 5, *n.* 21.)

§. VIII.

Touchant les communications au Parquet.

26. Dans toutes les causes sujettes à être communiquées aux Gens du Roi, les Procureurs doivent faire cette communication avant l'Audience. (Réglement du Bailliage d'Orléans du 18 Février 1577, pour les Avocats & Procureurs dudit Siege; autre de Doron du 10 Janvier 1587, pour la Prévôté d'Orléans, *art.* 15.)

Une Sentence du Bailliage d'Orléans du 23 Février 1740, enjoint à la Communauté des Procureurs du Châtelet d'Orléans, de porter au Parquet des Gens du Roi, toutes les causes sujettes à communication, trois jours avant la communication; sinon & à faute de ce que le Procureur y contreviendra, portera les frais d'avenir qui seront faits jusqu'à ladite communication, sans pouvoir les répéter contre les parties.

§. IX.

Touchant les causes du Rôle.

27. Les causes mises au rôle n'en peuvent être rayées, si ce n'est du consentement commun des Procureurs; ou à moins qu'il n'y ait appointement accordé & signé entre les parties, ou leurs Procureurs; autrement le Procureur qui n'a accordé l'appointement, peut faire appeller la cause, quoique rayée, & l'autre Procureur doit être puni d'amende arbitraire. (Voyez le Code Henri, *liv.* 2, *tit.* 13, *art.* 21.)

Lorsqu'une cause a été mise au rôle, les Procureurs ne peuvent signifier aucun avenir dans cette cause: ils peuvent seulement prendre communication du rôle, quand ils le jugent à propos. (Réglement de Doron du 10 Janvier 1587, pour la Prévôté d'Orléans, *art.* 13.)

§. X.

Touchant les défenses.

28. Il leur est défendu de signer & présenter des requêtes, ou former des demandes à l'Audience, afin d'obtenir des défenses, ou surséances contre des sentences rendues en matiere sommaire, & qui doivent s'exécuter par provision; à peine de 100 livres d'amende. (Ordonnance de 1667, *tit.* 17, *art.* 16; autre de 1670, *tit.* 7, *art.* 9; *tit.* 25, *art.* 8; & *tit.* 26, *art.* 4; Arrêt du Parlement du 17 Janvier 1725, rendu en forme de Réglement.)

§. X I.

Touchant les Lettres d'Etat.

Ils ne peuvent proposer en Justice aucunes Lettres d'Etat, s'ils n'en sont porteurs & ne les ont à la main. (Ordonnance du mois d'Avril 1453, *art.* 56; autre du mois de Novembre 1507, *art.* 123.)

§. X I I.

Touchant les Saisies réelles.

29. Les Procureurs qui ont poursuivi des décrets & adjudications de biens, doivent en déposer les pieces au Greffe, huit jours après l'adjudication, encore qu'ils ne soient pas payés de leurs frais; sauf à se pourvoir contre les adjudicataires, ainsi qu'ils verront & devront. (Réglement de Doron du 10 Janvier 1587, pour la Prévôté d'Orléans, *art.* 89.)

Ils sont responsables de ces décrets pendant dix ans. (Voyez Henris, *tom.* 1, *liv.* 2, *chap.* 4, *quest.* 27; ainsi jugé par une Sentence du Bailliage d'Orléans, du 9 Février 1694, rendue en forme de Réglement, qui ordonne que les Procureurs qui ont poursuivi & fait adjuger des décrets depuis dix ans en ça, seront tenus d'en déposer incessamment les pieces au Greffe, dont le Greffier leur donnera décharge; & que les Procureurs qui poursuivront à l'avenir des décrets, seront pareillement tenus, trois mois après qu'ils auront été adjugés, & consignation faite du prix, d'en déposer les pieces au Greffe, dont le Greffier leur donnera aussitôt décharge, pour être par le Greffier, délivrés à l'adjudicataire en la maniere accoutumée; sinon, qu'à faute de ce faire, les Procureurs poursuivants en demeureront responsables en leur propre & privé nom, & des dommages & intérêts des parties.)

§. XIII.

Touchant les dépens.

30. Après que les dépens ont été taxés par déclaration, les Procureurs sont tenus d'en mettre la grosse entre les mains du Greffier pour délivrer exécutoire, lequel doit faier mention que lesdites déclarations sont demeurées entre ses mains, pour les représenter & communiquer aux Procureurs des parties, toutes les fois qu'ils desireront en avoir communication. (Arrêt du Parlement du 10 Juillet 1665, *art.* 40.)

§. XIV.

Touchant les Sentences.

Il leur est défendu de signifier, ou produire en Justice aucune Sentence, ou jugement, ni d'en requerir l'exécution; à moins qu'il ne soit signé du Greffier. (Réglement du 4 Juin 1615, pour les Greffiers du Bailliage d'Orléans, *art.* 20.)

§. XV.

Touchant le Contrôle, & le Papier timbré.

31. Ils ne peuvent agir ni faire aucune réquisition, en vertu d'actes qui doivent être contrôlés, si ces actes ne le sont en effet. (Voyez les Réglements touchant les contrôles.)

Et il en est de même des actes qui doivent être expédiés en parchemin; les Procureurs ne peuvent agir en vertu de ces actes, s'ils n'ont été en effet expédiés en parchemin. (Déclaration du 19 Juin 1691, *art.* 9.)

§. XVI.

Devoirs des Procureurs touchant l'Audience.

32. 1°. Les Procureurs doivent être exacts au Siege tous les jours d'Audience, pour l'expédition des causes dont ils sont chargés. (Ordonnance du mois de Juin 1510, *art.* 27.)

2°. Ils doivent se trouver au Palais une heure avant l'ouverture de l'Audience, pour s'entre-communiquer les pieces des parties; prendre entr'eux les appointements ordinaires; & communiquer au Procureur du Roi les causes où le ministere public est intéressé. (Arrêt de Réglement du 14 Août 1617, pour Bourges, *art.* 4, rapporté par Joly, *pag.* 1031; Ordonnance du 11 Février 1519, *art.* 13.)

33. 3°. Ils doivent venir au Siege en robes & en bonnets-quarrés; à peine d'amende. (Arrêt du Parlement du 11 Février 1612, pour Mehum-sur-Yevre, rapporté par Joly, *pag.* 885; autre du 21 Juillet 1629, pour Gueret, *art.* 10, rapporté, *ibid.* pag. 1858.)

Une Ordonnance du Bailliage d'Orléans du 17 Mai 1686, fait défenses aux Procureurs d'entrer dans les Salles du Châtelet, s'ils ne sont en habit décent, revêtus de leurs robes; ni dans la salle de l'Audience, ou Chambre du Conseil sans leur bonnet; à peine de 3 livres d'amende contre les contrevenants.

4°. Ils ne peuvent plaider par eux-mêmes; mais ils doivent le faire par le ministere de leur Avocat. (Arrêt de Réglement du 14 Août 1617, pour Bourges, *art.* 5, rapporté par Joly, *pag.* 1031; autre du 11 Février 1519, *art.* 2.)

Excepté pour les causes d'instruction, & quand il s'agit d'affaires sommaires. (Réglement du 24 Mai 1603, pour le Présidial de Bourg-en-Bresse, *art.* 87.)

34. 5°. Ils ne doivent, en plaidant, proposer aucuns faits superflus, & qui n'aient aucun rapport à leur cause. (Ordonnance du mois d'Avril 1453, *art.* 62; autre du mois de Novembre 1507, *art.* 128; autre du mois d'Octobre 1535, *chap.* 4, *art.* 8; autre du mois d'Août 1539, *art.* 42.)

Et encore moins alléguer sciemment aucuns faits faux, à peine d'être punis rigoureusement. (Ordonnance de 1539, *art.* 40; Ordonnance de Blois, *art.* 125.)

Il leur est aussi défendu de s'interrompre en plaidant, & de parler plusieurs ensemble. (Réglement du Parlement du 4 Janvier 1535, *art.* 13, rapporté par Filleau, *tom.* 1, *part.* 2, *pag.* 342.)

Comme aussi de s'injurier, & d'user de calomnie les uns envers les autres. (*Ibidem*, art. 13; Réglement de Doron du 10 Janvier 1587, pour la Prévôté d'Orléans, *art.* 17; autre Réglement du 24 Mai 1603, pour le Présidial de Bourg-en-Bresse, *art.* 88; Ordonnance du 31 Août 1536, *art.* 17.)

35. 6°. Les Procureurs doivent avoir les actes & mémoires en mains, lorsque la cause se plaide, & les cotter; afin qu'à faute de ce, l'Audience ne soit point interrompue. (Ordonnance du mois d'Avril 1453, *art.* 71; autre du mois de Mars 1498, *art.* 33; autre du mois de Novembre 1507, *art.* 14; Ordonnance du mois d'Octobre 1535, *chap.* 8, *n.* 12; Réglement du Bailliage d'Orléans du 18 Février 1577, pour les Avocats & Procureurs.)

En lisant les actes, exploits, & autres pieces servant à la décision de la cause, ils doivent les lire véritablement & entiérement, sans omission, interruption, ni déguisement dans les points utiles à la cause, tant pour une partie que pour l'autre. (Ordonnance du mois de Juillet 1539, *art.* 22.)

7°. Ils doivent être debout à côté de leur Avocat pendant qu'il plaide leur cause. (Arrêt de Réglement du 14 Août 1617, pour Bourges, *art.* 5; Réglement du Bailliage d'Orléans du 18 Février 1577, ci-dessus cité.)

36. 8°. Ils ne doivent point parler quand leur Avocat parle, & plaide la cause. (Ordonnance de 1535, *chap.* 5, *art.* 20.)

Ils doivent aussi éviter de parler à leur Avocat pendant leur cause, & ne point interrompre l'Avocat de la partie adverse; mais s'ils veulent parler à leur Avocat, ils doivent lui parler bas à l'oreille. (Ordonnance de Charles IX, du 23 Octobre 1425, pour le Châtelet de Paris, au titre *Des Avocats & Procureurs*, art. 30; autre du mois d'Octobre 1535, *chap.* 5, *art.* 20; Réglement du 24 Mai 1603, pour le Présidial de Bourg-en-Bresse, *art.* 87; autre du 14 Août 1617, pour Bourges, *art.* 5; autre Réglement du Bailliage d'Orléans, du 18 Février 1577, pour les Avocats & Procureurs dudit Siege.)

37. 9°. Il leur est pareillement défendu d'interrompre les Gens du Roi en leur plaidoierie, ou les Juges en la prononciation de leurs jugements. (Même Réglement du Bailliage d'Orléans, du 18 Février 1577; autre Réglement de Doron du 10 Janvier 1587, pour la Prévoté d'Orléans, *art.* 17.)

Mais ils peuvent seulement, après la plaidoierie des Avocats, & Gens du Roi, dire & ajouter ce qui aura été omis pour la décision de la cause; ou avertir tout bas leur Avocat d'en faire la remontrance. (Même Réglement de Doron, *art.* 17.)

10°. Il leur est défendu de contredire, ou contester le jugement quand il est prononcé. (Ordonnance du mois d'Octobre 1535, *chap.* 5, *art.* 20.)

38. 11°. Ils ne peuvent, de leur autorité privée, faire aucune continuation de cause; si ce n'est du consentement de leurs parties, ou par le conseil de leurs Avocats, ou de la volonté de la Cour; à peine d'amende. (Même Ordonnance du mois d'Octobre 1535, *chap.* 5, *art.* 19.)

12°. Ils doivent garder le silence pendant tout le temps de l'Audience. (Ordonnance de Charles VIII, du 25 Octobre 1425, pour le Châtelet de Paris, titre *Des Avocats & Procureurs*, art. 16; Arrêt de Réglement du 14 Août 1617, pour Bourges, *art.* 6; Réglement de Doron du 10 Janvier 1587, pour la Prévôté d'Orléans, *art.* 26.)

13°. Il leur est défendu de s'expédier l'un l'autre pendant l'Audience, & d'approcher eux, ou leurs Clercs, du banc du Greffier, & d'y apporter aucun appointement accordé, ou placet, l'Audience tenante; à peine d'amende. (Même Réglement de Doron de 1587, *art.* 27.)

39. 14°. Ils doivent être assis, & ne peuvent être debout pendant tout le temps de l'Audience, excepté quand l'Avocat plaide leur cause. (Arrêt de Réglement du 14 Août 1617, pour Bourges, *art.* 5; Edit du mois de Juillet 1539, *art.* 40; Arrêt de Réglement du 26 Février 1588, rapporté par Filleau, *tom.* 1, *part.* 2, *pag.* 319; Réglement du Bailliage d'Orléans du 18 Février 1577; autre du 10 Janvier 1587, de Doron, pour la Prévôté d'Orléans, *art.* 26.)

15°. Ils ne peuvent excuser d'absence aucun de leurs confreres présents; à peine d'amende. (Voyez Laroche-Flavin, Traité des Parlements, *liv.* 2, *chap.* 15, *art.* 58, où il rapporte un Arrêt qui condamne en un écu d'amende un Procureur, pour avoir excusé d'absence un autre Procureur qui étoit dans la sale.

16°. Ils ne doivent point quitter l'Audience depuis qu'ils sont entrés, si ce n'est avec la permission du Juge, ou pour cause raisonnable; à peine d'amende arbitraire. (Ordon. de Charles IX, du 23 Novembre 1425, pour le Châtelet de Paris, au titre *Des Avocats*

& Procureurs, art. 30. Et cette obligation, ou devoir, fait partie du ferment qu'ils prêtent. (Voyez Joly, *tom.* 1, *pag.* 165.)

§. XVII.

Devoirs des Procureurs touchant les procès par écrit.

40. 1°. Un des premiers devoirs des Procureurs touchant les procès par écrit, eſt de ne point retenir les lettres, papiers & procès qui leur ſont donnés par les Meſſagers, ou autres perſonnes, ſi ces lettres, papiers & procès ne leur ſont point adreſſés. (Ordonnance du mois d'Octobre 1535, *chap.* 5, *art.* 10.)

2°. Ils ne doivent point mettre au rôle, ou faire appeller à l'Audience les procès par écrit, ſi ce n'eſt dans le cas où il y auroit une nullité évidente dans la Sentence dont il eſt appellé; ou une fin de non-recevoir, telle que la cauſe pût être jugée ſur le-champ. (Ordonnance du mois d'Avril 1510, *art.* 24; autre du mois d'Octobre 1535, *chap.* 8, *art.* 4.)

3°. Il leur eſt défendu de produire autres actes que ceux contenus en l'inventaire de production. (Ordonnance du mois d'Avril 1446, *art.* 38; autre du mois d'Avril 1453, *art.* 100; autre du mois d'Octobre 1535, *chap.* 8, *art.* 14.)

Et c'eſt ſur le même fondement qu'il leur eſt défendu de mettre au Greffe des productions en blanc, ni aucun inventaire dont les productions ne ſoient pas remplies. (Ordonnance de 1667, *tit.* 11, *art.* 33.)

41. 4°. Dans l'inſtruction des procès diſtribués, ils doivent préſenter les requêtes aux Rapporteurs, & non à autres; & ces requêtes doivent être répondues & ſignées par le Rapporteur. (Réglement du 24 Mai 1603, pour Bourg-en-Breſſe, *art.* 25; Arrêts du Parlement des 16 Février 1630, & 23 Mai 1678, pour le Mans; autre Arrêt du Parlement du 9 Août 1669, ſervant de Réglement pour le Parlement de Paris; autre du 20 Août 1686, pour la Flèche, *art.* 6.)

5°. Ils doivent faire voir les procès aux Avocats de leurs parties, avant de prendre l'appointement de concluſion; ſans aucunement réceler ni retenir le ſalaire deſdits Avocats. (Ordonnance du mois d'Octobre 1535, *chap.* 5, *art.* 6; autre du mois de Juillet 1539, *art.* 35.)

Et ils ne peuvent prendre des concluſions dans ces ſortes de procès,

procès, à moins qu'ils ne soient au Greffe. (Ordonnance de 1667, *tit.* 11, *art.* 19.)

42. 6°. Il leur est défendu de faire & signer aucunes écritures & contredits, qui sont du ministere des Avocats; quand même ces écritures seroient faites par forme de requêtes. (Arrêt de Réglement de la Cour du 17 Juillet 1693, confirmé par un autre Arrêt du 23 Juillet 1727.)

Les écritures qui sont du ministere des Avocats, sont les griefs, causes d'appel, moyens de requête civile, réponses, contredits, salvations, avertissements dans les matieres où il est nécessaire d'en donner. (*Ibidem*, *ibid.*)

Celles qui sont du ministere des Procureurs, sont les inventaires, les causes d'opposition, productions nouvelles, comptes, brefs, états, déclarations de dommages & intérêts, &c. (*Ibidem*, *ibid.*)

Et celles que les Avocats & Procureurs peuvent faire concurremment, sont les débats, soutenements, moyens de faux, de nullité, reproches, & conclusions civiles. (*Ibidem*, *ibid.*)

Mais les Procureurs peuvent faire les copies des écritures qui sont du ministere des Avocats. (Réglement du Bailliage d'Orléans du 18 Février 1577, rendu entre les Avocats & Procureurs; autre Réglement de Doron du 10 Janvier 1587, pour la Prévôté d'Orléans, *art.* 70.)

43. 7°. Ils ne doivent point être prolixes dans leurs écritures & réponses, dans les matieres réglées en preuve; mais seulement articuler leurs faits positifs sur lesquels ils entendent informer & faire enquête; lesquels faits seront succintement articulés, sans redite ni superfluité. (Ordonnance du mois d'Août 1539, *art.* 42 & 43.)

De même dans les inventaires de production, ils doivent éviter de mettre aucunes raisons de droit, ni autres allégations; mais déclarer seulement à quelle fin ils produisent chaque piece, & ce qu'ils en veulent induire & inférer. (Ordonnance du mois d'Avril 1446, *art.* 39; autre du mois d'Avril 1453, *art.* 101; autre du mois de Novembre 1507, *art.* 132; autre du mois d'Octobre 1535, *chap.* 8, *art.* 13.)

44. 8°. Leurs écritures doivent être lisibles & en bonne forme, & ils doivent les lire avant de les signer. (Ordonnance du mois d'Octobre 1535, *chap.* 4, *art.* 18.)

9°. Ils doivent signer leurs écritures & inventaires de production, avant de les produire en jugement; à peine d'amende.

(Même Ordonnance de 1535, *chap. 5, art. 25;* Ordonnance de Blois, *art. 161.*)

10°. Il leur est défendu de refaire des écritures, ni d'augmenter les rôles après les procès jugé; à peine de restitution du quadruple & d'interdiction. (Ordonnance de 1667, *tit. 31, art. 11.*)

11°. Les Procureurs, après cinq ans pour les procès jugés, & après dix ans pour les procès non jugés, sont déchargés de la remise des procès. (Voyez ci-après, *n. 49.*)

ARTICLE III.

Autres devoirs des Procureurs.

§. I.

Par rapport aux Juges.

45. Ils doivent porter honneur, respect & révérence aux Officiers du Siege en général & en particulier, selon que la dignité de la Justice & leur état les y oblige; rendre l'obéissance qu'ils doivent à leurs ordonnances & jugements; en parler favorablement en public & en particulier; se trouver aux jours & lieux qu'ils sont mandés, pour assister & accompagner lesdits Officiers en toutes les occasions & assemblées qui peuvent se présenter pour le service du Roi, & l'honneur du Siege; sous les peines de droit. (Réglement du 24 Mai 1603, pour Bourg-en-Bresse, *art. 72.*)

Ainsi, par Arrêt du Parlement de Toulouse du 12 Janvier 1530, ou 1536, un Procureur a été condamné à faire amende-honorable, pour avoir avancé certaines injures verbales contre un des Conseillers de la Cour. (Voyez Laroche-Flavin en son Traité des Parlements, *liv. 2, chap. 15, art. 37.*)

Ils doivent aussi garder les secrets du Siege qui leur ont été confiés.

§. II.

Devoirs des Procureurs par rapport à leurs parties.

46. 1°. Ils sont obligés par honneur & par le devoir de leur charge, de veiller aux intérêts de leurs parties, & d'y apporter tout le soin & toute l'exactitude possible; en sorte que dès qu'ils ont

reçu les pieces & les mémoires qui doivent servir d'instruction, ils sont tenus de leur négligence envers elles.

Ils doivent garder fidélement les secrets des causes de leurs parties; à peine d'amende. (Ordonnance du 28 Octobre 1446, *art. 46;* autre du mois de Novembre 1507, *art. 117;* Ordonnance du mois d'Octobre 1535, *chap. 6, art. 9;* Voyez aussi la L. 1, §. 6, *ad Leg. Corneliam de falsis.*)

C'est pour cela qu'ils ne peuvent être contraints de déposer & d'être témoins dans les causes où ils ont été constitués Procureurs, & qui concernent leurs parties; même après qu'ils ont été révoqués. (Joannes Gallus, *quest. 98;* Papon, *liv. 9, tit. 1, n. 30;* Guenois sur Imbert, *liv. 1, chap. 62, lettre* G; Gui-Pape, *quest. 45;* & Chorier sur la Jurisprudence de Guy-Pape, *pag. 314;* Voyez ce qui est dit à ce sujet en mon Traité de la Justice Criminelle, au titre *Des Informations de Témoins*, ci-dessus, *tom. 2, pag.* 103, *n.* 60; & ci-dessus au titre *Des Avocats*, part. 5, tit. 3, n. 33.)

47. Il a de même été jugé par Arrêt du 12 Février 1672, qu'on ne pouvoit faire recherche en l'Etude d'un Procureur, des pieces servant à la conviction de sa partie. (Voyez le Journal du Palais, *tom. 1, pag. 161.*)

2°. Ils sont tenus de se charger par récépissé des pieces qui leur sont données par les parties. (Ordonnance du mois de Janvier 1629, *art. 97.*)

Et ils doivent les conserver fidélement; autrement ils en sont responsables, même par corps, dans le cas où elles viennent à être perdues, ainsi qu'il a été jugé par Arrêt du 30 Août 1682, rapporté au Journal des Audiences; (Voyez aussi l'Ordonnance de 1667, *tit. 34, art. 4.*)

L'office d'un Procureur est affecté par privilege à la restitution de ces pieces dont il est chargé, de même que l'office de Receveur des consignations l'est au paiement des deniers publics; parce que cette restitution est un fait de charge.

48. 3°. Ils répondent aussi des sacs qui leur ont été confiés. (Ainsi par Arrêt du 8 Octobre 1566, rapporté par Laroche-Flavin en son Traité des Parlements, *liv. 2, chap. 15, n. 60*, un Avocat qui avoit perdu le dossier de la partie adverse, a été condamné en tous les dépens, dommages & intérêts de cette partie.)

4°. L'Ordonnance du mois d'Octobre 1535, *chap. 6, art. 31*, veut qu'après le décès des Procureurs, les lettres & titres des parties soient inventoriées & mises sous le scellé.

49. 5°. Les Avocats & Procureurs ne peuvent être recherchés pour les sacs & procès dont ils sont chargés par leur récépissés, après cinq ans pour les procès jugés, & après dix ans pour les procès qui ne sont point jugés. (Ainsi jugé par Arrêt de la Cour du 14 Mars 1603, rapporté par Filleau, *tom. 1*, *part.* 2, *pag.* 325; & par Joly, *pag.* 137, sur la vérification de la Déclaration de Henri IV, du 11 Décembre 1597. Voyez aussi Boné, *part.* 2, *Arrêt* 71, *pag.* 237; & Louet, *lettre* S, *chap.* 21; autre Arrêt de Réglement du Parlement de Rouen du 28 Février 1704, rapporté par Néron, *tom.* 2, *pag.* 853.)

Mais à l'égard de leurs veuves & héritiers, ils ne peuvent être recherchés après cinq ans, à compter du jour du décès desdits Procureurs; soit que les procès aient été jugés, ou non. (Même Arrêt du 14 Mars 1603.)

6°. Les Procureurs ne peuvent, pour leurs salaires, retenir les titres & pieces des parties. (Voyez *infrà*, *n.* 97.)

50. 7°. Ils sont responsables envers leurs parties des nullités d'ordonnance, & des fautes de procédures qu'ils ont faites. (Voyez Henris, *tom.* 1, *liv.* 2, *chap.* 4, *quest.* 27.)

8°. Ils répondent aussi des fautes qu'ils commettent au préjudice de leurs parties, même par omission, suivant la L. 11, Cod. *Mandati*. L'Ordonnance du mois d'Avril 1453, *art.* 77, en a une disposition précise, ainsi que celle du mois de Novembre 1507, *art.* 129; & celle du mois d'Octobre 1535, *chap.* 8, *art.* 11.)

Par exemple, si un Procureur avoit omis de s'opposer à des criées pour une partie qui l'auroit chargé de ses pieces; ou de produire dans une instance d'ordre; dans ce cas il seroit tenu d'indemniser la partie de la perte de son dû, arrivée par sa faute. (Ainsi jugé par Arrêt du 26 Avril 1644, rapporté au Journal des Audiences; quoiqu'il fût constant entre les parties que la partie n'eût passé aucune procuration au Procureur, & qu'elle l'avoit seulement chargé de ses pieces pour faire cette opposition.)

51. Cependant si dans une instance de retrait lignager, un Procureur avoit négligé de faire, ou de réitérer les offres portées par la Coutume; & que pour le défaut de ses offres le retrayant eût été débouté du retrait, celui-ci ne pourroit alors avoir recours contre son Procureur, suivant un Arrêt du mois de Décembre 1589, rapporté par Montholon, *Arrêt* 61. Mais cet Arrêt paroît

avoir été ainsi rendu par des circonstances particulieres.

Pareillement un Procureur qui auroit été cause de la perte d'un procès, pour s'être laissé juger par défaut, ou pour avoir négligé de remettre les pieces au Rapporteur, doit être condamné aux dommages & intérêts de sa partie. (Ordonnance du mois de Juillet 1539, *art.* 34.) Ainsi jugé par Arrêt sans date, rapporté par Basset, *tom.* 1, *liv.* 2, *tit.* 11, *chap.* 2; autre Arrêt du Parlement de Paris du 11 Mars 1744, rapporté par Denisart en ses Collections de Jurisprudence, au mot *Procureur*, qui a condamné un Procureur qui avoit négligé de former opposition dans la huitaine, à un Arrêt rendu par défaut contre sa partie, à l'acquitter, garentir, & indemniser, tant en principal que frais.)

52. En général le Procureur qui laisse prendre un défaut, ou congé contre sa partie, est tenu des dépens, dommages & intérêts envers elle, si c'est par la faute, ou la négligence de ce Procureur, que ce défaut, ou congé a été obtenu. (Ordonnances de Roussillon, *art.* 7; de Moulins, *art.* 67; & de Blois, *art.* 125 & 142; Réglement de Doron du 10 Janvier 1587, pour la Prévôté d'Orléans, *art.* 10.)

9°. Les Procureurs qui usent de fraude, ou de dol, pour tromper leurs parties, sont tenus non-seulement des dommages & intérêts envers elles; mais encore doivent être punis très-sévérement. (Ordonnance du mois d'Avril 1453, *art.* 18; autre du mois de Novembre 1507, *art.* 113; autre du mois d'Octobre 1535, *chap.* 1, *art.* 34.)

53. Ainsi par Arrêt du 21 Décembre 1453, rapporté par Papon, *liv.* 6, *tit.* 12, *n.* 12, un Procureur qui avoit abusé de la facilité de sa partie, & lui avoit extorqué une somme de vingt écus, a été condamné par corps à la restitution, en l'amende, & a été interdit pour six ans.

De même, si un Procureur par connivence, ou autrement, avoit payé & alloué à un Greffier, pour ses droits, une somme plus forte que celle portée par les Réglements, il en seroit responsable en son nom, & pourroit être intimé sur l'appel de la taxe des dépens. (Arrêt de Réglement du 4 Juin 1615, pour le Greffe du Bailliage d'Orléans, *art.* 25.)

54. 10°. Il n'est pas même permis aux Procureurs d'user de ruse & de surprise, pour favoriser leur partie. Ainsi un Procureur qui, pour faire plaisir à sa partie emprisonnée pour dettes, auroit par

dol & surprise obtenu son élargissement, seroit aussi tenu des dommages & intérêts envers la partie adverse. (Ainsi jugé par Arrêt du 20 Février 1647, rapporté au Journal des Audiences, qui, dans ce cas, a condamné le Procureur à réintégrer sa partie, ou à payer la somme pour laquelle elle avoit été emprisonnée; autres Arrêts des 15 Février 1569; 21 Janvier 1575, & 18 Janvier 1577, rapportés par Papon, *liv.* 6, *tit.* 4, *aux additions*, *n.* 2; qui ont condamné des Procureurs en l'amende & aux dépens en leur propre & privé nom, pour avoir usé de surprise.)

55. 11°. Les Syndics de la Communauté des Procureurs doivent y dénoncer ceux des Procureurs qui prévariquent. (Voyez le Recueil des Arrêts de Réglements concernant les fonctions des Procureurs, *in*-4°. pag. 180.)

12°. Les Procureurs ne peuvent être cautions des parties pour lesquelles ils occupent; & ces deux qualités sont incompatibles. (Ainsi jugé par Arrêt du 15 Décembre 1639, rapporté par Boniface, *tom.* 1, *liv.* 1, *tit.* 19, *n.* 2; autre Arrêt du 13 Octobre 1698, rapporté par Pinault, *tom.* 2, *art.* 229.)

ARTICLE IV.

Des Procurations nécessaires aux Procureurs pour agir en Justice, au nom de leurs parties.

56. 1°. Les Procureurs ne peuvent se présenter, ni occuper pour les parties, s'ils n'ont à cet effet un pouvoir suffisant. (Réglement du 24 Mai 1603, pour le Présidial de Bourg-en-Bresse, *art.* 82;) Et si un Procureur entreprennoit de défendre la cause d'une partie, en attendant son pouvoir, il répondroit du jugé, en cas de désaveu.

57. 2°. Autrefois un Procureur ne pouvoit occuper, pour une partie, sans une procuration par écrit, & ces procurations devoient même être autorisées en Justice, suivant l'article 1 de l'Ordonnance de François I, du 13 Janvier 1528; mais cet usage n'a plus lieu. Il y a à ce sujet un acte de notoriété du Châtelet de Paris du 15 Mai 1582, qui porte que ce n'est pas l'usage du Châtelet de Paris, que les Procureurs de cette Cour produisent judiciairement les procurations qui leur sont données par leurs parties, & les fassent registrer au Greffe, attendu que ces procurations ne leur servent que de pouvoir pour agir & procéder

en Justice pour leurs parties, & qu'ils les gardent seulement par devers eux pour les rapporter, en cas qu'ils soient désavoués, sans en faire mention dans les actes du procès. (Voyez le Recueil des actes de notoriété, *pag.* 84.)

C'est même une maxime constante, & qui ne souffre plus aujourd'hui de difficulté, que la simple remise de l'exploit au Procureur, pourvû néanmoins qu'elle soit faite par la partie, équivaut à une procuration par écrit; & qu'en conséquence de cet exploit, le Procureur peut, sans autre pouvoir, faire toutes les procédures convenables pour l'instruction de la demande formée par cet exploit, & pour la défense de la partie. (Ainsi jugé par Arrêt du Parlement du 9 Juillet 1689, rapporté au Code Gillet, *pag.* 214; autre Arrêt du 5 Mai 1731, sur les conclusions de M. Talon, Avocat-Général; autre du 21 Janvier 1725, rapporté par Denisard, au mot *Désaveu;* Voyez aussi le nouveau Réglement du 28 Juin 1738, touchant la procédure du Conseil, *tit.* 1, *art.* 12, qui en a une disposition expresse.)

58. Cette regle a lieu à plus forte raison lorsque le Procureur est porteur des titres de la partie sur lesquels la demande est fondée, ou qui ont servi à la défense de la partie assignée; car ces titres forment une preuve en faveur du Procureur, pour empêcher qu'il ne puisse être désavoué.

Néanmoins cette espece de preuve n'est pas telle qu'elle ne puisse quelquefois souffrir difficulté; car il peut arriver qu'une partie envoye des pieces à un Procureur, non pour plaider, mais seulement pour faire consulter son affaire; & que le Procureur abusant de la confiance que l'on a en lui, intente une action au nom de cette partie, & à son insçu.

Il faut aussi observer que la présomption qui résulte en faveur du Procureur, porteur des titres de la partie, n'exclut pas celle de faire la preuve que cette partie n'a point chargé le Procureur d'occuper pour elle; comme si cette partie rapportoit une lettre du Procureur par laquelle il reconnoîtroit avoir reçu les titres de sa partie pour les consulter à un Avocat, ajoutant à sa partie qu'il ne feroit rien sans recevoir un ordre d'elle pour agir en conséquence.

Au reste, quand la procuration est donnée par écrit, il n'est pas nécessaire qu'elle soit par Notaire; il suffit qu'elle soit sous seing privé, & même par une simple lettre missive: & un pouvoir ainsi donné est obligatoire contre la partie; mais ceux avec lesquels le Procureur voudra traiter, pourront, pour leur sûreté, demander une procuration autentique.

59. 3°. La procuration donnée par une partie à un Procureur, est, ou pour toutes les causes en général qu'elle peut avoir dans la Jurisdiction où il a droit de postuler, ou simplement pour une affaire particuliere.

Dans le premier cas son emploi dure jusqu'à ce qu'il soit révoqué; de sorte qu'une affaire étant jugée, il continue toujours d'occuper pour la partie dans les autres affaires qu'elle a. Mais dans le second cas, son pouvoir finit après le jugement diffinitif de l'affaire.

4°. Les procurations, ou pouvoirs, donnés par les parties à leurs Procureurs, ne tombent point en surannation, & durent toujours jusqu'à ce que l'instance soit périe, ou jugée diffinitivement; à moins que ces procurations n'aient été révoquées avant le jugement diffinitif, ou avant la péremption aquise. (Acte de notoriété du Châtelet de Paris du 23 Juin 1692, rapporté au Recueil desdits actes, *pag. 84.*)

60. 5°. La procuration, ou pouvoir donné à un Procureur, cesse par la mort de la partie, ou par le décès du Procureur, si le procès n'est pas en état. Dans le premier cas, pour procéder sur les derniers errements, il faut faire assigner en reprise d'instance ceux qui succedent aux droits du défaut; & dans le second cas, il faut sommer la partie de constituer un nouveau Procureur. (Voyez l'Ordonnance de 1667, *tit. 26*, *art. 1*, *2*, *3 & 4.*)

Mais si le Procureur avoit été choisi par un fondé de procuration générale, son pouvoir ne cesseroit pas par la mort de ce fondé de procuration; mais seulement par le décès de celui qui auroit donné cette procuration. (Papon, *liv. 6*, *tit. 4*, *n. 15*; Voyez aussi Dumoulin, *tom. 2*, *pag. 566 de l'édition de 1681*, *quest. 63.*)

61. 6°. Les parties peuvent, quand elles le jugent à propos, révoquer leur Procureur, même après la cause contestée. Mais pour que cette révocation soit valable, il faut qu'elle contienne & la révocation du Procureur dont on ne veut plus se servir, & la constitution d'un nouveau Procureur à la place de celui qu'on révoque; parce que sans cette constitution d'un nouveau Procureur, la révocation du premier seroit nulle, & la partie adverse pourroit, sans y avoir égard, continuer ses procédures contre le

le Procureur révoqué. (Ordonnance d'Abbeville du 23 Février 1539, *art.* 182 ; Boniface, *tom.* 1, *liv.* 1, *chap.* 19, *n.* 8 ; où il rapporte un Arrêt du Parlement du 15 Décembre 1664, conforme à cette Jurisprudence ; autre Arrêt du mois de Mars 1599, rapporté par Mornac, *in* L. 1, Cod. *de Procuratoribus* ; autre Arrêt du 22 Novembre 1645, rapporté par Basset, *tom.* 2, *liv.* 2, *tit.* 5, *chap.* 1 ; Voyez aussi l'article 4 de l'Ordonnance du mois d'Août 1716, pour la procédure de la Chambre de Justice, registré au Parlement le 5 Septembre de la même année.)

62. 7°. Le Procureur qui s'est chargé de la défense d'une partie ne peut plus se désister ; & il peut être contraint, malgré lui, d'occuper jusqu'au jugement du procès inclusivement. (L. *Pomponius* 9, D. *de Negotiis gestis*.)

8°. Celui qui a été Procureur en la récréance, continue aussi de l'être en la maintenue, ou petitoire, & il est tenu d'y défendre. (Arrêt du 19 Novembre 1533, rapporté en la Bibliotheque Canonique, *tom.* 2, *pag.* 267, *colon.* 2.)

Après même que le procès est jugé, le Procureur qui a occupé en l'instance, peut être contraint d'occuper sur les poursuites qui sont faites en exécution de la Sentence, ou de l'Arrêt ; comme taxe de dépens & autres, sans avoir besoin pour cela d'une nouvelle procuration. (Ordonnance du 29 Mars 1528, *art.* 1 ; autre du mois d'Octobre 1535, *chap.* 5, *art.* 33 ; Ordonn. de Roussillon, *art.* 7 ; Réglement du 24 Mai 1603, pour Bourg-en-Bresse, *art.* 93.)

Et aussi en l'instance de liquidation des dommages & intérêts. (Ordonnance de 1667, *tit.* 32, *art.* 4.)

Ainsi que sur la requête civile. (*Ibid.* tit. 35, art. 6.)

63. *Question.* Le Procureur qui occupe dans une instance, est-il obligé d'occuper sur l'appel de cette instance, sans une nouvelle procuration, lorsqu'il peut occuper en l'une & en l'autre Jurisdiction ; comme il arrive tous les jours dans les Bailliages où les Procureurs sont en même-temps Procureurs au Bailliage & en la Prévôté ; & dans les Cours de Parlement où les Procureurs exercent leurs fonctions en la Grand'Chambre, aux Enquêtes, & aux Requêtes du Palais ?

Il faut distinguer si la sentence dont est appel a été rendue sur procès par écrit, ou non. Dans le premier de ces deux cas, il est obligé d'occuper, parce que l'appel peut être relevé par une simple requête ; mais si elle a été rendue à l'Audience, il n'est pas tenu d'occuper, du moins sur l'appel d'une sentence rendue aux Requêtes du Palais ; parce qu'en ce cas l'appel doit être relevé par la partie intimée, en vertu de lettres prises en Chancellerie. (*Ita* Lange, *pag. 384, édition de 1699.*)

9°. Les Procureurs, en se chargeant d'une cause, doivent avoir attention de demander à leur partie les mémoires & instructions nécessaires pour la défendre ; autrement ils ne doivent pas s'en charger. (Ordonnance du 28 Octobre 1446, *art. 27*; autre du mois d'Avril 1458, *art. 43*; autre du mois d'Octobre 1535, *chap. 5, n. 4*; Ordonnance de Roussillon, *art. 7.*)

ARTICLE V.

Du Désaveu.

64. On appelle *Désaveu* la déclaration faite par une partie qu'elle n'a pas donné pouvoir à un Procureur de former en Justice certaines demandes, qu'elles croît lui être préjudiciables, & contre lesquelles elle réclame.

Le désaveu se fait, ou principalement, ou incidemment. Il se fait principalement lorsqu'on désavoue en général un Procureur, & qu'on déclare qu'on ne l'a jamais chargé de la cause : il se fait incidemment, lorsqu'à l'occasion d'un acte particulier on désavoue le Procureur chargé de la cause, comme ayant excédé son pouvoir.

Le désaveu peut avoir lieu en plusieurs cas:

1°. Il a lieu quand il s'agit de former une nouvelle demande. (Recueil de Réglements concernant les fonctions de Procureur, appellé ordinairement le *Code Gillet*, pag. 214 ;) ou d'augmenter, ou restreindre celle formée par les exploits qui lui ont été remis.

2°. Quand le Procureur fait des offres & acceptations sans le pouvoir de sa partie. (Réglement de Doron du 10 Janvier 1587, pour la Prévôté d'Orléans, *art. 39.*)

65. 3°. Dans le cas où il s'agit de faire quelque désistement, ou quelque rénonciation que ce soit ; ou de donner main-levée d'une saisie.

4°. Ou de recevoir des deniers, ou d'en donner quittance au nom de celui pour lequel il agit. (Arrêt du Parlement de Dijon sans date, rapporté par Bouvot, *tom. 1, part. 3*, au mot *Procureur*, quest. 2.)

5°. Ou quand il s'agit de reconnoître une promesse, ou une écriture privée.

6°. Ou de s'inscrire en faux contre un acte. (Ordonnance de 1535, *chap. 5, art. 23*; Réglement du 24 Mai 1603, pour Bourg-en-Bresse, *art. 94*; Voyez le Code Gillet, *pag. 214.*)

7°. Ou de former un désaveu contre un Procureur, ou un Huissier.

8°. Ou de former quelques reproches contre des témoins. (Ordonnance de 1667, *tit. 23, art. 6.*)

9°. Ou de faire une affirmation, ou déclaration qui soit importante & décisive.

10°. Ou de déférer le serment décisoire. (L. *jure jurandum*, §. *finali*, D. *de jure jurando*. Papon, *liv. 6, tit. 14, n. 18.*)

11°. Ou de transiger, ou compromettre. (*Ibidem, ibid.*)

66. 12°. Ou d'alléguer une exoine pour leurs parties. (Ordonnance du mois d'Octobre 1535, *chap. 5, art. 24.*)

13°. Ou de requérir une évocation. (Edit de la Bourdaisiere du 18 Mai 1529, *art. 5*; autre de Chanteloup du mois de Mars 1545, *art. 4.*)

14°. Ou de recuser un Juge. (Code Gilet, *pag. 214.*)

15°. Ou de recevoir les dépens adjugés à sa partie. (Ordonnance de 1535, *chap. 5, art. 21.*)

16°. Ou de porter une enchere sur un bien vendu en Justice. (Edit des Criées du 3 Septembre 1551, rapporté par Néron, *tom. 1, pag. 328, art. 11.*)

17°. Pour accepter, ou refuser une caution. (Arrêts du Parlement de Paris de l'année 1323, & du 26 Novembre 1543, rapportés par Papon, *liv. 6, tit. 4, n. 17 & 18.*)

18°. Lorsqu'il s'agit d'appeller, ou de renoncer à un appel interjetté, & même d'anticiper. (Arrêt du Parlement de Dijon du 28 Novembre 1752.)

67. Néanmoins dans les incidents des procès, lorsque l'Avocat trouve nécessaire & donne conseil au Procureur de former quelques appellations incidentes, ou de prendre de nouvelles conclusions pour rectifier, ou rétablir celles qui ont été prises au procès, il le peut faire, suivant les Réglements de la Cour, sans pouvoir être désavoué. (Voyez le Code Gilet, *pag. 214.*)

19°. Et en général toutes les fois qu'il s'agit de donner un consentement qui peut être préjudiciable à sa partie.

En un mot, un Procureur ne peut, sans une procuration spéciale, faire aucun acte qui dépende du fait de la partie, & qui ne soit pas de l'instruction ordinaire de la procédure, à laquelle le pouvoir du Procureur est borné.

Mais pour éviter les frais & l'embarras d'une nouvelle procuration, les Procureurs ont coutume, quand les parties sont sur les lieux, de leur faire signer les actes qui sont du fait personnel des parties; & cette signature vaut une procuration.

Il faut même observer à l'égard de tous les actes dont on vient de parler ci-dessus, que tant que le Procureur n'est point désavoué, l'acte qu'il a passé est toujours censé consenti par sa partie.

68. Une autre maxime importante en matiere de désaveu, c'est qu'une partie qui est présente, lorsque son Procureur à fait un acte sujet à désaveu, ne peut plus ensuite désavouer son Procureur; parce que par sa présence, & par son silence non suivi de réclamation, elle est présumée avoir donné son consentement & son approbation à ce que son Procureur a avancé. (Arrêts des 6 Mars & 12 Mai 1564, rapportés par Papon, *liv. 6, tit. 4, n. 22;* Voyez encore un autre Arrêt plus récent du 27 Juin 1730, dont l'espece est rapportée par Denisart en ses Collections de Jurisprudence, au mot *Désaveu*, tom. 1, pag. 360, col. 1 de l'édition de 1764, *in*-4°.)

Le désaveu peut se faire en tout état de cause; même après le procès jugé. (L. *Plautius*, D. *de Procurat.* L. 4, D. *de re judic.*)

69. Quelques-uns ont pensé qu'on ne pouvoit faire ce désaveu après la mort du Procureur qu'on veut désavouer. (Ainsi jugé par Arrêt du 23 Février 1580, rapporté en la Conférence des Ordonnances, *tom. 1, liv. 2, tit. 4, §. 41, pag. 455 à la marge;* autre Arrêt du 14 Mars 1671, rapporté au Code Gilet, *pag. 217.*)

Cependant par Arrêt du 5 Septembre 1713, rapporté au Journal des Audiences, il a été jugé qu'un désaveu formé contre un Procureur de la Cour, quoiqu'après son décès, étoit valable; mais cet Arrêt a en même-temps jugé que le désaveu ne peut être dénoncé à la veuve & aux héritiers du Procureur désavoué, & qu'ils ne sont pas tenus des suites de ce désaveu. (Voyez Denisart, au mot *Désaveu.*)

Depuis par un autre Arrêt du 18 Mars 1744, rendu sur les conclusions de M. Gilbert-de-Voisins, & rapporté par Lacombe, en son Recueil de Jurisprudence, il a été jugé que les héritiers d'un

Procureur désavoué après sa mort, étoient tenus des dommages & intérêts de la partie contre laquelle il avoit occupé.

70. La maniere de procéder dans les désaveux n'est pas uniforme; & chaque Tribunal a ses usages particuliers. On peut voir sur celle qui s'observe au Conseil, le nouveau Réglement touchant la procédure du Conseil du 28 Juin 1738, *part.* 2, *tit.* 9.

Au Châtelet de Paris, le désaveu se fait au Greffe par la partie même, ou par un fondé de procuration spéciale de cette partie, qui déclare n'avoir jamais chargé tel Officier de faire tel acte, ou de former telle demande, & qu'elle désavoue le tout, dont elle demande acte. Je vois aussi qu'à Orléans on observe quelquefois la même procédure; mais ce désaveu au Greffe n'est pas nécessaire.

Il faut appeller la partie adverse dans le désaveu, à cause de l'intérêt qu'elle a que le désaveu ne soit pas jugé valable, & du recours en dépens, dommages & intérêts contre l'Officier désavoué.

La partie qui forme le désaveu, doit aussi refonder les dépens faits depuis l'acte qu'on veut désavouer, jusqu'à la signification du désaveu; & cela même dans le cas où le désaveu seroit jugé valable; sauf alors le recours contre le Procureur, ou l'Huissier désavoué.

71. Tout acte, ou procédure fait avec un faux Procureur est nul, & ne peut porter aucun préjudice à la partie, pour laquelle ce Procureur auroit occupé sans pouvoir. (L. *si Procuratori falso*, D. *de condict. causâ datâ*. L. *Licet*, C. *de Procuratoribus*.) Ainsi l'effet du désaveu, quand il est fondé, est de constater cette nullité.

Néanmoins quand on veut désavouer un Procureur avec lequel il a été rendu une sentence, ou appointement, il faut, suivant Imbert, *liv.* 1, *chap.* 17, *n.* 40, commencer par se porter appellant de la sentence; parce que suivant lui, on ne pourroit, sans cet appel, attaquer la sentence de nullité; & il cite à ce sujet un Arrêt du Parlement du 1 Décembre 1544.

Si le jugement a été rendu en dernier ressort sur des offres, ou sur un consentement désavoué, & que le désaveu ait été jugé valable, il faut prendre la voie de la requête civile. (Ordonnance de 1667, *tit.* 35, *art.* 34.)

72. Le Procureur, dont le désaveu est jugé valable, est tenu d'indemniser sa partie de tous les évenements où il l'a exposé par son imprudence. (Ainsi jugé par Arrêt du 10 Février 1742, rapporté

par Denisart, au mot *Désaveu*;) & même s'il y avoit du dol, ou de la fraude de la part du Procureur, il pourroit être puni plus rigoureusement. Ainsi, par Arrêt du Parlement du 26 Juillet 1749, rendu au rapport de M. Langlois, Conseiller, en déclarant un désaveu valable, le Procureur fut interdit pour un an de ses fonctions; & il fut en même-temps ordonné que le procès seroit communiqué au Procureur-Général, pour prendre par lui telles conclusions qu'il jugeroit à propos.

73. L'Ordonnance du mois d'Octobre 1535, *chap.* 5, *art.* 16, porte que si aucuns se portent Procureurs sans procuration, ils doivent être punis comme faussaires, & en outre condamnés aux dommages & intérêts des parties. (Voyez aussi l'Ordonnance du mois de Janvier 1629, *art.* 97.)

Comme le désaveu est injurieux à celui contre lequel il est proposé, & que cette injure est plus ou moins grave, selon les circonstances, on lui accorde ordinairement des dommages & intérêts, quand il est désavoué mal-à-propos. (Ainsi jugé par Arrêt du Parlement, rendu en forme de Réglement le 4 Septembre 1722, rapporté par Denisart, au mot *Désaveu*.)

Au reste, il faut observer qu'un Procureur ne peut être désavoué que par ses parties, & jamais par les parties adverses.

ARTICLE VI.

Des Devoirs généraux & personnels des Procureurs.

74. 1°. Ils doivent exercer les fonctions de leurs charges en personne; & en cas d'absence, maladie, ou autre empêchement, par leurs Substituts, & non par leurs Clercs, auxquels il est fait défanses de faire aucunes expéditions pour leurs maîtres, à peine de faux. (Voyez ci-dessus, *n.* 10.)

2°. Ils sont tenus de faire résidence. (Ordonnance du mois de Novembre 1528, *art.* 13; autre du mois d'Octobre 1535, *ch.* 5, *art.* 26; & c'est aussi la disposition du Réglement du Conseil du 24 Mai 1603, rendu pour le Présidial de Bourg-en-Bresse, *art.* 81, qui ajoute que les Procureurs ne pourront s'absenter pendant la séance du Présidial, & sans laisser à leur place des Substituts pour les représenter, & qui soient instruits de leurs causes.)

75. 3°. La probité doit tellement être particuliere aux Procureurs, que sans elle tous les talents qu'ils pourroient avoir d'ailleurs

leur deviendroient non-seulement inutiles, mais même funestes. Ceux qui embrassent cette profession avec des sentiments d'honneur, doivent aussi y joindre le désintéressement.

4°. Ils doivent être capables d'exercer leur profession, & avoir été Clercs pendant un certain nombre d'années, plus ou moins grand, suivant les différentes Jurisdictions. Au Parlement de Paris, pour pouvoir être reçu Procureur, il faut avoir été Clerc pendant dix ans. (Réglement du 10 Octobre 1537; Arrêt du Parlement de Paris du 18 Décembre 1537, rapporté par Laroche-Flavin, titre *Des Parlements*, liv. 2, chap. 15, n. 39.) Au Bailliage d'Orléans, il faut avoir été Clerc pendant six ans, suivant un Réglement du même Siege du 26 Novembre 1692, *art.* 26.

Suivant l'Edit des Présidiaux du mois de Janvier 1551, *art. 13*, il suffit, pour être reçu Procureur, d'avoir suivi la pratique pendant le temps de cinq ans. L'Ordonnance de François I, donnée à Saint-Jean-d'Angely le 11 Février 1519, *art.* 18, porte que nul ne sera reçu Procureur qu'il n'ait quatre ans de pratique.

76. 5°. Ils ne peuvent être reçus qu'ils ne soient âgés au moins de vingt ans, suivant le même Edit de 1551, *art. 13;* mais suivant le même article 18 de l'Ordonnance de 1519, ils doivent être âgés de vingt-cinq ans.

6°. Il faut qu'ils soient de la Religion Catholique, ainsi que tous les autres Officiers.

7°. Ils ne peuvent exercer sans provisions, de même que les autres Officiers.

8°. Il doit être fait information de leurs vie & mœurs. (Ordonnance du mois d'Octobre 1535, *chap.* 5, *art.* 2; Réglement du 24 Mai 1603, pour le Présidial de Bourg-en-Bresse, *art.* 80.)

9°. Ils doivent, avant d'être reçus, être interrogés & examinés au Siege où ils sont reçus, & y prêter serment. (Ordonnance de 1535, *chap.* 5, *art.* 1; autre du mois d'Avril 1453, *art.* 47.)

Cet examen se faisoit autrefois par tous les Officiers du Siege; mais on se contente aujourd'hui de le faire faire par deux Conseillers qui en font leur rapport à la compagnie; & c'est ainsi qu'on le pratique à Orléans. Mais le Procureur, jugé capable, est reçu & prête serment en la Chambre présidiale en présence de tous les Juges où préside l'ancien des deux Présidents. (Réglement du 30 Août 1689, rendu entre les Officiers du Présidial d'Orléans, *art.* 4. La même chose s'observe aussi au Parlement.)

77. Voyez la formule de ce serment dans Joli, *tom. 1, pag. 165, n. 25.*

Les Procureurs du Châtelet d'Orléans qui ont été reçus au Présidial, & qui en conséquence de leurs provisions, peuvent exercer leurs fonctions dans les autres Sieges de la même ville, n'ont pas besoin de prêter un nouveau serment dans ces autres Sieges; celui qu'ils ont prêté au Présidial leur suffit.

10°. Ils ne peuvent, lors de leur réception, donner des jettons ni faire aucuns présents à leur Communauté. Il a été rendu à ce sujet un Réglement au Présidial d'Orléans le 14 Mai 1736, sur les conclusions du Procureur du Roi, qui fait défenses à la Communauté des Procureurs du Châtelet d'Orléans, d'exiger ni de recevoir d'aucun récipiendaire en l'office de Procureur audit Siege, des jettons d'argent lors de leur réception; & qui ordonne que ce réglement sera inscrit sur le registre de la délibération de ladite Communauté, qui avoit arrêté depuis peu, que chaque récipiendaire payeroit à l'avenir une bourse de cinquante jettons d'argent contre l'usage pratiqué jusqu'alors.

78. 11°. Un Arrêt du Parlement du 10 Juin 1763, ordonne que les Procureurs actuellement en titre, ne pourront vendre, ou acquérir, soit le titre, soit la pratique d'aucuns de leurs confreres, conjointement ni séparement; comme aussi qu'ils ne pourront, ni leurs femmes & enfants, vendre, ou donner leurs pratiques, ou partie d'icelles, en faveur de quelque personne que ce soit, séparement de leurs offices, à peine de nullité, *&c.*; ce qui est conforme à un autre Arrêt du 27 Décembre 1691.

12°. Il leur est défendu par l'Ordonnance de Blois, *art.* 132, d'avoir part à la ferme des amendes. (*Idem.* par l'article 81 de l'Ordonnance d'Orléans.)

En général ils ne peuvent être fermiers de terres. (Arrêt du 30 Octobre 1690, rapporté par Laroche-Flavin, en son Traité des Parlements, *liv.* 2, *chap.* 15, *n.* 63.)

79. 13°. Ils ne peuvent être marchands ni tenir boutiques, ou être hôteliers; à peine de suspension de leur état pour la premiere contravention, & de privation pour la seconde. (Ordonnance du mois de Décembre 1537, *art.* 15; Arrêt du 12 Juin 1645, rapporté par Boniface, *tom.* 1, *liv.* 1, *tit.* 19, *art.* 5; Voyez aussi Laroche-Flavin, Traité des Parlements, *liv.* 2, *ch.* 15, *art.* 43.)

14°.

14°. Ils ne peuvent en même-temps être Procureurs & Greffiers, ou Notaires. (Arrêt de Réglement du 10 Décembre 1665, *art.* 18; autre du 7 Octobre 1541; autre Arrêt du 16 Septembre 1539, rapporté par Imbert, *liv.* 1, *chap.* 35, *n.* 6; autre du 29 Novembre 1568, pour Rheims, rapporté *ibid.* n. 6, note (*p*); autre du 25 Octobre 1557, pour Chartres; autre Arrêt du 23 Avril 1721, rapporté au Journal des Audiences, rendu pour Provins, qui a jugé que les charges de Procureur & de Notaire étoient incompatibles dans les Bailliages & Sénéchaussées royales. Voyez aussi ce qui a été dit ci-dessus au titre *Des Greffiers*, part. 5, tit. 1, n. 130; & au titre *Des Notaires*, ibid. *part.* 5, *tit.* 2, *n.* 102.)

80. Néanmoins quand un Siege est de petite étendue, on peut en même-temps y être Procureur & Notaire. (Arrêt du Parlement de l'année 1582, rapporté par Papon, *liv.* 6, *tit.* 4, *n.* 25; autre Arrêt du 17 Avril 1584, pour Beaugency, quoique Siege royal, rapporté par Filleau, *tom.* 1, *part.* 2, *tit.* 7, *chap.* 7, *pag.* 321; autre Arrêt de l'année 1582, pour Mehun-sur-Gevres en Berry, quoique ce soit aussi un Siege royal, rapporté *ibid.*)

Mais alors il leur est défendu de postuler dans les causes où ils ont fait office de Notaires. (Arrêt du 14 Mai 1565, rapporté par Imbert, *liv.* 1, *chap.* 35, *n.* 6, *note* (p).

Il faut aussi observer qu'il y a des offices de Greffiers qui sont compatibles avec les fonctions de Procureurs, même dans les grands Sieges. Ainsi, au Châtelet de Paris & à Orléans, les Procureurs sont titulaires des offices de Greffiers des présentations. De même les Greffiers du Parlement de Paris sont titulaires des offices de Greffiers, Garde-Minutes des Lettres de Chancellerie, suivant une Déclaration du Roi du 29 Avril 1692; & il en est de même au Présidial d'Orléans, où les Procureurs sont aussi titulaires de ces offices, qui ont été créés dans les Présidiaux.

81. 15°. Les Procureurs ne peuvent être en même-temps Procureurs & Huissiers, ou Sergents, du moins dans les Justices royales; mais il en est autrement dans les Justices de Seigneurs. Ainsi, par Sentence rendue au Bailliage d'Orléans le 15 Juillet 1653, rendue sur les conclusions de M. de Givès, Avocat du Roi, il a été jugé que les Procureurs de la Justice de Clery pouvoient être en même-temps Sergents; à la charge qu'ils ne pourroient occuper sur les exploits qu'ils auroient faits comme Sergents.

16°. Ils ne peuvent être Geoliers des prisons. (Ordonnance de 1670, *tit.* 13, *art.* 3.)

17°. Ils ne peuvent être en même-temps Procureurs, & Clercs des Gens du Roi. (Arrêt du Parlement de Toulouse des 2 Janvier 1584, & 25 Novembre 1583, rapporté par Laroche-Flavin, Traité des Parlements, *liv.* 2, *chap.* 15, *n.* 82.)

Il est même défendu aux Procureurs employés au Greffe, de faire aucun acte concernant l'office de Procureur pendant le temps qu'ils demeureront audit Greffe. (Arrêt du Parlement de Toulouse du 8 Mars 1576, rapporté par Laroche-Flavin, *ibid.* n. 83.)

82. 18°. Ils ne peuvent en même-temps être Avocats & Procureurs dans les Justices royales, excepté dans quelques Provinces où l'on observe le contraire; comme dans l'Anjou, le Maine, *&c.* (Voyez ce qui est dit au titre *Des Avocats*, ci-dessus, *part.* 5, *tit.* 3, *n.* 73 *& suivants.*)

19°. On ne peut être en même-temps Procureur au Parlement, & Procureur au Siege présidial dans la même ville. (Ainsi jugé pour Bordeaux par Arrêt du Conseil du 15 Octobre 1601, rapporté par Filleau, *tom.* 1, *part.* 2, *tit.* 7, *chap.* 25, *pag.* 332.)

20°. Les Procureurs des Justices royales ne peuvent être Greffiers de Justices de Seigneurs. (Arrêt du Parlement de Toulouse du 10 Juillet 1714, rapporté au Recueil des Arrêts, & Réglements de cette Cour, *in*-8°., tom. 1, pag. 190;) je vois cependant que le contraire s'observe à Orléans.

21°. Mais on peut être en même-temps Procureur; même dans une Justice royale, & avoir une commission; *v. g.* de Contrôleur du domaine; (ainsi jugé pour Riom par Arrêt du 21 Mai 1545, rapporté par Filleau, *tom.* 1, *part.* 2, *tit.* 7, *chap.* 8;) ou Receveur des droits réservés. (Arrêt du Conseil du 14 Février 1723, qui maintient un Procureur de Bayeux dans la perception des droits réservés, contre une Ordonnance rendue au Bailliage dudit lieu, qui avoit ordonné d'opter, & qui défend aux Juges de rendre de pareilles Ordonnances.)

83. 22°. Les Procureurs ne peuvent acquérir par décret des biens saisis sur ceux dont ils font les affaires; mais ils peuvent se rendre adjudicataires des biens saisis sur leur poursuite.

Un Arrêt du Parlement de Bretagne du 17 Septembre 1626, rapporté par Frain en ses Arrêts, *pag.* 419, fait défenses aux Procureurs poursuivants criées, de prendre & se faire subroger aux droits de lots & ventes dûs au Seigneur dont relevent les héritages desquels ils poursuivent le décret.

23°. Ils ne peuvent prendre aucune cession de droits litigieux dans leur Siege ; à peine de perte des choses cédées. (Ordonnance d'Orléans, *art.* 54 ; autre du mois de Janvier 1629, *n.* 94.)

Ni stipuler à leur profit une portion de dette, ou d'effet contesté, en cas qu'ils obtiennent gain de cause.

Lorsque des Procureurs achetent des actions, ou rentes, dans le Siege dont ils sont Officiers, les débiteurs peuvent s'en acquitter en restituant le même prix, avec les fruits & les intérêts du prix. (Arrêt du Parlement de Tournai au profit du Comte d'Egmont, contre un Procureur de Lille, du 20 Octobre 1698, rapporté par Pinault, *tom.* 2, *Arrêt* 231.)

84. 24°. Ils ne peuvent avoir aucune convention ni société avec les Procureurs des autres Sieges qui leur adresseront des causes. (Code Henri, *liv.* 2, *tit.* 32, *art.* 29.)

25°. Il leur est défendu, à peine de privation de leur état, & d'autres peines plus séveres, suivant les circonstances, de faire aucuns dons, ou présents au Rapporteur & autres Juges, pour les engager à expédier promptement, ou à retarder le jugement des procès ; & il est enjoint aux Juges de faire une exacte recherche, & de procéder contre les contrevenants. (Ordonnance du mois d'Avril 1453, *art.* 121 ; autre du mois d'Octob. 1535, *chap.* 1, *art.* 54.)

85. 26°. Plusieurs Arrêts ont déclaré nuls des legs & donations faites par les parties plaidantes à leurs Avocats & Procureurs. (a) (Ainsi jugé par Arrêts des 12 Août 1560, & 18 Avril 1576, rapportés par Carondas, *liv.* 7, *réponse 166* ; autre Arrêt du 1 Août 1569, rapporté par Laroche-Flavin, Traité des Parlements, *liv.* 2, *chap.* 15, *n.* 122 ; autre du 21 Février 1587, rapporté *ibid.* ; autre du 10 Avril 1571, rapporté aussi au même endroit. Voyez la Loi *si in emptione*, §. *penult.*, D. *de contrah. empt.* ; & la L. *medicus*, D. *de variis & extraord. cognit.* Voyez aussi Papon en ses Arrêts, *liv.* 6, *tit.* 4, *n.* 19 & 20.)

Néanmoins cette défense a été modérée pour les Procureurs parents des testateurs, ou donateurs ; & il a été ainsi jugé par Arrêt du 18 Janvier 1588, rapporté par Laroche-Flavin, *ibidem*, en son Traité des Parlements, *liv.* 2, *chap.* 15, *n.* 122.

(a) Voyez au titre *Des Avocats*, ci-dessus, *part.* 5, *tit.* 3, *n.* 45.

On trouve même plusieurs Arrêts qui confirment des testaments & donations faites par des cliens au profit de leurs Procureurs. (Arrêt du Parlement de Grenoble du 1 Juillet 1652, rapporté par Basset, *tom.* 1, *liv.* 5, *tit.* 1, *chap.* 19.)

86. Autre Arrêt du Parlement de Toulouse du 1 Avril 1642, rapporté par Albert, au mot *Legs*, art. 4, qui confirme un legs fait par un particulier à son Procureur.

Autre Arrêt du 26 Juin 1676, confirmatif d'un legs universel fait à M^e^. Lemée, Procureur au Parlement, par la veuve du sieur Constean sa cliente.

Autre Arrêt du 22 Juin 1700, rendu en la Grand'Chambre du Parlement de Paris, qui confirme un legs considérable fait par la Dame Dubuat, au profit de M^e^. François Pillon, Procureur au Châtelet de Paris, rapporté par l'Auteur des notes sur Duplessis; mais lors de la prononciation de l'Arrêt, Monsieur le Premier Président avertit que la Cour n'entendoit point autoriser les donations faites au profit des personnes qui ont l'administration des affaires d'autrui, & que les décisions de ces sortes de causes dépendent des circonstances de fait, qui avoient déterminé la Cour dans l'espece présente à confirmer le legs fait à M^e^. Pillon, dont la probité & le désintéressement étoient connus dans le public.

Autre Arrêt du 5 Avril 1751, au profit de M^e^. Belami, Procureur au Parlement, qui confirme un legs a lui fait par la Dame de Bouilli, sa cliente, de la maison, des jardins & de la source des nouvelles eaux minérales de Passi.

27°. Il leur est défendu d'écrire & signer, comme témoins, aucuns actes sous seing privé, de telle espece qu'ils puissent être; à peine de nullité & de 200 livres d'amende. (Arrêt du Conseil du 29 Décembre 1716, rapporté au Recueil des Réglements de Justice, *in*-12, tom. 2, pag. 384.)

ARTICLE VII.

Des droits, séances & privileges des Procureurs.

87. 1°. Ils ont la préséance sur les Huissiers. (Arrêt du Parlement du 13 Avril 1663, rapporté par Boniface, *tom.* 1, *liv.* 1, *tit.* 14, *n.* 8, qui a adjugé la préséance aux Procureurs du Parlement sur les Huissiers de ladite Cour, à la réserve du premier.)

2°. Les Procureurs qui ont été Echevins, ont le pas sur les

Marchands qui n'ont point passé dans ladite charge. (Arrêt du Parlement de Toulouse du 25 Février 1612, rapporté par Descorbiac, *tit.* 19, *chap.* 5, *pag.* 685.) Mais si un Marchand a été Echevin, il a le pas sur un Procureur qui n'a point encore exercé cette charge. (Même Arrêt de 1612. Autre Arrêt du Conseil du 11 Avril 1603, pour Bordeaux, rapporté par Chenu, *tom.* 2, *pag.* 1142.)

88. 3°. Ils n'ont rang & séance qu'après les Notaires. (Ainsi jugé par Arrêt du Parlement du 16 Juillet 1611, rapporté par Levêque en son Recueil des Chartres des Notaires, *chap.* 8, *pag.* 527, & par Chenu, *tom.* 2, *pag.* 1137, au profit des Notaires de la ville de Bourges, contre les Procureurs du Bailliage & Siege Présidial de la même ville; autre du 4 Mai 1669, au profit des Notaires de Chaumont, contre les Procureurs au Bailliage & Siege présidial de ladite ville, rapporté au Journal des Audiences. Voyez aussi au titre *Des Notaires*, ci-dessus, *part.* 5, *tit.* 2, *n.* 112.)

Et qu'après les Commissaires-Enquêteurs. (Arrêt du Parlement du 20 Février 1592, rapporté par Chenu, *tom.* 2, *pag.* 1137; autre du 21 Août 1660; Voyez le même Recueil des Chartres des Notaires, *chap.* 8, *pag.* 526 & 528.)

Un Arrêt du 29 Janvier 1709, porte que les Greffiers ne doivent point avoir le pas entre les Avocats & Procureurs. (Voyez Essai sur la profession des Procureurs, de Grousset, *pag.* 32.)

4°. Ils sont assis aux Audiences, au lieu que les Huissiers doivent y être debout, à la réserve du Premier Audiencier; mais ils plaident découverts à la différence des Avocats.

89. 5°. Ils peuvent prendre la qualité de Maîtres en plusieurs cas; ce que ne peuvent pas faire les Huissiers, à la réserve du premier Huissier Audiencier. (Laroche-Flavin, Traité des Parlements, *liv.* 2, *chap.* 15, *art.* 17.)

Touchant les cas où les Procureurs peuvent prendre la qualité de Maîtres, Voyez un Arrêt de Réglement du Parlement de Toulouse du 11 Septembre 1741, rapporté au Recueil des Réglements du même Parlement, *in-8°.*, *tom.* 1, *pag.* 511.

6°. Ils assistent en plusieurs cas aux cérémonies publiques avec les Juges & les Avocats, & ont séance après ces derniers. (Voyez Laroche-Flavin, Traité des Parlements, *liv.* 2, *chap.* 15, *art.* 11.)

7°. Dans plusieurs villes ils participent aux charges publiques, & peuvent être élus Echevins, ou Consuls. (Laroche-Flavin, *ibidem*, art. 18.)

8°. Ils peuvent, dans les Justices subalternes, même royales, tenir le Siege en l'absence des Juges, & des Avocats. (Ainsi jugé par Arrêt du 8 Août 1634, rapporté en la Conférence des Ordonnances, *tom.* 1, *liv.* 2, *tit.* 4, §. 7, *pag.* 446, à la marge, *in fine.*)

90. 9°. Quelques Auteurs prétendent que la qualité de Procureur est compatible avec celle de la noblesse. (On peut voir à ce sujet Laroche-Flavin en son Traité des Parlements, *liv.* 2, *chap.* 15, *n.* 23; & Mornac, tit. D. *de Procurator. & defensor.* au préambule.)

Et il paroît que c'est la Jurisprudence des Parlements de Toulouse & de Bretagne. (Voyez Levest, *Arrêt* 35, où il rapporte à ce sujet un Arrêt du Conseil du 4 Mars 1547, rendu pour le Parlement de Bretagne; & Dufail, *liv.* 2, *chap.* 72, où il rapporte un Arrêt du même Parlement du 20 Février 1558, rendu en faveur des Procureurs. Laroche-Flavin, en l'endroit qu'on vient de citer, rapporte aussi plusieurs Arrêts du Parlement de Toulouse pour établir cette maxime. Néanmoins l'opinion commune est que l'état de Procureur déroge. Voyez la Bibliotheque des Arrêts, au mot *Noble*, *n.* 9; Chorier en sa Jurisprudence de Guy-Pape, *pag.* 122; & Papon, *liv.* 5, *tit.* 11, *n.* 30; & c'est aussi le sentiment de Tiraqueau, *in tract. de nobilit.*, cap. 3, n. 4; où il excepte néanmoins de cette regle les Procureurs au Parlement. Laroque en son Traité de la Noblesse, *chap.* 147, adopte aussi la même décision.

10°. Les Procureurs du Châtelet de Paris ont leurs causes commises audit Siege, tant en demandant qu'en défendant, suivant un Edit du mois de Novembre 1689.

Ceux du Parlement de Paris ont leur *committimus* aux requêtes du Palais, suivant l'Edit du mois de Mai 1639, & la Déclaration du 16 Avril 1674.)

91. 11°. Les Communautés de Procureurs ont une Jurisdiction correctionelle & de discipline sur leurs Membres, ainsi que les autres Corps, & elles peuvent faire des Réglements pour l'observation & maintien de cette discipline; mais elles ne peuvent faire exécuter leurs délibérations qu'après qu'elles ont été homologuées au Siege, quand même les parties voudroient y acquiescer; à peine d'interdiction contre les Syndics en charge. (Arrêt du 14 Août 1724, contre la Communauté des Procureurs de Tours, rapporté par Denisart, au mot *Procureur.*)

Elles ont aussi Jurisdiction sur les Clercs des Procureurs, pour connoître par forme de discipline, des plaintes qui peuvent être portées contre eux. (Réglement du Bailliage d'Orléans du 16 Novembre 1692, pour les Procureurs du Châtelet de ladite ville, *art.* 15.)

12°. Touchant la maniere dont les pratiques de Procureurs peuvent être vendues, Voyez un Arrêt du Parlement du 26 Mars 1661, au Journal des Audiences.

ARTICLE VIII.

Des salaires des Procureurs.

92. 1°. Les Procureurs doivent être payés de leurs salaires, suivant la taxe qui en est faite par les Ordonnances, ou qui en est réglée par les Juges dans des tableaux, ou tarifs dressés à cet effet. (Ordonnance du mois de Janvier 1507, *art.* 26; autre de Blois, *art.* 160; autre de 1667, *tit.* 31, *art.* 13.)

2°. La même Ordonnance de 1667, *tit.* 31, *art.* 12, leur fait défenses d'employer dans leurs mémoires de frais qu'ils donnent aux parties, autres & plus grands droits que ceux qui leur sont légitimement dûs, & qui doivent entrer en taxe; à peine de répétition contre eux, & de 300 livres d'amende.

C'est aux Juges à taxer ces droits quand il n'y a point de tarif à ce sujet. (Ordonnance de Blois, *art.* 160 & 163; autre du mois de Janvier 1597, *art.* 26, qui ajoute que les Juges régleront les droits & salaires des Avocats & Procureurs, de maniere qu'aucune partie n'ait sujet de s'en plaindre. Voyez aussi l'article 11 du titre 31 de l'Ordonnance de 1667.)

93. 3°. Ils ne doivent point abuser de la confiance que les parties ont en eux, ni du crédit qu'ils peuvent avoir sur leur esprit. Ainsi pendant le cour des causes, instances, ou procès, ils ne peuvent recevoir de leurs parties, par quelque disposition que ce soit, aucun don, ou présent au-delà de leurs salaires. (Ordonnance du mois d'Avril 1453, *art.* 46; autre du mois de Novembre 1507, *art.* 116; autre du mois d'Octobre 1535, *chap.* 5, *art.* 30.)

4°. L'article 54 du Réglement de la Cour, du 10 Juillet 1665, leur fait défenses de prendre aucuns repas aux dépens des parties; à peine de concussion, d'amende arbitraire, & de répétition du quadruple; sur-tout en travaillant à l'apposition, ou levée des scellés. (Même Réglement, *art.* 57.)

94. 5°. Ils ne peuvent faire aucuns accords, traités ni compositions avec leurs parties pour raison de leurs salaires, en quelque maniere, & sous quelque prétexte que ce soit; à peine d'être rayés de la matricule. (Extrait des délibérations de la Communauté des Avocats & Procureurs du Parlement, du 19 Juillet 1689, rapporté au Journal des Audiences, *tom.* 5; ainsi jugé par Arrêt du 20 Décembre 1629, rapporté par Boné, *part.* 2, *Arrêt* 65.)

Mais après le procès terminé, il semble qu'ils le puissent au terme de ce même Arrêt.

6°. Un autre Arrêt de l'année 1558, rapporté par Rochette en ses Décisions de Droit, *pag.* 3, leur défend même d'acheter les héritages des parties auxquelles ils servent de conseil.

95. 7°. Les Procureurs ont droit de se faire payer par leurs parties de leurs frais, salaires & vacations; & ils ne peuvent les exiger de la partie adverse condamnée aux dépens envers leur partie, si ce n'est du consentement de cette partie; (Ordonnance de 1535, *chap.* 5, *n.* 21;) ou quand ils ont obtenu une distraction à leur profit contre cette partie adverse, ce qui se demande ordinairement aussitôt après la condamnation de dépens, & se prononce par le même jugement. Le Procureur qui obtient cette distraction peut faire délivrer à son profit l'exécutoire du montant de ces dépens, sans que la partie condamnée puisse opposer aucune compensation de ce qui est dû par celle qui a obtenu l'adjudication de dépens. Cette distraction de dépens peut même être demandée par le Procureur à qui ils sont dûs, lorsqu'il y a des saisies & arrêts sur la partie à laquelle ils sont adjugés, entre les mains de celui qui est condamné de les payer, & ces saisies n'empêchent pas l'effet de la distraction; parce qu'on regarde ces dépens comme appartenants au Procureur même, auquel sa partie les doit; lequel est en droit de les toucher par privilege à toutes autres saisies, & malgré toute compensation que les parties pourroient opposer. Il y en a un grand nombre d'Arrêts, & entr'autres un du 27 Mars 1727; un autre du 18 Avril 1736; & un autre du 21 Août 1743, que les Procureurs au Parlement de Paris ont fait imprimer.

96. On prétend même que le Procureur qui a reçu ce qui est dû à sa partie, sans ordre, peut néanmoins le retenir pour ses salaires, s'il lui en est dû. (*Ita* Papon, *liv.* 6, *tit.* 4, *n.* 21; & *tit.* 12, *n.* 12, où il rapporte à ce sujet un Arrêt du Parlement de Paris du 23 Novembre 1543, par la raison de la Loi *unic.* Cod. *etiam* ob

ob Chirogr. pecun. pign.; & de la Loi 26, *si non sortem*, §. *si centum*, D. *de condict. indeb.*)

8°. Ils sont tenus d'écrire de leur main tout ce qu'ils reçoivent des parties pour leurs salaires; à peine de concussion. (Ordonnance de Blois, *art.* 161; autre du mois d'Avril 1453, *art.* 45; Arrêt du 7 Juillet 1723, pour les Avocats-Procureurs d'Angers; Voyez aussi Bruneau en son Traité des Criées, *pag.* 148 & *suiv.*)

Les Procureurs doivent à cet effet avoir des registres, ou journaux où ils écrivent les sommes qu'ils reçoivent de leurs parties, ou par leur ordre, qu'ils doivent représenter toutes les fois qu'ils en sont requis; faute de quoi, ils sont non-recevables à demander le paiement de leurs frais & salaires. (Ordonnance du mois de Novembre 1507, *art.* 116; autre de 1535, *chap.* 5, *art.* 32; Arrêt du 6 Mars 1674, rapporté au Journal du Palais; autre du Parlement du 2 Août 1692, rapporté au Recueil des Réglements de Justice, *tom.* 1, *pag.* 404, & au Journal des Audiences. Autre Arrêt du Parlement de Rouen du 15 Décembre 1703.)

Les Procureurs seront tenus de représenter ces registres, & de les affirmer véritables, toutes les fois qu'ils en seront requis; à peine contre ceux qui n'auront point de registres, ou qui refuseront de les représenter & affirmer véritables, d'être déclarés non-recevables en leurs demandes & prétentions de leurs frais, salaires & vacations. (Mêmes Arrêts du 2 Août 1692, & 15 Décembre 1703.)

97. 9°. Il leur est défendu de retenir les titres & pieces de leurs parties, faute de paiement de leurs salaires, & sous prétexte qu'il leur est dû. (Arrêt du mois d'Avril 1453, *art.* 44; Ordonnance du mois de Novembre 1507, *art.* 114; autre du mois d'Octobre 1535, *chap.* 5, *art.* 8. Ainsi jugé par Arrêt du 22 Juin 1610, rapporté par Bouvot, *tom.* 1, *part.* 1, au mot *Procureur*; autre Arrêt du 24 Mai 1660, rapporté par Boniface, *tom.* 1, *liv.* 1, *tit.* 19, *n.* 9; Voyez aussi Coquille, *quest.* 197.)

Mais il faut observer que si la partie qui demande ses pieces à son Procureur, n'avoit pas une preuve par écrit que le Procureur en fût chargé, ce dernier seroit cru en affirmant ne les point avoir en sa possession, ou les avoir remises à la partie; & que la preuve par témoins du contraire ne seroit point admissible. (Arrêt du 10 Décembre 1602, rapporté par Carondas, *liv.* 13, *réponse* 33.)

98. Au reste, il faut observer que sous le mot de *titres & pieces*, on

ne doit point comprendre les actes & procédures du ministere du Procureur, qui ont été faits par celui à qui on les demande; car il est sans difficulté que le Procureur peut les retenir faute de paiement de ses salaires. (Arrêt du 4 Mai 1541, rapporté par Mornac sur la L. 4, C. *Commodato.*)

Mais les Procureurs *ad negotia* peuvent retenir les titres de ceux qui les ont préposés, faute de paiement de leurs salaires, suivant Laroche-Flavin en son Traité des Parlements, *liv.* 2, *chap.* 15, *n.* 38.

10°. Les Procureurs, faute de paiement de leurs salaires, ont droit de vendre, ou de céder à d'autres l'action qu'ils ont pour se faire payer des mêmes salaires. (Arrêt du 14 Juillet 1655, rapporté par Basset, *tom.* 1, *liv.* 2, *tit.* 11, *chap.* 4.)

99. 11°. Les pensions qui se paient par certaines Communautés à leur Procureur, ne sont pas réputées leur tenir lieu du paiement de leurs salaires pour raison des procès qu'ils poursuivent au nom de ces Communautés, & ils peuvent exiger ces salaires indépendamment de leurs pensions. (Arrêt du Parlement de Tournai du 24 Janvier 1693, rapporté par Pinault, *tom.* 1, *art.* 99.)

12°. Il est défendu très expressément aux Procureurs, de compter à leurs parties aucunes écritures du ministere des Avocats, si elles n'ont été faites par eux; & aux Procureurs qui seront en exercice, de les taxer; à peine d'en répondre en leur nom. (Arrêt du Parlement du 17 Juillet 1693, servant de Réglement entre les Avocats & les Procureurs du Parlement, rapporté au Recueil des Réglements de Justice, *tom.* 1, *pag.* 412.)

100. 13°. Les Procureurs sont privilégiés pour le paiement de leurs salaires; & sont préférés à tous les autres créanciers de leurs clients. Ils peuvent même en demander la distraction à leur profit contre la partie adverse, ainsi qu'il a été observé ci-dessus; sans qu'on puisse opposer la compensation vis-à-vis de leur partie. (Arrêt du 6 Mai 1606, rapporté par Bouvot, *tom.* 2, au mot *Procuration*, quest. 3; autre Arrêt du Parlement de Tournai, du 18 Décembre 1694, rapporté par Pinault, *tom.* 1, *Arrêt* 46; autre Arrêt du Parlement de Paris, du 14 Juillet 1746, rendu en la quatrieme Chambre des Enquêtes.)

14°. Ils ont hypotheque pour le paiement de leurs salaires, avances & déboursés, sur les biens de leur client, à compter du jour de la procuration qui leur a été donnée, si cette procuration a été passée devant Notaires. (Arrêt du 19 Juin 1644, rapporté au Journal des Audiences.)

101. 15°. L'arrêté du Parlement de Paris du 28 Mars 1692, *art. 1 & 2*, rapporté au Recueil des Réglements de Justice, *tom. 1, pag. 403*, & au Journal des Audiences, porte que les Procureurs ne pourront demander le paiement de leurs frais, salaires & vacations, deux ans après qu'ils auront été révoqués, ou que les parties seront décédées, encore qu'ils aient continué d'occuper pour les mêmes parties, ou pour leurs héritiers en d'autres affaires.

Et qu'à l'égard des affaires non jugées, ils ne pourront demander leurs frais, salaires & vacations pour les procédures faites au-delà de six années précédentes immédiatement, encore qu'ils aient toujours continué d'y occuper; à moins qu'ils ne les aient fait arrêter, ou reconnoître par leurs parties; & ce avec calcul de la somme à laquelle ils montent, lorsqu'ils excéderont la somme de deux mille livres. (*Idem* par Arrêt du 7 Septembre 1634; Voyez Louet, *lettre* S, *chap.* 21.)

102. A l'égard des affaires jugées, il paroît qu'après deux ans les Procureurs ne peuvent demander le paiement de leurs salaires, frais & vacations; ce qui semble résulter de la disposition de l'article 1 de l'arrêté que l'on vient de citer; puisque le pouvoir du Procureur cesse, & qu'il est révoqué par le jugement, du moins quand il est diffinitif, & qu'il n'est plus du ministere du Procureur.

Quand même le Procureur se trouveroit saisi des actes, ou même des pieces de sa partie, cela ne prolongeroit pas pour cela son action. (Arrêt du Parlement de Bretagne du 4 Septembre 1631, rapporté par Sauvageau sur Dufail, *liv.* 2, *chap.* 39.)

103. Mais après le temps de la prescription de deux, ou de six années dont on vient de parler, les Procureurs peuvent demander leurs salaires par exception, lorsque les parties les font assigner pour rendre les procédures qu'ils ont en leurs mains. (Même Arrêt du 4 Septembre 1631.)

16°. Touchant les salaires que les Procureurs peuvent percevoir pour les différents actes de procédures, ainsi que pour leurs vacations & transports, il faut consulter les différents Réglements rendus pour chaque Siege. (Voyez à ce sujet le Réglement du 6 Mai 1690, rendu pour le Châtelet de Paris, rapporté par Denisart, en son Recueil des Actes de notoriété, *pag.* 523, où il y a des notes sur ce tarif; & celui du 6 Mars 1682, rendu pour Orléans, qui se trouve imprimé; Voyez aussi le Projet ci-après, *n.* 104 & *suivants.*)

ARTICLE IX.

Des Procureurs des Justices de Seigneurs en particulier.

Les Procureurs des Justices seigneuriales n'ont point été créés en titre d'office; & ils exercent sur une simple permission verbale du Seigneur, ou même tacite.

Loiseau, Traité des Offices, *liv.* 5, *chap.* 4 & 5, ne met pas les Procureurs au nombre des Officiers que les Seigneurs peuvent nommer & destituer. En effet, ces Procureurs ne sont pas Officiers, & représentent seulement les parties, auxquelles il est libre de confier la défense de leurs droits aux personnes qu'elles jugent à propos. On peut voir à ce sujet deux Arrêts du Parlement de Paris des 23 Août 1730, & 21 Mai 1740, rapportés par Denisart en ses Collections, au mot *Procureur.*

A l'égard des droits que les Procureurs peuvent percevoir dans les Justices seigneuriales, Voyez l'Arrêt du 23 Juillet 1676, rendu pour le Duché de Mazarin, rapporté au Journal des Audiences; & celui du 15 Mai 1714, rendu pour le Comté de Pontchartrain, au titre *Des Procureurs postulants*, art. 1 & suivants. Ce dernier Arrêt est rapporté en entier avec des notes, dans le nouveau Recueil de Réglements, en trois tomes *in-12*, imprimé chez Debure en 1757, *tom.* 2, *pag.* 520.

ARTICLE X.

PROJET

D'un nouveau Tarif de dépens pour les Bailliages & Sénéchaussées du ressort du Parlement de Paris.

OBSERVATION.

104. Le principal but qu'on doit se proposer, lorsqu'il s'agit de dresser un tarif de dépens, est sans doute de ménager les intérêts du public, en donnant aux Procureurs des droits suffisans pour qu'ils puissent se soutenir dans leur état. Mais un objet encore beaucoup plus important qu'on doit avoir en vue dans cette espece de travail, est de faciliter l'expédition des procès, en retranchant de la taxe des dépens toutes les procédures inutiles, & en rendant plus prompte & plus facile la pratique de celles qui sont prescrites ou autorisées par les Ordonnances. On évitera par ce moyen aux Juges & aux parties, des pertes de temps & des longueurs inutiles ; & on les mettra dans le cas de terminer plus promptement les affaires.

Un autre objet important qu'on doit considérer en faisant un tarif de dépens, est de ne pas trop multiplier les articles de ce tarif, dans la crainte de grossir d'autant plus les frais de déclaration qui se paient comme on sçait par articles, & dont chaque article monte à plus de six sols pour les simples droits de déclaration ; parce que les Procureurs qui dans la plus grande partie des Bailliages & Sieges présidiaux ont acquis les offices de tiers référendaires-calculateurs de dépens, percevroient ces droits dans toute leur étendue, sans paroître même donner atteinte à l'article 7 du titre 31 de l'Ordonnance de 1667 ; ce qui va très-loin dans un exécutoire de dépens : & cette attention est d'autant plus nécessaire, que ces frais se paient ordinairement par le condamné.

105. J'ai cru, pour remplir ces vues, devoir proposer ici le projet d'un nouveau tarif de dépens pour les Bailliages & Sénéchaussées du ressort du Parlement de Paris. J'ai tâché de le dresser conformément à ces observations ; & j'espere y avoir réussi, du moins

pour la plus grande partie, à l'égard des objets dont on vient de parler.

Si l'on trouve dans ce projet quelques dispositions d'Ordonnances & Réglements, je n'ai fait que suivre en cela l'exemple de ce qui s'est pratiqué pour le Châtelet de Paris; & j'ai cru que ces dispositions, ainsi rappellées, ne pouvoient être que très-utiles dans un tarif qui doit toujours être entre les mains des Procureurs; afin d'avoir à chaque instant un guide assuré pour se conduire avec justice dans la perception de leurs droits, en leur rappellant les principales regles qui doivent les fixer.

106. Il seroit sans doute à souhaiter qu'on dressât, pour les différents Bailliages & Sieges présidiaux du Royaume, un nouveau tarif de dépens, à-peu-près sur le modele de celui que je propose, pour servir ainsi de regle aux Procureurs dans la perception de leurs droits; car dans un grand nombre de Sieges ils n'ont d'autre regle pour cela, que celle qu'ils se forment eux-mêmes arbitrairement, ou qu'ils fondent sur un usage souvent incertain, & presque toujours équivoque. Il en résulteroit sans contredit un très-grand bien, & pour le public & pour le repos de la conscience de plusieurs de ces Officiers, qui, peu éclairés sur l'étendue de leurs devoirs, & quelquefois même aveuglés par un motif d'intérêt, croient pouvoir s'écarter de la disposition des Réglements, sur le fondement que le prix des denrées & des autres choses nécessaires à la vie, est augmenté depuis les anciens tarifs de dépens qui sont en usage dans leur Siege, ou qui y ont été dressés par autorité de Justice pour y servir de Loi; & qui s'érigeant en quelque sorte en législateurs, s'imaginent, sous ce prétexte d'augmentation du prix des denrées, qu'ils sont fondés à percevoir des droits plus forts que ceux qui sont autorisés par ces tarifs, en ajoutant quelquefois le prétexte encore plus frivole d'un prétendu usage, qu'ils disent avoir dérogé à la Loi.

107. Mais ils ne doivent pas ignorer, ainsi que tous les autres Officiers en général, que c'est un abus & une erreur de leur part des plus intolérables; & qu'ils ne peuvent, sans se rendre coupables de concussion, s'écarter de leur autorité privée, de la disposition des Réglements, & percevoir des droits plus considérables, sous le vain prétexte que ces Réglements qui pouvoient convenir au temps où ils ont été rendus, ne conviennent plus au temps présent. Ils doivent sçavoir, qu'ils sont obligés de suivre à la lettre les anciens tarifs, jusqu'à ce que des Ordonnances & Ré-

glements émanés de l'autorité de la Cour, ou de celle des Juges, leur aient permis de percevoir des droits nouveaux, & aient établi en leur faveur une taxe plus avantageuse. Mais jusqu'à ce temps-là, les anciens droits doivent subsister; & c'est en vain que ces Officiers voudroient là-dessus se faire illusion : dès qu'il y a une Loi subsistante & non-révoquée, tout usage contraire de la Loi est un abus.

108. On a projetté en différents temps de remédier aux inconvénients qui pouvoient naître des anciens tarifs; & dès l'année 1689, un Arrêt de la Cour du 7 Décembre a ordonné, qu'il seroit dressé un nouveau tarif de dépens dans tous les Sieges du ressort du Parlement de Paris. Un autre Arrêt du 19 Septembre 1715, a ordonné la même chose; ce qui a encore été renouvellé en l'année 1730. Mais les inconvénients qui se sont présentés pour la construction de ces nouveaux tarifs, ont empêché que ce projet n'ait eu jusqu'à présent son exécution. Quoi qu'il en soit, j'ai cru que je pourrois rendre service au public, & faciliter l'opération de ces tarifs, (au cas qu'on juge à propos d'entreprendre ce travail,) en proposant ici un modele qui pourra servir à remplir les vues qu'on s'est proposé.

ARTICLE PREMIER.

109. Pour toutes demandes dressées par les Procureurs en matiere réelle; comme revendications; actions hypothécaires; possessoires; retrait lignager; complaintes; demandes en entérinement de lettres de rescision, de lettres d'émancipation, bénéfice d'inventaire & de cession; auditions de compte; séparation; interdiction; matieres bénéficiales, & autres; soit qu'elles soient formées par requête ou autrement, sera taxé vingt sols, outre le salaire de l'Huissier, contrôle & papier (a). *Demandes.*

ARTICLE II.

Et néanmoins pour les demandes en reconnoissance de cens,

(a) *Nota.* Au Châtelet de Paris, suivant le tarif du 6 Mai 1690, *art.* 4, on ne paie que 10 sols pour le mémoire des exploits & demandes en sommation de garantie.

il ne sera payé que dix sols, lorsque la demande ne contiendra que quatre articles : & lorsqu'il y aura plus de quatre articles, il sera augmenté d'un sol pour chaque article. (*b*).

ARTICLE III.

110. Pour toutes demandes personnelles dressées par les Procureurs par requête ou autrement, en matiere personnelle de la somme de cent livres & au-dessus, dix sols (*c*).

Pour celles au-dessous de cent livres, jusqu'à dix livres, sept sols, six deniers.

Et pour celles de dix livres & au-dessons, cinq sols.

ARTICLE IV.

Toutes les demandes en cause principale & d'appel, tant au Bailliage que dans les Justices subalternes, pourront être formées par un simple exploit, qui sera libellé conformément à ce qui est prescrit par l'article 10 du titre 2 de l'Ordonnance de 1767 ; sans qu'il soit présenté aucune requête pour en expliquer les moyens & conclusions, ni qu'il soit besoin d'obtenir permission de faire assigner ; si ce n'est lorsque le cas étant provisoire, il s'agira, aux termes des Réglements, d'obtenir abréviation des délais fixés par l'Ordonnance, permission de saisir, ou autorisation à la poursuite de ses droits (*d*).

Droit de Consultation.

ARTICLE V.

111. Pour le droit de consultation ou de conseil (*e*) sur toutes les demandes

(*b*) Le tarif du Châtelet d'Orléans du 6 Mars 1682, *art.* 1, donne seulement 10 sols, y compris le droit de consultation.

(*c*) Le tarif du Châtelet de Paris, *art.* 5, ne donne que 5 sols.

(*d*) Voyez l'article 24 de l'Arrêt de Réglement du 14 Mars 1765, rendu pour Clermont en Auvergne.

(*e*) *Consultation*, dans sa propre signification est le droit du demandeur ; & *conseil*, celui du défendeur ; mais aujourd'hui on se sert indistinctement de ces deux mots.

Le droit de *consultation*, ou *conseil*, a lieu pour toutes les demandes intentées en Justice par assignation, ou intervention, & non pour de simples saisies, arrêts, oppositions, ou commandements, non suivis d'assignation ; car ces actes ne sont point, par eux-mêmes, introductifs d'instance ; & même le ministere des Procureurs y est inutile.

demandes en matiere réelle, & autres comprises dans les articles 1 & 2 ci-dessus, tant en premiere instance qu'en cause d'appel, & aussi en procès par écrit, trente sols.

Et pour les matieres sommaires, quinze sols (*f*).

ARTICLE VI.

Pour le droit de consultation dans les matieres personnelles au-dessous de la somme de cent livres, jusqu'à dix livres, dix sols; & au-dessous de dix livres, cinq sols.

ARTICLE VII.

Le droit de consultation dans les articles précédents aura lieu, tant en faveur du Procureur du demandeur ou appellant, que de celui du défendeur ou intimé; mais il n'aura lieu que dans le cas où l'instance sera par lui contestée, ou qu'il y aura réglement sur icelle (*g*); & en cause d'appel, que quand l'appel sera relevé (*h*).

ARTICLE VIII.

112. Il ne sera taxé qu'un seul droit de consultation au Procureur du demandeur sur la demande par lui formée contre plusieurs parties différentes; par exemple, au Procureur du demandeur en saisie & arrêt contre plusieurs locataires ou sous-locataires d'une même maison; quand même les exploits seroient faits en différents jours (*i*). Ce qui aura pareillement lieu à l'égard du Procureur d'un saisissant, quelque nombre de saisies qu'il y ait, lorsque ces saisies dépendent du même fait & de la même permission de saisir. (*k*)

(*f*) Au Châtelet de Paris, on ne paie aujourd'hui que cette somme pour le droit de consultation dans les matieres sommaires. (Voyez les actes de notoriété de Denisart, *pag.* 526, *note* (*c*).

(*g*) Voyez la délibération de la Communauté des Procureurs du Châtelet de Paris du 20 Novembre 1693, *art.* 4, rapportée au Code Gillet, *pag.* 266.

(*h*) Voyez l'article 1 du tarif du Châtelet de Paris du 6 Mai 1690.

(*i*) Voyez l'article 13 du Tarif du Châtelet de Paris.

(*k*) Voyez le Tarif de Lyon, *art.* 19.

ARTICLE IX.

Ne sera aussi employé dans la déclaration de dépens, ni fait taxe aux Procureurs, que par un seul droit de consultation ou de conseil dans le cours du procès, pour toutes les demandes, tant principales qu'incidentes ; & un autre droit de conseil, au cas qu'il soit fait par les parties contre lesquelles ils occuperont, quelques nouvelles demandes principales ou incidentes, conformément à l'article du titre 31 de l'Ordonnance de 1667 ; sans cependant qu'on puisse l'exiger pour les demandes en reprise d'instance, ou constitution de nouveau Procureur.

ARTICLE X.

113. Ne sera pareillement taxé aucun droit de consultation ou de conseil sur les demandes formées par requête, ou autrement, pour avoir communication, ou rendre des pieces ; pour satisfaire, ou faute d'avoir satisfait aux sentences diffinitives ou préparatoires ; ni sur une demande en dénonciation où l'on n'a point un intérêt direct ; ni pour autres incidents concernant la procédure (*a*).

ARTICLE XI.

Présentations. Pour la vacation du Procureur au Greffe des présentations, tant en premiere instance qu'en cause d'appel, soit pour se présenter, obtenir défaut, ou vérifier le registre des présentations (*b*), cinq sols (*c*).

(*a*) Voyez l'article 2 du Tarif du Châtelet de Paris.

(*b*) Suivant l'article 5 du même Tarif, on ne doit payer que 2 sols 6 den. ; mais depuis l'établissement du contrôle, ce droit de présentation se paie sur le pied de 5 sols. Voyez Denisart en ses Actes de Notoriété, *pag.* 523, *note* (*c*).

(*c*) Le Réglement de 1765, rendu pour Clermont, *art.* 7, porte : » Que » lorsqu'il y aura un Procureur constitué, soit en demandant, soit en défen- » dant, il ne pourra être levé au Greffe aucun défaut faute de comparoître, » contre la partie qui aura un Procureur en cause ; mais que l'affaire sera » instruite avec le Procureur constitué, & jugée ainsi qu'il appartiendra, » & dans la forme prescrite par l'Ordonnance. »

ARTICLE XII.

Dans le cas où plusieurs défendeurs comparoissent par un même Procureur, il ne sera payé qu'un seul droit de vacation pour l'assistance de leur Procureur (*d*) : ce qui aura pareillement lieu à l'égard du Procureur d'un demandeur ou saisissant, quelque nombre de saisies qu'il y aît dépendantes du même fait & de la même permission de saisir ; & il ne lui sera taxé qu'un seul droit de présentation & vérification aux présentations, au cas que les assignations soient données par le même exploit ; quand même les défendeurs ou saisis se seroient présentés par divers Procureurs. (*e*)

ARTICLE XIII.

114. Pour la journée du Procureur à l'obtention de toutes commissions & lettres au Greffe, ou en Chancellerie présidiale ; pour prendre communication des originaux des titres & pieces de la main à la main ; à la consignation de l'amende, ou pour la retirer ; pour communiquer au Parquet, lorqu'il n'y a point d'Avocat chargé ; pour la levée au Greffe de toutes sentences, ordonnances, & expéditions, s'il n'a été taxé journée ou plaidoirie pour ladite sentence, & sans qu'il puisse être exigé plusieurs droits pour être présent au jugement, le lever & le faire sceller ; sera taxé, cinq sols (*f*). *Journées.*

ARTICLE XIV.

Il ne sera passé en taxe aucunes autres journées, que celles mentionnées au présent tarif.

ARTICLE XV.

Pour l'acte d'occuper, ou expédition du Procureur, tant en *Actes simples.*

(*d*) Réglement du 11 Mars 1626, pour Orléans.

(*e*) Voyez le Tarif de Lyon, *art. 19.*

(*f*) Suivant les articles 14 & 15 du Tarif du Châtelet de Paris, on ne paie que 2 sols 6 deniers pour ces sortes de journées.

cause principale que d'appel; & autres actes simples de Procureur à Procureur, comme avenirs; significations; dénonciations d'ordonnances pour assigner témoins ou experts, & à la partie pour être présente; dénonciations du jour du départ ou transport du Juge, & autres; sommations de produire, & autres; oppositions à des sentences, saisies, ou scellés; actes de reprise d'instance, ou de constitution de nouveau Procureur; actes d'appels; & autres actes simples de Procureur à Procureur; ensemble pour la copie de la quittance d'amende; sera taxé au Procureur pour l'original desdits actes, deux sols, six deniers; & pour chaque copie, un sol, trois deniers (*a*).

Défenses & Repliques.

ARTICLE XVI.

115. Pour les défenses & repliques, en matiere réelle & personnelle, sera taxé, à raison de huit (ou dix) sols par rôle, contenant vingt lignes à la page, & dix syllabes à la ligne, sur petit papier, compris la copie; & lorsqu'il y aura plusieurs copies, chaque copie sera taxée à raison de deux sols du rôle. En matiere personnelle de cent livres & au-dessus, ne pourront lesdites défenses & repliques excéder six rôles; & celles au-dessous de cent livres, deux rôles seulement. Et ne pourront conformément à l'article 3 du titre 14 de l'Ordonnance de 1667, être signifiées aucunes dupliques, ni autres écritures prohibées (*b*).

ARTICLE XVII.

Les défenses & repliques ne devant point avoir lieu dans les matieres sommaires, suivant l'article 7 du titre 17 de l'Ordonnance de 1667, ne passeront point en taxe contre le demandeur.

ARTICLE XVIII.

Les exceptions déclinatoires, dilatoires, requisitoires, & autres actes de cette nature, quelque étendue qu'elles aient, ne seront taxées qu'à raison de douze sols, compris la copie.

(*a*) Voyez l'article 10 du Tarif du Châtelet de Paris.

(*b*) Voyez l'article 8 du même Tarif de Paris.

ARTICLE XIX.

116. Pour toutes requêtes ou demandes incidentes données, tant par le demandeur originaire, que par le défendeur, ès matieres d'audience (*c*), & dont les causes seront survenues depuis la demande principale ; par exemple, pour évoquer des instances de Juges inférieurs ; pour compulser ; pour apposer des scellés & les lever ; pour avoir une provision ; pour procéder à une descente ; pour s'inscrire en faux ; pour reprises d'instance, & constitution de nouveau Procureur ; ensemble pour abréger les délais de l'Ordonnance ; pour avoir permission de saisir ; ou pour intervention ; sera taxé quinze sols, compris la copie (*d*). *Demandes & Requêtes incidentes.*

ARTICLE XX.

Pour les défenses auxdites demandes ou requêtes incidentes, dans le cas où ces défenses par écrit sont nécessaires, sera payé pareille somme de quinze sols, compris la copie (*e*).

ARTICLE XXI.

Pour les copies de titres & pieces servant de fondement aux *Copies.*

(*c*) Au Châtelet d'Orléans, on n'instruit point par requêtes dans les procès d'audience, mais par de simples actes; si ce n'est dans les cas où elles sont requises par l'Ordonnance ; & cet usage s'y est toujours constamment observé. Les demandes qui y sont formées incidemment par le défendeur, y sont aussi faites par les défenses mêmes; ce qui est entiérement conforme à l'esprit de l'Ordonnance. Voyez l'article 20 du titre 6; l'article 27 du titre 11 ; & l'article 5 du titre 5 de l'Ordonnance de 1667.

(*d*) L'article 6 du titre 20 de l'Ordonnanee de 1667, porte : » Que toutes » les demandes, à quelque titre que ce soit, qui ne seront entiérement justifiées par écrit, seront formées par un même exploit; après lequel les autres » demandes, dont il n'y aura point de preuve par écrit, ne seront reçues. »

(*e*) L'article 7 de la Délibération de la Communauté des Avocats & Procureurs du Parlement de Paris, du 5 Mai 1687, rapportée au Code des Procureurs, *pag.* 248, porte : » Qu'il ne sera taxé sur tous les incidents portés à l'audience, aucuns moyens, défenses, repliques, & autres écritures; » qui ne pourront être donnés qu'après qu'il y aura réglement ; à la réserve » des défenses principales, sur lesquelles il est nécessaire de défendre, avant » que la cause soit portée à l'audience. »

demandes & défenses, sommations, contre-sommations & autres, dont il sera nécessaire de donner copie dans le cours de l'instruction, sera taxé, à raison de deux sols, six deniers (*a*), pour chaque rôle des titres & pieces dont sera donné copie; pourvu que le rôle du titre contienne vingt-deux lignes à la page, & quinze syllabes à la ligne; & lorsque les originaux des titres ne seront pas représentés, ou que les rôles seront plus ou moins grands, la taxe en sera faite à proportion par estimation (*b*).

ARTICLE XXII.

117. Lesdites copies, & toutes autres copies en général seront lisibles; autrement ne passeront en taxe: & où il seroit formé quelque incident à ce sujet, le Procureur qui y succombera, en supportera les frais en son nom, & sans aucune répétition contre sa partie (*c*).

ARTICLE XXIII.

Pour les copies qui seront signifiées de sentences rendues à l'Audience & sur rapport, ainsi que pour celles dénoncées aux garants, dans le cas où cette dénonciation est nécessaire, sera aussi taxé deux sols six deniers du rôle de la grosse, qui contiendra vingt-deux lignes à la page, & quinze syllabes à la ligne (*d*).

ARTICLE XXIV.

Les requêtes, pieces, & autres actes de procédure, ne pour-

(*a*) Voyez l'article 9 du Tarif du Châtelet de Paris. Aux requêtes de l'Hôtel & du Palais, on ne paie que deux sols du rôle.

(*b*) On peut supposer, sans erreur sensible, qu'une page *in*-4°. de copie, contenant 40 à 45 lignes, vaut quatre pages de grosse de 22 lignes à la page, & de 15 syllabes à la ligne.

(*c*) L'article 3 de la Déclaration du 9 Août 1564, rendue en interprétation de l'Ordonnance de Roussillon, & auquel est rélatif l'article 6 du titre 2 de l'Ordonnance de 1667, porte que les copies données qui n'auront pas été nécessaires, ou qui, par rapport à leur longueur, devoient être données par extrait, n'entreront point en taxe.

(*d*) Voyez les articles 17 & 36 du Tarif des dépens du Châtelet de Paris.

ront être signifiés dans les instances où il y aura plusieurs parties, qu'à celles qui auront un intérêt opposé à celui de la partie à la requête de laquelle la signification sera faite ; & non à celles qui n'auront que le même intérêt que de ladite partie ; à peine de nullité desdites significations (*e*). Et à l'égard des sentences, elles ne seront signifiées dans les instances où il y aura plusieurs parties, qu'à celles contre lesquelles il aura été obtenu une condamnation par la partie à la requête de laquelle cette sentence sera signifiée ; & non contre les autres ; aussi à peine de nullité.

ARTICLE XXV.

118. Dans les demandes en reprise d'instance, il ne sera donné copie au défendeur, que du dernier errement de la procédure, sans qu'il puisse être signifié copie de toutes les procédures de la cause ou instance ; sauf au défendeur à en requérir, s'il y échet, la communication (*f*) ; & lorsqu'il s'agira de passer déclaration à terrier, il ne sera passé en taxe que la copie de la derniere déclaration fournie par le censitaire, ou par son auteur ; la copie des lettres qui ont été publiées n'étant pas nécessaire.

ARTICLE XXVI.

Pour les faits qui seront signifiés, il sera payé au Procureur pour l'original & la copie comprise, à raison d'un sol six deniers par article ; dont il ne sera fait aucune taxe, suivant l'article 10 du titre 10 de l'Ordonnance de 1667, mais le Procureur s'en fera payer par sa partie, comme frais extraordinaires (*g*).

ARTICLE XXVII.

Le Procureur du défendeur en simple saisie, & arret, dont la *Instances d'Arrêts.*

(*e*) Voyez l'article 24 du titre 4 du nouveau Réglement, en date du 28 Juin 1738, pour la procédure du Conseil ; & la délibération de la Communauté des Procureurs du Parlement de Paris, du 28 Novembre 1693, *art.* 3.

(*f*) Voyez le Réglement du 14 Mars 1765, pour Clermont.

(*g*) Au Châtelet de Paris, suivant l'article 6 du Tarif de cette Jurisdiction, on ne paie qu'un sol par article.

déclaration ne sera pas contestée, n'aura pour tous frais que trois livres, quoiqu'il soit débiteur par différents titres, jusques & compris la journée & l'audience pour obtenir la sentence diffinitive ou autre réglement ; & pour chaque instance de saisie & arrêt (*a*).

ARTICLE XXVIII.

Plaidoieries.

119. Pour les plaidoiries contradictoires des Procureurs sans ministere d'Avocat, dix sols ; & par défaut, cinq sols, lorsqu'il interviendra un jugement ou un appointement sur lesdites plaidoieries (*b*).

ARTICLE XXIX.

Qualités. Pour dresser les qualités d'une sentence d'Audience, (dans les Sieges où cette procédure est en usage) (*c*), sera taxé cinq sols pour la minute, quelque longue qu'elle soit ; & moitié pour la copie qui sera signifiée ; lequel droit sera seulement passé à celui qui ayant le principal intérêt, levera la sentence.

ARTICLE XXX.

Vacations. Pour la vacation du Procureur chez les Notaires, Greffiers, & autres personnes publiques, soit pour compter, compulser, ou autrement, lorsque le ministere du Procureur y est requis, sera taxé au Procureur, à raison de vingt sols par heure. Et si les Procureurs n'y assistent que pour l'intérêt de leurs parties qui

---

(*a*) Voyez l'article 12 du Tarif du Châtelet de Paris. Nous observons aussi la même chose à Orléans.

(*b*) Pour la plaidoierie des Avocats, on payoit ci-devant à Orléans 30 sols. Aujourd'hui on leur paie 3 livres au Bailliage pour chaque cause plaidée ; & 2 livres dans les Justices ressortissantes audit Siege, suivant un Arrêt du Parlement du 19 Juillet 1758.

Aux requêtes du Palais, on n'accorde aux Avocats que la moitié de leurs honoraires, lorsque la cause est par défaut. (Voyez Sallé sur l'esprit de l'Ordonnance de 1667, *in*-4°., *pag.* 500.) Il en doit être de même dans les autres Sieges.)

(*c*) Voyez l'article 16 du Tarif du Châtelet de Paris, & les actes de notoriété de Denisart, *pag.* 526, *note* (*b*). A Orléans on ne signifie point les qualités, & il a même été rendu un Réglement au Bailliage à ce sujet.

les

les auront requis, ladite ſomme ne pourra entrer en taxe contre les parties adverſes.

ARTICLE XXXI.

Pour la vacation du Procureur, lorſqu'il y aura défaut, pour obtenir *comparuit*, dix ſols.

ARTICLE XXXII.

120. Pour les autres vacations de Procureur aux deſcentes, enquêtes, rapports d'Experts, tutelles, curatelles, ſcellés, interrogatoires, avis de parents, & autres où le Juge prend des vacations, & où la préſence du Procureur ſera requiſe; ſera payé moitié de ce qui doit paſſer en taxe au Juge : & en campagne, dix livres par jour (*d*).

ARTICLE XXXIII.

Pour la vacation du Procureur au procès-verbal d'enquête lors de la preſtation de ſerment des Experts, préſentation de caution, & lors d'un référé en l'hôtel du Juge, même pour les comparutions qui ſe feront en ſon hôtel, lorſqu'à la veille de pluſieurs fêtes ou autres jours où l'on n'entre point au Siege, les parties pour affaires qui requierent célérité auront été aſſignées en l'hôtel du Juge, ſuivant les articles 6 & 7 de l'Edit du mois de Janvier 1685, rendu pour le Châtelet de Paris, il ſera taxé trente ſols (*e*).

ARTICLE XXXIV.

Il ne ſera préſenté aucune requête pour obtenir permiſſion d'aſſi- *Enquêtes.*
gner les témoins ou Experts en exécution des jugements qui auront appointé les parties à faire enquêtes, ou ordonné un rapport; mais les Procureurs prendront l'Ordonnance du Juge à l'effet

---

(*d*) Voyez l'article 44 de l'Arrêt de Réglement de la Cour, du 10 Juillet 1665, pour les Bailliages & Sieges préſidiaux de ſon reſſort.

(*e*) L'article 18 du Châtelet de Paris donne la même ſomme pour la vacation aux procès-verbaux d'enquêtes.

d'assigner, tant les témoins que la partie ou les Experts aux jour, lieu & heure qui seront fixés par ladite Ordonnance (*a*).

Procès par écrit.

ARTICLE XXXV.

121. Pour la vacation du Procureur à mettre sa production au Greffe; faire distribuer l'instance ou procès; & retirer les productions du Greffe, cinq sols pour chaque vacation (*b*).

ARTICLE XXXVI.

Pour vérifier la production principale en produisant, dix sols; & autant pour la vérifier en la retirant.

ARTICLE XXXVII.

Pour l'appointement de conclusion offert, cinq sols; & autant pour le passer (*c*).

ARTICLE XXXVIII.

Pour les remontrances, avertissements, requêtes d'emploi, requêtes d'intervention, & autres écritures qui seront faites par les Procureurs, sera taxé dix sols, (ou *quinze sols*,) par rôle de grand papier de vingt-deux lignes à la page, & dix à douze syllabes à la ligne; & deux sols six deniers pour chaque copie. Et dans le cas où lesdites requêtes excéderont dix rôles, le surplus sera taxé à raison de huit, (ou *dix sols*) du rôle de la grosse,

---

(*a*) Cette disposition est conforme à l'article 24 de l'Arrêt du 14 Mars 1765, rendu pour Clermont. Cet article ajoute: » Qu'au surplus les articles 23 du titre 21; 35 du titre 22; & 4 du titre 23 de l'Ordonnance de » 1667; notamment ceux concernant les reproches contre les témoins, seront » observés & la cause portée à l'Audience sur un simple acte pour y être jugée, » sans qu'il puisse être signifié aucunes requêtes ni autres écritures pour déduire les faits & preuves résultantes des enquêtes & procès-verbaux d'Experts, qui le feront en plaidant la cause. Et que dans le cas où l'affaire » seroit appointée, l'instruction sera faite en exécution des appointements, » dans la forme prescrite par l'Ordonnance. »

(*b*) Voyez l'article 13 ci-dessus.

(*c*) Comme en l'article 13 ci-dessus.

& deux sols de la copie. Et lorsqu'il y aura plusieurs copies, les autres seront taxées à raison de deux sols six deniers du rôle (*d*).

ARTICLE XXXIX.

Pour les écritures faites par les Avocats sera taxé pour rôle de grand papier, contenant vingt-deux lignes à la page & dix à douze syllabes à la ligne, vingt sols ; & outre ce, cinq sols pour rôle de la grosse au Clerc de l'Avocat (*e*) ; & deux sols six deniers pour la copie.

ARTICLE XL.

122. Pour le droit de revision des écritures d'Avocat, sera taxé au Procureur le dixieme de ce qui appartient à l'Avocat (*f*).

ARTICLE XLI.

Pour la vacation du Procureur pour prendre communication par les mains du Rapporteur des productions de la partie adverse dans les procès appointés en droit, quelque nombre de sacs qu'il y ait, sera taxé en matiere réelle quarante sols ; & en matiere personnelle, trente sols.

ARTICLE XLII.

Pour les requêtes d'intervention, & autres requêtes incidentes, sera payé, comme en l'article 38 ci-dessus.

Et aussi pour les réponses (*g*).

(*d*) L'article 32 du Tarif du Châtelet de Paris ne donne que 10 sols pour chaque rôle de ces écritures, de 22 lignes à la page, & de 15 syllabes à la ligne.

(*e*) Voyez l'article 33 du même Tarif de Paris. A Orléans on paie aussi cinq sols du rôle de la grosse des écritures des Avocats. Ce sont les Procureurs qui y font les grosses sur la minute des Avocats.

(*f*) Voyez l'article 12 du titre 31 de l'Ordonnance de 1667.

(*g*) L'article 27 du titre 11 de l'Ordonnance de 1667, porte : « Que si dans » le cours d'un procès, une des parties forme des demandes incidentes, prend » des lettres, ou interjette des appellations des jugements & appointements qui » auront été produits, elle sera tenue de faire tous les incidents par une même

ARTICLE XLIII.

123 Pour l'inventaire de production en toutes matieres, sera taxé à raison de sept sols six deniers pour rôle sur petit papier de quatorze lignes à la page & de sept à huit syllabes à la ligne, y compris la copie (a); & où il y auroit plusieurs copies, les autres

---

» requête qui contiendra ses moyens, & d'y joindre les pieces justificatives, » qu'elle fera signifier à l'intimé, ou défendeur, & lui en donnera copie pour » y répondre dans les trois jours, ou autre plus brief délai; & qu'à faute de ce » faire, les autres incidents qui seront formés ensuite par la même partie, » avec les pieces justificatives qui les concerneront, seront joints au procès, » pour, sur ces incidents, ensemble sur les requêtes & pieces qui pourront être » jointes de la part de l'autre partie, y être fait droit diffinitivement, ou au- » trement; & qu'à cette fin, les parties seront tenues de se communiquer les » requêtes & pieces dont elles entendent se servir.

L'article 29 du Réglement de Clermont du 14 Mars 1765, porte: » Que » quand il échéra de former des demandes nouvelles & incidentes dans l'ins- » truction des instances & procès par écrit, les conclusions seront prises par » requêtes, dans lesquelles ne seront employés que les faits & moyens rélatifs » auxdites demandes, sans user de répétition inutile de tout ce qui aura été dit » dans les précédentes écritures, ou requêtes signifiées en exécution des ap- » pointements; & que lesdites demandes seront réglées au bas des requêtes » par le Rapporteur, ou autre Juge, d'une Ordonnance d'*en jugeant*, ou » d'appointement en droit & joint, suivant la nature des demandes: mais que » dans le cas où le Rapporteur estimeroit que lesdites requêtes seroient super- » flues, elles pourront être refusées, ou admises, ainsi qu'il en sera décidé » en la Chambre du Conseil, d'après le compte qui en sera rendu par le » Rapporteur.

On peut joindre aussi à ces deux observations, celle qui est tirée d'une délibération de la Communauté des Avocats & Procureurs du Parlement de Paris, du 8 Août 1690, rapportée au Code des Procureurs, *pag.* 150. Cette délibération porte: » Qu'on ne pourra produire par requêtes, ou autres » pieces, sinon dans les incidents où l'Ordonnance oblige d'employer; & que » toutes les autres productions où il sera nécessaire de produire des pieces, se » feront par inventaires de production; & qu'autrement ces requêtes n'en- » treront point en taxe.

(a) A Orléans on ne signifie point les inventaires de production, & je l'ai vu toujours ainsi observer: ce qui est conforme à l'article 10 de la délibération de la Communauté des Avocats & Procureurs du Parlement, du 5 Mai 1687, rapportée au Code des Procureurs, qui porte: Que ces copies seront taxées seulement sur les incidents. Voyez aussi l'article 25 du titre 11 de l'Ordonnance de 1667; le procès-verbal de cette Ordonnance, *tit.* 27, *art.* 8; & la Déclaration du 19 Juin 1691, touchant le papier timbré, *art.* 6.

seront taxées à raison d'un sol six deniers du rôle (*b*) : dans lequel inventaire ne sera passé aucun préambule, ni transcrit des pieces entieres & inutiles, conformément à l'article 11 du titre 31 de l'Ordonnance de 1767 ; & sans que ledit inventaire dans les appellations en procès par écrit puisse contenir en détail la production principale, laquelle sera produite par un seul & même article.

ARTICLE XLIV.

N'entreront en taxe aucunes écritures, mémoires, sommations, dénonciations, ni autres actes tels qu'ils soient, sur délibérés ou appointements sur le Bureau, si ce n'est ès matieres sommaires dans le cas où l'une des parties n'auroit proposé ses moyens par écrit ; auquel cas, il sera alloué au Procureur trente sols pour le mémoire, en obtenant à cet effet permission du juge de le signifier ; laquelle permission sera demandée lors de l'appointement sur le Bureau. Ce qui aura aussi lieu en cause d'appel, s'il n'a été proposé griefs ou réponses à griefs ; auquel cas, il sera taxé au Procureur pareille somme.

ARTICLE XLV.

124. Pour la vacation à la chambre lors du jugement, dans les procès où la présence de la partie & de son Procureur est nécessaire, trente sols (*c*).

ARTICLE XLVI.

Les appointements à mettre seront instruits par un simple inventaire, qui sera sommaire & contiendra la jonction des titres & pieces nécessaires pour le jugement de l'instance, sans y employer ni joindre aucuns actes de simple procédure. S'il échet néanmoins de prendre de nouvelles conclusions, la requête qui les contiendra sera également sommaire, sans user de répétition

---

(*b*) La taxe portée par l'article 31 du Tarif du Châtelet de Paris, est plus foible de près de moitié, évaluation faite des syllabes.

(*c*) L'article 21 du Tarif du Châtelet d'Orléans ne donne que 20 sols.

de ce qui aura été dit dans l'inventaire; & ladite requête sera réglée d'une ordonnance en jugeant. (*a*)

ARTICLE XLVII.

Appellations.

125. Les Requêtes qui seront donnés ès cause d'appellations verbales, seront taxées à l'appellant seulement à raison de dix sols du rôle, compris la copie, ledit rôle contenant vingt lignes à la page, & dix syllabes à la ligne, comme en l'article 16.

ARTICLE XLVIII.

Dans lesdites appellations, après les délais expirés, il ne sera requis ni accordé aucun délai pour donner, de la part de l'appellant, la requête contenant les moyens & conclusions sur son appel; mais la cause sera portée à l'audience sur un simple acte, pour être jugée en l'état où elle se trouvera. (*b*) La requête, s'il en est signifié pour l'appellant avant l'audience, sera sommaire & succinte, & ne pourra excéder dix rôles; & à l'égard de l'intimé, il ne pourra signifier aucunes requêtes qui ne tendront qu'à la confirmation pure & simple de la sentence dont est appel; mais s'il est nécessaire de prendre d'autres conclusions rélatives & incidentes à la cause d'appel, les requêtes seront pareillement succintes & sommaires, les moyens devant être déduits en plaidant.

ARTICLE XLIX.

Pour l'extrait de la sentence pour retirer l'amende, dix sols.

ARTICLE L.

Criminel.

126. Pour la plainte par requête présentée au Juge par le ministere d'un Procureur, vingt sols.

(*a*) Voyez l'article 27 du Réglement du 14 Mars 1765, rendu pour Clermont.

(*b*) L'Arrêt de Réglement du 2 Juillet 1691, rendu pour le Châtelet de Paris, *art.* 7, rapporté au Recueil des Réglements de Justice, *in-12*, *tom.* 1, *pag.* 371, porte : » Que dans les appellations verbales, il ne sera signifié » aucuns moyens d'appel, ni réponses; mais que la cause sera plaidée seu- » lement.

ARTICLE LI.

Pour la Consultation au Procureur du plaignant, vingt sols.

ARTICLE LII.

Pour la consultation au Procureur de l'accusé, dix sols.

ARTICLE LIII.

Pour la vacation du Procureur à poursuivre l'information & lever le décret, trente sols.

ARTICLE LIV.

Pour la vacation au Procureur du plaignant pour prendre communication de l'interrogatoire de l'accusé, quinze sols.

ARTICLE LV.

Pour la poursuite de l'exécution du jugement, du récolement & de la confrontation, sera payé au Procureur du plaignant pour sa vacation, quarante sols.

ARTICLE LVI.

127. Pour les conclusions civiles & pour les réponses, dans les procès criminels qui se jugent à la Chambre, sera payé à raison de dix sols du rôle, y compris la copie, comme en l'article 16.

ARTICLE LVII.

Tous les autres droits & procédures en matiere criminelle, seront taxés comme au civil.

ARTICLE LVIII.

Pour la consultation sur une demande en reddition de compte, trente sols. *Comptes.*

ARTICLE LIX.

Pour dresser le compte, mettre les pieces par ordre, & fournir la grosse, sera taxé au Procureur à raison de dix sols par rôle en grand papier de vingt-deux lignes à la page, & de dix à douze syllabes à la ligne; (*a*) & seront les articles 6 & 18 du titre 29 de l'Ordonnance de 1667, en ce qui concerne la préface du compte & les pieces qui doivent y être transcrites exécutées selon leur forme & teneur. A l'égard des copies, elles seront taxées à raison de deux sols six deniers de chacun rôle du compte.

ARTICLE LX.

128. Pour la vacation du Procureur du rendant & de l'oiant à la communication, paraphe & vérification des pieces, à chacun trente sols; & pour la vacation à la remise & vérification des mêmes pieces, vingt sols.

ARTICLE LXI.

Pour les débats & soutenements, seront taxés comme en l'article 38.

ARTICLE LXII.

Criées & Baux judiciaires.

Pour la consultation avant la saisie réelle, trente sols. (*b*)

ARTICLE LXIII.

Pour l'affiche à la quarantaine & autres en licitation, ou autrement, il sera payé à raison de cinq sols par rôle de grosse sur petit papier, contenant quatorze lignes à la page, & huit à dix syllabes à la ligne; & un sol pour la copie.

(*a*) Suivant l'article 27 du Tarif du Châtelet de Paris, les comptes ne sont taxés que sur le pied de 6 sols 8 deniers du rôle.

(*b*) L'article 40 du Tarif du Châtelet de Paris, porte: Qu'il ne sera payé aucun droit de consultation, ou conseil, pour une saisie réelle.

ARTICLE

ARTICLE LXIV.

129. Ne sera taxé au poursuivant que quatre remises pour parvenir à l'adjudication, outre celle des échéances de la quarantaine, de la quinzaine, & de la huitaine; & ne seront lesdites affiches signifiées qu'au saisi, & aux Procureurs des opposants. (c)

ARTICLE LXV.

Pour la vacation du Procureur à l'examen des procès-verbaux de saisie réelle & criées, au dépôt des pieces pour parvenir à la certification, poursuivre icelle, & retirer la sentence de certification, trois livres. (d)

ARTICLE LXVI.

Ne sera taxé à la Communauté des Procureurs, pour les certifications de criées que six livres pour chaque certification de biens en roture, lorsqu'il n'y aura qu'une seule Paroisse; & lorsqu'il s'en trouvera plusieurs où les criées ont été faites, la taxe sera augmentée seulement de quinze sols pour chaque Paroisse. Lorsque les biens saisis seront en fief, sera taxé à ladite Communauté douze livres pour une Paroisse, & trente sols par chacune autre Paroisse de la situation des biens féodaux, s'il y en a plusieurs : le tout conformément à l'Arrêt contradictoire rendu en la Cour pour le Chatelet d'Orléans, le 30 Août 1760.

ARTICLE LXVII.

130. Pour la consultation avant de former opposition aux décrets, vingt sols.

ARTICLE LXVIII.

Vacation au Procureur pour former opposition à la saisie réelle, dix sols.

(c) Voyez l'article 59 du Tarif des dépens de Senlis, du 20 Décembre 1760.

(d) Voyez l'article 44 du Tarif du Châtelet de Paris.

ARTICLE LXIX.

Les moyens d'oppoſition à fin de charge, ou de diſtraire, ou d'annuller, ſeront payés en grand papier, comme en l'article 38; & en petit papier comme en l'article 16.

ARTICLE LXX.

Pour la vacation du Procureur au congé d'adjuger lorſqu'il y aura des oppoſitions réelles, quarante ſols; & lorſqu'il n'y aura point d'oppoſitions réelles, dix ſols ſeulement. (*a*)

ARTICLE LXXI.

Dans les décrets forcés, les oppoſitions afin de conſerver ne ſeront dénoncées aux parties ſaiſies, ni a aucun des oppoſans. Et en décret volontaire, elles ne ſeront données qu'au vendeur ſeulement (*b*).

ARTICLE LXXII.

131. A l'égard des oppoſitions à fin de charge, de diſtraire, & d'annuller, elles ne ſeront inſtruites qu'avec l'oppoſant, le pourſuivant, le Procureur de la partie ſaiſie, ſi elle a Procureur en cauſe, & le Procureur plus ancien en décret forcé; & dans les décrets volontaires, elles ſeront en outre inſtruites avec le vendeur.

ARTICLE LXXIII.

Pour leſquelles oppoſitions afin de conſerver ne ſera taxé au Procureur pourſuivant criées, pour tous frais & procédures ſur les oppoſitions & ſignifications des ſentences, juſqu'à l'adjudication incluſivement, que cent ſols aux décrets volontaires, & quatre livres aux décrets forcés, non compris les droits du Greffe, qui ſeront employés par un ſeul article en la déclaration de dépens (*c*).

(*a*) Voyez l'article 41 du Tarif du Châtelet d'Orléans.
(*b*) Voyez les articles 47 & 48 du Tarif du Châtelet de Paris.
(*c*) Voyez l'article 49 du même Tarif de Paris.

ARTICLE LXXIV.

Sera taxé à chacun des Procureurs des opposans afin de conserver, pour la requête de distribution signifiée sur l'appointement à l'ordre, six livres, qui seront prises comme frais hypothécaires. Et ne seront faites aucunes autres procédures (*d*).

ARTICLE LXXV.

132. Pour la vacation, à la réception des encheres, sera taxé au Procureur poursuivant pour chacune, dix sols; & trente sols à l'adjudication pure & simple (*e*).

ARTICLE LXXVI.

Lorsqu'il y aura une sentence d'ordre, tous les frais de production du Procureur de chaque opposant utilement colloqué, dont la collocation n'aura point été contestée, seront liquidés par la sentence d'ordre à trois livres; sauf en cas que le titre ou la collocation de l'opposant soit contestés, a y être pourvu par la sentence d'ordre, en adjugeant les dépens, s'il y échet, contre celui des créanciers personnellement qui aura formé une mauvaise contestation; sans qu'ils puissent être pris sur la chose (*f*).

ARTICLE LXXVII.

Si le décret est fait sur un curateur à une succession vacante de biens abandonnés, ou sur un curateur de mineurs qui ne formera point de contestation, les salaires de leurs Procureurs n'en-

(*d*) Voyez l'article 50 du Tarif du Châtelet de Paris.

(*e*) Voyez l'article 45 du Tarif des dépens du Châtelet d'Orléans.

(*f*) Voyez l'article 50 du Tarif du Châtelet de Paris.

Voyez aussi pour la procédure qui doit être tenue dans les ordres & distributions de deniers, les articles 53, 54, 55, 56, 57, 58, 59, 60 & 61 du même tarif de Paris.

treront en taxe par la déclaration du pourſuivant, outre l'aſſiſtance que juſqu'à la ſomme de ſix livres (*a*).

ARTICLE LXXVIII.

133. Dans la déclaration de dépens, le Procureur du pourſuivant fera diſtinction des frais ordinaires, & des frais extraordinaires, & du montant d'iceux (*b*).

ARTICLE LXXIX.

La déclaration des frais ordinaires & extraordinaires, & de ceux ordonnés être couchés, enſemble des ventes ſur affiches, ſera ſeulement ſignifiée au Procureur du ſaiſi & à l'ancien des oppoſans, ſans donner de nouveau copie de la ſentence d'ordre; & dénoncée aux autres oppoſans; ce qui ſera pareillement obſervé en diſcuſſion mobiliaire. Et lorſqu'il y aura pluſieurs débiteurs ou condamnés qui auront chacun leur Procureur, la déclaration ſera ſignifiée à l'ancien, & dénoncée aux autres par un ſimple acte (*c*).

ARTICLE LXXX.

Le Procureur plus ancien des oppoſans, ne ſera colloqué dans l'ordre & privilege que pour les frais de contredits qu'il aura ſignifiés contre la production faite par le pourſuivant; leſquels contredits ſeront taxés modérément. Si néanmoins dans le cours de la pourſuite de la ſaiſie réelle, ou dans l'inſtruction de l'ordre, il étoit formé quelques demandes, ſoit par la partie ſaiſie, ſoit par quelqu'un des oppoſans, auxquelles le pourſuivant eût négligé de défendre par intelligence ou colluſion; dans ce cas, le Procureur plus ancien pourra y ſuppléer, & les frais qu'il fera à cet

---

(*a*) Voyez l'article 40 du Réglement du 14 Février 1685, touchant les procédures des décrets & ventes ſur affiches, qui ſe pourſuivent au Châtelet d'Orléans.

(*b*) Voyez le même Réglement de 1685, touchant la procédure des décrets du Châtelet d'Orléans, *art.* 35.

(*c*) Voyez le même Réglement de 1685, *art.* 36; ainſi que l'article 62 du Tarif des dépens du Châtelet de Paris.

égard seront supportés par ceux qui succomberont ; sauf aux Juges à ordonner, s'il y échet, que le Procureur plus ancien en sera remboursé comme frais de poursuite ; & de même à le condamner personnellement en son nom aux dépens des procédures & des contestations qu'il auroit élevées mal-à-propos. Ce qui aura lieu pareillement dans les instances de préférence & contribution du mobilier (*d*).

ARTICLE LXXXI.

134. Tous les frais qui se feront pour ou contre les opposans en sous ordre, seront pris sur la collocation de celui sur lequel les oppositions auront été formées ; auxquels opposans il ne sera donné aucune copie de pieces, mais il leur sera signifié un simple acte de dénonciation ; & ne sera pris aucune chose sur le prix général de l'adjudication pour les autres procédures, mais sur la collocation particuliere, en cas qu'il vienne en ordre ; & où celui sur lequel l'opposition en sous ordre sera faite, ne seroit pas colloqué, il sera tenu & condamné personnellement à rembourser les autres frais légitimes ; comme aussi en cas que l'opposant en sous ordre soit débouté de son opposition, les dépens seront par lui payés personnellement, sans qu'on puisse rien prendre sur le prix de l'adjudication (*e*).

ARTICLE LXXXII.

Celui des saisissans qui aura mal contesté sur la préférence de saisie ; comme aussi les opposans qui se trouveront mal fondés dans leurs oppositions, seront tenus des frais faits de la contestation. Pourra néanmoins le poursuivant qui aura obtenu, employer ceux qu'il aura faits, en frais extraordinaires de criées, ou en poursuivre le paiement contre les condamnés, à son choix ; & en cas qu'il les emploie en frais extraordinaires, il sera tenu de remettre ès mains du dernier créancier venant en ordre, le jugement par lequel le saisissant, ou l'opposant, qui auront succombé, auront

---

(*d*) Voyez les articles 39 & 40 du Réglement du 14 Mars 1765, rendu pour Clermont.

(*e*) Voyez l'article 64 du Tarif des dépens du Châtelet de Paris.

été condamnés aux dépens, avec les procédures, pour par lui en poursuivre les dépens (*a*).

ARTICLE LXXXIII.

135. Lorsqu'il s'agira de faire des réparations ès maisons & lieux saisis réellement, la demande n'en pourra être faite que contre le poursuivant criées directement, lequel sera tenu de la dénoncer aux parties saisies, & au plus ancien Procureur des opposans, par un simple acte. Et lorsqu'avec la demande il y aura des pieces ou procès-verbaux, il n'en sera donné copie qu'au Procureur des parties saisies, & au Procureur plus ancien des opposans, & copie seulement de l'acte de dénonciation aux autres opposans, pour prendre communication des pieces, s'ils le veulent, & sans frais, par les mains du Procureur plus ancien; l'original duquel acte de dénonciation sera taxé à raison de dix sols du rôle de demi-grosse; le quart pour chaque copie dudit acte; & les copies qui seront signifiées aux parties saisies & Procureur plus ancien, à raison de deux sols six deniers du rôle (*b*).

ARTICLE LXXXIV.

Les demandes pour réparations ne seront faites, dénoncées, ni instruites avec le Commissaire aux saisies réelles; & ne sera par lui fait aucune sommation, ni contresommation pour raison desdites demandes; & les demandes afin de provision seront faites contre le poursuivant criées en la maniere ci-dessus, & par lui dénoncées au Procureur plus ancien des opposans; pourquoi sera taxé comme en l'article précédent. Et où sous le nom dudit Commissaire il seroit fait aucunes procédures, elles ne passeront en taxe (*c*).

ARTICLE LXXXV.

136. Les poursuites pour requêtes de subrogation, compulsoires, col-

---

(*a*) Voyez le Réglement du 14 Février 1685, touchant la procédure des ventes par décret du Châtelet d'Orléans, *art.* 8.

(*b*) Voyez l'article 65 du Tarif des dépens du Châtelet de Paris.

(*c*) Voyez l'article 66 du même Tarif de Paris.

lations de pieces, reconnoiſſances d'écritures & ſignatures, apprétiations de grains, nominations d'Experts, aſſignations afin de preſtation de ſerment, & autres procédures & jugements d'inſtruction, ne ſeront auſſi inſinuées qu'au ſaiſi, & au Procureur ancien des oppoſans (*d*).

ARTICLE LXXXVI.

La ſentence d'ordre ne ſera ſignifiée en entier qu'aux parties ſaiſies, & au Procureur ancien des oppoſans. Et à l'égard des autres oppoſans avec leſquels l'appointement aura été pris, ou qui auront produit à l'ordre, ne leur ſera donné copie que des qualités & du diſpoſitif de la ſentence : laquelle copie ſera taxée à raiſon de deux ſols ſix deniers du rôle de la groſſe de la ſentence ; & à proportion pour les qualités & le diſpoſitif dont il aura été donné copie (*e*).

ARTICLE LXXXVII.

37. Les autres actes concernant la pourſuite des diſtributions, ſeront taxés comme aux inſtances en matiere civile, en ce qui n'eſt point contraire aux réglements rendus ſur cette matiere.

ARTICLE LXXXVIII.

Il ſera taxé aux parties deux voyages en cauſes verbales ; & trois en procès par écrit ; outre ceux faits en exécution des jugements qui auront ordonné la comparution des parties : ſavoir aux Eccléſiaſtiques, Gentilshommes, & Juges, trente ſols par lieue ; aux Notaires, Greffiers, Procureurs, Bourgeois & Marchands, vingt ſols par lieue ; aux Artiſans, Laboureurs & Vignerons, quinze ſols. Et lorſqu'il y aura plus de ſix lieues de *Voyages.*

(*d*) Voyez l'article 17 du Réglement du 14 Février 1685, touchant la procédure des ventes par décret du Châtelet d'Orléans.

(*e*) Voyez l'article 57 du Tarif des dépens du Châtelet de Paris.

distance, sera en outre taxé un séjour qui sera de moitié du voyage (*a*).

ARTICLE LXXXIX.

Pour la vacation à l'acte d'affirmation de voyage, cinq sols.

ARTICLE XC.

Significations. Toutes demandes, défenses, & pieces, dont copies doivent être données suivant l'Ordonnance, avec les demandes & défenses, offres & requêtes verbales, actes de sommation de produire, requêtes de contredits, salvations, & autres instructions, ensemble toutes les significations pour l'instruction des criées, sommations, & dénonciations, seront signifiées par les Huissiers audienciers aux Procureurs (*b*).

Taxe des dépens.

ARTICLE XCI.

138. Pour le droit de déclaration de dépens, sera taxé douze deniers par article qui sera alloué ; & moitié pour la copie (*c*).

ARTICLE XCII.

Pour l'assistance du Procureur du demandeur en taxe, dans le cas où il n'y aura point eu d'offres de la part du défendeur, ou que ces offres auront été contestées, huit deniers pour chaque article qui sera alloué au Procureur du demandeur ; lequel droit sera payé par le défendeur en taxe (*d*).

(*a*) Voyez l'article 54 du Tarif des dépens du Châtelet d'Orléans.

(*b*) Voyez les articles 15 & 52 du Tarif du Châtelet de Paris.

(*c*) Voyez l'article 31 du Tarif des dépens du Châtelet d'Orléans.

(*d*) Voyez l'article 15 du titre 31 de l'Ordonnance de 1667 ; & les articles 12, 14 & 17 du titre 16, partie 2 du nouveau Réglement de la procédure du Conseil, du 28 Juin 1738.

Nota. Il y a des Procureurs assez peu éclairés pour croire qu'ils peuvent se faire payer des droits de déclaration de dépens, dans le cas où la taxe n'en a point été faite par cette voie ; mais il est aisé de voir que c'est une concussion de leur part, & que ces droits ne leur appartiennent que lorsqu'en effet ils ont taxé les dépens par la voie qui leur est prescrite par l'Ordonnance, pour être indemnisés de leur travail.

ARTICLE

ARTICLE XCIII.

Sera taxé au Procureur du défendeur pour son assistance, huit deniers pour chacun des articles qu'il aura contestés & qui seront rejettés ou réduits par le Procureur tiers, ou dont la réduction ou rejet sera consenti par le Procureur du demandeur en taxe; lequel droit d'assistance sera payé par le demandeur en taxe; & ne pourra ledit Procureur du défendeur prendre aucun droit d'assistance, s'il n'a écrit de sa main les diminutions; à peine de faux, suivant l'article 22 du titre 31 de l'Ordonnance de 1667.

ARTICLE XCIV.

139. Pour l'assistance du Procureur tiers en mois, sera taxé huit deniers pour chaque article non offert, ou contesté; lequel droit d'assistance lui sera payé; sçavoir pour les articles non offerts, par le défendeur en taxe; & pour les articles contestés, par celui qui aura contesté mal-à-propos. Et sera ledit Procureur tiers tenu d'écrire sur chaque piece qui entrera en taxe, le mot *taxé* avec son paraphe, suivant l'article 25 du titre 31 de la même Ordonnance.

ARTICLE XCV.

Les déclarations de dépens & frais, se feront par ordre de date, eu égard aux incidents qui y seront employés; & à cette fin, les expéditions, requêtes, & procédures sujettes à la taxe, y seront datées; sans qu'on puisse passer en taxe celles qui ne seront point représentées, si ce n'est qu'elles aient été adhirées, & qu'il en soit fait mention dans le vu des jugements & sentences (*e*).

ARTICLE XCVI.

Ne pourront les Procureurs dans les déclarations de dépens, composer plusieurs articles d'une même piece; mais seront tenus de comprendre dans un seul & même article le coût des sentences

---

(*e*) Voyez l'arrêté du Parlement du 17 Janvier 1691, rapporté au Recueil des Réglements de Justice, *in*-12, *tom.* 1.

& requêtes ; droits du Roi ; copie & signification ; journée & vacation pour les obtenir, lever, ou faire sceller ; salaires de l'Huissier, papier timbré ; & autres droits qui la concernent ; à peine de radiation, *&c.* (*a*).

ARTICLE XCVII.

140. On ne pourra de même tirer qu'un seul article pour chaque enquête, pour l'expédition, contrôle, papier, taxe du Juge, témoins, *&c.*; ainsi que pour chaque descente de Juge, tant pour l'expédition, contrôle, papier, taxe du Juge, Experts, Greffier & Procureurs (*b*).

ARTICLE XCVIII.

La déclaration de dépens sera signifiée sans donner de nouveau copie de la sentence, au cas qu'elle ait été signifiée : & il sera permis à celui qui doit les dépens de faire ses offres suivant l'Ordonnance, sans aucun droit d'assistance aux Procureurs, en cas que les offres soient acceptés, ou que les dépens soient payés volontairement par la partie, sans avoir été signée par les Procureurs (*c*).

ARTICLE XCIX.

S'il y a plusieurs condamnés aux dépens, qui aient occupé par différents Procureurs, & que les articles les concernent conjointement, la copie de la déclaration ne sera donnée qu'à l'ancien Procureur, en le déclarant néanmoins aux autres parties par un simple acte. Et en cas que l'intérêt des condamnés soit distinct & séparé, il ne leur sera donné à chacun copie que des articles qui les regardent, sans que les Procureurs puissent prendre leur assistance qu'à proportion des articles qui les concernent (*d*).

(*a*) Voyez l'article 7 du titre 31 de l'Ordonnance de 1667.

(*b*) Voyez le Tarif des dépens de Lyon, du 13 Septembre 1701, *art.* 46 & 47.

(*c*) Voyez le Tarif du Châtelet de Paris, *art.* 38 ; & l'Ordonnance de 1667, *tit.* 31, *art.* 5 *&* 6.

(*d*) Voyez l'Arrêt du Parlement du 17 Janvier 1691, rapporté au Recueil des Réglements de Justice, *in-12*, *tom.* 1 ; & l'article 23 du titre 31 de l'Ordonnance de 1667.

ARTICLE C.

141. En matiere de déclinatoires & de renvois, ne sera signifié aucune déclaration de dépens, ni perçu aucun droit d'assistance; mais seront les dépens qui auront été adjugés, taxés par les Procureurs des Parties, sur un simple mémoire sans frais, conformément à l'article 4 du titre 6 de l'Ordonnance de 1667.

ARTICLE CI.

En matiere de liquidation de fruits, & dommages & intérêts; où lorsqu'il s'agira de l'appel d'une taxe de dépens; tous les dépens qui seront adjugés dans ces cas seront liquidés par le même jugement qui aura décidé la contestation (*e*).

ARTICLE CII.

Les dépens de chaque instance du Siege établi dans les Bailliages & Sénéchaussées, pour juger en dernier ressort les causes de quarante livres & au-dessous, seront aussi liquidés par la sentence qui prononcera sur le fond de l'instance (*f*).

ARTICLE CIII.

Dans les Justices subalternes, tant Royales que Seigneuriales, les dépens seront pareillement liquidés par les sentences, soit en l'Audience, soit en procès par écrit, eu égard aux dépens légitimement faits, suivant l'article 33 du titre 31 de l'Ordonnance de 1667; & à cet effet, les Procureurs remettront leurs dossiers entre les mains du Juge, aussi-tôt la sentence rendue, pour être par lui procédé à la taxe.

ARTICLE CIV.

Les Procureurs qui formeront des demandes contre leurs parties *Devoirs des Procureurs.*

(*e*) Voyez la même Ordonnance de 1667, *tit.* 30, *art.* 4; *tit.* 32, *art.* 3; & *tit.* 31, *art.* 31.

(*f*) Voyez l'Edit du mois de Septembre 1769, portant établissement de ces Sieges.

en condamnation de frais & salaires, seront tenus de fournir avec leur demande un état de leursdits frais & salaires, & d'en communiquer les pieces justificatives à la partie ou au Procureur qui sera constitué, pour faire par le défendeur ses offres dans le temps de l'Ordonnance ; & en cas que les offres ne soient suffisantes, il y sera pourvu par les Juges (*a*).

ARTICLE CV.

Les Procureurs seront tenus de se conformer au présent Réglement, & de donner aux parties des reçus en détail, de ce qu'ils recevront pour leurs frais, salaires, & vacations ; à peine d'interdiction. Seront tenus pareillement d'avoir deux registres, sur l'un desquels ils écriront tout de suite jour par jour, & sans aucun blanc, les noms des parties qui les auront chargés, la demande sur laquelle ils seront chargés d'occuper, & le jour qu'ils l'auront été ; & sur l'autre, les sommes qu'ils auront reçues desdites parties, ou par leur ordre. Enjoint à eux de représenter lesdits registres, & de les affirmer véritables toutes les fois qu'ils en seront requis ; à peine contre ceux qui n'auront point de registres, ou qui refuseront de les représenter & affirmer véritables, d'être déclarés non-recevables en leurs demandes & prétentions de leurs frais, salaires, & vacations ; & de tous dépens, dommages & intérêts des parties.

ARTICLE CVI.

142. Ne pourront lesdits Procureurs demander le paiement de leurs frais, salaires & vacations, deux ans après qu'ils auront été révoqués, ou que les parties seront décédées, encore qu'ils aient continué d'occuper pour les mêmes parties, ou pour leurs héritiers en d'autres affaires. Et ne pourront dans les affaires non-jugées demander leurs frais, salaires & vacations, pour les procédures faites au-delà de six années précédentes immédiatement leur demande ; encore qu'ils aient toujours continué d'occuper : le tout à moins qu'ils ne les aient fait arrêter & reconnoître par leurs parties, & ce avec le calcul de la somme à laquelle ils

(*a*) Voyez l'article 33 du Tarif des dépens du Châtelet d'Orléans.

montent, lorsqu'ils excéderont celle de deux cents livres (*b*).

ARTICLE CVII.

Les Procureurs des Justices de Seigneurs du ressort du Bailliage & Siege présidial, se conformeront au présent Réglement pour leurs frais & salaires; même les Procureurs du Bailliage qui postulent dans lesdites Justices seigneuriales : mais ils ne pourront prétendre que les deux tiers de ce qui est porté dans les articles ci-dessus, dans le cas où ils doivent passer en taxe (*c*).

ARTICLE CVIII.

Les Procureurs ne pourront employer tant dans les déclarations de dépens, que dans les mémoires de frais qu'ils donneront à leurs parties, autres plus grands droits que ceux portés au présent tarif; à peine de répétition contre eux, & de trois cents livres d'amende. Et seront lesdits Procureurs responsables des contraventions de ceux auxquels ils pourroient prêter leur nom.

ARTICLE CIX.

Dans tous les articles ci-dessus ne seront compris les déboursés; qui seront ajoutés au droit du Procureur dans le même article auquel ils seront relatifs; sans pouvoir faire des articles particuliers pour lesdits déboursés.

(*b*) Voyez l'Arrêt de Réglement du 28 Mars 1692.
(*c*) Ordonnance du Bailliage d'Orléans du 15 Février 1669.

TABLE pour le Projet ci-dessus.

Demandes.	Pag. 527	*Vacations.*	Pag. 536.
Droit de Consultation.	528	*Enquêtes.*	537
Présentations.	530	*Procès par écrit.*	538
Journées.	531	*Appellations.*	542
Actes simples.	ibid.	*Criminel.*	ibid.
Défenses & Repliques.	532	*Comptes.*	543
Demandes & Requêtes incidentes.	533	*Criées & Baux judiciaires.*	544
Copies.	ibid.	*Voyages.*	551
Instances d'Arrêts.	535	*Significations.*	552
Plaidoiries.	536	*Taxe de dépens.*	ibid.
Qualités.	ibid.	*Devoirs des Procureurs.*	555

Fin de la Table du Projet.

TITRE V.

Des Huissiers & Sergents.

ARTICLE PREMIER.

Des Huissiers & Sergents en général.

1. Les Huissiers, ou Sergents, sont des Officiers subalternes établis pour exécuter les ordres & mandements de Justice : ce qui renferme les différentes fonctions dont on va parler dans un moment.

Il y a cette différence entre les Huissiers & les Sergents, que les Huissiers, à proprement parler, sont ceux dont la fonction est de se trouver aux Audiences pour y faire faire silence, & exécuter les ordres des Juges ; & on les appelle, par cette raison, *Huissiers Audienciers*, dont il sera parlé ci-après, *n. 77 & suivants;* au-lieu que les Sergents sont ceux dont les fonctions consistent en général à assigner & à exécuter les Ordonnances de Justice. Mais aujourd'hui on donne le nom d'Huissiers à tous ceux qui exploitent dans les Cours souveraines, & autres premieres Jurisdictions ; au-lieu qu'on appelle simplement Sergents, ceux qui n'étant point Huissiers audienciers, exploitent dans les Bailliages & Sénéchaussées, & autres Jurisdictions inférieures.

Ainsi les Huissiers sont en même-temps Sergents, & réunissent ces deux qualités ; mais il y a bien des Sergents qui ne sont pas Huissiers.

2. Quoique les Huissiers & Sergents soient à proprement parler, les serviteurs de la Justice, comme l'étymologie même de leur nom le porte, néanmoins on ne doit pas regarder leurs fonctions comme viles & abjectes; puisque la Justice est si auguste par elle-même, que son éclat se répand sur tout ce qui a rapport à elle ; & par conséquent sur tous les Ministres qui sont revêtus de son autorité. La Justice étant une des principales fonctions de la souveraineté, c'est en quelque sorte offenser celle-ci que de donner atteinte à l'autre. Nous avons un exemple bien frappant pour

prouver cette maxime, dans ce qui se passa sous le regne de Louis XII. Un Grand Seigneur de la Cour ayant cassé le bras à un Sergent qui étoit venu pour le contraindre, le Roi n'eût pas plutôt appris cette action, qu'il vint au Parlement le bras gauche en écharpe. Les Juges surpris de le voir en cet état, lui ayant demandé par quel accident il portoit ainsi le bras, il leur exposa ce qui étoit arrivé au Sergent qui avoit été maltraité, & ajouta ces paroles remarquables : » Puisqu'on use d'une pareille violence à l'égard de ceux qui exécutent les ordres de ma Justice, » que me servira ce bras qui en porte la marque souveraine que » j'ai reçue de Dieu, aussi bien que mon sceptre & ma couronne.

ARTICLE II.

Des fonctions des Huissiers & Sergents en général.

3. 1°. Les Huissiers & Sergents, font à l'exclusion de tous autres Officiers de Justice, tous exploits d'ajournements & assignations, commandements, significations, offres, protests, sommations, compulsoires, & collations de pieces, *&c.*

2°. Il en est de même des publications de ventes de meubles, & autres qui se font à l'issue des Messes paroissiales. (Arrêt du Conseil du 20 Août 1726, rapporté au Code Louis XV, qui défend à toutes personnes, qui sont sans caractere, de faire aucunes publications, ni autres actes du ministere des Huissiers.)

3°. Ils font aussi les saisies, exécutions, oppositions, saisies réelles, criées, & tout ce qui dépend de ces choses; comme procès-verbaux de rébellion, *&c.*

4°. Dans les endroits où il n'y a point d'Huissiers-Priseurs & vendeurs de meubles, ils font toutes les fonctions attachées à ces offices; comme prisées & ventes de meubles, *&c.* (Voyez ce qui est dit ci-après à l'article *Des Huissiers-Priseurs & vendeurs de meubles*, n. 64.)

4. 5°. En matiere criminelle, ils font les ajournements personnels, procès-verbaux de perquisition, emprisonnements, recommandations, saisies & annotations, *&c.*

Quoique les Huissiers & Sergents aient le droit de faire ces actes, à l'exclusion de tous autres Officiers, il y en a néanmoins quelques-uns que les Notaires ont droit de faire concurremment avec eux. Tels sont, 1°. les protests de lettres & billets de change, suivant l'article 8 du titre 5 de l'Ordonnance du Commerce de 1673 : 2°. Les sommations faites à des personnes élevées en dignité ; *v. g.* aux Evêques & Archevêques ; & celles faites par les enfants majeurs à leurs peres & meres pour mariage : ces dernieres doivent même nécessairement être faites par des Notaires, pour être valables, suivant un Arrêt du Parlement du 27 Août 1692 : 3°. Les révocations de procuration *ad resignandum ;* les notifications de grades ; les réquisitions de bénéfices, & quelques autres fonctions en matiere ecclésiastique, qui appartenoient aux Huissiers avant l'Edit du mois de Décembre 1671, & qui ont été attribués aux Notaires par ce même Edit, *art. 1 & suivants.*

5. A l'égard des compulsoires & collations de pieces qui se font chez les Notaires, le compulsoire & la collation se fait par les Huissiers ; mais la copie, ou l'expédition de l'acte, quand il s'agit d'en délivrer une, se fait par le Notaire chez lequel se fait le compulsoire. (Arrêt du Parlement du 19 Mars 1740, rapporté au nouveau Style des Huissiers de l'édition de 1752, *pag. 481.*)

Il y a des cas où les Notaires peuvent faire les fonctions d'Huissiers ; (Voyez ce qui a été dit ci-dessus au titre *Des Notaires*, part. 5, tit. 2, n. 16 ;) mais nul ne peut exercer les fonctions d'Huissier, s'il n'est personne publique. (Ainsi jugé par Arrêt du Conseil du 20 Août 1726, rapporté au Recueil des Réglements de Dijon, *tom. 8*, qui défend à toutes personnes qui n'ont ni titre ni caractere d'Officiers publics, de faire aucuns actes & exploits qui sont de la fonction des Huissiers.)

Ce qui doit avoir lieu *à fortiori*, si ces personnes publiques sont commises par le Juge pour absence d'Huissiers, ou autrement. (Voyez le Code Criminel de M. Serpillon, *pag. 458.*)

6. 6°. Outre les fonctions dont il a été parlé ci-dessus, les Huissiers, ou Sergents font le service de l'Audience & de la Chambre du Conseil dans les Jurisdictions où il n'y a point d'Huissiers Audienciers. (Voyez ce qui est dit ci-après à l'article *Des Huissiers-Audienciers*, n. 77.)

Il semble même que les Huissiers soient en droit d'apposer des scellés, suivant l'article 56 de l'Arrêt de Réglement du 10 Juillet 1665.

Mais ils ne peuvent faire les inventaires. (*Ibid.* Voyez le Recueil des Chartres des Notaires de Paris, édition de 1663, *chap. 9, pag. 552 & 553.*)

Ni

Ni faire aucunes informations en matiere criminelle. (Arrêt de Réglement du Parlement du 10 Juillet 1665, *art. 10 ;* Ordonnance de 1670, *tit. 2, art. 5;* & *tit. 3, art. 2.*)

7. 7°. Les Huissiers & Sergents exploitent dans l'étendue de leur ressort, non-seulement les actes émanés de leur Jurisdiction, ou qui y sont introduits; mais encore ceux de la Jurisdiction supérieure de celle où ils sont établis. Ils peuvent même assigner en cette Jurisdiction supérieure, pourvu que l'exploit soit posé dans l'étendue de la Jurisdiction dont ils sont Huissiers, ou Sergents. Ainsi les Huissiers, ou Sergents d'un Bailliage, ou Sénéchaussée royale, peuvent assigner au Parlement un particulier demeurant dans ce Bailliage, ou Sénéchaussée ; & de même ils peuvent signifier & exécuter dans l'étendue de leur Bailliage les Arrêts émanés de la Cour où ce Bailliage ressortit. (Edit du mois de Mars 1568, registré au Parlement de Paris; autre du mois de Janvier 1586, rapporté par Joly, *pag. 1544.*)

8. On prétend néanmoins que les Huissiers & Sergents des Bailliages, même royaux, ne peuvent exécuter dans l'étendue du Bailliage, dont ils dépendent, les jugements passés sous le scel du Châtelet de Paris. (Edit du 20 Novembre 1556, rapporté par Joly, *pag. 1554 ;* Arrêt du Parlement du 7 Février 1578, rapporté *ibidem*, pag. 1588; Lettres-Patentes du mois de Mai 1582, rapportées aussi par Joly, *pag. 1044;* autre Arrêt du Parlement du 5 Mars 1600, rapporté par Joly, *pag. 1567;* Arrêt du Conseil du 24 Avril 1621, rapporté *ibidem, pag. 1595;* autre Arrêt du Conseil du 16 Avril 1624, rapporté *ibidem*, pag. 1573; autre Arrêt du Parlement du 22 Août 1626, rapporté par Filleau, *tom. 2, pag. 309 ;* autre du 1 Février 1628, rapporté, *ibidem, tom. 2, pag. 305 ;* autre du 16 Mars 1683, rapporté au nouveau Protocole, ou Style universel des Huissiers, de l'édition de 1704, à Paris, *in-12*, pag. 166.)

9. Ce qui doit néanmoins s'entendre des Prévôtés & Bailliages où il y a des Huissiers ou Sergents-à-cheval du Châtelet de Paris ; car dans celles où il n'y en a point, les Sergents royaux ordinaires peuvent mettre à exécution le scel du Châtelet de Paris. (Arrêt du Parlement du 22 Août 1626, rapporté par Filleau, *tom. 2, pag. 309 ;* & par Néron, *tom. 2, pag. 593, art. 2 ; idem* par un autre Arrêt du Parlement du 1 Février 1628, rapporté *ibid.* pag. 310. Voyez *infrà*, n. 140.)

ARTICLE III.

Des Huissiers & Sergents des Justices ordinaires.

§. I.

Des Sergents des Justices de Seigneurs.

10. 1°. Les Sergents des Justices de Seigneurs peuvent exploiter dans l'étendue de leurs Justices, tous actes émanés de leursdites Justices, & y assigner les personnes qui en sont justiciables.

2°. Ils peuvent faire les prisées & ventes de meubles entre les Justiciables de leurs Justices, & en vertu de sentence émanées de leurs Juges. (Déclaration du 22 Mars 1697, rapportée au Style des Huissiers, *pag. 374*, de l'édition de 1752, *in-12.*)

11. 3°. Ils ne peuvent exécuter les sentences & mandements des Juges royaux. (Edit de Follembrai du mois d'Août 1552, *art.* 2; Arrêt du Parlement du 12 Février 1550, rapporté par Corbin en sa suite du Patronage, *chap.* 280; autre du 6 Mars 1572, rapporté par Papon, *liv.* 6, *tit.* 7, *n.* 3; autre du Parlement de Dijon du 1 Mars 1612, rapporté par Bouvot, *tom.* 2, au mot *Sergent*, quest. 29; autres Arrêts du Parlement des 29 Août 1551, 22 Octobre 1555, & 7 Septembre 1581, pour les Sergents du Maine; Arrêt du Parlement de Toulouse du 17 Août 1744, rapporté au Recueil du même Parlement, *in-8°.* tom. 1, pag. 547; autre Arrêt du Parlement du 5 Février 1763, qui ordonne l'exécution des Arrêts du Conseil & de la Cour, concernant les fonctions des Sergents royaux & des Seigneurs, & qui maintient Laurent Lasnier, Huissier au Châtelet de Paris, dans ses pouvoirs & privileges : en conséquence, fait défenses aux Sergents seigneuriaux subalternes, notamment à ceux de la ville de Cosne-sur-Loire, & des environs, de signifier & mettre à exécution aucunes sentences & actes de Justices royales; comme aussi de signifier, ou mettre à exécution des actes de Notaires royaux, ni d'agir en vertu d'iceux; à peine de nullité, & de 500 livres d'amende, *&c.*)

12. On trouve cependant un Arrêt du Parlement du 7 Août 1674, rendu pour la ville de Châlons-sur-Marne, qui, » sur la requête

» présentée par les Sergents du Comté de ladite ville, à ce qu'il » fût fait défenses aux Sergents royaux de ladite ville, de faire » aucuns exploits d'assignation pardevant le Bailli dudit Comté ; » signification de ses actes & jugements, ou autres ; ensemble » sur celle des Huissiers royaux de ladite ville, à ce que dé- » fenses fussent faites aux Sergents dudit Comté, d'entreprendre » sur la fonction des Huissiers & Sergents royaux ; de donner au- » cunes assignations pardevant les Présidiaux de Châlons ; de » mettre aucuns de leurs jugements & mandements à exécution, » ni de tous autres Juges, ni même aucuns actes passés sous le » scel royal, & sous commissions de Greffiers & Juges subalter- » nes ; à peine de, *&c.* : comme aussi sur la requête desdits Ser- » gents royaux, contenant leur consentement que les Sergents » dudit Comté fissent seuls les significations & exécutions des ju- » gements de leurs Juges dans le ban dudit Châlons, pourvu qu'ils » ne fussent sous scel royal ; & en conséquence que lesdits Ser- » gents royaux fussent maintenus & gardés au droit de donner des » assignations devant le Bailli dudit Comté de Châlons, mettre à » exécution les jugements qu'il rendroit sur les actes passés sous » le scel royal, & les significations qui se feroient en conséquence » d'iceux, & de mettre à exécution tous contrats & autres actes » passés sous scel royal, avec défenses aux Sergents dudit Comté » de plus à l'avenir exécuter aucuns sous prétexte de commission » de Greffier dudit Comté, ou d'ordonnance de leurs Juges, sur » les peines qu'il plairoit à la Cour ; » Ordonne, s'en s'arrêter à la requête des Sergents royaux, que la fonction de tous les Sergents de la ville & Comté de Châlons suivra le domicile des parties, nonobstant que les actes & contrats aient été passés sous le scel royal, & déboute les Sergents royaux, ensemble ceux du Comté, du surplus de leurs demandes. Autre Arrêt du 11 Janvier 1766, rendu en la Grand'Chambre sur les conclusions de M. Barentin, Avocat-Général, en faveur du Seigneur de la Justice de Craon, contre les Sergents royaux de la Sénéchaussée d'Angers, par lequel il a été jugé que les Sergents des Justices seigneuriales peuvent faire dans l'étendue du ressort desdites Justices, concurremment avec les Huissiers royaux, la signification, tant des jugements rendus par les Juges royaux, que tous les actes passés sous le scel royal ; (Voyez Denisart au mot *Huissiers*, au Supplement.) Autre Arrêt du mois de Mars 1767, rapporté *ibid.*, qui a jugé la même chose.

13. Mais il y a plus de difficulté à sçavoir si un Sergent de Justice de Seigneur peut assigner un des Justiciables dudit Seigneur devant un Juge royal.

Il paroît que non : le Sergent de Seigneur ne pouvant alors être considéré comme ministre du Juge devant lequel il assigne ; & c'est sur ce fondement que par sentence rendue au Présidial d'Orléans, le lundi 5 Décembre 1740, il a été fait défenses à un Sergent de la Justice de Suêvre, qui est une Justice de Seigneur, d'assigner devant un autre Juge que celui du Seigneur.

Les Sergents des Justices seigneuriales ne peuvent même en général faire aucuns exploits en vertu de contrats passés sous scel royal. (Edit du mois de Mai 1582, rapporté par Joly, *pag.* 1044.)

14. Suivant Papon, les Baillis & Sénéchaux ne peuvent adresser leur commission pour exécuter à autres qu'aux Sergents royaux ; & si d'autres Sergents y mettent la main, le tout est déclaré nul. (Ainsi jugé par Arrêt du Parlement du 2 Juillet 1523, rapporté par cet Auteur, *liv. 6, chap. 7, n.* 3. Cet Arrêt est pris de Rebuffe sur les Ordonnances au Traité *de Litter. Obligat.*, art. 2, *in gloss.*, n. 57 ; autre Arrêt du 15 Mars 1572, rapporté par Chopin *de Domanio*, tit. 7, n. 3.)

Il en est autrement des Huissiers & Sergents royaux ; car ceux-ci peuvent assigner, même au Parlement.

15. 4°. Les Sergents des Justices de Seigneurs ne peuvent exploiter hors le ressort de leurs Justices. (Ainsi jugé par Arrêt du 20 Mars 1603, rapporté par Leprêtre, *centur.* 3, *chap.* 126 ; & par un autre Arrêt du Parlement de Toulouse du 14 Juillet 1678, rapporté par Laroche-Flavin en ses Arrêts, *liv.* 2, *lettre* N, *Arrêt* 1.)

Mais il paroît qu'ils sont en droit d'exploiter dans tout le ressort de leurs Justices, & par conséquent dans les Justices seigneuriales inférieures & ressortissantes en celles où ils sont reçus. Ainsi *v. g.* les Huissiers & Sergents de Nevers & de Châteaudun, peuvent exploiter non-seulement dans les Justices immédiates du Duché-Pairie de Nevers, & du Comté de Châteaudun, mais encore dans les Justices seigneuriales & inférieures ressortissantes auxdites Justices de Nevers & de Châteaudun.

16. 5°. Ils sont tenus d'assister aux Audiences, & d'en faire le service ; à peine d'interdiction. (Arrêt du Parlement du 15 Mai 1714,

servant de Réglement pour le Comté de Pontchartrain, au titre *Des Huissiers & Sergents*, art. 23.)

Un Arrêt du Parlement du 19 Juin 1762, rendu sur la requête du premier Huissier royal & audiencier de l'Hôtel-de-Ville de la Charité-sur-Loire, du premier Huissier audiencier en l'Election de la même ville, & autres, *&c.*; fait défenses aux Seigneurs de Paroisses de créer au préjudice des suppliants un nombre arbitraire d'Huissiers & Sergents subalternes, & à leurs Juges de les recevoir en plus grand nombre que celui fixé par l'Edit d'Avril 1664, registré au Parlement le 29 dudit mois, conformément auquel ils seront réduits.

§. II.

Des Huissiers & Sergents royaux des Bailliages, Sénéchaussées, & Prévôtés royales.

17. Les Huissiers & Sergents établis dans les Justices royales, sont de plusieurs sortes; sçavoir,

Les Sergents royaux des Bailliages & Sénéchaussées:

Ceux des Sieges royaux particuliers des Bailliages:

Ceux des Bailliages royaux colloqués dans les Justices de Seigneurs, qu'on appelle Sergents royaux de collocation; ce qui est conforme à l'article 90 de l'Ordonnance d'Orléans:

Et les Sergents des Prévôtés, ou Châtellenies royales:

1°. Les Huissiers & Sergents royaux peuvent faire dans toute l'étendue de la Jurisdiction où ils sont établis, les fonctions attachées à leur état; même les prisées & ventes dans les endroits où il n'y a point d'Huissiers, ou Sergents priseurs en titre d'office.

18. *Premiere Question.* Les Huissiers, ou Sergents royaux peuvent-ils exercer leurs fonctions dans les Justices des Seigneurs de leur ressort?

On peut établir la négative de cette question sur un grand nombre d'autorités. (a)

(a) Voyez la Coutume d'Anjou, *art.* 78 & 383, avec les notes de Dupineau; & la Coutume de Poitou, *art.* 327 & 385, avec les notes de Boucheul; ainsi que le grand Coutumier, *pag.* 37. Voici les termes du grand Coutumier: » Ne justicieront les Sergents royaux ès terres des Hauts-Justiciers, si ce n'est » en cas de ressort, ou autre cas royal; encore faut-il que ce soit du man- » dement du Bailli, auquel sera contenu le cas appartenant au Roi.

L'Ordonnance de Philippe-le-Bel, du mois de Mars 1302, *art.* 26, rapportée par Joly, *pag.* 1618, porte que les Sergents royaux ne pourront exploiter dans les terres des Prélats, Barons, & Hauts-Justiciers, qu'en deux cas; sçavoir, en cas de ressort & d'appel, ou en cas royaux; encore que ce fut du commandement, ou mandement du Bailli & Sénéchal. Autre du 16 Janvier 1587, rapportée par Bacquet en son Traité des Droits de Justice, *ch.* 26, *n.* 4; autre du 13 Juillet 1551, contre les Sergents royaux de Corbeil, rapporté par Filleau, *tom.* 2, *pag.* 294; autres Arrêts du Parlement des 29 Août 1551, 22 Octob. 1555, & autres rendus pour le Mans; autre Arrêt du 1 Mai 1571, rapporté en la Conférence des Ordonnances, *tom.* 3, *pag.* 727, §. 44, *note* 17; autre du 20 Décembre 1575, pour M. le Duc de Nevers, rapporté par Joly, *pag.* 1754; autre du 14 Avril 1580, aussi pour M. le Duc de Nevers, rapporté par Chopin sur la Coutume d'Anjou, *liv.* 1, *art.* 76, *n.* 4; & en la Conférence des Ordonnances, *tom.* 3, *pag.* 711, §. 2, *note* 1; autre du 20 Mars 1603, contre les Sergents royaux de Gien, rapporté par Joly, *pag.* 1570; autre du 10 Janvier 1577, pour Châteaudun, confirmé par un autre Arrêt de la Cour du 3 Décembre 1737; Edit du mois de Décembre 1606, *art.* 22; Ordonnance du mois de Janvier 1629, *art.* 32.

19. Voyez aussi Loiseau, Traité des Offices, *liv.* 5, *chap.* 1, *n.* 51; & en son Traité des Seigneuries, *chap.* 1, *n.* 59 & 60; (où il ajoute que les ampliations accordées aux Sergents royaux, n'ont point changé cette regle;) Chopin *de Domanio*, liv. 2, tit. 7, n. 3; & Bacquet, Traité des Droits de Justice, *ch.* 26, *n.* 2. Telle est aussi la disposition de l'article 17 de la Coutume de Normandie.

Deux autres Arrêts du Parlement des 4 & 27 Janvier 1764, ordonnent l'exécution de celui du 10 Janvier 1577, rendu pour Châteaudun; & font défenses aux Huissiers & Sergents royaux du Bailliage & Siege Présidial d'Orléans, de faire aucuns exploits, & autres actes dans l'étendue de la Justice de Jargeau, sinon dans le cas de ressort; autre Arrêt du 22 Mai 1763, rendu en faveur de la Dame de Pompadour, Marquise de Menars, qui fait défenses au nommé Duverger, & autres Huissiers royaux à Blois, d'exploiter dans l'étendue de la Justice de Menars.

20. Lesdits Huissiers & Sergents royaux ne peuvent pareillement

assigner devant les Juges de Seigneurs. (Bacquet, Traité des Droits de Justice, *chap.* 26, *n.* 3.)

Ni faire commandement en vertu d'obligations passées sous le scel des Seigneurs; ni en cas de refus procéder par exécution & vente, ou passer à la vente & criées des héritages assis au terroir desdits Seigneurs. (Bacquet, *ibid.* n. 3.)

Ni mettre à exécution les sentences des Juges de Seigneurs sur leurs justiciables; ni en vertu desdites sentences faire commandement, & ensuite passer à la saisie, exécution & vente des biens, meubles, ou immeubles du débiteur. (Voyez Bacquet, *ibid.* n. 5, où il ajoute que le Sergent pourra alors être assigné pour rapporter ses exploits; & Dupineau sur l'article 383 de la Coutume d'Anjou, où il cite à ce sujet un Arrêt du 22 Décembre 1620, qui l'a ainsi jugé. Voyez aussi Brodeau sur la Coutume du Maine, *art.* 383.)

21. Néanmoins les Sergents du Châtelet de Paris prétendent, en vertu de leurs privileges, confirmés par les Rois, & notamment par des Lettres-Patentes du mois de Mars 1582, avoir permission d'exploiter par tout le Royaume, les mandements de tous Juges royaux, même de tous Juges subalternes: (Voyez Chenu en ses Réglements, *tom.* 2, *pag.* 903;) & en effet ces Lettres-Patentes le portent. (Voyez Joly, *pag.* 1557 *&* 1559.)

Il faut aussi observer que quand un Sergent royal vient à exploiter dans l'étendue d'une Justice de Seigneur, excepté dans les cas où les Réglements l'y autorisent, le Juge de Seigneur ne peut le punir & se faire justice par lui-même; mais qu'il doit se plaindre au Juge royal supérieur. (V. Bacquet, Traité des Droits de Justice, *chap.* 26, *n.* 8, où il cite l'Ordonnance du mois de Mars 1302, qui le défend aux Juges de Seigneurs. La Coutume de Normandie, *art.* 18, en a une disposition.)

22. Le Juge de Seigneur ne peut pareillement dans ce cas déclarer nul l'exploit de l'Huissier, ou Sergent royal. (Bacquet, *ibid.* n. 8;) & même Loiseau prétend que le Juge royal ne peut déclarer nuls ces sortes d'exploits; mais qu'il doit seulement condamner l'Huissier en une bonne amende envers le Seigneur, ou ses Sergents. (Voyez Loiseau; Traité des Offices, *liv.* 5, *ch.* 1, *n.* 63.)

On trouve cependant quelques Arrêts qui autorisent les Huissiers & Sergents royaux à exploiter dans l'étendue des Justices de Seigneurs, même pour des cas ordinaires. (Voyez l'Arrêt du Parlement du 7 Août 1674, rendu pour Châlons-sur-Marne, rapporté ci-dessus, *n.* 12; autre Arrêt du 17 Décembre 1718, rapporté au Journal des Audiences, *tom.* 7, qui porte que les Huissiers royaux peuvent exploiter dans les Justices des Seigneurs de leur ressort, sans que cela donne atteinte à leurs Justices.)

23. J'ai aussi vu un Mémoire envoyé de Nevers en 1761, où l'on marque au sujet d'une consultation envoyée à ce sujet, que les Huissiers & Sergents royaux demeurants à Nevers, & dans l'étendue de la Pairie du Duché, sont en possession immémoriale d'assigner & exploiter dans le ressort de la Justice du Bailliage & Pairie de Nevers, pour toutes sortes de cas, & de mettre les sentences à exécution; & que les parties s'adressent indistinctement à qui elles veulent; c'est-à-dire, aux Huissiers & Sergents royaux, ou aux Sergents de la Pairie; & qu'il n'y a aucun Réglement particulier à ce sujet pour les Sergents de Nivernois.

2°. Dans le cas où les Huissiers & Sergents royaux exploitent dans l'étendue des Justices seigneuriales; soit pour cas royaux, ou autrement, ils ne sont point tenus de demander un *pareatis* aux Juges de Seigneurs. (Ordonnance du mois de Janvier 1629, *art.* 119.)

24. 3°. Plusieurs Réglements défendent aux Huissiers & Sergents royaux, de résider dans l'étendue des Justices de Seigneurs, contre la volonté desdits Seigneurs; à moins que ces Huissiers, ou Sergents n'y soient nés & mariés. (Ordonnance de Philippe-le-Bel, ci-dessus citée, du mois de Mars 1302, *art.* 18;) mais cette regle n'a pas lieu à l'égard des Sergents royaux de collocation dans l'étendue des Justices de Seigneurs.

Seconde Question. Les Huissiers, ou Sergents royaux sont-ils en droit d'exploiter dans les Jurisdictions extraordinaires de leur ressort, comme Elections, Eaux & Forêts, Greniers-à-Sel, Consulats, Officialités, & y assigner?

Oui. C'est ainsi que le décide Loiseau en son Traité des Offices, *liv.* 1, *chap.* 6, *n.* 52; & tel est aussi l'usage constant qui s'observe à l'égard des Huissiers & Sergents royaux des Bailliages & Sénéchaussées. La Déclaration du Roi du 20 Décembre 1712, en a une disposition, puisqu'elle permet aux Huissiers & Sergents royaux d'exploiter dans les Jurisdictions consulaires.

25. L'Ordonnance des Aides du mois de Juin 1680, *tit.* 8, des contraintes

contraintes pour le gros, *art.* 26, va même plus loin, & permet aux Fermiers des droits du Roi de se servir de tels Sergents que bon leur semblera, pour assigner, saisir, vendre, contraindre, emprisonner, & généralement pour toutes les autres procédures à l'occasion des droits du Roi; à la réserve de celles qui se font dans les Cours des Aides, Elections & autres Justices des droits du Roi, de Procureur à Procureur : ce qui a depuis été confirmé par l'Ordonnance des Fermes du mois de Juillet 1681, au titre commun des Fermes, *art.* 18; & par des Lettres-Patentes du 4 Décembre 1731, qui ajoutent, même hors l'étendue de la Jurisdiction où ils sont immatriculés, nonobstant la Déclaration du 1 Mars 1730 : ces Lettres sont rapportées au Code Louis XV. Il est dit par ces mêmes Lettres, que les Fermiers pourront même se servir des Sergents de Seigneurs; mais que ces derniers ne pourront exploiter hors leur Jurisdiction.

Il faut cependant excepter de la regle établie ci-dessus, les Sieges de Police dans lesquels les Huissiers & Sergents royaux ordinaires ne peuvent exploiter, ainsi qu'il est porté par l'Edit du mois de Novembre 1699, portant création d'Huissiers de Police.

26. *Troisieme Question.* Les Huissiers & Sergents royaux peuvent-ils exploiter hors le ressort des Bailliages, Prévôtés, & autres Jurisdictions où ils sont établis?

Non, s'ils n'ont d'ailleurs le droit d'exploiter par tout le Royaume, comme sont les premiers Huissiers audienciers, les Huissiers du Châtelet de Paris, & quelques autres. (Voyez ce qui est dit sur cette question ci-après, *n.* 59 *& suiv.*) Ainsi quand un Huissier, ou Sergent exploite au-delà de son ressort, il n'y a aucune difficulté que l'exploit est nul. La Déclaration du Roi du 1 Mars 1730, dont il sera parlé au même endroit, le porte expressément; Voyez aussi Henris, *tom.* 1, *pag.* 188.

§. III.

Des Huissiers & Sergents des Bailliages royaux composés de plusieurs Sieges particuliers.

27. Il y a des Bailliages & Sénéchaussées royales qui sont composés de plusieurs Sieges royaux particuliers; comme est le Bailliage d'Orléans, qui est composé de sept Sieges royaux particuliers, qui sont Orléans, Beaugenci, Yenville, Yevre-le-Châtel,

Vitry, Neuville & Bois-Commun. Les Huissiers, ou Sergents établis pour la ville d'Orléans, & qui y sont reçus & immatriculés, ont le pouvoir d'exploiter dans les Sieges particuliers qui en dépendent. (Ainsi jugé au Présidial d'Orléans, en infirmant une Sentence du Lieutenant-Particulier de Beaugenci, le lundi 28 Juillet 1766, en faveur d'un Sergent royal au Bailliage d'Orléans, qui avoit exploité à Baule, qui est du ressort de Beaugenci.) Ce qui est fondé sur ce que le Bailliage d'Orléans comprend ces différents Sieges particuliers, qui sont des Membres dépendants du Siege principal établi en la ville d'Orléans, auquel les justiciables de tous ces Sieges particuliers pourroient s'adresser pour avoir justice, s'ils étoient vacants, comme à leur chef-lieu, & qui ont un seul & même Bailli, qui est celui d'Orléans, au nom duquel sont intitulées toutes les sentences qui se rendent dans ces différents Sieges. D'ailleurs les provisions de ces Officiers étant pour exploiter dans l'étendue du Bailliage d'Orléans en général, cela comprend nécessairement tous les Sieges particuliers qui dépendent dudit Bailliage.

28. Il en est de même des cinq Baronies du Perche-Gouet : un Sergent reçu au Bailliage d'Orléans est en droit d'y aller exploiter, du moins pour cas royaux, & en cas de ressort. En effet ces Baronies font partie du Siege royal d'Yenville, qui est un Siege particulier dépendant du Bailliage d'Orléans. *Nec obstat* que le Bailliage d'Orléans ne connoît dans aucun cas des appellations des Justices du Perchegouet, qui ressortissent par appel à Yenville pour les cas ordinaires, & à Chartres pour les cas présidiaux; parce qu'il n'y a aucun rapport nécessaire entre le ressort du Juge & les appellations dont il connoît. Avant la création des Sieges présidiaux, on auroit pu faire la même objection à l'égard des différents Sieges royaux particuliers dépendants du Bailliage d'Orléans, qui ne ressortissent en aucun cas audit Siege, & prétendre que les Huissiers & Sergents du Bailliage d'Orléans n'avoient pas droit d'exploiter dans ces Sieges particuliers; ce qui cependant ne pouvoit & ne peut souffrir aucune difficulté.

§. IV.

Des Huissiers & Sergents royaux des Sieges particuliers des Bailliages.

29. Les Huissiers & Sergents royaux des Sieges particuliers des Bailliages & Sénéchaussées ont leur pouvoir borné dans l'étendue de ces mêmes Sieges, ainsi qu'il est porté par leurs provisions ; & ce pouvoir ne s'étend point au-delà. Ainsi lorsqu'ils exploitent hors cette étendue, leurs exploits sont nuls aux termes de la Déclaration du 1 Mars 1730. (Ainsi jugé au Présidial d'Orléans le 2 Décembre 1737, contre un Sergent du Siege particulier de Boiscommun, dépendant du Bailliage d'Orléans, qui avoit posé une assignation dans la Justice de Courci, qui est du ressort d'Yevre-le-Châtel, autre Siege particulier dépendant dudit Bailliage d'Orléans. La même chose a été jugée depuis au mois de Février 1739, contre un Sergent du Siege d'Yevre-le-Châtel, qui avoit posé un exploit à Pithiviers qui dépend du Siege principal du Bailliage d'Orléans.)

§. V.

Des Huissiers & Sergents Royaux des Prévôtés ; de ceux da Collocation.

30. Les Huissiers & Sergents des Prévôtés royales ont aussi leur pouvoir borné dans l'étendue de leur Siege, & ils ne peuvent exploiter au-delà, à peine de nullité. Ainsi ils ne peuvent exploiter ni mettre à exécution les Sentences des Bailliages & Sieges présidiaux, ni les Lettres royaux à eux adressées, ni les déclarations & reliefs d'appel, ni les assignations auxdits Bailliages & Sieges présidiaux & *pareatis* desdites Jurisdictions, même dans les villes, fauxbourgs & banlieues des lieux où les Sieges desdits Bailliages & Présidiaux sont établis ; & cela leur est défendu, à peine de nullité, & de 300 livres d'amende, *&c.* (Arrêt du Parlement de Toulouse du 17 Août 1744, rapporté au Recueil du même Parlement, *in*-8°., *tom.* 1, *pag.* 547.)

Des Huissiers & Sergents royaux de Collocation.

31. On doit dire la même chose des Sergents royaux colloqués dans les Justices des Seigneurs, comme sont ceux colloqués à Pithiviers, à Jargeau, à Meun, *&c.*, qui sont des Justices seigneuriales dépendantes du Bailliage d'Orléans. Ils ne peuvent exploiter au-delà de leur collocation, telle qu'elle est portée par leurs provisions; & ce à peine de nullité, à l'exemple de ce qui se pratique à l'égard des Notaires de collocation.

Question. Ce droit des Sergents royaux de collocation, leur donne-t-il le droit exclusif d'exploiter dans l'étendue de leur collocation, ou si c'est simplement un droit qu'ils ont concurremment avec les Huissiers & Sergents des Sieges royaux, auxquels ressortissent les Justices où ils sont colloqués?

32. Je crois que ce droit ne leur est donné que concurremment avec les Huissiers & Sergents royaux de Justices où ressortissent ces Sieges de collocation; avec cette différence néanmoins que les Sergents royaux des Justices de collocation peuvent & doivent même résider dans l'étendue de ces Justices; au-lieu que les Sergents du Siege royal supérieur de ces Justices n'ont pas le pouvoir d'y demeurer; & c'est en cela seulement que consiste le droit exclusif de ces Sergents royaux de collocation. Ainsi un Sergent royal colloqué à Pithiviers peut & doit y demeurer; au-lieu qu'un Sergent du Bailliage d'Orléans ne peut aller s'établir à Pithiviers, quoiqu'il puisse d'ailleurs y exploiter valablement, & s'y transporter à cet effet. (Voyez ce qui est dit ci-après, *n.* 177.)

ARTICLE IV.

Des Huissiers & Sergents des Justices extraordinaires en général.

33. Les fonctions des Huissiers & Sergents des Jurisdictions extraordinaires, consistent à exploiter dans l'étendue de leurs Jurisdictions, tous actes émanés de leur Justice, & à y assigner les personnes qui en sont justiciables.

Mais on prétend qu'ils ne peuvent faire aucunes ventes de biens à l'encan, en conséquence des saisies exécutions faites en vertu de sentences des Juges extraordinaires, même dans les endroits où il n'y a point d'Huissiers priseurs, vendeurs en titre d'office; parce que c'est un acte dépendant de l'action de la Loi, & que ce droit n'appartient qu'aux Huissiers & Sergents des Justices ordinaires. (*Ita*, Loiseau en son Traité des Offices, *liv. 1, ch. 6, n. 52.*)

34. *Question.* Peuvent-ils exploiter, du moins dans l'étendue de leur Jurisdiction, tous actes de Justice ordinaire?

Cette question souffre beaucoup de difficulté, à cause des différentes variations qu'il y a eu à cet égard dans le pouvoir des Huissiers & Sergents des Justices extraordinaires.

1°. Un Edit du mois de Janvier 1586, (rapporté par Joly, *pag. 1544*), donne pouvoir à tous Huissiers & Sergents royaux, Sergents des Justices extraordinaires & royales, de mettre à exécution toutes lettres patentes, Arrêts, Jugements, Ordonnances & Commissions des Cours & Sieges ordinaires & extraordinaires, moyennant finance.

Un autre Edit du mois de Septembre 1587, portant création de deux Huissiers audienciers en chaque Bailliage, Sénéchaussée, Prévôté, Vicomté, Maîtrise, Grurie & Viguerie des Eaux & Forêts & autres Jurisdictions royales, leur donne pouvoir d'exploiter par tout le Royaume toutes lettres patentes, jugements & tous autres actes. (Voyez Joly, *tom. 2, pag. 1540.*)

35. 2°. Par Arrêt du Parlement du 4 Mars 1600, rapporté par Chenu, *tom. 1, pag. 450*; il est dit, que les Sergents des tailles, élections, gabelles, & Sieges des eaux & forêts, qui ont été pourvus par ampliation de pouvoir, suivant ledit Edit du mois de Janvier 1586, pourront seulement exploiter tous Mandements, Jugements & autres actes de Justice émanés des Jurisdictions où ils sont Sergents; sans qu'ils puissent exploiter ni mettre à exécution aucuns mandements, jugements, ni autres actes de Justice ordinaire; à peine de nullité, de trois cents livres d'amende, & des dommages & intérêts des parties.

Mais par Arrêt du Conseil du 27 Juin 1601, rapporté par Joly, *pag. 1624*, les Sergents des Prévôtés, Elections, Greniers à Sel, & autres Justices royales, ont été confirmés dans le droit porté par l'Edit d'ampliation. Cet Arrêt porte, qu'ils jouiront de leurs offices suivant leurs provisions, & ainsi qu'il leur est permis par les Ordonnances; & fait défenses aux Huissiers à cheval du Châtelet de Paris, & à tous autres d'y apporter aucun trouble, & de s'aider des Arrêts de la Cour des 4 Mars 1600, & 21 Janvier 1601.

36. Autre Arrêt du Conseil du 20 Juin 1612, rapporté par Filleau, *tom.* 2, *pag.* 304, rendu au profit des Huissiers audienciers au Grenier à Sel de Vitry, & des Eaux & Forêts, Maréchaussée, Election & Grenier-à-Sel de St. Dizier, contre les Sergents royaux du Bailliage de Vitry, qui permet auxdits Huissiers & Sergents des Elections, Greniers à Sel, *&c.* de mettre à exécution par tout le Royaume, toutes sentences, arrêts, lettres-patentes, commissions & mandements de Justice, de quelque Jurisdiction qu'ils soient émanés, suivant leur Edit de création. (*Idem*, par un autre Arrêt du Conseil du 9 Juillet 1627, rapporté par Filleau, *ibid.* tom. 2, p. 304, qui confirme les Huissiers audienciers des Elections & Maréchaussées de Rhetel au Bailliage de Vitry en la fonction & exercice de leurs offices, conformément à leur Edit de création, & lettres de provision; ledit Arrêt rendu contre les Sergents royaux de Vitry, qui vouloient les empêcher d'exécuter les mandements des Jurisdictions ordinaires.)

37. Il est vrai que par Arrêt du Parlement du 10 Avril 1627, rapporté aussi par Filleau, tom. 2, pag. 305, il a été fait défenses auxdits Huissiers audienciers & aux Sergents de l'élection de Rhetel, d'exploiter aucuns mandements, jugements, contrats, obligations, ou autres actes de Justice du Bailliage de Vitry; à peine de nullité, & de tous dépens, dommages & intérêts. Mais par un autre Arrêt du Conseil du 9 Juillet suivant, les Huissiers audienciers & Sergents royaux en la Maréchaussée & Election dudit Rethel, ont été maintenus dans la fonction & exercice de leurs offices; & au droit d'exploiter par-tout le Royaume, toutes lettres-patentes, jugements & autres actes. (Voyez Filleau, *ibid.* *tom.* 2, *pag.* 304.)

38. 3°. Autre Arrêt du Parlement du 24 Mars 1625, rapporté par Joly, *pag.* 1922, donné au profit des Sergents royaux des Bailliages, Sénéchaussées & Sieges présidiaux, contre les Huissiers audienciers des élections, Greniers à Sel, Maîtrises des Ports, Traites Foraines, Mines & Minieres, & Maréchaussées, qui ordonne, que lesdits Huissiers audienciers des Jurisdictions extraordinaires de Lyon pourront exploiter par-tout le Royaume tous mandements, jugements & autres actes de Justice émanés de leur Jurisdiction seulement, où ils sont Huissiers audienciers, sans qu'ils puissent mettre à exécution aucuns mandements, jugements,

ni autre actes de Justice ordinaire; à peine de nullité & des dommages & intérêts des parties. *Idem*, par un autre Arrêt du Parlement du 12 Mai 1629, (imprimé) rendu au profit des Huissiers & Sergents royaux au Bailliage & Siege présidial de Tours, & confirmé depuis par trois Arrêts du Conseil des 11 Septembre 1622, 3 Décembre 1666, & 7 Décembre 1668.)

Mais par Arrêt du 22 Août 1626, rapporté par Néron, *tom.* 2, *pag.* 594, *art.* 1, les Huissieurs & Sergents des Eaux & Forêts, Maréchaussée & Connétablie de la Table de Marbre du Palais à Paris ont été maintenus dans le droit de pouvoir mettre à exécution tous jugements & arrêts, lettres-patentes, commissions, & faire tous exploits & actes de Justice, excepté les contrats, sentences, obligations, *&c.* passés sous le scel du Châtelet de Paris.

39. 4°. Un autre Arrêt du Parlement du 5 Décembre 1631, maintient les Sergens royaux de la Sénéchaussée d'Abbeville, seuls au droit d'exploiter tous mandements & Jugements du Bailliage d'Abbeville, & autres Jurisdictions ordinaires; comme aussi tous contrats & obligations passés sous le scel desdites Jurisdictions, privativement aux Huissiers & Sergents en l'Election, Grenier à Sel, Eaux & Forêts, Amirauté & Traites Foraines d'Abbeville, auxquels il est fait défenses d'exécuter autres mandements de Justice que ceux des Jurisdictions où ils ont été créés. (Voyez Descorbiac, *p. 701.*)

Mais par Arrêt du Conseil du 5 Août 1633, (rapporté par Descorbiac, *ibid.* p. 701), il est dit, que sans avoir égard à l'Arrêt précédent du 5 Décembre 1731, lesdits Sergents de l'Election, Grenier à Sel, Eaux & Forêts, Amirautés & Traites Foraines d'Abbeville, jouiront suivant les Edits, Déclarations & Arrêts du Conseil de l'ampliation de pouvoir exploiter toutes sortes de contrats, arrêts & jugements dans la Sénéchaussée d'Abbeville, & fait défenses aux Sergents de ladite Sénéchaussée de les y troubler; à peine de tous dépens, dommages & intérêts.

40. 5°. Un autre Arrêt du Parlement du 8 Mai 1668 (imprimé), fait défenses aux Sergents d'armes, Collecteurs d'amendes de Forêts, de Chasses, & autres Jurisdictions subalternes, de mettre à exécution autres jugements que ceux qui seront rendus par leurs Juges.

Autre Arrêt du Parlement du premier Juin 1668, (aussi imprimé), qui fait défenses aux Sergents d'armes, Collecteurs d'amendes de Forêts, & Jurisdictions subalternes, & à tous autres Sergents, de mettre à exécution autres sentences & jugements, que de leurs Juges.

Autre Arrêt du Parlement du 5 Juin 1668, contradictoire, qui fait défenses aux y dénommés, & à tous autres Huissiers ou Sergents, de mettre à exécution aucuns jugements ni sentences, que ceux de leurs Juges, à peine de nullité, en conséquence de l'Edit du mois de Décembre 1663.

41. Il a été aussi rendu une sentence au Bailliage d'Orléans le 2 Décembre 1670, contradictoire, qui fait défenses par provision à Antoine Guichard, Huissier en l'élection d'Orléans, & autres qui ne sont Sergents du Bailliage d'Orléans, de mettre à exécution, autres mandements que ceux de leurs Juges, sur peine de l'Ordonnance. Mais Guichard & les autres Sergents en l'élection d'Orléans s'étant pourvus au Conseil du Roi, y ont obtenu sur requête un Arrêt dont voici le dispositif : « Le Roi en son » Conseil a ordonné & ordonne qu'aux fins de ladite requête les » parties seront assignées, & cependant surseoit, à l'exécution » de la sentence du Lieutenant-Général d'Orléans. Fait au Conseil » privé le 16 Décembre 1670. » Ladite requête fondée sur l'Edit de création de leurs charges; & sur celui de Henri III. de 1586, confirmé par un Arrêt du Conseil du 5 Août 1633, & par un autre de l'année 1634.

6°. Autre Arrêt du Parlement du 24 Mars 1693, qui ordonne que les Huissiers audienciers des Jurisdictions extraordinaires, pourront exploiter par-tout le Royaume tous actes émanés de leur Jurisdiction seulement; sans qu'ils puissent exploiter ni mettre à exécution aucuns actes de Justice ordinaire ; à peine de nullité, *&c.*

42. 7°. Le dernier Réglement dont j'ai connoissance en cette matiere, est un Arrêt du Conseil du 15 Juin 1694, rendu à l'occasion des offices de Premiers Huissiers audienciers créés par Edit du mois de Décembre 1693, & rapporté au Recueil des Réglements de Justice *in*-12. tom. 1, pag. 426, qui fait défenses aux Huissiers & Sergents royaux, Archers & autres prétendant avoir pouvoir d'exploiter, de faire aucuns commandements, contraintes ou autres actes, que dans l'étendue & pour les matieres de leur Jurisdiction ; à peine de faux, & de deux cents livres d'amende.

Depuis cet Arrêt il a été rendu au Bailliage d'Orléans une sentence en date du 13 Mars 1714, qui fait défenses aux Huissiers

de

de l'Election & Grenier-à-Sel de Pithiviers, de faire aucuns exploits, sinon pour les matieres de leur Jurisdiction.

43. Autre Sentence rendue aussi au Bailliage d'Orléans le 15 Novembre 1729, contre Ardelu, Huissier en l'Election d'Orléans, qui lui fait défenses de faire aucuns exploits portant assignation au Bailliage d'Orléans, & de mettre à exécution les mandements & sentences dudit Bailliage; à peine de nullité. (Voyez encore un Arrêt du Conseil du 14 Décembre 1689, rendu pour Chartres ci-après, *n. 67.*)

Mais nonobstant ces derniers Arrêts, dans plusieurs Sieges les Huissiers & Sergents des Elections & Greniers-à-Sel, se sont toujours maintenus dans l'usage & possession d'exploiter pour les cas ordinaires; & c'est ainsi que cela s'observe à Nevers & à Châteaudun suivant des mémoires que j'ai vus touchant ce qui se pratique à cet égard dans ces deux villes.

44. Un Arrêt du Conseil du 15 Août 1741, sans s'arrêter à l'Arrêt du Parlement de Besançon, rendu contradictoirement entre Nicolas Joliot, Huissier-audiencier en la Maîtrise-particuliere des Eaux & Forêts de Besançon, & le nommé Pinair, Huissier-audiencier au Bailliage & Siege présidial de ladite Ville, le 29 Juillet 1737, que S. M. a cassé & annullé, ordonne que les Edits des mois d'Août 1692 portant création d'Huissiers-audienciers dans les Maîtrises du Royaume, & de Décembre 1693 portant création de Premiers Huissiers-audienciers dans les Présidiaux, Bailliages, & autres Jurisdictions royales, & les Arrêts du Conseil des 27 Décembre 1729, 4 Septembre 1731; 3 Juin 1732, & 5 Avril 1735, seront exécutés; & en conséquence maintient ledit Pinair dans le droit & possession de mettre à exécution dans toute l'étendue de la Maîtrise particuliere des Eaux & Forêts de Besançon, où il est immatriculé seulement, toutes ordonnances, jugements, arrêts & commissions, tant des Juges des Eaux & Forêts, que de tous autres Juges; fait défenses à tous Huissiers & Sergents de l'y troubler, à peine de mille livres d'amende, dommages & intérêts, & audit Joliot de faire aucunes fonctions hors l'étendue de ladite Maîtrise, sous les mêmes peines.

45. Autre Arrêt du Conseil du 27 Juillet 1756, (imprimé à Montargis chez Bobin) qui décide que les Huissiers de la Maîtrise des Eaux & Forêts de Montargis ont droit d'exploiter par tous les Tribunaux de l'étendue du ressort de ladite Maîtrise seulement, & d'y mettre à exécution tous jugements, sentences, & ordonnan-

ces, sans être immatriculés en autres Sieges, qu'en celui de la Maîtrise; releve les nommés Guyard, Jean Mesnager & François Fildier, de leur interdiction, prononcée par le Bailliage de Montargis; ordonne l'exécution de tous les Edits & Déclarations; & en conséquence, que les Huissiers de la Maîtrise de Montargis seront dispensés à l'avenir de se faire recevoir au Bailliage de Montargis, & d'y faire aucun service; les maintient néanmoins dans le droit d'exploiter & mettre à exécution tous jugements, sentences & ordonnances des Sieges étant dans l'étendue du ressort de ladite Maîtrise, conformément aux Edits de création de leurs offices.

46. Mais cette question paroît décidée par une Déclaration récemment rendue en date du 15 Novembre 1762, registrée au Parlement de Paris le 25 Janvier 1763, portant que les Huissiers des Elections, Greniers-à-Sel, Huissiers à cheval du Châtelet de Paris, & tous autres Huissiers & Sergents royaux, seront tenus de faire le service nécessaire pour l'instruction & le jugement des procès criminels, lorsqu'ils en seront requis. Le motif de cette déclaration est *que ces Huissiers ayant le droit d'exploiter en toutes Jurisdictions, ils ne peuvent refuser d'en porter les charges.*

47. 8°. Plusieurs Huissiers & Sergents de Justices extraordinaires sont aussi en droit en vertu des Edits de leur création, d'exploiter pour les cas ordinaires; tels sont,

Les Huissiers des Bureaux des Finances, (ci-après, *n. 136.*)
Les Archers, Gardes de la Connétablie, (*ibid.* n. 115.)
Les Archers de Robbecourte, (*infrà*, n. 107.)
Les Huissiers des Consulats, (ci-après, *n. 130.*)
Les Huissiers de Police, (*infrà*, n. 110.)
Les Huissiers des Monnoies, (ci-après, *n. 133.*)

9°. Les Huissiers & Sergents de toutes les Justices extraordinaires en général, soit qu'ils aient droit ou non d'exploiter pour les cas de Jurisdiction ordinaire, ne peuvent faire aucuns exploits hors l'étendue de la Jurisdiction où ils sont établis; à moins que par les Edits de création de leurs offices, ils n'aient droit d'exploiter par tout le Royaume; (Edits des mois de Décembre 1581, & de Novembre 1582, touchant les Sergents des Greniers à Sel, rapportés par Fontanon, *tom. 2, p. 1069, & 1074.*)

48. 10°. Enfin, il faut observer que tous les Huissiers qui ont droit d'exploiter pour les cas ordinaires des Bailliages & Sieges présidiaux, quoiqu'ils ne soient point attachés à ces Jurisdictions, sont

astreints à se faire immatriculer, ou enregistrer leurs provisions & actes de réception, au Bailliage & Siege présidial où ils exploitent; & que sans cette formalité, ils sont exclus d'exploiter pour les cas de Jurisdiction extraordinaire.

Il y a eu à ce sujet une sentence rendue au Bailliage de Roie le 14 Septembre 1736, qui enjoint à deux Huissiers du Grenier à Sel, *&c.* de rapporter leur sentence de réception; & jusqu'à ce, leur fait défenses d'exploiter dans l'étendue dudit Bailliage.

49. Autre sentence de Réglement rendue au même Bailliage le 22 Octobre 1736, qui enjoint aux Sergents de l'Election & Grenier à Sel, de faire enregistrer au Bailliage leurs provisions & sentences de réception, & à la charge de se conformer à la sentence de Réglement, rendue pour le même Siege le 9 Juillet 1735 (*a*); & jusqu'à ce, leur fait défenses d'exploiter dans l'étendue du Bailliage. (Voyez aussi l'Arrêt du 5 Juin 1659, rendu pour Montdidier, rapporté au Journal des Audiences.)

Les Sergents de l'Election & Grenier à Sel de Montdidier se sont pourvus contre ces deux sentences en la Cour des Aydes, où ils ont obtenu une commission en date du 28 Novembre 1736, qui les reçoit appellants, tant comme de Juge incompétent, qu'autrement desdites deux sentences, ainsi que d'une autre du même Juge, dont il est parlé ci-après, *n. 54;* surquoi il y a eu une lettre écrite par le Procureur du Roi au Bailliage de Roie, à M. le Procureur-Général en date du 11 Décembre 1736, pour l'informer de cette entreprise de la Cour des Aydes.

50. Je vois qu'à Orléans plusieurs Huissiers & Sergents des Justices extraordinaires, sont dans l'usage de se faire immatriculer au Bailliage. Mais cela n'a pas lieu pour les Sergents des Justices de Seigneurs; car ceux-ci ne font point enregistrer leurs provisions au Bailliage, parce qu'ils ne sont point en droit d'y exploiter. Tel est l'usage qui s'observe en la Justice seigneuriale du Comté de Châteaudun, dont les Sergents ne se font point immatriculer au Bailliage de Blois, d'où celui de Châteaudun dépend.

Il n'en est pas de même des Huissiers & Sergents des Jurisdic-

---

(*a*) Cette Sentence porte que les Huissiers & Sergents de l'Election & Grenier-à-Sel de Roie, exploitants au Bailliage, seront tenus, 1°. d'assister aux Processions & cérémonies où le Bailliage ira en corps: 2°. de faire le service de l'Audience du Bailliage.

tions ordinaires; car ceux-ci pour pouvoir exploiter dans les Justices extraordinaires, ne sont pas tenus de se faire immatriculer dans lesdites Justices extraordinaires.

Question. Les Huissiers au Châtelet de Paris, peuvent-ils résider & exploiter dans un Bailliage ou autre Justice pour les causes ordinaires de cette Justice sans être tenus de s'y faire immatriculer?

Cette question se décide par l'article 4 du tit. 14 des lettres-patentes du 18 Juin 1769, qui établissent un nouveau Réglement pour l'administration de la Justice dans la province de Normandie. Cet article porte, que les Huissiers du Châtelet de Paris ne peuvent s'établir ni faire aucunes fonctions de leurs offices en d'autres lieux que ceux de leurs Sieges, qu'ils n'aient préalablement signifié copie de leurs provisions & acte de réception au Greffe du Siege royal dans l'étendue duquel ils voudront s'établir; le tout à peine de nullité, des dommages & intérêts des parties, & de telle amende qu'il appartiendra.

Non-seulement les Huissiers & Sergents des Jurisdictions extraordinaires, qui veulent exploiter dans les Justices ordinaires, doivent se faire immatriculer dans lesdites Justices ordinaires; mais il faut encore que dans les exploits qu'ils posent, ils fassent mention de leur matricule; à peine de nullité. (Ordonnance de 1667, *tit. 2, art. 2.*)

51. 11°. Les Huissiers & Sergents des Justices extraordinaires qui exploitent pour les cas ordinaires en conséquence du droit qu'ils en ont, sont aussi obligés de comparoître & de répondre aux assises des Bailliages & autres Sieges où ils sont immatriculés. (Ainsi jugé par Arrêt du Parlement du 11 Août 1661, rendu pour Montdidier, qui ordonne, que tous les Huissiers & Sergents de l'Election & Grenier à Sel, résidents dans le ressort du Bailliage & Prévôté de Montdidier, comparoîtront aux ouvertures des audiences qui se font audit Bailliage, avec tous les autres Huissiers, Sergents & Archers du ressort, pour entendre les plaintes & recevoir les remontrances qu'il conviendra leur faire; & ce, à peine d'amende, & d'interdiction du pouvoir qu'ils ont d'exploiter les commissions des Juges ordinaires; si mieux ils n'aiment renoncer audit pouvoir.)

52. J'ai aussi vu un mémoire de Mr. Joly de Fleuri, ancien Procureur-Général, (de l'année 1736), où il établit comme une maxime certaine, que tous les Huissiers soit du Bailliage ou Siege présidial & autres Jurisdictions royales qui lui sont subordonnés, même tous ceux des autres Jurisdictions qui exploitent pour les

affaires du Bailliage & Présidial, doivent comparoitre aux assises dudit Bailliage, pour entendre les plaintes qu'il peut y avoir contre eux.

Cette même regle s'observe communément dans les Bailliages royaux; comme à Troyes, suivant un mémoire que j'ai vu des Officiers du Bailliage de ladite Ville; à Gueret, suivant que je l'ai oui dire à un Procureur de cette ville; *&c.*

A Orléans on appelle aux assises tous les Huissiers & Sergents qui sont immatriculés au Bailliage.

Les Huissiers des Maîtrises des Eaux & Forêts paroissent cependant exempts de cette regle. (Voyez les deux Arrêts du Conseil des 15 Août 1741, & 27 Juillet 1756, cités ci-dessus, *n.* 44 & 45.)

53. *Question.* Comment cette comparution peut-elle s'accorder avec celle qu'ils doivent aux assises de la Jurisdiction à laquelle ils sont attachés, sur-tout s'il est question de Jurisdiction qui ne ressortisse pas au Parlement.

Cela n'est point incompatible; car si ces Huissiers ne peuvent comparoître aux assises du Bailliage, parce qu'elles se tiennent le même jour que celles de la Jurisdiction où ils sont attachés, ou à un jour trop prochain pour qu'ils puissent se transporter de l'un à l'autre; dans ce cas, ils doivent proposer leur exoine aux assises du Bailliage, & ensuite y comparoître après le temps qui leur aura été accordé pour purger cette exoine; ainsi qu'il se pratique à l'égard des Huissiers malades, ou qui sont dans l'impuissance de comparoître, à cause de quelque autre légitime empêchement.

54. 12. Les Huissiers & Sergents des Jurisdictions extraordinaires doivent leur service au Bailliage, où ils sont immatriculés, de même que les Huissiers & Sergents royaux ordinaires. (Sentence de Réglement du Bailliage de Roie du 9 Juillet 1735, qui enjoint à tous Huissiers, même à ceux de l'Election & Grenier à Sel exploitants au Bailliage, d'assister aux processions & cérémonies où le Bailliage ira en corps. 2°. De faire le service ordinaire de l'Audience du Bailliage.

Sur cette sentence, les Huissiers au Grenier à Sel de Roie se sont pourvus en la Cour des Aydes, & y ont obtenu une commission qui les reçoit appellants, tant comme de Juge incompétent de cette même sentence, ainsi que de deux autres sentences des 14 Septembre & 22 Octobre 1736, dont il a été parlé ci-dessus *n.* 49; ce qui a donné lieu au Procureur du Roi au Bailliage de Roie, d'écrire à M. le Procureur-Général la lettre dont il a été parlé au même endroit.

55. Un Arrêt du Conseil du 23 Août 1744, rapporté au Style des Huissiers de l'édition de 1752, *in*-12. pag. 467, ordonne, que les Huissiers de l'Election & du Grenier à Sel de Meaux, les Huissiers au Châtelet de Paris, & tous autres Huissiers & Sergents royaux résidents en ladite ville, seront tenus de se trouver au mandement du Lieutenant-Criminel & Procureur du Roi audit Bailliage, pour y faire le service nécessaire aussi tôt qu'ils seront appellés pour l'instruction & jugement des procès criminels dudit Bailliage; à peine d'amende pour la premiere fois, & d'interdiction pour trois mois en cas de récidive.

Et cela a lieu même pour les Justices de Seigneurs, & pour raison de l'exécution de leurs décrets & jugements; à l'effet de quoi les Huissiers & Sergents royaux, même des Jurisdictions extraordinaires qui ont leur résidence en l'étendue desdites Justices, sont tenus de prêter leur ministere pour l'exécution des mandements & sentences desdites Justices. J'ai vu des mémoires pour les Justices de Nevers & de Châteaudun, qui sont des Justices seigneuriales où l'on marque que cela s'observe ainsi dans ces deux villes; ce qui est encore confirmé par les autorités suivantes.

56. Un Arrêt du Conseil du 28 Mai 1709, enjoint à tous Huissiers, Sergents, Archers & autres, de prêter main-forte aux Inspecteurs de police de Paris, quand ils en seront requis par eux; à peine d'interdiction, *&c.* Un autre Arrêt du Parlement du 5 Septembre 1760, rendu contre un Huissier à cheval du Châtelet de Paris, résident à Tours, interdit par les Juges de Tours pour avoir refusé de conduire un criminel, & qui avoit appellé de cette sentence d'interdiction, comme de Juge incompétent: cet Arrêt renvoie l'Huissier à se pourvoir devant les Juges de Tours, pour faire prononcer la levée de son interdiction, s'il y avoit lieu.

57. Voyez aussi la Déclaration du Roi du 15 Novembre 1762, citée ci-dessus, *n. 46*, qui porte en général, que les Huissiers des Elections, Greniers à Sel, & les Huissiers au Châtelet, & tous autres Huissiers & Sergents royaux résidents dans les villes du ressort du Parlement de Paris, seront tenus de se trouver aux mandements des Lieutenants criminels & Procureurs du Roi des Bailliages & Sénéchaussées desdites villes, pour y faire le service

néceſſaire, auſſi-tôt qu'ils y ſeront appellés, par rapport à l'inſtruction & au jugement des procès criminels qui y ſeront pendants; & ce, à peine de telle amende qu'il appartiendra pour la premiere fois; & en cas de récidive, d'être interdits des fonctions de leurs offices pendant tel temps qu'il ſera jugé à propos par leſdits Lieutenants criminels & leurs Subſtituts.

58. Autre Arrêt du Parlement du 8 Avril 1767, qui ſur l'appel d'une ſentence du Lieutenant criminel de Vitri du 13 Mai 1763, faiſant droit ſur les concluſions du Procureur-Général, ordonne que la déclaration du 15 Novembre 1762, regiſtrée en la Cour le 25 Janvier 1763, ſera exécutée; en conſéquence, que tous Huiſſiers & Sergents royaux demeurants & exploitants dans l'étendue des Bailliages & Sénéchauſſées du reſſort de la Cour, de quelques Juriſdictions qu'ils dépendent, ſeront tenus de ſe trouver aux mandements des Lieutenants criminels, ainſi que des Subſtituts des Procureurs du Roi dans leſdits Bailliages, pour y faire le ſervice néceſſaire, auſſi-tôt qu'ils ſeront appellés, par rapport à l'inſtruction & au jugement des procès criminels qui y ſeront pendants, même à l'exécution deſdits jugements, & dans tout le cours de la conduite des condamnés, depuis la priſon juſqu'au lieu même de l'exécution, dont ils ne déſempareront qu'après l'entiere exécution des jugements; & ce, à peine de telle amende qu'il appartiendra pour la premiere fois, & en cas de récidive, d'être interdits de leurs fonctions pendant le temps qu'il appartiendra.

ARTICLE V.

Des Huiſſiers & Sergents, tant des Juſtices ordinaires qu'extraordinaires, qui peuvent exploiter par tout le Royaume.

59. 1°. Suivant l'ancienne Juriſprudence du Royaume, il eſt défendu à tous Sergents, d'exploiter hors le reſſort des Bailliages & Sénéchauſſées où ils ſont établis. (Ordonnance du mois de Mars 1319; autre chartre du Roi Jean du mois de Septembre 1353; *idem*, par un Edit du mois d'Août 1492, rapporté par Joly, *pag.* 1550, qui défend à tous Sergents des Bailliages, Prévôtés & autres d'exploiter hors leur Juriſdiction; & par un autre du 20 Novembre 1556, rapporté par Joly, *ibid.* p. 1554, qui le

défend aussi à tous Huissiers & Sergents.)

2°. Depuis par l'Edit du mois de Mai 1568, *art. 1*, rapporté aussi par Joly, *ibid.* page 1621, il a été permis à tous Huissiers & Sergents royaux des Bailliages, Sénéchaussées & autres Jurisdictions ordinaires & royales, de mettre à exécution par-tout le Royaume tous arrêts, sentences, jugements & autres actes sujets à exécutions, sans demander *pareatis*; ce qui depuis a été révoqué par Edit de Juin 1579, & par un autre du mois de Juin 1582, rapportés par Joly, *ibid.* pages 1556 & 1559.

60. Mais par un autre Edit du mois de Janvier 1586, rapporté aussi par Joly, *ibid.* pag. 1544, le pouvoir de mettre à exécution dans toute l'étendue du Royaume, toutes lettres-patentes, arrêts, jugements, ordonnances & commissions des Cours & Sieges ordinaires & extraordinaires, a été accordé, moyennant finance, à tous Huissiers & Sergents des Justices royales ordinaires & extraordinaires, nonobstant la distinction des ressorts, & la résidence qui leur étoit limitée par leurs provisions; ce qui depuis a été confirmé en leur faveur par un grand nombre de Réglements, & entr'autres par une Déclaration du Roi du 22 Juillet 1586, rapportée par Joly, *ibid.* pag. 1545. *Idem*, par Arrêt du Conseil du 20 Juin 1612, rendu au profit des Huissiers audienciers au Grenier à Sel de Vitry, Eaux & Forêts, Election & Grenier à Sel de St. Dizier, rapporté ci-dessus, *n. 36*; & par une Déclaration du Roi du 17 Juillet 1633, rapportée par Blanchard.)

61. 3°. Enfin, par une Déclaration du Roi du 1 Mars 1730, les choses ont été rétablies suivant l'ancienne Jurisprudence. Cette Déclaration fait défenses à tous Huissiers & Sergents royaux d'exploiter hors le ressort de la Jurisdiction royale dont ils sont Huissiers ou Sergents par leurs provisions; à moins qu'ils n'en aient le droit par le titre de leurs offices; ce qui avoit déja été ordonné précédemment par un Edit du mois de Décembre 1663, registré en la Chambre des Comptes seulement; & par un Arrêt du Conseil du 15 Juin 1694, rapporté ci-dessus, *n. 42*. *Idem*, par un Arrêt du Parlement du 13 Décembre 1755, (imprimé.)

Et cette défense faite aux Huissiers d'exploiter au-delà de leur Jurisdiction, a lieu, même dans le cas où il s'agit d'exploiter les mandements de leurs Juges.

Quand un Huissier ou Sergent exploite hors l'étendue de sa Jurisdiction sans en avoir le droit, le Juge du lieu où se fait l'exploit, peut

peut punir l'Huissier, suivant l'Edit du mois de Mai 1568, *art.* 7; & celui du mois de Mai 1586 ; qui dans le cas où les Huissiers exploitent hors les limites de leur ressort, ordonnent aux Juges des lieux de les punir par privation de leurs offices, & enjoignent aux Procureurs du Roi d'y tenir la main.

62. 4°. Il y a plusieurs Huissiers qui sont en droit d'exploiter, non-seulement hors leur ressort, mais même par-tout le Royaume. Tels sont :

Les premiers Huissiers-audienciers des Sieges tant ordinaires qu'extraordinaires, (Voyez ci-après, *n.* 95.)

Les Huissiers audienciers des Sieges présidiaux.

Les Huissiers à cheval du Châtelet de Paris, (ci-après, *n.* 139.)

Les Huissiers des Bureaux des Finances, (ci-après, *n.* 136.)

Les Huissiers de la Connétablie, (ci-après, *n.* 113.)

Les Huissiers des Cours.

Ceux de la Table de Marbre.

Ceux des Requêtes de l'Hôtel & du Palais.

Ceux de la Prévôté de l'Hôtel.

Et ceux du Bailliage du Palais.

Suivant Denisart au mot *Huissiers*, tom. 2, pag. 289, col. 1, édition de 1764, le droit d'exploiter par-tout le Royaume, aux termes de la Déclaration du 1 Mars 1730, a été conservé.

Aux premiers Huissiers-audienciers des Sieges royaux, Elections, Greniers à Sel.

Aux Huissiers des Cours.

Aux Huissiers - Audienciers des Présidiaux.

Aux Huissiers de la Connétablie, Tables de Marbre, Bureaux des Finances, des Requêtes de l'Hôtel; & à ceux du Bailliage du Palais.

63. Un Arrêt du Conseil du 3 Novembre 1761, conformément aux Edits des mois d'Avril 1672, Mars & Décembre 1693, & 15 Juin 1694, & à la Déclaration du 1 Mars 1730, confirme les Huissiers à cheval au Châtelet de Paris, les premiers Huissiers audienciers des Jurisdictions royales, les Huissiers-audienciers des Chancelleries près les Présidiaux, & les Huissiers en la Connétablie & Maréchaussée de France, dans le droit d'exploiter par-tout le Royaume; & fait défenses à tous autres Huissiers, Sergents royaux, Archers & autres, d'exploiter hors la Jurisdiction où ils sont immatriculés; à peine de faux, de nullité, *&c.*

Mais il faut observer que pour qu'un Huissier qui a le droit d'exploiter hors sa Jurisdiction, dans un tel lieu, le puisse faire valablement, il faut qu'il soit résident dans ce lieu ; autrement ce qu'il fait est nul, ainsi qu'il a été jugé par Arrêt rendu au Souverain aux Requêtes de l'Hôtel le 1 Juillet 1700, & par deux Arrêts du Parlement, l'un du 21 Avril 1761 ; l'autre du 19 Juin 1762, rendu au profit des Huissiers royaux de la Charité-sur-Loire.

Ce qui a même lieu à l'égard des Huissiers à cheval du Châtelet de Paris ; à moins qu'ils n'exécutent des sentences ou ordonnances de leurs Juges.

ARTICLE VI.

Des Huissiers-Priseurs & Vendeurs de Meubles.

64. 1°. Ces offices ont été créés par Edit du mois de Février 1556, dans toutes les Jurisdictions royales, avec le droit de faire, privativement à tous autres, les prisées & estimations des biens-meubles entre héritiers ou autrement, & de faire les ventes publiques desdits meubles, tant volontaires que forcées ; pour raison de quoi, il est dit, qu'il leur sera payé ; sçavoir, quatre deniers pour livre de la prisée & estimation, (réduits à deux deniers pour livre par les Lettres-de-jussion du 20 Mai 1557 ;) & douze deniers tournois pour chaque rôle de copie. (Voyez cet Edit dans le Recueil de Réglements de Joly, *pag. 1604.*)

Ces mêmes offices par un autre Edit du mois de Mars 1576, rapporté aussi par Joly, *pag. 1608*, ont été unis aux offices de Sergents royaux ordinaires ; & ceux de Sergents royaux, auxdits offices de Priseurs-vendeurs ; pour ne faire à l'avenir qu'un seul & même corps, avec pareils droits que ceux portés par leurs Edits de création & d'ampliation.

65. Il est vrai que par quelques Réglements postérieurs, & entr'autres par un Arrêt du Conseil du 15 Novembre 1618, le Roi a exigé une nouvelle finance des Huissiers & Sergents royaux, pour être maintenus dans le droit de faire les prisées & ventes ; mais cela n'a eu lieu que pour les Justices qui étoient dans le domaine du Roi. En effet, depuis que les Duchés d'Orléans & de Chartres ont été donnés en appanage à M. le Duc d'Orléans, les Huissiers & Sergents des Justices domaniales de ces Duchés, ont été déchargés de la nouvelle finance demandée aux Huissiers,

& il a été ainsi jugé par deux Arrêts du Conseil; l'un du 28 Février 1641, & l'autre du 31 Décembre 1663.

En l'année 1696, par Edit du mois d'Octobre, le Roi a désuni les fonctions des offices de Priseurs-vendeurs de meubles créés par les Edits de Février 1556, & autres; & a créé de nouveaux offices de Jurés priseurs-vendeurs de biens-meubles, pour être établis dans toutes les villes & bourgs du Royaume, du ressort immédiat des Justices royales, (à l'exclusion de Paris), pour faire seuls, & à l'exclusion de tous autres, la prisée, exposition & vente de tous biens meubles, soit qu'elles soient faites volontairement après les inventaires, ou par autorité de Justice, en quelque sorte & maniere que ce puisse être, & sans aucune exception; avec la faculté d'exploiter concurremment avec les Huissiers, & de recevoir les deniers provenants des ventes.

66. Mais cette création n'a pas eu lieu dans l'étendue de l'appanage de M. le Duc d'Orléans, qui en a été déclaré exempt par Arrêt du Conseil du 7 Juillet 1711; ce qui est conforme à un autre Arrêt du Conseil du 23 Février 1641, qui avoit déja jugé que les offices d'Huissiers priseurs-vendeurs n'avoient pas lieu dans cet appanage.

Autre Arrêt du Conseil du 12 Février 1715, portant suppression des offices de Jurés-priseurs-vendeurs de meubles, créés par Edit du mois d'Octobre 1696, dans les Généralités de Tours, Orléans, Soissons & Bourges.

2°. Les Huissiers-audienciers sont aussi Priseurs-vendeurs. (Voyez ce qui est dit ci-après, *n.* 89.)

67. 3°. Les Huissiers & Sergents des Jurisdictions extraordinaires, ne peuvent, de droit commun, faire les prisées & ventes; & cette faculté n'appartient qu'aux Huissiers des Justices ordinaires, ainsi qu'il a été observé ci-dessus, *n. 64*. Néanmoins ceux qui par des quittances de finance ont acquis le droit de faire ces prisées & ventes, doivent en jouir & y être maintenus. Tels sont les Huissiers des Bureaux des Finances, (V. ci-après, *n. 136*); les Huissiers & Sergents des Greniers à Sel, (ci-après, *n. 126*); ceux des Hôtels-de-ville, (ci-après, *n. 111*); & ceux des Monnoies, (ci-après, *n. 133*.)

Suivant un Arrêt du Conseil du 14 Décembre 1689, (imprimé à Orléans), confirmatif d'un Arrêt du Parlement du 15 Décembre 1687, il est ordonné, que les Huissiers-audienciers du Bailliage de Chartres, & les Sergents royaux audit Siege, feront concurremment les prisées & ventes, lorsqu'ils en seront requis par les parties, ou nommés par les Juges; & que les Huissiers-audienciers de l'élection, pourront seulement faire les prisées & ventes de biens ordonnés être vendus par sentence de la Jurisdiction où ils sont Officiers.

Ainsi il paroît qu'en général les Huissiers & Sergents des Justices extraordinaires, sont en droit de faire les procès & ventes de biens, ordonnés être vendus par sentence ou arrêt du Siege où ils sont Officiers.

68. 4°. Les Huissiers & Sergents qui sont Priseurs-vendeurs, ont le droit de faire les prisées & ventes à l'exclusion de tous autres Officiers. (Edit du mois de Février 1556; autre du mois d'Octobre 1696; Déclaration du 12 Mars 1697; ainsi jugé par Arrêt du Parlement du 23 Juin 1751, en faveur du nommé Denis Cormilliole, Juré-priseur-vendeur de biens au Bailliage royal de Meulan, contre Jacques Bouilland, Archer-Garde de la Connétablie, demeurant audit Meulan; qui ordonne l'exécution de l'Edit du mois d'Octobre 1696, & de la Déclaration du 12 Mars 1697; & en conséquence, fait défenses audit Bouilland, & à tous autres Huissiers, Sergents, Notaires, Greffiers, & autres étant sans qualité, de faire aucunes prisées & ventes de meubles, soit forcées ou volontaires, en la ville & Bailliage de Meulan, même dans l'étendue des Justices des Seigneurs, lorsqu'il s'agira de l'exécution de sentences & autres jugements émanés de Justice royale; à peine de nullité, mille livres d'amende, & répétition du quadruple.

69. Autre Arrêt du Parlement du 2 Mars 1748, en faveur des Sergents royaux du Bailliage d'Etampes, qui, en leur qualité d'Huissiers-priseurs audit Bailliage, les confirme dans le droit de faire seuls les prisées & ventes dans l'étendue dudit Siege, même à l'exclusion des Huissiers à cheval du Châtelet de Paris; à moins qu'ils ne fussent porteurs d'actes ou jugements scellés dudit Châtelet; auquel cas, il est dit, que les prisées & ventes de meubles pourront être faites concurremment par les Huissiers du Châtelet de Paris, & par les autres Huissiers royaux.

Un autre Arrêt du Conseil du 21 Janvier 1746, ordonne que l'Edit du mois d'Octobre 1696, la Déclaration du 22 Mars 1697, & les Arrêts du Conseil des 4 Août 1699, 5 Août 1714, 19 Janvier & 15 Mai 1745; & Lettres-patentes en conséquence, seront exécutées, concernant les Jurés-priseurs-vendeurs de meubles;

& fait défenses à tous Huissiers, Sergents, Notaires, Tabellions, Greffiers, & autres, de s'immiscer dans les fonctions de Jurés-priseurs.

70. 5°. Les Huissiers & Sergents ne peuvent faire leurs fonctions hors leur ressort. (Edit du mois de Février 1556, *art.* 2); à moins qu'ils n'en aient le droit par le titre de leurs offices.

Ni même les Huissiers royaux dans l'étendue des Justices de Seigneurs de leur ressort; à moins qu'il ne s'agît de prisées & ventes faites en exécution d'actes, ou jugements émanés de Justice royale. (Déclaration du 22 Mars 1697. Voyez aussi l'Arrêt du 23 Juin 1751, ci-dessus, *n. 68.*)

6°. Les Huissiers-priseurs-vendeurs, aux termes de leurs Edits de création, des mois de Février 1556, & Octobre 1696, & de la Déclaration du Roi du 27 Avril 1558, font seuls, & à l'exclusion de tous autres, la prisée, exposition & vente de tous biens-meubles, soit qu'elles soient faites volontairement après les inventaires, ou par autorité de Justice, en quelque sorte & maniere que ce puisse être, & sans aucune exception.

71. Ce qui doit néanmoins s'entendre des ventes publiques, & lorsqu'ils en sont requis par les parties, suivant un acte de notoriété du Châtelet de Paris du 25 Mai 1703.

Un Arrêt du Parlement du 7 Août 1674, rendu pour Châlons-sur-Marne, ci-dessus cité, *n. 12*, permet même aux Habitants de ladite ville de se servir des Sergents royaux ou de ceux du Comté; même de telles autres personnes qu'ils voudront choisir pour faire les ventes volontaires de leurs meubles, non faites par autorité de Justice, sans être obligés de se servir d'Huissiers ou Sergents.

La Déclaration du 27 Avril 1558, articles 1 & 2, porte, que les parties pourront faire entr'elles les prisées & ventes, & qu'elles ne seront tenues d'y appeller les Priseurs-vendeurs pour faire les prisées & ventes; mais qu'elles ne pourront appeller pour les faire, autres personnes que lesdits Priseurs-vendeurs.

72. 7°. Les Huissiers-priseurs jouissent de ce droit à l'exclusion des Juges. (Edit du mois de Mai 1713, rapporté par Néron, tom. 2, pag. 473, col. 2, *in medio.*)

Et aussi à l'exclusion des Notaires. (Arrêt du Conseil du 21 Janvier 1646; sentence du Bailliage d'Orléans du 19 Juillet 1743, imprimée; autre Arrêt du Conseil du 21 Janvier 1746, rapporté au nouveau Style des Huissiers, de l'édition de 1752, *pag. 471.*)

Néanmoins il y a des villes où les Notaires sont en possession de faire les ventes volontaires de meubles, lorsqu'il n'y a point d'Huissiers-priseurs. (Ainsi jugé par Arrêt du Parlement du 4 Février 1756, au profit des Notaires de Saumur; & par un autre du 4 Juillet 1756, au profit des Notaires de Chinon. Ces Arrêts sont rapportés par Denisart en ses Collections de Jurisprudence, au mot *Huissiers.*)

73. Un Arrêt du Parlement du 2 Juillet 1760, maintient les Notaires de Tours dans la possession de faire toutes ventes volontaires de meubles, effets, & fruits par encan, même celles ordonnées en Justice, lorsqu'ils en seront requis par les parties; à l'exception des ventes de meubles, effets & fruits qui auroient été saisis-exécutés, dont la teneur appartiendra aux Huissiers & Sergents royaux dudit Bailliage de Tours.

Suivant une lettre des Maire & Echevins de ladite ville de Tours, que j'ai vue, en date du 9 Décembre 1760, l'Edit de création de Priseurs-vendeurs de meubles n'a pas eu lieu dans cette ville; & de tout temps les prisées de meubles aux inventaires y ont été faites par les Frippiers, qui y ont même été autorisés par un Arrêt de la Cour (non daté), rendu entre eux & les Maîtres Tapissiers; ils ont 40 sols par vacation. Voyez aussi ci-dessus, *n. 66*, l'Arrêt du Conseil du 12 Février 1715.

74. 8°. L'article 3 de l'Edit du mois de Février 1556, porte, que les Priseurs-vendeurs estimeront les meubles séparément & à part, quand la piece excédera trente sols.

L'acte de notoriété du Châtelet de Paris du 25 Mai 1703, ci-dessus cité, *n. 71*, porte, qu'à Paris les Huissiers-priseurs sont en possession d'assister aux inventaires faits par les Notaires, & de faire la prisée de meubles article par article, dont le Notaire fait mention; & fait signer la minute par l'Huissier-priseur, qui, de sa part, ne fait point d'autre procès-verbal.

A l'égard des procès-verbaux de vente, ils se font par les Huissiers-priseurs seuls, qui sont en droit de recevoir les deniers provenants desdites ventes. Ces procès-verbaux sont sujets au contrôle en certains cas, qui sont réglés par un Arrêt du Conseil du 5 Août 1728, rapporté au Code Louis XV, *tom. 2.*

75. 9°. Les droits & salaires des Huissiers-priseurs-vendeurs, sont fixés à quatre deniers pour livre du prix des ventes, lesquels ils peuvent retenir par leurs mains sur les deniers provenants desdites ventes; & ils ont pour chaque rôle de grosse de leurs procès-verbaux, deux sols six deniers; & pareil droit de deux sols six deniers

pour l'enrégiſtrement de chacune des oppoſitions qui ſeront faites à la délivrance des deniers. (Edit du mois d'Octobre 1696.)

Anciennement ils n'avoient que deux deniers pour livre du prix des ventes, & douze deniers pour chaque rôle de copie. (Voyez ci-deſſus, *n. 64.*)

Une Déclaration du Roi du 12 Mars 1697, porte, que leſdits Huiſſiers-priſeurs jouiront à l'avenir, tant pour la priſée, que pour la vente qu'ils feront des meubles après les inventaires, enſemble pour les ventes forcées & exécutions qu'ils feront par autorité de Juſtice, des mêmes droits & vacations dont ont joui juſqu'à préſent ceux qui ont exercé ces fonctions.

10°. Les Huiſſiers-priſeurs ne peuvent exercer l'état de Frippiers & Revendeurs de meubles. (Edit du mois de Février 1556.)

76. 11°. Enfin, il faut obſerver que les Huiſſiers-priſeurs ſont tenus de faire réſidence dans les lieux de leur établiſſement, & qu'ils ne peuvent exercer aucunes fonctions de priſées & ventes hors leur reſſort; ſuivant l'article 2 de l'Edit du mois de Février 1556, ci-deſſus cité, *n. 64.*

12°. Un Arrêt du Conſeil du 18 Mai 1767, ordonne que les offices de Priſeurs-vendeurs de biens meubles créés, par Edit du mois de Février 1556, Mars 1576, & autres antérieurs, & déſunis d'avec ceux d'Huiſſiers & Sergents royaux par Edit du mois d'Octobre 1696, enſemble les droits dépendants deſdits offices, demeureront réunis au Domaine de ſa Couronne; & que leſdits droits ſeront perçus au profit de S. M.; à l'effet de quoi, il ſera pourvu au rembourſement des finances de tous les offices de Jurés-priſeurs-vendeurs de meubles, en quelque lieu qu'ils aient été créés, à la réſerve de ceux de Paris.

ARTICLE VII.

Des Huiſſiers-Audienciers.

§. I.

Des Huiſſiers-Audienciers des Sieges préſidiaux, Bailliages, & autres Juſtices ordinaires.

77. Les Huiſſiers audienciers, ſont ceux qui ſont établis pour le ſervice ordinaire de ces Juriſdictions. Ces offices ont été créés par différents Edits.

Le premier est un Edit du mois de Juillet 1553, portant création d'un office d'Huissier-audiencier en chaque Siege présidial, rapporte par Joly, *pag. 1539.*

Le second est un Edit du mois d'Avril 1557, rapporté aussi par Joly, *ibid.* pag. 1540, portant création d'un second Huissier-audiencier dans les Sieges présidiaux.

Le troisieme est un Edit du mois de Mai 1586, portant création de deux autres Huissiers-audienciers en chaque Siege présidial outre les deux précédents, avec pouvoir d'exploiter par-tout le Royaume tous actes de Justice. (Voyez Joly, *ibid.* pag. 1042.)

78. Le quatrieme est un Edit du mois de Septembre 1587, aussi rapporté par Joly, *ibid.* pag. 1540, portant création de deux Huissiers-audienciers dans les Sieges particuliers des Bailliages, Sénéchaussées, Prévôtés, Vicomtés, Maîtrises, Gruries & Vigueries des Eaux & Forêts, & autres Jurisdictions royales.

Le cinquieme est un Edit du mois de Décembre 1693, portant création d'un office de premier Huissier-audiencier en tous les Bailliages, Sénéchaussées, Sieges présidiaux, Elections, Greniers à Sel, Juges-Consuls, Prévôtés, Vicomtés, Vigueries, & autres Justices & Jurisdictions royales du Royaume; ce qui avoit déja été établi par un Edit précédent du mois de Décembre 1635, pour les Présidiaux, Bailliages, Elections, *&c.*

79. Enfin, le sixieme est un Edit du mois d'Avril 1707, portant création de deux offices d'Huissiers en toutes les Cours & Jurisdictions royales, avec les mêmes droits, *&c.* Mais ce dernier Edit n'a pas eu lieu dans l'appanage de M. le Duc d'Orléans, en conséquence d'un Arrêt du Conseil du 2 Août 1707, qui l'en a exempté.

Fonctions des Huissiers - Audienciers.

1°. Les Huissiers-audienciers doivent se trouver avec leurs baguettes au Palais, les jours d'audience pour en faire ouvrir les portes; (Arrêt du Parlement du 14 Août 1617, pour Bourges, rapporté par Néron, *tom. 2*, *pag. 562*, *art. 19*;) & ensuite aux Audiences à la porte de l'Auditoire & à la porte des Barreaux, pour y faire faire place aux Juges, lorsqu'ils montent au Siege, & lorsqu'ils levent; faire place aux Avocats pour entrer dans leurs bancs, & empêcher qu'il n'y entre que des personnes de considération à qui on a coutume de permettre d'y entrer.

80. Un Arrêt de Réglement du 27 Janvier 1668, confirmatif d'une sentence

Sentence rendue au Bailliage d'Orléans le 23 Décembre 1664, porte, que les Huissiers-audienciers dudit Siege, (qui étoient alors seulement au nombre de quatre,) seront tenus de se trouver par chacun jour d'audience en la Grand'Salle, avant l'entrée & ouverture d'icelle, en habit décent avec robe & bonnet, sans désemparer qu'à l'issue dudit Siege & levée d'icelui: que l'un desdits Huissiers-Audienciers prendra place au parquet du Greffier pour appeller les causes à leur tour-de-rôle, ou sur les placets qui lui seront donnés par celui qui présidera en l'Audience, sans pour ce prétendre par ledit Huissier aucun salaire ni émolument: (*a*) que l'autre se tiendra à l'entrée du parterre, pour n'y souffrir entrer que les Procureurs, ou les parties dont les causes auront été appellées: (*b*) que le troisieme demeurera au-dedans du Barreau pour y faire faire le silence: & le quatrieme à l'entrée de la porte pour appeller les Procureurs, ou parties.

81. Les Huissiers-Audienciers doivent aussi empêcher que personne n'entre au Parquet avec épées, dagues, bâtons, ou autres armes. (Ordonnance du mois d'Octobre 1535, *chap.* 6, *n.* 6; Arrêt du Parlement de Toulouse du 22 Décembre 1564, rapporté par Laroche-Flavin en son Traité des Parlements, *liv.* 2, *chap.* 16, *n.* 13.)

Ils doivent aussi empêcher qu'il n'arrive du bruit, ni aucune rixe, ou querelle derriere le Barreau; & mettre en prison ceux qui font du bruit, & troublent l'Audience. (Laroche-Flavin, *ibidem*, n. 13; Ordonnance de 1535, *chap. 6*, *n. 3.*)

Ils doivent être débout à l'Audience, & aller chercher les prisonniers qui se présentent à l'Audience pour faire cession. (Réglement de Doron du 10 Janvier 1587, pour la Prévôté d'Orléans, *art.* 32.)

82. Lorsque les Juges sont assemblés à la Chambre du Conseil, les Huissiers n'y doivent point entrer, afin d'éviter toute suspicion; mais ils doivent rester à la porte de la Chambre. (Ordonnance de 1535, *chap.* 6, *n.* 8.)

Et s'ils ont quelques actes ou pieces à présenter aux Juges,

(*a*) C'est aujourd'hui le premier Huissier-Audiencier qui appelle les causes, & qui perçoit pour cela un droit, comme on le verra ci-après.

(*b*) Ordonnance de Charles VIII, du mois de Juillet 1493, *art.* 43; Ordonnance du mois d'Octobre 1535, *chap.* 6, *n.* 6.

ou à quelqu'un d'eux, ils doivent heurter à la porte de la Chambre avec leur verge, & appeller le Greffier pour venir recevoir ces actes.

De même, si l'on demande à parler à quelqu'un des Juges, ils doivent le demander à la porte, & sur-le-champ se retirer.

2°. Un des Huissiers-Audienciers est tenu d'accompagner avec sa baguette le Président, ou autre qui doit présider, jusqu'à la porte de la Chambre, ou Siege de l'Audience. (Réglement du 24 Mai 1603, pour le Présidial de Bourg-en-Bresse, *art.* 114;) & aussi lorsque lesdits Présidents sortent du Palais jusqu'au dehors, en leur faisant faire place. (Laroche-Flavin, Traité des Parlements, *liv.* 2, *chap.* 16, *n.* 17.)

83. Un Arrêt du Parlement du 14 Août 1617, rendu pour le Présidial de Bourges, rapporté par Néron, *tom.* 2, *pag.* 562, *art.* 19, porte que lesdits Huissiers-Audienciers seront tenus d'assister & conduire les Président, Lieutenant-Général & autres qui présideront, allant & retournant en leurs maisons. (*Idem* par un autre Arrêt de Réglement du 19 Août 1687, rendu pour Chinon.)

3°. Les Huissiers-Audienciers doivent se trouver toutes les fois que les Juges vont en corps aux Processions, entrées & cérémonies publiques; & ils doivent les précéder & marcher devant eux. (Laroche-Flavin, Traité des Parlements, *liv.* 2, *chap.* 16, *n.* 22.)

84. 4°. Ils ont le droit, à l'exclusion de tous autres Huissiers & Sergents, de faire toutes les significations, exploits & communications concernant les instructions des procès mûs, & pendants aux Sieges où ils sont Huissiers-Audienciers. (Arrêt de la Cour du 27 Janvier 1668, confirmatif d'une Sentence rendue au Bailliage d'Orléans le 23 Décembre 1664; autres Sentences dudit Bailliage des 3 Décembre 1675, 1 Mars 1688, & 1 Septembre 1734; Edit du mois de Décembre 1693; Arrêt du Conseil du 18 Janvier 1690, en faveur des Huissiers-Audienciers du Bailliage & Siége présidial d'Orléans, contre les Huissiers de la Chancellerie présidiale audit Siege.)

L'Edit du mois de Décembre 1693, (qui est celui de création des offices de premiers Huissiers-Audienciers,) dit qu'ils feront toutes les significations des actes, requêtes & procédures concernant l'instruction des procès, jusqu'à la taxe & exécutoire de dépens inclusivement; & fait défenses à tous autres Huissiers & Sergents de s'y immiscer. Voyez aussi un Arrêt du Conseil du 28 Mai 1668, pour Toulouse, rapporté par Bornier, *tom.* 1, *aux Arrêts*, *pag.* lxvij.

85. Le même Edit défend à tous Procureurs & Greffiers de bailler & communiquer aucune copie sous leur écriture ou seing; à peine d'amende, *&c.* (*Idem* par Sentence du Bailliage d'Orléans des 18 Août 1673, & 1 Mars 1688.)

Les copies de sentences à domicile de Procureur, sont comprises dans les actes que les Huissiers-Audienciers peuvent signifier à l'exclusion de tous autres Huissiers & Sergents.

Suivant un acte de notoriété du Châtelet de Paris du 30 Mars 1689, les assignations pour l'exécution des sentences interlocutoires, soit pour parvenir aux arpentages, ou autrement, peuvent être données par tous Huissiers & Sergents royaux, aussibien que par les Huissiers-Audienciers des Sieges où ces sentences ont été rendues.

Au reste, il faut observer que les Procureurs doivent avoir attention de signer toutes les copies des expéditions qu'ils donneront aux Huissiers-Audienciers à signifier, & de cotter au haut ces mots, *Bailliage* ou *Présidial*, selon la qualité de la signification; & qu'à faute de ce faire par les Procureurs, lesdits Huissiers sont déchargés de faire ces significations. (Sentence du Bailliage d'Orléans du 23 Mai 1670.)

86. Les Huissiers-Audienciers peuvent avoir un Bureau au Palais sur un des bancs de la grande-salle, auquel ils doivent se tenir, ou l'un d'eux après l'issue des Audiences, pour y recevoir tous les exploits qui leur seront donnés par les Procureurs; lesquels exploits peuvent néanmoins être portés au domicile desdits Huissiers pour les signifier aux Procureurs. (Sentence du Bailliage d'Orléans du 31 Juillet 1669; autre du 1 Septembre 1734, rendue au même Siege.)

Ces significations doivent être données de jour par les Huissiers-Audienciers en personne, & à cinq heures après midi au plutard, pour être faites dans le jour aussi au plutard; sinon elles seront faites le lendemain matin, & rapportées par les Huissiers aux Procureurs. (Sentence du Bailliage d'Orléans du 16 Janvier 1665; Transaction passée entre les Procureurs au Châtelet d'Orléans & les Huissiers-Audienciers de la même Ville, le 27 Septembre 1688, homologuée au Bailliage d'Orléans le 24 Novembre suivant.)

87. Et il est défendu aux Huissiers-Audienciers de soustraire, sous

quelque prétexte que ce soit, des Etudes des Procureurs, aucunes significations; à peine d'amende arbitraire, & de punition corporelle, s'il y échet. (Même Sentence du Bailliage d'Orléans du 16 Janvier 1665.)

On paie à Orléans aux Huissiers-Audienciers, pour chacune signification & exploit fait dans l'enclos du Palais, huit deniers tournois; & seize deniers pour ceux faits au domicile des Procureurs. (Arrêt du 27 Janvier 1668, rendu pour Orléans.)

Les Huissiers-Audienciers, pour raison de leurs droits, peuvent faire bourse commune; & ces droits doivent être partagés également entre ceux qui assistent aux Audiences & rendent le service, sans que les absents y puissent rien prétendre; à la réserve des émoluments en cas de baux & adjudications d'héritages, lesquels doivent être partagés pour les trois quarts entre les Huissiers rendant le service; & pour l'autre quart, aux Crieurs gardant le Barreau. (Sentence du Bailliage d'Orléans du 31 Juillet 1669; autre du 6 Février 1688, rendue au même Siege.)

88. Une autre Sentence de réglement du même Siege du 23 Mai 1670, porte que le Greffier, par chacun jour d'Audience, fera état & chargera son registre des noms des Huissiers-Audienciers qui y assisteront. Ce même Réglement ajoute que l'un desdits Huissiers sera choisi entr'eux, sinon un tiers par eux nommé, auquel il sera donné, de trois jours en trois jours, l'état & mémoire de leurs significations, pour en recevoir les émoluments par les Procureurs, auquel seul ainsi choisi & nommé, ces Procureurs feront le paiement desdites significations suivant les Réglements, & non à autres, à peine de payer deux fois; pour être lesdits émoluments partagés entre les Huissiers-Audienciers de mois en mois.

89. 5°. Les Huissiers-Audienciers sont en même-temps Sergents; & en cette qualité, ils font, concurremment avec eux, tous autres exploits, ainsi & en la maniere que font les Sergents royaux des lieux & Jurisdictions dans lesquelles ils sont reçus. (Edit du mois de Juillet 1553; & autres Edits de création des offices d'Huissiers-Audienciers.)

Ils font aussi en cette qualité les prisées & ventes de meubles; & ils y sont autorisés par les mêmes Edits de création de leurs offices, des mois de Juillet 1553, Avril 1557, & Mai 1586, qui leur donnent le même pouvoir qu'aux Sergents anciens & ordinaires; & il a été ainsi jugé en faveur des Huissiers-Audienciers du Bailliage de Chartres, par Arrêt du Parlement du 15 Décembre 1687, confirmé par Arrêt du Conseil du 14 Décembre 1689, qui donne la concurrence pour faire les prisées & ventes de meubles aux Huissiers-Audienciers du Bailliage & de la Prévôté de Chartres, avec les Sergents royaux desdits Sieges.

90. 6°. Dans les Sieges où il n'y a point d'Huissiers-Audienciers, comme à Angers, *&c.* les Sergents royaux du Bailliage sont tenus de faire le service des Huissiers-Audienciers; & à cet effet, il doit être dressé tous les ans, ou tous les six mois, un tableau des noms des Huissiers & Sergents du ressort qui doivent faire ce service, à raison de deux ou trois, plus ou moins, par chaque semaine ou mois; & ce tableau doit être arrêté par le Lieutenant-Général ou autre premier Officier du Siege. (Voyez ce qui est dit ci-après, en parlant des Huissiers-Audienciers des Sieges criminels, *n.* 92.)

7°. Les Huissiers-Audienciers des Bailliages, Sénéchaussées, Présidiaux & autres Justices ordinaires, peuvent exploiter par-tout le Royaume, tous mandements & ordonnances de Justice; & même ils le peuvent sans *visa* ni *pareatis*; pourvu néanmoins qu'il n'y ait distraction hors le Parlement où ils sont établis. (Edit du mois de Mai 1586, rapporté par Joli, *pag.* 1042; Arrêt du Conseil du 4 Janvier 1629, rapporté en la Conférence des Ordonnances, *tom.* 3, *pag.* 736, à la marge. Arrêt du Parlement du 3 Mars 1745, rendu au profit de Jean Lair, Huissier-Audiencier au Bailliage d'Etampes. Autre Arrêt aussi du Parlement du 8 Juin 1769, au profit des Huissiers-Audienciers audit Bailliage d'Etampes, qui les maintient dans le droit d'exploiter par-tout le Royaume.) Il en faut seulement excepter le scel du Châtelet de Paris, qu'ils ne peuvent exploiter. (Arrêt du Parlement du 4 Janvier 1609, rapporté par Joli, *pag.* 1541. Voyez aussi ce qui a été dit ci-dessus, *n.* 9.)

91. Néanmoins par Arrêt du Conseil contradictoire du 4 Décembre 1764, infirmatif d'une Sentence rendue au Bailliage d'Orléans le 5 Août 1763, il a été fait défenses à Robert Bayer, simple Huissier-Audiencier en la Châtellenie royale de Neuville, (qui, à la vérité, n'est qu'un Siege particulier dépendant du Bailliage d'Orléans,) de faire aucuns exploits hors l'étendue de sa Jurisdiction.

8°. Les Huissiers-Audienciers des Prévôtés, Châtellenies & autres Sieges royaux ordinaires, exercent dans leurs Sieges les mêmes fonctions que ceux des Bailliages & Sénéchaussées. Il y a un Réglement à ce sujet rendu pour la Prévôté d'Orléans, par une Sentence de ce Siege du 3 Mars 1694, & qui est imprimé.

Des Huissiers-Audienciers des Sieges criminels.

92. Ils font le même service pour les Audiences des Sieges criminels, que les autres Huissiers-Audienciers pour les Audiences civiles. Il y a un Huissier particulier à Orléans pour le Bailliage criminel.

Les Huissiers-Audienciers des Justices criminelles ont été créés par Edit du mois de Septembre 1587, portant création de deux Huissiers-Audienciers en chacun Siege des Bailliages, Sénéchaussées, Prévôtés & autres Jurisdictions royales du Royaume. (Voyez un Arrêt du Conseil du 7 Mai 1631, rendu en faveur du nommé Legrand, pourvu de l'un des deux Offices d'Huissiers au criminel de la Justice royale de Crespy-en-Valois.)

Lorsqu'il n'y a point d'Huissiers-Audienciers dans le Siege, c'est aux Sergents ordinaires à en faire les fonctions, & à assister aux Audiences criminelles. (Un Arrêt du Parlement du 27 Janvier 1607, rendu pour Loudun, & rapporté par Joli, *pag.* 1131, enjoint aux Sergents dudit Siege, d'assister aux Audiences criminelles au nombre de deux ou trois, à leur tour.)

§. II.

Des Huissiers-Audienciers des Justices extraordinaires.

93. Les Huissiers-Audienciers ont été établis dans les Jurisdictions extraordinaires par l'Edit du mois de Septembre 1587, ci-dessus cité, rapporté par Joli, *pag.* 1539, portant création de deux Huissiers-Audienciers en chaque Bailliage, Sénéchaussée, Prévôté, Vicomté, Maîtrise, Grurie & Viguerie des Eaux & Forêts, & autres Jurisdictions royales du Royaume.

Ils jouissoient autrefois du droit d'exploiter par tout le Royaume, comme les Huissiers-Audienciers des Justices ordinaires. (Même Edit de création du mois de Septembre 1587; Arrêt du Parlement du 4 Janvier 1619, rapporté par Joli *pag.* 1541, au profit d'un Huissier-Audiencier en la Garde des Eaux & Forêts de Courci, près d'Orléans, contre les Sergents royaux du Bailliage de ladite Ville d'Orléans, qui lui permet d'exploiter par-tout le Royaume, suivant son Edit de création.

Mais par Arrêt contradictoire du Conseil du 4 Décembre 1764, ci-dessus cité, il a été fait défenses à François Dubuisson, simple Huissier-Audiencier en la Maitrise particuliere des Eaux & Forêts de Beaugenci, de faire aucuns exploits ni autres actes hors l'étendue de la Jurisdiction dont il est Huissier, & où il est immatriculé; à peine de faux, nullité, *&c.*

94. Un autre Arrêt du Conseil du 3 Novembre 1761, rendu sur la Requête des Huissiers à cheval du Châtelet de Paris, résidents à Beauvais, sur celle des premiers Huissiers-Audienciers des Jurisdictions de ladite Ville, & sur celles d'un Huissier en la Chancellerie Présidiale, & d'un Huissier en la Connétablie, aussi de ladite Ville, contre Nicolas Dessaint, Huissier-Audiencier en l'Election, & Marin Fleschelle, Huissier-Audiencier en la Jurisdiction Consulaire de la même Ville; ordonne que les Edits des mois d'Avril 1672, rendus pour les Huissiers des Chancelleries Présidiales; Mars & Décembre 1693, touchant les Huissiers en la Connétablie; les Arrêts du Conseil des 1 Septembre 1693, & 15 Juin 1694; la Déclaration du 1 Mars 1730, & autres Réglements concernant les fonctions des Huissiers à cheval au Châtelet de Paris, des premiers Audienciers des Jurisdictions royales, des Huissiers Audienciers dans les Chancelleries près les Présidiaux, & des Huissiers en la Connétablie & Maréchaussée de France, seront exécutés selon leur forme & teneur; en conséquence, fait itératives défenses à tous Huissiers, Sergents royaux, Archers & autres, prétendant avoir pouvoir d'exploiter par-tout le Royaume; notamment à Nicolas Dessaint, simple Huissier-Audiencier en l'Election de Beauvais; & Marin Flescheiles, simple Huissier-Audiencier en la Jurisdiction Consulaire de la même Ville, de faire ou donner aucuns exploits d'ajournement, commandements, saisies, ni autres actes de leur ministere, hors l'étendue de la Jurisdiction dont ils sont Huissiers ou Sergents, & dans laquelle ils sont immatriculés; à peine de faux, nullité, interdiction & 500 liv. damende. Fleschelles s'étant pourvu par opposition contre cet Arrêt, en a été débouté par un autre Arrêt du Conseil du 24 Mai 1763.

Lesdits Huissiers-Audienciers des Jurisdictions extraordinaires, ont la faculté de faire les prises & ventes, du moins celles qui se font en exécution des Sentences émanées de leurs Juges. (Voyez ci-dessus, *n.* 67.)

Quant à la question de sçavoir s'ils peuvent exploiter pour les cas de Justice ordinaire, Voyez ce qui en a été dit ci-dessus, *n.* 33 & *suivants;* & *n.* 41.

§. III.

Des Premiers Huissiers-Audienciers.

95. Les Offices de premiers Huissiers-Audienciers, ont été créés par Edit du mois de Décembre 1693, dans toutes les Cours Supérieures & Bureaux des Finances, & dans tous les Prédiaux, Bailliages, Sénéchaussées, Prévôtés, Vigueries, Châtellenies, Juges-Consuls, Elections, Greniers à sel, & autres Jurisdictions royales du Royaume; & cet Edit a eu son exécution même dans l'étendue de l'appanage de M. le Duc d'Orléans, suivant une Déclaration du Roi du 22 Mars 1694.

Leurs fonctions & droits, consistent à faire, privativement à tous Greffiers, Clercs de l'Audience, Huissiers, Sergents & tous autres, l'appel de toutes les causes des Audiences de la Jurisdiction de leur établissement, causes sommaires & de réglement. (Même Edit de Décembre 1693.)

Un Arrêt du Conseil du 27 Juillet 1694, rendu pour Nantes, en cassant deux Sentences rendues au Présidial de ladite Ville, porte que le premier Huissier-Audiencier jouira, privativement à tous autres, du droit d'appeller les causes audit Siege, sommaires, provisoires & diffinitives, *&c.*

96. Ils font aussi la lecture, publication, exposition d'encheres & procès-verbaux de continuation d'icelles, soit pour baux à ferme, loyers, ventes & adjudications par décret, ou licitation, des terres, héritages & fruits qui se font esdites Audiences, ou à la levée d'icelles, & de tout ce qui doit y être lu & publié. (Même Edit du mois de Décembre 1693; & Arrêt du Conseil du 27 Juillet 1694.)

De plus, ils font, concurremment avec les autres Huissiers-Audienciers du Siege, toutes les significations des actes, requêtes & procédures, concernant l'instruction des procès, jusqu'à la taxe & exécutoire de dépens inclusivement. (Même Edit du mois de Décembre 1693.)

Ce

97. Ce même Edit veut qu'ils jouissent du droit de 15 sols pour l'appel de chaque cause dans les Cours supérieures; de 5 sols dans les Bureaux des Finances; 4 sols dans les Présidiaux, Bailliages & Sénéchaussées; & 2 sols 6 deniers dans les Elections, Greniers à sel & autres Jurisdictions royales; lesquels droits seront payés par les Procureurs qui poursuivront les Audiences par rôles, placets, ou autrement; soit qu'elles soient jugées diffinitivement, ou interloquées, contradictoirement, ou par défaut.

Et qu'à l'égard des publications d'encheres, continuations, remises, significations, ou communications qu'ils feront dans l'enclos du Palais, auditoires & domiciles, ils seront payés de ce qui a accoutumé d'être payé en chacune desdites Justices. (Même Edit de 1693. *Idem* par l'Arrêt du Conseil du 27 Juillet 1694.)

98. Ces droits leurs sont dûs, soit que les jugements soient levés ou non, sans aucune exception, que des simples remises des causes qui auront été appellées & qui n'auront point été plaidées, & de celles où le Procureur du Roi sera seul partie, suivant un Arrêt du Parlement du 5 Mai 1744, rendu au profit du premier Audiencier du Bailliage d'Orléans; ce qui est conforme à un Arrêt du Conseil du 6 Avril 1694, qui ordonne que les premiers Huissiers-Audienciers jouiront du droit d'appel de la cause, toutes les fois que la cause sera portée à l'Audience, & qu'il viendra un jugement définitif, ou interlocutoire, à l'exception des simples remises.

Un Arrêt du Conseil du 27 Juillet 1694, rendu pour Nantes, qui casse deux sentences du Présidial de ladite Ville, porte que le premier Huissier-Audiencier ne sera tenu d'appeller les causes, que son droit ne lui ait été payé; mais par les Arrêts du Parlement des 11 Août 1741, pour Troyes, & 15 Juin 1743, rendus pour Clermont en Beauvoisis, il est dit que le premier Huissier-Audiencier ne sera payé de son droit, que lors de la levée des jugements intervenus aux Audiences sur les causes appellées; en quoi ces Arrêts sont contraires à celui du 5 Mai 1744, rendu pour Orléans, dont on vient de parler, qui porte que les droits du premier Huissier-Audiencier lui seront payés, soit que les jugements soient levés ou non.

99. Un Arrêt du Conseil du 10 Juillet 1694, défend aux Avocats & Procureurs de plaider aucunes causes, qu'elles n'aient été appellées par les premiers Huissiers-Audienciers.

Lesdits premiers Huissiers-Audienciers peuvent, en cas d'absence, maladie, ou autre empêchement légitime, commettre tel des Huissiers-Audienciers du Siege que bon leur semblera, pour la perception de leurs droits. (Arrêts du Conseil des 25 Mai & 10 Juillet 1694; Déclaration du 3 Juin 1699;) & en cas d'absence ou défaut de tous les Huissiers-Audienciers, ils peuvent commettre un Sergent royal. (Arrêt du Conseil du 15 Juin 1694.)

Un Arrêt du Parlement du 9 Août 1766, permet même au premier Huissier-Audiencier du Consulat de Nevers, de se faire substituer par un Praticien; à la charge par ce Praticien de prêter serment devant les Juges Consuls, & de répondre par ledit premier Huissier-Audiencier, des fautes que ledit commis pourroit commettre dans l'exercice de ses fonctions.

100 Ils prennent place à l'Audience à côté du Greffier pour recevoir les placets. (Arrêt du Conseil du 25 Mai 1694.) Ce même Arrêt porte qu'ils seront assidus aux Audiences.

Une Sentence rendue au Bailliage d'Orléans le premier Septembre 1734, défend au premier Huissier-Audiencier de faire aucun abonnement ou traité avec les Procureurs, pour raison des significations; à peine de tous dépens, dommages & intérêts envers les Huissiers-Audienciers du Siege; & déclare nuls & résolus tous ceux qu'il pourroit avoir faits.

Les premiers Huissiers-Audienciers, peuvent exploiter & mettre à exécution par-tout le Royaume, toutes commissions, arrêts, sentences, jugements, obligations, contrats, & tous actes de Justice, qui leur sont donnés & mis en main, de quelques Juges qu'ils soient émanés, sans pour ce demander congé, placet, *visa*, ni *pareatis*. (Edit du mois de Décembre 1693.) Et en conséquence, ils peuvent faire les prises & ventes publiques ordonnées par Justice. (Ainsi jugé au Bailliage d'Orléans le Mardi 18 Août 1739, au profit de M. l'Evêque d'Orléans, contre la Veuve Rouleau d'Orléans, à l'occasion d'une saisie & exécution par lui faite sur ladite Veuve, pour laquelle saisie il s'étoit servi du nommé Grison, premier Huissier-Audiencier en la Garde ou Maîtrise particuliere des Eaux & Forêts de Neuville.)

101 En l'année 1694, les premiers Huissiers-Audienciers ayant été troublés par les Huissiers & Sergents des Justices ordinaires dans ce droit, de faire les prisées & ventes, le Roi, par Arrêt du Conseil du 20 Juillet audit an, ordonna que lesdits premiers Huissiers-Audienciers jouiroient du pouvoir d'exploiter & mettre à exécution

par-tout le Royaume, toutes commiſſions, arrêts, ſentences, obligations & autres actes de Juſtice, de quelques Juges qu'ils ſoient émanés; & qu'en conſéquence, ils feroient les ventes, criées & autres procédures qui en dépendent.

Les Juges ne peuvent obliger les premiers Huiſſiers-Audienciers de marcher devant eux, ſi ce n'eſt dans les occaſions où ils vont en corps; auquel cas leſdits premiers Huiſſiers marchent ſeuls devant les Préſidents, & ſont précédés par les autres Huiſſiers-Audienciers, ayant la baguette à la main. (Arrêt du Conſeil du 25 Mai 1694.)

Suivant un autre Arrêt du Conſeil du 22 Juin 1694, les frais de réception, information, inſtallation, & enregiſtrement des proviſions des premiers Huiſſiers-Audienciers, ſont modérés; ſçavoir, à 20 liv. dans les Cours, Requêtes du Palais & Bureaux des Finances; dans les Préſidiaux & Bailliages royaux, à 10 liv. & dans les autres Juriſdictions royales, à 6 livres.

§. IV.

Devoirs des Huiſſiers-Audienciers.

102. 1°. Les Huiſſiers-Audienciers, & autres qui ſont établis pour le ſervice ordinaire d'une Juriſdiction, doivent y être aſſidus, & ne peuvent s'abſenter hors la Ville ſans congé & permiſſion des Juges, même pour les fonctions de leur état d'Huiſſier. (La Roche-Flavin, Traité des Parlements, *liv.* 2, *ch.* 16, *n.* 5; Ordonnance du mois d'Octobre 1535, *ch.* 20, *art.* 4; Réglement du 24 Mai 1603, pour le Préſidial de Bourg-en-Breſſe, *art.* 113)

2°. Ils doivent ſervir par ſemaine ou par mois, deux à deux, ou même plus, ſuivant les réglements du Siege. (Même Réglement de 1603, *art.* 114; Ordonnance de 1535, *ch.* 6. *art.* 1.)

3°. En cas de maladie, ou autre empêchement légitime, ils ſont tenus de ſubſtituer d'autres Huiſſiers à leur place pour faire le ſervice. (Arrêt du Parlement du 27 Janvier 1668, pour le Préſidial d'Orléans.)

103. 4°. Ils doivent porter la verge ou baguette, tant à l'Audience, qu'en l'enclos du Palais; & encore toutes les fois que les Juges marchent en corps aux proceſſions, entrées & autres cérémonies publiques. (La Roche-Flavin, Traité des Parlements, *liv.* 2, *ch.* 16, *art.* 22.)

Un Arrêt de réglement du 14 Août 1617, rendu pour le Présidial de Bourges, (rapporté par Neron, *tom.* 2, *pag.* 562.) *art.* 19, porte que deux Sergents du Siege de Bourges, doivent se trouver avec leurs baguettes au Palais pour en faire ouvrir les portes ; & qu'ils seront tenus d'assister & conduire les Présidents, Lieutenant-Général, ou autres qui présideront, allant & retournant en leurs maisons.

104. 5°. Ils doivent bien prendre garde de vendre l'entrée du Palais, & de refuser ceux qui doivent y entrer; autrement ils doivent être punis très-sévérement. (Ordonnance du mois d'Octobre 1535, *ch.* 6, *art.* 9.)

6°. Ils ne peuvent rien prendre pour conduire & faire entrer à l'Audience les accusés qui viennent présenter leurs lettres de grace. (Ordonnance de 1670, *tit.* 16, *art.* 23.)

7°. Ils ne doivent point révéler les secrets de la Compagnie au service de laquelle ils sont ; à peine de privation de leurs offices, *&c.* (Ordonnance du mois de Juillet 1493, *art.* 8 ; autre du mois d'Octobre 1535, *ch.* 1, *art.* 36.)

8°. Ils sont tenus de mettre à exécution toutes contraintes & significations nécessaires, contre les Procureurs & Sergents qui retiennent les productions des parties, ou leurs deniers, aussitôt que lesdites contraintes & significations leur auront été présentées & mises en main ; à peine d'interdiction & de 100 liv. d'amende, *&c.* (Arrêt du Parlement du 27 Janvier 1668, pour Orléans.)

9°. Ils ne peuvent refuser de faire les exploits dans le Palais, ni dans la Ville, ni dans le ressort, lorsqu'ils sont commandés par la Cour ; excepté dans les jours qu'ils sont de service pour les Audiences & entrées du Palais ; esquels jours ils ne peuvent s'absenter ni abandonner le Palais, sans indisposition ou excuse légitime. (Déclaration du 9 Août 1564, *art.* 2; Edit du moisde Mai 1568, *art.* 5.)

ARTICLE VIII.

Des Huissiers & Sergents en particulier.

§. I.

Des Sergents fieffés.

105. Les Sergents fieffés sont des Sergents royaux de Justice ordinaire, établis originairement dans les Bailliages, à l'effet de faire les exploits nécessaires pour la recherche & conservation des droits féodaux du Seigneur. Aujourd'hui leurs fonctions ne different point de celles des Sergents royaux ordinaires des Bailliages & Sénéchaussées. (Ainsi réglé pour le Châtelet de Paris par un Edit du mois de Juin 1544, rapporté par Joli, *pag.* 1625.)

Il y a huit Sergents fieffés dans le Bailliage d'Orléans. Ces huit Sergents ont leur collocation en différentes Paroisses du Bailliage, réglées par l'acte de leur nomination, où ils doivent nécessairement faire leur résidence sans pouvoir demeurer ailleurs, & sans que deux d'entr'eux puissent résider dans la même Paroisse. Au reste, ils peuvent exploiter dans toute l'étendue du Bailliage & Siege Présidial d'Orléans, comme les autres Sergents royaux dudit Siege, suivant une Sentence du Bailliage du 27 Février 1613. Une autre Sentence du 23 Février 1743, rendue au même Siege, les confirme dans le même droit, & dans celui de faire les prisées & ventes comme les autres Sergents royaux du Bailliage.

Ces huit Sergents fieffés du Bailliage d'Orléans, n'ont point de provisions du Prince; mais ils sont à la nomination de celui qui est Seigneur & propriétaire desdits offices, lequel en porte la foi à M. le Duc d'Orléans.

Ils doivent être immatriculés & reçus comme les autres Sergents, & après une information.

§. II.

Des Sergents-Crieurs-Jurés & Proclamateurs des Bans.

106. Il y a ordinairement en chaque ville un Sergent-crieur des

bans & proclamations qui se font dans l'étendue du Siege où ils sont établis.

Les fonctions de ces Sergents consistent à faire les cris & proclamations publiques de tous les Edits, Statuts, Arrêts, Contrats, Interdictions, Curatelles, Séparations, & des autres Ordonnances de Justice qui ont accoutumé & doivent être publiés à ban & cri public par les carrefours dudit lieu, accompagnés d'un Trompette. (Edit du mois de Février 1581, pour l'Anjou, rapporté par Joly, *pag. 1628.*)

Ils font en outre tous autres exploits de Justice, (*ibid.*)

§. III.

Des Exempts & Archers-Sergents de Robe-Courte.

107. Ces offices ont été créés dans tous les Bailliages & Sieges présidiaux du Royaume par Edit du mois de Novembre 1554, rapporté par Joly, *pag. 1083*, pour exécuter toutes sentences, commissions, décrets & ordonnances des Lieutenants-criminels; (même Edit, *art. 21*); & ce, à l'exclusion des autres Huissiers & Sergents ordinaires, (*ibid.* art. 20.)

Ils peuvent aussi, mais seulement pour raison du criminel, faire tous autres exploits de Justice, tant au civil qu'au criminel appartenants aux offices de Sergents dans les limites du ressort des Sieges présidiaux où ils sont établis; (même Edit de 1554, *art. 22.*)

108. Ceux d'Orléans, (qui sont au nombre de huit, non compris l'Exempt,) ont droit d'exploiter par-tout le Royaume, même au civil, suivant une Déclaration du Roi du 27 Mars 1656, & un Arrêt du Grand-Conseil du 30 Mars 1658, rendu pour Orléans, où cette Déclaration est citée : mais avant de faire aucun exploit pour le civil, ils doivent prêter serment devant le Lieutenant-Général, lequel est tenu de les recevoir sans frais & sans nouvelle information de vie & mœurs; (même Arrrêt du Grand-Conseil du 30 Mars 1658.)

Ce même Arrêt porte, qu'ils ne sont point tenus de comparoir aux assises du Bailliage.

Voyez encore pour les autres fonctions & devoirs des Archers-Sergents de robe-courte, ce qui est dit en mon Traité de la Justice criminelle, au titre *De la Compétence particuliere des Juges*, tom. 1, part. 2, tit. 1, n. 362, & suivants.

§. I V.

Des Archers du Guet.

109. Suivant un Arrêt du Conseil du 3 Décembre 1666, il est ordonné que l'Arrêt du 11 Décembre 1655, sera exécuté; ce faisant & conformément à icelui, que les nommés Guibourg & Consorts, Archers-du-Guet, pourront exploiter par tout le Royaume, tous mandements, jugements & autres actes de Justice, émanés de leurs Juges seulement; sans qu'ils puissent exploiter ni mettre à exécution aucuns mandements ni autres actes de Justice ordinaire; à peine de nullité.

§. V.

Des Huissiers de Police.

110. Ces offices ont été créés par Edit du mois de Novembre 1699, pour donner toutes assignations en fait de police, signifier les Ordonnances de police, & les mettre à exécution, privativement à tous autres Huissiers & Sergents dans les Sieges de police où ils sont établis.

Ils ont de plus la faculté d'exploiter dans toutes autres affaires, concurremment avec les Huissiers & Sergents ordinaires; (même Edit du mois de Novembre 1699.)

Suivant une Déclaration du Roi du 22 Décembre 1699, les Huissiers de police peuvent être pourvus de ces offices à l'âge de vingt ans.

§. V I.

Des Huissiers & Sergents des Hôtels-de-Ville.

111. Ceux de Paris, ont été créés par Edit du mois de Décembre 1693, avec le droit & faculté de faire & donner seuls, à l'exclusion de tous autres Sergents & Huissiers, les exploits & assignations pour plaider au Bureau de la ville; mettre à exécution les ordonnances, sentences, réglements, & contraintes dudit Bureau: ce qui leur a été confirmé par Arrêt du Conseil du mois de Juillet 1686, (rapporté au Style universel des Huissiers, imprimé à

Paris en 1704, *in-12.* pag. 165), qui permet auxdits Sergents de ville, de faire la vente des meubles, marchandises, & choses saisies de l'autorité du Bureau; avec défenses à tous autres Huissiers d'entreprendre sur leurs fonctions, & de les y troubler; à peine de tous dépens, dommages & intérêts.

L'Edit du mois de Décembre 1693, portant création de premiers Huissiers-audienciers en toutes les Jurisdictions royales du Royaume, a donné lieu d'en établir aussi dans les Hôtels-de-Ville qui ont une Jurisdiction, comme à Paris. Mais comme l'Hôtel-de-Ville d'Orléans n'a point de Jurisdiction, il est assez étonnant qu'on y ait créé un premier Huissier-audiencier. Néanmoins, soit par erreur ou autrement, il se trouve un titulaire de cet office pourvu en 1736; mais qui ne jouit d'autres fonctions, que de celles des Huissiers & Sergents ordinaires du Bailliage.

§. VII.

Des Archers de Maréchaussée.

112. Ils ont été créés en 1720, par Edit du mois de Février.

Ils font tous exploits pour les affaires de Maréchaussée, à l'exclusion de tous autres Huissiers & Sergents. (Déclaration du 28 Mars 1720, *art. 5.*)

Mais ils ne peuvent exploiter dans aucunes autres affaires de quelque qualité & nature qu'elles soient; à peine de faux & des galeres pour neuf ans. (Même déclaration, *art. 5.*)

Ils ne peuvent même être Huissiers ou Sergents, soit royaux ou subalternes; & ces places sont incompatibles avec celles d'Archers, (*ibid.* art. 5.)

Voyez encore pour les autres fonctions & devoirs des Archers de Maréchaussée, ce que j'ai dit en mon Traité de la Justice-criminelle, au titre *De la compétence particuliere des Juges*, tom. 1, 2, tit. 1, n. 341, & suiv.

§. VIII.

Des Huissiers, Sergents royaux & d'armes en la Connétablie.

113. Ces offices ont été créés au nombre de deux, en chaque Bailliage, Sénéchaussée, Prévôté, Vicomté, Maréchaussée, Lieutenance

tenance-criminelle de Robe-courte, Guet, & autres Jurisdictions royales du Royaume, par Edit du mois de Février 1658, rapporté au Recueil de la Maréchaussée de France, *pag. 801.*

Leurs fonctions consistent à veiller à la recherche des contraventions aux Edits & Ordonnances sur le fait des duels; (même Edit de 1658.)

Ils peuvent en outre exploiter par tout le Royaume, tous arrêts, sentences, jugements, contrats, obligations, décrets, & tous actes de Justice, de quelque Justice qu'ils soient émanés; ensemble faire toutes les prisées & ventes, à la réserve du scellé du Châtelet de Paris, (*ibid.*)

114. Voyez aussi ce qui a été dit ci-dessus, *n. 40*, sur leur pouvoir d'exploiter pour autres actes que ceux de la Jurisdiction à laquelle ils sont attachés.

Ils peuvent porter toutes sortes d'armes à feu; & ils ne sont tenus de faire aucun service en la Compagnie ou Siege de leur établissement, si bon ne leur semble; sinon que de se trouver aux assises des Officiers desdits Sieges; (même Edit du mois de Février 1658.)

Les Sergents d'armes, pour le fait de leurs charges & commissions, sont Justiciables de la Connétablie où ils sont reçus, suivant les Arrêts du Conseil des 28 Mai 1659, & 21 Juillet 1668. (Voyez Jovet, aux mots *Prévôt*, *Connétablie*, n. 25.)

§. IX.

Des Archers-Gardes de la Connétablie & Maréchaussée de France. (a)

115. Ces offices ont été créés; sçavoir, un en chaque Bailliage & Sénéchaussée royale, par Edit du mois de Mars 1693, *art. 12*; par un autre du mois de Septembre de la même année; & par un autre du mois d'Octobre 1702, en chaque Duché-Pairie & autres

(*a*) Touchant ces offices, Voyez l'article 10 de l'Edit concernant les Maréchaussées, du mois de Mars 1720; & un Arrêt du Conseil du 8 Avril 1737, qui concerne aussi les Maréchaussées.

Justices ressortissantes nuement ès Cours; & un second dans lesdits Bailliages & Justices, par Edit du mois d'Octobre 1704.

Leurs fonctions consistent à résider & servir près des Lieutenants des Maréchaux de France. (Même Edit du mois de Mars 1693, *art. 22.*)

De plus, ils jouissent du droit de pouvoir exploiter & mettre à exécution par tout le Royaume, tous arrêts, sentences, jugements, contrats, obligations, décrets, & autres actes de Justice, de quelques Juges qu'ils soient émanés. (Même Edit du mois d'Octobre 1704; autres des mois de Novembre 1707, & Mars 1720, *art. 10.*)

Ils sont tenus de prendre la nomination des Lieutenants des Maréchaux de France, sur laquelle les lettres de provisions leur sont expédiées en la Grand'Chancellerie; & ils sont ensuite reçus au Bailliage dans l'étendue duquel ils sont établis. (Même Edit du mois de Mars 1693, *art. 15.*)

Ces offices étoient autrefois héréditaires; mais ils ont été déclarés casuels par la Déclaration du Roi du 9 Août 1722.

§. X.

Des Huissiers des Chancelleries présidiales.

116. Ces offices ont été créés, au nombre de deux, en chacune des Chancelleries présidiales du Royaume par Edit du mois d'Avril 1672, rapporté en l'histoire de la Chancellerie, *tom. 1, pag. 686*; avec les pouvoirs & privileges dont jouissent les pourvus de semblables offices dans les Chancelleries des Cours; même d'exploiter dans toute l'étendue du Royaume.

Un Arrêt du Conseil du 13 Juin 1672, (rapporté en un autre Arrêt du Conseil, imprimé, du 18 Janvier 1690, rendu en faveur des Huissiers-audienciers du Bailliage & Siege présidial d'Orléans); porte, qu'ils seront censés être du corps des Compagnies, près lesquelles les Chancelleries où ils sont Huissiers sont établies, & qu'ils seront reçus avec la robe & le bonnet; & pourront, du jour de leur réception, faire tous actes & exploits pour l'instruction des procès, & exécuter les arrêts, jugements & ordonnances de toutes les Cours & Justices de leur établissement, tout ainsi que les autres Huissiers d'icelles; même faire bourse commune avec eux.

117. Néanmoins les Huissiers-audienciers de quelques Présidiaux s'étant pourvus au Conseil contre cet Arrêt, ils y ont obtenu d'autres Arrêts, qui ont ordonné, qu'ils feroient seuls les significations des procédures & actes de Procureur à Procureur, pour l'instruction des causes, instances & procès dans lesdits Bailliages & Sieges présidiaux, à l'exclusion des Huissiers de la Chancellerie présidiale; ce qui a été ainsi jugé pour Orléans, par l'Arrêt du Conseil, contradictoire du 18 Janvier 1690, dont on vient de parler.

Depuis, par une Déclaration du Roi du 13 Juillet 1694, (rapportée en l'histoire de la Chancellerie de France, *tom.* 2, *p.* 270), les offices d'Huissiers des Chancelleries des Cours & Sieges présidiaux, ont été réunis aux corps & communautés desdites Cours & Sieges présidiaux, à la réserve des Chancelleries près les Parlements de Paris & de Toulouse; à la charge de rembourser les titulaires desdits offices, & avec faculté de pouvoir les désunir.

118. Autres Déclarations des 18 Décembre & 22 Juin 1700, rapportées au Recueil des Edits du Parlement de Rouen, *tom.* 2, *pag.* 872, & en l'histoire de la Chancellerie de France, *tom.* 2, *pag.* 389, qui portent, que les Huissiers-audienciers des Parlements, Cours supérieures & Présidiaux, qui négligeoient de rembourser les pourvus des offices d'Huissiers des Chancelleries, seront tenus de faire ce remboursement dans les trois mois; sinon, que lesdits pourvus d'offices d'Huissiers des Chancelleries seront rétablis dans leurs fonctions de faire les significations de Procureur à Procureur, sans être tenus de rembourser aux Huissiers-audienciers aucunes des sommes par eux payées, en exécution de la Déclaration du 13 Juillet 1694.

119. Il a été rendu en conséquence un Arrêt du Conseil le 27 Avril 1723, (imprimé), qui, faute d'avoir fait ce remboursement, maintient & garde les Huissiers des Chancelleries dans le droit & possession de faire toutes les significations de Procureur à Procureur dans les enclos des Palais; & par-tout ailleurs, concurremment avec les Huissiers-audienciers.

§. XI.

Des Huissiers-Audienciers des Maîtrises & Gardes des Eaux & Forêts.

120. Les Huissiers-audienciers des Maîtrises & Gardes des Eaux &

Forêts, ont été créés par Edit du mois de Septembre 1587, rapporté par Joly, *pag. 1540*, & par l'Ordonnance des Eaux & Forêts du mois d'Août 1669, au titre des Huissiers - audienciers, *art. 1*.

Ils jouissent, comme tous les autres Huissiers-audienciers, du droit de pouvoir exploiter par-tout le Royaume, tous mandements & ordonnances de Justice, de quelques Juges qu'ils soient émanés. (Voyez ce qui a été dit ci-dessus, *n. 93*; l'Ordonnance des Eaux & Forêts de 1669, *tit.* 2; des Officiers des Maîtrises, *art. 13*; & les Arrêts du Conseil des 20 Mars & 18 Septembre 1736, rapportés au Code Louis XV.)

§. XII.

Des Huissiers Collecteurs des Amendes des Eaux & Forêts.

121. Ils ont été créés par Edit du mois de Février 1554, *art. 17*, rapporté par Fontanon, *pag. 291*, pour recevoir les amendes adjugées pour contraventions aux Ordonnances & Réglements touchant les Eaux & Forêts.

Ceux établis dans des gardes particulieres, doivent y résider. (Sentence du Bailliage d'Orléans du 8 Mars 1667, qui enjoint à l'Huissier Collecteur des amendes de Neuville près d'Orléans, de se retirer au lieu de sa collocation.)

§. XIII.

Des Sergents Gardes-Forêts.

122. Les Sergents-généraux-gardes-forêts ont été créés par l'Ordonnance des Eaux & Forêts du mois d'Août 1669, au titre des Huissiers-audienciers, *&c.* art. 3.

Ils ne peuvent faire aucuns exploits, que pour les Eaux & Forêts, & Chasses; à peine de faux; (*ibid.* art. 15.) Cet article révoque à cet effet toutes lettres & ampliations qui pourroient leur avoir été accordées.

§. XIV.

Des Sergents-Louvetiers.

123. J'ignore le temps où ces Officiers ont été créés.

Ils ne peuvent exploiter pour aucuns cas, à moins que la faculté ne leur en soit accordée par des provisions expédiées en la Grand'Chancellerie ; à peine de faux. (Déclaration du 19 Octobre 1681, rapportée au Recueil de la Maréchaussée, *pag. 1003.*)

§. XV.

Des Sergents royaux aux Greniers-à-Sel.

124. Ces offices ont été créés par Edits des mois de Mai 1578, Décembre 1581 & Novembre 1582, (rapportés par Fontanon, *tom. 2, pages 866, 1062, 1069 & 1074*); avec faculté de faire, privativement à tous autres Huissiers & Sergents, tous exploits, saisies, contraintes, procès-verbaux, & autres choses concernant les gabelles & ce qui en dépend ; (même Edit du mois de Décembre 1581.)

Les pourvus desdits offices jouissent en outre du droit de faire, par concurrence avec les Sergents ordinaires des Bailliages & Sénéchaussées, tous ajournements, commandements, significations, saisies, ventes, contraintes, exécutions, & généralement tous exploits & actes de Justice ordinaire ; (mêmes Edits de 1578, 1581 & 1582); mais seulement dans l'étendue & ressort du Grenier-à-Sel où ils sont établis, (*ibid. ibid. ibid.* Voyez aussi l'Arrêt du Conseil du 5 Août 1633, rapporté ci-dessus, *n. 39.*)

125. Par Edit du mois de Décembre 1704, (rapporté au Recueil des Edits, *&c.* enrégistrés au Parlement de Rouen), ces offices d'Huissiers & Sergents aux Greniers-à-Sel ont été supprimés, & il en a été créé d'autres avec les mêmes pouvoirs & fonctions, même avec la faculté d'exploiter par tout le Royaume : mais cette suppression & création nouvelle n'a pas eu lieu dans l'appanage de M. le Duc d'Orléans.

A l'égard des Huissiers-audienciers aux Greniers-à-Sel, ils jouissent comme tous les autres Huissiers-audienciers du droit d'exploiter par-tout le Royaume, suivant l'Edit de création de ces offices du mois de Septembre 1587.

Ils font aussi les prisées & ventes, comme les Sergents royaux ; & les provisions qui leur sont données, renferment ce pouvoir dont ils ont toujours joui. C'est par une quittance de finance du 30 Novembre 1639, que ceux d'Orléans ont acquis cette faculté.

§. XVI.

Des Huissiers & Sergents des Élections.

126. 1°. Les Sergents des Elections ont été créés par Edit du mois d'Octobre 1539, rapporté par Corbin en son Traité de la Cour des Aydes, *pages 529, 534 & 592;* & en la conférence des Ordonnances, *tom. 3, pag. 717, §. 28.*

Leurs fonctions consistent à faire tous exploits, ajournements, contraintes & exécutions, concernant les Aydes, Tailles & Gabelles, privativement à tous autres Huissiers & Sergents. (Même Edit du mois d'Octobre 1539; autre du mois de Mai 1578, rapporté en la conférence des Ordonnances, *tom. 3, pag. 718, §. 28*); même de faire les prisées & ventes de biens ordonnés être vendus par sentence de l'Election. (Voyez ci-dessus, *n. 67.*)

127. 2°. Les Huissiers-audienciers des Elections, créés par Edit du mois de Novembre 1595, jouissent comme tous les autres Huissiers-audienciers, du droit d'exploiter par tout le Royaume, non-seulement pour les cas de leurs Justices, mais encore pour tous les cas de Justice ordinaire. (Déclaration du 30 Novembre 1595, rapporté en la conférence des Ordonnances, *tom. 3, pag. 722;* & par Fontanon, *tom. 2, pag. 964.* Voyez aussi ce qui a été dit ci-dessus, *n. 25 & suivants.*)

Néanmoins par Arrêt du Conseil du 3 Novembre 1761, il a été fait défenses aux simples Huissiers-audienciers de l'Election de Beauvais, de faire aucuns actes & exploits hors l'étendue de la Jurisdiction royale dont ils sont Huissiers & où ils sont immatriculés; à peine de faux, de nullité, interdiction, *&c.* (Voyez ce qui est dit ci-dessus, *n. 94.*)

§. XVII.

Des Huissiers & Sergents des Tailles.

128. Ces offices ont été créés par Edits du mois de Mai 1578, (rapporté par Fontanon, *tom. 2, pag.* 866); Septembre 1581, (rapporté *ibid.* pag. 868;) & Novembre 1595, (rapporté *ibid.* pag.

963.] Voyez aussi la Conférence des Ordonnances, *tom.* 3, *pag.* 735.

Depuis, ils ont été supprimés par Edit du mois de Juin 1598, & par deux Déclarations des 27 Août 1599, & 20 Janvier 1600, (rapportés par Fontanon, *tom.* 2, *pag.* 908, 909, 912 & 913.)

Mais ils ont été créés de nouveau par Edit du mois de Février 1621, rapporté par Corbin, Traité des Tailles, *pag.* 1461.

Et supprimés par Edit du mois de Mai 1624, rapporté par Blanchard.

§. XVIII.

Des Huissiers & Sergents des Traites Foraines.

129. Les offices de Sergents des Traites & impositions foraines ont été créés par Edit du mois de Juillet 1580, avec faculté de faire, dans l'étendue de leur Jurisdiction, les mêmes fonctions que celles que font les Huissiers & Sergents des Elections dans l'étendue desdites Elections.

Quant à la question de sçavoir s'ils peuvent exploiter pour les cas de Justice ordinaire, Voyez ce qui a été dit ci-dessus, *n.* 39.

§. XIX.

Des Huissiers des Consulats.

130. Les offices d'Huissiers-Audienciers des Consulats ont été créés par Edit du mois de Mai 1595, (rapporté en la Conférence des Ordonnances, *tom.* 3, *pag.* 722;) avec pouvoir de mettre à exécution par tout le Royaume, tous Arrêts, Sentences, Jugements, Contrats & autres Actes, de quelques Juges que ce soit.

Il y en a eu un créé pour le Consulat d'Orléans dès le mois de Mars 1581, par Edit dudit mois, portant les mêmes fonctions & pouvoirs.

Ce droit des Huissiers-Audienciers des Consulats, de pouvoir exploiter par tout le Royaume, ne paroît pas leur avoir été conservé; car par Arrêt du Conseil du 3 Novembre 1761, (confirmé par un autre Arrêt du Conseil, contradictoire, du 26 Août 1763,) il a été fait défenses aux simples Huissiers-Audienciers du Consulat de Beauvais, de faire aucuns actes & exploits hors l'étendue de la Jurisdiction royale dont ils sont Huissiers, & dans laquelle ils sont immatriculés, à peine de faux, nullité & interdiction, *&c.* (*Idem* par Arrêt du 7 Avril 1759.)

131. Les Jurisdictions Consulaires étant déclarées Bailliageres, les simples Huissiers-Audienciers de ces Jurisdictions ne peuvent exploiter que dans l'étendue du Bailliage où ils sont établis.

A l'égard des cas de Jurisdiction Consulaire, autres que ceux attribués auxdits offices d'Huissiers-audienciers, les Huissiers & Sergents royaux des Bailliages, sont en droit d'exploiter dans les Jurisdictions des Juges-Consuls, sans pouvoir y être troublés. (Même Déclaration du 20 Décembre 1712)

Les offices de premiers Huissiers-audienciers ont été créés dans les Justices Consulaires, comme dans toutes les autres Jurisdictions.

Un Arrêt du Parlement du 9 Août 1766, maintient le premier Huissier-audiencier en la Jurisdiction Consulaire de Nevers: 1°. Dans ses droits de causes d'appel, *&c.* : 2°. Dans le droit de percevoir dix sols pour chaque lecture faite à l'Audience, de tous traités de société, billans, contrats d'attermoiement, comptes & autres lectures; & cinq sols pour chaque témoin entendu à l'Audience.

132. Un Edit du mois de Juin 1708, avoit créé des Huissiers ordinaires dans les Jurisdictions consulaires, avec faculté de faire dans l'étendue des Jurisdictions où ils sont établis, à l'exclusion de tous autres Huissiers, ou Sergents, toutes les significations des sentences rendues dans lesdites Jurisdictions en fait de commerce, lettres-de-change, ou billets payables au porteur, & les premiers commandements en exécution d'icelles, avant qu'il pût être procédé à de plus amples contraintes en exécution desdites sentences; & ils pouvoient en outre, en vertu du même Edit, faire par tout le Royaume toutes sortes d'exploits, contraintes, exécution & significations d'Arrêts, Sentences, ou autres actes judiciaires en toutes matieres, concurremment avec les autres Huissiers, sans aucune exception ni réserve.

Il suffisoit aussi d'être âgé de vingt-deux ans pour exercer ces offices.

Mais par Arrêt du Conseil du 15 Mars 1720, ces offices ont été supprimés comme inutiles.

§. XX.

§. XX.

Des Huissiers & Sergents aux Sieges des Monnoies.

133. Ces offices ont été créés par Edits du mois d'Août 1555, & de Mai 1577, rapportés par Fontanon, *tom.* 2, *pag.* 158 & 185, au nombre de quatre en chaque Monnoie; avec pouvoir d'exploiter & mettre à exécution les Arrêts, Jugements & Ordonnances, tant des Cours des Monnoies, que des Prévôts des Monnoies en leur détroit & Jurisdiction. (Même Edit du mois d'Août 1555, *art.* 3 & 7.)

L'Edit du mois d'Octobre 1716, portant établissement d'une Monnoie dans Orléans, *art.* 3, crée deux offices d'Huissiers en cette Monnoie aux mêmes fonctions que les pourvus de semblables offices dans les autres villes du Royaume.

Ceux-ci prétendent avoir la même faculté que les Huissiers de la Prévôté-Générale des Monnoies, qui, par leurs Edits de création, ont la faculté d'exploiter par tout le Royaume; (Voyez ci-après, *n.* 167.;) & que depuis 1716, ils sont en possession de faire, concurremment avec les autres Huissiers & Sergents du Bailliage, les prisées & ventes, & tous autres actes; non-seulement dans le Bailliage d'Orléans, mais encore dans toute la Généralité, ou ressort de ladite Monnoie.

§. XXI.

Des Huissiers & Sergents des Amirautés.

134. Ces offices ont été créés par Edit du mois de Janvier 1573, avec faculté de faire tous exploits, *&c.*, pour raison de leur Jurisdiction.

Quant à la question de sçavoir s'ils peuvent exploiter pour tous les autres cas de Justice ordinaire, Voyez ce qui a été dit ci-dessus, *n.* 39.

L'Ordonnance de la Marine du mois d'Août 1681, *liv.* 1, *tit.* 5, *art.* 1, porte que les Huissiers-audienciers, & autres Sergents des Amirautés, ne pourront être reçus, qu'ils ne soient âgés de vingt-cinq ans.

§. XXII.

Des Sergents de l'Artillerie, & Arsenal.

135. J'ignore le temps où ces offices ont été créés.

Suivant un Arrêt du Conseil du 20 Juin 1611, rapporté par Joly, *pag.* 1594, il est défendu aux Sergents de l'Artillerie & Arsenal de Paris, d'exploiter autres mandements & actes de Justice, que ceux du Bailli de l'Arsenal, & autres concernant les poudres & salpêtres.

§. XXIII.

Des Huissiers des Bureaux des Finances. (a)

136. Ces offices ont été créés au nombre de trois, non compris les cinq anciens, par Edit du mois d'Avril 1627, (rapporté par Descorbiac, *tit.* 34, *chap.* 13, *pag.* 731;) avec pouvoir d'exploiter par tout le Royaume, à l'instar & aux mêmes privileges que ceux des Chambres-des-Comptes, & du Trésor de Paris; sans néanmoins que lesdits trois Huissiers puissent faire aucun préjudice au premier Huissier Concierge & Garde-Meuble, créé en chaque Généralité par Edit du mois de Février 1626.

A Orléans, ils sont en possession de faire les prisées & ventes avec les autres Huissiers & Sergents royaux du Bailliage; & il a été ainsi jugé en leur faveur, contre les Sergents royaux dudit Bailliage d'Orléans, par Arrêt du Conseil du 30 Juin 1640. Cet Arrêt les maintient aussi dans le droit d'exploiter pour tous Juges, concurremment avec les Huissiers & Sergents ordinaires; même avec ceux des Chancelleries des Cours Souveraines.

(a) Voyez une Ordonnance du Bureau des Finances de Paris du 18 Février 1735, rapportée au Code Louis XV, touchant les Huissiers de cette Jurisdiction.

§. XXIV.

Des Huissiers de la Chambre du Trésor de Paris.

137. J'ignore le temps de leur création; mais il paroît qu'ils sont très anciens, suivant des Lettres-Patentes de Louis XII, du 9 Août 1508, qui confirment lesdits Huissiers-Messagers, (qui étoient alors au nombre de dix-huit,) dans tous leurs droits & privileges.

Ils peuvent exploiter par tout le Royaume, tous Arrêts, Sentences, Jugements, obligations & autres actes, de quelques Juges qu'ils soient émanés, suivant des Lettres-Patentes du mois de Mars 1543, rapportées par Bacquet en son Traité de la Chambre du Trésor, *pag.* 463 *de l'édition de* 1688, *in-fol.*; confirmées par autres du dernier Février 1583, rapportées, *ibid.*, pag. 508.

§. XXV.

Des Huissiers & Sergents du Châtelet de Paris.

138. Les Huissiers-à-cheval du Châtelet de Paris, ainsi que les Huissiers, ou Sergents-à-Verge du même Siege, ont été créés, augmentés, supprimés & rétablis par plusieurs Edits & Déclarations du Roi, qui ont apporté divers changements dans ces offices. Les principaux de ces Edits & Réglements, sont :

La Déclaration du 8 Juin 1369, qui réduit à deux cents vingt le nombre des Sergents-à-cheval du Châtelet de Paris; & à pareil nombre de deux cents vingt les Sergents-à-Verge du même Siege. (Voyez Joly, *pag.* 154.)

L'Edit du mois d'Août 1492, (rapporté *ibid.* pag. 1547,) qui renferme une pareille disposition.

Un autre Edit du mois de Juin 1579, (rapporté *ibid.* pag. 1556,) qui augmente jusqu'à trois cents le nombre des Huissiers-à-cheval.

139. Aujourd'hui (1770) le nombre des Huissiers-à-cheval du Châtelet de Paris est de neuf cents quatre.

Et celui des Huissiers, ou Sergents-à-Verge, de deux cents trente-six.

Originairement les Sergents-à-cheval du Châtelet de Paris, étoient destinés pour exploiter par tout le Royaume; & les Sergents-à-Verge, dans la Ville, Fauxbourgs & Banlieue de Paris seulement, & depuis dans toute l'étendue de la Prévôté & Vicomté de Paris, suivant l'Edit du mois de Novembre 1543, rapporté par Joly, *pag.* 1579;) & celui de Septembre 1550, rapporté *ibid.*, pag. 1583: mais aujourd'hui ils jouissent les uns & les autres presque des mêmes droits & privileges; ainsi qu'on va le voir en examinant les droits & fonctions de chacun d'eux en particulier.

I.

Des Huissiers-à-cheval du Châtelet de Paris.

140. 1°. Les Huissiers-à-cheval du Châtelet de Paris ont le droit d'exploiter par tout le Royaume, à l'exclusion de tous autres Huissiers & Sergents, les actes passés sous le scel du Châtelet de Paris. (Déclaration du 8 Juin 1369, rapportée par Joly, *pag.* 1547; Edit du mois d'Août 1492, rapporté *ibid.*, pag. 1550; autre du mois de Mai 1582, rapporté *ibid.* pag. 1559; Arrêt du Parlement du 4 Mars 1600, rapporté *ibid.* pag. 1567; Arrêt du Conseil du 16 Avril 1624, rapporté *ibid.* pag. 1573; autre Arrêt du Conseil du 24 Avril 1621, rapporté *ibid.* pag. 1595; autre Arrêt du Parlement du 22 Août 1626, *art.* 1, rapporté par Néron, *tom.* 2, *pag.* 593; autre du 1 Février 1628; autre du 11 Juilet 1640; autre Arrêt du Conseil du 15 Mai 1713, rapporté au nouveau Style des Huissiers, *de l'édition de* 1752, *pag.* 398; autre Arrêt du Parlement du 13 Décembre 1755; autre du 21 Avril 1761;) même à l'exclusion des Sergents de la Prévôté-de-l'Hôtel. (Arrêt du Conseil du 17 Juin 1753.)

Néanmoins dans les Bailliages & Prévôtés où il n'y a point d'Huissiers-à-cheval du Châtelet de Paris, les Sergents royaux ordinaires peuvent mettre à exécution le scel du Châtelet de Paris. (Voyez ci-dessus, *n.* 8.)

141. 2°. Ils peuvent exploiter par tout le Royaume, tous arrêts, sentences, jugements, contrats & autres actes, de quelques Juges qu'ils soient émanés; quand même ce seroit des Juges de Seigneurs. (Edit du mois de Décembre 1543; autre du mois de Novembre 1556; Lettres-patentes du mois de Mai 1582, rapportées par Joli, *pag.* 1552 & 1557; Arrêt du Honseil du 3 Avril 1745, rapporté au nouveau Style des Huissiers, *pag.* 469, *de l'édition de* 1752; autre Arrêt du Parlement du 22 Août 1626, rapporté

par Neron, *tom.* 2, *pag.* 594, *art.* 1, qui ajoute, à la charge néanmoins qu'ils ne pourront prendre plus grands salaires que les autres Sergents royaux.)

Autre Arrêt du Conseil du 3 Février 1668, rendu en faveur des Huissiers à cheval du Châtelet de Paris, contre les Huissiers de la our des Aides de Paris; qui maintient lesdits Huissiers à cheval en la possession de mettre à exécution tous les arrêts diffinitif & provisoires, expediés en forme, & sur lesquels il y a des commissions scellées, de quelques Jurisdictions qu'ils puissent être émanés. Autre Arrêt aussi du Conseil, rendu contre les Huissiers du Parlement de Paris, du 18 Septembre 1668, qui leur donne la concurrence.

142. Autre Arrêt du Conseil du 23 Mai 1677, rendu entre les Sergents à verge du Châtelet de Paris, & les Huissiers de la Cour; qui ordonne que l'Arrêt du Conseil du 3 Février 1668, sera commun entre lesdits Sergents à verge & lesdits Huissiers de la Cour; & en conséquence, maintient les Sergents à verge en possession de mettre à exécution tous les arrêts diffinitifs & provisoires, expédiés en forme, & sur lesquels il y a des commissions scellées, de quelques Jurisdictions qu'ils puissent être émanés; même de signifier lesdits Arrêts du Parlement de Paris, lorsqu'ils seront en forme & qu'il y aura commissions scellées; à l'exception toutefois de la premere signification qui se fera aux Procureurs, laquelle ne pourra être faite que par les Huissiers du Parlement. Ce même Arrêt ajoute que les Ordonnances des Conseillers au Parlement, avenirs, placards, affiches, arrêts interlocutoires, & tout ce qui se fait dans l'enceinte du Palais; & généralement tout ce qui regarde l'instruction des procès, ne pourront être faites que par les Huissiers du Parlement. Un autre Arrêt du Parlement du 23 Mai 1691, renferme aussi la même disposition. *Idem*, par la Déclaration du 26 Août 1704, qui ordonne l'exécution de cet Arrêt.

143. Les Huissiers à cheval du Hhâtelet de Paris, jouissoient aussi par tout le Royaume, de la faculté de faire les prises & ventes, concurremment avec les autres Huissiers & Sergents royaux, de quelque Jurisdiction qu'ils soient. (Arrêt du Conseil du 15 Octobre 1618, rapporté par Joli, *pag.* 1597; autre du 6 Mars 1619, rapporté *ibid*, *pag.* 1598; autre Arrêt du Conseil du 15 Mai 1713.)

144. Mais depuis qu'il y a eu des offices de Priseurs crés dans les différentes Villes du Royaume, les Huissiers du Châtelet de

Paris ne peuvent plus y faire les prisées & ventes. (Ainsi jugé par un Arrêt du Conseil du 22 Juillet 1744, au profit du nommé Richer, Huissier-priseur de la Prévôté de St. Germain-en-Laye, contre le nommé Lefevre, Huissier-à-cheval du Châtelet de Paris.)

A l'égard des ventes de meubles qui se font en exécution d'actes & jugements revêtus du scel du Châtelet de Paris, les Huissiers à cheval du Châtelet de Paris, peuvent les faire, concurremment avec les Huissiers-priseurs des lieux ; mais dans les Villes où il n'y a point d'Huissiers-priseurs, ils peuvent faire les prises & ventes concurremment avec les Huissiers & Sergents Royaux du lieu ; suivant le même Arrêt du Conseil du 15 Mai 1713.

145. 3°. A l'égard des prisées, expositions & ventes de meubles & effets mobiliers, qui se font dans la Ville, Fauxbourgs & banlieue de Paris, elles se font par les pourvus des 120 offices d'Huissiers-commissaires aux prisées & ventes seuls, à l'exclusion de tous autres, & par suite d'inventaire dans toute l'étendue du Royaume ; & ces Huissiers-priseurs ont aussi le droit de faire lesdites prisées & ventes concurremment avec tous autres Huissiers dans toute l'étendue de la Prévôté & Vicomté de Paris, conformément à l'Edit du mois de Mars 1713 ; pourquoi ils perçoivent six livres par vacation pour les prisées & estimations, sept livres pour les ventes, trois deniers pour livre des ventes volontaires, quatre deniers pour livre des ventes forcées, & neuf sols pour chaque rôle de grosses. (Déclaration du 18 Juillet 1758, *articles 1, 4, 5 & 6* ; Arrêt du Parlement du 24 Juillet 1748, imprimé.)

Voyez au surplus, touchant la maniere dont se font ces prisées & ventes, ce qui a été dit ci-dessus, *n. 74.*

146. 4°. Les Huissiers à cheval du Châtelet de Paris, ainsi que les Huissiers à verge, ont le droit, à l'exclusion de tous autres Huissiers, de faire les exploits, & d'assister les Jurés de communauté en matiere de Police. (Lettres-patentes du 21 Février 1693, rapportées au nouveau Style des Huissiers, *de l'édition* de 1752, *in-12, pag.* 358 ; Sentence du Châtelet de Paris du 30 Août 1748, rapportée *ibid. pag.* 479.)

5°. Ils ont le droit de plaider seuls au Consulat de Paris, tant pour eux, que pour les parties ; & de faire toutes significations, concurremment avec tous Huissiers, même avec ceux des Consuls ; à l'exception des significations, dans les instances interloquées, des Ordonnances des Juges-Consuls, & de celles des actes qui se passent au Greffe des Consuls, conformément à la Déclaration du 24 Juin 1710, & aux Lettres-patentes des 6 Novembre 1734 & 1 Février 1735. (Arrêt du Parlement de Paris du 17 Août 1740, rapporté aussi au nouveau Style des Huissiers, édition de 1752, *pag.* 445.)

147. 6°. Ils peuvent faire leur résidence en quel endroit du Royaume ils jugent à propos. (Edit du mois d'Avril 1544, rapporté par Joly, *pag.* 1557); même dans l'étendue des Justices des Seigneurs. (Arrêt du Conseil du 13 Avril 1745, rapporté *ibid.* au nouveau Style des Huissiers, édition de 1752, *pag.* 469. Mais voyez ce qui a été dit ci-dessus, *n.* 50.)

7°. Ils ont leurs causes commises devant le Prévôt de Paris, en matiere civile & criminelle, tant en demandant qu'en défendant. (Edit du mois d'Août 1492, rapporté par Joly, *pag.* 1547; autre du mois de Juin 1603, rapporté *ibid. pag.* 1560; autre du mois de Juin 1617, *ibid. pag.* 1566; autre du mois de Juin 1644; autre du mois de Décembre 1668; autre du mois de Septembre 1672, rapporté par Neron, *tom.* 2, *pag.* 115; Lettres-patentes du 22 Juillet 1692; Edit du mois d'Octobre 1712, *art.* 5.)

148. On prétend que quand ils malversent dans leurs fonctions, en exécutant les mandements d'un autre Juge que ceux du Prévôt de Paris, ils deviennent justiciables du Juge dont ils exécutent le mandement, ou de celui du lieu où se fait l'exécution. (Arrêt de la Tournelle du 20 Décembre 1577, en faveur d'un particulier de la ville du Mans, contre un Huissier du Châtelet de Paris, rapporté par Filleau, *tom.* 2, *pag.* 294, *ch.* 2, à la fin.)

De même quand les Huissiers du Châtelet de Paris sont employés au recouvrement des tailles, ils deviennent justiciables des élections, pour raison de ce fait, nonobstant leurs privileges. (Ainsi réglé par une Déclaration du Roi du 17 Août 1661, registrée en la Cour des Aydes le 30 dudit mois; & par un Arrêt du Conseil rendu le 5 Septembre 1712.)

149. 8°. Ils sont tenus de comparoître tous les ans à la montre qui se fait devant le Prévôt de Paris; & ils doivent en justifier aux Baillis, Sénéchaux & autres Officiers royaux, plus prochains des lieux où ils sont demeurants; (même Edit du mois d'Août 1492;) sinon il est enjoint auxdits Officiers de ne leur point obéir, ni leur donner assistance pour faire aucuns exploits ni exécutions; à moins

qu'ils ne rapportent le certificat de leur comparution auxdites montres. (Même Edit du mois d'Août 1492.)

9°. Ils doivent ainsi que les Sergents à verge, assister & prêter main-forte aux Commissaires de Police dans leurs fonctions & visite de Police ; à peine d'amende, &c. (Sentences du Châtelet de Paris des 30 Juin 1725, & 30 Juin 1739, rapportées au Code de Louis XV.)

L'article 5 du titre 14 des Lettres-patentes du 18 Juin 1769, servant de Réglement pour l'administration de la justice dans la Province de Normandie, porte que les Huissiers & Sergents royaux, résidents dans les Villes du ressort dudit Parlement, seront tenus de se trouver aux mandements des Lieutenants-criminels, & Substituts du Procureur-Général dans les Bailliages desdites Villes, pour y faire le service nécessaire aussitôt qu'ils y seront appellés, par rapport à l'instruction & au jugement des procès criminels ; & ce à peine de telle amende qu'il appartiendra pour la premiere fois ; & en cas de récidive, d'être interdits des fonctions de leurs offices pendant tel temps qu'il sera jugé à propos par les Lieutenants-criminels & Substituts.

L'art. 6 du même titre, ajoute que lesdits Huissiers seront tenus de porter honneur & respect aux Juges des lieux où ils s'établiront ; d'y faire le service de la Jurisdiction avec les Huissiers d'icelle ; & d'exécuter les ordres de Justice qui leur seront adressés par les Juges royaux ou Procureurs du Roi auxdits Sieges.

L'article 7, porte que dans tous les cas où lesdits Huissiers & Sergents exploiteront dans le ressort des Juges ordinaires, leurs salaires seront taxés par les Juges de la Jurisdiction dans laquelle ils auront exploité, & qu'ils ne pourront être prétendus que sur le pied réglé pour les Sergents & Huissiers de ladite Jurisdiction.

150 10°. Ils doivent être reçus devant le Prévôt de Paris, suivant les Lettres-patentes & autres Réglements rendus à ce sujet. (Arrêt du Conseil du 27 Mars 1730, rapporté au nouveau Style des Huissiers, *pag. 411*, de l'édition de 1752.)

11°. La communauté des Huissiers à cheval du Châtelet de Paris, & celle des Sergents à verge, avoient été réunies par Edit du mois de Février 1705, pour ne faire qu'un seul & même corps ; mais par Déclaration du Roi du 28 Novembre de la même année, elles ont été désunies ; & il a été ordonné qu'elles demeureroient séparées comme auparavant. Il est ordonné par cette même Déclaration, que les Huissiers à cheval seront tenus d'avoir dans

dans la Ville de Paris 130 d'entre eux, pour y résider & faire le service ; & les Huissiers-Sergents à verge 180.

I I.

Des Huissiers-Sergents-à-Verge.

151. 1°. Ils ont le titre d'Huissiers à verge. (Arrêt du Parlement du 23 Avril 1733, rapporté au nouveau Style des Huissiers, *édition de* 1752, *pag.* 437.)

2°. Autrefois leurs fonctions étoient bornées dans la Ville & Fauxbourgs de Paris, excepté à l'égard du scel du Châtelet, qu'ils pouvoient exécuter dans toute l'étendue de la Prévôté de Paris, suivant l'Edit du mois de Juin 1514, rapporté par Joly, *pag. 1576* ; & l'Arrêt du Parlement du 4 Mars 1600, rapporté au Style des Huissiers, de l'édition de 1704, *pag.* 108. Mais aujourd'hui ils jouissent des mêmes fonctions & privileges que les Huissiers à cheval du Châtelet de Paris, dans toute l'étendue du Royaume ; & ils ont comme eux leurs causes commises devant le Prévôt de Paris. (Edit du mois de Février 1705 ; Déclaration du 28 Novembre audit an ; Arrêt du Conseil du 13 Avril 1745, rapporté au nouveau Style des Huissiers, *édition de* 1752, *pag.* 469.)

Ils peuvent, comme eux, résider dans tel endroit ou ville du Royaume qu'ils jugent à propos. (Mêmes Edit du mois de Février 1705, & Déclaration du 28 Novembre audit an, & Arrêt du Conseil du 13 Avril 1745.)

152. 3°. Les Huissiers à verge avoient anciennement le privilege exclusif de faire les prisées & ventes de meubles en la Ville, Fauxbourgs, Prévôté & Vicomté de Paris. (Edit du mois de Juillet 1575, rapporté par Fontanon, *tom. 1*, *pag.* 512 ; Lettres-patentes du 26 Avril 1587, rapportées par Joly, *pag.* 1591 ; Arrêt du Parlement du 6 Juillet 1619, rapporté *ibid. pag.* 1599 ; autre du 30 Décembre audit an, rapporté *ibid*, *pag.* 1601 ; Arrêt du Conseil du 24 Avril 1621, rapporté *ibid. pag.* 1602.)

Mais par Edit du mois de Février 1691, ce droit de faire les prisées & ventes de meubles a été attribué aux Huissiers du Châtelet de Paris, au nombre de 120 seulement, pour faire les prisées & ventes, à l'exclusion de tous autres dans la Ville, Fauxbourgs & Banlieue de Paris, & par suite d'inventaire, dans toute l'étendue du Royaume ; même concurremment avec tous autres Huissiers dans toute l'étendue de la Prévôté & Vicomté de Paris. (Voyez cet Edit avec un Arrêt du Conseil du 30 Juin 1692; & les Lettres-patentes rendues en conséquence le 22 Juillet 1692, dans le nouveau Protocole du Style des Huissiers, de l'édition de 1704, *pages* 171, 179 & 189.)

Voyez aussi ce qui a été dit ci-dessus, *n.* 145, touchant les priseurs-vendeurs de Paris.

4°. Les Huissiers à verge doivent être âgés de 25 ans pour être reçus dans leur office. (Arrêt du Parlement du 12 Août 1688, rapporté au même Protocole des Huissiers, de l'édition de 1704, *pag.* 168.)

III.

Des Sergents à la douzaine du Châtelet de Paris.

153. Les Sergents à la douzaine, sont au nombre de douze, qui étoient autrefois les serviteurs & domestiques du Prévôt de Paris, établis pour la garde de sa personne. Ils portoient ses livrées; & ils doivent par leur institution porter le hoqueton & la hallebarde, lorsqu'ils accompagnent le Prévôt au Châtelet, ou aux cérémonies publiques. Ils ont des gages du Roi.

Ces Sergents n'avoient d'autre droit que d'exploiter en la Ville, Fauxbourgs & Banlieue de Paris seulement; sans pouvoir y faire les prisées & ventes des meubles.

(Voyez, touchant ces offices, Joly, *tom.* 2, *pag.* 1626, *& suiv.*, & aussi les Lettres-patentes du 6 Octobre 1543; & les Déclarations du Roi des 2 Mars 1541, 27 Décembre 1551, & 10 Février 1553, citées par Blanchard en sa Table des Edits.)

Par Edit du mois de Février 1691, ces offices ont été réunis à ceux des Huissiers fieffés, & à ceux des Huissiers-priseurs.

IV.

Des Sergents fieffés du Châtelet de Paris.

154. Ces Sergents sont au nombre de quatre, qui ont pouvoir d'exploiter dans la Ville & Vicomté de Paris, & par tout le Royaume, suivant l'Edit du mois de Juin 1544, rapporté par Joly, *pag.* 1625.

Ils ont le pouvoir, comme tous les autres Huissiers du Châtelet de Paris, d'exploiter tous arrêts, jugements, ordonnances, contrats & autres actes de Justice. (Même Edit de 1544.)

Ces offices ont été réunis avec ceux des Sergents à la douzaine, & à ceux des Huissiers-priseurs, par l'Edit du mois de Février 1691, dont on vient de parler.

V.

Des Huissiers-Audienciers du Châtelet de Paris.

155. Ces offices sont au nombre de vingt, suivant l'Edit du mois de Mai 1674.

Leurs fonctions & droits, sont les mêmes que ceux des autres Huissiers-Audienciers. (Voyez ce qui a été dit à ce sujet, ci-dessus, *n. 77 & suiv.*)

Un autre Edit du mois de Janvier 1695, régloit les droits & fonctions du premier Huissier-Audiencier audit Siege; mais cet office a depuis été supprimé par Edit du mois d'Avril 1707.

§. XXVI.

Des Huissiers de la Table-de-Marbre de Paris.

156. Ces offices ont été créés par Edits des mois de Juin 1543, & Janvier 1553, cités par Blanchard.

(Voyez, touchant leurs fonctions, une Déclaration du Roi du 15 Février 1578, citée par le même Blanchard.)

Ils peuvent exécuter & exercer, même dans l'enclos du Palais de Paris; mais seulement ce qui est émané de leur Jurisdiction. (Arrêts du Parlement des 23 Mai 1691, & 11 Février 1733, rapportés au nouveau Style des Huissiers, *pag.* 422 & 427, de l'édition de 1752.)

Ils ont pareillement le droit de mettre à exécution toutes ordonnances, sentences, jugements & commissions, de quelques Juges que ce soit, & d'exploiter pardevant eux; mais seulement dans l'étendue & ressorts des Sieges où ils sont établis. (Ordonnance du mois de Février 1554, *art.* 3, rapportée par Fontanon, *tom.* 2, *pag.* 291; Arrêt du Parlement du 22 Août 1626, *art.* 1, rapporté par Néron, *tom.* 2, *pag.* 593.)

Mais ils ne peuvent mettre à exécution les actes passés sous le scel du Châtelet de Paris. (Ainsi jugé par Arrêt du Parlement du

16 Mai 1626, rapporté par Filleau, *tom.* 2, *pag.* 307, qui déclare nulle une saisie réelle faite par un Huissier de la Table-de-Marbre de Paris, d'une maison sise en ladite Ville, envertu d'un contrat passé sous le scel du Châtelet de Paris, comme n'étant faite par un Huissier dudit Châtelet.)

§. XXVII.

Des Huissiers de la Prévôté de l'Hôtel.

157. Ces offices ont été créés avec faculté de faire dans l'étendue de la Prévôté de l'Hôtel, tous actes & exploits, pour raison de ladite Jurisdiction.

Un Arrêt du Parlement du 23 Novembre 1577, rapporté par Joly, *pag.* 1587, fait défenses aux Sergents à verge du Châtelet de Paris, d'exploiter, & mettre à exécution les Sentences de la Prévôté de l'Hôtel, à peine de nullité, *&c.*

Un autre Arrêt du Conseil du 17 Octobre 1767, ordonne que les Huissiers-Audienciers de la Prévôté de l'Hôtel, feront seuls la prisée des meubles dans les Maisons royales, & qu'il leur sera payé 4 liv. par vacation; mais que la vente ne pourra être faite que par un Huissier-commissaire-priseur-vendeur du Châtelet de Paris.

§. XXVIII.

Des Huissiers des Requêtes de l'Hôtel.

158. Les Huissiers des Requêtes de l'Hôtel, peuvent, en vertu de leurs offices, dont j'ignore la création, exercer & exécuter, même dans l'enclos du Palais de Paris; mais seulement les actes émanés de leurs Jurisdictions. (Arrêts du Parlement des 23 Mai 1691, & 11 Février 1733 rapportés, *pag.* 422 & 427 du nouveau Style des Huissiers, de l'édition de 1752.)

L'office de premier Huissier-Audiencier, créé par Edit du mois de Décembre 1693, a été réuni aux offices des Huissiers de cette Jurisdiction, par Déclaration du Roi du 18 Octobre 1695, rapportée par Blanchard.

Un Arrêt de Réglement du Parlement du 5 Mars 1768, autorise les Huissiers des Requêtes de l'Hôtel, ainsi que ceux du

Palais, à percevoir deux sols six deniers pour les significations qui se font au Palais de Procureur à Procureur.

§. XXIX.

Des Huissiers des Requêtes du Palais.

159. J'ignore le temps où ces Officiers ont été créés. (Voyez dans Blanchard une Déclaration du 18 Octobre 1695, portant réglement pour leurs fonctions.)

Ils peuvent exercer & exécuter même dans l'enclos du Palais de Paris, mais seulement les actes émanés de leur Jurisdiction. (Arrêts du Parlement des 23 Mai 1691, & 11 Mai 1733, rapportés ci dessus, *n.* 158.

Un autre Arrêt du 19 Août 1699, rapporté au Journal des Audiences, fait défenses aux Huissiers & Sergents du Châtelet, & à tous autres que les Huissiers des Requêtes du Palais, de faire la premiere signification & premier commandement en vertu de Sentences des Requêtes du Palais, soit à Procureur, ou à partie, dans la Ville, Fauxbourgs & Banlieue de Paris.

Ils jouissent des mêmes privileges que les Huissiers du Parlement. (Arrêt de la Cour des Aides du 10 Mars 1552, rapporté par Joly, *tom.* 2, *pag.* 150.)

§. XXX.

Des Huissiers des Parlements.

160. 1°. Les offices d'Huissiers au Parlement ont été créés par différents Edits. On peut voir à ce sujet les Edits des mois de Novembre 1690, & Janvier 1691, rapportés par Blanchard, où il est dit qu'ils sont au nombre de vingt-neuf; & un autre Edit du mois d'Avril 1702, qui en crée deux nouveaux.

2°. Ils font seuls dans la ville, faubourgs & banlieue de Paris, toutes les significations aux Procureurs & parties, des Arrêts interlocutoires, préparatoires & instructifs, offres, requêtes, ordonnances de la Cour & des Conseillers d'icelle; sans préjudice aux Huissiers du Châtelet, concurremment avec les Huissiers de la Cour, de mettre à exécution tous les Arrêts diffinitifs & provisoires de ladite Cour, expédiés en forme, & sur lesquels il y aura des commissions scellées; à l'exception néanmoins de la premiere signification qui se fera aux Procureurs, laquelle ne pourra être faite que par les Huissiers de la Cour. (Arrêt de Réglement de la Cour du 23 Mai 1691, rapporté au nouveau Style des Huissiers, *de l'édition de* 1752, *pag.* 422.)

Et il est défendu aux Procureurs de mettre sur les Arrêts, Ordonnances ou autres actes, ces mots, *reçu copie.* (Arrêt du Parlement du 21 Janvier 1606, rapporté par Joly, *tom. 1*, *pag. 138*, & 22 Février 1614, rapporté *ibid.* pag. *141.*)

161. 3°. Aucuns Huissiers ou Sergents, autres que les Huissiers du Parlement, ne peuvent faire aucunes contraintes, exécutions, placards, affiches & exploits dans l'enclos & portes du Palais, de quelque Justice que ce soit; ni mettre à exécution, en quelque lieu que ce puisse être, les Ordonnances de la Cour & des Conseillers d'icelle, arrêts & exécutoires décernés contre les Procureurs, pour le fait de leurs charges, quoiqu'ils soient scellés en forme, ou qu'il y ait commission sur iceux: le tout sans préjudice, à la concurrence ci-dessus expliquée par lesdits Arrêts diffinitifs & provisoires; à peine de 500 liv. d'amende pour chacune contravention contre les Huissiers & Sergents; sans préjudice pareillement aux Huissiers des Jurisdictions de l'enceinte du Palais, d'y exécuter & exercer chacun ce qui sera émané de leur Jurisdiction seulement. (Même Arrêt de la Cour du 23 Mai 1691, rendu contre les Huissiers des Requêtes de l'Hôtel, des Requêtes du Palais, & des Eaux & Forêts de-la-Table de Marbre du Palais, *&c.* Autre Arrêt du Parlement du 11 Février 1733, contre les mêmes parties, rapporté *ibid.* pag. 427.)

162. 4°. Ils peuvent seuls signifier aux Avocats & Procureurs-Généraux ou à leurs Substituts. (La Roche-Flavin, Traité des Parlements, *liv.* 2, *ch. 16*, *n. 74 & 123.*)

5°. Ils ont aussi seuls le droit de mettre à exécution & d'afficher, dans les cas ordonnés par la Cour, les Arrêts de la Cour, dans l'étendue de la ville, fauxbourgs & banlieue de Paris, & d'en dresser les procès-verbaux nécessaires. (Arrêts du Parlement des 11 Février 1733, & 27 Mars 1751, rapportés au nouveau Style des Huissiers, *pages* 427 & 488, *de l'édition de* 1752.)

6°. Ils peuvent faire les inventaires & collations, concurremment avec les quatre Sécretaires de ladite Cour. (La Roche-Flavin, Traité des Parlements, *liv.* 2, *ch. 16*, *n. 127.*)

163. 7°. A l'égard des fonctions des Huissiers de la Cour, pour le

paiement des rentes de la ville, Voyez l'Arrêt du Parlement du 9 Juin 1671, rapporté par Bruneau en ſon Traité des criées, *pag.* 422.

Voyez auſſi pour le Réglement des Huiſſiers de la Cour, entre eux, les Arrêts du Parlement des 23 Février 1552, 19 Août 1606, 19 Avril 1607, 21 Décembre 1610, & 22 Février 1614, rapportés par Joly, *pages 138, 139, 140 & 141*.

8°. Les Huiſſiers de la Cour ſont du corps du Parlement, & jouiſſent des mêmes exemptions que celles dont jouit le Parlement. Auſſi ils ont des gages du Roi; ce que n'ont pas les Sergents, même royaux. (Arrêt du Parlement du 25 Juin 1544, rapporté par Joly, *tom. 1, pag.* 146; voyez auſſi la Roche-Flavin, Traité des Parlements, *liv.* 2, *ch.* 16, *n.* 111, & *ſuiv.* juſqu'au *n.* 122.)

164. 9°. Il eſt du devoir des Huiſſiers de la Cour, de ſe trouver aux entrées & iſſues du Palais des Préſidents, & de les accompagner en leur faiſant faire place en ſortant du Palais juſqu'au dehors. (La Roche-Flavin *ibid.* liv. 2, ch. 16.)

Voyez, touchant les privileges des Huiſſiers de la Cour, les Lettres-patentes du mois de Mars 1673, & celles du 30 Avril audit an, rapportées par Blanchard.

C'eſt en conſéquence de ces priviléges, qu'ils ont droit de porter la robe rouge. (La Roche-Flavin *ibid.*, Traité des Parlements, *liv.* 2, *ch.* 16, *n.* 130.)

Mais ils n'ont point leurs cauſes commiſes au Parlement; & ils ne peuvent y être aſſignés en première inſtance, que pour les choſes qui concernent leurs offices. (Arrêt du Parlement de Tournai du 30 Juin 1698, rapporté par Pinault, *tom.* 2, *Arrêt* 221.)

Voyez encore, touchant les droits des Huiſſiers du Parlement, pour les productions nouvelles, un Arrêt du Parlement du 29 Mai 1667, rapporté par Bruneau en ſon Traité des Criées, *pag.* 411.

Du Premier Huiſſier-Audiencier du Parlement.

165. Il a ſeul le droit d'appeller les cauſes.

Il a auſſi le droit de porter un bonnet quarré de drap d'or avec un cercle herminé. (La Roche-Flavin, Traité des Parlements, *liv.* 2, *ch.* 16, *n.* 109.)

A l'égard de ſes privileges, Voyez les Lettres-patentes du mois de Janvier 1945, rapportées par Blanchard.

§. XXXI.

Des Huissiers de la Cour des Aides.

166. Touchant la création de ces offices, Voyez les Edits des mois de Mars 1592 & Septembre 1594, rapportés par Fontanon, *tom.* 2, *pag.* 724 & 727; & un autre Edit du mois d'Août 1631, rapporté par Blanchard.

Suivant des Lettres-patentes du mois de Juillet 1674, (rapportées aussi par Blanchard) ils jouissent du droit de *committimus*.

Voyez encore, touchant leurs droits, un Arrêt de la Cour des Aides du 2 Juillet 1737, rapporté au Code Louis XV.

§. XXXII.

Des Huissiers de la Cour des Monnoies.

167. Voyez pour la création de ces offices, les Edits des mois de Septembre 1551, & Avril 1552, rapportés par Blanchard; & les Edits des mois de Mars 1645, & Juin 1646, rapportés par Constant en son Traité de la Cour des Monnoies, *pages* 234 & 250.

Il y en a eu d'abord deux créés en titre d'office en 1551. (Voyez Constant, *ibid. pag.* 189.)

Ensuite trois autres par Edit du mois d'Avril 1551, donné à Châlons. (Voyez Constant, *ibid.* pag. 197.)

Autre création de douze Huissiers par Edit du mois de Juin 1635, réduits à huit par l'Arrêt de vérification. (Constant, *ibid.* pag. 210.)

Autre création de dix Huissiers par Edit du mois de Mars 1645, pour chaque Monnoie du Royaume, en tout 150. (*Ibid.* pag 220, & aux preuves, *pag.* 234.)

Suppression de dix Huissiers en Juin 1646, (*ibid.* pag. 236, & aux preuves, *pag.* 250;) & des autres. Il est dit, qu'il y en aura trente pour la ville & généralité de Paris.

§. XXXIII.

Des Huissiers des Chambres-des-Comptes.

168. Ces offices ont été créés par différents Edits. Voyez celui du mois

mois de Février 1551; la Déclaration du 2 Octobre 1570; l'Edit du mois de Mai 1573; celui du mois de Décembre 1587; & celui du mois de Décembre 1635; tous rapportés par Blanchard.

Ils jouissent aussi du droit d'exploiter dans toute l'étendue du Royaume, tous arrêts, jugements, sentences, contrats & autres actes, de quelques Juges qu'ils soient émanés. (Edit du mois de Mars 1543, rapporté par Bacquet en son Traité de la Chambre du Trésor, *pag.* 463, de l'édition de 1688.)

Ils peuvent exercer toutes contraintes pour affaires du Roi sans *pareatis*. (Déclaration du Roi du 11 Novembre 1559, rapportée par Blanchard.)

Touchant leurs privileges, Voyez l'Edit du mois de Mars 1543, qui vient d'être cité; la Déclaration du 20 Novembre 1554, citée par Blanchard; & les Lettres-patentes du 28 Février 1583, rapportées par Bacquet en son Traité de la Chambre du Trésor, *pag.* 508.

Suivant d'autres Lettres-patentes du mois de Juin 1676, citées aussi par Blanchard, ils jouissent du droit de *committimus* aux Requêtes du Palais.

Du Premier Huissier de la Chambre-des-Comptes.

69. Touchant ses privileges, Voyez des Lettres-patentes du mois de Mai 1659, rapportées par Blanchard.

§. XXXIV.

Des Huissiers du Grand-Conseil.

70. Ces offices ont été créés au nombre de vingt par Déclaration du 22 Septembre 1513, rapportée par Joly, *tom.* 1, *pag.* 657; autre création du mois de Décembre 1581, rapportée en l'Histoire de la Chancellerie, *tom.* 1, *pag.* 213.

Ils jouissent du droit de faire tous exploits & exécutions par vertu de lettres & de mandements, tant du Grand-Conseil que des Chancelleries & Cours de Parlement, Cours des Aides, Maîtres des Requêtes de l'Hôtel & du Palais, Baillis, Sénéchaux, Prévôts & autes Juges, tant pour le fait du Roi & de ses deniers, que pour tous les Sujets du Royaume; & autres exploits quelconques, que peuvent faire les autres Huissiers & Sergents royaux (Même Déclaration du 22 Septembre 1513.)

Touchant les privileges des Huissiers du Grand-Conseil, Voyez la Déclaration du 26 Novembre 1527, citée par Blanchard.

§. XXXV.

Des Huissiers du Conseil d'Etat.

J'ignore le temps où ces offices ont été créés.

171. Il n'y en avoit que quatre sous François I. Louis XIV en créa six autres en 1655.

1°. Ils font, à l'exclusion de tous autres Huissiers & Sergents, tous exploits & significations des Arrêts, Commissions, & autres actes émanés des Conseils du Roi & des Requêtes de l'Hôtel. (Arrêt du Conseil du 18 Juin 1567, rapporté par Filleau, *tom.* 2, *pag.* 297.)

Idem, par Arrêt du Conseil du 1 Mars 1583, qui en excepte néanmoins les Huissiers de la Grande-Chancellerie.

2°. Ils font seuls, & concurremment avec les Officiers de la Grande-Chancellerie, dans toutes les affaires qui sont portées aux Conseils de Sa Majesté, toutes les assignations, significations de lettres, commissions, requêtes introductives d'instance & d'instruction; actes de procédures, de quelque nature qu'elles soient, d'Arrêts du Conseil, & des Jugements de Commissaires nommés par Arrêt du Conseil, & autres actes requis & nécessaires pour l'exécution desdits Arrêts & Jugements, aux parties domiciliées dans le lieu de l'instruction; & même signifient lesdits Arrêts & Jugements aux parties qui ont leur domicile ailleurs, lorsqu'il n'aura pas été expédié de commission du grand sceau sur lesdits Arrêts & Jugements. (Edit du mois d'Août 1556; Déclarations des 11 Juin 1622, & 7 Septembre 1640; Lettres-patentes du 3 Mai 1675; Edit du mois de Mai 1704; autre Edit du mois de Juin 1715; Arrêt du Conseil du 14 Mai 1740; autre du 4 Avril 1742.)

3°. Ils font, ainsi que les Huissiers de la Grande-Chancellerie, à l'exclusion de tous autres, tous les actes d'opposition formés entre les mains des Gardes des rôles des offices de France, soit au titre; soit pour deniers; soit entre les mains des conservateurs des hypotheques, ou conservateurs des saisies ou oppositions, qui se font ès mains des Gardes du Trésor royal ; & tous les actes de main-levée desdites oppositions. (Déclaration du 29 Avril 1738, *art.* 27; Arrêt du Conseil du 14 Mai 1740, *art.* 7; Déclaration du 15 Mars 1741, *art.* 9.)

§. XXXVI.

Des Huissiers de la Grande-Chancellerie.

172. Ces offices sont au nombre de quatre, & ont été créés ; sçavoir, un par Edit du 30 Octobre 1473, rapporté en l'Histoire de la Chancellerie, *tom.* 1, *pag.* 54 ; un autre par Edit du mois de Décembre 1597, (rapporté *ibid.* pag. 255) ; & les deux autres par Edit du mois de Mars 1655, rapporté aussi *ibid.* tom. 1, pag. 489.)

Ils ont le droit d'exécuter seuls, concurremment avec les Huissiers du Conseil, & privativement à ceux du Grand-Conseil, Requêtes de l'Hotel, & tous autres, les Arrêts, tant du Conseil des Finances, que des parties, non scellés, soit diffinitifs ou interlocutoires ; ensemble toutes ordonnances & appointements, signés des Secretaires du Conseil, les réglements du Conseil des Finances, appointements pris entre les Avocats des parties, sommations, significations, emprisonnements & autres procédures dépendant du fait des Finances. (Arrêt du Conseil du 17 Août 1609, rapporté par Joly, *tom.* 1, *pag.* 640 ; Voyez ce qui a été dit ci-dessus, *n.* 171, & *suivants.*)

173. Ils ont aussi la concurrence avec les Huissiers du Conseil d'Etat, du Grand-Conseil & des Requêtes de l'Hôtel, pour exécuter les ordonnances des Maitres des Requêtes, soit qu'il y ait commission, ou non, (*ibid.*)

Et quant aux Arrêts & Commissions scellés en forme, tous Huissiers indifféremment peuvent les exécuter, (*ibid.*)

Les Huissiers de la Grande-Chancellerie, ont aussi la concurrence avec les Huissiers du Conseil, pour signifier les oppositions au sceau. (Edit du mois de Mai 1704, rapporté dans l'Histoire de la Chancellerie, *tom.* 2, *pag.* 510.)

Ils gardent en dedans la porte où se tient le sceau, & y font toutes les publications qui doivent y être faites.

Ils ne doivent laisser entrer au sceau que les Officiers des Chancelleries, *&c.* (Réglements des 23 Décembre 1609, & 12 Mars 1599, rapportés par Joly, *tom.* 1, *pages* 784 & 788.)

Le premier Huissier de la Grande-Chancellerie, est en même temps premier Huissier du Grand-Conseil : il jouit du privilege de la noblesse.

§. XXXVII.

Des Huissiers des Chancelleries des Cours.

174. Touchant les fonctions de ces Officiers dont la création m'est inconnue, Voyez l'Edit du mois de Mai 1672, (ci-dessus, *n. 116, & suiv.*)

Ils peuvent exploiter dans le ressort de leur Parlement, les Arrêts & autres actes émanés des autres Parlements. (Déclaration du 8 Octobre 1553, rapportée en l'Histoire de la Chancellerie, *tom. 1, pag. 118.*)

§. XXXVIII.

Des Appariteurs des Officialités.

175. Voyez mon Traité des Officiaux, *pages 340 & 447, & l'art. 1 du titre* 2 de l'Ordonnance de 1667, *in fine.*

Leurs fonctions ont lieu dans toute l'étendue du Diocèse où ils sont établis.

ARTICLE IX.

Des devoirs généraux des Huissiers & Sergents dans leurs fonctions.

176. 1°. Un des premiers devoirs des Huissiers, est la résidence. L'Ordonnance du mois d'Octobre 1535, *chap.* 20, *art.* 4, porte, que les Sergents seront tenus de faire résidence, & de demeurer dans les lieux de leur établissement. (*Idem*, par l'Ordonnance d'Orléans, *art.* 90.)

L'Ordonnance du mois de Mai 1568, *art.* 5, veut aussi que les Huissiers & Sergents soient contraints de faire résidence actuelle dans les lieux de leur domicile & réception, pour y servir en leurs charges & états, & exécuter les ordonnances de Justice; à peine de suspension pour la premiere fois, & de privation pour la seconde.

Un Arrêt du Parlement du 4 Août 1648, enjoint à tous Huissiers de se retirer & faire leur demeure aux lieux où ils doivent résider pour le fait de leurs charges, & de n'exploiter ailleurs; à peine de faux, & de mille livres d'amende, *&c.*

Autre Arrêt du Parlement du 2 Janvier 1665, rapporté au Journal des Audiences, qui enjoint à tous les Huissiers & Sergents de se retirer incessamment dans les lieux de leur établissement où ils doivent le service. (*Idem*, par une Sentence du Bailliage d'Orléans du 8 Mars 1667, qui enjoint à l'Huissier-collecteur des amendes de la garde de Neuville, de se retirer au lieu de sa collocation.)

177. Un Arrêt du Conseil, contradictoire du 9 Mars 1691, rendu en faveur des Huissiers-à-cheval du Châtelet de Paris, défend aussi à tous Huissiers & Sergents royaux d'exploiter ni faire leur résidence hors & ailleurs, que dans l'étendue de leur ressort.

Autre Arrêt du Conseil d'Etat du 15 Juin 1694, rapporté au Recueil des Réglements de Justice, *tom. 1, pag. 426*, qui ordonne que les Huissiers & Sergents royaux, Archers & autres prétendants avoir pouvoir d'exploiter, seront tenus de se retirer incessamment dans les lieux de leur établissement; & leur fait itératives défenses de résider, exploiter, ni faire aucuns commandements, contraintes, & autres actes, que dans l'étendue & pour les matieres de leur Jurisdiction, *&c.*

Autre Arrêt du Parlement du 13 Décembre 1755, qui enjoint aux Huissiers & Sergents royaux, de se retirer dans les lieux de leur résidence où ils sont immatriculés; à peine de prison. Cet Arrêt a été rendu sur la requête des Huissiers-à-verge du Châtelet de Paris.

178. Une Sentence rendue au Bailliage d'Orléans le 23 Juin 1741, fait défenses à Noël Chartier, Jean Boutegourd, & Jean Menager, Sergents royaux du Bailliage d'Orléans, de faire leur résidence à Jargeau, quoique du ressort du Bailliage d'Orléans, & leur enjoint de se retirer à Orléans dans les trois mois pour y faire leur résidence: cette Sentence a été rendue sur la poursuite, & au profit de Nicolas Bailli, Sergent royal au Bailliage d'Orléans, à la résidence de Jargeau. Il est intervenu, à la vérité, un Arrêt du Parlement du 20 Février 1743, sur l'appel de cette Sentence, qui en mettant l'appel & ce au néant, donne acte de la Déclaration faite par Boutegourd, qu'il n'entend point faire de significations de Procureur à Procureur en la Justice de Jargeau, ni mettre à exécution dans l'étendue de ladite Justice, aucunes Sentences, ni Jugements rendus en ladite Justice; ce

faisant, décharge ledit Boutegourd des condamnations par lui prononcées, & condamne Bailli aux dépens. Mais il ne paroît pas que cet Arrêt ait donné atteinte à la défense faite par la Sentence ci-dessus audit Boutegourd, Sergent royal au Bailliage d'Orléans, de résider hors le lieu de son établissement : & en effet, par Arrêt du 24 Mai 1763, rendu en faveur de la dame de Pompadour, Marquise de Ménars, il est fait défenses au nommé Duverger & autres Huissiers royaux à Blois, d'exploiter dans l'étendue de ladite terre de Ménars, & ordonné qu'il se retirera dans le lieu de son établissement.

179. 2°. Il est même défendu aux Sergents de s'absenter de la ville, lorsque le Juge est dans le cas d'avoir besoin d'eux. (Arrêt du Parlement de Provence du 30 Avril 1638, rapporté par Boniface, *tom. 1*, *liv. 1*, *tit. 21*, *n. 1*, qui condamne en l'amende un Sergent qui s'étoit absenté de la ville, sans la permission du Juge qui avoit besoin de lui.)

3°. Les Huissiers & Sergents sont tenus d'obéir aux Juges. (Ordonnance de Blois, *art. 90.*)

Ainsi ils doivent prêter leur ministere aux Lieutenants-Criminels pour l'exécution des ordes de Justice; (Edit du mois de Novembre 1554, *art. 21 & 28*; Arrêt du Parlement du 7 Septembre 1559, pour Blois, rapporté par Joly, *pag.* 1100. Un autre Arrêt du 13 Janvier 1724, rendu pour Gourdon, rapporté par Descorbiac, *pag.* 217, porte, que les Sergents du Siege doivent le service au Lieutenant-Criminel.

Ceux même des Justices extraordinaires, y sont tenus; (Voyez ce qui a été dit ci-dessus, *n. 54*, *& suivants.*

180. Les Huissiers ou Sergents qui refusent dans ces cas d'obéir aux Juges, peuvent être condamnés en des amendes, & même interdits, si la désobéissance est considérable; (*Ita*, Ragueau en son Indice, au mot *Sergent.*)

Voyez, touchant le service que les Huissiers & Sergents doivent aux Juges dont ils dépendent, une Sentence en forme de Réglement, rendue en la Sénéchaussée de Saumur le 15 Février 1748.

4°. Lorsque les Huissiers exécutent quelque acte de Justice, ils doivent être obéis par toutes sortes de personnes. (Ordonnance d'Orléans, *art. 92*; Ordonnance de Moulins, *art. 31.*)

Ils peuvent requérir à cet effet les Gouverneurs & Lieutenants-Généraux des provinces & villes, Baillis & Sénéchaux, Maires

& Echevins, de leur prêter main-forte; & en cas de refus, en dresser procès-verbal, pour être envoyé aux Procureurs-Généraux, chacun dans leur ressort, & y être pourvu par le Roi; (Ordonnance de 1670, *tit.* 10, *art.* 15.)

Ils peuvent même appeller à leur aide les habitants des villes; lesquels sont tenus de leur prêter main-forte, à peine d'amende arbitraire, *&c.* (Ordonnance de Moulins, *art.* 33.)

181. 5°. Les Huissiers & Sergents ne peuvent refuser leur ministere aux parties qui veulent les employer; à moins qu'ils ne soient excusés, de maladie ou de quelqu'autre empêchement légitime; à peine de tous dépens, dommages & intérêts des parties. (Déclaration du 9 Août 1564, sur l'Ordonnance de Roussillon, *art.* 1; Arrêts des Grands-Jours de Poitiers); même à l'égard des Juges qu'on veut prendre à partie; (Ordonnance de 1667, *tit.* 25, *n.* 2.)

Boniface en ses Arrêts, *tom.* 1, *liv.* 1, *tit.* 21, *chap.* 2, rapporte un Arrêt du Parlement de Provence du 20 Décembre 1640, qui a condamné un Sergent en l'amende pour avoir refusé d'exécuter une commission.

182. 6°. Suivant un Arrêt des Grands-Jours de Poitiers du 14 Décembre 1579, rapporté en la Conférence des Ordonnances, *tom.* 3, *pag.* 734, il est enjoint à tous Sergents du ressort, de mettre à exécution les Arrêts, Jugements, Décrets, Lettres royaux, & obligations qui seront mises entre leurs mains, le plus promptement que faire se pourra, selon la distance des lieux; & de ne faire aucun refus de mettre à exécution les obligations, commissions & mandements des Juges qui leur seront baillés pour exécuter; & lesdits exploits faits, de rendre & délivrer incontinent & sans délai aux parties lesdites pieces & deniers qu'ils auront reçus, sans user d'aucune rétention; à peine de suspension de leurs états pour la premiere fois, & de privation pour la seconde, & outre du double des deniers qu'ils auront reçus; & à cette fin, seront tenus faire registre du jour de la réception desdites pieces, & en donneront récépissé aux parties, si elles le requierent; & enjoint aux Juges de procéder sommairement auxdites condamnations sur les plaintes qui leur en seront faites par les parties, en rapportant par elles actes de sommation & interpellation faites auxdits Sergents de rendre lesdites pieces & deniers par eux reçus.

183. Un Arrêt du Parlement de Dijon du 8 Février 1599, rapporté par Bouvot, *tom.* 2, au mot *Saisie*, quest. 55, porte, qu'un Juge

peut condamner le Sergent en son propre & privé nom, s'il ne fait les diligences nécessaires.

L'Ordonnance de 1535, *chap.* 20, *art.* 8, ordonne aux Sergents de bailler incontinent & sans délai, la rélation des exécutions & autres exploits par eux faits aux parties; sur peine de soixante sols d'amende, & de payer les dommages & intérêts auxdites parties, en les payant raisonnablement de leurs salaires.

L'Edit du mois de Janvier 1573, *art.* 3, rapporté par Joly, *page* 1623, porte, que les Huissiers seront tenus de mettre à exécution les Arrêts, Sentences & Commissions, dans huitaine au plutard, après qu'ils leur auront été donnés; & à défaut de ce, de payer l'intérêt au denier douze, & de plus grand, s'il y échet; & ce, sur peine de prison & de suspension de leur état, & de privation s'il y échet.

184. Un Arrêt du Parlement de Tournai du 8 Octobre 1695, rapporté par Pinault, *tom.* 1, *Arrêt* 77, a jugé qu'un Huissier chargé d'une exécution, ne devoit différer de la faire, ou qu'il devoit donner avis à sa partie de l'impossibilité de l'exécution; & qu'autrement il est tenu des dommages & intérêts de sa partie.

Le Réglement de Doron, rendu pour Orléans, du 10 Janvier 1587, *art.* 101, porte, que les Sergents seront tenus de mettre à exécution les Sentences & Obligations qu'ils auront reçues des parties, & ce dans trois jours, si elles sont contre les habitants de la ville & fauxbourgs; dans six jours, si elles sont dans la banlieue; & dans neuf jours, si elles sont au ressort du Bailliage; & hors le ressort, dans le temps qu'ils auront promis de ce faire: autrement & à faute d'avoir mis lesdites Sentences & Obligations à exécution dedans le temps préfix, qu'ils seront contraints au paiement de la somme portée par icelles, sans qu'ils puissent être déchargés de ladite exécution, en rendant les pieces après le terme passé.

185. Un Arrêt du Parlement de Dijon du 15 Juin 1711, enjoint à tous Huissiers & Sergents, de faire incontinent & sans retarder, moyennant salaires, tous exploits nécessaires & de Justice, dont ils seront requis, sans acception de personnes; à peine de cent livres d'amende, de tous dépens, dommages & intérêts, & d'interdiction contre chacun des refusants & dilayants.

7°. Les Huissiers & Sergents doivent donner récépissé des pieces qui leur sont confiées par les parties qui se servent de leur ministere. (Ordonnace d'Orléans, *art.* 91.)

L'article

L'article 102 du Réglement de Doron du 10 Janvier 1587, rendu pour la Prévôté d'Orléans, porte, que les Sergents sont tenus de donner récépissé des Lettres de Sentences & Obligations qui leur seront données à exécuter; & de dater leur récépissé du jour qu'ils recevront lesdites pieces; autrement & à faute d'avoir donné ledit récépissé, que lesdites parties seront crues par serment, tant des pieces qu'ils diront avoir données, que du jour auquel ils diront les avoir données.

186. 8°. Ils doivent donner aux parties qui les emploient, quittance de l'argent qu'ils reçoivent d'elles. (Réglement du 24 Mai 1603, pour Bourg-en-Bresse, *art. 120.*)

Et ils sont tenus d'écrire & faire mention de tout ce qu'ils ont reçu à cet égard, en fin de leurs procès-verbaux & exploits; à peine d'interdiction & de plus grande peine, s'il y échet. (Edit du mois de Mai 1568, *art.* 2; autre du mois de Janvier 1573, *art.* 1; Ordonnance de Blois, *art.* 173; Edit de Melun, *art.* 32; Ordonnance de 1667, *tit.* 1, *art.* 5; Arrêt de Réglement du Parlement de Dijon du 14 Août 1715, *art.* 2, qui ajoute, *sans le mettre même en chiffre.* Un autre Arrêt de Réglement du Parlement de Dijon du 11 Décembre 1747, *art.* 65, enjoint aux Huissiers & Sergents de mettre exactement au bas des exploits, leurs reçus; ou, au cas qu'ils n'aient pas été payés sur-le-champ, d'y écrire ce qui leur sera dû; le tout à peine de dix livres d'amende pour chaque contravention; leur fait défenses de donner lesdits reçus plus forts que la somme qui leur aura été réellement payée; à peine d'interdiction perpétuelle, & de cinquante livres d'amende contre ceux qui seront convaincus d'en avoir profité.

187. 9°. Ils doivent avoir attention de ne rien prendre au-delà de leurs salaires, encore qu'il leur fût volontairement offert; à peine de privation de leur état, & de punition corporelle. (Ordonnance du mois d'Août 1539, *art.* 184; Ordonnance d'Orléans, *art.* 90; Edit de Melun, *art.* 32.) L'article 160 de l'Ordonnance de Blois, dit, *à peine de la vie.*

Un Arrêt du Parlement du 15 Janvier 1684, rapporté aux Réglements de Justice, *tom.* 1, *pag.* 200, porte, qu'ils ne prendront directement, ou indirectement, aucunes promesses ou obligations sous leurs noms, ou sous le nom d'autres personnes, pour le paiement de leurs salaires; à peine d'interdiction, & des dommages & intérêts des parties.

188. 10°. Ils ne peuvent se faire payer de leurs salaires & vacations

par ceux contre lesquels ils exploitent ; mais ils doivent recevoir leurs salaires des mains de ceux qui les emploient. (Ordonnance du 29 Décembre 1490, *art. 86 ;* autre du mois de Mars 1498, *art. 155;* autre du mois d'Octobre 1535, *chap. 20*, *n. 3;* Réglement du 24 Mai 1603, pour le Présidial de Bourg-en-Bresse, *art. 120 ;*) sous peine de concussion & autres peines portées par les Ordonnances. (Arrêt de Réglement du Parlement de Dijon, du 18 Décembre 1693 ; Voyez Raviot, *quest. 266*, *n. 7*, *tom. 2*, *pag. 360 ;* autre Arrêt du Parlement du 17 Septembre 1679, qui ajoute, si ce n'est en présence & du consentement des créanciers.)

Il paroît néanmoins que les Huissiers & Sergents peuvent recevoir leurs salaires, après que la dette principale d'où l'exécution est requise, a été entiérement payée ; à condition que ce qu'ils recevront alors à cause de leurs salaires, leur sera donné à l'amiable, & sans aucune contrainte ; (Voyez le Code Henri, *liv. 3*, *chap. 20*, *n. 22 ;*) ce qui est conforme à un Edit du mois de Novembre 1465, *art. 34*, rapporté au Style des Huissiers, édition de 1704, *pag.* 40 ; (Voyez aussi l'Ordonnance d'Orléans, *art. 91.*)

Par la même raison, ils ne peuvent prendre aucuns repas aux dépens des parties qu'ils assignent ou exécutent ; (Ordonnance de Roussillon, *art. 32* ; Arrêt de Réglement du 10 Juillet 1665, *art. 34.*)

189. 11°. Un Arrêt du Parlement du 20 Juin 1662, rapporté au Recueil des Chartres des Notaires de Paris, *chap. 9*, *art. 576*, de l'édition de 1663, fait défenses à tous Huissiers ou Sergents de recevoir & passer aucunes quittances, contrats & actes volontaires par forme d'accord ou autrement, encore qu'ils en fussent requis par les parties ; ni d'entreprendre sur la fonction des Notaires ; à peine de faux & d'amende arbitraire ; & déclare nulle une quittance reçue par un Sergent-à-verge en forme d'accord volontaire.

L'Arrêt de Réglement du 15 Mai 1714, rendu pour le Comté de Pontchartrain, au titre *Des Huissiers & Sergents*, art. 23, porte, que les Huissiers ne pourront donner du temps aux débiteurs, sans un pouvoir par écrit du créancier ; à peine d'interdiction, & de tous dépens, dommages & intérêts des parties.

190. 12°. Les Huissiers & Sergents qui sont offensés dans leurs fonctions par un débiteur, ne peuvent prendre ni recevoir aucun argent de lui. (Ainsi jugé par Arrêt du Parlement de Dijon du 27 Avril 1613, rapporté par Bouvot, *tom. 2*, au mot *Sergent*, quest. 32.)

13°. Ils doivent, après les exploits faits, rendre & délivrer incontinent & sans délai, aux parties qui les ont employés, les pieces & deniers qu'ils ont reçus, sans user d'aucune rétention; à peine d'interdiction pour la premiere fois, & de privation de leur état pour la seconde, & en outre du double pour les deniers qu'ils auront retenus. (Arrêt des Grands-Jours de Poitiers du 14 Décembre 1579, rapporté en la Conférence des Ordonnances, *tom. 3, pag. 732.*)

L'Ordonnance d'Orléans, *art. 91*, porte, qu'ils ne garderont les pieces qui leur auront été confiées, ni l'argent qu'ils auront reçu des parties qu'ils auront exécutées, plus de huit jours; à peine de prison & d'amende arbitraire. (Ainsi jugé par Arrêts des 1 Avril 1555, 13 Mars 1563, & 23 Juillet 1571, rapportés par Papon, *liv. 6, tit. 7, n. 14*; & aux additions, *n. 4.*)

191. 14°. Les Huissiers ou Sergents qui font quelque exploit, doivent recevoir leur salaire de celui qui les a employés, & non des parties qu'ils assignent ou exécutent, ainsi qu'il a été observé ci-dessus, *n. 188.*

15°. Ils ne doivent point assigner pour distraire les parties de leur Jurisdiction naturelle. (Edit du mois de Juin 1559, *art. 19*; autre du mois de Mai 1574; Réglement de Doron du 10 Janvier 1587, pour la Prévôté d'Orléans, *art. 109.*)

Et c'est en conséquence de cette maxime qu'il leur est défendu d'assigner, en matiere consulaire, pardevant autres Juges que les Consuls; à peine de cent cinquante livres d'amende. (Ordonnance du mois de Mars 1673, *tit. 12, art. 15.*)

La Déclaration du mois de Juin 1559, *art. 10*, rendue en interprétation de l'Edit de Crémieu, fait défenses aux Huissiers & Sergents, d'exécuter les contrats portant soumission de Jurisdiction aux Baillis, à l'exclusion des Prévôts.

192. C'est encore sur le fondement du même principe, qu'il est défendu à tous Huissiers & Sergents de signifier des reliefs d'appel contre des Sentences présidiales, rendues au premier chef de l'Edit; à peine de nullité & d'amende arbitraire. (Déclaration du 27 Septembre 1574; Lettres-patentes du 10 Avril 1750; Voyez ce qui est dit à ce sujet en mon Traité de la Jurisdiction des Présidiaux, *pag. 265*, de l'édition de 1764.)

16°. Les Huissiers qui possedent en même temps des offices de Notaires, ne peuvent exécuter, comme Huissiers, les actes qu'ils ont passés comme Notaires; & cela leur est expressément défendu.

(Arrêt du Parlement du 19 Juin 1623, rendu pour Vendôme, rapporté par Joly, *pag.* 1773.)

193. 17°. Les Huissiers répondent des fautes qu'ils commettent dans leurs fonctions, soit par impéritie, nullités d'ordonnance ou autrement ; & ils sont tenus des dommages & intérêts des parties. (Arrêt du Parlement de Provence du 18 Mars 1629, rapporté par Boniface, *tom.* 1, *liv.* 1, *tit.* 21, *n.* 5, qui déclare les Huissiers responsables envers les parties des manquements de formalités des exploits. Autre Arrêt du 12 Mai 1705, rapporté au Journal des Audiences, qui juge, que tous Huissiers sont garants des nullités d'ordonnance qu'ils commettent dans les exploits, & condamnables en tous les dépens, dommages & intérêts des parties qui les emploient, & notamment pour les demandes en retrait lignager. Voyez aussi l'Ordonnance de 1667, *tit.* 33, *art.* 19.)

194. 18°. Ils doivent être punis de leur dol, & des autres abus & malversations qu'ils commettent dans les exécutions qu'ils font ; & il est enjoint dans ce cas aux Juges de les corriger selon qu'il appartiendra, & suivant l'exigence des cas. (Ordonnance du mois d'Avril 1453, *art.* 14, à la fin ; autre du mois d'Octobre 1535, *ch.* 16, *art.* 8 ; & *chap.* 20, *art.* 12.)

Lorsque l'abus ou malversation commise par un Huissier, est de nature à ne pas mériter une peine afflictive ou infamante, & à ne pas devoir être poursuivi par la voie criminelle, mais d'une simple amende ou interdiction, ou autre peine correctionnelle, les Juges doivent procéder sommairement à la punition de l'Huissier sur les plaintes qui leur en seront faites par les parties, en rapportant par elles actes de sommation ou interpellation, s'il s'agit d'une négligence de l'Huissier. (Arrêt des Grands-Jours de Poitiers du 14 Décembre 1579, rapporté en la Conférence des Ordonnances, *tom.* 3, *pag.* 732.) Ces plaintes peuvent être formées aux assises auxquelles les Huissiers & Sergents sont tenus de comparoître devant les Juges dont ils dépendent.

A l'égard de la maniere dont les Huissiers doivent être punis dans le cas de dol, fraude, concussion, ou autre malversation de leur part, Voyez ce que j'ai dit en mon Traité de la Justice Criminelle, au titre *Des malversations d'Officiers*, part. 5, tit. 31, n. 64, & suivants.

195. 19°. Les Huissiers & Sergents qui font des actes sans pouvoir ou procuration, peuvent être désavoués, comme les Procureurs ; & alors, si le désaveu est juste, ils sont tenus de tous les dépens,

dommages & intérêts envers la partie au nom de laquelle ils ont agi.

Un Arrêt du Parlement du 17 Septembre 1679, oblige les Huissiers de prendre des procurations des parties pour faire des poursuites.

Néanmoins si un Huissier exerçoit quelques contraintes en vertu d'un titre dont il seroit porteur; *v. g.* un commandement, saisie & vente de meubles, saisie & arrêt; il ne seroit plus sujet au désaveu.

Voyez au surplus pour les cas où les Huissiers peuvent être désavoués, ce qui a été dit touchant les désaveux ci-dessus, au titre *Des Procureurs*, part. 5, tit. 4, n. 64, & suivants.

196 Les titres dont un Huissier est porteur, forment bien une présomption d'un mandat à un Huissier qui auroit donné une assignation, ou fait commandement en conséquence des titres qui lui auroient été remis; mais il seroit dangereux d'en tirer des présomptions pour des saisies, ventes & exécutions qu'il auroit faites; parce qu'on voit souvent que les Huissiers abusant des pieces qui leur ont été réunies pour faire un simple commandement, font à l'insçu du créancier, des poursuites qui ruinent le débiteur, & quelquefois même le créancier. Il est même assez ordinaire à quelques Huissiers de menacer les débiteurs de les poursuivre, & d'exiger d'eux des présents, sous prétexte que les titres sont restés en leur possession, quoiqu'ils n'aient aucun ordre du créancier de poursuivre. (Voyez M. Pothier en son Traité des Obligations, *tom. 2, pag. 815.*)

197. Au reste, cette question peut dépendre de la qualité des parties & de celle de l'Huissier, qui peut même avancer des faits dont la preuve seroit quelquefois admissible en sa faveur.

Mais il faut observer que des titres ne sont pas suffisants à un Huissier pour emprisonner, & qu'il faut pour cela un pouvoir particulier ou spécial pour constituer prisonnier la partie condamnée par le titre dont l'Huissier est porteur. Tel est l'usage, suivant Denisart en ses Collections de Jurisprudence, au mot *Désaveu*.

Si l'Huissier désavoué qui auroit donné un exploit, sans être porteur de titres ni de pouvoir, justifioit que c'est par l'ordre du Procureur qu'il a donné l'exploit, *v. g.* parce qu'il se trouveroit écrit en tout ou en partie de la main du Procureur, ou de quelqu'un de ses Clercs, il seroit fondé à demander au Procureur qu'il l'indemnisât du désaveu.

ARTICLE X.

Devoirs particuliers des Huissiers & Sergents.

§. I.

Devoirs particuliers des Huissiers & Sergents, touchant les Exploits en général.

198. 1°. Ils ne peuvent exploiter les actes où ils ont intérêt. Ainsi un Sergent qui tiendroit une ferme, ne pourroit exécuter, ni exploiter, pour ce qui concerneroit la ferme qu'il auroit prise. (Ordonnance du 26 Août 1452, *art.* 303, rapportée en la Conférence des Ordonnances, *tom.* 2, *pag.* 1223, §. 39.)

Ni pour leurs parents & alliés au second & troisieme degré, tant en matiere civile que criminelle. (Arrêt du Parlement de Provence du 23 Janvier 1609, rapporté par Boniface, *tom.* 1, *liv.* 1, *tit.* 20, *n.* 2, qui défend à tous Huissiers & Sergents de faire aucuns exploits pour leurs parents au second & troisiéme degré; à peine de nullité.)

199. En Bourgogne, la suspicion de parenté n'excede pas le degré de cousin-germain dans les cas où il n'y a point de regle spéciale qui l'étende plus loin: ce qui est conforme à l'art. 161 de l'ancienne Coutume de Bretagne, & à l'art 153 de la nouvelle; aussi-bien qu'au sentiment de Mornac sur la Loi 17 *de testibus*; & à celui de Ricard, Traité des Donations, *part.* 1, *n.* 1594.

La Roche-Flavin en son Traité des Parlements, *liv.* 2, *ch.* 16, *n.* 60, rapporte un Arrêt du Parlement de Provence du 12 Mai 1548, par lequel le nommé Lacroix, Huissier en ladite Cour, s'étant chargé d'un procès de l'oncle de sa femme, & s'étant fait contraindre à le rendre, fut condamné en cent sols d'amende; avec défenses, tant à lui qu'aux autres Huissiers, de se charger des procès civils ou criminels de leurs parents ou alliés, sur peine de privation de leurs offices, & autres amendes arbitraires.

200. Un Arrêt du Parlement du 25 Octobre 1704, condamne Pierre Gillet, Huissier à cheval au Châtelet de Paris, en trois livres d'aumône, à être interdit pendant six semaines, & aux dépens,

dommages & intérêts, pour avoir emprisonné son beau-frere; & lui défend de se charger à l'avenir d'aucunes contraintes contre ses beau-pere, beau-freres & belles-sœurs.

Un autre Arrêt du Parlement de Paris du 6 Septembre 1721, déclare nul un exploit fait à la requête du nommé Claude Lefevre, par un Huissier qui étoit son parent au troisieme degré.

Autre Arrêt du Parlement du 23 Mars 1756, rendu en faveur de M. Michel-François Nazaret, Curé de Tréport, contre M^e^. Pierre-Nicolas Soudin, Procureur au Siege royal de Creci-en-Brie; qui déclare nul un exploit, & toute la procédure faite en conséquence, pour avoir été posé par un Huissier frere du défendeur.

201. 2°. Les anciennes Ordonnances veulent, que les Huissiers & Sergents portent un écusson de trois fleurs de lis sur leur habit, pour être connus; & qu'ils aient une baguette ou verge à la main lorsqu'ils font quelque exécution, dont ils toucheront les parties contre lesquelles ils font quelque exploit ou commandement de Justice, qui sont tenues de leur obéir. C'est la disposition de l'*art.* 89 de l'Ordonnance d'Orléans; de celle de Moulins, *art.* 31, & de l'Edit d'Amboise du mois de Janvier 1572, *art.* 6; mais aujourd'hui cela ne s'observe plus.

3°. Les Huissiers ne peuvent faire aucuns exploits en matiere civile les jours de Fêtes & de Dimanches. L'Ordonnance de Moulins, *art* 69, porte que tous actes judiciaires doivent cesser les jours de Dimanches & de Fêtes. Il y a aussi à ce sujet un acte de notoriété du Châtelet de Paris du 5 Mai 1703, qui porte que les Huissiers & Sergents ne peuvent faire aucuns exploits en matiere civile, les jours de Fêtes & Dimanches, sans permission du Juge; à peine de nullité. (Voyez Brodeau sur Louet, *lettre* R, *n.* 39, où il cite plusieurs autorités.)

202. Ainsi par Arrêt du Parlement du 16 Octobre 1568, rapporté par Papon, *liv.* 18, *tit.* 5, *art.* 3, une exécution faite le Lundi de la Pentecôte, a été déclarée nulle. Un Arrêt du Conseil du 10 Février 1661, défend à tous Huissiers, Sergents & autres porteurs de contraintes pour deniers royaux, de les mettre à exécution les jours de Fêtes & de Dimanches, contre les contribuables; à peine de 3000 liv. d'amende contre les contrevenants.

Mais quand la chose requiert célérité, il est permis aux Huissiers de donner leur ministere, & d'assigner. Ainsi par Arrêt du Parlement du 14 Juin 1566, rapporté par Dumoulin sur l'*art.*

322 de la Coutume de Poitou, une demande en retrait lignager, donnée le jour de la Fête-Dieu, a été déclarée valable. Tel est aussi le sentiment de Brodeau sur l'*art.* 131 de la Coutume de Paris; ainsi que de Ricard & d'Auzanet sur l'*art.* 130 de cette même Coutume; Voyez aussi Louet, *lettre* R, *ch.* 39, *n.* 39; Coquille, *quest.* 219; & l'acte de notoriété du Châtelet de Paris du 5 Mai 1703.

203. Les protêts pour les lettres & billets de change, peuvent aussi être faits les jours de Fêtes & Dimanches. (Voyez l'*art.* 6 du *titre* 5 de l'Ordonnance du Commerce de 1673.)

Si l'acte n'est pas de nature à requérir célérité, on déclare ces sortes d'exploits nuls. (Ainsi jugé par Arrêt du 4 Janvier 1719, qui déclare nul un exploit de demande en retrait lignager posé un jour de Fête; parce qu'il y avoit encore un mois avant que l'an & jour du retrait fût expiré. Voyez aussi Mazuer en sa Pratique, au titre des exécutions, *n.* 5.)

En matiere criminelle, les exploits & instructions peuvent se faire les jours de Fêtes & de Dimanches. (Acte de notoriété, ci-dessus, du 5 Mai 1703.)

204. 4°. Les Huissiers ne peuvent faire aucuns exploits après le soleil couché, suivant cet ancien axiome de la Loi des douze-Tables, *Sol occasus suprema tempestas esto.* (Ainsi jugé par Arrêt du 20 Mars 1576, rapporté par Tournet, qui a déclaré une saisie nulle pour avoir été faite de nuit & à une heure indue. Voyez Chassanée, titre des Justices, rubrique 1, des Messiers, *n.* 105, *pag.* 260; & Imbert, *liv.* 1, *ch.* 5, *pag.* 43.) C'est aussi la disposition de l'*art.* 19 du *titre* 1 de la Coutume de Bretagne, qui porte que les exploits ne pourront être faits de nuit, si ce n'est pour forfait, délit, ou autres cas requérant célérité.

5°. Ils ne peuvent assigner ni exploiter dans l'enclos du Palais où se rend la justice, sans la permission des Juges. (La Roche-Flavin, Traité des Parlements, *liv.* 2, *ch.* 16, *n.* 72 & 73.)

205. 6°. Ils ne peuvent exécuter les Ordonnances des Juges hors leur territoire, sans *pareatis* du Juge du lieu où se doit faire l'exécution.

7°. Ils doivent dans leurs exploits observer exactement les formalités établies par les Ordonnances du Royaume, & notamment par l'Ordonnance de 1667; (Voyez les titres 2 & 23 de cette Ordonnance;) à peine de tous dépens, dommages & intérêts envers les parties. (Voyez ci-dessus, *n.* 193.)

8°.

8°. Ils doivent aussi dans leurs exploits, énoncer la distance des lieux où ils se sont transportés pour faire ces exploits. (Arrêt de Réglement du Parlement de Dijon du 18 Juillet 1679, *art.* 36; autre du même Parlement du 11 Décembre 1747, *art.* 65.)

9°. Les Huissiers qui exploitent en vertu de quelque titre, doivent en faire mention; & s'il n'y a point de titre, ils doivent le déclarer; à peine de nullité & de 300 liv. d'amende, *&c.* (Arrêt du Conseil du 25 Septembre 1725, rapporté au Code Louis XV.)

10°. Ils doivent avoir attention que les exploits ne soient point écrits de la main des parties qui les emploient. (Arrêt du Parlement de Grenoble du 2 Mars 1617, rapporté par Basset, *tom.* 1, *liv.* 2, *tit.* 38, *pag.* 197.)

206. 11°. Ils doivent déclarer, dans tous les exploits qu'ils font, la Jurisdiction en laquelle ils sont immatriculés, ainsi que leur domicile & celui de leur records. (Ordonnance de 1667, *tit.* 2, art. 2.)

Au reste, cette regle n'a lieu qu'à l'égard des exploits où le ministere des records est nécessaire; comme pour les exploits de saisies réelles, féodales & censuelles, *&c.* (Voyez ce que j'ai dit à ce sujet en mon Commentaire sur l'Ordonnance civile de 1667, *tit.* 2, *art.* 2, *note* 1, *pag.* 12. de l'édition de 1767.)

Lorsque le ministere des Records est nécessaire, ils doivent être pris sur les lieux. (Arrêt des Grands-jours de Poitiers du 14 Décembre 1579, rapporté en la Conférence des Ordonnances, *tom.* 3, *pag.* 734.) Ces Records doivent aussi sçavoir écrire, & ne doivent être parents, ni alliés ou domestiques de la partie. (Ordonnance de 1667, *tit.* 2, *art.* 2; & *tit.* 19, *art.* 9.)

Un Huissier ne doit pas non plus prendre un de ses fils pour lui servir de record. (Ainsi jugé par Arrêt du Parlement de Paris du 28 Mars 1624; Voyez Auzanet sur l'*art.* 140 de la Coutume de Paris.)

Ni se servir pour records des Huissiers ou Sergents du même Bailliage. (Arrêt du Parlement de Dijon du 21 Août 1733, rapporté aux Causes célebres, *tom.* 9, *pag.* 133.)

207. 12°. Les Huissiers doivent se comporter avec sagesse & modération dans toutes les expéditions qu'ils font; sous peine d'être condamnés en des dommages & intérêts, même de punition corporelle s'il y échet. (Edit d'Amboise du mois de Janvier 1572, *art.* 6.) Ainsi, par Arrêt du Parlement de Provence du 29 Mars 1642, rapporté par Boniface, *tom.* 1, *liv.* 1, *tit.* 21, *n.* 3, un

Sergent a été condamné en l'amende, *&c.* pour avoir outragé la partie qu'il exécutoit.

Autre Arrêt du Parlement de Paris du 18 Avril 1698, par lequel deux Huissiers ont été condamnés solidairement en 500 liv. de dommages & intérêts, interdits de leurs fonctions pour six mois, & condamnés en tous les dépens, envers une femme qu'ils avoient maltraitée, en procédant à la saisie & enlevement de ses meubles.

Autre Arrêt du Grand-Conseil du 11 Mars 1704, par lequel des Huissiers qui étoient en garnison, & y commettoient des violences en tuant les volailles, brûlant des meubles, *&c.* ont été condamnés en l'amende, avec défenses de récidiver sous de plus grandes peines.

208. 13°. Ils ne peuvent être accompagnés que des Records, & non en aucune maniere des parties pour lesquelles ils exploitent; & ils ne doivent avoir pour armes que l'épée; à moins qu'il n'en fût autrement ordonné par les Juges. (Ordonnance de Moulins, *art.* 32; Arrêt du Parlement de Provence du 15 Octobre 1643, qui défend aux parties d'être présentes aux exécutions faites à leur requête, & aux Sergents de les souffrir.)

14°. Ils doivent être diligents, véritables & fideles en leurs charges, exécutions ou exploits; & insérer en leursdits exploits & procès-verbaux, les réponses qui leur seront faites par les parties ou leurs Procureurs. (Réglement du Conseil du 24 Mai 1603, pour le Présidial de Bourg-en-Bresse, *art.* 119.)

209. 15°. Il leur est défendu de retirer ou supprimer les originaux ou copies des exploits, commandements, saisies & autres actes; à peine de faux, & de tous dépens, dommages & intérêts. (Arrêt de Réglement de la Cour du 15 Mai 1714, pour le Comté de Pontchartrain, au titre *Des Huissiers & Sergents*, art. 23.

16°. Ils doivent délivrer eux-mêmes les exploits, & en remplir les blancs de leur main. (Arrêt du Parlement de Rouen du 24 Juillet 1711.) Et ne les point confier à d'autres. (Arrêt de Réglement du Parlement de Dijon du 11 Décembre 1747, *art.* 66. Voyez aussi *infrà*, n. 245.)

C'est pourquoi ils doivent écrire de leur main le *parlant à*, dans les assignations & autres exploits; à peine de 20 liv. d'amende. (Ainsi jugé par Sentence du Châtelet de Paris du 20 Juin 1708, rapportée dans mon Recueil des Réglements, *tom.* 2, *pag.* 414.)

210. 17°. Ils sont tenus de laisser sur-le-champ copie des exploits aux parties contre lesquelles ils procedent ; à peine d'amende, & d'être tenus des dépens, dommages & intérêts envers les parties. (Ordonnance du mois d'Octobre 1735, *ch. 6*, *art. 11*; *& ch.* 20, *art.* 8; Ordonnance de 1667, *tit.* 2, *art.* 6; *& tit.* 33, *art. 7.*)

L'Huissier ne peut laisser cette copie à une personne âgée de moins de 14 ans. (Voyez Imbert, *liv.* 2, *ch.* 5, *pag.* 45.)

Il faut aussi que l'exploit soit laissé à une personne de la maison de l'assigné, & non à un étranger qui se trouveroit là par hasard. (Voyez Boutaric sur l'*art* 3, du *tit.* 2, de l'Ordonnance de 1667.)

18°. Un Arrêt du Parlement de Paris du 28 Août 1737, rapporté au Code Louis XV, défend aux portiers des maisons de rien exiger des Huissiers, pour les exploits qui leur sont donnés.

211. 19°. Les Huissiers & Sergents ne peuvent faire aucunes offres, sommations, significations, ni exploits, concernant les affaires des Hôpitaux, ailleurs qu'en l'Hôpital, & non au domicile des Administrateurs; à peine de nullité. (Lettres-Patentes du 29 Juillet 1761, concernant les Statuts de l'Hôpital-Général d'Orléans, *art.* 37.)

De même, quand ils font quelques significations, ou autres exploits à des Officiers pour raison de leurs offices, elles doivent être faites au Greffe de la Jurisdiction de ces Officiers. (Sentence de la Table-de-Marbre de Paris du 11 Août 1744, rapportée au nouveau Style des Huissiers, *pag.* 465, *de l'édition de* 1752; Voyez aussi l'Ordonnance de 1667, *tit.* 2, *art.* 3.)

212. 20°. Ils sont tenus de faire registre de leurs exploits. Ce registre doit être par eux signé ; & ils doivent y écrire la date des arrêts, sentences, commissions & obligations, en vertu desquelles ils exploiteront, ainsi que les jours qu'ils les feront, & les noms des témoins en présence desquels ils auront fait leurs exploits ; pour y avoir recours par les parties quand bon leur semblera. (Edit du mois de Janvier 1573, *art.* 3; Arrêt du Parlement de Dijon du 16 Mars 1682, qui le leur enjoint expressément. L'article 1 du Réglement du 14 Août 1715 du même Parlement, y est précis; ce qui est conforme à une Ordonnance de Charles IX de 1573, rapportée par Imbert, *liv.* 1, *ch.* 2, à la fin, *pag.* 18. Cette Ordonnance porte, » que les Sergents feront registre de leurs exploits, » signés par eux, contenant la date des arrêts, sentences, com» missions & obligations, en vertu desquels ils besoignent ; en» semble des jours qu'ils auront été faits, & le nom de leurs Records

» qui y ont assisté, pour y avoir recours par les parties en cas de » nécessité.)

213. Suivant le même Réglement du 14 Août 1715, les Procureurs du Roi doivent se faire représenter les registres tous les trois mois, ou plus souvent.

La même chose est ordonnée par un Arrêt du Conseil du 21 Mai 1676. Néanmoins un acte de notoriété du Châtelet de Paris du 17 Juin 1684, porte que l'usage a toujours été que les Huissiers à verge & Sergents à cheval du Châtelet de Paris, rendent les originaux des exploits aux parties, à la requête desquelles ils ont été faits, sans en tenir aucun registre, après les avoir fait contrôler.

21°. Il n'est pas nécessaire de prendre la voie d'inscription de faux pour attaquer la vérité des exploits des Huissiers. (Voyez Legrand sur la Coutume de Troies, *art.* 122, *n.* 23.)

Même contre les procès-verbaux de rébellion desdits Huissiers. (Arrêt du Parlement de Paris du 6 Mai 1688; autre du 20 Janvier 1717, rapporté au Journal des Audiences, *tom.* 6, *pag.* 357.)

§. II.

Devoirs particuliers des Huissiers & Sergents, touchant les Assignations.

214. Ils ne peuvent assigner pour le Roi sans autorité du Juge, ou sans avoir mandement du Procureur du Roi à cet effet. (Ordonnance du mois d'Octobre 1535, *ch.* 6, *art.* 10.)

Mais pour les autres assignations, ils n'ont pas besoin de commission ni de mandement; si ce n'est pour assigner dans une Cour ou en un Siege présidial. (Ordonnance de 1667, *tit.* 2, *art.* 10, 12 & 13.) Voyez néanmoins une exception à cette regle, *ibid.* art. 12.)

Lorsqu'ils font quelques exploits en vertu de lettres de *committimus*, ils doivent être porteurs desdites lettres, & en donner copie. (Ordonnance du mois d'Août 1669, au titre *Des committimus*, art. 8.)

§. III.

Devoirs des Huissiers, touchant les saisies & exécutions.

215. 1°. Les saisies & exécutions ne doivent être faites que pour chose certaine & liquide, en deniers ou en especes; (Ordonnance de

1667, *tit.* 33, *art.* 2;) & elles doivent être précédées d'un commandement. (Voyez mon Commentaire sur cette Ordonnance, *tit.* 33, *art.* 3, *note* 1.)

2°. Les exploits de saisie doivent contenir l'élection du domicile du saisissant, au lieu où la saisie est faite. (Même Ordonnance de 1667, *tit.* 33, *art.* 1, avec le Commentaire.)

3°. Toutes les formalités des ajournements doivent être observées dans les exploits de saisie & exécution, & sous les mêmes peines. (*Ibid.* tit. 33, art. 3.)

Et de plus, il doit y être fait mention si l'exécution est faite avant ou après midi. (Même Ordonnance de 1667, *tit.* 19, *art.* 15; & *tit.* 33, *art.* 4.)

216. 4°. Avant d'entrer dans une maison pour y saisir des meubles ou effets mobiliers, l'Huissier ou Sergent est tenu d'appeller deux voisins, au moins, pour être présents à la saisie, auxquels il doit faire signer son exploit ou procès-verbal, s'ils sçavent ou veulent signer; sinon il doit en faire mention; & s'il n'y a point de voisins, il est tenu de le déclarer par l'exploit, & de le faire parapher par le plus prochain Juge aussi-tôt après l'exécution; (*Ibid.* tit. 33, art. 4,) à peine de nullité de la saisie. (*Ibid.* art. 19.)

5°. Si les portes de la maison sont fermées, & qu'il n'y ait personne pour les ouvrir, ou qui le veuille faire, l'Huissier ne peut y entrer de force, & il doit se retirer par devers le Juge, qui nommera deux voisins en présence desquels l'ouverture doit être faite, & qui doivent signer l'exploit, outre les deux records; à peine aussi de nullité. (Ordonnance de 1667, *ibid.* tit. 33, art. 5 & 19; Edit du mois de Mars 1668, *art.* 4.)

217. 6°. A l'égard des effets qu'il est défendu de saisir, Voyez l'Ordonnance de 1667, *ibid.* tit. 33, art. 14, 15 & 16; & ce que j'ai dit en mon Commentaire, *ibid.* art. 16, pag. 566 & suiv.)

7°. Les exploits & procès-verbaux de saisies & exécutions, doivent contenir par le menu & en détail, tous les effets exécutés. (Même Ordonnance de 1667, *tit.* 19, *art.* 8; & *tit.* 33, *art.* 6.)

8°. L'Huissier doit laisser sur-le-champ au saisi, copie de l'exploit ou procès-verbal, signé des mêmes personnes qui ont signé l'original. (Ordonnance de 1667, *tit.* 33, *art.* 7.)

9°. Les Huissiers & Sergents, ne peuvent établir à la garde des effets saisis, aucuns de leurs parents ou alliés; ni pareillement le saisi, sa femme, ou ses enfants; *&c.* (Voyez les *art.* 13 & 14 du *titre 19* de la même Ordonnance de 1667, avec mon Commentaire sur ces articles.

218. 10°. Ils sont tenus de faire signer la saisie par celui qu'ils établissent gardien ou commissaire ; & en cas de refus d'accepter la garde, ils doivent lui donner assignation pour se voir condamner à l'accepter ; à moins qu'il n'ait des excuses légitimes pour s'en dispenser. (Voyez l'*art. 174*, de l'Ordonnance de Blois.)

11°. L'*art. 8* du *tit. 33* de l'Ordonnance de 1667, veut que le nom & le domicile de celui en la garde duquel auront été mises les choses saisies, soient signifiés au saisi, par le même procès-verbal de saisie.

12°. Les gardiens doivent être mis par l'Huissier en possession des effets saisis, s'ils le requierent. (Même Ordonnance de 1667, *tit. 19*, *art.* 15.)

13°. Les Huissiers ne peuvent décharger les gardiens, ni retirer les exploits qui les établissent dans ces fonctions ; à peine de privation de leurs charges, & de punition corporelle. (Ordonnance du mois de Janvier 1629, *art. 154.*)

219 14°. Touchant les formalités que les Huissiers doivent observer dans la saisie des fruits des bénéfices pour le paiement des décimes, Voyez l'*art. 21*, *& les 4 suivants*, de l'Edit du mois de Janvier 1599, rapporté en la Conférence des Ordonnances, *tom.* 2, *pag.* 1417 & 1418, §. 21, 22, 23, 24 & 25.)

15°. Quand il s'agit de saisie pour droits du Roi, & en général dans les matieres qui ont le privilege des deniers royaux, il y a quelques formalités particulieres à observer ; ainsi,

Les fermiers & receveurs qui décernent des contraintes, peuvent faire élection de domicile en leur bureau. (Edit du mois de Mars 1668, *art.* 2.)

Et si l'Huissier ne trouve aucun voisin en saisissant, il doit prendre des records, & faire parapher son exploit par un Officier de l'Election, ou autre Juge qui doit connoître de la saisie. (*Ibid.* art. 3.)

220. 16°. Les Huissiers sont tenus de faire registrer les saisies mobiliaires, oppositions & main-levées, dans le même délai qu'ils font contrôler leurs exploits ; à peine de nullité & de 100 liv. d'amende. (Edit du mois de Mars 1704.) ;

Et il leur est défendu, sous pareilles peines, d'en rendre les originaux aux parties, qu'après qu'elles ont été enrégistrées. (Edits des mois de Juillet 1639, & Mars 1704.)

17°. La vente des effets saisis, doit être faite au plus prochain marché public, aux jours & heures ordinaires des marchés; & l'Huissier doit signifier au saisi, le jour & l'heure de ladite vente, pour y faire trouver des enchérisseurs; (Ordonnance de 1667, *tit. 33, art. 11*;) & pour que cette vente puisse se faire, il faut qu'il y ait au moins huit jours d'intervalle entre l'exécution & la vente. (*Ibid.* art. 12.)

L'article 13 du même titre 33, établit des formalités particulieres pour la vente des bagues & joyaux. (Voyez cet article avec le Commentaire.)

221. 18°. Les choses saisies doivent être adjugées au plus offrant & dernier enchérisseur, en payant par lui, sur-le-champ, le prix de la vente; (Ordonnance de 1667, *ibid.* tit. 33, art. 17:) & les Huissiers sont tenus de faire mention dans leurs procès-verbaux du nom & domicile des adjudicataires. (*Ibid.* art. 18.)

19°. Les Huissiers qui font des ventes, ne peuvent se rendre adjudicataires des meubles vendus, sous leur nom, ou sous des noms interposés; (Ordonnance de Blois, *art.* 132; Ordonnance de 1667, *tit.* 17, *art.* 27;) même quelquefois sous des peines corporelles. (Arrêt du 31 Juillet 1755, qui condamne le nommé Delaunoi, Huissier à cheval, à faire amende honorable, & en neuf ans de galeres, pour s'être adjugé, sous des noms interposés, les meubles qu'il vendoit.)

Il leur est aussi défendu de rien prendre, ni recevoir directement ou indirectement, outre le prix de l'adjudication; à peine de concussion. (Ordonnance de 1667, *tit.* 33, *art.* 18.)

222. 20°. Les Huissiers & Sergents sont tenus d'écrire la minute du procès-verbal de vente, dans le moment même, & à chaque article de la vente, sans pouvoir le faire sur des feuilles volantes; à peine d'interdiction, & des dépens, dommages & intérêts des parties. (Arrêt de Réglement de la Cour du 15 Mai 1714, pour le Comté de Pontchartrain, titre *Des Huissiers & Sergents*, art. 23.)

21°. Un Huissier qui dans une vente auroit adjugé à la veuve d'un défunt, commune en biens avec lui, & gardienne des scellés, des effets du prix desquels elle étoit demeurée débitrice, ne seroit pas fondé à renvoyer les créanciers, qui voudroient le faire compter de la somme dont il avoit fait crédit à cette veuve, à en demander le paiement contre elle. Ainsi jugé par Arrêt rendu en la Grand'Chambre du Parlement de Paris le 25 Novembre 1763; &

que l'Huissier devoit en ce cas représenter le prix total de la vente, sauf son action contre la veuve à qui il avoit fait crédit.)

223. 22°. Après la vente, les deniers qui en proviennent, doivent être remis sur-le-champ par l'Huissier entre les mains du saisissant, jusqu'à concurrence de son dû; & le surplus au saisi, & en cas d'opposition, à qui par Justice sera ordonné; à peine d'interdiction & d'amende; (Ordonnance de 1667, *tit.* 33, *art.* 20;) & l'Huissier peut être condamné par corps à rapporter ces deniers. (*Ibid.* tit. 34, art. 4.)

L'Huissier doit faire mention dans son procès-verbal de vente, des oppositions formées aux deniers de la vente, & il en demeure garant. (Edit du mois d'Octobre 1699, rapporté aux Réglements de Justice, *in*-12, *tom.* 2, *pag.* 32.)

Une Sentence du Châtelet de Paris du 30 Octobre 1696, rapportée par Denisart en ses actes de notoriété, *pag.* 539, fait défenses aux Huissiers & Sergents de faire aucuns paiements, si ce n'est aux termes de l'*art.* 20 du *tit.* 33 de l'Ordonnance de 1667, ou du consentement par écrit de tous les opposants & autres parties intéressées, ou par Ordonnance de Justice; & ajoute, qu'ils seront contraints par corps, comme dépositaires des biens de Justice, à payer le prix des vents, sous la déduction de ce qui leur sera taxé pour leurs salaires.

224. Néanmoins, dans les clôtures des procès-verbaux d'opposition & levée de scellé, que font les Officiers du Châtelet, il est d'usage d'autoriser l'Huissier-priseur qui fait la vente des meubles, à payer les dettes privilégiées, comme les frais funéraires, les loyers, les frais de maladie, les frais de scellé, *&c.* Quoique cette autorisation ne soit pas consentie par tous les opposants, mais seulement par le Procureur ancien qui les représente, on la juge suffisante pour la décharge de l'Huissier.

L'Huissier doit aussi, après que la vente a été faite, porter la minute de son procès-verbal de vente au Juge, lequel taxera de sa main le salaire de l'Huissier, pour la saisie, vente & exécution; & il doit être fait mention de cette taxe dans les grosses des procès-verbaux; à peine d'interdiction, & de 100 liv. d'amende. (Ordonnance de 1667, *ibid.* art. 21.)

225. Mais les Huissiers ne peuvent retenir par eux-mêmes leurs salaires, sur le prix de la vente des effets saisis. (Ainsi jugé par Arrêt du Parlement du 17 Février 1764, rapporté au Journal des Audiences. Voyez le Dictionnaire des Arrêts, au mot *Frais*, n. 12, tom. 3, pag. 407.)

23°. Les Huissiers & Sergents doivent garder les minutes des ventes mobiliaires par eux faites; & ils en délivrent les expéditions. (Arrêt des Grands-jours de Poitiers du 14 Décembre 1579, rapporté en la Conférence des Ordonnances, *tom. 3*, *pag 734*; Edit du mois de Mars 1713; Arrêts du Parlement des 21 Août 1728, & 7 Septembre 1735.)

24°. Dans les saisies réelles, ils doivent avoir attention que le commandement qui précede la saisie réelle, soit recordé. (Acte de notoriété du Châtelet de Paris du 23 Mai 1699.)

§. IV.

Devoirs des Huissiers & Sergents, touchant les significations.

226. Les devoirs des Huissiers à l'égard des significations, consistent à donner aux personnes à qui elles sont faites, des copies lisibles des actes qui leur sont signifiés; à faire ces significations à personne, ou à domicile, & à en marquer fidelement la date, & même l'heure, dans le cas où cette formalité doit être observée.

Les Huissiers doivent aussi avoir attention de ne point signifier aucunes Sentences, à moins qu'elles ne soient signées du Greffier, & en bonne forme; à peine de faux. (Réglement pour les Greffiers d'Orléans du 4 Juin 1715, *art.* 20.)

Un Arrêt du 27 Janvier 1693, leur défend de signifier aucunes pieces latines.

227. Un autre Arrêt de Réglement du Parlement de Dijon du 11 Décembre 1747, *art.* 64, fait défenses aux Huissiers & Sergents de mettre leurs significations & exploits à la marge des actes; & leur enjoint expressément de les placer toujours à la fin desdits actes; sauf à y ajouter, si le papier n'est pas suffisant. Cet article leur ordonne aussi de mettre dans tous les exploits de signification, les dates d'icelles, sans se servir de ces mots, *les an & jour que dessus*, & de placer lesdites dates dans les exploits à domicile, ou tout au commencement, ou tout à la fin de leurs exploits, sans pouvoir les placer dans le milieu ou ailleurs; à peine de 10 liv. d'amende pour chaque contravention, & de radiations de leurs salaires.

Il faut aussi observer que les Huissiers & Sergents, ne peuvent signifier aucuns actes injurieux. (Voyez ce qui est dit à ce sujet au titre *Des Notaires*, ci-dessus, part. 5, tit. 2, n. 22.)

§. V.

Devoirs des Huissiers touchant le contrôle des Exploits, & sceau des Jugements.

228. 1°. Les Huissiers & Sergents doivent avoir attention de faire contrôler leurs exploits; au moyen de quoi ils sont dispensés de se faire assister de records, si ce n'est à l'égard de certains actes. (Edit du Contrôle des exploits du mois d'Août 1669; Déclaration du Roi du 21 Mars 1671.)

2°. Il leur est enjoint de faire contrôler à leur diligence, sans pouvoir les remettre auparavant aux parties, tous les exploits qu'ils font, dans les trois jours de leur date, Fêtes & Dimanches comptés; à peine de nullité, d'interdiction, & de 100 liv. d'amende pour chaque contravention. (Edit du mois d'Août 1669; Déclaration des 23 Février 1677, & 13 Avril 1713.)

3°. Ils ne peuvent remettre aux parties les originaux de leurs exploits pour les faire contrôler; sans qu'ils puissent se dispenser d'en remplir la formalité, quand ils en ont une fois laissé copie, même en la retirant; à peine de 100 liv. d'amende, suivant les mêmes Réglements.

229. 4°. Il leur est aussi défendu de donner des réassignations verbales; & ils doivent rédiger par écrit les demandes formées, & en contrôler les exploits; à peine de nullité, d'interdiction, & de 100 liv. d'amende. (Arrêts du Conseil des 10 Juillet 1696, & 26 Juillet 1701.)

5°. Ils sont tenus de faire contrôler leurs exploits dans les Bureaux des lieux où ils sont faits, ou dans le Bureau de leur résidence; sans pouvoir les faire contrôler ailleurs, sous les mêmes peines. (Déclaration du 21 Mars 1671.)

6°. Ils doivent avancer les droits de contrôle; sauf à s'en faire rembourser par les parties. (Arrêt du Conseil du 21 Juin 1709.)

7°. Il leur est défendu de changer, surcharger, ou altérer aucunes dates des exploits & significations par eux faites, ainsi que celles du contrôle desdits exploits; à peine de 1000 liv. d'amende, & d'interdiction pendant un an, pour la premiere fois, & des galeres en cas de récidive. (Arrêt du Conseil du 23 Juillet 1720.)

230. 8°. Ils doivent tenir des registres paraphés des premiers Juges des Sieges où ils sont immatriculés, pour y faire mention sommaire de tous les exploits qu'ils font, du lieu & du nom des commis, dont ils doivent donner communication; & même des extraits au fermier ou à ses commis, quand ils en seront requis. (Arrêt du Conseil du 21 Mars 1676.)

9°. L'Edit du mois de Mars 1693, portant établissement du contrôle des actes des Notaires, fait aussi défenses à tous Huissiers & Sergents, de mettre à exécution aucun acte de Notaire, s'il n'est contrôlé; à peine de 200 liv. d'amende.

Il y a même des cas où les Huissiers doivent faire contrôler au Bureau du Contrôle des actes des Notaires, les procès-verbaux de ventes. (Voyez quels sont ces cas, dans un Arrêt du Conseil du 5 Octobre 1728, rapporté au Code Louis XV. *tom.* 2.)

Il en est de même des arrêts, jugements, commissions, & autres actes sujets au sceau : ils ne peuvent les signifier ni mettre à exécution, à moins qu'ils ne soient scellés du sceau de la Chancellerie dont ils sont émanés. (Arrêt du Conseil du 31 Mai 1728, rapporté aussi au Code Louis XV. *tom.* 2.)

§. VI.

Devoirs des Huissiers touchant le papier & parchemin timbrés.

231. (Voyez à ce sujet la Déclaration du 19 Juin 1691, *articles* 4, 5, 9, 13, 15; & celle du 24 Juillet de la même année.)

L'article 13 de la Déclaration du 19 Juin 1691, fait défenses à tous Huissiers & Sergents, de mettre deux significations ou autres actes sur un même papier ou parchemin; si ce n'est pour les premieres significations des sentences, arrêts & autres procédures.

A l'égard des arrêts, sentences, jugements & autres actes, qui doivent être délivrés en parchemin timbré, Voyez les *articles* 1, 2, 7 & 9, de cette même Déclaration du 19 Juin 1691.

Une autre Déclaration du 16 Juin 1697, porte en général que les expéditions des jugements, sentences, contrats & obligations, que les parties voudront signifier & mettre à exécution, seront en parchemin.

232. Il leur est défendu de signifier aucuns actes de foi & hommage, déclarations, aveux & dénombrements, fournis aux terriers pour les

droits de domaine de Sa Majesté, *&c.* à moins qu'ils n'aient été expédiés en parchemin. (Déclaration du 19 Juin 1691.)

L'article 5 de la même Déclaration, porte que toutes les copies des exploits, de quelque qualité qu'elles soient, qui seront signifiées tant aux Procureurs qu'aux parties, seront écrites en caracteres lisibles; & qu'il sera laissé une marge au papier au moins d'un travers de doigt.

§. VII.

Devoirs des Huissiers touchant les décrets, captures, & emprisonnements.

233. 1°. Les Huissiers & Sergents ne doivent différer de mettre à exécution les décrets, sur-tout ceux d'ajournement personnel & de prise-de-corps.

2°. Il leur est défendu d'exécuter les contraintes par corps, subies volontairement en matiere civile; (Ordonnance de 1667, *tit. 34, art. 1 & 6*;) si ce n'est pour fermes de campagne. (*Ibid.* art. 7.)

3°. Ils ne peuvent emprisonner de leur autorité; (Voyez mon Traité *De la Justice criminelle*, au titre *Des Décrets*, tom. 2, part. 3, liv. 2, tit. 10, n. 75;) si ce n'est en flagrant délit: (Ordonnance de 1535, *ch. 6, art. 11*; Voyez mon Traité des matieres criminelles au même titre *Des Décrets*, ibid. n. 75.)

234. L'article 123 du Réglement du 24 Mai 1603, rendu pour le Présidial de Bourg-en-Bresse, porte que les Huissiers & Sergents mettront & constitueront prisonniers, tous ceux qui durant la célébration du Service divin, se promeneront dans les Eglises, & le troubleront, en quelque temps & maniere que ce soit; ou qui durant les Audiences y feront des tumultes, des troubles & irrévérences; comme aussi ceux qui querelleront en la Salle d'Audience, ou à la Chambre du Conseil, ou contre aucuns des Officiers ou Magistrats, soit en public, soit en particulier, en l'exercice de leurs charges; ou qui porteront épées ou autres armes, tant au parquet qu'en la salle de l'Audience; contre la disposition des Edits & Ordonnances du Royaume.

4°. Ils ne peuvent ajourner personnellement, qu'en vertu d'ordonnance des Juges. (Voyez mon Traité *De la justice criminelle*, au titre *Des Décrets*, tom. 2, part. 3, liv. 2, tit. 10, n. 17.)

235. 5°. Ils doivent conduire incessamment dans les prisons, les ac-

cusés qui auront été arrêtés; sans pouvoir les détenir dans des maisons particulieres; si ce n'est pendant leur conduite. (Ordonnance de 1667, *tit. 10, art. 16.*)

Un Arrêt de la Cour du 10 Janvier 1730, rapporté au Style des Huissiers, *pag. 406, de l'édition de* 1752, fait défenses de mettre un prisonnier, même pour dettes, hors des prisons à la garde d'un Huissier.

6°. Les Huissiers peuvent fouiller les accusés qu'ils emprisonnent; mais seulement après qu'ils sont en prison. (Voyez mon Traité *De la Justice criminelle*, au titre *Des Décrets*, tom. 2, part. 3, liv. 2, tit. 10, n. 75.)

A l'égard des prisonniers pour dettes civiles, il n'est jamais permis de les fouiller.

L'article 7 du titre 13 de la même Ordonnance de 1670, porte que les Huissiers feront inventaire des effets des accusés qu'ils emprisonnent.

236 7°. Ils ne peuvent rien exiger de ceux qu'ils emprisonnent; à peine de restitution du quadruple, & de 20 livres d'amende. (Voyez mon Traité *De la Justice criminelle*, au même titre *Des Décrets*, n. 76.)

Ni pour les changer de prison. (Arrêts de Réglement, pour les prisons du ressort du Parlement de Paris du premier Septembre 1717, *art.* 24; & du 18 Juin de la même année, pour celles de la ville de Paris, *art.* 34.)

8°. A l'égard de ce que les Huissiers doivent observer touchant les écroues & récommandations, Voyez ce que j'ai dit à ce sujet, *ibidem* au Traité *De la Justice criminelle*, au titre *Des écroues & récommandations*, tom. 2, part. 3, liv. 2, tit. 11, n. 9 & suivants.

237. 9°. Quand les Huissiers transferent en la Conciergerie du Palais ou autres prisons, des Particuliers-Collecteurs, à la requête des Collecteurs des tailles, ils doivent faire mention sur le registre du Greffe de la geole, de l'ancien écroue, & du temps que lesdits Collecteurs auront été détenus dans d'autres prisons; à peine d'interdiction. (Arrêt du Parlement du 19 Avril 1707, rapporté au Journal des Audiences.)

10°. Enfin, ils doivent avoir grand soin de veiller à ce que les prisonniers qu'ils auront arrêtés ne s'évadent point; autrement ils sont tenus des dommages & intérêts des parties. (Arrêt du Parlement de Provence du 4 Décembre 1645, rapporté par Boniface, *tom. 1, liv. 1, tit.* 21, *n.* 4, qui, pour avoir facilité l'évasion d'un prisonnier pour dettes, condamne un Sergent aux dommages & intérêts de la partie.

§. VIII.

Devoirs des Huissiers touchant les rébellions.

238. Quand les Huissiers & Sergents exercent leurs fonctions, & font quelques commandements ou exploits de Justice, ils doivent être obéis par toutes sortes de personnes. (Ordonnance de Moulins, *art.* 31; Ordonnance d'Orléans, *art.* 92.)

L'article 34 de la même Ordonnance de Moulins défend, à peine de la vie, & sans aucune espérance de grace, de les outrager ou excéder, lorsqu'ils font quelques exploits de Justice. (*Idem*, par l'Edit d'Amboise du mois de Janvier 1572, *art.* 1; & par l'article 190 de lOrdonnance de Blois.)

Lorsqu'un Huissier est outragé dans ses fonctions, il doit en dresser procès-verbal, & le remettre sur-le-champ entre les mains du Juge pour y être pourvu. (Ordonnance de 1670, *tit.* 10, *art.* 14. Voyez aussi ce que j'ai dit en mon Traité *De la Justice Criminelle*, au titre *Des rébellions à Justice*, tom. 4, part. 5, tit. 45, n. 27.)

Il doit aussi envoyer au Procureur-Général copie de ce même procès-verbal. (Ordonnance de 1670, *ibid.* tit. 10, art. 14.)

Ces sortes de procès-verbaux doivent être recordés de témoins, & se décretent ordinairement d'ajournement personnel. (Voyez mon Traité de la *Justice Criminelle*, au titre *Des rébellions à Justice*, *tome* 4, part. 5, tit. 45, n. 27.)

239. Les Huissiers & Sergents, en cas de résistance & de rébellion, peuvent appeller à leur secours les habitants des villes, (*ibid.* tit. 45, n. 24.)

Ils peuvent aussi, pour l'exécution des ordres de Justice, demander main-forte aux Gouverneurs, Lieutenants-Généraux, *&c.* & en cas de refus, ils doivent en dresser procès-verbal, *ibid.* n. 24.)

Les Ordonnances défendent, sous des peines très-séveres, de recéler & recourre les délinquants, & d'en empêcher la capture; (*ibid.* n. 12, & suivants.)

Enfin, il faut observer que les Huissiers qui sont tués dans leurs fonctions, conservent leurs offices à leurs veuves & enfants. (Edit du mois d'Avril 1558; Ordonnance de 1629, *art.* 167.)

(Voyez au surplus, pour les peines qui s'infligent contre ceux qui font rébellion aux Huissiers & autres Ministres de la Justice, ce que j'ai dit en mon Traité *De la Justice Criminelle*, au titre *Des rébellions à Justice*, tome 4, part. 5, tit. 45, n. 4, & suivants.)

§. IX.

Devoirs des Huissiers touchant les contumaces.

240. Voyez pour tout ce qui regarde les devoirs des Huissiers au sujet de la perquisition des accusés, & des saisies & annotations de biens, ce que j'ai dit en mon Traité *De la Justice criminelle*, au titre *Des défauts & contumaces*, tom. 2, part 3, liv. 2, tit. 21, n. 12, & suivants.

L'Ordonnance de 1670, *tit.* 17, *art.* 27, défend aux Huissiers & autres Officiers de Justice, de prendre, ou faire transporter chez eux, ni même au Greffe, aucuns deniers, meubles, hardes ou fruits, appartenants aux accusés, condamnés ou décrétés; à peine d'interdiction, & du double de la valeur. (Voyez aussi mon Traité *De la Justice criminelle*, au même titre *Des défauts & contumaces*, tome 2, part. 3, liv. 2, tit. 21, n. 97.)

ARTICLE XI.

Qualités & devoirs personnels des Huissiers

241. 1°. Les Huissiers & Sergents, doivent au moins sçavoir écrire & signer; autrement leurs offices sont vacants & impétrables. (Ordonnance de 1667, *tit.* 2, *art.* 4; Ordonnance de Roussillon, *art.* 28.)

Ils doivent même, avant d'être reçus, enrégistrer au Greffe leur nom, écrit & paraphé de leur main, pour obvier aux faussetés. (Ordonnance de Roussillon, *ibid.* art. 28; Ordonnance du mois d'Octobre 1535, *chap.* 20, *art.* 2.)

2°. Ils doivent être Laïcs. (Ordonnance de 1535, *ibid.* art. 15; autre du 23 Octobre 1425, au titre *Des Sergents, art.* 1, rapportées par Joly, *pag.* 942.)

3°. Ils doivent être Catholiques. (Arrêt du Conseil du 2 Août 1680; Déclaration du 15 Juin 1682.)

Et de bonnes mœurs, dont il doit être fait information préalable. (Ordonnance d'Orléans, *art.* 89.)

242. 4°. Les offices d'Huissiers & Sergents, sont venaux dans les Justices royales ; & ils doivent avoir des provisions du Roi, pour pouvoir être reçus à exercer leurs fonctions. (Arrêt du Conseil du 16 Septembre 1681, qui fait défenses à tous Huissiers & Sergents royaux, de faire aucuns exploits, s'ils n'ont permission de Sa Majesté ; à peine d'être punis comme faussaires. Autre Arrêt du Conseil du 25 Septembre 1718, qui fait défenses d'exercer aucuns offices sans provisions.)

Et il est défendu aux Juges de les recevoir sur de simples démissions. (Arrêt du 23 Juin 1629, pour Gueret, *art.* 5, rapporté par Joly, *pag.* 1888.)

Dans les appanages, ces provisions s'accordent par l'appanagiste ; & celui qui les a obtenues, est reçu en la Jurisdiction après serment, pourvu qu'il ait les qualités requises. Ainsi à Orléans, c'est M. le Duc d'Orléans qui leur donne des provisions. (Lettres d'appanage de M. le Duc d'Orléans du mois de Mars 1661 ; Arrêt du Conseil du 24 Mars 1719.)

A l'égard des Sergents fieffés, & autres, dont les offices ont été aliénés, comme le Sergent de la Chartreuse d'Orléans, c'est aux personnes auxquelles ces domaines ont été aliénés, ou à ceux qui les représentent, à donner ces provisions.

243. 5°. Suivant l'Ordonnance d'Orléans, *art.* 89, les Huissiers pour pouvoir être reçus, doivent être âgés au moins de 25 ans. Un Arrêt du Parlement de Paris du 12 Août 1688, veut aussi que les Sergents-à-verge, aient au moins 25 ans, pour être reçus dans leur office.

Mais suivant un Edit du mois de Juin 1708, il suffit que les Huissiers des Jurisdictions Consulaires soient âgés de 22 ans. *Idem*, par un autre Edit du mois de Mars 1710.

A l'égard des Huissiers de Police, il suffit qu'ils soient âgés de 20 ans, suivant une Déclaration du Roi du 22 Décembre 1699.

J'ai vu même une lettre de M. le Chancelier Daguesseau, écrite au Lieutenant-Général d'Orléans ; en date du 8 Janvier 1722, qui porte, qu'il suffit d'avoir 20 ans ou environ pour être reçu simple Sergent. (L'original de cette lettre est entre les mains du Procureur du Roi du Bailliage d'Orléans.)

6°.

244. 6°. Les Sergents royaux des Bailliages, sont reçus par les Baillis, & non par les Prévôts. (Edit de Crémieu, *art.* 30.)

Loiseau en son Traité des Offices, *liv. 1, chap. 4, n. 34*, dit qu'ils ne sont sujets à aucun examen.

7°. Les Sergents royaux, pour pouvoir être reçus, doivent donner caution jusqu'à 200 livres; & ceux des Seigneurs hauts-justiciers, jusqu'à 20 livres. (Ordonnance d'Orléans, *art.* 89; Voyez aussi le Réglement de Doron du 10 Janvier 1587, rendu pour la Prévôté d'Orléans, *art.* 103 & 104.)

Une ancienne Ordonnance de l'année 1327, porte, que les Sergents de Paris donneront caution; sçavoir, ceux à cheval, de 100 livres; & ceux à verge, de 50 livres parisis.

8°. Un Arrêt du Parlement du 3 Septembre 1738, rapporté au Code Louis XV, défend aux Huissiers-Commissaires-priseurs de Paris, d'exiger des jettons ou repas des récipiendaires.

245. 9°. Les Huissiers & Sergents, doivent exercer leurs fonctions en personne, sans pouvoir commettre autres personnes en leur place. (Ordonnance du mois de Mars 1356, *art.* 29; autre en Mars 1498, *art.* 55; autre du mois d'Octobre 1535, *ch.* 20, *n.* 5; Arrêt du Parlement du 27 Juin 1568; Réglement du 28 Juin 1738, touchant la procédure du Conseil, *part.* 2, *tit.* 1, *art.* 18; Voyez aussi ce qui a été dit ci-dessus, *n.* 209.)

Et ils ne peuvent faire signifier par leurs Clercs, à peine de faux. (Arrêt de Réglement du Parlement du 7 Septembre 1654, *art.* 14, rapporté en la Conférence des Ordonnances, *tom. 1, pag.* 466; Sentence du Bailliage d'Orléans du 29 Août 1743, contre Thomas Pisseau, Huissier-à-cheval au Châtelet de Paris, & contre un Record, pour avoir fait assigner par ledit Record qui étoit son Clerc.

246. 10°. Ils ne peuvent être Geoliers ni Guichetiers. (Ordonnance de 1670, *tit. 13, art. 3.*)

Ni Archers de Maréchaussée. (Déclaration du 28 Mars 1720, *art.* 5.)

Ni Taverniers, ou Hôtelliers; à peine de grosse amende. (Arrêt de l'Echiquier de Rouen de l'année 1389, rapporté par Terrien sur l'article de la Coutume de Normandie.)

Ni Fermiers des amendes. (Ordonnance de Blois, *art.* 132.)

Ni Solliciteurs de procès. (Arrêt du Parlement de Toulouse du 5 Décembre 1422, rapporté par Laroche-Flavin, Traité des Parlements, *liv. 2, ch. 16, n. 69.*)

11°. Les Huissiers ou Sergents ne peuvent être en même-temps Notaires ; & ces deux offices sont incompatibles dans les grandes villes. (Arrêt du Parlement du 11 Février 1630, rapporté par Bardet, *tom. 1*, *liv. 3*, *chap. 87.*)

Mais il en est autrement dans les petites villes. (Bardet, *ibid.*) ; & même en Bretagne. (Arrêt du Parlement de Rennes, du 16 Septembre 1632, rapporté par Frain, plaidoyer 122.)

Mais alors, ils ne peuvent mettre à exécution les actes qu'ils ont passés comme Notaires. (Voyez Frain, *ibid.*)

12°. Ils ne peuvent signer comme témoins aucuns actes sous seing privé ; à peine de nullité, & de 200 livres d'amende. (Arrêt du Conseil du 29 Décembre 1716, rapporté aux Réglements de Justice, *tom. 2*, *pag. 384.*)

248 13°. Les Huissiers, même ceux des Cours, ne peuvent se qualifier du nom de *Maîtres*. (Voyez Laroche-Flavin, Traité des Parlements, *liv. 2*, *chap. 16*, *n. 110.*)

Contra, par l'Edit de Janvier 1691, qui confirme les Huissiers du Parlement dans le droit de se dire & qualifier *Maîtres*.

Les Huissiers du Parlement de Grenoble ont aussi été autorisés à prendre la même qualité, par une Déclaration du 22 Mai 1691.

14°. Enfin, il faut observer que les Sergents ne peuvent s'appeller Huissiers, à moins qu'ils n'aient droit d'exploiter par tout le Royaume. (Arrêt du Conseil du 15 Juin 1694, rapporté au Recueil des Réglements de Justice, *tom. 1*, *pag. 426.*)

ARTICLE XII.

Des Privileges des Huissiers & Sergents.

249. 1°. Il leur est permis de porter des pistolets, & autres armes, lorsqu'ils vont par la campagne, pour sureté de leurs personnes dans l'exercice de leurs fonctions. (Déclaration du 18 Juillet 1615.)

L'Edit d'Amboise du mois de Janvier 1572, *art. 6*, portoit, qu'ils n'auront autres armes que l'épée ; sinon avec permission du Juge.

2°. Les offices des Huissiers & Sergents ont été déclarés héréditaires par une Déclaration du 23 Mars 1672, qui réduit le nombre de ces offices ; & depuis, ils ont été confirmés dans cette hérédité par Edit du mois de Juillet 1690 ; autre Déclaration du Roi du 3 Décembre 1743, rapportée au nouveau titre Des Huissiers, *pag.* 463, de l'édition de 1752.

3°. Les offices des Huissiers & Sergents qui sont tués dans leurs fonctions, ne tombent point aux parties casuelles. (Voyez ce qui a été dit ci-dessus, *n.* 239.)

ARTICLE XIII.

Des salaires des Huissiers & Sergents.

250. 1°. Les Huissiers & Sergents doivent être modérés en leurs salaires. (Edit d'Amboise du mois de Janvier 1572, *art.* 6; Edit de Melun, *art.* 32; Réglement du Conseil du 24 Mai 1603, pour le Présidial de Bourg-en-Bresse, *art.* 120.)

Et les Juges doivent tenir exactement la main à ce que lesdits Huissiers & Sergents n'exigent pour leurs droits que ce qui leur est réglé par les Ordonnances; & punir exactement ceux qui prennent au-dessus, & qui font des exactions.

2° Ils doivent être payés de leurs salaires suivant la taxe qui en est faite par les Ordonnances, ou par les Juges; & ces taxes doivent être fixées dans des tableaux ou tarifs dressés à cet effet. (Ordonnance de Blois, *art.* 160 & 163.)

251. 3°. Lorsqu'ils sont chargés de faire plusieurs exécutions contre différentes personnes, ils ne doivent pas recevoir pour leur salaire plus qu'ils auroient reçu, si l'exécution eût été faite contre un seul. (Ordonnance du mois de Mars 1302, *art.* 27.)

4°. S'ils ont plusieurs exécutions à faire dans une ville ou village des environs, ils doivent tout faire en un jour, s'il est possible; & il ne leur doit être payé qu'une seule journée, pour toutes les exécutions qu'ils auront faites dans ce jour; à peine de privation d'office. (Ordonnance du mois de Mars 1356, *art.* 18; autre du 29 Décembre 1490, *art.* 85; autre du mois de Mars 1498, *art.* 154; autre du mois d'Octobre 1535, *chap.* 6, *art.* 10; & *chap.* 20, *art.* 3.)

5°. Ils sont tenus de déclarer par leurs exploits, le lieu d'où ils sont partis; la distance desdits lieux; & s'ils y sont allés exprès; à peine de 100 livres d'amende. (Edit du mois de Janvier 1573, *art.* 2; Réglement de Doron du 10 Janvier 1587, pour la Prévôté d'Orléans; Tarif des Huissiers & Sergents du Bailliage d'Auxerre du 28 Juin 1735, qui ajoute, que faute de faire cette mention, ils ne seront payés que sur le pied des droits fixés pour les exploits faits dans le lieu de leur résidence; & leur fait défenses, d'en prendre ni exiger de plus forts; sous peine de concussion.

252. 6°. En cas de séjour pour vacation ou travail, de quelque maniere que ce soit, ils ne peuvent exiger aucun salaire des parties, qu'ils ne fassent apparoir de la taxe du Juge.

7°. Quand ils vont exploiter hors leur ressort, il ne doit leur être fait plus grande taxe contre la partie adverse, que si l'Huissier avoit été pris sur le lieu. (Edit du mois de Mai 1568, *art. 5*, rapporté par Joly, *pag. 1621*; Ordonnance du mois d'Octobre 1535, *chap. 6*, *art. 3.*)

8°. Ils doivent mettre au bas des exploits & significations, & de tous autres actes, les sommes qu'ils auront reçues; sans pouvoir exiger de plus grandes sommes, que celles portées par les Réglements; & faire mention, si les actes ont été par eux dressés, & les copies par eux faites des titres & pieces. (Réglement des Huissiers du Bailliage d'Auxerre, du 21 Juin 1735, *art. 13.*)

9°. Il leur est expressément défendu de rien prendre au-delà de leurs salaires; à peine de privation d'office, & de punition corporelle. (Ordonnance du mois d'Août 1539, *art.* 184;) même sur peine de la vie; (Ordonnance de Blois, *art.* 160.)

253. 10°. Il leur est aussi défendu de prendre aucune chose, encore qu'elle leur fût volontairement offerte, pour conduire & faire enrégistrer à l'Audience ceux qui ont obtenu des lettres de grace, & sous quelqu'autre prétexte que ce soit; à peine de concussion, & de restitution du quadruple. (Ordonnance de 1670, *tit.* 16, *art.* 23.)

11°. Dans les exécutoires des frais des procès criminels, quoique les Procureurs du Roi y soient seuls parties, néanmoins les Huissiers doivent être payés de leurs assignations aux témoins, captures & conduite des prisonniers, ainsi que des saisies & exécutions. (Arrêt du Conseil du 26 Octobre 1683.)

12°. Ils sont tenus de faire tous actes dont ils sont requis, contre toutes sortes de personnes indistinctement; même les uns contre les autres, soit à leur requête, ou à celle des particuliers; à peine de 20 livres d'amende pour la premiere fois, & d'interdiction en cas de récidive. (Tarif des frais des Huissiers pour le Bailliage d'Auxerre de 1735, ci-dessus cité, *art.* 14.)

254. 13°. Dans le cas d'infraction de la part des Huissiers aux articles de la taxe dressée pour régler leurs droits, & autres portés par les Réglements qui les fixent, ils doivent être punis de 20 livres

d'amende pour la premiere fois ; d'interdiction pour la seconde ; & en cas de récidive, être poursuivis extraordinairement. (Même Réglement d'Auxerre, *art. 19.*)

14°. Ils ne peuvent demander leurs salaires après l'année. (Ordonnance du mois d'Octobre 1535, *chap. 18*, *art. 13 ;* ainsi jugé par Arrêt du Parlement de Dijon, du 24 Mai 1568, confirmé par un autre Arrêt du 20 Février 1603, rapporté par Bouvot, *tom. 2*, au mot *Salaires*, quest. 6.)

255. L'Arrêt du Parlement de Paris du 2 Août 1692, porte,

Que les Procureurs ne pourront demander leurs salaires deux ans après qu'ils auront été révoqués, ou que les parties seront décédées ; encore qu'ils aient continué d'occuper pour les mêmes parties, ou pour leurs héritiers en d'autres affaires.

Et que dans les affaires non jugées, les Procureurs ne pourront demander leurs salaires pour les procédures faites au-delà des six années précédentes immédiatement ; encore qu'ils aient continué d'y occuper ; à moins qu'ils ne les aient fait arrêter, ou reconnoître avec le calcul de la somme, s'ils excedent 200 livres.

On peut en tirer le même argument à l'égard des Huissiers.

En effet, Guenois en sa Conférence des Ordonnances, *tom. 1*, *pag. 444*, en marge, cite un Arrêt du 10 Juillet 1584, rendu contre le nommé Communi, Sergent au Bailliage du Berri, au profit du nommé François Deschamps, qui a jugé, que la prescription établie contre les Procureurs, doit aussi avoir lieu à l'égard des Sergents.

L'article 20 du titre 21 des Lettres-patentes du 18 Juin 1769, servant de Réglement pour l'administration de la Justice dans la Normandie, porte que les Huissiers & Sergents ne pourront rien demander pour le paiement de leurs frais, salaires & vacations, deux ans après que les diligences, qui en feront l'objet, auront été faites ; & qu'après ce temps, ils seront déchargés des demandes qu'on pourroit leur faire en restitution des pieces.

Et même quand un Huissier a rendu ses pieces & exploits à la partie, il est présumé payé. (Arrêts du Parlement de Provence des 29 Janvier & 15 Mars 1647, rapportés par Boniface, *tom. 1*, *liv. 1*, *tit. 25*, *n. 6* ; & *tom. 3*, *liv. 3*, *tit. 1*, *chap. 14.*)

256. 15°. Il leur est fait défenses de prendre leurs salaires des mains des débiteurs ; sinon en présence & du consentement des créanciers. (Voyez ci-dessus, *n. 188.*)

16°. L'article 4 de la Déclaration du Roi du 19 Juin 1691,

porte que, les copies des écritures, (& il en est de même des copies des exploits,) seront écrites d'écriture lisible, & ne contiendront que quarante-quatre lignes à la page du papier à deux sols, (*in-folio* de seize pouces sur douze ;) & vingt-deux syllabes à la ligne ; trente lignes à la page de papier à seize deniers, (*in*-4°. de treize pouces & demi sur neuf,) & dix-huit syllabes à la ligne ; & le quart à proportion.

A l'égard des copies de pieces qui se donnent à la tête des copies d'exploits, elles doivent être écrites à raison de quatorze lignes à la page, & de dix syllabes à la ligne, suivant le tarif des dépens du 6 Mars 1682, fait pour le Châtelet d'Orléans ; & être payées à raison de cinq sols du rôle.

Mais je crois qu'il vaut mieux suivre la regle générale observée pour les copies signifiées des sentences, jugements, & écritures en général.

ARTICLE XIV.

Tableau des salaires des Huissiers & Sergents royaux.

§. I.

En matiere civile.

257. 1°. Pour chaque exploit d'assignation, signification de sentence, dénonciation, sommation pour vente de biens, & autres actes ; sçavoir,

Pour original & copie de l'exploit :

En Ville, suivant le tarif d'Auxerre du 21 Juin 1735, *art.* 3, ... 4 s.

Et quand l'Huissier l'aura dressé, . . . 10 s.

Suivant le tarif d'Orléans du 6 Mars 1682, *art.* 4, 5 s.

Suivant le Mémoire imprimé, dressé en 1687 pour la taxe des Huissiers du Châtelet de Paris, . . 5 s.

Suivant le tarif de Lyon du 13 Septembre 1701, *art.* 1, ... *10 s. le papier compris.*

Et suivant le tarif de Poitiers du 1 Avril 1724, *art.* 131, 7 s. 6 d.

258. Dans les Fauxbourgs, suivant le tarif d'Orléans, *art.* 4, ... 7 s. 6 d.

Suivant le tarif de Paris, *art.* 1, . . . 5 f.

Et suivant le tarif de Lyon, *art.* 2, . . . *15 f. compris le papier.*

Dans la diſtance d'une lieue, ſuivant le tarif d'Orléans, *art.* 4, pour les affaires au-deſſus de trente livres, *1 liv. par lieue.*

Suivant le même tarif pour les affaires de trente livres & au-deſſous, ... *15 f. par lieue.*

Et ſuivant le tarif de Lyon, *art.* 3, à une lieue de diſtance, ... *3 liv. compris le papier & contrôle.*

Au-delà de cinq lieues, ſuivant le tarif d'Auxerre, *art.* 10, ſur le pied de dix lieues par jour, . . . *5 liv. par jour.*

Suivant le tarif de Lyon, *art.* 3, . . *6 liv. par jour.*

Et ſuivant le tarif de Poitiers, *art.* 138, . . *5 liv. 10 f. par jour.*

259. 2°. Pour les aſſignations tendantes à aſſemblées de parents ; & celles données aux témoins pour dépoſer ; ſçavoir, pour chaque parent, ou témoin dans la ville, ſuivant le tarif de Lyon, *art.* 4, . . . *7 f. 6 d. outre le papier & contrôle.*

Et dans les fauxbourgs, ſuivant le même tarif, *art.* 4, ... *10 f. outre le papier & contrôle.*

3°. Pour un exploit en retrait lignager, ſuivant le tarif de Paris, *art.* 23, avec les offres ſuivant la Coutume, recordé de témoins pour original & copie, . 2 liv.

4°. Pour proteſt des lettres de change, compris la copie des pieces, ſuivant le tarif de Paris, *art.* 23, . 1 liv.

5°. Pour la ſommation, ou ſignification de comparoir à un compulſoire original & copie, ſuivant le même tarif de Paris, *art.* 25, ... 10 f.

Et s'il y a pluſieurs parties, pour chacune, . 10 f.

260. 6°. Pour un commandement ſimple, dans le lieu de la réſidence de l'Huiſſier, ſuivant le tarif d'Auxerre, *art.* 4, ... 4 f.

Et pour ceux recordés de témoins, ... *4 f. pour chaque témoin.*

Et lorſque l'Huiſſier aura dreſſé le commandement, *10 f. pour le commandement, non compris les témoins.*

Pour un commandement en vertu d'arrêt, ſentence,

contrat, obligation, ou autre actes, pour l'original & la copie, suivant le tarif de Paris, *art.* 2, . . 10 f.

Et suivant celui d'Orléans, en ville, . . . 7 f. 6 d.

Et si le commandement est fait à plusieurs débiteurs, on paie pour chacun, ... 7 f. 6 d.

Pour le transport de l'Huissier qui fait un commandement, on paie à Orléans;

Sçavoir, à une lieue, ... 1 *liv. y compris les frais du commandement.*

Et à deux lieues, ... 2 *liv. pour le premier.*

Et s'il y a plusieurs débiteurs, ... 7 *f.* 6 *d. pour chacun des autres.*

S'il y a un des débiteurs qui demeure à quelque distance de l'endroit, on donne quelques sols de plus.

261. 7°. Pour chaque journée de transport, (*a*) composée de dix lieues, il doit être payé, suivant le tarif d'Orléans, *art.* 4, ... 5 liv.

Et suivant l'Arrêt du Conseil du 16 Octobre 1684, 6 l. 13 f. 4 d.

(Néanmoins dans l'usage on ne leur passe que six livres,) . . . . . . 6 liv.

Suivant le tarif de Paris, *art.* 34, . . . 8 liv.

(*a*) *Nota* Qu'en Mars 1302, les Sergents-à-cheval du Châtelet de Paris, n'étoient payés de leurs vacations qu'à raison de quatre sols par jour de la monnoie courante, suivant une Ordonnance de ce temps.

Suivant une autre Ordonnance de 1327, ... 6 f.

Et suivant l'Edit de 1356, *art.* 6, sur le pied de . . . 8 *f. parisis.*

Les Sergents-à-pied avoient en 1302, ... 1 *f.* 6 *d. de la monnoie courante.*

Les Sergents royaux des Bailliages, suivant l'Edit du mois de Novembre 1465, ... 5 *f. parisis.*

Suivant une Ordonnance de 1356, ... 8 *f. parisis.*

Suivant une Déclaration du 29 Décembre 1490, *art.* 85, les Sergents-à-cheval, ... 10 *f. tournois.*

Et les Sergents-à-pied, ... 5 *f. tournois.*

Suivant l'Ordonnance du mois d'Août 1539, les Sergents royaux doivent avoir par jour, ... 16 *f. parisis.*

Et suivant l'Edit du mois de Janvier 1573, ... 1 *l.* 4 *f. parisis.*

Et

Et suivant le tarif d'Auxerre, *art.* 10; sçavoir,

Aux Huissiers-Audienciers, ... 6 liv.

Et aux Sergents royaux, ... 5 liv.

Et suivant le tarif de Poitiers, *art.* 135, pour la journée, ... 5 l. 10 s.

262. 8°. Pour le dressé des exploits, assignations, commandements, & autres actes; sçavoir, pour les demandes en matiere réelle, comme révendication, action hypothecaire, retrait lignager, complainte possessoire, reconnoissance de cens & autres. *Suivant le tarif d'Orléans, art. 1, . . . 1 liv. 10 s. compris le droit de consultation; sauf pour les reconnoissances de cens pour lesquelles il sera taxé 10 sols seulement pour chacun exploit, compris le droit de consultation, lorsqu'il y aura plusieurs censitaires assignés.*

Pour le dressé des demandes en matieres personnelles excédentes cent livres, suivant le tarif d'Orléans, *art.* 2, ... 1 liv.

Pour celles de cent livres & au-dessous, jusqu'à dix livres, ... 15 *s. compris le droit de consultation.*

Et pour celles de dix livres & au-dessous, . . 5 s.

263. 9°. Pour la copie des titres & pieces qui sont en tête des exploits, suivant le tarif d'Auxerre, *art.* 3, . 2 *s. du rôle des titres & pieces écrites en papier.*

Et pour celle des titres & pieces écrites en parchemin; le tout en rôles ordinaires, . . . 3 *s. du rôle.*

Suivant le tarif d'Orléans, *art.* 4, (ou des extraits, si les pieces sont trop longues,) pour chaque rôle qui contiendra quatorze lignes à la page, & dix syllabes à la ligne, ... 5 s.

Suivant un Mémoire que j'ai vu d'un ancien Conseiller au Présidial d'Orléans, dans le temps que les Juges de ce Siege étoient taxateurs des dépens, c'est-à-dire, depuis 1689 jusqu'en 1715, on payoit aux Huissiers, par rôle de copie des actes, . . . 2 *s.* 6 *d. non compris le papier.*

Suivant le tarif de Poitiers, *art.* 132, pour copie des pieces signifiées en petit papier, par page, . . 5 s.

Et en moyen papier, (*ibid.* art. 133.) . . . . 7 s. 6 d.

264. 10°. Pour les copies d'exploits, outre la premiere copie.

A Orléans on paie, ... , *moitié de l'original.*

Et l'on ne paie rien pour la premiere copie.

11°. Pour les exploits de saisie, arrêt, original & copie, suivant le tarif de Paris, *art.* 3, ... 10 s.

A Orléans, dans la ville, suivant le Mémoire ci-dessus cité, ... 7 s. 6 d.

Et dans les fauxbourgs, ... 10 s.

Suivant le tarif de Lyon, *art.* 16, quand elles sont faites en différentes maisons, ... 15 s.

Et dans la même maison, s'il y en a plusieurs, ne sera taxé pour chacune que . . . . . 10 s.

Pour la dénonciation au saisi, compris les copies des saisies, soit qu'il y ait assignation, ou non, suivant le tarif de Paris, *art.* 4, ... 10 s.

12°. Pour une saisie, gagerie, soit qu'il y ait gardien, ou non, compris le commandement qui est en tête, suivant le tarif de Paris, *art.* 5, . . 1 l. 10 s.

265. 13°. Pour une saisie, exécution (*a*) de meubles, où il y aura gardien, au Sergent & à ses assistants, suivant le tarif de Paris, *art.* 6, ... 3 liv.

Pour une saisie, exécution de meubles, non compris le transport, suivant le tarif de Poitiers, *art.* 148, . . 3 l. 4 s.

Pour une saisie de meubles à la ville, contrôle, signification, papier & témoins, suivant le tarif de Lyon, *art.* 12, ... 3 l. 12 s.

Pour une saisie sans enlevement, suivant le tarif d'Auxerre, *art.* 5, y compris les Records, . . 3 liv.

A Orléans, suivant le Mémoire ci-dessus cité, dans la ville & fauxbourgs, ... *2 liv. avec les Records.*

Pour une saisie de meubles avec enlévement, y compris les droits des témoins, suivant le tarif d'Auxerre, *art.* 5, ... , 4 liv.

(*a*) *Nota.* Les saisies mobiliaires coutent ordinairement vingt-quatre sols de contrôle.

A Orléans, ſuivant le Mémoire ci-deſſus cité, quand ils ſont aſſiſtés de Records, . . . 3 l. 10 ſ.

(En tout ceci, n'eſt compris le voyage de l'Huiſſier.)

266. 14°. Pour une ſaiſie générale, à Orléans on paie à proportion du travail.

15°. On paie aux Records, ou aſſiſtants; ſçavoir,

En ville, à Orléans, à chaque Records, . . . 5 ſ.

Suivant le tarif d'Auxerre, *art.* 4, ... 4 ſ.

Et ſuivant celui de Poitiers, *art.* 151, ... *moitié de la taxe du Sergent, s'il y a même tranſport.*

Dans les fauxbourgs, à Orléans, . . . 7 ſ. 6 d.

Dans la diſtance d'une lieue, à Orléans, . . 10 ſ.

Et ſuivant le tarif d'Auxerre, *art.* 8 & 10, . . 10 ſ.

Au-delà d'une lieue, à Orléans, . . *10 ſ. par lieue.*

Pour la journée entiere, ſuivant le tarif d'Auxerre, *art.* 10, ... 2 l. 10 ſ.

16°. Pour la vacation du Gardien, elle eſt arbitraire.

A Orléans, on paie ordinairement, . . . *1 liv. par jour.*

267. 17°. Pour la vacation des Huiſſiers établis à la garde des ſcellés, ſuivant le tarif d'Auxerre, *art.* 7; ſçavoir,

Aux Huiſſiers-Audienciers, . . . 3 liv.

Et aux Sergents royaux, y compris la nuit, . . 2 l. 10 ſ.

Suivant le tarif de Paris, *art.* 10, l'Huiſſier doit avoir pendant les quinze premiers jours, . . *4 liv. par jour.*

Et après les quinze premiers jours, . . . *3 liv. ſeulement.*

Suivant le même tarif de Paris, *art.* 11, il eſt dit, que ſi pendant les jours qu'un Huiſſier, ou Sergent aura été établi gardien, il procede à la priſée, ou vente des meubles qui ſeront à ſa garde, il ne lui ſera rien taxé pour ſa journée de garniſon; mais qu'il ſera taxé pour deux vacations, l'une du matin, & l'autre de relevée, ſix livres; & ce pendant le temps ſeulement qu'il travaillera à la priſée & vente.

268. 18°. Pour la ſignification de la ſaiſie au gardien, c'eſt une copie de la ſaiſie de plus, qui ſe paie ſur le pied des copies.

19°. Pour une ſaiſie de fruits à la campagne, on paie; ſçavoir,

A Orléans, suivant le Mémoire ci-dessus cité, *n.* 263, outre les vingt sols par lieue, on leur taxe leur travail, suivant la qualité des fruits; *v. g.* si ce sont des fruits en différentes pieces & clos, on taxe 5 livres, ou 6 livres, plus ou moins, par rapport au travail.

Il en est de même des saisies de bleds, & autres grains.

Pour les saisies de fruits, suivant le tarif de Lyon, *art.* 15, dans les fauxbourgs, compris les témoins, contrôle, signification & copie, . . . 3 l. 12 s.

Et dans un plus grand éloignement, on paie suivant la distance. (*Ibid.*)

269. Pour une saisie de fruits, suivant le tarif de Poitiers, *art.* 139, ... 2 liv.

Et pour les saisies de fruits qui se feront à la campagne, il est porté par le même tarif que les Huissiers & assistants auront, outre & par-dessus la taxe du procès-verbal, leur transport. (*Ibid.*, art. 140.)

20°. Par la vacation des Huissiers-Priseurs à la prisée & estimation des meubles, ou effets saisis, suivant l'Edit du mois d'Octobre 1696, 4 deniers pour livre du prix des ventes.

Pour chaque rôle de grosse de leurs procès-verbaux, 2 s. 6 d.

Et pour l'enrégistrement de chacune des oppositions qui seront faites à la délivrance des deniers, pareil droit de, ... 2 s. 6 d.

270. 21°. Pour vacation à la vente des meubles, ou effets saisis; sçavoir, dans la ville.

Aux Huissiers-Audienciers, suivant le tarif d'Auxerre, *art.* 6, ... 2 liv.

Et aux Sergents royaux, suivant le même tarif, *même article*, ... 1 l. 10 s.

Pour vacation aux inventaires & estimations de meubles, suivant le tarif de Lyon, *pag.* 19.

En ville, ... 3 liv.

Et en campagne, ... 3 l. 10 s.

Pour chaque vacation à la vente des effets saisis,

On paie à Orléans, quand il y en a deux par jour, 2 liv.

Et en campagne, ... 3 liv.

parce qu'on n'en fait qu'une qui dure depuis huit heures du matin, jusqu'à quatre heures du soir.

Le tout non compris le voyage.

Au Châtelet de Paris, pour chaque vacation, soit de matin, soit de relevée, qui ne pourra être moindre de trois heures.

Suivant le tarif de Paris, (*a*) *art.* 8 & 11, . . . 3 liv.

271. 22°. Pour le récolement des meubles saisis, soit qu'il y ait eu transport ou non.

Suivant le tarif de Paris, *art.* 7, il n'est rien dû; parce que ce récolement doit se faire le jour de la vente, & est compris dans la premiere vacation.

23°. Pour les charettes, ou autres frais à faire pour le transport des meubles saisis, ils sont taxés, à Paris, par le Lieutenant-Civil en la maniere accoutumée, sur les minutes des procès-verbaux des Sergents, sans aucuns frais, suivant le tarif de Paris, *art.* 7.

24°. Pour chaque vacation à un compulsoire, suivant le tarif de Paris, *art.* 26 & 27, ... 3 liv.

Et pour chaque rôle de grosse, qui sera en grand papier, de vingt-deux lignes à la page, & de quinze syllabes à la ligne, (*ibid.* art. 27,) . . . . . 5 s.

Pour vacation aux compulsoires, suivant le tarif de Lyon, *pag.* 20, ... , . . 2 l. 5 s.

272. 25°. Pour chaque vacation de Record à la vente des effets saisis, suivant le tarif d'Auxerre, *art.* 6, . 10 s.

26°. Pour la grosse des procès-verbaux de ventes, compulsoires, saisies réelles, criées, & autres actes, on prend; sçavoir,

A Orléans, pour chaque rôle, ... 3 s. 8 d.

Et même quelquefois, ... 5 s.

Suivant l'Edit d'Octobre 1696, ... 2 s. 6 d.

Mais cet Edit a été révoqué par une Déclaration

(*a*) Suivant une Déclaration du Roi du 18 Juin 1758, les droits des Huissiers-Priseurs de Paris ont été réglés; sçavoir,

Pour chaque vacation aux prisées, à . . . . 6 liv.

Et pour chaque vacation aux ventes, à . . . . 7 liv.

De plus, ils ont les trois deniers pour livre du montant des ventes volontaires; & quatre deniers pour livre des ventes forcées.

Outre cela, on leur paie neuf sols pour chaque rôle de grosse; le tout suivant la même Déclaration.

du 12 Mars 1697, rapportée au Recueil des Réglements de Justice, *tom.* 2, *pag.* 40, qui leur permet de prendre les mêmes droits dont ils ont joui jusqu'alors.

Suivant le tarif d'Auxerre, *art.* 12, . . . *2 s. 6 d. par rôle de 13 à 14 lignes à la page.*

Suivant le tarif de Paris, *art.* 35, ils sont taxés à raison de 5 sols du rôle, de vingt-deux lignes, & quinze syllabes; & si le rôle est moins rempli de lignes & syllabes, il leur est diminué à proportion.

273. 27°. Pour signification & copie des grosses des procès-verbaux de ventes & autres sujets à signification; sçavoir,

Pour la copie signifiée au saisi, suivant le tarif de Paris, *art.* 36, ... *Le tiers de la grosse.*

Et s'il y a plus d'une signification, . . . *Le quart pour chacune.*

28°. Pour la publication des ventes de meubles & héritages saisis; suivant le tarif d'Auxerre, *art.* 2, . . *15 sols pour chaque.*

Pour la publication faite à la porte d'une Eglise, suivant l'Arrêt du Parlement du 12 Février 1699, rapporté au Recueil des Réglements de Justice, *tom.* 2, *pag.* 67, ... 10 s.

29°. Pour la reddition du compte de l'Huissier, . *rien.*

30°. Pour les oppositions au sceau ès mains des Gardes des rôles des offices de France, *&c.*

Suivant le tarif de Paris, *art.* 30, ... 1 liv.

Saisies réelles.

274. 31°. Pour le commandement qui précede la saisie réelle, non compris les Records.

Suivant le tarif d'Orléans, *art.* 34, on paie; sçavoir,

Dans la ville, ... 7 s. 6 d.

Dans les fauxbourgs, ... 10 s.

Et au-delà, ... *1 liv. par lieue.*

32°. Pour la saisie réelle d'une maison, héritages, rentes, ou offices, y compris la signification à la partie saisie; on paie, suivant le tarif d'Orléans, *art.* 37; sçavoir,

En ville, ... 4 liv.

275. Et pour celles qui se font à la campagne, elles se paient arbitrairement, suivant la distance des lieux, qualité & quantité des biens saisis. Par exemple, lorsqu'on saisit une terre labourable en roture où il y a plusieurs pieces en divers clos, on leur taxe 8, 9, & 10 livres, même davantage, à proportion du travail, (suivant le Mémoire ci-dessus cité, *n.* 263,) outre les 20 sols par lieue qu'on donne à l'Huissier.

Pour la saisie réelle d'une maison, d'une ou plusieurs parties de rentes dûes à un même débiteur, ou d'un office, suivant le tarif de Paris, *art.* 13, . . . 2 liv.

Et suivant le tarif de Poitiers, *art.* 170, . . . 3 l. 4 s.

276. Pour une maison de campagne, suivant le tarif de Poitiers, *art.* 171, ... 4 l. 10 s.
sauf à augmenter, suivant la grandeur & consistance des domaines saisis. (Même tarif, *art.* 172.)

S'il y a plusieurs maisons, ou plusieurs parties de rentes dûes par divers particuliers, on paie, suivant le tarif de Paris, *art.* 13, pour chacune des autres maisons, ou par chacune des autres parties de rente, . 1 liv.

Suivant le tarif de Lyon, *pag.* 16, on paie; sçavoir,

Pour la saisie réelle d'une maison dans la ville, ou partie de maison, compris l'assistance des témoins, le contrôle, papier, copie & signification, ... 4 l. 10 s.

Et s'il y a plus d'une maison, ... *6 liv. outre le contrôle.*

277. Dans les fauxbourgs, pour une seule maison, quoiqu'il y ait d'autres fonds en dépendants, compris les témoins, outre le contrôle, ... 6 liv.

Et dans la distance d'une ou deux lieues, . . . 9 liv.

Pour les confins des biens de campagne, pour chaque article de saisie réelle, jusqu'au nombre de vingt, 20 sols; & 10 sols pour chaque article au-dessus dudit nombre; si ce n'est que les fonds fussent en différentes Paroisses, auquel cas les articles demeureront réglés à 20 sols chacun; le tout suivant le même tarif de Lyon.

33°. Pour la copie de la saisie réelle qui sera donnée à la partie saisie, suivant le tarif de Paris, *art.* 14, 1 liv.

Et s'il y a plusieurs copies, (*ibid.* art. 15,) . . . *15 s. pour chaque.*

278. Lorsque l'exploit de signification de la saisie réelle, qui sera faite à la partie saisie, ne contiendra point la signification d'apposition d'affiches, il sera taxé au Sergent & témoin, pour chacune signification qui sera faite aux parties saisies, (*ibid.* art. 16.) . . . 5 s.

34°. Pour la grosse des saisies & criées, il doit être taxé par rôle, suivant le tarif de Poitiers, *art.* 180 & 181; sçavoir,

En papier moyen, ... 5 *s. du rôle.*

Et en petit papier, ... 3 *s.* 4 *d.*

Pour la grosse de la saisie réelle, placard, criées, affiches & signification, suivant le tarif de Lyon, *pag.* 18; sçavoir,

En grand papier de vingt-deux lignes à la page, & de quinze syllabes à la ligne, ... 5 *s. du rôle.*

Et en petit-papier, ... *à proportion.*

279. 35°. Pour apposition d'affiches, suivant le tarif de Paris, *art.* 16, ... 20 *s. tant pour les originaux, que pour les copies.*

Pour les procès-verbaux d'affiches de pannonceaux en chacune paroisse, suivant le tarif de Poitiers, *art.* 176, non compris le transport, controle & papier, 2 liv.

Suivant le tarif d'Orléans, *art.* 42, pour les originaux d'affiches, ... 5 *s. du rôle.*

Et pour chaque copie, suivant le même tarif, *art.* 43, ... *Le tiers de l'original.*

S'il y a plusieurs maisons, ou rentes saisies, ou offices, il sera taxé, suivant le tarif de Paris, *art.* 17, pour chacune apposition, ... 10 s.

280. 36°. Pour chaque procès-verbal de quatre criées, & quatorzaine, sera taxé, suivant le tarif de Paris, *art.* 18, compris la grosse, ... 10 liv.

Pour chaque criée d'une maison dans la ville, suivant le tarif de Lyon, *pag.* 17, compris le papier, contrôle & témoins, ... 4 liv.

Pour deux maisons, si elles sont jointes, ou de la même paroisse, . . , ... 5 l.

Et si elles sont de diférentes paroisses, . . *4 liv. pour chaque.*

(Le

(Le tout compris les témoins, papier & contrôle.)

Pour chaque criée dans les fauxbourgs, suivant le tarif de Lyon, *ibid.* . . . . . 4l. 10ſ.

Dans une plus grande diſtance, . . . 8 *liv. par jour.* outre 4 livres pour les publications & affiches.

Pour la premiere criée, ſuivant le tarif de Poitiers, *art.* 177, ... 2 liv.

Pour la ſeconde & troiſieme criée, (*ibid.*, art. 178,) 1 l. 10ſ.

Pour la quatrieme criée, ſuivant le tarif de Poitiers, *ibid.* art. 179, ... 3 liv.

281. 37°. Pour l'appoſition d'affiche à la quarantaine au nombre de quatre, y compris la copie & les témoins, ſuivant le tarif de Paris, *art.* 19, . . . 2 liv.

S'il y a pluſieurs offices ou maiſons, ou héritages en différentes paroiſſes, la taxe ſera augmentée à proportion, comme dans les ſaiſies, ſuivant le même tarif de Paris, *art.* 20.

38°. Pour la ſignification à la partie ſaiſie, ſuivant le tarif de Paris, *art.* 20, pour l'original & la copie, 10ſ.

Et s'il y a pluſieurs parties ſaiſies, . . . 5 *ſ. pour chacun des autres.*

39°. Pour l'exploit d'interpoſition du décret poſé à la partie ſaiſie en décret forcé, à la perſonne du ſaiſi ſera taxé, ſuivant le tarif de Paris, *art.* 21, au Sergent & au témoin, ... 2 liv.

Et s'il eſt fait au mari & à la femme, (*ibid.* art. 22,) 2 l. 10ſ.

En décret volontaire, (*ibid.* art. 22,) . . . *moitié.*

§. II.

En matiere criminelle.

282 40°. Pour un empriſonnement, ſuivant le tarif d'Auxerre, *art.* 11.

En ville, ... 3 liv.

A chaque aſſiſtant, ... 1 liv.

Et en campagne, le voyage de plus, *ibid.*

Suivant le Mémoire pour Orléans, ci-deſſus cité, *n.* 263, les empriſonnements ſe taxent par rapport à l'état des perſonnes, la difficulté qu'il y a à les emprisonner, & aux sommes pour lesquelles on les emprisonne.

Suivant le tarif de Lyon, *pag.* 19, pour un emprisonnement fait par un Huissier, assisté de deux Archers, on paie en ville, outre l'écroue, contrôle & papier, 6 liv.

Et en cas de plus grand nombre d'Archers, ou autres assistants, pour chaque assistant au nombre de deux, 1 l. 10 s.

283. Et à la campagne, l'Huissier doit avoir par jour, suivant le tarif de Lyon, *ibid.* compris l'écroue, le papier, contrôle & signification, ... 8 liv.

Chaque Archer, ... 4 liv.

Et les assistants à pied, ... 2 liv.

Suivant le tarif de Paris, *art.* 28, pour un emprisonnement à cause d'une somme de 1000 livres, (*a*) . 10 liv.

Et si la somme excede 1000 livres, . . . 15 liv.

41°. Pour une recommandation, suivant le tarif de Paris, *art.* 29, y compris la copie de l'exploit, . . 1 liv.

Outre les taxes ci-dessus, les Huissiers & Sergents doivent être payés du papier & contrôle, suivant les Réglements. (Même Tarif de Paris, *art.* 37.)

(*a*) Suivant l'article 33 de l'Edit du mois de Novembre 1465, on payoit aux Sergents du Châtelet de Paris, pour un emprisonnement dans la ville de Paris, douze deniers parisis.

TRAITÉ DES ARBITRAGES ET COMPROMIS.

1. ON appelle *Arbitres* les personnes qui sont choisies par des parties qui leur donnent pouvoir par un compromis de décider leurs contestations, ou leurs différends, & qui se promettent réciproquement de s'en tenir à la décision de ces Arbitres. On peut choisir un, ou plusieurs Arbitres à cet effet.

Il y a cette différence entre *Arbitres* & *amiables compositeurs*, que les Arbitres sont, à proprement parler, ceux qui étant choisis par les parties pour terminer leurs différends, sont obligés d'observer les formalités & la procédure établies par les Ordonnances dans la décision des contestations soumises à leur jugement; au-lieu que les Amiables-Compositeurs terminent les différends des parties sans s'arrêter aux regles, ni aux formalités de Justice, & les décident *ex æquo & bono*.

2. Dans nos mœurs les Arbitres choisis par les parties, ne different point des Amiables-Compositeurs, & sont établis pour régler *ex bono & æquo*, les demandes réciproques des parties.

Quelquefois les Juges donnent des Arbitres aux parties pour terminer leurs contestations.

La maniere de terminer les procès par la voie des Arbitres, est une des plus utiles & des plus avantageuses pour le bien public, lorsque les Arbitres y employent toute la diligence nécessaire, & toute la fermeté requise pour terminer promptement les affaires. Ils peuvent devenir par-là les Juges des familles les plus illustres, & de toutes les personnes raisonnables; sur-tout à préſent où il y a tant de danger à avoir des procès, & où il en coûte de ſi gros frais pour les faire terminer, outre les peines & les fatigues que cela occaſionne, & l'incertitude de l'événement, qui ſont tels aujourd'hui, qu'il n'y a perſonne qui ne doive deſirer de s'en rapporter à des Arbitres, plutôt que de plaider. (Voyez la Loi *quamvis arbiter*, D. *de receptis*.)

Cette voie des Arbitres & des Compromis pour terminer les procès, ſe trouve autoriſée par les Ordonnances. (Voyez l'Ordonnance du mois d'Octobre 1535, *chap.* 6, *art.* 30; celle de François I, du mois d'Août 1560; & l'article 83 de l'Ordonnance de Moulins, & autres. Voyez auſſi la Coutume de Bretagne, *art.* 18.)

3. Je renfermerai ici dans onze Sections, tout ce que je vais dire touchant les arbitrages.

Dans la premiere, je traiterai de ce que c'eſt que compromis, & ſes différents effets, *&c.*

Dans la ſeconde, je parlerai des perſonnes qui peuvent compromettre & ſe mettre ſous Arbitres.

Dans la troiſieme, de quelles choſes on peut compromettre, & dans quels cas.

Dans la quatrieme, j'examinerai quelles ſont les perſonnes qu'on peut choiſir pour Arbitres.

Dans la cinquieme, quel eſt le pouvoir des Arbitres; juſqu'où il s'étend, & comment il finit.

Dans la ſixieme, quels ſont les devoirs & obligations des Arbitres.

Dans la ſeptieme, quelle eſt la procédure & inſtruction qui ſe fait devant les Arbitres.

Dans la huitieme, je traiterai des Sentences & Jugements rendus par les Arbitres; & j'y ajouterai ce qui regarde les Greffiers des Arbitrages.

Dans la neuvieme, je parlerai de la procédure à l'effet de faire homologuer les Sentences arbitrales, ou de les faire déclarer exécutoires.

Dans la dixieme, de l'appel des Sentences arbitrales, & comment on peut éviter cet appel.

Enfin, dans la onzieme, je traiterai des Arbitres de droit, ou forcée.

SECTION PREMIERE.

Du Compromis, & de ses différents effets.

4. Le Compromis est l'acte par lequel des parties se soumettent à la décision d'un ou de plusieurs Arbitres, pour juger & terminer leurs différends.

Ces sortes de compromis peuvent avoir lieu, tant sur un différend particulier, que sur toutes les contestations en général qui divisent les parties. (L. 21, §. 6, D. *de receptis* ;) mais il faut que ces différends soient nés au temps du compromis ; car il ne peut avoir lieu pour raison des contestations qui pourroient survenir par la suite, suivant la L. 46, au Digeste du même titre *de receptis*.

Plusieurs conditions sont nécessaires pour la validité d'un compromis.

5. 1°. Il doit contenir le délai dans lequel les parties doivent donner leur décision ; & ce temps doit être exprimé dans l'acte : car il ne seroit pas juste que les Arbitres, ni les parties pussent différer le jugement de leurs différends jusqu'à l'infini.

En Droit un compromis étoit valable, quoiqu'il n'y eut aucun temps limité, suivant la Loi 14, D. *de receptis* : mais on prétend que dans le ressort du Parlement de Paris, un tel compromis doit être regardé comme nul. (Ainsi jugé par Arrêt du Parlement de Paris du 5 Janvier 1626 ; autre du 10 Décembre 1627, rapporté tous les deux au Journal des Audiences. Voyez aussi Lapeyrere, au mot *Arbitre* ; autre Arrêt du Parlement de Dijon du 9 Juillet 1750, au rapport de Monsieur Deminot fils.)

Néanmoins cela doit s'entendre seulement en ce sens, que les parties ont toujours, ou l'une d'elles, le pouvoir de révoquer le compromis, où il n'y a point de temps limité, tant que le jugement des Arbitres n'est point rendu. Mais si les Arbitres ont rendu leur jugement, alors ce jugement est valable, quoique rendu sur un compromis qui n'avoit aucun temps limité. (Ainsi jugé par Arrêt du 5 Janvier 1626, rapporté au Journal des Audiences ; & c'est ainsi que l'établit aussi Dufrêne, sur la fin de l'Arrêt du 10 Décembre 1627, qui vient d'être cité.)

6. La raison pour laquelle le compromis est valable, (quoique le temps n'y soit pas exprimé,) & que la Sentence rendue par les ar-

bitres eſt bonne dans ce cas, eſt que les parties ayant ainſi conſenti, & ſubi volontairement de cette maniere la juriſdiction des arbitres, ont été endroit de le faire, & ne ſont plus recevables à s'en plaindre après que le compromis eſt fini & conſommé. Mais d'un autre côté, comme il ne ſeroit pas juſte qu'un arbitre pût abuſer de la facilité des parties, & différer à ſa volonté le jugement du procès ſoumis à ſa déciſion; où qu'une partie pût par ce moyen empêcher ce jugement par colluſion & intelligence avec cet arbitre; il eſt permis dans ce cas à l'une des parties, contre la volonté de l'autre, de proteſter de nullité contre le jugement, pourvu qu'il ne ſoit point encore rendu; enſorte que cette proteſtation ou oppoſition ainſi formée par l'une des parties, avant que le jugement ſoit rendu, lie les mains aux arbitres qui n'ont plus alors de pouvoir; parce que leur pouvoir n'étant borné par aucun temps, il eſt libre à l'une des parties de le détruire, ſans qu'on lui puiſſe oppoſer qu'elle revient contre ſon propre fait.

7. 2°. Le compromis doit contenir la ſoumiſſion des parties au jugement des arbitres, & le nom de ces mêmes arbitres; car l'arbitrage ſoumis à de certaines perſonnes ne s'étend pas à d'autres. (L. 45. D. *de receptis.*)

On choiſit ordinairement les arbitres au nombre de deux; mais on peut s'en rapporter à un ſeul ou en augmenter le nombre, ſi on le juge à propos. Il eſt quelquefois à propos de les choiſir en nombre impair pour éviter qu'ils ne ſoient partagés dans les opinions.

On peut auſſi par le compromis donner pouvoir aux arbitres de prendre pour tiers, en cas de partage d'opinions, telle perſonne qu'ils jugeront à propos qu'on nomme ſur-arbitre.

8. 3°. En droit, il faloit néceſſairement pour la validité du compromis, qu'il y eût une peine ſtipulée contre celui qui n'acquieſceroit point au jugement des arbitres. (L. 13, §. 1, D. *de receptis.* Novelle 82, (c. 11; & authentique *decernit; eod. tit.*) Mais il en eſt autrement parmi nous; le compromis ſubſiſte quoiqu'il n'y ait aucune peine ſtipulée contre le contrevenant, & il eſt libre aux parties de ſtipuler cette peine ou non. C'eſt la diſpoſition expreſſe de l'Ordonnance de François I du mois d'Octobre 1535, *chap.* 16, *art.* 30; de celle de François II du mois d'Août 1560; & de celle du mois de Janvier 1629, *art.* 152; qui autoriſent les jugemens rendus ſur les compromis des parties, encore qu'il n'y eut aucune peine appoſée par leſdits compromis.

Toute la différence qu'il y a, c'est que quand il y a une peine stipulée, il faut que cette peine soit payée avant tout par celui qui se pourvoit par appel contre la sentence arbitrale.

9. On peut stipuler différentes peines par un compromis; *v. g.* une certaine somme d'argent qui sera payée par le contrevenant à l'autre partie, qu'il est même à propos de consigner. On peut aussi stipuler toute autre peine. (L. 11, §. 2, D. *de receptis*;) & même l'une des parties peut stipuler une peine & l'autre une autre. (*Ibid.*)

Mais on ne pourroit apposer pour peine dans un compromis, que celui qui appellera du jugement des arbitres, perdra tous les droits qu'il peut prétendre dans la chose dont il s'agit; car si cela avoit lieu, ce seroit un moyen de rendre illusoires les appels des sentences arbitrales. (Papon, *liv. 6*, *tit. 3*, *art.* 1; & Chenu *ibidem*, en ses additions, *art.* 2 & 5.)

On peut encore s'obliger par paroles d'honneur de garder la peine portée par un compromis; & dans ce cas, on prétend que le contrevenant (du moins s'il est noble) peut être assigné pardevant les Lieutenants des Maréchaux de France, & autres Juges du point d'honneur, pour le paiement de cette peine; & qu'on est dans l'usage dans ces tribunaux de faire droit sur ces sortes de demandes.

10. Il est est aussi à propos de mettre par le compromis, que les parties produiront leurs pieces & mémoires huit ou quinze jours avant l'expiration du délai fixé pour le jugement; afin que les arbitres puissent juger par défaut, si ces productions ne leur sont point remises.

Les parties ne peuvent convenir par le compromis, qu'il ne leur sera pas permis d'appeller du jugement qui sera rendu par les arbitres; parce que elles ne peuvent, par leur consentement, donner aux arbitres plus d'autorité que celle qui leur est donnée par les Ordonnances. Or, par l'Ordonnance de François I du mois d'Août 1560, ci-dessus citée, les jugemens des arbitres n'ont force que de sentences, dont il peut être appellé aux Cours souveraines. (Voyez Papon, *liv. 6*, *tit.* 3, *n. 1*; & la Bibliotheque du Droit François, de Bouchel, au mot *Arbitres.* Ainsi jugé par Arrêt du 17 Février 1634, rapporté par Boniface, *tom.* 2, *part. 3*, *liv.* 2, *tit. 8*, *ch. 1.*)

Il n'est pas nécessaire que le compromis soit passé devant Notaires; mais il faut qu'il soit controlé avant d'en faire usage, par la sentence arbitrale. (Arrêt du Conseil du 6 Avril 1715.)

Modele de Compromis.

11. Nous soussignés M. . . . . d'une part, & N. . . . d'autre part, pour faire cesser le procès meu entre nous au Bailliage d'Orléans, au sujet de, &c. Sommes convenus d'en passer par l'avis & jugement de M[rs]. A. . . . & B. . . . que nous avons choisis pour arbitres, auxquels nous promettons de remettre, au plûtard dans . . . les pieces, poursuites & procédures dont nous ententendons nous servir : pour, par eux, rendre leur jugement arbitral dans les trois mois, à compter de ce jour. Lequel jugement nous promettons entretenir & y acquiescer comme Arrêt de Cour; à peine de 1000 livres que celui qui y contreviendra payera, avant que de pouvoir dire & alléguer aucune chose contraire; sçavoir, moitié à l'Hôpital-Général, & l'autre moité à la partie acquiesçante. Et où lesdits Sieurs arbitres se trouveroient contraires en opinion, ils seront tenus de s'en rapporter à un tiers, dont ils conviendront pour sur-arbitre de nos différents & contestations; auxquels Sieurs arbitres, donnons pouvoir de liquider les dépens par la même sentence. Fait à . . . , double sous nos seings privés, ce . . .

Des effets & suites du Compromis.

12. Quand des parties ont une fois compromis devant des arbitres, pour la décision de leurs différents, elles ne peuvent plus s'en désister, si ce n'est d'un mutuel consentement. (L. 3, §. 1 & 2. L. 4, 5 & 32, §. 12, D. *de receptis.*) Mais cette obligation ne passe point contre les héritiers des parties qui ont compromis. (Voyez ci-après, *n. 47.*)

A l'égard des arbitres, ils ne pouvoient par le Droit Romain, se dispenser de juger : mais dans nos mœurs il en est autrement. (Voyez ce qui est dit ci-après au titre *Des devoirs des arbitres*, n. 50 & suivants.)

Un autre effet du compromis, est d'empêcher la prescription de l'action pour raison du différent soumis à la décision des arbitres.

Et il en est de même de la peremption d'instance pour raison de de cette action. (Ainsi jugé par Arrêt du 21 Janvier 1636, rapporté par Bardet, *tom.* 2, *liv.* 5, *ch.* 1; autre du 22 Janvier 1639, rapporté *ibid.*; autre du 9 Janvier 1624, rapporté par le même Auteur, *tom.* 1, *liv.* 2, *ch.* 1.)

SECTION II.

Des personnes qui peuvent compromettre & se soumettre au jugement des Arbitres.

13. Tous ceux qui sont en état de s'obliger & de procéder de leur chef en Justice, ont la liberté de se soumettre à des arbitres, & de compromettre sur toutes sortes d'affaires; pourvu que le Roi ou le public n'y ait aucun intérêt.

D'où il suit que ceux qui ne peuvent aliéner, ne peuvent compromettre; parce que le compromis tend à l'aliénation. (*Ita*, Dumoulin, *in Deciani consil.* 39, *verbo* Regulam; & *consil.* 282, *verbo* Compromissum; & *cap.* 5, *de arbitr.*) Ainsi,

1°. Les mineurs ne peuvent compromettre ni soumettre la décision de leur procès au jugement d'arbitres. (L. 3. D. *de receptis.* L. *si minor.* §. 1, D. *de minoribus*; ainsi jugé par Arrêt du Parlement de Dijon du mois de Juillet 1561, rapporté par Bouvot, *tom.* 1, *part.* 3, au mot *Mineur*, *quest.* 4, par lequel un compromis fait par un mineur, a été déclaré nul; autre Arrêt semblable du Parlement de Paris du 2 Juin 1573, rapporté par Papon, *liv.* 6, *tit.* 3, aux additions, *n.* 4.)

Mais cette rigueur du droit n'a plus lieu depuis qu'il est permis d'appeller des sentences des arbitres. (C'est ainsi que le pense Mainard en ses questions, *liv.* 8, *ch.* 80; & Laroche-Flavin en ses Arrêts, *liv.* 6, *tit.* 6, au mot *Sentence arbitrale*, n. 1, où il rapporte un Arrêt du Parlement de Toulouse du 18 Février 1590, qui l'a ainsi jugé.)

14. Ainsi parmi nous on autorise les mineurs à compromettre, avec l'autorité de leur tuteur ou curateur. Mais quant à la peine stipulée par le compromis, ils ne doivent point être condamnés à la payer. (Ainsi jugé par Arrêt du 16 Avril 1625, rapporté par Bardet, *tom.* 1, *liv.* 2, *ch.* 36;) quand même cette peine auroit été stipulée par le mineur, du consentement de son tuteur ou curateur; (Arrêt du 18 Mars 1595, rapporté par Papon, *liv.* 6, *tit.* 3, aux additions, *n.* 10; & par M. Louet, *lettre* C, *ch.* 4; par

lequel des lettres obtenues par un tuteur pour ses mineurs, furent entérinées; & ce faisant, il lui fut permis de poursuivre son appel, sans payer la peine due par le compromis, de laquelle il fut déchargé. Autre Arrêt rapporté par Brodeau sur M. Louet, *lettre* C. *ch.* 4, *n.* 3; autre du 3 Mai 1673, rapporté *ibid.* n. 12, confirmatif d'une sentence, par laquelle des lettres obtenues par un mineur, contre un compromis par lui passé en présence de son oncle, avec stipulation de peine, dans le cas où il voudroit poursuivre l'appel par lui interjetté de la sentence arbitrale, furent entérinées, & le mineur déchargé de la peine.)

15. S'il n'en étoit pas ainsi, on pourroit stipuler dans un compromis une peine si forte, qu'il seroit plus avantageux au mineur d'acquiescer à la sentence arbitrale, quoiqu'injuste, que d'en appeller en payant la peine portée au compromis.

Mais la peine stipulée par un mineur peut avoir lieu, lorsque ce mineur a donné caution de la payer. (L. 32, §. 8, D. *de receptis.*)

Le mineur qui est émancipé, peut compromettre, touchant ses revenus, sans le consentement de son tuteur; mais à l'égard de la peine, pour sçavoir s'il peut en stipuler une, cela dépend de la nature de cette peine & des circonstances.

2°. Les femmes mariées ne peuvent compromettre, si ce n'est du consentement & de l'autorité de leur mari. (Chassanée sur la Coutume de Bourgogne, au titre *Des droits des gens mariés*, § 1, au mot *en puissance*, n. 9; Voyez aussi la Loi 32, §. 2, D. *de receptis.*)

Il en est de même des esclaves. (L. 32, D. 8, *eod. titulo.*)

16. 3°. Les Bénéficiers, & autres gens de main-morte, ne peuvent compromettre, ni mettre en arbitrage les contestations concernant la propriété des fonds & droits qui leur appartiennent. (Ainsi jugé par Arrêt du Grand-Conseil du 26 Octobre 1755, rapporté par Dénisart *en ses Collections de Jurisprudence*, au mot *Compromis*; autres des 14 Décembre 1757, & 5 Mai 1758.)

Ces Arrêts sont fondés sur l'impuissance où est l'Eglise, d'aliéner ses fonds, & sur ce que le compromis tend à l'aliénation.

Néanmoins les Administrateurs de l'Hôpital-Général de Paris peuvent transiger & compromettre, *&c.* suivant l'article 4 de l'Edit de 1656, portant établissement de cet Hôpital.

17. 4°. Comme les transactions passées avec les Syndics & Echevins au nom des Communautés, sont valables quand elles se font en vertu de procuration ou acte d'assemblée en bonne forme, il

s'ensuit par une conséquence nécessaire, que les compromis faits en vertu de ces procurations, sont valables, quand la transaction ne se fait pas de choses prohibées; & qu'en cas d'appel, la peine qui y est stipulée, est due par les habitants. (Ainsi jugé par plusieurs Arrêts de la Cour des Aides, & entr'autres par un rendu le 23 Avril 1624, rapporté par Brodeau sur Louet, *lettre* C, *ch.* 4, *n.* 6; Voyez aussi Bouvot, *tom.* 2, au mot *Transaction*, quest. 9; où il rapporte un Arrêt du Parlement de Dijon du 5 Août 1605, conforme à cette maxime.)

L'Ordonnance de Léopold du mois de Juillet 1701, rendu pour la Lorraine, *tit.* 21, de la procédure civile, *art.* 3, porte que les communautés & les mineurs peuvent se mettre sous-arbitres; mais sous peine & à la charge de ne compromettre que par avis de parents, ou consultation d'Avocats.

18. 5°. Il en est de même des compromis passés par les Bénéficiers pour droits & domaines dépendants de leurs bénéfices, même entre deux contendants à un même bénéfice. Ces compromis sont valables & la peine en est due personnellement par le bénéficier; celui-ci ne pouvant pas venir contre son propre fait. (Ainsi jugé par Arrêt du premier Octobre 1633, rapporté par Brodeau sur Louet, *lettre* C, *ch.* 4, *n.* 7; Voyez aussi Bibliotheque Canonique, *tom.* 1, *pag.* 464, *col.* 1; & Lacombe en sa Jurisprudence Canonique, au mot *Transaction*. L'Edit du mois de Décembre 1691, portant création de Notaites Apostoliques, *art.* 6, suppose aussi cette faculté dans les Bénéficiers.)

Cette regle doit pareillement avoir lieu à l'égard des Officiers, pour raison de leurs offices; mais il faut que dans l'un & l'autre cas, il ne s'agisse que des droits & revenus ordinaires, & personnels du titulaire du bénéfice ou de l'office: car s'il s'agissoit des droits qui donnent atteinte au fond du bénéfice, ou de l'office, il ne seroit plus permis alors de compromettre.

19. 6°. Un fondé de procuration générale, même à l'effet de transiger, ne peut pas compromettre; parce que celui qui compromet se donne des Juges particuliers, & autres que les Juges ordinaires. Ainsi il faut pour cela un pouvoir spécial: & en cas d'appel de la sentence arbitrale intervenue sur un compromis passé par un fondé de procuration, sans charge & pouvoir spécial à cet effet, la peine n'est point due. (Ainsi jugé par Arrêt du 26 Novembre 1593, rapporté par Expilli en ses Arrêts, art. 112; autre Arrêt du 10 Jan-

vier 1629, rapporté par Brodeau sur Louet, *lettre* G, *ch.* 4, n. 7; Voyez aussi Guipape, en sa question 285, *n.* 2.)

7°. Il faut être libre pour compromettre; ainsi un compromis seroit nul, si un Juge avoit forcé les parties de compromettre; (L. 3, D. *de receptis.*) Il en est de même, si le compromis avoit été passé par un prisonnier. (Arrêt du 27 Février 1586, rapporté par Papon, *liv.* 6, *tit.* 3, aux additions, *n.* 4.)

SECTION III.

De quelles choses on peut compromettre, & dans quels cas.

20. On peut compromettre en général de toutes choses qui peuvent être le sujet d'un procès; pourvu que la chose ne regarde que l'intérêt particulier de ceux qui compromettent, & qu'ils en aient la libre & entiere disposition. C'est pourquoi cette regle souffre plusieurs exceptions; ainsi,

1°. On ne peut compromettre pour les droits spirituels d'un bénéfice, même entre les mains d'Ecclésiastiques. (Ainsi réglé par Arrêt du 1 Juillet 1625, rapporté au Journal des Audiences, qui a jugé qu'un compromis fait par des Religieux, touchant l'administration du temporel & du spirituel de leur Abbaye, entre les mains de personnes ecclésiastiques & séculieres, étoit nul; & qui a cassé la Sentence arbitrale rendue à ce sujet.)

La raison qu'en donne Dufrêne sur cet Arrêt, est que *ubi Ecclesiastica negotia tractantur, seculares non debent admitti*, suivant le Concile de Calcedoine, & le Chapitre *contingit 8, Extrà de arbitris*; & le Chapitre *decernimus* 2, ibid. *de judiciis*; Voyez aussi Mazuer, en sa Pratique, *tit.* 7, *art.* 8; & Gui-Pape, *quest.* 69, *n.* 3.)

21. Il paroît même qu'on doit regarder comme une regle générale, qu'on ne peut compromettre pour des choses spirituelles entre les mains de personnes ecclésiastiques. (Voyez Lanfranc, *in tract. de arbitris, in 4ª. parte.*)

2°. On ne peut compromettre des choses qui intéressent le public. C'est pourquoi les compromis faits touchant les crimes qui intéressent le ministere public, sont nuls. (L. 32, §. 6 & 7, D. *de receptis*; Mornac, *ibid.* d'Argentré sur la Coutume de Bretagne, *art.* 18, *glos.* 3, *n.* 4 & 6. Ainsi jugé par Arrêt du 18 Août 1629, rapporté par Bardet, *tom.* 1, *liv.* 3, *chap.* 60.)

La raison est qu'il n'est pas au pouvoir des particuliers de toucher à ce qui regarde l'intérêt public : or, la peine qui est dûe pour raison des crimes, regarde l'intérêt public : ainsi il n'est pas au pouvoir des Arbitres de prononcer sur cette peine. A l'égard des intérêts civiles provenants des délits, les parties peuvent les soumettre à la décision des Arbitres, ainsi que les dépens des procès criminels ; parce que ces choses ne regardent que l'intérêt des particuliers. (Voyez l'article 19 du titre 25 de l'Ordonnance criminelle de 1670.)

Par la même raison, quand il ne s'agit que de délits privés & qui n'intéressent point le ministere public, rien n'empêche que les parties ne puissent les soumettre à la décision des Arbitres.

22. 3°. On ne peut compromettre des causes qui regardent l'état des personnes ; comme par exemple, s'il s'agissoit de sçavoir, si un homme est légitime ou bâtard, libre ou esclave, Gentilhomme ou Roturier ; ni en général de celles qui peuvent intéresser l'honneur ou la dignité des personnes. (L. 32, §. 7, D. *de receptis ;* L. *ult.* Cod. *ubi caus. stat. agi debeat.* Voyez Raviot, *quest.* 62, *n.* 9, *tom.* 1, *pag.* 148. Arrêt du Parlement de Bourgogne du 12 cembre 1608, rapporté par Bouvot, *tom.* 2, au mot *Arbitre*, quest. 2, qui a jugé, qu'on ne pouvoit compromettre de la qualité de noble & exemption de taille.)

Il en est de même des causes de mariage, pour sçavoir s'il est valable, ou non. (Arrêt du Parlement de Bourgogne du 2 Avril 1567, rapporté par Bouvot, tom. 2, *ibid.* quest. 13 ;) parce qu'il n'appartient qu'aux Juges d'Eglise, ou en cas d'appel comme d'abus, au Parlement, à prononcer sur la validité ou invalidité des mariages, & jamais aux particuliers.

23. 4°. On ne peut compromettre pour raison d'aliments laissés par testament.

5°. On peut se mettre sous Arbitres, non-seulement pour raison d'un différend qui n'a point encore été porté en Justice, mais encore pour raison d'une instance pendante, même en cause d'appel. Néanmoins, s'il s'agit d'un appel comme d'abus, il n'est pas permis de compromettre ni de transiger sans le consentement des Gens du Roi : parce que les contraventions aux saints Décrets, aux Ordonnances de nos Rois, & aux Libertés de l'Eglise Gallicane, intéressent le public.

SECTION IV.

Des personnes qu'on peut choisir pour Arbitres.

24. Toutes personnes en général peuvent être choisies pour Arbitres ; même les Ecclésiastiques, en matiere profane ou autre. (Fevret, Traité de l'abus, *liv.* 4, *chap.* 4, *n.* 8.)

Et même le fils en la cause de son pere. (L. 6, D. *de receptis.*)

Néanmoins cette regle souffre plusieurs exceptions : ainsi,

1°. On ne peut être Arbitre en sa propre cause. (L. 51, D. *de receptis.* (

2°. Ni les furieux. (L. 9, §. 1, D. *eod. titulo.*)

3°. Ni les sourds & muets. (*ibid.*)

4°. Ni les infames. (Mornac, L. 7, D. *eod. tit.*)

5°. Ni les esclaves, L. 7, D. *de receptis.*)

6°. Ni les Religieux. (Voyez Francomarc, *tom.* 1, *quest.* 527.)

7°. *Question.* Les Mineurs peuvent-ils être Arbitres ?

Suivant le Droit Romain, un mineur de vingt ans ne pouvoit être Arbitre ; & lorsqu'il étoit au-dessus de l'âge de 20 ans, mais mineur, il pouvoit se faire restituer contre l'obligation par lui subie, en acceptant le compromis. (L. 42, D. *de receptis* ; L. 9, §. 1, D. *eod. tit.*)

25. Mornac sur cette question, est d'avis, qu'un mineur de 25 ans ne peut en tout être Arbitre ; ce qui est fondé, ajoute cet Auteur, sur ce que les arbitrages ont été établis à l'instar des jugements qui se rendent par les Juges ordinaires. (Voyez Mornac sur la L. 41, D. *de receptis.*)

Néanmoins d'autres Auteurs pensent, que si un mineur d'une capacité reconnue, avoit été choisi pour Arbitre, & qu'il eût rendu sa Sentence, elle ne seroit pas nulle par notre usage. (Voyez Domat, Loix Civiles, *liv.* 1, *tit.* 7, *section* 1, *art.* 10, *pag.* 87.)

8°. *Autre question.* Les femmes ou filles peuvent-elles être choisies pour Arbitres ?

Elles ne le pouvoient dans le Droit Romain, suivant la Loi derniere, au Cod. *de receptis* ; & la L. 2, D. *de reg. juris.* On doit observer la même chose dans nos mœurs, ainsi que le pensent quelques Auteurs ; parce que suivant eux, il seroit absurde qu'une femme eût rendu une Sentence dont on pourroit appeller en Cour souveraine. (Voyez Leprêtre, *Centur. 3, ch. 40, n. 12.*)

26. Néanmoins quand ce sont des Reines & des Princesses, Duchesses, ou autres Dames de grande distinction, on peut les prendre pour Arbitres. Voyez Gregor. *syntagma juris*, lib. 47, chap. 39, n. 23; Mornac sur la Loi derniere au Cod. *de receptis*; Cujas, *lib. 13, observ. cap. 3*; le canon *Mennam*, au Décret, caus. 2, quest. 5, & le chap. *dilectio*, Extrà *de arbitris*; où il est même dit que, *juxtà consuetudinem approbatam quæ pro lege servatur in partibus Gallicanis fœminas præcellentes in subjectos suos ordinariam habere jurisdictionem.* C'est aussi la disposition du chapitre 3, aux Décrétales, tit. *de arbitris*, qui porte, que les femmes qui ont une jurisdiction, peuvent être choisies pour Arbitres. Voyez encore les Arrêts d'Augeard, *tom. 2, pag. 225, de l'édition* in-4°.

27. Nous avons dans l'Histoire, & même dans celle de France, des exemples de Reines & autres personnes distinguées qui ont été appellées à des jugements; & entre autres Jeanne de Bourbon, femme de Charle V, qui assista à côté de lui, lorsqu'il tint son Lit-de-Justice au Palais contre le Prince de Galles, en l'année 1369. (Histoire de Belle-Forest, *pag. 927, verso*;) & même par un privilege particulier aux Pairs de France, les femmes qui ont cette qualité, peuvent assister aux jugements que donnent les Pairs. Du Tillet en son Recueil des Rois de France, *tom. 1, pag. 562*; & Belle-Forest, *pag. 373*, en rapportent des exemples.

On trouve cependant quelques Arrêts qui ont rejeté des Sentences arbitrales rendues par des femmes de distinction, quoique légitimement rendues. (Arrêt du 29 Août 1602, rapporté par Leprêtre, *Centurie 3, chap. 40, n. 12, sur la fin*, au sujet d'une Sentence arbitrale, rendue par Madame la Maréchale de Lavardin, assistée d'une autre Dame & d'un Gentilhomme, entre un mari & une femme qui étoient ses vassaux; quoique cette Sentence fût juste & raisonnable, & que la Cour ait rendu un jugement semblable à celui porté par cette Sentence arbitrale.)

Autre Arrêt du 14 Janvier 1603, rapporté par Peleus, *action. for. liv. 4, action. 30*, qui a déclaré nulle une Sentence arbitrale, rendue par la Dame Marquise de Nesle, & deux autres prises pour Arbitres avec elle. Mais ce fut parce qu'il s'agissoit des droits du Greffier de sa Justice, & parce qu'elle avoit intérêt dans la cause, ainsi que l'observe Charondas en ses Réponses, *liv. 13, répons. 34.*

28. 9°. *Question.* Un Juge ordinaire peut-il être Arbitre dans une cause dépendante de sa Justice ?

L'article 17 de la Coutume de Bretagne, porte en termes exprès, que les Juges des parties ne peuvent être Arbitres de leurs différends; (Voyez d'Argentré sur cet article. Bouvot, *tom.* 2, au mot *Arbitre*, quest. 11, rapporte aussi un Arrêt du Parlement de Dijon du 1 Mars 1597, qui l'a ainsi jugé; & Dufail, *liv.* 2, *chap.* 517, en rapporte un autre du Parlement de Bretagne du 20 Mars 1576, conforme à cette décision. Autre Arrêt du Parlement de Paris du 31 Mai 1622, rapporté par Bouchel en sa Bibliotheque, au mot *Arbitres*, qui a déclaré nulle une Sentence arbitrale, rendue par le Lieutenant particulier de Saumur, sur le fondement qu'il n'avoit pu se charger d'un arbitrage.)

En droit, celui qui étoit Juge d'une cause, ne pouvoit se charger de la décider par la voie de l'arbitrage. C'est la disposition de la L. 9, §. *si quis judex*, D. *de receptis.*

Ce qui doit s'entendre néanmoins en ce sens, que les Juges ne peuvent être Arbitres des procès pendants devant eux, suivant Fevret, Traité de l'Abus, *liv.* 4, *chap.* 4, *n.* 11, aux notes. (*Ita etiam*, Mazuer en sa Pratique, *tit.* 7, Des Arbitres, *n.* 9.)

29. Les Ordonnances du Royaume défendent aux Présidents & aux Conseilliers des Cours souveraines de se charger d'arbitrages des causes pendantes en la Cour & dans les Justices de son ressort. C'est la disposition de l'Ordonnance du mois d'Octobre 1535, rendue pour la Provence, *chap.* 1, *art.* 75. *Idem*, par l'article 99 de l'Ordonnance d'Abbeville du 23 Février 1539, rendue pour le Dauphiné. On trouve aussi quelques Réglements du Parlement de Toulouse, qui portent, que les Présidents, Conseillers & Gens du Roi de ladite Cour, ne pourront accepter aucun arbitrage sans permission de la Cour, suivant une Mercuriale de l'année 1584, rapportée par Laroche-Flavin en son Traité des Parlements, *liv.* 8, *chap.* 8, *n.* 2; & suivant un autre Réglement du 22 Juin 1701, rapporté au Recueil des Réglements du Parlement de Toulouse, imprimé à Toulouse en 1756, en deux volumes *in-8°. tome* 1, *page* 118, *art.* 1 & 2. Autre Arrêt du Parlement de Dijon du 29 Novembre 1571, rapporté par Bouvot, *tom.* 1, *part.* 2, au mot *Conseiller*, qui a jugé, qu'un Conseiller de la Cour qui est Juge nécessaire, ne pouvoit être Arbitre, à moins qu'il ne fût parent ou recusé; autre du même Parlement du 21 Mars 1725, au rapport de Mr. Fleutelot.

Mais

30. Mais comme il n'y a point d'Ordonnance pareille pour le Parlement de Paris, cela fait que le Réglement dont on vient de parler ne s'y observe point ; & l'on souffre dans notre usage que des Officiers, même d'une compagnie supérieure, soient pris pour Arbitres des procès dont ils doivent être Juges ; ce qui se pratique ainsi par un motif de bien public, que la faveur des accommodements autorise.

Chorier en sa Jurisprudence sur Guipape, *pag. 106*, observe aussi, que quoique l'article 99 de l'Ordonnance d'Abbeville ne permette point aux Présidents ni aux Conseillers du Parlement d'être Arbitres dans les matieres qui doivent être jugées dans la Province, néanmoins le contraire s'observe en conséquence d'un Réglement de ladite Cour de l'année 1560. (Voyez aussi Guipape en sa *quest. 69.*)

31. Cette regle a lieu, à plus forte raison, à l'égard des autres Juges des Justices ordinaires. (Arrêt du 13 Décembre 1623, rendu en la Chambre de l'Edit, & rapporté par Bouchel en sa Bibliotheque, au mot *Arbitres*, qui a jugé, qu'un Conseiller d'un Siege pouvoit être Arbitre.)

Il faut néanmoins excepter de cette regle le cas où il s'agit de compromettre sur un procès déja porté en Justice ; car celui qui en est Rapporteur, ne peut pas en être Arbitre. (*Ita*, Mornac sur la Loi 9, D. *de receptis*, où il rapporte un Arrêt du 20 Mars 1601, qui l'a ainsi jugé.)

10°. Les Laïques ne peuvent être Arbitres en matiere spirituelle, non plus que les Ecclésiastiques. (Voyez ci-dessus, *n.* 20.)

11°. On prétend aussi que les Arbitres doivent être de profession à connoître du fait pour lequel ils sont choisis par les parties. (Voyez Albert, *lettre* A, *art.* 20, où il cite un Arrêt qui a cassé une Sentence arbitrale, rendue par deux Artisans, qui avoient jugé une question de droit.)

SECTION V.

Du pouvoir des Arbitres.

32. 1°. Le pouvoir des Arbitres est borné aux choses du compromis. (L. 35, §. 15 & 21, & L. 43, D. *de receptis* ;) & tout ce qu'ils feroient au-delà de l'étendue de ce compromis, feroit sans effet, (*ibid. ibid.*) C'est pourquoi, s'il survient quelqu'autre différend,

l'une des parties n'est pas en droit d'en demander le renvoi devant les Arbitres auxquels elles s'en sont rapportées pour d'autres contestations. (Ainsi jugé par Arrêt du 19 Juin 1617, rapporté par Bouvot, *tom.* 2, au mot *Arbitres*, quest. 1.)

Mais parmi nous, on met ordinairement dans le compromis la clause générale, que les Arbitres seront en droit de prononcer sur toutes les contestations des parties qui ont rapport au compromis; & même à celles qui surviendront pendant le cours de l'arbitrage.

Si le compromis fixoit un certain temps pour l'instruction de ce que le Arbitres ont à juger, ils ne peuvent rendre leur Sentence avant ce délai; (L. 3, D. *de receptis.*)

33. 2°. Les Arbitres exercent les mêmes fonctions que font les Juges, lorsque les parties plaident en Justice. Ainsi ils peuvent instruire les procès qu'ils ont à juger, rendre des Sentences interlocutoires, & après l'instruction rendre une Sentence diffinitive pour terminer les différends dont ils étoient Juges. (L. 1, & L. 3, §. 1, D. *de receptis.* L. 14, §. 1, Cod. *de judiciis.*)

Néanmoins ces fonctions ne sont pas bornées avec la même sévérité que celles des Juges; & ils peuvent préférer quelquefois les considérations du bien & de la paix, à l'exactitude de la Justice, qui pourroit laisser des occasions de divisions. Ainsi dans des questions douteuses, ils prennent des tempéraments & des moyens pour concilier les parties, tels que les parties les prendroient elles-mêmes: si au-lieu d'un jugement elles prenoient le parti de transiger.

34. Mais ils doivent avoir grande attention de ne se pas considérer comme Arbitres pour une partie seulement; ni s'intéresser en faveur de la partie qui les a choisis, plutôt qu'en faveur de l'autre: & ils doivent avoir les mêmes égards pour toutes les deux, & ne distinguer le plus ou moins de retranchement sur les droits de l'une des deux, que par les vues des différences de ces mêmes droits, comme le feroient ceux à qui les parties seroient inconnues: autrement ce seroit une injustice, que la liberté des tempéraments permis aux parties, ne pourroit excuser.

3°. Les Arbitres ne peuvent connoître de la réconvention d'une des parties; à moins que cela ne soit porté par le compromis. (*Ita* Brodeau sur l'article 106 de la Coutume de Paris, *n.* 4; & c'est une suite de ce qui a été dit ci-dessus. (Voyez la L. 32, §. 15, D. *de receptis*; & le canon 6, *de arbitris.*)

en est de même de la garantie, à moins que les garants n'aient aussi compromis.

35. 4°. Ils peuvent, quand il est nécessaire, rendre des Sentences pour faire preuve d'un fait contesté, & entendre les témoins produits par les parties. (L. *fin.* Cod. *de testibus ;*) & même recevoir leur serment.

Mais ils ne peuvent contraindre les témoins de venir déposer devant eux ; parce qu'ils n'ont aucune puissance publique ; ni même les faire assigner à comparoître devant eux ; parce qu'ils n'ont aucun droit de jurisdiction sur ces témoins. (L. 2, §. *fin.* D. *de judic.* Voyez aussi Lebrun dans son Procès-civil & criminel, *édition de 1658, pag. 86.* Ainsi jugé par Arrêt du Parlement de Dijon du 28 Mars 1714.)

C'est pourquoi, lorsque des témoins refusent de comparoître devant les Arbitres, il faut recourir à l'autorité du Juge, pour contraindre ces témoins de venir déposer devant les Arbitres. L'Ordonnance de Léopold du mois de Juillet 1701, rendue pour la Lorraine, touchant la procédure civile, *tit. 21, art. 10*, porte, que si les Arbitres ont quelque enquête à faire, ils seront tenus de prendre *pareatis* des Juges pour l'exécution de leurs ordonnances.

36. Néanmoins les Arbitres peuvent citer devant-eux les parties mêmes qui ont compromis ; *v. g.* pour subir interrogatoire sur faits & articles, *&c.* (L. 49, *sed & interpellatur*, §. 1, *arbiter*, D. *de receptis arbitr.*)

On prétend aussi que les Arbitres ne peuvent déléguer ; & c'est ainsi que le pense Farinacius *in tractatu de testibus*, quest. 77, n. 145 & 146 ; à moins que cela ne se fasse du consentement des parties. (*Ibid.* n. 147.)

5°. Les Arbitres peuvent connoître & juger les incidents qui peuvent se présenter dans le cours de l'instance soumise à leur décision, & sans lesquels la cause ne pourroit être jugée ; comme s'il s'agissoit de vérifier une écriture.

Mais si l'une des parties vouloit s'inscrire en faux contre une piece produite, & que l'autre partie déclarât vouloir s'en servir, alors les Arbitres doivent ordonner que les parties se pourvoiront pour l'incident de faux par-devant le Juge qui en doit connoître, au Greffe duquel la piece doit être remise, après avoir été paraphée par les Arbitres; & ils doivent surseoir au jugement de l'instance civile pendante devant eux, jusqu'après l'instruction & le jugement du faux; pendant lequel temps le délai du compromis ne doit point courir. C'est la disposition de l'Ordonnance de Léopold, ci-dessus citée, *tit.* 21, *art.* 11.

37. 6°. Ils peuvent aussi ordonner que des héritages, ou lieux contentieux, seront visités par Experts dont les parties conviendront; & dans le cas où les parties n'en conviendroient pas, ils peuvent en nommer d'office, & même recevoir leur serment, s'ils le jugent-à-propos. Mais ils ne peuvent assigner ces Experts pour comparoître devant eux, ou pour déposer leur rapport; & dans ce cas, il faudra avoir recours à l'autorité du Juge ordinaire.

Ils peuvent aussi se transporter sur les lieux contentieux, & les examiner par eux-mêmes; mais s'il étoit nécessaire d'ordonner une descente de Juge en forme, ils doivent prendre un *pareatis* des Juges ordinaires pour l'exécution de leurs ordonnances. (Ordonnance de Léopold, *ibid.* tit. 21, art. 10.)

38. 7°. Ils peuvent interroger les parties, s'ils le jugent nécessaire, pour l'éclaircissement de la cause. (Mornac, *in.* L. 10, §. 6, D. *mandati.*)

8°. Ils peuvent aussi connoître de l'accessoire des instances; *v. g.* ordonner la restitution de pieces, *&c.*

Mais ils ne peuvent permettre d'informer d'un délit survenu incidemment; & encore moins obtenir Lettres-Monitoires pour cet effet. (Arrêt du Parlement de Dijon du 9 Août 1694, qui fait défenses aux Arbitres d'obtenir Monitoires, & aux Officiaux d'en accorder sur cette permission. Cet Arrêt est rapporté par Raviot sur la Coutume de Bourgogne, *tom.* 2, *pag.* 650, *n.* 17, en son Recueil des Arrêts du Parlement de Dijon, dans les observations sur la question 328.

9°. Les Arbitres ne peuvent connoître de l'enthérinement de Lettres de rescision, ou de restitution en entier; parce qu'il faut pour cela avoir une jurisdiction ordinaire. (Voyez *Mathias Stephanus in tractatu de jurisdictione*, *lib.* 2, *part.* 1, *cap.* 7, *n.* 5; & il a été ainsi jugé par Arrêt du Parlement de Dijon du 28 Mars 1714.) Mais il est permis aux parties de stipuler par le compromis qu'elles pourront convertir en moyens de nullité, les moyens de restitution, ou de rescision contre les actes par elles passés. (Ordonnance de Léopold, pour la Lorraine, du mois de Juillet 1701, touchant la procédure civile, *tit.* 21, *art.* 8.)

39. 10°. Ils peuvent dans leurs jugements, adjuger des provisions au profit d'une des parties, s'ils le jugent nécessaire pour le bien de la cause. Ils peuvent aussi faire dépendre la décision de la cause du serment d'une partie, & recevoir en conséquence ce serment; comme aussi condamner en des dommages & intérêts qu'ils arbitreront à cet effet, ou qu'ils feront arbitrer par des Experts par eux nommés d'office, ou qui seront choisis par les parties.

11°. Ils ne peuvent connoître des requêtes civiles; parce qu'il y auroit de l'indécence que de simples particuliers réformassent un Arrêt, ou un jugement en dernier ressort, qui ne peuvent être réformés que par les Juges qui les ont rendus, suivant l'article 20 & 27 du titre 35 de l'Ordonnance de 1667.

40. 12°. Les Arbitres en jugeant les différends des parties, sont tenus de condamner indéfiniment aux dépens celui qui succombe; si ce n'est qu'il y eût par le compromis clause expresse, portant pouvoir de les remettre, modérer, & liquider. (Ordonnance de 1667, *tit.* 31, *art.* 2;) ou qu'il y eût lieu de compenser ces dépens, ainsi que les Juges ont coutume de faire dans certaines causes.

Il faut cependant observer que si les Arbitres avoient omis de condamner aux dépens dans le cas où ils auroient dû le faire, la sentence ne seroit pas nulle pour cela; mais celui au profit de qui elle auroit été rendue, pourroit être en droit de se pourvoir pardevant le Juge ordinaire, pour en faire prononcer la condamnation.

41. Quand les Arbitres n'ont pas reçu par le compromis le pouvoir de liquider les dépens, c'est aux Procureurs des parties à les liquider; (Voyez le procès-verbal de l'Ordonnance de 1667, *pag.* 399, *tit.* 27, *art.* 2 *à la fin*;) du moins quand il y en a de cottés : ou bien il faut s'adresser au Juge ordinaire pour les liquider.

Question. Si les Arbitres ont reçus par le compromis le pouvoir de liquider les dépens, peuvent-ils les liquider à une somme fixe par leur sentence arbitrale?

Il paroît qu'oui, & que c'est une suite de la disposition portée en l'article 2 du titre 31 de l'Ordonnance de 1667. Mais entre la partie condamnée & le Procureur, cette taxe ne peut faire loi, si le Procureur prétend que cette taxe n'est pas suffisante à ſon égard ; ſauf à cette partie condamnée à faire juger la conteſtation à ce ſujet par le Juge ordinaire.

42. Il en eſt de même des droits ou ſalaires du Greffier qui reçoit la ſentence arbitrale : les Arbitres n'ont aucun pouvoir pour les régler.

13°. Les Arbitres peuvent condamner par corps dans les matieres qui y ſont ſujettes ; & il n'eſt pas néceſſaire pour cela qu'ils en aient reçu le pouvoir par le compromis.

Mais lorſqu'ils adjugent quelque ſomme, ou ordonnent quelqu'autre choſe au profit d'une de ces parties, en donnant par elle caution, il ne paroît pas que cette caution puiſſe être reçue par eux, à moins que les parties n'y conſentent. Ils peuvent ordonner alors que la caution ſera reçue devant un tel Notaire qu'ils doivent indiquer, ou autre dont les parties conviendront ; & en cas de refus de la part de quelqu'une des parties, il faudra recourir à l'autorité du Juge.

14°. Les Arbitres ne peuvent condamner une des parties en l'amende en aucun cas. (L. 42, D. *de receptis*. Voyez auſſi Fevret, Traité de l'abus, *liv.* 4, *chap.* 4, *n.* 13.)

43. 15°. Les Arbitres ne peuvent faire mettre à exécution les jugements qu'ils rendent ; & la connoiſſance de cette exécution appartient au Juge ordinaire du lieu, ſelon les voies ordinaires ; c'eſt-à-dire, par ſaiſie & exécution des meubles du condamué, & par ſaiſie réelle de ſes immeubles. (Ordonnance du mois de Janvier 1629, *art.* 52.) Le Juge ordinaire peut néanmoins renvoyer cette exécution pardevant les mêmes Arbitres, s'il ne juge pas à propos de la retenir. (Ordonnance de Léopold, pour la Lorraine, du mois de Juillet 1701, touchant la procédure civile, *tit.* 21, *art.* 17. Voyez auſſi la Loi 8, Cod. *de judiciis ;* & Mornac, *ad* L. 1, D. *de receptis.*)

La Coutume de Bretagne, *art.* 18, excepte un cas où l'Arbitre peut mettre ſa ſentence à exécution, qui eſt lorſque les choſes contentieuſes ſont entre ſes mains ; car il peut alors les délivrer à celui qui a obtenu gain de cauſe, & ainſi mettre à exécution ſon jugement.

44. 16°. Quand il ſe trouve quelque difficulté pour l'interprétation d'une ſentence arbitrale, les parties, ou l'une d'elles, ſans en interjetter appel, peuvent s'adreſſer aux Arbitres pour en faire l'interprétation, même après l'expiration du temps porté par le compromis ; & cette interprétation doit être faite l'autre partie

présente, ou appellée. (Même Ordonnance de Léopold, *ibid.* art. 17.)

Néanmoins Basset en ses Arrêts, *tom.* 1, *liv.* 2, *tit.* 22, *chap.* 7, rapporte un Arrêt du Parlement de Grenoble du 27 Mars 1631, qui a jugé qu'après le temps du compromis expiré, les Arbitres ne pouvoient plus expliquer, ni interpréter leurs sentences.

Si quelqu'un des Arbitres étoit décédé, il faudroit pour cette interprétation renvoyer devant le Juge ordinaire, lequel pourroit en ce cas prendre l'avis des autres Arbitres restants.

Comment finit le pouvoir des Arbitres.

45. Le pouvoir des Arbitres finit,

1°. Par l'expiration du temps porté par le compromis; & le jugement qui est rendu après ce temps est nul. (L. 21, §. 5, D. *de receptis*; L. 1, Cod. *eod. tit.* Voyez aussi Expilly, *Arrêt* 112.)

A moins que ce temps ne fut expiré par la faute & demeure des arbitres. (L. 2, §. 5, D. *de receptis.*)

Ou que par le compromis, les arbitres eussent reçu pouvoir de proroger le temps; ou que depuis il eut été prorogé du consentement de toutes les parties, (*Ibid.* L. 21, §. 5, D. *de receptis*; L. 33, Cod. *eod. tit.*) Autrement les arbitres ne le pourroient proroger par eux-mêmes. (L. 50. D. *de receptis.*)

Les parties ont seules le pouvoir de proroger le temps du compromis après le temps expiré, lorsque ce compromis ne donne point aux arbitres pouvoir de le proroger eux-mêmes.

46. Au reste, le pouvoir donné aux arbitres de proroger le temps du compromis ne doit rien changer aux clauses qui y sont portées. (L. 25, §. 1 & 2, D. *de receptis*; Boerius, *decis.* 284, *n.* 13.) Il en est autrement à l'égard des cautions qui ne sont obligées que quand elles font une nouvelle soumission. (L. 25, §. 2; & L. 26, D. *eod. tit.*) Néanmoins Lapeyrere, *lettre* A, *n.* 70, rapporte un Arrêt du Parlement de Bordeaux du 18 Mai 1968, au sujet de deux parties qui avoient compromis sous une peine, & qui après le temps du compromis expiré, l'avoient renouvellé sans faire mention de la peine; l'appel de la Sentence arbitrale fut reçu par cet Arrêt, sans obliger l'appellant de payer cette peine.

Un jugement interlocutoire qui seroit rendu par les arbitres, ne pourroit servir à proroger le temps du compromis, & il faudroit nécessairement pour cela un nouveau pouvoir.

Le temps du compromis étant expiré, les parties ne sont pas obligées de le proroger, si elles ne le veulent; & elles sont remises dans le même état où elles étoient avant que d'avoir passé ce compromis.

47. Il faut aussi observer qu'il n'y a que les parties elles-mêmes qui puissent prolonger le temps du compromis; & que leurs Procureurs ne le peuvent sans un pouvoir exprès & spécial. (Voyez Guipape, *quest. 85, n.* 2; & Expilli, *arrêt 112.*)

2°. Le pouvoir des arbitres finit par la mort d'une des parties qui ont passé le compromis; à moins que tous les héritiers des parties n'aient été compris dans ce compromis; (L. 27, §. 1; & L. 45, D. *de receptis.*) & les héritiers des compromissaires ne sont point obligés de tenir le compromis. (*c. Compromissum, extrà de arbitris.*)

Cependant si le compromis avoit été commencé par le pere, l'héritier peut le continuer. (Ainsi jugé par Arrêt du Parlement de Rouen du premier Février 1667, rapporté par Basnage sur la Coutume de Normandie, *art. 12, pag. 31.*)

Ce qui vient d'être dit de l'héritier, regarde aussi le successeur au bénéfice & à l'office, lesquels ne sont point obligés de tenir le compromis passé par leur prédécesseur. (c. *Compromissum extrà de arbitris.*)

48. 3°. Le pouvoir des arbitres finit aussi par la mort de l'un d'eux, (L. 40 & 45, D. *de receptis*; & il a été ainsi jugé par Arrêt du 19. Janvier 1638, rapporté par Bardet, *tom.* 2, *liv.* 7, *ch.* 6.)

4°. Il finit par la Sentence arbitrale, si elle est définitive & absolue; car alors le pouvoir dos arbitres est consommé. (L. 19. §. 2; & L. 20 & 21, *in princ.*, D. *de receptis.*

5°. Et aussi par la transaction des parties, touchant l'affaire qui faisoit l'objet du compris. (L. 32, §. 5, D. *eod. tit.*)

6°. Le pouvoir des arbitres finit aussi, quand une des parties vient à faire cession de biens; parce qu'alors l'obligation des parties devient entierement inutile. (L. 17, D. *de receptis.*)

7°. Ce pouvoir finit par l'extinction de la chose pour laquelle le compromis avoit été. (L. 52, §. 5, D. *eod. tit.*)

49. 8°. Enfin le pouvoir des arbitres finit par la révocation de ces arbitres, dans le cas où par le compromis il n'y a point de temps limité. Mais il faut, pour pouvoir faire cette révocation, que les choses soient entieres; parce que les compromis, à l'instar des Sentences arbitrales, sont des especes de jugements; *Compromissum ad instar judiciorum redigitur*, L. 1, D. *de receptis*. Ainsi il ne dépend pas de

de l'une des parties de les révoquer, *nisi rebus integris.* (Ainsi jugé par Arrêt du Parlement de Dijon du 19 Décembre 1686, rapporté par Raviot, *quest.* 328, *n.* 15, *tom.* 2, *pag.* 650.)

SECTION VI.

Des devoirs & obligations des Arbitres.

50. 1°. Les arbitres qui se sont chargés d'un arbitrage, & qui ont accepté un compromis, ne peuvent se dispenser de juger; & ils peuvent y être contraints par les parties, ou l'une d'elles, à peine de tous dommages & intérêts; à moins qu'ils n'aient des excuses suffisantes pour s'exempter de rendre leur jugement. (C'est ainsi que le pense Mornac sur la Loi 15, D. *de receptis*, où il dit que cela a été ainsi jugé par Arrêt en l'année 1595; autres Arrêts du Parlement de Paris des 26 Janvier 1534, & 13 Mai 1566, rapportés par Papon, *liv.* 6, *tit.* 3, *n.* 3; ce qui est conforme au Droit Romain, suivant la Loi 3, §. 1, D. *de receptis.*)

Néanmoins les Loix Romaines exigeoient plusieurs conditions pour qu'on pût contraindre en ce cas les arbitres de juger.

La premiere, est que le compromis devoit être revêtu de toutes ses formalités. (L. 11, §. 1 & 4, D. *de receptis*; L. 13, D. *eod. tit.*) Ainsi, lorsque le compromis étoit sous condition, l'arbitre ne pouvoit être contraint de juger; (L. 11, §. *fin.* D. *de receptis.*)

La seconde, est qu'il falloit que ces arbitres fussent soumis à la jurisdiction du prêteur. (L. 3, §. 3; & L. 4, D. *de receptis.*)

51. La troisieme, est qu'il falloit que l'arbitre n'eût aucune excuse valable pour s'empêcher de juger. Or les excuses pouvoient être de plusieurs sortes; *v. g.* si l'arbitre n'étoit pas suffisamment instruit de la cause; (L. 13, §. 4, D. *de receptis.*) S'il avoit été injurié & diffamé par les parties; où s'il étoit survenu entre lui & elles quelque inimitié capitale; (L. 9, §. 4, L. 15, D. *eod. tit.*) Si les parties, au mépris de l'autorité que l'arbitre avoit acquise par le compromis, avoient eu recours à d'autres arbitres, ou avoient porté la cause en Justice; (L. 10 & 11, D. *de receptis*;) ou si l'arbitre étoit revêtu de quelque magistrature; *v. g.* de Consul ou de Prêteur; (L. 3, §. 3, D. *eod. tit.*) où enfin, s'il avoit quelqu'autre excuse valable d'âge, maladie, ou d'occupation pour ses propres affaires, ou pour celles de la république. (L. 15 & 16, D. *de receptis.*)

La quatrieme condition, est que quand il y avoit plusieurs arbitres nommés, on ne pouvoit contraindre l'un d'eux à juger; mais il falloit les contraindre ensemble. (L. 17, §. 2; L. 32, §. 13, D. *eod. tit.*)

52. Dans nos mœurs, & par l'usage qui se pratique aujourd'hui, on n'impose point aux arbitres la nécessité de juger; & on ne les contraint point à rendre leur Sentence, s'ils ne trouvent pas à propos de le faire. Car comme il peut survenir des causes qui obligent un arbitre à s'abstenir de juger, quoiqu'il l'ait promis, & même des causes qu'il ne doit pas être obligé d'expliquer en Justice; on lui laisse la liberté d'exercer ou de ne pas exercer cette fonction, qui doit être libre; & l'on évite par là des inconvénients qu'il est aisé de prévoir.

2°. Les arbitres doivent rendre leur Sentence dans le temps fixé par le compromis; & elle seroit nulle, si elle étoit rendue après ce temps expiré; car alors leur pouvoir est fini, & ils cessent d'être arbitres. (L. 1, Cod. *de receptis*. Voyez ce qui a été dit ci-dessus, *n.* 45.)

3°. Enfin les arbitres ne peuvent excéder leur pouvoir; autrement tout ce qu'ils feroient seroit nul.

SECTION VII.

De la procédure & instruction qui se fait devant les Arbitres.

53. 1°. Les arbitres choisis par les parties, n'étant autre chose que des amiables compositeurs, établis pour terminer leurs différends, ne sont point tenus d'observer exactement les formalités arbitraires de l'instruction & de la procédure; comme on le peut voir en la Novelle 86, de Justinien, Authent. *si vero contigit.* Ainsi ils ne sont point obligés dans les enquêtes qu'ils font, d'observer les délais, de faire prêter le serment aux témoins, &c. Ils doivent seulement observer les formalités qui sont essentielles dans l'ordre judiciaire; comme s'il s'agit d'une affaire qui mérite instruction, il faut que les parties produisent, contredisent & justifient par actes, leurs titres & prétentions; à l'effet de quoi il faut leur accorder un délai raisonnable. (Voyez Mornac, *ad* L. 10, §. 6 *si quis*, D. *mandati.*) Mais il n'est pas nécessaire pour cela de se servir du ministere des Procureurs.

L'Ordonnance du Commerce du mois de Mars 1673, *tit.* 4,

art. 12, en a une disposition à l'égard des arbitres auxquels des Marchands se sont soumis pour régler les différends touchant leur société. Cet article porte, » que les arbitres pourront juger sur les » pieces & mémoires qui leur seront remis, sans aucune formalité » de Justice, nonobstant l'absence de quelqu'une des parties.

54. 2°. Quand il y a plusieurs arbitres choisis pour juger une affaire, & qu'il est nécessaire d'entendre des témoins, ou de faire quelqu'autre instruction, ils ne peuvent se commettre l'un & l'autre pour les entendre, & recevoir leur serment, s'il n'est ainsi porté par le compromis; mais ils doivent être tous présents en instruisant, de même que pour rendre leur jugement. (L. 17, §. 2, D. *de receptis, c. Prudentiam deleg. de offic.* Ainsi jugé par Arrêt du 9 Juillet 1543, rapporté par Papon, *liv. 6, tit. 3, n. 11.*) Cette instruction peut se faire par des requêtes qui sont présentées aux arbitres, & répondues par eux.

3°. Il est important d'observer que quand un compromis devient nul, parce que la Sentence n'a pas été rendue dans le temps qui y étoit prescrit, & qu'une des parties n'a pas voulu les proroger; ou que l'affaire est reportée devant les Juges ordinaires pour quelqu'autre cause; les actes qui se trouvent faits pour l'instruction en exécution du compromis, subsistent, & ont tout leur effet. Ainsi, *v. g.* s'il y avoit quelque reconnoissance d'une des parties sur la vérité d'un fait contesté, ou qu'il en eût été fait quelque preuve devant les arbitres, ces actes pourroient être produits & faire foi en Justice. (L. 5, §. 1, C. *de receptis arbitr. & not.* c. *Constitutus extra de testib*; ainsi jugé par Arrêt du mois de Mars 1611, rapporté par Mornac sur la L. 60, D. *de judiciis.*)

55. 4°. On prétend que les instances pendantes devant des arbitres, tombent en péremption, comme celles des Juges ordinaires. (*Ita* Grimaudet, en son Traité des Retraits, *liv. 10, chap. 7.*) Mais ce cas ne peut guere arriver, parce que le temps qui est fixé par le compromis, doit faire la loi des arbitres; & quand il n'y a point de temps limité, les parties peuvent révoquer, quand elles le jugent à propos, le pouvoir donné à ces mêmes arbitres; ainsi qu'il a été dit ci-devant, *n. 5.*

SECTION VIII.

Des Sentences & Jugements rendus par les Arbitres.

56. 1°. Quand il y a plusieurs arbitres nommés par le compromis, ils doivent examiner le procès & le juger tous ensemble. (L. 17, §. 2, D. *de receptis.*) Autrement si l'un d'eux étoit absent, la Sentence seroit nulle. (Arrêt du 17 Avril 1663, rapporté par Basset, *tom. 1, liv. 2, tit.* 22, *ch. 6.*)

Et quand même la Sentence auroit été rendue à la pluralité; *v. g.* si de trois arbitres nommés par le compromis, l'un étoit absent, & que les deux autres eussent été de même avis, néanmoins leur Sentence seroit nulle; parce que l'absent devoit être du nombre des juges, & que son sentiment auroit pu ramener les autres à un autre avis. (L. 18, D. *eod. tit.*)

57. Si par le compromis, il étoit dit qu'un seul pourroit rendre la Sentence en l'absence des autres, alors la Sentence arbitrale seroit valable, quoique rendue par un seul arbitre. (L. 32, §. 13, D. *de receptis.*)

2°. Les arbitres en jugeant doivent prononcer sur tous les chefs. (L. 21 & L. 25, *in princ*, D. *de receptis.*)

Et ils doivent le faire par un seul & même jugement, s'il est ainsi porté par le compromis; (*Ibidem.*) Mais il en seroit autrement, s'il avoit été dit qu'ils prononceroient séparément sur les chefs qui n'ont rien de commun ensemble. (*Ibidem. Ibidem.*)

3°. Quand les parties ont compromis sur un appel, les arbitres peuvent prononcer par bien ou mal jugé. (Voyez Guipape, *quest.* 76 & 436.)

4°. Ils peuvent juger par défaut, & même ils le doivent, quand l'une des parties n'a pas produit dans le délai fixé par le compromis: pourvu qu'ils le fassent le dernier jour de ce délai. (Voyez *Mathias Stephanus, in tract. de jurisdictione, lib.* 2, *part.* 1, *cap.* 7, *membr.* 5; & Raviot, *quest.* 62, *n.* 10, *tom.* 1, *pag.* 148.)

58. 5°. Les arbitres peuvent rendre leur jugement un jour de Fête, s'ils le rendent le dernier jour du délai porté par le compromis, & que ce délai ne puisse être prorogé. (L. 13, §. 3; L. 36, D. *de receptis.* Ainsi jugé par Arrêt du Parlement de Dijon du 4 Juillet 1716.)

Mornac sur la L. 7, au Cod. *de Feriis*, rapporte un Arrêt du 9

Janvier 1604, qui a déclaré valable une Sentence arbitrale rendue le jour du Jeudi-Saint, qu'on attaquoit par ce seul moyen.

6°. Les arbitres doivent rendre leur jugement à la pluralité des voix; c'est-à-dire, que quand ils sont de différents avis, c'est le plus grand nombre de voix qui l'emporte. (L. 27. §. 3, D. *de receptis*; Louet, *lettre* C, *chap*. 3, *n*. 1.)

Quand les arbitres ont été choisis en nombre pair, & qu'ils sont partagés, ils peuvent convenir d'un sur-arbitre sans le consentement des parties; mais ordinairement ce pouvoir de choisir un tiers arbitre, leur est donné par le compromis. L'Ordonnance du Commerce de 1673, *tit 4, Des Sociétés*, art. 11, porte que dans le cas où les arbitres choisis pour régler une société entre Marchands, seroient partagés en opinion, ils pourront convenir de sur-arbitre, sans le consentement des parties; & que s'ils n'en conviennent pas, il en sera nommé un par le Juge.

59. 7°. Les Sentences arbitrales doivent être rendues sur le vû de toutes les pieces produittes par les parties, de même que les Sentences des Juges ordinaires; & c'est ordinairement le plus jeune des arbitres qui est chargé d'en faire le rapport aux autres. Il n'est pas nécessaire qu'il soit fait mention dans la Sentence arbitrale, des pieces produites; mais si ce sont des actes ou pieces qui soient sujettes au cotrôle, & qu'elles soient contrôlées en effet, il peut en être fait mention dans la Sentence. A l'égard du compromis, il est absolument nécessaire d'en faire mention dans le vû; & à cet effet, il doit être préalablement contrôlé. Il n'est pas néanmoins nécessaire qu'il soit contrôlé dans la quinzaine de sa date, s'il n'est pas fait par Notaire, & qu'il soit seulement sous seing privé; mais il suffit qu'il soit contrôlé dans le temps que la Sentence arbitrale est rendue.

60. 8°. Les Sentences arbitrales doivent être signées de tous les arbitres. Mais si l'un d'eux étoit refusant de signer, il pourroit y être contraint par les Juges; & en cas de refus de sa part, faute par lui de signer, la Sentence arbitrale seroit aussi valable, que si elle avoit été signée par tous les arbitres. (Ainsi jugé par Arrêt du 11 Décembre 1585, rapporté par M. Louet, *lettre* C, *ch*. 3, *n*. 1; Voyez Mazuer en sa Pratique, au titre *Des Arbitres*, n. 14; & la L. 17, §. *ult*. D. *de receptis*.)

Si quelqu'un des arbitres venoit à mourir après avoir signé & arrêté quelques-uns des articles de la Sentence arbitrale, ce qui feroit fait jufqu'à fa mort, doit fubfifter. (Arrêt du 10 Juillet 1696, rapporté par Augeard, *tom.* 3, *pag.* 233.)

9°. Les arbitres ne peuvent fe taxer des vacations ni des épices; mais les Avocats choifis pour arbitres, peuvent prendre des honoraires. (Ainfi jugé par Arrêt du 18 Juin 1696, rapporté au Journal des Audiences, *tom.* 4, *pag.* 846.)

61. 10°. Quand un arbitre a été agréé par les parties au moyen d'un compromis, il ne peut être recufé. (Bouvot, *tom.* 2, au mot *Arbitres*, queft. 10.)

Il y a néanmoins des cas où cette récufation peut avoir lieu; *v. g.* fi depuis le compromis paffé, il étoit furvenu entre l'arbitre & l'une des parties, une inimitié capitale, ou autre caufe de récufation. (Voyez la L. 32, §. 14, D. *de receptis*; & la L. 3, Cod. *eod. tit.*)

Au refte, il faut obferver qu'un Juge qui s'eft ouvert dans une affaire, n'en peut plus être l'arbitre, fans le confentement par écrit de toutes les parties. (Arrêt de Réglement du Parlement de Touloufe du 22 Juin 1701, *art.* 3, rapporté au Recueil des Réglements de Touloufe, en 2 volumes, *in*-8°. *tom.* 1, *pag.* 118.)

11°. La Sentence arbitrale définitive étant une fois rendue, les arbitres ne peuvent plus la changer ni la réformer; (L. 19, §. 2; & L. 20, D. *de receptis*;) mais elle peut être expliquée. (Voyez ce qui a été dit ci-deffus, *n.* 44.

62. 12°. Les Sentences rendues par des arbitres, doivent être reçues par les Greffiers des arbitrages, qui feuls ont ce droit par l'Édit de création de ces offices. Dans la plupart des Villes, les Notaires ont réuni ces charges, & en exercent les fonctions. A Orléans cette réunion s'eft faite en 1674, moyenant 6750 livres de finance.

13°. Ces Sentences doivent être prononcées aux parties, & la prononciation en eft abfolument néceffaire pour la validité de ces mêmes Sentences. (*Ita* Mornac, *ad* L. 27, §. 4, D. *de receptis.*) Car quoique par l'article 7 du titre 26 de l'Ordonnance de 1667, la formalité des prononciations des arrêts & jugements ait été abrogée; néanmoins pour la validité d'une Sentence arbitrale, elle doit être prononcée, & cette prononciation doit même être faite dans le temps du compromis; autrement elle feroit déclarée nulle; ainfi qu'il a été jugé par Arrêt rendu en la Grand'Chambre du Parlement de Paris le 18 Juin 1698; & par un autre Arrêt rendu auffi en la Grand'Chambre le 20 Février 1713, au rapport de M.

l'Abbé Pucelle, rapporté au Dictionnaire des Arrêts, *édition de* 1727, au mot *Arbitres*, n. 16 ; ce qui est fondé sur ce que c'est la prononciation qui assure la date de la Sentence, & non la date qui y est donnée par les arbitres.

63. Cette prononciation doit être faite en présence de toutes les parties, suivant Mornac, *ad* L. 27, §. 4, D. *de receptis*, qui ajoute, à peine de nullité ; ce qu'il conclut de la L. 3, D. *de sentent.*

Elle doit se faire par le Notaire ou Greffier qui a reçu la Sentence, lequel en fait mention, & signe l'acte de cette mention ; qui doit aussi être signé des parties auxquelles la Sentence a été prononcée ; (Voyez Mornac, *ibid.*) Et si quelqu'une de ces parties refuse de signer, il doit en être fait mention, ainsi que de l'interpellation qui lui a été faite à ce sujet.

Si les parties refusoient ou négligeoient de comparoître chez le Greffier des arbitrages pour entendre cette prononciation, celui-ci peut de son propre mouvement se transporter chez elles pour la leur prononcer & faire signer, & en faire mention, ou du refus de signer.

64. On peut aussi, au lieu de prononciation, faire signifier la Sentence ; *v. g.* si l'une des parties leve une expédition de cette Sentence, & la fait signifier aux autres parties ; car alors cette signification tient lieu de prononciation.

14°. Les Sentences arbitrales se rédigent ordinairement par les arbitres, qui les remettent ensuite entre les mains du Greffier des arbitrages pour les dresser en forme, & les faire signer aux mêmes arbitres.

Ces Sentences sont sujettes au contrôle. (Voyez l'Edit des Contrôles du mois de Mars 1693 ; & le Tarif du 29 Septembre 1722, *art. 86.*)

Une Sentence arbitrale est nulle, si elle n'a pas été déposée dans le délai porté par le compromis, entre les mains du Greffier des arbitrages, lorsque ce délai a été fixé ; & s'il n'a pas été donné acte du dépot pour en assurer la date : car c'est cet acte de dépôt qui assure la date de la Sentence ; & c'est le Greffier des arbitrages qui la prononce aux parties.

Des Greffiers des Arbitrages.

65. 1°. Les Greffiers des arbitrages ont été créés en titre d'office par Edit du mois de Mars 1673 ; mais seulement dans les Justices

royales & dans celles des Duchés-Pairies, ainſi qu'il eſt porté par le même Edit.

Leurs fonctions conſiſtent à faire, à l'excluſion de toutes autres perſonnes, les compromis, (qui ne ſe font point ſous ſeing privé;) à écrire les jugements, ſentences & autres actes des Arbitres, amiables Compoſiteurs, & autres Juges convenus; à être dépoſitaires des minutes deſdits jugements & actes; & à en délivrer les expéditions ou extraits à ceux qui en auront beſoin; ſans que leſdits Arbitres, amiables Compoſiteurs ou autres Juges convenus, puiſſent ſe ſervir d'autres perſonnes que deſdits Greffiers; ni en faire délivrer ou retirer les expéditions ou extraits; ni les parties s'en aider; à peine de nullité, dépens, dommages & intérêts des parties, & de trois mille livres d'amende contre celui qui aura reçu ou expédié la Sentence ou autre acte, ou qui s'en ſera ſervi. (Même Edit de 1673.)

Avant cet Edit les Greffiers des Juſtices ordinaires étoient dépoſitaires de ces Sentences, & en délivroient des expéditions aux parties, ſuivant l'article 17 de l'Edit du mois Juin 1627, rapporté par Joly, *tom.* 2, 1906.

66. 2°. Les Sentences reçues par les Greffiers des arbitrages emportent hypotheque du jour qu'elles ont été prononcées ou ſignifiées aux parties; & il n'eſt pas néceſſaire pour cela qu'elles ſoient homologuées en Juſtice: car ces Greffiers ont un caractere public à cet égard, de même que les Notaires.

3°. *Queſtion.* Ces Sentences ſont-elles exécutoires dès l'inſtant qu'elles ont été prononcées ou ſignifiées; ou ſi cette exécution n'a lieu, que quand la Sentence a été homologuée en Juſtice?

Il faut ſuivant Mornac, *ad* L. 1, D. *de receptis*, s'adreſſer au Juge ordinaire pour l'exécution d'une Sentence arbitrale; & c'eſt auſſi le ſentiment de Ferrieres en ſon Dictionnaire de Juriſprudence, aux mots *Sentence arbitrale*, page 798, col. 2, tom. 2, édition de 1734. Voyez cependant ce qui eſt dit ci-après, *n.* 68, & *n.* 74.

67. Mais l'opinion de feu Mr. Rouſſeau, célebre Avocat, étoit que ces Sentences ſont exécutoires, quand elles ont été reçues par les Greffiers des Arbitrages; & cela s'obſerve ainſi à Paris. C'eſt auſſi le ſentiment de Couchot en ſon Praticien univerſel, *tom. 1*, titre *Des Juriſdictions*, chap. 14 *Des Arbitres.* Voyez encore Deniſart en ſes Collections de Juriſprudence, au mot *Arbitres.*

Ainſi

Ainsi je crois que l'homologation des Sentences arbitrales n'est plus aujourd'hui nécessaire depuis l'Edit du mois de Mars 1673, dans les endroits où il y a des Greffiers des Arbitrages. Au reste, quand on veut les faire homologuer en Justice, il suffit d'en faire le dépôt au Greffe de la Justice ; & que dans l'expédition qui en est ensuite délivrée, le Greffier fasse mention de cette homologation ; & par conséquent, il est inutile que le Greffier de la Justice ordinaire copie la Sentence arbitrale au commencement de la Sentence qui la déclare exécutoire ; & il suffit pour cela d'en faire mention sommairement, c'est-à-dire, de la qualité des parties, du nom des Arbitres, & de sa date. Ainsi cette seconde Sentence doit être une Sentence simple, d'un rôle ou deux.

68. 4°. Dans les endroits où il n'y a point de Greffiers des Arbitrages, les Sentences rendues par les Arbitres doivent être homologuées devant les Juges ordinaires, royaux ou non.

Dans la plupart des villes, les Notaires ont réuni à leurs offices ceux des Greffiers des Arbitrages. A Paris cette réunion s'est faite en vertu de l'Edit du mois d'Août 1693 ; & à Orléans, en 1674. (Voyez ci-dessus, *n. 62.*)

Les Sentences arbitrales, ainsi reçues par les Greffiers des Arbitrages, ou homologuées en Justice, s'exécutent par provision nonobstant l'appel. (Voyez ci-après, *n. 74.*)

5°. *Question.* Quand une Sentence arbitrale est déposée, à qui est-ce à payer le droit de contrôle & de dépôt, dans le cas du moins où le Notaire n'en voudroit pas faire les avances?

Je crois que par provision & relativement au Notaire, c'est à celui qui a intérêt d'aller en avant, sauf à s'en faire rembourser par le condamné, ou bien à en recouvrer la moitié, si les dépens & le coût de la Sentence ont été compensés.

Les Greffiers des Arbitrages peuvent aussi se faire payer des Sentences déposées en leurs Études, & non levées, par la partie qui a été condamnée ; ou par les deux parties, si aucune ne l'a été.

SECTION IX.

De la procédure pour faire homologuer les Sentences arbitrales; ou pour les faire déclarer exécutoires, lorsqu'il n'y a point de Greffiers des Sentences arbitrales.

69. 1°. Cette poursuite doit se faire devant le Juge royal ordinaire du lieu où les parties ont leur domicile; & si elles sont demeurantes dans l'étendue d'une Justice seigneuriale, la poursuite peut y être faite.

Quand les parties sont demeurantes en différentes Jurisdictions, il faut se pourvoir devant le Juge du lieu où le défendeur a son domicile.

Si le Juge du domicile des parties est un Prévôt royal, & que l'une des parties soit noble, il faut se pourvoir au Bailliage royal supérieur. (Voyez ce qui est dit à ce sujet dans mon Traité *De l'Administration de la Justice*, tom. 1, pag. 250.)

Les homologations & poursuites des Sentences arbitrales au premier chef de l'Edit des Présidiaux, doivent être faites au Présidial. (Voyez mon Traité *De la Jurisdiction des Présidiaux*, page 222, de l'édition de 1764.)

En matiere de commerce, les homologations ou poursuites en exécution des Sentences arbitrales, doivent se faire devant les Juges-Consuls, s'il y en a; sinon au Siege ordinaire des Juges royaux ou de ceux des Seigneurs. (Ordonnance du Commerce, de 1673, *tit. 4*, *art. 13.*)

70. 2°. La procédure qui se tient sur cette poursuite doit être simple, & sommaire.

L'Ordonnance de Léopold, rendue pour la Lorraine, du mois de Juillet 1701, *art. 15*, porte, que dans le cas d'homologation de la Sentence arbitrale, la partie qui poursuivra ladite homologation, fera assigner l'autre partie devant le Juge ordinaire pour y être procédé sommairement, & sans entrer dans l'examen du procès.

Ainsi une des parties ne pourroit empêcher cette homologation, sous prétexte que la Sentence arbitrale seroit irréguliere, ou autrement vicieuse; mais le Juge devant lequel se poursuit l'homologation, doit y procéder purement & simplement, sans prendre aucune connoissance de la cause; sauf aux parties à se pourvoir par appel contre ladite Sentence arbitrale. (Arrêt du 4 Janvier 1630, rapporté par Bardet, *tom. 1*, *liv. 3*, *chap. 80*.)

3°. Les Sentences arbitrales qui peuvent intéresser le public, ne peuvent être homologuées, à moins qu'elles n'aient été préalablement communiquées au Procureur du Roi. (Ordonnance du mois d'Avril 1453, *n. 21*; autre du mois de Novembre 1507, *art. 98*; autre du mois d'Octobre 1535, *chap. 2*, *n. 12*; & *ch. 5*, *n. 22*; Réglement du Bailliage d'Orléans du 18 Février 1577.)

71. 4°. Lorsque l'homologation d'une Sentence arbitrale se poursuit au Parlement, ou dans une autre Cour souveraine, voici la procédure qu'il faut tenir. La partie qui poursuit cette homologation, doit donner copie de la Sentence à l'autre partie, ou à son Procureur; & ensuite lui présenter & signifier l'appointement d'homologation, lequel étant signé du Procureur de la partie & de M. le Procureur-Général, sera reçu au Greffe. S'il y a un Rapporteur nommé, cet appointement doit lui être présenté avec une requête pour le faire recevoir; & si l'une des parties est refusante de signer & de passer l'appointement, il faut la faire assigner à cette fin, & la poursuivre à l'ordinaire avec les mêmes procédures que celles qui se font sur les autres demandes formées dans lesdites Cours.

SECTION X.

De l'appel des Sentences arbitrales.

72. 1°. Par le droit, l'appel contre les Sentences arbitrales n'étoit pas recevable, suivant la L. 27, D. *de receptis*. Mais en France, il est permis aux parties de se pourvoir par appel contre ces sortes de Sentences, quelques clauses que les parties aient mises dans le compromis; & il n'est pas même permis aux parties de renoncer à cet appel par le compromis; ainsi qu'il a été observé ci-devant, *n. 9*; parce qu'il faut toujours que les Magistrats, qui sont établis par un ordre public, connoissent des jugements rendus par ceux qui n'ont d'autre pouvoir que celui qui leur a été donné par des particuliers.

2°. Les appels des Sentences arbitrales se portent aux Cours ſouveraines. (Ordonnance du mois d'Octobre 1535, *chap. 16*, *art. 30 ;* autre du mois d'Août 1560, *art. 2 ;*) & même en la Grand'Chambre comme les appellations verbales ; tel eſt l'uſage conſtant.

73. Cette regle a lieu dans le cas même où la Sentence arbitrale a été rendue par des Arbitres Eccléſiaſtiques en matiere profane & temporelle. Ainſi, ſi un Official au lieu de Juge, s'étoit rendu Arbitre & avoit rendu ſa Sentence arbitrale, l'appel s'en doit relever en la Cour de Parlement ; parce qu'on ne conſidere point alors la perſonne du Juge qui a rendu la Sentence arbitrale, mais la nature du différend terminé par la Sentence. (*Ita*, Fevret en ſon Traité de l'Abus, *liv. 9*, *chap. 1*, *n. 4.*)

Néanmoins ſi l'affaire ſur laquelle il a été compromis entre les mains d'Arbitres Eccléſiaſtiques, étoit purement ſpirituelle, & qu'il y eût appel de leur Jugement ; ou l'appel ſeroit qualifié comme d'abus, auquel cas, il ſeroit relevé en la Cour de Parlement pour juger l'abus ſeulement ; ou bien l'appel ſeroit ſimple, & audit cas, il doit être relevé en Cour d'Egliſe. (Fevret, *ibid.* où il cite Rebuffe pour appuyer cette diſtinction. Voyez ce qui eſt dit à ce ſujet dans mon Traité *De la Compétence des Officiaux & autres Juges d'Egliſe*, page 191.)

74. Quand l'affaire ſur laquelle la Sentence arbitrale a été rendue, eſt au premier chef de l'Edit des Préſidiaux, l'appel n'en doit point être porté au Parlement, mais aux Préſidiaux. (Ordonnance du mois d'Août 1560 ; autre du mois de Janvier 1629, *art. 152.* Mainard en ſes Queſtions, *liv. 1*, *chap. 65.*) Le Préſidial où l'appel doit être relevé, eſt celui du lieu où les parties ont leur domicile ; & ſi elles demeurent en différents Préſidiaux, c'eſt celui dans l'étendue où la partie qui eſt pourſuivie, a ſon domicile.

3°. Quand les Sentences arbitrales ont été homologuées ou déclarées exécutoires, elles s'exécutent par proviſion nonobſtant l'appel, tant pour le principal que pour les dépens ; ſoit que les parties aient ſtipulé une peine ou non par le compromis.

Néanmoins quelques-uns prétendent que la Sentence arbitrale ne doit être déclarée exécutoire qu'en donnant caution. (Ainſi jugé par Arrêt du Parlement de Grenoble du 2 Mars 1617, rapporté par Baſſet, *tom. 2*, *liv. 2*, *tit. 22*, *chap. 8 ;* & par Chorier en ſa Juriſpruden ce ſur Guipape, *pag.* 206.) Ce même Auteur (Chorier,) *ibid.* pag. 348, cite cependant un autre Arrêt du même Parlement du 9 Janvier 1676, qui a déclaré exécutoire une Sentence arbitrale, rendue sur les différends d'un pere avec sa fille.

On trouve aussi dans Boniface, (*tom. 2, part. 3, liv. 1, tit. 29, n. 3,*) un Arrêt du 8 Octobre 1643, qui a jugé que l'exécution d'une Sentence arbitrale doit être suspendue par l'appel, quand cet appel est fondé sur quelque nullité, & que la nullité est évidente.

75. 4°. On ne peut être reçu appellant d'une Sentence arbitrale, que la peine stipulée par les compromis, ne soit payée préalablement; & jusqu'à ce, toute audience doit être déniée à l'appellant. (Ordonnance du mois d'Août 1560; cette Ordonnance veut qu'aucun ne soit reçu appellant d'une Sentence arbitrale, que préalablement elle ne soit entiérement exécutée, tant pour le principal & les dépens, que pour la peine, s'il y en avoit aucune apposée par le compromis, & sans espérance de la recouvrer, encore que la Sentence fût infirmée en tout, ou en partie; autre Ordonnance du mois de Janvier 1629, *art. 152*; ainsi jugé par Arrêt du 13 Mai 1575, rapporté par Papon, *liv. 6, tit. 3, n. 4,* aux notes; autre du 23 Décembre 1582, rendu en la Chambre de l'Edit, & rapporté par Papon, *ibid.*; autre Arrêt du 8 Août 1584, rendu aussi en la Chambre de l'Edit, & rapporté par Guenois en sa Conférence des Ordonnances, *tom. 1, liv. 2, tit. 9, §. 2, note 2, pag. 492*; autre Arrêt du 7 Juin 1624, rapporté par Bardet, *tom. 1, liv. 2, chap. 23*; autre du 27 Juin 1634, rapporté par Basset, *tom. 1, liv. 2, tit. 22, chap. 4*; autre du 12 Juillet 1653, du Parlement de Paris, rapporté par Henris, *tom 2, livre 2, quest. 15*; autre Arrêt aussi du Parlement de Paris, du 20 Juillet 1729, rendu en la seconde Chambre des Enquêtes, rapporté par Denisart en ses Collections de Jurisprudence, au mot *Compromis.*)

76. L'Ordonnance de Léopold du mois de Juillet 1701, rendue pour la Lorraine, titre 21 de la procédure civile, *art. 16*, porte aussi, que si la partie condamnée par un jugement arbitral, en appelle, la peine sera encourue par le seul fait; quand même l'appel ne seroit que d'un chef : & qu'en outre toute audience lui sera déniée jusqu'au paiement effectif de cette peine.

Aussi-tôt qu'un des compromettants a interjetté appel, quand même il n'y auroit ni conclusions ni relief, la peine doit être acquise à la partie qui a acquiescé à la Sentence arbitrale. (Ainsi jugé par Arrêt du 24 Décembre 1582, rapporté par Papon, *liv. 6, tit. 3, aux additions, n. 4.*)

Et cette peine a lieu même dans le cas où l'appellant mettroit en fait que l'un des Arbitres n'y étoit pas, & que la partie auroit été admise à le prouver; car pendant le jugement, la peine doit toujours être exécutoire par provision. (Ainsi jugé par Arrêt du 30 Août 1577, rapporté par Papon, *ibid.* aux additions, n. 1.)

Cette peine même n'est point sujette à compensation. (Arrêt du 13 Décembre 1623, rapporté par Bouchel en sa Bibliotheque, au mot *Arbitre;* autre Arrêt du 12 Juillet 1653, rapporté par Henris, *tom.* 2, *liv.* 2, *quest.* 15.) Il en seroit autrement si la compensation se faisoit de liquide à liquide.

77. 5°. La peine portée par le compromis est due par l'appellant, dans le cas même où la Sentence seroit infirmée en tout ou en partie. (Ordonnance du mois d'Août 1560.)

Pour obtenir cette peine, l'intimé doit présenter sa requête à la Cour, à ce que l'appellant soit condamné à la lui payer; & que jusqu'à ce, toute audience lui soit déniée.

Si la Sentence arbitrale dont il y a appel n'avoit pas été prononcée aux parties dans le temps fixé par le compromis, on peut douter, si dans ce cas, l'audience doit être déniée à l'appellant jusqu'à ce qu'il ait payé la peine portée par ce compromis. Un Arrêt rendu en la Grand'Chambre du Parlement de Paris le 15 Février 1732, rapporté par Denisart en ses Collections de Jurisprudence, au mot *Compromis*, a appointé sur cette question.

78. La même peine a pareillement lieu, & doit se payer dans le cas où l'appellant se désisteroit de son appel. (Arrêt du 23 Décembre 1566, rapporté par Papon, *liv.* 6, *tit.* 3, *aux additions*, *n.* 2; autre Arrêt du 23 Mars 1569, rapporté par Guenois en sa Conférence des Ordonnances, *tom.* 1, *liv.* 2, *tit.* 10, §. 1, *note* 2, *pag.* 492; autre Arrêt du Jeudi avant Noël 1582, rapporté par Robert, *rer. judicat. liv.* 3, *chap.* 8; Voyez aussi Montholon, *Arrêt* 16; autre Arrêt du 5 Août 1630, rapporté par Bardet, *tom.* 1, *liv.* 3, *ch.* 122; autre du 16 Octobre 1628, rapporté au Journal des Audiences, *tom.* 1, *liv.* 2, *chap.* 8; Voyez aussi Leprêtre, *Centurie* 2, *ch.* 79.)

Néanmoins l'appellant peut quelquefois être déchargé de la peine du compromis, quand il y a quelques circonstances particulieres & favorables pour l'en décharger. (Arrêt du 23 Juillet 1636, rapporté par Basset, *tom.* 1, *liv.* 2, *tit.* 22, *chap.* 5; Voyez aussi Bouvot, *tom.* 2, au mot *Compromis*, où il rapporte un Arrêt du mois de Mai 1623.)

79. 6°. Toutes personnes sont sujettes à la peine qui est portée par

le compromis ; du moins celles qui sont en état de compromettre & de procéder de leur chef en Justice. (Voyez ce qui a été dit ci-dessus, *n. 13.*)

Il en faut excepter les mineurs : (Voyez ci-dessus, *n. 14* ;) même ceux qui ont compromis avec l'autorité de leur tuteur ou curateur. (Voyez, *ibid.*)

Mais si le tuteur avoit compromis, tant en son nom, qu'en qualité de tuteur, pour un intérêt commun, alors il devroit la moitié de la peine ; à moins qu'il n'y eût obligation solidaire de payer cette peine. (Arrêt du 17 Mars 1615, rapporté par Brodeau sur M. Louet, *lettre* C, *chap. 14*, *n. 5.*)

Si le tuteur & le mineur avoient des intérêts différents à discuter avec un autre ; dans ce cas, si le tuteur appelloit tant en son nom qu'en qualité de tuteur, il devroit la peine entiere pour lui.

80. 7°. Si plusieurs parties appellent de la Sentence arbitrale, la peine est due en entier par tous ceux qui ont appellé. (Mornac, *ad* L. 34, §. 1, D. *de receptis.* Voyez aussi la L. 4, §. 1 ; & la L. 5, §. 4, D. *de verb. obligat.*) Mais alors elle se compense ; (ainsi jugé par Arrêt du 26 Juillet 1615, rapporté par Mornac sur la L. 2, D. *de receptis.*)

Secùs. Si cette peine étoit applicable aux pauvres, ou autres.

Si les parties appellantes ont le même intérêt, ils ne doivent payer qu'une peine en elles toutes. (*Ita*, Lapeyrere, *lettre* A, *n. 71* ; Voyez aussi Bouvot, *tom. 1*, *part. 2*, au mot *Comprometteurs*, quest. 1.)

8°. Pour que la peine du compromis ait lieu en cas d'appel, elle doit être demandée *ab initio litis* ; sinon, on joint la Requête au fond ; tel est l'usage. Ainsi, si celui qui est poursuivi sur l'appel avoit laissé rendre un appointement ou un jugement interlocutoire sans la demander, il ne seroit plus ensuite recevable.

81. 9°. Quand la peine portée par le compromis est excessive, les Cours ont quelquefois attention de la modérer. (Arrêt du Parlement de Grenoble du 30 Mars 1644, rapporté par Chorier en sa Jurisprudence sur Gui-Pape, *pag.* 106 ; Voyez aussi Bardet, *tom.* 1, *liv.* 4, *chap.* 33.)

La raison pour laquelle les Parlements moderent ces peines quand elles sont excessives, est que celui qui auroit une juste cause d'appeller, en seroit détourné par le paiement de la peine qui pourroit être plus forte que l'objet même du procès. Ainsi l'appel deviendroit illusoire, s'il falloit payer cette peine pour pouvoir appeller. En Droit, la peine pouvoit être plus forte que ce qui formoit l'objet de la contestation, suivant la L. 28, D. *de receptis.*)

82. 10°. Il y a même des cas où l'on peut appeller d'une sentence arbitrale, sans être obligé en tout de payer la peine stipulée par le compromis; *v. g.* s'il y a une juste cause pour être dispensé de ce paiement. (Voyez la L. 32, §. 14, D. *de receptis;* Arrêt du mois de Juillet 1616; Voyez aussi Mornac, *ad* L. 20, §. 5, D. *eod. tit. de receptis.*)

Par exemple, s'il y a quelque nullité dans la sentence arbitrale, ou dans le compromis, & que cette nullité soit évidente. C'est la disposition de l'Ordonnance du mois de Juillet 1701, rendue pour la Lorraine, *tit.* 21, de la procédure civile, *art.* 16, qui porte que s'il y a quelque nullité essentielle dans la procédure, ou jugement des Arbitres, & que l'appellant en fasse apparoir sur-le-champ, dans ce cas la peine ne sera pas encourue par le seul fait de l'appel. Ces cas de nullités sont les suivants:

Le premier est, quand tous les Arbitres ne se sont pas trouvés au jugement.

Le second est, quand tous les Arbitres n'ont pas jugé tous les chefs du procès, quoique cela leur fût prescrit par le compromis; ou lorsqu'ils ont jugé au-delà de ce qui leur étoit permis par ce même compromis.

Le troisieme est, quand ils ont rendu leur sentence après le temps convenu par les parties, & lorsque leurs fonctions étoient cessées.

Il y a encore un autre cas où l'on peut appeller d'une sentence arbitrale, sans être obligé de payer la peine du compromis; c'est lorsque l'appel est interjetté d'une sentence rendue sur l'exécution de la sentence arbitrale; ainsi qu'il a été jugé par Arrêt du 12 Août 1607, rapporté par Mornac, sur la L. 29, D. *de receptis.*

Comment on peut éviter l'appel des Sentences arbitrales.

83. Pour éviter l'appel des sentences arbitrales, les parties doivent souscrire le jugement, & déclarer qu'elles en consentent l'exécution. *Ita* Mornac sur la L. 1 *de Jurisd. omn. Jud.*, où il ajoute que pour plus grande sûreté, les Arbitres ont presque toujours

toujours attention aussitôt après leur jugement, de faire transiger les parties, conformément à ce qui y est porté ; après quoi il n'y a plus lieu de se pourvoir contre, ni de revenir sur ses pas. En effet, une sentence arbitrale à laquelle les parties ont aquiescé acquiert force de transaction, ainsi qu'il a été jugé par Arrêt du 2 Mars 1546, rapporté par Expilly en ses Arrêts, *Arrêt 22, n. 3.*

Mais le moyen le plus sûr & le plus prompt pour sortir d'affaire, & pour ne point courir les risques d'un appel, est que les parties donnent chacune en particulier leurs procurations à des personnes de confiance, pour transiger suivant l'avis d'un tiers, ou autres, en tel nombre qu'elles jugeront à propos, & qu'elles désigneront par leurs procurations. Les parties mettent à cet effet leurs Mémoires entre les mains de ceux qui sont fondés chacun d'une procuration ; ceux-ci examinent conjointement avec le tiers les contestations, & après en avoir arrêté tous les chefs, ou articles, ils dressent la transaction sans en rien communiquer aux parties, & la remettent ensuite entre les mains d'un Notaire qui joint les procurations à la minute, & qui en délivre des expéditions aux parties. Cette transaction n'a pas besoin d'être ratifiée par les parties qui ont donné pouvoir de la passer ; elle équivaut à un Arrêt de Cour souveraine, & on ne peut l'attaquer que par des lettres de rescision, qui ne s'accordent alors que dans les cas de droit.

84. On peut encore prendre la voie du blanc-signé, ce qui se fait en donnant par les parties leurs signatures en blanc au bas d'une page à des personnes de confiance qu'elles choisissent pour régler leur différents. Ces personnes ainsi choisies, après avoir réglé les parties, dressent au-haut de la page où sont les signatures des parties, une transaction qui fait alors leur loi, & contre laquelle elles ne peuvent revenir ; mais outre que cette voie est une espece de faux, on prétend qu'elle est réprouvée par les réglements. Ainsi il vaut mieux s'en tenir à l'une des deux manieres qui viennent d'être proposées, qui sont très légitimes & également sûres.

SECTION XI.

Des Arbitres de droit, ou forcés.

85. Quoique les arbitrages soient ordinairement choisis du consentement libre des parties, à la différence de ce qui se pratiquoit en Droit, où personne ne pouvoit être contraint de prendre des Arbitres, suivant la L. 3, §. 1, D. *de receptis*; néanmoins il y a des cas où les Ordonnances obligent les parties de se choisir des Arbitres pour régler leur différends. Ainsi une seule des parties peut alors obliger les autres de prendre cette voie.

Le premier cas, est en matiere de divisions & partages de successions de pere & mere, aïeux & aïeules, enfants des enfants, freres, sœurs, oncles & enfants des freres & sœurs; comptes de tutelle, & autres administrations & restitutions de dot, ou douaire d'entre lesdites personnes; car dans ces cas les parties, quand elles sont majeures, sont tenues d'élire & nommer trois bons & notables personnages pour Arbitres, qui soient leurs parents, amis, ou voisins, par l'avis desquels il doit être procédé auxdits partages & divisions, reddition desdits comptes, & restitution de dot, ou délivrance du douaire. (Ordonnance du mois d'Août 1560. (Cette Ordonnance ajoute que ce qui sera fait par eux, aura force de chose jugée & mis à exécution par les Juges des lieux, nonobstant oppositions & appellations quelconques; & que l'appel, qui doit dans ce cas être porté nuement au Parlement dans l'étendue duquel les parties sont demeurantes, ne sera reçu que préalablement lesdits partages ne soient entiérement exécutés; & que si une partie différoit, ou refusoit de s'accorder d'Arbitres, elle y sera contrainte par le Juge.

86. Le motif de cette Ordonnance, est pour entretenir la paix & l'amitié entre les proches parents, & pour prévenir les inimitiés que les procès qui pourroient survenir au sujet de ces partages, ne manqueroient pas d'occasionner; & aussi parce que le partage des biens & héritages, soultes, & récompenses, sont des choses plutôt de fait que de droit; comme il est dit dans le préambule de cette même Ordonnance, qui a depuis été confirmée par l'article 83 de l'Ordonnance de Moulins, & par celle du mois de Janvier 1629, *art.* 152. (Voyez aussi l'arti-

cle 22 du titre 29 de l'Ordonnance civile de 1667 ; & il a été ainsi jugé par plusieurs Arrêts du Parlement de Paris du 19 Février 1626, rapportés au Journal des Audiences, *tom.* 1, *liv.* 5, *chap.* 90.)

On prétend néanmoins que ces Ordonnances ne doivent s'entendre que quand il n'y a ni procès ni contestation ; mais non si les parties étoient en différend pour ce qui est sujet à rapport. (*Ita* Legrand sur la Coutume de Troies, *art.* 21, *glos.* 2, *n.* 68.) Mais il est aisé de voir que cette opinion est particuliere, & directement contraire à la lettre & à l'esprit des Ordonnances ci-dessus citées.

87. Henris, *tom.* 1, *liv.* 2, *quest.* 15, observe que ces Ordonnances ont été très sagement établies ; mais qu'elles sont assez mal exécutées ; & que non-seulement les Juges n'obligent pas les parents à convenir d'Arbitres, mais qu'ils ont même bien de la peine à l'ordonner, qnand les Avocats le requierent.

Si le Juge, dans ces cas, refusoit le renvoi devant des Arbitres à une partie qui le demanderoit, il faudroit appeller de ce déni de renvoi.

Les Arbitres dont on vient de parler, ne sont point obligés, pour rédiger leurs jugements, de se servir des Greffiers des arbitrages, créés par l'Edit du mois de Mars 1673 ; les fonctions de ces Greffiers n'ayant lieu que pour les Justices royales, & pour celles des Pairies, suivant cet Edit ; mais elles sont rédigées par les Arbitres mêmes.

88. Le second cas est en matiere de sociétés entre Marchands & Négotians ; car ceux qui les contractent doivent par l'acte même de société se soumettre à des Arbitres pour les contestations qui peuvent survenir entr'eux ; & dans le cas où cette clause de soumission aux Arbitres seroit omise, un des associés en pourra nommer, ce que les autres seront aussi tenus de faire, sinon il en sera nommé par le Juge pour ceux qui seroient refusants. C'est la disposition de l'article 9 du titre 4 de l'Ordonnance du Commerce du mois de Mars 1673.

L'article 10 du même titre, veut qu'en cas de décès, ou de longue absence d'un des Arbitres, les associés en nomment d'autres, sinon qu'il en soit nommé par le Juge, pour les refusants ; c'est-à-dire, par les Juges-Consuls, s'il y en a ; sinon par le Juge royale, ou autre Juge du lieu.

Si les Arbitres, lors de leur jugement, étoient partagés en opinions, ils pourront convenir de sur-arbitre sans le consentement des parties: & s'il n'en conviennent pas, il en doit être nommé un par le Juge. (Même Ordonnance du Commerce, *art.* 4.)

L'article 12 porte que les Arbitres pourront juger sur les pieces & mémoires qui leur seront remis, sans aucune formalité de justice, nonobstant l'absence de quelqu'une des parties.

89. Les dispositions portées en ces articles ont été sagement établies pour le bien du commerce; car par ce moyen les contestations se reglent promptement & sans frais; au-lieu que si ces sortes de différends étoient instruits & jugés dans les Tribunaux ordinaires, les frais seroient beaucoup plus considérables, & les affaires n'y seroient pas sitôt terminées.

L'article 13 du même titre 4 de l'Ordonnance de 1673, porte que les sentences arbitrales entre associés pour négoce, marchandise, ou banque, seront homologuées en la Jurisdiction consulaire, s'il y en a; sinon ès Sieges ordinaires des Juges royaux, ou de ceux des Seigneurs.

Tout ce qui vient d'être dit des associés, a pareillement lieu à légard de leurs veuves, héritiers, & ayant cause. (Même Ordonnance du Commerce de 1673, *tit.* 4, *art.* 14.)

90. Les sentences ainsi rendues par des Arbitres quand elles sont homolognées, s'exécutent par provision; & s'il y a une peine portée par le compromis, il faut qu'elle soit payée avant que d'être reçu appellant. L'appel s'en porte nuement aux Cours de Parlement.

Le troisieme cas est lorsque les Juges renvoyent d'office devant des Arbitres, à l'effet de terminer leurs contestations; comme il arrive dans quelques affaires, dont la décision consiste plus en fait qu'en droit. Lorsque ces Arbitres ont donné leur avis, ou rendu leur jugement, les Juges par qui ils ont été nommés, en ordonnent ensuite l'homologation, par sentence qui a le même effet, que si elle avoit été rendue par le Juge même, & qui ne peut en avoir davantage. Mais quand c'est le Parlement qui renvoye les parties devant des Avocats, leurs avis reçus par appointement, ont force d'Arrêts, & ne sont point sujets à l'appel.

Si les Arbitres, devant lesquels la Cour auroit renvoyé les

parties pour l'exécution d'un de ses Arrêts, avoient fait tous leurs arrêtés; & que quelques-uns de ces arrêtés n'eussent point été signés, à cause du décès d'un des Arbitres, les arrêtés signés doivent être exécutés, & les autres demeurent sans exécution; de maniere que sur les contestations décidées par les arrêtés non signés, les parties doivent se pourvoir en la Cour; sauf à elles à tirer des instructions, telles qu'elles jugeront à propos de ces arrêtés non signés, lesquels ne doivent tenir lieu que de mémoire. (Ainsi jugé par Arrêt du 19 Juillet 1696, rapporté par Augeard, *tom.* 3, *chap.* 42.)

Enfin, le quatrieme cas est qu'en Provence il y a un Statut de l'an 1469, & un autre de l'an 1491, qui obligent & rendent forcés les compromis entre nobles; entre Seigneurs & leurs vassaux; entre Communautés & particuliers; & entre parents, alliés & conjoints. (Voyez Boniface, *tom.* 1, *tit.* 29, *n.* 1.)

FIN.

TABLE DES MATIERES.

A marque le premier Tome ; & B le second.

A

Absence du *Lieutenant-Général.*
Quel Juge en fait alors les fonctions, B 113, 123
Absence des Gens du Roi.
Qui en fait alors les fonctions, A 672
Académies de fondation Royale, A 80
Accessoire des instances.
Tous Juges en connoissent, A 177
Actes de jurisdiction contentieuse.
Si le premier Juge en peut faire en son Hôtel, B 118
De ceux qui se font au Siege, B 129
Actes de jurisdiction volontaire, A 17, 22, 24
Quels Juges en connoissent, A 23
De ceux qui se font à l'Hôtel du Juge. B 112
S'ils se font pendant les vacations, & de nuit, B 114
Doivent être expédiées par le Greffier du Siege, B 114
Du contentieux incident à ces actes, B 114
Devoirs des Juges touchant ces actes, B 115
Actes d'instruction & exécution, A 2
Actes de puissance publique, A 18
Actes de notoriété, B 113, 129
Action personnelle, A 130
—— *réelle*, A 340
—— *mixte*, A 331
—— *de partage*, A 332, 347
—— *d'hérédité*, A 347
—— *hypothécaire*, A 332, 341
—— *possessoire*, A 331
—— *petitoire*, A 340
—— *confessoire*, A 341
—— *négatoire*, A 341
—— *en matiere bénéficiale*, A 446
—— *en matiere consulaire*, A 353
—— *pour contrat*, A 332
—— *d'un débiteur emprisonné*, A 333
—— *contre forains*, A 353
—— *en garentie*, A 351
—— *en matiere d'instruction, incidents, &c.* A 351
—— *en paiement de legs*, A 348
—— *en matiere de police*, A 353
—— *en reconnoissance de promesse*, A 350
—— *en reddition de compte*, A 349
—— *en retrait*, A 332
—— *en matiere de tutele, scellé & inventaire*, A 350
—— *personnelles & mixtes en général.*
Hauts-Justiciers en connoissent, A 192
Même entre Nobles, Ecclésiastiques, & Officiers royaux, A 192, 193

Actor sequitur forum rei, A 327
Exception à cette regle, A 334, & suiv.
Adjudicataires de biens.
Juges ne peuvent l'être en leurs Sieges, A 515
Adultere.
S'il est cas Royal, A 139
Affaires provisoires.
Si elles peuvent être faites en l'Hôtel du Juge, B 119
Affaires contentieuses non provisoires.
Ne doivent être jugées par le premier Juge seul, B 124
Exception à cette regle, B 124
Affirmations, B 109
Âge des Officiers, A 144
Ambassadeurs.
Où doivent être assignés, A 330
Amendes, B 227
Quand se prononcent, B 227
Si les Juges en peuvent disposer, A 187, B 227
Par qui reçues, B 229
Devoirs des Greffiers à ce sujet, B 228, 297
Sur quoi se prennent, B 230
Privilege de l'amende, B 230
A qui appartiennent, B 230
S'exécutent par provision, B 230
Amendes prononcées par les Prévôts.
Où s'en porte l'appel, A 244
Pour distraction de jurisdiction, A 368
Amiables compositeurs, B 683
Appanagistes (Seigneurs), A 142, 619
Appariteurs des Officialités, B 636
Appels des Seigneurs Hauts-Justiciers, A 218
Quand se portent aux Prévôtés, A 242
Appels des Prévôtés.
Quand se portent aux Parlements, A 243 & suivants, Voyez *Prévôts-appels.*
Appels des Baillis & Sénéchaux royaux, A 320
Appels des déclinatoires & dénis de renvoi, A 422
Procédure sur ces appels, A 422
Appel comme de Juge incompétent, A 427
Appels à la requête des Procureurs du Roi ou fiscaux, A 638
Appels des Sentences arbitrales, B 715
Voyez *Sentences arbitrales.*
Appels-Juges, Voyez *Juges d'appel.*
Appointements en général.
Causes qui peuvent être appointées, B 12
Appointements à mettre, B 59
Appointements sur le bureau, B 11, 13, 59
Apprétiations des biens, B 110
Arbitrages (Exécution des).
Sont de la compétence des Prévôts royaux, A 238
Arbitres.
Ce que c'est, B 683
Des personnes qui peuvent être arbitres, B 695
Arbitres - pouvoir.
S'ils connoissent de la reconvention, B 698
S'ils peuvent admettre à la preuve par témoins, B 699
S'ils connoissent des incidents, B 699
S'ils peuvent ordonner une visite, B 700
S'ils peuvent interroger les parties, B 700
S'ils connoissent de l'accessoire des instances, B 700
S'ils connoissent des lettres de rescision, B 700
S'ils peuvent adjuger une provision, B 701
S'ils peuvent condamner aux dépens, B 701
S'ils peuvent condamner par corps, B 702
S'ils connoissent de l'exécution de leurs jugements, B 702
Peuvent interpréter leurs jugements, B 702
Comment finit leur pouvoir, B 703

Arbitres

Arbitres, devoirs.
S'ils peuvent se dispenser de juger, B 705
Doivent juger dans le temps marqué qué par le compromis, B 706
Arbitres, procédure.
Ne sont tenus d'observer les formes de l'Ordonnance, B 706
S'ils doivent instruire tous ensemble, B 707
Si quand leur pouvoir est expiré, les actes faits pour l'instruction, subsistent, B 707
Si les instances pendantes devant eux tombent en péremption, B 707
Arbitres, recusation, B 710
Arbitres, jugement, B , Voyez *Sentences arbitraies.*
S'ils doivent être tous présents au jugement, B 708
Doivent prononcer sur tous les chefs, B 708
Comment doivent prononcer sur un appel, B 708
Peuvent juger par défaut, B 708
S'ils peuvent juger les jours de Fêtes, B 708
Doivent juger à la pluralité des voix, B 709
Leurs jugements doivent être rendu sur le vû des pieces & signés de tous les Juges, B 709
Arbitres ne peuvent changer leurs Sentences, B 710
Leurs Sentences doivent être reçues par les Greffiers des arbitrages, B 710
Doivent être prononcées aux parties, B 710
Doivent être déposées, B 710
Et contrôlées, B 710
Si elles emportent hypotheque, B 712
Et exécution, B 712, 716
Si elles doivent être homologuées, B 713
Arbitres, épices, B 710
Arbitres de droit & forcés, B 722
En quels cas ont lieu, B 722
En matiere de partage, B 722
En matiere de sociétés, B 723
En cas de renvoi par le Juge, B 724
Autres cas, B 725
Archers de Robe-courte, B 606
—— *du Guet*, B 607
—— *des Maréchaussées*, B 608
Archers gardes de la Connetablie, B 609
Arpenteurs.
Leurs salaires, B 220
Assassinat prémédité.
Est cas Royal, A 127
Assemblées de compagnies d'Officiers.
Leur objet, B 259
Quels Officiers y assistent, B 260
Comment convoquées, B 261
Ou doivent se tenir, B 262
Ce qu'il faut observer à ce sujet, B 263
Comment on y compte les voix, B 265
Comment se font les délibérations, B 266
Secrets n'en doivent être revélés, B 266
Assemblées d'état de la Province, A 309
Assemblées générales de Police, A 284, 293
Assemblées de Ville.
Quels Juges y président, A 270
Assemblées illicites.
Sont un cas Royal, A 124
Assesseurs criminels, A 586
Assises en général.
Ce que c'est, B 239
Assises des moyens & Bas-Justiciers, B 254
—— *des Seigneurs Hauts-Justiciers*, A 217, B 241, 253
Modele desdites assises, B 243
Ne peuvent être tenues pendant le temps des assises des Baillis, B 250
Assises des Seigneurs, Comtes, Barons ou Châtelains, B 251
—— *des Prévôts royaux*, A 241, B 251
—— *des Baillis & Sénéchaux royaux*, A 242, 256, B 243

Modele desdites assises, B 251
Affaires qui doivent s'y traiter, B 244, 246, 248
Combien doivent durer ces assises, B 247
Officiers qui sont tenus d'y comparoître, B 248
Dans quels cas les Prévôts royaux connoissent de l'exécution de ces assises, A 242
Attentat contre un Prêtre dans ses fonctions,
Est cas Royal, A 100
Audience, A 533, B 1
Discipline des Juges à cet égard, B 1
Registres de l'Audience, B 6
Rôles de l'Audience, B 6
Causes d'Audience, B 9
Gens du Roi, peuvent y porter la parole quand ils veulent, B 11
Police de l'Audience, B 11
Audience (jugement des causes d') B 11
Audience-appointements.
Causes qui peuvent être appointées, B 12
Audience des baux, B 17
Audience criminelle, B 20
Auditoire.
Seigneurs sont tenus d'en avoir un, A 616
Avis des Juges.
Doivent se reduire à deux, A 543
Partages d'avis, A 543
Avis des Parens, B 108
Avocats, B 441
Avocats, fonctions, B 441
Avocats, devoirs.
Leurs devoirs généraux, B 445
Leurs devoirs particuliers, B 446
— touchant les Audiences, B 446
— touchant les plaidoiries, B 448
— touchant les procès par écrit, B 453
— touchant les consultations, B 456
— par rapport aux Juges & aux Gens du Roi, B 456
— envers leurs parties, B 457
Avocats — droits & honoraires, B 459
Avocats — privileges & préseances, B 465
Avocats — qualités & devoirs personnels, B 472
Doivent être catholiques, B 473
Ne sont Officiers, B 473
Leur reception, B 473
Ne peuvent postuler, B 474
Ni être Notaires, &c. B 412, 475
Ne peuvent accepter aucuns transports, B 475
Ni faire aucuns présents aux Juges, B 476
Doivent être vetus décemment, B 476
Avocats-Procureurs, B 476
Avocats aux Parlements, B 477
Avocats aux Conseils du Roi, B 478
Avocats & Procureurs du Roi & Fiscaux, en général.
Leurs fonctions, A 662
Avocats du Roi.
Réglements entre eux & les Procureurs du Roi, touchant leurs fonctions, A 674, 682
En cas d'absence des Avocats du Roi, les Procureurs du Roi en peuvent faire les fonctions, A 687
Avocats du Roi des Bailliages & Sieges Présidiaux, A 702
Le sont aussi ès Prevôtés, A 702
Leurs fonctions, &c. A 702
Avocats du Roi — Conseillers, A 703
Avocats Fiscaux, A 715
Autorisation du Juge, B 112
Autorité du Roi.
Cas royaux concernant l'autorité du Roi, A 73

B

Bailliages & Sieges Présidiaux — épices & vacations.
Voyez *Epices & vacations.*
Bailliage d'Orléans.
De quels Sieges est composé, A 318
Baillis & Sénéchaux en général.

Ce qu'ils étoient anciennement, A 10
Commettoient autrefois leurs Lieutenants, A 10
Baillis & Sénéchaux—Compétence, A 246
Connoissent des cas royaux—Baillagers, à l'exclusion de tous autres Juges, Voyez *Cas royaux Bailliagers*.
Cas où ils jugent en premiere instance, A 313
Leur compétence en matiere criminelle, A 321
Baillis & Sénéchaux — Jurisdiction volontaire, A 316
Baillis & Sénéchaux — Territoire, A 317
Baillis & Sénéchaux — Juges d'appel, A 319
Bailliages & Sénéchaux. (Sieges particuliers des) A 318
Baillis & Sénéchaux — Devoirs, A 529
Baillis. (Grands) A 356. Voyez *Grands Baillis*.
Ban & arriere-ban.
Quels Juges en connoissent, A 254, B 224
Bannis.
Où doivent être assignés, A 330
Banqueroute frauduleuse.
Si elle est cas royal, A 117
Baptêmes, &c.
Connoissance de l'état des Baptêmes, &c. est cas Royal, A 116
Bas-Justiciers, A 188
Baux. (Audience, ou Siege des) B 17
Benedictins.
Leur *Committimus*, A 378
Bénéfices. (causes des)
Sont un cas royal, A 105, 276
Biens d'Eglise.
Cas royaux à ce sujet, A 109
Biens royaux.
Cas royaux à ce sujet, A 91, 261
Blasphême.
S'il est cas royal, A 99
Bourgeois de Paris.
Leur privilege, A 383, 399
Bris de prison royale.
Est cas royal, A 97
Bureau, Voyez *appointement*, & *déliberé*.

C

Cadavres trouvés dans les rues,
Juges des Seigneurs peuvent donner permission de les inhumer, A 215
Cas Bailliagers non royaux, A 247
Causes de fiefs, A 247
Droits honorifiques, A 247
Causes des Nobles, A 248
Cas royaux en général.
Table des réglemens à ce sujet, A 62
Ce que c'est que cas royaux, A 66
Cas de souveraineté, A 67
Cas de Jurisdiction royale, A 67
Cinq especes de cas royaux, A 68
Quid S'il y a contestation si un cas est royal ou non, A 70
Cas royaux qui regardent l'état ou le gouvernement, A 70
Cas royaux qui regardent la personne du Roi, ou les Princes du Sang, A 72
Cas royaux qui regardent l'autorité du Roi, A 73, 273
Touchant les loix, A 73
Touchant les créations d'offices, A 74, 257
Touchant la Justice, A 255, 274
Touchant le droit de faire la paix ou la guerre, A 78
Touchant les Monnoies, A 79
Touchant les impôts, A 80, 255
Touchant le droit d'établir des corps & communautés, A 80, 255
Cas royaux qui regardent les privileges & concessions royales, A 80, 260
— *concernant les Officiers royaux*, A 84, 257
—— *concernant les biens royaux*, A 91, 261
v. g.
Droits domaniaux, A 91, 261
Choses publiques & qui ne sont à personne, A 93
Impôts, A 94

Villes royales, & lieux royaux, A 95, 265

Cas royaux concernant les corps & communautés de fondation royale, A 92, 272

— *touchant ce qui regarde Dieu & la religion*, A 98, 272

— *Touchant l'Eglise & les Ecclésiastiques*, A 102, 273

— *Touchant les bénéfices*, A 105, 276

— *Touchant les biens d'Eglise en général*, A 109, 180

— *Touchant la conservation des biens, droits & privileges des Eglises, Hôpitaux, &c.* A 110, 281

— *Touchant les personnes & communautés qui sont en la garde du Roi*, A 113

— *Touchant les villes, communautés & choses publiques, quoique non de fondation royale*, A 115, 283

— *Touchant la police générale du Royaume*, A 116, 284, 293

— *Touchant l'état des personnes*, A 116

— *Touchant la marine*, A 117

— *Touchant le commerce*, A 118

— *Touchant la police générale*, A 118, 298, 301

— *Touchant la voirie*, A 120, 213

— *Touchant les Postes & Messageries*, A 120

— *Touchant la punition des crimes*, A 121

Des crimes qui troublent la tranquilité publique, A 121

Autres qui offensent les particuliers dans leur personnes, dans leur honneur, ou dans leurs biens, A 125

Autres crimes qui sont cas royaux, A 139

Cas (autres) reservés aux Juges royaux en matiere civile, A 139

Cas royaux-Bailliagers, A 252

Tous cas royaux en matiere criminelle, A 252

Exemples de cas royaux Bailliagers, A 253

Suppression de theses, libelles, &c. contraires à l'autorité du Roi, A 253

Tout ce qui regarde le ban & arriere-ban, A 254

Les impôts, A 255

L'établissement des nouvelles communautés, A 255

Tout ce qui concerne le droit de Justice, A 255

Les droits des Juges & devoirs des Officiers, A 255

Les assises des Baillis & Sénéchaux, A 256

Tout ce qui concerne l'établissement, *&c.* des offices royaux, A 257, Voyez *Offices royaux*.

Tout ce qui concerne les Officiers royaux, A 257, Voyez *Officiers royaux*.

Les causes concernant les Lettres royaux & le scel royal, A 260, 261, Voyez *Lettres royaux* & *scel royal*.

Les privileges royaux, A 260

L'établissement des foires & marchés, A 260

Les biens royaux & de fondation royale, A 261

Le domaine du Roi, A 261

Les confiscations au profit du Roi, A 265

Les biens & domaines des villes, *&c.* A 265

Les prisons royales, A 271, Voyez *Prisons royales*.

La police des villes, A 271, Voyez *Police des villes*.

Les corps & communautés de fondation royale, A 272

Tout ce qui concerne l'Eglise & la puissance Ecclésiastique, A 273, Voyez *Eglise*.

Les bénéfices & dixmes, A 276, Voyez *Bénéfices, dixmes*.

Les biens & droits des Eglises, A 280, 281

Les choses publiques, A 283
Les causes des villes, A 285
La police générale, A 284, 293
La convocation des Etats de la Province, A 309
Le repos public, A 310
Les insinuations & enregistrements, *&c.* A 311
Cas royaux simples, A 232, 240
Leur enumération, A 232
Offices royaux, A 232
Lettres de Chancellerie, A 233
Privileges royaux, A 234
Domaine du Roi non contesté, A 234
Cas royaux simples — Juges.
Prévôts en connoissent concurremment avec les Baillis & Sénéchaux royaux, A 232, 251
Causes personnelles des Seigneurs.
Ne sont de la Compétence de leurs Juges, A 197, 204
Causes criminelles.
Hauts-Justiciers en connoissent, A 192
Causes des villes, B 126
Cens & rentes dont le fond n'est contesté.
Prévôts en connoissent, A 92, 234
Cérémonies de compagnie, B 267
A Orléans le Guet accompagne le Présidial dans les cérémonies, B 268
Certificateurs de criées.
Leurs droits, B 223
Certifications de criées, B 129
Certificats de vie.
Par qui donnés, B 112
Cession de biens.
Si elle est cas royal, A 140
Chambres diverses des Présidiaux, A 533
Chancelleries. (Justices des)
Leur Compétence, A 245
Chanoines réguliers.
Leur *Committimus*, A 377
Chartre privée.
Si c'est un cas royal, A 126
Châtelains, A 222. Voyez *Prévôts.*
Chaussées & pavages.
Quels Juges en connoissent, A 266
Chevalier du Guet d'Orléans.
Jouit du droit de *Committimus* au Bailliage, A 383
Chevaliers d'honneur des Présidiaux, A 596
Chirurgiens (*Salaires des*) B 217
Choses publiques.
Cas royaux à ce sujet, A 93
Clercs-Commis, & Contrôleurs des Greffes, B 328
Clercs d'Avocats, B 478
Collocation des deniers de mineurs, B 112
Commensaux.
Leur *Committimus*, A 334
Commerce.
Défendu aux Juges, A 514
Commerce du Royaume, A 118
Cas royaux à ce sujet, A 118
Commissaires délégués.
Leurs pouvoirs en général, A 48
Leur pouvoir pour juger, A 49
Leur pouvoir pour le jugement des causes criminelles, A 50
Leur pouvoir pour instruire, A 50
S'ils peuvent subdéléguer, A 52
Commissaires-Devoirs, A 46
Devoirs des Commissaires nommés par le Prince, A 54
Comment finit leur pouvoir, A 59
Devoirs des Commissaires nommés par les Cours & autres Juges, A 57
Comment finit leur pouvoir, A 61
Commissaires nommés pour l'instruction, A 50, B 101
Leurs devoirs, B 115
Leur recusation, B 116
Commissaires-Enquêteurs.
Leurs fonctions, B 85
En cas d'absence, *&c.* A qui dévolues, B 95
Si on peut les recuser, A 23
Quand peuvent être recusés, A 466
Procédure à ce sujet, A 473
Taxe de leurs droits, B 222

Commissaires-prise à Partie, A 489
Commissaires-Recusation. (Voyez les deux articles précédents.)
Commissaires aux inventaires.
Taxe de leurs droits. B 427
Commissaires aux prises & ventes.
Taxe de leurs droits, B 222
Commissaires aux saisies réelles.
Taxe de leurs droits, B 223
Commissaires (vacations de) B 159
Commissions de Jurisdiction, ou délégations.
En quels cas ont lieu parmi nous, A 42
Quelles personnes peuvent déléguer la Jurisdiction, A 42
Cours souveraines le peuvent, A 42, 46
Quid des Présidiaux, A 42
Quid des autres Juges, A 43
Si on peut déléguer en matiere criminelle, A 44
Si on peut commettre pour juger une affaire, A 44
Si les Procureurs du Roi peuvent commettre des Substituts dans les Justices des Seigneurs, A 44
Si les Baillis & Sénéchaux royaux, ou leurs Lieutenants, peuvent commettre dans les Justices de Seigneurs, pour connoître des cas royaux, A 45
Quelles personnes peuvent être déléguées pour juger, A 45
Commissions, comment doivent être conçues, A 47
Des secondes commissions, A 58
Devoirs des Greffiers touchant les commissions, B 295
Commissions (Juges allant en) A 61, B 104
Leurs fonctions & devoirs, B 104
Leurs vacations, B 182
Commissions des Cours.
Sont toujours adressées aux Baillis & Sénéchaux, A 252
Commissions & renvois.
Quels Juges en connoissent, B 125
Commission de fonctions.
Juges ne peuvent commettre leurs fonctions à d'autres, A 185, B 101
Committimus, A 282, 376
Ce que c'est, A 376
Sont de plusieurs sortes, A 376
Quelles personnes en jouissent, A 377
Cas où ils n'ont lieu, A 389
En cas de renonciation au privilege, A 389
En matiere réelle, A 389
En lettres de repit, A 393
En matiere de domaine du Roi, A 393
En matiere criminelle, A 393
En matiere consulaire, A 393
En matiere de police, A 393
Pour causes de jurisdiction extraordinaire, A 393
Matiere de tutelle, curatelle, scellé & inventaire, A 394
Regles touchant les *Committimus*, A 384, 402
Committimus, sont personnels, A 402
Si les femmes de privilégiés en jouissent, A 403
Si on peut les céder à d'autres, A 403
Comment on estime le temps du privilege, A 403
Quid, si le privilege vient à cesser, A 404
Si l'on peut assigner le privilégié devant le Juge de son domicile, A 404
Procédure sur les *Committimus*, A 404
Committimus *aux Requêtes de l'Hôtel ou du Palais*, A 394
Committimus *au grand sceau*, B 394
Committimus *au petit sceau*, A 395
Committimus (*Du concours des*) A 400
Communautés de fondation royale.
Quand les Prévôts connoissent de leurs causes, A 234
Communautés nouvelles (*Etablissement des*)
La connoissance en appartient aux Baillis & Sénéchaux, A 255
Communautés qui jouissent du droit de Committimus, A 378

Communication aux Procureurs du Roi ou Fiscaux, A 643
Des affaires civiles sujettes à communication, A 643
Autres actes sujets à communication, A 652
Comment doit être faite, A 654
Procédure sur les communications, A 654
Affaires criminelles sujettes à communication, A 656
Observations sur les communications en criminel, A 661
Compagnies d'Officiers (Assemblées de) B 259. Voyez *Assemblée de Compagnie.*
Leurs cérémonies, processions, &c. B 267
Compatibilité d'offices, A 156
Compétence de tous les Juges, tant ordinaires qu'extraordinaires, A 174
Juges ont l'instruction des causes de leur Siege, A 174
Connoissent des incidents, A 174
Même des crimes incidents, A 176
Et de tout ce qui est accessoire à la cause, A 177
Connoissent de l'exécution de leurs jugements, A 178
Des rébellions à l'exécution de leurs jugements, A 178
Quid hors leur territoire, A 179
Ont le maintien de leur jurisdiction, A 180
Connoissent des irrévérences & injures faites à l'Audience, A 180
Des malversations commises par Officiers exécutant leurs mandements, A 183
Juges ne peuvent confier leur autorité à d'autres, A 185
Connoissent des scellés, A 186
S'il connoissent des inventaires, A 186
S'il peuvent disposer des amendes, A 187
Compétence des Juges ordinaires, A 170
En matiere de jurisdiction contentieuse, A 170
En jurisdiction volontaire, A 173
Connoissent des reconnoissances de promesse, A 172
Compétence des Juges extraordinaires, A 173
Compétence des hauts, moyens, & bas Justiciers. Voyez *Justiciers.*
Compétence des Prevôts royaux. Voyez *Prevôts.*
Compétence des Baillis & Sénéchaux. Voyez *Baillis & Sénéchaux.*
Compétence des Juges d'appel. Voyez *Juges d'appel.*
Compétence des Juges, en général, A 326
Comment se regle, A 326
Comment se regle celle des Juges ordinaires, A 327
Comment se regle celle des Juges de de premiere instance, A 327
Quid, si les parties demeurent en différentes jurisdictions, A 327
Regles générales touchant la compétence des Juges, A 367
Complaintes.
Juges de Seigneurs en connoissent, A 195
Complainte n'a lieu contre le Roi, A 640
Complaintes prévention.
Prévention des Juges royaux à cet égard, A 76
Même des Prevôts royaux, A 240
Baillis n'ont la prévention à cet égard sur les Prevôts royaux, A 252
Compositions pour crimes.
Sont défendues, A 617
Compromis.
Ce que c'est, B 685
Ses conditions pour être valable, B 685
Modele de compromis, B 688
Effets du compromis, B 688
Quelles personnes peuvent compromettre, B 689
De quelles choses on peut compromettre, B 692

Dans quels cas on ne le peut, B 693
Peine du compromis, B 717. Voyez *Sentences arbitrales-Appel.*
Comptes, B 110
Comptes des villes, A 268
Compulsoires, B 110
Conclusions des Gens du Roi, A 655
Doivent être écrites sur un registre, A 656
Il doit y avoir un registre à cet effet, A 666
Cas où ces conclusions sont prises par les Procureurs du Roi seuls, A 680
Doivent être prises au nom des Procureurs du Roi, A 685
Comment se rapportent, A 686
Avocats du Roi n'en peuvent prendre à la Maréchaussée, A 688
Concours de Privileges, A 400
Concussion.
Comment punie dans les Juges, A 550
Confiscation.
Quand est cas royal, A 265
Devoirs des Greffiers touchant les confiscations, B 297
Conflit entre deux Justices de Seigneurs.
Quel Juge en doit connoître, A 75, 431
Conseillers des Présidiaux & Bailliages royaux.
Leurs fonctions & droits, A 587
Leurs privileges, A 590
Leurs devoirs, A 594
Conseillers-gardes scels des Présidiaux, A 593
Conseillers-clercs des Présidiaux, A 594
Conseillers-honoraires, A 596
Conseillers-vétérans, A 597
Conseillers des Sieges particuliers des Bailliages, A 599
Conseillers des Prévôtés, A 607
Conservateurs des Universités.
Leur *committimus*, A 382
Conservation des privileges de l'Université.
Prévôts en connoissent concurremment avec les Baillis royaux, A 252
Considérations des Juges en jugeant, B 21. Voyez *Jugements.*
Consignations.
Devoirs des Juges à cet égard, A 548
Consulaires. (Affaires)
Juges des Seigneurs en connoissent, A 203
Contrats. (Exécution de)
Quels Juges en connoissent, A 360
Contrats passés sous le scel royal, A 198
Si les Juges de Seigneurs en connoissent, A 198
Prévôts royaux en connoissent, A 238
Contrebande, A 118
Copies des actes. Voyez *Expéditions.*
Corps & Communautés.
Leur établissement est cas royal, A 80
Corps & Communautés de fondation royale, A 97, 292
Corps & Communautés qui sont en la garde du Roi.
Cas royaux à ce sujet, A 115
Corps & Communautés qui sont sous la protection du Roi.
Cas royaux à ce sujet, A 115
Corps & Compagnies.
Où doivent être assignés, A 330
Correction d'Officiers royaux, A 86, 259
Crieurs & proclamateurs de bans (Huissiers) B 605
Crimes qui sont cas royaux, A 121, & suiv.
Crimes commis par Officiers royaux hors leurs fonctions, A 89
—— *commis sur les grands chemins*, A 135
—— *contre nature*,
Sont cas royaux, A 138
Crimes incidens aux procès civils.
Si tous les Juges en connoissent, A 176
Curés primitifs, A 106

D

DÉCLINATOIRES & renvois.
Ce que c'est, A 406
Dans quels cas peuvent se proposer, A 407

Procédure

Procédure à ce sujet, A 412
Appel des dénis de renvois, A 422
Décrets de biens saisis, A 342. Voyez *Décrets—Saisies réelles.*
——— *dans les Justices de Seigneurs*, A 200
——— *dans les Prévôtés*, A 227
——— *de terres nobles*, A 250
——— *sur des personnes nobles*, A 250
——— *d'héritages roturiers*, A 227
——— *d'offices royaux*, A 232
Décrets de mariage.
Par qui peuvent se donner, B 112
Défenses contre les Sentences des premiers Juges, B 122
Délégations, B 101. Voyez *Commissions.*
Délégation de Jurisdiction, A 38. Voyez *Commissions.*
Délégation chez les Romains, A 38
Délégation de Jurisdiction en France, A 41, 42
Délibérations de compagnie, B 259. Voyez *Assemblées de compagnie.*
Secrets; ne doivent être revélés, B 266
Délibérés sur le bureau, B 11, 13, 59
Délits de soldats de bourgeoisie, A 116
Démission d'office.
Quand peut être faite par le Juge, A 527
Démolition des murs de ville, A 96
Déni de Justice, A 530
Donne lieu à la prise à partie, A 481
Procédure à ce sujet, A 496
Déni de Justice des Procureurs du Roi.
Procédure qui doit se tenir en ce cas, A 672
Dépens - condamnation.
N'a lieu dans les Justices de Seigneurs quand le Procureur fiscal est partie, A 208
Procureurs du Roi ne peuvent y être condamnés, A 642
Dépens - Greffiers, B 296
Dépôt des Greffes pour les minutes, B 275, 298, 314
Seigneurs tenus d'en avoir un, A 616
Dépôt pour les minutes des Notaires, B 394
Députations de compagnie, B 267
Désaveu de Procureur, B 506
——— *d'Huissier*, B 644
Descentes sur les lieux, B 95
Désertions, A 79
Destitution d'Officiers.
Seigneurs peuvent destituer leurs Officiers, A 612
Quid, des Chapitres & autres Communautés, A 612
Devoirs généraux des Juges, A 503
Doivent être assidus, A 503
Ne point recevoir de présents, A 506
Ne tenir des pensions que du Roi, A 510
Ne peuvent être Officiers de Seigneurs, *&c.* A 511
Ne peuvent solliciter, A 511
Ni postuler, A 512
Ni tenir deux offices, A 513
Ni tenir fermes, A 514
Ni faire le commerce, A 514
Ni se rendre adjudicataires en leurs Sieges, A 515
Ni acquérir aucuns transports litigieux, A 519
Ni révéler les secrets du Siege, A 516
Doivent être suffisants & capables, A 519
Aimer la justice, A 520
Ne se laisser corrompre, A 521
N'abuser de leur autorité, A 522
Etre exempts de passion, A 523
Etre de bonnes mœurs, A 523
Devoirs particuliers des Juges, A 532
Touchant la police & discipline du Siege, A 532
Examiner avec attention les procès, A 536
Se comporter entre eux décemment, *&c.* A 536
Leurs devoirs touchant les jugements, A 537
Touchant la maniere d'opiner, A 539. Voyez *Opinions.*

Touchant certains actes judiciaires, A 547
Touchant les Greffes & les Greffiers, A 549
Touchant les épices & vacations, A 549
Touchant les amendes, A 550
Touchant les actes de jurisdiction volontaire, A 550
Devoirs particuliers des Baillis, Sénéchaux, & autres Juges royaux, A 529, 552, 553
Observer les Ordonnances, A 529
Ne refuser leur ministere, A 530
Rendre la justice gratuitement aux pauvres, A 530
Rendre la justice au lieu destiné à cet effet, *&c.* A 530
Veiller sur leurs inférieurs, A 531
Autres devoirs, *&c.* A 533
Devoirs des Juges en matiere criminelle, A 554
Devoirs des Juges de Seigneurs, A 624
Devoirs des Juges d'appel.
En matiere civile, A 554
En matiere criminelle, A 555
Discipline des Juges touchant l'audience, B 1
Distraction de jurisdiction.
Quelle peine on peut prononcer à cet égard, A 368
Distribution de procès, B 38
Des procès qui entrent en distribution, B 43
Des procès qui n'y entrent pas, B 49
Comment se fait cette distribution, B 49
Dîmes, A 107, 274, 277
Domaine du Roi.
Cas royaux à ce sujet, A 91, 261
Domaine du Roi non contesté.
Prévôts royaux en connoissent, A 92, 234
Domaine des Seigneurs.
En quels cas leurs Juges en connoissent, A 205
Domicile (observations sur le) A 411
Donations soumises à la jurisdiction royale, A 115
Droits honorifiques dans les Eglises, A 139
Duc d'Orléans.
A ses causes commises au Parlement, A 377
Ducs & Pairs.
Leur *committimus* pour leurs pairies, A 377
Ducs & Comtes.
Ce qu'ils étoient autrefois, A 10
Duchés-Pairies, A 221
Duel, A 129

E

Eaux & Forêts des Seigneurs, A 197
Juges de Seigneurs en connoissent, A 197
Eaux & forêts. (Officiers des)
Ont leurs causes commises au plus prochain Présidial, A 381
Ecclésiastiques. (Droits & privileges des)
Cas royaux à ce sujet, A 110, 113
Leur privilege pour plaider, A 334, 383
Echevins. Voyez *Villes.*
Economats, A 107
Si les Prévôts en connoissent, A 235
Eglise.
Cas royaux à ce sujet, A 102, 273
Eglises (biens & domaines des) A 109, 193, 280
Si les Juges de Seigneurs en connoissent, A 193, 194
Quid, des Prévôts royaux, A 224
Eglises (Causes des) A 110, 281
Elections de tutele & curatelle.
Se font à l'hôtel du Juge, B 107
Emancipations, B 107
Emotions populaires, A 124
Encise; est cas royal, A 129
Enfants trouvés.
Doivent être nourris par les Seigneurs haut-justiciers, A 618
Enfants trouvés. (Exposition d')

Juges de Seigneurs en connoissent, A 215
Engagistes (Seigneurs) A 142, 621
Enquêtes, B 109
Devoirs des Greffiers touchant les Enquêtes, B 295
Enrégistrements qui se font aux Bailliages, B 129, 130
Enrégistrements des donations & substitutions.
Où doivent se faire, A 311
Epices & vacations des Juges, B 150
Comment se taxent, B 152
Devoirs des Juges à cet égard, B 152, 159
Comment se partagent, B 157
Juges doivent en écrire la taxe de leur main, B 160
Ne peuvent les recevoir par eux-mêmes, B 161
Ni les faire consigner, B 160
Ni décerner exécutoire à ce sujet, B 162
Ni refuser la communication des jugements, B 163
Ni leurs Greffiers retenir les pieces, B 163
Ni différer la signature & prononciation des Jugements, B 164
Ni prendre aucunes promesses, B 165
Epices & vacations des Officiers en général, B 105
Privilege des épices & vacations, B 194
Officiers doivent écrire les épices & vacations qu'ils reçoivent des parties, B 165
Juges supérieurs doivent les reformer quand elles sont excessives, B 166
Cas où il est permis aux Juges de prendre des épices, B 167
Cas où il leur est permis de prendre des vacations en matiere civile, B 168
Cas où il leur est permis d'en prendre en criminel, B 170
Cas où il leur est défendu de prendre des épices, tant en matiere civile que criminelle, B 182
Cas où il est défendu aux Juges de prendre des vacations en matiere criminelle, B 185
Epices & vacations des Gens du Roi, B 186
Cas où ils en peuvent prendre, B 186
Cas où il leur est défendu d'en prendre, B 188
Leurs devoirs à cet égard, B 191
Epices & vacations des substituts, B 193
Epices, droits & vacations (Tableau des) B 195
——— *des Bailliages & Sieges présidiaux*, B 195
En matiere civile, B 195
En matiere criminelle, B 199
——— *des Gens du Roi*, B 201
——— *des Prevôts royaux.*
En matiere civile, B 202
En matiere criminelle, B 203
——— *des Substituts*, B 205
——— *des Juges de Seigneurs.*
En civil, B 205
En criminel, B 210
——— *des Procureurs fiscaux*, B 214
——— *des Secrétaires & Clercs des Juges*, B 216
——— *des témoins*, B 216
——— *des Médecins*, B 217
——— *des Chirurgiens*, B 217
——— *des Sages-femmes*, B 218
——— *des Experts en écriture*, B 218
——— *des Interprêtes*, B 219
——— *des Experts en criminel*, B 219
——— *des Experts en bâtiments*, B 219
——— *des Arpenteurs*, B 220
——— *des Greffiers*, B 220, 337, 342, 357. Voyez *Greffiers.*
——— *des Greffiers-garde-minutes*, B 220
——— *des Vérificateurs & Rapporteurs des défauts*, B 221
——— *des Tiers-référendaires & taxateurs de dépens*, B 221
——— *des Greffiers des Arbitrages*, B 221

——— *des Notaires*, B 222
——— *des Notaires Apostoliques*, B 222
——— *Petit scel des Notaires*, B 222
——— *des Commissaires aux inventaires*, B 222
——— *des Commissaires aux prisées & ventes*, B 222
——— *des Procureurs*, B 222
——— *des Huissiers & Sergents*, B 222
——— *des Commissaires-Enquêteurs*, B 222
——— *des Receveurs des consignations*, B 223
——— *des Commissaires aux saisies réelles*, B 223
——— *des Certificateurs des criées*, B 223
——— *des Receveurs des épices*, B 224
——— *des Greffiers de l'écritoire*, B 224
——— *des Greffiers & Geoliers des prisons*, B 224
——— *des Messagers-conducteurs de prisonniers*, B 225
——— *des frais de voyage*, B 225
——— *des Greffiers des insinuations ecclésiastiques*, B 225

Epices - arbitres.
Si les arbitres peuvent se taxer des épices, B 710

Erreur.
Si elle se punit dans les Juges, A 551

Esclaves.
Ne peuvent être arbitres, B 694

Etablissement des Communautés & Confrairies, A 80

Etat & Gouvernement.
Cas royaux à ce sujet, A 70

Etat des personnes.
Cas royaux à ce sujet, A 116

Etats de la province. Voyez *Assemblées d'Etats.*
Baillis les convoquent, A 309

Etrangers; où doivent être assignés, A 330, 353

Evêques (Committimus *des*) A 379

Evocation.
Juges royaux, quand peuvent évoquer des Officiaux, A 275
Prévôts royaux le peuvent, A 240

Evocations par main supérieure, A 430
Procédure à ce sujet, A 435

Evocations pour parenté, A 436
Regles à ce sujet, A 440

Evocations en matiere civile, A 437
——— *en matiere criminelle*, A 439

Examen d'Officiers pour être reçus, A 149. Voyez *Officiers.*

Excès commis par Seigneurs & Gentilshommes sur leurs sujets, A 122

Exécution des contrats.
Quels Juges en connoissent, A 360

Exécution des Sentences & Jugements.
Différentes especes d'exécution, A 355
Quels Juges en connoissent, A 354
Tous Juges connoissent de celles de leur Siege, A 178
Si les Juges-Consuls connoissent de l'exécution de leurs jugements, A 359

Exécution des Sentences de Juges royaux.
Juges de Seigneurs en connoissent, A 200

Exécution des Sentences Consulaires & d'Officiaux, A 75
Prévôts en connoissent, A 240
Quid, des Juges de Seigneurs, A 207

Exécution provisoire des jugements.
Quand peut être prononcée par les Juges, A 547

Exécution des procès. Voyez *Instruction des procès.*

Exécution des Réglements de police, A 301

Exécution des lettres de Chancellerie.
Quels Juges en connoissent, A 360

Expéditions des jugements, B 298
Quels jugements doivent être expédiés en forme, ou non, B 296
Expéditions qui se délivrent en parchemin, B 308
Quel nombre de lignes & de syllabes elles doivent contenir, B 308

Expéditions des Greffiers, B 291
——— *des Notaires*, B 393, 401

Experts en écriture, (leur taxe) B 218
——— *en criminel*, (leur taxe) B 219
——— *en bâtiments*, (leur taxe) B 219
Experts-récusation, A 23
Exploits.
S'ils peuvent être faits les jours de fêtes, A 233
Exposition d'enfants, A 215. Voyez *Enfants trouvés.*
Extraits des procès.
Rapporteurs doivent les faire, B 614

F

FABRIQUES (*Causes des*) A 111
Si les Seigneurs en connoissent, A 195
Quid, des Prévôts royaux, A 225
Falsification du scel royal, A 84
Fausse monnoie, A 79
Femmes ou filles.
Si elles peuvent être arbitres, B 694
Fêtes d'Eglise, B 231
Si on peut faire ces jours-là des actes de Justice, B 232
Si les Notaires peuvent passer des contrats ces jours-là, B 232
Si les Sergents peuvent faire des exploits les jours de fêtes d'Eglise, B 233
Fêtes de Palais, B 236
Fiefs (*Causes touchant les*) A 247
Baillis & Sénéchaux en connoissent à l'exclusion des Prévôts royaux, A 247
Foires & marchés (*Etablissement des*) A 260
Forains (*Action contre les*) A 353
Force publique, A 125
Fourches patibulaires des Seigneurs, A 618
Frais des procès criminels.
Sont à la charge des Seigneurs de Justice, A 617
Furieux.
Ne peuvent être arbitres, B 694

G

GARDE-*Gardienne* (*Privilege de*) A 380, 396
Gardes-forêts (*Archers*) B 612
Gardes-notes, B 365, 417
Gardes-scels des Présidiaux (Conseillers) A 593
Gardes-scels des contrats, B 421
Garantie (*demande en*) A 351
Gens du Roi & des Seigneurs en général, A 630
Leurs fonctions, A 631
Peuvent porter la parole à l'Audience quand ils le veulent, A 673, B 11
Ne sont sujets à la censure des Juges, A 673
Quelles personnes font leurs fonctions en leur absence ou empêchement, A 672, 688
Gens du Roi-devoirs, A 690. Voyez aussi *Devoirs des Juges.*
——— *du Roi-droits, rangs, séances & privileges*, A 694
Peuvent tenir le Siege en l'absence des Juges, A 695
Exception à cette regle, A 696
Peuvent plaider pour les parties, A 697
Gens du Roi-Epices & vacations, B 186
Tableau de leurs droits à ce sujet, B 201
Gens du Roi-Qualités, A 690
S'ils peuvent être punis, A 690
Ne peuvent recevoir aucuns présents, A 691
Gradués, A 629
Si les Juges de Seigneurs doivent l'être, A 626
Grands-Baillis, A 556
Leur origine & fonctions, A 556
Autres fonctions, A 559
Leurs privileges, A 560
Leurs devoirs, A 561
Grands-jours, B 257
Gouverneurs des provinces.

Où doivent être assignés, A 330
Leur jurisdiction, A 7, 27
Greffe.
Devoirs des Juges touchant le Greffe, A 549
Greffiers, B 271
Leurs fonctions, B 272, 280
Leurs registres, B 272
Leurs minutes, A 691, B 275, 291
Peuvent avoir des Commis, B 281
Greffiers—Devoirs généraux, B 282
Greffiers—Devoirs particuliers, B 284
Touchant les actes en général, B 284
Touchant les actes de jurisdiction volontaire, B 114, 115
Touchant l'Audience, B 285
——— les procès par écrit, B 286
——— les jugements, B 288, 298
——— leurs minutes, A 671, B 275, 291
——— les expéditions, B 291, 308, 311
——— le sceau & contrôle des Sentences, B 294
——— les Requêtes, B 295
——— les Enquêtes—commissions, B 295
——— les distractions de ressort, B 296
——— les dépens, B 296
——— les saisies réelles, B 296
——— les amendes & confiscations, B 297
——— les dépôts, B 298
Greffiers—Récusation, B 281
Greffiers—Qualités & devoirs personnels, B 323
Greffiers—Droits & salaires, B 337
Cas où ils peuvent en prendre, B 337
Cas où ils ne peuvent en prendre, B 339
Leurs devoirs à ce sujet, B 341
Taxe de leurs droits & salaires, B 220
Tarif des droits & salaires des Greffiers des Bailliages & Sieges présidiaux en civil, B 342
Idem, en criminel, B 354
Tarif des droits & salaires des Greffiers des Justices de Seigneurs en civil, B 357
Idem, en criminel, B 362
Greffiers—Privileges, B 327
Greffiers criminels, B 313
Leurs fonctions, B 313
Leurs registres, B 313
Dépôt de leurs minutes, B 314
Leurs devoirs particuliers, B 316
Greffiers d'appeaux, B 320
——— *des Maréchaussées,* B 321
——— *des Justices seigneuriales,* B 322
Greffiers en chef, B 327
——— *à la peau,* B 328
Greffiers garde-sacs, B 328
Greffiers des présentations, B 330
Leurs vacations, B 363
Greffiers des affirmations de voyage, B 332
Greffiers de l'écritoire, B 332
Leurs salaires, B 224
Greffiers des geoles, B 333
Leurs salaires, B 224
Greffiers-gardes minutes des lettres de Chancellerie, B 334
Leurs salaires, B 220
Greffiers des insinuations, B 334
Tarif des salaires des Greffiers des insinuations ecclésiastiques, B 225
Greffiers des notifications des contrats, B 334
Greffiers des Parlements, B 335
Greffiers du Conseil, B 336
Greffiers des commissions, B 336
Greffiers des arbitrages, B 425, 435
Leur création, B 711
Leurs fonctions, B 712
Taxe de leurs salaires, B 221
Si leurs Sentences emportent hypotheque, B 712
Si elles emportent exécution, B 712
Grosses & expéditions. Voyez *Expéditions.*
Guerre.
Cas royaux concernant la guerre, B 78
Guet d'Orléans.

Tenu d'accompagner le Présidial dans les cérémonies, B 268

H

Harangues de compagnie, B 287
Harangues de rentrées du Palais, A 688
Hautes—Justices (Droits des) A 220
Hauts—Justiciers—Compétence, A 192
Connoissent de toutes causes personnelles, réelles, *&c.* A 192
Et aussi des causes criminelles, A 192
Même entre Nobles, A 192
Et Ecclésiastiques, A 192, 193
Et Officiers royaux, A 193
Ne peuvent connoitre des domaines & droits des Eglises, A 193
Connoissent en certains cas des causes des Eglises, A 194
Connoissent des causes de leurs Villes & Communautés, A 195
Et de celles des Fabriques, A 195
Item, des complaintes, A 195
Ne connoissent des causes de leurs Seigneurs, A 197
S'ils connoissent des Eaux & Forêts dans leurs Justices, A 197
Quid, des contrats passés sous le scel royal, A 198
S'ils connoissent de l'exécution des jugements rendus par des Juges royaux, A 200
S'ils connoissent des saisies réelles, A 200, 210
Connoissent de l'exécution des lettres de Terrier, A 202
Connoissent des matieres consulaires, A 203
Connoissent en certains cas par main Souveraine, A 203
Hauts Justiciers—Incompétence, A 204
Ne connoissent des causes personnelles & mixtes de leurs Seigneurs, A 204
Ni du domaine de leurs Seigneurs, s'il est contesté, A 205
Ni des cas royaux, A 206
Ni des oppositions aux mariages, A 207
Ni de l'exécution des Sentences des Consuls & Officiaux, A 207
Hauts—Justiciers—Incidents, A 207
Lettres de Chancellerie incidentes, A 207
Inscriptions de faux incidents, A 208
S'il peut y avoir condamnation de dépens quand le Procureur-Fiscal est partie, A 208
Hauts—Justiciers—Jurisdiction volontaire, A 209
Connoissent des partages, A 209
Et aussi des scellés & inventaires, A 209
Quid, des saisies réelles, A 200, 210
Publient les Edits & Lettres-patentes, A 211
Ils homologuent les Sentences arbitrales, A 211
S'ils font les ouvertures des testaments, A 211
S'ils connoissent des demandes en saisissement de legs, A 211
Donnent des *pareatis*, A 211
Connoissent des reconnoissances de promesses, A 212
Dressent les procès-verbaux des registres de baptêmes, *&c.* A 212
Connoissent de la police, A 212
Et aussi de la voirie, A 213
Donnent permission d'inhumer les cadavres trouvés dans les rues, A 215
Connoissent de l'exposition des enfants trouvés, A 215
S'ils peuvent faire des réglements, A 215
Ont la police de leurs prisons, A 216
Ont la police de leur Siege, A 216
Connoissent des malversations de leurs Officiers, A 216
S'ils ont la réception des Officiers de leurs Sieges, A 216
Hauts—Justiciers—Compétence en matiere cri-

minelle, A 221
— *appels de leurs jugements*, A 18
Hauts Justiciers — Assises, A 217
— *privileges*, A 219
Hérésie.
Est cas royal, A 101
Homologation de Sentences arbitrales. Voyez *Sentences arbitrales.*
Homologations qui se font au Siege, B 129, 136
Homicide.
Quand est cas royal, A 127
Honoraires des Avocats, B 459
Hôpital d'Orléans.
Son privilege, A 380
Hôpitaux.
Causes des hôpitaux, A 112
Si les Juges de Seigneurs en connoissent, A 193
Quid, des Prévôts royaux, A 225
Hôtel du Juge.
Actes d'instruction que le Juge peut faire seul en son hôtel, B 106
Actes de jurisdiction volontaire que le Juge peut faire seul en son hôtel, B 107
Actes de jurisdiction contentieuse que le Juge peut faire seul en son hôtel, B 118
Hôtel-Dieu d'Orléans.
Son privilege de lettres de garde-gardienne, A 380
Hôtel-Dieu & Hôpitaux de Paris.
Leur *Committimus*, A 377
Huissiers & Sergents en général, B 558
Différence entre Huissier & Sergent, B 558
Leurs fonctions, B 559
Huissiers & Sergents des Justices ordinaires, B 562
Huissiers & Sergents royaux en général, B 565
Leurs fonctions, B 565
S'ils peuvent exploiter ès Justices des Seigneurs, B 565
S'ils peuvent y résider, B 568
S'ils peuvent exploiter dans les Justices extraordinaires, B 568
Sans s'y faire immatriculer, B 580
S'ils peuvent exploiter hors le ressort de leur Jurisdiction, B 569
Huissiers & Sergents des Bailliages royaux, B 569
Huissiers & Sergents des Sieges particuliers, B 571
Huissiers & Sergents des Prévôtés royales, B 571
Huissiers & Sergents royaux de collocation, B 571
Huissiers & Sergents des Justices extraordinaires en général, B 572
S'ils peuvent exploiter tous actes de Jurisdiction extraordinaire, B 573
S'ils sont tenus de se faire immatriculer aux Bailliages, B 578
S'ils sont tenus de comparoître aux assises desdits Bailliages, B 580
Doivent le service aux Sieges royaux comme les autres Huissiers, B 581
Huissiers qui peuvent exploiter par tout le Royaume, B 583
Huissiers-priseurs-vendeurs, B 586
Huissiers-audienciers des Justices ordinaires, B 591
Leurs fonctions, B 592
S'ils peuvent exploiter par tout le Royaume, B 596
Huissiers-audienciers des Sieges criminels, B 598
Huissiers-audienciers des Justices extraordinaires, B 598
Huissiers-audienciers, (Premiers) B 600
Huissiers-audienciers en général, B 603
Leurs devoirs.
Huissiers-crieurs proclamateurs de bans, B 605
Huissiers de police, B 607
Huissiers des Hôtels-de-Ville, B 607
Huissiers-Sergents d'armes en la Connétablie, B 608

Huissiers des Chancelleries, B 610
Huissiers-audienciers des Eaux & Forêts, B 611
Huissiers-receveurs des amendes des Eaux & Forêts, B 612
Huissiers & Sergents des Elections, B 614
Huissiers & Sergents des Tailles, B 614
Huissiers & Sergents des Traittes foraines, B 615
Huissiers des Consuls, B 615
Huissiers & Sergents des Monnoies, B 617
Huissiers & Sergents des Amirautés, B 617
Huissiers de l'artillerie & arsenal, B 618
Huissiers des Bureaux des Finances, B 618
—— *de la Chambre du Trésor*, B 619
—— *& Sergents du Châtelet de Paris*, B 619
Huissiers à cheval du Châtelet de Paris, B 620
Huissiers & Sergents à verge du Châtelet de Paris, B 625
Huissiers-audienciers du Châtelet de Paris, B 627
Huissiers de la Table-de-Marbre de Paris, B 627
—— *de la Prévôté de l'Hôtel*, B 628
—— *des Requêtes de l'Hôtel*, B 628
—— *des Requêtes du Palais*, B 629
—— *des Parlements*, B 629
Huissier-audiencier du Parlement. (Premier) B 631
Huissiers de la Cour des Aides, B 632
—— *de la Cour des Monnoies*, B 632
—— *des Chambres des comptes*, B 632
Huissier de la Chambre des Comptes, *(Premier)* B 633
Huissiers du Grand Conseil, B 638
—— *du Conseil d'Etat*, B 634
Huissiers de la Grande Chancellerie, B 635
—— *des Chancelleries des Cours*, B 636
Huissiers & Sergents — Devoirs généraux, B 636
Doivent résider, B 636
Comment peuvent s'absenter, B 638
Doivent obéir aux Juges, B 638
Autres devoirs des Huissiers, B 368
Doivent leur ministere au public, B 639
Doivent mettre à exécution les actes dont ils sont chargés, B 639
Doivent donner recepissé des pieces qui leur sont confiées, B 640
Ne doivent rien prendre au-delà de leurs salaires, B 641
Doivent donner quittance de l'argent qu'ils reçoivent, B 641
Ne peuvent être payés de leurs salaires, par la partie assignée ou exécutée, B 641, 643
Ne peuvent passer accords entre les parties, B 642
Ne peuvent remettre une offense pour de l'argent, B 642
Doivent remettre aux parties leurs pieces & l'argent reçu, B 643
Par qui paiés de leurs salaires, B 643
Ne peuvent distraire les parties de leur Jurisdiction, B 643
Ne peuvent exécuter les actes qu'ils ont passés comme Notaires, B 643
Répondent des nullités des exploits, B 644
Sont punis en cas de vol & malversation, B 644
Quand peuvent être désavoués, 644
Huissiers — Devoirs particuliers, B 646
Touchant les exploits en général, B 646
—— les assignations, B 652
—— les saisies & exécutions, B 652
—— les significations, B 657
—— le contrôle des exploits & sceau des Sentences, B 658
—— le papier & parchemin timbré, B 659
—— les décrets & emprisonnements, B 660
—— les rebellions, B 662
—— les coutumaces, B 663

Huissiers — Qualités & devoirs personnels, B 663
Leur reception, B 664
Ne peuvent être geoliers, &c. B 665
Huissiers — Droits & privileges, B 666
Huissiers — Salaires, B 222
Leurs devoirs à ce sujet, B 667
Tableau des droits & salaires des Sergents royaux, B 670

I

IMPERIUM — merum, A 2, 4, 6
Imperium — mixtum, A 3, 4,
Imperium cum jurisdictione, A 8
Impôts.
Cas royaux à ce sujet, A 94
Impôts (Levée d')
Est cas royal, A 80
Impôts nouveaux. (Etablissements des)
La connoissance en appartient aux Baillis royaux, A 255
Incendie.
Si elle est cas royal, A 137
Incidents.
Tous Juges en connoissent, A 174
Même les Juges des Seigneurs, A 207
Et aussi des lettres incidentes, A 207
Ainsi que des inscriptions de faux incident, A 208
Incidents sur procès appointés, B 58
Incompétence. (Appel d') A 427
Infanticide, A 129
Information de vie & mœurs, B 109
Infraction de Sauvegarde, A 82
Injures commises à l'Audience, A 180
Inscription de faux incident, A 176
Juges de Seigneurs en connoissent.
Non les Officiaux, A 177
Ni les Juges Consuls, A 177
Insinuation. (Droits d')
Qui en connoit dans l'appanage du Duc d'Orléans, A 135, B 127
Insinuation des donations & substitutions, A 311, B 135
Installation d'Officiers, A 155
Instruction & exécution des procès, B 85
A qui appartient, B 85
Tous Juges ont l'instruction des procès de leur Siege, A 174
Fonctions & devoirs des Juges qui ont l'instruction & l'exécution des procès, B 100
Juges ne peuvent commettre pour l'instruction, B 101
Instruction avant la distribution, B 86
—— après la distribution, B 93
Instruction & exécution des procès criminels en particulier, B 104
Intendants.
Où doivent être assignés, A 330
Interdictions, B 108
Interprêtes. (Salaire des) B 219
Interprétation des Loix, B 29
—— des contrats, B 31
Interrogatoires, B 109
Intervenant privilégié, A 386
Inventaires d'effets.
Si les Juges peuvent les faire, A 186
Inventaires de production, B 37
Irréverences commises à l'Audience, A 180
Issue. (Siege de l') A 16
Par qui tenu, B 124
Jugements.
Devoirs des Juges à ce sujet, A 537, B 21
Des choses que le Juge peut suppléer d'office, B 25
Régles que les Juges doivent observer en jugeant, B 28, 32
Interprétation des Loix, B 29
Interprétation des contrats, B 31
Comment le Juge doit rendre sa Sentence, B 33
Juges doivent signer la minute des jugements, A 548
Jugements — Présidence.
Devoirs de ceux qui y président, B 33

Jugements en procès par écrit, B 70
Juges.
Division des Juges en France, B 165, 168
Juges ordinaires. A 167
Leur compétence, A 170, Voyez *Compétence.*
Juges extraordinaires, A 167
Leur compétence, A 173, 364
Juges — Devoirs, Voyez *Devoirs.*
Juges royaux, A 166
Juges des Seigneurs-
Leur compétence, Voyez *Justiciers.*
Leurs devoirs, A 624, Voyez *Juges des Seigneurs.*
Juges des Seigneurs — privileges.
Président aux Assemblées de Ville, A 628
Juges des Seigneurs — Qualités, A 625
Doivent être regnicoles, A 625
Peuvent être Ecclésiastiques, A 625
S'ils doivent être gradués, A 626
Où doivent être reçus, A 626
Ne peuvent être en même-temps Juges royaux, A 627
Juges des Seigneurs — Epices.
Tableau de leurs épices & vacations en civil, B 205
—— en criminel, B 210
Juges des Pairies.
Leur compétence, A 221
Juges d'appel, A 168
Leur compétence, A 364
Leurs devoirs, A 369
Juges négligents, &c.
Comment punis, A 550
Juges — Arbitres, B 696
Juges donnés, A 9
Juges-Consuls.
Ne connoissent de l'exécution de leurs jugements, A 359
Juifs, A 114
Jurisdiction en général.
Ce que c'est, A 1
De combien de sortes, A 1, 12
Droits attachés à la Jurisdiction, A 24
Comment s'acquiert & se perd, A 28
Jurisdiction civile, A 12
—— *criminelle*, A 12
—— *parfaite*, A 12
—— *contentieuse*, A 13
—— *ordinaire*, A 13
—— *extraordinaire*, A 13
—— *correctionnelle*, A 8
—— *propre*, A 13, 14
—— *prorogée*, A 13, 29, Voyez *Soumission de Jurisdiction.*
—— *déléguée*, A 14, Voyez *Délégation.*
Jurisdiction imparfaite ou limitée, A 12, 14
Telle est celle des Présidiaux, A 14
Régles touchant cette espece de Jurisdiction, A 14
Jurisdiction volontaire, A 12, 17
Divers actes de jurisdiction volontaire, A 17, 22, 24
Jurisdiction volontaire des Baillis & Sénéchaux, A 316
—— *des Juges de Seigneurs*, A 209
Jurisdiction — Ressort.
Son étendue par rapport à son territoire, A 25
Son étendue par rapport aux matieres & personnes, A 28
Justice.
Cas royaux concernant la justice, A 74
Justice (Droits de) & tout ce qui la concerne.
La connoissance en appartient aux Baillis & Sénéchaux royaux, A 255
Justiciables de différentes Justices.
Ou doivent être assignés, A 327
Justiciers (Bas-)
Leur compétence, A 188
Justiciers. (Moyens-)
Leur compétence, A 190
Justiciers (Hauts-) Voyez *Hauts-Justiciers.*

L

LÉGALISATION.
Par qui se donnent, B 112

Legs.
Où doivent se demander, A 348
Demande à ce sujet est une action personnelle, A 384
Legs. (Saisissement de)
Juges des Seigneurs en connoissent, A 211
Lettres-patentes — Publications, Voyez *Publications.*
Lettres royaux.
Cas royaux à ce sujet, A 83
Leur publication & enrégistrement sont de la compétence des Baillis & Sénéchaux, A 260
Lettres de Chancellerie.
Quand sont de la compétence des Prévôts royaux, A 233
Lettres de Chancellerie. (Exécution de)
Quels Juges en connoissent, A 360
Ne sont attributives de jurisdiction, A 202, 260
Cas où elles le sont, A 361
Lettres de terrier.
Si les Juges de Seigneurs en connoissent, A 202
Ne sont attributives de jurisdiction, A 203, 360
Lettres de repi, A 261
Lettres de rescision, A 233
Lettres de sauvegarde, A 233
Lettres écrites aux Compagnies.
Par qui doivent êtres ouvertes, B 269
Leze-Majesté, A 72
Leze-Majesté divine, A 98
Libelles diffamatoires, A 124
Lieutenants-Généraux.
Actes de Jurisdiction volontaire dont ils connoissent en leur Hôtel, B 112
S'ils connoissent quelquefois en leur Hôtel des actes de Jurisdiction contentieuse, B 118, 119
En leur absence, à qui appartiennent leurs fonctions, B 113, 123
Lieutenants-Généraux des Présidiaux A 566
Leurs fonctions & préséances, *&c.* A 568
Leurs devoirs, A 572
Leurs droits & privileges, A 573
Lieutenants-Généraux des simples Bailliages royaux, A 573
Lieutenants-Généraux d'épée, A 574
Lieutenants-criminels, A 575
Fonctions, A 575
Devoirs généraux, A 581
Devoirs particuliers dans leurs fonctions, A 582
Préséances, exemptions & privileges, A 583
Lieutenants particuliers, A 584
Leurs droits & privileges, A 590
Lieutenants des Sieges particuliers des Bailliages, A 598
Lieutenants des Prévôtés, A 605
Lieux royaux.
Cas royaux à ce sujet, A 95
Lignes & syllabes — Greffiers, B 308
Liquidation de dommages & intérêts, B 111
Liquidation des fruits, B 111
Loix.
Cas royaux à ce sujet, A 73

M

MAGIE.
Si c'est un cas royal, A 99
Magistrats chez les Romains, A 4
Magistrats en France, A 6
Si tous les Juges en France sont Magistrats, A 11
Main souveraine. (Connoissance par) A 70
En quel cas appartient aux Juges de Seigneurs, A 203
Maires & Echevins, Voyez *Villes.*
Malversation d'Officiers.
Juges de Seigneurs en connoissent, A 216
Malversations d'Officiers royaux, A 86
Quels Juges en connoissent, A 87
Malversation d'Officiers royaux dans leurs fonctions.
Quels Juges en connoissent, A 183

Marchands fréquentans la riviere de Loire.
Leur *committimus*, A 381
Maréchaussées. (Officiers des)
Leur *committimus*, A 381
Mariages, A 239, Voyez *Oppositions.*
Causes des mariages, A 104, 116
Marine, A 111
Cas royaux à ce sujet, A 117
Matieres consulaires,
Juges des Seigneurs en connoissent, A 203
Matieres réelles entre Nobles.
Sont de la compétence des Prévôts royaux, A 227
Medécins.
Tarifs de leurs droits, B 217
Medécins royaux.
Ont leurs causes commises au Bailliage, A 381, 382
Mercuriales, B 255
Mercuriales des Présidiaux, B 252
Messageries & postes, A 120
Cas royaux à ce sujet, A 120
Messagers conducteurs des Prisonniers.
Leurs droits, B 225
Mesures royales.
Comment les Baillis & Sénéchaux en connoissent, A 303
Mineurs.
S'ils peuvent être arbitres, B 694
Minutes des Greffiers, B 272, 291, 314
Minutes des Notaires, B 394
Moyens — justiciers, A 390
Monnoies.
Cas royaux à ce sujet, A 79
Monopoles, A 125

N

NOBLES. (Causes des)
Ne sont de la compétence des Prévôts royaux, A 222
Secus en matiere réelle, A 227
Noblesse.
Causes concernant la Noblesse, A 81
Nomination aux Offices, A 142
Non bis in idem, A 545
Notaires en général, B 365
Leur création, B 369
Notaires — Fonctions, B 371
S'ils peuvent passer des actes les jours de Fêtes, B 232
Actes qu'ils ne peuvent recevoir, B 376
Notaires — Minutes, B 394
Notaires — Registres, B 396
Notaires — Repertoires, B 401
Notaires — Expéditions & grosses, B 401
Notaires — Devoirs.
Touchant les actes qu'ils passent, B 378
Formalités nécessaires touchant ces actes, B 385
—— touchant les témoins, B 385
—— touchant les signatures, B 389
Autres formalités, B 390
Touchant le contrôle, B 393
Touchant les expéditions, B 393
S'ils sont garents des actes qu'ils passent, B 403
Notaires royaux, B 366
Effets des actes qu'ils passent, B 366
Notaires des Châtelets de Paris, Orléans & Montpellier, B 419
Notaires au Châtelet d'Orléans.
Leur *committimus*, A 382
Notaires des Seigneurs, B 417
Effet de leurs actes, B 366
S'ils peuvent recevoir des actes pour cas royaux, A 141
Notaires — Privileges, B 414
Notaires — Qualités & devoirs personnels, B 406
Doivent résider, B 406
Doivent garder le secret de leurs parties, B 407
Leurs devoirs touchant les legs pieux, B 408
Si on peut obliger un Notaire de signer en second, B 409
Ne peuvent partager en commun les émoluments, B 409

Ne peuvent s'associer ensemble, B 409
Ni tenir deux études, B 409
Ne peuvent affermer leurs études, B 410
Ne peuvent recevoir aucun legs, B 410
Ne peuvent signer des actes sous signature privée, B 410
Ne peuvent demeurer sur les Ponts, B 410
Actes des Notaires interdits sont nuls, B 410
S'ils peuvent être Notaires & Avocats, B 412
S'ils peuvent être Notaires & Sergents, B 410
Notaires — Reception, B 412
Notaires — Salaires, B 428
Taxe de leurs droits, B 222, 429, 431
Notaires Apostoliques, B 422
Leurs salaires, B 222, 435
Notio sine imperio.
Est de deux especes, A 11
Quelles personnes ont la simple notion, A 11

O

OBLATS, A 110
Octrois & péages, A 93
Octrois des villes, A 266
Quels Juges en connoissent, A 266, B 126
Octrois de la Ville d'Orléans.
Quel Juge en connoit, B 124
Offices,
Cas royaux à ce sujet, A 74, 84
Offices de judicature, A 142
Nomination à ces offices, A 142
Offices royaux.
Causes concernant les Offices royaux; sont de la compétence des Baillis & Sénéchaux, A 257
Quid de Prévôts royaux, A 232
Baillis apposent le scellé sur les minutes des Offices royaux, A 258
Saisies d'Offices royaux, A 259
Offices — Compatibilité, A 156
Offices — prérogatives, A 158
Offices — Résignation, A 159
Offices — Vente, A 159
Officiers.
Comment finit leur pouvoir, A 163
Officiers royaux.
Ce qu'on entend par Officiers royaux, A 86
Baillis & Sénéchaux connoissent de leurs causes dans leurs fonctions, A 258
Ainsi que de la reception desdits Officiers, A 258
Correction des Officiers royaux, B 259
Rebellion à leurs mandements, B 259, Voyez *Rebellion.*
Crimes commis par Officiers royaux hors leurs fonctions, s'ils sont de la compétence des Juges de Seigneurs, A 89
Officiers des Seigneurs.
Seigneurs n'en peuvent nommer de nouveaux en leurs Justices, A 612
Officiers de Justice. (Droits & devoirs des)
Sonnt de la compétence des Baillis royaux, A 255
Officiers — Survivance, A 156
Officiers — Véterants, A 163
Officiers — Qualités & devoirs personnels, A 144
Qualités nécessaires aux Juges pour être reçus, A 144
Doivent être âgés de 25 ans, A 144
Non parens d'autres Officiers du Siege, A 146
Doivent être gradués, A 147
Catholiques, A 148
Et de bonnes mœurs, A 148
François, A 149
Et sçavoir les Loix, A 149
Officiers — Examen, A 149
Officiers — Reception, A 152, Voyez *Reception d'Officiers.*
Officiers — Installation, A 155

Officiers. (Rang entre eux,) A 155
Officiers — Survivance, A 156
Officiers Destitution, A 164
Opinions des Juges, A 539, Voyez *Avis.*
Si l'on doit prendre la voix des Officiers mineurs, A 542
Ce que doit faire le Juge en opinant dans un cas où il craint d'être pris à partie, A 542
Voix des Officiers parents, A 544
Ce que doivent faire les Juges dans le cas de partage des voix, A 543
On ne peut opiner une seconde fois sur ce qui a été jugé, A 545
Opinions en procès par écrit, B 68
Oppositions aux Jugements & actes rendus à l'Hôtel, B 114, 118
Oppositions aux scellés, &c.
Où doivent se porter, A 346
Oppositions aux emprisonnements.
Où doivent se porter, A 346
Oppositions aux mariages.
Prévôts royaux en connoissent, A 239
Non les Juges de Seigneurs, A 207
Oppositions aux Ordonnances des Evêques & Archidiacres.
Cas où les Prévôts royaux en connoissent, A 239
Oppression & violence des Gentilshommes, A 122
Oratoire. (Peres de l')
Leur *committimus*, A 378
Ordres & distributions de deniers, B 110
Orléans, (*Prévôt d'*) A 245, Voyez *Prévôt d'Orléans.*
Ouvertures des Audiences, B 238
Ouverture des testaments, A 211, B 111

P

Pairies — Justices, A 221
Pairies de Sulli & de Châteauneuf, A 221
Papier & parchemin timbré.
Actes des Greffiers qui se délivrent en parchemin, A 308
Actes qu'ils délivrent en papier, A 311
Paraphes des registres de Baptêmes, &c. B 112
Pareatis. B 112, 115
Juges de Seigneurs peuvent les donner, A 211
Ainsi que les Prévôts royaux, A 211
Parenté d'Officiers, A 146
Parricide.
S'il est cas royal, A 128
Partage, (*Action de*) A 332, 347
Partage de voix des Juges, A 543
Partage de biens, B 110
Cas où les Baillis & Sénéchaux en connoissent, A 314
Juges des Seigneurs en peuvent connoître, A 209
Et aussi les Prévôts royaux, A 228
Pavé des Villes.
Quel Juge en doit connoître, A 266
Paulette, A 160
Péculat, A 94
Peine du compromis, B 717. Voyez *Sentences arbitrales — Appel.*
Peremption d'instance.
N'a lieu contre le Procureur du Roi, A 640
Personne du Roi.
Cas royaux concernant la personne du Roi, A 72
Personnes qui sont en la garde du Roi, (Causes des) A 113
Perturbateurs du repos public, A 124
Petit scel, (*Taxe des droits de*) B 222
Poinçons.
Leur visite dans le Bailliage d'Orléans, A 304
Poison.
N'est cas royal, A 128
Police.
Réglements généraux de Police; A 118
Police générale du Royaume.
Cas royaux à ce sujet, A 116
Police générale des provinces, A 116, 284, 293

Police du Siege.
Appartient aux Juges, A 216, B 127
Juges des Seigneurs ont la police de leur Siege, A 216
Police de l'Audience, B 11
Police & discipline des Juges, A 523
Police — Juges.
Juges des Seigneurs en connoissent, A 212
Et aussi les Prévôts royaux, A 235
Police des Villes, A 271
Police des prisons, B 111, 150
Juges de Seigneur ont la police de leurs prisons, A 216
Port d'armes, (Police pour le) A 121
Portions congrues, A 106
Baillis & Sénéchaux en connoissent, A 279
Postes, (Cas royaux touchant les) A 120
Prédications scandaleuses, A 125
Prérogatives des Officiers, A 156
Préséances des Avocats, B 429
—— des Notaires, B 414
Présents.
Juges n'en doivent recevoir, A 506
Ni les Avocats & Procureurs du Roi, ou Fiscaux, A 691
Présidents des Présidiaux, A 563
Leurs fonctions, A 563
Leurs devoirs, A 567
Leurs privileges & droits, A 604
Prévention des Juges.
Ce que c'est, A 372
Regles à ce sujet, A 376
Prévention en matiere de police, A 76, 119, A 302
—— en matiere de voirie, A 177, 303
—— en matiere de crime après les trois jours, A 77
—— en reconnoissance de promesse, A 77
Prévention-d'office.
Sur la requête de la partie publique, A 372
Sur la requête d'une partie privée, A 373
Prévention parfaite, A 373, 374
Prévention imparfaite, A 374
Prévention du Juge ordinaire sur l'Official, A 375
Prévention des Juges royaux sur les Juges de Seigneurs, A 76, 374
En matiere de complainte, A 76, 240
En cas de contestation de Juridiction, A 77
En cas de négligence, A 78
Prévention des Baillis & Sénéchaux, A 315
N'ont la prévention sur les Prévôts royaux en matiere civile, A 242
En quels cas ils ont cette prévention, A 374
Prévention des Prévôts royaux sur les Juges de Seigneurs, A 237
A lieu en cas d'exécution de transaction, A 238
Et aussi pour exécution de contrats sous scel royal, A 238
Ainsi que pour oppositions aux mariages, A 239
Et aussi pour oppositions aux Ordonnances des Evêques & Archidiacres, A 239
Prévôts & Châtelains royaux.
Leur compétence en matiere civile, A 222
Connoissent de toutes causes entre roturiers, A 222
Même quand il s'agit de fiefs, A 223
Item des tuteles & curateles de personnes non nobles, A 223
Et aussi des comptes de mineurs non nobles, A 223
Et des scellés sur roturiers, A 223
Connoissent de toutes causes civiles entre Ecclésiastiques, A 223
Et de celles des Officiers royaux, A 223
Et aussi des Hauts-Justiciers de leur ressort, A 224
Connoissent des causes des nobles quand il s'agit de l'appel des Justices de leur ressort, A 224
Connoissent aussi des causes des Eglises qui

qui n'ont point de lettres de garde-gardienne, A 224
Et aussi de celles des fabriques, hôpitaux, *&c.* A 225
Quid des réparations des Eglises, *&c.* A 225
Des causes des villes, A 226
De toutes matieres réelles entre nobles, A 227
Des partages entre roturiers, A 228
Des saisies réelles d'héritages roturiers, A 229
Connoissent des cas royaux simples, Voyez *Cas royaux simples.*
Peuvent évoquer des Officiaux, A 240
Connoissent de l'exécution des Sentences consulaires, A 240
Ainsi que de celles des Officiaux, A 240
Item des complaintes, A 240
Et reconnoissances de promesses, A 240
Ne connoissent des causes des géoliers des prisons royales, A 240
Causes dont ils ne peuvent connoître, A 240
Prévôts royaux (*Leur compétence en matiere crimiile,*) A 240
Prévôts royaux — Jurisdiction volontaire.
S'ils ont la réception de leurs Officiers, A 241
Homologuent les Sentences arbitrales,
Donnent des *pareatis*, A 241
Ont droit d'assises, A 241
Ont l'exécution des assises du Bailliage, A 242
Connoissent des appels des Seigneurs, A 242
Baillis n'ont la prévention sur les Prévôts, A 242
Prévôts royaux — prévention, A 237, Voyez *Prévention des Prévôts royaux.*
Prévôts royaux. (*Appel des*)
Où se porte l'appel de leurs Sentences, A 243
Quid en matiere de déclinatoire, *&c.* A 243
Quid en matieres d'amendes, A 244
Quid en matiere d'exécution d'Arrêts, A 244
Quid en matiere de conservation des privileges des Universités, A 244
Quid en matiere de lettres de repi, A 244
Quid en matiere de biens des villes, A 244
Prévôts royaux — Droits & privileges, &c. A 600
Leurs devoirs particuliers, A 604
Leurs privileges, *&c.* A 604
Prévôts royaux — Epices & vacations B 201, 203
Prévôt d'Orléans.
Sa compétence & ses droits, A 245
Du Siege de la Cage, A 245
Prévôts des Maréchaux.
Quand peuvent être pris à partie, A 489
Princes du Sang.
Cas royaux à ce sujet, A 72
Prises à partie, A 480
En quels cas ont lieu, A 480
Autres cas en matiere civile, A 485
Cas où elles ont lieu en matiere criminelle, A 486
Quelles personnes peuvent être prises à partie, A 488
Si les Officiers des Cours peuvent être pris à partie, A 490
En quels Tribunaux se jugent, A 492
Procédure sur les prises à partie, A 496
Priseurs-vendeurs de meubles, B 586
Prisons, Voyez *Police des prisons.*
Celles des Seigneurs doivent être sures, A 616
Prisons royales.
Qui doit connoître de ce qui les regarde, A 271
Privileges & committimus, A 334, 376, Voyez Committimus.
Si l'on peut y renoncer, A 389, 402

De leur concours & concurrence, A 400

Autres regles touchant les privileges, A 402

Privileges & concessions royales, A 260

Cas royaux à ce sujet, A 80

Quand sont de la compétence des Prévôts royaux, A 234

Privileges des hautes Justices, A 219

Privileges des Notaires, B 414

—— *des Avocats*, B 429

—— *des Procureurs*, B 516

Prix, (*par qui distribués*) B 112

Procès en général, (*Instruction & exécution des*) B 85, Voyez *Instruction & exécution des procès.*

Procès par écrit, B 37

Leur distribution, B 38, Voyez *Distribution.*

Des incidents sur procès appointés, B 58

Rapport des procès par écrit, B 60

Des opinions, B 68

Procès de Commissaires, B 159

Procès criminels, (*Rapport des*) B 73

Processions publiques, B 268

Procureurs, B 479

Leurs fonctions, B 480

Procureurs — Devoirs, B 483

—— Touchant l'instruction des procès, B 485

—— Touchant les requêtes, B 487

—— Touchant la jurisdiction, B 489

—— Touchant les présentations, B 489

—— Touchant les congés & défauts, B 489

—— Touchant les appointements volontaires, B 489

—— Touchant les communications au parquet, B 490

—— Touchant les causes du rôle, B 490

—— Touchant les défenses, 491

—— Touchant les lettres d'Etat, B 491

—— Touchant les saisies réelles, B 491

—— Touchant les dépens, B 492

—— Touchant les Sentences, B 492

—— Touchant le contrôle & le papier timbré, B 492

—— Touchant l'Audience, B 493

—— Touchant les procès par écrit, B 496

— *Autres devoirs des Procureurs.*

Par rapport aux Juges, B 498

Par rapport à leurs parties, B 498, 521

Procurations.

Des procurations nécessaires aux Procureurs, B 502

Procureurs — Désaveu, B 506

Procureurs.

Leurs devoirs généraux & personnels, B 510

Qualités qui leur sont nécessaires, B 510, 514

Leur reception, B 511

Etats incompatibles avec celui de Procureur, B 512

S'ils peuvent être donataires, *&c.* de leurs parties, B 515

Procureurs — Droits & privileges, B 516

Procureurs — Salaires, B 519

Ne peuvent retenir les titres des parties pour leurs salaires, B 521

Projet de tarif pour les salaires des Procureurs, B 525 *& suiv.*

Procureurs des Justices de Seigneurs, B 524

Procureurs du Roi & Fiscaux, Voyez *Gens du Roi.*

Leurs fonctions, A 631, 662

Des procès qui se poursuivent sous leur nom en matiere civile, A 631

Causes du domaine, A 631

Celles touchant l'état des personnes, A 631

Celles concernant la religion & les œuvres pies, A 632

Celles qui regardent les biens d'Eglise & fondations, A 633

La résidence des Ecclésiastiques, A 633

Maintenir les Officiers dans leurs devoirs, A 634

Les dépôts publics & minutes, A 635
La police & la voirie, A 637
Actes de jurisdiction volontaire qui se font à leur requête, A 638
Appels qui se font à leur requête, A 638
Procédure sur les causes poursuivies à leur requête, A 639
Ne peuvent être condamnés aux dépens, A 640
Péremption n'a lieu contre eux, A 640
On ne peut donner défaut contre eux, A 640
S'ils peuvent être recusés, A 466
S'ils peuvent être pris à partie, A 491
Des procès criminels poursuivis à leur requête, A 641

Procureurs du Roi & Fiscaux — Communication.
Des causes qui leur doivent être comniquées, A 643, Voyez *Communication.*

Procureurs & Avocats du Roi Fiscaux — Devoirs.
Leurs devoirs en général, A 662
Ne peuvent assister à la visite ni aux jugement des procès, A 664
Leurs devoirs particuliers en matiere criminelle, A 667
Autres devoirs des Procureurs & Avocats du Roi ou Fiscaux, A 670
Commettoient autrefois des substituts, A 670
Greffiers doivent leur communiquer les minutes dont ils ont besoin, A 671
Registres de la compagnie doivent aussi leur être communiqués, A 672
Par qui leurs fonctions peuvent-elles être faites en cas d'absence, *&c.* A 672
Quid dans le cas où ils refusent de donner leurs conclusions, A 672
On ne peut leur denier la parole, A 673
Ne sont sujets à la censure des Juges, A 673

Procureurs du Roi en particulier.
Réglements entre eux & les Avocats du Roi pour leurs fonctions, A 674, 682
Des actes où ils assistent seuls, ou prennent seuls des conclusions, A 678

Procureurs du Roi des Présidiaux & Bailliages royaux, A 700
Peuvent aussi être Procureurs du Roi des Prévôtés, A 701

Procureurs du Roi des Prévôtés, A 707
Procureurs du Roi de Police, A 709
Procureurs du Roi des Maréchaussées, A 710
Procureurs du Roi en Cours d'Eglise, A 723
Procureurs fiscaux en particulier, A 715
Ne peuvent être Fermiers ni Receveurs de leurs Justices, A 611
Tableau de leurs épices & vacations, B 214

Procureurs d'office, A 719
Promoteurs des officialités, A 719
Prononciations de jugements, A 547
Prorogation de jurisdiction. Voyez *Soumission de jurisdiction.*
Provisions, B 123
Provisions d'Officiers, A 144
Provisoires (*Affaires*) B 119. Voyez *Affaires provisoires.*
Publication de Lettres-patentes, &c. B 113, 135
Doivent être faites dans les Bailliages, *&c.* B 129, 130
Peuvent aussi être faites dans les Justices de Seigneurs, A 211

Puissance mixte des Officiers.
Fonctions attachées à cette puissance, A 16

Puissance publique, A 18
Puissance ecclésiastique.
Cas royaux à ce sujet, A 274

Q

Q*UALITÉS pour être reçu Officier*, A 144. Voyez *Officiers.*

R

Rapport des procès par écrit, B 60
Maniere de bien faire l'extrait & le rapport d'un procès-civil, B 76
Rapport des procès criminels en particulier, B 73
Rapporteurs des procès.
Leurs devoirs, B 64
Sont tenus de faire leurs extraits, B 64
Rapt de violence.
Est cas royal, A 116
Rebellion aux Mandements du Roi, A 72
——— *aux Mandements des Officiers royaux*, A 85, 259
——— *à l'exécution des jugements.*
Tous Juges connoissent de celles faites à leurs jugements, A 172, 240
S'ils en connoissent hors leur ressort, A 179
Hauts-Justiciers en connoissent, A 212
Recélement de coupables de cas royaux, A 138
Réception de caution, B 109
Réception de foi & hommage, B 111
Réception d'Officiers, A 152, B 137. Voyez *Officiers.*
Qualités pour être reçu Officier, A 144
Officiers qui sont reçus au Siege, B 137
Si les Juges de Seigneurs ont la réception de leurs Officiers, A 216
Comment se fait la réception des Officiers, B 140
Officiers qui sont reçus à l'hôtel du premier Juge, B 144
Devoirs des Juges touchant ces réceptions, B 148
De la maniere de se pourvoir contre les actes de réception d'Officiers, B 149
Réception d'Officiers royaux.
Quand appartient aux Baillis & Sénéchaux, A 258
Réception des Juges de Seigneurs, A 626
Réception des Notaires, B 412
Receveurs des consignations.
Leurs droits, B 223
Receveurs des épices.
Leurs droits, B 224
Reclusion en maison de force, B 109
Reconnoissances de billets & promesses.
Tous Juges en connoissent, A 172, 240
Hauts-Justiciers en connoissent, A 212
Reconvention.
Si les arbitres en peuvent connoître, B 698
Récusation de Juges, A 448
Causes qui y donnent lieu, A 448
Parenté ou alliance, A 449
Tutele & curatele, A 453
Protection, A 453
Qualité de Maître ou de Domestique, A 454
Intérêt dans la cause, A 455
Amour propre, A 456
Inimitié, A 457
Amitié, A 459
Autres moyens de récusation, A 461
Quels Juges, *&c.* peuvent être récusés, A 464
Si l'on peut récuser les Procureurs du Roi, A 466
Quelles personnes peuvent récuser, A 469
Devoirs des Juges en matiere de récusation, A 470
Procédure sur les récusations, A 474
Récusation de Commissaires — Enquêteurs, Experts, &c. A 23, B 116
Récusation d'arbitres.
Si les arbitres peuvent être récusés, B 710
Réformation des Communautés Ecclésiastiques, A 103
Refus de Sacrements, A 100
Régents, &c. *des Universités.*
Leur *Committimus*, A 382
Registres de baptêmes, mariages, &c. B 115
Devoirs des Juges à cet égard, B 115
Juges des Seigneurs dressent les procès-

verbaux de ces regiſtres, A 213
Regiſtres des Greffiers, B 272, 313
——— *des Notaires*, B 396
Réglement de Juges, A 442
——— *en matiere civile*, A 442
——— *en matiere criminelle*, A 443
Réglements de juſtice.
Quels Juges en peuvent faire, A 299
Si les Juges de Seigneurs en peuvent faire, A 215
Quels Juges connoiſſent de leur exécution, A 301
Ces Réglements doivent être faits au Siege, B 127, 128
Réglements généraux de police.
Si les Baillis & Sénéchaux en peuvent faire, A 118, 298, 301
Religieux.
Ne peut être arbitre, B 694
Religion.
Cas royaux à ce ſujet, A 98, 272
Rentrées de palais, B 238
Harangues des rentrées, B 269
Renvois & déclinatoires, A 407. Voyez *Déclinatoires.*
Procédure ſur les renvois, A 412
Renvois du Bailliage au Préſidial, *aut vice verſâ*, A 419
Renvois d'office, A 417
Devoirs des Juges à ce ſujet, A 417
Appels des dénis de renvois, A 422
Réparations des bénéfices & biens d'Egliſe, A 109
Si les Juges de Seigneurs en connoiſſent, A 194
Quid, des Prévôts royaux, A 225
Repas.
Officiers dans leurs fonctions n'en peuvent prendre aux dépens des parties, B 166
Répertoires des Notaires, B 401
Repos & tranquillité publique, A 310
Reproche de cas royal, A 139
Requêtes.
Devoirs des Greffiers touchant les Requêtes, B 295
Requêtes de l'Hôtel & du Palais.
De ceux qui y ont leurs *Committimus*, A 394
Réſignation d'office, A 159
Reſtitution d'epices, B 166
Revendications, A 406, 420
En quels cas ont lieu, A 418
Par qui peuvent être demandées, A 420
Procédure à ce ſujet, A 421
Revendication de meuble. (*Demande en*)
Où doit ſe porter, A 345
Rôles pour les cauſes, B 6

S

SACREMENTS (*Refus de*) A 100
Sacrilege, A 100
Sages-femmes (*leurs ſalaires*) B 218
St. Agnan d'Orléans. (*Chapitre de*)
Son *Committimus*, A 380
St. Benoît-ſur-Loire. (*Religieux de*)
Leur *Committimus*, A 380
Ste. Croix d'Orléans. (*Chapitre de*)
Son *Committimus*, A 380
Saiſies réelles. Voyez *Décrets.*
Devant quels Juges doivent ſe pourſuivre, A 342
Si les Prévôts royaux en connoiſſent, A 229
Quid, des Juges de Seigneurs, A 200, 210
Saiſies réelles-Greffiers, B 296
Salaires des Notaires, B 428
Tarif à ce ſujet, B 429, 431
Salaires des Procureurs, B 519
Projet de tarif à ce ſujet, B 525, & ſuiv.
Salaires des Huiſſiers & Sergents, B 667
Tarif à ce ſujet, B 670
Salpêtriers, A 78
Sceau des Sentences, B 294
Sceaux attributifs de juriſdiction, A 336, 383
Scel royal.
Cas royaux à ce ſujet, A 83, 260
Scellés, B 110

Devoirs des Juges à ce sujet, B 168
Scellés sur Officiers royaux, A 257
—— *sur bénéfices*, B 279
—— *sur les Seigneurs hauts-justiciers dans leurs justices*, B 224
Scellés. (Inventaires sur)
Si les Juges peuvent les faire, A 186
Juges de Seigneurs connoissent des scellés & inventaires, A 209
Scholarité, (*Privilege de*) A 382, 398
Secret des Compagnies, B 266
Juges doivent garder le secret de leur Compagnie, A 516
Ainsi que les Avocats & Procureurs du Roi, A 693
Secretaires & Clercs des Juges.
Tarif de leurs droits, B 216
Séditions, A 124
Seigneurs de justice, A 608
Ceux qui maltraitent leurs Justiciables comment punis, A 609
Ne peuvent nommer pour Juges leurs parens, A 611
Ni leurs Fermiers ou Receveurs pour Procureurs-Fiscaux, A 611
Répondent de leurs Greffiers, A 611
Peuvent destituer leurs Officiers, A 612
Doivent salarier leurs Officiers, A 616
Ne peuvent rendre la Justice par eux-mêmes, A 616
Doivent avoir un auditoire, A 616
Et aussi un dépôt pour le Greffe, A 616
Doivent avoir des prisons sûres, A 616
Doivent veiller à la punition des crimes, A 617
Sont tenus de nourrir leurs prisonniers, A 617
Et de fournir aux frais des procès criminels, A 617
Doivent veiller à la police de leur ville, A 617
Tenus de nourrir les enfants trouvés, A 618
Ne peuvent ériger fourches patibulaires, A 618
Ne peuvent empêcher le cours de la justice, A 618
Du cas où la justice appartient à plusieurs Seigneurs, A 618
Seigneurs Appanagistes, A 619
Seigneurs Engagistes, A 621
Seigneurs Ecclésiastiques temporels, A 619
Sentences. Voyez *Jugements.*
Comment doivent être intitulées, A 544, 617
Sentences arbitrales. Voyez *Arbitres—Jugements.*
Leur homologation, B 714
Procédure à ce sujet, B 714
Quand doivent être communiquées au Procureur du Roi, B 715
Procédure pour les homologuer dans une Cour souveraine, B 715
Sentences arbitrales. (Appel des)
N'avoit lieu en droit, B 715
Où se porte cet appel, B 715
S'exécutent par provision, B 716
Même pour la peine portée par le compromis, B 717
Quid, si la Sentence arbitrale est infirmée, B 718
Comment on peut éviter l'appel des Sentences arbitrales, B 720
Sentences arbitrales. (Exécution des)
Appartient aux Juges de Seigneurs, A 211
Et aussi aux Prévôts, A 241
Séparations de mari & femme, B 108, 123
Si elles doivent être communiquées au Procureur du Roi, A 650
Sépultures, A 116
Sergents. Voyez *Huissiers.*
Sergents des justices de Seigneurs, B 562
Leurs fonctions, &c. B 562
Sergents fieffés, B 506
—— *du Châtelet de Paris*, B 626
Sergents—crieurs & proclamateurs des bans, B 605
Sergents—gardes forêts, B 612
Sergents—louvetiers, B 612

Sergents aux greniers à sel, B 613
Sergents de l'artillerie & arsenal, B 618
Sergents à la douzaine du Châtelet de Paris, B 626
Serment, (*Réception de*) B 109
Sieges particuliers des Baillis & Sénéchaux, A 319
Sieges des causes de quarante livres dans les Bailliages royaux, A 321
Signatures en second des Notaires, B 408
Simonie, A 106
Baillis en connoissent contre laics, A 279
Sollicitations (*défendues aux Juges*) A 511
Sourds & muets.
Ne peuvent être arbitres, B 694
Soumission de jurisdiction, A 29, 337
Ce que c'est, A 29
Dans quels cas à lieu, A 30
Devant quels Juges, A 32
Pour quelles causes, A 33
Quelles personnes peuvent proroger la jurisdiction, A 34
Comment se fait cette prorogation ou soumission, A 35
Pouvoir du Juge prorogé, A 37
Spoliation de biens, A 126
Substitutions, A 139
Substituts des Procureurs du Roi, &c. A 710.
Etoient autrefois commis par les Procureurs du Roi, A 670
Leurs épices & vacations, B 193, 205
Suicide n'est cas royal, A 128
Suppléer d'office.
Chose que le Juge peut suppléer d'office, B 25
Suppression de Theses, Libelles, &c.
La connoissance en appartient aux Baillis & Sénéchaux, A 253
Surséances.
Quand peuvent être accordées par les Juges, A 547
Survivance des Officiers, A 156
Syndics des Notaires, B 426

T

Tabellions, B 363
Tabellions des justices royales, B 416
——— *des justices seigneuriales*, B 417
Tableau des épices & vacations des Officiers. Voyez *Epices & vacations.*
Taxe des droits & salaires des Officiers.
Où doit se faire, B 127
Taxe incidente des salaires des Officiers subalternes.
Par qui se fait, B 112
Taxe des depens, B 111
Taxe du ban & arriereban, B 111
Témoins, (*Salaire des*) B 217
Témoins des actes passés devant Notaires, B 385
Leurs qualités, B 385
Terrier, (*Lettres de*) A 202, 360. Voyez *Lettres de Terrier.*
Testaments, B 111
Testaments soumis à la jurisdiction royale, A 115
Testaments. (*Ouvertures de*)
Sont de la compétence des Juges de Seigneurs, A 211
Tiers référendaires—Taxateurs de dépens.
Taxe de leurs droits, B 221
Tranquillite publique, A 310
Transport de droits litigieux.
Défendu aux Juges, A 516
Transport de privilege, A 403
Transport d'armes hors le Royaume, A 78
Trésoriers de France, (Committimus *des*) A 379
Trouble public fait au service divin, A 100
Tutele & curatelle, (*Elections de*) B 107
Tuteurs. (Committimus *des*)

V

Vacances du Palais, B 237
Vacations & salaires. Voyez *Epices & vacations.*

Vacations des procès de Commissaires, B 15[illegible]
Vacations des Juges employés dans des commissions, B 182
Vacations—des Greffiers, B 337
Tarif à ce sujet pour les Bailliages & Présidiaux, B 342, 354, 357
Vacations des Procureurs, B 519
——— *des Huissiers & Sergents*, B 670
Vagabonds.
Où doivent être assignés, A 330
Ventes d'office, A 159
Vérificateurs & Rapporteurs des défauts.
Taxe de leurs vacations, B 221
Vérification d'écriture, B 109
Vétérans, (*Conseillers*) A 597
Vicomtes. Voyez *Prévôts.*
Viguiers. Voyez *Prévôts.*
Viguiers d'épée, A 605
Villes, (*Causes des*) A 95, 115, 283
Si les Juges de Seigneurs en connoissent, A 195
Quid, des Prévôts royaux, A 226
Villes, (*Comptes des*) A 96, 116, 268
Villes royales & autres.
Cas royaux à ce sujet, A 95, 261, 265
Viol, A 126
Viol de Religieuse, A 127
Violation de sépulchre, A 139
Voyage. (*Frais de*)
Comment taxés, B 225
Voirie, A 120
Juges de Seigneurs en connoissent, A 213
Voix des Juges. Voyez *Opinions.*
Doivent se réduire à deux, A 543
Voix des Officiers parens, A 544
Ce que doivent faire les Juges en cas de partage d'avis, A 543
Vol de deniers royaux, A 94
Vol ès maisons royales, A 97
Vol de grand chemin, A 130
Usure, A 139

Fin de la Table des Matieres.